Ulrich Merk / André Schulin / Maik Grossmann

Punkte für Geld
Bundesliga Chronik 1970/71

Ulrich Merk / André Schulin / Maik Grossmann

Punkte für Geld

Bundesliga Chronik 1970/71

Die Autoren:

Ulrich Merk
Geboren 1955, ein Jahr nach dem "Wunder von Bern", aber noch rechtzeitig, um den Bundesligastart als Straßenfußballer in Cuxhaven bewusst mitzuerleben. Als Verlagskaufmann, Anzeigenleiter und Marketingfachmann für verschiedene Medien (Stadtmagazine, Tageszeitungen, Stadion- u.a. Fußballmagazine) tätig. Ab Mitte der Neunziger Gründer und Inhaber der Fußballdatenbank "fussballdaten.de", der Sport-Dienst-Agentur Merk und als freier Autor für T-Online, RTL interactive, 11FREUNDE u.a. tätig.

André Schulin
Geboren 1954, im "Wunder von Bern Jahr" in Bremen, ebenfalls Straßenfußballer bis zu einer die Karriere auf dem Platz abbremsenden Verletzung. Seit Ende der Neunziger als freier Autor für "fussballdaten.de", T-Online, RTL interactive, 11FREUNDE u.a. tätig.

Maik Großmann
Geboren 1978, im Jahr der "Schmach von Cordoba", erlebte er seine persönliche "Tragödie" im Jahre 1993, als er beim Stand von 0:3 das Stadion verließ und ein "Wunder von der Weser" (Werder gewann noch 5:3 gegen Anderlecht) verpasste. Im Rahmen seines Fachjournalistik-Studiums an der Hochschule Bremen wirkte er u.a. für RTL New Media und Premiere, bevor er bei 11FREUNDE und danach bei fussballdaten.de einstieg.

Quellennachweis:

Enzyklopädie des Deutschen Ligafußballs	Hardy Grüne (Agon Verlag)
Fußball WM Enzyklopädie	Hardy Grüne (Agon Verlag)
Deutschlands Fussball - Das Lexikon	Jürgen Bitter (Sport Verlag Berlin)
20 Jahre Bundesliga 1963 - 1983	Copress Verlag München
Der Deutsche Ligafußball 1903-2000 der Amateure	Nuttelmann
Sport Chronik	Alinea-Verlag
Deutschlands Fussball-Länderspiele	Sport- und Spielverlag
Fußball Sammelalbum 1970/71	Bergmann-Verlag
Chronik 1970	Chronik Verlag
Chronik 1971	Chronik Verlag
Kultur Spiegel des 20. Jahrhunderts	Unipart Verlag
Kultserien und ihre Stars	Harald Keller (rororo)
Chronik des Films	Chronik Verlag
Pop & Rock Almanach	Frank Laufenberg (Bastei Lübbe)
Der Abschied von den Sixties	Lekturama Verlag
Kicker + Kicker-Sportmagazin	versch. Ausgaben aus 1970/71
Fußball Woche	versch. Ausgaben aus 1970/71
Bravo	versch. Ausgaben aus 1970/71
Spiegel	versch. Ausgaben aus 1970/71
Hör zu	versch. Ausgaben aus 1970/71

Websites: fussballdaten.de, sport-komplett.de, f1total.com, vierschanzen.org, wikipedia.org, time.com, deutscher-tonfilm.de, tvder60er.de, fernsehserien.de, krimiserien.de, tvprogramme.net, tv-nostalgie.de, bravo-musicbox.de, oldiehitparade.de, wunschliste.de, serienoldies.de, tv-kult.de, slogans.de, ottogroup.com, opelfreunde-obertuerken.de, lufthansa.com, ddrtechnik.de

Bilder:	Pressebilderdienst Horst Müller, Düsseldorf
	Agon-Archiv
	Archiv Sport-Dienst-Agentur Merk
Einband:	Werkstatt für Creative Computeranwendungen Bringmann, Lohfelden
Druck:	Westermann Druck, Zwickau
Datenbank:	Sport-Dienst-Agentur Merk; Cord Tietjen, Marcus Lindemann, Birgit Grotheer
Grafik:	Ulrich Merk, Marcus Lindemann, Cord Tietjen
Textliche Mitarbeit:	Marcus Lindemann, Birgit Grotheer
1. Auflage	
Copyright	2007 by Agon Sportverlag
	Frankfurter Straße 92a
	D - 34121 Kassel
	Alle Rechte vorbehalten
ISBN:	978-3-89784-090-4

Vorwort

Dass zum ersten Mal ein Bundesliga-Meister, nämlich Borussia Mönchengladbach, in einem spannenden Zweikampf mit den Münchener Bayern in der Saison 1970/71 seinen Titel verteidigen konnte, geriet aufgrund des Bundesliga-Skandals, den der Südfrüchte-Importeur und Präsident von Kickers Offenbach, Horst Gregorio Canellas, aufdeckte, gehörig ins Hintertreffen. Natürlich sind wir in unserem 8. Band der Bundesliga-Chronik auf beide Ereignisse eingegangen. Schwerpunkt der Reihe aber blieb auch diesmal die detaillierte Aufarbeitung des Saisonverlaufs mit Spielberichten über alle Partien dieser Spielzeit. Die bei der Drucklegung bekannten, verkauften Spiele haben wir in den jeweiligen Artikeln als solche besprochen und in den sportlichen Kontext gestellt. Ansonsten haben wir die Saison so behandelt, wie die Bundesligaspielzeiten zuvor, denn unser Anliegen bleibt, einen umfassenden Rückblick auf das Fußballjahr mit dem Schwerpunkt 1. Liga abzuliefern. Dazu gehören neben den 306 Spielberichten, plus den 34 Spieltagszusammenfassungen, natürlich auch wieder die Vereinsporträts, die umfassenden statistischen Daten (inkl. Spielerbewertungen nach dem bekannten Schulnotensystem) und vielfältige Rankings. Das beliebte "Zeitfenster" führt auch in dieser Ausgabe interessante Ereignisse dieses Jahres aus anderen Sportarten, Kultur, Gesellschaft und Politik auf.

Viele weitere Daten des nationalen Fußballs, speziell der drei oberen Spielklassen der Saison 1970/71 und des DFB-Pokals, ergänzen die Zusammenstellung dieser Spielzeit. Auch das internationale Fußballgeschehen, die verschiedenen Europacupwettbewerbe, Länderspiele der DFB-Elf mit entsprechenden Spielberichten wurden gewürdigt. Zudem wurde erneut eine Auflistung aller Freundschaftsspiele dieses Jahres der Nationalmannschaften eingearbeitet. Das umfangreiche Nachschlagewerk wurde auch diesmal reichhaltig bebildert mit Porträts, Spielszenen und illustrierten Erinnerungen an die damaligen Begebenheiten, die unser "Zeitfenster" beinhaltet.

Wie immer ist das Redaktionsteam der aktuell wohl größten deutschen, im Internet frei verfügbaren Fußball-Datenbank "www.fussballdaten.de" für die Erstellung der Bundesliga-Chronik 1970/71 verantwortlich.

Lassen Sie uns auch diesmal über den Agon Verlag in Kassel bzw. über unsere Website www.fussballdaten.de Kritik, Unterstützung und Anregungen jeglicher Art zukommen, damit wir diese Fußball-Sachbuch-Reihe in Zukunft weiterhin optimieren können.

Nun wünschen wir Ihnen wieder viel Spaß beim Lesen und Durchstöbern dieses Buches.

Herzlichst

Die Autoren und Mitarbeiter

INHALTSVERZEICHNIS

Impressum	4
Vorwort	5
Inhaltsangabe	6
Punkte für Geld	7
Die Vereine der 1. Liga 70/71	13
Bundesligatabellen	50
Die 34 Spieltage der 1. Liga 70/71	51
1. Spieltag: Mexiko in den Knochen	52
2. Spieltag: Hannover einsam unten	56
3. Spieltag: Essen auf Wolke sieben	60
4. Spieltag: Sechs Auswärtssiege	64
5. Spieltag: Sorgen im Norden	68
6. Spieltag: Braunschweigs große Rückkehr	72
7. Spieltag: Der heimliche Tabellenführer	76
8. Spieltag: HSV in Scherben	80
9. Spieltag: Freudenspender Bielefeld	84
10. Spieltag: Offenbachs verrückter Sieg	88
11. Spieltag: Tumulte am Betzenberg	92
12. Spieltag: Leichtes Schwächeln des Meisters	96
13. Spieltag: Schalke oben ausgespuckt	100
14. Spieltag: Gladbachs erste Niederlage	104
15. Spieltag: Arbeitssiege an der Spitze	108
16. Spieltag: Spitzenfußball in Braunschweig	112
17. Spieltag: Fünf Minuten vor Schluss Herbstmeister	116
18. Spieltag: Keine Sonne im Keller	120
19. Spieltag: Überall verkehrte Welt	124
20. Spieltag: Teufel im Zwischenhoch	128
21. Spieltag: Sensation auf dem Bökelberg	132
22. Spieltag: Prügel für die Zebras	136
23. Spieltag: Oberhausen am Abgrund	140
24. Spieltag: Kuno Klötzer, Superstar	144
25. Spieltag: Trend zum Unentschieden	148
26. Spieltag: Köln besiegte den Fluch	152
27. Spieltag: Ende der Sauberkeit	156
28. Spieltag: Leistungsstau und Sittenverfall	160
29. Spieltag: Hessische Wechselbäder	164
30. Spieltag: Bundesweites Schützenfest	168
31. Spieltag: GAU an der Hafenstraße	172
32. Spieltag: Geißböcke im Fadenkreuz	176
33. Spieltag: Unverhoffter Führungswechsel	180
34. Spieltag: Finale für die Ewigkeit	184
Bundesligastatistiken	188
Nationaler Fußball	189
Regionalligen	190
Bundesligaaufstieg	193
DDR-Fußball	197
DFB-Pokal	198
Amateurfußball	201
Internationaler Fußball	207
Länderspiele	208
Europapokal	212
Internationale Ligen	218
Spielerindex	219

Punkte für Geld

Bundesliga im Zwielicht
Punkte für Geld

Vom Stuttgarter Günther Eisele (vorn) zwischendurch zu einem Sturzflug gezwungen, landete Günter Netzer nebst seiner Borussia nach einer kriminell spannenden Saison doch genau da, wo er hinwollte: Oben auf dem Treppchen

Die Nationalmannschaft erfreute sich ungebrochener Popularität - die Spiele bei der WM 1970 in Mexiko hatten Helmut Schöns Truppe fast einen Heldenstatus verliehen. Der Zuspruch für die Bundesliga hielt sich dagegen in moderatem Rahmen. Immerhin begeisterte das enge Titelrennen zwischen Gladbach und FC Bayern die Massen und auch der Abstiegskampf versprach Spannung bis zum Ende. Das Ende, das dann folgte, versetzte der Glaubwürdigkeit des Spitzenfußballs indes einen veritablen Tiefschlag: Der Saisonabpfiff war noch nicht verhallt, da wurde das Unglaubliche publik: Unter Beteiligung zahlreicher Akteure waren Spiele verkauft worden.

Krimineller Unsinn

Um das Übel an der Wurzel zu packen - gleich zum Skandal; im damaligen Westdeutschland ein Meilenstein auf dem Weg zur Bananenrepublik. Korrupte Sportler, verkaufte Spiele, Bestechung! Solche Machenschaften vermutete man bis dahin latent beim Boxsport oder wenn es um Pferdewetten ging. Aber in der Fußball-Bundesliga? Und doch war es so - und das Entsetzen darob war groß. Die Wahrheit wurde häppchenweise in quälend langen Prozessen ans Tageslicht gezerrt: Elf Spiele der Saison 1970/71 wurden nachweislich manipuliert! Als der ARD-Journalist Dieter Gütt sich in einem Kommentar entrüstete: „Man müsste sich überlegen, ob solch krimineller Unsinn, der sich Fußball nennt, weiterhin im Fernsehen übertragen werden soll", überlegte sich der pikierte DFB, kurzzeitig und am falschen Ende ansetzend, den Kommentator der schaurigen Wahrheit, nämlich Gütt, mit einer gerichtlichen Klage zu beglücken. Sportgerichtliche Konsequenzen hatte der Bestechungsskandal schließlich für die Vereine Arminia Bielefeld (Lizenzentzug nach der Saison 1971/72) und Kickers Offenbach, die zu einem zweijährigen Lizenzentzug verurteilt wurden. Der FC Schalke 04, der

Die 1:4-Niederlage beim MSV Duisburg drängte Bielefeld nahe an die Abstiegsränge. Stockhausen (l.) konnte den vierten MSV-Treffer durch Lehmann nicht verhindern. Hinten stand auch noch Linßen einschussbereit

"Kaiser" Franz Beckenbauer hatte mit dem Skandal nichts zu tun, aber dieser Schnurrbart ...

den größten Anteil an Verschiebungen beteiligter Spieler stellte, kam um einen Zwangsabstieg herum. Die Knappen traf die Bestrafung erst in der Saison 1972/73, als über die beteiligten Spieler eine mehrjährige Sperre (in vielen Fällen später abgemildert) verhängt wurde. Die Schalker Sünder hatten sich zunächst noch tiefer in den Sumpf geritten, indem sie meineidlich ihre Verwicklung leugneten.

Party-Überraschung

Offenbachs Vereinspräsident Horst Gregorio Canellas brachte die Lawine am Tag nach dem Saisonabschluss ins Rollen. Er spielte DFB-Offiziellen und Pressevertretern, die zu seiner 50-jährigen Geburtstagsfeier geladen waren, Tonbandaufnahmen vor, die belegten, dass Spieler anderer Vereine sich anboten, gegen, sagen wir mal, 'Aufwandsentschädigungen', den abstiegsbedrohten Kickers in den seinerzeit noch ausstehenden Begegnungen behilflich zu sein. Canellas gab vor, zum Schein auf die Angebote eingegangen zu sein, um Unregelmäßigkeiten aufzudecken. Auf den Bändern waren die Stimmen von Manfred Manglitz (1. FC Köln), den Hertha-BSC-Akteuren Bernd Patzke und Tasso Wild sowie einer als Mittelsmann für den Braunschweiger Lothar Ulsaß auftretenden Person zu hören. Bundestrainer Helmut Schön, der beim Treffen ebenfalls zugegen war, soll die Party blitzartig verlassen haben. In den folgenden Wochen, Monaten und Jahren (erst in der zweiten Hälfte der 70er wurden die „Skandal"-Aktivitäten eingestellt) erfuhr die fußballinteressierte Öffentlichkeit, dass der DFB über einen „Chefankläger" verfügte: Hans Kindermann, von Haus aus Jurist (Richter beim Landgericht Stuttgart) und daher bestens geeignet, den Saustall auszumisten. Anhand Kindermanns Recherchen wurden 52 Bundesligaspieler und mehrere Funktionäre (von den Vereinen FC Schalke 04, Hertha BSC, Arminia Bielefeld, VfB Stuttgart, Eintracht Braunschweig, Rot-Weiß Oberhausen und MSV Duisburg) sowie die Trainer Egon Piechaczek (Bielefeld) und Günter Brocker (Oberhausen) für ihre Beteiligung am schmutzigen Geschäft abgestraft. Auch der Überbringer der Botschaft, Horst Gregorio Canellas, bekam sein Fett weg. Er erhielt zunächst das - Jahre später zurückgenommene - lebenslange Verbot, erneut ein Vereinsamt zu bekleiden.

Der Eindruck trog nicht

Die krummen Geschäfte beeinflussten ausschließlich Spiele, in denen Abstiegskandidaten ihre Chancen auf den Klassenerhalt zu verbessern suchten. Dass den als Tabellenletzten abgestiegenen, aber an den Schiebereien unbeteiligten Kickern von Rot-Weiss Essen keine Entschädigung gewährt wurde - schließlich wurde kein einziges der manipulierten Ergebnisse annulliert -, hinterlässt einen etwas faden Beigeschmack. Recht skurril mutet hingegen an, wie der gekaufte 1:0-Auswärtssieg Bielefelds bei den Knappen zustande gekam. Der 28. Spieltag stand an. Schalkes (Platz 4) Meisterschaftschancen waren angesichts der Dominanz Gladbachs und Bayerns entfleucht; die Arminia darbte zwei Zähler oberhalb der Abstiegsränge. In dieser Situation bot es sich den Knappen scheinbar folgerichtig an, sich vom humanistischen Gedanken

Dem Sportmagazin "Kicker" war die Verleihung des Großen Verdienstkreuzes an Uwe Seeler im Oktober 1970 ein ganzseitiges Porträtfoto wert - von des Hamburger Stürmers Moral war ein Großteil seiner Berufskollegen Längen entfernt

der Nachbarschaftshilfe überwältigen zu lassen. Die kolportierten 2.400 Mark Schmiergeld pro Nase konnten wohl kaum der Grund für das Überschreiten der moralischen und rechtlichen Grundlinie sein. Oder? Wie auch immer, man zog die Mantelkragen hoch und klatschte sich konspirativ ab: Geht doch! Im Dunkel der Nacht oder der Eile des Gefechts vergaß man jedoch, den Torwart, Dieter Burdenski, in das Geschäft einzuweihen. So war alles Bemühen der Schalker Feldspieler, den Arminen unauffällig zum Sieg zu verhelfen, fast zum Scheitern verurteilt. Burdenski, der erst nachträglich eingeweiht wurde, hielt prächtig. Erst kurz vor Schluss war er gegen einen Schuss Gerd Roggensacks machtlos (83.). Das unwürdige Treiben auf dem Platz wurde von den Rängen mit „Schiebung"-Rufen quittiert - was sich später als absolut korrekte Wahrnehmung bestätigen sollte. S04-Trainer Slobodan Cendic tobte. Er wusste nichts von der Schieberei und hatte zu dem Zeitpunkt bereits die Kündigung zum Saisonende in der Tasche. „Eine solche Leistung ist eine Zumutung. Ich werde dem Vorstand vorschlagen, 1.000-Mark-Strafen auszusprechen". Auch Schalkes Alt-Internationaler Ernst Kuzorra wollte den Knappen ans Portemonnaie: „Für diese Spielerei müssten unsere Akteure noch Geld mitbringen."

Morsches Gebälk und ein bayrisches Angebot

Nachdem die Findungsphase der ersten Spieltage abgeschlossen war, rissen Borussia Mönchengladbach und der FC Bayern München den Titelkampf an sich. Ab dem fünften Spieltag überließen sie keinem anderen Klub mehr die Tabellenführung, wenngleich sich in der Hinserie noch die Herthaner, Braunschweiger und Schalker abwechselnd auf Augenhöhe heranschoben. Das erledigte sich im Verlauf der Rückrunde - in einer Neuauflage des letztjährigen Duells griffen im Endspurt lediglich noch Titelverteidiger Gladbach und die Roten aus München nach der Schale. In diesen faszinierenden Zweikampf hinein platzte am 27. Spieltag ein unverhofftes Ereignis. Der SV Werder Bremen war am Bökelberg zu Gast; bis zwei Minuten vor Spielende musste man von einer 1:1-Punkteteilung ausgehen, die bereits nach einer Viertelstunde Spielzeit Bestand hatte. Dann ein letzter Angriff der Borussen: Werder-Keeper Günter Bernard lenkte Günter Netzers Heber über die Latte - die Sache schien bereinigt. Gladbachs mitgelaufener Stürmer Herbert Laumen jedoch, auf eine Flanke lauernd, fiel bei der Aktion ins Bremer Tor. Als er sich an den Maschen des Netzes hochziehen wollte, krachte der linke Torpfosten zusammen. Nach fruchtlosen Bemühungen, den Kasten wieder herzurichten, brach Schiedsrichter Meuser das Spiel schließlich ab. Das DFB-Schiedsgericht zieh die Gastgeber in einer ersten Verhandlung der Fahrlässigkeit und wertete die Partie am Grünen Tisch als 2:0-Sieg für Bremen. Eine Berufungsverhandlung kam zwei Spieltage vor Saisonende zu dem gleichen Entschluss - somit verteidigte die „Fohlenelf" nur dank eines einen Treffer besseren Torverhältnisses die Spitzenposition vor den Bayern. Es stand Spitz auf Knopf. „Ich möchte nicht, dass die Generation nach mir sagt, die Bayern seien 1971 nur am Grünen Tisch Meister geworden. Deshalb schlage ich Mönchengladbach ein Entscheidungsspiel vor, wenn wir am Ende der Saison nur aufgrund des Punktabzugs Meister sein sollten", meldete sich Bayern-Präsident Wilhelm Neudecker zu Wort. Der DFB verwarf den Vorschlag umgehend. Neudeckers Vision einer FCB-Meisterschaft bekam indes am vorletzten Spieltag reale Konturen: Beide Konkurrenten gewannen ihre Spiele, doch die Bayern (4:1 gegen Braunschweig) siegten höher und gingen als Tabellenführer in die letzte Runde. Dass die Münchener dann doch nicht zu einem Makel-behafteten Titelträger wurden, mussten sie sich in hohem Maße selbst ankreiden. „Dass eine Mannschaft, die den Sieg braucht, auch noch das Tempo drosselt, ist wohl reichlich ungewöhnlich", wunderte sich MSV-Trainer Rudolf Faßnacht. Seine „Zebras" jedenfalls legten sich ins Zeug und schlugen die zögerlichen Bayern mit 2:0. Die Gladbacher hatten ihren abschließenden Beitrag zur Titelverteidigung mit einem 4:1-Auswärtssieg in Frankfurt geleistet.

Ordentlich mitgehalten

Eine gute Rolle spielten während der Saison die Berliner Hertha, die ihren dritten Rang aus der vorigen Spielzeit verteidigte, Eintracht Braunschweig (Rang 4), der Hamburger SV (5) und Schalke (6) - wäre nicht Herthanern, Braunschweigern und Schalkern die Beteiligung an verkauften Spielen - egal zu wessen Vorteil - nachgewiesen worden. Makaber mutet es an, dass der Berliner Kapitän Tasso Wild im Oktober 1970 orakelte: "Wie schnell kann eine Fußballkarriere zu Ende gehen". Er spielte, als verurteilter Skandal-Sünder, nach Abschluss der Saison kein weiteres Bundesligaspiel mehr. Braunschweig konnte eine kleine Kompensierung in Sachen sportlicher Fairness geltend machen: In den gesamten acht Bundesligajahren war kein einziger Eintrachtspieler des Feldes verwiesen worden. Der HSV überwand eine Schwächphase aus der Hinrunde auch durch eine denkwürdige Umstellung: Stürmer "Uns Uwe" Seeler übernahm kurzzeitig die Liberoposition bei den Hanseaten.

Der DFB, vertreten durch Karl Schmidt (Mitte), betätigte sich als Vermittler im Zwist der Bundesligaprofis Horst Heese (Eintracht Frankfurt, l.) und Horst-Dieter Höttges (SV Werder Bremen)

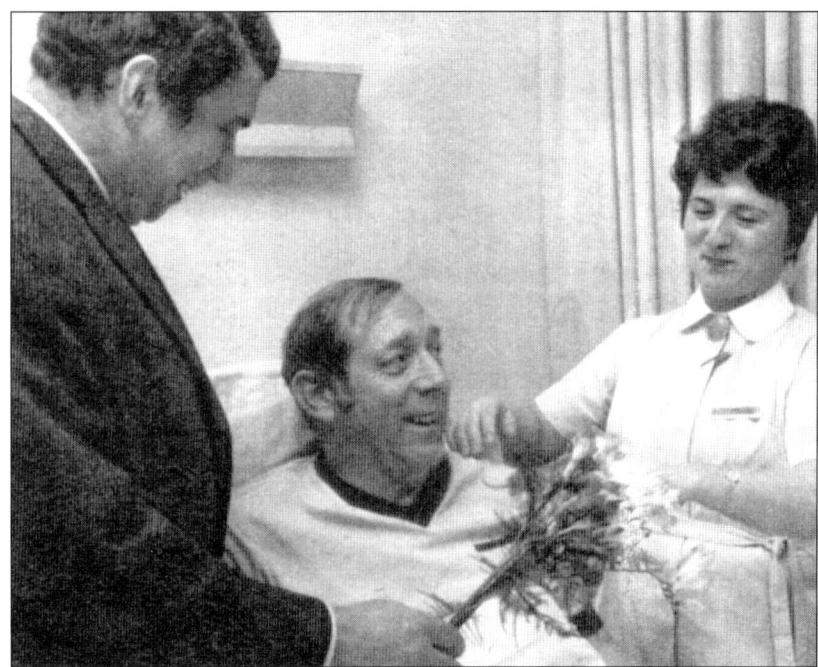
Im Frühjahr 1971 noch ans Krankenbett gefesselt - wo ihm Kollege Heinz Lucas (Fortuna Düsseldorf) einen Besuch abstattete -, hoffte Trainer Kuno Klötzer (Mitte) auf einen neuen Job. Den bekam er kurz darauf, als Ablösung für Rudi Gutendorf. Den "Patienten" Kickers Offenbach konnte Klötzer allerdings nicht vor dem Abstieg retten

Mitläufer

Sieben Klubs bildeten das mehr oder minder ungefährdete Mittelfeld. Der Meidericher SV, Kaiserslautern, Köln, Stuttgart und Dortmund waren unbehelligt von Abstiegssorgen und abgesehen von guten Platzierungen zum Saisonauftakt chancenlos im Titelkampf. Die Nordvereine Hannover 96 und Werder Bremen hingegen klaubten erst in der Rückserie die überlebenswichtigen Punkte zusammen. Bei den Niedersachsen schwang Trainer Helmuth Johannsen das Zepter, der von Braunschweig zu den 96ern gewechselt und als einziger Übungsleiter jede Bundesligasaison aktiv dabei war. Als Raubeine der Liga galten die

Eintracht Frankfurt hatte massive Probleme, den Ball in des Gegners Kasten unterzubringen. Reichel, Grabowski, Lutz (v.l.) und Co. schlichen oftmals geknickt vom Platz

Bremer. Damit konnte man an der Weser zur Not leben, aber eine Aktion des FC Bayern ging dem Werder-Vorsitzenden Dr. Franz Böhmert zu weit. Im Stadionmagazin "Bayern-Echo", herausgegeben von Franz Beckenbauer, stand über die Bremer Mannschaft u.a. zu lesen: "Im Privatleben würde man sie wahrscheinlich wegen Körperverletzung einsperren, auf dem Fußballplatz dürfen sie alles machen. Bei den brutal einsteigenden Bremern wären Knochenbrüche durchaus drin gewesen." Der Artikel bezog sich auf das Gastspiel der Bayern aus der vorigen Saison, als die Münchener beim 0:1 in Bremen ihre Titelhoffnungen einbüßten, derweil Werder sich damit den Klassenerhalt sicherte. Der vor der Saison entbrannte Streit wurde beigelegt, ein anderer Zwist mit Bremer Beteiligung musste DFB-seitig in der Rückserie geschlichtet werden: Der Frankfurter Stümer Horst Heese und Bremens "Eisenfuß" Horst-Dieter Höttges waren zum wiederholten Mal aneinandergeraten. Im Oktober 1970, als Werder bei den Hessen zu Gast war, hatte Heese seinem Gegenspieler prophezeit: "Heute wird abgerechnet. Du wirst das Ende des Spiels nicht miterleben." Nun, Höttges erlebte das Ende des Spiels zumindest nicht auf dem Platz mit. Nach 37 Minuten musste er verletzt runter - Heese hatte Wort gehalten. Der Bremer war nicht angetan von der Sonderbehandlung - aber bevor sich eine sizilianische Vendetta innerhalb der Bundesliga entwickeln konnte, griff der DFB vermittelnd ein und organisierte ein Versöhnungstreffen der Streithähne.

Auf der Kippe

Fernab des Niveaus früherer Bundesligajahre quälte sich Eintracht Franfurt über die Runden. Mit dem nach Austria Wien gewechselten Österreicher Wilhelm Huberts und dem jugoslawischen Nationalspieler Fahrudin Jusufi (Knochenanbruch) waren zwei Korsettstangen der Mannschaft weggebrochen, die von den Neuzugängen nicht ersetzt werden konnten. „Wir brauchen keinen Beckenbauer, wir haben einen Jusufi", feierten die Fans der Hessen einst den für seine Offensivvorstöße bekannten Abwehrspieler, dessen Spielaufbauqualitäten ebenso wie die Huberts' vermisst wurden. Die Folge: Wenig Torchancen und eine mehr als klägliche Ausbeute derselben. „Selbst Tasmania schoss mehr Tore", legte der „Kicker" am 15. Spieltag den Finger in die Wunde der Hessen, als sie erstmals in der Saison auf den Tabellenboden knallten: Sechs (!) lumpige Treffer in 15 Spielen - eine Katastrophe. Der 3:0-Erfolg im Lokalderby gegen Offenbach am folgenden Spieltag verbesserte den Schnitt deutlich. Am Ende kamen noch insgesamt 39 Treffer zustande, der Klassenerhalt war jedoch bis zum letzten Spieltag gefährdet.

Im Haifischbecken

Gleiches galt für die drei in Manipulationsgeschäfte verwickelten Klubs aus Bielefeld (abschließend ein 1:0 in Berlin), Oberhausen (1:1 in Braunschweig) und Offenbach (2:4 in Köln). Die Offenbacher Kickers hatten in der Endabrechnung gegenüber dem punktgleichen Rot-Weiß Oberhausen die um einen Treffer schlechtere Tordifferenz und stiegen deshalb ab. Der so bravourös in die Saison gestartete Aufsteiger Rot-Weiss Essen wusste bereits am vorletzten Spieltag, dass die sportliche Rückversetzung in die Regionalliga West nicht mehr zu vermeiden war. In der Winterpause hatte Trainer Herbert Burdenski noch gehofft „Möglichst den Hecht im Karpfenteich zu spielen". Man sah als Tabellenachter, mit bis dahin respektablen Leistungen und Resultaten, optimistisch in die Zukunft. Burdenski Senior ahnte damals noch nicht, dass aus dem vermeintlichen Karpfenteich ein Haifischbecken geworden war und hinter so mancher Forellenfassade ein Piranha steckte.

André Schulin

Die Vereine der Bundesliga 1970/71

Borussia Mönchengladbach

Die Saison 1970/71
Rekorde am Fließband

Mannschaftskapitän Netzer erhält die Meisterschaftstrophäe aus der Hand von DFB-Präsident Gösmann

Der Meister spielte eine tolle Saison, schüttelte einen Verfolger nach dem anderen ab und knackte Bestmarken im Vorübergehen. Nur der Pfostenbruch und starke Bayern stellten den Titel bis zum Schlusstag in Frage. Dann entschieden die Nerven.

Rang vier nach dem vierten Spieltag war die schwächste Platzierung, die Mönchengladbach 70/71 einnehmen sollte. Die ersten Siege machten noch Mühe, schon beim 5:0 über Kaiserslautern (5. Spieltag) zeigte sich die Borussia aber von ihrer besten Seite; das folgende Remis bei den Bayern (2:2) war zudem ein Fingerzeig. Einmal in Fahrt, war der Meister nicht mehr zu stoppen. Erst am 14. Spieltag (2:4 in Berlin) wurde Gladbach das erste Mal geschlagen, gerade spät genug allerdings, um als bester Starter in die Ligageschichte einzugehen: Noch nie hatte eine Mannschaft die ersten 13 Spiele nicht verloren. Unter dem Weihnachtsbaum lag trotz alledem nur Rang zwei.

Mit zwei Siegen kamen die Fohlen zurück aus dem Stall und waren fortan auch wieder Tabellenführer. Braunschweig, Hertha, Schalke - sie alle konnten nur abwinken bei der Kraft und der spielerischen Klasse des Deutschen Meisters, dem anscheinend nur ein Unglück noch die Titelverteidigung abjagen konnte. Ein 0:2 gegen Bielefeld (21. Runde) blieb die einzige kleine Blamage der Saison. Am Samstag, dem 3. April kam es tatsächlich dann zum beschrieenen Wunder. Beim Spielstand von 1:1 brach am Bökelberg die Torstange, und obwohl die Restspielzeit nur zwei Minuten betrug, entschied der DFB auf einen 2:0-Sieg für Bremen. Wie eine Last trug Borussia diesen fehlenden Punkt anschließend mit sich und wurde obendrein trotz eines 3:1 im direkten Duell die Münchener Bayern nicht mehr los. Brust an Brust balgten sich die Rivalen um Platz eins, hörten mit dem Siegen nicht mehr auf und unterschieden sich nur noch in Toren. Am vorletzten Spieltag dann plötzlich der Wachwechsel: Nach einem 4:3 gegen Essen wurde Gladbach überholt, weil die Bayern um zwei Treffer höher gewannen. Alles sprach nun für die Münchener, doch wieder kam es anders. Bayern unterlag, Mönchengladbach gewann und schaffte trotz des am grünen Tisch verlorenen Zählers die erfolgreiche Titelverteidigung - wie so vieles in dieser Saison hatte es das noch nie gegeben.

Der neue Doppelmeister hatte die Zahlen auf seiner Seite. Gladbach holte die meisten Siege, schoss die meisten Tore, fing die wenigsten Gegentreffer und brach nebenbei noch den Startrekord. Die Nervenstärke auf der Zielgeraden bewies der enorme Weiterentwicklung der Mannschaft, die in Netzer und Vogts wieder zwei absolute Bosse und in Laumen (20 Tore) einen zuverlässigen Knipser im Team hatte. Rückkehrer Heynckes (19 Tore) war ihm ein großartiger Partner, und auch Sieloff spielte eine fabelhafte Saison. Pech hatten die Fohlen im Europapokal, wo sie gegen den FC Everton erst im Elfmeterschießen scheiterten.

Der Verein 1970/71

Gegründet:	01.08.1900
Erfolge:	**2x Deutscher Meister**: 1970, 1971
	1x DFB-Pokal: 1960
	2x Westmeister: 1920, 1965 (Regionalliga)
Personen:	Dr. Helmut Beyer (1. Vors.), Helmut Grashoff (2. Vors. & Geschäftsführer)
Stadion:	Stadion am Bökelberg, 32.000 Plätze (2.000 Sitzplätze, überdacht)
Spielkleidung:	Weißes Hemd, weiße Hose und weiße Stutzen
Abteilungen:	Fußball, Handball, Tischtennis
Mitglieder:	1.300

Die Platzierungen der letzten fünf Jahre

Saison	Liga	Platz
1966/1967	1. Bundesliga	8.
1967/1968	1. Bundesliga	3.
1968/1969	1. Bundesliga	3.
1969/1970	1. Bundesliga	1.
1970/1971	1. Bundesliga	1.

Der Saisonverlauf 1970/71

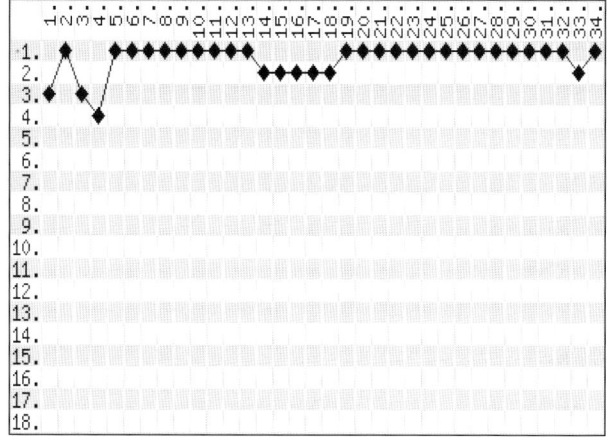

Der Trainer 1970/71

Hennes Weisweiler
* 05.12.1919
† 05.07.1983

Hebamme der Fohlen

Der spätere Dozent an der Deutschen Sporthochschule Köln stand als Spieler für den VfB Lechenich, den Kölner BC, Wacker München und den 1. FC Köln auf dem Platz, war Vertragsspieler in der Oberliga West (62 Spiele) und Auswahlspieler für Westdeutschland (1950). Seine Trainerlaufbahn begann er 1952 beim Rheydther SV, danach war er Assistent bei Sepp Herbergers DFB-Elf (1954/55) und landete über den 1. FC Köln sowie Viktoria Köln 1964 bei Borussia Mönchengladbach. Als Nachfolger Fritz Langners übernahm Weisweiler ein unvollendetes Werk, das er nicht nur fortsetzte, sondern auf optimale Weise veredelte. Nach und nach sortierte Weisweiler die Altgedienten aus, holte genau die Richtigen dazu und verordnete dieser Mannschaft ein frisches System hochattraktiven Angriffsfußballs - er gebar die "Fohlen". Schon bald begann ein Aufschwung, der nach einem Jahr Regionalliga West 1965 schnurstracks in die Bundesliga führte. Lagen anfangs die Schwächen noch in der Abwehr, so perfektionierte Weisweiler sein Team nach und nach. Im ganzen Land waren Namen wie Netzer, Heynckes und Vogts bald bekannt, und spätestens in der Saison 67/68 war aus Gladbach schon ein Spitzenklub geworden, die Meisterschaft zwei Jahre später längst überfällig. Diesen Titel dann zu verteidigen, war ein weiterer Meilenstein in Weisweilers Karriere, die mit der zweiten Meisterschaft jedoch noch lange nicht beendet war.

Das Mannschaftsfoto 1970/71

Hintere Reihe von links: Co-Trainer Schlott, Laumen, Vogts, Heynckes, Le Fevre, Müller, Trainer Weisweiler. Mitte: Netzer, Köppel, Wloka, Bonhof, Bleidick, Sieloff. Vorne: Wimmer, Adler, Schrage, Kleff, Wittmann und Dietrich

Der Bundesliga-Kader 1970/71

Name (Saison-Note)	Land	geboren	Spiele	Tore	Rot
Torwart					
Wolfgang Kleff (3,1)	D	16.11.1946	34	0	0
Bernd Schrage (-)	D	12.09.1951	0	0	0
Abwehr					
Ludwig Müller (3,2)	D	25.08.1941	34	2	0
Berti Vogts (2,6)	D	30.12.1946	34	1	0
Klaus-Dieter Sieloff (2,9)	D	27.02.1942	33	6	0
Heinz Wittmann (3,4)	D	12.09.1943	20	0	0
Hartwig Bleidick (3,4)	D	26.12.1944	16	0	0
Werner Adler (-)	D	31.12.1946	0	0	0
Mittelfeld					
Günter Netzer (2,7)	D	14.09.1944	32	9	0
Peter Dietrich (3,4)	D	06.03.1944	28	3	0
Herbert Wimmer (3,3)	D	09.11.1944	26	3	0
Rainer Bonhof (4,3)	D	29.03.1952	11	1	0
Hans-Jürgen Wloka (4,1)	D	12.09.1951	11	0	0
Angriff					
Horst Köppel (3,2)	D	17.05.1948	34	9	0
Jupp Heynckes (3,4)	D	09.05.1945	33	19	0
Herbert Laumen (3,6)	D	11.08.1943	31	20	0
Ulrik Le Fevre (4,1)	DEN	25.06.1946	31	3	0

Ab- und Zugänge / Nationalspieler 1970/71

Abgänge: Volker Danner (MSV Duisburg), Peter Kracke (1. FC Saarbrücken), Werner Kaiser (1. FC Saarbrücken), Winfried Schäfer (Kickers Offenbach), Erwin Spinnler (Kickers Offenbach), Gerd Zimmermann (Fortuna Köln), Heinz Koch (RW Essen), Peter Meyer (Sportinvalide)

Zugänge: Jupp Heynckes (Hannover 96), Werner Adler (SV Alsenborn), Rainer Bonhof (SuS Emmerich), Bernd Schrage (RW Hünsborn), Hans-Jürgen Wloka (Sterkrade 06/07)

Nationalspieler: Hans-Hubert Vogts (10 Spiele/0 Tore), Günter Netzer (8/3), Josef Heynckes (8/0), Klaus-Dieter Sieloff (5/1), Herbert Wimmer (5/0) Horst Köppel (3/1) Hartwig Bleidick (2/0), Wolfgang Kleff (1/0)

Die Bundesliga-Spiele 1970/71

Spieltag	Datum	Uhrzeit	Begegnung	Ergebnis
1.	Sa 15.08.	15:30	Borussia M'gladbach - Kickers Offenbach	2:0 (0:0)
2.	Sa 22.08.	15:30	Hamburger SV - Borussia M'gladbach	2:2 (0:2)
3.	Fr 28.08.	20:00	Borussia M'gladbach - Hannover 96	0:0 (0:0)
4.	Sa 05.09.	15:30	Arminia Bielefeld - Borussia M'gladbach	0:2 (0:1)
5.	Sa 12.09.	15:30	Borussia M'gladbach - 1. FC K'lautern	5:0 (3:0)
6.	Sa 19.09.	15:30	FC Bayern München - Borussia M'gladbach	2:2 (1:0)
7.	Mi 30.09.	20:00	Borussia M'gladbach - Rot-Weiß Oberhausen	6:0 (2:0)
8.	Sa 26.09.	15:30	FC Schalke 04 - Borussia M'gladbach	0:0 (0:0)
9.	Sa 03.10.	15:30	Borussia M'gladbach - 1. FC Köln	1:1 (0:1)
10.	Mi 07.10.	20:00	SV Werder Bremen - Borussia M'gladbach	1:1 (1:1)
11.	Sa 10.10.	15:30	Borussia M'gladbach - Eintracht Braunschweig	3:1 (1:0)
12.	Sa 24.10.	15:30	MSV Duisburg - Borussia M'gladbach	1:1 (0:0)
13.	Sa 31.10.	15:30	Borussia M'gladbach - VfB Stuttgart	4:1 (2:0)
14.	Sa 07.11.	15:30	Hertha BSC Berlin - Borussia M'gladbach	4:2 (1:0)
15.	Sa 14.11.	15:30	Borussia M'gladbach - Borussia Dortmund	3:2 (3:0)
16.	Sa 28.11.	15:30	Rot-Weiss Essen - Borussia M'gladbach	1:2 (1:0)
17.	Fr 04.12.	20:00	Borussia M'gladbach - Eintracht Frankfurt	5:0 (3:0)
18.	Sa 23.01.	15:30	Kickers Offenbach - Borussia M'gladbach	1:3 (0:1)
19.	Sa 30.01.	15:30	Borussia M'gladbach - Hamburger SV	3:0 (0:0)
20.	Sa 06.02.	15:30	Hannover 96 - Borussia M'gladbach	1:1 (1:0)
21.	Sa 13.02.	15:30	Borussia M'gladbach - Arminia Bielefeld	0:2 (0:0)
22.	Sa 27.02.	15:30	1. FC K'lautern - Borussia M'gladbach	0:1 (0:1)
23.	Mi 14.04.	20:00	Borussia M'gladbach - FC Bayern München	3:1 (1:0)
24.	Mi 28.04.	20:00	Rot-Weiß Oberhausen - Borussia M'gladbach	0:2 (0:2)
25.	Sa 20.03.	15:30	Borussia M'gladbach - FC Schalke 04	2:0 (2:0)
26.	Sa 27.03.	15:30	1. FC Köln - Borussia M'gladbach	3:2 (3:1)
27.	Sa 03.04.	15:30	Borussia M'gladbach - SV Werder Bremen	0:2 *
28.	Sa 17.04.	15:30	Eintracht Braunschweig - Borussia M'gladbach	1:1 (1:1)
29.	Sa 01.05.	15:30	Borussia M'gladbach - MSV Duisburg	1:0 (1:0)
30.	Sa 08.05.	15:30	VfB Stuttgart - Borussia M'gladbach	1:1 (1:1)
31.	Fr 14.05.	20:00	Borussia M'gladbach - Hertha BSC Berlin	4:0 (2:0)
32.	Sa 22.05.	15:30	Borussia Dortmund - Borussia M'gladbach	3:4 (2:1)
33.	Sa 29.05.	15:30	Borussia M'gladbach - Rot-Weiss Essen	4:3 (2:1)
34.	Sa 05.06.	15:30	Eintracht Frankfurt - Borussia M'gladbach	1:4 (1:1)

* Die Partie wurde beim Stand von 1:1 abgebrochen und mit 2:0 Toren für Bremen gewertet

Die DFB-Pokal-Spiele 1970/71

1. Runde:	Sa 12.12.	SV Alsenborn - Borussia M'gladbach	1:1 n.V.
1. Runde:	Mi 30.12.	Borussia M'gladbach - SV Alsenborn	3:1 (1:0)
Achtelfinale:	Sa 20.02.	Hertha BSC Berlin - Borussia M'gladbach	1:3 (0:1)
Viertelfinale:	Mi 07.04.	Fortuna Düsseldorf - Borussia M'gladbach	3:1 (0:1)

Die Europapokal der Landesmeister-Spiele 1970/71

Vorrunde:	Mi 16.09.	EPA Larnax - Borussia M'gladbach	0:6 (0:3)
Vorrunde:	Di 22.09.	Borussia M'gladbach - EPA Larnax	10:0 (5:0)
Achtelfinale:	Mi 21.10.	Borussia M'gladbach - FC Everton	1:1 (1:0)
Achtelfinale:	Mi 04.11.	FC Everton - Borussia M'gladbach	4:3 i.E.

FC Bayern München

Die Saison 1970/71
Mehr als erwartet

Tasso Wild kommt zu spät, aber Müller trifft den Ball nicht voll und Torwart Groß kann retten (Bayern München - Hertha BSC Berlin 1:0)

Während des holprigen Starts wurde Udo Latteks Stil noch argwöhnisch beäugt. Kaum hatten sich die Neuen aber integriert und die WM-Kräfte zu alter Stärke gefunden, spielten die Bayern wie aus einem Guss und wären um ein Haar sogar noch Deutscher Meister geworden. Der Pokalsieg tat es allerdings auch.

Nach den ersten vier Spielen waren die Roten zwar immer noch ungeschlagen, hatten nur einmal allerdings auch gewonnen (1:0 gegen Hertha), was für Münchener Verhältnissen einem Fehlstart gleichkam. Für Verdruss sorgten besonders die Heimspiele. Gegen Rot-Weiss Essen führten die Bayern schon mit 2:0, ließen sich aber ebenso noch einen Punkt abringen wie gegen Meister Mönchengladbach (6. Spieltag), als Franz Beckenbauer persönlich in der Schlussminute noch den 2:2-Ausgleich verschuldete. Im Gespräch blieb der FCB ohnehin dauerhaft, mal mit einer Gala in Hamburg (5:1), dann wieder durch eine sensationelle Pleite auf der Alm (0:1). Ab Mitte der Hinserie aber griff noch nach und nach ein Rad ins nächste, und mit drei begeisternden Siegen am Stück kraxelte das Lattek-Team bis an die Spitze und durfte sie über die Feiertage sogar mit nach Hause nehmen.

Die Rückrunde begann eigentlich ordentlich. Ein unsteter Terminplan hatte zwar Schwankungen und auch den Verlust der Tabellenführung zur Folge, abschütteln aber ließen die Bayern sich nie. Spätestens nach der 24. Runde, einem wieder deutlichen Sieg über den HSV (6:2), war klar, dass nur die Münchener Mönchengladbach würden einfangen können. Inzwischen hatte die Lattek-Elf sich so gut gefunden, dass sie nicht nur erfolgreich, sondern auch schön spielen konnte, wenngleich der direkte Vergleich gegen den Meister verloren ging (1:3). Die letzten Saisonwochen hatten es dann noch mal in sich. Mit einem 4:2 gegen RWO (29. Spieltag) riefen die Bayern die Tor-Wochen aus, zogen erst nach Punkten mit Gladbach gleich und setzten mit einem 7:0 über Köln sogar zum Überholen an. Eine Runde vor Schluss, mit dem fünften Sieg in Folge, zog der FCB auch tatsächlich vorbei und konnte mit einem Abschlusssieg in Duisburg Deutscher Meister werden. Noch nie aber hatte er in Meiderich gewonnen und besaß dazu dieses Mal erst recht nicht die Nerven. Bayern verlor 0:2, musste die Schale wieder rausrücken und beendete eine famose Saison auf eine unpassend tragische Weise.

Das Tüpfelchen an Kraft, das der Meisterschaft letztlich fehlte, ließ der FC Bayern auch in den Pokalwettbewerben. Im Messecup spielten die Münchener vier hervorragende Runden und scheiterten erst am ehrwürdigen FC Liverpool. Den DFB-Pokal nahmen sie sich sogar ganz, besiegten im Finale den 1. FC Köln und konnten sich und die Saison damit noch angemessen feiern. Die Schmiede des Erfolgs waren nicht nur die WM-Größen, sondern auch Udo Lattek, der einer gestandenen Truppe mit den namenlosen Breiter und Hoeneß noch den Feinschliff gab.

Der Verein 1970/71

Gegründet:	27.02.1900
Erfolge:	**2x Deutscher Meister**: 1932, 1969
	2x Deutscher Vize-Meister: 1970, 1971
	5x DFB-Pokal: 1957, 1966, 1967, 1969, 1971
	3x Südmeister: 1926, 1928, 1965 (Regionalliga)
	1x Pokal der Pokalsieger: 1967
Personen:	Wilhelm Neudecker (1. Vors.), Karl Pfab (2. Vors.), W. O. Hoffmann (Schatzmeister), Walter Fembeck (Geschäftsführer)
Stadion:	Stadion an der Grünwalder Straße, 44.000 Plätze (3.400 Sitzplätze, davon 1.400 überdacht)
Spielkleidung:	Weißes, rotes, rot-weiß längsgestreiftes oder rot-blau längsgestreiftes Hemd, rote oder rot-blaue Hose und weiße Stutzen
Abteilungen:	Fußball, Handball, Basketball, Tischtennis, Baseball
Mitglieder:	8.000

Die Platzierungen der letzten fünf Jahre

Saison	Liga	Platz
1966/1967	1. Bundesliga	6.
1967/1968	1. Bundesliga	5.
1968/1969	1. Bundesliga	1.
1969/1970	1. Bundesliga	2.
1970/1971	1. Bundesliga	2.

Der Saisonverlauf 1970/71

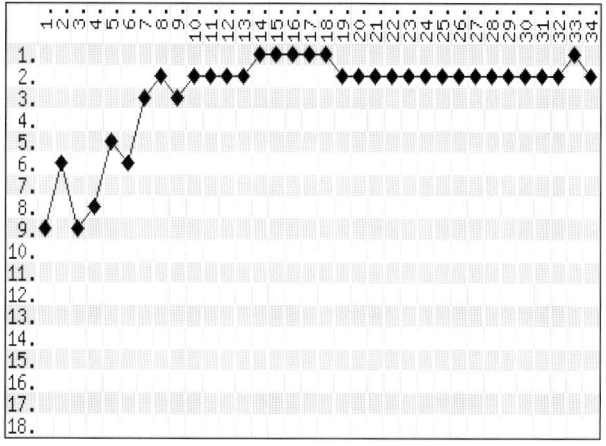

Der Trainer 1970/71

Udo Lattek
* 16.01.1935

Ein neues Gesicht

Für den Preußen war der Fußball anfangs nur eine Nebensache und schälte sich eher zufällig aus seiner eigentlichen Leidenschaft, der Leichtathletik, heraus. Über den SSV Marienheide, Bayer Leverkusen und den VfR Wipperfürth gelangte Lattek 1962 zum VfL Osnabrück, wo er es immerhin noch zum Regional- und Oberligaspieler brachte, obwohl er nach einem Pädagogik-Studium zwischenzeitlich bereits als Lehrer gearbeitet hatte. Dieser Kombination entsprang dann der Trainer Udo Lattek. Mitte der 60er bekam er ein Angebot des DFB, wurde Übungsleiter diverser Jugend- und Amateurauswahlen und brachte es zum Assistenten von Helmut Schön. Als solcher geriet Lattek in den Fokus des FC Bayern und wurde zur eigenen Überraschung kontaktiert, um im März 1970 den in Ungnade gefallenen Branko Zebec abzulösen. Die Bundesliga war für Lattek Neuland, doch gerade sein unverbrauchter Stil machte die Bayern wieder munter und führte sie in den letzten acht Spielen noch zur Vize-Meisterschaft. Im Folgejahr, Latteks allererster Vollsaison, wurde der Titel noch tragisch verspielt. Schon die Weiterentwicklung des Teams und nicht zuletzt der Pokalsieg wurden dem jungen Trainer aber als persönliche Erfolge angerechnet.

Das Mannschaftsfoto 1970/71

Hintere Reihe von links: Müller, Maier, Mrosko, Zobel, Breitner, Schneider, Schwarzenbeck, Maas, Beckenbauer, Brenninger, Trainer Lattek. Vorne: Kupferschmidt, Hansen, Seifert, Ey, Koppenhöfer, Pumm, Roth und Hoeneß

Der Bundesliga-Kader 1970/71

Name (Saison-Note)	Land	geboren	Spiele	Tore	Rot
Torwart					
Sepp Maier (2,9)	D	28.02.1944	34	0	0
Manfred Seifert (3,0)	D	22.04.1949	2	0	0
Abwehr					
Franz Beckenbauer (2,6)	D	11.09.1945	33	3	0
Johnny Hansen (3,3)	DEN	14.11.1943	30	1	0
Georg Schwarzenbeck (3,3)	D	03.04.1948	29	2	0
Herwart Koppenhöfer (3,8)	D	25.05.1946	28	0	0
Peter Pumm (3,5)	A	03.04.1943	23	1	0
Paul Breitner (3,5)	D	05.09.1951	21	2	0
Peter Kupferschmidt (-)	D	02.03.1942	0	0	0
Mittelfeld					
Rainer Zobel (3,5)	D	03.11.1948	34	3	0
Ulrich Hoeneß (3,5)	D	05.01.1952	31	6	0
Franz Roth (3,5)	D	27.04.1946	27	11	1
Angriff					
Gerd Müller (3,6)	D	03.11.1945	32	22	0
Dieter Brenninger (3,6)	D	16.02.1944	31	12	0
Karl-Heinz Mrosko (3,9)	D	11.10.1946	31	8	0
Edgar Schneider (4,2)	D	17.08.1949	20	2	0
Erich Maas (3,6)	D	24.12.1940	6	0	0
Jürgen Ey (4,0)	D	04.09.1946	1	0	0

Ab- und Zugänge / Nationalspieler 1970/71

Abgänge: Rainer Ohlhauser (Gr. Zürich), Klaus Klein (Jahn Regensburg), Günther Michl (1. FC Nürnberg), Helmut Nerlinger (Kickers Offenbach), Werner Olk (FC Aarau), Helmut Schmidt (Kickers Offenbach), August Starek (Rapid Wien), Wolfgang Gierlinger (Wacker München), Peter Stegmann, Benno Zellermayer

Zugänge: Paul Breitner (ESV Freilassing), Jürgen Ey (eigene Amateure), Johnny Hansen (1. FC Nürnberg), Ulrich Hoeneß (TSG Ulm), Erich Maas (Eintracht Braunschweig), Edgar Schneider (VfR Pforzheim), Rainer Zobel (Hannover 96)

Nationalspieler: Franz Beckenbauer (10 Spiele/3Tore), Josef Maier (8/0), Gerhard Müller (7/8), Georg Schwarzenbeck (4/0), Franz Roth (2/0), Paul Breitner (1/0)

Die Bundesliga-Spiele 1970/71

Spieltag	Datum	Uhrzeit	Begegnung	Ergebnis
1.	Sa 15.08.	15:30	VfB Stuttgart - FC Bayern München	1:1 (1:1)
2.	Sa 22.08.	15:30	FC Bayern München - Hertha BSC Berlin	1:0 (0:0)
3.	Fr 28.08.	20:00	Borussia Dortmund - FC Bayern München	0:0 (0:0)
4.	Sa 05.09.	15:30	FC Bayern München - Rot-Weiss Essen	2:2 (2:0)
5.	Sa 12.09.	15:30	Eintracht Frankfurt - FC Bayern München	0:1 (0:0)
6.	Sa 19.09.	15:30	FC Bayern München - Borussia M'gladbach	2:2 (1:0)
7.	Mi 23.09.	20:00	Hamburger SV - FC Bayern München	1:5 (1:3)
8.	Sa 26.09.	15:30	FC Bayern München - Hannover 96	4:1 (2:0)
9.	Sa 03.10.	15:30	Arminia Bielefeld - FC Bayern München	1:0 (0:0)
10.	Mi 07.10.	20:00	FC Bayern München - 1. FC K'lautern	3:1 (1:0)
11.	Sa 10.10.	15:30	FC Bayern München - Kickers Offenbach	0:0 (0:0)
12.	Sa 24.10.	15:30	Rot-Weiß Oberhausen - FC Bayern München	0:4 (0:2)
13.	Do 29.10.	20:00	FC Bayern München - FC Schalke 04	3:0 (1:0)
14.	Sa 07.11.	15:30	1. FC Köln - FC Bayern München	0:3 (0:3)
15.	Sa 14.11.	15:30	FC Bayern München - SV Werder Bremen	2:1 (0:0)
16.	Sa 28.11.	15:30	Eintracht Braunschweig - FC Bayern München	1:1 (0:0)
17.	Fr 04.12.	20:00	FC Bayern München - MSV Duisburg	2:1 (1:1)
18.	Sa 23.01.	15:30	FC Bayern München - VfB Stuttgart	1:0 (0:0)
19.	Sa 30.01.	15:30	Hertha BSC Berlin - FC Bayern München	3:3 (1:2)
20.	Di 04.05.	20:00	FC Bayern München - Borussia Dortmund	1:1 (0:0)
21.	Sa 13.03.	15:30	Rot-Weiss Essen - FC Bayern München	3:1 (0:1)
22.	Mi 19.05.	20:00	FC Bayern München - Eintracht Frankfurt	2:1 (1:0)
23.	Mi 14.04.	20:00	Borussia M'gladbach - FC Bayern München	3:1 (1:0)
24.	Sa 13.03.	15:30	FC Bayern München - Hamburger SV	6:2 (3:1)
25.	Sa 20.03.	15:30	Hannover 96 - FC Bayern München	2:2 (0:1)
26.	Sa 27.03.	15:30	FC Bayern München - Arminia Bielefeld	2:0 (1:0)
27.	Sa 03.04.	15:30	1. FC K'lautern - FC Bayern München	2:1 (1:0)
28.	Sa 17.04.	15:30	Kickers Offenbach - FC Bayern München	1:1 (0:0)
29.	Sa 01.05.	15:30	FC Bayern München - Rot-Weiß Oberhausen	4:2 (1:0)
30.	Sa 08.05.	15:30	FC Schalke 04 - FC Bayern München	1:3 (1:1)
31.	Sa 15.05.	15:30	FC Bayern München - 1. FC Köln	7:0 (2:0)
32.	Sa 22.05.	15:30	SV Werder Bremen - FC Bayern München	0:1 (0:0)
33.	Sa 29.05.	15:30	FC Bayern München - Eintracht Braunschweig	4:1 (2:0)
34.	Sa 05.06.	15:30	MSV Duisburg - FC Bayern München	2:0 (0:0)

Die DFB-Pokal-Spiele 1970/71

1. Runde:	Sa 12.12.	KSV Hessen Kassel - FC Bayern München	2:2 n.V.
1. Runde:	Mi 23.12.	FC Bayern München - KSV Hessen Kassel	3:0 (3:0)
Achtelfinale:	Sa 20.02.	1. FC K'lautern - FC Bayern München	1:1 n.V.
Achtelfinale:	Di 30.03.	FC Bayern München - 1. FC K'lautern	5:0 (2:0)
Viertelfinale:	Mi 07.04.	FC Bayern München - MSV Duisburg	4:0 (1:0)
Halbfinale:	Mi 12.05.	Fortuna Düsseldorf - FC Bayern München	0:1 (0:0)
Finale:	Sa 19.06.	FC Bayern München - 1. FC Köln	2:1 n.V.

Die Messepokal-Spiele 1970/71

1. Runde:	Mi 16.09.	FC Bayern München - Glasgow Rangers	1:0 (1:0)
1. Runde:	Mi 30.09.	Glasgow Rangers - FC Bayern München	1:1 (0:0)
2. Runde:	Di 20.10.	FC Bayern München - Coventry City	6:1 (4:1)
2. Runde:	Di 03.11.	Coventry City - FC Bayern München	2:1 (1:0)
Achtelfinale:	Mi 25.11.	FC Bayern München - Sparta Rotterdam	2:1 (1:0)
Achtelfinale:	Mi 09.12.	Sparta Rotterdam - FC Bayern München	1:3 (1:2)
Viertelfinale:	Mi 10.03.	FC Liverpool - FC Bayern München	3:0 (1:0)
Viertelfinale:	Mi 24.03.	FC Bayern München - FC Liverpool	1:1 (0:0)

Hertha BSC Berlin

Die Saison 1970/71
Rückfall in alte Zeiten

Die Berliner Hertha freut sich über Vargas ersten Treffer. Horr (links) und Patzke (Nr. 2) gratulieren dem Ungarn zum 1:1 (Eintracht Frankfurt - Hertha BSC 1:3)

Nach dem Überraschungsergebnis des Vorjahres wollte die Hertha auf Knopfdruck zu den Spitzenklubs gehören und kam damit nicht immer zurecht. Was gelang, war eine Umstellung vom kämpfenden zum spielenden Team und dank der sicheren Heimfestung erneut ein respektabler dritter Platz. Umso unnötiger daher die Verwicklung in den Skandal.

Die Hypothek, mit der die Alte Dame in die Spielzeit startete, war ausnahmsweise sportlich, denn nach einem hervorragenden Bundesliga- und Europapokaljahr dürsteten die Fans nach mehr. Gleich im ersten Spiel kamen sie auf ihre Kosten, als die Kronsbein-Elf es fertig brachte, den FCK nach dreimaligem Rückstand noch niederzuringen (5:3). Überhaupt gelang ein fabelhafter Start mit fünf Siegen aus den ersten sieben Partien inklusive einer verzeihlichen Niederlage bei den Münchener Bayern (0:1). Nach einer Weile aber flaute die Lust wieder ab. Immer mehr verfiel die Inselstadt in den altgewohnten Trott, gab auswärts die Punkte her und siegte daheim unter größer werdenden Mühen. Ein einziges Mal noch kam die Mannschaft richtig aus sich heraus, als sie als erstes Team der Saison den Deutschen Meister besiegte (4:2). Dauerhaft ganz oben mitzuhalten, schien zur Halbzeitpause dennoch nicht praktikabel. Hertha überwinterte auf Platz fünf.

Höhepunkte blieben, wenn überhaupt, nur die Heimspiele. Vor 70.000 Zuschauern stellten sich gleich nach Wiederbeginn die Bayern vor. Ergebnis war ein viel beklatschtes 3:3. Gegen Borussia Dortmund (5:2) sowie Eintracht Frankfurt (6:2) setzte die Hertha noch weitere Glanzlichter. Trotzdem fehlte ein wenig das Besondere. Heimerfolg folgte auf Heimerfolg, auswärts gab es bisweilen einen Punkt. Lange kam Berlin so nicht von der Stelle, klebte wie ein Kaugummi am fünften Platz und schaffte nie, wovon man eigentlich geträumt hatte: den Vorstoß in die Spitzengruppe. Ein Zwischenspurt mit vier Siegen am Stück führte die Hertha dann zu ihrer Endplatzierung. Versöhnlich endete die Spielzeit aber trotzdem nicht, denn eine Heimpleite gegen die abstiegsbedrohte Arminia kaufte der Hertha niemand ab - mit Ausnahme der Bielefelder selbst. Durch die Raffgier einiger Spieler wurde so eine eigentlich vorzeigbare Saison noch zerstört. Die alte Skandalnudel Hertha, sie war wieder zurück.

Nicht nur der Bestechung wegen fiel das Saisonfazit gespalten aus, denn Herthas Pokalkarriere war eine einzige Enttäuschung. Hatte man im Vorjahr noch halb Europa für sich eingenommen, so war im Messecup nun schon in der zweiten Runde Schluss. Ebenso im DFB-Pokal. Nicht zu verleugnen aber war eine teaminterne Weiterentwicklung. Mit Laszlo Gergely und Supertechniker Varga baute der Trainer zwei Persönlichkeiten ein, die zusammen mit Gayer und Horr eine Menge Staub aufwirbeln konnten. Auch die Defensive gehörte wieder zu den besten der Liga.

Der Verein 1970/71

Gegründet: 25.07.1892
Erfolge: **2x Deutscher Meister**: 1930, 1931
4x Deutscher Vize-Meister: 1926-29
18x Berlin-Meister: 1906, 1915, 1917, 1918, 1925, 1926-31, 1933, 1935, 1937, 1944, 1957, 1961, 1963
3x Stadtliga Berlin-Meister: 1966, 1967, 1968
Personen: Gerhard Bautz (1. Vors.), Gerhard Pawellek und Wolfgang Holst (2. Vors.), Jürgen Mühle (Schatzmeister) Harry Jakubke (Geschäftsführer)
Stadion: Olympia-Stadion, 81.859 Plätze, davon 5.000 Stehplätze
Spielkleidung: Blau-weiß längsgestreiftes Hemd, weiße Hose, weiße Stutzen
Abteilungen: Fußball, Boxen, Kegeln, Bowling, Tischtennis, Eishockey
Mitglieder: 1.600

Die Platzierungen der letzten fünf Jahre

Saison	Liga	Platz
1966/1967	Stadtliga Berlin	1.
1967/1968	Stadtliga Berlin	1.
1968/1969	1. Bundesliga	13.
1969/1970	1. Bundesliga	3.
1970/1971	1. Bundesliga	3.

Der Saisonverlauf 1970/71

Der Trainer 1970/71

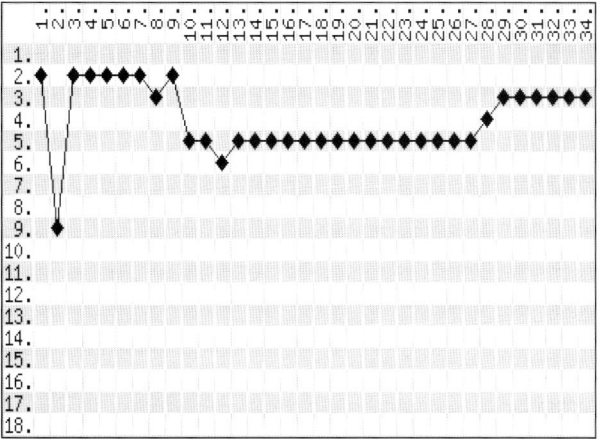

Helmut Kronsbein
* 25.12.1914
† 27.03.1991

Auf Anhieb etabliert

Helmut "Fiffi" Kronsbein spielte für Arminia Bielefeld, Eintracht Osnabrück, Hindenburg Allenstein und Preußen Danzig sowie in den Landesmannschaften von Westfalen, Danzig-Westpreußen und Ostpreußen. Blieben ihm als Spieler große Erfolge versagt, so machte er sich als Bundesligatrainer doch einen großen Namen. Erste Erfahrungen hatte Kronsbein in Ulm, Duisburg, Aachen und Mannheim gesammelt, bevor er dann 1962 zu Hannover 96 kam und den Verein zwei Jahre später völlig unverhofft in die Eliteliga und dort direkt auf den fünften Platz führen konnte. Schon die zweite Saison durfte er aber nicht mehr zu Ende bringen, weil 96 sich immer mehr der Abstiegszone näherte. Kronsbein trat einen Schritt zurück, übernahm bei den Stadtligisten Hertha BSC und fand darin die Liebe seines Lebens. Gleich im ersten Jahr wurde die Aufstiegsrunde erreicht und ein Jahr später auch die Bundesliga. Dort verankerte Kronsbein die Hertha sofort und erreichte einen respektablen 13. Platz. Längst war damit ein schlafender Riese geweckt, und die Menschen von der Hertha elektrisiert. Schon ein Jahr später war Berlin ein Spitzenklub, wurde sensationell Dritter und brachte sich als kommender Meister ins Gespräch. Zur dritten Kraft reichte es dann auch in der Folgesaison, allerdings unter einem gewaltigen Schatten.

Das Mannschaftsfoto 1970/71

Hintere Reihe von links: Co-Trainer Eder, Witt, Gayer, Maaß, Wild, Janzon, Zander, Groß, Kellner, Rumor, Altendorff, Horr, Brungs, Patzke, Trainer Kronsbein. Vorne: Masseur Benthin, Laube, Ferschl, Gröger, Weber, Enders, Varga, Steffenhagen, Gergely und Sperlich

Der Bundesliga-Kader 1970/71

Name (Saison-Note)	Land	geboren	Spiele	Tore	Rot
Torwart					
Volkmar Groß (3,0)	D	31.01.1948	34	0	0
Michael Kellner (4,0)	D	28.09.1942	1	0	0
Thomas Zander (-)	D	10.08.1951	0	0	0
Abwehr					
Bernd Patzke (3,3)	D	14.03.1943	34	1	0
Tasso Wild (3,3)	D	01.12.1940	32	3	0
Karl-Heinz Ferschl (3,5)	D	07.07.1944	29	0	0
Uwe Witt (3,0)	D	25.01.1939	24	0	0
Jürgen Rumor (3,8)	D	19.02.1945	19	0	0
Peter Enders (3,9)	D	21.09.1948	15	0	0
Reinhard Gröger (-)	D	10.01.1949	0	0	0
Horst Maaß (-)	D	27.08.1950	0	0	0
Mittelfeld					
Wolfgang Gayer (3,2)	D	09.01.1943	34	14	0
Lorenz Horr (3,3)	D	27.09.1942	33	20	0
Laszlo Gergely (4,0)	ROM	28.10.1941	31	0	0
Hans-Joachim Altendorff (4,0)	D	20.12.1940	1	0	0
Angriff					
Arno Steffenhagen (3,5)	D	24.09.1949	32	9	0
Hans-Jürgen Sperlich (3,8)	D	29.02.1948	29	2	0
Zoltan Varga (3,2)	HUN	01.01.1945	22	5	0
Jürgen Weber (4,0)	D	29.06.1944	22	3	0
Franz Brungs (3,7)	D	04.12.1936	17	3	0
Norbert Janzon (-)	D	21.12.1950	0	0	0
Peter Kriegl (-)	D	26.09.1946	0	0	0
Bernd Laube (-)	D	13.11.1950	0	0	0

Ab- und Zugänge / Nationalspieler 1970/71

Abgänge: Hermann Bredenfeld (TSV 1860 München), Gernot Fraydl (TSV 1860 München), Karl-Heinz Leufgen (TSV 1860 München), Lothar Groß (Tasmania 1900 Berlin), Werner Ipta (Tasmania 1900 Berlin), Manfred Eichberg (Tennis Borussia Berlin)

Zugänge: Jürgen Rumor (1. FC Kaiserslautern), Hans-Jürgen Sperlich (Lüner SV), Laszlo Gergely (Dinamo Bukarest), Michael Kellner (Hertha Zehlendorf), Reinhard Gröger (Hertha Zehlendorf), Thomas Zander (eigene Amateure)

Nationalspieler: Bernd Patzke (2 Spiele/0 Tore), Volkmar Groß (1/0)

Die Bundesliga-Spiele 1970/71

Spieltag	Datum	Uhrzeit	Begegnung	Ergebnis
1.	Sa 15.08.	15:30	Hertha BSC Berlin - 1. FC K'lautern	5:3 (2:3)
2.	Sa 22.08.	15:30	FC Bayern München - Hertha BSC Berlin	1:0 (0:0)
3.	Fr 28.08.	20:00	Hertha BSC Berlin - Rot-Weiß Oberhausen	3:1 (0:1)
4.	Sa 05.09.	15:30	FC Schalke 04 - Hertha BSC Berlin	0:1 (0:0)
5.	Sa 12.09.	15:30	Hertha BSC Berlin - 1. FC Köln	3:2 (0:0)
6.	Sa 19.09.	15:30	SV Werder Bremen - Hertha BSC Berlin	0:0 (0:0)
7.	Mi 23.09.	20:00	Hertha BSC Berlin - Eintracht Braunschweig	1:0 (1:0)
8.	Sa 26.09.	15:30	MSV Duisburg - Hertha BSC Berlin	1:0 (0:0)
9.	Sa 03.10.	15:30	Hertha BSC Berlin - VfB Stuttgart	2:0 (0:0)
10.	Mi 07.10.	20:00	Kickers Offenbach - Hertha BSC Berlin	1:0 (0:0)
11.	Sa 10.10.	15:30	Borussia Dortmund - Hertha BSC Berlin	3:1 (1:0)
12.	Sa 24.10.	15:30	Hertha BSC Berlin - Rot-Weiss Essen	1:1 (0:1)
13.	Sa 31.10.	15:30	Eintracht Frankfurt - Hertha BSC Berlin	1:3 (1:0)
14.	Sa 07.11.	15:30	Hertha BSC Berlin - Borussia M'gladbach	4:2 (2:0)
15.	Sa 14.11.	15:30	Hamburger SV - Hertha BSC Berlin	1:0 (0:0)
16.	Sa 28.11.	15:30	Hertha BSC Berlin - Hannover 96	0:0 (0:0)
17.	Fr 04.12.	20:00	Arminia Bielefeld - Hertha BSC Berlin	1:1 (1:1)
18.	Sa 23.01.	15:30	1. FC K'lautern - Hertha BSC Berlin	2:0 (0:0)
19.	Sa 30.01.	15:30	Hertha BSC Berlin - FC Bayern München	3:3 (1:2)
20.	Mi 03.03.	20:00	Rot-Weiß Oberhausen - Hertha BSC Berlin	1:1 (0:1)
21.	Sa 13.02.	15:30	Hertha BSC Berlin - FC Schalke 04	2:1 (1:0)
22.	Sa 27.02.	15:30	1. FC Köln - Hertha BSC Berlin	3:2 (1:0)
23.	Sa 06.03.	15:30	Hertha BSC Berlin - SV Werder Bremen	3:1 (2:0)
24.	Sa 13.03.	15:30	Eintracht Braunschweig - Hertha BSC Berlin	2:1 (2:1)
25.	Sa 20.03.	15:30	Hertha BSC Berlin - MSV Duisburg	3:1 (2:1)
26.	Sa 27.03.	15:30	VfB Stuttgart - Hertha BSC Berlin	1:1 (1:1)
27.	Sa 03.04.	15:30	Hertha BSC Berlin - Kickers Offenbach	3:1 (3:1)
28.	Sa 17.04.	15:30	Hertha BSC Berlin - Borussia Dortmund	5:2 (2:0)
29.	Sa 01.05.	15:30	Rot-Weiss Essen - Hertha BSC Berlin	0:3 (0:1)
30.	Sa 08.05.	15:30	Hertha BSC Berlin - Eintracht Frankfurt	6:2 (3:2)
31.	Fr 14.05.	20:00	Borussia M'gladbach - Hertha BSC Berlin	4:0 (2:0)
32.	Sa 22.05.	15:30	Hertha BSC Berlin - Hamburger SV	2:0 (0:0)
33.	Sa 29.05.	15:30	Hannover 96 - Hertha BSC Berlin	1:1 (1:0)
34.	Sa 05.06.	15:30	Hertha BSC Berlin - Arminia Bielefeld	0:1 (0:0)

Die DFB-Pokal-Spiele 1970/71

1. Runde:	Sa 12.12.	SG Wattenscheid 09 - Hertha BSC Berlin	1:2 (1:1)
Achtelfinale:	Sa 20.02.	Hertha BSC Berlin - Borussia M'gladbach	1:3 (0:1)

Die Messepokal-Spiele 1970/71

1. Runde:	Mi 16.09.	B 1901 Nykøbing - Hertha BSC Berlin	2:4 (1:2)
1. Runde:	Mi 30.09.	Hertha BSC Berlin - B 1901 Nykøbing	4:1 (1:1)
2. Runde:	Mi 21.10.	Hertha BSC Berlin - Spartak Trnava	1:0 (0:0)
2. Runde:	Mi 28.10.	Spartak Trnava - Hertha BSC Berlin	3:1 (2:0)

Eintracht Braunschweig

Die Saison 1970/71
Unverhoffte Wiedergeburt

Torwart Wolter liegt nach dem dritten Gladbacher Tor geschlagen im Netz (Borussia Mönchengladbach - Eintracht Braunschweig 3:1)

"Einen Platz besser als zuletzt" hatte der neue Trainer abschneiden wollen. Wie prachtvoll Braunschweig dann aber erblühte, erstaunte nicht nur Otto Knefler. Obwohl im Wesentlichen unverändert, nisteten sich die Löwen wie selbstverständlich oben ein und schienen zeitweilig sogar nach dem Titel zu trachten. Nach Platz 16 im letzten Jahr war der vierte Rang eine Sensation.

Die Saison begann mit einem Wechselbad. Im Auftaktspiel gegen Schalke überraschte Braunschweig mit ungewohntem Angriffsgeist, gab eine 3:1-Führung allerdings noch aus der Hand (3:3) und verlor gleich darauf noch in Köln (1:3). Ehe erneute Abstiegsangst ausbrach, besann sich die Mannschaft aber ihrer uralten Tugenden. Vier Spiele in Folge kassierte Braunschweig kein Gegentor und ließ sich auch von einem 0:1 in Berlin (7. Spieltag) nicht aus der Ruhe bringen. Es folgten drei Erfolge am Stück und damit die Etablierung in der erweiterten Spitzengruppe. Schon bis zur Winterpause kamen die Niedersachsen auf neun respektable Saisonerfolge, sieben davon ohne Gegentreffer, und damit auf die gleiche Anzahl wie nach der kompletten abgelaufenen Spielzeit. Schon jetzt war sich die Liga einig, dass die Eintracht wieder ernst zu nehmen war. Selbst die Deutsche Meisterschaft schien nicht zwingend ausgeschlossen.

Die Rückrunde verlief grundsätzlich turbulent und für Braunschweig auch im Besonderen. Bei klaren Siegen über Köln (3:1), Offenbach (3:0) oder auch Duisburg (5:0) blieb die Heimstärke jederzeit verlässlich. Auswärts nur waren die Löwen nicht mehr wehrhaft, konnten viel seltener als in der Hinrunde einmal überraschen. Zwei Pleiten hinterließen besonders tiefe Narben. Einmal das 2:5 in Frankfurt (27. Spieltag), dem alsbald der Verdacht der Manipulation nachhing, und vor allem eine 0:4-Lektion auf eigenem Platz, erteilt ausgerechnet vom alten Rivalen Hannover 96. Es blieb aber Braunschweigs einzige Heimniederlage, und trotz eines 1:4 in München war Platz vier auch schon vor dem letzten Spieltag gesichert. Auch deswegen wurde möglich, was die wiedererstarkten Löwen in keiner Weise nötig hatten. Mit dem verkauften letzten Heimspiel verhalfen sie Oberhausen zum Klassenerhalt (1:1) und brachten sich selbst damit auf Jahre hinaus in Schwierigkeiten.

Nach der gruseligen Vorsaison hatte die Eintracht es nicht eben schwer, positiv zu überraschen, allerdings hatte die Mannschaft sich kaum verändert. So waren es die alten Kämpen, die das Schiff wieder flott bekamen; allen voran Lothar Ulsaß, den man im Vorjahr noch als 'alternd' gebrandmarkt hatte und der nun wieder der unverwüstliche Antreiber und Torjäger war. Als Volltreffer erwies sich Dietmar Erler, von Dortmunds Ersatzbank in die Welfenstadt geholt, der auf Anhieb perfekt ins Gefüge passte. Sein Einbau sowie die Stärkung der altgedienten Defensivtugenden waren das große Verdienst des neuen Trainers Otto Knefler.

Der Verein 1970/71

Gegründet: 15.12.1895
Erfolge: **1x Deutscher Meister**: 1967
2x Nordmeister: 1908, 1913
Personen: Rudolf Müller (Präsident), Willi Staake (Vizepräsident), Hans-Otto Schröder (Schatzmeister), Margot Martini (Geschäftsführerin)
Stadion: Eintracht-Stadion, 38.000 Plätze, davon 1.653 überdachte und 2.287 unüberdachte Sitzplätze
Spielkleidung: Gelbes oder gelb-blau längsgestreiftes Hemd, blaue Hose, gelbe Stutzen
Abteilungen: Fußball, Handball, Hockey, Basketball, Wasserball, Tennis, Schwimmen, Turnen, Wintersport, Leichtathletik
Mitglieder: 2.800

Die Platzierungen der letzten fünf Jahre

Saison	Liga	Platz
1966/1967	1. Bundesliga	1.
1967/1968	1. Bundesliga	9.
1968/1969	1. Bundesliga	4.
1969/1970	1. Bundesliga	16.
1970/1971	1. Bundesliga	4.

Der Saisonverlauf 1970/71

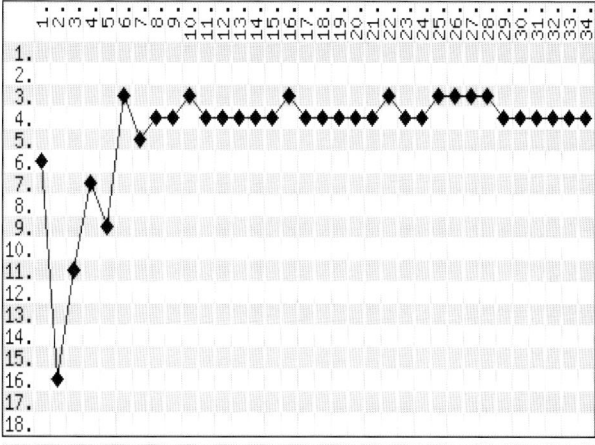

Der Trainer 1970/71

Otto Knefler
* 05.09.1923
† 30.10.1986

Rückbau aus Ruinen

Als Spieler war Otto Knefler weit und vielfältig herumgekommen, kickte für den SV Bernburg 09, Union und Turbine Halle, Werder Bremen und den VfR Heilbronn. Erfolgreich war er hierbei vor allem in Halle, wo er 1949 die Ostzonenmeisterschaft und drei Jahre später die DDR-Meisterschaft gewann. Auswahlspieler der DDR war er ebenfalls. Umtriebig gab sich Knefler danach auch als Trainer. Nach Anstellungen unter anderem in Neckarsulm, beim SV Ludweiler und Saar 05 Saarbrücken ließ er sich 1967 vom 1. FC Kaiserslautern in die Bundesliga locken. Nach ordentlicher Hinrunde sanken die Pfälzer jedoch immer tiefer in die Abstiegszone und wurden zudem von einer unheilvollen Verletztenschwemme erreicht. Knefler selbst erlitt in der Winterpause einen Herzkollaps, was die Verantwortlichen aber nicht davon abhielt, den gebürtigen Bernburger im März vor die Tür zu setzen. Knefler trat etwas kürzer, übernahm zeitweilig einen Regionalligisten und kehrte erst 1970 in die Bundesliga zurück, als Eintracht Braunschweig einen Nachfolger für Meistertrainer Helmuth Johannsen suchte. Die Fußstapfen waren Knefler nicht zu groß. Aus einem verstörten Fast-Absteiger bastelte er auf Anhieb wieder ein Spitzenteam und führte es gleich im ersten Jahr auf einen nicht erhofften vierten Rang.

Das Mannschaftsfoto 1970/71

Hintere Reihe von links: Trainer Knefler, Erler, Bittner, Ulsaß, Skrotzki, Bäse, Öller, Wolter, Haebermann, Gersdorff, Kaack, Lorenz, Elfert, Co-Trainer Patzig. Vorne: Gerwien, Grzyb, Deppe, Dimitrijevic, Haun, Saborowski, Merkhoffer, Polywka und Slodczyk

Der Bundesliga-Kader 1970/71

Name (Saison-Note)	Land	geboren	Spiele	Tore	Rot
Torwart					
Horst Wolter (3,3)	D	08.06.1942	25	0	0
Burkhardt Öller (3,0)	D	09.11.1942	9	0	0
Abwehr					
Wolfgang Grzyb (3,1)	D	29.07.1940	34	3	0
Franz Merkhoffer (3,2)	D	29.11.1946	34	2	0
Peter Kaack (3,3)	D	09.12.1943	28	0	0
Max Lorenz (3,4)	D	19.08.1939	24	0	0
Joachim Bäse (2,9)	D	02.09.1939	23	0	0
Mittelfeld					
Bernd Gersdorff (3,4)	D	18.11.1946	33	1	0
Lothar Ulsaß (2,9)	D	09.09.1940	32	18	0
Friedhelm Haebermann (3,7)	D	24.07.1946	25	2	0
Michael Polywka (4,1)	D	06.04.1944	21	2	0
Eberhard Haun (3,8)	D	01.10.1949	13	0	0
Gerhard Elfert (5,0)	D	06.09.1942	3	0	0
Angriff					
Jaro Deppe (3,8)	D	10.04.1948	30	11	0
Dietmar Erler (3,3)	D	07.04.1947	30	7	0
Rainer Skrotzki (4,4)	D	25.05.1945	27	2	0
Klaus Gerwien (4,1)	D	11.09.1940	23	1	0
Gerd Saborowski (3,6)	D	03.09.1943	10	2	0

Ab- und Zugänge / Nationalspieler 1970/71

Abgänge: Bernd Dörfel (Sevette Genf), Hartmut Weiß (VfB Stuttgart), Walter Schmidt (Sportinvalide), Erich Maas (FC Bayern München)
Zugänge: Dietmar Erler (Borussia Dortmund), Rainer Skrotzki (Wuppertaler SV), Eberhard Haun
Nationalspieler: Keine Nationalspieler

Die Bundesliga-Spiele 1970/71

Spieltag	Datum	Uhrzeit	Begegnung	Ergebnis
1.	Sa 15.08.	15:30	Eintracht Braunschweig - FC Schalke 04	3:3 (2:1)
2.	Sa 22.08.	15:30	1. FC Köln - Eintracht Braunschweig	3:1 (2:1)
3.	Fr 28.08.	20:00	Eintracht Braunschweig - SV Werder Bremen	1:0 (1:0)
4.	Sa 05.09.	15:30	Kickers Offenbach - Eintracht Braunschweig	0:2 (0:2)
5.	Fr 11.09.	20:00	MSV Duisburg - Eintracht Braunschweig	0:0 (0:0)
6.	Sa 19.09.	15:30	Eintracht Braunschweig - VfB Stuttgart	4:0 (3:0)
7.	Mi 23.09.	20:00	Hertha BSC Berlin - Eintracht Braunschweig	1:0 (1:0)
8.	Sa 26.09.	15:30	Eintracht Braunschweig - Borussia Dortmund	3:0 (2:0)
9.	Sa 03.10.	15:30	Rot-Weiss Essen - Eintracht Braunschweig	0:1 (0:1)
10.	Mi 07.10.	20:00	Eintracht Braunschweig - Eintracht Frankfurt	2:0 (0:0)
11.	Sa 10.10.	15:30	Borussia M'gladbach - Eintracht Braunschweig	3:1 (1:0)
12.	Sa 24.10.	15:30	Eintracht Braunschweig - Hamburger SV	4:1 (1:1)
13.	Sa 31.10.	15:30	Hannover 96 - Eintracht Braunschweig	1:0 (1:0)
14.	Sa 07.11.	15:30	Eintracht Braunschweig - Arminia Bielefeld	3:2 (1:1)
15.	Sa 14.11.	15:30	1. FC K'lautern - Eintracht Braunschweig	0:1 (0:0)
16.	Sa 28.11.	15:30	Eintracht Braunschweig - FC Bayern München	1:1 (0:0)
17.	Sa 05.12.	15:30	Rot-Weiß Oberhausen - Eintr. Braunschweig	1:0 (1:0)
18.	Sa 23.01.	15:30	FC Schalke 04 - Eintracht Braunschweig	1:0 (0:0)
19.	Sa 30.01.	15:30	Eintracht Braunschweig - 1. FC Köln	3:1 (0:1)
20.	Sa 06.02.	15:30	SV Werder Bremen - Eintracht Braunschweig	2:0 (1:0)
21.	Sa 13.02.	15:30	Eintracht Braunschweig - Kickers Offenbach	3:0 (1:0)
22.	Sa 27.02.	15:30	Eintracht Braunschweig - MSV Duisburg	5:0 (3:0)
23.	Sa 06.03.	15:30	VfB Stuttgart - Eintracht Braunschweig	1:1 (1:1)
24.	Sa 13.03.	15:30	Eintracht Braunschweig - Hertha BSC Berlin	2:1 (2:1)
25.	Sa 20.03.	15:30	Borussia Dortmund - Eintracht Braunschweig	1:1 (0:1)
26.	Sa 27.03.	15:30	Eintracht Braunschweig - Rot-Weiss Essen	1:0 (1:0)
27.	Sa 03.04.	15:30	Eintracht Frankfurt - Eintracht Braunschweig	5:2 (3:1)
28.	Sa 17.04.	15:30	Eintracht Braunschweig - Borussia M'gladbach	1:1 (1:1)
29.	Sa 01.05.	15:30	Hamburger SV - Eintracht Braunschweig	2:1 (1:1)
30.	Sa 08.05.	15:30	Eintracht Braunschweig - Hannover 96	0:4 (0:2)
31.	Sa 15.05.	15:30	Arminia Bielefeld - Eintracht Braunschweig	0:1 (0:1)
32.	Sa 22.05.	15:30	Eintracht Braunschweig - 1. FC K'lautern	2:0 (0:0)
33.	Sa 29.05.	15:30	FC Bayern München - Eintracht Braunschweig	4:1 (2:0)
34.	Sa 05.06.	15:30	Eintr.Braunschweig - Rot-Weiß Oberhausen	1:1 (1:0)

Die DFB-Pokal-Spiele 1970/71

| 1. Runde: | Sa 12.12. | | Tasmania 1900 Berlin - Eintr. Braunschweig | 1:0 (0:0) |

Hamburger SV

Die Saison 1970/71
Der gefühlte Absturz

Mit versteinerten Gesichtern gingen Hönig (links) und Uwe Seeler nach dem Debakel von Oberhausen vom Feld (RW Oberhausen - Hamburger SV 8:1)

Dass dies die beste Saison der Hamburger Bundesligageschichte werden würde, stand zeitweise gewaltig in Frage. Hinein und hinaus kamen die Hanseaten insgesamt sehr ordentlich. Dazwischen aber lag ein schauriger Herbst.

Der HSV startete quasi verspätet in die Saison, denn beim ersten Spiel in Frankfurt (0:0) passierte überhaupt nichts. Meister Gladbach dann jedoch einen Punkt abzuringen (2:2) und mit zwei Folgesiegen direkt auf Rang drei zu springen, stimmte die Anhänger zukunftsfroh. Zumindest etwas ärgern schien man die Spitzenteams dieses Jahr zu können. Dann aber begann, was man so an der Alster noch nicht kannte. Ein Cocktail aus Verletzungen und Niederlagen führte zum ungebremsten Absturz, beginnend mit einem 0:2 am Betzenberg (6. Spieltag) und erst endend mit einem 1:4 in Braunschweig, gute fünf Wochen später. Dazwischen lagen nicht nur fünf Pleiten am Stück, sondern vor allem die schmerzhaften Klatschen gegen Bayern München (1:5) und Rot-Weiß Oberhausen (1:8), das bis dahin überhaupt noch nicht gewonnen hatte und vier Tage später sofort am Bökelberg verlor - mit 0:6. Hamburg rauschte tief in den Keller und zweifelte an sich selbst. Erst das Nachholspiel gegen Offenbach (3:2) beendete den Spuk, und nach fünf weiteren ungeschlagenen Spielen stand der HSV zu Weihnachten immerhin schon wieder im Mittelfeld.

Konstanz blieb für die Hanseaten ein Fremdwort, zwischen Rang sieben und elf aber pendelten sie sich bis auf Weiteres ein. Grundsätzlich wusste man, woran man beim HSV war, denn auf dem Rücken der nachfolgenden Klubs machte er meist wieder wett, was er von den oberen Teams auf die Nase bekam. Keine Chance hatte er etwa am Bökelberg (0:3), in Berlin (0:2) oder auf Schalke (1:3). Gegen die Bayern setzte es sogar eine zweite Tracht Prügel (6:2), wogegen das Rückspiel gegen RWO zumindest nicht verloren wurde (0:0). Insgesamt wurde es eine sehr gute Rückserie mit fünf Punkten mehr auf dem Konto als nach der gruseligen Hinrunde. Dank eines strammen Zieleinlaufs kam sogar noch Platz fünf dabei herum und damit eine nicht mehr erwartete Verbesserung um einen Rang zur eigentlich viel solideren Vorsaison.

Die Merkwürdigkeiten der Hamburger Spielzeit spiegelten sich allein im Torverhältnis wider: minus neun. Nicht aber nur deswegen schien Platz fünf das oberste Ende der Fahnenstange. Özcan, Schulz, Kurbjuhn, Seeler, Dörfel - sie alle hatten die 30 längst überschritten und waren noch immer unverzichtbare Größen. Besonders, wenn Seeler einmal ausfiel oder in der größten Not gar in der Abwehr mit aushalf, waren die Verschleißzeichen nicht zu übersehen; auch drängte sich von den Neuzugängen bis auf Ripp niemand nachhaltig auf. Platz fünf und mit ihm das Europapokalticket verleiteten daher nicht unbedingt zum Träumen.

Der Verein 1970/71

Gegründet: 29.09.1887
Erfolge: **3x Deutscher Meister:** 1922 (auf Titel verzichtet), 1923, 1928, 1960
3x Deutscher Vize-Meister: 1924, 1957, 1958
1x DFB-Pokal: 1963
2x DFB-Pokal-Vize: 1956, 1967
25x Nordmeister: 1921-1925, 1928, 1929, 1931-1933, 1948-1953, 1955-1963
1x Pokal der Pokalsieger, 2. Platz: 1968
Personen: Dr. Horst Barrelt (1. Vors.), Ernst Naumann (2. Vors.), Helmut Kallmann (Schatzmeister), Günther Mahlmann (Geschäftsf.)
Stadion: Volkspark-Stadion, 71.000 Plätze (31.000 Sitzplätze, davon 12.000 überdacht)
Spielkleidung: Weißes Hemd, rote Hose, blaue Stutzen
Abteilungen: Fußball, Handball, Rugby, Bowling, Leichtathletik, Hockey, Tischtennis, Basketball, Badminton, Schach, Volleyball, Schwimmen, Gymnastik, Turniertanz, Moderner Fünfkampf, Eishockey, Kinderturnen
Mitglieder: 3.700

Die Platzierungen der letzten fünf Jahre

Saison	Liga	Platz
1966/1967	1. Bundesliga	14.
1967/1968	1. Bundesliga	13.
1968/1969	1. Bundesliga	6.
1969/1970	1. Bundesliga	6.
1970/1971	1. Bundesliga	5.

Der Saisonverlauf 1970/71

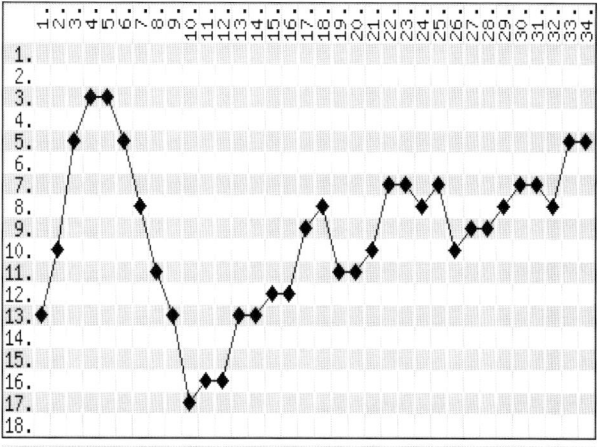

Der Trainer 1970/71

Klaus-Dieter Ochs
* 31.10.1939

Benjamin der Liga

Das Interesse am Fußball kam nicht von ungefähr, sondern vom Vater, der Spieler beim LSV Hamburg und später Trainer in Sodingen, Wattenscheid und Osnabrück gewesen war. Der Sohnemann erlebte eine ähnliche und für die damalige Zeit recht steile Karriere. Beim Ruhrverein SV Höntrop diente er sich als Spieler durch sämtliche Jugendauswahlen, bis hin zur ersten Mannschaft. Denkbar früh schlug Ochs dann eine Übungsleiterlaufbahn ein, erwarb mit kaum 27 Jahren die Trainerlizenz an der Sporthochschule Köln unter Lehrgangsleiter Weisweiler höchstpersönlich. Nach einer Anstellung als Jugendtrainer bei Borussia Dortmund kam Ochs 1968 zum HSV und wurde Assistent des altgedienten Georg Knöpfle. Als dieser seinen Hut nahm, stand plötzlich Ochs in der Verantwortung und war zwar jünger als vieler seiner Führungsspieler, lenkte die Mannschaft aber durch unruhige Gewässer noch in einen vorzeigbaren Hafen.

Das Mannschaftsfoto 1970/71

Hintere Reihe von links: Trainer Ochs, Kurbjuhn, Klier, Uwe Seeler, H. Schulz, Girschkowski, Özcan, Hönig, Ripp, Hellfritz, Nogly. Vorne: Krämer, Dringelstein, Pötzschke, Zaczyk, Beyer, Gert Dörfel, Sandmann, W. Schulz und Bonn

Der Bundesliga-Kader 1970/71

Name (Saison-Note)	Land	geboren	Spiele	Tore	Rot
Torwart					
Arkoc Özcan (2,7)	TUR	02.10.1939	31	0	0
Gert Girschkowski (3,3)	D	23.11.1944	4	0	0
Abwehr					
Helmut Sandmann (3,3)	D	21.12.1944	32	1	0
Hans-Jürgen Ripp (3,4)	D	24.06.1946	28	0	0
Jürgen Kurbjuhn (3,0)	D	26.07.1940	27	1	0
Hans-Werner Kremer (3,5)	D	17.10.1945	14	0	0
Willi Schulz (3,3)	D	04.10.1938	14	0	0
Heinz Bonn (3,5)	D	27.01.1947	11	0	0
Mittelfeld					
Franz-Josef Hönig (3,2)	D	10.07.1942	32	13	0
Klaus Zaczyk (2,8)	D	25.05.1945	32	9	0
Peter Nogly (3,4)	D	14.01.1947	26	6	0
Hans-Jürgen Hellfritz (3,8)	D	25.09.1947	22	0	0
Wolfgang Kampf (2,5)	D	06.05.1949	3	0	0
Claus-Dieter Kröger (4,0)	D	26.12.1949	1	0	0
Walter Volkert (4,0)	D	21.09.1948	1	0	0
Angriff					
Charly Dörfel (3,5)	D	18.09.1939	30	6	0
Uwe Seeler (3,1)	D	05.11.1936	25	9	0
Gerd Klier (3,9)	D	16.01.1944	24	4	0
Hans Schulz (3,5)	D	04.12.1942	22	1	0
Siegfried Beyer (4,0)	D	18.07.1943	13	2	0
Robert Pötzschke (3,9)	D	28.08.1949	13	0	0
Hans-Peter Gummlich (-)	D	06.04.1950	1	0	0
Jürgen Dringelstein (-)	D	06.12.1946	0	0	0

Ab- und Zugänge / Nationalspieler 1970/71

Abgänge: Norbert Hof (Wiener SK), Klaus Fock (Barmbek-Uhlenhorst), Björn Moldenhauer (remateurisiert), Hubert Schöll (reamateurisiert), Jürgen Seifert

Zugänge: Gerd Klier (FC 1908 Villingen), Heinz Bonn (Wuppertaler SV), Hans-Jürgen Ripp (SC Sperber Hamburg), Hans-Peter Gummlich (eigene Amateure), Wolfgang Kampf, Walter Volkert

Nationalspieler: Uwe Seeler (1 Spiel/0 Tore)

Die Bundesliga-Spiele 1970/71

Spieltag	Datum	Uhrzeit	Begegnung	Ergebnis
1.	Sa 15.08.	15:30	Eintracht Frankfurt - Hamburger SV	0:0 (0:0)
2.	Sa 22.08.	15:30	Hamburger SV - Borussia M'gladbach	2:2 (0:2)
3.	Mi 28.10.	20:00	Hamburger SV - Kickers Offenbach	3:2 (2:1)
4.	Sa 05.09.	15:30	Hannover 96 - Hamburger SV	0:3 (0:2)
5.	Sa 12.09.	15:30	Hamburger SV - Arminia Bielefeld	3:2 (2:0)
6.	Sa 19.09.	15:30	1. FC K'lautern - Hamburger SV	2:0 (1:0)
7.	Mi 23.09.	20:00	Hamburger SV - FC Bayern München	1:5 (1:3)
8.	Sa 26.09.	15:30	Rot-Weiß Oberhausen - Hamburger SV	8:1 (4:1)
9.	Sa 03.10.	15:30	Hamburger SV - FC Schalke 04	1:2 (0:1)
10.	Mi 07.10.	20:00	1. FC Köln - Hamburger SV	3:0 (1:0)
11.	Sa 10.10.	15:30	Hamburger SV - SV Werder Bremen	1:1 (0:0)
12.	Sa 24.10.	15:30	Eintracht Braunschweig - Hamburger SV	4:1 (1:1)
13.	Sa 31.10.	15:30	Hamburger SV - MSV Duisburg	2:0 (0:0)
14.	Sa 07.11.	15:30	VfB Stuttgart - Hamburger SV	3:3 (2:0)
15.	Sa 14.11.	15:30	Hamburger SV - Hertha BSC Berlin	0:0 (0:0)
16.	Sa 28.11.	15:30	Borussia Dortmund - Hamburger SV	1:1 (0:1)
17.	Sa 05.12.	15:30	Hamburger SV - Rot-Weiss Essen	2:1 (0:0)
18.	Sa 23.01.	15:30	Hamburger SV - Eintracht Frankfurt	3:0 (1:0)
19.	Sa 30.01.	15:30	Borussia M'gladbach - Hamburger SV	3:0 (0:0)
20.	Sa 06.02.	15:30	Kickers Offenbach - Hamburger SV	3:3 (0:1)
21.	Sa 13.02.	15:30	Hamburger SV - Hannover 96	1:0 (1:0)
22.	Sa 27.02.	15:30	Arminia Bielefeld - Hamburger SV	1:1 (0:1)
23.	Fr 05.03.	20:00	Hamburger SV - 1. FC K'lautern	5:2 (2:1)
24.	Sa 13.03.	15:30	FC Bayern München - Hamburger SV	6:2 (3:1)
25.	Sa 20.03.	15:30	Hamburger SV - Rot-Weiß Oberhausen	0:0 (0:0)
26.	Sa 27.03.	15:30	FC Schalke 04 - Hamburger SV	3:1 (1:0)
27.	Fr 02.04.	20:00	Hamburger SV - 1. FC Köln	2:0 (1:0)
28.	Sa 17.04.	15:30	SV Werder Bremen - Hamburger SV	2:2 (1:0)
29.	Sa 01.05.	15:30	Hamburger SV - Eintracht Braunschweig	2:1 (1:1)
30.	Fr 07.05.	20:00	MSV Duisburg - Hamburger SV	2:2 (1:1)
31.	Sa 15.05.	15:30	Hamburger SV - VfB Stuttgart	1:0 (1:0)
32.	Sa 22.05.	15:30	Hertha BSC Berlin - Hamburger SV	2:0 (1:0)
33.	Sa 29.05.	15:30	Hamburger SV - Borussia Dortmund	2:1 (2:1)
34.	Sa 05.06.	15:30	Rot-Weiss Essen - Hamburger SV	1:3 (0:0)

Die DFB-Pokal-Spiele 1970/71

1. Runde:	Sa 12.12.	Hannover 96 - Hamburger SV	2:3 n.V.
Achtelfinale:	Sa 20.02.	Hamburger SV - Borussia Dortmund	3:1 n.V.
Viertelfinale:	Do 08.04.	1. FC Köln - Hamburger SV	2:0 (0:0)

Die Messepokal-Spiele 1970/71

1. Runde:	Mi 02.09.	La Gantoise - Hamburger SV	0:1 (0:1)
1. Runde:	Di 15.09.	Hamburger SV - La Gantoise	7:1 (3:0)
2. Runde:	Mi 21.10.	Dinamo Zagreb - Hamburger SV	4:0 (2:0)
2. Runde:	Mi 04.11.	Hamburger SV - Dinamo Zagreb	1:0 (1:0)

FC Schalke 04

Die Saison 1970/71
Makel für die Ewigkeit

Nigbur wirft sich Gecks entgegen und schnappt sich das Leder. Am Ende hatten die Offenbacher jedoch das bessere Ende für sich (Schalke 04 - Kickers Offenbach 1:2)

Schon oft hatte der Altmeister für Kopfschütteln gesorgt, in solch einem Ausmaß aber noch nie. Unter mitreißender Begeisterung spielte Königsblau auf, glänzte in der Abwehr genau wie im Angriff und gelangte Mitte der Rückrunde an einen Scheideweg. Dort aber wurde die Jugend zum Laster. Statt ernsthaft nach der Schale zu greifen, entschied sich die Mannschaft fürs schnelle Geld - und stürzte die Liga in den Abgrund.

Platz elf nach den ersten vier Runden roch zwar nach einem Fehlstart, doch hatte Schalke bis hierhin bereits imponiert. Gleich die Eröffnung nutzten die Knappen für ein Ausrufezeichen, lagen in Braunschweig schon mit 1:3 in Rückstand und holten trotzdem noch einen Punkt. Zum Markenzeichen wurde nicht nur die Unbekümmertheit, sondern auch die seltene Gabe, nach Rückschlägen sofort wieder aufzustehen; kein Mal in der Hinrunde verlor Schalke zwei Spiele am Stück. Nach einem ordentlichen 0:0 gegen Gladbach (8. Spieltag) trat Königsblau kräftig in die Pedale, holte acht Punkte aus vier Begegnungen und tauchte offiziell in die Spitzengruppe ein. Ausgerechnet eine der besten Saisonleistungen, ein rätselhaftes 0:3 bei den Bayern, machte den Träumen vorerst ein Ende. Trotzdem: Rang drei zum Ende der Hinrunde stand den Knappen gut zu Gesicht.

Der Rest der Saison bestand aus zwei Hälften, von denen die hintere nicht nur den Anhang vergrätzte, sondern sogar Existenzen zerstörte. Ungebremst rannte Schalke zunächst an. Direkte Duelle in Berlin (1:2) und auf dem Bökelberg (0:2) gingen zwar verloren, die Restsiege aber reichten dafür aus, um im Schatten der Großen dauerhaft auf den großen Sprung zu lauern. Am 17. April änderte sich dann alles. Ligaweit hatten Gerüchte schon länger gewabert, niemand aber ließ sich so geschlossen in die Dunkelheit ziehen wie an diesem Nachmittag die Knappen: Statt Vollgas in Richtung Titel zu geben, verkaufte Schalke die Punkte an Aufsteiger Bielefeld (0:1). Nichts war anschließend mehr wie vorher, denn mit seiner Ehre hatte Königsblau auch völlig den Faden verloren. Vier Pleiten in Folge schlossen sich an, gipfelnd im 1:2 gegen Offenbach vor kaum mehr 5.000 zahlenden Zuschauern. Erfolglos und blutleer landete der Ruhrklub schließlich auf Platz sechs, verlor die halbe Mannschaft an den Strafrichter und musste froh sein, nicht obendrein abzusteigen.

Klammerte man das letzte Viertel aus, dann machte Schalke seinen Fans große Freude, schloss mit der besten Saisonplatzierung und verpasste auch nur knapp das DFB-Pokalfinale. Rudi Gutendorf musste zwar nach vier Spielen schon gehen, seinem Ruf als "Riegel-Rudi" wurde er aber in keiner Weise gerecht. Unbekümmert, variabel und frech war das Spiel der Knappen, mit Fichtel als Säule in der Abwehr und Klaus Fischer als auf Anhieb bestem Stürmer. Rolf Rüssmann schaffte in dieser Saison den Durchbruch. Und Libuda erreichte die Form seines Lebens.

Der Verein 1970/71

Gegründet: 04.05.1904
Erfolge: **7x Deutscher Meister**: 1934, 1935, 1937, 1939, 1940, 1942, 1958
3x Deutscher Vize-Meister: 1933, 1938, 1941
1x DFB-Pokal: 1937
6x DFB-Pokal-Vize: 1935, 1936, 1941, 1942, 1955, 1969
6x Westmeister: 1929, 1930, 1932, 1933, 1951, 1958
Personen: Günter Siebert (1. Vors.), Heinrich Orzewalla (2. Vors.), Heinz Aldenhoven (Schatzmeister), Hans Hörstermann (Geschäftsführer)
Stadion: Glückauf-Kampfbahn, 38.330 Plätze (7.000 Sitzplätze, davon 1.600 überdacht)
Spielkleidung: Blaues Hemd, weiße oder blaue Hose, blau-weiße Stutzen
Abteilungen: Fußball, Handball, Leichtathletik, Tischtennis, Boxen
Mitglieder: 2.860

Die Platzierungen der letzten fünf Jahre

Saison	Liga	Platz
1966/1967	1. Bundesliga	15.
1967/1968	1. Bundesliga	15.
1968/1969	1. Bundesliga	7.
1969/1970	1. Bundesliga	9.
1970/1971	1. Bundesliga	6.

Der Saisonverlauf 1970/71

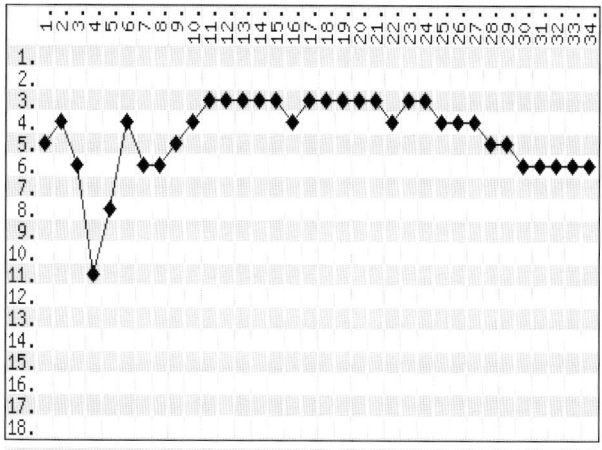

Die Trainer 1970/71

Rudolf Gutendorf bis 07.09.70
* 30.08.1926
Slobodan Cendic ab 08.09.70
* 28.08.1938

Früh genug entlassen

"Rudi" Gutendorf war mit 42 Jahren schon ein alter Hase, als er zu den Knappen kam. Bereits zu seiner Oberligazeit beim TuS Neuendorf war er nebenbei als Trainer tätig, erwarb bald die Lizenz und sammelte noch vor dem Startschuss der Bundesliga Auslands-Erfahrungen. Als die Liga dann losging, war Rudi Gutendorf dabei. Völlig überraschend holte er mit dem MSV Duisburg die Vize-Meisterschaft und erlangte wegen seiner Defensivtaktik den Spitznamen "Riegel-Rudi". Nach anderthalb Jahren ging er zum VfB Stuttgart, den er drei Spielzeiten lang im Mittelfeld hielt. Es folgten Anstellungen in Amerika und auf den Bermudas, ehe er 1969 zum FC Schalke kam. Trotz wechselhafter Leistungen wurde die sportliche Lage nie bedrohlich, wohl aber der Zwist mit Präsident Siebert, in dem Gutendorf einen erbitterten Erzfeind gefunden hatte. Schalke wurde Neunter und der Sprengstoff vorerst entschärft. Nach der ersten Pleite der neuen Saison setzte Siebert den Trainer dann vor die Tür und ersparte ihm unfreiwillig Schlimmeres. Nachfolger Cendic fehlte die wichtige Lizenz, weshalb er dem Präsidenten nur als Handpuppe diente. Der sportliche Erfolg trug dennoch seine Handschrift.

Das Mannschaftsfoto 1970/71

Hintere Reihe von links: Becher, Fichtel, Pohlschmidt, van Haaren, Rüßmann, Scheer, Galbierz, Wittkamp, Co-Trainer Cendic. Mitte: Rausch, Sobieray, Trainer Gutendorf, Pfeiffer, Senger, Pirkner, Libuda, Betreuer Lichtenfeld. Vorne: Fischer, van den Berg, Beverungen, Burdenski, Nigbur, Kuzmierz, Hausmann, Lütkebohmert und Wüst

Der Bundesliga-Kader 1970/71

Name (Saison-Note)	Land	geboren	Spiele	Tore	Rot
Torwart					
Norbert Nigbur (2,8)	D	08.05.1948	31	0	0
Dieter Burdenski (2,0)	D	26.11.1950	3	0	0
Abwehr					
Rolf Rüssmann (3,0)	D	13.10.1950	34	3	0
Jürgen Sobieray (3,6)	D	02.11.1950	29	0	0
Klaus Fichtel (2,7)	D	19.11.1944	29	1	0
Hans-Jürgen Wittkamp (3,2)	D	23.07.1947	20	5	0
Hans-Jürgen Becher (3,7)	D	21.09.1941	18	0	0
Jürgen-Michael Galbierz (3,9)	D	07.02.1950	9	0	0
Friedel Rausch (3,9)	D	27.02.1940	9	0	0
Klaus Senger (3,7)	D	19.10.1945	6	0	0
Mittelfeld					
Herbert Lütkebohmert (3,6)	D	24.03.1948	34	1	0
Heinz van Haaren (3,6)	NL	03.06.1940	32	3	0
Klaus Scheer (3,5)	D	04.10.1950	31	4	0
Manfred Pohlschmidt (4,1)	D	27.08.1940	16	1	0
Klaus Beverungen (4,0)	D	24.09.1951	8	1	0
Karl-Heinz Kuzmierz (3,0)	D	20.09.1946	2	0	0
Angriff					
Klaus Fischer (4,0)	D	27.12.1949	34	15	0
Reinhard Libuda (3,5)	D	10.10.1943	31	5	0
Hans Pirkner (4,3)	A	25.03.1946	30	3	0
Alban Wüst (4,3)	D	31.07.1947	18	1	0
Reinhard Pfeiffer (-)	D	25.08.1951	1	0	0

Ab- und Zugänge / Nationalspieler 1970/71

Abgänge: Josef Elting (1. FC Kaiserslautern), Hermann Erlhoff (Rot-Weiss Essen), Waldemar Slomiany (Arminia Bielefeld), Gerhard Neuser (Sportfreunde Siegen), Rudi Trumpfheller

Zugänge: Klaus Fischer (TSV 1860 München), Reinhard Pfeiffer (TuS Altrip), Klaus Beverungen (Heßler 06), Karl-Heinz Kuzmierz

Nationalspieler: Reinhard Libuda (4 Spiele/0 Tore), Klaus Fichtel (2/0)

Die Bundesliga-Spiele 1970/71

Spieltag	Datum	Uhrzeit	Begegnung	Ergebnis
1.	Sa 15.08.	15:30	Eintracht Braunschweig - FC Schalke 04	3:3 (2:1)
2.	Sa 22.08.	15:30	FC Schalke 04 - MSV Duisburg	1:0 (0:0)
3.	Fr 28.08.	20:00	VfB Stuttgart - FC Schalke 04	1:1 (1:0)
4.	Sa 05.09.	15:30	FC Schalke 04 - Hertha BSC Berlin	0:1 (0:0)
5.	Sa 12.09.	15:30	Borussia Dortmund - FC Schalke 04	1:2 (1:2)
6.	Sa 19.09.	15:30	FC Schalke 04 - Rot-Weiss Essen	4:1 (2:1)
7.	Mi 23.09.	20:00	Eintracht Frankfurt - FC Schalke 04	1:0 (1:0)
8.	Sa 26.09.	15:30	FC Schalke 04 - Borussia M'gladbach	0:0 (0:0)
9.	Sa 03.10.	15:30	Hamburger SV - FC Schalke 04	1:2 (0:1)
10.	Mi 07.10.	20:00	FC Schalke 04 - Hannover 96	3:0 (1:0)
11.	Sa 10.10.	15:30	Arminia Bielefeld - FC Schalke 04	0:3 (0:2)
12.	Sa 24.10.	15:30	FC Schalke 04 - 1. FC K'lautern	2:0 (2:0)
13.	Do 29.10.	20:00	FC Bayern München - FC Schalke 04	3:0 (1:0)
14.	Sa 07.11.	15:30	FC Schalke 04 - Rot-Weiß Oberhausen	2:0 (2:0)
15.	Sa 14.11.	15:30	Kickers Offenbach - FC Schalke 04	0:1 (0:0)
16.	Sa 28.11.	15:30	1. FC Köln - FC Schalke 04	2:0 (0:0)
17.	Sa 05.12.	15:30	FC Schalke 04 - SV Werder Bremen	0:0 (0:0)
18.	Sa 23.01.	15:30	FC Schalke 04 - Eintracht Braunschweig	1:0 (0:0)
19.	Sa 30.01.	15:30	MSV Duisburg - FC Schalke 04	1:0 (0:0)
20.	Sa 06.02.	15:30	FC Schalke 04 - VfB Stuttgart	2:1 (0:0)
21.	Sa 13.02.	15:30	Hertha BSC Berlin - FC Schalke 04	2:1 (1:0)
22.	Sa 27.02.	15:30	FC Schalke 04 - Borussia Dortmund	0:0 (0:0)
23.	Fr 05.03.	20:00	Rot-Weiss Essen - FC Schalke 04	1:3 (0:0)
24.	Sa 13.03.	15:30	FC Schalke 04 - Eintracht Frankfurt	4:1 (3:1)
25.	Sa 20.03.	15:30	Borussia M'gladbach - FC Schalke 04	2:0 (2:0)
26.	Sa 27.03.	15:30	FC Schalke 04 - Hamburger SV	3:1 (1:0)
27.	Sa 03.04.	15:30	Hannover 96 - FC Schalke 04	3:0 (1:0)
28.	Sa 17.04.	15:30	FC Schalke 04 - Arminia Bielefeld	0:1 (0:0)
29.	Fr 30.04.	20:00	1. FC K'lautern - FC Schalke 04	2:0 (0:0)
30.	Sa 08.05.	15:30	FC Schalke 04 - FC Bayern München	1:3 (1:1)
31.	Sa 15.05.	15:30	Rot-Weiß Oberhausen - FC Schalke 04	4:1 (1:1)
32.	Sa 22.05.	15:30	FC Schalke 04 - Kickers Offenbach	1:2 (0:2)
33.	Sa 29.05.	15:30	FC Schalke 04 - 1. FC Köln	2:2 (0:0)
34.	Sa 05.06.	15:30	SV Werder Bremen - FC Schalke 04	0:1 (0:0)

Die DFB-Pokal-Spiele 1970/71

1. Runde:	Sa 12.12.	VfL Wolfsburg - FC Schalke 04	2:2 n.V.
1. Runde:	Mi 23.12.	FC Schalke 04 - VfL Wolfsburg	4:2 n.E.
Achtelfinale:	Sa 20.02.	FC Schalke 04 - VfR Heilbronn	4:0 (1:0)
Viertelfinale:	Mi 07.04.	FC Schalke 04 - Rot-Weiß Oberhausen	1:0 (0:0)
Halbfinale:	Mi 12.05.	FC Schalke 04 - 1. FC Köln	2:3 (2:0)

MSV Duisburg

Die Saison 1970/71
Aufschwung nach Rezept

Roth versucht den Kopfball, aber Torhüter Danner greift sich den Ball sicher (MSV Duisburg - Bayern München 2:0)

Den Warnschuss aus der Vorsaison hatte das Präsidium ernst genommen und dieses Mal nicht die halbe Mannschaft verkauft. Heraus kam eine Spielzeit fast ohne jede Sorge. Dank seiner einbruchsicheren Heimfestung schwang sich Meiderich am Ende sogar noch zum Meistermacher auf.

In den ersten Wochen trotteten die Zebras in der Liga nur nebenher, verloren auf Schalke, gewannen in Bremen, hielten sich sonst aber gut versteckt und spielten gleich zwei der ersten drei Heimbegegnungen torlos. Erst mit einem 1:5 in Dortmund (9. Spieltag) nahm man von Duisburg richtig Notiz, auch ragte das Debakel deshalb heraus, weil sämtliche Spiele der Hinrunde denkbar knapp endeten. Noch ohne echtes Gesicht sperrte Meiderich dann im Winter den Laden zu, hatte siebenmal remisiert, nur vier Mal gewonnen und gerade 13 magere Treffer erzielt. Eine Überraschung war der MSV bis hierhin nicht.

Dass die Spielzeit wieder im Keller enden würde, war alsbald allerdings auszuschließen. Mit zwei Zu-Null-Siegen kamen die Zebras aus der Pause, bissen sich im soliden Tabellenbereich fest und wurden als Mannschaft auch immer interessanter. Duisburg versuchte mitzuspielen, kehrte ab vom reinen Sicherheitsgedanken und nahm Rückschläge wie ein 0:5 in Braunschweig dafür in Kauf. Die Zuschauer dankten es, bekamen kaum mehr Spiele mit einem oder gar keinem Tor angeboten, sondern auch schon mal ein launiges 4:3 gegen Dortmund, das die Liga noch tagelang begeisterte. Das 4:1 über Bielefeld (32. Runde) indes geriet später ins Fadenkreuz der Skandalermittler. Nichtsdestotrotz legte Duisburg eine fabelhafte Rückrunde hin, warf gerade zu Hause ein Team nach dem anderen auf die Matte und landete mit insgesamt zwölf Siegen und immerhin noch 30 erzielten Toren auf einem ehrenhaften siebten Rang, der besten Platzierung der ganzen Saison. Während anderswo Partien verschoben wurden, nutzte Meiderich den Kehraus noch zum großen Paukenschlag. Am 34. Spieltag kamen die Bayern an die Wedau und konnten mit einem Sieg Deutscher Meister werden. Auch das letzte Heimspiel gab Duisburg aber nicht verloren, zwang die Münchener mit 2:0 in die Knie und verhalf ausgerechnet dem Westrivalen Mönchengladbach zur erfolgreichen Titelverteidigung.

"Wir sind um etliche Grade stärker als im Vorjahr", hatte Vizepräsident Märzheuser behauptet und damit ohne Frage Recht behalten. Im Vorstand hatte man umgedacht. Statt wie so oft rein wirtschaftlich zu denken, schlug Meiderich diesmal selbst auf dem Spielermarkt zu und fand in Kentschke, Danner und Linßen optimale Verstärkungen. Die starke Abwehr wurde so besser entlastet, zudem knipste Rainer Budde (13) weit zuverlässiger als im Vorjahr. Gerhard Kentschke und Volker Danner ließen sich in den Skandal verwickeln, dafür ging mit Bernhard Dietz ein echter Stern am Fußballhimmel auf.

Der Verein 1970/71

Gegründet: 17.09.1902
Erfolge: **1x Deutscher Vize-Meister**: 1964
1x DFB-Pokal-Vize: 1966
Personen: Wilhelm Tiefenbach (Präsident), Paul Märzheuser (Vizepräsident), Wilhelm Tofahrn (Schatzmeister), Erich Heß (Geschäftsführer)
Stadion: Wedaustadion, 36.853 Plätze (9.693 Sitzplätze)
Spielkleidung: Blau-weiß quergestreiftes Hemd, weiße Hose, weiße Stutzen
Abteilungen: Fußball, Leichtathletik, Turnen, Handball, Hockey, Boxen
Mitglieder: 2.200

Die Platzierungen der letzten fünf Jahre

Saison	Liga	Platz
1966/1967	1. Bundesliga	11.
1967/1968	1. Bundesliga	7.
1968/1969	1. Bundesliga	12.
1969/1970	1. Bundesliga	15.
1970/1971	1. Bundesliga	7.

Der Saisonverlauf 1970/71

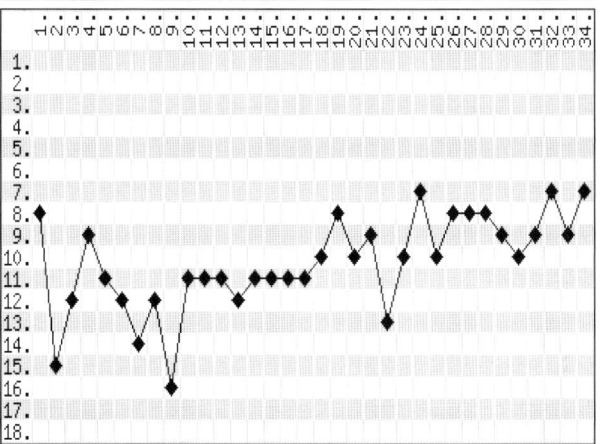

Der Trainer 1970/71

Rudolf Faßnacht
* 28.12.1934
† 25.07.2000

Symbol der Erneuerung

Beim VfB Stuttgart, der TSG Ulm 46, Hannover 96 und Bayer Leverkusen war Rudi Faßnacht als Spieler aktiv gewesen, ehe er sich für den Beruf des Trainers begeistern ließ, für längere Zeit aber nur kleine Brötchen buk. Die SG Schwenningen wurde eine seiner früheren Stationen, anschließend arbeitete Faßnacht in Ebingen und bei Holstein Kiel sowie dem FC 08 Villingen, wo er schließlich genug überzeugte, um ins Visier eines Bundesligisten zu geraten. Beim MSV Duisburg hatte hoher Trainerverschleiß Tradition, deshalb waren die Fans auch nicht zu euphorisch, als zur Saison 1970/71 der sechste Übungsleiter im derweil achten Bundesligajahr vorgestellt wurde. Faßnacht stand Pate für eine Modernisierung, allein weil er mit 35 Lenzen gute 14 Jahre jünger war als Vorgänger Gebhardt, unter dem der MSV beinahe abgestiegen wäre. Der neue Mann hatte es einfacher als viele vor ihm, da er weniger umbauen musste und gar hochkarätige Neuzugänge als Mitgift bekam. Trotzdem überzeugte Faßnacht auch fachlich, baute das Haus von unten auf, indem er als erstes die Abwehr und mit wachsender Punktzahl dann den Rest der Mannschaft verleimte. Spätestens in der Rückrunde konnte man den Zebras bereits beim Wachsen zusehen, und mit Platz sieben gelang das beste Ergebnis seit langem. Eng verbunden mit Rudi Faßnacht, der länger als alle Vorgänger bleiben durfte, war fortan der Name Bernhard Dietz, den der Trainer vom Stürmer zum Verteidiger umschulte und landesweit bekannt machte.

Das Mannschaftsfoto 1970/71

Hintere Reihe von links: Trainer Faßnacht, Bella, Budde, Heidemann, Sondermann, Huttary, Pirsig, Rettkowski, Burghardt, Lehmann, Kentschke, Damjanoff, Masseur Kuipers, Co-Trainer Kremer. Vorne: Pavlic, Dietz, Lorenz, Seibel, Danner, Linders, Holscher, Riedl, Buchberger und Linßen

Der Bundesliga-Kader 1970/71

Name (Saison-Note)	Land	geboren	Spiele	Tore	Rot
Torwart					
Volker Danner (2,8)	D	21.08.1942	32	0	0
Dietmar Linders (3,8)	D	20.11.1940	6	0	0
Hermann Holscher (-)	D	02.12.1948	0	0	0
Abwehr					
Detlef Pirsig (3,3)	D	22.10.1945	34	1	0
Michael Bella (3,3)	D	29.09.1945	34	0	0
Kurt Rettkowski (3,7)	D	23.01.1949	33	2	0
Hartmut Heidemann (3,3)	D	05.06.1941	32	5	0
Heinz-Peter Buchberger (4,1)	D	24.09.1949	10	0	0
Anton Burghardt (4,0)	D	09.06.1942	2	0	0
Mittelfeld					
Bernd Lehmann (4,0)	D	01.09.1947	31	6	0
Bernard Dietz (3,7)	D	22.03.1948	30	4	0
Djordje Pavlic (3,8)	YUG	28.08.1938	30	3	0
Johannes Linßen (3,5)	D	28.09.1949	28	1	0
Georg Damjanoff (3,7)	D	12.10.1945	16	1	0
Hans Sondermann (3,8)	D	22.11.1941	7	0	0
Helmut Huttary (4,0)	D	28.02.1944	1	1	0
Willibert Kremer (-)	D	15.10.1939	0	0	0
Angriff					
Rainer Budde (3,5)	D	01.05.1948	33	13	0
Gerhard Kentschke (3,5)	D	18.09.1942	33	3	0
Johannes Riedl (3,8)	D	02.01.1950	30	2	0
Kurt-Jürgen Lorenz (4,0)	D	30.10.1951	1	0	0
Peter Lechermann (-)	D	28.09.1950	0	0	0

Ab- und Zugänge / Nationalspieler 1970/71

Abgänge: Rolf-Dieter Dörfler (SV Göppingen), Herbert Bruckmann (Eintracht Duisburg), Manfred Müller (KFC Diest), Dieter Koulmann (FC Singen), Axel Rzany (Karlsruher SC), Karl-Heinz Wißmann (St. Truiden), Gerd Schwidrowski (Tennis Borussia Berlin), Pavel Marecek

Zugänge: Heinz-Peter Buchberger (Eintracht Duisburg), Georg Damjanoff (Tennis Borussia Berlin), Volker Danner (Borussia Mönchengladbach), Bernard Dietz (SV Bockum-Hövel), Hermann Holscher (Düsseldorfer SC), Kurt-Jürgen Lorenz (SV Sonnborn 07), Gerhard Kentschke (1. FC Kaiserslautern), Johannes Linßen

Nationalspieler: Michael Bella (2 Spiele/0 Tore)

Die Bundesliga-Spiele 1970/71

Spieltag	Datum	Uhrzeit	Begegnung	Ergebnis
1.	Sa 15.08.	15:30	MSV Duisburg - Rot-Weiß Oberhausen	2:2 (1:1)
2.	Sa 22.08.	15:30	FC Schalke 04 - MSV Duisburg	1:0 (0:0)
3.	Mi 28.10.	20:00	MSV Duisburg - 1. FC Köln	0:0 (0:0)
4.	Sa 05.09.	15:30	SV Werder Bremen - MSV Duisburg	0:2 (0:0)
5.	Fr 11.09.	20:00	MSV Duisburg - Eintracht Braunschweig	0:0 (0:0)
6.	Sa 19.09.	15:30	Kickers Offenbach - MSV Duisburg	2:0 (2:0)
7.	Mi 23.09.	20:00	VfB Stuttgart - MSV Duisburg	1:0 (0:0)
8.	Sa 26.09.	15:30	MSV Duisburg - Hertha BSC Berlin	1:0 (0:0)
9.	Sa 03.10.	15:30	Borussia Dortmund - MSV Duisburg	5:1 (2:1)
10.	Mi 07.10.	20:00	MSV Duisburg - Rot-Weiss Essen	1:0 (1:0)
11.	Sa 10.10.	15:30	Eintracht Frankfurt - MSV Duisburg	0:0 (0:0)
12.	Sa 24.10.	15:30	MSV Duisburg - Borussia M'gladbach	1:1 (0:0)
13.	Sa 31.10.	15:30	Hamburger SV - MSV Duisburg	2:0 (0:0)
14.	Fr 06.11.	20:00	MSV Duisburg - Hannover 96	3:2 (3:1)
15.	Sa 14.11.	15:30	Arminia Bielefeld - MSV Duisburg	0:0 (0:0)
16.	Sa 28.11.	15:30	MSV Duisburg - 1. FC K'lautern	1:1 (1:1)
17.	Fr 04.12.	20:00	FC Bayern München - MSV Duisburg	2:1 (1:1)
18.	Sa 23.01.	15:30	Rot-Weiß Oberhausen - MSV Duisburg	0:2 (0:2)
19.	Sa 30.01.	15:30	MSV Duisburg - FC Schalke 04	1:0 (0:0)
20.	Sa 06.02.	15:30	1. FC Köln - MSV Duisburg	2:1 (1:1)
21.	Sa 13.02.	15:30	MSV Duisburg - SV Werder Bremen	3:1 (1:0)
22.	Sa 27.02.	15:30	Eintracht Braunschweig - MSV Duisburg	5:0 (3:0)
23.	Sa 06.03.	15:30	MSV Duisburg - Kickers Offenbach	2:2 (1:1)
24.	Di 13.04.	20:00	MSV Duisburg - VfB Stuttgart	1:0 (1:0)
25.	Sa 20.03.	15:30	Hertha BSC Berlin - MSV Duisburg	3:1 (2:1)
26.	Sa 27.03.	15:30	MSV Duisburg - Borussia Dortmund	4:3 (2:1)
27.	Sa 03.04.	15:30	Rot-Weiss Essen - MSV Duisburg	1:1 (1:1)
28.	Sa 17.04.	15:30	MSV Duisburg - Eintracht Frankfurt	3:1 (1:0)
29.	Sa 01.05.	15:30	Borussia M'gladbach - MSV Duisburg	1:0 (1:0)
30.	Fr 07.05.	20:00	MSV Duisburg - Hamburger SV	2:2 (1:1)
31.	Fr 14.05.	20:00	Hannover 96 - MSV Duisburg	3:3 (1:1)
32.	Sa 22.05.	15:30	MSV Duisburg - Arminia Bielefeld	4:1 (2:1)
33.	Sa 29.05.	15:30	1. FC K'lautern - MSV Duisburg	3:0 (1:0)
34.	Sa 05.06.	15:30	MSV Duisburg - FC Bayern München	2:0 (0:0)

Die DFB-Pokal-Spiele 1970/71

1. Runde:	Sa 12.12.	FC 08 Homburg - MSV Duisburg	1:1 n.V.
1. Runde:	Mi 23.12.	MSV Duisburg - FC 08 Homburg	4:0 (1:0)
Achtelfinale:	Sa 20.02.	MSV Duisburg - Tasmania 1900 Berlin	2:0 (0:0)
Viertelfinale:	Mi 07.04.	FC Bayern München - MSV Duisburg	4:0 (1:0)

1. FC Kaiserslautern

Die Saison 1970/71
Zwei Teams in einem

Der Lauterer Torjäger Vogt (rechts) wurde hier hart von Assauer (links) und Coordes angegangen, gewann aber dennoch das Kopfballduell (Werder - 1. FCK 1:1)

Ganz kurz nur zogen dunkle Wolken über dem Betzenberg auf. Ansonsten war gerade er es, der Kaiserslautern eine sorgenfreie und betont ehrliche Saison garantierte. Auf fremden Plätzen spielte allerdings ein anderer FCK.

Schon im Vorjahr hatte es Anfang November werden müssen, ehe der erste Gastverein am Betzenberg ein Tor erzielte, diesmal startete Lautern sogar noch extremer. Sämtliche sechs Heimbegegnungen gewannen die Pfälzer locker und kassierten einzig beim hektischen 4:1 gegen Oberhausen ein bedeutungsarmes Gegentor. Dies aber war auch der FCK: Alle entsprechenden Auswärtspartien gingen fast in der gleichen Deutlichkeit verloren, so etwa das dritte Saisonspiel an der Hafenstraße (0:4) oder auch die fünfte Begegnung in Mönchengladbach (0:5). Am FCK wusste man also genau, was man hatte. Als Gäste waren die Pfälzer jederzeit willkommen, zum Betzenberg hingegen fuhr niemand wirklich gern. Erst zum Ende der Hinrunde riss die Serie ab. Kein Auswärtsspiel wurde mehr verloren, die letzten drei Heimpartien aber auch nicht mehr gewonnen. Mit einem unpassenden 0:5 gegen Stuttgart rutschte Kaiserslautern noch auf Rang zwölf.

Unentschieden scheuten die Teufel weiterhin wie Weihwasser, es zählte lediglich hop oder top. Nach drei Siegen zu Beginn der Rückrunde schien der Klassenerhalt schon gesichert, doch im gleichen Tempo gab Lautern seine Punkte wieder her, verlor in Frankfurt (2:3), gegen Gladbach (0:1) und schließlich in Hamburg. Das 2:5 an der Alster markierte den Tiefpunkt der Saison, vor allem für Gyula Lorant, der anschließend seinen Spind räumen musste. Dietrich Weise übernahm und bannte die nie allzu große Abstiegsgefahr souverän. Mit fünf Erfolgen aus den letzten fünf Heimspielen führte er die Mannschaft in einen sicheren Hafen. Inklusive war auch ein Heimsieg über die Bayern (2:1), der auch deswegen überraschte, weil es vier Tage vorher schon einmal zum Aufeinandertreffen kam. Mit 5:0 fegten die Münchener den FCK da aus dem Vereinspokal.

Fast aus Gewohnheit hatte man Kaiserslautern in die Schublade der Abstiegskandidaten gesteckt, weil die kleine Kaiserstadt im Schatten von München, Köln und Berlin so unscheinbar wirkte. Noch immer hatten die Pfälzer ihre Kritiker aber widerlegt und schafften es auch dieses Mal mühelos, ganz einfach weil sie ihren Betzenberg hatten. 15 Siege, vier Remis, 15 Niederlagen - Lauterns Saisonbilanz konnte ausgeglichener nicht sein und war nichtsdestotrotz so unterschiedlich, denn gerade zwei Erfolge stammten von fremden Plätzen. Die schärfste Waffe war unschwer zu erkennen. Es war Karl-Heinz Vogt, der allein 22 der 54 Tore erzielte. Als Zweitbester kam Hosic gerade noch auf acht Treffer. Tragende Rollen spielten auch Otto Rehhagel und noch mehr Jürgen Friedrich, der Hansdampf in allen Gassen.

Der Verein 1970/71

Gegründet:	02.06.1900
Erfolge:	**2x Deutscher Meister**: 1951, 1953
	3x Deutscher Vize-Meister: 1948, 1954, 1955
	1x DFB-Pokal-Vize: 1961
	11x Südwestmeister: 1942, 1947-51, 1953-57, 1963
Personen:	Willi Müller (1. Vors.), Dr. Hermann Kessler (2. Vors.), Dr. Georg Frentzel (Schatzmeister), Erich Schicketanz (Geschäftsführer)
Stadion:	Betzenberg, 35.000 Plätze (4.500 Sitzplätze)
Spielkleidung:	Rotes Hemd, rote Hose, rote Stutzen
Abteilungen:	Fußball, Handball, Leichtathletik, Boxen, Basketball, Hockey, Damenfußball
Mitglieder:	2.100

Die Platzierungen der letzten fünf Jahre

Saison	Liga	Platz
1966/1967	1. Bundesliga	5.
1967/1968	1. Bundesliga	16.
1968/1969	1. Bundesliga	15.
1969/1970	1. Bundesliga	10.
1970/1971	1. Bundesliga	8.

Der Saisonverlauf 1970/71

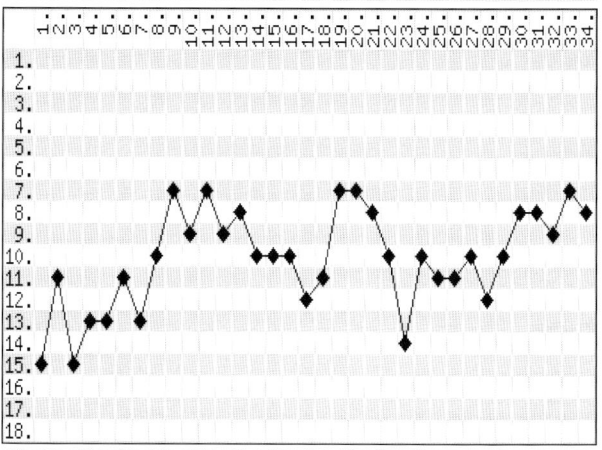

Die Trainer 1970/71

Gyula Lorant bis 09.03.71
* 06.02.1923
† 31.05.1981

Dietrich Weise ab 11.03.71
* 21.11.1934

Plötzlich nicht mehr gefragt

Im Nationaldress erlebte Lorant das "Wunder von Bern" aus ungarischer Perspektive und verlor das große Endspiel der WM 1954 mit 2:3. Es war eines von insgesamt 56 Länderspielen, die der Verteidiger bestritt. 1962 beendete Lorant seine Karriere und begann eine lange Trainerlaufbahn. Nach Anstellungen in Ungarn und Rumänien heuerte er ein Jahr später in Deutschland an. Schon 1965 nahm ihn dann der 1. FC Kaiserslautern unter Vertrag. Unter großen Mühen nur gelang der Klassenerhalt, dem allerdings im Folgejahr ein überraschender vierter Platz folgte. Lorant wechselte dennoch zum MSV Duisburg, schied dort aber im Unfrieden und kehrte über den Umweg Tasmania Berlin 1969 zum FCK zurück. Schon aber waren Rückschritte zu erkennen. Das Team war nicht mehr spielstark, sondern nur noch hölzern und kompakt. Platz 10 nach der Saison war insofern sehr befriedigend, und auch in der folgenden Spielzeit führte Lorants Arbeit zu sichtlichen Fortschritten. Eine Kurzschlussreaktion führte Mitte der Rückrunde trotzdem zu seiner Entlassung. Dietrich Weise übernahm, der 1967 in die Pfalz gekommen war und seither als Assistent arbeitete. Schon 1969 war er kurz als Feuerwehrmann eingesprungen und löschte souverän. Dieses Mal durfte er auch bleiben.

Das Mannschaftsfoto 1970/71

Hintere Reihe von links: Trainer Lorant, Diehl, Schwager, Rehhagel, Friedrich, Rademacher, Vogt, Reinders, Fuchs, Hosic, Krafczyk, Blusch, Co-Trainer Weise. Vorne: Ackermann, Pirrung, Elting, Stabel, Dordevic, Fecht, Winter, Richter und Masseur Lösch

Der Bundesliga-Kader 1970/71

Name (Saison-Note)	Land	geboren	Spiele	Tore	Rot
Torwart					
Josef Elting (3,2)	D	29.12.1944	27	0	0
Bratislav Dordevic (4,0)	YUG	24.07.1946	5	0	0
Josef Stabel (3,0)	D	21.09.1948	2	0	0
Abwehr					
Fritz Fuchs (3,9)	D	18.10.1943	34	2	0
Ernst Diehl (3,4)	D	28.03.1949	28	0	0
Dietmar Schwager (3,4)	D	15.08.1940	28	0	0
Günther Rademacher (3,7)	D	02.03.1948	22	1	0
Peter Blusch (3,8)	D	11.06.1942	20	2	0
Peter Winter (-)	D	25.05.1947	0	0	0
Mittelfeld					
Otto Rehhagel (3,6)	D	09.08.1938	32	4	0
Jürgen Friedrich (2,8)	D	11.11.1943	31	5	0
Idriz Hosic (3,2)	YUG	17.02.1944	22	8	0
Dieter Krafczyk (3,9)	D	23.09.1941	11	2	0
Hermann Bitz (3,5)	D	21.09.1950	2	0	0
Lothar Huber (-)	D	05.05.1952	1	0	0
Angriff					
Karl-Heinz Vogt (3,8)	D	23.02.1945	33	22	0
Klaus Ackermann (3,6)	D	20.03.1946	33	4	0
Josef Pirrung (3,6)	D	24.07.1949	31	3	0
Günther Reinders (3,9)	D	22.09.1944	28	1	0
Winfried Richter (3,7)	D	19.01.1941	11	0	0
Hans-Peter Fecht (4,3)	D	11.12.1949	7	0	0

Ab- und Zugänge / Nationalspieler 1970/71

Abgänge: Gerhard Kentschke (MSV Duisburg), Wolfgang Schnarr (Preußen Münster), Jürgen Rumor (Hertha BSC Berlin), Otto Geisert (FC Charleroi), Hans Ripp (ASV Landau), Hermann Soyez (FC 08 Homburg), Volker Klein (Arminia Bielefeld), Gerd Schneider (Sportinvalide), Werner Glaß

Zugänge: Bratislav Dordevic (Patizan Belgrad), Peter Blusch (1. FC Köln), Josef Elting (FC Schalke 04), Idriz Hosic (AKB Belgrad), Günther Reinders (FK Pirmasens), Hermann Bitz

Nationalspieler: Keine Nationalspieler

Die Bundesliga-Spiele 1970/71

Spieltag	Datum	Uhrzeit	Begegnung	Ergebnis
1.	Sa 15.08.	15:30	Hertha BSC Berlin - 1. FC K'lautern	5:3 (2:3)
2.	Sa 22.08.	15:30	1. FC K'lautern - Borussia Dortmund	1:0 (0:0)
3.	Fr 28.08.	20:00	Rot-Weiss Essen - 1. FC K'lautern	4:0 (2:0)
4.	Sa 05.09.	15:30	1. FC K'lautern - Eintracht Frankfurt	2:0 (1:0)
5.	Sa 12.09.	15:30	Borussia M'gladbach - 1. FC K'lautern	5:0 (3:0)
6.	Sa 19.09.	15:30	1. FC K'lautern - Hamburger SV	2:0 (1:0)
7.	Mi 23.09.	20:00	Hannover 96 - 1. FC K'lautern	2:1 (1:0)
8.	Sa 26.09.	15:30	1. FC K'lautern - Arminia Bielefeld	3:0 (1:0)
9.	Sa 03.10.	15:30	1. FC K'lautern - Kickers Offenbach	4:0 (2:0)
10.	Mi 07.10.	20:00	FC Bayern München - 1. FC K'lautern	3:1 (1:0)
11.	Sa 10.10.	15:30	1. FC K'lautern - Rot-Weiß Oberhausen	4:1 (3:1)
12.	Sa 24.10.	15:30	FC Schalke 04 - 1. FC K'lautern	2:0 (2:0)
13.	Sa 31.10.	15:30	1. FC K'lautern - 1. FC Köln	0:0 (0:0)
14.	Sa 07.11.	15:30	SV Werder Bremen - 1. FC K'lautern	1:1 (1:0)
15.	Sa 14.11.	15:30	1. FC K'lautern - Eintracht Braunschweig	0:1 (0:0)
16.	Sa 28.11.	15:30	MSV Duisburg - 1. FC K'lautern	1:1 (1:1)
17.	Sa 05.12.	15:30	1. FC K'lautern - VfB Stuttgart	0:5 (0:3)
18.	Sa 23.01.	15:30	1. FC K'lautern - Hertha BSC Berlin	2:0 (0:0)
19.	Sa 30.01.	15:30	Borussia Dortmund - 1. FC K'lautern	0:2 (0:2)
20.	Sa 06.02.	15:30	1. FC K'lautern - Rot-Weiss Essen	5:2 (3:0)
21.	Sa 13.02.	15:30	Eintracht Frankfurt - 1. FC K'lautern	3:2 (1:1)
22.	Sa 27.02.	15:30	1. FC K'lautern - Borussia M'gladbach	0:1 (0:1)
23.	Fr 05.03.	20:00	Hamburger SV - 1. FC K'lautern	5:2 (2:1)
24.	Do 08.04.	20:00	1. FC K'lautern - Hannover 96	2:1 (2:0)
25.	Sa 20.03.	15:30	Arminia Bielefeld - 1. FC K'lautern	2:1 (1:1)
26.	Sa 27.03.	15:30	Kickers Offenbach - 1. FC K'lautern	2:2 (1:1)
27.	Sa 03.04.	15:30	1. FC K'lautern - FC Bayern München	2:1 (1:0)
28.	Sa 17.04.	15:30	Rot-Weiß Oberhausen - 1. FC K'lautern	4:2 (2:0)
29.	Fr 30.04.	20:00	1. FC K'lautern - FC Schalke 04	2:0 (0:0)
30.	Sa 08.05.	15:30	1. FC Köln - 1. FC K'lautern	1:2 (1:1)
31.	Fr 14.05.	20:00	1. FC K'lautern - SV Werder Bremen	2:1 (0:0)
32.	Sa 22.05.	15:30	Eintracht Braunschweig - 1. FC K'lautern	2:0 (1:0)
33.	Sa 29.05.	15:30	1. FC K'lautern - MSV Duisburg	3:0 (1:0)
34.	Sa 05.06.	15:30	VfB Stuttgart - 1. FC K'lautern	2:0 (1:0)

Die DFB-Pokal-Spiele 1970/71

1. Runde:	Sa 12.12.	Borussia Neunkirchen - 1. FC K'lautern	0:1 (0:1)
Achtelfinale:	Sa 20.02.	1. FC K'lautern - FC Bayern München	1:1 n.V.
Achtelfinale:	Di 30.03.	FC Bayern München - 1. FC K'lautern	5:0 (2:0)

Hannover 96

Die Saison 1970/71
Spiegel der alten Saison

Dieses Tor von Lehmann war die Wende. Weller (links) und Podlasly (am Boden) können dem Leder nur noch hinterher schauen (MSV - Hannover 96 3:2)

Nach einem Drittel der Spielzeit stand 96 eigentlich als Absteiger fest, schien besonders nervlich einem neuen Existenzkampf nicht gewachsen zu sein. Der Trainer aber durfte bleiben und dankte es dem Vorstand mit einer Wiederauferstehung. Wie selbstverständlich wurde Hannover noch Neunter.

Im letzten Jahr hatten die Roten unheimlich stark begonnen, waren dann umso krasser eingebrochen und erst in letzter Sekunde gerettet worden. Genau das passierte nun wieder, allerdings spiegelverkehrt. Gleich die ersten beiden Spiele gingen so unglücklich verloren, dass die Mannschaft einen Knacks bekam und sich sobald nicht wieder erholte. Erst Ende September, nach sechs Partien ohne Sieg, gelang gegen den FCK der erste Erfolg, dem sich direkt aber wieder drei Pleiten anschlossen. Abgeschlagen lag Hannover am Tabellenende, und der mit großen Hoffnungen verpflichtete Trainer musste eingestehen, dass er sich "die Sache so schwer hier nicht vorgestellt" hätte. Die erwartete Entlassung blieb allerdings aus, und urplötzlich begann die Mannschaft, sich zu erheben. Das Schicksalsspiel gegen Köln endete 2:0, anschließend gelang ein bedeutender Punktgewinn in Bremen (0:0). Wie eine Injektion breitete sich nun das Selbstvertrauen aus und führte zu einer nicht erträumten Aufholjagd. Alle vier Heimspiele konnte Hannover noch gewinnen, nahm auswärts immer öfter auch etwas mit und kletterte bis Weihnachten noch auf den 14. Platz.

Die Restsaison war ein einziges Durcheinander; die Heimstärke verflüchtigte sich merklich, dafür gelangen auswärts teils gewaltige Siege wie etwa ein 5:1 in Offenbach (22. Spieltag). Insgesamt ging es weiter leicht bergauf. Aus der Entscheidung machte Hannover dann ein Volksfest, so als wollte es sich bei den Fans entschuldigen für all den Kummer des vergangenen Kalenderjahres. Keine Woche nach einem schlimmen 0:3 gegen Werder reisten die Roten zum Nachbarn nach Braunschweig, der wie üblich noch überhaupt nicht zu Hause verloren hatte. Mit Hochgenuss schoss 96 den Rivalen trotzdem aus dem Stadion, siegte gleich mit 4:0 und machte den Klassenerhalt vorzeitig perfekt. Am Ende stoppte die wilde Fahrt sogar noch auf Rang neun, der besten Platzierung der gesamten Saison.

Für die Verantwortlichen kam der Abstiegskampf nicht allzu überraschend, Leistungsträger wie Heynckes und Zobel hatten das fast gesunkene Schiff schließlich verlassen. Was der neue Trainer an die Hand bekam, waren Talente, die einige Zeit brauchten, um sich einzugewöhnen. Irgendwann aber sprang der Motor an. Unter Aufsicht der bewährten Kräfte wie Hellingrath, Bandura und Siemensmeyer kamen die Neuen bald zu prächtiger Reife. Unersetzlich wurde Ferdinand Keller (19 Tore), während Willi Reimann und Horst Bertl, gemeinsam aus Bremerhaven gekommen, sich sogar bei Helmut Schön ins Gespräch brachten.

Der Verein 1970/71

Gegründet: 12.04.1896
Erfolge: **2x Deutscher Meister:** 1938, 1954
1x Nordmeister: 1954
Personen: Alfred Strothe (Präsident), Ferdinand Bock (Vizepräsident), Jan Herberich (Schatzmeister), Eckart Kleemann (Geschäftsführer)
Stadion: Niedersachsen-Stadion, 74.888 Plätze (26.029 Sitzplätze, davon 5.118 überdacht)
Spielkleidung: Rotes Hemd, schwarze Hose, weiße Stutzen
Abteilungen: Fußball, Leichtathletik, Tennis, Handball, Hockey, Badminton, Basketball, Gymnastik, Skilauf, Boxen, Tanzsport
Mitglieder: 2.500

Die Platzierungen der letzten fünf Jahre

Saison	Liga	Platz
1966/1967	1. Bundesliga	9.
1967/1968	1. Bundesliga	10.
1968/1969	1. Bundesliga	11.
1969/1970	1. Bundesliga	13.
1970/1971	1. Bundesliga	9.

Der Saisonverlauf 1970/71

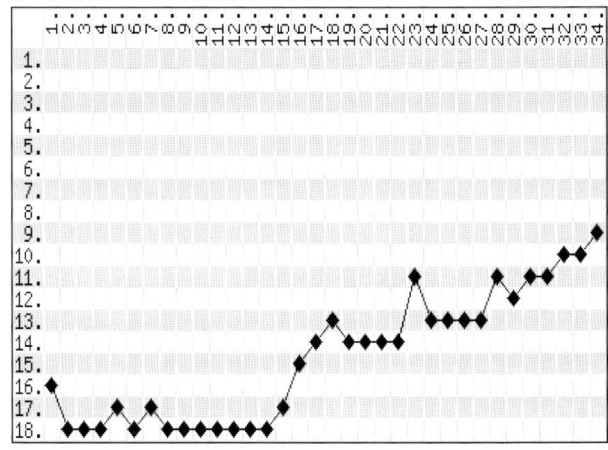

Der Trainer 1970/71

Helmuth Johannsen
* 27.02.1920
† 03.11.1998

Noch nicht weit gereist

Nach seiner aktiven Zeit beim FC St. Pauli begann die Trainerkarriere Johannsens bei Bremerhaven 93 (1950-54). Es folgten die Stationen Holstein Kiel (1954-61) und 1. FC Saarbrücken (1961-63), von wo aus er zur Eintracht nach Braunschweig wechselte und den potentiellen Abstiegskandidaten der ersten BL-Saison übernahm. In der ersten Spielzeit formte Johannsen ein abwehrstarkes Team, das gegen alle Vorhersagen locker die Klasse hielt und auf Rang 11 abschloss. Auch in den beiden folgenden Saisons bestätigte Johannsen, dass der sichere Klassenerhalt in Braunschweig längst selbstverständlich war. Höhepunkt seiner Karriere wurde die Saison 1966/67, in der er die Eintracht zum größten Erfolg der Vereinsgeschichte führte und entgegen allen Vorhersagen den Meistertitel holte. Diese Leistung konnte Johannsen 67/68 nicht wiederholen und landete mit der Eintracht nur auf Rang neun. Im Folgejahr aber legten die Braunschweiger den Ruf der Kontermaurer ab und hätten fast sogar mehr erreicht als nur Rang vier. Als man ein Jahr später dann beinahe abstieg, nahm Johannsen seinen Hut, fand in der Nachbarschaft aber sofort eine neue Stelle. Auch Hannover war im Vorjahr fast abgestiegen und bekam unter Johannsen zunächst erneut Probleme. Bald aber trug seine Arbeit Früchte und gipfelte ausgerechnet mit einem Kantersieg in Braunschweig.

Das Mannschaftsfoto 1970/71

Hintere Reihe von links: Trainer Johannsen, Weller, Nafziger, Anders, Bandura, Podlasly, Siemensmeyer, Ritter, Hellingrath, Bohnsack. Vorne: Bertl, Berg, Reimann, Keller, Loof, Cebiniac und Stiller

Der Bundesliga-Kader 1970/71

Name (Saison-Note)	Land	geboren	Spiele	Tore	Rot
Torwart					
Bernd Helmschrot (3,7)	D	18.03.1947	17	0	0
Horst Podlasly (3,5)	D	29.03.1936	17	0	0
Abwehr					
Hans-Josef Hellingrath (3,3)	D	08.12.1940	34	1	0
Peter Anders (3,3)	D	29.06.1946	34	0	0
Jürgen Bandura (3,4)	D	22.06.1940	34	0	0
Rainer Stiller (3,2)	D	09.09.1944	33	2	0
Kurt Ritter (4,3)	D	12.12.1948	5	0	0
Klaus Bohnsack (3,5)	D	21.07.1940	2	0	0
Peter Loof (-)	D	23.09.1947	0	0	0
Mittelfeld					
Horst Berg (3,9)	D	08.09.1941	32	5	0
Horst Bertl (3,8)	D	24.03.1947	29	10	0
Hans Siemensmeyer (3,3)	D	23.09.1940	27	6	0
Hans-Joachim Weller (3,4)	D	02.07.1946	27	1	0
Hans-Herbert Blumenthal (-)	D	03.10.1948	2	0	0
Angriff					
Ferdinand Keller (3,3)	D	30.07.1946	30	19	0
Willi Reimann (4,1)	D	24.12.1949	22	7	0
Claus Brune (3,9)	D	01.10.1949	21	2	0
Rudolf Nafziger (4,3)	D	11.08.1945	21	0	0
Zvezdan Cebinac (3,5)	YUG	08.12.1939	12	0	0

Ab- und Zugänge / Nationalspieler 1970/71

Abgänge: Jupp Heynckes (Borussia Mönchengladbach), Rainer Zobel (FC Bayern München), Christian Breuer (Alemannia Aachen), Jürgen Detsch (FC Bayern Hof), Bernd Kettler (Jugendtrainer bei 96), Josip Skoblar (Olympique Marseille)

Zugänge: Rudolf Nafziger (St. Gallen), Horst Berg (TSV 1860 München), Ferdinand Keller (TSV 1860 München), Horst Bertl (TuS Bremerhaven 93), Willi Reimann (TuS Bremerhaven 93), Hans-Joachim Weller (Göttingen 05), Hans-Herbert Blumenthal

Nationalspieler: Keine Nationalspieler

Die Bundesliga-Spiele 1970/71

Spieltag	Datum	Uhrzeit	Begegnung	Ergebnis
1.	Sa 15.08.	15:30	Rot-Weiss Essen - Hannover 96	2:0 (0:0)
2.	Sa 22.08.	15:30	Hannover 96 - Eintracht Frankfurt	1:2 (1:0)
3.	Fr 28.08.	20:00	Borussia M'gladbach - Hannover 96	0:0 (0:0)
4.	Sa 05.09.	15:30	Hannover 96 - Hamburger SV	0:3 (0:2)
5.	Sa 12.09.	15:30	Hannover 96 - Kickers Offenbach	1:1 (0:0)
6.	Sa 19.09.	15:30	Arminia Bielefeld - Hannover 96	3:1 (1:1)
7.	Mi 23.09.	20:00	Hannover 96 - 1. FC K'lautern	2:1 (1:0)
8.	Sa 26.09.	15:30	FC Bayern München - Hannover 96	4:1 (2:0)
9.	Sa 03.10.	15:30	Hannover 96 - Rot-Weiß Oberhausen	1:2 (1:1)
10.	Mi 07.10.	20:00	FC Schalke 04 - Hannover 96	3:0 (1:0)
11.	Sa 10.10.	15:30	Hannover 96 - 1. FC Köln	2:0 (1:0)
12.	Sa 24.10.	15:30	SV Werder Bremen - Hannover 96	0:0 (0:0)
13.	Sa 31.10.	15:30	Hannover 96 - Eintracht Braunschweig	1:0 (0:0)
14.	Fr 06.11.	20:00	MSV Duisburg - Hannover 96	3:2 (3:1)
15.	Sa 14.11.	15:30	Hannover 96 - VfB Stuttgart	3:0 (0:0)
16.	Sa 28.11.	15:30	Hertha BSC Berlin - Hannover 96	0:0 (0:0)
17.	Fr 04.12.	20:00	Hannover 96 - Borussia Dortmund	4:1 (2:0)
18.	Sa 23.01.	15:30	Hannover 96 - Rot-Weiss Essen	3:1 (0:0)
19.	Sa 30.01.	15:30	Eintracht Frankfurt - Hannover 96	2:1 (1:0)
20.	Sa 06.02.	15:30	Hannover 96 - Borussia M'gladbach	1:1 (1:0)
21.	Sa 13.02.	15:30	Hamburger SV - Hannover 96	1:0 (1:0)
22.	Sa 27.02.	15:30	Kickers Offenbach - Hannover 96	1:5 (0:1)
23.	Sa 06.03.	15:30	Hannover 96 - Arminia Bielefeld	2:0 (0:0)
24.	Do 08.04.	20:00	1. FC K'lautern - Hannover 96	2:1 (2:0)
25.	Sa 20.03.	15:30	Hannover 96 - FC Bayern München	2:2 (0:1)
26.	Fr 26.03.	20:00	Rot-Weiß Oberhausen - Hannover 96	4:3 (3:0)
27.	Sa 03.04.	15:30	Hannover 96 - FC Schalke 04	3:0 (1:0)
28.	Sa 17.04.	15:30	1. FC Köln - Hannover 96	0:1 (0:1)
29.	Fr 30.04.	20:00	Hannover 96 - SV Werder Bremen	0:3 (0:2)
30.	Sa 08.05.	15:30	Eintracht Braunschweig - Hannover 96	0:4 (0:2)
31.	Fr 14.05.	20:00	Hannover 96 - MSV Duisburg	3:3 (1:1)
32.	Sa 22.05.	15:30	VfB Stuttgart - Hannover 96	1:2 (1:2)
33.	Sa 29.05.	15:30	Hannover 96 - Hertha BSC Berlin	1:1 (1:0)
34.	Sa 05.06.	15:30	Borussia Dortmund - Hannover 96	2:2 (2:1)

Die DFB-Pokal-Spiele 1970/71

1. Runde:	Sa 12.12.		Hannover 96 - Hamburger SV	2:3 n.V.

SV Werder Bremen

Die Saison 1970/71
Weder Fisch noch Fleisch

Die Freude der Werder-Spieler ist verständlich. Soeben hat Windhausen das 1:0 erzielt. Von links: Windhausen, Kamp und Coordes (Eintr. Frankfurt - Werder 0:2)

Nach der Hinrunde hätte jeder Bremer Platz zehn sofort unterschrieben, denn niemand ahnte, dass aus der Abstiegsangst noch UEFA-Cup-Träume werden würden. Umso kläglicher die Art, wie Werder sein Ticket verschenkte. Die Saison endete als Fragezeichen.

Die Planer meinten es nicht gut mit den Grün-Weißen, denn nach dem Auftaktspiel gegen Köln (1:1) musste Werder zweimal reisen und bekam beide Male auf die Nuss. Spätestens nach dem vierten Spieltag (0:2 gegen Duisburg) stand dann fest, dass die Hanseaten reichlich fehlgestartet waren. Erst Anfang Oktober (2:0 in Frankfurt) gelang der erste Sieg, der den Pessimismus allerdings nicht mehr dämpfen konnte: Werder spielte wieder nur gegen den Abstieg. Gar nicht so schlecht verlief der Herbst, faktisch mit sechs ungeschlagenen Spielen am Stück. Die beiden Remis gegen Hannover (0:0) und den HSV (1:1) waren jedoch mit Vorsicht zu genießen, denn die Gegner hatten ebenfalls große Probleme. Im achten Anlauf wurde dann auch mal ein Heimspiel gewonnen (2:0 gegen RWO), was immerhin Zuversicht für die Rückrunde weckte. Platz 15 schien ein passender Mittelwert.
Allenfalls eine graue Maus war Werder bis hierhin gewesen, doch ohne Erklärung schossen die Bremer plötzlich hoch. Wie selbstverständlich wurden die ersten fünf Heimspiele gewonnen, und zwar nicht bloß gegen Dortmund und den OFC, sondern auch gegen Kaliber wie Eintracht Braunschweig. Als die Bremer dann beim Meister vorstellig wurden, kamen sie schon als Siebter und hatten gerade mal wieder drei Spiele nicht verloren. Dann kam es zum Pfostenbruch, der sich aus grün-weißer Sicht so zutrug: Mit dem 1:1 nach 88 Minuten waren die Gäste hochzufrieden und taten alles, um eine Fortsetzung zu ermöglichen. Gladbacher Ordner aber torpedierten alle Versuche, weil der Meister auf ein Wiederholungsspiel hoffte. Auch die Hanseaten fielen aus allen Wolken, als das Sportgericht auf Werder-Sieg entschied, glücklich aber wurden auch die nicht. Vier Spieltage vor Schluss, nach einer frisierten Serie von 12:2 Punkten, stand Bremen auf Platz fünf und hatte die große Gelegenheit, erstmals überhaupt in den Europapokal einzuziehen. Doch Werder versagte, ging mit 0:3 in Oberhausen unter und rauschte noch runter bis auf Rang zehn. Niemand wusste, was von dieser Spielzeit zu halten war.
Hätte Werder es bis in den UEFA-Cup geschafft, das Kunststück wäre ohne echten Sturm gelungen. Danielsen war nicht mehr da, Görts und Lorenz keine Knipser. Da Neuzugang Kamp sich bald woanders bewährte, musste "Pico" Schütz es wieder richten, der inzwischen älteste Feldspieler der Liga. Obwohl Höttges lange ausfiel, blieb Bremens Stärke die Abwehr, nicht zuletzt dank Neuzugang Rudi Assauer. Neu war daneben nicht nur der Trainer, sondern auch der Präsident. Doktor Franz Böhmert war erst 37 Jahre alt, überraschte die Fans mit roten Trikots und forderte spätestens fürs neue Spieljahr das Ende aller Abstiegssorgen.

Der Verein 1970/71

Gegründet: 04.02.1899
Erfolge: **1x Deutscher Meister**: 1965
1x Deutscher Vize-Meister: 1968
1x DFB-Pokal: 1961
Personen: Dr. Franz Böhmert (1. Vors.), Wilhelm Riethmöller (2. Vors.), Hans Wolff (Geschäftsführer)
Stadion: Weser-Stadion, 40.000 Plätze (7.000 Sitzplätze)
Spielkleidung: Weißes Hemd, grüne Hose, grün-weiße Stutzen
Abteilungen: Fußball, Handball, Leichtathletik, Tischtennis, Schach
Mitglieder: 2.500

Die Platzierungen der letzten fünf Jahre

Saison	Liga	Platz
1966/1967	1. Bundesliga	16.
1967/1968	1. Bundesliga	2.
1968/1969	1. Bundesliga	9.
1969/1970	1. Bundesliga	11.
1970/1971	1. Bundesliga	10.

Der Saisonverlauf 1970/71

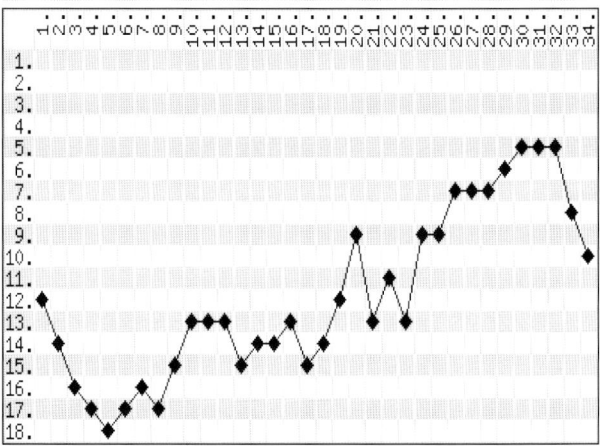

Der Trainer 1970/71

Robert Gebhardt
* 20.09.1920
† 08.02.1986

Verhältnismäßig unpopulär

Weil er in seiner elterlichen Gaststätte den Zapfhahn bedienen musste, hatte man Robert Gebhardt den putzigen Spitznamen "Zapf" gegeben. Gebhardt war aber alles andere als eine Witzfigur und hatte sich als Spieler wie Trainer große Reputation erworben, bevor er in Bremen angestellt wurde. Das Herz des torgefährlichen Linksaußen hing am 1. FC Nürnberg, für den er ab 1939 erst in der Gauliga Bayern und später in der Oberliga Süd spielte. Während des Krieges war "Zapf" kurze Zeit für den LSV Hamburg tätig. Zurück in Nürnberg durfte Gebhardt dann doch einen Titel feiern, nämlich die Deutsche Meisterschaft 1948. Danach wechselte er zum FC St. Pauli und von dort nach Bremerhaven, wo er langsam zum Trainer mutierte. Das klappte überraschend gut. Gebhardt führte Bremerhaven sensationell in die Meisterschafts-Endrunde und holte bald seinen Trainerschein nach. Es folgten Anstellungen in Augsburg, Sodingen und Wuppertal. Zur Saison 1965/66 übernahm "Zapf" Arminia Bielefeld und ging dann für zwei Jahre zur SpVgg Fürth. Am 1. Juli 1968 betrat er dann endlich Bundesligaboden und trainierte den MSV Duisburg. Das erste Jahr endete jedoch mit einer Enttäuschung, im zweiten wären die Zebras beinahe abgestiegen. Schon vor Saisonende stand fest, dass Gebhardt nach Bremen wechseln würde, nicht ahnend, dass Hans Tilkowski dort inzwischen die Fanherzen erobert hatte. Voran brachte der "harte Hund" die Grün-Weißen trotzdem, nämlich genau um einen Tabellenrang.

Das Mannschaftsfoto 1970/71

Hintere Reihe von links: Trainer Gebhardt, Höttges, Lorenz, Stefens, Björnmose, Meyer, Thelen, Steinmann, Schütz. Mitte: Piontek, Schmidt, Görts, Assauer, Bernard. Vorne: Hasebrink, Götz, Zembinski, Windhausen, Coordes, Detering und Kamp

Der Bundesliga-Kader 1970/71

Name (Saison-Note)	Land	geboren	Spiele	Tore	Rot
Torwart					
Günter Bernard (2,9)	D	04.11.1939	33	0	0
Fritz Stefens (4,0)	D	27.10.1948	3	0	0
Abwehr					
Arnold Schütz (3,0)	D	19.01.1935	34	5	0
Dieter Zembski (3,4)	D	06.11.1946	34	2	0
Egon Coordes (3,5)	D	13.07.1944	30	1	0
Horst-Dieter Höttges (3,0)	D	10.09.1943	22	1	0
Heinz Steinmann (3,0)	D	01.02.1938	1	0	0
Josef Piontek (-)	D	05.03.1940	0	0	0
Mittelfeld					
Karl-Heinz Kamp (3,9)	D	26.09.1946	34	5	0
Bernd Schmidt (3,9)	D	01.12.1943	32	4	0
Rudolf Assauer (3,3)	D	30.04.1944	31	1	0
Heinz-Dieter Hasebrink (3,9)	D	28.08.1941	22	4	0
Herbert Meyer (4,1)	D	12.06.1948	16	0	0
Klaus Müller (4,0)	D	19.11.1950	1	0	0
Volker Schöttner (4,0)	D	09.06.1952	1	0	0
Angriff					
Ole Björnmose (4,1)	DEN	07.05.1944	30	3	0
Bernd Lorenz (4,0)	D	24.12.1947	26	5	0
Werner Görts (3,4)	D	15.01.1942	25	4	0
Werner Thelen (4,6)	D	08.07.1947	15	0	0
Bernd Windhausen (3,8)	D	22.09.1942	12	4	0
Eckhard Detering (4,4)	D	13.04.1948	9	1	0
Willi Götz (4,7)	D	20.09.1947	5	0	0

Ab- und Zugänge / Nationalspieler 1970/71

Abgänge: John Danielsen (Odense BK), Walter Plaggemeyer (Göttingen 05), Norbert Hoyer, Jürgen Kiefert, Bernd Kugler, Helmut Schimeczek

Zugänge: Rudolf Assauer (Borussia Dortmund), Werner Thelen (1. FC Köln), Karl-Heinz Kamp (SC Opel Rüsselsheim), Willi Götz (eigene Amateure), Klaus Müller, Volker Schöttner

Nationalspieler: Horst-Dieter Höttges (4 Spiele/0 Tore)

Die Bundesliga-Spiele 1970/71

Spieltag	Datum	Uhrzeit	Begegnung	Ergebnis
1.	Sa 15.08.	15:30	SV Werder Bremen - 1. FC Köln	1:1 (1:0)
2.	Sa 22.08.	15:30	Kickers Offenbach - SV Werder Bremen	2:1 (1:0)
3.	Fr 28.08.	20:00	Eintracht Braunschweig - SV Werder Bremen	1:0 (1:0)
4.	Sa 05.09.	15:30	SV Werder Bremen - MSV Duisburg	0:2 (0:0)
5.	Fr 11.09.	20:00	VfB Stuttgart - SV Werder Bremen	3:0 (0:0)
6.	Sa 19.09.	15:30	SV Werder Bremen - Hertha BSC Berlin	0:0 (0:0)
7.	Di 27.10.	20:00	Borussia Dortmund - SV Werder Bremen	0:1 (0:1)
8.	Sa 26.09.	15:30	SV Werder Bremen - Rot-Weiss Essen	1:1 (1:1)
9.	Sa 03.10.	15:30	Eintracht Frankfurt - SV Werder Bremen	0:2 (0:1)
10.	Mi 07.10.	20:00	SV Werder Bremen - Borussia M'gladbach	1:1 (1:1)
11.	Sa 10.10.	15:30	Hamburger SV - SV Werder Bremen	1:1 (0:0)
12.	Sa 24.10.	15:30	SV Werder Bremen - Hannover 96	0:0 (0:0)
13.	Sa 31.10.	15:30	Arminia Bielefeld - SV Werder Bremen	3:0 (2:0)
14.	Sa 07.11.	15:30	SV Werder Bremen - 1. FC K'lautern	1:1 (1:0)
15.	Sa 14.11.	15:30	FC Bayern München - SV Werder Bremen	2:1 (0:0)
16.	Sa 28.11.	15:30	SV Werder Bremen - Rot-Weiß Oberhausen	2:0 (2:0)
17.	Sa 05.12.	15:30	FC Schalke 04 - SV Werder Bremen	0:0 (0:0)
18.	Sa 23.01.	15:30	1. FC Köln - SV Werder Bremen	1:1 (1:1)
19.	Sa 30.01.	15:30	SV Werder Bremen - Kickers Offenbach	3:1 (2:1)
20.	Sa 06.02.	15:30	SV Werder Bremen - Eintracht Braunschweig	2:0 (1:0)
21.	Sa 13.02.	15:30	MSV Duisburg - SV Werder Bremen	3:1 (1:0)
22.	Sa 27.02.	15:30	SV Werder Bremen - VfB Stuttgart	3:1 (1:0)
23.	Sa 06.03.	15:30	Hertha BSC Berlin - SV Werder Bremen	3:1 (2:0)
24.	Sa 13.03.	15:30	SV Werder Bremen - Borussia Dortmund	3:1 (1:1)
25.	Sa 20.03.	15:30	Rot-Weiss Essen - SV Werder Bremen	2:2 (1:1)
26.	Sa 27.03.	15:30	SV Werder Bremen - Eintracht Frankfurt	1:0 (0:0)
27.	Sa 03.04.	15:30	Borussia M'gladbach - SV Werder Bremen	0:2 *
28.	Sa 17.04.	15:30	SV Werder Bremen - Hamburger SV	2:2 (1:0)
29.	Fr 30.04.	20:00	Hannover 96 - SV Werder Bremen	0:3 (0:2)
30.	Sa 08.05.	15:30	SV Werder Bremen - Arminia Bielefeld	4:1 (2:0)
31.	Fr 14.05.	20:00	1. FC K'lautern - SV Werder Bremen	2:1 (0:0)
32.	Sa 22.05.	15:30	SV Werder Bremen - FC Bayern München	0:1 (0:0)
33.	Sa 29.05.	15:30	Rot-Weiß Oberhausen - SV Werder Bremen	3:0 (1:0)
34.	Sa 05.06.	15:30	SV Werder Bremen - FC Schalke 04	0:1 (0:0)

* Die Partie wurde beim Stand von 1:1 abgebrochen und mit 2:0 Toren für Bremen gewertet

Die DFB-Pokal-Spiele 1970/71

| 1. Runde: | Sa 12.12. | Fortuna Düsseldorf - SV Werder Bremen | 3:1 n.V. |

1. FC Köln

Die Saison 1970/71
Viel Kredit verspielt

Foul von Roth (rechts) an Overath. Der Kölner sagt dem Münchener hier deutlich, was er davon hält (1. FC Köln - Bayern München 0:3)

Köln startete unter Titelverdacht und enttäuschte seine Anhänger maßlos. Auch eine ehrenhafte Pokalbilanz konnte nicht mehr reparieren, was die Geißböcke in der Liga zerstörten. Kläglich verspielt wurde nicht nur der UEFA-Cup, sondern am Ende auch der gute Ruf.

Wie die Saison ebenfalls hätte verlaufen können, zeigte der FC ganz zu Beginn. Zwei Zähler in der Fremde sowie zwei Siege im Müngersdorfer Stadion ergaben in der Summe Rang fünf, und die zu Extremen neigende Fanseele freute sich schon auf den Titelkampf. Die Euphorie, sie verflog jedoch schnell. Im ganzen September gewannen die Geißböcke keine einzige Partie und richteten sich erst am HSV wieder auf, den zu dieser Zeit allerdings jeder besiegte (10. Spieltag). Köln blieb ein einziges Rätsel, denn fast in jedem Spiel blitzte das vermutete Können auf, war aber genauso schnell stets wieder verschwunden. Auch die Tuchfühlung zur Spitze glich einem Wackelkontakt und musste spätestens mit dem 0:3 gegen die Bayern (14. Spieltag) ernüchtert aufgegeben werden. Nach 17 Spielen war der Rückstand auf den Ersten schon kaum mehr aufzuholen.

Wenn es in dieser Spielzeit eine gute Periode gab, dann in der ersten Hälfte der Rückrunde. Zwei müde Januar-Auftritte ließen sich die Domstädter Zeit, um unvermittelt durchzustarten und drei Gegner in Folge beiseite zu schieben. Als nach einem Unentschieden in Frankfurt auch der Deutsche Meister besiegt werden konnte (3:2), strahlte schon wieder die Sonne. Punktgleich mit Hertha stand Köln auf Platz sechs und schien durchaus in der Verfassung, zumindest in den UEFA-Cup zu rutschen. Dann aber brach der Boden weg. Blutleer, kalt und interesselos verschenkte der FC eine Begegnung nach der anderen und stürzte mit 3:13 Punkten zwischen Spieltag 26 und 33 ins Bodenlose. Das 0:7 in München markierte den schmerzhaften Tiefpunkt, allerdings nur für kurze Zeit, denn wie später herauskam, hatte Manfred Manglitz mehr als einmal mit Absicht danebengegriffen.

Platz elf passte weder zu den Kölner Ansprüchen noch zum Potenzial des so fein bestückten Kaders. Wolfgang Overath, der im Vorjahr noch die ganze Liga verzückt hatte, fiel in ein tiefes WM-Loch und war auch anschließend nie der Kapitän, den die wacklige Mannschaft benötigt hätte. Ebenso wie Löhr (8) steuerte er auch erheblich weniger Tore bei (4). Bernd Rupp (14 Treffer) erreichte seine Quote noch annähernd. Große Enttäuschungen waren die Neuzugänge, vor allem Kapellmann und der Österreicher Parits. Manfred Manglitz machte dem Verein große Schande und stand nicht mehr im Tor, als der FC im stolz erreichten Pokalfinale in der Verlängerung Bayern München unterlag. Konträr zur Liga zeigte sich Köln im Europapokal von seiner allerbesten Seite. Über Sedan, Florenz und Tirana gerieten die Geißböcke an Arsenal London und schalteten es sogar aus. Erst eine Runde später, im Halbfinale gegen Juve, war endgültig Schluss.

Der Verein 1970/71

Gegründet:	12.06.1901
Erfolge:	**2x Deutscher Meister**: 1962, 1964
	1x Deutscher Vize-Meister: 1965
	1x DFB-Pokal: 1968
	2x DFB-Pokal-Vize: 1970, 1971
	6x Westmeister: 1928, 1954, 1960, 1961, 1962, 1963
Personen:	Oskar Maaß (1. Vors.), Werner Müller (2. Vors.), Herbert Noack (Schatzmeister), Hans-Gerhard König (Geschäftsführer)
Stadion:	Müngersdorfer Stadion, 53.109 Plätze (7.630 Sitzplätze)
Spielkleidung:	Rot-weißes oder weißes Hemd, weiße Hose, weiße oder rote Stutzen
Abteilungen:	Fußball, Handball, Tischtennis, Schach, Gymnastik
Mitglieder:	2.000

Die Platzierungen der letzten fünf Jahre

Saison	Liga	Platz
1966/1967	1. Bundesliga	7.
1967/1968	1. Bundesliga	4.
1968/1969	1. Bundesliga	14.
1969/1970	1. Bundesliga	4.
1970/1971	1. Bundesliga	11.

Der Saisonverlauf 1970/71

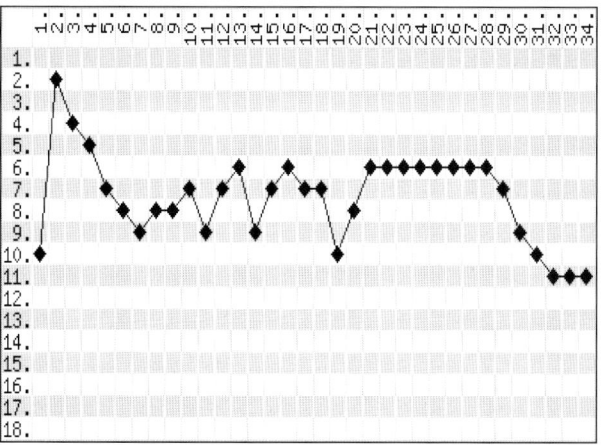

Der Trainer 1970/71

Ernst Ocwirk
* 07.03.1926
† 23.01.1980

Deutschland als Trauma

Der gebürtige Wiener war einer der größten österreichischen Nachkriegs-Fußballer und galt zeitweise als bester zentraler Mittelfeldspieler der Welt. Seine ersten Vereine hießen FC Stadlau und Floridsdorfer AC, wo er derart in Erscheinung trat, dass die großen Wiener Klubs um ihn rangen. Den Zuschlag bekam die Austria, weil sie dem FAC dafür das Stadion renovierte. Neun Jahre blieb Ocwirk bei Austria Wien, errang mit den "Veilchen" fünf Meisterschafts- und drei Pokalsiege und nahm unaufhaltsam auch die Nationalmannschaft für sich ein. Höhepunkt seiner zehnjährigen Landesauswahlkarriere (62 Einsätze) war die Teilnahme an der WM 1954, wo er im Halbfinale mit 1:6 gegen Deutschland unterlag und an der Seite Ernst Happels WM-Dritter wurde. Als erster Österreicher überhaupt wechselte Ocwirk 1956 nach Italien, spielte fünf Jahre für Sampdoria Genua und startete im selben Klub dann seine Trainerlaufbahn. Ocwirk, Ehemann der Spitzenhandballerin Martha Ocwirk, kehrte mit dem Ruf eines Feldwebels nach Österreich zurück und führte Austria Wien zu drei weiteren Titeln. Ähnliche Erfolge versprach sich auch der 1. FC Köln, als er Ocwirk 1970 an den Rhein holte, doch erprobte dieser die Bundesliga zum falschesten Zeitpunkt und blieb als Teil einer schlimmen Saison in Erinnerung.

Das Mannschaftsfoto 1970/71

Hintere Reihe von links: Trainer Ocwirk, Classen, John, Thielen, Cullmann, Parits, Hemmersbach, Weber, Löhr, Overath, Konditionstrainer Herings. Vorne: Flohe, Simmet, Kapellmann, Manglitz, Soskic, Kowalski, Biskup und Rupp

Der Bundesliga-Kader 1970/71

Name (Saison-Note)	Land	geboren	Spiele	Tore	Rot
Torwart					
Manfred Manglitz (3,4)	D	08.03.1940	31	0	0
Milutin Soskic (3,7)	YUG	31.12.1937	4	0	0
Abwehr					
Matthias Hemmersbach (3,8)	D	26.07.1941	33	2	0
Wolfgang Weber (3,2)	D	26.06.1944	33	1	0
Karl-Heinz Thielen (3,2)	D	02.04.1940	29	4	0
Werner Biskup (3,7)	D	26.04.1942	27	2	1
Bernhard Cullmann (4,0)	D	01.11.1949	19	1	0
Kurt Kowalski (3,9)	D	14.12.1948	9	0	0
Manfred Classen (4,3)	D	30.12.1943	3	0	0
Mittelfeld					
Heinz Simmet (3,7)	D	22.11.1944	34	1	0
Heinz Flohe (3,4)	D	28.01.1948	32	3	0
Wolfgang Overath (3,1)	D	29.09.1943	26	4	0
Hans-Jürgen Lex (4,6)	D	29.12.1946	6	0	0
Angriff					
Bernd Rupp (3,6)	D	24.02.1942	30	14	0
Thomas Parits (4,1)	A	07.10.1946	29	5	0
Jupp Kapellmann (4,2)	D	19.12.1949	27	1	0
Hennes Löhr (3,7)	D	05.07.1942	24	8	0
Wolfgang John (4,0)	D	14.01.1945	1	0	0

Ab- und Zugänge / Nationalspieler 1970/71

Abgänge: Peter Blusch (1. FC Kaiserslautern), Werner Thelen (SV Werder Bremen), Rolf Birkhölzer (KSV Hessen Kassel), Bernhard Hermes (Wuppertaler SV), Heinz Hornig (Daring Brüssel), Carl-Heinz Rühl (Daring Brüssel), Fritz Pott (reamateurisiert), Wolfgang Riemann (1. FC Nürnberg), Karl-Heinz Goldau

Zugänge: Jupp Kapellmann (Alemannia Aachen), Thomas Parits (Austria Wien), Manfred Classen (SC Jülich 10), Wolfgang John (Tasmania Berlin), Bernhard Cullmann (eigene Amateure), Kurt Kowalski (eigene Amateure), Hans Jürgen Lex

Nationalspieler: Wolfgang Overath (8 Spiele/1 Tor), Wolfgang Weber (7/0), Heinz Flohe (3/1), Johannes Löhr (1/0)

Die Bundesliga-Spiele 1970/71

Spieltag	Datum	Uhrzeit	Begegnung	Ergebnis
1.	Sa 15.08.	15:30	SV Werder Bremen - 1. FC Köln	1:1 (1:0)
2.	Sa 22.08.	15:30	1. FC Köln - Eintracht Braunschweig	3:1 (2:1)
3.	Mi 28.10.	20:00	MSV Duisburg - 1. FC Köln	0:0 (0:0)
4.	Sa 05.09.	15:30	1. FC Köln - VfB Stuttgart	2:1 (1:0)
5.	Sa 12.09.	15:30	Hertha BSC Berlin - 1. FC Köln	3:2 (0:0)
6.	Sa 19.09.	15:30	1. FC Köln - Borussia Dortmund	2:2 (1:0)
7.	Mi 23.09.	20:00	Rot-Weiss Essen - 1. FC Köln	2:0 (1:0)
8.	Sa 26.09.	15:30	1. FC Köln - Eintracht Frankfurt	0:0 (0:0)
9.	Sa 03.10.	15:30	Borussia M'gladbach - 1. FC Köln	1:1 (0:1)
10.	Mi 07.10.	20:00	1. FC Köln - Hamburger SV	3:0 (1:0)
11.	Sa 10.10.	15:30	Hannover 96 - 1. FC Köln	2:0 (1:0)
12.	Sa 24.10.	15:30	1. FC Köln - Arminia Bielefeld	2:0 (1:0)
13.	Sa 31.10.	15:30	1. FC K'lautern - 1. FC Köln	0:0 (0:0)
14.	Sa 07.11.	15:30	1. FC Köln - FC Bayern München	0:3 (0:0)
15.	Sa 14.11.	15:30	Rot-Weiß Oberhausen - 1. FC Köln	2:2 (0:2)
16.	Sa 28.11.	15:30	1. FC Köln - FC Schalke 04	2:0 (0:0)
17.	Sa 05.12.	15:30	Kickers Offenbach - 1. FC Köln	4:1 (1:0)
18.	Sa 23.01.	15:30	1. FC Köln - SV Werder Bremen	1:1 (1:1)
19.	Sa 30.01.	15:30	Eintracht Braunschweig - 1. FC Köln	3:1 (0:1)
20.	Sa 06.02.	15:30	1. FC Köln - MSV Duisburg	2:1 (1:1)
21.	Sa 13.02.	15:30	VfB Stuttgart - 1. FC Köln	1:2 (1:1)
22.	Sa 27.02.	15:30	1. FC Köln - Hertha BSC Berlin	3:2 (1:0)
23.	Fr 05.03.	20:00	Borussia Dortmund - 1. FC Köln	0:0 (0:0)
24.	Mi 05.05.	20:00	1. FC Köln - Rot-Weiss Essen	3:2 (0:1)
25.	Sa 20.03.	15:30	Eintracht Frankfurt - 1. FC Köln	1:1 (1:1)
26.	Sa 27.03.	15:30	1. FC Köln - Borussia M'gladbach	3:2 (3:1)
27.	Fr 02.04.	20:00	Hamburger SV - 1. FC Köln	2:0 (1:0)
28.	Sa 17.04.	15:30	1. FC Köln - Hannover 96	0:1 (0:1)
29.	Sa 01.05.	15:30	Arminia Bielefeld - 1. FC Köln	1:0 (0:0)
30.	Sa 08.05.	15:30	1. FC Köln - 1. FC K'lautern	1:2 (1:1)
31.	Sa 15.05.	15:30	FC Bayern München - 1. FC Köln	7:0 (3:0)
32.	Sa 22.05.	15:30	1. FC Köln - Rot-Weiß Oberhausen	2:4 (2:2)
33.	Sa 29.05.	15:30	FC Schalke 04 - 1. FC Köln	2:2 (0:0)
34.	Sa 05.06.	15:30	1. FC Köln - Kickers Offenbach	4:2 (1:2)

Die DFB-Pokal-Spiele 1970/71

1. Runde:	Sa 12.12.	SSV Reutlingen - 1. FC Köln	2:5 (1:2)
Achtelfinale:	Sa 20.02.	Eintracht Frankfurt - 1. FC Köln	1:4 (1:2)
Viertelfinale:	Do 08.04.	1. FC Köln - Hamburger SV	2:0 (0:0)
Halbfinale:	Mi 12.05.	FC Schalke 04 - 1. FC Köln	2:3 (2:0)
Finale:	Sa 19.06.	FC Bayern München - 1. FC Köln	2:1 n.V.

Die Messepokal-Spiele 1970/71

1. Runde:	Di 15.09.	1. FC Köln - FC Sedan	5:1 (2:0)
1. Runde:	Di 29.09.	FC Sedan - 1. FC Köln	1:0 (0:0)
2. Runde:	Di 20.10.	AC Florenz - 1. FC Köln	1:2 (1:1)
2. Runde:	Di 03.11.	1. FC Köln - AC Florenz	1:0 (1:0)
Achtelfinale:	Mi 25.11.	Spartak Trnava - 1. FC Köln	0:1 (0:1)
Achtelfinale:	Mi 09.12.	1. FC Köln - Spartak Trnava	3:0 (1:0)
Viertelfinale:	Di 09.03.	FC Arsenal - 1. FC Köln	2:1 (1:1)
Viertelfinale:	Di 23.03.	1. FC Köln - FC Arsenal	1:0 (1:0)
Halbfinale:	Mi 14.04.	1. FC Köln - Juventus Turin	1:1 (0:1)
Halbfinale:	Mi 28.04.	Juventus Turin - 1. FC Köln	2:0 (1:0)

VfB Stuttgart

Die Saison 1970/71
Mannschaft ohne Gesicht

Der 38-jährige Sawitzki musste sich zur Verfügung stellen. Der "Sawi" machte seine Sache in beiden Einsätzen gut

In den Kampf um die Fleischtöpfe schien der VfB zeitweilig eingreifen zu können. Besonders auswärts aber fiel zu viel Ernte vom Wagen, um die ordentliche Heimbilanz zu nähren. Eine schaurige Schlussserie riss die Schwaben schließlich ins Nichts.

Ein Sommerremis gegen die Bayern (1:1) und ein Auswärtssieg in Oberhausen (2:1) verhießen einen ordentlichen Start. Stuttgart aber kam auf keinen Nenner, schickte eben noch Werder Bremen mit einem 3:0 nach Hause, um gleich am nächsten Spieltag mit 0:4 in Braunschweig zu verenden. Erst in der zehnten Runde, nach nervigem Zickzackkurs durchs Mittelfeld der Liga, hauten die Schwaben einmal richtig auf den Tisch und verprügelten Borussia Dortmund mit 6:1. Zukunft aber hatte es nicht. Wann immer man dachte, eine Serie wäre auf dem Weg, brach die Zebec-Truppe bald wieder ein. Nie blieb man länger als drei Spiele ungeschlagen und schaffte auch keinmal einen zweiten Sieg am Stück. Mit einer Ausnahme: Nach einem mühsamen Heimerfolg gegen Bielefeld (1:0) zerbröselte Stuttgart direkt die Roten Teufel, siegte mit 5:0 auf dem Betzenberg und ging mit UEFA-Cup-Ambitionen in die Pause.

Der Absturz folgte wie bestellt. Verzeihliche Niederlagen in München (0:1) und auf Schalke (2:1) konnten nicht sofort repariert werden. Kein einziges Mal mehr schaffte Stuttgart auswärts zwei Punkte, und auch die Heimsiege gelangen, wenn überhaupt, sehr knapp - mit Ausnahme eines 5:1-Kantersiegs über den Prügelknaben Essen. Die Schwaben schmierten ab, rutschen in wenigen Wochen vom sicheren sechsten Platz bis auf Rang elf, und nach einem komplett sieglosen Mai inklusive einer 1:2-Heimpleite gegen Hannover verlor der VfB schließlich auch noch seine Unschuld. Weil weder nach oben noch nach unten etwas ging, ließen sich einige Spieler ködern und verhökerten das letzte Auswärtsspiel an Bielefeld. Der gesichtslose zwölfte Platz blieb damit nicht einmal das schlimmste Vergehen.

Zu viel war in den letzten Jahren falsch gelaufen, als dass auf dem Transfermarkt große Sprünge möglich waren. Immerhin: Die Leistungsträger konnten alle gehalten werden, zudem kam mit Hartmut Weiß endlich jener Knipser dazu, den man zuletzt so vermisst hatte; gleich im ersten Jahr schoss der Ex-Braunschweiger die meisten Tore (15). Überhaupt nicht in Tritt kam Gilbert Gress, der es nur auf 17 Saisoneinsätze brachte. Auch von Karl-Heinz Handschuh hatte man mehr erwartet. Stark dagegen die Mittelfeldasse Olsson und Haug, die genau wie Zech, Weiß und Weidmann keine Partie versäumten. Zwei der sechs Neuen waren dieses Jahr Torhüter, trotzdem kam es zum unerwarteten Fall, dass sämtliche Schlussmänner ausfielen. Zwei Jahre nach seinem Karriereschluss kehrte daher der legendäre Günter Sawitzki wieder zurück und ließ sich für zwei Spiele reaktivieren. Er war inzwischen 38 Jahre alt.

Der Verein 1970/71

Gegründet:	09.09.1893
Erfolge:	**2x Deutscher Meister**: 1950, 1952
	2x Deutscher Vize-Meister: 1935, 1953
	2x DFB-Pokal: 1954, 1958
	3x Südmeister: 1946, 1952, 1954
Personen:	Hans Weitpert (1. Vors.), Eberhard Haaga (2. Vors.), Richard Ulmer (Schatzmeister), Johannes Steglich (Geschäftsf.)
Stadion:	Neckar-Stadion, 74.771 Plätze (31.976 Sitzplätze)
Spielkleidung:	Weißes Hemd mit rotem Brustring, weiße Hose, weiße Stutzen
Abteilungen:	Fußball, Leichtathletik, Handball, Faustball, Tischtennis, Hockey
Mitglieder:	2.300

Die Platzierungen der letzten fünf Jahre

Saison	Liga	Platz
1966/1967	1. Bundesliga	12.
1967/1968	1. Bundesliga	8.
1968/1969	1. Bundesliga	5.
1969/1970	1. Bundesliga	7.
1970/1971	1. Bundesliga	12.

Der Saisonverlauf 1970/71

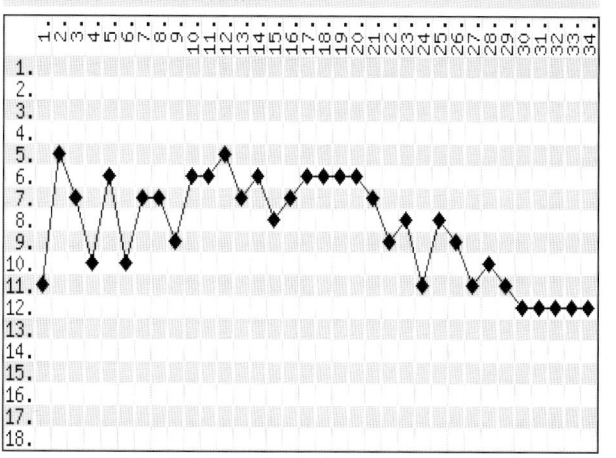

Der Trainer 1970/71

Branko Zebec
* 12.05.1929
† 26.09.1988

Den Erfolg in München gelassen

Der Jugoslawe brachte es zu großem Ruhm im Nationalteam, das er 1952 als Linksaußen ins olympische Finale führte und dort sogar Torschützenkönig wurde. Auch bei der WM 1954 trat er in Erscheinung, stieß mit seinem Land sensationell bis ins Viertelfinale vor und schied erst gegen den späteren Weltmeister aus. Vier Jahre später war Zebec gar Kapitän der WM-Elf. Seine aktive Karriere beendete er erst im greisen Fußballalter (36!) bei Alemannia Aachen in der Regionalliga. Der Trainer Zebec hatte sich lediglich bei Dinamo Zagreb einige Meriten verdient, als der FC Bayern ihn 1968 in die Bundesliga holte. Doch er schlug ein wie eine Bombe. Aus dem großen Talentschuppen, den Vorgänger Cajkovski ihm hinterlassen hatte, formte Zebec eine Truppe von internationalem Format und holte gleich im ersten Jahr nicht nur die erste Meisterschaft seit 1932, sondern auch den Vereinspokal. Der Jugoslawe war ein Typ, an dem man sich reiben konnte und der nicht über alle Maßen beliebt war im Team. Er galt als sensibel, schweigsam und eigenwillig und wurde, nicht mehr überraschend, schon anderthalb Jahre später entlassen, kaum dass die Bayern auf Platz vier abrutschten. Nach Stuttgart kam er als namhafteste Neuverpflichtung, konnte zumindest im ersten Jahr aber keine erkennbare Handschrift hinterlassen.

Das Mannschaftsfoto 1970/71

Hintere Reihe von links: Weiß, Olsson, G. Eisele, Höbusch, Weidle, Trainer Zebec. Mitte: Gress, Arnold, Haaga, Weidmann, Handschuh, Martin, Zech. Vorne: H. Eisele, Regitz, Heinze, Hauser, Wittfoht und Haug

Der Bundesliga-Kader 1970/71

Name (Saison-Note)	Land	geboren	Spiele	Tore	Rot
Torwart					
Gerhard Heinze (3,1)	D	30.11.1948	30	0	0
Hans Hauser (2,5)	D	17.05.1949	2	0	0
Günter Sawitzki (4,0)	D	22.11.1932	2	0	0
Bodo Jopp (3,0)	D	12.11.1952	1	0	0
Abwehr					
Reinhold Zech (3,7)	D	27.05.1948	34	0	0
Hans Arnold (3,6)	D	08.10.1941	33	0	0
Willi Entenmann (3,3)	D	25.09.1943	29	2	0
Hans Eisele (3,3)	D	07.08.1940	29	0	0
Günther Eisele (3,7)	D	30.06.1946	12	0	0
Gerd Regitz (3,3)	D	03.05.1945	5	1	0
Jürgen Martin (4,0)	D	01.02.1949	3	0	0
Theodor Hoffmann (-)	D	05.07.1940	0	0	0
Mittelfeld					
Horst Haug (3,3)	D	12.05.1946	34	8	0
Jan Olsson (3,9)	SWE	18.03.1944	34	8	0
Herbert Höbusch (3,9)	D	29.01.1949	18	1	0
Gilbert Gress (3,0)	F	17.12.1941	17	2	0
Hans-Jürgen Wittfoht (-)	D	29.01.1948	1	0	0
Angriff					
Hartmut Weiß (4,0)	D	13.01.1942	34	15	0
Manfred Weidmann (4,1)	D	15.01.1945	34	3	0
Karl-Heinz Handschuh (4,0)	D	30.11.1947	24	8	0
Roland Weidle (4,2)	D	01.01.1949	13	1	0
Werner Haaga (4,7)	D	03.03.1947	5	0	0

Ab- und Zugänge / Nationalspieler 1970/71

Abgänge: Dieter Feller (Austria Wien), Hans Mayer (VfR Heilbronn), Hans-Dieter Koch (reamateurisiert)

Zugänge: Hartmut Weiß (Eintracht Braunschweig), Hans Hauser (Borussia Neunkirchen), Gerd Regitz (Borussia Neunkirchen), Jürgen Martin (FK Pirmasens), Bodo Jopp, Günter Sawitzki (reaktiviert)

Nationalspieler: Kein Nationalspieler

Die Bundesliga-Spiele 1970/71

Spieltag	Datum	Uhrzeit	Begegnung	Ergebnis
1.	Sa 15.08.	15:30	VfB Stuttgart - FC Bayern München	1:1 (1:1)
2.	Sa 22.08.	15:30	Rot-Weiß Oberhausen - VfB Stuttgart	1:2 (0:0)
3.	Fr 28.08.	20:00	VfB Stuttgart - FC Schalke 04	1:1 (1:0)
4.	Sa 05.09.	15:30	1. FC Köln - VfB Stuttgart	2:1 (1:0)
5.	Fr 11.09.	20:00	VfB Stuttgart - SV Werder Bremen	3:0 (0:0)
6.	Sa 19.09.	15:30	Eintracht Braunschweig - VfB Stuttgart	4:0 (3:0)
7.	Mi 23.09.	20:00	VfB Stuttgart - MSV Duisburg	1:0 (0:0)
8.	Sa 26.09.	15:30	Kickers Offenbach - VfB Stuttgart	3:3 (1:1)
9.	Sa 03.10.	15:30	Hertha BSC Berlin - VfB Stuttgart	2:0 (0:0)
10.	Mi 07.10.	20:00	VfB Stuttgart - Borussia Dortmund	6:1 (2:1)
11.	Sa 10.10.	15:30	Rot-Weiss Essen - VfB Stuttgart	1:1 (1:0)
12.	Sa 24.10.	15:30	VfB Stuttgart - Eintracht Frankfurt	2:1 (0:1)
13.	Sa 31.10.	15:30	Borussia M'gladbach - VfB Stuttgart	4:1 (2:0)
14.	Sa 07.11.	15:30	VfB Stuttgart - Hamburger SV	3:3 (2:0)
15.	Sa 14.11.	15:30	Hannover 96 - VfB Stuttgart	3:0 (0:0)
16.	Sa 28.11.	15:30	VfB Stuttgart - Arminia Bielefeld	1:0 (0:0)
17.	Sa 05.12.	15:30	1. FC K'lautern - VfB Stuttgart	0:5 (0:0)
18.	Sa 23.01.	15:30	FC Bayern München - VfB Stuttgart	1:0 (0:0)
19.	Sa 30.01.	15:30	VfB Stuttgart - Rot-Weiß Oberhausen	2:1 (2:0)
20.	Sa 06.02.	15:30	FC Schalke 04 - VfB Stuttgart	2:1 (0:0)
21.	Sa 13.02.	15:30	VfB Stuttgart - 1. FC Köln	1:2 (1:1)
22.	Sa 27.02.	15:30	SV Werder Bremen - VfB Stuttgart	3:1 (1:0)
23.	Sa 06.03.	15:30	VfB Stuttgart - Eintracht Braunschweig	1:1 (1:0)
24.	Di 13.04.	20:00	MSV Duisburg - VfB Stuttgart	1:0 (1:0)
25.	Sa 20.03.	15:30	VfB Stuttgart - Kickers Offenbach	1:0 (1:0)
26.	Sa 27.03.	15:30	VfB Stuttgart - Hertha BSC Berlin	1:1 (0:1)
27.	Sa 03.04.	15:30	Borussia Dortmund - VfB Stuttgart	3:1 (1:1)
28.	Sa 17.04.	15:30	VfB Stuttgart - Rot-Weiss Essen	5:1 (3:0)
29.	Sa 01.05.	15:30	Eintracht Frankfurt - VfB Stuttgart	1:0 (1:0)
30.	Sa 08.05.	15:30	VfB Stuttgart - Borussia M'gladbach	1:1 (1:1)
31.	Sa 15.05.	15:30	Hamburger SV - VfB Stuttgart	1:0 (1:0)
32.	Sa 22.05.	15:30	VfB Stuttgart - Hannover 96	1:2 (1:2)
33.	Sa 29.05.	15:30	Arminia Bielefeld - VfB Stuttgart	1:0 (0:0)
34.	Sa 05.06.	15:30	VfB Stuttgart - 1. FC K'lautern	2:0 (1:0)

Die DFB-Pokal-Spiele 1970/71

1. Runde:	Sa 12.12.		Holstein Kiel - VfB Stuttgart	2:1 (1:0)

Borussia Dortmund

Die Saison 1970/71
Umbruch statt Aufbruch

Dortmunds 1:0 durch Trimhold (Nr.7). Daneben Patzke (Nr. 2), Held und Groß (Borussia Dortmund - Hertha BSC Berlin 3:1)

Mit Widerwillen erkannten die Fans, dass die letzte Saison nur eine Ausnahme und keine neue Regel gewesen war. Ganz in den Keller sackte Dortmund zwar nie, musste durch seine reifelose Unkonstanz aber bis zum Ende bangen. Das Team war noch nicht fertig.

Die ersten vier Spiele liefen wie allgemein vorhergesehen, inklusive eines kleinen Bonbons: Mit einem 3:0 über Bielefeld schnappte sich Borussia die allererste Tabellenführung. Nicht mal annähernd kehrte das Team aber je wieder in die Spitzenränge zurück, machte noch einmal als Sechster von sich reden und versank anschließend im Niemandsland. Anders als im letzten Jahr kam es diesmal zu heftigen Ausschlägen. Schlimme Erfahrungen wie ein 1:6 in Stuttgart oder gar eine Heimschlappe gegen Schalke 04 (1:2) wechselten mit Freudenfesten wie einem 5:1 gegen Duisburg. Dortmund konnte an guten Tagen viel bewegen, war aber auch schnell aus der Ruhe zu bringen und nach Rückständen oft schon verloren. Platz zehn nach der ersten Hälfte war ein wohlwollendes Ergebnis.
Im Gegensatz zu vielen anderen Klubs blieb der BVB sich immerhin treu, erledigte die ersten vier Aufgaben nach gleichem Muster wie in der Hinrunde. Dass man trotzdem bald auf Rang 13 sackte, lag nicht zuletzt an den Leistungen der Konkurrenz. Weiterhin im Abstiegssumpf zu stecken, hatten die Borussen sich aber nicht ausgemalt, wurden darüber nervös und strampelten sich immer tiefer hinein. Nach fünf sieglosen Spielen gelang in der 27. Runde wieder ein Treffer (3:1 gegen Stuttgart), und auch das 7:2 über Essen (30. Spieltag) sprach eine deutliche Sprache. Eine schnelle Rettung wurde letztlich durch zwei Umstände behindert. Erstens die bedrohliche Auswärtsschwäche von am Ende fünf Niederlagen am Stück. Zweites die scheinbar sensationellen Siege der tiefer stehenden Mannschaften. Trotz eines denkwürdigen 3:4 gegen den alten und neuen Deutschen Meister war nach 32 Spieltagen aber alles geritzt. Drei Pleiten in Folge waren es, mit denen sich Dortmund letztlich kuriserweise über Wasser hielt. Mehr als Platz 13 wäre durchaus möglich gewesen, doch waren zehn Saisonsiege dafür viel zu wenig.
Spielausschussobmann Helmut Bracht hatten schon vor der Saison kleine Brötchen gebacken: "Wir brauchen mindestens noch zwei Jahre, um die Fehler der Vergangenheit vergessen zu machen." Vorbei daher die Strahlkraft eines Emmerich, Libuda oder Held, wobei Letzterer sich immer noch im Mittelfeld aufrieb und trotz mancher Schwankung zu den großen Aktivposten gehörte. Gemeinsam mit Schütz, Wosab und Kurrat sollte der Routinier einen personellen Umbruch stützen, doch funktionierte das nicht reibungslos. Nervenstärke, Harmonie und vor allem Konstanz blieben Fremdworte für die Borussen. Assauer und Erler fehlten der Mannschaft oft, auch wenn sich Ritschel und Weinkauff als wiederverwendbare Neuzugänge entpuppten.

Der Verein 1970/71

Gegründet: 09.12.1909
Erfolge: 3x Deutscher Meister: 1956, 1957, 1963
3x Deutscher Vize-Meister: 1949, 1961, 1966
1x DFB-Pokal: 1965
1x DFB-Pokal-Vize: 1963
6x Westmeister: 1948, 1949, 1950, 1953, 1956, 1957
1x Pokal der Pokalsieger: 1966
Personen: Dr. Walter Kliemt (1. Vors.), Dr. Paul Will und Udo Remmert (Stellvertr.), Fritz Schaaf (Schatzmeister), Margot Stenzel (Geschäftsführerin)
Stadion: "Rote Erde", 39.449 Plätze (13.699 Sitzplätze)
Spielkleidung: Gelbes Hemd, schwarze Hose, gelbe Stutzen
Abteilungen: Fußball, Handball, Tischtennis
Mitglieder: 1.500

Die Platzierungen der letzten fünf Jahre

Saison	Liga	Platz
1966/1967	1. Bundesliga	3.
1967/1968	1. Bundesliga	14.
1968/1969	1. Bundesliga	16.
1969/1970	1. Bundesliga	5.
1970/1971	1. Bundesliga	13.

Der Saisonverlauf 1970/71

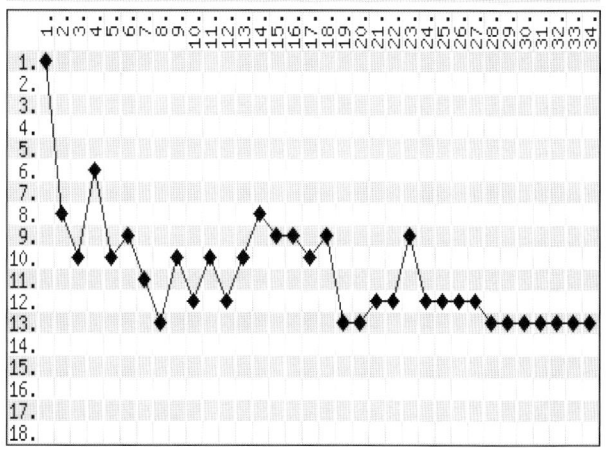

Der Trainer 1970/71

Horst Witzler
* 18.08.1932
† 27.07.1998

Jung und erfahren

Als Spieler blieb Witzler nicht sonderlich in Erinnerung, dafür als auffallend früh entwickelter Übungsleiter. Bereits 1959 gab der VfL Germania Leer mit Stolz bekannt, Horst Witzler als neuen Trainer verpflichtet zu haben - auf persönliche Empfehlung Hennes Weisweilers. Fünf Jahre später wechselte Witzler zu Arminia Hannover und war mit 31 Jahren noch immer jüngster Regionalliga-Coach. An die Leine kam er mit Zuversicht, musste aber traurig mit ansehen, wie große Talente namens Lothar Ulsaß und Gerhard Elfert den Verein in Richtung Bundesliga verließen. Nach einer Saison ging Witzler ebenfalls und wechselte für vier Jahre zu Schwarz-Weiß Essen, wo er 1967 einen zweiten Platz in der Regionalliga errang und die Aufstiegsrunde zur Bundesliga erreichte. Im Jahr 1970, am Rande eines Heimspiels gegen Hannover, streckte dann Dortmunds Präsident Dr. Kliemt die Finger nach ihm aus und gab noch in der laufenden Saison die Verpflichtung Witzlers zur neuen Spielzeit bekannt. Als erfahrener 38-Jähriger betrat Horst Witzler 1970 so die Bundesliga und stand vor einer riesigen Baustelle. Der Aderlass der letzten Jahre zwang ihn zur Improvisation, doch war man nach dem Verlauf seiner ersten Saison mit Platz 13 nicht wirklich zufrieden.

Das Mannschaftsfoto 1970/71

Hintere Reihe von links: Trainer Witzler, Rynio, Peter, Fabisch, Held, Weinkauff, Peehs, Wosab, Boduszek, Rasovic, Co-Trainer Michallek. Mitte: Andree, Bücker, Neuberger, Schütz, Weist, Ritschel, Rieländer. Vorne: Sturm, Günther, Kurrat, Trimhold und Heidkamp

Der Bundesliga-Kader 1970/71

Name (Saison-Note)	Land	geboren	Spiele	Tore	Rot
Torwart					
Jürgen Rynio (3,2)	D	01.04.1948	26	0	0
Klaus Günther (3,5)	D	12.01.1941	8	0	0
Abwehr					
Willi Neuberger (2,9)	D	15.04.1946	33	6	0
Dieter Kurrat (3,4)	D	15.05.1942	30	0	0
Gerd Peehs (3,6)	D	21.01.1942	24	0	0
Reinhold Wosab (3,6)	D	25.02.1938	22	2	0
Ferdinand Heidkamp (3,4)	D	14.09.1944	20	1	0
Hans-Joachim Andree (3,9)	D	06.07.1950	20	0	0
Klaus Brakelmann (4,0)	D	10.10.1948	1	0	0
Wolfgang Paul (-)	D	25.01.1940	0	0	0
Mittelfeld					
Branco Rasovic (3,8)	YUG	11.04.1942	31	0	0
Theo Bücker (4,0)	D	10.07.1948	26	5	0
Jürgen Schütz (3,7)	D	01.07.1939	22	7	0
Horst Trimhold (3,7)	D	04.02.1941	18	3	0
Theodor Rieländer (3,9)	D	24.07.1950	18	3	0
Wilhelm Sturm (3,6)	D	08.02.1940	5	0	0
Ingo Peter (-)	D	23.10.1951	0	0	0
Angriff					
Manfred Ritschel (3,7)	D	07.06.1946	34	6	0
Siegfried Held (2,9)	D	07.08.1942	32	5	0
Dieter Weinkauff (4,0)	D	26.09.1947	28	8	0
Werner Weist (4,1)	D	11.03.1949	23	7	0
Jürgen Boduszek (-)	D	27.10.1950	1	0	0
Reinhard Fabisch (-)	D	19.08.1950	0	0	0

Ab- und Zugänge / Nationalspieler 1970/71

Abgänge: Rudolf Assauer (SV Werder Bremen), Dietmar Erler (Eintracht Braunschweig), Alfred Kohlhäufl (Jahn Regensburg), Helmut Heeren (Olympia Wilhelmshaven), Karl-Heinz Artmann (Linzer ASK)

Zugänge: Dieter Weinkauff (FK Pirmasens), Manfred Ritschel (Jahn Regensburg), Ingo Peter (Eintracht Dortmund), Hans-Joachim Andree (eigener Nachwuchs)

Nationalspieler: Siegfried Held (5 Spiele/1 Tor)

Die Bundesliga-Spiele 1970/71

Spieltag	Datum	Uhrzeit	Begegnung	Ergebnis
1.	Sa 15.08.	15:30	Borussia Dortmund - Arminia Bielefeld	3:0 (1:0)
2.	Sa 22.08.	15:30	1. FC K'lautern - Borussia Dortmund	1:0 (0:0)
3.	Fr 28.08.	20:00	Borussia Dortmund - FC Bayern München	0:0 (0:0)
4.	Sa 05.09.	15:30	Rot-Weiß Oberhausen - Borussia Dortmund	0:1 (0:1)
5.	Sa 12.09.	15:30	Borussia Dortmund - FC Schalke 04	1:2 (1:2)
6.	Sa 19.09.	15:30	1. FC Köln - Borussia Dortmund	2:2 (1:0)
7.	Di 27.10.	20:00	Borussia Dortmund - SV Werder Bremen	0:1 (0:1)
8.	Sa 26.09.	15:30	Eintracht Braunschweig - Borussia Dortmund	3:0 (2:0)
9.	Sa 03.10.	15:30	Borussia Dortmund - MSV Duisburg	5:1 (2:1)
10.	Mi 07.10.	20:00	VfB Stuttgart - Borussia Dortmund	6:1 (2:1)
11.	Sa 10.10.	15:30	Borussia Dortmund - Hertha BSC Berlin	3:1 (1:0)
12.	Sa 24.10.	15:30	Kickers Offenbach - Borussia Dortmund	3:0 (1:0)
13.	Sa 31.10.	15:30	Rot-Weiss Essen - Borussia Dortmund	0:1 (0:1)
14.	Sa 07.11.	15:30	Borussia Dortmund - Eintracht Frankfurt	3:0 (2:0)
15.	Sa 14.11.	15:30	Borussia M'gladbach - Borussia Dortmund	3:2 (3:0)
16.	Sa 28.11.	15:30	Borussia Dortmund - Hamburger SV	1:1 (0:1)
17.	Fr 04.12.	20:00	Hannover 96 - Borussia Dortmund	4:1 (3:0)
18.	Sa 23.01.	15:30	Arminia Bielefeld - Borussia Dortmund	2:3 (2:1)
19.	Sa 30.01.	15:30	Borussia Dortmund - 1. FC K'lautern	0:2 (0:2)
20.	Di 04.05.	20:00	FC Bayern München - Borussia Dortmund	1:1 (0:0)
21.	Sa 13.02.	15:30	Borussia Dortmund - Rot-Weiß Oberhausen	2:0 (0:0)
22.	Sa 27.02.	15:30	FC Schalke 04 - Borussia Dortmund	0:0 (0:0)
23.	Fr 05.03.	20:00	Borussia Dortmund - 1. FC Köln	0:0 (0:0)
24.	Sa 13.03.	15:30	SV Werder Bremen - Borussia Dortmund	3:1 (1:1)
25.	Sa 20.03.	15:30	Borussia Dortmund - Eintracht Braunschweig	1:1 (0:1)
26.	Sa 27.03.	15:30	MSV Duisburg - Borussia Dortmund	4:3 (2:1)
27.	Sa 03.04.	15:30	Borussia Dortmund - VfB Stuttgart	3:1 (1:1)
28.	Sa 17.04.	15:30	Hertha BSC Berlin - Borussia Dortmund	5:2 (2:0)
29.	Sa 01.05.	15:30	Borussia Dortmund - Kickers Offenbach	1:1 (1:1)
30.	Sa 08.05.	15:30	Borussia Dortmund - Rot-Weiss Essen	7:2 (4:0)
31.	Sa 15.05.	15:30	Eintracht Frankfurt - Borussia Dortmund	2:0 (0:0)
32.	Sa 22.05.	15:30	Borussia Dortmund - Borussia M'gladbach	3:4 (2:1)
33.	Sa 29.05.	15:30	Hamburger SV - Borussia Dortmund	2:1 (2:1)
34.	Sa 05.06.	15:30	Borussia Dortmund - Hannover 96	2:2 (2:1)

Die DFB-Pokal-Spiele 1970/71

1. Runde:	Sa 12.12.		TSV Westerland - Borussia Dortmund	0:4 (0:4)
Achtelfinale:	Sa 20.02.		Hamburger SV - Borussia Dortmund	3:1 n.V.

Arminia Bielefeld

Die Saison 1970/71
Der Krankheitserreger

Braun wird hier von Fans nach dem Sieg bei der Berliner Hertha von Platz getragen (Hertha BSC - Arminia Bielefeld 0:1)

Zum ersten Mal überhaupt spielte Arminia in der Bundesliga und feierte auf dem Papier einen fabelhaften Einstand. Sportlich aber schien das Pulver schon nach der Hinrunde verschossen. Und als sich der Abstieg immer mehr abzeichnete, infizierte Bielefeld die Liga mit einem Virus.

Nach den Feierlichkeiten um den Aufstieg brauchte der DSC eine Weile, um sich in der neuen Umgebung zurechtzufinden, bekam gleich mit dem ersten Spiel die Rote Laterne umgehängt und schoss erst in der dritten Begegnung überhaupt ein Tor (1:1 in Frankfurt). Dann aber suchte sich der Neuling seine Nische. Direkte Konkurrenten wie Offenbach und Hannover wurden besiegt, während für Kaliber wie Kaiserslautern (0:3) und den Deutschen Meister (0:2) die Qualität nicht genügte. Grundsätzlich verkaufte sich die Arminia besser als erwartet, war bis hierhin eine Bereicherung für die Liga, weil sie nicht ausschließlich kämpfte, sondern auch spielerisch gefiel. Mit dem sensationellen 1:0 über die Bayern (9. Spieltag) schloss Deutschland den DSC gar ins Herz und mochte ihm den Klassenerhalt gönnen. Weil bis Weihnachten aber nur noch ein Spiel gewonnen wurde (3:0 gegen Bremen), stürzten die Ostwestfalen doch wieder ab.
Mit zwei Niederlagen trat Bielefeld zunächst einen Schritt zurück, um dann zum großen Schlag auszuholen. Eine Woche nach einem 1:0 gegen Frankfurt landete Arminia einen gewaltigen Coup und schlug auf dem Bökelberg den Deutschen Meister (2:0). Nach dem 22. Spieltag, einem 1:1 gegen den HSV, stand der Aufsteiger noch fest auf dem Boden, hatte als 15. zwei Punkte Vorsprung auf die Abstiegszone und unter den gefährdeten Kandidaten das beste Torverhältnis. Dann begann die wilde Endphase. Alle Heimspiele wurden gewonnen, die Luft aber trotzdem dünner, weil der DSC auswärts keine Beute machte. In der Angst um seine Existenz glitt der Aufsteiger dann in die Halbwelt. Mit dem ersten bezahlten Sieg (1:0 auf Schalke) konnte Bielefeld nicht mehr umkehren, verlor bald alle Hemmungen und riss andere Vereine mit sich. Mindestens vier Mal ging die Arminia am Ende einkaufen, landete scheinbar sensationell auf Platz 14 und feierte den Klassenerhalt. Für genau einen Tag.
Den Groll des Fußballvolks zog sich der Aufsteiger auch deswegen zu, weil er anfangs so sympathisch wirkte. Fast alle Experten hatten Bielefeld als ersten Absteiger gesehen und zollten großen Respekt für die Energieleistung der Hinrunde. Das vermeintlich brave Spielermaterial entpuppte sich als Schatzkiste. Stockhausen, Braun und Knoth, das Herzstück der Truppe, spielten sich ebenso in den Fokus wie Gerd Kohl, der junge Dieter Brei und Ernst Kuster, der in nur 20 Spielen acht Tore erzielte, sowie nicht zuletzt Keeper Siese. Weil Bielfeld auch ohne Schmu die Liga hätte halten und längerfristig bereichern können, war es schade um die Mannschaft. Der Skandal zudem ging eher von oben aus.

Der Verein 1970/71

Gegründet:	03.05.1905
Erfolge:	**1x Bundesliga 14. Platz:** 1971
Personen:	Wilhelm Stute (1. Vors.), Günther Krapp (Schatzmeister), Walter Röhe (Geschäftsführer)
Stadion:	Stadion an der Melanchthonstraße "Alm", 32.000 Plätze, davon 5.000 überdacht
Spielkleidung:	Weiß-blau gestreiftes Hemd, weiße Hose, schwarz-weiß-blaue Stutzen
Abteilungen:	Fußball, Handball, Leichtathletik, Hockey, Versehrtensport
Mitglieder:	1.800

Die Platzierungen der letzten fünf Jahre

Saison	Liga	Platz
1966/1967	Regionalliga West	3.
1967/1968	Regionalliga West	4.
1968/1969	Regionalliga West	7.
1969/1970	Regionalliga West	2.
1970/1971	1. Bundesliga	14.

Der Saisonverlauf 1970/71

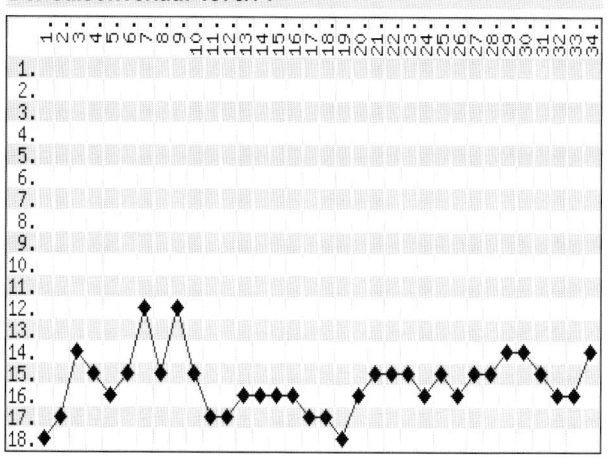

Der Trainer 1970/71

Egon Piechaczek
* 16.11.1931
† 23.10.2006

Mit dem Teufel im Bunde

Über Königshütte, Bismarckhütte und Ordra Oppeln schaffte es der Spieler Egon Piechaczek bis zum FSV Frankfurt in die Regionalliga, wo er in der Spielzeit 1963/64 immerhin ein Tor erzielte. Bis Ende der 50er Jahre hatte der Pole vorher in seiner Heimat gespielt. Nach einer glanzlosen Karriere versuchte sich Piechaczek an der Trainerlizenz, die er kaum in der Tasche hatte, als er unverhofft eine Anstellung bekam. Es war der 1. FC Kaiserslautern, der im Frühjahr 1968 mal wieder auf den Abstieg zusteuerte und den unglücklichen Otto Knefler vor die Tür setzte. Optionen gab es nicht wie Sand am Meer, und so fragte man den 36-jährigen Piechaczek, der schon vorher als Jugendtrainer in der Pfalz gearbeitet hatte. Der junge Mann tat das, wofür er gedacht war und hielt den FCK in der Bundesliga. Er durfte bleiben und schien den Klub im Folgejahr sogar weiter nach oben zu führen. Wieder aber wurde es verteufelt eng, so dass die Ehe zerbrach und der Pole sich einen neuen Partner suchte. Es wurde die Bielefelder Arminia, die Piechaczek als mäßig ambitioniert in der Regionalliga West übernahm und gleich im ersten Anlauf über die Aufstiegsrunde in die Bundesliga führte. Anders als sein Trainer war der DSC zum ersten Mal im Oberhaus, sorgte zu Beginn aber für manche Überraschung. Als der Abstieg dennoch drohte und sich das dunkelste Kapitel der Ligageschichte zu öffnen begann, machte Piechaczek bereitwillig mit und wurde als Bielefelder Sündenbock anfänglich auf Lebenszeit gesperrt.

Das Mannschaftsfoto 1970/71

Hintere Reihe von links: Roggensack, Wenzel, Slomiany, Stockhausen, Brei, Knoth, Neumann, Bitter, Klein, Kohl, Brücken, Oberschelp, Trainer Piechaczek. Vorne: Schulz, Köller, Stürz, Triebel, Siese, Kuster und Braun

Der Bundesliga-Kader 1970/71

Name (Saison-Note)	Land	geboren	Spiele	Tore	Rot
Torwart					
Gerd Siese (3,1)	D	05.01.1944	34	0	0
Andreas Triebel (-)	D	18.09.1943	0	0	0
Abwehr					
Waldemar Slomiany (3,1)	D	01.10.1943	33	4	0
Volker Klein (3,5)	D	11.04.1949	31	0	0
Horst Wenzel (3,7)	D	02.03.1944	27	2	0
Dieter Schulz (3,4)	D	17.05.1939	23	2	0
Georg Stürz (3,7)	D	19.03.1944	14	1	0
Detlef Kemena (3,7)	D	12.03.1947	10	0	0
Klaus Köller (3,5)	D	06.08.1943	10	0	0
Mittelfeld					
Ulrich Braun (3,4)	D	23.08.1941	34	3	0
Horst Stockhausen (3,9)	D	13.01.1944	34	2	0
Gerd Knoth (3,5)	D	23.03.1946	34	0	0
Jürgen Neumann (5,0)	D	06.12.1941	1	0	0
Angriff					
Norbert Leopoldseder (4,3)	D	19.04.1947	31	4	0
Karl-Heinz Brücken (4,0)	D	24.09.1947	29	1	0
Gerd Roggensack (3,8)	D	05.10.1941	22	4	0
Gerd Kohl (3,6)	D	19.12.1943	21	1	0
Ernst Kuster (3,9)	D	25.01.1940	20	8	0
Dieter Brei (3,7)	D	30.09.1950	16	1	0
Klaus Oberschelp (4,6)	D	09.04.1946	10	0	0
Herbert Bittner (4,0)	D	22.05.1952	1	0	0

Ab- und Zugänge / Nationalspieler 1970/71

Abgänge: Peter Dammann (1. FC Paderborn), Bernd Kirchner (Sportinvalide)
Zugänge: Jürgen Neumann (Daring Brüssel), Volker Klein (1. FC Kaiserslautern), Karl-Heinz Brücken (Bayer Leverkusen), Dieter Brei (TuS Sende), Herbert Bittner (eigener Nachwuchs), Waldemar Slomiany (FC Schalke 04), Andreas Triebel
Nationalspieler: Kein Nationalspieler

Die Bundesliga-Spiele 1970/71

Spieltag	Datum	Uhrzeit	Begegnung	Ergebnis
1.	Sa 15.08.	15:30	Borussia Dortmund - Arminia Bielefeld	3:0 (1:0)
2.	Sa 22.08.	15:30	Arminia Bielefeld - Rot-Weiss Essen	0:0 (0:0)
3.	Fr 28.08.	20:00	Eintracht Frankfurt - Arminia Bielefeld	1:1 (1:0)
4.	Sa 05.09.	15:30	Arminia Bielefeld - Borussia M'gladbach	0:2 (0:1)
5.	Sa 12.09.	15:30	Hamburger SV - Arminia Bielefeld	3:2 (2:0)
6.	Sa 19.09.	15:30	Arminia Bielefeld - Hannover 96	3:1 (1:1)
7.	Mi 23.09.	20:00	Arminia Bielefeld - Kickers Offenbach	2:0 (1:0)
8.	Sa 26.09.	15:30	1. FC K'lautern - Arminia Bielefeld	3:0 (1:0)
9.	Sa 03.10.	15:30	Arminia Bielefeld - FC Bayern München	1:0 (0:0)
10.	Di 06.10.	20:00	Rot-Weiß Oberhausen - Arminia Bielefeld	4:2 (4:0)
11.	Sa 10.10.	15:30	Arminia Bielefeld - FC Schalke 04	0:3 (0:2)
12.	Sa 24.10.	15:30	1. FC Köln - Arminia Bielefeld	2:0 (1:0)
13.	Sa 31.10.	15:30	Arminia Bielefeld - SV Werder Bremen	3:0 (2:0)
14.	Sa 07.11.	15:30	Eintracht Braunschweig - Arminia Bielefeld	3:2 (1:1)
15.	Sa 14.11.	15:30	Arminia Bielefeld - MSV Duisburg	0:0 (0:0)
16.	Sa 28.11.	15:30	VfB Stuttgart - Arminia Bielefeld	1:0 (0:0)
17.	Fr 04.12.	20:00	Arminia Bielefeld - Hertha BSC Berlin	1:1 (1:0)
18.	Sa 23.01.	15:30	Arminia Bielefeld - Borussia Dortmund	2:3 (2:1)
19.	Sa 30.01.	15:30	Rot-Weiss Essen - Arminia Bielefeld	2:1 (2:0)
20.	Sa 06.02.	15:30	Arminia Bielefeld - Eintracht Frankfurt	1:0 (0:0)
21.	Sa 13.02.	15:30	Borussia M'gladbach - Arminia Bielefeld	0:2 (0:0)
22.	Sa 27.02.	15:30	Arminia Bielefeld - Hamburger SV	1:1 (0:1)
23.	Sa 06.03.	15:30	Hannover 96 - Arminia Bielefeld	2:0 (1:0)
24.	Sa 13.03.	15:30	Kickers Offenbach - Arminia Bielefeld	5:0 (1:0)
25.	Sa 20.03.	15:30	Arminia Bielefeld - 1. FC K'lautern	2:1 (1:1)
26.	Sa 27.03.	15:30	FC Bayern München - Arminia Bielefeld	2:0 (1:0)
27.	Fr 02.04.	20:00	Arminia Bielefeld - Rot-Weiß Oberhausen	2:1 (1:0)
28.	Sa 17.04.	15:30	FC Schalke 04 - Arminia Bielefeld	0:1 (0:0)
29.	Sa 01.05.	15:30	Arminia Bielefeld - 1. FC Köln	1:0 (0:0)
30.	Sa 08.05.	15:30	SV Werder Bremen - Arminia Bielefeld	4:1 (2:0)
31.	Sa 15.05.	15:30	Arminia Bielefeld - Eintracht Braunschweig	0:1 (0:1)
32.	Sa 22.05.	15:30	MSV Duisburg - Arminia Bielefeld	4:1 (2:1)
33.	Sa 29.05.	15:30	Arminia Bielefeld - VfB Stuttgart	1:0 (0:0)
34.	Sa 05.06.	15:30	Hertha BSC Berlin - Arminia Bielefeld	0:1 (0:0)

Die DFB-Pokal-Spiele 1970/71

1. Runde:	Sa 12.12.		Wuppertaler SV - Arminia Bielefeld	5:0 (2:0)

Eintracht Frankfurt

Die Saison 1970/71
Erich währte am längsten

Wildes Getümmel beim Main-Derby in Offenbach. Schmitt, Bechtold, Hölzenbein und Kunter (verdeckt) bilden ein Knäuel (Kickers Offenbach - Eintracht Frankfurt 0:2)

Die Hessen gehörten zum Inventar der Bundesliga, dieses Jahr aber hätte es sie beinahe erwischt. Durch einen untauglichen Sturm stürzte Frankfurt schon früh in den Abgrund und konnte sich unter größten Mühen erst spät wieder befreien. Schuld war die halsbrecherische Transferpolitik.

Immerhin ungeschlagen war die Eintracht nach drei Begegnungen noch, dass Platz sieben aber mit Abstand das höchste der Saisongefühle sein sollte, hätte niemand geahnt. Mit der Niederlage am Betzenberg (0:2) setzte etwas ein, das man so in der Mainmetropole nicht kannte: Die Stürmer trafen einfach nicht ins Tor. Wäre am siebten Spieltag nicht ein 1:0 über Schalke gelungen, Frankfurt wäre acht Partien in Folge und damit über 750 Minuten ohne eigenen Treffer geblieben. Erst am letzten Tag vor der Pause, beim 0:5 am Bökelberg, gingen die Hessen einmal richtig unter, verloren sonst meist nur knapp, in aller Regel aber eben zu Null. Das Urteil nach der Hinrunde lautete entsprechend hart: drei Siege, neun erzielte Tore und Tabellenplatz 18.

Erich Ribbeck durfte seine Stelle behalten und bekam die Mannschaft tatsächlich wieder flott. Schmerzhafte Pleiten bei Konkurrenten wie Hamburg (0:3) und Bielefeld (0:1) steckte die Eintracht weg, indem sie zumindest ihre Heimspiele nun gewann. Mit einem gewaltigen 5:0 über Oberhausen (23. Spieltag) zerschlugen die Adler einen Knoten und reckten ihre Hälse sogar kurz aus dem Abstiegsbereich. Der Erfolg war nie von Dauer, doch anders als in der Hinrunde kam er stets zurück. Als Gerüchte über Spielmanipulationen aufkamen, platzte Erich Ribbeck gelegentlich der Kragen, nur die Mauscheleien schließlich waren dafür verantwortlich, dass die enorme Kraftanstrengung nicht schon eher ans rettende Ufer führte. Bis zum letzten Spieltag (1:4 gegen Gladbach) mussten die Hessen so trotz dreier Siege in Folge noch zittern und zogen sich nach Schlusspfiff mit dem Radio in die Kabine zurück, um zu erfahren, ob sie in der Liga bleiben durften. Weil dem so war, rannten sie wieder raus und feierten gemeinsam mit dem alten und neuen Deutschen Meister.

Der Grund für Frankfurts Absturz lag auf der Hand, denn personell war kaum ein Stein auf dem anderen geblieben. Grabowski, Hölzenbein und Heese, die drei Zugpferde der letzten Saison, waren zwar immer noch da, auffangen konnten sie den Schwund aber nicht. Fahrlässig besonders, wie leichtfertig man Huberts und Jusufi aussortiert hatte, die der Mannschaft nun an allen Enden fehlten. Von insgesamt neun Neuzugängen machten drei kein einziges Spiel, Rohrbach und Wagner, in bester Zuversicht für den Sturm eingekauft, schossen zusammen genau ein Tor. Was Frankfurt ehrte, war seine Redlichkeit, sich trotz prekärer Lage und allgemein darbender Sitten nicht auf dunkle Machenschaften einzulassen. Die Entscheidung, an Erich Ribbeck festzuhalten, musste der Verein letztlich ebenfalls nicht bereuen.

Der Verein 1970/71

Gegründet: 01.05.1899
Erfolge: **1x Deutscher Meister**: 1959
1x Deutscher Vize-Meister: 1932
1x DFB-Pokal-Vize: 1964
4x Südmeister: 1930, 1932, 1953, 1959
1x Europapokal der Landesmeister, 2. Platz: 1960
Personen: nicht besetzt (Präsident), Albert Zellekens (Vizepräsident), Dr. Hartmut Knöpke (Schatzmeister), Jürgen Gerhard (Geschäftsführer)
Stadion: Waldstadion, 70.857 Plätze (23.327 Sitzplätze)
Spielkleidung: Schwarz-rot gestreiftes oder weißes Hemd, schwarze Hose, schwarz-rote Stutzen
Abteilungen: Fußball, Handball, Leichtathletik, Rugby, Hockey, Volleyball, Tennis, Tischtennis, Basketball, Kindergymnastik, Eissport, Turnen
Mitglieder: 6.000

Die Platzierungen der letzten fünf Jahre

Saison	Liga	Platz
1966/1967	1. Bundesliga	4.
1967/1968	1. Bundesliga	6.
1968/1969	1. Bundesliga	8.
1969/1970	1. Bundesliga	8.
1970/1971	1. Bundesliga	15.

Der Saisonverlauf 1970/71

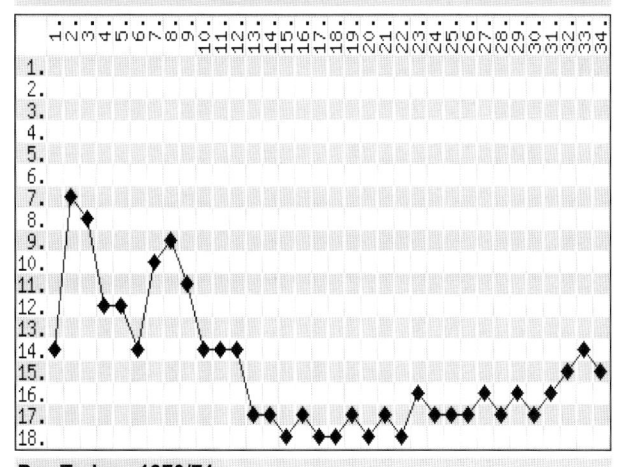

Der Trainer 1970/71

Erich Ribbeck
* 13.06.1937

Jederzeit anerkannt

Am Ball war Erich Ribbeck einst als Verteidiger für den SSV 1904 Wuppertal sowie für den Wuppertaler SV und Viktoria Köln. Für letzteren Klub kam er auf einen einzigen Einsatz in der Regionalliga West; für mehr reichte das Talent nicht aus. Dafür glänzte er schon früh durch sein ungeheures Fachwissen, das ihm bald einen Co-Trainer-Job in Mönchengladbach bescherte, bevor er mit nur 30 Jahren Cheftrainer des Regionalligisten Rot-Weiss Essen wurde. Prompt führte er diesen in die Aufstiegsrunde zur Bundesliga, allerdings ohne Erfolg. Im Oberhaus landete Ribbeck trotzdem. Als Eintracht Frankfurt ihn 1968 unter Vertrag nahm, war er jünger als Hans Tilkowski, was aber nicht der Grund dafür war, dass er das Torwartdenkmal schrittweise entmachtete. Auch wenn es im ersten Jahr noch nicht rund lief, ein Autoritätsproblem hatte Ribbeck im Team nicht. Er hielt die Zügel fest in der Hand und die Hessen auch im zweiten Jahr sicher in der Bundesliga. Hausgemachte Probleme führten in der neuen Saison fast zum Abstieg. Analog zum Vorstand behielt Ribbeck aber kühlen Kopf und feierte am letzten Spieltag den Klassenerhalt.

Das Mannschaftsfoto 1970/71

Hintere Reihe von links: Trainer Ribbeck, Grabowski, Heese, Lutz, Aust, Trinklein, Lindemann, Papies, Hölzenbein. Vorne: Nickel, Kalb, Reichel, Wirth, Kunter, Feghelm, Rohrbach, Hofmann und Schämer

Der Bundesliga-Kader 1970/71

Name (Saison-Note)	Land	geboren	Spiele	Tore	Rot
Torwart					
Peter Kunter (2,8)	D	28.04.1941	26	0	0
Siegbert Feghelm (3,6)	D	22.08.1942	8	0	0
Dieter Rudolf (-)	D	01.05.1952	0	0	0
Abwehr					
Friedel Lutz (3,2)	D	21.01.1939	32	0	1
Gert Trinklein (3,5)	D	19.06.1949	26	0	0
Peter Reichel (3,7)	D	30.11.1951	24	1	0
Lothar Schämer (3,7)	D	28.04.1940	24	1	0
Karl-Heinz Wirth (3,6)	D	20.01.1944	24	0	0
Dieter Lindner (3,8)	D	11.06.1939	15	1	0
Manfred Wirth (3,8)	D	05.08.1947	9	0	0
Friedhelm Aust (-)	D	09.05.1951	0	0	0
Mittelfeld					
Bernd Hölzenbein (3,5)	D	09.03.1946	33	5	0
Jürgen Kalb (3,7)	D	20.05.1948	32	4	0
Jürgen Papies (3,9)	D	22.04.1944	25	3	0
Joachim Weber (4,3)	D	03.07.1951	3	0	0
Hans Lindemann (4,0)	D	04.09.1947	3	0	0
Günter Keifler (5,0)	D	30.09.1948	2	0	0
Angriff					
Jürgen Grabowski (3,2)	D	07.07.1944	34	3	0
Bernd Nickel (3,6)	D	15.03.1949	32	13	0
Horst Heese (3,5)	D	31.12.1943	31	7	1
Thomas Rohrbach (3,7)	D	04.04.1949	22	1	0
Walter Wagner (4,2)	D	26.07.1949	11	0	0
Werner Hofmann (-)	D	31.08.1951	0	0	0

Ab- und Zugänge / Nationalspieler 1970/71

Abgänge: Wilhelm Huberts (Austria Wien), Hermann-Dieter Bellut (SC Opel Rüsselsheim), Fahrudin Jusufi (Germania Wiesbaden), Gerhard Wagner (Westfalia Herne), Albrecht Wachsmann (Viktoria Aschaffenburg), Klaus Hommrich (Röchling Völklingen)

Zugänge: Jürgen Papies (Fortuna Düsseldorf), Thomas Rohrbach (Göttingen 05), Friedhelm Aust (Rheydter SV), Peter Reichel (VfB Gießen), Werner Hofmann (eigener Nachwuchs), Dieter Rudolf, Walter Wagner, Joachim Weber, Manfred Wirth

Nationalspieler: Jürgen Grabowski (10 Spiele/2 Tore)

Die Bundesliga-Spiele 1970/71

Spieltag	Datum	Uhrzeit	Begegnung	Ergebnis
1.	Sa 15.08.	15:30	Eintracht Frankfurt - Hamburger SV	0:0 (0:0)
2.	Sa 22.08.	15:30	Hannover 96 - Eintracht Frankfurt	1:2 (1:0)
3.	Fr 28.08.	20:00	Eintracht Frankfurt - Arminia Bielefeld	1:1 (1:0)
4.	Sa 05.09.	15:30	1. FC K'lautern - Eintracht Frankfurt	2:0 (1:0)
5.	Sa 12.09.	15:30	Eintracht Frankfurt - FC Bayern München	0:1 (0:0)
6.	Sa 19.09.	15:30	Rot-Weiß Oberhausen - Eintracht Frankfurt	0:0 (0:0)
7.	Mi 23.09.	20:00	Eintracht Frankfurt - FC Schalke 04	1:0 (1:0)
8.	Sa 26.09.	15:30	1. FC Köln - Eintracht Frankfurt	0:0 (0:0)
9.	Sa 03.10.	15:30	Eintracht Frankfurt - SV Werder Bremen	0:2 (0:1)
10.	Mi 07.10.	20:00	Eintracht Braunschweig - Eintracht Frankfurt	2:0 (0:0)
11.	Sa 10.10.	15:30	Eintracht Frankfurt - MSV Duisburg	0:0 (0:0)
12.	Sa 24.10.	15:30	VfB Stuttgart - Eintracht Frankfurt	2:1 (0:1)
13.	Sa 31.10.	15:30	Eintracht Frankfurt - Hertha BSC Berlin	1:3 (1:0)
14.	Sa 07.11.	15:30	Borussia Dortmund - Eintracht Frankfurt	3:0 (2:0)
15.	Sa 14.11.	15:30	Rot-Weiss Essen - Eintracht Frankfurt	2:0 (1:0)
16.	Sa 28.11.	15:30	Eintracht Frankfurt - Kickers Offenbach	3:0 (1:0)
17.	Fr 04.12.	20:00	Borussia M'gladbach - Eintracht Frankfurt	5:0 (3:0)
18.	Sa 23.01.	15:30	Hamburger SV - Eintracht Frankfurt	3:0 (1:0)
19.	Sa 30.01.	15:30	Eintracht Frankfurt - Hannover 96	2:1 (1:0)
20.	Sa 06.02.	15:30	Arminia Bielefeld - Eintracht Frankfurt	1:0 (0:0)
21.	Sa 13.02.	15:30	Eintracht Frankfurt - 1. FC K'lautern	3:2 (1:1)
22.	Mi 19.05.	20:00	FC Bayern München - Eintracht Frankfurt	2:1 (1:0)
23.	Sa 06.03.	15:30	Eintracht Frankfurt - Rot-Weiß Oberhausen	5:0 (2:0)
24.	Sa 13.03.	15:30	FC Schalke 04 - Eintracht Frankfurt	4:1 (3:1)
25.	Sa 20.03.	15:30	Eintracht Frankfurt - 1. FC Köln	1:1 (1:1)
26.	Sa 27.03.	15:30	SV Werder Bremen - Eintracht Frankfurt	1:0 (0:0)
27.	Sa 03.04.	15:30	Eintracht Frankfurt - Eintracht Braunschweig	5:2 (3:1)
28.	Sa 17.04.	15:30	MSV Duisburg - Eintracht Frankfurt	3:1 (2:0)
29.	Sa 01.05.	15:30	Eintracht Frankfurt - VfB Stuttgart	1:0 (1:0)
30.	Sa 08.05.	15:30	Hertha BSC Berlin - Eintracht Frankfurt	6:2 (3:2)
31.	Sa 15.05.	15:30	Eintracht Frankfurt - Borussia Dortmund	2:0 (0:0)
32.	Sa 22.05.	15:30	Eintracht Frankfurt - Rot-Weiss Essen	3:2 (0:1)
33.	Sa 29.05.	15:30	Kickers Offenbach - Eintracht Frankfurt	0:2 (0:1)
34.	Sa 05.06.	15:30	Eintracht Frankfurt - Borussia M'gladbach	1:4 (1:1)

Die DFB-Pokal-Spiele 1970/71

1. Runde:	Sa 12.12.		FC St. Pauli - Eintracht Frankfurt	2:3 n.V.
Achtelfinale:	Sa 20.02.		Eintracht Frankfurt - 1. FC Köln	1:4 (1:2)

Rot-Weiß Oberhausen

Die Saison 1970/71
Wieder eine Wundertüte

Wieder war der zweifache Schalker Torschütze Fischer (r.) gefährlich vor Oberhausens Tor aufgetaucht, doch hier konnte Torwart Scheid klären (S04 - RWO 2:0)

Was immer man von RWO hielt, zumindest langweilig wurde es um die Kleeblätter auch in diesem Jahr nie. Als abgeschlagener Letzter war der Ruhrverein schnell abgeschrieben, zog spektakulär den Kopf aber noch aus der Schlinge – und entkam vorerst ungeschoren.

Das Wort „Abstieg" gäbe es für ihn nicht, polterte Adi Preißler vor der Saison und legte sofort einen Fehlstart hin. Drei Spiele hintereinander verlor RWO nach dem Auftaktspiel (2:2 in Duisburg) und ließ jegliche Reife dabei vermissen, fast Oktober musste es sogar bis zum ersten Sieg werden. In einem nie gesehenen Schlachtfest zerlegte Oberhausen den HSV in alle Einzelteile. 8:1 hieß es am Ende, und so laut man über die Hanseaten lachte, so ehrfürchtig sprach man von RWO. Geplatzt war der Knoten aber doch nicht, gleich vier Tage später fuhr die Preißler-Elf zum Meister und wurde wieder zurechtgestutzt: Mönchengladbach siegte 6:0. Wilde Resultate blieben Oberhausens Markenzeichen. Sofort folgten zwei Siege am Stück und gleich darauf sechs Mal gar nichts. Mit einem 1:0 über Braunschweig kehrte zum Winter wieder Ruhe ein. RWO war Drittletzter, und niemand wusste, was noch kommen würde.

Doch gleich nach der Pause hatten die Kleeblätter wieder alles verlernt. Diesmal wurden es sieben Partien, die der Ruhrverein am Stück nicht gewann. Schon Anfang April schien Oberhausen unrettbar, und nach einem weiteren Nackenschlag in Bielefeld (1:2) musste Adi Preißler dann gehen. Die Gerüchte um Manipulationen hatte der Trainer bis dahin vom Team sicher ferngehalten, nicht ahnend, dass sein Nachfolger selbst mit am Rad drehen sollte. Günter Brocker hatte wenig zu verlieren und schaffte auf den ersten Blick ein Wunder. Ganze fünf Mal hatte die Mannschaft in 26 Spielen gewonnen; unter seiner Regie sowie der des Präsidenten Maaßen kamen noch vier Erfolge dazu. Nach einem Sieg über Lautern (4:2) und einem 2:4 in München verlor Oberhausen zunächst in Offenbach (2:3) und war damit eigentlich mausetot. Mit zwei ehrlichen Erfolgen über Schalke und Werder sowie einem gekauften Sieg in Köln kam plötzlich wieder Luft in die Lungen. Noch immer war die Rettung reichlich unwahrscheinlich, schon der bezahlte Punkt in Braunschweig (1:1) genügte aber tatsächlich, um Offenbach um ein einziges Tor noch hinter sich zu lassen.

Schon im Vorjahr hatten die Kleeblätter alle Extreme durchlebt, diesmal waren sie noch unberechenbarer, denn zu den hochgesteckten Zielen standen die An- und Verkäufe in keinem Verhältnis. Auch zusammengenommen konnten Schumacher und Sühnholz nicht den Verlust Hugo Dausmanns kompensieren. Ebenfalls zurück entwickelte sich die neu formierte Abwehr. Den entscheidenden Unterschied machte nicht nur Geld, sondern ein Phänomen: Lothar Kobluhn wurde vor Gerd Müller Torschützenkönig und war noch nicht einmal ein Stürmer.

Der Verein 1970/71

Gegründet: 16.12.1904
Erfolge: **1x Bundesliga 14. Platz:** 1970
1x Meister Regionalliga West: 1969
Personen: Peter Maaßen (1. Vors.), Ewald Diel (2. Vors.), Heinz Bürger (Schatzmeister), Gerd Knust (Geschäftsführer)
Stadion: Stadion Niederrhein, 32.000 Plätze
Spielkleidung: Weißes Hemd mit grünem Kleeblatt, Rote Hose, rote Stutzen
Abteilungen: Fußball, Leichtathletik, Handball, Badminton, Basketball, Tischtennis
Mitglieder: 1.650

Die Platzierungen der letzten fünf Jahre

Saison	Liga	Platz
1966/1967	Regionalliga West	6.
1967/1968	Regionalliga West	3.
1968/1969	Regionalliga West	1.
1969/1970	1. Bundesliga	14.
1970/1971	1. Bundesliga	15.

Der Saisonverlauf 1970/71

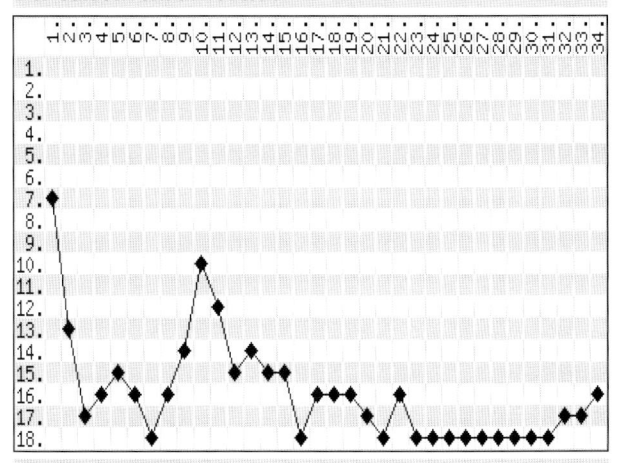

Die Trainer 1970/71

Alfred „Adi" Preißler
* 09.04.1921
† 15.07.2003

Günter Brocker
* 24.05.1925

Denkmal ohne Kratzer

Wer sich für Fußball interessierte, dem war Alfred Preißler schon lange vor Oberhausens Aufstieg ein Begriff. Den Anfang nahm seine aktive Laufbahn beim Duisburger SV, doch bald schon fand er den Weg zu seiner großen Leidenschaft Borussia Dortmund. Mit dem BVB holte er zwei Deutsche Meisterschaften (1956 und 1957) und war Teil der legendären „drei Alfredos", des Sturmtrios mit Alfred Kelbassa und Alfred Niepieklo. Als Preißler zu Preußen Münster wechselte, hatte er sich längst ein Denkmal gesetzt und obendrein einen ewigen Torjägerrekord hinterlassen (168 Treffer). In Neunkirchen (1960-62) startete Preißler dann seine Trainerkarriere, ehe er über Pirmasens und Wuppertal 1968 nach Oberhausen kam. Kaum ein Jahr später gehörte RWO zu den besten 18 Klubs in Deutschland und mischte die Bundesliga eine zeitlang auf. Nach dennoch knapper Rettung im ersten Jahr überstand Preißler die zweite Spielzeit nicht mehr unbeschadet, wurde allerdings früh genug entlassen, um vom Ligaskandal verschont zu bleiben. Nachfolger Günter Brocker schien als Feuerwehrmann bestens geeignet, hatte sich in Kaiserslautern, Bremen und Schalke schon mehrmals im Abstiegskampf bewährt. Mit einem gewaltigen Schlussspurt hielt Brocker auch die Kleeblätter wahrhaftig noch in der Liga. Wie sich herausstellte, aber mit unerlaubten Mitteln.

Das Mannschaftsfoto 1970/71

Hintere Reihe von links: Trainer Preißler, Kliemann, Dick, Fritsche, Balzer, Karbowiak, L. Kobluhn, Rösen, Lücke, Krauthausen, Masseur Valantin. Vorne: Brozulat, Wilbertz, Ohm, Jäger, Laskowsky, Scheid, Witt, Sühnholz, Schumacher, F. Kobluhn, Kubek und Fröhlich

Der Bundesliga-Kader 1970/71

Name (Saison-Note)	Land	geboren	Spiele	Tore	Rot
Torwart					
Wolfgang Scheid (3,5)	D	23.08.1942	23	0	0
Klaus Witt (3,5)	D	08.07.1943	11	0	0
Abwehr					
Friedhelm Dick (3,4)	D	03.04.1944	34	1	0
Hermann-Josef Wilbertz (3,7)	D	15.06.1943	29	2	0
Uwe Kliemann (3,3)	D	30.06.1949	26	0	0
Reiner Hollmann (3,8)	D	30.09.1949	25	0	0
Friedhelm Kobluhn (4,1)	D	12.04.1936	15	0	0
Jürgen Jäger (-)	D	18.08.1946	0	0	0
Werner Kubek (-)	D	29.06.1938	0	0	0
Mittelfeld					
Werner Ohm (3,9)	D	11.05.1948	34	1	0
Lothar Kobluhn (3,4)	D	12.04.1943	32	24	1
Gert Fröhlich (3,6)	D	25.10.1940	23	3	0
Siegfried Rösen (4,2)	D	16.07.1948	7	0	0
Wolfgang Balzer (-)	D	10.08.1949	0	0	0
Angriff					
Dieter Brozulat (3,6)	D	23.05.1943	34	2	0
Wolfgang Sühnholz (3,8)	D	14.09.1946	32	6	0
Franz Krauthausen (3,3)	D	27.02.1946	26	7	0
Günter Karbowiak (4,3)	D	05.03.1949	22	2	0
Hans Schumacher (4,1)	D	25.07.1945	19	6	0
Hans Fritsche (3,9)	D	03.03.1950	15	0	0
Norbert Lücke (4,0)	D	22.10.1950	10	0	0
Rainer Laskowsky (4,6)	D	17.08.1948	7	0	0

Ab- und Zugänge / Nationalspieler 1970/71

Abgänge: Dieter Hentschel (St. Truiden), Hugo Dausmann (Rot-Weiss Essen), Heinz Poll (FC Berchem), Georg Müller (SV Langenfeld), Udo Redmann

Zugänge: Uwe Kliemann (Hertha Zehlendorf), Wolfgang Sühnholz (Hertha Zehlendorf), Hans Schumacher (Eintracht Gelsenkirchen), Reiner Hollmann (Eintracht Duisburg), Klaus Witt (Ringsdorff-Godesberg)

Nationalspieler: Kein Nationalspieler

Die Bundesliga-Spiele 1970/71

Spieltag	Datum	Uhrzeit	Begegnung	Ergebnis
1.	Sa 15.08.	15:30	MSV Duisburg - Rot-Weiß Oberhausen	2:2 (1:1)
2.	Sa 22.08.	15:30	Rot-Weiß Oberhausen - VfB Stuttgart	1:2 (0:0)
3.	Fr 28.08.	20:00	Hertha BSC Berlin - Rot-Weiß Oberhausen	3:1 (0:1)
4.	Sa 05.09.	15:30	Rot-Weiß Oberhausen - Borussia Dortmund	0:1 (0:1)
5.	Sa 12.09.	15:30	Rot-Weiss Essen - Rot-Weiß Oberhausen	3:3 (1:2)
6.	Sa 19.09.	15:30	Rot-Weiß Oberhausen - Eintracht Frankfurt	0:0 (0:0)
7.	Mi 30.09.	20:00	Borussia M'gladbach - Rot-Weiß Oberhausen	6:0 (2:0)
8.	Sa 26.09.	15:30	Rot-Weiß Oberhausen - Hamburger SV	8:1 (4:1)
9.	Sa 03.10.	15:30	Hannover 96 - Rot-Weiß Oberhausen	1:2 (1:1)
10.	Di 06.10.	20:00	Rot-Weiß Oberhausen - Arminia Bielefeld	4:2 (4:0)
11.	Sa 10.10.	15:30	1. FC K'lautern - Rot-Weiß Oberhausen	4:1 (3:1)
12.	Sa 24.10.	15:30	Rot-Weiß Oberhausen - FC Bayern München	0:4 (0:2)
13.	Sa 31.10.	15:30	Rot-Weiß Oberhausen - Kickers Offenbach	2:2 (1:1)
14.	Sa 07.11.	15:30	FC Schalke 04 - Rot-Weiß Oberhausen	2:0 (2:0)
15.	Sa 14.11.	15:30	Rot-Weiß Oberhausen - 1. FC Köln	2:2 (0:2)
16.	Sa 28.11.	15:30	SV Werder Bremen - Rot-Weiß Oberhausen	2:0 (2:0)
17.	Sa 05.12.	15:30	Rot-Weiß Oberhausen - Eintr. Braunschweig	1:0 (1:0)
18.	Sa 23.01.	15:30	Rot-Weiß Oberhausen - MSV Duisburg	0:2 (0:2)
19.	Sa 30.01.	15:30	VfB Stuttgart - Rot-Weiß Oberhausen	2:1 (2:0)
20.	Mi 03.03.	20:00	Rot-Weiß Oberhausen - Hertha BSC Berlin	1:1 (0:1)
21.	Sa 13.02.	15:30	Borussia Dortmund - Rot-Weiß Oberhausen	2:0 (0:0)
22.	Sa 27.02.	15:30	Rot-Weiß Oberhausen - Rot-Weiss Essen	0:0 (0:0)
23.	Sa 06.03.	15:30	Eintracht Frankfurt - Rot-Weiß Oberhausen	5:0 (2:0)
24.	Mi 28.04.	20:00	Rot-Weiß Oberhausen - Borussia M'gladbach	0:2 (0:2)
25.	Sa 20.03.	15:30	Hamburger SV - Rot-Weiß Oberhausen	0:0 (0:0)
26.	Fr 26.03.	20:00	Rot-Weiß Oberhausen - Hannover 96	4:3 (2:1)
27.	Fr 02.04.	20:00	Arminia Bielefeld - Rot-Weiß Oberhausen	2:1 (1:0)
28.	Sa 17.04.	15:30	Rot-Weiß Oberhausen - 1. FC K'lautern	4:2 (2:0)
29.	Sa 01.05.	15:30	FC Bayern München - Rot-Weiß Oberhausen	4:2 (1:0)
30.	Sa 08.05.	15:30	Kickers Offenbach - Rot-Weiß Oberhausen	3:2 (1:1)
31.	Sa 15.05.	15:30	Rot-Weiß Oberhausen - FC Schalke 04	4:1 (1:1)
32.	Sa 22.05.	15:30	1. FC Köln - Rot-Weiß Oberhausen	2:4 (2:2)
33.	Sa 29.05.	15:30	Rot-Weiß Oberhausen - SV Werder Bremen	3:0 (1:0)
34.	Sa 05.06.	15:30	Eintr. Braunschweig - Rot-Weiß Oberhausen	1:1 (1:0)

Die DFB-Pokal-Spiele 1970/71

	Datum	Begegnung	Ergebnis
1. Runde:	Sa 12.12.	Rot-Weiß Oberhausen - Rot-Weiss Essen	4:3 (1:2)
Achtelfinale:	Sa 20.02.	Holstein Kiel - Rot-Weiß Oberhausen	2:5 n.V.
Viertelfinale:	Mi 07.04.	FC Schalke 04 - Rot-Weiß Oberhausen	1:0 (0:0)

Kickers Offenbach

Die Saison 1970/71
Täter und Opfer zugleich

Weida liegt gefoult auf dem Boden. Traurig schaut Stuttgarts Torhüter Heinze. Es gab Elfmeter (Kickers Offenbach - VfB Stuttgart 3:3)

Als Aufsteiger und Sensationspokalsieger stand die Welt den Hessen offen. Und niemanden überraschte, dass die Spielzeit im Zeichen des Klassenkampfs verlief. Präsident Canellas jedoch verschliss nicht nur drei Trainer, sondern gab dem Skandal auch erst ein Gesicht. Trotz einer erstligawürdigen Rolle endete Offenbachs Saison in einem Selbstmordattentat.

Nur zweimal stand der OFC während der ganzen Hinrunde auf einem Abstiegsrang, das erste Mal gleich nach Spieltag eins, einem verzeihlichen 0:2 in Mönchengladbach. Zwischen den Tiefs wussten die Kickers oft zu gefallen. Vereine wie Hertha (1:0) und Köln (4:2) ließen alle Punkte am Bieberer Berg, auch Bremen und Duisburg wurden geputzt. Den Tiefpunkt der Hinserie erreichten die Hessen indes nicht mit einer Pleite, sondern einem 3:3 gegen Stuttgart. Knall auf Fall musste Aki Schmidt nach diesem Spiel seine Koffer packen, weil Horst-Gregorio Canellas „den Klassenerhalt sonst nicht gewährleistet" sah. Stunden später stand Rudi Gutendorf auf der Matte und führte den OFC bis Weihnachten rauf auf Platz 13.

Noch Ende Oktober bezeichnete sich der neue Trainer als „glücklich, diesen Job hier angenommen zu haben", doch auch sein Kredit war in Windeseile verbraucht. Ende Februar bekam auch Gutendorf vom Präsidenten einen Fußtritt; kein einziges Spiel hatten die Hessen seit Wiederbeginn gewonnen. Übertragen wurde die Verantwortung Kuno Klötzer, der mit einem 1:5 direkt einen Fehlstart hinlegte. Die Mannschaft war inzwischen reichlich verunsichert, fast überfrachtet mit den verschiedenen Ideen der Übungsleiter. Ein einziges Spiel (5:0 gegen Bielefeld) gewannen die Kickers noch auf reguläre Weise, ehe der Sturzflug einsetzte und mit ihm der allgemeine Sittenverfall. Am 29. Spieltag stand Offenbach auf Rang 17 - und kaufte sich vom Abstiegsplatz frei. Drei Spiele weiter, nach zwei Auswärtssiegen, schien der Klassenerhalt geschafft. Doch mit blankem Entsetzen erreichte Offenbach die Nachricht, dass Bielefeld und Oberhausen am letzten Spieltag punkteten und auf Kosten der Kickers noch in die Freiheit entkamen. Präsident Canellas schwor Rache – und lud für den nächsten Tag zu einer Geburtstagsfeier.

Vier Funktionäre wurden für den Skandal später belangt, ausbaden aber musste es die Mannschaft. Zu viele Schultern waren es, auf die sich in der Abwehr die Last verteilte, einzig Egon Schmitt stand fast in jedem Spiel auf dem Platz. Auch in Mittelfeld und Angriff fehlte es an Verlässlichem, Erwin Kremers schoss die meisten Tore (11), Zwillingsbruder Helmut verdiente sich zeitweise als Libero. Weida und Bechtold überzeugten bedingt, ebenso Gecks und Winkler. In Erinnerung blieben abseits des Skandals zwei Dinge. Erstens Offenbachs Europapokalabenteuer (Ende in Runde eins), zweitens der auffällige Hang zu Elfmetern. Denn niemand sonst bekam so viele Elfer wie die Kickers.

Der Verein 1970/71

Gegründet: 27.05.1901
Erfolge: **2x Deutscher Vize-Meister:** 1950, 1959
1x DFB-Pokal: 1970
3x Südmeister: 1949, 1955, 1967, 1970 (Regionalliga)
Personen: Horst Gregorio Canellas (1. Vors.), Waldemar Klein (2. Vors.), Fritz Koch (Schatzmeister), Willi Konrad (Geschäftsführer)
Stadion: Stadion am Bieberer Berg, 31.500 Plätze (6.000 Sitzplätze, davon 4.000 überdacht)
Spielkleidung: Rotes Hemd, weiße Hose, weiße Stutzen
Abteilungen: Fußball, Handball, Boxen, Basketball
Mitglieder: 1.700

Die Platzierungen der letzten fünf Jahre

Saison	Liga	Platz
1966/1967	Regionalliga Süd	1.
1967/1968	Regionalliga Süd	2.
1968/1969	1. Bundesliga	18.
1969/1970	Regionalliga Süd	1.
1970/1971	1. Bundesliga	17.

Der Saisonverlauf 1970/71

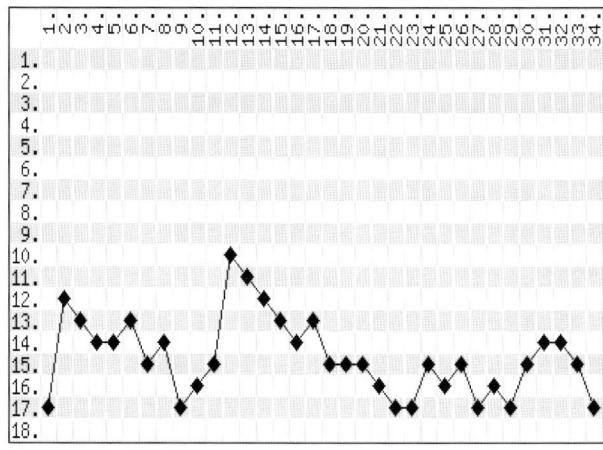

Die Trainer 1970/71

Alfred Schmidt bis 26.09.70
* 05.09.1935
Rudolf Gutendorf ab 27.09.70 bis 23.02.71
* 30.08.1926
Kuno Klötzer ab 24.02.71
* 19.04.1922

Drei Marionetten

„Aki" Schmidt kam zum Bieberer Berg als Idol, hatte als Spieler in Dortmund eine Ära geprägt, war Meister (1957 und 63), Pokalsieger (1965) und Europapokalsieger (1966) geworden. Bei der WM 1958 vertrat er in Schweden zudem die deutschen Farben. 1968, nach 195 Oberliga- und 81 Bundesligaspielen für den BVB, wechselte Schmidt ins Trainerlager und übernahm nach zwei Jahren Jahn Regensburg 1970 die Offenbacher Kickers. Direkt nach Amtsantritt schrieb Schmidt schon Geschichte beim Bundesligaaufsteiger und errang im Finale gegen den 1. FC Köln sensationell den DFB-Pokal. Auch für den Klassenerhalt schien der junge Trainer geeignet. Schon nach wenigen Wochen jedoch setzte ihn Offenbachs Präsident überraschend vor die Tür und vertraute fortan einem Kellerexperten. Rudi Gutendorf war längst ein bunter Hund in der Liga, hatte in Duisburg (1963-65), Stuttgart (1965-67) und Gelsenkirchen (ab 1968) sowie im Ausland reichlich Erfahrung gesammelt und sich als „Riegel-Rudi" verdient gemacht. Keine drei Wochen war Gutendorf auf Schalke entlassen, als er in Offenbach vorgestellt wurde. Auch hier aber durfte er die Saison nicht beenden. Noch im Februar 1971 gab der OFC auch Gutendorf den Laufpass. Das unrühmliche, skandalumwitterte Ende erlebte Kuno Klötzer, der schon 1967 mit Düsseldorf und 1969 mit Nürnberg als Trainer abgestiegen war und auch dieses Mal kein Glück hatte.

Das Mannschaftsfoto 1970/71

Hintere Reihe von links: Co-Trainer Schreiner, Schmitt, Semlitsch, H. Schmidt, Nerlinger, Skala, Reich, Schäfer, Beichle, Kraft, H. Kremers, Weida, Zeugwart Bellof, Masseur Etzold. Vorne: Bechtold, Weilbächer, Gecks, Volz, Bertram, Winkler, Koch, Schönberger und E. Kremers

Der Bundesliga-Kader 1970/71

Name (Saison-Note)	Land	geboren	Spiele	Tore	Rot
Torwart					
Karlheinz Volz (3,2)	D	30.03.1947	32	0	0
Horst Bertram (2,5)	D	16.11.1948	2	0	0
Abwehr					
Egon Schmitt (3,1)	D	12.11.1948	33	0	0
Nikolaus Semlitsch (3,8)	D	27.11.1946	25	0	0
Josef Weilbächer (3,7)	D	29.12.1944	24	0	0
Hans Reich (3,4)	D	10.07.1942	21	0	0
Erwin Spinnler (4,2)	D	11.04.1947	12	0	0
Hermann Nuber (3,0)	D	10.10.1935	2	0	0
Mittelfeld					
Helmut Kremers (3,6)	D	24.03.1949	33	4	0
Roland Weida (3,4)	D	11.12.1943	33	4	0
Walter Bechtold (3,4)	D	25.07.1947	28	7	0
Winfried Schäfer (4,2)	D	10.01.1950	26	0	0
Helmut Schmidt (3,9)	D	09.06.1949	17	0	0
Heinz Schönberger (3,6)	D	30.12.1949	15	0	0
Angriff					
Horst Gecks (3,4)	D	18.09.1942	33	8	0
Klaus Winkler (3,7)	D	25.05.1949	27	8	0
Erwin Kremers (3,2)	D	24.03.1949	25	11	0
Helmut Nerlinger (4,0)	D	27.02.1948	16	3	0
Gerhard Kraft (3,8)	D	13.12.1944	13	3	0
Lothar Skala (4,0)	D	02.05.1952	7	0	0
Georg Beichle (5,0)	D	16.09.1948	2	0	0
Rudolf Koch (4,0)	D	21.04.1950	2	0	0

Ab- und Zugänge / Nationalspieler 1970/71

Abgänge: Alfred Resenberg (KSV Hessen Kassel), Janos Kondert (Linzer ASK), Willi Rodekurth (FC Biel), Peter Rübenach (SC Opel Rüsselsheim)

Zugänge: Winfried Schäfer (Bor. Mönchengladbach), Helmut Nerlinger (Bayern München), Helmut Schmidt (Bayern München), Georg Beichle (VfR Pfortzheim), Lothar Skala (eigener Nachwuchs), Nikolaus Semlitsch (eigene Amateure), Hermann Nuber (reaktiviert), Erwin Spinnler (Borussia Mönchengladbach)

Nationalspieler: Kein Nationalspieler

Die Bundesliga-Spiele 1970/71

Spieltag	Datum	Uhrzeit	Begegnung	Ergebnis
1.	Sa 15.08.	15:30	Borussia M'gladbach - Kickers Offenbach	2:0 (0:0)
2.	Sa 22.08.	15:30	Kickers Offenbach - SV Werder Bremen	2:1 (1:0)
3.	Mi 28.10.	20:00	Hamburger SV - Kickers Offenbach	3:2 (2:1)
4.	Sa 05.09.	15:30	Kickers Offenbach - Eintracht Braunschweig	0:2 (0:2)
5.	Sa 12.09.	15:30	Hannover 96 - Kickers Offenbach	1:1 (0:0)
6.	Sa 19.09.	15:30	Kickers Offenbach - MSV Duisburg	2:0 (2:0)
7.	Mi 23.09.	20:00	Arminia Bielefeld - Kickers Offenbach	2:0 (1:0)
8.	Sa 26.09.	15:30	Kickers Offenbach - VfB Stuttgart	3:3 (1:1)
9.	Sa 03.10.	15:30	1. FC K'lautern - Kickers Offenbach	4:0 (1:0)
10.	Mi 07.10.	20:00	Kickers Offenbach - Hertha BSC Berlin	1:0 (0:0)
11.	Sa 10.10.	15:30	FC Bayern München - Kickers Offenbach	0:0 (0:0)
12.	Sa 24.10.	15:30	Kickers Offenbach - Borussia Dortmund	3:0 (1:0)
13.	Sa 31.10.	15:30	Rot-Weiß Oberhausen - Kickers Offenbach	2:2 (1:1)
14.	Sa 07.11.	15:30	Kickers Offenbach - Rot-Weiss Essen	1:2 (1:1)
15.	Sa 14.11.	15:30	Kickers Offenbach - FC Schalke 04	0:1 (0:0)
16.	Sa 28.11.	15:30	Eintracht Frankfurt - Kickers Offenbach	3:0 (1:0)
17.	Sa 05.12.	15:30	Kickers Offenbach - 1. FC Köln	4:1 (1:0)
18.	Sa 23.01.	15:30	Kickers Offenbach - Borussia M'gladbach	1:3 (0:1)
19.	Sa 30.01.	15:30	SV Werder Bremen - Kickers Offenbach	3:1 (2:1)
20.	Sa 06.02.	15:30	Kickers Offenbach - Hamburger SV	3:3 (0:1)
21.	Sa 13.02.	15:30	Eintracht Braunschweig - Kickers Offenbach	3:0 (1:0)
22.	Sa 27.02.	15:30	Kickers Offenbach - Hannover 96	1:5 (0:1)
23.	Sa 06.03.	15:30	MSV Duisburg - Kickers Offenbach	2:2 (1:1)
24.	Sa 13.03.	15:30	Kickers Offenbach - Arminia Bielefeld	5:0 (1:0)
25.	Sa 20.03.	15:30	VfB Stuttgart - Kickers Offenbach	1:0 (1:0)
26.	Sa 27.03.	15:30	Kickers Offenbach - 1. FC K'lautern	2:2 (1:1)
27.	Sa 03.04.	15:30	Hertha BSC Berlin - Kickers Offenbach	3:1 (3:1)
28.	Sa 17.04.	15:30	Kickers Offenbach - FC Bayern München	1:1 (0:1)
29.	Sa 01.05.	15:30	Borussia Dortmund - Kickers Offenbach	1:1 (1:1)
30.	Sa 08.05.	15:30	Kickers Offenbach - Rot-Weiß Oberhausen	3:2 (1:1)
31.	Sa 15.05.	15:30	Rot-Weiss Essen - Kickers Offenbach	2:3 (0:1)
32.	Sa 22.05.	15:30	FC Schalke 04 - Kickers Offenbach	1:2 (0:2)
33.	Sa 29.05.	15:30	Kickers Offenbach - Eintracht Frankfurt	0:2 (0:1)
34.	Sa 05.06.	15:30	1. FC Köln - Kickers Offenbach	4:2 (1:2)

Die DFB-Pokal-Spiele 1970/71

1. Runde:	Sa 12.12.		VfR Heilbronn - Kickers Offenbach	2:0 (0:0)

Die Europapokal der Pokalsieger-Spiele 1970/71

1. Runde:	Mi 16.09.		Kickers Offenbach - FC Brügge	2:1 (0:1)
1. Runde:	Mi 30.09.		FC Brügge - Kickers Offenbach	2:0 (1:0)

Rot-Weiss Essen

Die Saison 1970/71
Aus dem Himmel in die Hölle

Er war der treffsicherste Essener in dieser Saison: Willi "Ente" Lippens erzielte 19 Buden für RWE

Essens Rolle war an Tragik nicht zu überbieten. Vielleicht nur, weil er sich an Schiebereien nicht beteiligte, wurde der Vorjahresneuling durchgereicht und stand früh bereits als erster Absteiger fest. Auch sportlich blieb der tiefe Fall ein Rätsel, denn die komplette Hinserie verbrachte RWE noch an der Sonne.

Das Auftaktprogramm war nicht gerade unlösbar, dennoch imponierte der Essener Start mit zwei Siegen und einem torlosen Unentschieden mächtig. Auch der FC Bayern lächelte noch müde, als RWE mit Platz eins in der Hand ins Olympiastadion kam. Mit 2:0 führten die Bayern bereits und hatten damit als erstes Team überhaupt Fred Bockholt bezwungen. Essen aber glich noch aus und reiste als Tabellenführer wieder ab. Der Sturz war vorerst verhindert und vollzog sich statt dessen schleichend. Im trügerischen Schein der Spitzengruppe wurde der Ruhrverein leichtsinnig, hatte in engen Spielen immer öfter das Nachsehen und purzelte langsam hinab. Ein einziger Sieg (2:0 gegen Köln) kam aus den nächsten zehn Spielen noch heraus. Am 9. Spieltag kam es gar zu einer 0:1 gegen Braunschweig und damit der ersten Heimniederlage nach 52 makellosen Spielen. Der achte Platz zur Winterpause war nichtsdestotrotz ein sehr ehrenhafter Zwischenstand.

Mindestens bis März dachte niemand, dass Rot-Weiss Essen absteigen könnte. Die Rückkehr aus dem Weihnachtsurlaub verlief nach altbekanntem Muster: keine Punkte auswärts, zwei an der Hafenstraße. Essen war fester Bestandteil der Liga, oft genug unterlegen, aber jederzeit in der Lage, einen großen Gegner matt zu setzen. Der Absturz begann an einem Freitag mit einem 1:3 unter Flutlicht gegen Schalke 04 (23. Spieltag). Eher unglücklich blieb RWE in den drei Folgespielen sieglos, ehe dann aber plötzlich der Boden wegbrach. Vier Pleiten am Stück, darunter das mit Geld beschmierte Nachholspiel in Köln (2:3), fielen reichlich deftig aus. Dass Herbert Burdenski hiernach gehen musste, war kein überraschender Schritt. Der Notarzt aber konnte nicht mehr helfen und holte auch in den letzten vier Spielen keinen Punkt mehr.

Die Enthüllungen ließen Essen für eine Weile wieder hoffen, doch wurde trotz Ehrlichkeit am Abstieg nicht mehr gerüttelt. Tief war der Sturz auch deshalb, weil der Ruhrverein anfangs so hoch aufschoss; erfolgreich und attraktiv spielte. Mann der Saison war, wie im letzten Jahr, Willi Lippens, der mit 19 Treffern in 29 Spielen sogar ans Tor der niederländischen Landesauswahl klopfte. Ohnehin schoss RWE eine ganze Menge Tore und hatte in Erlhoff, Bast und Hohnhausen auch sehr gute Neuzugänge. Wenn es kriselte, dann immer in der Abwehr, deren Einschlagzahl um 14 Treffer zunahm. Doch geschah dies überwiegend im letzten Drittel, als die Mannschaft Faden und Nerven verlor. Platz 18 war insofern nicht mal die halbe Wahrheit.

Der Verein 1970/71

Gegründet: 01.02.1907
Erfolge: **1x Deutscher Meister**: 1955
1x DFB-Pokal: 1953
2x Westmeister: 1932, 1955
Personen: Ernst Ruhkamp (1. Vors.), Willy Jansen (2. Vors.), Kurt Roetger (Geschäftsführer), Fredi Heske (Schatzmeister)
Stadion: Georg-Melches-Stadion, 35.000 Plätze (5.500 Sitzplätze)
Spielkleidung: Weißes Hemd, rote Hose, weiße Stutzen
Abteilungen: Fußball, Tennis, Gymnastik
Mitglieder: 2.000

Die Platzierungen der letzten fünf Jahre

Saison	Liga	Platz
1966/1967	1. Bundesliga	18.
1967/1968	Regionalliga West	2.
1968/1969	Regionalliga West	3.
1969/1970	1. Bundesliga	12.
1970/1971	1. Bundesliga	18.

Der Saisonverlauf 1970/71

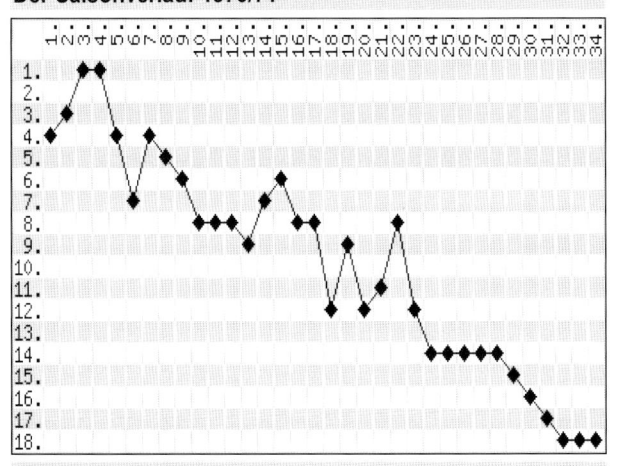

Der Trainer 1970/71

Herbert Burdenski bis 10.05.71
* 19.05.1922
† 15.09.2001

Willi Vordenbäumen ab 11.05.71
* 29.09.1928

Misserfolg nicht gewohnt

Herbert Burdenski, genannt „Budde", war ein echtes Kind des Ruhrgebiets. Über den SV Erle 08 führte sein Weg als aktiver Spieler unweigerlich zu Schalke 04, dem er sein Leben lang treu verbunden blieb. Mit den Knappen wurde er 1940 und 1942 Deutscher Meister sowie Pokalsieger 1941. Wegen des Krieges kam der Allroundspieler lediglich auf fünf Länderspiele, eines davon war allerdings legendär: Beim 1:0 der DFB-Elf im November 1950 gegen die Schweiz schoss er den Elfmeter zum Sieg und damit das erste deutsche Länderspieltor nach dem zweiten Weltkrieg. Seine Karriere ausklingen ließ Burdenski in Bremen, wo er beim örtlichen Verband direkt eine Trainerlaufbahn anhängte. SV Erle 08, STV Horst-Emscher, VfB Bottrop und Westfalia Herne hießen die nächsten Stationen, bevor er dann 47-jährig vom Bundesliga-Aufsteiger Rot-Weiss Essen angeworben wurde. Mit seiner offenen und fröhlichen Art passte Burdenski gut zu dieser Truppe, die der Liga schon im ersten Spieljahr manche Nase drehte und einen guten zwölften Platz errang. In der neuen Saison griff RWE anfangs gar nach den Sternen. Nach toller Hinrunde inklusive Tabellenführung stürzte der Klub aber ab und trennte sich in der höchsten Not von Burdenski. Willi Vordenbäumen, selbst einst 188 Mal für RWE am Ball, hatte die Mannschaft bereits 1969 erfolgreich durch die Aufstiegsrunde geführt. Für eine Rettung kam er dieses Mal aber zu spät.

Das Mannschaftsfoto 1970/71

Hintere Reihe von links: Trainer Burdenski, Rausch, Jung, Fürhoff, Koch, Link, Ferner, Littek, Lippens, Erlhoff, Beer. Vorne: ter Mors, Peitsch, Weinberg, Stauvermann, Dörre, Blasey, Bockholt, Czernotzky, Pöhling, Bast und Dausmann

Der Bundesliga-Kader 1970/71

Name (Saison-Note)	Land	geboren	Spiele	Tore	Rot
Torwart					
Fred-Werner Bockholt (3,3)	D	24.06.1943	31	0	0
Heinz Blasey (3,3)	D	01.01.1948	4	0	0
Abwehr					
Hermann Erlhoff (3,5)	D	22.12.1944	34	2	0
Heinz Stauvermann (3,7)	D	16.06.1943	33	2	0
Peter Czernotzky (3,8)	D	18.02.1947	31	0	0
Roland Peitsch (3,7)	D	01.09.1949	27	2	0
Wolfgang Rausch (3,2)	D	30.04.1947	23	1	0
Heinz Koch (5,0)	D	03.04.1947	2	0	0
Klaus Link (4,0)	D	05.06.1948	2	0	0
Mittelfeld					
Erich Beer (3,6)	D	09.12.1946	31	2	0
Georg Jung (4,1)	D	04.08.1946	25	1	0
Günter Fürhoff (4,3)	D	06.10.1947	22	3	0
Egbert-Jan ter Mors (3,6)	NL	17.01.1941	17	1	0
Diethelm Ferner (3,6)	D	13.07.1941	15	1	0
Hans Dörre (4,7)	D	14.11.1946	6	0	0
Manfred Burgsmüller (4,0)	D	22.12.1949	2	0	0
Angriff					
Walter Hohnhausen (4,0)	D	03.10.1945	31	9	0
Willi Lippens (3,2)	NL	10.11.1945	29	19	0
Dieter Bast (3,8)	D	28.08.1951	22	3	0
Helmut Littek (4,2)	D	15.04.1944	22	2	0
Herbert Weinberg (4,0)	D	27.01.1939	20	0	0
Hugo Dausmann (-)	D	12.09.1942	0	0	0
Karlheinz Pöhling (-)	D	22.08.1948	0	0	0

Ab- und Zugänge / Nationalspieler 1970/71

Abgänge: Fred Englert (Viktoria Aschaffenburg), Dieter Kraus (1. FC Phönix Lübeck), Rolf Lefkes (Arminia Hannover), Werner Kik (Laufbahn beendet), Manfred Kösling

Zugänge: Hermann Erlhoff (FC Schalke 04), Hugo Dausmann (Rot-Weiß Oberhausen), Klaus Link (VfB Lübeck), Dieter Bast (Sterkrade 06/07), Walter Hohnhausen (FC 1908 Villingen)

Nationalspieler: Kein Nationalspieler

Die Bundesliga-Spiele 1970/71

Spieltag	Datum	Uhrzeit	Begegnung	Ergebnis
1.	Sa 15.08.	15:30	Rot-Weiss Essen - Hannover 96	2:0 (0:0)
2.	Sa 22.08.	15:30	Arminia Bielefeld - Rot-Weiss Essen	0:0 (0:0)
3.	Fr 28.08.	20:00	Rot-Weiss Essen - 1. FC K'lautern	4:0 (2:0)
4.	Sa 05.09.	15:30	FC Bayern München - Rot-Weiss Essen	2:2 (2:0)
5.	Sa 12.09.	15:30	Rot-Weiss Essen - Rot-Weiß Oberhausen	3:3 (1:2)
6.	Sa 19.09.	15:30	FC Schalke 04 - Rot-Weiss Essen	4:1 (2:1)
7.	Mi 23.09.	20:00	Rot-Weiss Essen - 1. FC Köln	2:0 (1:0)
8.	Sa 26.09.	15:30	SV Werder Bremen - Rot-Weiss Essen	1:1 (1:1)
9.	Sa 03.10.	15:30	Rot-Weiss Essen - Eintracht Braunschweig	0:1 (0:1)
10.	Mi 07.10.	20:00	MSV Duisburg - Rot-Weiss Essen	1:0 (1:0)
11.	Sa 10.10.	15:30	Rot-Weiss Essen - VfB Stuttgart	1:1 (1:0)
12.	Sa 24.10.	15:30	Hertha BSC Berlin - Rot-Weiss Essen	1:1 (0:1)
13.	Sa 31.10.	15:30	Rot-Weiss Essen - Borussia Dortmund	0:1 (0:1)
14.	Sa 07.11.	15:30	Kickers Offenbach - Rot-Weiss Essen	1:2 (1:1)
15.	Sa 14.11.	15:30	Rot-Weiss Essen - Eintracht Frankfurt	2:0 (1:0)
16.	Sa 28.11.	15:30	Rot-Weiss Essen - Borussia M'gladbach	1:2 (1:0)
17.	Sa 05.12.	15:30	Hamburger SV - Rot-Weiss Essen	2:1 (0:0)
18.	Sa 23.01.	15:30	Hannover 96 - Rot-Weiss Essen	3:1 (0:0)
19.	Sa 30.01.	15:30	Rot-Weiss Essen - Arminia Bielefeld	2:1 (2:0)
20.	Sa 06.02.	15:30	1. FC K'lautern - Rot-Weiss Essen	5:2 (3:0)
21.	Sa 13.03.	15:30	Rot-Weiss Essen - FC Bayern München	3:1 (0:1)
22.	Sa 27.02.	15:30	Rot-Weiß Oberhausen - Rot-Weiss Essen	0:0 (0:0)
23.	Fr 05.03.	20:00	Rot-Weiss Essen - FC Schalke 04	1:3 (0:0)
24.	Mi 05.05.	20:00	1. FC Köln - Rot-Weiss Essen	3:2 (0:1)
25.	Sa 20.03.	15:30	Rot-Weiss Essen - SV Werder Bremen	2:2 (1:1)
26.	Sa 27.03.	15:30	Eintracht Braunschweig - Rot-Weiss Essen	1:0 (1:0)
27.	Sa 03.04.	15:30	Rot-Weiss Essen - MSV Duisburg	1:1 (1:1)
28.	Sa 17.04.	15:30	VfB Stuttgart - Rot-Weiss Essen	5:1 (3:0)
29.	Sa 01.05.	15:30	Rot-Weiss Essen - Hertha BSC Berlin	0:3 (0:1)
30.	Sa 08.05.	15:30	Borussia Dortmund - Rot-Weiss Essen	7:2 (4:0)
31.	Sa 15.05.	15:30	Rot-Weiss Essen - Kickers Offenbach	2:3 (0:1)
32.	Sa 22.05.	15:30	Eintracht Frankfurt - Rot-Weiss Essen	3:2 (0:1)
33.	Sa 29.05.	15:30	Borussia M'gladbach - Rot-Weiss Essen	4:3 (2:1)
34.	Sa 05.06.	15:30	Rot-Weiss Essen - Hamburger SV	1:3 (0:0)

Die DFB-Pokal-Spiele 1970/71

1. Runde:	Sa 12.12.		Rot-Weiß Oberhausen - Rot-Weiss Essen	4:3 (1:2)

BUNDESLIGA-STATISTIKEN

HEIMTABELLE

Pl.	Verein	Sp	S	U	N	Tore	Dif.	Punkte
1.	FC Bayern München	17	13	4	0	46:15	31	30-4
2.	Hertha BSC Berlin	17	13	3	1	46:21	25	29-5
3.	Borussia M'gladbach	17	13	2	2	46:13	33	28-6
4.	Eintracht Braunschweig	17	12	4	1	39:15	24	28-6
5.	1. FC K'lautern	17	13	1	3	34:13	21	27-7
6.	MSV Duisburg	17	10	7	0	31:16	15	27-7
7.	Hamburger SV	17	11	4	2	31:19	12	26-8
8.	VfB Stuttgart	17	9	6	2	33:16	17	24-10
9.	1. FC Köln	17	10	3	4	33:24	9	23-11
10.	FC Schalke 04	17	9	4	4	26:13	13	22-12
11.	Eintracht Frankfurt	17	9	4	4	29:19	10	22-12
12.	Arminia Bielefeld	17	9	4	4	20:14	6	22-12
13.	SV Werder Bremen	17	7	7	3	24:14	10	21-13
14.	Hannover 96	17	8	5	4	30:21	9	21-13
15.	Borussia Dortmund	17	7	6	4	35:19	16	20-14
16.	Rot-Weiß Oberhausen	17	7	5	5	34:25	9	19-15
17.	Kickers Offenbach	17	7	4	6	32:28	4	18-16
18.	Rot-Weiss Essen	17	6	4	7	27:25	2	16-18

AUSWÄRTSTABELLE

Pl.	Verein	Sp	S	U	N	Tore	Dif.	Punkte
1.	Borussia M'gladbach	17	7	8	2	31:22	9	22-12
2.	FC Bayern München	17	6	6	5	28:21	7	18-16
3.	FC Schalke 04	17	6	2	9	18:27	-9	14-20
4.	Hannover 96	17	4	4	9	23:28	-5	12-22
5.	Hertha BSC Berlin	17	3	6	8	15:22	-7	12-22
6.	SV Werder Bremen	17	4	4	9	17:26	-9	12-22
7.	Eintracht Braunschweig	17	4	3	10	13:25	-12	11-23
8.	Hamburger SV	17	2	7	8	23:44	-21	11-23
9.	1. FC Köln	17	1	8	8	13:32	-19	10-24
10.	Kickers Offenbach	17	2	5	10	17:37	-20	9-25
11.	Borussia Dortmund	17	3	3	11	19:41	-22	9-25
12.	MSV Duisburg	17	2	4	11	12:31	-19	8-26
13.	Rot-Weiß Oberhausen	17	2	4	11	20:44	-24	8-26
14.	Rot-Weiss Essen	17	1	5	11	21:43	-22	7-27
15.	1. FC K'lautern	17	2	3	12	20:44	-24	7-27
16.	Arminia Bielefeld	17	3	1	13	14:39	-25	7-27
17.	VfB Stuttgart	17	2	2	13	16:33	-17	6-28
18.	Eintracht Frankfurt	17	2	2	13	10:37	-27	6-28

HINRUNDENTABELLE

Pl.	Verein	Sp	S	U	N	Tore	Dif.	Punkte
1.	FC Bayern München	17	10	6	1	34:12	22	26-8
2.	Borussia M'gladbach	17	9	7	1	41:16	25	25-9
3.	FC Schalke 04	17	9	4	4	24:14	10	22-12
4.	Eintracht Braunschweig	17	9	3	5	27:16	11	21-13
5.	Hertha BSC Berlin	17	8	5	4	25:17	8	21-13
6.	VfB Stuttgart	17	7	5	5	31:27	4	19-15
7.	1. FC Köln	17	5	7	5	21:22	-1	17-17
8.	Rot-Weiss Essen	17	5	6	6	23:20	3	16-18
9.	Hamburger SV	17	5	6	6	24:36	-12	16-18
10.	Borussia Dortmund	17	6	3	8	24:28	-4	15-19
11.	MSV Duisburg	17	4	7	6	13:19	-6	15-19
12.	1. FC K'lautern	17	6	3	8	23:30	-7	15-19
13.	Kickers Offenbach	17	5	4	8	21:27	-6	14-20
14.	Hannover 96	17	5	4	8	19:25	-6	14-20
15.	SV Werder Bremen	17	3	8	6	12:18	-6	14-20
16.	Rot-Weiß Oberhausen	17	4	5	8	27:37	-10	13-21
17.	Arminia Bielefeld	17	4	4	9	17:27	-10	12-22
18.	Eintracht Frankfurt	17	3	5	9	9:24	-15	11-23

RÜCKRUNDENTABELLE

Pl.	Verein	Sp	S	U	N	Tore	Dif.	Punkte
1.	Borussia M'gladbach	17	11	3	3	36:19	17	25-9
2.	FC Bayern München	17	9	4	4	40:24	16	22-12
3.	Hamburger SV	17	8	5	4	30:27	3	21-13
4.	Hertha BSC Berlin	17	8	4	5	36:26	10	20-14
5.	MSV Duisburg	17	8	4	5	30:28	2	20-14
6.	Hannover 96	17	7	5	5	34:24	10	19-15
7.	SV Werder Bremen	17	8	3	6	29:22	7	19-15
8.	1. FC K'lautern	17	9	1	7	31:27	4	19-15
9.	Eintracht Braunschweig	17	7	4	6	25:24	1	18-16
10.	Eintracht Frankfurt	17	8	1	8	30:32	-2	17-17
11.	Arminia Bielefeld	17	8	1	8	17:26	-9	17-17
12.	1. FC Köln	17	6	4	7	25:34	-9	16-18
13.	Borussia Dortmund	17	4	6	7	30:32	-2	14-20
14.	Rot-Weiß Oberhausen	17	5	4	8	27:32	-5	14-20
15.	FC Schalke 04	17	6	2	9	20:26	-6	14-20
16.	Kickers Offenbach	17	4	5	8	28:38	-10	13-21
17.	VfB Stuttgart	17	4	3	10	18:22	-4	11-23
18.	Rot-Weiss Essen	17	2	3	12	25:48	-23	7-27

KREUZTABELLE

Pl.	Verein	1.	2.	3.	4.	5.	6.	7.	8.	9.	10.	11.	12.	13.	14.	15.	16.	17.	18.	Tore	Pkt.
1.	M'gladbach	----	3:1	4:0	3:1	3:0	2:0	1:0	5:0	0:0	0:2	1:1	4:1	3:2	0:2	5:0	6:0	2:0	4:3	77:35	50-18
2.	B. München	2:2	----	1:0	4:1	6:2	3:0	2:1	3:1	4:1	2:1	7:0	1:0	1:1	2:0	2:1	4:2	0:0	2:2	74:36	48-20
3.	Hertha BSC	4:2	3:3	----	1:0	2:0	2:1	3:1	5:3	0:0	3:1	3:2	2:0	5:2	0:1	6:2	3:1	3:1	1:1	61:43	41-27
4.	Braunschweig	1:1	1:1	2:1	----	4:1	3:3	5:0	2:0	0:4	1:0	3:1	4:0	3:0	3:2	1:1	3:0	1:0		52:40	39-29
5.	Hamburg	2:2	1:5	0:0	2:1	----	1:2	2:0	5:2	1:0	1:1	2:0	1:0	2:1	3:2	3:0	0:0	3:2	2:1	54:63	37-31
6.	Schalke	0:0	1:3	0:1	1:0	3:1	----	1:0	2:0	3:0	0:0	2:2	2:1	0:0	0:1	4:1	2:0	1:2	4:1	44:40	36-32
7.	Duisburg	1:1	2:0	1:0	0:0	2:2	1:0	----	1:1	3:2	3:1	0:0	1:0	4:3	4:1	3:1	2:2	2:2	1:0	43:47	35-33
8.	K'lautern	0:1	2:1	2:0	0:1	2:0	2:0	3:0	----	2:1	2:1	0:0	0:5	1:0	3:0	2:0	4:1	4:0	5:2	54:57	34-34
9.	Hannover	1:1	2:2	1:1	1:0	0:3	3:0	3:3	2:1	----	0:3	2:0	3:0	4:1	2:0	1:2	1:2	1:1	3:1	53:49	33-35
10.	Bremen	1:1	0:1	0:0	2:0	2:2	0:1	0:2	1:1	0:0	----	1:1	3:1	3:1	4:1	1:0	2:0	3:1	1:1	41:40	33-35
11.	FC Köln	3:2	0:3	3:2	3:1	3:0	2:0	2:1	1:2	0:1	1:1	----	2:1	2:2	2:0	0:0	2:4	4:2	3:2	46:56	33-35
12.	VfB Stuttgart	1:1	1:1	1:1	1:1	3:3	1:1	1:0	2:0	1:2	3:0	1:2	----	6:1	1:0	2:1	2:1	1:0	5:1	49:49	30-38
13.	Dortmund	3:4	0:0	3:1	1:1	1:1	1:2	5:1	0:2	2:2	0:1	0:0	3:1	----	3:0	3:0	2:0	1:1	7:2	54:60	29-39
14.	Bielefeld	0:2	1:0	1:1	0:1	1:0	0:3	1:0	2:1	3:1	3:0	1:0	1:0	2:3	----	1:0	2:1	2:0	0:0	34:53	29-39
15.	Frankfurt	1:4	0:1	1:3	5:2	0:0	1:0	0:0	3:2	2:1	0:2	1:1	1:0	2:0	1:1	----	5:0	3:0	3:2	39:56	28-40
16.	Oberhausen	0:2	0:4	1:1	1:0	8:1	4:1	0:2	4:2	4:3	3:0	2:2	1:2	0:2	4:2	1:0	----	2:2	0:0	54:69	27-41
17.	Offenbach	1:3	1:1	1:0	0:2	3:3	0:1	2:0	2:2	1:5	2:1	4:1	3:3	4:0	5:0	3:2	----	1:2		49:65	27-41
18.	RW Essen	1:2	3:1	0:3	0:1	1:3	1:3	1:1	4:0	2:0	2:2	2:0	1:1	0:1	2:1	2:0	3:3	2:3	----	48:68	23-45

Die 34 Spieltage der Bundesliga 1970/71

Bundesliga 1970/1971 – 1. Spieltag

Kopfball von Bonhof, Tor für Mönchengladbach. Der Titelverteidiger beginnt die neue Saison mit einem 2:0-Erfolg über Aufsteiger Offenbach

Mexiko in den Knochen

Der Startschuss verlief mit den erwarteten Tücken, denn viele Teams hatten die Eierschalen der Vorbereitung noch nicht ganz abgestreift. Eher wenig Bedeutung kam in der Regel dem ersten Tabellenführer zu. In diesem Fall war es allerdings anders.

Sieben Mal war Dortmund bislang in eine Bundesligasaison gestartet und hatte keines seiner Auftaktspiele gewonnen. An Gegner Bielefeld ließ sich dieser Komplex nun nicht nur besiegen, sondern wider Erwarten sogar die Spitze erklimmen, weil keiner der Favoriten höher gewann. Zugetraut hatte man dies vor allem dem Meister, der aber tat sich gegen Offenbach schwer und musste froh sein, überhaupt zu gewinnen (2:0). Bayern (1:1 in Stuttgart) und Köln (1:1 in Bremen) hatten knifflige Auswärtsspiele, verkauften sich allerdings unerwartet schwach - nach kurzem Urlaub aufgrund der WM kämpften die großen Drei noch mit schweren Beinen. Positiv überraschte dagegen Schalke, das in Braunschweig schon 1:3 zurück lag und dennoch einen Punkt mitnahm. Hertha BSC geriet sogar dreifach ins Hintertreffen, bog das Spiel aber noch um.

Ergebnisse – 1. Spieltag 1970/1971

Sa., 15.08.70	Hertha BSC Berlin	-	1. FC Kaiserslautern	5:3 (2:3)
Sa., 15.08.70	Eintracht Braunschweig	-	FC Schalke 04	3:3 (2:1)
Sa., 15.08.70	SV Werder Bremen	-	1. FC Köln	1:1 (1:0)
Sa., 15.08.70	Borussia Dortmund	-	Arminia Bielefeld	3:0 (1:0)
Sa., 15.08.70	MSV Duisburg	-	Rot-Weiß Oberhausen	2:2 (1:1)
Sa., 15.08.70	Rot-Weiss Essen	-	Hannover 96	2:0 (0:0)
Sa., 15.08.70	Eintracht Frankfurt	-	Hamburger SV	0:0 (0:0)
Sa., 15.08.70	Borussia Mönchengladbach	-	Kickers Offenbach	2:0 (0:0)
Sa., 15.08.70	VfB Stuttgart	-	FC Bayern München	1:1 (1:1)

Tabelle

Platz	Verein	S	U	N	Tore	Differenz	Punkte
1.	Borussia Dortmund	1	0	0	3:0	+3	2:0
2.	Hertha BSC Berlin	1	0	0	5:3	+2	2:0
3.	Rot-Weiss Essen	1	0	0	2:0	+2	2:0
	Borussia Mönchengladbach	1	0	0	2:0	+2	2:0
5.	Eintracht Braunschweig	0	1	0	3:3	0	1:1
	FC Schalke 04	0	1	0	3:3	0	1:1
7.	MSV Duisburg	0	1	0	2:2	0	1:1
	Rot-Weiß Oberhausen	0	1	0	2:2	0	1:1
9.	1. FC Köln	0	1	0	1:1	0	1:1
	VfB Stuttgart	0	1	0	1:1	0	1:1
	SV Werder Bremen	0	1	0	1:1	0	1:1
	FC Bayern München	0	1	0	1:1	0	1:1
13.	Hamburger SV	0	1	0	0:0	0	1:1
	Eintracht Frankfurt	0	1	0	0:0	0	1:1
15.	1. FC Kaiserslautern	0	0	1	3:5	-2	0:2
16.	Hannover 96	0	0	1	0:2	-2	0:2
	Kickers Offenbach	0	0	1	0:2	-2	0:2
18.	Arminia Bielefeld	0	0	1	0:3	-3	0:2

Torjägerliste - Zuschauer - Selbsttore - Platzverweise

Torjägerliste:
1. Wittkamp: 2 Tore
2. L. Kobluhn, Krauthausen, Pavlic, Bücker und 22 weitere Spieler: je 1 Tor

Zuschauer: 277.000
Tore: 29
Selbsttore: 1
Platzverweise: keine

Ein schönes Feuerwerk

Noch nie hatten so viele Menschen ein Auftaktspiel gesehen und noch nie ein Team so viele Treffer vorgelegt. Nicht weniger als drei Mal geriet Hertha in Rückstand und wäre trotzdem beinahe noch Tabellenführer geworden.

Kaiserslauterns Trainer sorgte gleich am ersten Spieltag für einen kleinen Eklat, weil er schon vor der Begegnung auf den Unparteiischen schimpfte ("Mit Dr. Siepe haben wir keine guten Erfahrungen") und anschließend auch noch die Pressekonferenz schwänzte, weil er seine Ahnungen bestätigt sah. Was Gyula Lorant stank, waren mindestens zwei Szenen. Ihren dritten Ausgleich etwa schaffte die Alte Dame per Strafstoß, den wohl nicht jeder Schiedsrichter gepfiffen hätte. Außerdem ging demselben Tor ein Foulspiel von Brungs voraus, ohne das der Treffer nicht entstanden wäre und das von Dr. Siepe übersehen wurde. Um die Misstöne war es etwas schade, denn grundsätzlich sahen die 60.000 einen in jeder Hinsicht mitreißenden Saisonauftakt. Herthas Fans hatten im Vorfeld nur über die Höhe des Sieges spekuliert und waren deswegen erschrocken darüber, dass die Pfälzer einfach nicht kleinzukriegen waren. Im Gegenteil, gleich drei Mal schafften die Gäste ein Führungstor, wobei sie stets eher aus Verlegenheit trafen und ausnahmslos jede Torchance nutzten. Berlin hatte ein großes Stück Arbeit zu bewältigen, ließ sich jedoch zu keiner Zeit beirren und packte die Pfälzer schließlich im offenen Kampf. Zur Pause noch lagen die Gäste in Front, dann aber drückte Hertha so lange weiter, bis die Moral der Gäste zerbrach. Kurios: Der Ex-Lauterer Rumor sorgte dafür, dass der Ex-Berliner Rehhagel per Elfmeter das 0:1 erzielte. Es war das erste Tor der neuen Saison.

Gegen den Ex-Verein etwas übermotiviert: Jürgen Rumor

Hertha BSC Berlin - 1. FC Kaiserslautern 5:3 (2:3)

Sa., 15.08.1970, 15:30 Uhr
Zuschauer: 60.000
SR: Dr. Gerd Siepe (Köln)
Tore: 0:1 Rehhagel (5., Foulelfmeter), 1:1 Brungs (26.), 1:2 Hosic (30., Freistoß), 2:2 Schwager (44., Eigentor, Vorlage Patzke), 2:3 Fuchs (45.), 3:3 Horr (68., Foulelfmeter), 4:3 Steffenhagen (77.), 5:3 J. Weber (82.)
Aufstellung Hertha BSC Berlin: Volkmar Groß (Note 4,0); Bernd Patzke (3,0), Uwe Witt (2,0), Tasso Wild (3,0), Jürgen Rumor (4,0); Karl-Heinz Ferschl (3,0 - 69. Laszlo Gergely, 4,0), Wolfgang Gayer (2,0); Arno Steffenhagen (3,0), Franz Brungs (4,0), Lorenz Horr (3,0), Jürgen Weber (4,0)
Aufstellung 1. FC Kaiserslautern: Bratislav Dordevic (4,0); Günther Rademacher (4,0), Dietmar Schwager (3,0), Ernst Diehl (3,0), Fritz Fuchs (3,0); Jürgen Friedrich (3,0), Otto Rehhagel (3,0); Josef Pirrung (4,0), Idriz Hosic (4,0 - 69. Karl-Heinz Vogt, 4,0), Winfried Richter (4,0), Klaus Ackermann (3,0)
Besonderheiten: keine

Ausgleich per Doublette

Braunschweigs Heimsieg war eigentlich schon geritzt, bis Rudi Gutendorf Klaus Fichtel vor den Karren spannte und dem Spiel damit eine völlig neue Richtung gab. Schalke begann die Saison mit einer positiven Überraschung.

Hinten eine Bank, vorne eine Waffe: Klaus Fichtel

Nie im Leben hatten die 18.000 Zuschauer ein derart rassiges Auftaktspiel erwartet, zumal Braunschweig seinen Gegnern in der Regel nicht viele Treffer gestattete; auch Schalke hatte hier seit sieben Jahren kein Tor mehr erzielt. So war es schon das höchste der Gefühle, als Pirkner die Knappen in Minute acht mit einem Freistoß in Führung brachte. Merkhoffer hatte vorher Libuda gefoult, der ihm anschließend indes nie mehr entwischen sollte. Da auch Fischer im Schalker Angriff nichts zustande bekam, wunderte es nicht, dass die Eintracht immer beharrlicher auf den Ausgleich drängte. Fast übermenschlich wurde das Übergewicht bis zur Pause, was Rudi Gutendorf zum Anlass nahm, Friedel Rausch für den offensiveren Scheer zu opfern. Später zahlte sich diese Maßnahme aus, zunächst aber lagen die Königsblauen durch Erlers und Ulsaß' Kopfballtreffer (16./31.) hinten. Als Deppe dann gleich nach dem Wechsel aus unmöglichem Winkel auf 3:1 erhöhte (52.), schien der Käse endgültig geschnitten. Nun aber änderte Gutendorf wieder etwas und befreite Klaus Fichtel aus seinem Abwehrkäfig, um die unwahrscheinliche Wende noch zu erzwingen. Tatsächlich ging die Rechnung auf. Die Niedersachsen vergaben gerade noch die Chance zum 4:1, da fiel auf der anderen Seite zweimal das gleiche Tor: Slalom Fichtel, Abschluss Wittkamp - binnen fünf Minuten wurde aus dem 3:1 ein 3:3, was den Braunschweigern sichtlich die Sprache verschlug. Damit hatte niemand mehr gerechnet.

Eintracht Braunschweig - FC Schalke 04 3:3 (2:1)

Sa., 15.08.1970, 15:30 Uhr
Zuschauer: 18.000
SR: Kurt Tschenscher (Mannheim)
Tore: 0:1 Hans Pirkner (8., Freistoß, Vorlage Libuda); 1:1 Dietmar Erler (16., Kopfball, Ulsaß), 2:1 Lothar Ulsaß (31., Kopfball, Gersdorff), 3:1 Jaro Deppe (52.), 3:2 Hans-Jürgen Wittkamp (57., Fichtel), 3:3 Hans-Jürgen Wittkamp (62., Fichtel)
Aufstellung Eintracht Braunschweig: Horst Wolter (Note 3,0); Wolfgang Grzyb (3,0), Friedhelm Haebermann (4,0), Peter Kaack (3,0), Franz Merkhoffer (3,0); Michael Polywka (5,0 - 67. Gerhard Elfert, 5,0), Lothar Ulsaß (4,0), Bernd Gersdorff (4,0); Klaus Gerwien (5,0), Jaro Deppe (4,0 - 67. Rainer Skrotzki, 5,0), Dietmar Erler (4,0)
Aufstellung FC Schalke 04: Norbert Nigbur (3,0); Hans-Jürgen Becker (5,0 - 31. Jürgen Sobieray, 3,0), Klaus Fichtel (3,0), Rolf Rüssmann (3,0), Friedel Rausch (4,0 - 36. Klaus Scheer, 2,0); Herbert Lütkebohmert (4,0), Heinz van Haaren (4,0), Hans-Jürgen Wittkamp (3,0); Reinhard Libuda (5,0), Klaus Fischer (4,0), Hans Pirkner (5,0)
Besonderheiten: keine

Overath nicht aufzufinden

Sowohl im Einzelnen wie auch als Team bot Köln eine blanke Enttäuschung an der Weser. Hätte Werder etwas mehr Kraft besessen, die Geißböcke hätten das erste Spiel verloren.

Die Bremer hatten sich beim DFB beschwert, weil man ihnen ein ihrer Ansicht nach zu hartes Programm aufgepfropft hatte, denn kurz vor Saisonstart sollte Werder noch drei Spiele innerhalb von sechs Tagen bestreiten. Tatsächlich war es dann die Kondition, die einen Grün-Weißen Startsieg gegen Köln verhinderte. Fünf Minuten vor Schluss erst konnte Löhr eine Lücke auftun und auf Flanke Flohes die streng genommen einzige Torchance des FC zum 1:1-Endergebnis verwerten. Bis dahin hatten die Domstädter maßlos enttäuscht und waren einzig in der Defensivarbeit als Spitzenteam zu erkennen gewesen. Noch vor der Pause musste Rupp verletzt ausscheiden, Parits hatte gegen Assauer gar nichts zu melden, und Löhr war ohne Flankengeber hilflos verloren. Was fehlte, war vor allem Wolfgang Overath. Zwar stand der Stratege auf dem Platz, doch wurde ihm von Höttges keinerlei Spielgestaltung gestattet. Bisweilen wich der Kölner so weit in den Rückraum aus, dass Höttges wie der Offensivere von beiden aussah. Werder bestimmte den Gegner und meistens auch das Spiel. Im Angriff jedoch brachten auch die Gastgeber wenig zustande, am wenigsten noch der frisch aus Köln geholte Thelen. Kamp wiederum schien noch nicht ganz austrainiert. Schmidts frühes Führungstor (25.) zu verwalten gelang Werder dennoch lange genug. Auch mussten Manglitz sowie einmal der Pfosten mitunter Kölns knappen Rückstand retten. Verdient fiel das Ausgleichstor daher in keiner Weise.

Vor Wochenfrist noch beim Gegner unter Vertrag: Werner Thelen

SV Werder Bremen - 1. FC Köln 1:1 (1:0)

Sa., 15.08.1970, 15:30 Uhr
Zuschauer: 25.000
SR: Dieter Heckeroth (Frankfurt/Main)
Tore: 1:0 Bernd Schmidt (25.), 1:1 Hennes Löhr (85., Kopfball, Vorlage Flohe)
Aufstellung SV Werder Bremen: Günter Bernard (Note 3,0); Dieter Zembski (4,0), Rudolf Assauer (3,0), Arnold Schütz (3,0), Egon Coordes (3,0); Horst-Dieter Höttges (3,0), Bernd Schmidt (4,0), Ole Björnmose (4,0); Werner Görts (4,0), Karl-Heinz Kamp (5,0 - 60. Bernd Windhausen, 4,0), Werner Thelen (5,0 - 84. Herbert Meyer, 4,0)
Aufstellung 1. FC Köln: Manfred Manglitz (3,0); Karl-Heinz Thielen (3,0), Werner Biskup (3,0), Matthias Hemmersbach (4,0), Wolfgang Weber (4,0); Heinz Simmet (3,0), Heinz Flohe (4,0), Wolfgang Overath (5,0); Bernd Rupp (4,0 - 40. Wolfgang John, 4,0), Thomas Parits (5,0), Hennes Löhr (4,0)
Besonderheiten: keine

Der Fluch war besiegt

Hinter dem klaren Ergebnis fiel herunter, dass Dortmund noch ein halbes Dutzend weiterer Großchancen vergab. Historisch allerdings war der Erfolg auch so.

Die Serie hatte sich inzwischen derart bedrohlich aufgebläht, dass Borussias Fans selbst vor einem Heimauftakt gegen das angeblich schwächste Ligateam angst und bange war. Unglaubliche 1:13 Punkte hatte Dortmund aus seinen bisherigen Auftaktspielen vorzuweisen, noch nie also das erste Spiel gewonnen und seit jeher einem frühen Negativerlebnis nachlaufen müssen. Nun endlich war ein Gegner schwach genug, um diesen Komplex zu besiegen, und Bielefeld tat wirklich alles Mögliche, dabei zu helfen. Sie nämlich, die Ostwestfalen, waren bei ihrem Debüt so nervös, dass ihnen die leichtesten Gegenstände aus den Händen fielen. Selten bis gar nicht brachten Kuster und Brücken die geplanten Konterschläge vor, eher war der Sturm für die eigene Abwehr eine Enttäuschung, weil jeder aufwändig geklärte Ball sofort wieder zurück kam. Nur auf Siese konnten die Gäste sich verlassen, denn sonst wäre Dortmund nicht erst nach zwölf Minuten in Führung gegangen und hätte auch nicht so erstaunlich lange gebraucht, den Sack zu verschüren. Mitte des ersten Durchgangs blitzte tatsächlich phasenweise auf, womit Bielefeld in den Aufstiegsspielen so überrascht hatte. Heraus kamen aber nur Ecken, und als die zweite Halbzeit direkt mit dem 2:0 begann, löste der DSC sich auf, wurde in sämtlichen Mannschaftsteilen eine billige Beute und ließ sich vom ersten Saisonspitzenreiter vorführen. Piechaczek war todtraurig, ein Stück weit aber auch einsichtig: "Dortmund brachte die Wahrheit über meine Mannschaft. Sie weiß nun, was noch zu tun bleibt."

Er immerhin taugte für die Bundesliga: Gerd Siese

Borussia Dortmund - Arminia Bielefeld 3:0 (1:0)

Sa., 15.08.1970, 15:30 Uhr
Zuschauer: 30.000
SR: Hans-Joachim Weyland (Oberhausen)
Tore: 1:0 Werner Weist (12., Vorlage Wosab), 2:0 Manfred Ritschel (52., Linksschuss, Weist), 3:0 Theo Bücker (80.)
Aufstellung Borussia Dortmund: Jürgen Rynio (Note 3,0); Reinhold Wosab (3,0), Willi Neuberger (4,0), Branco Rasovic (3,0), Gerd Peehs (4,0); Dieter Kurrat (4,0), Horst Trimhold (3,0), Manfred Ritschel (3,0 - 75. Theo Bücker, 4,0), Werner Weist (4,0), Jürgen Schütz (4,0), Siegfried Held (3,0)
Aufstellung Arminia Bielefeld: Gerd Siese (2,0); Gerd Knoth (3,0), Dieter Schulz (4,0), Detlef Kemena (5,0 - 52. Horst Wenzel, 4,0), Waldemar Slomiany (5,0); Horst Stockhausen (5,0), Jürgen Neumann (5,0), Ulrich Braun (4,0); Karl-Heinz Brücken (3,0), Ernst Kuster (5,0), Norbert Leopoldseder (5,0 - 46. Klaus Oberschelp, 4,0)
Besonderheiten: keine

Gute Berliner Schule

Dem Derby fehlte es zu diesem frühen Zeitpunkt noch etwas an Rasse, wohl aber waren beide Teams imstande, positive Spielelemente einzubringen. Das Remis ging in jeder Hinsicht in Ordnung.

Eine Idee weiter in seiner Findungsphase war Rot-Weiß Oberhausen, das im allgemein hohen Tempo der ersten Halbzeit den größten Dampf erzeugte und später, als beiden Teams die Kräfte schwanden, etwas besser die Übersicht behielt. Beide Kontrahenten vertrauten auf ehemalige Berliner, RWO auf Kliemann und Sühnholz, Duisburg auf Georg Damjanoff. Alle drei waren große Stützen ihrer Teams und Sühnholz wie Damjanoff nichts weniger als die Hauptakteure der Begegnung. Kaum etwas kam offensiv zustande, das nicht durch einen ihrer Füße gelaufen wäre; im Mittelfeld standen die Zebras und die Kleeblätter auf Augenhöhe. Für die Angreifer galt dies keinesfalls, denn es war teilweise lustig anzusehen, wie die winzigen Duisburger Stürmer an den hoch aufgeschossenen Kliemann, Dick und Co. abprallten. Ein Kopfballtor des MSV war somit bereits auszuschließen. Ohnehin war es eher RWO, das dieses Auftaktderby gewinnen konnte. Nach Krauthausens Freistoß zum 1:2 (57.) standen die Gäste auch schon kurz davor. Zwei Minuten später nämlich jagte Kliemann aus gleicher Entfernung ebenfalls einen ruhenden Ball in die Maschen, nur durfte Schiedsrichter Geng dieses schöne Tor nicht anerkennen, weil der Pfleger, der Sühnholz nach dem vorausgegangenen Foul vorsorgt hatte, noch die letzten Meter über den Platz huschte. Weitere Chancen ließ Meiderich nicht zu und kam stattdessen noch zum insgesamt nicht unverdienten Ausgleich, indem Huttary eine seltsame Abwehrkonfusion ausnutzte (75.).

Van Haarens Nachfolger war gefunden: Georg Damjanoff

MSV Duisburg - RW Oberhausen 2:2 (1:1)

Sa., 15.08.1970, 15:30 Uhr
Zuschauer: 28.000
SR: Philipp Geng (Freiburg)
Tore: 1:0 Djordje Pavlic (13., Vorlage Budde), 1:1 Lothar Kobluhn (29., Sühnholz), 1:2 Franz Krauthausen (57., Freistoß), 2:2 Helmut Huttary (75., Riedl)
Aufstellung MSV Duisburg: Volker Danner (Note 3,0); Kurt Rettkowski (4,0), Hartmut Heidemann (3,0), Detlef Pirsig (4,0 - 32. Johannes Linßen, 4,0), Michael Bella (2,0); Bernd Lehmann (4,0), Djordje Pavlic (3,0), Georg Damjanoff (2,0); Johannes Riedl (4,0), Rainer Budde (4,0), Gerhard Kentschke (5,0 - 69. Helmut Huttary, 4,0)
Aufstellung Rot-Weiß Oberhausen: Wolfgang Scheid (4,0); Hermann-Josef Wilbertz (4,0), Friedhelm Dick (3,0), Uwe Kliemann (4,0), Friedhelm Kobluhn (4,0); Lothar Kobluhn (2,0), Werner Ohm (4,0), Franz Krauthausen (3,0); Günter Karbowiak (5,0 - 69. Hans Fritsche, 4,0), Wolfgang Sühnholz (2,0 - 78. Norbert Lücke, 4,0), Dieter Brozulat (3,0)
Besonderheiten: keine

Zufällig noch gewonnen

"Das Wie unseres Sieges ist zweitrangig, es zählen nur die Punkte", sagte Herbert Burdenski. Essens Trainer war sich im Klaren darüber, dass sein Team dieses Spiel nicht gewinnen durfte. Ein 0:0 wäre angemessen gewesen.

"Einigen Spielern schmeckte das Essen nicht, so groß war die Aufregung vor dem Spiel", meinte Burdenski weiter. Was er beschrieb, war nicht die normale Unruhe vor einem Saisonauftakt, sondern die unerwartete Härte, mit der RWE von den Journalisten bewertet worden war. Zum allgemeinen Entsetzen war die Mannschaft in den Kreis der Abstiegskandidaten einsortiert worden. Widerlegen konnten die Westdeutschen diese Kritiken wiederum nicht, allerdings zeigte Hannover ein kaum weniger schwaches Spiel und war trotzdem kein Kandidat für den Tabellenkeller - nebenbei bekam RWE sogar noch zwei Punkte. Danach allerdings hatte es wahrlich nicht ausgesehen, was Essen seinen 18.000 Zuschauern präsentierte. Acht Neuzugänge auf beiden Seiten machten den Schlagabtausch zu einem Großexperiment. Es dauerte lange, bis sich die Teams vor allem im Mittelfeld halbwegs gefunden hatten. Da Hannover zudem eine Taktik Braunschweiger Zuschnitts spielte, war Offensivspiel lange schwer möglich, einzig Lippens sorgte einige Male für Aufsehen, doch hatte der Niederländer auch den besten Hannoveraner Verteidiger gegen sich, nämlich Stiller. Als die Partie auch nach dem Wechsel vor sich hindümpelte, befassten sich einige Fans schon mit der vorzeitigen Heimreise. Plötzlich zappelte aber doch noch das Netz, weil Bandura einen Hohnhausen-Freistoß irgendwie abfälschte (79.). Ohne diesen Zufall wäre das 2:0 nicht mehr möglich gewesen, ebenfalls nicht der Essener Sieg.

Konnte eigentlich nichts dafür: Jürgen Bandura

Rot-Weiss Essen - Hannover 96 2:0 (0:0)

Sa., 15.08.1970, 15:30 Uhr
Zuschauer: 18.000
SR: Norbert Fuchs (Herdorf)
Tore: 1:0 Walter Hohnhausen (79., Freistoß), 2:0 Willi Lippens (88., Kopfball, Vorlage Fürhoff)
Aufstellung Rot-Weiss Essen: Fred-Werner Bockholt (Note 3,0); Klaus Link (4,0 - 68. Heinz Koch, –), Wolfgang Rausch (4,0), Hermann Erlhoff (4,0), Heinz Stauvermann (5,0); Egbert-Jan ter Mors (3,0), Erich Beer (4,0), Georg Jung (4,0); Helmut Littek (5,0 - 74. Günter Fürhoff, –), Walter Hohnhausen (4,0), Willi Lippens (3,0)
Aufstellung Hannover 96: Horst Podlasly (3,0); Rainer Stiller (4,0), Horst Berg (4,0), Peter Anders (4,0), Hans-Josef Hellingrath (4,0); Jürgen Bandura (4,0), Hans-Joachim Weller (4,0), Hans Siemensmeyer (3,0); Rudolf Nafziger (5,0), Ferdinand Keller (5,0), Willi Reimann (4,0)
Besonderheiten: keine

Müder Aufguss

Zwei Wochen zuvor hatten sich beide Teams bereits im Pokal gegenübergestanden und eine ansehnliche Partie gezeigt. Beim Bundesligastart an selber Stelle allerdings kamen die Zuschauer nicht auf ihre Kosten. Der HSV war am Ende dennoch dicht vor einem Erfolg.

Schmerzlich vermisst wurden auf Seiten der Hausherren die Stammkräfte Nickel und Trinklein. Aber auch Nationalspieler Grabowski litt noch unter einer Verletzung, die er sich während der WM in Mexiko am Zeh zugezogen hatte. Er kam im gesamten Verlauf der Partie nicht annähernd an seine gute Form aus dem Turnier heran. Der HSV wollte mit seinem Torjäger-Duo Seeler/Klier brillieren, doch auch dieses Unterfangen gelang kaum. Seeler bewegte sich eher hinter den Spitzen, pendelte meist im Mittelfeld und spürte dabei den Atem von Hölzenbein im Nacken, der die Kreise der HSV-Legende entscheidend eingrenzte. Durch diese Maßnahme fiel Hölzenbein indes auch überwiegend als Antreiber aus, was den Gästen Vorteile im Mittelfeld verschaffte. Vor den Toren gab es im ersten Durchgang kaum Ereignisse zu vermelden. Zu sicher standen die Abwehrreihen, zu harmlos agierten die Angreifer. Als sich nach dem Seitenwechsel auf Seiten der Hamburger Nogly und Zaczyk immer öfter in die vordersten Linien einschalteten, schien das Spiel in Richtung des HSV zu kippen. Vor allem der Ex-Nürnberger Zaczyk schoss endlich auch einmal aus der zweiten Reihe, fand allerdings in Torwart Dr. Kunter seinen Meister. Und als kurz vor Schluss auch noch "Bubi" Hönig mit einem plötzlichen Flachschuss knapp an einem Einschlag scheiterte, waren die Nullnummer perfekt und die Kommentatoren sich einig: Dies war ein ganz müder Saisonauftakt.

Die Angreifer hatten nicht viel zu melden: Jürgen Papies

Eintracht Frankfurt - Hamburger SV 0:0 (0:0)

Sa., 15.08.1970, 15:30 Uhr
Zuschauer: 18.000
SR: Horst Bonacker (Quadrath-Ichendorf)
Tore: keine
Aufstellung Eintracht Frankfurt: Peter Kunter (Note 2,0); Manfred Wirth (3,0), Peter Reichel (3,0), Friedel Lutz (2,0), Lothar Schämer (3,0); Jürgen Kalb (3,0), Bernd Hölzenbein (2,0), Jürgen Grabowski (4,0); Horst Heese (3,0), Jürgen Papies (4,0), Thomas Rohrbach (3,0 - 68. Walter Wagner, 3,0)
Aufstellung Hamburger SV: Arkoc Özcan (2,0); Heinz Bonn (3,0), Peter Nogly (2,0), Jürgen Kurbjuhn (2,0), Helmut Sandmann (3,0); Klaus Zaczyk (2,0), Uwe Seeler (3,0), Hans-Jürgen Hellfritz (3,0); Franz-Josef Hönig (2,0), Gerd Klier (4,0), Charly Dörfel (4,0 - 67. Hans Schulz, 3,0)
Besonderheiten: keine

Privileg eines Meisters

Tapfer und aufrichtig kämpfte Offenbach um ein 0:0 und war auf dem besten Weg, die Überraschung auch zu schaffen. Dann aber gewährte der Schiedsrichter einen Meisterbonus.

Was sich zwischen der 46. und 75. Minute ereignete, wollte kein Gladbach-Fan hinterher hören. Erst rannte Winkler in Nerlingers Flankenball und köpfte ihn unter lautem Donnern an die Latte (47.), dann zwang Weida Wolfgang Kleff mit einem Gewaltschuss in die Horizontale (52.), ehe Bechtolds 16-Meter-Schuss knapp am Pfosten vorbeschrammte (67.) und schließlich Schäfer noch zwischen Müller und Sieloff hindurch zum ebenfalls gefährlichen Abschluss kam (75.). Vier gute Chancen, gegenüber zwei starken Szenen der Gastgeber, die viel zu leichtfertig starteten und den nie aufgenommenen Faden im Grunde auch nicht mehr fanden. Die Kickers blieben Mönchengladbach schlicht ein Rätsel, weil sie kein Interesse an ehrlosem Gebolze hatten, sondern bei passender Gelegenheit durchaus den Weg nach vorn antraten. Diese Gelegenheiten nun ergaben sich nach dem Seitenwechsel immer häufiger. Tragisch für den OFC, dass ausgerechnet der Unparteiische dafür sorgte, dass der so redlich verdiente Punktgewinn doch nicht zustande kam. Die Initiative ergriff Berti Vogts, der wohl mitbekam, dass Offenbachs Kräfte in der Schlussphase ein wenig schwanden. So schnappte sich der Terrier das Leder und trieb es so lange weiter nach vorn, bis ein Hesse dazu kam, um die Szene zu klären. Ohne Zweifel traf Weida dabei den Ball, Vogts aber fiel trotzdem und erwirkte einen Freistoß, den Bonhof in den Winkel setzte (79.). Als Köppel gar noch ein Tor nachlegte (87.), sah es fast aus, als hätte der Meister mit dem Aufsteiger überhaupt keine Mühe gehabt.

Verkaufte sich am Bökelberg sehr ordentlich: Winfried Schäfer

Borussia Mönchengladbach - Kickers Offenbach 2:0 (0:0)

Sa., 15.08.1970, 15:30 Uhr
Zuschauer: 20.000
SR: Horst Herden (Hamburg)
Tore: 1:0 Rainer Bonhof (79., Kopfball, Vorlage Netzer), 2:0 Horst Köppel (87.)
Aufstellung Borussia Mönchengladbach: Wolfgang Kleff (Note 3,0); Berti Vogts (3,0), Ludwig Müller (3,0), Klaus-Dieter Sieloff (3,0), Hartwig Bleidick (3,0); Herbert Wimmer (4,0 - 75. Hans-Jürgen Wloka, 4,0), Günter Netzer (3,0), Herbert Laumen (4,0 - 57. Jupp Heynckes, 4,0); Horst Köppel (4,0), Rainer Bonhof (4,0), Ulrik Le Fevre (4,0)
Aufstellung Kickers Offenbach: Karlheinz Volz (3,0); Helmut Kremers (3,0), Egon Schmitt (3,0), Hans Reich (3,0), Josef Weilbächer (3,0); Roland Weida (4,0), Winfried Schäfer (3,0), Helmut Schmidt (3,0); Rudolf Koch (4,0 - 29. Helmut Nerlinger, 3,0), Walter Bechtold (4,0), Klaus Winkler (3,0)
Besonderheiten: keine

Mexiko als Messlatte

Auftaktspiele waren von jeher schwere Kost, ebenso wie ein Gastspiel der Bayern beim VfB. Ihre taktische Vorsicht übertrieben die Südklubs allerdings, so dass die tolle Kulisse schon früh ihre Lust verlor.

Die drückende Hitze anzumahnen, wurden beide Vereine nicht müde. Das Argument zog allerdings nicht, weil erstens anderswo Fußball der lebhaften Art geboten wurde und zweitens jüngst in Mexiko ganz anders mit diesem Problem umgegangen worden war. Für die tollen WM-Spiele hatten die Leute zumal nicht das saftige Eintrittsgeld zahlen müssen. "Nein, das war kein tolles Spiel", gab Branko Zebec unumwunden zu. Weniger als die Langeweile grämte Stuttgarts Trainer jedoch die personelle Schwächung. Eine halbe Stunde war die Saison erst alt, als Karl-Heinz Handschuh in ein Loch trat, sich an den Oberschenkel griff und vom Feld musste. Mehrere Wochen drohte der Torjäger nun auszufallen. Handschuh war bis dahin Stuttgarts Zugpferd gewesen, sowohl im wörtlichen als auch im übertragenen Sinn. Welches Tempo er trotz des fiesen Klimas vorlegte und wie ungeniert er Bayerns Neuzugang Hoeneß an der Nase herumführte, machte wahrlich Lust auf mehr. Kein Wunder, dass die Zuschauer erst nach seinem Ausscheiden mit dem Pfeifen begannen. Weil sich auch Hans Eisele später noch verletzte, war der VfB einigermaßen aus dem Schneider. Nach Hansens Führung (22.) und Handschuhs postwendendem Ausgleich (24.) pendelte sich die Partie auf kleinem Unterhaltungswert ein. Mit den Bayern wurde eigentlich immer noch gerechnet, zumal Beckenbauers Antriebskraft mehr als einmal bis zum Ende aufblitzte. Für einen bedingungslosen Sturmlauf fehlte den Gästen wiederum der Mut. Sie waren eher auf Zerstörung aus.

Bis zu seiner Verletzung eine Bank: Hans Eisele

VfB Stuttgart - FC Bayern München 1:1 (1:1)

Sa., 15.08.1970, 15:30 Uhr
Zuschauer: 60.000
SR: Ferdinand Biwersi (Bliesransbach)
Tore: 0:1 Johnny Hansen (22., Vorlage G. Müller), 1:1 Karl-Heinz Handschuh (24., Gress)
Aufstellung VfB Stuttgart: Gerhard Heinze (Note 3,0); Günther Eisele (3,0), Reinhold Zech (3,0), Willi Entenmann (3,0), Hans Eisele (3,0 - 46. Gerd Regitz, 4,0); Gilbert Gress (4,0), Jan Olsson (4,0), Horst Haug (4,0); Manfred Weidmann (4,0), Karl-Heinz Handschuh (- - 31. Werner Haaga, 5,0), Hartmut Weiß (4,0)
Aufstellung FC Bayern München: Sepp Maier (3,0); Johnny Hansen (4,0), Ulrich Hoeneß (3,0), Franz Beckenbauer (2,0), Peter Pumm (3,0); Herwart Koppenhöfer (4,0), Franz Roth (4,0), Paul Breitner (4,0); Rainer Zobel (4,0), Gerd Müller (4,0), Dieter Brenninger (4,0)
Besonderheiten: keine

ZEITFENSTER
10. - 16. August 1970

Freilassung
(Griechenland, 10. August)
Mehr als drei Jahre nach der Machtübernahme entließ Griechenlands Militärjunta, mit Ministerpräsident Jeorjios Papadopulos an der Spitze, 500 politische Gefangene aus der Haft. Größtenteils waren die Freigelassenen linksgerichtete Regimegegner. Allerdings sollten, nach Angaben der Regierung, noch über 500 weitere, aus politischen Gründen Inhaftierte weggeschlossen bleiben.

Ein großer Schritt zur Normalisierung
(UdSSR/BRD, 12. August)
Bundeskanzler Willi Brandt, UdSSR-Ministerpräsident Alexei Kossygin sowie die Außenminister der beiden Vertragspartner unterzeichneten in der sowjetischen Hauptstadt den so genannten Moskauer Vertrag, der im Wesentlichen die Anerkennung der bestehenden Grenzen und ein Gewaltverzichtsabkommen beinhaltete.

Unterzeichnete für die Sowjetunion: Alexei Nikolajewitsch Kossygin

Bahn-Brecher
(England, 16. August)
In drei Wettbewerben hängten die BRD-Radler ihre Konkurrenz bei der Bahnrad-WM in Leicester ab. Tandem: Barth/Müller, Vierer-Verfolgung: Hempel/Vonhoff/Haritz/Claußmeyer, Profi-Steher: Rudolph.

Werbeslogans
(BRD, 1970)
Einprägsames aus der Feder werbetreibender Gebrauchslyriker.

Chiquita (Nahrung):
"Man sieht, dass sie schmeckt."

Mit Miss "Chiquita Banana" und ihrem "Banana Song" begann 1944 in den USA die Werbeoffensive, die der Marke Chiquita große Marktanteile bescherte

LBS (Bank):
"Wir geben Ihrer Zukunft ein Zuhause."

Maggi (Nahrung):
"Immer eine gute Suppe."

Ritter Sport (Süßigkeiten):
"Quadratisch. Praktisch. Gut."

Bundesliga 1970/1971 – 2. Spieltag

Vor dem Spiel gratuliert Günter Netzer (links) Uwe Seeler, der zum dritten Mal zum Fußballer des Jahres gewählt wurde (Hamburger SV - Bor. Mönchengladbach 2:2)

Hannover einsam unten

Gleich am zweiten Spieltag erklomm der Meister wieder die Spitze, erlebte aber trotzdem eine Enttäuschung. Kein einziges Team hielt sich völlig ohne Verlust, wogegen nur eine Mannschaft noch keinen Zähler hatte: Hannover 96.

Nach dem tollen Start im letzten Jahr übernahmen die Niedersachsen erstmals überhaupt die Rote Laterne, weil sie gegen Frankfurt eine Führung noch aus der Hand gaben (1:2). Noch ohne Gegentor war der Überraschungsdritte aus Essen, der sich in Bielefeld auf einen von vielen starken Schlussmännern dieser Runde stützen konnte. Topstürmer Gerd Müller blieb ein weiteres Mal ohne Torerfolg. Enttäuschungen erlebten auch Borussia Dortmund, das zum ersten Mal am Betzenberg verlor, sowie Werder Bremen, dem Trainer Gebhardt beim 1:2 in Offenbach ein Einstellungsproblem attestierte: "Einige wollen wie Overath auftreten, können es aber nicht." Köln wiederum siegte eher glücklich (3:1 gegen Braunschweig), während Gladbach ein 2:0 in Hamburg nicht über die Zeit bringen konnte. Für die Tabellenführung reichte es allerdings trotzdem.

Ergebnisse – 2. Spieltag 1970/1971

Sa., 22.08.70	Arminia Bielefeld	-	Rot-Weiss Essen	0:0 (0:0)
Sa., 22.08.70	Hamburger SV	-	Borussia Mönchengladbach	2:2 (0:2)
Sa., 22.08.70	Hannover 96	-	Eintracht Frankfurt	1:2 (1:0)
Sa., 22.08.70	1. FC Kaiserslautern	-	Borussia Dortmund	1:0 (0:0)
Sa., 22.08.70	1. FC Köln	-	Eintracht Braunschweig	3:1 (2:1)
Sa., 22.08.70	FC Bayern München	-	Hertha BSC Berlin	1:0 (0:0)
Sa., 22.08.70	Rot-Weiß Oberhausen	-	VfB Stuttgart	1:2 (0:0)
Sa., 22.08.70	Kickers Offenbach	-	SV Werder Bremen	2:1 (1:0)
Sa., 22.08.70	FC Schalke 04	-	MSV Duisburg	1:0 (0:0)

Tabelle

Platz	Verein	S	U	N	Tore	Differenz	Punkte
1.	Borussia Mönchengladbach	1	1	0	4:2	+2	3:1
	1. FC Köln	1	1	0	4:2	+2	3:1
3.	Rot-Weiss Essen	1	1	0	2:0	+2	3:1
4.	FC Schalke 04	1	1	0	4:3	+1	3:1
5.	VfB Stuttgart	1	1	0	3:2	+1	3:1
6.	Eintracht Frankfurt	1	1	0	2:1	+1	3:1
	FC Bayern München	1	1	0	2:1	+1	3:1
8.	Borussia Dortmund	1	0	1	3:1	+2	2:2
9.	Hertha BSC Berlin	1	0	1	5:4	+1	2:2
10.	Hamburger SV	0	2	0	2:2	0	2:2
11.	1. FC Kaiserslautern	1	0	1	4:5	-1	2:2
12.	Kickers Offenbach	1	0	1	2:3	-1	2:2
13.	Rot-Weiß Oberhausen	0	1	1	3:4	-1	1:3
14.	MSV Duisburg	0	1	1	2:3	-1	1:3
	SV Werder Bremen	0	1	1	2:3	-1	1:3
16.	Eintracht Braunschweig	0	1	1	4:6	-2	1:3
17.	Arminia Bielefeld	0	1	1	0:3	-3	1:3
18.	Hannover 96	0	0	2	1:4	-3	0:4

Torjägerliste - Zuschauer - Selbsttore - Platzverweise

Torjägerliste:
1. Rehhagel, Erler, Löhr, Wittkamp je 2 Tore
2. Seeler, Keller, Zaczyk, Pirkner und 36 weitere Spieler: je 1 Tor

Zuschauer: 211.000
Tore: 20
Selbsttore: keine
Platzverweise: keine

Niemand kam zu Schaden

Nach der Klatsche zum Auftakt stand Bielefeld schon unter Druck, zumal Essen als vermeintlicher Direktkonkurrent galt. Es ergab sich ein Spiel, das genauso eng wie hart umkämpft war und in dem alles hätte geschehen können. Stattdessen passierte nichts.

Unterm Strich kam Arminia dem Sieg deutlich näher, doch wäre auch eine typische Aufsteigerlektion durchaus möglich gewesen. Hätte Siese etwa den Fallrückzieher von Lippens nicht irgendwie noch an den Pfosten gedreht (73.), Essen wäre in einer heiklen Phase in Front und vermutlich auch als Sieger von Platz gegangen. Nichts hätte es dem Aufsteiger dann genutzt, dass er eine Stunde mit Kraftfußball dominiert hatte. Im Gegenteil, weil Essen bis dahin nur hinten stand, bis auf Fernschüsse allerdings nichts zuließ, standen tödliche Konterschläge bis zum Schlusspfiff bedrohlich im Raum. "Ich bin glücklich, mit dieser taktischen Einstellung einen Punkt aus Bielefeld mitgenommen zu haben", sagte Dieter Burdenski, weil er wusste, dass Essen am Ende doch wieder verlieren konnte.

Hier nämlich verblüffte Arminia ihre Kritiker. Trotz zehrenden und vor allem brotlosen Kampfs der ersten Stunde zeigte sich Bielefeld imstande, die Schlagzahl am Ende doch wieder zu erhöhen. Zwei Minuten vor Schluss noch setzte Brei einen Kopfball an den Pfosten, und auch Braun tauchte

Machte Platz für einen Besseren: Klaus Oberschelp

einmal ganz allein vor Bockholt auf. Ein echter Knipser also fehlte dem DSC am meisten, wobei die aufmerksame Essener Abwehr nicht unbedingt ein Gradmesser sein musste. "Wir werden uns weiter steigern", konnte Egon Piechaczek nur versprechen und war froh, dass dies, verglichen mit dem Auftaktspiel, schon ein erstes Mal gelungen war.

Arminia Bielefeld - Rot-Weiss Essen 0:0 (0:0)

Sa., 22.08.1970, 15:30 Uhr

Zuschauer: 20.000

SR: Franz Wengenmeyer (München)

Tore: keine

Aufstellung Arminia Bielefeld: Gerd Siese (Note 3,0); Horst Wenzel (4,0 - 75. Klaus Köller, 4,0), Detlef Kemena (3,0), Horst Stockhausen (3,0), Waldemar Slomiany (3,0); Gerd Knoth (3,0), Karl-Heinz Brücken (3,0), Ulrich Braun (4,0); Klaus Oberschelp (5,0 - 70. Dieter Brei, 4,0), Ernst Kuster (5,0), Gerd Kohl (3,0)

Aufstellung Rot-Weiss Essen: Fred-Werner Bockholt (3,0); Heinz Koch (5,0 - 31. Helmut Littek, 5,0), Wolfgang Rausch (3,0), Hermann Erlhoff (3,0), Heinz Stauvermann (3,0); Egbert-Jan ter Mors (3,0), Georg Jung (4,0), Herbert Weinberg (3,0); Erich Beer (5,0), Walter Hohnhausen (5,0), Willi Lippens (4,0)

Besonderheiten: keine

Wende nach Handelfmeter

Besondere Diskussionen löste nach der Partie die Betrachtung einer Szene in der 62. Minute aus. Schiedsrichter Aldinger hatte ein Handspiel gepfiffen, was nur Sieloff zugeschrieben werden konnte. Danach änderte sich einiges.

Wichtiger Zeuge im Handspiel-Prozess: Heinz Bonn

Schließlich bezichtigte der Unparteiische nach der Partie nicht Sieloff des Handspiels, sondern einen "anderen". Wie auch immer. Ludwig Müller entlastete seinen Nebenmann, während Bonn und Zaczyk Stein und Bein schworen, ein "klares Handspiel" ausgemacht zu haben. Zu diesem Zeitpunkt lagen die Hamburger auf eigenem Terrain verdient 0:2 hinten, denn Torwart Öczan sah bei zwei Freistößen von Günter Netzer kein Land. Am ersten flog er vorbei und Heynckes vollendete (7.); beim zweiten musste er mit ansehen, wie Netzer die Kugel direkt ins Netz schnibbelte (30.). Der amtierende Deutsche Meister trat im ersten Durchgang mit breiter Brust auf. Netzer, von Zaczyk nicht eng bewacht, schaltete und waltete. Das Manko der Hamburger lag im Mittelfeld und auch im Angriff. Nogly war defensiv gebunden, Zaczyk letztlich doch sehr mit Netzer beschäftigt, und Hans Schulz blieb blass. Vorn rackerte sich Uwe Seeler zwar wie immer ab, doch blieb er lange ohne Erfolg. Hönig war am rechten Flügel fehlbesetzt und Charly Dörfel weit von seinen besten Tagen entfernt. Normal hätten diese Umstände auch ausgereicht, um die Gäste als Sieger vom Platz gehen zu lassen, aber der fragwürdige Strafstoß hinterließ einen Bruch im Weisweiler-Team, während sich der HSV plötzlich zusammenriss. Acht Minuten nach dem Strafstoß war es dann doch Uwe Seeler, der sofort per Kopf zur Stelle war, als der angeschlagene Torwart Kleff eine Flanke unterlief.

Hamburger SV - Mönchengladbach 2:2 (0:2)

Sa., 22.08.1970, 15:30 Uhr
Zuschauer: 42.000
SR: Heinz Aldinger (Waiblingen)
Tore: 0:1 Jupp Heynckes (7., Rechtsschuss, Vorlage Netzer), 0:2 Günter Netzer (30., Freistoß), 1:2 Klaus Zaczyk (62., Handelfmeter, Handspiel: Sieloff), 2:2 Uwe Seeler (70., Kopfball)
Aufstellung Hamburger SV: Arkoc Özcan (Note 3,0); Heinz Bonn (2,0), Hans-Jürgen Hellfritz (3,0), Jürgen Kurbjuhn (2,0), Helmut Sandmann (2,0); Peter Nogly (3,0), Klaus Zaczyk (3,0), Hans Schulz (4,0 - 87. Hans-Werner Kremer, –); Franz-Josef Hönig (4,0 - 59. Gerd Klier, 3,0), Uwe Seeler (3,0), Charly Dörfel (4,0)
Aufstellung Borussia Mönchengladbach: Wolfgang Kleff (3,0); Berti Vogts (3,0), Ludwig Müller (2,0), Klaus-Dieter Sieloff (2,0), Hartwig Bleidick (3,0 - 69. Heinz Wittmann, 3,0); Herbert Wimmer (3,0), Günter Netzer (1,0), Jupp Heynckes (3,0), Horst Köppel (4,0), Rainer Bonhof (3,0), Ulrik Le Fevre (4,0 - 58. Herbert Laumen, 3,0)
Besonderheiten: keine

Dr. Kunter zog den Zahn

Hannover hatte einen stärkeren Gegner als in der letzten Woche, spielte selbst aber um eine Klasse schwächer und litt obendrein noch unter einem Abschlussproblem. Erstmals rutschte 96 auf den letzten Tabellenplatz.

Mit erneutem Abstiegskampf hatte man an der Leine nicht unbedingt gerechnet. Zwar wollte niemand nach zwei Spieltagen schon den Stab über die Niedersachsen brechen, mit null Punkten an den Bökelberg zu reisen, war allerdings keine sehr angenehme Aussicht. Die Verfassung der Roten war bis hierhin mehr als bedenklich, zumindest die in der zweiten Halbzeit. Zuvor hatte Hannover den Schlüssel selbst in der Hand. Mit drei oder vier Toren konnte die Platzelf bei etwas Glück und gutem Willen zur Pause führen, tat dies aber einzig durch Kellers Treffer (26.), weil Dr. Kunter im Frankfurter Tor alles Übrige vereitelte. Einen Siemensmeyer-Schuss etwa fischte er quer in der Luft liegend noch aus dem Winkel, als die Anhänger des Gastgeber schon die Arme in den Himmel reckten. Noch immer freilich konnte 96 nach dem Wechsel davonziehen, trotzdem ahnte man schon, dass eine Wende folgen würde.

Eines der vielen Kunter-Opfer: Claus Brune

Denn Frankfurt lag seit längerem schon auf der Lauer. Ernst machten die Gäste dann ausgerechnet in Unterzahl. Grabowski wurde nach einem Stiller-Foul am Spielfeldrand behandelt, was der 96-Abwehr wohl so sehr ans Herz ging, dass sie weniger Frankfurtern plötzlich mehr Raum gestattete. Zwei lange Pässe reichten der Eintracht da schon aus, um binnen zehn Minuten durch Hölzenbein (66.) und Rohrbach (76.) das Ergebnis zu drehen. Hölzenbein war der zweite Vater des Auswärtserfolgs. "Ich bin heilfroh, dass ich ihn habe", sagte Erich Ribbeck aber nur über Peter Kunter.

Hannover 96 - Eintracht Frankfurt 1:2 (1:0)

Sa., 22.08.1970, 15:30 Uhr
Zuschauer: 9.500
SR: Rudolf Schröck (Riegelsberg)
Tore: 1:0 Ferdinand Keller (26., Vorlage Weller), 1:1 Bernd Hölzenbein (66.), 1:2 Thomas Rohrbach (76.)
Aufstellung Hannover 96: Horst Podlasly (Note 4,0); Rainer Stiller (3,0), Peter Anders (4,0), Hans-Josef Hellingrath (4,0), Horst Berg (4,0); Hans-Joachim Weller (3,0), Jürgen Bandura (3,0), Hans Siemensmeyer (3,0); Claus Brune (4,0), Ferdinand Keller (4,0), Willi Reimann (5,0 - 73. Horst Bertl, –)
Aufstellung Eintracht Frankfurt: Peter Kunter (2,0); Karl-Heinz Wirth (4,0), Friedel Lutz (3,0), Peter Reichel (4,0), Lothar Schämer (4,0 - 46. Manfred Wirth, 4,0); Bernd Hölzenbein (2,0), Jürgen Papies (3,0), Jürgen Kalb (3,0); Jürgen Grabowski (4,0), Horst Heese (4,0), Thomas Rohrbach (4,0)
Besonderheiten: keine

Aus dem Himmel in die Hölle

Spielfreude flackerte nur selten auf, weil Dortmund vornehmlich zerstörte und sein eigenes Sturmspiel vernachlässigte. Der erhoffte Punktgewinn war auf diese Weise nicht zu erreichen.

Zwei Spieltage war die Saison alt, und schon hatte die Borussia mit zwei Gewohnheiten gebrochen. Dem ersten Auftaktsieg seiner Ligageschichte ließ der BVB direkt die erste Pleite am Betzenberg folgen. Unnötigerweise eigentlich, denn Kaiserslautern entfachte längst nicht das Feuer, das man gemeinhin vom ihm gewohnt war. Allenfalls eine Vorhölle war es, die Dortmund bei den Roten Teufeln durchlitt, doch reichte sie schon aus, um den Tabellenführer zu stürzen. Die lebhaftere war die Halbzeit, in der kein Treffer fiel, weil Borussia hier selbst noch etwas probierte. Zweimal binnen drei Minuten trafen die Gäste da das Holz, hatten auf der anderen Seite aber auch Glück, dass sowohl Pirrung als auch Friedrich als auch Ackermann und Fuchs den Ball aus besten Positionen nicht über die Linie brachten. Meist war bei Jürgen Rynio Endstation.

Nicht schlau genug, um Rynio zu bezwingen: Fritz Fuchs

Viel zu sehr verließen sich die Gäste dann nach Wiederbeginn auf ihren Torwart. Lautern durfte schalten und walten sowie etliche gute Chancen erspielen. Die Konterschläge, die Dortmund wohl geplant hatte, blieben aus. Immer nur über links versuchte es der BVB, was zu durchschauen Lautern nicht lange brauchte und einen Sperrriegel bildete. Rynio war noch immer der beste Borusse, weil seine Künste am meisten gefordert wurden. Nur mit einem abgefälschten Schlenzer konnte der FCK ihn überhaupt überwinden, was für den BVB an sich keine Schande war. Nach dem unglücklichen Rückstand aber kein einziges Mal mehr gefährlich aufs Tor zu schießen, hingegen schon.

1. FC Kaiserslautern - Borussia Dortmund 1:0 (0:0)

Sa., 22.08.1970, 15:30 Uhr
Zuschauer: 22.000
SR: Herbert Lutz (Bremen)
Tore: 1:0 Otto Rehhagel (49., Vorlage Pirrung)
Aufstellung 1. FC Kaiserslautern: Bratislav Dordevic (Note 4,0); Peter Blusch (4,0), Dietmar Schwager (3,0), Ernst Diehl (4,0), Fritz Fuchs (3,0); Jürgen Friedrich (2,0), Otto Rehhagel (3,0), Josef Pirrung (4,0), Winfried Richter (4,0), Idriz Hosic (4,0 - 72. Günther Reinders, 4,0), Klaus Ackermann (4,0 - 46. Karl-Heinz Vogt, 4,0)
Aufstellung Borussia Dortmund: Jürgen Rynio (2,0); Reinhold Wosab (4,0), Branco Rasovic (3,0), Willi Neuberger (4,0), Gerd Peehs (4,0 - 29. Hans-Joachim Andree, 3,0); Dieter Kurrat (3,0), Horst Trimhold (4,0), Ferdinand Heidkamp (4,0); Manfred Ritschel (3,0 - 82. Jürgen Schütz, –), Werner Weist (4,0), Siegfried Held (3,0)
Besonderheiten: keine

Endgültig fehlgestartet

Noch nie hatte Braunschweig aus Köln etwas mitgenommen, dieses Jahr war die Pleite allerdings überflüssig. Die entscheidende Wende verhinderte meistens das Holz.

Zehn Plätze purzelten die Niedersachsen in der Tabelle abwärts, was nach zwei Spieltagen kein ungewöhnlicher Vorgang ist. Kaum jemand aber saß so unnötig im Keller wie die Braunschweiger Eintracht, die schon gegen Schalke mit einem Punktgewinn schlecht bezahlt worden war. In Köln waren die Gäste sogar wieder besser und bekamen überhaupt keinen Zähler. Kölns Glück war es, zu keiner Zeit in Rückstand zu geraten. Aus ihrer starken ersten halben Stunde holten die Geißböcke zudem das Optimum heraus, nämlich eine 2:1-Führung, der Braunschweig bis zum Schluss völlig glücklos hinterherlief. Schicksalsträchtig war hierbei Minute 64. Nachdem Erler zuvor schon den Pfosten rasiert hatte, holte Lothar Ulsaß da einen Schuss aus der Hüfte, der den FC-Fans das Blut gefrieren ließ. Unter lautem Knall traf das Leder am Querbalken auf, entschied sich aus einer Laune heraus aber gegen das Kölner Gehäuse und sprang stattdessen an der Innenkante wieder heraus. Noch während die Gäste-Spieler die Jubelarme wieder einfuhren, nutzte Löhr auf der anderen Seite ein Missverständnis zwischen Lorenz und Wolter zum entscheidenden 3:1. Auch die Kölner hatten vorher einmal ans Holz getroffen; der nun gar deutliche Sieg stand dennoch in keinem Verhältnis zur teils hilflosen und fehlerhaften Vorstellung des Gastgebers. Die Eintracht hatte viel bessere Ideen vorgebracht, viel lückenloser verteidigt und insgesamt erheblich harmonischer gewirkt. Trotzdem standen die Niedersachsen mit leeren Händen da.

Überraschend aufgeboten und prompt ein Torschütze: Bernd Cullmann

1. FC Köln - Eintr. Braunschweig 3:1 (2:1)

Sa., 22.08.1970, 15:30 Uhr
Zuschauer: 25.000
SR: Ewald Regely (Berlin)
Tore: 1:0 Heinz Simmet (15., Vorlage Löhr), 1:1 Dietmar Erler (20.), 2:1 Bernhard Cullmann (23., W. Weber), 3:1 Hennes Löhr (64., Flohe)
Aufstellung 1. FC Köln: Manfred Manglitz (Note 4,0); Karl-Heinz Thielen (4,0), Werner Biskup (4,0), Wolfgang Weber (3,0), Matthias Hemmersbach (4,0); Heinz Simmet (4,0), Wolfgang Overath (4,0), Bernhard Cullmann (4,0); Thomas Parits (5,0), Heinz Flohe (2,0), Hennes Löhr (3,0)
Aufstellung Eintracht Braunschweig: Horst Wolter (3,0); Wolfgang Grzyb (3,0), Max Lorenz (3,0), Peter Kaack (4,0), Franz Merkhoffer (3,0); Friedhelm Haebermann (3,0), Lothar Ulsaß (3,0), Bernd Gersdorff (4,0); Klaus Gerwien (4,0), Gerd Saborowski (4,0 - 56. Jaro Deppe (4,0), Dietmar Erler (3,0)
Besonderheiten: keine

Die verstopfte Tormaschine

Seine Müdigkeit hatte der FC Bayern noch nicht abgeschüttelt und rang mit den starken Berlinern daher vornehmlich um einen Punkt. Weil die Gäste im Sturm allerdings mutlos blieben, ergab sich sogar noch ein Heimsieg.

Die Frage nach dem Favoriten war einigermaßen knifflig, denn erst im letzten Jahr hatte Hertha hier beide Punkte entführt und stand nach ihrem Auftaktsieg nun auch weit höher als der FC Bayern. Besser gespielt hatten die Berliner ohnehin. In den ersten 20 Minuten merkte man davon nichts. Dann aber erlahmte das Spiel der Gastgeber schon und fiel zurück in den Trott der Stuttgarter Auftaktbegegnung. Gerd Müller war ein Werbeplakat für Münchens Mühen. Viel zu selten konnte er Wild einmal entkommen, und wenn doch, dann sprang gleich Witt in die Bresche und bremste den Bomber wieder aus. Müller steckte für jeden erkennbar noch die WM in den Knochen. Wie am ersten Spieltag blieb er ohne Torerfolg, auch wenn er einmal eine Zobel-Flanke nur um Zentimeter am langen Pfosten vorbeischob. Nach einer halben Stunde forderten die Bayern Elfmeter, dies aber war nur der Ausdruck wachsender Verzweiflung darüber, dass kein Spielfluss entstehen wollte. Bis zur Halbzeit hatten sogar die Gäste die Nase vorn, die sich offensichtlich weniger ausgerechnet hatten als ihnen dann zu nehmen gestattet war. Mit etwas mehr Mut konnten Weber oder Gayer ein Führungstor erzielen, Ideen von Horr gab es dafür genug. Nach dem Wechsel aber wurde die Platzelf besser und scheiterte nicht mehr an sich selbst, sondern nur noch an der starken Berliner Abwehr. Mehr als ein Dutzend Ecken kam bis zum Schluss noch zustande, und eine drückte Brenninger sogar irgendwie ins Tor (72.).

Die Fans machten sich langsam Sorgen: Gerd Müller

FC Bayern München - Hertha BSC Berlin 1:0 (0:0)

Sa., 22.08.1970, 15:30 Uhr
Zuschauer: 35.000
SR: Gerd Hennig (Duisburg)
Tore: 1:0 Dieter Brenninger (72., Vorlage Zobel)
Aufstellung FC Bayern München: Sepp Maier (Note 3,0); Herwart Koppenhöfer (3,0), Johnny Hansen (2,0), Franz Beckenbauer (2,0), Peter Pumm (4,0); Franz Roth (5,0), Rainer Zobel (3,0 - 78. Paul Breitner, 3,0), Ulrich Hoeneß (4,0 - 45. Karl-Heinz Mrosko, 4,0); Erich Maas (4,0), Gerd Müller (4,0), Dieter Brenninger (3,0)
Aufstellung Hertha BSC Berlin: Volkmar Groß (2,0); Bernd Patzke (3,0), Uwe Witt (3,0), Tasso Wild (3,0), Karl-Heinz Ferschl (3,0); Laszlo Gergely (4,0), Arno Steffenhagen (4,0), Lorenz Horr (2,0); Wolfgang Gayer (4,0), Franz Brungs (5,0 - 65. Hans-Jürgen Sperlich, 4,0), Jürgen Weber (4,0)
Besonderheiten: keine

Eine Stunde geschlafen

Das Remis von Duisburg war Oberhausen eher eine Last, als dass es Kräfte freigesetzt hätte. Gegen Stuttgart zeigte RWO ein derart langweiliges Spiel, dass die Zuschauer ein "Aufwachen" einforderten. Doch es half nichts.

Wem die Rufe galten, war zur Pause nur dem Heimvorteil zu entnehmen, denn allzu viele Fans hatte der VfB nicht mitgebracht. Wer sie sich zu Herzen nahm, wurde allerdings schnell klar, denn kaum hatte das Spiel wieder begonnen, sah man gleich mutigere Schwaben, denen bis dahin ebenso wenig an Tempo und Tordrang gelegen hatte wie Oberhausen. Im ersten Durchgang hatten sich beide noch mit Gruselfußball unterboten. Dass Branko Zebec eine deftige Pausenansprache schmetterte, durfte man annehmen. Vor allem aber war es die glückliche Führung, die Stuttgart als Signalzündung diente. Acht Minuten dauerte es gerade, bis aus einem schlimmen 0:0 ein erhellendes 0:2 wurde. Das erste Tor entsprang einem Einwurf, was die Oberhauser Schlafmützigkeiten allzu treffend kennzeichnete; Haug leitete weiter auf Weiß, und plötzlich stand es 0:1 (54.). Ehe Oberhausen Stellung nehmen konnte, fiel schon der zweite Treffer, diesmal allerdings zufällig, weil Kliemann Olssons Fernschuss unhaltbar mit dem Knie abfälschte (62.). Adi Preißler wusste wohl, dass sein Team nun verloren war und wechselte nicht einmal mehr aus. Fast überraschend wurde es doch noch einmal eng, nachdem Dick Kobluhns Vorlage mit dem Kopf zum Anschlusstreffer genutzt hatte (73.). Für den Ausgleich aber fehlte Oberhausen viel, am meisten ein Mittel gegen die nun bombensichere Schwabenabwehr. Das entscheidende 1:3 blieb bis zum Ende wahrscheinlicher als das Ausgleichstor der Kleeblätter.

Machte es den eigenen Angreifern vor: Friedhelm Dick

Rot-Weiß Oberhausen - VfB Stuttgart 1:2 (0:0)

Sa., 22.08.1970, 15:30 Uhr
Zuschauer: 17.500
SR: Wolfgang Dittmer (Mutterstadt)
Tore: 0:1 Hartmut Weiß (54., Vorlage Weidle), 0:2 Jan Olsson (62.), 1:2 Friedhelm Dick (73., L. Kobluhn)
Aufstellung Rot-Weiß Oberhausen: Wolfgang Scheid (Note 3,0); Hermann-Josef Wilbertz (5,0), Friedhelm Dick (4,0), Lothar Kobluhn (4,0), Friedhelm Kobluhn (4,0); Uwe Kliemann (4,0), Werner Ohm (4,0); Günter Karbowiak (5,0), Wolfgang Sühnholz (3,0), Franz Krauthausen (4,0), Dieter Brozulat (4,0)
Aufstellung VfB Stuttgart: Gerhard Heinze (2,0); Hans Arnold (4,0), Günther Eisele (4,0), Reinhold Zech (3,0), Hans Eisele (3,0); Jan Olsson (4,0), Gilbert Gress (3,0), Horst Haug (3,0); Manfred Weidmann (4,0), Hartmut Weiß (3,0), Roland Weidle (4,0 - 76. Werner Haaga, –)
Besonderheiten: keine

Überraschende Lektion

Offenbach hatte ein schweres Pokalspiel in den Beinen und überraschte sich in dieser Hinsicht selbst. Mit geballten Kräften wurde Werder Bremen besiegt und der befürchtete Fehlstart vermieden.

In ihrem Bemühen, die Niederlage zu relativieren, verwiesen die Gäste nicht zu Unrecht auf die vielen Verletzten. Hasebrink war nicht dabei, ebenso Piontek, Windhausen und Steinmann. Am meisten aber fehlte Werner Görts, dessen Schnelligkeit Offenbachs Waffe gehörig hätte stutzen können. Dem riesigen Kraftarsenal hatte Werder mit dieser Mannschaft jedoch nicht genügend entgegenzusetzen. Etwas billig dagegen wirkte die Bremer Ausrede, der OFC sei bei seinem Elfmeter zum 1:0 großzügig beschenkt worden. Tatsächlich ging dem Treffer ein Foul voraus, ausgerechnet vom besten Bremer Höttges, der als einziger Ordnung in die unsortierte Abwehr brachte.

Unglücklicher Ligaeinstand: Willi Götz

Pech hatten die Hanseaten kurz nach dem Wechsel. Eine Kamp-Vorlage knüppelte Schmidt aus vollem Lauf an den Pfosten; selbst der aufmerksame Volz hätte den Ausgleich in dieser Szene nicht mehr abwenden können. Wie so oft im Fußball fiel der Treffer dafür postwendend anderswo, zwei Minuten später nämlich jagte Gecks den Ball zum 2:0 in den Kasten. Die nachfolgende Wirkung war immens. Bis hierhin hatte Werder noch gehadert und das 1:1 als eine Frage der Zeit betrachtet. Jetzt aber, da sogar zwei Treffer aufzuholen waren, fielen die Gäste in ein Loch und bekamen vom immer mutigeren Aufsteiger sogar spielerisch eine klare Lektion erteilt. Nach Latten-Kopfball Schmidts traf Björnmose später doch noch zum 1:2. Die Chance auf einen Punkt aber hatte Werder inzwischen verwirkt, weil es zu lange von einem Sieg ausgegangen war.

Kickers Offenbach - SV Werder Bremen 2:1 (1:0)

Sa., 22.08.1970, 15:30 Uhr
Zuschauer: 15.000
SR: Paul Kindervater (Köln)
Tore: 1:0 Helmut Kremers (23., Foulelfmeter, Höttges an Weida), 2:0 Horst Gecks (49., Vorlage Winkler), 2:1 Ole Björnmose (80., B. Schmidt)
Aufstellung Kickers Offenbach: Karlheinz Volz (Note 3,0); Helmut Kremers (3,0), Josef Weilbächer (4,0), Roland Weida (4,0), Hans Reich (4,0); Egon Schmitt (3,0), Horst Gecks (3,0), Helmut Schmidt (5,0 - 64. Heinz Schönberger, 4,0), Helmut Nerlinger (4,0), Winfried Schäfer (3,0), Klaus Winkler (4,0 - 80. Gerhard Kraft, –)
Aufstellung SV Werder Bremen: Günter Bernard (3,0); Dieter Zembski (3,0), Egon Coordes (5,0), Horst-Dieter Höttges (3,0), Arnold Schütz (4,0); Rudolf Assauer (4,0), Karl-Heinz Kamp (5,0), Bernd Schmidt (3,0); Willi Götz (4,0), Ole Björnmose (5,0), Werner Thelen (5,0 - 61. Bernd Lorenz, 4,0)
Besonderheiten: keine

Es half nur noch Gewalt

Von beiden Schalker Saisonauftritten war dies eigentlich der schwächere. Ohne Ideen und ohne Tempo war gegen Duisburgs Abwehr kein Staat zu machen - bis Hans-Jürgen Becher die Brechstange zückte.

Am Ende wurde natürlich gerügt, die Zebras hätten zu defensiv gestanden. Niemand aber konnte irgendwie ahnen, dass die massive und konsequente Abwehrwand doch noch zu überwinden wäre und dass die wirklich ansprechende Duisburger Leistung das erhoffte Unentschieden doch nicht wert sein sollte. Für Schalkes Durchbruch sorgte ein Einwechselspieler. Nach einer Stunde konnte Rudi Gutendorf das Elend nicht mehr ertragen, nahm den desolaten Pirkner vom Feld und ersetzte ihn durch Hans-Jürgen Becher, der just für 500 Spieleinsätze geehrt worden war. Zehn Minuten später kam dieser Becher an den Ball, zog aus 25 Metern trocken ab, donnerte das Leder an die Latte und bediente damit Scheer, der das Leder sicher aufnahm und im Tor ablegte (76.). Der Treffer war eine Erlösung für Königsblau, das sich bis dahin fürchterlich quälte und ständig durch die Mitte zum Tor strebte, obwohl Duisburgs Mauer gerade an dieser Stelle natürlich am höchsten war. Libuda hatte sich kurzerhand krank gemeldet, wodurch Meiderich nur noch auf Fischer Acht zu geben hatte und dies auch vorbildlich tat. Ohne das Glückstor, so viel war anzunehmen, hätte der MSV tatsächlich auch gepunktet. Nach dem Rückstand allerdings fiel den Gästen nichts mehr ein, weil die drei Spitzen keinen Nachschub bekamen und es auf eigene Faust nicht so leicht hatten. Trotz eigentlich ordentlicher Vorstellungen war Duisburg damit auch nach zwei Spieltagen noch ohne Sieg, während Schalke mit drei Punkten sogar oben anklopfte.

Mit ihm hatte keiner gerechnet Hans-Jürgen Becher

FC Schalke 04 - MSV Duisburg 1:0 (0:0)

Sa., 22.08.1970, 15:30 Uhr
Zuschauer: 25.000
SR: Ulrich Wolf (Kiel)
Tore: 1:0 Klaus Scheer (76., Vorlage Becher)
Aufstellung FC Schalke 04: Norbert Nigbur (Note 3,0); Jürgen Sobieray (3,0), Rolf Rüssmann (3,0), Klaus Fichtel (3,0), Heinz van Haaren (3,0); Klaus Scheer (4,0), Herbert Lütkebohmert (4,0), Hans-Jürgen Wittkamp (4,0); Hans Pirkner (6,0 - 65. Hans-Jürgen Becher, 3,0), Klaus Fischer (4,0), Manfred Pohlschmidt (5,0)
Aufstellung MSV Duisburg: Volker Danner (3,0); Hartmut Heidemann (3,0), Detlef Pirsig (3,0), Kurt Rettkowski (4,0), Michael Bella (2,0); Bernd Lehmann (4,0), Djordje Pavlic (4,0), Georg Damjanoff (3,0); Johannes Riedl (5,0 - 65. Johannes Linßen, 4,0), Rainer Budde (4,0), Gerhard Kentschke (4,0)
Besonderheiten: keine

ZEITFENSTER
17. - 23. August 1970

Abzug
(Nepal, 18. August)
Die letzten indischen Militäreinheiten, die seit 1962 im Nachbarland stationiert waren, verließen Nepal.

Umweltvergifter
(USA, 18. August)
Das Umweltbewusstsein der Weltgemeinschaft erwachte allmählich. So hagelte es internationale Proteste gegen eine Entsorgungsaktion der USA, die 12.540 in Beton eingeschlossene Nervengas-Raketen im Atlantischen Ozean versenkten.

Neue Intimität
(BRD, 20. August)
Dem freizügiger gewordenen Gebaren der Bundesbürger trug die erste deutsche Sexmesse, die in Offenbach veranstaltete "Intima 70", Rechnung. Sie bot dem geneigten Besucher Gelegenheit, sich näher mit der Materie zu befassen.

Stiller Protest
(Tschechoslowakei, 21. August)
Der Protest der Tschechoslowaken gegen die Besetzung ihres Landes äußerte sich am zweiten Jahrestag des Einmarsches durch Warschauer-Pakt-Truppen überwiegend in demonstrativen Schweigemärschen. Trotzdem wurden nach Angaben der Prager Sicherheitspolizei mehr als 6.000 Personen verhaftet.

Privatisierung erwogen
(BRD, 22. August)
Ein Monopol wurde in Frage gestellt: Kurt Gescheidle (SPD), seines Zeichens Staatssekretär des Post- und Fernmeldewesens, räumte ein, dass aufgrund der technischen Voraussetzungen (zusätzliche Frequenzen) eine Zulassung privater Rundfunkanstalten denkbar wäre.

Deutsche Damen dominierten
(Ungarn, 22. August)
Der in Budapest ausgetragene Leichtathletik-Europapokal der Damen wurde zu einer rein innerdeutschen Auseinandersetzung um den Gesamtsieg. Platz 1 schnappten sich die DDR-Sportlerinnen, vor den Damen aus der BRD.

Ein Ass in der BRD-Leichtathletik-Riege: Ingrid Mickler-Becker

Bundesliga 1970/1971 – 3. Spieltag

"Ente" Lippens hat Grund zum Jubeln. Soeben hat er seine Essener mit 2:0 in Führung gebracht (Rot-Weiss Essen - 1. FC Kaiserslautern 4:0)

Essen auf Wolke sieben

Nicht Gladbach, Bayern oder Schalke schnappten sich Platz eins, sondern sensationell Rot-Weiss Essen, das man eigentlich eher am anderen Ende erwartet hatte. Ohnehin machten die Kleinen in dieser Runde auf sich aufmerksam.

Arminia Bielefeld schrieb sogar Vereinsgeschichte. Aus Frankfurt nahm der Neuling nicht nur überraschend einen Zähler mit nach Hause, sondern schoss auch sein lang ersehntes erstes Ligator. Keinen Treffer, aber endlich einen Punkt erreichte Hannover 96, und dies ausgerechnet beim Meister Mönchengladbach. Weil auch Bayern (0:0 in Dortmund) und Schalke (1:1 in Stuttgart) nicht von der Stelle kamen, ergab sich die Chance für Essens großen Zapfenstreich. Mit einem bombastischen 4:0 über Kaiserslautern düpierte RWE die gesamte Prominenz und setzte sich mit einem aalglatten Torverhältnis auf den Thron. "Jetzt stürzt uns ein Nackenschlag wenigstens nicht gleich in die Tiefe", freute sich Herbert Burdenski. Einen solchen erlitten sowohl Bremen (0:1 in Braunschweig) als auch RWO, das in Berlin um einen Erfolg betrogen wurde.

Ergebnisse – 3. Spieltag 1970/1971

Fr., 28.08.70	Hertha BSC Berlin	-	Rot-Weiß Oberhausen	3:1 (0:1)
Fr., 28.08.70	Eintracht Braunschweig	-	SV Werder Bremen	1:0 (1:0)
Fr., 28.08.70	Borussia Dortmund	-	FC Bayern München	0:0 (0:0)
Fr., 28.08.70	Rot-Weiss Essen	-	1. FC Kaiserslautern	4:0 (2:0)
Fr., 28.08.70	Eintracht Frankfurt	-	Arminia Bielefeld	1:1 (1:0)
Fr., 28.08.70	Borussia Mönchengladbach	-	Hannover 96	0:0 (0:0)
Fr., 28.08.70	VfB Stuttgart	-	FC Schalke 04	1:1 (1:0)
Mi., 28.10.70	MSV Duisburg	-	1. FC Köln	0:0 (0:0)
Mi., 28.10.70	Hamburger SV	-	Kickers Offenbach	3:2 (2:1)

Tabelle

Platz	Verein	S	U	N	Tore	Differenz	Punkte
1.	Rot-Weiss Essen	2	1	0	6:0	+6	5:1
2.	Hertha BSC Berlin	2	0	1	8:5	+3	4:2
3.	1. FC Köln	1	2	0	4:2	+2	4:2
	Borussia Mönchengladbach	1	2	0	4:2	+2	4:2
5.	Hamburger SV	1	2	0	5:4	+1	4:2
	FC Schalke 04	1	2	0	5:4	+1	4:2
7.	VfB Stuttgart	1	2	0	4:3	+1	4:2
8.	Eintracht Frankfurt	1	2	0	3:2	+1	4:2
9.	FC Bayern München	1	2	0	2:1	+1	4:2
10.	Borussia Dortmund	1	1	1	3:1	+2	3:3
11.	Eintracht Braunschweig	1	1	1	5:6	-1	3:3
12.	MSV Duisburg	0	2	1	2:3	-1	2:4
13.	Kickers Offenbach	1	0	2	4:6	-2	2:4
14.	Arminia Bielefeld	0	2	1	1:4	-3	2:4
15.	1. FC Kaiserslautern	1	0	2	4:9	-5	2:4
16.	SV Werder Bremen	0	1	2	2:4	-2	1:5
17.	Rot-Weiß Oberhausen	0	1	2	4:7	-3	1:5
18.	Hannover 96	0	1	2	1:4	-3	1:5

Torjägerliste - Zuschauer - Selbsttore - Platzverweise

Torjägerliste:
1. Lippens: 3 Tore
2. Rehhagel, Ulsaß, Brungs, Steffenhagen und 8 weitere Spieler: je 2 Tore

Zuschauer: 234.000
Tore: 18
Selbsttore: keine
Platzverweise: keine

Brungs mit Hand und Fuß

Der Beifall zum Abschied war den Oberhausern kein Trost. Sie waren das bessere Team gewesen, hatten frischer gespielt und mehr Opfer gebracht als die Hertha. Die Alte Dame aber hatte den Schiedsrichter auf ihrer Seite.

Auf der Tribüne nahm Bundespräsident Heinemann Platz und erwartete genau wie die übrigen 70.000 wohl ein völlig anderes Spiel. Eine gute Viertelstunde dominierte Hertha BSC wie angenommen, nach der ersten Angriffswelle war aber schon alles vorbei. Mit enger und körperbetonter Deckung nahm sich Oberhausen immer mehr Raum, verteidigte aber keineswegs stumpf, sondern spielte mittig wie auch auf den Flügeln durchaus durchdacht. Technik und Tempo, eigentlich klassische Berliner Disziplinen, wurden nur von RWO vorgegeben und schon im ersten Durchgang mit Beifall bedacht. Hertha hingegen kassierte gereizte Pfiffe, weil ihr Auftritt in allen Bereichen um eine Stufe schwächer war. Kliemann zum Beispiel wünschten sich die Fans zurück, wenn er mit messerscharfem Tackling einen Ball eroberte. Krauthausen und Sühnholz waren nicht zu halten, und Brozulat, der Oberhauser Quirl im Mittelfeld, kam zu Recht zum Ruhm des fälligen 0:1, als er einen Freistoß aus 18 Metern verwandelte (35.). Nichts außer einer steilen Berliner Steigerung konnte den Kleeblättern eigentlich etwas anhaben. Bevor es soweit war, griff aber der Schiedsrichter vorentscheidend ein. Eindeutig mit der Hand lenkte Brungs einen Eckball von Weber weiter, was Steffenhagen zum Ausgleich nutzt (48.). Ohnehin war RWO schon bedient, da jagte Horr kurz vor Schluss noch einen Sonntagsschuss in den Giebel (86.), ehe Brungs den unverschämten Sieg gar noch ausbaute (89.).

Hätte eigentlich der Matchwinner sein sollen: Dieter Brozulat

Hertha BSC Berlin - RW Oberhausen 3:1 (0:1)

Fr., 28.08.1970, 20:00 Uhr
Zuschauer: 70.000
SR: Rudolf Frickel (München)
Tore: 0:1 Dieter Brozulat (35., Freistoß), 1:1 Arno Steffenhagen (48., Vorlage Brungs), 2:1 Lorenz Horr (86.), 3:1 Franz Brungs (89., Horr)
Aufstellung Hertha BSC Berlin: Volkmar Groß (Note 2,0); Bernd Patzke (4,0), Uwe Witt (3,0), Tasso Wild (3,0), Karl-Heinz Ferschl (4,0); Jürgen Rumor (5,0 - 46. Laszlo Gergely, 2,0), Wolfgang Gayer (3,0); Arno Steffenhagen (4,0), Franz Brungs (3,0), Lorenz Horr (3,0), Jürgen Weber (4,0)
Aufstellung Rot-Weiß Oberhausen: Wolfgang Scheid (3,0); Hermann-Josef Wilbertz (3,0), Uwe Kliemann (1,0), Lothar Kobluhn (4,0), Friedhelm Kobluhn (3,0), Friedhelm Dick (4,0), Franz Krauthausen (3,0), Werner Ohm (4,0); Günter Karbowiak (4,0), Wolfgang Sühnholz (2,0), Dieter Brozulat (3,0)
Besonderheiten: keine

Viel zu scharf gewürzt

Das ehrwürdige Derby hatte den Anstrich eines Krisengipfels, weil beide Teams noch sieglos waren und der Verlierer vorerst tief im Keller steckten sollte. Es wurde Werder Bremen.

Nicht nur die Platzierungen 15 und 16 gaben der Begegnung Brisanz, denn auf beiden Seiten existierten Rachegelüste. Braunschweig zum Beispiel hatte die letzten drei Heimspiele gegen Werder verloren, zudem in der noch jungen Saison viel besser gespielt als es das Tabellenbild ausdrückte. In Werders Übungsleiter Gebhardt wiederum brodelte es aus persönlichen Gründen, weil er ebenfalls als Eintracht-Trainer gehandelt, dann aber doch noch von Otto Knefler ausgestochen worden war. Eine Menge Schärfe also, die von vornherein in diesem Treffen steckte, und so ergab sich das wohl hektischste aller Aufeinandertreffen bis hierhin. Werder begann ohne fünf Stammspieler und hatte sich so automatisch der körperlichen Taktik verschrieben. Bis zum Ende stellten die Bremer das gröbere Team, was indes daran lag, dass Braunschweig schon nach sieben Minuten ein Führungstor schaffte: Den einzigen Deckungsfehler Höttges' nutzte Ulsaß nach Deppes Vorlage zum Treffer aus dem Rückraum. Die Niedersachsen vermieden darauf allzu großen Kampf, versuchten den Gegner eher aus der Reserve zu locken, was wiederum nicht klappte. Weil Werder jenseits der Mittellinie nichts einfiel, blieb die Partie bis zum Ende verkrampft und unansehnlich. "Zumindest einen Punkt hatten wir verdient", behauptete Gebhardt, konnte dies aber durch keinerlei Zahlenwerk belegen. Während Bernard mindestens zweimal fast noch bezwungen wurde, ließ Eintrachts aufmerksame Abwehr kaum jemanden durch.

Ließ sich von Werders Härte nicht provozieren: Peter Kaack

Eintracht Braunschweig - SV Werder Bremen 1:0 (1:0)

Fr., 28.08.1970, 20:00 Uhr

Zuschauer: 20.000

SR: Wilfried Hilker (Bochum)

Tore: 1:0 Lothar Ulsaß (7., Vorlage Deppe)

Aufstellung Eintracht Braunschweig: Horst Wolter (Note 4,0); Wolfgang Grzyb (3,0 - 67. Joachim Bäse, –), Max Lorenz (4,0), Peter Kaack (3,0), Franz Merkhoffer (2,0), Friedhelm Haebermann (2,0), Lothar Ulsaß (2,0), Bernd Gersdorff (2,0); Klaus Gerwien (4,0), Jaro Deppe (4,0), Dietmar Erler (4,0)

Aufstellung SV Werder Bremen: Günter Bernard (2,0); Dieter Zembski (3,0), Arnold Schütz (4,0), Bernd Schmidt (4,0), Egon Coordes (2,0); Herbert Meyer (3,0), Horst-Dieter Höttges (4,0), Willi Götz (5,0); Karl-Heinz Kamp (5,0), Bernd Windhausen (4,0), Werner Görts (5,0 - 46. Werner Thelen, 5,0)

Besonderheiten: keine

Niemand vermisste die Tore

Man musste schon ein Taktikfan sein, um sich an diesem Spiel zu erfreuen. Kein Tempo, kein Tordrang, keine Strafraumszenen. Weil die Bayern ihr viertes Spiel in fünf Tagen absolvierten, zogen sich immerhin clever aus der Affäre.

Mehr als ein Remis anzupeilen, wäre ohnehin vermessen gewesen. Insofern machten die Gäste das Beste, was sie tun konnten. Sie stemmten am eigenen Strafraum die Hände in die Hüften, warteten auf Dortmunder Angriffe und verließen sich in Notlagen auf Franz Beckenbauer. Im ersten Durchgang bot dies noch Raum für eigene Angriffe. Überhaupt sah es keineswegs faul oder feige aus, was die Bayern darboten. Viel besser als in den ersten Spielen etwa konnten sie die Abkehr von Starek und Ohlhauser kompensieren, lösten im Zweifel die Situation immer spielerisch und ließen sich vom BVB nichts vormachen. 'Alles kann, nichts muss' schien die Devise der Münchener, die für ihr wohl kalkuliertes Risiko mit einem angemessenen Punktgewinn belohnt wurden. "Im Stadion Rote Erde hängen in dieser Saison die Punkte hoch wie Trauben", schmeichelte Udo Lattek dem Gegner und bekam von Horst Witzler einen Blumenstrauß zurück: "Wir haben gegen diese clevere Bayern-Mannschaft wirklich großartig gekämpft." Dortmunds Spiel hinkte etwas kräftiger als das der Gäste, weil von einem Heimteam grundsätzlich mehr erwartet wird als ein torloses Unentschieden. Außer Schütz, der in der 84. fast noch das Siegtor erzielt hätte, brachte Sepp Maier allerdings kaum jemand ernsthaft in Gefahr; vor allem Werner Weist bekam wenig zustande. Willi Neuberger war der Häuptling aller Borussen und stand seinem Gegenüber Beckenbauer in keiner Weise etwas nach.

An Neubergers Seite immer wachsam: Branco Rasovic

Borussia Dortmund - FC Bayern München 0:0 (0:0)

Fr., 28.08.1970, 20:00 Uhr

Zuschauer: 39.000

SR: Walter Horstmann (Hildesheim)

Tore: keine

Aufstellung Borussia Dortmund: Jürgen Rynio (Note 2,0); Reinhold Wosab (3,0), Branco Rasovic (2,0), Willi Neuberger (1,0), Ferdinand Heidkamp (3,0); Dieter Kurrat (3,0), Horst Trimhold (4,0 - 38. Dieter Weinkauff, 4,0); Manfred Ritschel (4,0), Werner Weist (5,0), Jürgen Schütz (4,0), Siegfried Held (1,0 - 83. Theo Bücker, –)

Aufstellung FC Bayern München: Sepp Maier (1,0); Herwart Koppenhöfer (3,0), Johnny Hansen (4,0), Franz Beckenbauer (2,0), Peter Pumm (3,0); Franz Roth (3,0), Rainer Zobel (4,0 - 75. Ulrich Hoeneß, –), Karl-Heinz Mrosko (4,0); Erich Maas (2,0 - 68. Paul Breitner, –), Gerd Müller (5,0), Dieter Brenninger (4,0)

Besonderheiten: keine

Sahnetag in Essen

Kaiserslautern wurde an der Hafenstraße nicht nur mit Haut und Haaren verspeist, sondern gehörte auch zur Kulisse einer denkwürdigen Inszenierung. Eine solche Flut der Freude hatte man in Essen schon lange nicht mehr erlebt.

Ente Lippens war mal wieder nicht zu bremsen, schoss die Gastgeber mit 2:0 in Führung und hätte noch viele weitere Treffer beigesteuert, wenn nicht andere Essener auch gern hätten treffen wollen. Mit Beers 3:0 kurz nach der Pause war die Kuh schon vom Eis, und selbst Fürhoffs Tor zum 4:0, ein gnadenlos harter Schuss unter die Latte, erledigte Kaiserslautern nicht so deutlich, wie es die Pfälzer verdient hatten; Essen war ein bescheidener Sieger. Noch grandioser aber als für jeden einzelnen Rot-Weissen war der Tag für ihren Vorsitzenden. Wie ein Rumpelstilzchen hüpfte Ernst Ruhkamp vor Freude auf und ab, denn zu seinem 65. Geburtstag bekam er nicht nur diesen knalligen Sieg samt dem 50. in Folge nicht verlorenen Heimspiel geschenkt, sondern auch noch die Tabellenführung. Erstmals überhaupt stand RWE in der Bundesliga ganz oben, war als einziges Team noch ohne jedes Gegentor und nebenbei erstmals über Kaiserslautern siegreich seit dem legendären 4:3-Endspielerfolg von 1955. Nicht wenige nahmen dieses träumerisch als gutes Omen. Aus Sicht des FCK, der nach drei Spielen schon wieder im Keller angelangt war, endete die Partie bereits kurz vor der Halbzeit, als Libero Schwager sich an der Schulter verletzte und die folgenden Umbaumaßnahmen ein fatales Durcheinander anrichteten. "Die Essener hatten wir nicht so stark eingeschätzt", sagte Gyula Lorant mit schmalem Mund und sprach stellvertretend für den Rest der Liga.

Eingewechselt und sofort von der Flut erfasst: Günter Fürhoff

Rot-Weiss Essen - 1. FC Kaiserslautern 4:0 (2:0)

Fr., 28.08.1970, 20:00 Uhr

Zuschauer: 22.000

SR: Alfons Betz (Regensburg)

Tore: 1:0 Willi Lippens (27., Kopfball, Vorlage Weinberg), 2:0 Willi Lippens (42., Mors), 3:0 Erich Beer (50., Linksschuss), 4:0 Günter Fürhoff (76.)

Aufstellung Rot-Weiss Essen: Fred-Werner Bockholt (Note 3,0); Peter Czernotzky (4,0), Hermann Erlhoff (3,0), Wolfgang Rausch (3,0), Heinz Stauvermann (3,0); Georg Jung (3,0 - 75. Dieter Bast, –), Egbert-Jan ter Mors (2,0), Erich Beer (2,0); Herbert Weinberg (3,0 - 55. Günter Fürhoff, 4,0), Walter Hohnhausen (4,0), Willi Lippens (1,0)

Aufstellung 1. FC Kaiserslautern: Bratislav Dordevic (4,0); Peter Blusch (4,0), Dietmar Schwager (3,0 - 39. Günther Reinders, 5,0), Ernst Diehl (3,0), Fritz Fuchs (5,0); Jürgen Friedrich (3,0), Otto Rehhagel (4,0), Idriz Hosic (4,0); Josef Pirrung (5,0), Winfried Richter (4,0 - 62. Klaus Ackermann, 4,0), Karl-Heinz Vogt (3,0)

Besonderheiten: keine

Bielefelds historischer Moment

Gepunktet hatte die Arminia zwar bereits, wie sich Tore anfühlten, war ihr in der Bundesliga allerdings noch fremd gewesen. Gegen ausgebrannte Frankfurter war es nun endlich so weit.

"Wir wollen nicht den Punktelieferanten vom Dienst spielen und sehen insofern im 1:1 eine große Ermutigung für die Zukunft", sprach Egon Piechaczek, der sich diebisch freute, den letzten Woche eingebüßten Zähler gleich wieder zurückzubekommen. Arminias großer Moment schlug nach einer Stunde. Eine herrliche Flanke von Kohl wand sich hoch durch die Luft hinein in den Frankfurter Strafraum, wo Stockhausen genau richtig in die Höhe sprang, um mit Anlauf und Präzision in die Torecke zu köpfen. Es war das erste Tor in Bielefelds Bundesligageschichte und außerdem gleich einen Punktgewinn wert. Der gesamte Auftritt seiner Mannschaft durfte Egon Piechaczek in der Tat großen Mut zusprechen. Abzüglich der Schlussminuten, als der Spatz in der Hand noch geschützt werden musste, ließen sich die Ostwestfalen auf keinerlei Mauerspiele ein. Stockhausen, Kohl und Braun bildeten ein tatkräftiges Dreieck, vorbildlich hinterbaut von einer lückenlosen Abwehr. Ohnehin war Arminia den Hessen ein Rätsel, so wie sie spielte, aber erst recht. Und so wunderte es nicht, dass zur Frankfurter Führung ein Freistoß notwendig wurde, den Kalb mit Entschlossenheit einköpfte (39.). Die Minuten bis zur Halbzeit waren die heikelsten für den DSC im gesamten Spiel. Sonst war es reichlich enttäuschend, was Grabowski und Hölzenbein auf den Weg bringen wollten. Ihre biederen Ambitionen waren von Slomiany und Schulz leicht zu durchschauen. Wie ein Novize spielte Bielefeld zu keiner Zeit.

Bielefelds erster Torschütze in der Bundesliga: Horst Stockhausen

Eintracht Frankfurt - Arminia Bielefeld 1:1 (1:0)

Fr., 28.08.1970, 20:00 Uhr

Zuschauer: 13.000

SR: Horst Herden (Hamburg)

Tore: 1:0 Jürgen Kalb (39., Kopfball, Vorlage Papies), 1:1 Horst Stockhausen (59., Kopfball, Kohl)

Aufstellung Eintracht Frankfurt: Peter Kunter (Note 3,0); Karl-Heinz Wirth (4,0), Peter Reichel (4,0), Friedel Lutz (2,0), Lothar Schämer (4,0); Jürgen Kalb (2,0), Bernd Hölzenbein (4,0); Jürgen Grabowski (3,0), Horst Heese (4,0 - 62. Bernd Nickel, 4,0), Jürgen Papies (2,0), Thomas Rohrbach (3,0)

Aufstellung Arminia Bielefeld: Gerd Siese (2,0); Waldemar Slomiany (3,0), Dieter Schulz (3,0), Detlef Kemena (4,0), Dieter Brei (4,0); Horst Stockhausen (2,0), Norbert Leopoldseder (3,0), Gerd Knoth (4,0); Karl-Heinz Brücken (3,0), Ulrich Braun (4,0), Gerd Kohl (3,0)

Besonderheiten: keine

Fast ein kleines Fußballmärchen

Ausgerechnet am Bökelberg den ersten Saisonpunkt einzufahren, das hatte Hannover sich nicht ausgemalt. Einfach war die Aufgabe allerdings nicht. Noch in der Schlussminute traf Heynckes ein letztes Mal das Holz.

In einem einzigen Moment war sogar einer Sensation kurz die Tür geöffnet. Nach exakt einer Stunde war es, als Keller plötzlich frei durchlief und nur noch an Sieloff vorbei musste, um Kleff ganz allein vor sich zu haben. Erst sah es aus, als sollte er auch diese Hürde nehmen, mit der Fußspitze aber kam Sieloff doch noch an den Ball und verhinderte ein mögliches Gegentor. Nichtsdestotrotz: So vermessen, mit dieser Situation zu hadern, waren die Gäste nicht, schließlich war die Szene gar nichts gegen all die Chancen, die sie selbst im ersten Durchgang durchzustehen hatten. Los ging es schon nach fünf Minuten. Bohnsack spielte einen viel zu kurzen Rückpass, der ausgerechnet Heynckes mit der Chance ausstattete, seinen Ex-Kameraden ein Gegentor einzuschenken. Heynckes aber vergab, ebenso wie in Minute 23, als ein Netzer-Freistoß an ihm vorbeisauste und auch in der Schlussminute, als er ein letztes Mal der Triumphator werden konnte, aber nur die Latte traf. Was 96 bis zur Pause durchmachte, war wie ein Wirbelsturm. Unglaubliche fünf Ecken zirkelte Netzer einmal binnen drei Minuten hinein und fand nicht ein einziges Mal einen Kollegen. Meistens rettete Podlasly, einmal schlug Bohnsack das Leder von der Linie, und sonst kam einfach nur ein Niedersachse eher an den Ball. Mit Wiederbeginn wusste Gladbach dann nicht weiter, auch weil Hannover immer sicherer hinten stand. Mit dem glücklichen Punkt waren die Niedersachsen endlich in der Saison angekommen.

Konnte seinem Ex-Klub einfach nicht weh tun: Jupp Heynckes

Borussia Mönchengladbach - Hannover 96 0:0 (0:0)

Fr., 28.08.1970, 20:00 Uhr

Zuschauer: 25.000

SR: Fritz Seiler (Schmiden)

Tore: keine

Aufstellung Borussia Mönchengladbach: Wolfgang Kleff (Note 4,0); Berti Vogts (3,0), Ludwig Müller (2,0), Klaus-Dieter Sieloff (2,0), Heinz Wittmann (3,0); Herbert Wimmer (4,0), Günter Netzer (1,0), Herbert Laumen (5,0 - 46. Rainer Bonhof, 5,0); Horst Köppel (5,0), Jupp Heynckes (4,0), Ulrik Le Fevre (5,0)

Aufstellung Hannover 96: Horst Podlasly (2,0); Rainer Stiller (2,0), Peter Anders (4,0), Hans-Josef Hellingrath (3,0), Klaus Bohnsack (3,0); Horst Berg (5,0), Jürgen Bandura (5,0), Hans-Joachim Weller (4,0); Ferdinand Keller (3,0), Hans Siemensmeyer (4,0), Claus Brune (3,0)

Besonderheiten: keine

Glückstag für die Knappen

Stuttgart übertrieb das Chancenverschleudern so lange, bis Schalke plötzlich zum Ausgleich traf. Auch der Schiedsrichter meinte es gut mit den Knappen, die Flüche der Fans zielten trotzdem nur auf den VfB.

Rudi Gutendorf hatte wenig Lust auf unangenehme Fragen und machte sich nach dem Spiel einfach dünn. In der alten Heimat war der Schalker Trainer ohnehin unsanft empfangen worden, und durch das Ergebnis wohl nicht beliebter geworden. Selbst die fanatischsten Fans wiederum sollten mit nüchternen Augen erkennen, dass Schalke überhaupt nichts dafür konnte, mit einem Punkt beschenkt worden zu sein. Im Grunde hatten die Knappen selbst nicht damit gerechnet. "Wir haben vor allem in der ersten Halbzeit großartig gespielt", meinte Branko Zebec, ohne den Rest der Geschichte aber auszusparen. Der VfB Stuttgart der ersten Halbzeit war nämlich ein Freudenspender für seine Fans, beweglich, entschlossen, ideenreich und von überforderten Knappen nicht annähernd auf Augenhöhe gefordert. Nur: Alles, was dabei herauskam, war ein einziger Treffer durch Weiß (12.) - viel zu wenig also in einer Halbzeit, die gut auch 6:0 hätte enden können. Mit Wiederbeginn änderte sich eigentlich wenig. Schalke verteidigte, und Stuttgart drückte. Die Knappen allerdings wurden wehrhafter, besonders Nigbur und Rüssmann wuchsen über sich hinaus, und die Stuttgarter Abschlussschwäche wurde immer extremer. Plötzlich kam der Schiedsrichter noch dazu. Durch zwei krasse Fehlentscheidungen nahm er Hartmut Weiß erst das 2:0 und schenkte den Gästen dann einen Freistoß, den Scheer ausführte und Fischer ins Tor köpfte (58.). Die Fans spuckten Gift und Galle, wussten aber sehr genau, dass der VfB selbst an allem Schuld war.

Bekam den Ball einfach nicht rein: Roland Weidle

VfB Stuttgart - FC Schalke 04 1:1 (1:0)

Fr., 28.08.1970, 20:00 Uhr

Zuschauer: 25.000

SR: Günter Linn (Altendiez)

Tore: 1:0 Hartmut Weiß (12.), 1:1 Klaus Fischer (58.)

Aufstellung VfB Stuttgart: Gerhard Heinze (Note 4,0); Günther Eisele (3,0), Reinhold Zech (3,0), Hans Eisele (2,0), Hans Arnold (3,0); Gilbert Gress (2,0), Jan Olsson (4,0), Horst Haug (4,0); Manfred Weidmann (4,0), Hartmut Weiß (3,0), Roland Weidle (4,0)

Aufstellung FC Schalke 04: Norbert Nigbur (1,0); Jürgen Sobieray (4,0), Rolf Rüssmann (3,0), Klaus Fichtel (2,0), Heinz van Haaren (4,0); Klaus Scheer (3,0), Hans-Jürgen Wittkamp (5,0), Herbert Lütkebohmert (4,0 - 78. Manfred Pohlschmidt, –); Reinhard Libuda (5,0 - 46. Alban Wüst, 5,0), Klaus Fischer (5,0), Hans Pirkner (5,0)

Besonderheiten: keine

Alles war möglich

Das Nachholspiel fiel in eine Phase, als mit den Kräften eher sorgsam umgegangen wurde. Möglichkeiten zum Sieg hatten beide, das Remis war nur die langweiligste Form einer Einigung.

Vier Minuten vor Schluss ging noch mal ein Aufschrei durch die Arena, als Dietz im Strafraum gelegt wurde, Schiedsrichter Boe aber eher guten Willen unterstellte. Zu dieser Zeit war ein Heimsieg eigentlich ausgeschlossen, denn nach einer (leicht) überlegen geführten ersten Halbzeit verlor sich das ordentliche Meiderichter Spiel, zumal einige Spieler gerade erst von einer Grippe genesen waren und konditionelle Probleme bekamen. Lustlos war die Partie zu keiner Zeit, eher etwas gedämpft durch die Vorsicht vor der Gerissenheit des Gegners. Köln hatte in dieser Hinsicht mehr zu bieten, meist initiiert von Wolfgang Overath oder Heinz Flohe, kam im ersten Durchgang aber auf weniger Zählbares, weil die Zebras gekonnt und sicher verteidigten. Zweimal musste Danner sich an Kopfbällen vergehen, wogegen Manglitz sowohl öfter als auch stärker geprüft wurde, da das kraftvolle Duisburger Angriffsspiel vornehmlich mit Distanzschüssen arbeitete; zur Pause wäre ein 1:0 vertretbar gewesen. Als Damjanoff für Lehmann ins Spiel kam, flackerte Meiderichs Feuer ganz kurz noch einmal auf; drei Chancen verbuchte der Ex-Berliner für sich. Näher am Sieg, wenn es überhaupt jemand war, bewegte sich dann immer mehr aber der 1. FC Köln, für den Bernd Cullmann frei vor Danner die klarste Gelegenheit des ganzen Spiels vergab. Hätte Köln in dieser Phase alles auf eine Karte gesetzt, der Sieg wäre den Geißböcken vermutlich sicher gewesen. So aber kam wie zu Beginn auch beim MSV die Frage auf, was genau die Gäste eigentlich vorhatten.

Durfte eine Stunde lang die Null mitverteidigen: Heinz-Peter Buchberger

MSV Duisburg - 1. FC Köln 0:0 (0:0)

Mi., 28.10.1970, 20:00 Uhr
Zuschauer: 13.000
SR: Gerhard Boe (Uelzen)
Tore: keine
Aufstellung MSV Duisburg: Volker Danner (Note 3,0); Hartmut Heidemann (4,0 - 33. Heinz-Peter Buchberger, 4,0), Kurt Rettkowski (4,0), Detlef Pirsig (3,0), Johannes Linßen (3,0); Michael Bella (4,0), Djordje Pavlic (3,0), Bernd Lehmann (5,0 - 68. Georg Damjanoff, 3,0), Gerhard Kentschke (3,0), Rainer Budde (4,0), Bernard Dietz (4,0)
Aufstellung 1. FC Köln: Manfred Manglitz (3,0); Heinz Simmet (4,0), Werner Biskup (3,0), Wolfgang Weber (2,0), Matthias Hemmersbach (4,0); Bernhard Cullmann (5,0), Wolfgang Overath (3,0); Jupp Kapellmann (4,0), Thomas Parits (5,0), Heinz Flohe (4,0), Bernd Rupp (3,0)
Besonderheiten: keine

Dank an Karlheinz Volz

Das Nachholspiel beendete eine überaus schwarze Serie der Hamburger, die am Ende allerdings die Hilfe des Gäste-Keepers benötigten, um nach 1:13 Zählern endlich einmal wieder doppelt zu punkten.

Dass die Hanseaten nicht bereits in der 11. Minute zurücklagen, war einer tollen Reaktion von Tormann Özcan zu verdanken, der ein strammes Geschoss von Helmut Schmidt von der Strafraumgrenze großartig abwehrte. Als dann aber sechs Minuten später Innenverteidiger Jürgen Kurbjuhn als Abstauber agierte und das erste Tor dieses Treffens markierte, war auch der HSV endlich im Spiel. Torwart Volz hatte einen Hönig-Freistoß nicht festhalten können. Offenbach blieb durch gelegentliche Konter jedoch gefährlich. Nochmals Schmidt sowie der Ex-HSVer Winkler (25., an die Latte), waren dicht vor dem Ausgleich. Auch das 2:0 für die Hausherren resultierte aus einem Abstauber. Diesmal kickte Uwe Seeler das Leder über die Linie, denn Volz hatte einen Dörfel-Schuss nur halbherzig abwehren können.

Den Kickers saß auch mit diesem 0:2 keineswegs ein Schock in den Gliedern. Drei Minuten nach dem zweiten Tor kamen sie konkret heran. Semlitsch war von Gert Dörfel gefoult worden, und Gecks trat zum Strafstoß an. Özcan wehrte zwar ab, doch im Nachschuss war der OFC-Stürmer erfolgreich. Das 1:2 gab den Kickers Auftrieb. Nach dem Seitenwechsel steigerten sich so sehr, dass die Heimelf nur noch sporadisch aus der eigenen Hälfte kam. Erneut kam es in der 62. Minute zum Strafstoß, nachdem Weilbächer gelegt worden war. Diesmal trat Winkler an und traf im ersten Versuch. Doch Volz machte die ganze Aufholjagd wieder zunichte, denn bei einem Zaczyk-Fernschuss patzte er erneut (70.).

Nicht allein, aber zum großen Teil Schuld: Karlheinz Volz

Hamburger SV - Kickers Offenbach 3:2 (2:1)

Mi., 28.10.1970, 20:00 Uhr
Zuschauer: 7.000
SR: Walter Eschweiler (Euskirchen)
Tore: 1:0 Jürgen Kurbjuhn (17., Vorlage Hönig), 2:0 Uwe Seeler (33., Dörfel), 2:1 Horst Gecks (36., Elfmeternachschuss, Dörfel an Semlitsch), 2:2 Klaus Winkler (62., Foulelfmeter, Sandmann an Schäfer), 3:2 Klaus Zaczyk (70.)
Aufstellung Hamburger SV: Arkoc Özcan (Note 2,0); Helmut Sandmann (3,0), Jürgen Kurbjuhn (3,0), Hans-Jürgen Ripp (2,0), Heinz Bonn (3,0); Klaus Zaczyk (2,0), Peter Nogly (3,0), Franz-Josef Hönig (3,0); Hans Schulz (3,0 - 74. Robert Pötzschke, 3,0), Uwe Seeler (3,0), Charly Dörfel (2,0)
Aufstellung Kickers Offenbach: Karlheinz Volz (4,0); Nikolaus Semlitsch (4,0), Egon Schmitt (2,0), Hans Reich (3,0), Helmut Kremers (3,0 - 34. Josef Weilbächer, 3,0), Erwin Spinnler (4,0), Roland Weida (3,0 - 66. Walter Bechtold, 3,0), Winfried Schäfer (3,0); Horst Gecks (3,0), Helmut Schmidt (2,0), Klaus Winkler (2,0)
Besonderheiten: keine

ZEITFENSTER
24. - 30. August 1970

Hippies in Amsterdam
(Niederlande, 24. August)
Die von Hippies ausgehende "Love and Peace"-Botschaft schien den Amsterdamer Behörden nicht ausreichend Beleg, der aus aller Welt angereisten, bunten Gesellschaft das Übernachten auf dem Dam-Platz zu gestatten. Gewaltsam räumte die Polizei den Platz, was jedoch nicht ohne Widerstand abging. Eine Vielzahl von Verletzten musste sich in ärztliche Betreuung begeben; die Unruhen erstreckten sich über mehrere Tage.

Neue Bildungsstätten
(BRD, 25. August)
Dem sich für die kommenden Jahre abzeichnenden Studentenboom begegnete das Bundesland Niedersachsen mit dem Beschluss, zwei neue Universitäten (in Osnabrück und Oldenburg) aus dem Boden zu stampfen.

Massenandrang
(England, 26. August)
Auf der beschaulichen britischen Isle of Wight überforderte eine gigantische Open-air-Veranstaltung die Organisatoren. Geschätzte 600.000 Besucher wohnten dem fünftägigen Rock- und Popmarathon bei, bedeutend mehr, als in den beiden Jahren zuvor.

Hitparaden
(USA/GB/BRD, 29. August)
"War" ("What is it good for?"), fragte sich nicht nur Edwin Starr. In den US-Charts schnellte der Titel an die Spitze. Elvis schunkelte derweil mit der Schnulze "The Wonder of You" in den höchsten Regionen der englischen Hitparaden. Das knuffige "In the Summertime" der international

„Sing along with us, didi didi di, dada dada da….", die tiefschürfenden Textphrasen des Superhits "In The Summertime" werden seit 1970 den Radiohörern weltweit zur Sommerzeit um die Gehörgänge gepustet. Ray Dorset (l.) war als Gitarrist, Sänger und Komponist der personifizierte Mungo Jerry

megaerfolgreichen Formation Mungo Jerry war der Deutschen liebster Hit.

Norpoth einziger Trumpf
(Stockholm, 30. August)
Das in Schweden ausgetragene Leichtathletik-Europapokalfinale der Männer beendete die DLV-Riege auf Rang drei. Einziger Sieger aus Reihen der BRD-Sportler war Harald Norpoth (Abb.), der Läufer von der hageren Gestalt. Über die 5.000 Meter war der Münsteraner nicht zu bezwingen.

Bundesliga 1970/1971 – 4. Spieltag

Wolter holt Bechtold den Ball vom Kopf, die Offenbacher spielten ohne Glück, Braunschweig gewinnt am Bieberer Berg mit 2:0

Sechs Auswärtssiege

"Keine Angst vor den Bayern" hatte Willi Lippens gefordert und ging mit bestem Beispiel voran. Nur seiner Klasse war es zu verdanken, dass Essen in München nicht verlor und die Tabellenspitze halten konnte. Ohnehin imponierten diesmal die Gästeteams.

Zwei Drittel aller Begegnungen entschieden die Auswärtsmannschaften für sich. Was besonders auffiel: In allen Fällen blieb der Gastgeber dabei ohne Treffer. Deprimierend war dies vor allem für Oberhausen und Schalke, die Torchancen als Massenware produzierten und jeweils durch einen einzigen Konter trotzdem auf der Strecke blieben, die Knappen sogar unmittelbar vor Schluss. "Diese Niederlage hat wehgetan", musste Rudi Gutendorf zugeben und ahnte wohl schon von seiner Entlassung. Während die Bayern Tabellenführer Essen trotz einer 2:0-Führung nicht stürzen konnten, ließ der Meister seine Muskeln spielen und räumte Bielefeld clever aus dem Weg. Noch überzeugender siegten Hamburg in Hannover sowie Eintracht Braunschweig in Offenbach, das die geplante Pokalsause anschließend doch lieber ausfallen ließ.

Ergebnisse – 4. Spieltag 1970/1971

Datum		Heim		Gast	Ergebnis
Sa., 05.09.70		Arminia Bielefeld	-	Borussia Mönchengladbach	0:2 (0:1)
Sa., 05.09.70		SV Werder Bremen	-	MSV Duisburg	0:2 (0:0)
Sa., 05.09.70		Hannover 96	-	Hamburger SV	0:3 (0:2)
Sa., 05.09.70		1. FC Kaiserslautern	-	Eintracht Frankfurt	2:0 (1:0)
Sa., 05.09.70		1. FC Köln	-	VfB Stuttgart	2:1 (1:0)
Sa., 05.09.70		FC Bayern München	-	Rot-Weiss Essen	2:2 (2:0)
Sa., 05.09.70		Rot-Weiß Oberhausen	-	Borussia Dortmund	0:1 (0:1)
Sa., 05.09.70		Kickers Offenbach	-	Eintracht Braunschweig	0:2 (0:2)
Sa., 05.09.70		FC Schalke 04	-	Hertha BSC Berlin	0:1 (0:0)

Tabelle

Platz	Verein	S	U	N	Tore	Differenz	Punkte
1.	Rot-Weiss Essen	2	2	0	8:2	+6	6:2
2.	Hertha BSC Berlin	3	0	1	9:5	+4	6:2
3.	Hamburger SV	2	2	0	8:4	+4	6:2
4.	Borussia Mönchengladbach	2	2	0	6:2	+4	6:2
5.	1. FC Köln	2	2	0	6:3	+3	6:2
6.	Borussia Dortmund	2	1	1	4:1	+3	5:3
7.	Eintracht Braunschweig	2	1	1	7:6	+1	5:3
8.	FC Bayern München	1	3	0	4:3	+1	5:3
9.	MSV Duisburg	1	2	1	4:3	+1	4:4
10.	FC Schalke 04	1	2	1	5:5	0	4:4
	VfB Stuttgart	1	2	1	5:5	0	4:4
12.	Eintracht Frankfurt	1	2	1	3:4	-1	4:4
13.	1. FC Kaiserslautern	2	0	2	6:9	-3	4:4
14.	Kickers Offenbach	1	0	3	4:8	-4	2:6
15.	Arminia Bielefeld	0	2	2	1:6	-5	2:6
16.	Rot-Weiß Oberhausen	0	1	3	4:8	-4	1:7
17.	SV Werder Bremen	0	1	3	2:6	-4	1:7
18.	Hannover 96	0	1	3	1:7	-6	1:7

Torjägerliste - Zuschauer - Selbsttore - Platzverweise

Torjägerliste:
1. Lippens: 4 Tore
2. Erler, Seeler, Zaczyk: je 3 Tore
3. Wittkamp, Hohnhausen, Köppel, Horr und 7 weitere Spieler: je 2 Tore

Zuschauer: 196.500
Tore: 20
Selbsttore: keine
Platzverweise: keine

Reine Nervensache

Der Ruhm des Frankfurt-Feldzuges verblasste zwar nur langsam, trotzdem war Gladbach nicht Bielefelds Kragenweite. Nach ereignisarmer erster Halbzeit riss sich der Meister am Riemen und kam noch zum verdienten Auswärtserfolg.

Richtig stolz war Hennes Weisweiler auf seine Mannschaft nicht, dafür hatte ihm der Pflichtsieg beim Aufsteiger doch zu lang auf der Kippe gestanden. Den Fohlen fehlte Feuer, besonders im Angriff, wo Le Fevre zeitweilig die Wege verstopfte und Laumen als hängende Spitze wirkungslos blieb. Günter Netzer ertüchtigte sich als Ruhepol, immer aufmerksam und ballsicher dabei, jedoch nicht von jener Explosivität, die den Meister so gefährlich machte. Dietrich hatte gar konditionelle Probleme, was wiederum Vogts mit einer Klasseleistung auffing. Voll in der Spur war Mönchengladbach noch nicht, immerhin aber gerissen genug, um Bielefelds wenige Abwehrfehler zu nutzen. Das 0:1 fiel nach einer halben Stunde und tauchte den bisher so überragenden Siese in ein schlechteres Licht. Köppel, der später zugab, mit weniger Mühen geplant zu haben, war der Torschütze. Zur Pause lag der Gastverein nicht unverdient in Front, da Arminia ihre Nerven eher schlecht in den Griff bekam und sich viele gut gemeinte Aktionen selbst verbaute. Nach dem Wechsel aber blühte der Aufsteiger auf. Auf den Schultern von Stockhausen und Knoth entstand ein latentes Übergewicht, dem ein Ausgleichstreffer durchaus hätte entwachsen können. Gerade im falschesten Moment aber erlaubte sich Wenzel einen haarsträubenden Fehlpass, der die Abwehr völlig entblößte und Laumen letztlich zum entscheidenden Treffer einlud. Gladbach siegte und war damit seit 200 Spielminuten ohne jedes Gegentor.

Diesmal eher ein Bremsklotz: Ulrik Le Fevre

Arminia Bielefeld - Mönchengladbach 0:2 (0:1)

**Sa., 05.09.1970, 15:30 Uhr
Zuschauer:** 29.500
SR: Karl Riegg (Augsburg)
Tore: 0:1 Horst Köppel (31.), 0:2 Herbert Laumen (56.)

Aufstellung Arminia Bielefeld: Gerd Siese (Note 4,0); Waldemar Slomiany (4,0 - 46. Horst Wenzel, 4,0), Dieter Schulz (3,0), Detlef Kemena (3,0), Volker Klein (3,0); Gerd Knoth (2,0), Ulrich Braun (4,0), Horst Stockhausen (4,0), Norbert Leopoldseder (4,0), Karl-Heinz Brücken (4,0), Gerd Kohl (5,0 - 46. Ernst Kuster, 4,0)

Aufstellung Borussia Mönchengladbach: Wolfgang Kleff (3,0); Berti Vogts (2,0), Ludwig Müller (3,0), Klaus-Dieter Sieloff (3,0), Heinz Wittmann (4,0); Peter Dietrich (3,0), Günter Netzer (3,0), Herbert Laumen (4,0); Herbert Wimmer (3,0), Horst Köppel (3,0), Ulrik Le Fevre (5,0)

Besonderheiten: keine

Unterschiedlich schlau

Hinter den Personalsorgen konnte sich Werder diesmal nicht verstecken, denn die dritte Saisonpleite war hausgemacht. Duisburg verhielt sich einfach cleverer.

Selten war ein Sieger so eindeutig taktisch ermittelt worden wie an diesem Nachmittag im Weserstadion. Ein kräftiger Wind fegte durch die Arena und brachte die Gastgeber im ersten Abschnitt unter Zugzwang, lieber zur Pause schon in Führung zu liegen, um später dann bei Gegenwind nur kontern zu müssen. Es gelang aber nicht, weil Werder die Waffe nicht einzusetzen verstand. Flache Pässe und ein ausgereiftes Flügelspiel hätten die Bremer vorangebracht, stattdessen aber versuchten sich es dauernd durch die Mitte, wo sie sich im halben Dutzend auf den Füßen standen und wo die ohnehin dichte Duisburger Mauer am höchsten war. Kein einziges Mal bliesen die Zebras zum Gegenangriff, dennoch hatten sie selten Probleme, das für sie hervorragende 0:0 wie einen Gral in die Halbzeit zu tragen. Wie man es machte, zeigte Meiderich dann im zweiten Abschnitt. Damjanoff verteilte die Bälle nun so, wie es Meyer vorher nicht gelungen war. Ohnehin krankte Werders Spiel im Mittelfeld, weil viel zu viel Kraft dafür vergeudet wurde, verlorenen Bällen nachzuhechten, die gar nicht verloren sein mussten. Duisburg brauchte so viel Kondition nicht, ließ sich einfach vom Wind auf die Flügel treiben und machte sich die Natur so zur Verbündeten. Nach einer Stunde setzte Dietz den ersten Nadelstich, woraufhin Werder sich bei Gegenwind aufreiben musste, irgendwie den Ausgleich zu erzwingen. Auch das ging allerdings schief, weil Heidemann und Bella hervorragend verteidigten und weil Budde im richtigen Moment per Konter das 0:2 nachlegte (81.).

Stand am Betonmischer: Hartmut Heidemann

SV Werder Bremen - MSV Duisburg 0:2 (0:0)

Sa., 05.09.1970, 15:30 Uhr

Zuschauer: 11.000

SR: Mühling

Tore: 0:1 Bernard Dietz (59.), 0:2 Rainer Budde (81.)

Aufstellung SV Werder Bremen: Günter Bernard (Note 3,0); Dieter Zembski (4,0), Arnold Schütz (4,0), Horst-Dieter Höttges (4,0), Egon Coordes (4,0); Rudolf Assauer (5,0 - 70. Bernd Schmidt, 5,0), Herbert Meyer (5,0), Willi Götz (5,0), Karl-Heinz Kamp (5,0), Bernd Windhausen (4,0), Werner Görts (4,0 - 46. Werner Thelen, 5,0)

Aufstellung MSV Duisburg: Volker Danner (4,0); Hartmut Heidemann (3,0), Detlef Pirsig (4,0), Kurt Rettkowski (4,0), Michael Bella (3,0); Djordje Pavlic (4,0), Bernd Lehmann (5,0), Georg Damjanoff (3,0); Gerhard Kentschke (5,0), Rainer Budde (3,0), Bernard Dietz (4,0)

Besonderheiten: keine

Einseitige Angelegenheit

Selten sah man in diesem Nord-Derby den "großen" HSV so dominieren wie in dieser Partie. Allerdings durften sich die Hanseaten auch beim 96-Schlussmann bedanken, der ihnen das Torverhältnis etwas aufbesserte.

Hannovers Trainer Helmuth Johannsen war nach dem Spiel stocksauer: "Der HSV hat uns eine Lektion erteilt. Die Art und Weise, wie wir verloren haben, wird Konsequenzen nach sich ziehen." Was er da den Sportjournalisten in die Notizblöcke schimpfte, war wohl nachzuvollziehen. Die Niedersachsen präsentierten sich in einer Form, die nur gradlinig in unterste Tabellenregionen führen konnte. Ein schwacher Torwart Podlasly, der einen 35-Meter-Schuss von Zaczyk wie ein Anfänger durchließ, eine unflexible Abwehr, die einen Seeler kaum, einen Dörfel etwas mehr und einen Klier etwas besser in den Griff bekam. Eine Mittelfeldreihe, die der der Hamburger absolut unterlegen war, und ein Angriff, der zwar ohne den verletzten Keller antrat, aber dennoch nicht so glatt hätte versagen dürfen. Beruhigend auf das Spiel der Hamburger, die Nogly, Bonn und natürlich Willi Schulz in der Deckung zu ersetzen hatten, war das frühe 1:0 durch Uwe Seeler allemal. Der Mittelstürmer war nach einem Lattentreffer von Klaus Zaczyk am reaktionsschnellsten und köpfte hurtig ein (11.). Etwas Pech hatten die 96er beim 2:0 durch Hönig. Dessen Geschoss prallte vom Rücken Hellingraths ins Tor - Podlasly war schon auf dem Weg ins andere Eck, hatte diesmal keine Chance (34.). Aber das 3:0 (57.) ... Danach war das Ding natürlich gelaufen, Hannover fand sich am Schwanz der Tabelle wieder, während die Hamburger auf eine ganz leichte Art ihren - exklusive Nachholspiel - ersten Saisonsieg einfuhren.

Hauptangeklagter Hannoveraner: Horst Podlasly

Hannover 96 - Hamburger SV 0:3 (0:2)

Sa., 05.09.1970, 15:30 Uhr

Zuschauer: 26.000

SR: Paul Kindervater (Köln)

Tore: 0:1 Uwe Seeler (11., Kopfball, Vorlage Zaczyk), 0:2 Franz-Josef Hönig (34.), 0:3 Klaus Zaczyk (57.)

Aufstellung Hannover 96: Horst Podlasly (Note 4,0); Rainer Stiller (3,0), Peter Anders (3,0), Hans-Josef Hellingrath (3,0), Klaus Bohnsack (4,0); Jürgen Bandura (3,0), Hans-Joachim Weller (3,0), Horst Berg (4,0 - 67. Horst Bertl, –); Zvezdan Cebinac (4,0), Hans Siemensmeyer (4,0 - 46. Willi Reimann, 4,0), Claus Brune (3,0)

Aufstellung Hamburger SV: Gert Girschkowski (2,0); Helmut Sandmann (2,0), Hans-Jürgen Hellfritz (2,0), Jürgen Kurbjuhn (2,0), Hans-Werner Kremer (3,0); Franz-Josef Hönig (2,0), Klaus Zaczyk (2,0), Hans Schulz (2,0); Gerd Klier (3,0), Uwe Seeler (2,0), Charly Dörfel (2,0)

Besonderheiten: keine

Ex-Hessen gaben den Ausschlag

Wirklich schwach war Frankfurts Vorstellung am Betzenberg nicht, wohl aber viel zu bieder, um den konzentrierten Pfälzern etwas wegzunehmen. Kaiserslautern war genau um zwei Tore besser.

Trotz der mit mehr Geschick vermeidbaren Gegentreffer, war die Abwehr Eintrachts stärkster Mannschaftsteil, womit genug gesagt war über die Verve des Mittelfeldes und Angriffsspiels. "Viel zu harmlos", ärgerte sich Erich Ribbeck über seine Angreifer, für die Hölzenbein stellvertretend die beste Torchance vergeben hatte, als er allein vor Bratislav Dordevic auftauchte und den Ball nicht richtig traf. Eine Seele bekam das Spiel der Gäste vorwiegend durch Grabowski. Dies zu durchschauen und Frankfurts Besten sicher in Haft zu nehmen, waren die Gastgeber wiederum schlau genug. Ohnehin leuchteten sie den Gegner röntgenhaft aus und verrieten viel Geschick darin, das enge Spiel einigermaßen sicher für sich zu entscheiden. Die prägendsten Figuren waren ausgerechnet zwei Ex-Frankfurter: Erstens Friedrich, einst fünf Jahre für die Hessen am Ball, der Dreh- und Angelpunkt im Schaltzentrum sowie Schütze des taktgebenden 1:0 war, das den Pfälzern das Wühlen um einiges erleichterte. Neben bzw. hinter Friedrich glänzte Libero Blusch, der vier Jahre lang die Frankfurter Abwehr organisiert hatte und an dessen Erfahrung, Kampf- und Einsatzfreude überhaupt nicht zu rütteln war. Die frühe Führung verwahrte Kaiserslautern wie ein rohes Ei, nicht aber ohne regelmäßig schnell und gefährlich zu attackieren, was an der Frankfurter Wand wiederum ebenfalls abprallte. Erst als Vogt einmal eine Lücke fand, war die Eintracht wirklich auf der Verliererstraße (75.). Danach gab es aber auch kein Zurück mehr.

Bestens auf den Gegner eingestellt: Peter Blusch

1. FC Kaiserslautern - Eintracht Frankfurt 2:0 (1:0)

Sa., 05.09.1970, 15:30 Uhr

Zuschauer: 18.000

SR: Karl-Heinz Fork (Unna)

Tore: 1:0 Jürgen Friedrich (20.), 2:0 Karl-Heinz Vogt (75.)

Aufstellung 1. FC Kaiserslautern: Bratislav Dordevic (Note 4,0); Günther Rademacher (3,0), Peter Blusch (2,0), Ernst Diehl (4,0), Fritz Fuchs (4,0); Otto Rehhagel (3,0), Günther Reinders (3,0), Josef Pirrung (4,0), Karl-Heinz Vogt (4,0), Jürgen Friedrich (2,0), Klaus Ackermann (3,0)

Aufstellung Eintracht Frankfurt: Peter Kunter (3,0); Karl-Heinz Wirth (3,0), Peter Reichel (3,0), Friedel Lutz (2,0), Lothar Schämer (3,0); Jürgen Kalb (4,0), Bernd Hölzenbein (4,0), Jürgen Grabowski (3,0), Horst Heese (4,0), Thomas Rohrbach (4,0 - 46. Jürgen Papies, 4,0), Bernd Nickel (4,0)

Besonderheiten: keine

Eine Ecke und ein Solo

Eine allzu große Abhängigkeit von Wolfgang Overath konnte der FC zwar widerlegen. Trotzdem war es ein glanzloser Sieg, den die Geißböcke sich erkämpften und der den der VfB sich nicht hätte gefallen lassen müssen.

Mitte des ersten Durchgangs geschah etwas, das gut und gern ein Knackpunkt hätte werden können und dem 1. FC Köln im Falle einer Heimniederlage als glaubhafte Ausrede gedient hätte. Wolfgang Overath, bis hierhin nicht eben auffällig, stürzte im Zweikampf mit Olsson zu Boden und verrenkte sich die Schulter. Bis kurz vor der Halbzeitpause hielt der Spielmacher noch durch, bis er doch ausgewechselt und sogar ins Hospital geschafft werden musste. Köln musste ohne seinen Strategen zu Ende spielen. Unmittelbar nach diesem Unfall geschah genau das, was niemanden überraschen durfte: Stuttgart wachte auf, nutzte die Kölner Benommenheit aus und schnappte sich die Spielkontrolle. Drückend überlegen wurden die Schwaben allmählich, bis ausgerechnet ein Kölner die Blase aber wieder zum Platzen brachte. Einen erkonterten Eckball schnibbelte Parits, gewollt oder nicht, direkt über Heinze hinweg ins Tor und brachte das schwächere Team in Führung (35.). Nach dem Wechsel rückte Heinz Flohe in den Mittelpunkt, denn an ihm war es, das Fehlen Wolfgang Overaths zu kompensieren, was ihm im Hinblick auf das anstehende Länderspiel durchaus gelang. Grundsätzlich erreichte bei den Kölnern aber kaum jemand Normalform, so dass Stuttgart wieder stärker werden und nicht weniger als drei Lattenkracher verzeichnen durfte. Flohes Solo zum 2:0 (70.) konnten die Schwaben auch unmittelbar beantworten (74.). Köln aber verstand dies als Warnung und verteidigte fortan mit aller Macht.

Verwandelte eine Ecke direkt: Thomas Parits

1. FC Köln - VfB Stuttgart 2:1 (1:0)

Sa., 05.09.1970, 15:30 Uhr
Zuschauer: 18.000
SR: Elmar Schäfer (Neustadt am Rbg.)
Tore: 1:0 Thomas Parits (35.), 2:0 Heinz Flohe (70.), 2:1 Manfred Weidmann (74.)
Aufstellung 1. FC Köln: Manfred Manglitz (Note 4,0); Karl-Heinz Thielen (4,0), Wolfgang Weber (3,0), Werner Biskup (3,0), Matthias Hemmersbach (4,0); Heinz Simmet (4,0), Wolfgang Overath (4,0 - 42. Bernhard Cullmann, 4,0), Heinz Flohe (2,0); Jupp Kapellmann (4,0), Thomas Parits (3,0), Hennes Löhr (4,0)
Aufstellung VfB Stuttgart: Gerhard Heinze (4,0); Günther Eisele (3,0), Reinhold Zech (4,0), Hans Eisele (3,0), Hans Arnold (3,0); Gilbert Gress (2,0), Jan Olsson (3,0), Horst Haug (3,0); Manfred Weidmann (4,0), Hartmut Weiß (4,0), Roland Weidle (3,0)
Besonderheiten: keine

Einfach nicht kleinzukriegen

Gerd Müller traf zwar endlich ins Tor, um den Tabellenführer zu stürzen, reichte das aber nicht. Selbst von einem 0:2-Rückstand ließ sich RWE in München nicht ins Boxhorn jagen, sondern spielte sein freches Spiel so lange, bis die Begegnung wieder pari stand.

Auch im so ernsten Geschäft Bundesliga waren die Spaßvögel noch nicht ausgestorben, und in dieser Begegnung hatten sich wirklich zwei gefunden. Es war Mitte der zweiten Halbzeit, als Essen eigentlich eine Ecke bekommen musste, der Linienrichter aber anders entschied. Willi Lippens stand an der Fahne und protestierte. Da begab sich Sepp Maier in die Szenerie und nahm Lippens das Leder aus der Hand. Als die Essener daraufhin kreischten, warf Maier das Leder wieder zurück, um es sofort vom grinsenden Lippens zurückgeschleudert zu bekommen. Plötzlich lachte das ganze Stadion. Als endlich wieder gespielt wurde, ging den Gastgebern die Freude bald verloren. Die zweite Halbzeit, so unangenehm es den Münchenern war, gehörte eindeutig den Westdeutschen. "Sie waren kämpferisch klar stärker als wir", gab Franz Beckenbauer zu und vergaß nicht zu ergänzen: "Willi Lippens ist ein Mann, der ein Spiel allein entscheiden kann". Genau diesen Beweis erbrachte der Holländer eindrucksvoll, auch wenn RWE das Spiel nicht gewann. Nur seiner Kraft und seinem Zauber aber war es zu verdanken, dass Essen nach einem 0:2-Pausenrückstand (6./37.) tatsächlich noch einmal wiederkehrte. So wie die Bayern danach enttäuschten, so machte Lippens sich das Stadion zur Bühne, legte Hohnhausen das Anschlusstor in die Bahn (57.) und glich höchstselbst anschließend aus (64.). Dass Essen die Tabellenführung tatsächlich verteidigte, es war ganz allein Willi Lippens' Verdienst.

Imponierte selbst dem Kaiser: Willi Lippens

FC Bayern München - Rot-Weiss Essen 2:2 (2:0)

Sa., 05.09.1970, 15:30 Uhr
Zuschauer: 20.000
SR: Peter Gabor (Berlin)
Tore: 1:0 Franz Roth (6.), 2:0 Gerd Müller (37., Linksschuss), 2:1 Walter Hohnhausen (57., Vorlage Lippens), 2:2 Willi Lippens (64.)
Aufstellung FC Bayern München: Sepp Maier (Note 4,0); Herwart Koppenhöfer (5,0), Johnny Hansen (4,0), Franz Beckenbauer (3,0), Peter Pumm (4,0); Franz Roth (4,0), Rainer Zobel (4,0 - 46. Paul Breitner, 4,0), Karl-Heinz Mrosko (3,0); Erich Maas (5,0 - 69. Ulrich Hoeneß, 4,0), Gerd Müller (4,0), Dieter Brenninger (4,0)
Aufstellung Rot-Weiss Essen: Fred-Werner Bockholt (3,0); Peter Czernotzky (4,0 - 29. Roland Peitsch, 3,0), Hermann Erlhoff (3,0), Wolfgang Rausch (3,0), Heinz Stauvermann (3,0); Egbert-Jan ter Mors (4,0 - 59. Günter Fürhoff, 4,0), Georg Jung (4,0), Erich Beer (2,0); Herbert Weinberg (3,0), Walter Hohnhausen (3,0), Willi Lippens (2,0)
Besonderheiten: keine

Brutale Fußballwelt

Hätten die Disziplinen Torschüsse, Eckbälle oder Laufkilometer für die Endabrechnung Wert besessen, Oberhausen hätte die Begegnung locker gewonnen. So aber blieb nur eine Lektion durch den BVB, der mit viel Glück ohne Gegentreffer blieb und ein einziges Mal zielgerichtet konterte.

"Gegen uns hat sich alles verschworen", stöhnte Adi Preißler. "In Berlin ein Tor mit der Hand, diesmal zwei nicht gegebene Handelfmeter". Oberhausens Trainer hatte nicht einmal ganz Unrecht, denn sowohl Weinkauff als auch Heidkamp konnte man bei gutem Willen ein Handspiel zur Last legen. Beklagen durften sich die Kleeblätter trotzdem nicht, denn sie selbst hatten um einiges mehr verkehrt gemacht als der solide Schiedsrichter Ott aus Rheinbrohl. "Eigentlich wollten wir gar nicht so defensiv spielen", erklärte sich der Trainer des Gäste-Teams und zollte den Oberhausern damit so etwas wie ein verstecktes Lob. Dortmund machte fast nichts für seine Punkte, spielte anfangs eher leidlich ein wenig mit und verbrachte später über eine Stunde im eigenen Strafraum. Ein einziger Konterangriff aber führte zum Ziel, zum schönen Treffer durch Wosab aus diagonaler Position (24.), und weil RWO auch seine besten Chancen nicht nutzte, war Borussias 100-Prozent-Verwertung einen lang ersehnten Auswärtssieg wert. Die strahlenden Sieger trugen Namen wie Neuberger, Rasovic oder Rynio. Viel auffälliger aber blieb das Versagen der Oberhauser Angreifer, die trotz haushoher Überlegenheit den oft rustikalen Essener Möbelwagen nicht trafen und sich für einen riesigen Aufwand selbst nicht belohnten. Dass die Kleeblätter teils sogar richtig schönen Fußball boten, fiel dabei völlig durch den Rost.

Sein einziger Ausflug war zwei Punkte wert: Reinhold Wosab

Rot-Weiß Oberhausen - Borussia Dortmund 0:1 (0:1)

Sa., 05.09.1970, 15:30 Uhr
Zuschauer: 20.000
SR: Alfred Ott (Rheinbrohl)
Tore: 0:1 Reinhold Wosab (24.)
Aufstellung Rot-Weiß Oberhausen: Wolfgang Scheid (Note 3,0); Hermann-Josef Wilbertz (3,0), Uwe Kliemann (4,0), Lothar Kobluhn (3,0), Friedhelm Kobluhn (5,0 - 46. Siegfried Rösen, 4,0); Friedhelm Dick (4,0), Werner Ohm (5,0), Franz Krauthausen (4,0); Günter Karbowiak (5,0 - 68. Norbert Lücke, 5,0), Wolfgang Sühnholz (4,0), Dieter Brozulat (4,0)
Aufstellung Borussia Dortmund: Jürgen Rynio (2,0); Reinhold Wosab (4,0), Branco Rasovic (3,0), Willi Neuberger (2,0), Ferdinand Heidkamp (3,0); Dieter Kurrat (3,0), Dieter Weinkauff (4,0), Jürgen Schütz (5,0); Manfred Ritschel (3,0), Werner Weist (4,0), Siegfried Held (4,0 - 72. Horst Trimhold, 4,0)
Besonderheiten: keine

Erinnerungen an 1967

Braunschweig machte aus seinem ersten Auswärtssieg eine taktische Show, setzte zwei brutale Schwerthiebe und ließ den OFC bis zum Schluss nicht mehr aufstehen. Der Pokalsieger indes hatte offenbar etwas zu lange gefeiert.

Gegen die Abwehrkünstler hatte er nichts zu bestellen: Klaus Winkler

Die Niedersachsen durften sich beim Spielplaner bedanken, denn so kurz nach dem Pokalcoup schwebte Offenbach immer noch auf Wolke sieben und ließ sich in seiner Euphorie zu entscheidenden Fehlern hinreißen. Als ob sie es nun mit jedem aufnehmen könnten, liefen die Kickers sehenden Auges ins offene Messer, welches Braunschweig wiederum schlau wie ein Altmeister aufzuklappen verstand. Zweieinhalb Spitzen sollten es eigentlich sein, die Eintrachts Abwehrwand zu durchbohren versuchten. Übrig blieb aber lediglich Gecks, weil Winkler gegen Gryzb und noch mehr Bechtold gegen Kaack so sehr ins Hintertreffen gerieten, dass sie selbst im Grunde zu Defensiven wurden - Braunschweig verteidigte und stürmte gleichzeitig mit geschlossener Front. "Wir hatten diesmal keinen schwachen Punkt", fand auch Otto Knefler und ließ sich allzu gern damit bauchpinseln, die Erfolgstaktik seiner Mannschaft erinnere phasenweise an die Meistertruppe von 1967. So geriet Offenbach an einen erheblich größeren Gegner als eigentlich gedacht und zog offensiv wie in der Verteidigung unzweideutig den Kürzeren. Beide Treffer fielen aus dem Hinterhalt und beide drückten den OFC nieder. Erlers Kanone (12.) war schon ein gehöriger Schreck, als Grzyb kurz vor der Pause auch noch erhöhte (44.), war alles schon vorbei. Lustigerweise hatten beide Trainer am Tag des Spiels Geburtstag. Aki Schmidts Feier fiel allerdings ebenso aus wie die großmundig geplante Ehrenrunde mit dem DFB-Pokal.

Kickers Offenbach - Eintr. Braunschweig 0:2 (0:2)

Sa., 05.09.1970, 15:30 Uhr
Zuschauer: 22.000
SR: Hans Hillebrand (Essen)
Tore: 0:1 Dietmar Erler (12.), 0:2 Wolfgang Grzyb (44.)
Aufstellung Kickers Offenbach: Karlheinz Volz (Note 4,0); Helmut Kremers (4,0), Hans Reich (4,0), Egon Schmitt (4,0), Roland Weida (3,0); Helmut Schmidt (5,0), Josef Weilbächer (4,0), Walter Bechtold (5,0 - 46. Helmut Nerlinger, 4,0), Winfried Schäfer (4,0); Horst Gecks (3,0), Klaus Winkler (4,0)
Aufstellung Eintracht Braunschweig: Horst Wolter (3,0); Wolfgang Grzyb (2,0), Joachim Bäse (3,0), Peter Kaack (4,0), Franz Merkhoffer (3,0); Friedhelm Haebermann (3,0 - 57. Michael Polywka, 4,0), Bernd Gersdorff (4,0), Lothar Ulsaß (3,0); Klaus Gerwien (3,0), Jaro Deppe (4,0), Dietmar Erler (3,0 - 78. Rainer Skrotzki, -)
Besonderheiten: keine

Ende der Ära Gutendorf

Aus lauter Frust über sein klägliches Versagen vor dem Tor fing sich Schalke mit der Schlusssirene noch einen Gegentreffer. Dass Hertha dieses Spiel gewann, war nicht zu fassen - und hatte schwerwiegende Folgen.

Es lag schon etwas zurück, dass Schalke sein letztes Heimspiel verloren hatte; ein 1:3 war es damals gewesen, ebenfalls gegen Hertha BSC und genau wie diesmal absolut vermeidbar. Im Unterschied zu damals gebar die Partie aber einen kleinen Helden, denn einen Hans-Jürgen Sperlich kannten vor dem Spiel wohl nur die Wenigsten. Sperlichs großer Moment kam zwei Minuten vor Schluss. Kurz zuvor erst war er eingewechselt worden, einfach ins kalte Wasser geworfen für den völlig enttäuschenden Steffenhagen. Zum zweiten Mal überhaupt stand Sperlich in der Bundesliga auf dem Platz, was ihn nahe der Heimatstadt Lünen ohnehin mit Stolz erfüllen durfte. Dann aber schnappte sich der 22-Jährige den Ball, wurde von van Haaren nicht ernst genommen und rannte einfach los. "Dabei kam ich sogar noch ins Stolpern, als ich allein auf Nigbur zusteuerte", gab der stolze Herthaner zu Protokoll. Genau dies verschaffte den Gästen dann auch die Punkte. Schalkes Keeper ließ sich davon irritieren und machte den Weg zum Tor frei. Das, was nie hätte passieren dürfen, geschah. Die komplette Spielzeit vorher nämlich, nicht weniger als 88 Minuten also, dominierte ausschließlich Schalke 04. Schon vor dem Wechsel verweigerten Fischer, Wittkamp und Pirkner die fällige Führung, danach wurde das Versagen vor dem Tor immer krasser. Unnötig war die Pleite aber nicht ausschließlich, sondern zudem auch folgenreich: Es war das letzte Spiel mit Rudi Gutendorf als Schalker Trainer.

Wer war dieser Mann? Hans-Jürgen Sperlich

FC Schalke 04 - Hertha BSC Berlin 0:1 (0:0)

Sa., 05.09.1970, 15:30 Uhr
Zuschauer: 32.000
SR: Dietrich Basedow (Hamburg)
Tore: 0:1 Hans-Jürgen Sperlich (88., Vorlage Patzke)
Aufstellung FC Schalke 04: Norbert Nigbur (Note 3,0); Jürgen Sobieray (4,0), Rolf Rüssmann (3,0), Klaus Fichtel (3,0), Heinz van Haaren (3,0); Klaus Scheer (4,0), Herbert Lütkebohmert (4,0); Reinhard Libuda (3,0), Klaus Fischer (3,0), Hans-Jürgen Wittkamp (4,0 - 75. Klaus Beverungen, 4,0), Hans Pirkner (4,0 - 67. Alban Wüst, 4,0)
Aufstellung Hertha BSC Berlin: Volkmar Groß (3,0); Bernd Patzke (3,0), Tasso Wild (4,0), Uwe Witt (3,0), Karl-Heinz Ferschl (4,0); Wolfgang Gayer (4,0), Laszlo Gergely (4,0 - 53. Jürgen Rumor, 4,0), Lorenz Horr (4,0); Arno Steffenhagen (5,0 - 75. Hans-Jürgen Sperlich, 3,0), Franz Brungs (4,0), Jürgen Weber (4,0)
Besonderheiten: keine

ZEITFENSTER
31. Aug. - 6. September 1970

Jordaniens König gefährdet
(Jordanien, 1. September)
Die Unruhen in Nahost verlagerten sich verstärkt nach Jordanien, zumal König Hussein II. den Waffenstillstand zwischen Israel und Ägypten unterstützte, was die Palästinenser empörte. Die palästinensischen Freischärler im Lande begehrten gegen den jordanischen Monarchen auf, der einem Anschlag auf sein Leben nur knapp entging.

Extrawürste gestrichen
(Indien, 2. September)
Geerdet - nun waren auch die indischen Maharadschas, 279 an der Zahl, vor dem Gesetz gleich mit den Normalbürgern. Unangebrachte Privilegien wurden gestrichen. Der entsprechende Parlamentsbeschluss schloss auch die Steuerpflicht der asiatischen Fürsten ein.

Rekord gesprungen
(Italien/BRD, 3.September)
Der Universiade in Turin verlieh Heide Rosendahl mit einem neuen Weitsprung-Weltrekord (6,84 m) besonderen Glanz.

Allende gewählt
(Chile, 4. September)
Mit knapper Mehrheit wurde Salavador Allende neuer chilenischer Staatspräsident. Er war der erste Staatschef marxistischer Prägung, der durch eine demokratische Wahl die Präsidentschaft errang.

Wurde in der DDR als Postwertzeichen vereweigt: Chiles sozialistischer Staatspräsident Salvador Allende

Rindt verunglückt
(Italien, 5. September)
Während einer Trainingsfahrt vor dem zum 41. Mal ausgetragenen Großen Preis von Italien in Monza verunglückte der Lotus-Pilot Jochen Rindt tödlich. In der damaligen Formel1-Rennserie lag der in Deutschland geborene, in Österreich aufgewachsene Rindt nach Punkten bereits uneinholbar an der Spitze und wurde am 4. Oktober posthum zum Formel1-Weltmeister gekürt.

Gaddafi vertreibt
(Libyen, 6. September)
Der libysche Machthaber Muammar al Gaddafi ließ Hunderte von wohlhabenden Ausländern ausweisen. Es wurde spekuliert, dass Gaddafi damit weitere Stimmen auszuschalten gedachte, die seiner Politik kritisch gegenüberstanden.

Bundesliga 1970/1971 – 5. Spieltag

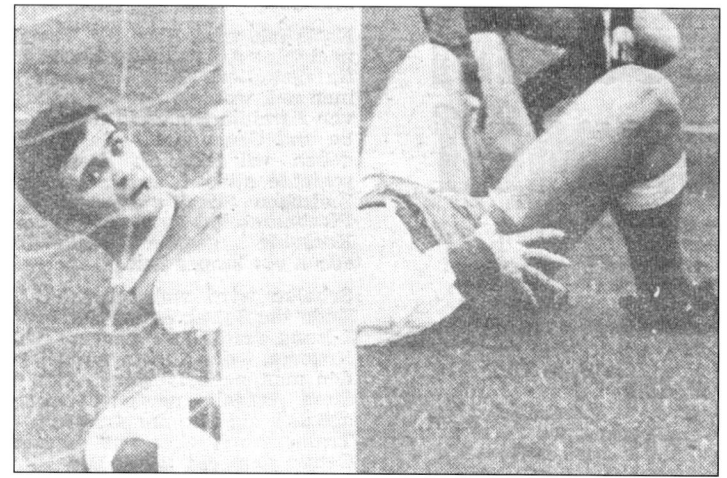

"Nein, bitte nicht!" Beschwörend starrt der Bielefelder Klein dem Ball nach, der zum 2:0 für den HSV ins Netz trudelt (Hamburger SV - Arminia Bielefeld 3:2)

Sorgen im Norden

Nach der mauen Ausbeute der letzten Runde wurden diesmal wieder Feste gefeiert. Mitten drin schon wieder die Hertha, die Köln nach bekannter Manier überrumpelte und sich dem Meister an die Fersen hängte. Vier Teams waren derweil immer noch ohne Sieg.

Noch nie war ein Nordverein aus der Bundesliga abgestiegen, diesmal jedoch standen die Chancen nicht schlecht. Während Hannover gegen den OFC einmal mehr an sich selbst scheiterte (1:1), ging Werder in Stuttgart in trauriger Armut baden. Trainer Gebhardt konnte nach dem 0:3 nur appellieren, dass "dringend etwas geschehen muss". Sorgenfrei war auch der HSV keineswegs, denn den fast noch verzockten Sieg gegen Bielefeld (3:2) bezahlten die Hanseaten mit weiteren Verletzten. Sowohl in Dortmund (1:2 gegen Schalke) als auch in Essen ereigneten sich mitreißende Derbys. Gegen Oberhausen kam RWE zwar nur zu einem Punkt, sorgte trotz schwacher Form aber wieder für Begeisterung und machte aus einem 1:3 noch ein gepfeffertes 3:3. Platz eins schnappte sich kurzerhand der Meister, der Kaiserslautern einfach zum Teufel jagte.

Ergebnisse – 5. Spieltag 1970/1971

Fr., 11.09.70	MSV Duisburg - Eintracht Braunschweig	0:0 (0:0)
Fr., 11.09.70	VfB Stuttgart - SV Werder Bremen	3:0 (0:0)
Sa., 12.09.70	Hertha BSC Berlin - 1. FC Köln	3:2 (0:0)
Sa., 12.09.70	Borussia Dortmund - FC Schalke 04	1:2 (1:2)
Sa., 12.09.70	Rot-Weiss Essen - Rot-Weiß Oberhausen	3:3 (1:2)
Sa., 12.09.70	Eintracht Frankfurt - FC Bayern München	0:1 (0:0)
Sa., 12.09.70	Hamburger SV - Arminia Bielefeld	3:2 (2:0)
Sa., 12.09.70	Hannover 96 - Kickers Offenbach	1:1 (0:0)
Sa., 12.09.70	Borussia Mönchengladbach - 1. FC Kaiserslautern	5:0 (3:0)

Tabelle

Platz	Verein	S	U	N	Tore	Differenz	Punkte
1.	Borussia Mönchengladbach	3	2	0	11:2	+9	8:2
2.	Hertha BSC Berlin	4	0	1	12:7	+5	8:2
3.	Hamburger SV	3	2	0	11:6	+5	8:2
4.	Rot-Weiss Essen	2	3	0	11:5	+6	7:3
5.	FC Bayern München	2	3	0	5:3	+2	7:3
6.	VfB Stuttgart	2	2	1	8:5	+3	6:4
7.	1. FC Köln	2	2	1	8:6	+2	6:4
8.	Eintracht Braunschweig	2	2	1	7:6	+1	6:4
	FC Schalke 04	2	2	1	7:6	+1	6:4
10.	Borussia Dortmund	2	1	2	5:3	+2	5:5
11.	MSV Duisburg	1	3	1	4:3	+1	5:5
12.	Eintracht Frankfurt	1	2	2	3:5	-2	4:6
13.	1. FC Kaiserslautern	2	0	3	6:14	-8	4:6
14.	Kickers Offenbach	1	1	3	5:9	-4	3:7
15.	Rot-Weiß Oberhausen	0	2	3	7:11	-4	2:8
16.	Arminia Bielefeld	0	2	3	3:9	-6	2:8
17.	Hannover 96	0	2	3	2:8	-6	2:8
18.	SV Werder Bremen	0	1	4	2:9	-7	1:9

Torjägerliste - Zuschauer - Selbsttore - Platzverweise

Torjägerliste:
1. Lippens: 6 Tore
2. Köppel: 4 Tore
3. Parits, Erler, Laumen, Brungs und 4 weitere Spieler: je 3 Tore

Zuschauer: 255.000
Tore: 30
Selbsttore: 1
Platzverweise: keine

Eines der besseren Sorte

Der Respekt vor Braunschweigs Konterstärke hatte eine lähmende Wirkung für den MSV. Auch ohne Tore bekamen die Zuschauer aber eine packende Partie geboten und langweilten sich nur selten.

Hartmut Heidemann wurde vor dem Spiel für 500 Einsätze geehrt, was an sich eine beachtliche Leistung war, im Trikot des MSV aber ganz besonders. Kaum eine Mannschaft hatte sich in den letzten Jahren so stark verändert wie Meiderich, hatte Manglitz, Gecks, van Haaren, Rühl, Kostedde, Wild und Krämer verloren und die riesigen Lücken nicht im gleichen Tempo stopfen können. Auch in diesem Jahr wussten die Fans nicht recht, was sie von ihrer Mannschaft halten sollten. Unter Flutlicht betrachtet machte Meiderich aber eine überraschend gute Figur und kam seinen Anhängern auch ohne torreichen Heimsieg einen großen Schritt näher. "Der MSV ist jetzt stärker als im Vorjahr", urteilte Otto Knefler, der bei Braunschweigs letztjähriger Niederlage allerdings gar nicht dabei gewesen war. Duisburgs Leistung maß sich diesmal vorrangig an der Vorstellung des Gegners, denn Braunschweig war das bessere Team von zwei dauerhaft bemühten und hochdiszipliniert aufspielenden Mannschaften. Die Eintracht zeigte ihr gewohntes Spiel, betonhart in der Abwehr und immer auf günstige Gelegenheiten zum Kontern wartend. In beiden Halbzeiten kamen die Gäste auch zu je einer Großchance; beide Male leistete Erler die Vorarbeit, die erst Gerwien und dann Ulsaß nicht nutzen konnten. Aber auch der MSV hatte seine Möglichkeiten. Gerhard Kentschke hatte gleich zweimal Pech mit Holztreffern und zeigte auch sonst sein bisher bestes Spiel im Zebra-Trikot. Auch Budde schien nun endlich in der Saison angekommen.

Endlich eine echte Verstärkung: Gerhard Kentschke

MSV Duisburg - Eintr. Braunschweig 0:0 (0:0)

Fr., 11.09.1970, 20:00 Uhr
Zuschauer: 15.000
SR: Dieter Berner (Enzberg)
Tore: keine

Aufstellung MSV Duisburg: Volker Danner (Note 3,0); Hartmut Heidemann (4,0), Detlef Pirsig (4,0), Kurt Rettkowski (4,0), Michael Bella (2,0); Djordje Pavlic (5,0), Bernd Lehmann (5,0 - 70. Johannes Riedl, 5,0), Georg Damjanoff (4,0); Gerhard Kentschke (3,0), Rainer Budde (3,0), Bernard Dietz (4,0)

Aufstellung Eintracht Braunschweig: Horst Wolter (4,0); Wolfgang Grzyb (4,0), Peter Kaack (5,0), Joachim Bäse (3,0), Franz Merkhoffer (4,0); Michael Polywka (5,0), Bernd Gersdorff (4,0), Lothar Ulsaß (4,0); Klaus Gerwien (4,0), Jaro Deppe (4,0), Dietmar Erler (3,0)

Besonderheiten: keine

Werder so schwach wie nie

Selbst als Stuttgart nichts auf die Reihe bekam und böse Pfiffe vom Publikum ertragen musste, war Werders Spielweise armselig. Kaum war die Abwehrmauer eingestürzt, durften die Schwaben sich nach Lust und Laune bedienen.

Hans Eisele hatte sich kurzfristig verletzt, wodurch Arnold in seinem 175. Ligaspiel zur späten Ehre kam, sein Team als Kapitän aufs Feld zu führen. In dieser Rolle fühlte er sich derart wohl, dass Kamp an seiner Seite einging. Überraschend auf dem Feld stand auch Entenmann, dessen Handgelenk eigentlich gebrochen war, mit einer Plastikschiene aber hatte fixiert werden können. Auch er gehörte zu Stuttgarts tragenden Säulen, insgesamt aber spielten die Schwaben enttäuschend. "Wir waren besser und haben gewonnen", formulierte Branko Zebec sein Fazit und hatte mit beidem auch Recht. Weit mehr als eine Stunde aber dauerte es, bis seine Schwaben gegen denkwürdig schwache Bremer etwas auf die Beine stellten. Haug und Weidle blieben insgesamt gar besser versteckt als Kamp und Görts auf der anderen Seite; Werder deckte hart und sah darin seine einzige Berufung. Als Görts im zweiten Abschnitt plötzlich allein vor Heinze vergab, wachten die Gastgeber auf. Seit dem Premierenspiel 1963 hatten sie Werder daheim nicht mehr geschlagen und oft genug dabei schlecht ausgesehen. Diese Bremer aber gehörten besiegt und wurden in ihrer beschränkten Spielauffassung auch umgehend entlarvt, sobald Weiß das 1:0 erzielt hatte (68.). "Sehr beunruhigt" war Zapf Gebhardt über das, was anschließend geschah, denn die Gäste lösten sich völlig auf, fingen sich binnen 90 Sekunden zwei weitere Treffer und hätten bis zum bitteren Ende gut ein halbes Dutzend kassieren können.

Der Kapitän war der Beste: Hans Arnold

VfB Stuttgart - SV Werder Bremen 3:0 (0:0)

Fr., 11.09.1970, 20:00 Uhr
Zuschauer: 12.000
SR: Walter Eschweiler (Euskirchen)
Tore: 1:0 Hartmut Weiß (68., Kopfball, Vorlage Entenmann), 2:0 Roland Weidle (77.), 3:0 Gilbert Gress (78.).
Aufstellung VfB Stuttgart: Gerhard Heinze (Note 3,0); Günther Eisele (4,0), Reinhold Zech (4,0), Willi Entenmann (3,0), Hans Arnold (3,0); Gilbert Gress (4,0), Jan Olsson (4,0), Horst Haug (5,0); Manfred Weidmann (4,0), Hartmut Weiß (5,0), Roland Weidle (4,0)
Aufstellung SV Werder Bremen: Günter Bernard (3,0); Horst-Dieter Höttges (3,0), Rudolf Assauer (3,0), Arnold Schütz (3,0), Egon Coordes (4,0); Bernd Schmidt (5,0), Herbert Meyer (5,0 - 61. Willi Götz, –), Dieter Zembski (4,0); Karl-Heinz Kamp (5,0), Bernd Windhausen (3,0), Werner Görts (3,0)
Besonderheiten: keine

Träume von der Meisterschaft

Kein Wunder, dass Hertha so viele Zuschauer anlockte, denn Spiele im Olympiastadion waren immer der blanke Nervenkitzel. Nicht zum ersten Mal mussten die Berliner erst in Rückstand liegen, um aufzuwachen und den Gegner in einem mitreißenden Kampf noch zu erlegen.

Es gab so vieles, das man an der Hertha kritisieren mochte. Gayers Formschwäche etwa, Gergelys konditionellen Rückstand, das ewige Zaudern und Ballhalten im Spiel nach vorn und nicht zuletzt den Schlafwagenfußball gegen Köln, den man in dieser Saison nicht zum ersten Mal sah und der im jüngsten Fall mehr als eine komplette Halbzeit andauerte. Allerdings war da noch diese andere Hertha, eine, die mit dem Meister gleichauf an der Spitze stand und die Knall auf Fall aufstehen und einen Gegner in die Knie zwingen konnte, wenn man sie nur etwas trieze - gegen die Geißböcke geschah dies schon zum dritten Mal. Der erste Gegner war Kaiserslautern gewesen, der zur Saisoneröffnung stark aufspielte, eine dreimalige Führung aber nicht verwalten konnte und am Ende mit 3:5 verlor. Zwei Wochen später stellte sich Oberhausen vor, ging sensationell in Führung und riss die Furie damit aus dem Schlaf. Hertha gewann noch mit 3:1. Köln hätte insofern gewarnt, sich der Konsequenzen bewusst sein können, ehe Parits kurz nach dem Wechsel zur Gästeführung traf. Denn tatsächlich geschah es erneut. Wie von einer Bestie verfolgt, rannten die Berliner plötzlich los, machten in Windeseile aus dem 0:1 ein 2:1 und zuckten nicht einmal mit der Wimper, als Parits die Planung kurz durchkreuzte. Wie selbstverständlich legte Horr einfach noch mal nach und brachte das Umfeld der Inselstadt zum Nachdenken: War diese Truppe vielleicht reif für den Titel?

Von ihm war überhaupt nichts zu sehen: Jupp Kapellmann

Hertha BSC Berlin - 1. FC Köln 3:2 (0:0)

Sa., 12.09.1970, 15:30 Uhr
Zuschauer: 85.000
SR: Kurt Tschenscher (Mannheim)
Tore: 0:1 Thomas Parits (48.), 1:1 Bernd Patzke (51.), 2:1 Franz Brungs (55., Vorlage Patzke), 2:2 Thomas Parits (73.), 3:2 Lorenz Horr (78., Sperlich)
Aufstellung Hertha BSC Berlin: Volkmar Groß (Note 3,0); Bernd Patzke (2,0), Uwe Witt (3,0), Tasso Wild (4,0), Karl-Heinz Ferschl (3,0); Wolfgang Gayer (4,0), Laszlo Gergely (4,0), Arno Steffenhagen (5,0 - 71. Hans-Jürgen Sperlich, 3,0), Franz Brungs (3,0), Lorenz Horr (3,0), Jürgen Weber (4,0)
Aufstellung 1. FC Köln: Manfred Manglitz (3,0); Karl-Heinz Thielen (3,0), Wolfgang Weber (3,0), Werner Biskup (4,0), Matthias Hemmersbach (4,0); Heinz Simmet (4,0), Heinz Flohe (3,0); Bernd Rupp (4,0), Thomas Parits (2,0), Jupp Kapellmann (5,0), Hennes Löhr (4,0)
Besonderheiten: keine

Nervtöter Norbert Nibgur

Dortmund verpulverte seine Reserven in einem brotlosen Anfangssturmlauf, den Schalke nur dank der Glanztaten seines Torwarts überlebte. Irgendwie holten die Knappen dann sogar beide Punkte.

Der besondere Reiz dieses Derbys wurde jedes Jahr aufs Neue aufgerollt und in aller Breite diskutiert. Spiele wie dieses jedenfalls waren Werbung für die gesamte Bundesliga und eine Aufforderung an die Fans, sich immer wieder an den Stadionkassen anzustellen. Ein irres Vergnügen war besonders der erste Durchgang. Wie eine Walze versuchte Dortmund die Knappen zu erfassen und stürmte mit gesenkten Köpfen auf die Gäste ein. Weist, Held, Schütz, Ritschel - fast jeder Borusse feuerte mal einen Ball auf Nigbur ab und holte sich vom derzeit besten deutschen Torhüter eine Abfuhr. Gut und gern 5:1 konnte der BVB zum Seitenwechsel führen, ebenso gut aber mit 1:4 schon hinten liegen, weil die gewaltige Offensive unweigerlich auf Kosten durchschlupfsicherer Deckung ging. Allein Fischer scheiterte zweimal aus nahezu hundertprozentiger Position. Trotzdem etwas unangemessen führte zum Seitenwechsel der FC Schalke, weil Pirkner noch mit dem Pausenpfiff eine Flanke des starken Scheer einköpfte und den BVB damit fast in den Wahnsinn trieb. Bereits nach neun Minuten hatte Rüssmann überraschend getroffen, Wosab per Elfmeter zwischenzeitlich egalisiert (22.). Dass nach Wiederbeginn überhaupt kein Treffer mehr fiel, war eine weitere Überraschung. Dortmund aber zahlte für seinen Sturmlauf die Zeche, hielt Schalkes junge Wilde nun zwar in Schach, schoss selbst nun aber kaum noch aufs Tor. Für Horst Witzler war die Ursache klar: "Norbert Nigbur hat uns in der ersten Halbzeit den Nerv geraubt."

Ungeheuer tatendurstig: Klaus Scheer

Borussia Dortmund - FC Schalke 04 1:2 (1:2)

Sa., 12.09.1970, 15:30 Uhr
Zuschauer: 40.000
SR: Jürgen Schumann (Neuwied)
Tore: 0:1 Rolf Rüssmann (9., Vorlage Fischer), 1:1 Reinhold Wosab (22., Handelfmeter), 1:2 Hans Pirkner (45., Kopfball, Scheer)
Aufstellung Borussia Dortmund: Jürgen Rynio (Note 4,0); Reinhold Wosab (3,0), Branco Rasovic (4,0), Willi Neuberger (3,0), Ferdinand Heidkamp (3,0); Dieter Kurrat (3,0), Jürgen Schütz (4,0 - 60. Horst Trimhold, 4,0); Manfred Ritschel (4,0), Dieter Weinkauff (4,0), Werner Weist (4,0), Siegfried Held (4,0)
Aufstellung FC Schalke 04: Norbert Nigbur (1,0); Hans-Jürgen Becher (4,0), Rolf Rüssmann (3,0), Klaus Fichtel (2,0), Jürgen Sobieray (3,0); Herbert Lütkebohmert (4,0), Klaus Scheer (3,0), Heinz van Haaren (4,0); Reinhard Libuda (4,0), Klaus Fischer (5,0 - 66. Alban Wüst, 4,0), Hans Pirkner (4,0)
Besonderheiten: keine

Kleeblätter ohne Glück

Selbst beim fälligen Sturz von der Tabellenspitze bewahrte Essen noch Haltung und verkleinerte den Schaden auf ein Minimum. Oberhausen hätte eigentlich siegen müssen.

Im Trubel der Schlussviertelstunde wäre fast untergegangen, dass Essen ja weitaus mehr zurückerobert hatte als nur den einen Zähler. 51 Punktspiele waren es nun, die RWE auf eigenem Rasen unbesiegt war, und man konnte sich nicht erinnern, wann jemals die Serie stärker in Gefahr gekommen war. "Wir sind mit unserer Favoritenrolle nicht fertig geworden, waren alle viel zu nervös", erklärte Libero Rausch und wusste genau, dass sein Team die Begegnung eigentlich verlieren musste. Brüchig war besonders die rechte Abwehrseite, wo Czernotzky kaum zu Ausflügen kam, weil sein Gegenspieler ihn zu sehr beschäftigte. Anfangs hielt man Oberhausen noch für ein Gespenst. Kaum hatte Lippens den frühen Rückstand ausgeglichen, gingen die Kleeblätter jedoch wieder in Front und sahen schon wie der sichere Sieger aus, als Karbowiak Essens Angriffswelle mit dem 1:3 jäh unterbrach. Mehr als eine Stunde kam wohl insgesamt zusammen, in der RWO die bessere Mannschaft war, geschlossen verteidigte, strategisch angriff und mit Sühnholz und Brozulat die stärksten Einzelkräfte bündelte. Dass die Gäste am Ende nicht beide Zähler nahmen, durfte nicht sein, zumal sie ja noch gar nicht gewonnen hatten und sich ohnehin von der Fortuna gemieden fühlten. Essen aber warf alles in die Waagschale, was es noch hatte - und das war erneut Willi Lippens. Ganz allein auf ihn ging die großartige Schlussoffensive, in der Fürhoff erst den Anschluss und er selbst das 3:3 erzielte. Essen war noch einmal gerettet, musste sich längst aber sorgen, wie es eines Tages nur ohne Willi Lippens überleben sollte.

Meistens nur zweiter Sieger: Peter Czernotzky

Rot-Weiss Essen - RW Oberhausen 3:3 (1:2)

Sa., 12.09.1970, 15:30 Uhr
Zuschauer: 28.000
SR: Heinz Aldinger (Waiblingen)
Tore: 0:1 Hans Schumacher (7., Kopfball, Vorlage Brozulat), 1:1 Willi Lippens (17., Kopfball), 1:2 Dieter Brozulat (21., Freistoß, Sühnholz), 1:3 Günter Karbowiak (56., Sühnholz), 2:3 Günter Fürhoff (73., Lippens), 3:3 Willi Lippens (80., Kopfball, Mors)
Aufstellung Rot-Weiss Essen: Fred-Werner Bockholt (Note 5,0); Peter Czernotzky (5,0), Hermann Erlhoff (4,0 - 69. Roland Peitsch, 4,0), Wolfgang Rausch (3,0), Heinz Stauvermann (3,0); Egbert-Jan ter Mors (5,0), Georg Jung (5,0), Erich Beer (4,0); Herbert Weinberg (5,0 - 38. Günter Fürhoff, 4,0), Walter Hohnhausen (5,0), Willi Lippens (2,0)
Aufstellung Rot-Weiß Oberhausen: Wolfgang Scheid (4,0); Werner Ohm (4,0), Uwe Kliemann (4,0), Friedhelm Dick (4,0), Friedhelm Kobluhn (5,0); Reiner Hollmann (5,0 - 76. Rainer Laskowsky, 5,0), Franz Krauthausen (4,0), Dieter Brozulat (3,0); Günter Karbowiak (5,0), Wolfgang Sühnholz (3,0), Hans Schumacher (4,0)
Besonderheiten: keine

Pikkolo vom Kaiser

Das Feuer vergangener Duelle wollte sich dieses Mal nicht entzünden. Schuld war die Eintracht, die zu umständlich zur Sache ging und den Bayern so lange Respekt erwies, bis sie tatsächlich in Führung gingen. Danach gab es kein Zurück mehr.

Franz Beckenbauer ließ sich anlässlich seines Geburtstages nicht lumpen und spendierte jedem seiner Mitspieler auf dem Flughafen ein Glas Sekt. Auf zwei Punkte durften die Bayern ebenfalls anstoßen, die von Erich Ribbeck gerühmte "Cleverness und Routine" der Münchener wirkte allerdings ein wenig konstruiert. Eine Viertelstunde netto spielten die Gäste in Frankfurt wirklich stark und hatten damit schon genug geleistet, um harmlose Hessen in die Schranken zu weisen - das bayerische Pferd sprang nur so hoch wie es musste. In der ersten Stunde des Spiels wähnte sich Frankfurt auf einem gutem Weg, stand einigermaßen sicher in der Abwehr und beschäftigte Sepp Maier etwas mehr als auf der anderen Seite Dr. Kunter gefordert wurde. Müllers Doppelbewachung durch Trinklein und Lutz funktionierte, von Beckenbauer kam überraschend wenig, und der bewegliche Brenninger war auf einen Torerfolg nicht unbedingt aus. Allerdings brachte der Eintracht ihr latentes Übergewicht wenig, solange Heese der einzige blieb, der sich für einen Führungstreffer stark machte. Das Sturmspiel der Gastgeber versagte erneut, nur die beiden Letzten der Liga hatten nach fünf Spielen weniger Tore geschossen. Erfolgreich war stattdessen Franz Roth, der vorher schon gefährlich geschossen hatte und auf Beckenbauers Vorarbeit Kunter im Nachschuss bezwang (62.). Das Tor war so schmucklos wie der ganze Sieg der Bayern, vorzuwerfen war dies aber einzig den Gastgebern.

Viel unterwegs, aber ohne Zug zum Tor: Dieter Brenninger

Eintracht Frankfurt - FC Bayern München 0:1 (0:0)

Sa., 12.09.1970, 15:30 Uhr
Zuschauer: 31.000
SR: Jan Redelfs (Hannover)
Tore: 0:1 Franz Roth (62., Vorlage Beckenbauer)
Aufstellung Eintracht Frankfurt: Peter Kunter (Note 3,0); Karl-Heinz Wirth (4,0), Gert Trinklein (3,0), Friedel Lutz (3,0), Lothar Schämer (4,0); Jürgen Kalb (4,0), Bernd Hölzenbein (4,0), Jürgen Grabowski (4,0), Horst Heese (4,0 - 76. Walter Wagner, –), Jürgen Papies (5,0 - 46. Thomas Rohrbach, 4,0), Bernd Nickel (4,0)
Aufstellung FC Bayern München: Sepp Maier (3,0); Herwart Koppenhöfer (4,0), Johnny Hansen (4,0), Franz Beckenbauer (3,0), Peter Pumm (3,0); Paul Breitner (4,0), Franz Roth (3,0), Rainer Zobel (4,0); Gerd Müller (4,0), Karl-Heinz Mrosko (4,0), Dieter Brenninger (3,0)
Besonderheiten: keine

Klaren Vorsprung fast noch verspielt

Das Hamburger Lazarett war eigentlich schon mehr als gut gefüllt. Als sich dann auch noch Seeler mit einer Zerrung, die ihn seit der 10. Minute quälte, in der 50. Minute auswechseln ließ, führte der HSV 3:0 - doch der DSC kam ...

Obgleich die Hamburger nach dem 3:0-Erfolg in Hannover eingespielt erschienen, wirkte das Team in der ersten halben Stunde verkrampft. Die Räder griffen nicht ineinander, und die Gäste hatten recht leichtes Spiel, ihren Gegner auszubremsen. Als sich die Ostwestfalen dann auch noch die erste gute Chance erarbeitet hatten (Kuster scheiterte an Özcan, 30.), stockte den Zuschauern kurz der Atem. Beim Gegenangriff klingelte es allerdings im Kasten des guten Siese, denn Dörfel hatte getroffen. Den plötzlichen Doppelschlag machte dann ein Eigentor von Schulz perfekt (32.), die hanseatischen Gesichter hellten sich auf. Mit dem 3:0 durch Sandmann, fünf Minuten nach der Pause, schien die Messe dann endgültig gelesen, und Seeler überließ Beyer seinen Platz im Sturm. Doch mit dem Abgang des Kapitäns entglitt nicht nur dem bis dahin starken Zaczyk die Dominanz im Mittelfeld. Auch seine Mitspieler wurden unsicher, die Fehlpässe häuften sich. Arminia witterte ihre Chance und kam prompt zum Anschluss durch Kuster (56.). Zu allem Übel zog sich Beyer eine tiefe Risswunde zu und musste in der 71. Minute wieder runter. Vier Minuten später verkürzte Slomiany für die nun aufblühenden Gäste auf 2:3 - beim HSV begann das große Zittern. Spielerisch lief nichts mehr, die Abwehr wackelte, aber irgendwie brachten die Hausherren den knappen Vorsprung ins Ziel. Ein Wermutstropfen blieb trotzdem, denn die Verletztenliste hatte nun eine bedrohliche Länge angenommen.

Nur zwischendurch im Einsatz: Siegfried Beyer

Hamburger SV - Arminia Bielefeld 3:2 (2:0)

Sa., 12.09.1970, 15:30 Uhr
Zuschauer: 15.000
SR: Rudolf Schröck (Riegelsberg)
Tore: 1:0 Charly Dörfel (31.), 2:0 Dieter Schulz (32., Eigentor), 3:0 Helmut Sandmann (50.), 3:1 Ernst Kuster (56.), 3:2 Waldemar Slomiany (75.)
Aufstellung Hamburger SV: Arkoc Özcan (Note 2,0); Heinz Bonn (3,0), Helmut Sandmann (3,0), Hans-Jürgen Hellfritz (3,0), Hans-Werner Kremer (3,0); Hans Schulz (3,0), Klaus Zaczyk (2,0), Franz-Josef Hönig (3,0); Gerd Klier (3,0), Uwe Seeler (3,0 - 50. Siegfried Beyer, 3,0), Charly Dörfel (2,0)
Aufstellung Arminia Bielefeld: Gerd Siese (2,0); Volker Klein (3,0), Detlef Kemena (3,0), Dieter Schulz (4,0 - 46. Horst Wenzel, 3,0), Waldemar Slomiany (2,0); Horst Stockhausen (2,0), Gerd Knoth (3,0), Ulrich Braun (3,0); Karl-Heinz Brücken (4,0), Ernst Kuster (3,0), Norbert Leopoldseder (3,0 - 55. Gerd Kohl, 3,0)
Besonderheiten: keine

In der Mitte getroffen

Unter dem Druck seines Fehlstarts verhielt sich 96 ungeschickt und vergab eine mögliche Pausenführung kläglich. Ein plötzliches Tor gab stattdessen den Gästen Auftrieb, die einen weiteren Coup sichtbar vor Augen hatten, ebenfalls aber schwache Nerven bewiesen.

Weil beide Teams einen Sieg verschenkten, einigte man sich darauf, zufrieden zu sein. "Insgesamt gesehen ist das 1:1 wohl richtig", brummte Aki Schmidt. "Es hat der Mannschaft sicherlich Selbstvertrauen gegeben", meinte Helmuth Johannsen. Was die Gastgeber aufrichtete, war einzig die Folge der Ereignisse, denn nachdem sie sich selbst in Teufels Küche gebracht hatten, fanden die Niedersachsen wieder einen Weg heraus und schafften kurz vor dem Ende noch den Ausgleich, mit der guten alten Brechstange. Vorher war dieses passiert: Gleich nach acht Minuten musste es im Tor von Volz bereits klingeln, als Bandura das Leder verzog. Weitere Chancen folgten, allesamt für Hannover, das sich ein gutes Spiel kaputt machte, weil vor dem Gehäuse der Instinkt nicht funktionierte. Nach dem Wechsel witterten die verschonten Gäste Morgenluft, wären allerdings wohl kaum in Führung gegangen, hätten nicht sowohl Weller als auch Anders mit Abspielfehlern geholfen; Bechtold nutzte sie zum 0:1 (63.). Nun war der OFC wach. An der Stätte des noch frischen Triumphes gelangen brillante Passagen inklusive zweier Halb- und vor allem einer Großchance, als Podlasly Bechtolds Kanone mit einer Wahnsinnstat parierte (77.). Den verzweifelten Endspurt der Platzelf hätte Bechtold im Erfolgsfall wohl verhindert. So aber versuchte 96 noch einmal alles und kam ausgerechnet durch Fehlerteufel Weller doch noch zum verdienten Ausgleich (87.).

An beiden Toren beteiligt: Hans-Joachim Weller

Hannover 96 - Kickers Offenbach 1:1 (0:0)

Sa., 12.09.1970, 15:30 Uhr
Zuschauer: 12.000
SR: Alfred Köhler (Wanne-Eickel)
Tore: 0:1 Walter Bechtold (63., Vorlage Winkler), 1:1 Hans-Joachim Weller (87., Berg)
Aufstellung Hannover 96: Horst Podlasly (Note 4,0); Rainer Stiller (4,0), Peter Anders (3,0), Hans-Josef Hellingrath (3,0), Horst Bertl (5,0 - 68. Horst Berg, –); Hans-Joachim Weller (3,0), Jürgen Bandura (4,0), Hans Siemensmeyer (3,0); Claus Brune (4,0), Ferdinand Keller (4,0), Rudolf Nafziger (5,0 - 67. Zvezdan Cebinac, –)
Aufstellung Kickers Offenbach: Karlheinz Volz (3,0); Helmut Kremers (4,0), Hans Reich (3,0), Helmut Schmidt (3,0), Josef Weilbächer (4,0); Egon Schmitt (4,0), Roland Weida (3,0), Winfried Schäfer (4,0); Walter Bechtold (3,0), Horst Gecks (2,0), Klaus Winkler (4,0 - 82. Erwin Kremers, –)
Besonderheiten: keine

Das Diktat des Meisters

Die Saat für einen ruhigen Ausklang streute Gladbach im ersten Durchgang, als die Teufel schier durch die Luft gewirbelt wurden. Auch danach hatte Lautern überhaupt nichts zu melden.

Seine Ankündigung, sich am Bökelberg nicht zu verstecken, machte Kaiserslautern wahr und das Spiel dadurch interessant. Nur war für den Fall eines Rückstandes offenbar kein Plan vorhanden, schon gar nicht ein Gegenmittel für den wie aufgedreht wirbelnden Meister. Für Defensivpläne war es nach dem kaltherzig frühen 0:1 zu spät (4.), kaum ein anderes Team indes hätte gegen dieses Mönchengladbach wohl etwas ausrichten können, das durch Köppel gleich noch ein zweites Mal zustach (12.) und eine Viertelstunde später im Grunde schon gewonnen hatte, als Wimmer einem Solo das 3:0 folgen ließ. "Mit Stürmern wie Laumen oder Köppel hätten wir sicher zwei, drei Tore erzielt", behauptete Gäste-Trainer Lorant. Ebenso gut hätte der Ungar auch seine Abwehrspieler beschimpfen können, die es bis zum Schluss nicht fertig brachten, die Wege zu Dordevics Tor zu versperren. Hätte Gladbach gewollt, auch sieben oder acht Tore wären möglich gewesen, so sehr führten die Fohlen den FCK an der Nase herum. Nach der Pause lockerte der VfL seinen Würgegriff, allerdings nur aus eigenem Interesse, denn in der darauffolgenden Woche ging es dann schon zu den Bayern. Was Laumen (66.) und Köppel (87.) später noch taten, legte den Finger tief in die Pfälzer Wunde: 14 Gegentore hatten sie nach fünf Spielen nun schon kassiert, darunter je eine Packung in Berlin, Essen und nun am Bökelberg. Einziger Trost war noch die Tabelle, genau diese drei Mannschaften führten die Bundesliga nun an.

Schon wieder zum Abschuss freigegeben: Bratislav Dordevic

Borussia Mönchengladbach - 1. FC Kaiserslautern 5:0 (3:0)

Sa., 12.09.1970, 15:30 Uhr
Zuschauer: 17.000
SR: Gerhard Schulenburg (Hamburg)
Tore: 1:0 Herbert Laumen (4.), 2:0 Horst Köppel (12., Vorlage Le Fevre), 3:0 Herbert Wimmer (25.), 4:0 Herbert Laumen (66., Netzer), 5:0 Horst Köppel (87.)
Aufstellung Borussia Mönchengladbach: Wolfgang Kleff (Note 4,0); Berti Vogts (3,0), Ludwig Müller (3,0), Klaus-Dieter Sieloff (3,0), Heinz Wittmann (3,0); Peter Dietrich (3,0), Günter Netzer (3,0), Herbert Laumen (3,0); Herbert Wimmer (3,0), Horst Köppel (3,0), Ulrik Le Fevre (4,0 - 64. Jupp Heynckes, 4,0)
Aufstellung 1. FC Kaiserslautern: Bratislav Dordevic (4,0); Günther Rademacher (– - 16. Dieter Krafczyk, 5,0), Peter Blusch (5,0), Ernst Diehl (4,0), Fritz Fuchs (5,0); Jürgen Friedrich (4,0), Günther Reinders (5,0), Otto Rehhagel (4,0); Josef Pirrung (5,0), Karl-Heinz Vogt (5,0), Klaus Ackermann (5,0)
Besonderheiten: keine

ZEITFENSTER
7. - 13. September 1970

Nur noch mit Begleitung
(USA, 11. September)
Zahlreiche Entführungsfälle in den letzten Wochen hatten Passagiere und Fluggesellschaften gleichermaßen erschreckt. Die Amerikaner reagierten darauf mit der Verordnung, US-amerikanische Verkehrsflieger nur mit mitreisenden, bewaffneten Sicherheitskräften einzusetzen.

Dominante Dame
(USA/Australien, 13. September)
Mit dem Gewinn der US-Open vollbrachte

Trotz einer fast dreijährigen Pause zwischen 1966 und 1969 fand sie zu einer überragenden Form zurück: Margaret Smith Court

die Australierin Margaret Smith Court als zweite Frau in der Tennishistorie (nach Maureen Connolly, 1953) das Kunststück eines Grand-Slam-Erfolges.

Ein ganz spezielles Auto
(BRD, 1970)
Als Manta-Fahrer tituliert zu werden ist nach gängigem Verständnis kein Kompliment. Die von Fuchsschwanz an der Antenne bis blondierter Friseuse auf dem Beifahrersitz reichende Klischee-Palette ist voluminös; ganz zu schweigen von den Mantafahrer-Witzen, die die Aufmotz (Tuning)-Euphorie der Fangemeinde karikieren. Im September 1970 war eine solche Entwicklung noch nicht abzusehen, als Opel das sportliche Konkurrenzprodukt Manta zum zwei Jahre zuvor erfolgreich in Deutschland vorgestellten Capri (Ford) auf die Straßen entließ.

Der Manta GT/E war erst ab 1974 zu haben, kostete 14.145 Mark, wurde serienmäßig ohne Fuchsschwanz geliefert und die blonde Dame auf dem Bild war sicher keine Frisörin

Bundesliga 1970/1971 – 6. Spieltag

Müller unerlaubt als Torwart. Diesen Kopfball von Laumen erreicht er sicher mit den Händen. Den fälligen Elfmeter verwandelt Sieloff zum 1:1 (Bayern München - Bor. Mönchengladbach 2:2)

Braunschweigs große Rückkehr

Die letzten beiden Unbesiegten trafen direkt aufeinander und boten sich ein aufregendes Muskelspiel. Während Hertha enttäuschte und Essen langsam durchgereicht wurde, begrüßte die Spitzengruppe einen alten Bekannten.

Fast 400 Minuten hatten die Niedersachsen kein Tor mehr kassiert und zuletzt sieben Punkte aus vier Begegnungen geholt. Die Wucht, mit der die Eintracht nun Stuttgart aus dem Stadion fegte, ließ nur einen Schluss zu: Braunschweig war wieder eine Spitzenmannschaft. Dies zu beweisen hatten die Bayern nicht mehr nötig, im Heimspiel gegen Gladbach allerdings ließen sie wieder eine Großchance ungenutzt, um zum Meister nach oben aufzuschließen. Ein Patzer Franz Beckenbauers schenkte den Fohlen noch einen Punkt. Hertha BSC (0:0 in Bremen) und der Überraschungsstarter Essen ließen ebenfalls Federn. RWE wurde auf Schalke allerdings übel mitgespielt. Aus einem 0:1 noch ein 4:1 zu machen, war den Knappen lediglich möglich, weil der Unparteiische die Gäste um den Verstand brachte. Die Begegnung stand kurz vor dem Abbruch.

Ergebnisse – 6. Spieltag 1970/1971

Sa., 19.09.70	Arminia Bielefeld	-	Hannover 96	3:1 (1:1)
Sa., 19.09.70	Eintracht Braunschweig	-	VfB Stuttgart	4:0 (3:0)
Sa., 19.09.70	SV Werder Bremen	-	Hertha BSC Berlin	0:0 (0:0)
Sa., 19.09.70	1. FC Kaiserslautern	-	Hamburger SV	2:0 (1:0)
Sa., 19.09.70	1. FC Köln	-	Borussia Dortmund	2:2 (1:0)
Sa., 19.09.70	FC Bayern München	-	Borussia Mönchengladbach	2:2 (1:0)
Sa., 19.09.70	Rot-Weiß Oberhausen	-	Eintracht Frankfurt	0:0 (0:0)
Sa., 19.09.70	Kickers Offenbach	-	MSV Duisburg	2:0 (2:0)
Sa., 19.09.70	FC Schalke 04	-	Rot-Weiss Essen	4:1 (2:1)

Tabelle

Platz	Verein	S	U	N	Tore	Differenz	Punkte
1.	Borussia Mönchengladbach	3	3	0	13:4	+9	9:3
2.	Hertha BSC Berlin	4	1	1	12:7	+5	9:3
3.	Eintracht Braunschweig	3	2	1	11:6	+5	8:4
4.	FC Schalke 04	3	2	1	11:7	+4	8:4
5.	Hamburger SV	3	2	1	11:8	+3	8:4
6.	FC Bayern München	2	4	0	7:5	+2	8:4
7.	Rot-Weiss Essen	2	3	1	12:9	+3	7:5
8.	1. FC Köln	2	3	1	10:8	+2	7:5
9.	Borussia Dortmund	2	2	2	7:5	+2	6:6
10.	VfB Stuttgart	2	2	2	8:9	-1	6:6
11.	1. FC Kaiserslautern	3	0	3	8:14	-6	6:6
12.	MSV Duisburg	1	3	2	4:5	-1	5:7
13.	Kickers Offenbach	2	1	3	7:9	-2	5:7
14.	Eintracht Frankfurt	1	3	2	3:5	-2	5:7
15.	Arminia Bielefeld	1	2	3	6:10	-4	4:8
16.	Rot-Weiß Oberhausen	0	3	3	7:11	-4	3:9
17.	SV Werder Bremen	0	2	4	2:9	-7	2:10
18.	Hannover 96	0	2	4	3:11	-8	2:10

Torjägerliste - Zuschauer - Selbsttore - Platzverweise

Torjägerliste:
1. Lippens: 7 Tore
2. Ulsaß, Köppel: je 4 Tore
3. Weiß, Kuster, Zaczyk, Horr und 5 weitere Spieler: je 3 Tore

Zuschauer: 207.000
Tore: 25
Selbsttore: keine
Platzverweise: keine

Fressen oder gefressen werden

Die Art der Hannoveraner Niederlage war mittlerweile zum Markenzeichen geworden. Wieder dominierte 96 einen Abschnitt klar, kassierte ein plötzliches Gegentor und fiel anschließend kläglich auseinander. Für Arminia war es der allererste Bundesligasieg.

Ohne Saisonerfolg waren beide noch vor diesem Spiel und schienen in erster Linie bemüht, den Gegner mit defensiver Ausrichtung am Siegen zu hindern. Den Gästen gelang dies zu Anfang noch besser als Arminia, weil man ihr am ehesten einen Sturmlauf abverlangte und dies dank gut verengter Räume nicht funktionierte. Überraschend ging 96 dann gar in Führung, weil sein einziger echter Angreifer Brune in der sonst sicheren Bielefelder Abwehr einen Durchschlupf fand (22.). Hoffnung keimte auf im Lager der Niedersachsen, zu oft hatte man andererseits schon gedacht, diesmal würde wirklich der Knoten platzen und der erste Sieg wäre endlich auf dem Weg. Der Rückschlag kam wie befürchtet, und typischerweise zum ungünstigsten Zeitpunkt. Keine Minute vor der Pause zwirbelte Knoth eine Ecke in den Strafraum und bediente den Mann, der just den Fritz-Walter-Pokal für den Titel des mannschaftsdienlichsten Regionalligaspielers erhalten hatte: Ernst Kuster. Wie dienlich dieser Mann auch in der Bundesliga sein konnte, bewies er dann nach dem Wechsel.

Endlich in der Bundesliga angekommen: Ernst Kuster

Helmuth Johannsen schaffte es nicht, seine gebeutelte Mannschaft vom Weiterkämpfen zu überzeugen. Hannovers Stachel saß so tief, dass Arminia die Niedersachsen an die Wand spielen und auf ihrem Rücken selbst ihre sieglose Ligazeit beenden konnte. Stockhausen (69.) und wieder Kuster (79.) schossen die Tore und schickten 96 wieder ans Tabellenende.

Arminia Bielefeld - Hannover 96 3:1 (1:1)

Sa., 19.09.1970, 15:30 Uhr
Zuschauer: 22.000
SR: Dieter Heckeroth (Frankfurt/Main)
Tore: 0:1 Claus Brune (22.), 1:1 Ernst Kuster (44.), 2:1 Horst Stockhausen (69.), 3:1 Ernst Kuster (79., Kopfball, Vorlage Brücken)
Aufstellung Arminia Bielefeld: Gerd Siese (Note 4,0); Volker Klein (5,0 - 46. Horst Wenzel, 3,0), Dieter Schulz (3,0), Horst Stockhausen (3,0), Waldemar Slomiany (3,0); Gerd Knoth (2,0), Norbert Leopoldseder (4,0 - 68. Klaus Oberschelp, 4,0); Karl-Heinz Brücken (4,0), Ernst Kuster (3,0), Ulrich Braun (4,0), Gerd Kohl (3,0)
Aufstellung Hannover 96: Horst Podlasly (4,0); Rainer Stiller (3,0), Peter Anders (3,0), Hans-Josef Hellingrath (3,0), Horst Berg (4,0); Hans-Joachim Weller (4,0), Jürgen Bandura (4,0), Horst Bertl (5,0 - 76. Kurt Ritter, 5,0); Claus Brune (4,0), Ferdinand Keller (5,0), Rudolf Nafziger (4,0)
Besonderheiten: keine

Bester Ulsaß aller Zeiten

Was der schale Sieg über Bremen wert war, erfuhr Stuttgart an einem richtigen Gegner. Gegen die geballte Braunschweiger Qualität hatten die Schwaben überhaupt keine Chance.

Vier Plätze machte die Eintracht in der Tabelle gut, vier Ränge stürzte Stuttgart hinab - es waren die größten Bewegungen an diesem Spieltag, und dennoch drückten sie den Leistungsunterschied noch nicht angemessen aus. "Ich habe nicht viel zu sagen", druckste Branko Zebec, "heute war Braunschweig auf allen Positionen überlegen." Die Niedersachsen spielten in der ersten halben Stunde am Limit, dabei konnte man nicht einmal sagen, dass ihnen alles gelungen wäre. Nach drei Minuten bereits köpfte Ulsaß so gefährlich aufs Tor, dass Heinze einen Schreck bekam. Gleich darauf musste der Tormann wieder gegen Braunschweigs Strategen parieren und direkt noch eine Erler-Bombe aushalten, die allerdings zur Ecke führte, welche Ulsaß dann endlich ins Tor köpfte (14.). Der Mittelfeldmann war in absoluter Hochform. Mit Olsson und Haug machte er, was immer er wollte, beackerte jeden Zentimeter Rasen und fand sogar noch Zeit für Kunststücke wie das 2:0, als er Heinze aus unmöglichem Winkel mit einer Bogenlampe düpierte (17.). Im Gegenzug wies dann auch Wolter einmal seine Klasse nach, leitete mit dem Abschlag aber sogleich das 3:0 ein, das die entsetzten Schwaben an den Rand eines Debakels drängte (19.). Erst mit Wiederbeginn zeigte Stuttgart sich erholt, schoss aber nur halbherzig aufs Tor und blieb auch zu berechenbar, um sein Schicksal zu ändern. Nach dem 4:0 (59.) gab die Eintracht dann auch Ruhe und hatte allemal genug gezeigt, um endgültig als Spitzenmannschaft wieder ernst genommen zu werden.

Vielleicht war es das Spiel seines Lebens: Lothar Ulsaß

Eintracht Braunschweig - VfB Stuttgart 4:0 (3:0)

Sa., 19.09.1970, 15:30 Uhr
Zuschauer: 20.000
SR: Peter Gabor (Berlin)
Tore: 1:0 Lothar Ulsaß (14., Kopfball, Vorlage Grzyb), 2:0 Lothar Ulsaß (17.), 3:0 Jaro Deppe (19., Gerwien), 4:0 Michael Polywka (59.)
Aufstellung Eintracht Braunschweig: Horst Wolter (Note 3,0); Wolfgang Grzyb (3,0), Joachim Bäse (3,0), Peter Kaack (3,0), Franz Merkhoffer (3,0); Michael Polywka (3,0), Lothar Ulsaß (1,0 - 80. Rainer Skrotzki, –), Bernd Gersdorff (2,0); Klaus Gerwien (4,0), Jaro Deppe (4,0 - 67. Gerd Saborowski, 4,0), Dietmar Erler (3,0)
Aufstellung VfB Stuttgart: Gerhard Heinze (4,0); Günther Eisele (4,0), Willi Entenmann (4,0), Reinhold Zech (4,0), Hans Arnold (5,0); Gilbert Gress (3,0), Jan Olsson (5,0), Horst Haug (5,0 - 46. Herbert Höbusch, 5,0); Manfred Weidmann (5,0), Hartmut Weiß (4,0), Roland Weidle (4,0 - 78. Werner Haaga, –)
Besonderheiten: keine

Noch nicht schwach genug

Kein Feuer, keine Leidenschaft keine Tore - woran Werder in den letzten Wochen erkrankt war, hatte kurzerhand die Hertha infiziert. Schade nur, dass die Bremer es nicht nutzten.

Näher als in dieser Begegnung, damit hatte Robert Gebhardt zweifelsohne Recht, waren die Grün-Weißen einem Sieg in dieser Saison noch nicht gekommen. Einen unhaltbaren Björnmose-Schuss fischte Volz zum Beispiel aus dem Winkel, ein anderes Mal lag es am Schiedsrichter, der als einziger im Stadion ein klares Handspiel von Witt übersah. Werder spielte verbessert, hatte von zwei starken Abwehrreihen die eindeutig härtere, mit Steinmann einen lang vermissten Rückkehrer, der Brungs überhaupt keine Chance ließ, und in Thelen einen Not-Linksaußen, der den verletzten Görts mindestens gleichwertig ersetzte. Ein Tor schließlich erzielte Thelen ebenfalls nicht. Die Bremer Medaille hatte dennoch zwei Seiten. Erstmals seit Anfang April blieb der SV Werder zwar ohne Gegentor, seit fast 400 Minuten hatte er selbst schon nicht mehr getroffen. Wen sonst außerdem sollte man überhaupt jemals besiegen, wenn nicht diese völlig sinnfrei aufspielende Hertha, die zweifelsohne im Weserstadion ihre mit Abstand schwächste Saisonleistung bot. Wenn es die Bremer nicht schossen, da war man sich frühzeitig sicher, dann sollte in diesem Spiel überhaupt kein Tor mehr fallen, denn Weber, Horr und Sperlich, diesmal von Anfang an dabei, versteckten sich hinter ihren Gegenspielern, als hätten sie irgendetwas angestellt. Fast wäre es in der Schlusssekunde trotzdem noch passiert, doch Horrs Flanke strich an Freund und Feind vorbei ins Aus. Undenkbar nahezu: Wäre es ein Tor geworden, hätte die Hertha tatsächlich die Ligaspitze erklommen.

Einer der wenigen Gewinner: Heinz Steinmann

SV Werder Bremen - Hertha BSC Berlin 0:0 (0:0)

Sa., 19.09.1970, 15:30 Uhr
Zuschauer: 18.000
SR: Hans Voss (Wolbeck)
Tore: keine
Aufstellung SV Werder Bremen: Günter Bernard (Note 4,0); Dieter Zembski (4,0), Arnold Schütz (4,0), Heinz Steinmann (3,0 - 75. Bernd Schmidt, 4,0), Egon Coordes (3,0); Rudolf Assauer (4,0), Horst-Dieter Höttges (4,0), Ole Björnmose (5,0); Karl-Heinz Kamp (5,0), Bernd Windhausen (4,0), Werner Thelen (4,0)
Aufstellung Hertha BSC Berlin: Volkmar Groß (2,0); Bernd Patzke (5,0), Uwe Witt (3,0), Tasso Wild (3,0), Karl-Heinz Ferschl (4,0); Wolfgang Gayer (4,0), Laszlo Gergely (5,0); Hans-Jürgen Sperlich (5,0), Franz Brungs (4,0), Lorenz Horr (5,0), Jürgen Weber (5,0 - 65. Arno Steffenhagen, 4,0)
Besonderheiten: keine

Nicht erstligareif

Über die Leistung des HSV bei diesem Auftritt am Betzenberg war kaum ein Lob zu vernehmen. Trainer Ochs fand immerhin die zweite Halbzeit "zufriedenstellend", obwohl er das Spiel bestimmt genau verfolgt hatte.

"Dürftiges Regionalliganiveau" erkannte ein Berichterstatter am Ende der Partie und lag damit nicht falsch, zumal auch beim Sieger Kaiserslautern weiß Gott wenig rund lief. Das Mittelfeld der Hausherren war allein von den Ideen Friedrichs abhängig, dessen Partner Reinders völlig neben der Spur lag. Tempo war nur sehr selten angesagt, das Spiel schleppte sich zeitlupenmäßig dahin. Schuld daran hatte natürlich auch der HSV, dem anscheinend von Beginn an klar war, hier möglichst kein Tor zu kassieren und der sich deshalb hinten einigelte. Das Konzept der Hanseaten wurde allerdings durch einen gewaltigen 35-Meter-Kracher umgeworfen, den Abwehrchef Blusch nach elf Minuten abfeuerte. Das Leder sprang vor Girschkowski auf und rauschte dadurch unhaltbar ins Netz. Ein Aufbäumen der Gäste war danach nicht erkennbar. Uwe Seeler kämpfte noch mit seiner Verletzung aus der letzten Partie, seine Sturmpartner Klier, Dörfel und Hönig bekamen kaum einen Stich. Da nutzten die Aktivitäten von Zaczyk und Hans Schulz wenig, denn die Anspielpersonen übertrafen sich an Harmlosigkeit. Ging mal ein Schuss aufs Tor, war Elting jeweils auf der Hut. Schwierigkeiten hatten auf der Gegenseite Libero Hellfritz und seine Kollegen meist mit dem beweglichen Richter, dem allerdings die Präzision im Abschluss fehlte. Die Entscheidung besorgte der eingewechselte Krafczyk, der die beste Kombination des Spiels über Hosic und Ackermann kurz vor Schluss verwertete.

An beiden Toren schuldlos: Gert Girschkowski

1. FC Kaiserslautern - Hamburger SV 2:0 (1:0)

Sa., 19.09.1970, 15:30 Uhr
Zuschauer: 15.000
SR: Gerd Hennig (Duisburg)
Tore: 1:0 Peter Blusch (11.), 2:0 Dieter Krafczyk (88., Vorlage Ackermann)
Aufstellung 1. FC Kaiserslautern: Josef Elting (Note 2,0); Otto Rehhagel (2,0), Peter Blusch (2,0 - 63. Idriz Hosic, 3,0), Ernst Diehl (3,0), Fritz Fuchs (3,0); Jürgen Friedrich (2,0), Günther Reinders (5,0); Josef Pirrung (4,0), Winfried Richter (2,0), Karl-Heinz Vogt (4,0 - 46. Dieter Krafczyk, 3,0), Klaus Ackermann (3,0)
Aufstellung Hamburger SV: Gert Girschkowski (3,0); Helmut Sandmann (3,0), Hans-Jürgen Hellfritz (3,0), Hans-Werner Kremer (3,0), Hans-Jürgen Ripp (2,0); Hans Schulz (2,0), Klaus Zaczyk (2,0), Franz-Josef Hönig (4,0 - 49. Robert Pötzschke, 4,0); Gerd Klier (4,0), Uwe Seeler (3,0), Charly Dörfel (4,0)
Besonderheiten: keine

Rynio machte Geschenke

Als sich die fleißigere Mannschaft im zweiten Abschnitt endlich durchzusetzen schien, machte ihr der eigene Torwart einen Strich durch die Rechnung. Nur durch Jürgen Rynios Patzer konnte Köln noch einen Zähler retten.

Eigentlich war es Heidkamp, der drei Minuten vor dem Abpfiff einen Handelfmeter verursachte. Niemand aber machte Dortmunds Außenverteidiger einen Vorwurf, denn er verhinderte mit seiner Boxeinlage nur ein sicheres Tor bzw. verzögerte es. Der Fehler war schon vorher passiert, als Jürgen Rynio eine Flanke unterlief. Borussias Torwart war damit nahezu allein für das unpassende Resultat verantwortlich. Gerade in der Abwehr stand der BVB eigentlich sicher und zeigte insgesamt das komplettere Spiel. Vorrangig lag dies an den Außen Heidkamp und Peehs, die Rupp und Löhr einfach den Saft abdrehten und dem Kölner Sturm damit jede Handhabe nahmen. Auch Kurrat war ein wichtiger Mann, weil Flohe, auf den sich die Enttäuschung des Kölner Publikums bald konzentrierte, an seiner Bewachung zugrunde ging. Einzig im Angriff fehlte den Gästen ein bisschen Schwung, weshalb Sigi Held nach einer Stunde sogar bar jeder Verletzung ausgetauscht wurde. "Er war einfach sauschlecht", formulierte Horst Witzler es hart. Dass Dortmund erst nach dem Seitenwechsel in Führung ging, lag ebenfalls an einem Fehler Rynios, der Rupp einen Ball vor die Füße geklatscht hatte (29.). Von diesem Treffer ernährten sich die Geißböcke eine ganze Weile, blieben aber viel zu passiv, um die lang genug drohende Kehrtwende zu verhindern. Das Geschenk immerhin nahmen die Gastgeber nervenstark an. Selbstverständlich war das nicht, denn im Pokalfinale noch hatte Werner Biskup am Punkt versagt.

Fangsicherer als sein Torwart: Ferdinand Heidkamp

1. FC Köln - Borussia Dortmund 2:2 (1:0)

Sa., 19.09.1970, 15:30 Uhr
Zuschauer: 23.000
SR: Heinz Aldinger (Waiblingen)
Tore: 1:0 Bernd Rupp (29., Kopfball), 1:1 Werner Weist (67., Vorlage Wosab), 1:2 Dieter Weinkauff (77.), 2:2 Werner Biskup (87., Handelfmeter)
Aufstellung 1. FC Köln: Milutin Soskic (Note 4,0); Karl-Heinz Thielen (3,0), Werner Biskup (4,0), Wolfgang Weber (3,0), Matthias Hemmersbach (4,0); Heinz Simmet (4,0), Heinz Flohe (5,0 - 71. Bernhard Cullmann, 4,0), Jupp Kapellmann (4,0); Bernd Rupp (4,0), Thomas Parits (5,0), Hennes Löhr (4,0)
Aufstellung Borussia Dortmund: Jürgen Rynio (5,0); Ferdinand Heidkamp (4,0), Willi Neuberger (3,0), Reinhold Wosab (3,0), Gerd Peehs (3,0); Dieter Kurrat (3,0), Horst Trimhold (4,0), Theodor Rieländer (4,0 - 36. Dieter Weinkauff, 4,0); Manfred Ritschel (4,0), Werner Weist (4,0), Siegfried Held (5,0 - 65. Theo Bücker, 4,0)
Besonderheiten: keine

Beckenbauers Leichtsinn

Das hatte es schon einmal gegeben: Wie gegen Essen wuchsen die Bayern über sich hinaus, hatten den Tabellenführer schon so gut wie gestürzt und kassierten trotz zweimaliger Führung noch den Ausgleich. Schuld war tatsächlich Franz Beckenbauer.

Zuallererst war allen Beteiligten daran gelegen, die große Klasse dieser Begegnung herauszustellen. Netzer gegen Beckenbauer, Müller gegen Vogts, Kleff gegen Maier - nicht immer versprechen große Namen auch ein großes Duell, in diesem Fall aber wurde der Gipfel zum Knüller. Rundum zufrieden durften indes nur die Gladbacher sein, die Sekunden vor Schluss vom dritten einen Platz hüpften, obwohl sie zwischendrin wie der klare Verlierer aussahen. Immer wieder witterten die Gäste zwar Morgenluft und setzten im Einzelnen kaum weniger Glanzlichter als die Bayern (allein durch Günter Netzer), die aber gingen zweimal in Führung (14./74.) und hatten nach dem Prachttreffer Gerd Müllers schon sämtliche Trümpfe in der Hand, um das Spiel deutlich für sich zu entscheiden. Maas, Mrosko, Müller, Brenninger und vor allem Roth bekamen den Ball nur nicht über die Linie. Weniger als eine Minute vor Schluss bekam Bayerns Libero das Leder schließlich anvertraut und musste es wohl nur in die Stehränge dreschen, um den erlösenden Schlusspfiff zu provozieren. Franz Beckenbauer wäre aber nicht Franz Beckenbauer gewesen, hätte er nicht eine elegantere Lösung gesucht, was in diesem Fall jedoch in die Hose ging. Ein Gladbacher Fuß kam dazwischen, die Fohlen griffen doch noch ein letztes Mal an und trafen mit meisterlicher Kaltschnäuzigkeit noch zum Ausgleich. Franz Beckenbauer konnte es nicht fassen.

Gab dem Topspiel eine persönliche Note: Franz Beckenbauer

FC Bayern München - Mönchengladbach 2:2 (1:0)

Sa., 19.09.1970, 15:30 Uhr
Zuschauer: 44.000
SR: Ferdinand Biwersi (Bliesransbach)
Tore: 1:0 Georg Schwarzenbeck (14., Vorlage G. Müller), 1:1 Klaus-Dieter Sieloff (64., Handelfmeter, Handspiel Müller), 2:1 Gerd Müller (74., Brenninger), 2:2 Jupp Heynckes (90., Dietrich)
Aufstellung FC Bayern München: Sepp Maier (Note 3,0); Johnny Hansen (4,0), Georg Schwarzenbeck (3,0), Franz Beckenbauer (4,0), Peter Pumm (4,0); Franz Roth (3,0), Rainer Zobel (3,0), Karl-Heinz Mrosko (4,0); Erich Maas (4,0), Gerd Müller (4,0), Dieter Brenninger (4,0)
Aufstellung Borussia Mönchengladbach: Wolfgang Kleff (3,0); Heinz Wittmann (4,0), Berti Vogts (3,0), Klaus-Dieter Sieloff (3,0), Ludwig Müller (4,0); Peter Dietrich (4,0), Günter Netzer (4,0), Herbert Laumen (3,0); Herbert Wimmer (4,0), Horst Köppel (3,0), Ulrik Le Fevre (5,0 - 56. Jupp Heynckes, 3,0)
Besonderheiten: keine

Die Last des Heimvorteils

Seit 321 Minuten war Frankfurt nun ohne Treffer, mit der Harmlosigkeit des Oberhauser Sturms konnten die Hessen aber nicht mithalten. Überall trafen die Angreifer hin, nur nicht ins Tor.

Wie verzweifelt Adi Preißler inzwischen war, offenbarte die 80. Spielminute. Schumacher ging vom Feld und wurde durch Uwe Kliemann ersetzt, der eigentlich zu den bulligen Abwehrhünen der Liga zählte, zur Zeit aber nicht wirklich einsatzfähig war. Bandagiert wie eine Mumie schleppte sich Kliemann in den Strafraum und warf sich tollkühn in alle hohen Bälle, die maschinenhaft in Frankfurts Strafraum gedroschen wurden. Auch so aber war der erste Saisonsieg nicht mehr zu erreichen; trotz kaum zu beschreibender Feldüberlegenheit kam RWO zur nur einem torlosen Remis. "Auch wir spielen zur Zeit auswärts stärker als zu Hause", sagte Erich Ribbeck und klopfte seinem Trainerkollegen tröstend auf die Schulter. Frankfurts Malaise ging fast ein wenig unter, denn auch die Hessen hatten inzwischen im dritten Spiel hintereinander kein Tor mehr erzielt. Für die Eintracht konnte es wahrlich auch viel schlimmer kommen, denn nicht nur musste Kunter wie ein Panther durch die Lüfte hechten, auch stand zweimal den Hessen das Glück zur Seite, als nach einer Stunde Ohm und im letzten Angriff des Spiels auch noch Krauthausen (89.) nur die Holzstangen trafen. Torwart Scheid hingegen verlebte wohl den ruhigsten Nachmittag seit Jahren, weil Frankfurts Taktik nur der Zerstörung diente. Ein Dorn im Auge war Oberhausens Anhängern Bernd Nickel, weil er mehrere Gegenspieler überhart attackierte. Gar nichts zu sehen war überraschend von Grabowksi, den Ohm auch an einem schwachen Tag in die Tasche steckte.

Nicht gut drauf, aber trotzdem irgendwie auffällig: Werner Ohm

Rot-Weiß Oberhausen - Eintracht Frankfurt 0:0 (0:0)

Sa., 19.09.1970, 15:30 Uhr
Zuschauer: 15.000
SR: Ulrich Wolf (Kiel)
Tore: keine
Aufstellung Rot-Weiß Oberhausen: Wolfgang Scheid (Note 4,0); Hermann-Josef Wilbertz (4,0), Friedhelm Dick (3,0), Reiner Hollmann (4,0), Friedhelm Kobluhn (4,0 - 46. Siegfried Rösen, 4,0), Lothar Kobluhn (3,0), Werner Ohm (5,0); Franz Krauthausen (4,0), Wolfgang Sühnholz (4,0), Dieter Brozulat (3,0), Hans Schumacher (4,0 - 80. Uwe Kliemann, -)
Aufstellung Eintracht Frankfurt: Peter Kunter (2,0); Karl-Heinz Wirth (3,0), Gert Trinklein (4,0), Friedel Lutz (3,0), Lothar Schämer (3,0); Jürgen Kalb (3,0), Bernd Hölzenbein (4,0), Bernd Nickel (3,0); Jürgen Grabowski (4,0), Horst Heese (4,0), Walter Wagner (4,0)
Besonderheiten: keine

Zebras ohne Biss

Die satte Pausenführung war für Offenbach wie ein Sechser im Lotto, denn sie schüchterte die Duisburger ein und gaukelte vor, der OFC sei Herr aller Lagen. War er aber nicht.

Als Volker Danner nach einer halben Stunde mit Prellungen und Blutergüssen am Oberarm ausschied, konnte man fast meinen, die Stürmer der Kickers hätten ihn so übel zugerichtet. Nicht nur aber hatte sich Danner beim Sturz verletzt, sondern war er bis dahin auch so gut wie gar nicht gefordert worden. Eigentlich hatte Duisburg alles gut im Griff, und wenn Rudi Faßnacht bemerkte, seine Mannschaft hätte "die erste Halbzeit verschlafen", dann war dies sogar noch schlimmer als es sich anhörte. Die Kickers nämlich waren es, die geschlaucht und ohne Antrieb spielten und damit alle Sorgen bestätigt bekamen, die mit dem Europapokal verbunden waren. Allenfalls ein monotones Geplätscher war es daher, dass die leicht reizbaren 12.000 Zuschauer im ersten Abschnitt sahen. Ein Sonntagsschuss von Winkler (26.) sowie Krafts Ernte einer guten Bechtold-Arbeit (36.) brachten die Hausherren aber unvermittelt in Führung, und das gleich so deutlich, dass es den bislang gut mauernden Gästen die Sprache verschlug; im Grunde hatten sie nicht mal viel falsch gemacht. Nach dem Wechsel lagen die Nerven ein wenig blank, was zum Teil am Verhalten des Publikums lag, das Schiedsrichter Horstmann immer wieder mit Gegenständen bewarf. Die Kickers selbst hatten zudem Sorge vor dem eigenen Einbruch, denn immer deutlicher trat ein Konditionsproblem zutage, und bei einem Anschlusstor wäre der Sieg wohl schwer zu verteidigen gewesen. Nun aber luden die Zebras wirklich Schuld auf sich, denn trotz dauerhafter Überlegenheit schossen sie kein einziges Mal aufs Tor.

Schoss sein erstes von drei Bundesligatoren: Gerhard Kraft

Kickers Offenbach - MSV Duisburg 2:0 (2:0)

Sa., 19.09.1970, 15:30 Uhr
Zuschauer: 12.000
SR: Walter Horstmann (Hildesheim)
Tore: 1:0 Klaus Winkler (26.), 2:0 Gerhard Kraft (36., Vorlage Bechtold)
Aufstellung Kickers Offenbach: Karlheinz Volz (Note 3,0); Josef Weilbächer (4,0), Hans Reich (3,0), Egon Schmitt (3,0), Helmut Kremers (4,0); Roland Weida (3,0), Walter Bechtold (3,0), Winfried Schäfer (5,0 - 66. Helmut Schmidt, –); Horst Gecks (3,0), Gerhard Kraft (4,0 - 64. Helmut Nerlinger, –), Klaus Winkler (3,0)
Aufstellung MSV Duisburg: Volker Danner (– - 30. Dietmar Linders, 4,0); Hartmut Heidemann (4,0), Detlef Pirsig (4,0), Kurt Rettkowski (3,0), Michael Bella (3,0), Djordje Pavlic (4,0), Bernd Lehmann (4,0), Georg Damjanoff (4,0); Gerhard Kentschke (3,0), Rainer Budde (– - 36. Johannes Riedl, 5,0), Bernard Dietz (5,0)
Besonderheiten: keine

Szenen wie in Südamerika

Hinter dem scheinbar klaren Erfolg verbarg sich eine einzige Szene, die mehr als alles andere über Sieger und Verlierer entschied. Tagelang noch hielt sich die Essener Wut auf den Schiedsrichter.

Dass die Begegnung überhaupt zu Ende gespielt werden konnte, grenzte an ein Wunder. Mehr Tier als Mensch stürmten einige Essener Anhänger den Rasen, andere warfen mit Gegenständen oder prügelten nur mit Worten. Auch Essens Spieler waren völlig außer sich, um Willi Lippens zu bändigen, musste sogar die Polizei einschreiten. Die Szene, die aus einem normalen Derby eine Hetzjagd machte, ereignete sich in der 23. Minute. Im Essener Strafraum führte Pirkner den Ball und bekam ihn von Czernotzky abgeluchst - in einem herkömmlichen Zweikampf, wie alle dachten. Schiedsrichter Dittmer allerdings sah die Sache anders und entschied in seinem zweiten Bundesligaspiel auf Strafstoß für Schalke. Die Gäste aus Essen brachte das derart auf die Palme, dass sie wild mit den Armen ruderten; um Minuten verspätet erst schritt van Haaren zur Tat und verschärfte die Lage damit zusätzlich. Bockholt nämlich kam mit der Faust an den Ball, der senkrecht nach oben an die Latte driftete und danach wieder aus dem Tor heraus. Aber: Schiri Dittmer hatte den Ball über der Linie gewähnt und entschied mutigerweise auf Tor, was nicht gerade deeskalierend wirkte. Von einer "Verkackeierei" sprach Willi Lippens, als er sich nach dem Spiel etwas beruhigt hatte. Kaum verwunderlich hatte Schalke am Ende noch gewonnen, weil Essen der Faden im Zorn völlig verloren gegangen war. Bis zum Knackpunkt übrigens hatte RWE großartig gespielt und völlig zu Recht auch mit 1:0 in Führung gelegen.

Am Stein des Anstoßes aktiv beteiligt: Heinz van Haaren

FC Schalke 04 - Rot-Weiss Essen 4:1 (2:1)

Sa., 19.09.1970, 15:30 Uhr
Zuschauer: 38.000
SR: Wolfgang Dittmer (Mutterstadt)
Tore: 0:1 Willi Lippens (15., Vorlage Hohnhausen), 1:1 Heinz van Haaren (25., Foulelfmeter, Czernotzky an Pirkner), 2:1 Rolf Rüssmann (42., Kopfball, Sobieray), 3:1 Heinz van Haaren (57.), 4:1 Manfred Pohlschmidt (79., Lütkebohmert)
Aufstellung FC Schalke 04: Norbert Nigbur (Note 3,0); Hans-Jürgen Becher (4,0), Rolf Rüssmann (3,0), Klaus Fichtel (3,0), Jürgen Sobieray (3,0); Klaus Scheer (3,0), Herbert Lütkebohmert (4,0), Heinz van Haaren (2,0); Reinhard Libuda (3,0), Klaus Fischer (4,0 - 46. Manfred Pohlschmidt, 3,0), Hans Pirkner (4,0)
Aufstellung Rot-Weiss Essen: Fred-Werner Bockholt (5,0); Peter Czernotzky (4,0), Wolfgang Rausch (3,0), Hermann Erlhoff (3,0), Heinz Stauvermann (4,0); Egbert-Jan ter Mors (5,0), Georg Jung (4,0), Erich Beer (4,0 - 63. Manfred Burgsmüller, 4,0); Herbert Weinberg (4,0 - 46. Günter Fürhoff, 4,0), Walter Hohnhausen (4,0), Willi Lippens (3,0)
Besonderheiten: keine

ZEITFENSTER
14. - 20. September 1970

Engere Zusammenarbeit
(BRD/Ungarn, 16. September)
In der Bundeshauptstadt Bonn wurde ein Abkommen unterzeichnet, das einen Ausbau der Handelsbeziehungen zwischen Ungarn und der BRD begründete.

Umkämpftes Stoneskonzert
(BRD, 16. September)
Schon vor dem ersten Akkord ihres Auftritts in Berlin hatten die Rolling Stones - ungewollt - für heftige Krawalle gesorgt. Zahlreiche, im Vorverkauf leer ausgegangene Fans stürmten die Kassenhäuschen und gerieten darob in handgreiflichen Konflikt mit der Polizei. Zusätzlich verschärften gefälschte Eintrittskarten die Lage. Die Plagiate waren allerdings leicht zu erkennen - sie wiesen einen Kaufpreis von 50 Pfennigen aus. Der Normalpreis betrug 10 DM. Laut einer Umfrage des britischen Magazins "Melody Maker" standen die Stones in der Gunst der englischen Rockfans nicht in vorderster Reihe, sie mussten sich mit Rang sechs bescheiden. Led Zeppelin, als Nachfolger der Beatles (Platz zwei), die acht Jahre lang die Beliebtheitsskala anführten, waren die neuen Heros auf der Insel.

Früher Tod eines Kreativen
(London, 18. September)
In einem Londoner Hotel wurde Gitarrengott Jimi Hendrix tot aufgefunden - ein

Starb 27-jährig, als anerkannt weltbester Gitarrist: Jimi Hendrix

Mix an Alkohol und Schlaftabletten war dem Revolutionär an der Elektroklampfe zum Verhängnis geworden. Virtuous setzte Hendrix auf Sound-Verzerrungselemente und beeinflusste mit ausgedehnten Gitarrensoli die Rockszene.

Löschmeister "Red" Adair
(BRD, 19. September)
Bei Eschfelden in der Oberpfalz stellte der Brand eines Erdgasspeichers (170 Mio. Kubikmeter Gas) die bundesdeutschen Feuerwehrkräfte tagelang vor eine unlösbare Aufgabe. Erst der hinzugezogene US-amerikanische Spezialist Paul „Red" Adair, unter dessen Leitung eine internationale Expertentruppe operierte, erstickte den Brand mit einer Schwerspatlösung, die ins Bohrloch gepresst wurde.

Bundesliga 1970/1971 – 7. Spieltag

"Bulle" Roth, dreifacher Torschütze gegen den HSV, stützt hier den verletzten Gerd Müller (Hamburger SV - Bayern München 1:5)

Der heimliche Tabellenführer

Der Stress der englischen Woche entlud sich vor allem über dem HSV, der von frustrierten Münchenern Prügel bezog. Neues gab es aus Frankfurt sowie aus Hannover, das im siebten Anlauf endlich jubeln durfte und seinem Trainer damit wohl die Haut rettete.

Zwei Begegnungen hatten vorerst nicht untergebracht werden können. Gladbachs Show gegen Oberhausen (6:0) und Werders faktisch erster Saisonsieg standen also noch auf anderen Blättern. So schwärmte zunächst alles vom FC Bayern, der in Hamburg sogar in Rückstand geriet, um den HSV dann für die zuletzt verschenkten Punkte büßen zu lassen. Platzende Knoten hörte man auch in Frankfurt, wo die Eintracht endlich wieder traf und gleich auch gewann, sowie in Hannover, das gegen den FCK ein weiteres Mal zu scheitern drohte, dann aber doch den ersten Sieg einfuhr. "Wir stehen hinter Helmuth Johannsen" war danach aus dem Vorstand zu hören. Kurzen Ruhm erlebte Hertha BSC. Mit einem 1:0 über Braunschweig setzte sich die Alte Dame an die Ligaspitze - allerdings nur für drei Tage und danach auch niemals wieder.

Ergebnisse – 7. Spieltag 1970/1971

Mi., 23.09.70	Hertha BSC Berlin	-	Eintracht Braunschweig	1:0 (1:0)
Mi., 23.09.70	Arminia Bielefeld	-	Kickers Offenbach	2:0 (1:0)
Mi., 23.09.70	Rot-Weiss Essen	-	1. FC Köln	2:0 (1:0)
Mi., 23.09.70	Eintracht Frankfurt	-	FC Schalke 04	1:0 (1:0)
Mi., 23.09.70	Hamburger SV	-	FC Bayern München	1:5 (1:3)
Mi., 23.09.70	Hannover 96	-	1. FC Kaiserslautern	2:1 (1:0)
Mi., 23.09.70	VfB Stuttgart	-	MSV Duisburg	1:0 (0:0)
Mi., 30.09.70	Borussia Mönchengladbach	-	Rot-Weiß Oberhausen	6:0 (2:0)
Di., 27.10.70	Borussia Dortmund	-	SV Werder Bremen	0:1 (0:1)

Tabelle

Platz	Verein	S	U	N	Tore	Differenz	Punkte
1.	Borussia Mönchengladbach	4	3	0	19:4	+15	11:3
2.	Hertha BSC Berlin	5	1	1	13:7	+6	11:3
3.	FC Bayern München	3	4	0	12:6	+6	10:4
4.	Rot-Weiss Essen	3	3	1	14:9	+5	9:5
5.	Eintracht Braunschweig	3	2	2	11:7	+4	8:6
6.	FC Schalke 04	3	2	2	11:8	+3	8:6
7.	VfB Stuttgart	3	2	2	9:9	0	8:6
8.	Hamburger SV	3	2	2	12:13	-1	8:6
9.	1. FC Köln	2	3	2	10:10	0	7:7
10.	Eintracht Frankfurt	2	3	2	4:5	-1	7:7
11.	Borussia Dortmund	2	2	3	7:6	+1	6:8
12.	Arminia Bielefeld	2	2	3	8:10	-2	6:8
13.	1. FC Kaiserslautern	3	0	4	9:16	-7	6:8
14.	MSV Duisburg	1	3	3	4:6	-2	5:9
15.	Kickers Offenbach	2	1	4	7:11	-4	5:9
16.	SV Werder Bremen	1	2	4	3:9	-6	4:10
17.	Hannover 96	1	2	4	5:12	-7	4:10
18.	Rot-Weiß Oberhausen	0	3	4	7:17	-10	3:11

Torjägerliste - Zuschauer - Selbsttore - Platzverweise

Torjägerliste:		Zuschauer:	223.000
1. Lippens:	8 Tore	Tore:	23
2. Roth, Kuster:	je 5 Tore	Selbsttore:	keine
3. Ulsaß, Laumen, Köppel:	je 4 Tore	Platzverweise:	keine

Gayer dirigierte besser

Obwohl Braunschweig gerade über dem VfB explodiert war, durfte man viele Treffer für dieses Spitzenspiel nicht erwarten. Genau so trat es auch ein.

Es war erstaunlich, wie sensibel das Berliner Publikum auf den schlimmen Auftritt in Bremen reagierte. Fast schon enttäuschende 65.000 kamen nur ins Olympiastadion, um dieses hochspannende Duell des Zweiten gegen den Dritten zu sehen. Für beide ging es dabei doch um die Tabellenführung. Ehe sich überhaupt etwas ereignete, musste allerdings fast die komplette erste Halbzeit vergehen. Von seiner feurigen Überfalltaktik war Braunschweig natürlich wieder abgerückt, weniger aus Respekt vor dem Gegner vielleicht als vor der ihnen fremden Kulisse. "Stellt euch einfach vor, die Anfeuerungen gelten euch!", hatte Otto Knefler beschworen. Wie zwei eisenbehangene Ritter standen sich die Teams dann gegenüber. Keiner mutig genug, dem anderen aus Furcht vor dem drohenden Konter einen Schlag zu versetzen. Interessant war das große Spielmacherduell, für das sich sowohl Gayer als auch Ulsaß mächtig in die Pedale warfen. Otto Knefler erkannte später auf Unentschieden, obgleich die leichten Vorteile Gayers das Spiel für die Hertha ein Stück weit entschieden. Dass überhaupt ein Treffer fiel, war dennoch überraschend. Wie er dagegen zustande kam,

Ging im Mittelfeld ein wenig unter: Michael Polywka

passte wundervoll in die Szenerie: Knapp 20 Meter vor dem Tor kam Wild an den Ball und feuerte das Leder durch eine sich kurzerhand auftuende Lücke ab. Wolter, der genau wie Groß seine wenigen Prüfungen mit Auszeichnung bestand, hätte das Leder sicher pariert, wenn nicht Joachim Bäse mit seinem Bein noch eingegriffen hätte - durch ein abgefälschtes Tor siegte die Hertha somit 1:0 (41.).

Hertha BSC Berlin - Eintr. Braunschweig 1:0 (1:0)

Mi., 23.09.1970, 20:00 Uhr

Zuschauer: 65.000

SR: Manfred Hamer (Bockum-Hövel)

Tore: 1:0 Tasso Wild (41.)

Aufstellung Hertha BSC Berlin: Volkmar Groß (Note 3,0); Bernd Patzke (3,0), Uwe Witt (3,0), Tasso Wild (4,0), Karl-Heinz Ferschl (3,0), Jürgen Weber (3,0), Wolfgang Gayer (2,0); Hans-Jürgen Sperlich (4,0), Franz Brungs (2,0), Lorenz Horr (4,0), Arno Steffenhagen (4,0)

Aufstellung Eintracht Braunschweig: Horst Wolter (3,0); Wolfgang Grzyb (3,0), Joachim Bäse (4,0), Peter Kaack (3,0), Franz Merkhoffer (4,0); Michael Polywka (4,0), Bernd Gersdorff (3,0); Klaus Gerwien (4,0 - 65. Rainer Skrotzki, 4,0), Lothar Ulsaß (2,0 - 85. Gerd Saborowski, –), Jaro Deppe (4,0), Dietmar Erler (3,0)

Besonderheiten: keine

Fast sogar ein Hattrick

Die englische Woche war für Bielefeld eine runde Sache, denn beide Heimspiele endeten mit einigermaßen sicheren Siegen. Offenbach hätte sogar noch höher verlieren können.

Ob man mit zwei oder mit drei Gegentoren verliert, fällt in vielen Fällen nicht groß ins Gewicht. Diesmal aber hatte der Unterschied sehr wohl eine Bedeutung, denn dem auffallend tüchtigen Wolfgang Volz war er eine ehrenvolle Randnotiz wert: Als erster Torwart der laufenden Spielzeit parierte Offenbachs Torwart einen Elfmeter (68.). Der verhinderte Schütze "Jonny" Kuster musste sich nicht einmal groß ärgern. Erstens hatte Bielefeld ohnehin schon den Sieg in der Tasche, zweitens waren beide Treffer vorher aus seiner Flinte gefeuert worden: Erst beendete er ein Solo von Kohl mit einem Kopfball-Torpedo (26.), dann ließ er sich von Köhler bedienen und knüppelte das Leder trocken ins Netz (59.). Wer annahm, in der Zwischenzeit hätte Offenbach sich gegen die Pleite gestemmt, der irrte. Wenn der OFC (abgesehen von Volz) irgendetwas Erstligatauglisches bot, dann war es die Leistung seiner Manndecker. Auch Winkler war mit Abstrichen zu gebrauchen, allein was aber Schmidt oder auch Gecks alles verkehrt machten, ging auf keine Kuhhaut. Nur der eingewechselte Schönberger sorgte noch kurz für Aufheiterung. Neben solch einem desolaten Gegner sah die Arminia natürlich zauberhaft aus. Tatsächlich kam sie mit der ungewohnten Favoritenrolle blendend zurecht und erzeugte einen Wirbel, wie man ihn noch aus den begeisternden Aufstiegsspielen kannte. Es war auch nicht nur Kuster, der den Unterschied ausmachte. Kräfte wie Kohl, Knoth und Braun wiesen ebenfalls nach, dass sie die Bundesliga beleben konnten.

Längst kein Unbekannter mehr: Gerd Knoth

Arminia Bielefeld - Kickers Offenbach 2:0 (1:0)

Mi., 23.09.1970, 20:00 Uhr
Zuschauer: 20.000
SR: Herbert Lutz (Bremen)
Tore: 1:0 Ernst Kuster (26., Kopfball, Vorlage Kohl), 2:0 Ernst Kuster (59., Köller)
Aufstellung Arminia Bielefeld: Gerd Siese (Note 4,0); Volker Klein (4,0), Horst Stockhausen (4,0), Dieter Schulz (3,0), Waldemar Slomiany (3,0); Horst Wenzel (5,0 - 46. Klaus Köller, 4,0), Gerd Knoth (3,0), Ulrich Braun (3,0), Karl-Heinz Brücken (4,0), Ernst Kuster (2,0), Gerd Kohl (3,0 - 57. Norbert Leopoldseder, 5,0)
Aufstellung Kickers Offenbach: Karlheinz Volz (3,0); Josef Weilbächer (5,0), Egon Schmitt (3,0), Hans Reich (4,0), Helmut Kremers (5,0); Roland Weida (5,0), Walter Bechtold (5,0), Winfried Schäfer (5,0), Helmut Schmidt (6,0 - 56. Helmut Nerlinger, 5,0); Horst Gecks (6,0 - 56. Heinz Schönberger, 3,0), Klaus Winkler (4,0)
Besonderheiten: Kuster verschießt Foulelfmeter (68.) - Volz hält

Das Tief war schon vorbei

Kenner der Szene erwarteten einen Auswärtssieg. Überraschend aber stemmte sich Essen gegen den aktuellen Abwärtstrend und schickte die ordentlichen Kölner punktlos nach Hause. Entscheidender Mann war natürlich Willi Lippens.

Gegen Oberhausen hatte RWE schon geschwächelt und war auf Schalke dann böse verschaukelt worden. Nur zu logisch, dass die tollen Tage des Ruhrklubs nun gezählt waren. Selbst die eigenen Fans rechneten heimlich mit einer weiteren Niederlage und damit dem endgültigen Abstieg aus der Ligaspitze. Gegner Köln passte genau in dieses Raster. Nach einem gesichtslosen Start hatten die Geißböcke letzte Woche ein Schlüsselerlebnis verspürt, mit viel Glück gegen Dortmund noch einen Punkt gerettet und vom eigenen Anhang trotzdem Pfiffe kassiert. Tatsächlich spielte der FC nun ein großes Stück verbessert. Etwas bieder zwar im Aufbau, vor allem über Kapellmann aber immer für Überraschendes zu haben. Der Ex-Münchener machte sein bestes Spiel seit langem. Tapfer war der Kölner Auftritt vor allem im Hinblick auf Minute vier: Fast 40 Meter mögen es gewesen sein, aus denen Jung einen eher vermessenen Fernschuss abfeuerte und den schläfrigen Manglitz damit bitter düpierte. Sofort ging ein Ruck durch die Essener Mannschaft, und die kurz verlorenen Tugenden kehrten zurück. ter Mors, Beer und Jung bildeten eine wirkungsvolle Linie, die Kölns Stürmer hartnäckig abschirmte. Im Gespräch, und das ehrte die Gäste, blieb der Ausgleich trotzdem, nur so lange allerdings, bis der sonst pomadige Lippens Karl-Heinz Thielen mit einem Bauerntrick narrte. Aus spitzestem Winkel traf der Holländer ins Netz (71.), entschied damit das Spiel und holte die Euphorie nach Essen zurück.

Zerstörer, Antreiber und Stratege: Egbert-Jan ter Mors

Rot-Weiss Essen - 1. FC Köln 2:0 (1:0)

Mi., 23.09.1970, 20:00 Uhr
Zuschauer: 35.000
SR: Rudolf Schröck (Riegelsberg)
Tore: 1:0 Georg Jung (3.), 2:0 Willi Lippens (71.)
Aufstellung Rot-Weiss Essen: Fred-Werner Bockholt (Note 3,0); Peter Czernotzky (4,0), Hermann Erlhoff (4,0), Wolfgang Rausch (3,0), Heinz Stauvermann (4,0); Georg Jung (3,0), Egbert-Jan ter Mors (3,0), Erich Beer (3,0); Helmut Littek (5,0 - 49. Günter Fürhoff (4,0), Walter Hohnhausen (4,0), Willi Lippens (4,0)
Aufstellung 1. FC Köln: Manfred Manglitz (4,0); Karl-Heinz Thielen (3,0), Wolfgang Weber (4,0), Werner Biskup (4,0), Matthias Hemmersbach (4,0); Heinz Simmet (4,0), Heinz Flohe (4,0), Jupp Kapellmann (3,0); Bernd Rupp (4,0), Thomas Parits (4,0), Hennes Löhr (4,0 - 50. Hans-Jürgen Lex, 4,0)
Besonderheiten: keine

Frankfurts erster Heimsieg

Schalke drohte genauso ungeschoren zu entkommen wie die Eintracht letzte Woche in Oberhausen. Diesmal endete allerdings der Frankfurter Torstau, denn Nickel zündete eine Bombe, die selbst Norbert Nigbur nicht entschärfen konnte.

Erich Ribbeck war kein Mann, der sich gern reinreden ließ, zumindest symbolisch hatte er sich aber für eine Veränderung entschieden und Grabowski ins Mittelfeld beordert. Ob es wirklich diese Maßnahme war, die Frankfurt zum Sieger machen sollte, war schwer zu beurteilen. Auf jeden Fall lief der Ball erheblich besser als zuletzt, was darauf schließen ließ, dass die meisten Hessen sich eine Menge vorgenommen hatten. Drei Spieler ragten aus der Heimmannschaft heraus. Erstens Karl-Heinz Wirth, der auf der rechten Seite überhaupt nicht zurecht kam und von seinen Mitspielern bald vorsorglich gemieden wurde, weil durch seine Unsicherheiten immer wieder Schalker vors Tor gelangten. Dr. Kunter allerdings war zur Zeit in Klasseform und machte sämtliche Möglichkeiten der Gäste, die sich an einer Hand abzählen ließen, zunichte. Ein Schalker Tor hätte Frankfurt reichlich zugesetzt, allerdings waren die Knappen vorn bei weitem nicht adäquat bestückt. Lediglich Scheer konnte aus eigener Kraft etwas bewegen, sonst war vielmehr Fichtel der königsblaue Motor, der aber mindestens zur Hälfte hinten eingebunden war. Was den Gästen am meisten fehlte, war ein Mann wie Nickel. Als Anspielstation von Grabowski und öfter auch Hölzenbein schoss er aus sämtlichen Rohren aufs Tor und scheiterte schon vor seinem Treffer diverse Male an Nigbur, der allein einem deutlicheren Resultat im Weg stand. Gegen den kernigen Schuss unter die Latte war er aber machtlos (39.).

Einziger Schwachpunkt der Eintracht: Karl-Heinz Wirth

Eintracht Frankfurt - FC Schalke 04 1:0 (1:0)

Mi., 23.09.1970, 20:00 Uhr
Zuschauer: 12.000
SR: Alfred Ott (Rheinbrohl)
Tore: 1:0 Bernd Nickel (39.)
Aufstellung Eintracht Frankfurt: Peter Kunter (Note 2,0); Karl-Heinz Wirth (5,0), Gert Trinklein (4,0), Friedel Lutz (3,0), Lothar Schämer (3,0); Jürgen Kalb (4,0), Bernd Hölzenbein (3,0), Walter Wagner (4,0 - 73. Thomas Rohrbach, 4,0); Horst Heese (3,0), Jürgen Grabowski (3,0), Bernd Nickel (2,0)
Aufstellung FC Schalke 04: Norbert Nigbur (2,0); Hans-Jürgen Becher (3,0 - 56. Friedel Rausch, 4,0), Klaus Fichtel (2,0), Rolf Rüssmann (3,0), Jürgen Sobieray (4,0); Herbert Lütkebohmert (4,0), Heinz van Haaren (4,0), Reinhard Libuda (4,0); Klaus Fischer (5,0 - 65. Manfred Pohlschmidt, 3,0), Klaus Scheer (3,0), Hans Pirkner (4,0)
Besonderheiten: keine

Auch Özcan konnte nichts mehr retten

Als Torwart Girschkowski nach einer halben Stunde einen Schuss von Roth über Brust und Schulter ins Tor prallen ließ, war das Spiel kurz darauf für ihn beendet. Sein Ersatzmann hielt gut, aber er ging mit unter.

Die Favoriten aus München enttäuschten in der ersten halben Stunde auf ganzer Linie. Es sah überhaupt nicht danach aus, dass für sie in Hamburg irgendetwas zu holen war. Einzig Torwart Maier zeigte große Form, verhinderte lange den Rückstand. Dann traf Dörfel aus spitzem Winkel, da Maier eine Sandmann-Flanke nur unzureichend abwehrte (26.). Mit Girschkowskis Aussetzer (30.) aber wurden Tote geweckt. "Bulle" Roth hatte den Keeper düpiert und schwang sich zum alles überragenden Spieler der Partie auf. Das 3:1 noch vor der Pause ging ebenfalls auf seine Kappe (43.), auch wenn Hans Schulz seinen Fernschuss noch abfälschte. Eine Minute davor hatte Gerd Müller im dritten Nachschuss das 2:1 über die Torlinie gestochert. Der HSV war bereits zur Pause völlig konsterniert. Mit diesem Vorsprung im Rücken ließen die Bayern in bewährter Form Ball und Gegner laufen, hatten aber auch kaum mehr etwas zu fürchten, denn nach vorne lief bei den Gastgebern gar nichts mehr. Mit dem 4:1 durch Mrosko, der sich über die Vorlage von Zobel freuen durfte (53.), war nämlich wirklich alles entschieden. Hätte sich nicht Özcan mehrfach ausgezeichnet, wäre die Pleite in Dimensionen ausgeartet, die sich erst einen Spieltag später zeigen sollten. So musste der türkische Schlussmann nur noch einmal hinter sich greifen, denn - wer auch sonst - Franz Roth setzte aus 23 Metern den Schlusspunkt in Sachen Volltreffer (71.). Für den HSV sollte es trotzdem noch viel schlimmer kommen.

Für ihn lief wirklich alles schief: Hans Schulz

Hamburger SV - FC Bayern München 1:5 (1:3)

Mi., 23.09.1970, 20:00 Uhr
Zuschauer: 42.000
SR: Alfred Köhler (Wanne-Eickel)
Tore: 1:0 Charly Dörfel (26., Vorlage Sandmann), 1:1 Franz Roth (30.), 1:2 Gerd Müller (42., Mrosko), 1:3 Franz Roth (43.), 1:4 Karl-Heinz Mrosko (53., Zobel), 1:5 Franz Roth (71., Brenninger)
Aufstellung Hamburger SV: Gert Girschkowski (Note 5,0 - 35. Arkoc Özcan, 2,0); Helmut Sandmann (4,0), Hans-Werner Kremer (4,0), Hans-Jürgen Hellfritz (5,0), Hans-Jürgen Ripp (4,0); Hans Schulz (5,0), Klaus Zaczyk (3,0), Franz-Josef Hönig (4,0); Gerd Klier (5,0), Uwe Seeler (4,0), Charly Dörfel (4,0)
Aufstellung FC Bayern München: Sepp Maier (2,0); Johnny Hansen (3,0), Franz Beckenbauer (2,0), Georg Schwarzenbeck (2,0), Peter Pumm (3,0); Franz Roth (1,0), Rainer Zobel (2,0), Karl-Heinz Mrosko (2,0); Erich Maas (3,0 - 23. Ulrich Hoeneß, 3,0), Gerd Müller (3,0 - 86. Edgar Schneider, –), Dieter Brenninger (3,0)
Besonderheiten: Zaczyk verschießt Foulelfmeter (90.) - Maier hält

Nicht mehr daran geglaubt

Der Jubel in Hannover kannte keine Grenzen: Endlich kam 96 zum ersten Saisonsieg. Knapp war es allerdings auch dieses Mal, denn Kaiserslautern hatte gute Joker im Ärmel.

Es lag nicht nur an der Kulisse - gerade 7.000 Fans konnten die Roten noch hinter sich wissen -, dass der Tag nicht vor dem Abend gefeiert wurde. Hannover führte zur Pause, weil Brune sich auf die Grundlinie schicken ließ, punktgenau in die Mitte zurück flankte und seinen Sturmkollegen Bertl zum 1:0 bediente (31.). An einen Heimsieg zu glauben, traute sich inzwischen aber nicht mehr jeder, denn zu viel war schon passiert in dieser Saison, in der die Niedersachsen mit Ausnahme des klaren 0:3 gegen Hamburg in jedem einzelnen Spiel hätten siegen können, jedes Mal aber von den eigenen Nerven ausgetrickst worden waren. Nun also führte Hannover erneut (wie etwa gegen Frankfurt, als man anschließend noch 1:2 unterlag) und spürte über sich mehr denn je das Fallbeil des Gewinnenmüssens. Kaiserslautern nahm darauf natürlich keine Rücksicht. Schon im ersten Abschnitt hatten die Pfälzer nicht viel falsch gemacht, hatten relativ sicher verteidigt und gar nicht so selten auch gefährlich angegriffen. Trainer Lorant stand dennoch der Sinn nach Veränderung. Krafczyk kam direkt zur zweiten Halbzeit, nach einer Stunde dann Hosic. Kaum 30 Sekunden stand der auf dem Platz, als er direkt ins Hannoveraner Herz schoss und den Ausgleich erzielte. Niemand gab jetzt noch einen Pfifferling auf Hannover, doch das Schlusslicht überraschte. Am eigenen Schopf zog 96 sich heraus, warf noch einmal alles nach vorn und fand durch eine "Münchener" Zusammenarbeit sein Glück: Flanke Nafziger, Tor Keller - erster Sieg für Hannover.

Auch seine Einwechslung zahlte sich aus: Rudolf Nafziger

Hannover 96 - 1. FC Kaiserslautern 2:1 (1:0)

Mi., 23.09.1970, 20:00 Uhr
Zuschauer: 7.000
SR: Franz Wengenmeyer (München)
Tore: 1:0 Horst Bertl (31., Vorlage Brune), 1:1 Idriz Hosic (61.), 2:1 Ferdinand Keller (80., Nafziger)
Aufstellung Hannover 96: Bernd Helmschrot (Note 5,0); Rainer Stiller (4,0), Peter Anders (4,0), Hans-Josef Hellingrath (3,0), Kurt Ritter (4,0); Hans-Joachim Weller (3,0), Jürgen Bandura (4,0), Horst Bertl (4,0); Zvezdan Cebinac (3,0 - 75. Rudolf Nafziger, –), Ferdinand Keller (3,0), Claus Brune (4,0)
Aufstellung 1. FC Kaiserslautern: Josef Elting (3,0); Günther Rademacher (4,0), Ernst Diehl (3,0), Otto Rehhagel (3,0), Fritz Fuchs (4,0); Günther Reinders (4,0 - 60. Idriz Hosic, –), Jürgen Friedrich (3,0), Karl-Heinz Vogt (4,0 - 46. Dieter Krafczyk (5,0); Josef Pirrung (3,0), Winfried Richter (4,0), Klaus Ackermann (4,0)
Besonderheiten: keine

Dreimal war Heinzes Recht

Wiedergutmachung war ein Wort, das den Schwaben nur schwer über die Lippen kam, denn die Klatsche aus Braunschweig hing noch wie ein Mahnmal in der Luft. Diesmal ging es zum Glück nur gegen Duisburg.

Mit einem qualvollen 1:0-Sieg lag Stuttgart voll im Trend. Auch so ein Grund, warum nach dem Wie hinterher niemand fragte. Schlimmer traf es ohnehin die Gäste aus Meiderich, die nicht nur endgültig in den Keller absackten, sondern trotz einer gar nicht üblen Leistung bei einem gleichrangigen Gegner unterlagen - ein 0:0 hätte den Spielverlauf besser zusammengefasst. Wenn die Gastgeber überhaupt irgendwas in die Luft halten durften, dann war es ihr prächtiger Torhüter. Dass Meiderich Gerhard Heinze oft konsultiert hätte, konnte nicht behauptet werden. Wenn die Zebras aber einmal vor dem Tor erschienen, dann war ihnen das direkt eine hundertprozentige Möglichkeit wert. Genau drei Mal war dies der Fall, und in allen Situationen blieb Stuttgarts Tormann der Sieger. Was auf beiden Seiten wundervoll klappte, war die Verteidigung. Pirsig und Bella wirkten sogar sicherer als ihre Gegenüber Zech und die Gebrüder Eisele. Wohl lag dies daran, dass Duisburgs Defensive mehr gefordert wurde, in Sachen Spielaufbau und Verwaltung eines Ballbesitzes waren die Zebras aber überlegen bzw. Stuttgart viel zu einfallslos. Nicht meckern durfte man über Gress, denn er war der Quirl in einem zeitweilig leblosen Mittelfeld. Olsson und Haug allerdings blieben als Zuträger Totalausfälle, Weidle und Weiß dadurch unterversorgt sowie als Eigeninitiatoren nicht zu gebrauchen. Fast etwas zufällig drückte die Heimelf das Leder dennoch über die Linie, weil Arnold prächtig flankte und Haug beim Kopfball nicht behindert wurde (52.).

Stichprobenartig herausgefordert: Gerhard Heinze

VfB Stuttgart - MSV Duisburg 1:0 (0:0)

Mi., 23.09.1970, 20:00 Uhr
Zuschauer: 12.000
SR: Heinz Quindeau (Ludwigshafen)
Tore: 1:0 Horst Haug (52., Kopfball, Vorlage Arnold)
Aufstellung VfB Stuttgart: Gerhard Heinze (Note 3,0); Günther Eisele (4,0), Reinhold Zech (4,0), Hans Eisele (4,0), Hans Arnold (4,0), Willi Entenmann (4,0); Jan Olsson (5,0), Horst Haug (5,0); Gilbert Gress (3,0), Hartmut Weiß (5,0 - 65. Werner Haaga, 5,0), Roland Weidle (5,0 - 45. Manfred Weidmann, 5,0)
Aufstellung MSV Duisburg: Volker Danner (3,0); Michael Bella (3,0), Kurt Rettkowski (4,0), Detlef Pirsig (3,0), Hartmut Heidemann (3,0); Georg Damjanoff (4,0), Djordje Pavlic (3,0), Bernd Lehmann (4,0); Bernard Dietz (5,0 - 45. Johannes Riedl, 5,0), Rainer Budde (5,0), Gerhard Kentschke (4,0)
Besonderheiten: keine

Vom Himmel in die Hölle

Weniger noch als die Gladbacher Gala sorgte Oberhausens Januskopf für Aufsehen. Gerade noch hatte RWO den HSV überrollt, nun spielten die Gäste so lange auf Sparflamme, bis sie selbst bis zur Unkenntlichkeit verprügelt waren.

Einer der Strafstöße ging auf seine Kappe: Siegfried Rösen

Was man in Hamburg von diesem Ergebnis hielt, traute sich niemand zu fragen. Den Hanseaten konnte jedenfalls kaum gefallen, dass die Elf, der man am 26.09.1970 mit 1:8 unterlegen war, bei ihrem nächsten Gegner ähnlich unter die Räder kam. Wie mochte dann erst der HSV am Bökelberg aussehen? Oberhausen allerdings hatte zum Traumergebnis vom Wochenende keinen Bezug mehr. Der Meister, der noch die Nase gerümpft hatte wegen des Termins dieser Nachholpartie, hatte überhaupt keine Mühe, den für die Tabellenführung eingeplanten Heimsieg einzufahren. Einzig die ersten 20 Minuten konnte RWO noch annähernd ertragen, lag durch ein Kabinettstücken von Köppel und Netzer aber viel zu früh im Rückstand (6.), um sein Selbstvertrauen zu konservieren. Die Offensive der Gastgeber kam diesmal richtig groß in Fahrt und konnte kaum zufrieden sein, zur Pause lediglich 2:0 zu führen. Wehrlos waren die Gäste keineswegs, doch kamen sie viel zu oft mindestens einen Schritt zu spät, was nicht von ungefähr zwei Elfmeter nach sich zog. Kein einziges Mal musste Kleff im zweiten Abschnitt parieren, weil Köppel, Heynckes und vor allem Netzer den Rasen zu ihrer alleinigen Bühne machten. Passendes Sahnestück war das letzte Tor, bei dem sämtliche Stürmer noch einmal eingebunden waren, am Ende Vogts den Ball zu Laumen passte und der mit dem 6:0 vollendete (79.). Noch stundenlang hätte man dem Deutschen Meister zusehen mögen. Oberhausen nicht so gern.

Borussia Mönchengladbach - RW Oberhausen 6:0 (2:0)

Mi., 30.09.1970, 20:00 Uhr
Zuschauer: 18.000
SR: Alfons Betz (Regensburg)
Tore: 1:0 Günter Netzer (6., Vorlage Köppel), 2:0 Jupp Heynckes (23., Köppel), 3:0 Klaus-Dieter Sieloff (49., Foulelfmeter, Ohm an Laumen), 4:0 Ludwig Müller (54., Foulelfmeter, Rösen an Heynckes), 5:0 Günter Netzer (68., Freistoß), 6:0 Herbert Laumen (79., Vogts)
Aufstellung Borussia Mönchengladbach: Wolfgang Kleff (Note 3,0); Berti Vogts (3,0), Ludwig Müller (3,0), Klaus-Dieter Sieloff (3,0), Heinz Wittmann (3,0); Peter Dietrich (4,0), Günter Netzer (2,0 - 71. Ulrik Le Fevre, 4,0), Herbert Laumen (3,0), Herbert Wimmer (3,0), Horst Köppel (3,0), Jupp Heynckes (3,0)
Aufstellung Rot-Weiß Oberhausen: Wolfgang Scheid (5,0); Siegfried Rösen (5,0), Werner Ohm (5,0), Friedhelm Dick (4,0), Reiner Hollmann (5,0 - 46. Uwe Kliemann, 6,0); Lothar Kobluhn (5,0), Gert Fröhlich (4,0 - 65. Günter Karbowiak, 5,0), Dieter Brozulat (5,0); Franz Krauthausen (4,0), Hans Schumacher (5,0), Wolfgang Sühnholz (5,0)
Besonderheiten: keine

Alles Glück dieser Welt

Werders vermeintlich erster Saisonsieg fiel als Nachholspiel in eine Phase, als die Bremer sich gerade etwas gefangen hatten. Der Sieg bei den schussschwachen Borussen ging trotzdem auf keine Kuhhaut.

Sechs Spiele waren die Bremer inzwischen ungeschlagen, was man nach dem so fürchterlichen Saisonstart nicht für möglich gehalten hätte. Und dieses Spiel in Dortmund schien nun die Entschädigung für alles Leid zu sein, das man an der Weser bis hierhin hatte ertragen müssen. "Ich weiß, wie verdreht eine Partie manchmal sein kann, wenn man sich zur ungünstigsten Zeit einen Konter fängt", sagte Herbert Burdenski, der kurz aus Essen rübergekommen war, um seinen nächsten Gegner unter die Lupe zu nehmen. Zum besagten Zeitpunkt kam es in der 27. Minute, als Windhausen Werders ersten Angriffsversuch mit dem 0:1 abschloss und die fassungslosen Borussen damit düpierte. Dass Werder überhaupt noch im Spiel war, durfte eigentlich nicht sein. Weinkauff hatte den Pfosten getroffen, Neuberger die Latte und ein zweites Mal Weinkauff danach über das leere Tor gezielt - fünf Minuten waren zu diesem Zeitpunkt gespielt.

Trieb das Leder nur in eine Richtung: Dieter Kurrat

Wenig überraschend hatte Robert Gebhardt seinem Team eine Abwehrmauer angeraten, nur dass diese überhaupt nicht dicht hielt, bis es zu diesem seltsamen Zwischenstand kam. Danach verteidigte Werder besser. Nach einer halben Stunde kam es zu einer weiteren Schlüsselszene, denn Wosab musste verletzt ausscheiden, was ebenfalls Bernd Windhausen zu verantworten hatte. Beide Vorfälle setzten den Gastgebern zu, noch immer aber war das Übergewicht groß genug, um Werder aus dem Stadion zu fegen. Ein 7:3 hätte das alles am besten zusammengefasst, doch blieb es tatsächlich beim 0:1.

Borussia Dortmund - SV Werder Bremen 0:1 (0:1)

Di., 27.10.1970, 20:00 Uhr
Zuschauer: 12.000
SR: Alfred Ott (Rheinbrohl)
Tore: 0:1 Bernd Windhausen (27.)
Aufstellung Borussia Dortmund: Jürgen Rynio (Note 3,0); Ferdinand Heidkamp (3,0), Branco Rasovic (4,0), Willi Neuberger (3,0), Hans-Joachim Andree (4,0); Dieter Kurrat (4,0), Horst Trimhold (4,0); Manfred Ritschel (4,0), Reinhold Wosab (4,0 - 34. Theo Bücker, 4,0), Dieter Weinkauff (5,0 - 71. Werner Weist, –), Siegfried Held (3,0)
Aufstellung SV Werder Bremen: Günter Bernard (2,0); Dieter Zembski (3,0), Horst-Dieter Höttges (3,0), Arnold Schütz (2,0), Egon Coordes (4,0); Rudolf Assauer (4,0), Bernd Schmidt (4,0), Karl-Heinz Kamp (3,0); Bernd Windhausen (4,0), Ole Björnmose (4,0), Bernd Lorenz (5,0)
Besonderheiten: keine

ZEITFENSTER
21. - 24. September 1970

Neuer Lesestoff
(BRD, 24. September)
811 deutsche Verlage waren auf der 22. Internationalen Buchmesse vertreten, die in Frankfurt ihre Pforten öffnete. Insgesamt beteiligten sich 3.306 Aussteller an der Veranstaltung, die mit 68.000 Neuerscheinungen aufwarten konnte. Vielschreiber Johannes Mario Simmel warf anno 1970 sein wohl bekanntestes Werk auf den Markt: "Und Jimmy ging zum Regenbogen." Der amerikanische Autor und Historiker Dee Brown wurde einer größeren Öffentlichkeit durch sein Buch "Begrabt mein Herz an der Biegung des Flusses" (Abb.) bekannt, in dem der Leidensweg der Indianer aus deren Sicht erzählt wird. Mit der Erzählung "Papillon", die der Franzose Henri Charriere veröffentlichte, brachte er seine eigene Lebensgeschichte - Kritiker behaupten: etwas geschönt - zu Papier. Die abenteuerliche Flucht von einer Gefängnisinsel in Französisch-Guayana wurde nach dem sensationellen Bucherfolg mit Steve McQueen in der Hauptrolle verfilmt.

Durchlebten auf der Teufelsinsel die Hölle: Steve McQueen als Papillon (l.) und Mithäftling Degas, dargestellt von Dustin Hoffmann

Bärig
(BRD, September)
Die ARD hatte die Tradition der tierischen Serienstars im deutschen Fernsehen (Lassie, Fury, Flipper ...) mit der Übernahme der US-amerikanischen Reihe "Mein Freund Ben" (im Original: "Gentle Ben") fortgesetzt. Anders als bei den meisten anderen vierbeinigen bzw. vielflossigen Hauptdarstellern blieb so mancher vor dem TV niedergelassene Couch-Potato skeptisch, sich ein solches Wesen als besten Kumpel vorstellen zu können: Ben war ein ausgewachsener Schwarzbär. In der Serie war der Petz in die Familie der Wedloes integriert worden. Vater Wedloe (Dennis Weaver) verdiente seine Taler als Wildhüter in Floridas Everglades, während Sohnemann Mark mit dem Brummbär die Gegend verunsicherte.

Nicht gerade Kumpel auf Augenhöhe: Ben (l.) und Mark (Clint Howard)

Bundesliga 1970/1971 – 8. Spieltag

Das war der erste von acht RWO-Treffern. Schumacher schießt unhaltbar zum 1:1 ein (Rot-Weiß Oberhausen - Hamburger SV 8:1)

HSV in Scherben

Mit aufgerissenen Augen schaute die Liga nach Oberhausen, wo der Hamburger SV den Tiefpunkt einer düsteren Woche erlebte. Auch anderswo aber lagen die Nerven blank. Auf Schalke wurde der Trainer düpiert - und in Offenbach kurzerhand entlassen.

Etwas unglücklich verloren die Kickers gegen Stuttgart noch einen Punkt, nachdem sie schon 3:1 geführt hatten. Präsident Canellas aber sah die Sache anders und setzte völlig überraschend Aki Schmidt vor die Tür, der gerade vier Wochen vorher installiert worden war. Nachfolger Rudi Gutendorf hatte kürzlich erst auf Schalke seinen Hut genommen, und auch dort brodelte es schon wieder. Bar jeder Logik zwang Präsident Siebert seinen Trainer im Spiel gegen Stuttgart (0:0) zu einer Auswechslung, woraufhin dieser in die Luft hing. Nirgends aber lagen so viele Scherben wie in Hamburg. Ausgerechnet in Oberhausen, das bislang überhaupt noch nicht gewonnen hatte, ließ sich der HSV mit 8:1 verprügeln und kam damit auf 15 Gegentore in einer einzigen Woche. Trainer Ochs fehlten darüber die Worte: "Wir sind am Ende."

Ergebnisse – 8. Spieltag 1970/1971

Datum	Heim		Gast	Ergebnis
Sa., 26.09.70	Eintracht Braunschweig	-	Borussia Dortmund	3:0 (2:0)
Sa., 26.09.70	SV Werder Bremen	-	Rot-Weiss Essen	1:1 (1:1)
Sa., 26.09.70	MSV Duisburg	-	Hertha BSC Berlin	1:0 (0:0)
Sa., 26.09.70	1. FC Kaiserslautern	-	Arminia Bielefeld	3:0 (1:0)
Sa., 26.09.70	1. FC Köln	-	Eintracht Frankfurt	0:0 (0:0)
Sa., 26.09.70	FC Bayern München	-	Hannover 96	4:1 (2:0)
Sa., 26.09.70	Rot-Weiß Oberhausen	-	Hamburger SV	8:1 (4:1)
Sa., 26.09.70	Kickers Offenbach	-	VfB Stuttgart	3:3 (1:1)
Sa., 26.09.70	FC Schalke 04	-	Borussia Mönchengladbach	0:0 (0:0)

Tabelle

Platz	Verein	S	U	N	Tore	Differenz	Punkte
1.	Borussia Mönchengladbach	4	4	0	19:4	+15	12:4
2.	FC Bayern München	4	4	0	16:7	+9	12:4
3.	Hertha BSC Berlin	5	1	2	13:8	+5	11:5
4.	Eintracht Braunschweig	4	2	2	14:7	+7	10:6
5.	Rot-Weiss Essen	3	4	1	15:10	+5	10:6
6.	FC Schalke 04	3	3	2	11:8	+3	9:7
7.	VfB Stuttgart	3	3	2	12:12	0	9:7
8.	1. FC Köln	2	4	2	10:10	0	8:8
9.	Eintracht Frankfurt	2	4	2	4:5	-1	8:8
10.	1. FC Kaiserslautern	4	0	4	12:16	-4	8:8
11.	Hamburger SV	3	2	3	13:21	-8	8:8
12.	MSV Duisburg	2	3	3	5:6	-1	7:9
13.	Borussia Dortmund	2	2	4	7:9	-2	6:10
14.	Kickers Offenbach	2	2	4	10:14	-4	6:10
15.	Arminia Bielefeld	2	2	4	8:13	-5	6:10
16.	Rot-Weiß Oberhausen	1	3	4	15:18	-3	5:11
17.	SV Werder Bremen	1	3	4	4:10	-6	5:11
18.	Hannover 96	1	2	5	6:16	-10	4:12

Torjägerliste - Zuschauer - Selbsttore - Platzverweise

Torjägerliste:
1. Lippens: 8 Tore
2. Roth: 7 Tore
3. Weiß, Kuster, Schumacher: je 5 Tore

Zuschauer: 166.000
Tore: 29
Selbsttore: keine
Platzverweise: keine

Nach dem Weckruf hellwach

Eine Viertelstunde lang war Braunschweig zu packen, drehte mit der plötzlichen Führung aber so gewaltig am Rad, dass der Borussia Hören und Sehen verging. Die Meisterschaft war wieder ein Thema.

"In dieser Verfassung können die Braunschweiger mit Bayern und Köln mithalten", urteilte Horst Witzler. Bei der Nennung der Geißböcke zuckten die Gastgeber zwar etwas zusammen, denn Köln war alles andere als meisterlich in Form. Wie sie selbst aber den Rückschlag im Olympiastadion einfach weggesteckt hatten, das machte sie auch selbst ein wenig stolz. Allzu kühn waren Meisterträume nicht mehr. Völlig aus den Köpfen, das zeigte sich in der ersten Viertelstunde, war das 0:1 von Berlin jedoch nicht. Nur so war es zu erklären, wie die Gäste aus dem Ruhrgebiet, deren Heimspiel gegen Bremen verlegt worden war, ohne jede Taktikfessel in die Offensive gingen. Nach 15 Minuten hätte es beinahe 0:1 gestanden, als Weist Bewacher Grzyb davonlief und das offen vor ihm stehende Tor mit einem völlig verkorksten Schuss verfehlte. Statt bestraft waren die nachlässigen Braunschweiger lediglich gewarnt. Fast noch im Gegenzug dann kam es schon zum Knackpunkt. Ausgerechnet der Ex-Borusse Erler jagte da aus 25 Metern eine Kanone aufs Tor, die Günther zwar nicht durchließ, aber irgendwie auch nicht entschärfte. Mitten ins Gesicht bekam Dortmunds Torhüter den Ball, woraufhin Deppe den Abpraller locker verwertete (18.). Das Spiel begann von neuem, und die Rollen waren vertauscht. Ganz allein die Eintracht bestimmte nun das Geschehen und drückte Dortmund bis zur Atemnot an die Wand. Deppe (36.) und Merkhoffer (63.) nutzten nur die allerbesten Chancen, die meistens Lothar Ulsaß produzierte.

Hätte ebenfalls noch treffen können: Rainer Skrotzki

Eintracht Braunschweig - Borussia Dortmund 3:0 (2:0)

Sa., 26.09.1970, 15:30 Uhr
Zuschauer: 20.000
SR: Heinz Siebert (Mannheim)
Tore: 1:0 Jaro Deppe (18., Vorlage Elfert), 2:0 Jaro Deppe (36., Kopfball, Ulsaß), 3:0 Franz Merkhoffer (63., Gerwien)
Aufstellung Eintracht Braunschweig: Horst Wolter (Note 3,0); Wolfgang Grzyb (3,0), Joachim Bäse (3,0), Peter Kaack (4,0), Franz Merkhoffer (3,0); Michael Polywka (4,0), Lothar Ulsaß (3,0), Bernd Gersdorff (3,0); Klaus Gerwien (4,0 - 68. Rainer Skrotzki, 4,0), Jaro Deppe (3,0 - 78. Gerd Saborowski, –), Dietmar Erler (3,0)
Aufstellung Borussia Dortmund: Klaus Günther (5,0); Ferdinand Heidkamp (3,0), Willi Neuberger (4,0), Branco Rasovic (5,0 - 46. Wilhelm Sturm, 4,0), Gerd Peehs (4,0); Dieter Kurrat (4,0), Reinhold Wosab (5,0 - 46. Theo Bücker, 5,0), Horst Trimhold (4,0); Manfred Ritschel (5,0), Dieter Weinkauff (4,0), Werner Weist (4,0)
Besonderheiten: keine

Pechvogel Rudi Assauer

Erstmals hatte Werder genügend Chancen für einen Sieg. Dass es wieder nicht reichen sollte, lag am ungeheuer selbstbewussten Gegner. Die Zeiten der mauernden Essener waren endgültig vorbei.

Vom selben Startplatz aus waren beide vor wenigen Wochen losgezogen und erkannten sich gegenseitig kaum wieder. Essen hatte die Liga aufgemischt, zeitweise die Spitze erobert und in Lippens den besten Torjäger des Landes (8 Tore). Werder lag sieglos im Keller, Windhausen war mit zwei Treffern der beste Schütze. Es waren Bremens einzige Saisontore. Auch diesmal fiel es schwer, an der grün-weißen Mannschaft ein gutes Haar zu lassen, auch wenn der Beginn des Spiels durchaus Hoffnungen weckte. Endlich einmal gingen die Hanseaten da in Führung, weil Stauvermann, sonst einer der guten Essener, Görts nicht einfangen konnte und Björnmose die präzise Flanke verwandelte (16.). Vieles löste sich nun in den Köpfen der Bremer, die unnötigen Ballverluste minimierten sich, weitere Treffer schienen geplant. Mit dem zweiten Tor aber ließ Werder sich zu lange Zeit und wurde dafür gleich doppelt bestraft. Neun Minuten vor der Pause knickte Assauer plötzlich weg und konnte nicht mal mehr um seine Auswechslung bitten, da kam sein ungedeckter Gegenspieler schon an den Ball und markierte unbarmherzig den Ausgleich. Damit war es aus mit dem neuen Bremer Selbstvertrauen, zumal Essen, das bis dahin schon munter mitgewirkt hatte, das Heft des Handelns übernahm und spielerisch dominierte. Nur die Kraft, wie Herbert Burdenski bemerkte, stand einem Raubzug der Gäste im Weg. Hätten sie allerdings Chancen erhalten, wie Herbert Meyer sie gleich mehrfach vergab, Werder hätte sie nicht einmal das Remis gehalten.

Der Joker stach nicht: Herbert Meyer

SV Werder Bremen - Rot-Weiss Essen 1:1 (1:1)

Sa., 26.09.1970, 15:30 Uhr
Zuschauer: 15.000
SR: Fritz Seiler (Schmiden)
Tore: 1:0 Ole Björnmose (16., Vorlage Görts), 1:1 Walter Hohnhausen (36.)
Aufstellung SV Werder Bremen: Günter Bernard (Note 4,0); Horst-Dieter Höttges (3,0), Arnold Schütz (3,0), Rudolf Assauer (3,0 - 36. Herbert Meyer, 6,0), Egon Coordes (4,0); Dieter Zembski (4,0), Bernd Schmidt (5,0), Ole Björnmose (4,0); Werner Görts (4,0), Bernd Windhausen (6,0 - 82. Karl-Heinz Kamp, 4,0), Werner Thelen (5,0)
Aufstellung Rot-Weiss Essen: Fred-Werner Bockholt (4,0); Peter Czernotzky (4,0), Roland Peitsch (3,0), Hermann Erlhoff (3,0), Heinz Stauvermann (4,0); Georg Jung (4,0), Egbert-Jan ter Mors (4,0 - 69. Herbert Weinberg, 4,0), Erich Beer (4,0); Helmut Littek (5,0), Walter Hohnhausen (4,0 - 58. Günter Fürhoff, 4,0), Willi Lippens (4,0)
Besonderheiten: keine

Schnecken aus Berlin

Hertha zögerte zu lange mit dem Führungstor und verlor irgendwann komplett den Faden. Platz eins schien den Gästen eine unverdauliche Last.

Es war nicht lange her, da hatte der MSV reihenweise frische Tabellenführer zur Strecke gebracht. Genau dies ereignete sich jetzt wieder, mit dem Unterschied nur, dass Hertha nicht eine Minute lang erkennen ließ, tatsächlich ganz nach oben zu gehören. "Vorsicht zuerst" war nichtsdestotrotz die Devise der Gastgeber, dies aber erwies sich nur als Zeitverschwendung. Duisburg verteidigte und die Berliner versuchten anzugreifen. Spätestens am Strafraum aber stand ein imaginäres Stoppschild, obgleich weder Damjanoff noch Pavlic einen sonderlich guten Tag erwischten. Herthas Ideenlosigkeit war es, an der das Übergewicht verdampfte. Steffenhagen, Brungs und vor allem Horr standen völlig auf dem Schlauch und bekam von Danner noch die letzten bissigen Zähne gezogen. Mit dem Seitenwechsel änderte sich auch Duisburgs Ausrichtung und damit der Unterhaltungswert des Spiels. Kentschke, Budde und Dietz trauten sich immer mehr zu und vergaben auch jeweils eine gute Möglichkeit, ehe Rainer Budde auf Kentschkes Vorarbeit den Ball dann tatsächlich im Netz unterbrachte und den Sieger damit ermittelte (67.). Seit langem schon hatte man darauf von Budde gewartet. Hertha enttäuschte anschließend noch mehr als zuvor, denn statt sich zu erheben, zogen die Gäste nur die Köpfe ins Schneckenhaus und ließen den Rest über sich ergehen. "Auch ein 2:0 war am Ende möglich", kommentierte Willi Kronsbein ohne jede Vereinsbrille. Dass Hertha eigentlich als Tabellenerste angereist war, war ihm fast ein wenig unangenehm.

Meilenweit von einer Titelform entfernt: Franz Brungs

MSV Duisburg - Hertha BSC Berlin 1:0 (0:0)

Sa., 26.09.1970, 15:30 Uhr
Zuschauer: 21.000
SR: Heinz Aldinger (Waiblingen)
Tore: 1:0 Rainer Budde (67., Vorlage Kentschke)
Aufstellung MSV Duisburg: Volker Danner (Note 2,0); Hartmut Heidemann (4,0), Kurt Rettkowski (4,0), Detlef Pirsig (3,0 - 76. Johannes Linßen, 3,0), Michael Bella (3,0); Bernd Lehmann (4,0), Georg Damjanoff (4,0), Djordje Pavlic (4,0); Gerhard Kentschke (2,0), Rainer Budde (3,0), Bernard Dietz (3,0 - 65. Johannes Riedl, –)
Aufstellung Hertha BSC Berlin: Volkmar Groß (2,0); Bernd Patzke (4,0), Uwe Witt (3,0), Jürgen Rumor (4,0), Karl-Heinz Ferschl (3,0); Jürgen Weber (4,0), Wolfgang Gayer (4,0), Hans-Jürgen Sperlich (3,0 - 55. Laszlo Gergely, 4,0); Franz Brungs (5,0), Lorenz Horr (5,0), Arno Steffenhagen (4,0)
Besonderheiten: keine

Unnötig gefummelt

Auch in der gegentorlosen Zeit schien Bielefeld niemals imstande, Kaiserslauterns viertem Heimsieg im Wege zu stehen. Ein Torerfolg war selbstverständlich auch nicht erlaubt.

Wenn schon Dortmund, Frankfurt und der HSV es nicht geschafft hatten, wie sollte dann nur die kleine Arminia am Betzenberg ein Tor schießen. Nicht nur Lauterns Fans, auch die Bielefelder selbst hatten offensichtlich so gedacht, denn derart zaghaft und hastig wie die Gäste sich verkauften, hatten selbst mittelprächtige Pfälzer keine Mühe, einen abermals glatten Sieg einzufahren. Chancen hatte der Aufsteiger genau drei: Slomiany (9.) und Kuster (62.) schossen jeweils daneben, Leopoldseder rasierte gar einmal den linken Pfosten. Auch einen Angriff über Brücken konnte man noch hinzuzählen, doch entschied sich Bielefelds Stürmer lieber fürs Fummeln, statt den völlig frei stehenden Kuster zu bedienen (43.). Um Längen noch waren die Ostwestfalen trotzdem zu schwach, um Kaiserslautern irgendetwas anzuhaben. Von einer "Lektion in Tempo, Härte und Cleverness" sprach Egon Piechaczek ehrlich. Das Spielerische ließ er bewusst außen vor, denn der FCK siegte allein durch seinen Willen. Maßgeblich waren wieder die hervorragenden Stopper, besonders Friedrich bremste die Bielefelder immer wieder aus. Hätte ihm noch eine ordnende Hand zur Seite gestanden, der Sieg wäre vermutlich nicht nur hoch, sondern auch elegant ausgefallen. So wurden die Tore eher erzwungen. Matt aber setzte den DSC weniger der Doppelschütze Vogt als der eigene Torwart, der nach einer Stunde Rehhagels Flanke unterlief und damit das entscheidende 2:0 verschuldete.

Fast hätte er Lauterns Heimweste noch beschmutzt: Norbert Leopoldseder

1. FC Kaiserslautern - Arminia Bielefeld 3:0 (1:0)

Sa., 26.09.1970, 15:30 Uhr
Zuschauer: 10.000
SR: Philipp Geng (Freiburg)
Tore: 1:0 Karl-Heinz Vogt (30., Vorlage Richter), 2:0 Karl-Heinz Vogt (60., Rehhagel), 3:0 Günther Reinders (75., Richter)
Aufstellung 1. FC Kaiserslautern: Josef Elting (Note 3,0); Günther Rademacher (3,0), Otto Rehhagel (4,0), Ernst Diehl (3,0), Fritz Fuchs (4,0); Günther Reinders (4,0 - 75. Dieter Krafczyk, 4,0), Jürgen Friedrich (2,0); Josef Pirrung (3,0), Winfried Richter (3,0), Karl-Heinz Vogt (3,0 - 80. Hans-Peter Fecht, 4,0), Klaus Ackermann (4,0)
Aufstellung Arminia Bielefeld: Gerd Siese (4,0); Horst Wenzel (4,0), Dieter Schulz (5,0), Volker Klein (4,0), Waldemar Slomiany (4,0); Horst Stockhausen (4,0), Karl-Heinz Brücken (6,0 - 46. Norbert Leopoldseder, 4,0), Gerd Knoth (4,0); Ernst Kuster (4,0), Ulrich Braun (5,0 - 65. Klaus Oberschelp, 4,0), Gerd Kohl (3,0)
Besonderheiten: keine

Der Zahnarzt und der Libero

Frankfurt freute sich sehr über das Unentschieden, weil Köln zwar im ersten Abschnitt versagte, anschließend aber Chancen im Überfluss vergab. Für beides kassierten die Geißböcke Pfiffe.

Vielleicht wäre das Kölner Publikum toleranter gewesen, hätte ihre Mannschaft zumindest eines der drei letzten Spiele gewonnen. Gleich die ersten schwachen Aktionen sorgten somit aber für Missmut, was den Aktiven nicht gerade Selbstvertrauen einimpfte. Besonders im Angriff bekamen die Kölner überhaupt nichts auf die Reihe. Nach einer halben Stunde schon konnte Ernst Ocwirk nicht mehr hinsehen, brachte Amateur Lex in die Begegnung und stellte ihn zur Belebung auf den rechten Flügel. Der schwache Kapellmann wurde ins Mittelfeld umrangiert. Noch bis zum Seitenwechsel stand sich die Heimelf gegenseitig im Weg. Dies lag jedoch auch an den ausgebufften Hessen, deren Abwehr Friedel Lutz mit der Erfahrung aus hunderten von Spielen famos organisierte. Im Verbund mit Trinklein und Wirth garantierte er Peter Kunter eine beschäftigungslose Halbzeit. Dass Frankfurt im Anschluss etwas nachgiebiger wurde, überraschte insofern, als auch Grabowski und Heese bis dahin durchaus zur Entfaltung gekommen waren. Mit Verzögerung zahlten sich die Kölner Umstellungen aber aus, und so verlagerte sich nach und nach das Spiel in eine Richtung, was ausgerechnet Verteidiger Thielen mit dem ersten echten Torschuss eröffnete (50.). Parits, Lex und auch Rupp, von den eigenen Fans teilweise unbarmherzig ausgepfiffen, schlossen sich mit weiteren Möglichkeiten an, doch immer wieder warf sich Dr. Peter Kunter dazwischen und rettete seiner Mannschaft nicht zum ersten Mal in dieser Saison bare Punkte.

Lieferte eine gute Leistung ab: Peter Kunter

1. FC Köln - Eintracht Frankfurt 0:0 (0:0)

Sa., 26.09.1970, 15:30 Uhr
Zuschauer: 15.000
SR: Ferdinand Biwersi (Bliesransbach)
Tore: keine
Aufstellung 1. FC Köln: Manfred Manglitz (Note 4,0); Karl-Heinz Thielen (2,0), Werner Biskup (3,0), Wolfgang Weber (3,0), Matthias Hemmersbach (3,0); Bernhard Cullmann (4,0 - 34. Hans-Jürgen Lex, 4,0), Heinz Simmet (4,0), Heinz Flohe (4,0); Jupp Kapellmann (5,0), Thomas Parits (4,0), Bernd Rupp (5,0)
Aufstellung Eintracht Frankfurt: Peter Kunter (2,0); Karl-Heinz Wirth (3,0), Friedel Lutz (2,0), Gert Trinklein (3,0), Lothar Schämer (3,0); Jürgen Kalb (4,0), Bernd Hölzenbein (4,0), Jürgen Grabowski (3,0); Walter Wagner (4,0 - 67. Thomas Rohrbach, 4,0), Horst Heese (3,0), Bernd Nickel (4,0)
Besonderheiten: keine

Bahn frei für den Bullen

Selbst während der klarsten der fünf Niederlagen war Hannover nicht ausschließlich unterlegen und jagte den Münchenern auch einen intensiven Schrecken ein - bis Bayerns Tormaschine kam.

Im April noch war Hannover mit 2:7 baden gegangen, und in den ersten 20 Minuten sah es schon wieder aus, als kämen die Bayern als Lawine. Schwarzenbeck ließ gleich einen Distanzschuss ab; Hansen, Pumm und Beckenbauer folgten und hätten genauso gut erfolgreich sein können wie nach zehn Minuten Mrosko, der allerdings nicht weniger als drei Hannoveraner vernaschte, um das bereits überfällige 1:0 zu erzielen (10.). Als Gerd Müller gleich noch ein viertes Saisontor nachlieferte (20.), waren die Gäste bereits völlig außen vor, wobei Keller nur ganz kurz nach dem 2:0 eine hochkarätige Möglichkeit verstolperte und Hellingrath Sepp Maier noch mit einem atemberaubenden 35-Meter-Schuss in den Torwinkel schickte (43.). Zumindest mit vier Treffern Differenz mussten die Hausherren trotzdem bis zum Seitenwechsel führen. "Ich muss zugeben, dass wir dennoch Glück hatten", kommentierte Udo Lattek später, denn weil die Bayern doch noch unerwartet einbrachen, wurde die Partie noch einmal spannend. Keller half sich beim Anschlusstor zwar mit der Hand. Der Treffer aber war nicht nur verdient, sondern lange auch nicht das Ende der Fahnenstange. Reihenweise wurden die Gastangreifer plötzlich bei Sepp Maier vorstellig, vergaben einige kleinere und nach einer Stunde auch eine Riesenmöglichkeit. Erst auf dem Konterweg beendeten die Hausherren den Spuk, und das selbstverständlich mit ihrer derzeit stärksten Waffe: "Bulle" Roth lieferte mit einem Doppelpack die Saisontore sechs und sieben.

Plante ein Traumtor: Hans-Joseph Hellingrath

FC Bayern München - Hannover 96 4:1 (2:0)

Sa., 26.09.1970, 15:30 Uhr
Zuschauer: 22.000
SR: Karl-Heinz Fork (Unna)
Tore: 1:0 Karl-Heinz Mrosko (10., Vorlage G. Müller), 2:0 Gerd Müller (20.), 2:1 Ferdinand Keller (84., Linksschuss), 3:1 Franz Roth (84.), 4:1 Franz Roth (88.)
Aufstellung FC Bayern München: Sepp Maier (Note 4,0); Johnny Hansen (4,0), Georg Schwarzenbeck (4,0), Franz Beckenbauer (3,0), Peter Pumm (3,0); Franz Roth (3,0), Rainer Zobel (3,0), Karl-Heinz Mrosko (3,0); Ulrich Hoeneß (5,0), Gerd Müller (4,0), Dieter Brenninger (5,0)
Aufstellung Hannover 96: Bernd Helmschrot (4,0); Kurt Ritter (4,0), Peter Anders (4,0), Hans-Josef Hellingrath (3,0), Rainer Stiller (4,0); Jürgen Bandura (4,0), Hans-Joachim Weller (3,0), Horst Bertl (4,0); Rudolf Nafziger (4,0), Ferdinand Keller (3,0), Claus Brune (3,0)
Besonderheiten: keine

RWO im Rausch - HSV als Chaostruppe

Den absoluten Saisontiefpunkt erlebten die Hamburger bei ihrem katastrophalen Auftritt in Oberhausen. Was sich die Defensive an diesem Tag gegen die wie entfesselt auftretenden Gastgeber leistete, war fernab bisheriger Niederlagen.

Wie gegen den FC Bayern kam der HSV zu Beginn eigentlich gut zurecht. Diesmal ging das Ochs-Team bereits in den siebten Minuten in Front, als Hönig ein Seeler-Zuspiel einlochte. Die Oberhauser blieben davon allerdings unbeeindruckt. Während die Abwehr Hönig, Beyer, Seeler und Dörfel bis zur Wirkungslosigkeit verdammte, drehten im Mittelfeld Fröhlich und Brozulat auf und zeigten Hans Schulz und Zaczyk die Hacken. Desolate Leistungen von Hellfritz und Bonn in der HSV-Deckung taten ihr Übriges. Schumacher (13.), Sühnholz (16.), nochmals Schumacher (29.) und Krauthausen (44.) machten noch vor der Pause aus dem 0:1 ein überzeugendes 4:1. Mit hängenden Köpfen schlichen Seeler & Co. zur Pause in die Kabinen. Auch nach dem Seitenwechsel bekam Vorstopper Kremer den jungen Torjäger Schumacher nicht in den Griff. Der Dausmann-Nachfolger in der Sturmmitte erhöhte nach einer weiteren Brozulat-Vorlage in der 52. Minute auf 5:1, dem acht Minuten später das 6:1 durch Wirbelwind Krauthausen folgte. Der HSV ließ sich auch weiterhin, nahezu ohne Gegenwehr, vorführen wie kaum zuvor in einem Bundesligaspiel. Schumacher machte im dritten Nachschuss das 7:1 und Lothar Kobluhn per Foulelfmeter (82.) das 1:8-Desaster perfekt. HSV-Trainer Ochs war am Boden zerstört: "Eine absolute Katastrophe! Da kann man nur hoffen, dass unsere verletzten Deckungsspieler bald wieder da sind." Kollege Preißler tröstete: "Der HSV und Uwe Seeler tun mir leid."

Konnte einfach nicht mehr aufhören: Hans Schumacher

Rot-Weiß Oberhausen - Hamburger SV 8:1 (4:1)

Sa., 26.09.1970, 15:30 Uhr
Zuschauer: 16.000
SR: Gert Meuser (Ingelheim)
Tore: 0:1 Hönig (7., Vorlage Seeler), 1:1 Schumacher (13., Sühnholz), 2:1 Sühnholz (16.), 3:1 Schumacher (29., Sühnholz), 4:1 Krauthausen (44.), 5:1 Schumacher (52., Brozulat), 6:1 Krauthausen (60., Brozulat), 7:1 Schumacher (78.), 8:1 L. Kobluhn (82., Foulelfmeter, Bonn an Krauthausen)
Aufstellung Rot-Weiß Oberhausen: Wolfgang Scheid (Note 2,0); Siegfried Rösen (3,0), Werner Ohm (3,0), Friedhelm Dick (3,0), Reiner Hollmann (2,0); Lothar Kobluhn (3,0), Gert Fröhlich (2,0 - 70. Rainer Laskowsky, –), Dieter Brozulat (2,0); Franz Krauthausen (2,0), Hans Schumacher (1,0), Wolfgang Sühnholz (2,0)
Aufstellung Hamburger SV: Arkoc Özcan (3,0); Heinz Bonn (6,0), Helmut Sandmann (4,0), Hans-Jürgen Hellfritz (5,0 - 46. Hans-Jürgen Ripp, 4,0), Hans-Werner Kremer (5,0 - 72. Robert Pötzschke, –); Hans Schulz (4,0), Klaus Zaczyk (5,0), Franz-Josef Hönig (4,0); Siegfried Beyer (5,0), Uwe Seeler (4,0), Charly Dörfel (4,0)

Letzter Tag für Aki Schmidt

In einem hochinteressanten Spiel führte Offenbach schon 3:1 und verlor durch zwei Elfmeter noch tragisch einen Punkt. Wie verärgert Präsident Canellas darüber war, zeigte sich am nächsten Tag.

Schiedsrichter Bonacker wusste genau, war er tat, als er in Minute 88 zum vierten Mal auf den Punkt zeigte. Stuttgart glich aus und verdarb dem OFC den längst beschlossenen Sieg. Und er, der Unparteiische, musste von Polizisten eskortiert werden.

Ab sofort mit neuem Übungsleiter: Georg Beichle

Das vierte Saisonheimspiel des Deutschen Pokalsiegers barg so viel Zündstoff wie eine ganze Saison. Per Strafstoß schafften die Kickers selbst zunächst eine Führung (23.), waren dann aber heilfroh, mit einem 1:1 noch in die Pause zu entkommen, denn Stuttgart drehte so gewaltig auf, dass es in dieser Phase der sichere Sieger werden musste. Offenbach legt wieder zu, führte erst 2:1 (55.), dann sogar mit 3:1 (63.) und konnte nach dem Anschlusstor durch Weiß per Elfmeter (68.) selbst durch einen zweiten Strafstoß wieder davonziehen. Kremers aber verschoss, und die Kickers wurden nervös. Nur so kam es überhaupt zu jenem vierten Tor vom Punkt, das ein unglaubliches Spiel schließlich mit einem gerechten Remis versiegelte. Alle Elfmeter waren obendrein berechtigt. Am nächsten Tag aber platzte nichtsdestotrotz eine Bombe, denn völlig überraschend wurde Aki Schmidt entlassen, obwohl er vor gerade erst vier Wochen, kurz vor dem Pokalsieg, ins Amt geführt worden war. Der Geschasste war völlig außer sich und besorgte sich einen Rechtsbeistand. Für zusätzliche Aufregung sorgte die Nominierung des Nachfolgers. Den Trainerstuhl übernahm nämlich Rudi Gutendorf, vor kurzem noch bei Schalke 04 auf der Bank, der schon während des Spiels gegen Stuttgart im Stadion gesichtet worden war.

Kickers Offenbach - VfB Stuttgart 3:3 (1:1)

Sa., 26.09.1970, 15:30 Uhr
Zuschauer: 12.000
SR: Horst Bonacker (Quadrath-Ichendorf)
Tore: 1:0 H. Kremers (23., Foulelfmeter, Entenmann an Winkler), 1:1 H. Weiß (35., Kopfball, Vorlage Gress), 2:1 R. Weida (55., Kopfball, Schäfer), 3:1 K. Winkler (63., Rechtsschuss, Weilbächer), 3:2 H. Weiß (68., Handelfmeter, Handspiel Weilbächer), 3:3 H. Haug (88., Foulelfmeter, Reich an Entenmann)
Aufstellung Kickers Offenbach: K. Volz (Note 4,0); Josef Weilbächer (4,0), Helmut Kremers (4,0), Roland Weida (2,0), Hans Reich (2,0); Egon Schmitt (4,0), Horst Gecks (4,0), Walter Bechtold (4,0 - 54. Helmut Schmidt, 3,0); Gerhard Kraft (4,0 - 54. Georg Beichle, 5,0), Winfried Schäfer (4,0), Klaus Winkler (4,0)
Aufstellung VfB Stuttgart: Gerhard Heinze (4,0); Hans Arnold (3,0), Willi Entenmann (3,0), Reinhold Zech (4,0), Hans Eisele (3,0); Jan Olsson (4,0), Manfred Weidmann (3,0), Gilbert Gress (3,0); Hartmut Weiß (4,0), Horst Haug (4,0), Roland Weidle (5,0 - 73. Günther Eisele, 4,0).
Besonderheiten: H. Kremers verschießt Foulelfmeter - Heinze hält

Der Präsident wechselte aus

Am Spiel selbst durften die Schalker sich nicht reiben, denn fast eine Stunde brachten sie Gladbach an den Rand einer Niederlage. Erst mit einer Auswechslung zogen dunkle Wolken über der Glückaufkampfbahn auf. Nach dem Schlusspfiff waren sie immer noch da.

Slobodan Cendic verlor völlig die Fassung: "Das lasse ich mir nicht gefallen! Wenn hier nicht sofort klare Verhältnisse geschaffen werden, packe ich meine Koffer und gehe!", polterte Schalkes Trainer. Was ihn in Rage brachte, war nicht der Auftritt seiner Mannschaft. Es war sein Präsident. 35.000 Zuschauer sahen die meiste Zeit ein begeisterndes Spiel. Schalke legte sich gewaltig ins Zeug, um der spielerischen Klasse des Meisters zu trotzen und verbuchte bis zum Seitenwechsel Vorteile. van Haaren war der geschäftigere Regisseur als Netzer, Fichtel sorgte im Abwehrzentrum für weitgehende Ordnung, und Libuda drehte so unwahrscheinlich auf, dass selbst Berti Vogts mitunter überfordert war. Kurz vor der Pause vergab der Dribbler die beste Chance, als er nach unglaublichem Solo das Leder knapp übers Tor schaufelte (39.). Nach dem Wechsel ebbte Schalkes Dominanz aus zwei gewichtigen Gründen ab: Erstens blieb Fichtel verletzt in der Kabine und musste durch van Haaren vertreten werden, der in der Mitte fortan fehlte. Zweitens kam es zu dem Vorfall, der Cendic so auf die Palme brachte, denn wider jede Vernunft wurde plötzlich Fischer ausgewechselt, obwohl er nach schwacher erster Halbzeit gerade richtig ins Spiel fand. Die Idee von Cendic war dies, wie sich herausstellte, nicht gewesen, sondern ein hoheitlicher Eingriff des Präsidenten Siebert, der wegen solcher Einfälle schon mit Rudi Gutendorf über Kreuz gelegen hatte.

War Teil des ominösen Wechsels: Klaus Beverungen

FC Schalke 04 - Mönchengladbach 0:0 (0:0)

Sa., 26.09.1970, 15:30 Uhr
Zuschauer: 35.000
SR: Kurt Tschenscher (Mannheim)
Tore: keine
Aufstellung FC Schalke 04: Norbert Nigbur (Note 2,0); Hans-Jürgen Becher (4,0), Rolf Rüssmann (4,0), Klaus Fichtel (3,0 - 46. Manfred Pohlschmidt, 4,0), Jürgen Sobieray (5,0); Herbert Lütkebohmert (3,0), Klaus Scheer (4,0), Heinz van Haaren (2,0); Reinhard Libuda (2,0), Klaus Fischer (4,0 - 59. Klaus Beverungen, 5,0), Hans Pirkner (4,0)
Aufstellung Borussia Mönchengladbach: Wolfgang Kleff (3,0); Heinz Wittmann (4,0), Klaus-Dieter Sieloff (3,0), Ludwig Müller (3,0), Berti Vogts (3,0); Peter Dietrich (3,0), Herbert Laumen (4,0 - 75. Ulrik Le Fevre, –), Günter Netzer (4,0); Herbert Wimmer (3,0), Horst Köppel (3,0), Jupp Heynckes (4,0)
Besonderheiten: keine

ZEITFENSTER
25. - 27. September 1970

Remarque verstarb
(BRD/Schweiz, 25. September)
In Locarno verstarb der Schriftsteller Erich Maria Remarque (Jahrgang 1898), dessen bekanntestes Werk "Im Westen nichts Neues" ein Weltbestseller wurde.

Menschen, Tiere, Sensationen
(BRD, 26. September)
Zum vorletzten Mal ging im ZDF die Manege auf für "Zirkusdirektor Johnny Sla-

Organisierte als Johnny Slate seine zwei- und vierbeinigen Schützlinge: Jack Palance

te". Jack Palance mimte den Boss der Artistengesellschaft, die ihre Zelte mal hier, mal dort aufstellte und in 26 Folgen Einblicke in den Alltag eines Wanderzirkus gewährte.

Immer einen Zug voraus
(BRD, 26. September)
Das Team der UdSSR sicherte sich in Siegen zum zehnten Mal in Folge die Schach-Mannschaftsweltmeisterschaft.

Feldhockey-Herren ganz oben
(Brüssel, 27. September)
Die BRD-Hockeynationalmannschaft feierte nach einem 3:1-Endspielsieg gegen die Niederlande ihren ersten WM-Titel.

Hitparaden
(USA/GB/BRD, 27. September)
"Ain't No Mountain High Enough" - schon gar nicht für Diana Ross, die nach der Trennung von den Supremes eine erfolgreiche Solokarriere startete und in den USA die Nummer eins besetzte. Als Jazz-Sängerin hatte Freda Payne (Abb.) einst begonnen, als Interpretin der Popnummer "Band Of Gold" verbuchte sie den größten kommerziellen Erfolg ihres musikalischen Schaffens und rauschte in England an die Hitparadenspitze. In der Bundesrepublik grüßte nach wie vor Mungo Jerry ("In The Summertime") von oben.

Bundesliga 1970/1971 – 9. Spieltag

Netzer überläuft hier Flohe und Thielen, aber am Ende mussten sich beide Seiten mit einem Remis begnügen (Bor. Mönchengladbach - 1. FC Köln 1:1)

Freudenspender Bielefeld

Bayerns Sturz auf der Alm war der Knaller des Spieltages und tröstete Mönchengladbach über die eigene Enttäuschung hinweg. Auch Werder schaffte endlich einen Sieg, während aus Oberhausen niemand mehr schlau wurde.

Das 8:1 gegen Hamburg war nicht alles, was RWO mit nach Hannover nahm, denn vier Tage später waren die Kleeblätter am Bökelberg zerrupft worden (0:6.). Nun plötzlich wieder auswärts zu gewinnen (2:1) war insofern ein dritter Paukenschlag. Die Sensation aber ereignete sich in Bielefeld, wo der Aufsteiger sich an den Bayern verging und sie zur Freude der Liga besiegte (1:0). Ungeschlagen war nun einzig noch Meister Gladbach, der gegen Köln aber ebenfalls Probleme zeigte und über ein maues 1:1 nicht hinauskam. Hertha (2:0 gegen Stuttgart) machte dadurch Boden gut, eindrucksvoller aber siegte Eintracht Braunschweig, dem als erstem Klub seit mehr als zweieinhalb Jahren ein Auswärtssieg in Essen gelang. Das Sorgenkind aber blieb der HSV: Gegen Schalke 04 setzte es die vierte Niederlage in Folge (1:2).

Ergebnisse – 9. Spieltag 1970/1971

Sa., 03.10.70	Hertha BSC Berlin - VfB Stuttgart	2:0 (0:0)
Sa., 03.10.70	Arminia Bielefeld - FC Bayern München	1:0 (0:0)
Sa., 03.10.70	Borussia Dortmund - MSV Duisburg	5:1 (2:1)
Sa., 03.10.70	Rot-Weiss Essen - Eintracht Braunschweig	0:1 (0:1)
Sa., 03.10.70	Eintracht Frankfurt - SV Werder Bremen	0:2 (0:1)
Sa., 03.10.70	Hamburger SV - FC Schalke 04	1:2 (0:1)
Sa., 03.10.70	Hannover 96 - Rot-Weiß Oberhausen	1:2 (1:1)
Sa., 03.10.70	1. FC Kaiserslautern - Kickers Offenbach	4:0 (2:0)
Sa., 03.10.70	Borussia Mönchengladbach - 1. FC Köln	1:1 (0:1)

Tabelle

Platz	Verein	S	U	N	Tore	Differenz	Punkte
1.	Borussia Mönchengladbach	4	5	0	20:5	+15	13:5
2.	Hertha BSC Berlin	6	1	2	15:8	+7	13:5
3.	FC Bayern München	4	4	1	16:8	+8	12:6
4.	Eintracht Braunschweig	5	2	2	15:7	+8	12:6
5.	FC Schalke 04	4	3	2	13:9	+4	11:7
6.	Rot-Weiss Essen	3	4	2	15:11	+4	10:8
7.	1. FC Kaiserslautern	5	0	4	16:16	0	10:8
8.	1. FC Köln	2	5	2	11:11	0	9:9
9.	VfB Stuttgart	3	3	3	12:14	-2	9:9
10.	Borussia Dortmund	3	2	4	12:10	+2	8:10
11.	Eintracht Frankfurt	2	4	3	4:7	-3	8:10
12.	Arminia Bielefeld	3	2	4	9:13	-4	8:10
13.	Hamburger SV	3	2	4	14:23	-9	8:10
14.	Rot-Weiß Oberhausen	2	3	4	17:19	-2	7:11
15.	SV Werder Bremen	2	3	4	6:10	-4	7:11
16.	MSV Duisburg	2	3	4	6:11	-5	7:11
17.	Kickers Offenbach	2	2	5	10:18	-8	6:12
18.	Hannover 96	1	2	6	7:18	-11	4:14

Torjägerliste - Zuschauer - Selbsttore - Platzverweise

Torjägerliste:
1. Lippens: 8 Tore
2. Vogt, Roth: je 7 Tore
3. Schumacher: 6 Tore

Zuschauer: 143.000
Tore: 24
Selbsttore: keine
Platzverweise: keine

Ein halbes Eigentor

Die Fanwand war zwar verschwunden, trotzdem hielt Hertha auch im fünften Heimspiel seine punktverlustfreie Festung. Diesmal war aber auch Glück im Spiel.

Überlegen, da gab es keine zwei Meinungen, war die Alte Dame pausenlos. Wenn auch Stuttgart im Sturmspiel nicht mithalten konnte, so ließ sich der VfB trotzdem nicht viel gefallen, gerade weil die sonst viel aktiveren Verteidiger diesmal ganz auf Defensive eingestellt waren. "Meine Mannschaft hat sich an ihr Konzept gehalten", sagte Branko Zebec und konnte die Frage nach Fehlern kaum ergiebig beantworten. Eigentlich war den Schwaben wenig vorzuwerfen. Nach torloser erster Halbzeit, die das Berliner Publikum schon etwas unruhig werden ließ, durchbrach ein seltsames Tor den bis dahin einschusssicheren Abwehrwall. Gerhard Heinze war untröstlich: "Da meistert man die schwierigsten Bälle, versucht die eigene Abwehr aufzurichten und dann so ein dummes Ding." Das Ding ging von Sperlich aus, dessen Eckball Tasso Wild mit dem Kopf erwischen konnte und der im Leben nicht im Tor gelandet wäre, hätte Willi Entenmann nicht noch dazwischengefunkt. Sein Scheitel fälschte die Kugel noch ab (58.). Nach diesem Vorfall fiel erst auf, was vorher gar nicht so wichtig gewesen war. Stuttgart nämlich hatte überhaupt keine Ideen. Gress wehrte sich gegen die Pleite mit sichtbarer Anstrengung,

Von seinen Mitspielern allein gelassen: Gilbert Gress

aber um ihn herum kam niemand auf seine Klasse, woran Herthas Defensive ihrerseits großen Anteil hatte. Gayer und Gergely räumten das Meiste bereits vorsorglich ab. Für das entscheidende 2:0 brauchte es nicht mal einen Konter, weil weiterhin nur die Hertha angriff. Torschütze war diesmal Horr und Ausgangspunkt zum zweiten Mal eine Ecke (75.).

Hertha BSC Berlin - VfB Stuttgart 2:0 (0:0)

Sa., 03.10.1970, 15:30 Uhr

Zuschauer: 30.000

SR: Gerd Hennig (Duisburg)

Tore: 1:0 Tasso Wild (58., Kopfball, Vorlage Sperlich), 2:0 Lorenz Horr (75., Sperlich)

Aufstellung Hertha BSC Berlin: Volkmar Groß (Note 2,0); Bernd Patzke (2,0), Uwe Witt (3,0), Tasso Wild (3,0), Karl-Heinz Ferschl (4,0); Laszlo Gergely (3,0), Wolfgang Gayer (3,0); Arno Steffenhagen (3,0), Franz Brungs (3,0), Lorenz Horr (3,0), Jürgen Weber (4,0 - 30. Hans-Jürgen Sperlich, 3,0)

Aufstellung VfB Stuttgart: Gerhard Heinze (3,0); Willi Entenmann (4,0), Hans Arnold (3,0), Reinhold Zech (4,0), Hans Eisele (3,0), Jan Olsson (3,0), Horst Haug (4,0), Manfred Weidmann (4,0); Gilbert Gress (3,0), Karl-Heinz Handschuh (4,0), Hartmut Weiß (3,0)

Besonderheiten: keine

Weisweiler hatte noch gewarnt

Erst lief alles gegen den Neuling, der von den Bayern keine Schnitte und vom Schiedsrichter keine Elfmeter bekam. Weil gerade dies den Schalter aber umlegte, endete der Nachmittag in einer Sensation.

Genau 65 Jahre musste die Arminia alt werden, um solch einen Freudentag zu erleben. Es war gewiss der Höhepunkt der Vereinsgeschichte, wie Bielefeld das vermeintlich stärkste Pferd im Ligastall auf die Matte legte. Ausgerechnet der Aufsteiger brachte dies zum ersten Mal fertig - niemand hatte damit gerechnet. "Wehe, wenn sich Bielefeld in einen Spielrausch steigert", hatte Hennes Weisweiler noch gemahnt. Dass Udo Lattek ihn überhaupt fragen musste, zeigte Bayerns Problem mit diesem Gegner: Die Arminia war ihnen ein Buch mit sieben Siegeln. Ihr Schicksal bestimmten die Münchener ein Stück weit allerdings selbst. Mindestens zur Hälfte dominierten sie den ersten Abschnitt klar, hatten mit Brenninger und Hoeneß zwei brandgefährliche Angreifer auf dem Platz und konnten sich die beste Chance zum Führungstreffer aussuchen. Als dieser nicht fiel, knickten die Gäste allerdings ein, was sich bereits in zwei heiklen Strafraumszenen andeutete, denn beide Male kamen sie einen Schritt zu spät. Zu Recht war das Publikum empört, dass Arminia nicht wenigstens einen dieser Strafstöße zugesprochen bekam; die Mannschaft aber nahm es als Motivation und begann zu beißen. Schleichend gewann der DSC die Kontrolle, drückte immer gewaltiger aufs Tempo und kämpfte die Bayern so lange nieder, bis Braun mit 1:0 das Dach wegfegte (60.). Auf Ausdauer kam es nun an, und die hatte einzig die Arminia. Mit den Säulen Schulz, Klein und dem tollen Spielmacher Knoth gelang ein besessener Kampf bis über die Ziellinie.

Herausragende Abwehrleistung: Dieter Schulz

Arminia Bielefeld - FC Bayern München 1:0 (0:0)

Sa., 03.10.1970, 15:30 Uhr
Zuschauer: 26.500
SR: Klaus Ohmsen (Hamburg)
Tore: 1:0 Ulrich Braun (60., Linksschuss, Vorlage Stockhausen)
Aufstellung Arminia Bielefeld: Gerd Siese (Note 3,0); Horst Wenzel (3,0), Dieter Schulz (2,0), Volker Klein (3,0), Waldemar Slomiany (5,0 - 66. Klaus Köller, 4,0); Horst Stockhausen (3,0), Gerd Knoth (2,0), Ulrich Braun (3,0); Norbert Leopoldseder (4,0 - 62. Karl-Heinz Brücken, 5,0), Ernst Kuster (4,0), Gerd Kohl (3,0)
Aufstellung FC Bayern München: Sepp Maier (3,0); Johnny Hansen (4,0), Peter Pumm (4,0 - 34. Herwart Koppenhöfer, 3,0), Georg Schwarzenbeck (4,0), Franz Beckenbauer (3,0); Franz Roth (3,0), Ulrich Hoeneß (2,0), Rainer Zobel (4,0), Gerd Müller (4,0), Karl-Heinz Mrosko (4,0 - 70. Paul Breitner, –), Dieter Brenninger (3,0)
Besonderheiten: keine

Erntehelfer aus Meiderich

Überhaupt vorn zu liegen, war für Dortmund schon ein glückliches Pausengefühl. Dass der Sieg noch so hoch ausfiel, lag auch eher am MSV, der seine Offensive völlig vom Netz nahm und ohne Not die Waffen streckte.

Die traurige Kulisse musste Borussia nicht persönlich nehmen, auch wenn in Braunschweig wirklich eine Menge schief gelaufen war. In gewisser Weise war das miese Wetter sogar zuträglich. Der knöcheltiefe Boden nämlich machte Meiderich gehörig zu schaffen, wogegen Dortmund wiederum ein rein durch Kampf bestimmtes Spiel eine Wohltat schien. Dennoch hatte der BVB Glück: Der verschossene Strafstoß von Lehmann (90.) fiel zwar nicht mehr ins Gewicht. Symbolcharakter hatte der Lattenschuss jedoch schon, denn zumindest im ersten Durchgang vergaben die Zebras gewichtige Chancen. Dietz, Budde und Damjanoff hätten die Gäste vorübergehend in Führung bringen können. Stattdessen traf Bücker noch mit dem Halbzeitsignal, was dem Hausherren ohne Berechtigung einen Vorsprung verschaffte und gleichzeitig den Sieger schon ermittelte. Dortmunds Auftritt war nicht schlecht, im zweiten Durchgang stellenweise auch begeisternd, niemals aber derart unwiderstehlich, dass Duisburg aus dem Stadion gebombt werden musste. Es waren die Zebras, die dem BVB die Türen öffneten, das Mittelfeld und die Außenbahnen wie Ramschware herschenkten. Mit dem schnellen 3:1 verloren die Gäste jede Lust, während Trimhold und Kurrat zum Beispiel jetzt erst richtig zu wirken begannen. Auch spielerisch gewann Dortmund immer mehr an Oberwasser und musste die Treffer nur noch wie reife Früchte ernten. Der MSV half beim Einsammeln noch mit.

Sorgte immer wieder für Nachschub: Horst Trimhold

Borussia Dortmund - MSV Duisburg 5:1 (2:1)

Sa., 03.10.1970, 15:30 Uhr
Zuschauer: 6.000
SR: Ewald Regely (Berlin)
Tore: 1:0 H. Trimhold (2., Vorlage Bücker), 1:1 H. Heidemann (24., Freistoß), 2:1 T. Bücker (44., Ritschel), 3:1 W. Weist (48., Weinkauff), 4:1 W. Neuberger (59.), 5:1 W. Weist (87., Trimhold)
Aufstellung Borussia Dortmund: Jürgen Rynio (Note 3,0); Reinhold Wosab (3,0), Branco Rasovic (4,0), Willi Neuberger (3,0), Ferdinand Heidkamp (4,0); Dieter Kurrat (3,0), Horst Trimhold (3,0); Manfred Ritschel (4,0), Dieter Weinkauff (4,0), Werner Weist (4,0), Theo Bücker (3,0 - 73. Theodor Rieländer, 4,0)
Aufstellung MSV Duisburg: Volker Danner (4,0); Hartmut Heidemann (4,0), Kurt Rettkowski (4,0 - 61. Johannes Linßen, 4,0), Detlef Pirsig (3,0), Michael Bella (4,0); Djordje Pavlic (5,0), Bernd Lehmann (4,0), Georg Damjanoff (3,0); Gerhard Kentschke (5,0), Rainer Budde (3,0), Bernard Dietz (3,0 - 70. Johannes Riedl, 5,0)
Besonderheiten: Lehmann verschießt Foulelfmeter (90.) - an die Latte

Ende einer Legende

Nach 52 ungeschlagenen Spielen verlor Rot-Weiss Essen erstmals wieder ein Heimspiel. Gegen clevere Braunschweiger unterlagen die Westdeutschen kampflos.

Nahm man ausschließlich die Bundesligaspiele, war es sogar das erste Mal überhaupt, dass ein Auswärtsteam an der Hafenstraße gewann; mit Eintracht Braunschweig war es aber wenigstens ein gutes. Der Tabellenvierte, ohnehin mit viel Selbstvertrauen im Gepäck, bestach einmal mehr durch seine unglaubliche Schläue. Bis ins Letzte durchdacht wirkte jeder noch so banale Spielzug, weil Essen immer wieder einen Schritt zu spät kam und zeitweise wie an einer Leine hinter den Niedersachsen herlief. Nabel des Ganzen war erneut Lothar Ulsaß, der sich beim Tribünengast Helmut Schön zweifelsohne ins Herz gespielt hätte, wäre der Zenit seiner Karriere nicht schon leicht überschritten gewesen. Als der Regisseur nicht zum ersten Mal zwei Essener auf einmal narrte, wähnte er im Augenwinkel schon Bernd Gersdorff. Bockholt berührte den Gewaltschuss zwar noch, musste den Ball aber doch passieren lassen - nicht mal eine Viertelstunde war gespielt, und schon lähmte die Angst vor Braunschweigs Konterspiel RWE die Beine. Zeit genug hatte Essen natürlich, auch mit höher geschaltetem Gang blieben die Angriffe aber zu umständlich. Grzyb, Merkhoffer und Kaack verteidigten wie gehabt. Falsch justiert schien auf Essener Seite aber vornehmlich die Einstellung, denn das, gerade an der Hafenstraße so berüchtigte, Kampfspiel fand überhaupt nicht statt. Allein spielerisch suchte RWE seine Linie, wohl auch ein bisschen selbstverliebt durch den glorreichen Saisonstart. Die ausgebuffte Eintracht war auf diese Weise aber nicht zu knacken.

In seinem Schuss lag die Kraft, die Essen fehlte: Bernd Gersdorff

Rot-Weiss Essen - Eintr. Braunschweig 0:1 (0:1)

Sa., 03.10.1970, 15:30 Uhr
Zuschauer: 20.000
SR: Dieter Heckeroth (Frankfurt/Main)
Tore: 0:1 Bernd Gersdorff (14., Vorlage Ulsaß)
Aufstellung Rot-Weiss Essen: Fred-Werner Bockholt (Note 3,0); Peter Czernotzky (4,0), Hermann Erlhoff (4,0), Roland Peitsch (4,0), Heinz Stauvermann (3,0); Georg Jung (5,0), Egbert-Jan ter Mors (5,0 - 72. Herbert Weinberg, 5,0), Erich Beer (3,0); Helmut Littek (5,0 - 46. Walter Hohnhausen, 4,0), Günter Fürhoff (5,0), Willi Lippens (3,0)
Aufstellung Eintracht Braunschweig: Horst Wolter (3,0); Wolfgang Grzyb (3,0), Max Lorenz (4,0), Peter Kaack (3,0), Franz Merkhoffer (3,0); Michael Polywka (4,0), Bernd Gersdorff (3,0), Lothar Ulsaß (2,0), Klaus Gerwien (4,0 - 69. Rainer Skrotzki, 4,0), Jaro Deppe (4,0), Dietmar Erler (4,0)
Besonderheiten: keine

Doppelschock zum Pausentee

Gegen Werder Bremen daheim zu verlieren, war alles andere als ein Reifebeweis. Die Hessen aber waren auch nur Menschen und konnten bis zum Ende nicht verkraften, was drei Minuten vor der Halbzeit geschah.

Um die Finger gegen ihre Mannschaft zum Mund zu führen, fanden Frankfurts Anhänger Gründe genug. Erstens traf die Eintracht schon wieder nicht ins Tor, zweitens war es der Tabellenletzte, gegen den man hier unterlag, und der hatte überhaupt noch nicht gewonnen (Werders Nachholpartie in Dortmund war noch nicht gespielt). Die Umstände der Pleite gaben den Hessen jedoch ein Alibi und lenkten den Scheinwerfer auf den Schiedsrichter, der kurz vor der Pause den Sieger auswürfelte. Es war die 43. Spielminute, als Nickel sich von Grabowski bedienen ließ und den reflexunfähigen Bernard mit einem Gewaltschuss bezwang. Jubelnd drehten die Gastgeber ab, um sich umso empörter aber wieder dem Tatort zuzuwenden, denn zur Verblüffung selbst der Bremer entschied Schiri Hillebrand auf Abseits. Der Rauch war noch nicht abgezogen, da machte sich Werder die Unruhe zunutzte: Lorenz überlief Wirth und schlug eine Flanke, die Windhausen bilderbuchschön aus der Luft unter die Latte setzte - statt der Hausherren führten zur Pause die Gäste, und Frankfurts Leidensgeschichte ging weiter. Für den angeschlagenen Trinklein brachte Erich Ribbeck Papies ins Spiel. Ehe man sich einig wurde, wer von jetzt an Windhausen beschattete, traf dieser aber ein zweites Mal ins Netz, diesmal fein bedient von Kamp (57.). Noch immer musste Frankfurt nicht verlieren und bewies im Anschluss dauerhaft, dass unter normalem Verlauf ein Sieg keine große Sache gewesen wäre. Ein Zurück fand aber nicht statt.

Einmal schön und einmal kalt: Bernd Windhausen

Eintracht Frankfurt - SV Werder Bremen 0:2 (0:1)

Sa., 03.10.1970, 15:30 Uhr
Zuschauer: 6.000
SR: Hans Hillebrand (Essen)
Tore: 0:1 Bernd Windhausen (43., Linksschuss, Vorlage B. Lorenz), 0:2 Bernd Windhausen (57., Kamp)
Aufstellung Eintracht Frankfurt: Peter Kunter (Note 3,0); Karl-Heinz Wirth (3,0), Gert Trinklein (4,0 - 53. Jürgen Papies, 4,0), Friedel Lutz (3,0), Lothar Schämer (4,0); Jürgen Kalb (4,0), Bernd Hölzenbein (4,0); Walter Wagner (5,0 - 46. Hans Lindemann, 4,0), Horst Heese (4,0), Jürgen Grabowski (3,0), Bernd Nickel (4,0)
Aufstellung SV Werder Bremen: Günter Bernard (3,0); Dieter Zembski (3,0), Egon Coordes (4,0), Bernd Schmidt (4,0), Arnold Schütz (3,0); Horst-Dieter Höttges (4,0 - 37. Herbert Meyer, 4,0), Werner Görts (4,0), Karl-Heinz Kamp (4,0); Bernd Windhausen (2,0), Ole Björnmose (4,0), Bernd Lorenz (4,0)
Besonderheiten: keine

Seeler als Ausputzer

Nach der Katastrophe in Oberhausen beorderte HSV-Coach Ochs Uwe Seeler in das Zentrum der Hintermannschaft. Tatsächlich zeigte diese Maßnahme Wirkung, zu einem Punktgewinn reichte es dennoch nicht. Uwe fehlte nämlich vorne.

Nur noch 12.000 Zuschauer hatten sich ins große Volksparkstadion aufgemacht, um "ihren" HSV zu sehen, der in den Vorwochen so grandios abgestürzt war. Neben dem stabilisierenden Seeler hatte Ochs auf Amateur Kampf in der Innenverteidigung gesetzt und durfte auch mit dessen Einsatz zufrieden sein. Während sich die neu zusammengestellte Deckung also bewährte, litt das Spiel nach vorne noch sehr unter dem Fehlen des Stürmers Seeler, zumal der Kapitän, bis auf zwei Ausnahmen, strikt hinten blieb. Die Hamburger waren nicht mehr in der Uniform des RWO-Spiels, doch wirklich rund lief es längst nicht. Einmal stand Pirkner nach einer Libuda-Ecke frei, köpfte trocken ein und schon lag der HSV wieder zurück (26.). Schalkes Spiel wirkte strukturierter, hatte in Scheer und van Haaren zwei Regisseure im Mittelfeld, die Zaczyk und Hönig glatt übertrafen und den Vorsprung zur Pause rechtfertigten. Die Angriffsreihen blieben, von einigen Libuda-Aktionen abgesehen, auf beiden Seiten unter ihren Möglichkeiten. Hans Schulz und Klier waren völlig abgemeldet, Charly Dörfel zu selten präsent. Ihm gelang in der 69. Minute zwar das einzige Hamburger Tor, weil er eine zu kurze Torwartabwehr von Nigbur im zweiten Anlauf nutzte, doch davor stand es bereits 0:2. Ein tolle Einzelleistung von Reinhard Libuda hatte per Konter und 16-Meter-Kunstschuss zu diesem Treffer geführt, der den kleinen Unterschied ausmachte. Viel fehlte zum Unentschieden nicht.

Nach dem Debakel als Notbremse eingebaut: Uwe Seeler

Hamburger SV - FC Schalke 04 1:2 (0:1)

Sa., 03.10.1970, 15:30 Uhr
Zuschauer: 12.000
SR: Rudolf Frickel (München)
Tore: 0:1 Hans Pirkner (26., Kopfball, Vorlage Libuda), 0:2 Reinhard Libuda (67.), 1:2 Charly Dörfel (69.)
Aufstellung Hamburger SV: Arkoc Özcan (Note 2,0); Helmut Sandmann (2,0), Wolfgang Kampf (2,0), Uwe Seeler (2,0), Hans-Jürgen Ripp (2,0); Klaus Zaczyk (3,0), Hans-Werner Kremer (3,0 - 72. Heinz Bonn, 3,0), Franz-Josef Hönig (3,0); Hans Schulz (4,0), Gerd Klier (5,0), Charly Dörfel (3,0)
Aufstellung FC Schalke 04: Norbert Nigbur (3,0); Hans-Jürgen Becher (3,0), Rolf Rüssmann (3,0), Klaus Fichtel (2,0), Friedel Rausch (3,0); Klaus Scheer (2,0 - 78. Manfred Pohlschmidt, 3,0), Heinz van Haaren (2,0), Herbert Lütkebohmert (3,0); Reinhard Libuda (2,0), Klaus Fischer (4,0), Hans Pirkner (4,0)
Besonderheiten: keine

Rätselhaftes Oberhausen

Wieder erbrachte Hannover einen Leistungsnachweis, wie so oft aber nur für kurze Zeit. Schon mit dem kleinsten Rückschlag fiel 96 in eine Ohnmacht, an der sich RWO mit kalter Berechnung verging. Erstaunlicherweise.

Von einem Wetteinsatz auf Oberhausener Spiele war dringend abzuraten. Was war das für eine Mannschaft, die erst einen HSV in der Luft zerreißen, anschließend am Bökelberg verfüttert werden und nur drei Tage später in Hannover siegen konnte? 8:1, 0:6 und nun ein 2:1 - langweilig wurde es um Oberhausen nie. "Meine Mannschaft hat mich technisch und in der Moral überzeugt", war auch Adi Preißler leicht verblüfft. Dass er zugab, eigentlich nur von einem Zähler geträumt zu haben, passte wunderbar ins Bild. Denn den zweiten bekamen die Gäste als Zugabe geschenkt. Hannover begann tapfer, schob den Frust des schlimmen Starts einfach beiseite und stürmte, als wäre nichts gewesen. Kellers Treffer fiel aus Abseitsposition, aber kaum jemand missgönnte den Niedersachsen dieses Tor, das befreiend wie ein Eukalyptusbonbon wirkte und weitere Treffer möglich werden ließ. Brunes Gelegenheit war hierzu die beste (17.). Der Schwarze Peter steckte damit bei Oberhausen, das immer weiter haderte und eine ganze Handvoll Meckerfreistöße gegen sich bekam. Doch dann kam die Wende. Mit einem abgefälschten Ball gelang den Gästen der Ausgleich, der 96 auf der Stelle schockgefrieren ließ (22.). Schon bis zum Seitenwechsel machten die Kleeblätter, was sie nur wollten, und was anschließend geschah, überraschte nur noch die wenigsten. Hannover wurde böse, darüber leichtsinnig und schließlich bestraft. Eine von etlichen Konterchancen nutzte Schumacher zum Sieg (75.).

Eingewechselt in eine leblose Mannschaft: Willi Reimann

Hannover 96 - RW Oberhausen 1:2 (1:1)

Sa., 03.10.1970, 15:30 Uhr
Zuschauer: 10.500
SR: Heinz Siebert (Mannheim)
Tore: 1:0 Ferdinand Keller (8., Vorlage Weller), 1:1 Wolfgang Sühnholz (22., Fröhlich), 1:2 Hans Schumacher (75., Brozulat)
Aufstellung Hannover 96: Bernd Helmschrot (Note 5,0); Kurt Ritter (4,0), Peter Anders (5,0), Hans-Josef Hellingrath (4,0), Rainer Stiller (3,0); Hans-Joachim Weller (3,0), Jürgen Bandura (3,0), Horst Bertl (5,0 - 79. Horst Berg, –); Rudolf Nafziger (5,0 - 77. Willi Reimann, –), Ferdinand Keller (4,0), Claus Brune (4,0)
Aufstellung Rot-Weiß Oberhausen: Wolfgang Scheid (4,0); Werner Ohm (4,0), Friedhelm Dick (3,0), Reiner Hollmann (3,0), Friedhelm Kobluhn (4,0); Lothar Kobluhn (4,0), Gert Fröhlich (3,0), Dieter Brozulat (3,0); Franz Krauthausen (4,0 - 61. Günter Karbowiak, –), Hans Schumacher (4,0), Wolfgang Sühnholz (3,0)
Besonderheiten: keine

Immer noch kein Heimgegentor

Selten stand ein Erfolg so sehr im Zeichen eines Mannes wie in diesem Fall. Karl-Heinz Vogt aber besiegte den OFC nicht allein, sondern war nur das stärkste Glied in einer unzerreißbaren Kette. Der Betzenberg blieb uneinnehmbar.

Was für eine Woche für den FCK: Binnen acht Tagen wurden beide Liganeulinge mit 3:0 und 4:0 aufs Kreuz gelegt, das Heimkonto auf 12:0 Tore und 10:0 Punkte erhöht und nebenbei ein Pfälzer Stürmer in der Torjägerspitze verankert, denn sechs der sieben Treffer erzielte Karl-Heinz Vogt. Erschossen aber wurde Offenbach nicht nur von ihm, sondern von der gesamten Lauterer Kampftruppe. Es war wieder einmal das große Ganze, das die Pfälzer so gefährlich machte, die zielstrebige Konzeption und die beispielhafte Geschlossenheit. Rudi Gutendorf war schon viel rumgekommen, den FCK aber hatte er "so stark noch nie gesehen". Karl-heinz Volz, der bedauernswerte Offenbacher Torhüter, zögerte den Schaden noch hinaus. Mit drei bis fünf Toren hätten die Gäste schon hinten liegen können, als ein wuchtiger Kopfball-Doppelpack den Torreigen eröffnete (25./28.). Nicht zwingend musste es Vogt jedes Mal sein, der die Angriffe zum Abschluss brachte, Kollege Klaus Ackermann etwa spielte keinen Deut weniger stark. Auf ihn aber pendelten sich die Zuspieler ein, die meistenfalls Richter, Rehhagel und Friedrich hießen und zum Teil hochelegante Ballfertigkeiten zeigten. Offenbach war weder insgesamt noch besonders in der Abwehr schwach genug, um eine solche Klatsche zu verdienen. Der FCK konnte nur einfach nicht mehr aufhören und brachte mit seiner Dominanz den gegnerischen Trainer ins Grübeln: "Als erste Maßnahme werde ich Hermann Nuber zurückholen. Wir brauchen einen Eckpfeiler."

Sechs Tore in zwei Spielen: Karl-Heinz Vogt

1. FC Kaiserslautern - Kickers Offenbach 4:0 (2:0)

Sa., 03.10.1970, 15:30 Uhr
Zuschauer: 10.000
SR: Wilfried Hilker (Bochum)
Tore: 1:0 Karl-Heinz Vogt (25., Freistoß), 2:0 Karl-Heinz Vogt (28., Vorlage Richter), 3:0 Karl-Heinz Vogt (66., Richter), 4:0 Karl-Heinz Vogt (80., Ackermann)
Aufstellung 1. FC Kaiserslautern: Josef Elting (Note 3,0); Günther Rademacher (3,0), Dietmar Schwager (4,0 - 55. Günther Reinders, 4,0), Ernst Diehl (3,0), Fritz Fuchs (4,0); Jürgen Friedrich (2,0), Otto Rehhagel (3,0), Josef Pirrung (4,0), Winfried Richter (3,0), Karl-Heinz Vogt (1,0), Klaus Ackermann (1,0)
Aufstellung Kickers Offenbach: Karlheinz Volz (3,0); Josef Weilbächer (4,0), Hans Reich (4,0), Egon Schmitt (4,0), Helmut Kremers (4,0); Roland Weida (3,0), Winfried Schäfer (4,0 - 69. Erwin Kremers, 3,0), Helmut Schmidt (4,0 - 55. Helmut Nerlinger, 4,0); Horst Gecks (3,0), Nikolaus Semlitsch (4,0), Klaus Winkler (4,0)
Besonderheiten: keine

Gemeinsame Schadenfreude

Ausgerechnet an den formschwachen Kölnern zu scheitern, hatte Gladbach sich nicht vorstellen können. Auch ohne Löhr und Overath war der FC aber erstaunlich gut im Bilde und hätte beinahe sogar beide Punkte abgeräumt.

Das 0:1 war der Gipfel eines sensationellen Kölner Spielstarts, auch wenn als Ausgangspunkt ein Unfall diente, denn kurz zuvor rasselte Wolfgang Kleff mit Parits zusammen. Als Biskup nun einen Freistoß aufs Tor schnibbelte, war Gladbachs Schlussmann offensichtlich noch benommen, hielt den Ball nicht richtig fest und ermöglichte Rupp so ein Abstaubertor (20.). Nur gerecht insofern, dass der Meister auf ganz ähnliche Art zum Ausgleich kam. Hier war es Laumen, der Manglitz eher halbgefährlich prüfte, ihn damit aber zu seinem einzigen Fehlgriff zwang und für Le Fevres Lattenbombe die Zündschur legte. Viel mehr als die Rolle von Manfred Manglitz ärgerte die Kölner hierbei der Torentscheid des Schiedsrichters, denn ob der Ball nach der Holzberührung wirklich die Linie überschritt, galt zumindest als strittig. Zwei Torwartpatzer also brachten die Treffer auf den Weg, trotzdem hatte das Spiel noch viel mehr zu bieten und konnte von beiden Teams auch noch entschieden werden. Kurz vor Feierabend kombinierten sich Wittmann und Köppel vors Kölner Tor und verfingen sich nur im letzten Moment in der aufmerksamen Abwehr. Näher am Sieg bewegte sich dennoch der 1. FC Köln, dem gerade das Fehlen der Besten als Befreiung zu dienen schien und dessen bewegliche Mittelfeldkette die Szenerie eine ganze Weile beherrschte. Als das Remis dann feststand, wurde schließlich noch gemeinsam gejubelt. Denn mit einer Pleite des FC Bayern hatte ebenfalls niemand gerechnet.

Auf seiner Seite konkurrenzlos: Matthias Hemmersbach

Borussia Mönchengladbach - 1. FC Köln 1:1 (0:1)

Sa., 03.10.1970, 15:30 Uhr
Zuschauer: 22.000
SR: Walter Horstmann (Hildesheim)
Tore: 0:1 Bernd Rupp (20., Vorlage Biskup), 1:1 Ulrik Le Fevre (48., Laumen)
Aufstellung Borussia Mönchengladbach: Wolfgang Kleff (Note 4,0); Berti Vogts (2,0), Ludwig Müller (4,0), Klaus-Dieter Sieloff (3,0), Heinz Wittmann (4,0); Peter Dietrich (4,0), Günter Netzer (3,0), Herbert Laumen (4,0); Herbert Wimmer (5,0 - 60. Rainer Bonhof, 5,0), Horst Köppel (4,0), Jupp Heynckes (4,0 - 38. Ulrik Le Fevre, 4,0)
Aufstellung 1. FC Köln: Manfred Manglitz (3,0); Karl-Heinz Thielen (4,0), Wolfgang Weber (3,0), Werner Biskup (3,0), Matthias Hemmersbach (3,0); Heinz Simmet (3,0), Heinz Flohe (3,0), Jupp Kapellmann (3,0); Hans-Jürgen Lex (5,0 - 46. Bernhard Cullmann, 3,0), Thomas Parits (3,0), Bernd Rupp (3,0)
Besonderheiten: keine

ZEITFENSTER
28. Sept. - 4. Oktober 1970

Tod Nassers
(Ägypten, 28. September)
Im Alter von 52 Jahren starb der ägyptische Staatspräsident Gamad Abdel Nasser an einem Herzschlag. Er hatte Anteil am Sturz des ägyptischen Königs Faruk (1952) und drängte auch seinen ehemaligen Weggefährten Muhammad Nagib, der nach Faruk zum Machthaber Ägyptens aufgestiegen war, aus dem Amt (1954).

Brachte Ägypten innenpolitisch voran, scheiterte jedoch an seinen außenpolitischen Ambitionen: Gamad Abdel Nasser

Die Verstaatlichung des Suezkanals und die Durchgangssperre für israelische Schiffe lösten 1967 den Suezkrieg aus, den Ägypten gegen England, Frankreich und Israel verlor. Innenpolitisch etablierte Nasser den freien Bildungszugang und eine flächendeckende, kostenlose medizinische Versorgung für jedermann, sowie das Frauenwahlrecht.

Banküberfälle
(BRD, 29. September)
Die so genannte Baader-Meinhof-Gruppe raubte innerhalb weniger Minuten drei Banken in West-Berlin aus, erbeutete dabei 217.000 Mark. Andreas Baader war erst im Mai des Jahres gewaltsam aus dem Gefängnis befreit worden, wo er wegen Brandanschlägen gegen Frankfurter Kaufhäuser eine dreijährige Haftstrafe verbüßen sollte.

Cry, Baby
(USA, 4. Oktober)
Für Interpreten wie Janis Joplin wurde wohl der Begriff "Rockröhre" geprägt. Mit unverwechselbarer Stimme und ungebremstem Einsatz verlieh die mit Drogenproblemen belastete Texanerin ihren Songs ein Höchstmaß an Ausdrucksstärke. "Cry Baby", "Mercedes Benz", "Piece of my Heart" und vor allem "Me And Bobby McGee" blieben als Vermächtnis der Janis Joplin, die 27-jährig an einer Überdosis Heroin starb.

Leidenschaftlich bei ihren Auftritten: Janis Joplin

Bundesliga 1970/1971 – 10. Spieltag

Er hatte einen guten Tag und markierte zwei Treffer gegen den HSV: Bernd Rupp (1. FC Köln - Hamburger SV 3:0)

Offenbachs verrückter Sieg

Allein der Deutsche Meister gab sich auf fremdem Platz nicht geschlagen, alle übrigen Spiele endeten mit Heimerfolgen. Die meisten Treffer fielen in Stuttgart, wo der VfB ein spätes Schützenfest feierte. Am Bieberer Berg war trotzdem noch mehr los.

Dass Hertha BSC überhaupt in Offenbach verlor, war nicht selbstverständlich, die Art und Weise aber noch weniger. Zum Protest hob ein Berliner Spieler den Arm und bekam genau in diesem Moment den Ball an denselben, was den Kickers einen Elfmeter bescherte. Auch in Duisburg fiel ein unglaubliches Tor, und auch hier reichte es zum dünnen Sieg: Per Scherenschlag jagte Budde das Spielgerät hinein. Nicht aufhalten ließ sich Eintracht Braunschweig, das auch seinen sechsten Saisonsieg ohne Gegentor einfuhr und dem Meister (1:1 in Bremen) auf die Pelle rückte. Kaiserslautern (1:3 in München) verlor derweil auch sein fünftes Spiel auf fremdem Platz. Reichlich Tore gab es in Oberhausen, wo Bielefeld zeitweilig Schlimmeres zu blühen drohte als nur 2:4, sowie in Stuttgart, das den BVB erst in den letzten Minuten noch richtig verprügelte.

Ergebnisse – 10. Spieltag 1970/1971

Di., 06.10.70	Rot-Weiß Oberhausen	-	Arminia Bielefeld	4:2 (4:0)
Mi., 07.10.70	Eintracht Braunschweig	-	Eintracht Frankfurt	2:0 (0:0)
Mi., 07.10.70	SV Werder Bremen	-	Borussia Mönchengladbach	1:1 (1:1)
Mi., 07.10.70	MSV Duisburg	-	Rot-Weiss Essen	1:0 (1:0)
Mi., 07.10.70	1. FC Köln	-	Hamburger SV	3:0 (1:0)
Mi., 07.10.70	FC Bayern München	-	1. FC Kaiserslautern	3:1 (1:0)
Mi., 07.10.70	Kickers Offenbach	-	Hertha BSC Berlin	1:0 (0:0)
Mi., 07.10.70	FC Schalke 04	-	Hannover 96	3:0 (1:0)
Mi., 07.10.70	VfB Stuttgart	-	Borussia Dortmund	6:1 (2:1)

Tabelle

Platz	Verein	S	U	N	Tore	Differenz	Punkte
1.	Borussia Mönchengladbach	4	6	0	21:6	+15	14:6
2.	FC Bayern München	5	4	1	19:9	+10	14:6
3.	Eintracht Braunschweig	6	2	2	17:7	+10	14:6
4.	FC Schalke 04	5	3	2	16:9	+7	13:7
5.	Hertha BSC Berlin	6	1	3	15:9	+6	13:7
6.	VfB Stuttgart	4	3	3	18:15	+3	11:9
7.	1. FC Köln	3	5	2	14:11	+3	11:9
8.	Rot-Weiss Essen	3	4	3	15:12	+3	10:10
9.	1. FC Kaiserslautern	5	0	5	17:19	-2	10:10
10.	Rot-Weiß Oberhausen	3	3	4	21:21	0	9:11
11.	MSV Duisburg	3	3	4	7:11	-4	9:11
12.	Borussia Dortmund	3	2	5	13:16	-3	8:12
13.	SV Werder Bremen	2	4	4	7:11	-4	8:12
14.	Eintracht Frankfurt	2	4	4	4:9	-5	8:12
15.	Arminia Bielefeld	3	2	5	11:17	-6	8:12
16.	Kickers Offenbach	3	2	5	11:18	-7	8:12
17.	Hamburger SV	3	2	5	14:26	-12	8:12
18.	Hannover 96	1	2	7	7:21	-14	4:16

Torjägerliste - Zuschauer - Selbsttore - Platzverweise

Torjägerliste:
1. Lippens, Vogt: je 8 Tore
2. Weiß, Roth: je 7 Tore
3. Krauthausen, G. Müller, Schumacher: je 6 Tore

Zuschauer: 203.000
Tore: 29
Selbsttore: keine
Platzverweise: keine

Dritter Sieg im vierten Spiel

Oberhausens Achterbahnfahrt stoppte auf einem Berg. Mit einem fabelhaften Sturmlauf zwang RWO den Bayern-Besieger in die Knie und fand nach den unruhigen Wochen endlich seinen Frieden.

Was war denn nun das wahre Oberhausen, war nach den letzten Wochen die meistgestellte Frage. RWO gab die Antwort selbst. Das 4:2 über Bielefeld, das durchaus mit Selbstvertrauen zu den Kleeblättern gereist war, verlieh den Westdeutschen endlich ein Gesicht. Denn anders als nach dem 8:1, als das Preißler-Team sofort wieder eingebrochen war, konnte Oberhausen den wie auch immer gearteten Hannover-Sieg durchaus bestätigen. Platz zehn war die Gegenwart und das 0:6 vom Bökelberg nichts als ein Ausreißer. Fast hätte es gar erneut ein Debakel gegeben, wohlgemerkt für den Gast, der zur Pause mit 0:4 hinten lag und zu diesem Zeitpunkt kaum wusste, wie ihm geschah. Nach zehn Minuten bereits schien der Sieger ermittelt, das 1:0 durch Wilbertz (8.) stockte Krauthausen auf der Stelle auf (11.). Und wieder entstand dieser Wirbelsturm, der kürzlich den großen HSV in eine immer noch andauernde Krise gestürzt hatte. Der Vater des Sieges hieß Franz Krauthausen. Auch abwechselnd bekamen die Ostwestfalen ihn nicht in den Griff, der noch bis zur Pause einen lupenreinen Hattrick erzielte (21./45.) und mit Standing Ovations in selbige verabschiedet wurde. Vielleicht war es eine Lehre aus der Klatsche gegen Gladbach, dass bei derartigen Zwischenständen der Energiesparmodus einzuschalten war. So passiv, wie RWO jedenfalls nach dem Wechsel spielte, konnte Bielefeld die schlimmste Schmach noch abwenden. Auf ihre ehrenhafte Aufholjagd durften die Arminen sogar ein wenig stolz sein.

Ihm flogen die Herzen zu: Franz Krauthausen

Rot-Weiß Oberhausen - Arminia Bielefeld 4:2 (4:0)

Di., 06.10.1970, 20:00 Uhr
Zuschauer: 20.000
SR: Dr. Gerd Siepe (Köln)
Tore: 1:0 Hermann-Josef Wilbertz (8.), 2:0 Franz Krauthausen (11., Vorlage Brozulat), 3:0 Franz Krauthausen (21.), 4:0 Franz Krauthausen (45.), 4:1 Dieter Schulz (68., Kopfball), 4:2 Norbert Leopoldseder (80., Kopfball)
Aufstellung Rot-Weiß Oberhausen: Wolfgang Scheid (Note 4,0); Reiner Hollmann (3,0), Hermann-Josef Wilbertz (4,0), Friedhelm Dick (3,0), Werner Ohm (3,0); Lothar Kobluhn (3,0), Gert Fröhlich (3,0 - 70. Siegfried Rösen, –), Dieter Brozulat (3,0); Franz Krauthausen (2,0), Hans Schumacher (4,0), Wolfgang Sühnholz (4,0)
Aufstellung Arminia Bielefeld: Gerd Siese (3,0); Horst Wenzel (5,0 - 21. Klaus Köller, 3,0), Volker Klein (4,0), Dieter Schulz (5,0), Waldemar Slomiany (4,0); Horst Stockhausen (5,0 - 46. Georg Stürz, 4,0), Gerd Knoth (4,0), Ulrich Braun (4,0); Norbert Leopoldseder (4,0), Karl-Heinz Brücken (5,0), Gerd Kohl (4,0)
Besonderheiten: keine

Natürlich ohne Gegentreffer

Die Hessen verkauften sich viel besser als man es in Anbetracht der Umstände denken konnte. Trotzdem kam alles genau wie erwartet.

Fast eine Stunde ließ sich Braunschweig Zeit, um sich für seine harte Arbeit zu belohnen und endlich in Führung zu gehen. Untersuchte man alle übrigen Saisonsiege der Niedersachsen, dann war dies etwas ungewöhnlich. Ansonsten lief aber alles nach Plan. Frankfurt wurde mit fast schon mitleidigen Blicken an der Hamburger Straße empfangen, nicht nur wegen der seltsamen Pleite am letzten Wochenende, sondern auch, weil Frankfurt eben Frankfurt war: Vier Saisontore hatten die Hessen gerade einmal geschossen - niemand anders also schien so wenig gegen die seit Ewigkeiten unbezwungene Braunschweiger Abwehr ausrichten zu können. Insofern bemühten sich die Gäste nach Kräften. Grabowski, Nickel und auch der überraschend aufgestellte Rohrbach liefen weite Wege und schworen in der Summe gleich viel Gefahr herauf wie Gersdorff oder Deppe. Was die Gäste natürlich nicht hatten, war aber ein Lothar Ulsaß, dessen strategisches Denken nahezu roboterhaft funktionierte, und dem auch ein ordentlicher Hölzenbein überhaupt nichts entgegenzusetzen hatte. Jederzeit konnte Braunschweig auf das Geheiß seines Spielmachers explodieren. Auf Frankfurter Seite hatte man diesen Eindruck nie. Nach einer Stunde also konnten die Gäste sich nicht länger wehren, wobei sie auch dann noch nicht die Waffen niederstreckten, sondern im Rahmen ihrer Möglichkeiten weiterhin alles versuchten. Ein typisches Kontertor machte auch dem schließlich ein Ende, wobei Ulsaß beim Zuspiel tatsächlich wohl im Abseits stand (88). Der am häufigsten abgegebene Tipp wurde so am Ende Wirklichkeit.

Diesmal von Anfang an: Thomas Rohrbach

Eintracht Braunschweig - Eintracht Frankfurt 2:0 (0:0)

Mi., 07.10.1970, 20:00 Uhr

Zuschauer: 28.000

SR: Walter Eschweiler (Euskirchen)

Tore: 1:0 Jaro Deppe (59.), 2:0 Lothar Ulsaß (88.)

Aufstellung Eintracht Braunschweig: Horst Wolter (Note 3,0); Wolfgang Grzyb (2,0), Max Lorenz (2,0), Peter Kaack (4,0), Franz Merkhoffer (2,0); Michael Polywka (3,0), Lothar Ulsaß (2,0), Bernd Gersdorff (3,0); Klaus Gerwien (4,0 - 70. Rainer Skrotzki, 4,0), Jaro Deppe (3,0), Dietmar Erler (3,0)

Aufstellung Eintracht Frankfurt: Peter Kunter (3,0); Manfred Wirth (4,0), Karl-Heinz Wirth (3,0), Friedel Lutz (3,0), Lothar Schämer (3,0); Jürgen Kalb (3,0), Bernd Hölzenbein (3,0), Jürgen Grabowski (3,0); Thomas Rohrbach (3,0 - 80. Walter Wagner, –), Horst Heese (4,0), Bernd Nickel (3,0)

Besonderheiten: keine

Wieder einen Schritt weiter

Einen schlechteren Zeitpunkt konnte es für Mönchengladbach nicht geben, um im Weserstadion vorstellig zu werden. Und tatsächlich: Beinahe hätte Werder auch den Meister geknackt.

Es war das einzige Spiel dieser Runde, das nicht mit einem Heimsieg endete, dabei hätte gerade hier die Auswärtsmannschaft ausrutschen können. Werder steckte immer noch tief im Keller, Gladbach ungebrochen im Kampf um die Titelverteidigung. Wie sehr sich ein Fußballspiel auch in den Köpfen entscheidet, dafür war Bremens fünftes Saisonheimspiel aber der beste Beweis. Die Wende war inzwischen nämlich eingeleitet. Noch immer ging ein wichtiger Teil der Werder-Mannschaft am Stock, Robert Gebhardt hatte aber davon Abstand genommen, dies immer wieder ins Feld zu führen. Letztes Wochenende hatten die Grün-Weißen endlich einmal Glück gehabt, in Frankfurt große Beute gemacht. Mit dem ersten Sieg auf dem Konto spielte es sich nun leichter, zumal Gladbach noch ein enttäuschendes Heimspiel gegen Köln in den Knochen steckte. Und eben auch in den Köpfen. Werder empfing den Meister mit gewetzten Messern. Wie eine Wand stand die Abwehr diesmal vor Bernard, der sich kurz vor Schluss noch leicht verletzte, und schirmte sein Tor nicht nur ab, sondern besorgte auch die bahnbrechend frühe Führung: Nach neun Minuten traf Zembski zum 1:0. Gladbach hatte Probleme mit Werders enger Deckung und mehr noch mit sich selbst. Ebenfalls durch einen Abwehrspieler gelang relativ zeitig zwar der Ausgleich (25.), doch kam die oft gerühmte Offensive diesmal überhaupt nicht zur Geltung. Im Gegenteil: Die Bremer waren es, die bis zum Ende weiter stürmten und dem Sieg erheblich näher kamen.

Erlebte seine ersten Saisonminuten: Fritz Stefens

SV Werder Bremen - Mönchengladbach 1:1 (1:1)

Mi., 07.10.1970, 20:00 Uhr

Zuschauer: 35.000

SR: Rudolf Schröck (Riegelsberg)

Tore: 1:0 Dieter Zembski (9.), 1:1 Ludwig Müller (25.)

Aufstellung SV Werder Bremen: Günter Bernard (Note 2,0 - 85. Fritz Stefens, –); Dieter Zembski (2,0), Arnold Schütz (2,0), Bernd Schmidt (3,0), Egon Coordes (2,0); Horst-Dieter Höttges (2,0), Ole Björnmose (4,0), Karl-Heinz Kamp (3,0); Werner Görts (3,0), Bernd Windhausen (3,0), Bernd Lorenz (3,0)

Aufstellung Borussia Mönchengladbach: Wolfgang Kleff (3,0); Berti Vogts (2,0), Klaus-Dieter Sieloff (3,0), Ludwig Müller (3,0), Heinz Wittmann (3,0); Günter Netzer (3,0), Peter Dietrich (3,0); Ulrik Le Fevre (5,0), Herbert Laumen (5,0), Horst Köppel (4,0), Jupp Heynckes (4,0)

Besonderheiten: keine

Arbeitssieg per Scherenschlag

Das kleine Ruhrderby hatte so viel Rasse, wie man es lange nicht gesehen hatte. Wenig Taktik, viel Leidenschaft und ein Siegtor, das noch wochenlang für Gesprächsstoff sorgte.

RWE brachte nicht nur viel eigenen Anhang mit, sondern hatte den Fall seiner Heimfestung überraschend erwachsen akzeptiert. Ohne taktische Fesseln griffen die Gäste sofort wieder an und spielten damit genau so attraktiv wie der MSV. Dass die Partie so unterhaltsam wurde, lag auch am heterogenen Leistungsstand in beiden Teams. In den Toren standen hervorragende Schlussmänner, wobei Danner zu Anfang sogar häufiger gefordert wurde als Bockholt. Dies lag an Willi Lippens, dem selbst eine hingebungsvolle Meidericher Defensive nie das Handwerk legen konnte. Zusammen mit Peitsch bekam er die Essener Bestnote. Um Recken wie Pirsig und Bella zu bezwingen, hätte RWE indes mehr gebraucht als einen glänzenden Lippens. Bast und Hohnhausen trabten meist nur nebenher, versteckten sich fast im Schatten des populären Niederländers - ein Problem, das die Burdenski-Elf nicht zum ersten Mal beklagte. Wenigstens einen Zähler hätten die Gäste nichtsdestotrotz mit nach Hause nehmen können, hätte Duisburg nicht in Minute 26 einen Zaubertrick angewandt. Ausgangspunkt war ein Freistoß von Pavlic, den Essens Verteidigung ohne Mühe blockierte, Rainer Budde aber anschließend auf eine Weise verarbeitete, wie man es noch nicht gesehen hatte: Dem Ball entgegen legte sich der Torjäger in die Luft und knallte ihn mit einem Scherenschlag ins Tor. Selbst ohne Treffer hätte diese Aktion für Beifall gesorgt, so aber wurde es ein Geniestreich, an dem man sich auch Wochen später noch nicht satt sehen konnte.

So kannte man ihn gar nicht: Rainer Budde

MSV Duisburg - Rot-Weiss Essen 1:0 (1:0)

Mi., 07.10.1970, 20:00 Uhr

Zuschauer: 24.000

SR: Manfred Hamer (Bockum-Hövel)

Tore: 1:0 Rainer Budde (26., Rechtsschuss, Vorlage Pavlic)

Aufstellung MSV Duisburg: Volker Danner (Note 2,0); Michael Bella (2,0), Kurt Rettkowski (4,0), Detlef Pirsig (3,0), Hartmut Heidemann (4,0 - 78. Johannes Linßen, 4,0); Bernd Lehmann (4,0), Djordje Pavlic (4,0), Georg Damjanoff (4,0); Gerhard Kentschke (4,0), Rainer Budde (3,0), Bernard Dietz (3,0)

Aufstellung Rot-Weiss Essen: Fred-Werner Bockholt (3,0); Peter Czernotzky (5,0), Hermann Erlhoff (3,0), Roland Peitsch (2,0), Heinz Stauvermann (4,0); Georg Jung (4,0 - 66. Günter Fürhoff, 4,0), Egbert-Jan ter Mors (4,0); Dieter Bast (5,0), Erich Beer (3,0), Walter Hohnhausen (4,0 - 78. Diethelm Ferner, 5,0), Willi Lippens (2,0)

Besonderheiten: keine

Immerhin kein Schützenfest

Zu allem Übel musste der HSV auch noch auf Uwe Seeler verzichten, der an einer Gelenkentzündung im linken Fuß litt. Das Team hatte gegen den Favoriten natürlich keine Chance, hielt die Pleite aber im Rahmen.

Die ersten Möglichkeiten der Partie hatte überraschenderweise nicht die Heimelf, bei der vor allem Spielmacher Overath nach seiner Verletzungspause nur langsam ins Spiel fand, sondern der von vielen Ausfällen geplagte Gast. Zuerst scheiterte Hönig per Kopf (11.), dann Sandmann an herauslaufenden Torwart Manglitz (18.). Köln hatte zuletzt gegen Mönchengladbach geglänzt, gegen die Hamburger stotterte der Angriffsmotor vor allem im ersten Durchgang - trotz großer Feldüberlegenheit. Nach einer knappen halben Stunde lag der Ball erstmals im Netz von Keeper Özcan, doch Schütze Rupp stand vorher im Abseits. Hemmersbach testete in der 42. Minute mit einem Kopfball die Querlatte, ehe kurz darauf dann doch das überfällige 1:0 für die Hausherren fiel. Der HSV hatte sich auf eine reine Abwehrschlacht eingestellt und sah dabei gar nicht einmal schlecht aus. Im Verlauf des zweiten Durchgangs schwang sich Wolfgang Overath aber doch zur wichtigsten Figur auf, schickte seine flinken Stürmer immer wieder mit langen Pässen. Auch Thielen machte mächtig Dampf über den rechten Flügel, denn Dörfel verfolgte ihn kaum. Özcan hatte nun mehr zu tun als ihm lieb war, rettete ein ums andere Mal für seine geschlagenen Vorderleute. Mit dem 2:0 durch Löhr (57.) war die einseitige Begegnung bereits vorentschieden, denn Hamburg bot nach vorne bestenfalls Magerkost. Rupps zweiter Treffer vor der Schlussminute beendete ein Spiel, das eigentlich Köln gegen Özcan hätte heißen müssen.

Seine Form war leicht ansteigend: Helmut Sandmann

1. FC Köln - Hamburger SV 3:0 (1:0)

Mi., 07.10.1970, 20:00 Uhr
Zuschauer: 20.000
SR: Philipp Geng (Freiburg)
Tore: 1:0 Bernd Rupp (43.), 2:0 Hennes Löhr (57.), 3:0 Bernd Rupp (89.)
Aufstellung 1. FC Köln: Manfred Manglitz (Note 2,0 - 80. Milutin Soskic, –); Karl-Heinz Thielen (1,0), Werner Biskup (3,0), Wolfgang Weber (2,0), Matthias Hemmersbach (3,0); Heinz Simmet (3,0), Wolfgang Overath (2,0), Heinz Flohe (3,0); Jupp Kapellmann (2,0), Bernd Rupp (2,0), Hennes Löhr (2,0)
Aufstellung Hamburger SV: Arkoc Özcan (2,0); Helmut Sandmann (2,0), Hans-Jürgen Ripp (3,0), Hans-Werner Kremer (3,0), Heinz Bonn (3,0 - 70. Wolfgang Kampf, –); Peter Nogly (2,0), Klaus Zaczyk (3,0), Hans-Jürgen Hellfritz (4,0), Franz-Josef Hönig (3,0); Robert Pötzschke (4,0 - 84. Hans-Peter Gummlich, –), Charly Dörfel (4,0)
Besonderheiten: keine

Überall gern gesehen

Die Schmach von der Alm hatte den Bayern durchaus zugesetzt. Der Gegner war allerdings nicht irgendwer, sondern der 1. FCK, und der gab gemeinhin die Auswärtspunkte freiwillig her.

Was Erich Maas in seinem sechsten Saisonspiel durchmachte, wird nicht selten als Höchststrafe bezeichnet. Acht Minuten lang tummelt sich der Ex-Braunschweiger auf dem Rasen, als er bereits wieder ausgewechselt wurde. Eine Demütigung war dies indes nicht, denn Maas hatte sich das Nasenbein gebrochen. In die Begegnung genommen hatte ihn Udo Lattek, weil Bayerns Trainer nicht zufrieden war. Erstens nicht mit dem Spielfluss, zweitens nicht mit Uli Hoeneß, der in Bielefeld noch so wundervolle Dinge unternommen hatte und diesmal kaum ein Bein vors andere bekam. Auch Schwarzenbeck stand öfter mal neben sich und musste bei der Bewachung von Vogt von beiden Seiten unterstützt werden, sowohl von Beckenbauer als auch von Hansen. Was den Bayern fehlte, waren überraschende Momente, Explosivität. Viel zu viel lief durch die Mitte, denn weil das Flügelspiel bei Hoeneß und Brenninger oft stockte. Einzig Müller wühlte wieder wie ein Maulwurf und beschäftigte die Lauterer Abwehr oft minutenlang. Für einen sicheren Heimsieg boten die Bayern im Grunde zu wenig, zum Glück aber war es nur der FCK, der im Stadion an der Grünwalder Straße vorstellig wurde. Und der rückte die Punkte wieder mal freiwillig raus. Schon Brenningers 1:0 (22.) hätten die Gäste sich nicht gefallen lassen müssen. Völlig unnötig liefen sie so aber dem Rückstand hinterher und waren direkt nach der Halbzeit schon wieder geschlagen. Fünf Heimsiege und fünf Auswärtspleiten, beim FCK wusste man immer genau, woran man war.

Holte sich eine blutige Nase: Erich Maas

FC Bayern München - 1. FC Kaiserslautern 3:1 (1:0)

Mi., 07.10.1970, 20:00 Uhr
Zuschauer: 20.000
SR: Werner Burgers (Essen)
Tore: 1:0 Dieter Brenninger (22.), 2:0 Gerd Müller (49.), 3:0 Gerd Müller (76., Foulelfmeter, Schwager an Roth), 3:1 Karl-Heinz Vogt (87., Vorlage Reinders)
Aufstellung FC Bayern München: Sepp Maier (Note 3,0); Johnny Hansen (3,0), Georg Schwarzenbeck (5,0), Franz Beckenbauer (3,0), Herwart Koppenhöfer (4,0); Franz Roth (4,0), Rainer Zobel (4,0), Karl-Heinz Mrosko (4,0); Ulrich Hoeneß (5,0 - 46. Erich Maas, –), Gerd Müller (2,0), Dieter Brenninger (4,0)
Aufstellung 1. FC Kaiserslautern: Josef Elting (4,0); Günther Rademacher (4,0), Dietmar Schwager (4,0), Ernst Diehl (4,0), Fritz Fuchs (4,0); Jürgen Friedrich (3,0), Otto Rehhagel (4,0), Winfried Richter (5,0 - 46. Günther Reinders, 4,0); Josef Pirrung (4,0), Karl-Heinz Vogt (3,0), Klaus Ackermann (4,0)
Besonderheiten: keine

Drei Mal schwarzer Kater

Verdient war Offenbachs Heimsieg allemal, weil der OFC mehr investierte und die Hertha wie üblich nicht zu ihrer Heimform fand. Wie das Ganze zustande kam, war allerdings unglaublich.

Wie auch immer man es drehte und wendete, die Hauptrolle des Spiels gehörte Schiedsrichter Ott. In ein Bundesligaspiel am oberen Mittelmaß, das Offenbach größtenteils dominierte und mit weitaus mehr Torraumszenen würzte als die Gäste, griff der Mann aus Rheinbrohl drei Mal maßgeblich ein, was in der Summe zwei Punkte für den Pokalsieger nach sich zog. Erste Tumulte gab es nach einer halben Stunde, in der die Berliner ungewöhnlich viele Anteile für sich verbuchten und Offenbach noch etwas schläfrig wirkte. Aus gut 25 Metern zog Ferschl in dieser Szene ab und jagte das Leder spektakulär in die Maschen. Beschwerden der Kickers gab es zwar nicht, wohl hatte der Schiedsrichter etwas gesehen, nämlich eine Abseitsstellung des Berliners Lorenz Horr, die überhaupt nichts mit der Szene zu tun hatte. So stark wie bis hierhin spielte die Hertha danach nicht mehr. Anfang der zweiten Hälfte traf es dann die Gastgeber. Mitten im Strafraum spielte Sperlich den Ball mit der Hand, doch der Referee verlegte den Tatort nach hinten. Offenbach bekam nur einen Freistoß. Dann aber die Szene des Spiels: Wieder griffen die Kickers an und tapsten nicht zum ersten Mal dabei ins Abseits. Als Steffenhagen genau dies dem Linienrichter anzeigen wollte, tropfte der Ball genau auf seinen ausgestreckten Arm. Alfred Ott kümmerte nicht, ob ein Hesse wirklich abseits stand oder nicht. Was er sah, war ein Handspiel, das einen Elfmeter für die Kickers zur Folge haben musste. Kremers trat an und traf zum verrücktesten Heimsieg der Saison.

Sein Traumtor zählte nicht: Karl-Heinz Ferschl

Kickers Offenbach - Hertha BSC Berlin 1:0 (0:0)

Mi., 07.10.1970, 20:00 Uhr
Zuschauer: 20.000
SR: Alfred Ott (Rheinbrohl)
Tore: 1:0 Helmut Kremers (85., Handelfmeter, Handspiel Steffenhagen)
Aufstellung Kickers Offenbach: Karlheinz Volz (Note 4,0); Helmut Kremers (3,0), Roland Weida (3,0), Hans Reich (4,0), Josef Weilbächer (4,0); Egon Schmitt (2,0), Horst Gecks (3,0), Erwin Spinnler (5,0 - 78. Nikolaus Semlitsch, –); Gerhard Kraft (5,0 - 46. Klaus Winkler, 3,0), Winfried Schäfer (4,0), Erwin Kremers (3,0)
Aufstellung Hertha BSC Berlin: Volkmar Groß (3,0); Bernd Patzke (4,0), Uwe Witt (3,0), Tasso Wild (4,0), Karl-Heinz Ferschl (3,0); Laszlo Gergely (5,0), Wolfgang Gayer (4,0), Hans-Jürgen Sperlich (4,0); Franz Brungs (5,0), Lorenz Horr (4,0), Arno Steffenhagen (4,0)
Besonderheiten: keine

Libuda gegen den Rest

Hannover hatte nichts zu verlieren, war vom Gewinnen allerdings meilenweit entfernt. Die Enttäuschungen der letzten Zeit hatten zu viele Spuren hinterlassen.

Es wäre fast ein Wunder gewesen, hätte die bedrückende letzte Heimniederlage den Niedersachsen nicht noch weiter zugesetzt. Die guten Ansätze aus der ersten Halbzeit waren wieder verschwunden, das Kind mit dem Bade ausgeschüttet. Die Reise nach Gelsenkirchen galt nicht als vergnügungssteuerpflichtig. Schalke hatte sich gerade schon an HSV vergangen und zeigte nun auch beim zweiten Pflegefall der Liga keinerlei Züge von Erbarmen: Nach zehn Minuten traf Fischer zum 1:0, was Hannovers Hoffnung auf ein möglichst langes Unentschieden kaltherzig früh zunichte machte. Je länger die Partie dauerte, desto augenscheinlicher wurden auch die Schalker Schwächen. Den Außenverteidigern gelang beispielsweise nicht viel, ebenso wie van Haaren und Pirkner bisweilen gar nicht eingebunden wurden. Ein starkes Kollektiv hatten die Knappen aber auch nicht nötig, denn es war wieder einer dieser Tage, an denen Libuda die ganze Welt vernaschen wollte. Links, rechts, Übersteiger, Hackentrick - der königsblaue Dribbelkünstler war von nichts und niemandem aufzuhalten, am wenigsten von dem, der es eigentlich sollte, und das war der bedauernswerte Stiller. Dass er ihn nicht vom Feld nahm, ehrte Helmuth Johannsen; jeder andere hätte gegen diesen Libuda kaum besser ausgesehen, der mit zwei seiner besten Chancen den Endstand ermittelte (51./78.). Hannovers Problem war das Mittelfeld, wo überhaupt nichts zusammenlief und nicht nur Libuda machen durfte, was immer er wollte. Eine Abwehrkanone wie Rüssmann hätte 96 ebenfalls gut gebrauchen können.

Hatte wenig Anteil am Erfolg: Hans Pirkner

FC Schalke 04 - Hannover 96 3:0 (1:0)

Mi., 07.10.1970, 20:00 Uhr
Zuschauer: 18.000
SR: Karl Riegg (Augsburg)
Tore: 1:0 Klaus Fischer (10.), 2:0 Reinhard Libuda (51.), 3:0 Reinhard Libuda (78., Freistoß)
Aufstellung FC Schalke 04: Norbert Nigbur (Note 3,0); Hans-Jürgen Becher (4,0), Klaus Fichtel (3,0), Rolf Rüssmann (2,0), Friedel Rausch (4,0 - 67. Manfred Pohlschmidt, –); Heinz van Haaren (4,0), Herbert Lütkebohmert (4,0); Reinhard Libuda (1,0), Klaus Fischer (4,0), Klaus Scheer (3,0), Hans Pirkner (5,0)
Aufstellung Hannover 96: Bernd Helmschrot (4,0); Jürgen Bandura (3,0), Peter Anders (4,0), Hans-Josef Hellingrath (3,0), Rainer Stiller (5,0); Hans-Joachim Weller (5,0), Horst Berg (5,0), Horst Bertl (5,0); Claus Brune (5,0), Willi Reimann (5,0 - 67. Rudolf Nafziger, 4,0), Ferdinand Keller (5,0)
Besonderheiten: keine

Unbarmherziger Endspurt

Bis in die Schlussphase noch kämpfte der BVB um ein Unentschieden. Kaum ließen die Borussen die Waffen aber sinken, wurde aus der Niederlage glatt noch ein Debakel.

In Stuttgart tobte gerade ein Volksfest. Zum 125. Mal war in Cannstatt der Teufel los, und dieses Mal in einem solchen Ausmaß, dass die Stadtbehörde angeordnet hatte, auf ein Feuerwerk zu verzichten. Wer sich nicht daran hielt, war der VfB. Dass überhaupt 18.000 Zuschauer gekommen waren, hatte auch wohl mit der Kirmes zu tun. Besondere Spielkunst hatten die Schwaben in letzter Zeit jedenfalls nicht aufblitzen lassen, im Grunde ging es gegen Dortmund um Wiedergutmachung. Hätte Schiedsrichter Meuser dieses Mittwochspiel nun zehn Minuten eher abgeblasen, das Fazit wäre in Richtung Arbeitssieg gegangen. Zwei Schlafmützigkeiten nahe der Halbzeitpause disqualifizierten den BVB, obwohl er vorher noch nahezu gleichwertig schien. Nicht von ungefähr fiel nach Olssons Tor zum 1:0 (19.) umgehend der Ausgleich (22.). Und wenigstens Kurrat und Willi Neuberger konnten ihre starke Form aus dem hohen Heimsieg bestätigen; Held kam als Unruheherd hinzu. Dem insofern unangemessenen Stuttgarter Vorsprung rannte Borussia bis tief in die zweite Halbzeit hinterher, genauer gesagt bis zur 81. Minute, denn danach brachen alle Dämme. Kaum erzielte Gress das 4:1, da fiel der BVB auseinander. Mit großem Gebrüll rannten die Gastgeber plötzlich los und wüteten in Dortmunds Abwehr wie ein Elefant im Porzellanladen. Der Schaden war erheblich: Gleich mit 1:6 ging Borussia am Ende baden und trat all den schönen Kredit aus dem 5:1 gegen Duisburg wieder ab. Der VfB wiederum konnte ihn durchaus gebrauchen.

Machte den Anfang und setzte den Schlusspunkt: Jan Olsson

VfB Stuttgart - Borussia Dortmund 6:1 (2:1)

Mi., 07.10.1970, 20:00 Uhr
Zuschauer: 18.000
SR: Gert Meuser (Ingelheim)
Tore: 1:0 Olsson (19.), 1:1 Heidkamp (22.), 2:1 Weiß (45.), 3:1 Haug (50.), 4:1 Gress (81.), 5:1 Weiß (88.), 6:1 Olsson (89.)
Aufstellung VfB Stuttgart: Gerhard Heinze (Note 3,0); Willi Entenmann (3,0), Reinhold Zech (3,0), Hans Eisele (3,0), Hans Arnold (3,0); Gilbert Gress (2,0), Jan Olsson (3,0), Horst Haug (3,0); Manfred Weidmann (4,0), Karl-Heinz Handschuh (4,0 - 66. Roland Weidle, –), Hartmut Weiß (3,0)
Aufstellung Borussia Dortmund: Jürgen Rynio (4,0); Reinhold Wosab (4,0 - 84. Gerd Peehs, –), Willi Neuberger (3,0), Branco Rasovic (4,0), Ferdinand Heidkamp (4,0); Horst Trimhold (4,0), Dieter Weinkauff (5,0 - 38. Theo Bücker, 5,0), Dieter Kurrat (3,0); Manfred Ritschel (4,0), Werner Weist (5,0), Siegfried Held (3,0)
Besonderheiten: keine

ZEITFENSTER
5. - 8. Oktober 1970

Nachfolger gefunden
(Ägypten, 7. Oktober)
Muhammad Anwar as Sadat wurde als Nachfolger des verstorbenen Abdel Nasser nominiert und wenige Tage später per Volksabstimmung mit überwältigender Mehrheit zum Präsidenten gewählt. Sadat zählte zu den Umstürzlern des Jahres 1952 und fungierte zunächst als Herausgeber der Gazette „Gumhuriyya", die als Presseorgan des Revolutionären Kommandorats wirkte. Peu á peu stieg er in der Hierarchie des Regimes auf - bis an dessen Spitze.

Mode zu Beginn der 70er Jahre
(BRD/DDR)

Mit Topfhut, Handtasche und kurzem Rock ausgestattet schickte die Lufthansa ihre Stewardessen auf die Reise

Hutmode für Damen war angesagt - zumindest waren Fluggesellschaften und Kauf- bzw. Versandhäuser in beiden Teilen Deutschlands davon überzeugt. Was "Otto" gut fand (Abb. unten), war in variierter Ausführung auch in der DDR (Abb. link, Versandhaus Karl-Marx-Stadt) erhältlich.

Bundesliga 1970/1971 – 11. Spieltag

Ein Torjäger jubelt. Drei der vier Treffer gegen Oberhausen gingen auf das Konto von Karlheinz Vogt (1. FC Kaiserslautern - Rot-Weiß Oberhausen 4:1)

Tumulte am Betzenberg

Für niemanden lohnte sich die englische Woche so sehr wie für die Knappen, die nach Hannover nun auch Bielefeld verputzten. Gladbach hängte nicht nur die Eintracht ab, sondern überraschend auch die Bayern. Gar nicht mehr auf die Beine kam der HSV.

Noch nie hatte es wohl ein solches Nordderby gegeben, in dem Hamburg und der SV Werder wie zwei ängstliche Kaninchen jeden Blickkontakt vermieden. Nach fünf Pleiten am Stück holte der HSV immerhin mal wieder einen Punkt (1:1). Den schnappte sich auch Offenbach in München, und zwar auf eine Weise, dass es die Bayern auf die Palme brachte. "'Riegel-Rudi' nehme ich nicht als Schimpfwort, sondern als Markenartikel", sagte Rudi Gutendorf stolz. Brüsten durfte sich auch der Deutsche Meister, denn für zwei Punkte gegen Braunschweig war eine wahre Gala notwendig (3:1). Unschöne Szenen ereigneten sich am Betzenberg, wo erstmals ein Tor gegen den FCK fiel, die Partie aber beinahe abgebrochen wurde. Nur die Polizei konnte verhindern, dass es nach dem Schlusspfiff nicht noch Verletzte gab.

Ergebnisse – 11. Spieltag 1970/1971

Sa., 10.10.70	Arminia Bielefeld	-	FC Schalke 04	0:3 (0:2)
Sa., 10.10.70	Borussia Dortmund	-	Hertha BSC Berlin	3:1 (1:0)
Sa., 10.10.70	Rot-Weiss Essen	-	VfB Stuttgart	1:1 (1:0)
Sa., 10.10.70	Eintracht Frankfurt	-	MSV Duisburg	0:0 (0:0)
Sa., 10.10.70	Hamburger SV	-	SV Werder Bremen	1:1 (0:0)
Sa., 10.10.70	Hannover 96	-	1. FC Köln	2:0 (1:0)
Sa., 10.10.70	1. FC Kaiserslautern	-	Rot-Weiß Oberhausen	4:1 (3:1)
Sa., 10.10.70	Borussia Mönchengladbach	-	Eintracht Braunschweig	3:1 (1:0)
Sa., 10.10.70	FC Bayern München	-	Kickers Offenbach	0:0 (0:0)

Tabelle

Platz	Verein	S	U	N	Tore	Differenz	Punkte
1.	Borussia Mönchengladbach	5	6	0	24:7	+17	16:6
2.	FC Bayern München	5	5	1	19:9	+10	15:7
	FC Schalke 04	6	3	2	19:9	+10	15:7
4.	Eintracht Braunschweig	6	2	3	18:10	+8	14:8
5.	Hertha BSC Berlin	6	1	4	16:12	+4	13:9
6.	VfB Stuttgart	4	4	3	19:16	+3	12:10
7.	1. FC Kaiserslautern	6	0	5	21:20	+1	12:10
8.	Rot-Weiss Essen	3	5	3	16:13	+3	11:11
9.	1. FC Köln	3	5	3	14:13	+1	11:11
10.	Borussia Dortmund	4	2	5	16:17	-1	10:12
11.	MSV Duisburg	3	4	4	7:11	-4	10:12
12.	Rot-Weiß Oberhausen	3	3	5	22:25	-3	9:13
13.	SV Werder Bremen	2	5	4	8:12	-4	9:13
14.	Eintracht Frankfurt	2	5	4	4:9	-5	9:13
15.	Kickers Offenbach	3	3	5	11:18	-7	9:13
16.	Hamburger SV	3	3	5	15:27	-12	9:13
17.	Arminia Bielefeld	3	2	6	11:20	-9	8:14
18.	Hannover 96	2	2	7	9:21	-12	6:16

Torjägerliste - Zuschauer - Selbsttore - Platzverweise

Torjägerliste:
1. Vogt: 11 Tore
2. Lippens: 9 Tore
3. Roth, Weiß: je 7 Tore

Zuschauer: 169.000
Tore: 22
Selbsttore: 1
Platzverweise: 1

Mit Gruß nach München

Einen solchen Einbruch hatte niemand erwartet. Am selben Ort, an dem gerade noch die Bayern verputzt worden waren, wurde Arminia plötzlich in der Luft zerrissen. Schalke tobte sich richtig aus.

Nur ein eigenes Tor fehlte Reinhard Libuda zum perfekten Spiel, ansonsten was es ein runder 28. Geburtstag, den er in Bielefeld verlebte. Er bot seinen Gästen ein gelungenes Fest, dessen Ende sein Gegenspieler Köller aber nicht mehr erlebte. Er blieb zur Pause in der Kabine. Schalke zeigte auf der Alm ein berauschendes Spiel, war schneller, klüger, robuster und verstand mehr von taktischen Dingen. Dies alles aber war nur im Verhältnis zu bewerten, denn Bielefeld zeigte das mit Abstand schwächste Spiel seiner noch jungen Bundesligageschichte. Verstecken konnten sich die Gastgeber hinter den Verletzungen von Kemena, Kuster und Roggensack. Trotzdem war unentschuldbar, welche schlimmen Fehler sich die Ostwestfalen erlaubten und wie gefügig sie den Knappen einen Sieg mitgaben. Beim 0:1 versagte nicht nur Köller, dessen Beine Libuda vor der Flanke verknotete, sondern auch Siese sah übel aus; Fischers Kopfball war nicht einmal sonderlich gut platziert (25.). Für den Tiefpunkt sorgte dann Stockhausen, bei dessen fremdpeinlichem Kopfball-Eigentor Siese zwar keine Chance hatte (37.), später, beim 0:3 (74.), patzte der Torhüter aber erneut. Zwischendrin erlebte Arminia einen Kurz-Höhenflug, zwang Nigbur mit einigen Schüssen zu Paraden und hatte ein Anschlusstor zeitweise verdient. Selbst diese Sturmphase verlangte der Platzelf aber mehr Energie ab, als Schalke für den ganzen Sieg aufbringen musste. Wäre es wirklich nötig geworden, die Knappen hätten jederzeit noch nachlegen können.

Libuda vernaschte ihn wie eine Geburtstagstorte: Klaus Köller

Arminia Bielefeld - FC Schalke 04 0:3 (0:2)

Sa., 10.10.1970, 15:30 Uhr
Zuschauer: 28.000
SR: Gerhard Schulenburg (Hamburg)
Tore: 0:1 Klaus Fischer (25., Kopfball, Vorlage Libuda), 0:2 Horst Stockhausen (37., Eigentor, Lütkebohmert), 0:3 Heinz van Haaren (74.)
Aufstellung Arminia Bielefeld: Gerd Siese (Note 4,0); Waldemar Slomiany (3,0), Dieter Schulz (4,0), Volker Klein (3,0), Klaus Köller (4,0 - 46. Horst Wenzel, 5,0); Horst Stockhausen (4,0), Norbert Leopoldseder (5,0), Gerd Knoth (4,0); Karl-Heinz Brücken (5,0), Ulrich Braun (4,0), Gerd Kohl (4,0 - 29. Klaus Oberschelp, 4,0)
Aufstellung FC Schalke 04: Norbert Nigbur (3,0); Hans-Jürgen Becher (2,0), Klaus Fichtel (2,0), Rolf Rüssmann (3,0), Friedel Rausch (3,0); Herbert Lütkebohmert (3,0), Heinz van Haaren (3,0), Klaus Scheer (3,0); Reinhard Libuda (2,0), Klaus Fischer (4,0), Hans Pirkner (4,0 - 73. Manfred Pohlschmidt, 4,0)
Besonderheiten: keine

Abgestumpfte Revanche

Schon bis zur Pause häuften sich die Chancen so bedrohlich an, dass Hertha nicht mehr weiter wusste. Dortmund hatte nicht vergessen, was beim letzten Treffen geschehen war.

Borussias letzte Ergebnisse erinnerten bald an Rot-Weiß Oberhausen: 0:3, 5:1, 1:6 und jetzt 3:1. Völlig aus dem Nichts kam der sichere Heimsieg allerdings nicht, denn erstens war Hertha auswärts stets genügsam, zweitens hatte Dortmund mit den Berlinern noch ein Hühnchen zu rupfen: Mit 1:9 hatte man im Frühjahr im Olympiastadion verloren. Dies zu korrigieren, wäre tatsächlich nicht unmöglich gewesen, hätten die Borussen ihre zahlreichen Chancen nur genutzt. Mindestens 3:0 musste es zur Pause bereits stehen, weil es bei den Gästen nicht nur vorne, sondern viel mehr noch hinten nicht stimmte. "Wenn ich Patzke wäre, würde ich Helmut Schön anrufen", grollte Fiffi Kronsbein und wollte sagen, dass sein eigener Spieler gerade nicht in die Nationalelf gehörte. Schlimmer noch verteidigte eigentlich Witt, aber eben auch im Angriff war für die Gäste nichts zu holen. Sperlich hatte gegen Peehs keine Chance, Heidkamp eliminierte Steffenhagen, und Brungs schoss nicht einmal aufs Tor. Immerzu war der Ball nur auf der anderen Seite, bei den nicht zu stoppenden Held und Weist. Was sie aus dem Mittelfeld von Trimhold und Kurrat geliefert bekamen, war allerbestes Schießpulver. Sigi Held verdarb sich eine bessere Note, weil ihm die meisten vergebenen Chancen anzulasten waren. Auch das Publikum sah es so, was Horst Witzler aber nicht animierte, einen Wechsel vorzunehmen. Obwohl es lange nur 1:0 stand, war ein Ausgleich auch niemals zu befürchten. Die weiteren Tore fielen dann einfach wie von selbst.

Diesmal ein Destabilisator: Uwe Witt

Borussia Dortmund - Hertha BSC Berlin 3:1 (1:0)

Sa., 10.10.1970, 15:30 Uhr
Zuschauer: 27.000
SR: Franz Wengenmeyer (München)
Tore: 1:0 Horst Trimhold (7., Vorlage Ritschel), 2:0 Werner Weist (65., Kopfball, Ritschel), 3:0 Manfred Ritschel (75., Weist), 3:1 Wolfgang Gayer (77., J. Weber)
Aufstellung Borussia Dortmund: Jürgen Rynio (Note 3,0); Ferdinand Heidkamp (2,0), Branco Rasovic (3,0), Willi Neuberger (3,0), Gerd Peehs (4,0); Dieter Kurrat (3,0), Horst Trimhold (3,0); Manfred Ritschel (3,0), Reinhold Wosab (3,0), Werner Weist (3,0), Siegfried Held (3,0)
Aufstellung Hertha BSC Berlin: Volkmar Groß (3,0 - 71. Michael Kellner, 4,0); Bernd Patzke (4,0), Uwe Witt (5,0), Tasso Wild (4,0), Karl-Heinz Ferschl (4,0); Laszlo Gergely (5,0 - 24. Jürgen Weber, 4,0), Wolfgang Gayer (3,0), Lorenz Horr (4,0); Hans-Jürgen Sperlich (4,0), Franz Brungs (5,0), Arno Steffenhagen (5,0)
Besonderheiten: keine

Seltsame Auswechslungen

Eine Stunde lang wunderte sich RWE über Stuttgarts Harmlosigkeit und vergaß darüber die eigenen Aufgaben. Als das 2:0 noch immer nicht gefallen war, riskierten die Schwaben alles - und gewannen.

Zwar war es nur ein Remis, das die Gäste mit nach Hause nahmen, allein daran zu denken, schien die meiste Zeit aber arg vermessen. Essen erwischte einen Start nach Maß und konnte nach dem 1:0, als Lippens einen ter-Mors-Freistoß einköpfte (5.), drei bis vier weitere Treffer nachlegen - allein bis zur Halbzeit. Man sah nun wieder das RWE, das die Liga schon einmal überrumpelt und zeitweilig die Tabellenspitze behauptet hatte. Und der VfB hatte überhaupt keine Handhabe, dies zu verändern. Einen Rückschlag erfuhr die Platzelf Mitte des ersten Durchgangs. Erlhoff humpelte da mit einer Zerrung vom Feld und wurde fortan vom 19-jährigen Bast vertreten. Dieser machte zwar niemals so viel verkehrt, dass es den einseitigen Spielfluss zerstören durfte, wohl aber entwich ein wenig Wind aus den Essener Segeln, weshalb bis zum Pausenpfiff immer weniger passierte. Nach dem Wechsel ging es bergab, dem Spielniveau im Allgemeinen, mehr aber noch mit RWE. Herbert Burdenski erkannte einen Fehler darin, Weinberg zurückgezogen und Bast auf die rechte Seite gestellt zu haben und entschied sich für die Höchststrafe. Über all diese Unruhe verlor die Platzelf völlig den Faden. Die Chancen wurden weniger und blieben irgendwann weg, der Anspruch eines glatten Sieges machte Platz für den Spatz in der Hand: Das 1:0 sollte ummauert werden. Da aber erkannte der VfB seine Chance, löste den Libero auf, warf alles nach vorn und glich aus (88.). Herbert Burdenksi musste sich einige Fragen anhören.

Ein- und wieder ausgewechselt: Dieter Bast

Rot-Weiss Essen - VfB Stuttgart 1:1 (1:0)

Sa., 10.10.1970, 15:30 Uhr
Zuschauer: 24.000
SR: Jan Redelfs (Hannover)
Tore: 1:0 Willi Lippens (5., Kopfball, Vorlage Mors), 1:1 Jan Olsson (88.)
Aufstellung Rot-Weiss Essen: Fred-Werner Bockholt (Note 3,0); Peter Czernotzky (4,0), Hermann Erlhoff (4,0 - 24. Dieter Bast, 5,0), Roland Peitsch (4,0), Heinz Stauvermann (3,0), Erich Beer (4,0); Egbert-Jan ter Mors (4,0), Günter Fürhoff (5,0); Herbert Weinberg (4,0), Walter Hohnhausen (4,0); Willi Lippens (3,0)
Aufstellung VfB Stuttgart: Gerhard Heinze (3,0); Willi Entenmann (3,0), Hans Arnold (4,0), Reinhold Zech (4,0), Hans Eisele (3,0); Jan Olsson (4,0), Gilbert Gress (4,0), Horst Haug (4,0); Manfred Weidmann (5,0), Karl-Heinz Handschuh (4,0), Hartmut Weiß (5,0)
Besonderheiten: keine

Bella, der Kettenhund

Tribünengast Helmut Schön hatte sich das falsche Spiel ausgesucht, denn eine ansehnliche Partie war mit den Zebras nicht möglich. Für die verzweifelten Hessen waren sie der verkehrteste Gegner.

In der Liga hatte sich schon rumgesprochen, wie Frankfurts ohnehin ärmliche Torgefahr zu begrenzen war. Zu empfehlen war eine Sonderbewachung, ein bissiger Wachhund, der das komplette Spiel mit nichts anderem verbrachte, als Jürgen Grabowski in den Nacken zu atmen. Ein solcher Mann war Michael Bella. Nicht immer war es fein, mit welchen Mitteln er Frankfurts Strategen stoppte. Übers gestreckte Bein ließ er ihn einmal abrollen, schon vorher war das Trikot einem Reißtest unterzogen worden. Da Bella stets geschickt genug war, den Grenzbereich nicht zu verlassen, konnte der Schiedsrichter ihm nichts anhaben. Grabowski aber zerrieb sich in seiner Haft und gab irgendwann schließlich auf. Dass die Hessen noch zehn andere Männer auf dem Rasen hatten, man hätte es zu gern geglaubt. Ohne Regisseur kamen die Gastgeber aber nicht vor und nicht zurück. Die Eintracht stürmte nur blindlings nach vorn, hoffend, das so lang ersehnte Tor irgendwie zu erzwingen. Heraus kamen aber nur Ecken. 13:1 vor der Pause und weitere 8:1 noch danach. Ein kaum greifbares Übergewicht stand auf dem Papier und fand trotzdem überhaupt nicht statt, weil Meiderich fehlerfrei arbeitete und einen Schlussmann besaß, dem bedingungslos zu vertrauen war. Weil ihre Konter erheblich durchdachter waren, hätten die Zebras sogar noch gewinnen können. "Wäre Bella kurz vor Schluss nicht durch ein Foul behindert worden, ...", setzte Rudi Faßnacht zur Beschwerde an und lenkte sofort böse Blicke auf sich.

Der Schlüssel in Duisburgs System: Michael Bella

Eintracht Frankfurt - MSV Duisburg 0:0 (0:0)

Sa., 10.10.1970, 15:30 Uhr
Zuschauer: 6.000
SR: Helmuth Conrad (Saarbrücken)
Tore: keine
Aufstellung Eintracht Frankfurt: Peter Kunter (Note 2,0); Manfred Wirth (3,0 - 66. Walter Wagner, 4,0), Karl-Heinz Wirth (3,0), Friedel Lutz (2,0), Lothar Schämer (3,0); Jürgen Kalb (4,0), Bernd Hölzenbein (4,0); Thomas Rohrbach (4,0 - 13. Hans Lindemann, 4,0), Horst Heese (4,0), Jürgen Grabowski (4,0), Bernd Nickel (4,0)
Aufstellung MSV Duisburg: Volker Danner (2,0); Hartmut Heidemann (3,0), Johannes Linßen (2,0), Detlef Pirsig (2,0), Kurt Rettkowski (4,0); Djordje Pavlic (4,0), Gerhard Kentschke (4,0), Michael Bella (3,0); Rainer Budde (4,0 - 46. Johannes Riedl, 4,0), Georg Damjanoff (4,0 - 66. Bernd Lehmann, 4,0), Bernard Dietz (4,0)
Besonderheiten: keine

Nur nicht verlieren

Beide Teams spielten selten in einem Nord-Derby so gehemmt, die miesen Tabellenränge lähmten die Risikobereitschaft doch beträchtlich. Dennoch waren die Trainer mit der Punkteteilung nicht zufrieden.

Aufsteigende Tendenz war im 78. Aufeinandertreffen der norddeutschen Rivalen nur marginal erkennbar. Im ersten Durchgang kam der HSV überhaupt nicht in die Gänge. Seeler war bei Höttges in bester Obhut, Zaczyk am rechten Flügel fehlbesetzt und Dörfel nur punktuell eine Gefahr. Souverän organisierte Schütz die Bremer Deckung, während sich vorne Görts und vor allem Kamp regelmäßig in Szene setzten. Der Ex-Fürther hatte auch die größte Chance vor der Pause, verfehlte den Kasten von Özcan jedoch um Zentimeter (32.). HSV-Trainer Ochs nahm zur Pause einen entscheidenden Wechsel mit der Hereinnahme von Pötzschke, der auf Rechtsaußen einstieg (für Kremer, der meist nur die Hacken von Görts sah), vor. Hellfritz rückte ins Abwehrzentrum, Zaczyk durfte sich endlich im Mittelfeld tummeln und Ripp bremste erfolgreich Görts aus. Plötzlich lief das Spiel meist in die Gegenrichtung, so dass die Führung für den HSV nahezu folgerichtig war. Seelers Flanke hatte dabei Hönig auf dem 11-Meter-Punkt erreicht, dem per tollem Fallrückzieher das 1:0 (64.) gelang. Die Bremer Gegenstöße, bei denen sich vorwiegend Kamp als selten zu stoppende Spitze erwies, deckten jedoch immer wieder Abwehrschwächen (Hellfritz!) der Hausherren auf. Es dauerte allerdings bis zur 86. Minute, ehe der eingewechselte Windhausen sein Soll erfüllte und zum verdienten Ausgleich einköpfte. Die HSV-Defensive sah auch bei dieser Aktion alles andere als gut aus. Das Remis machte am Ende indes Sinn.

Brachte Hamburgs Spiel auf Vordermann: Robert Pötzschke

Hamburger SV – SV Werder Bremen 1:1 (0:0)

Sa., 10.10.1970, 15:30 Uhr
Zuschauer: 13.000
SR: Peter Gabor (Berlin)
Tore: 1:0 Franz-Josef Hönig (64., Vorlage Seeler), 1:1 Bernd Windhausen (86., Kopfball, Höttges)
Aufstellung Hamburger SV: Arkoc Özcan (Note 2,0); Helmut Sandmann (3,0), Wolfgang Kampf (3,0), Hans-Jürgen Ripp (1,0), Hans-Werner Kremer (3,0 - 46. Robert Pötzschke, 3,0); Peter Nogly (3,0), Hans-Jürgen Hellfritz (3,0), Franz-Josef Hönig (3,0); Klaus Zaczyk (3,0), Uwe Seeler (3,0), Charly Dörfel (2,0)
Aufstellung SV Werder Bremen: Günter Bernard (3,0); Dieter Zembski (2,0), Arnold Schütz (2,0), Horst-Dieter Höttges (2,0), Egon Coordes (3,0); Ole Björnmose (4,0), Rudolf Assauer (3,0 - 58. Herbert Meyer, 3,0), Bernd Schmidt (3,0); Werner Görts (3,0), Karl-Heinz Kamp (2,0), Bernd Lorenz (4,0 - 74. Bernd Windhausen, –)
Besonderheiten: keine

Aufbauhilfe Nord

Hannover konnte höher gewinnen, aber das war den Niedersachsen egal. Endlich fand sich ein Gegner, der nach einem Rückstand keine Gegenwehr zeigte.

"In den letzten 20 Minuten schmerzten Stiche im Körper und ich glaubte umzufallen, aber das Muss der Verantwortung trieb mich immer weiter!" Hans Siemensmeyer hatte zwar keine Kinder aus einem brennenden Haus gerettet, sondern nur an einem Heimsieg in der Fußball-Bundesliga mitgewirkt. In Hannover aber wuchsen die Bäume nicht in den Himmel, weshalb schnell das Gefühl einer Wiedergeburt aufkam. Siemensmeyer war eine von zwei dicken Überraschungen. Die zweite war Zvezdan Cebinac, der auf Rechtsaußen wohl das bis hierhin beste Spiel für 96 bestritt. Die Niedersachsen hatten es irgendwie geschafft, den fürchterlichen Fehlstart beiseite zu schieben. Konzentriert, robust und weit weniger hilflos als zuletzt fassten sie den Geißbock bei den Hörnern und warfen ihn einfach zu Boden. Nach einer Viertelstunde machte Keller den Anfang, liebevoll attestiert von der Abwehr der Gäste allerdings, denn sowohl Biskup, als auch Weber und Soskic ließen Cebinacs Flankenball passieren, bis als letzter der Hannoveraner an die Reihe kam. Überhaupt war es beschämend, was der FC an der Leine fabrizierte. Genau sieben Mal schossen die Domstädter aufs Tor, davon zweimal so halbgefährlich, dass Podlasly sich überhaupt bewegen musste. Trotz Overath, trotz Löhr, Flohe und Rupp hatte 96 diesmal daher nichts zu befürchten, auch als, wie nicht zum ersten Mal, dem ersten Treffer kein zweiter folgen wollte. Als Bertl den letzten Konter dann endlich verwandelte, jubelten die Gastgeber so laut, als hätte man sie aus einer Geiselnahme befreit.

Endlich wieder gefährlich: Zvezdan Cebinac

Hannover 96 – 1. FC Köln 2:0 (1:0)

Sa., 10.10.1970, 15:30 Uhr
Zuschauer: 16.000
SR: Fritz Seiler (Schmiden)
Tore: 1:0 Ferdinand Keller (16., Vorlage Cebinac), 2:0 Horst Bertl (90.)
Aufstellung Hannover 96: Horst Podlasly (Note 4,0); Jürgen Bandura (3,0), Peter Anders (2,0), Hans-Josef Hellingrath (3,0), Rainer Stiller (3,0); Hans-Joachim Weller (3,0), Hans Siemensmeyer (3,0), Horst Berg (4,0 - 75. Horst Bertl, –); Zvezdan Cebinac (3,0), Ferdinand Keller (3,0), Claus Brune (5,0)
Aufstellung 1. FC Köln: Milutin Soskic (4,0); Karl-Heinz Thielen (3,0), Werner Biskup (4,0), Wolfgang Weber (4,0), Matthias Hemmersbach (5,0); Jupp Kapellmann (4,0), Heinz Flohe (3,0 - 85. Hans-Jürgen Lex, –), Wolfgang Overath (3,0); Bernd Rupp (5,0), Thomas Parits (5,0), Hennes Löhr (5,0 - 68. Heinz Simmet, –)
Besonderheiten: keine

Giftküche Betzenberg

Das erste Heimgegentor konnte der FCK gut verkraften, da schon zur Pause der sechste Saisonsieg so gut wie feststand. Locker war die Atmosphäre allerdings nicht.

Hektisch war es auf dem Betzenberg schon immer gern gewesen, diesmal aber wurde der Rahmen eines sportlichen Wettkampfs verlassen. Schon von Beginn an hielt sich eine unangenehme Härte im Spiel, hereingetragen sowohl von beiden Mannschaften als auch vom feurigen Publikum. Nicht zufällig waren zwei Freistöße ursächlich dafür, dass Kaiserslautern bald mit 2:1 führte; Kobluhn hatte den Vogt-Doppelpack gerade erst verkürzt. Dann der Moment, an dem sich alles entzündete: Den ballverliebten Pirrung stoppte Brozulat erneut auf robuste Weise, diesmal allerdings im Strafraum, was Schiedsrichter Heckeroth einen Elfmeter wert war. Minutenlang plusterten sich die Oberhausener auf, verzögerten die Ausführung und bedrängten Hecknroth nach Rehhagels Treffer erneut. Plötzlich sprang ein Mensch auf den Rasen, der später in den RWO-Anhang einsortiert wurde. Handgreiflichkeiten waren die Folge sowie ein wohl unflätiger Spruch Lothar Kobluhns gegen den Schiedsrichter. Kobluhn flog vom Platz, was den Tumult für eine Weile unterbrach. Nach Spielende aber ging es wieder los. Polizisten mussten die Streithähne trennen, mitten drin immer der Unparteiische und plötzlich auch Masseure, die Heckeroth ans Leder wollten und von Spielern dafür Tritte kassierten. "Man muss sich fragen, was das alles soll", schüttelte Adi Preißler beschämt den Kopf, schob den Schwarzen Peter aber eindeutig den Gastgebern zu. Die gewannen das Spiel letztlich 4:1, und das, obwohl RWO in der zweiten Halbzeit trotz Unterzahl sogar mehr vom Spiel hatte.

Was hatte er dem Schiedsrichter wohl gesagt? Lothar Kobluhn

1. FC Kaiserslautern – RW Oberhausen 4:1 (3:1)

Sa., 10.10.1970, 15:30 Uhr
Zuschauer: 12.000
SR: Dieter Heckeroth (Frankfurt/Main)
Tore: 1:0 Karl-Heinz Vogt (7., Freistoß, Vorlage Diehl), 2:0 Karl-Heinz Vogt (13., Ackermann), 2:1 Lothar Kobluhn (20., Kopfball, Krauthausen), 3:1 Otto Rehhagel (35., Foulelfmeter, Brozulat an Pirrung), 4:1 Karl-Heinz Vogt (88., Pirrung)
Aufstellung 1. FC Kaiserslautern: Josef Elting (Note 4,0); Günther Rademacher (3,0), Dietmar Schwager (4,0), Ernst Diehl (4,0), Fritz Fuchs (5,0); Otto Rehhagel (3,0), Günther Reinders (5,0 - 46. Dieter Krafczyk, 5,0), Josef Pirrung (4,0); Karl-Heinz Vogt (3,0), Jürgen Friedrich (4,0), Klaus Ackermann (4,0)
Aufstellung Rot-Weiß Oberhausen: Klaus Witt (4,0); Hermann-Josef Wilbertz (4,0), Friedhelm Kobluhn (4,0 - 80. Werner Ohm, –), Lothar Kobluhn (4,0), Reiner Hollmann (5,0); Friedhelm Dick (5,0), Franz Krauthausen (4,0), Gert Fröhlich (4,0); Hans Schumacher (4,0), Dieter Brozulat (3,0), Wolfgang Sühnholz (5,0 - 36. Günter Karbowiak, 4,0)
Platzverweise: Lothar Kobluhn (35.)
Besonderheiten: keine

Ein wahres Spitzenspiel

Drei Gegentore fing sich Braunschweig selten, gegen Gladbach war es sogar noch nie vorgekommen. Wie schwierig es war, diese Mannschaft zu besiegen, musste der Meister dennoch erfahren. Er brauchte schon einen Ausnahmetag.

Erreichte die Belastungsgrenze: Heinz Wittmann

"What a powerplay", staunten die Spione aus Liverpool, die auf Geheiß des FC Everton an den Bökelberg gekommen waren und deren Urteil beide Mannschaften einschloss. Nächste Woche gegen Braunschweig statt gegen Gladbach antreten zu müssen, wäre ihnen keineswegs lieber gewesen. Die Eintracht war ebenfalls in einer Mission unterwegs, quasi im Auftrag des deutschen Fußballs. Noch niemand hatte Gladbach in dieser Spielzeit besiegt. Wenn es aber jemandem zuzutrauen war, dann den eisernen Niedersachsen, die sich nach querem Start Schritt für Schritt oben festgesetzt hatten und bei einem Sieg sogar die Spitze übernehmen konnten. Es ging um die Frage eines Wachwechsels. Borussia war sich darüber im Klaren und trat entsprechend anders auf als beim 1:1 in Bremen. Der Meister gab alles, was er hatte. Wie erwartet, bildete Braunschweig einen festen Block, der sich ungerührt einfach wieder zuschnürte, nachdem Laumen mit einem abgefälschten Schuss das frühe 1:0 erzielte (12.). Ein solches Tor hatten die Hausherren sich sehr gewünscht, mit seiner Eiseskälte und der raubeinigen Art brachte Braunschweig es aber fertig, den Fohlen auch weiterhin Angst einzujagen. Auch das 2:0, durch einen Volleyhammer Laumens, brachte keine Beruhigung. Stattdessen verkürzten die Gäste sofort (72.) und kratzten direkt im Anschluss noch am Ausgleich. Sämtliche Register musste Borussia nun ziehen, noch die letzten Kräfte bündeln, um den Sieg endgültig festzuhalten. Der Erlöser war schließlich Heynckes.

Borussia Mönchengladbach - Eintr. Braunschweig 3:1 (1:0)

Sa., 10.10.1970, 15:30 Uhr
Zuschauer: 23.000
SR: Günter Linn (Altendiez)
Tore: 1:0 Herbert Laumen (12., Rechtsschuss), 2:0 Herbert Laumen (68., Vorlage Dietrich), 2:1 Franz Merkhoffer (72., Linksschuss, Skrotzki), 3:1 Jupp Heynckes (84., Wimmer)
Aufstellung Borussia Mönchengladbach: Wolfgang Kleff (Note 3,0); Berti Vogts (2,0); Ludwig Müller (3,0), Klaus-Dieter Sieloff (3,0), Heinz Wittmann (3,0); Peter Dietrich (2,0), Günter Netzer (2,0), Herbert Laumen (2,0); Ulrik Le Fevre (4,0 - 58. Herbert Wimmer, 3,0), Horst Köppel (4,0), Jupp Heynckes (3,0)
Aufstellung Eintracht Braunschweig: Horst Wolter (3,0); Wolfgang Grzyb (4,0), Max Lorenz (3,0), Peter Kaack (3,0), Franz Merkhoffer (3,0); Michael Polywka (5,0 - 17. Friedhelm Haebermann, 5,0), Bernd Gersdorff (4,0), Lothar Ulsaß (3,0); Klaus Gerwien (4,0 - 63. Rainer Skrotzki, 5,0), Jaro Deppe (5,0), Dietmar Erler (5,0)
Besonderheiten: keine

"Riegel-Rudi" war zurück

Offenbach spielte einen Fußball, wie man ihn lange nicht mehr im Olympiastadion gesehen hatte. 90 Minuten lang verbarrikadierten sich die Hessen vor dem Tor und feierten das 0:0 wie einen Titelgewinn. Die Bayern machte das böse.

Gute 20 Monate war es hergewesen, dass der FC Bayern zuhause ohne Tor geblieben war. Damals gegen Schalke, diesmal gegen Offenbach; der Gäste-Trainer war indes der gleiche: Rudi Gutendorf. "Mit dieser Spielweise vertreibt man Zuschauer", keifte Udo Lattek und meinte nicht seine eigene Mannschaft, sondern die Taktik des Gegners. Offenbach tat genau das, was den Bayern nicht gefiel und wahrhaftig auch dem Publikum nicht ankam. Das Spiel auf ein Tor begann mit dem Anpfiff des Schiedsrichters, und vom selben Moment an machte es die Bayern mürbe. Immer wieder blieben die Zuspiele in hessischen Beinen kleben, die wiederum nichts anderes im Sinn hatten, als das Leder umgehend wieder abzutreten. Bis zum Strafraum durften die Bayern alles, dahinter war verbotene Zone. Nur ein zeitiges Tor konnte die Situation verändern, weil die Gastgeber aber nicht trafen, mit ihren verzweifelten Fernschüssen immer wieder eine Abfuhr bekamen, machten sie auch keine gute Figur. Udo Lattek hatte Schneider für Hoeneß nominiert und machte diesen Tausch später wieder rückgängig. Es änderte sich allerdings nichts. Je mehr Angriffe verpufften, desto ideenloser gingen Müller, Roth und Brenninger vor und ließen schließlich die Köpfe hängen, als der sehr gute Schiedsrichter dem Gruselspiel ein Ende machte. "Ich bitte um Verständnis für unsere Situation", konterte Rudi Gutendorf die finsteren Blicke und trug das Erbeutete heim.

Undankbares Spiel für eine Einsatzchance: Edgar Schneider

FC Bayern München - Kickers Offenbach 0:0 (0:0)

Sa., 10.10.1970, 15:30 Uhr
Zuschauer: 20.000
SR: Heinz Aldinger (Waiblingen)
Tore: keine
Aufstellung FC Bayern München: Sepp Maier (Note 4,0); Johnny Hansen (3,0), Georg Schwarzenbeck (4,0), Franz Beckenbauer (4,0), Herwart Koppenhöfer (3,0); Rainer Zobel (3,0), Franz Roth (5,0), Karl-Heinz Mrosko (5,0); Edgar Schneider (4,0 - 70. Ulrich Hoeneß, 4,0), Gerd Müller (5,0), Dieter Brenninger (5,0)
Aufstellung Kickers Offenbach: Karlheinz Volz (2,0); Josef Weilbächer (4,0 - 80. Heinz Schönberger, 3,0), Hans Reich (3,0), Egon Schmitt (3,0), Helmut Kremers (4,0); Roland Weida (4,0), Erwin Spinnler (4,0), Helmut Schmidt (4,0); Horst Gecks (4,0), Winfried Schäfer (5,0), Erwin Kremers (5,0 - 70. Klaus Winkler, 4,0)
Besonderheiten: keine

ZEITFENSTER
9. - 11. Oktober 1970

Republik Kambodscha
(Kambodscha, 9. Oktober)
General Lon Nol, der maßgeblich am Sturz des kambodschanischen Königs Sihanuk beteiligt war, wurde nach Abschaffung der Monarchie Regierungschef der neu ausgerufenen Republik Kambodscha. Bei der städtischen Bevölkerung des Landes fand diese Veränderung weitgehend Zustimmung, doch flächendeckend war der politische Einfluss Lon Nols keineswegs - vielmehr beherrschten die Guerillas der Roten Khmer und vietnamesische Truppen den Großteil des Landes.

Übergelaufen
(BRD, 9. Oktober)
Drei dem rechten Rand der FDP zugehörige Bundestagsabgeordnete vollzogen den Parteiübertritt zur oppositionellen CDU/

Wechselte das politische Lager: Der einstige FDP-Fraktionsvorsitzende Erich Mende besorgte sich ein CDU-Parteibuch

CSU-Fraktion und schwächten damit die sozialliberale Koaliton, der nur noch eine knappe Mehrheit von sechs Stimmen blieb. Prominentester Überläufer war Erich Mende, der frühere FDP-Partei- und Fraktionsvorsitzende. Zoglmann und Starke hießen die zwei anderen Wechselwilligen, die sich, wie Mende, vor allem der neuen Ostpolitik der Bundesregierung widersetzten.

Fidschi selbständig
(Fidschi, 10. Oktober)
Fidschi, der östlich von Australien gelegene südpazifische Inselstaat (ca. 330 Inseln, davon ein Drittel bewohnt), einst vom berühmten Seefahrer James Cook besucht und auf die Land- bzw. Seekarten der westlichen Welt projektiert, wurde in die Unabhängigkeit entlassen. Seit 1874 war Fidschi britische Kronkolonie, nach der Unabhängigkeit trat man dem Commonwealth als 30. Mitglied bei.

Tito schaut vorbei
(BRD, 11. Oktober)
Zu einer als Privatbesuch proklamierten Visite kam Jugoslawiens Präsident Josip Broz Tito in die Bundesrepublik. Die Besonderheit: Er wagte diesen Schritt als erstes sozialistisches Staatsoberhaupt. Mehrere Stunden diskutierte Tito mit Bundeskanzler Willi Brandt.

Bundesliga 1970/1971 – 12. Spieltag

Rettkowski war der Torschütze und der Jubel verständlich. Sein Treffer führte zu einem 1:1 des MSV Duisburg gegen Borussia Mönchengladbach

Leichtes Schwächeln des Meisters

Selbst aus Duisburg entkam Mönchengladbach mit heiler Haut, nicht aber ohne sich mit Schalke und Bayern zu einem Dreigestirn zu formieren. Das Muskelspiel der Konkurrenten machte Eindruck.

Richtig krachen ließen es die Münchener, denen Oberhausen in seiner gewohnt halsbrecherischen Art nicht gewachsen war. Adi Preißler sah im 0:4 jedoch "keine Schande". Braunschweig hatte den Prügelknaben zu Gast und hielt mit einer saftigen 4:1-Packung Anschluss. Der HSV hatte nur Glück, dass die Mitbewerber um die Abstiegsplätze ebenfalls nicht punkteten; Werder und Hannover (0:0) hielten sich sogar gegenseitig unten. Immer mehr Aufsehen erregte der FC Schalke. Beim 2:0 gegen Kaiserslautern feierten die Knappen zwar kein Fußballfest, schlossen mit dem vierten Sieg am Stück aber nun zum Tabellenführer auf, der entgegen einer Duisburger Sitte nicht vom Sockel gestoßen wurde (1:1). Ein giftiges Spiel sahen die Zuschauer in Stuttgart, wo Eintracht Frankfurt eines seiner seltenen Tore erzielte, dann aber jäh zurückgeworfen wurde. Über den Platzverweis gegen Horst Heese wurde noch lange diskutiert.

Ergebnisse – 12. Spieltag 1970/1971

Datum	Heim		Gast	Ergebnis
Sa., 24.10.70	Hertha BSC Berlin	-	Rot-Weiss Essen	1:1 (0:1)
Sa., 24.10.70	Eintracht Braunschweig	-	Hamburger SV	4:1 (1:1)
Sa., 24.10.70	SV Werder Bremen	-	Hannover 96	0:0 (0:0)
Sa., 24.10.70	MSV Duisburg	-	Borussia Mönchengladbach	1:1 (0:0)
Sa., 24.10.70	1. FC Köln	-	Arminia Bielefeld	2:0 (0:0)
Sa., 24.10.70	Rot-Weiß Oberhausen	-	FC Bayern München	0:4 (0:2)
Sa., 24.10.70	Kickers Offenbach	-	Borussia Dortmund	3:0 (1:0)
Sa., 24.10.70	FC Schalke 04	-	1. FC Kaiserslautern	2:0 (2:0)
Sa., 24.10.70	VfB Stuttgart	-	Eintracht Frankfurt	2:1 (0:1)

Tabelle

Platz	Verein	S	U	N	Tore	Differenz	Punkte
1.	Borussia Mönchengladbach	5	7	0	25:8	+17	17:7
2.	FC Bayern München	6	5	1	23:9	+14	17:7
3.	FC Schalke 04	7	3	2	21:9	+12	17:7
4.	Eintracht Braunschweig	7	2	3	22:11	+11	16:8
5.	VfB Stuttgart	5	4	3	21:17	+4	14:10
6.	Hertha BSC Berlin	6	2	4	17:13	+4	14:10
7.	1. FC Köln	4	5	3	16:13	+3	13:11
8.	Rot-Weiss Essen	3	6	3	17:14	+3	12:12
9.	1. FC Kaiserslautern	6	0	6	21:22	-1	12:12
10.	Kickers Offenbach	4	3	5	14:18	-4	11:13
11.	MSV Duisburg	3	5	4	8:12	-4	11:13
12.	Borussia Dortmund	4	2	6	16:20	-4	10:14
13.	SV Werder Bremen	2	6	4	8:12	-4	10:14
14.	Eintracht Frankfurt	2	5	5	5:11	-6	9:15
15.	Rot-Weiß Oberhausen	3	3	6	22:29	-7	9:15
16.	Hamburger SV	3	3	6	16:31	-15	9:15
17.	Arminia Bielefeld	3	2	7	11:22	-11	8:16
18.	Hannover 96	2	3	7	9:21	-12	7:17

Torjägerliste - Zuschauer - Selbsttore - Platzverweise

Torjägerliste:
1. Vogt: 11 Tore
2. Lippens: 10 Tore
3. Roth: 8 Tore

Zuschauer: 171.000
Tore: 23
Selbsttore: keine
Platzverweise: 1

Bedingt torgefährlich

Essen hielt der Hertha vor Augen, wie wenig geschlossen die Alte Dame zur Zeit spielte und wie leicht zu entzaubern ihr Sturmspiel eigentlich war. Berlins erster Punktverlust im Olympiastadion war buchstäblich hausgemacht.

Wenn das Kronsbein-Team tatsächlich oben mitspielen wollte, das zeigten auch die Ergebnisse von den anderen Plätzen, dann durfte es gegen Teams wie Rot-Weiss Essen keine Federn lassen. Mehr noch als der heimische Punktverlust schmerzte vielleicht die Erkenntnis, nicht sonderlich torgefährlich zu sein. Wieder, wie in mittlerweile sechs der letzten sieben Begegnungen, schossen die Berliner nicht mehr als einen Treffer, obwohl es deutliche Feldvorteile inklusive anderthalb Dutzend Eckbälle gab. Ins Tor traf lediglich Steffenhagen (54.). Überhaupt musste die Platzelf froh sein, einen Punkt aus der Partie herauszubekommen, denn beim Stand von 0:1 köpfte Fürhoff einmal völlig frei in die Arme von Groß, und erst diese Szene gab der Hertha dann den letzten Schub, alle Kräfte noch einmal zu bündeln und den Ausgleich anzupeilen.

Ein Essener Sieg hätte einmal mehr ganz im Zeichen Willi Lippens' gestanden. Nicht nur war es seine Flanke, die Fürhoff nicht verwertete, er hatte die Gäste auch in Führung gebracht (35.) und seinen Bewacher Ferschl darüber hinaus völlig platt gemacht. Das Publikum applaudierte Lippens zu, als wollte es sagen, jemand wie er sei hier händeringend gesucht. Varga und Horr bewegten sich zwar gut, bei Weber aber gingen viele Bälle verloren. Brungs war diesmal nicht dabei. Der Rest des Spiels verlagerte sich eher vors Essener Tor, ohne dass aber die Hertha einen Sturmlauf entfacht hätte. Dafür spielte RWE auch zu schlau.

Erster Saisoneinsatz für die Hertha: Hans-Joachim Altendorff

Hertha BSC Berlin - Rot-Weiss Essen 1:1 (0:1)

Sa., 24.10.1970, 15:30 Uhr
Zuschauer: 35.000
SR: Ferdinand Biwersi (Bliesransbach)
Tore: 0:1 Willi Lippens (35.), 1:1 Arno Steffenhagen (54., Kopfball)
Aufstellung Hertha BSC Berlin: Volkmar Groß (Note 3,0); Bernd Patzke (4,0), Uwe Witt (3,0), Jürgen Rumor (4,0), Karl-Heinz Ferschl (3,0); Hans-Joachim Altendorff (4,0 - 46. Laszlo Gergely, 4,0), Wolfgang Gayer (4,0); Arno Steffenhagen (3,0), Lorenz Horr (3,0), Zoltan Varga (3,0 - 80. Hans-Jürgen Sperlich,–), Jürgen Weber (5,0)
Aufstellung Rot-Weiss Essen: Fred-Werner Bockholt (3,0); Peter Czernotzky (4,0), Hermann Erlhoff (3,0), Wolfgang Rausch (3,0), Heinz Stauvermann (3,0); Erich Beer (3,0), Egbert-Jan ter Mors (3,0), Herbert Weinberg (4,0); Günter Fürhoff (5,0), Roland Peitsch (4,0 - 71. Georg Jung, 4,0), Willi Lippens (2,0)
Besonderheiten: keine

Ulsaß' Doppelpack

Etwas martialisch gab sich der angeschlagene Uwe Seeler in seinem Kommentar zum Spiel: "Der Elfmeter war unser Genickschuss." Sinngemäß hatte er jedoch Recht: Das Tor zum 3:1 war der Knackpunkt der Partie.

Die Braunschweiger Eintracht war vor dem Spiel als Favorit gehandelt worden, in der ersten Halbzeit blieb dieser Status jedoch ein Wunschtraum. Den Löwen wollte der Ball nämlich nur selten so gehorchen, wie erwartet wurde. Das resolute Dazwischenfahren und schnelle Umschalten von Abwehr auf Angriff des HSV schmeckte der Elf von Trainer Knefler ganz und gar nicht. Ohne Seeler im Sturmzentrum aber fehlte den Gästen ein Vollstrecker, der auch etwas aus den feinen Vorbereitungen hätte machen können. Zwar ersetzte Hans Schulz den Oldie in äußerst beweglicher Art, doch seine Schüsse wurden von Öller entweder abgewehrt oder aber landeten knapp neben dem Kasten. Gerwiens Sonntagsschuss stellte das Spiel kurz auf den Kopf (40.), doch Noglys Abstauber war mehr als verdient (41.). Nach der Pause ging ein Ruck durch die Eintracht. Ulsaß schwang sich immer deutlicher zum Spielmacher auf und fand per Doppelschlag auch das Tor. Zuerst erhöhte er nach schönem Doppelpass mit Max Lorenz auf 2:1 (54.) und legte zwei Minuten später sogar per Elfer nach. Ripp hatte den sich merklich steigernden Deppe gefällt. Danach wollte der HSV nur noch Schlimmeres verhindern, denn die Angriffswellen der Heimelf schlugen nun ohne Unterlass gegen die Gäste-Deckung. Es fiel allerdings nur noch das 4:1 durch Offensivverteidiger Wolfgang Grzyb (70.). Das große Debakel fiel nur aus, weil Klaus Ochs mit Mann und Maus verteidigen ließ.

Nur im ersten Durchgang ab und zu belästigt: Burkhardt Öller

Eintracht Braunschweig - Hamburger SV 4:1 (1:1)

Sa., 24.10.1970, 15:30 Uhr
Zuschauer: 18.000
SR: Hans Voss (Wolbeck)
Tore: 1:0 Klaus Gerwien (40., Vorlage Erler), 1:1 Peter Nogly (41., H. Schulz), 2:1 Lothar Ulsaß (54., M. Lorenz), 3:1 Lothar Ulsaß (56., Foulelfmeter, Ripp an Deppe), 4:1 Wolfgang Grzyb (70.)
Aufstellung Eintracht Braunschweig: Burkhardt Öller (Note 3,0); Wolfgang Grzyb (2,0), Max Lorenz (2,0), Peter Kaack (4,0 - 72. Friedhelm Haebermann, –), Franz Merkhoffer (2,0); Michael Polywka (4,0), Lothar Ulsaß (2,0 - 84. Gerd Saborowski, –), Bernd Gersdorff (4,0); Klaus Gerwien (3,0), Jaro Deppe (2,0), Dietmar Erler (3,0)
Aufstellung Hamburger SV: Arkoc Özcan (3,0); Helmut Sandmann (3,0), Hans-Jürgen Ripp (4,0), Jürgen Kurbjuhn (2,0), Heinz Bonn (4,0), Klaus Zaczyk (2,0), Peter Nogly (3,0), Franz-Josef Hönig (4,0), Robert Pötzschke (5,0), Hans Schulz (2,0), Charly Dörfel (4,0)
Besonderheiten: keine

Tendenz Auswärtssieg

Wieder wurde Werder zwar nicht geschlagen, wenn die Bremer aber überhaupt mal mit einem Sieg hatten rechnen mögen, dann im Heimspiel gegen das Schlusslicht. Doch Hannover war besser.

Mit Ausnahme von Cebinac, der gegen Coordes überhaupt kein Land sah, glichen die Niedersachsen nicht unbedingt einer Mannschaft, die man über Wochen hinweg nur verprügelt hatte. Die Gäste ermauerten sich den Punkt nicht einmal, sondern spielten dafür. Sie waren von zwei ungefährlichen Teams noch das gefährlichere und mussten sich sogar fragen lassen, warum sie gegen diese Bremer nicht einen Sieg anvisierten. "Wer in solch einer Situation nicht bis zum Umfallen kämpft, sollte sich einen anderen Beruf suchen", schimpfte Horst-Dieter Höttges. Der Verteidiger, in den eingeforderten Tugenden erneut ein leuchtendes Vorbild, musste in der ersten Viertelstunde ertragen, wie die Fehler seiner Nebenmänner immer wieder die Gäste vors Tor lockten. Zweimal musste Bernard einen sicheren Rückstand verhindern, von dem man nicht sicher sein konnte, dass die Hanseaten ihn je wieder aufgeholt hätten. Nicht mit diesem Sturm. Trainer Gebhardt war besonders enttäuscht von Björnmose, der so viel mehr drauf hatte als er vorne zeigte und die ohnehin entmutigten Angriffskollegen in keiner Weise inspirierte. Die Außenverteidiger gaben sich alle Mühe, doch war an Flügelspiel mit Lorenz und Thelen nicht zu denken. Hannovers Verteidigung um die aufmerksamen Anders und Bandura kostete es überhaupt keine Mühe, das eigene Tor zu beschützen. Auch in den letzten zehn Minuten, als die Bremer sich vom eigenen Anhang nervös machen ließen, sorgten die Konter für das größere Aufsehen.

An ihm kam niemand vorbei: Peter Anders

SV Werder Bremen - Hannover 96 0:0 (0:0)

Sa., 24.10.1970, 15:30 Uhr
Zuschauer: 15.000
SR: Gerd Hennig (Duisburg)
Tore: keine
Aufstellung SV Werder Bremen: Günter Bernard (Note 3,0); Dieter Zembski (3,0), Arnold Schütz (4,0), Horst-Dieter Höttges (4,0), Egon Coordes (3,0); Rudolf Assauer (4,0), Karl-Heinz Kamp (4,0), Ole Björnmose (4,0); Werner Thelen (5,0 - 78. Heinz-Dieter Hasebrink, 4,0), Bernd Windhausen (4,0), Bernd Lorenz (5,0 - 60. Klaus Müller, 4,0)
Aufstellung Hannover 96: Horst Podlasly (4,0); Jürgen Bandura (3,0), Peter Anders (3,0), Hans-Josef Hellingrath (4,0), Rainer Stiller (3,0); Hans-Joachim Weller (4,0), Horst Berg (5,0), Hans Siemensmeyer (4,0); Zvezdan Cebinac (5,0), Ferdinand Keller (3,0), Claus Brune (4,0)
Besonderheiten: keine

Mit dem Chef gewettet

Der Drahtzieher des angenehm flotten Spiels war Günter Netzer zwar nicht, wohl aber ein würdiger Kapitän. Dass Gladbach einen Punkt mitnahm, konnte ihm außerdem noch bares Geld wert sein.

Eigentlich galt der Regisseur als knauserig, die Zuversicht über die eigene Mannschaft war ihm aber glatt 150 Mark wert gewesen. Sollte Gladbach die komplette Hinserie ungeschlagen bleiben, musste Hennes Weisweiler zahlen. "Würde ich natürlich gern", grinste der Chefcoach, der nach dem ordentlichen 1:1 in Duisburg allen Grund zur Freude hatte, auch wenn es kurzzeitig gar nach einem Sieg des Deutschen Meisters ausgesehen hatte. Meiderich war vielleicht die schwierigste Hürde auf dem Weg zu Netzers Wettgewinn, gleich vier Spitzenreiter waren schließlich im letzten Jahr an der Wedau zu Fall gekommen. Und Gladbach reiste zum ersten Mal als Tabellenführer an. Für einen Sieg in Frage kam der MSV diesmal aber nie. Zwar gelang im Mittelfeld eine wirksame Blockbildung; Bella etwa war durch die Beschattung Günter Netzers aber viel zu sehr gefesselt, während Pavlic und Damjanoff eher schlecht in Form waren. Auch ohne einen umtriebigen Netzer gehörte das Zentrum daher den Gästen. Da außerdem Vogts, Wittmann und der fabelhafte Sieloff stetig drückten, lief das Leder meist nur in eine Richtung. Auf Flanke von Wittmann brachte Heynckes den Meister völlig zu Recht dann in Führung (67.), nicht spät genug aber, um die kampfstarken Zebras schon zu schrecken. Aus einem Gewühl heraus schaffte Rettkowski nur wenig später das 1:1 (71.), das die Hausherren sofort akzeptierten und sie waren schlau genug, dies mit einem undurchlässigen Abwehrverband zu verteidigen.

Das Tor war seine beste Aktion: Kurt Rettkowski

MSV Duisburg - Mönchengladbach 1:1 (0:0)

Sa., 24.10.1970, 15:30 Uhr
Zuschauer: 21.000
SR: Rudolf Frickel (München)
Tore: 0:1 Jupp Heynckes (67., Vorlage Wittmann), 1:1 Kurt Rettkowski (71.)
Aufstellung MSV Duisburg: Volker Danner (Note 3,0); Hartmut Heidemann (3,0), Kurt Rettkowski (4,0), Detlef Pirsig (3,0), Heinz-Peter Buchberger (4,0); Djordje Pavlic (5,0), Georg Damjanoff (5,0 - 67. Johannes Riedl, 4,0), Michael Bella (4,0); Gerhard Kentschke (3,0), Rainer Budde (3,0), Bernard Dietz (3,0)
Aufstellung Borussia Mönchengladbach: Wolfgang Kleff (3,0); Heinz Wittmann (2,0), Klaus-Dieter Sieloff (2,0), Ludwig Müller (4,0), Berti Vogts (3,0); Peter Dietrich (4,0), Herbert Laumen (4,0), Günter Netzer (3,0); Ulrik Le Fevre (4,0), Horst Köppel (2,0), Jupp Heynckes (3,0)
Besonderheiten: keine

Heimsieg unter Pfiffen

Die Geduld des Kölner Anhangs war schon arg strapaziert und daher nicht belastbar genug für das, was die Geißböcke in diesem Heimspiel anboten. Zur Versöhnung reichte nicht einmal der späte Sieg.

"Meine Spieler erklärten mir, sie hätten gern noch zehn Minuten länger gespielt", berichtete Ernst Ocwirk brühwarm aus der Kabine. Auch der Kölner Trainer war eher niedergeschlagen, als dass er sich über den vierten Heimerfolg freuen mochte. Die ersten 80 Minuten waren wirklich sehr schlimm gewesen. Flohes Distanzversuch (37.) war Kölns erster Schuss aufs Tor und gleichzeitig Ausdruck blanker Ideenlosigkeit. Spielerisch fiel das Niveau auf den Nullpunkt. Schlimm anzusehen war die Partie besonders deswegen, weil Bielefeld es nicht besser machte. Mit dem Unterschied allerdings, dass der DSC weder siegen musste noch es wirklich wollte. Für den Patienten 1. FC Köln war Arminia also genau das falsche Mittel. In der 50. Minute vergab Gerd Kohl, gemeinsam mit Knoth wieder bester Armine, die große Chance zum 0:1, als er es fertig brachte, aus kaum drei Metern Entfernung den Ball über das leere Tor zu befördern. Kollege Knoth knallte später sogar noch an den Pfosten, allerdings zu einer Zeit, als Bielefeld seine Siegchance schon verschenkt hatte (87.). Als Köln seinerseits die Hälfte der Zuschauer schon vergrault hatte und vom anderen Teil Hohn und Spott erntete, fiel wie aus dem Nichts noch ein Sieg vom Himmel. Niemand wusste genau, wie der sonst völlig enttäuschende Rupp das Leder zum 1:0 über die Linie mogelte (81.); zwei Minuten später kam der FC durch Parits sogar noch zum glatten Sieg, der von den Fans aber keineswegs gebilligt wurde. Auch zum Abpfiff gab es wieder ein Pfeifkonzert.

Auch er wurde ausgepfiffen: Wolfgang Overath

1. FC Köln - Arminia Bielefeld 2:0 (0:0)

Sa., 24.10.1970, 15:30 Uhr
Zuschauer: 8.000
SR: Alfons Betz (Regensburg)
Tore: 1:0 Bernd Rupp (81.), 2:0 Thomas Parits (83., Vorlage Rupp)
Aufstellung 1. FC Köln: Manfred Manglitz (Note 3,0); Heinz Simmet (3,0), Werner Biskup (4,0), Wolfgang Weber (4,0), Matthias Hemmersbach (4,0); Bernhard Cullmann (5,0), Heinz Flohe (3,0), Wolfgang Overath (4,0); Jupp Kapellmann (5,0), Thomas Parits (4,0), Bernd Rupp (3,0)
Aufstellung Arminia Bielefeld: Gerd Siese (3,0); Georg Stürz (4,0), Dieter Schulz (4,0), Volker Klein (4,0), Waldemar Slomiany (4,0), Gerd Knoth (3,0), Horst Stockhausen (5,0), Ulrich Braun (5,0); Karl-Heinz Brücken (5,0 - 46. Norbert Leopoldseder, 5,0), Gerd Roggensack (4,0), Gerd Kohl (4,0 - 80. Klaus Oberschelp, –)
Besonderheiten: keine

Gnadenlos vorgeführt

Anfangs half RWO noch kräftig mit. Als die Bayern aber einmal in Fahrt waren, ließen sie sich nicht mehr stoppen und verdarben den Kleeblättern die tolle Atmosphäre.

Um die Vorgänge auf dem Rasen zu dokumentieren, hätte man auch eine Kamera ins Publikum halten und am Verhalten der Zuschauer die Entwicklung ablesen können. Anfangs war die Rekordkulisse noch bester Stimmung, peitsche RWO nach Leibeskräften an und hielt sich mit Schmährufen gegen Beckenbauer, Müller und Co. nicht zurück. Später, als sich die Ränge mehr und mehr leerten, das Spiel aber immer noch lief, gab es sogar Applaus für die Nationalspieler. Oberhausens Fans waren peinlich berührt. "Wir müssen nach einem Weg suchen, wie wir wieder besser spielen können", so die simple Parole des Oberhausener Trainers. Diesmal konnte ihm seine Mannschaft nur sieben Minuten lang gefallen, denn tatsächlich startete die Platzelf mit lauter Sirene, vergab aber durch Krauthausen zwei hochprozentige Möglichkeiten und war nach dem kalten Schlag durch Gerd Müller wie vor den Kopf gestoßen. Dem Bomber hatte Adi Preißler eigens den Kettenhund Hollmann auf die Füße gestellt, doch der war nicht richtig bei der Sache. Dass Müller ihn später als fairen Gegenspieler lobte, durfte er nicht als Kompliment nehmen. Auch beim zweiten Gegentor verhielt sich die Abwehr reichlich hilflos (23.), allerdings war auch Brozulat anzulasten, dass er vorher eine sehr gute Ausgleichschance vergab. Danach war am Ergebnis nichts mehr zu drehen. Routiniert und kaltblütig spielten die Bayern ihren Stiefel runter und legten, wenn es passte, den Ball auch noch im Tornetz ab. Roth (60.) und Brenninger (77.) taten dies ohne große Mühen.

Eingewechselt in ein schon besiegtes Team: Günter Karbowiak

Rot-Weiß Oberhausen - FC Bayern München 0:4 (0:2)

Sa., 24.10.1970, 15:30 Uhr
Zuschauer: 30.000
SR: Elmar Schäfer (Neustadt am Rbg.)
Tore: 0:1 Gerd Müller (9., Kopfball, Vorlage Zobel), 0:2 Dieter Brenninger (23.), 0:3 Franz Roth (60., Schneider), 0:4 Dieter Brenninger (77.)
Aufstellung Rot-Weiß Oberhausen: Wolfgang Scheid (Note 4,0); Hermann-Josef Wilbertz (5,0), Friedhelm Dick (3,0), Reiner Hollmann (5,0), Siegfried Rösen (5,0 - 46. Günter Karbowiak, 5,0); Werner Ohm (4,0), Gert Fröhlich (4,0), Dieter Brozulat (4,0); Franz Krauthausen (3,0), Hans Schumacher (5,0), Wolfgang Sühnholz (5,0)
Aufstellung FC Bayern München: Sepp Maier (3,0 - 75. Manfred Seifert, –); Johnny Hansen (4,0), Franz Beckenbauer (2,0), Georg Schwarzenbeck (4,0), Herwart Koppenhöfer (3,0); Franz Roth (3,0), Rainer Zobel (3,0), Karl-Heinz Mrosko (4,0); Edgar Schneider (4,0), Gerd Müller (3,0), Dieter Brenninger (3,0)
Besonderheiten: keine

Zu erwarten und erklärbar

Aus beiden Teams waren Serientäter geworden, weshalb der glatte Heimsieg niemanden überraschte. Ausschlaggebend war allerdings eine einzige Minute.

Borussia begann nicht mit Pauken und Trompeten, allerdings auch ordentlich genug, um der feurigen Heimelf lange in die Suppe zu spucken, genau gesagt bis zur 34. Minute. Einer der wichtigsten Dortmunder, Willi Neuberger, ging da mit einer Innenband-Verletzung vom Feld, was für die Gäste schon der erste Schlag war. Sekunden später aber erzielte Winkler auf Flanke Egon Schmitts das 1:0 und stellte damit die Weichen. Eine rasante Wechselwirkung brach sich Bahn, denn im gleichen Tempo wie Offenbach zulegte, verlor der BVB seinen Mut. Rudi Gutendorfs Entscheidung, seinen Fehler mit Spinnler in der Spitze sofort zu korrigieren, trug zur Entwicklung bei. Schäfer, der neue Mann, passte besser zwischen Winkler und Gecks, die der Trainer, genau wie Hans Reich, in den letzten Wochen in Topform gebracht hatte. Mit einem fabelhaften Freistoß traf dann Kremers nach dem Wechsel zum 2:0 (54.), dem sich alsbald Dortmunds nächster Nackenschlag anreihte, denn mit Weinkauff verletzte sich auch noch der gefährlichste Stürmer (67.). Spätestens ab diesem Moment ging von Borussia keine Gefahr mehr aus; die dritte Auswärtsschlappe in Folge stand unverrückbar fest und klang nach dem 3:0 durch Gecks sogar noch richtig deutlich (79.). Offenbach, das den BVB in der Tabelle nun überholte, blieb derweil erneut ohne Gegentor und freute sich über die 5:1-Punkte-Serie. "Ich bin glücklich, diesen Job hier übernommen zu haben", strahlte Rudi Gutendorf. "Noch ein paar von diesen Spielen, und meine Nichtabstiegsprämie ist fällig."

Der Aufschwung kam auf seine Kosten: Erwin Spinnler

Kickers Offenbach - Borussia Dortmund 3:0 (1:0)

Sa., 24.10.1970, 15:30 Uhr
Zuschauer: 13.000
SR: Jan Redelfs (Hannover)
Tore: 1:0 Klaus Winkler (34., Kopfball, Vorlage Schmitt), 2:0 Helmut Kremers (54., Freistoß), 3:0 Horst Gecks (79., H. Kremers)
Aufstellung Kickers Offenbach: Karlheinz Volz (Note 3,0); Josef Weilbächer (4,0), Hans Reich (2,0), Egon Schmitt (3,0), Helmut Kremers (2,0); Helmut Schmidt (4,0), Walter Bechtold (4,0 - 52. Nikolaus Semlitsch, 3,0), Roland Weida (5,0); Horst Gecks (2,0), Erwin Spinnler (5,0 - 27. Winfried Schäfer, 3,0), Klaus Winkler (2,0)
Aufstellung Borussia Dortmund: Jürgen Rynio (4,0); Ferdinand Heidkamp (4,0), Branco Rasovic (5,0), Willi Neuberger (3,0 - 34. Klaus Brakelmann, 4,0), Hans-Joachim Andree (4,0); Dieter Kurrat (4,0), Reinhold Wosab (4,0), Horst Trimhold (4,0); Manfred Ritschel (5,0), Werner Weist (3,0 - 67. Dieter Weinkauff, 4,0), Siegfried Held (4,0)
Besonderheiten: keine

Fischer angelte den Sieg

Für den vierten Sieg in Folge genügte Schalke schon Mittelmaß. Auffallend schwach spielte der Gast aus Kaiserslautern zwar nicht, der 2:0-Pausenrückstand war auf dem seifigen Gelände aber schon zu viel.

Eigentlich kam alles genau wie erwartet, schließlich hatten die Pfälzer bislang auswärts nur verloren, selbstverständlich waren die Punkte für Königsblau allerdings nicht. In der ersten Viertelstunde drückten eher die Gäste, und hätte Vogt nicht freistehend neben das Tor geschossen (14.), die Knappen wären zu Recht auch von einem Rückstand erschreckt worden und hätten anschließend vermutlich mauernden Teufeln gegenübergestanden. Mit der eigenen Führung, die reichlich plötzlich kam, hatten stattdessen die Hausherren dann so gut wie gewonnen, zumal sie mit gleich zwei Treffern auch noch angenehm üppig ausfiel. Scheer traf zum 1:0, nachdem ihm Fischer bei seinem Doppelpass assistiert hatte (33.). Den zweiten Treffer lieferte Fischer dann selbst, per Kopf nach einer Linksflanke von Sobieray (41.); der Torjäger war der Garant dafür, dass Schalke überhaupt so weit gekommen war und auch bei diesem vierten Streich in Folge einer der königsblauen Leistungsträger. "In der Mannschaft steckt eine ganze Menge", adelte Udo Lattek, der als Spion in eigener Sache gekommen war, denn im nächsten Spiel musste der Dritte dann zum Zweiten. Der aktuelle Gegner Lautern hatte zur Pause im Grunde verloren, blieb dauerhaft zwar bemüht, sah aber überhaupt keine Handhabe, am Spielstand etwas zu ändern. Hätte Schalke noch etwas nachgelegt, die Zuschauer wären wohl auch nicht bis zum Schluss geblieben. So aber ergriffen viele die Flucht, je unnachgiebiger es aus den dichten Wolken schüttete.

Um seine Abwehrrolle nicht zu beneiden: Günther Rademacher

FC Schalke 04 - 1. FC Kaiserslautern 2:0 (2:0)

Sa., 24.10.1970, 15:30 Uhr
Zuschauer: 18.000
SR: Klaus Ohmsen (Hamburg)
Tore: 1:0 Klaus Scheer (33., Vorlage Fischer), 2:0 Klaus Fischer (41., Kopfball, Sobieray)
Aufstellung FC Schalke 04: Norbert Nigbur (Note 3,0); Hans-Jürgen Becher (4,0 - 72. Jürgen-Michael Galbierz, –), Rolf Rüssmann (3,0), Klaus Fichtel (3,0), Friedel Rausch (4,0 - 25. Jürgen Sobieray, 3,0); Herbert Lütkebohmert (3,0), Klaus Scheer (4,0), Heinz van Haaren (3,0); Reinhard Libuda (3,0), Klaus Fischer (2,0), Hans Pirkner (4,0)
Aufstellung 1. FC Kaiserslautern: Josef Elting (3,0); Günther Rademacher (4,0), Dietmar Schwager (3,0), Ernst Diehl (3,0), Fritz Fuchs (5,0); Otto Rehhagel (3,0), Günther Reinders (4,0 - 67. Peter Blusch, 3,0), Jürgen Friedrich (3,0); Josef Pirrung (4,0), Karl-Heinz Vogt (4,0), Klaus Ackermann (4,0)
Besonderheiten: keine

Hessische Komplott-Gedanken

Ein gewaltiger Schrei der Befreiung drang aus dem Frankfurter Fanlager, als Nickel nach über 400 Minuten wieder ein Eintracht-Tor erzielte. Fast hätte der Schlenzer gar zum Auswärtssieg gereicht, doch mit einem Schlag wurde alles anders.

Zumindest der Schiedsrichter hatte es so gesehen, dass Horst Heese in einem lockeren Gefecht plötzlich die Faust aus der Tasche holte und Hartmut Weiß damit einen Schlag versetzte. Selbst der Stuttgarter gab zu Protokoll, dass eigentlich gar nichts geschehen wäre. Trotzdem flog Heese vom Platz, was die Hessen nicht nur erheblich schwächte, sondern auch eine kontroverse Diskussion nach sich zog. Die Entscheidung contra Heese werteten die Schwaben als eine Kampagne, weil er zuvor schon in Szenen gegen Höttges und Duisburgs Pavlic auffällig gewesen war und die Medien sich anschließend auf ihn gestürzt hatten. Tragisch war dieser Vorfall auch deshalb, weil die Eintracht bis dahin eigentlich unwahrscheinlich imponiert hatte. Völlig zu Recht lagen die Gäste vorn, nachdem Nickel einen irren Lauf von der Mittellinie mit einem Prachttor beendet hatte (25.). Genau 436 Minuten waren die Hessen vorher ohne Treffer gewesen, nun aber, nur fünf Minuten später, kam es zu diesem Platzverweis, der das komplette Spiel veränderte. Man hätte Frankfurt raten mögen, sich nicht bis zum Ende einzuigeln. Genau das aber taten die Gäste. Ein Spiel auf ein Tor war die Folge, das fast sogar mit 0:1 geendet hätte, wäre Entenmanns Schuss nicht noch abgefälscht worden (82.). Olsson nahm Frankfurt dann sogar das Remis aus der Hand (85.). Bemerkenswert war auf Stuttgarter Seite der Torwart. Weil sowohl Heinze als auch Hauser verletzt waren, feierte der fast 38-jährige Sawitzki sein Comeback.

Tatsächlich wieder im Tor: Günter Sawitzki

VfB Stuttgart - Eintracht Frankfurt 2:1 (0:1)

Sa., 24.10.1970, 15:30 Uhr
Zuschauer: 13.000
SR: Paul Kindervater (Köln)
Tore: 0:1 Bernd Nickel (25.), 1:1 Willi Entenmann (82.), 2:1 Jan Olsson (85., Kopfball)
Aufstellung VfB Stuttgart: Günter Sawitzki (Note 3,0); Willi Entenmann (4,0), Reinhold Zech (4,0), Hans Eisele (4,0), Hans Arnold (4,0); Gilbert Gress (3,0), Jan Olsson (5,0), Horst Haug (5,0); Manfred Weidmann (5,0), Karl-Heinz Handschuh (5,0), Hartmut Weiß (4,0)
Aufstellung Eintracht Frankfurt: Peter Kunter (2,0); Karl-Heinz Wirth (4,0), Gert Trinklein (3,0), Friedel Lutz (2,0), Lothar Schämer (4,0); Jürgen Kalb (4,0), Hans Lindemann (4,0), Bernd Nickel (3,0); Bernd Hölzenbein (3,0), Horst Heese (–), Jürgen Grabowski (3,0)
Platzverweise: Horst Heese (30.)
Besonderheiten: keine

ZEITFENSTER
12. - 25. Oktober 1970

Entführter Minister tot
(Kanada, 16. Oktober)
Premierminister Trudeau verhängte den Notstand. Die FLQ, eine Untergrundorganisation, die die Abspaltung der französischsprachigen Provinz Quebec forderte, hatte den britischen Handelsattaché Cross und Quebecs Arbeitsminister Laporte entführt, um Lösegeld und die Freilassung von 23 Häftlingen zu erpressen. Laporte wurde am 18. Oktober ermordet aufgefunden. Cross kam im Dezember frei, nachdem man den Entführern freies Geleit nach Kuba zugestanden hatte.

Aufregung um ein Fernsehspiel
(BRD, 18. Oktober)
"Das Millionenspiel" (ARD) verwirrte zahlreiche Zuschauer, die mit dem Inhalt der TV-Produktion haderten oder sich als Kandidat bewarben. Die Spielidee: Ein Freiwilliger setzt sich drei Wochen der Verfolgung durch drei Killer aus. Übersteht er die Jagd, kassiert er eine Million Mark. Ansonsten darf er getötet werden.

Wahnsinnstempo
(USA, 18. Oktober)
In seinem "Blue Flame" genannten Raketenauto raste der US-Amerikaner Gary Gabelich über einen Salzsee in Utah. Dabei erreichte er einen neuen Geschwindigkeitsweltrekord für Landfahrzeuge: 1001,671 km/h.

Im Exil ermordet
(BRD, 20. Oktober)
In seiner ehemaligen Heimat war der algerische Exilpolitiker Belkassem Krim zum Tode verurteilt worden - in einem Frankfurter Hotel wurde er erdrosselt.

Schulmädchen-Kino
(BRD, 23. Oktober)
Der Erfolg hatte viele Töchter. Nachdem der im Oktober 1970 in den Kinos gestartete erste "Schulmädchen-Report", mit dem Untertitel "Was Eltern nicht für möglich halten", die Massen in die Lichtspielhäuser lockte, strickten die Produzenten die Erfolgsmasche bis 1978 (zwölf weitere Schulmädchen-Filme) weiter.

"Was Eltern den Schlaf raubt" - oder "Wenn Mathe und Physik egal sind", oder "Wenn eine Masche Erfolg hat", oder ...

Bundesliga 1970/1971 – 13. Spieltag

Platzverweis für Biskup. Die Kölner protestieren. Von links: Thielen (Nr.9), Flohe (Nr. 8), Overath, Kapellmann und Schiedsrichter Wengenmayer (1. FC Kaiserslautern - 1. FC Köln 0:0).

Schalke oben ausgespuckt

Trotz einer Glanzvorstellung in München wurden die Knappen aus der Spitzengruppe ausgewiesen, während Gladbach mit seinem nächsten Erfolg einen doch nicht ewigen Rekord ausradierte. Anderswo gab es Sorgen um die Beleuchtung.

Bielefeld ging bei seiner Flutlichtpremiere hoch ins Risiko, bekam sowohl die Technik als auch Gegner Werder aber gut in den Griff und siegte 3:0. In Hannover wurde es tatsächlich zappenduster, doch ließ der Schiedsrichter unter Notlicht weiterspielen - Braunschweig unterlag mit seinem Protest genau wie im Spiel. Endlich aufwärts ging es für den HSV, der nach Wochen des Leidens nun gleich zwei Mal in Folge siegte (inklusive Nachholspiel) und das Krisengerede auf andere lenkte. Essen (0:1 gegen Dortmund) und Frankfurt (1:3 gegen Hertha) etwa waren schon seit sechs Begegnungen sieglos. Königsblau dagegen hatte vor dem Spiel in München vier Spiele in Folge gewonnen und ging nun auf rätselhafte Weise baden. "So stark habe ich Schalke noch nie gesehen", sagte Udo Lattek jovial, während er sich ein glattes 3:0 in die Tasche steckte.

Ergebnisse – 13. Spieltag 1970/1971

Do., 29.10.70	FC Bayern München	-	FC Schalke 04	3:0 (1:0)
Sa., 31.10.70	Arminia Bielefeld	-	SV Werder Bremen	3:0 (2:0)
Sa., 31.10.70	Rot-Weiss Essen	-	Borussia Dortmund	0:1 (0:1)
Sa., 31.10.70	Eintracht Frankfurt	-	Hertha BSC Berlin	1:3 (1:0)
Sa., 31.10.70	Hamburger SV	-	MSV Duisburg	2:0 (0:0)
Sa., 31.10.70	Hannover 96	-	Eintracht Braunschweig	1:0 (1:0)
Sa., 31.10.70	1. FC Kaiserslautern	-	1. FC Köln	0:0 (0:0)
Sa., 31.10.70	Borussia Mönchengladbach	-	VfB Stuttgart	4:1 (2:0)
Sa., 31.10.70	Rot-Weiß Oberhausen	-	Kickers Offenbach	2:2 (1:1)

Tabelle

Platz	Verein	S	U	N	Tore	Differenz	Punkte
1.	Borussia Mönchengladbach	6	7	0	29:9	+20	19:7
2.	FC Bayern München	7	5	1	26:9	+17	19:7
3.	FC Schalke 04	7	3	3	21:12	+9	17:9
4.	Eintracht Braunschweig	7	2	4	22:12	+10	16:10
5.	Hertha BSC Berlin	7	2	4	20:14	+6	16:10
6.	1. FC Köln	4	6	3	16:13	+3	14:12
7.	VfB Stuttgart	5	4	4	22:21	+1	14:12
8.	1. FC Kaiserslautern	6	1	6	21:22	-1	13:13
9.	Rot-Weiss Essen	3	6	4	17:15	+2	12:14
10.	Borussia Dortmund	5	2	6	17:20	-3	12:14
11.	Kickers Offenbach	4	4	5	16:20	-4	12:14
12.	MSV Duisburg	3	5	5	8:14	-6	11:15
13.	Hamburger SV	4	3	6	18:31	-13	11:15
14.	Rot-Weiß Oberhausen	3	4	6	24:31	-7	10:16
15.	SV Werder Bremen	2	6	5	8:15	-7	10:16
16.	Arminia Bielefeld	4	2	7	14:22	-8	10:16
17.	Eintracht Frankfurt	2	5	6	6:14	-8	9:17
18.	Hannover 96	3	3	7	10:21	-11	9:17

Torjägerliste - Zuschauer - Selbsttore - Platzverweise

Torjägerliste:
1. Vogt: 11 Tore
2. Lippens: 10 Tore
3. Roth: 8 Tore

Zuschauer: 171.000
Tore: 23
Selbsttore: 1
Platzverweise: 1

Unsichtbare Unterschiede

Schalke lieferte sein Gesellenstück und fuhr mit Komplimenten überhäuft wieder nach Hause. Warum trotzdem aber die Bayern siegten, war schwierig zu erklären.

Am meisten lag es wohl an Sepp Maier, dessen Einsatz bis zuletzt noch fraglich gewesen war und der die wie aus einer Maschine abgefeuerten Bälle einen nach dem anderen einkassierte. Vielleicht ein halbes Dutzend bester Chancen ließ Schalke im Stadion an der Grünwalder Straße ungenutzt, fing sich stattdessen die Tore selbst und verließ mit tief hängenden Köpfen die Arena. Königsblau, da waren sich die 40.000 Zuschauer einig, war das beste aller bisher vorstelligen Teams. Bis ins Letzte ausgereift funktionierte das Schalker Mittelfeld mit Lütkebohmert und van Haaren als Antreiber und einem jungen Scheer, der selbst den Kaiser zu vernaschen wagte. Dabei war der wieder einer der Größten auf dem Feld. "Ich glaube, dass Schalke innerhalb der nächsten zwei oder drei Jahre Meister werden wird", komplimentierte Franz Beckenbauer. In Gedanken mochte er ergänzen, dass es in diesem Jahr nichts werden konnte, denn vorher kamen immer noch die Bayern. Nahm man die Ausgangslage vor diesem Spiel, mit den punktgleichen Fohlen, Münchenern und Knappen an der Spitze, dann war es eine Demütigung, wie das Lattek-Team die Gäste behandelte. Schalke bekam alles, was es wollte, tobte sich ohne Ergebnis aus, um schließlich drei absolut tödliche Peitschenhiebe zu kassieren. Das 1:0 fiel direkt nach einer Großchance auf der anderen Seite (38.), alles andere gehörte zum bayerischen Kontermenü. "Wir haben gut gespielt, aber viele Möglichkeiten verpasst", sagte ein untröstlicher Schalker Trainer. Die Komplimente wischte er ungehört beiseite.

Stolze Leistung im Mittelfeld: Herbert Lütkebohmert

FC Bayern München - FC Schalke 04 3:0 (1:0)

Do., 29.10.1970, 20:00 Uhr
Zuschauer: 40.000
SR: Rudolf Schröck (Riegelsberg)
Tore: 1:0 Dieter Brenninger (38., Vorlage G. Müller), 2:0 Karl-Heinz Mrosko (72., G. Müller), 3:0 Georg Schwarzenbeck (78.)
Aufstellung FC Bayern München: Sepp Maier (Note 1,0); Johnny Hansen (3,0), Georg Schwarzenbeck (3,0), Franz Beckenbauer (2,0), Herwart Koppenhöfer (4,0); Franz Roth (4,0), Rainer Zobel (4,0), Karl-Heinz Mrosko (4,0); Edgar Schneider (5,0 - 62. Ulrich Hoeneß, 4,0), Gerd Müller (4,0), Dieter Brenninger (4,0)
Aufstellung FC Schalke 04: Norbert Nigbur (4,0); Hans-Jürgen Becher (4,0), Rolf Rüssmann (4,0), Klaus Fichtel (2,0), Jürgen Sobieray (4,0); Herbert Lütkebohmert (3,0), Heinz van Haaren (4,0), Klaus Scheer (2,0); Reinhard Libuda (- - 16. Hans-Jürgen Wittkamp, 5,0), Klaus Fischer (5,0), Hans Pirkner (3,0)
Besonderheiten: keine

Bangen um die Birnen

Werder hatte gar nicht vor, mit Mann und Maus zu verteidigen. Um ein Debakel zu verhindern, blieb den Hanseaten aber keine Wahl. Gegen diese Arminen waren sie absolut chancenlos.

Dass ausgerechnet auf der Alm das schöne Unbesiegtsein enden würde, hatte Werder sich nicht ausgemalt. Doch Bielefeld fing die Grün-Weißen mit dem Lasso und zog sie zu sich zurück in den Tabellenkeller. Ermittelt war der Sieger schon zur Pause, da Schulz (15.) und Leopoldseder (43.) zwei harte Schüsse ihrer Kollegen veredelten, dabei legte die Heimelf nach dem Wechsel gar noch zu und hätte viel höher gewinnen müssen als nur mit 3:0. Slomiany erzielte das dritte Tor (78.). "Das Spiel hat gezeigt, dass auch unserer Mannschaft ein Licht aufgehen kann", witzelte Egon Piechaczek. Im übertragenen Sinn meinte er die nicht erwartete Gabe seiner Truppe, Werder nicht nur zu bekämpfen, sondern auch spielerisch nach und nach in die Knie zu zwingen. So überlegen hatte man den DSC noch nicht gesehen. Wörtlich meinte Piechaczek seinen Satz aber auch, feierte Arminia doch eine gelungene Bundesliga-Flutlichtpremiere, wobei die Technik noch erheblich größere Sorgen machte als der Gegner. Nur haarscharf nämlich, wie nach dem Spiel herauskam, schrammte Bielefeld an diesem Abend an einem Desaster vorbei. Für die hellsten Flutlichter der Liga hatte man keine Sicherungen in der Hinterhand, bei der Absprache mit der städtischen Störungsstelle war es zu Ungereimtheiten gekommen. Wäre wahrhaftig nun eine Lampe ausgefallen, was nicht einmal unwahrscheinlich war, wäre es irreparabel zappenduster geworden. Die Punkte hätte dann wohl Werder Bremen bekommen, trotz einer erschütternd schwachen Vorstellung.

An ihm lag es dieses Mal nicht: Ole Björnmose

Arminia Bielefeld - SV Werder Bremen 3:0 (2:0)

Sa., 31.10.1970, 15:30 Uhr
Zuschauer: 15.000
SR: Kurt Tschenscher (Mannheim)
Tore: 1:0 Dieter Schulz (15., Vorlage Knoth), 2:0 Norbert Leopoldseder (43., Braun), 3:0 Waldemar Slomiany (78., Kohl)
Aufstellung Arminia Bielefeld: Gerd Siese (Note 3,0); Georg Stürz (4,0), Dieter Schulz (4,0 - 34. Klaus Köller, 4,0), Volker Klein (4,0), Waldemar Slomiany (3,0); Gerd Knoth (3,0), Ulrich Braun (3,0), Horst Stockhausen (4,0); Norbert Leopoldseder (4,0 - 71. Klaus Oberschelp, 5,0), Gerd Roggensack (3,0), Gerd Kohl (2,0)
Aufstellung SV Werder Bremen: Günter Bernard (3,0); Dieter Zembski (4,0), Arnold Schütz (4,0), Horst-Dieter Höttges (3,0), Egon Coordes (4,0); Karl-Heinz Kamp (4,0), Ole Björnmose (3,0), Rudolf Assauer (5,0); Bernd Schmidt (4,0), Bernd Windhausen (4,0 - 46. Heinz-Dieter Hasebrink, 5,0), Bernd Lorenz (5,0)
Besonderheiten: keine

Lippens nicht zu sehen

Der Unterschied war größer als es der einzige Treffer glauben machte. Völlig verzweifelt mühte sich Essen schon im ersten Durchgang ab und bekam auch anschließend nicht mehr die Kurve. Das schlauere Team hieß Borussia.

Es waren Kleinigkeiten, an denen sich der Anhang erfreute, und so ging nach dem Beginn der zweiten Halbzeit ein Ruck durch die Fanreihen, als der Hausmeister das Flutlicht anknipste. Auch RWE war kurz elektrisiert, doch reichte blankes Wollen allein nicht aus, um Borussia den Schneid abzukaufen. Genau wie im ersten Abschnitt spielte die eigene Hast Essen einen Streich. Glück im Unglück hatte Willi Lippens, der genau einmal am fabelhaften Heidkamp überhaupt vorbei kam, und dann auch noch kläglich versagte (68.). Der niederländische Nationaltrainer, der den Torjäger eigentlich beobachten wollte, war aber einfach nicht erschienen, konnte von Lippens daher auch keinen schlechten Eindruck gewinnen. Da auch Rausch sieben Minuten vor Schluss noch einmal danebenzielte, fiel Dortmunds Sieg in gewisser Weise glücklich aus. Unverdient war er aber in keiner Weise, denn die Gäste verteidigten besser, kombinierten gefälliger und trafen zumindest einmal eben auch ins Tor (14.), wobei allein Sigi Held, der sowohl Peitsch als auch Czernotzky verschliss, mindestens zwei Treffer noch hätte beisteuern müssen. Fragwürdig war bei all dem Essens Taktik, denn Lippens blieb auch nach dem frühen Gegentor noch die einzige Spitze, obwohl deutlich zu sehen war, dass er händeringend Hilfe benötigte. Nicht einmal eine große Schlussoffensive musste der BVB daher ertragen, sondern konnte seine Zeit an der Hafenstraße einfach bis zum Moment des Sieges absitzen.

Hätte trotz allem noch ausgleichen können: Wolfgang Rausch

Rot-Weiss Essen - Borussia Dortmund 0:1 (0:1)

Sa., 31.10.1970, 15:30 Uhr
Zuschauer: 20.000
SR: Horst Bonacker (Quadrath-Ichendorf)
Tore: 0:1 Horst Trimhold (14., Vorlage Held)
Aufstellung Rot-Weiss Essen: Fred-Werner Bockholt (Note 3,0); Peter Czernotzky (5,0), Wolfgang Rausch (4,0), Roland Peitsch (4,0), Heinz Stauvermann (5,0); Hermann Erlhoff (5,0), Egbert-Jan ter Mors (4,0), Hans Dörre (5,0); Herbert Weinberg (5,0 - 53. Helmut Littek, 4,0), Günter Fürhoff (4,0 - 46. Walter Hohnhausen, 4,0), Willi Lippens (4,0)
Aufstellung Borussia Dortmund: Jürgen Rynio (3,0); Ferdinand Heidkamp (2,0), Branco Rasovic (4,0), Willi Neuberger (3,0), Hans-Joachim Andree (4,0); Dieter Kurrat (4,0), Horst Trimhold (3,0), Dieter Weinkauff (3,0); Manfred Ritschel (3,0 - 75. Theo Bücker (4,0), Siegfried Held (2,0), Theodor Rieländer (4,0 - 68. Wilhelm Sturm, 4,0)
Besonderheiten: keine

Vorgetäuschter Tiefschlaf

Inklusive Führungstor gelang der Eintracht anfangs alles, was das Fanherz nur begehren konnte. Doch Herthas Demut entpuppte sich als List. Kaum waren die Gäste erwacht, spielten sie die Hessen schwindelig und nahmen ihnen alles wieder weg.

"Ich hoffe, dass dieser Sieg endlich unsere Verkrampfung löst", sagte Helmut Kronsbein und nahm Erich Ribbeck damit genau die Worte aus dem Mund, die er so gern selbst gesagt hätte, aber seine Mannschaft wollte den Sieg lieber verschenken. "Jetzt ist die Lage prekär", säuerte Ribbeck stattdessen und musste auch noch erfahren, dass die Konkurrenten aus dem Keller ihre Sache besser gemacht hatten. Es war das dritte Mal, dass die Eintracht trotz eines 1:0 nicht gewann, und, wie oft in solchen Fällen, war es denkbar unnötig. Mindestens eine Viertelstunde lang wirbelten die Hessen wie neu geboren. Wie beim Handball kreiselte der Ball durch die Reihen, von Hölzenbein zu Nickel, zu Wagner, zu Grabowski, der von den 13.000 sogar Szenenapplaus bekam. Toll war auch das Führungstor, da Schämer sich im blanken Übermut zu einem Knaller aus dem Hinterhalt hinreißen ließ. Mit seinem schwächeren Fuß traf er genau in den Winkel (13.). Den Hessen stand nun die Welt offen, zumal Hertha überhaupt nicht anwesend war. Doch statt das fällige zweite Tor nachzulegen, ließ Frankfurt die Gäste in Ruhe - bis sie plötzlich erwachten. Zum Anführer wurde nun ein anderer, nämlich Herthas Neuzugang Varga. Spätestens mit dem Knaller zum 1:1 wurde er der Nabel des Spiels, riss einen Berliner nach dem anderen (Gayer, Horr) mit und nahm sich die Hessen zur Brust. Gayer und Weber trafen ins Netz, und die Hessen konnten gar nichts dagegen tun.

Mit dem schwachen Rechten ins linke Eck: Lothar Schämer

Eintracht Frankfurt - Hertha BSC Berlin 1:3 (1:0)

Sa., 31.10.1970, 15:30 Uhr
Zuschauer: 13.000
SR: Walter Horstmann (Hildesheim)
Tore: 1:0 Lothar Schämer (13., Rechtsschuss, Vorlage Kalb), 1:1 Zoltan Varga (49., Horr), 1:2 Wolfgang Gayer (70., Horr), 1:3 Jürgen Weber (82.)
Aufstellung Eintracht Frankfurt: Peter Kunter (Note 3,0); Manfred Wirth (4,0), Karl-Heinz Wirth (4,0 - 28. Peter Reichel, 4,0), Friedel Lutz (4,0), Lothar Schämer (3,0); Jürgen Kalb (4,0), Gert Trinklein (3,0); Jürgen Grabowski (3,0), Bernd Hölzenbein (3,0), Bernd Nickel (3,0), Walter Wagner (4,0 - 57. Jürgen Papies, 4,0)
Aufstellung Hertha BSC Berlin: Volkmar Groß (3,0); Bernd Patzke (4,0), Uwe Witt (4,0), Tasso Wild (4,0), Peter Enders (4,0 - 22. Karl-Heinz Ferschl, 4,0); Jürgen Rumor (4,0), Wolfgang Gayer (4,0); Hans-Jürgen Sperlich (4,0 - 62. Jürgen Weber, 3,0), Lorenz Horr (3,0), Zoltan Varga (2,0), Arno Steffenhagen (4,0)
Besonderheiten: keine

Elfmetergeschenk war nötig

Grippegeschwächte Duisburger sahen sich in der ersten Stunde dieses Spiels vorwiegend im Rückwärtsgang. Im Auslassen der Chancen übertrafen sich die HSV-Kicker jedoch. Am Ende wurde es gar eine Zeit lang eng.

In den ersten 20 Minuten der Partie waren die Hamburger kaum wiederzuerkennen. Wie vom Abstiegskampf befreit machten sie dem müden MSV das Leben zwar schwer, waren aber auch im höchsten Grade fahrlässig beim Auslassen der Tormöglichkeiten. Was nutzte da ein alle überragender Zaczyk im Mittelfeld,

Überhaupt nicht wiederzuerkennen: Charly Dörfel

der seine Angreifer nach Belieben in Position brachte, denen aber vor dem Tor jegliche Entschlossenheit abging. Neben Zaczyk fütterte auch der wie einem Jungbrunnen entschlüpft aufspielende Charly Dörfel seine Sturmkollegen. Ein Tor verhinderte allerdings auch der großartige Danner im MSV-Gehäuse. Nach einer halben Stunde konterten die Gäste dann doch zwei, drei Mal. Budde hätte dabei für eine kleine Überraschung sorgen können. Während sich Linßen und Bella mit Dörfel und Zaczyk schwer taten, spielte Pirsig eine gute Partie gegen Uwe Seeler, der allerdings auch von einer Muskelverletzung geplagt war. Das 1:0 in der 58. Minute war schmeichelhaft. Rettkowski spielte im Zweikampf gegen Ripp zwar den Ball, doch Schiri Seiler zeigte zur Verblüffung aller auf den Punkt. Zaczyk verwandelte (58.), doch dem Spiel des HSV tat das 1:0 gar nicht so gut. Die Duisburger wurden plötzlich frecher, hatten in Budde einen quirligen Mittelstürmer und mit Lehmann einige Impulse mehr als zuvor zu bieten, doch den aufmerksamen Özcan bezwangen weder Pavlic per Freistoß (68.) noch dessen Kameraden in weiteren Torszenen. Stattdessen traf plötzlich Dörfel (89.).

Hamburger SV - MSV Duisburg 2:0 (0:0)

Sa., 31.10.1970, 15:30 Uhr
Zuschauer: 10.000
SR: Fritz Seiler (Schmiden)
Tore: 1:0 Klaus Zaczyk (58., Foulelfmeter, Rettkowski an Ripp), 2:0 Charly Dörfel (89., Vorlage Zaczyk)
Aufstellung Hamburger SV: Arkoc Özcan (Note 3,0); Helmut Sandmann (3,0), Jürgen Kurbjuhn (3,0), Hans-Jürgen Ripp (3,0), Heinz Bonn (4,0); Klaus Zaczyk (2,0), Peter Nogly (4,0), Franz-Josef Hönig (3,0); Hans Schulz (4,0), Uwe Seeler (3,0), Charly Dörfel (2,0)
Aufstellung MSV Duisburg: Volker Danner (2,0); Johannes Linßen (5,0), Detlef Pirsig (4,0), Kurt Rettkowski (3,0), Heinz-Peter Buchberger (4,0); Djordje Pavlic (3,0), Michael Bella (4,0), Hans Sondermann (4,0 - 57. Bernd Lehmann, 4,0); Gerhard Kentschke (4,0), Rainer Budde (2,0), Bernard Dietz (4,0 - 35. Johannes Riedl, 4,0)
Besonderheiten: keine

Zittersieg im Halbdunkel

Hannovers Derbyerfolg war nicht unverdient, da die Roten ihre Feldnachteile mit hartem Kampf mehr als wettmachen konnten. Die Eintracht störte sich allerdings nicht nur am böigen Wind.

Mehr als einmal hatte man in den letzten Wochen davon gelesen, aber in der 73. Minute gingen in Hannover tatsächlich die Lichter aus. Sämtliche Verdächtigungen erübrigten sich, denn die ganze Stadt war vom Stromausfall betroffen. Trotzdem rümpften die Gäste kräftig die Nase, als nach 18-minütiger Unterbrechung unter einer Notversorgung weitergespielt wurde. Teile des Spielfelds lagen einfach im Dunkeln. Hannover führte zu dieser Zeit bereits und brachte Kellers um Minute 35 auch über die Zeit, was ohnehin nicht selbstverständlich war, im Falle des Schlusslichts aber noch viel weniger. Nervös spielten die Hausherren jedoch nur zu Beginn, danach lasen sie das Spiel wie ein Buch und schätzten die Situation auf die einzig richtige Weise ein. Technisch, spielerisch und auch körperlich überlegen waren die Gäste, daher versuchte 96 gar nicht erst, auf Augenhöhe zu gelangen, sondern spielte ein komplett anderes Spiel, versteifte sich im eigenen Hause auf Konter. Schon eher hätte auf diesem Weg das 1:0 fallen können, gleichwie Braunschweig auch nach dem Rückstand trotz aller Feldvorteile immer angreifbar blieb. Dies lag

Umsichtiger Arbeiter vor der Abwehr: Horst Berg

teils an Grzyb, dem Brune ein unlösbares Rätsel blieb, aber auch an Ulsaß, der auf regennasser Fahrbahn mit angezogener Handbremse arbeitete. Am einzigen Tor war tragischerweise Burkhardt Öller beteiligt, dabei war er es, der sich für die ungewöhnlich durchlässigen Kollegen immer wieder in die Bresche warf. Lorenz hielt ihm als einziger die Stange.

Hannover 96 - Eintr. Braunschweig 1:0 (1:0)

Sa., 31.10.1970, 15:30 Uhr
Zuschauer: 22.000
SR: Ewald Regely (Berlin)
Tore: 1:0 Ferdinand Keller (35.)
Aufstellung Hannover 96: Horst Podlasly (Note 4,0); Rainer Stiller (3,0), Peter Anders (4,0), Hans-Josef Hellingrath (3,0), Jürgen Bandura (3,0); Hans-Joachim Weller (3,0), Horst Berg (3,0), Hans Siemensmeyer (3,0); Zvezdan Cebinac (4,0), Ferdinand Keller (2,0), Claus Brune (4,0)
Aufstellung Eintracht Braunschweig: Burkhardt Öller (3,0); Wolfgang Grzyb (5,0), Max Lorenz (3,0), Peter Kaack (4,0), Franz Merkhoffer (4,0); Michael Polywka (4,0), Lothar Ulsaß (4,0), Bernd Gersdorff (4,0 - 64. Friedhelm Haebermann, –); Klaus Gerwien (5,0 - 73. Rainer Skrotzki, –), Jaro Deppe (4,0), Dietmar Erler (3,0)
Besonderheiten: keine

Teufel ohne Feuer

Erstmals bekamen die Pfälzer Fans keinen Sieg angeboten. Mehr als auf die mauernden Kölner schoben sie es auf die eigene Truppe, die selbst mit ewiger Überzahl im Angriff nichts gerissen bekam.

Drei Minuten vor der Pause bildete sich ein Knäuel um Schiedsrichter Wengenmayer, der von der kompletten Kölner Mannschaft angefaucht wurde. Geschehen war dies: Bei einem Freistoß für den 1. FCK kam es zum üblichen Gedränge in der Kölner Mauer, aus der Diehl plötzlich wie angestochen zu Boden fiel und behauptete, Biskup habe ihn getreten. Der Linienrichter stützte diese These, woraufhin Franz Wengenmayer, der von all dem nichts gesehen hatte, Werner Biskup des Feldes verwies. Hätte das Spiel

Überragender Mann der letzten Wochen: Jürgen Friedrich

dann einen anderen Ausgang genommen, gut möglich, dass die Geißböcke sich erneut zur Traube formiert und die Unparteiischen für die Niederlage verantwortet hätten. Köln verlor aber nicht, was angesichts der Lauterer Heimstärke als faustdicke Überraschung durchgehen konnte. Wer den FCK jedoch schon im ersten Durchgang gesehen, sein quälendes Bemühen um Torgefahr verfolgt hatte, der mochte an eine Pfälzer Explosion auch nicht glauben. Nicht nur Toptorjäger Vogt lag an der Kette, auch fehlten sämtliche Lieferungen aus dem Mittelfeld, wo einzig Friedrich seine Form der letzten Wochen bestätigte. Das Publikum schimpfte anfangs noch auf die Gäste, die gern einen Punkt ermauern wollten und nach dem Seitenwechsel auch kaum anders konnten, als sich Manfred Manglitz zu verpflichten. Je mehr sich in diesem Dickicht verfing und je weniger Lautern mit dem Spielgerät anzufangen wusste, desto lauter pfiffen die Fans dann ihr eigenes Team aus, das sie sonst immer so verwöhnt hatte.

1. FC Kaiserslautern - 1. FC Köln 0:0 (0:0)

Sa., 31.10.1970, 15:30 Uhr
Zuschauer: 33.000
SR: Franz Wengenmayer (München)
Tore: keine
Aufstellung 1. FC Kaiserslautern: Josef Elting (Note 3,0); Peter Blusch (5,0 - 58. Günther Reinders, 5,0), Dietmar Schwager (3,0), Ernst Diehl (4,0), Fritz Fuchs (4,0); Otto Rehhagel (4,0), Jürgen Friedrich (3,0), Josef Pirrung (4,0 - 65. Günther Rademacher, 4,0), Karl-Heinz Vogt (4,0), Winfried Richter (4,0), Klaus Ackermann (4,0)
Aufstellung 1. FC Köln: Manfred Manglitz (2,0); Heinz Simmet (4,0), Werner Biskup (4,0), Wolfgang Weber (3,0), Matthias Hemmersbach (3,0); Bernhard Cullmann (4,0), Wolfgang Overath (3,0), Heinz Flohe (4,0); Karl-Heinz Thielen (4,0), Jupp Kapellmann (4,0), Bernd Rupp (3,0)
Platzverweise: Werner Biskup (42.)
Besonderheiten: keine

Besser als alle zuvor

Stuttgart hatte auch gute Momente, gegen die geballte Kraft des Meisters sahen die Schwaben aber kein Land. Mit einem erbarmungslosen Erschießungskommando knackte Mönchengladbach den Rekord.

Genau 13 Jahre alt war der Startrekord des 1. FC Nürnberg gewesen, nun aber löste er sich auf. Als erster Klub der Bundesliga blieb Mönchengladbach auch im 13. Spiel der Saison unbesiegt und mauserte sich zum besten Starter aller Zeiten. Wie so viele andere auch war dieser historische Sieg Chefsache. Gerade elf Minuten waren gespielt, als Günter Netzer dem armen Sawitzki zwei Granaten ins Netz geschleudert hatte. Wie entscheidend diese Treffer sein sollten, war zu dieser Zeit noch überhaupt nicht klar, denn alles deutete darauf hin, dass Gladbach die Schwaben packen und durch die Luft wirbeln würde, bis diese freiwillig die Waffen strecken. Tatsächlich aber erhoben sich die Gäste bald. Mit ihren Antreibern Olsson und Haug setzten sie Borussia unentwegt zu, eigentlich die komplette Zeit zwischen dem zweiten und dem dritten Tor, und ärgerten Wolfgang Kleff mehr als in der Summe Günter Sawitzki halten musste. Ausgerechnet er, der in der Anfangsviertelstunde noch Schlimmeres verhinderte, setzte sein Team dann aber endgültig schachmatt. Gleich zwei harmlose Bälle ließ er im zweiten Abschnitt fallen und servierte den gefräßigen Borussen die Tore auf dem Tablett; beim 3:0 nötigte er Hans Eisele sogar zu einem Selbsttor. Seinem Torwart einen Vorwurf zu machen, kam Branko Zebec trotzdem nicht in den Sinn. "Wir sind froh, dass er uns überhaupt geholfen hat", nahm er den 38-Jährigen aus der Schussbahn. Den Hauptanteil an Stuttgarts Pleite hatte ja schließlich auch Günter Netzer.

Zwischen den Toren ausgewechselt: Hans-Jürgen Wloka

Borussia Mönchengladbach - VfB Stuttgart 4:1 (2:0)

Sa., 31.10.1970, 15:30 Uhr
Zuschauer: 12.000
SR: Herbert Lutz (Bremen)
Tore: 1:0 Günter Netzer (2., Freistoß), 2:0 Günter Netzer (11.), 3:0 Hans Eisele (58., Eigentor, Vorlage Heynckes), 4:0 Herbert Laumen (65., Dietrich), 4:1 Karl-Heinz Handschuh (69.)
Aufstellung Borussia Mönchengladbach: Wolfgang Kleff (Note 3,0); Berti Vogts (3,0), Ludwig Müller (3,0), Klaus-Dieter Sieloff (2,0), Heinz Wittmann (3,0); Peter Dietrich (3,0), Günter Netzer (2,0), Herbert Laumen (4,0); Hans-Jürgen Wloka (4,0 - 63. Ulrik Le Fevre, 4,0), Horst Köppel (3,0), Jupp Heynckes (3,0)
Aufstellung VfB Stuttgart: Günter Sawitzki (5,0); Willi Entenmann (3,0), Hans Arnold (4,0), Reinhold Zech (4,0), Hans Eisele (4,0), Jan Olsson (3,0), Horst Haug (3,0), Gilbert Gress (5,0); Manfred Weidmann (4,0), Karl-Heinz Handschuh (4,0), Hartmut Weiß (5,0)
Besonderheiten: keine

Elfmeter wie Sauerbier

Eigentlich kam Offenbach in reiner Abwehrmission. Als RWO den fälligen Gnadenschuss aber verweigerte, griffen die Gäste einfach an und hätten beinahe das Spiel noch gewonnen.

Der Moment, als das Spiel auf den Kopf gestellt werden sollte, ereignete sich Sekunden vor dem Abpfiff. Wie schon die meiste Zeit vorher wollten die Gäste nur den Ball verwahren, wurden aber urplötzlich noch einmal gefährlich, weil niemand die Flanke auf Helmut Kremers verhinderte. Kreidebleich sah man Wolfgang Scheid für einen Moment, als der Kopfball um Haaresbreite am Pfosten vorbeistrich und eine unverzeihliche Heimniederlage für einen Moment plötzlich fühlbar machte. "Mangelndes Schussvermögen", spuckte Adi Preißler seine Worte nur aus. Dass sein Team den Sieg noch aus der Hand gegeben hatte, mochte er fast nicht glauben. Schocken ließen die Kleeblätter sich gleich zweimal. Schon die erste Halbzeit hatten sie eigentlich so bedingungslos im Griff, dass eine 1:0-Pausenführung reichlich mager schien. Nicht mal die aber brachte die Platzelf ins Trockene, weil sie Offenbach ohne sichtbare Not noch einmal angreifen ließ und weil der unsichere Referee den Gästen noch einen Strafstoß zusprach (45.). Die Fehlentscheidungen hielten sich später die Waage, denn gleich nach dem Seitenwechsel bekam auch RWO seinen Elfer; Lothar Kobluhn, der erst am Vorabend vom DFB seine Spielerlaubnis bekommen hatte, schoss sein zweites Tor. Wieder ließen sich die Gäste nun einschnüren, erduldeten eine Torchance nach der anderen und sahen gar keine Handhabe, gegen das spielerische Untergewicht anzugehen. Als RWO jedoch nicht traf, schlich sich Gecks urplötzlich frei und nutzte seine einzige Möglichkeit zum Ausgleich (79.).

Eine Torchance genügte ihm: Horst Gecks

Rot-Weiß Oberhausen - Kickers Offenbach 2:2 (1:1)

Sa., 31.10.1970, 15:30 Uhr
Zuschauer: 6.000
SR: Günter Linn (Altendiez)
Tore: 1:0 Lothar Kobluhn (16., Kopfball, Vorlage Ohm), 1:1 Klaus Winkler (45., Foulelfmeter, Dick an E.Kremers), 2:1 Lothar Kobluhn (48., Foulelfmeter, Semlitsch an Sühnholz), 2:2 Horst Gecks (79., Bechtold)
Aufstellung Rot-Weiß Oberhausen: Wolfgang Scheid (Note 4,0); Hermann-Josef Wilbertz (4,0), Friedhelm Dick (4,0), Reiner Hollmann (5,0), Werner Ohm (4,0); Lothar Kobluhn (2,0), Gert Fröhlich (3,0), Franz Krauthausen (3,0); Hans Schumacher (5,0 - 46. Günter Karbowiak, 4,0), Dieter Brozulat (3,0), Wolfgang Sühnholz (5,0 - 84. Rainer Laskowsky, -)
Aufstellung Kickers Offenbach: Karlheinz Volz (3,0); Josef Weilbächer (4,0 - 72. Helmut Kremers, -), Erwin Spinnler (4,0 - 30. Winfried Schäfer, 4,0), Hans Reich (3,0), Nikolaus Semlitsch (3,0); Walter Bechtold (4,0), Egon Schmitt (4,0), Horst Gecks (4,0); Klaus Winkler (4,0), Helmut Schmidt (4,0), Erwin Kremers (4,0)
Besonderheiten: keine

ZEITFENSTER
26. Okt. - 1. November 1970

Ali-Comeback
(USA, 26. Oktober)
Dreieinhalb Jahre nach seiner Zwangspause durfte Muhammad Ali wieder in den Boxring steigen. In Atlanta traf er auf den irischstämmigen Jerry Quarry, einen weißen Schwergewichtler, der eine ansehnliche Kampfbilanz vorweisen konnte. Nach der dritten Runde wurde Ali zum Sieger erklärt, da er Quarry oberhalb eines Auges eine klaffende Wunde zugefügt hatte. Boxerisch konnte der "Größte" nicht überzeugen, was jedoch nichts am erfolgreichen Comeback änderte.

Hitparaden
(USA/GB/BRD, 31. Oktober)
Da konnte der Konkurrenz Angst und Bange werden: Zum vierten Mal warfen die Jackson Five eine Single auf den Markt und zum vierten Mal eroberten sie damit die Nummer-Eins-Position in den US-Charts: "I'll be There" hieß der jüngste

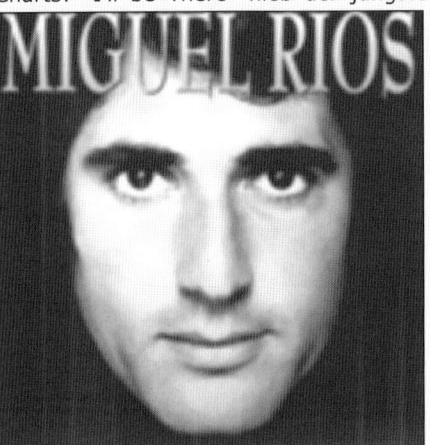

Sein Hit war Beethovens 9. Sinfonie entliehen: Miguel Rios

Erfolgscoup der Gesangs-Combo. Mit einer Coverversion des Joni-Mitchell-Songs "Woodstock" erklomm die Gruppe Matthews Southern Comfort den englischen Popgipfel. Die bundesrepublikanischen Hitparaden durchdrang ein Hauch von Klassik: Der Spanier Miguel Rios hatte sich zum Interpreten von Beethovens "Ode an die Freude" gemacht, intonierte dies als "A Song of Joy" und feierte damit den einzigen bedeutenden Erfolg seiner Karriere.

Attentat auf polnische Führung
(Pakistan, 1. November)
Polens Staatspräsident Marian Spychalski entging in Karatschi knapp einem Attentat mit politischem Hintergrund. Sein Außenminister Zygfryd Wolniak hatte weniger Glück - er wurde von dem antikommunistischen Attentäter getötet.

Brandkatastrophe
(Frankreich, 1. November)
145 Menschen starben im 30 Kilometer von Grenoble entfernten St.-Laurant-du-Pont, als in einem sechs Monate zuvor eröffneten Tanzlokal ein Brand ausbrach. Als Ursache wurde ein weggeworfenes, brennendes Streichholz ausgemacht. Im Nachhinein wurden die Sicherheitsvorkehrungen als völlig unzureichend kritisiert; u.a. behinderte ein Drehkreuz im Hauptausgang die Flucht.

Bundesliga 1970/1971 – 14. Spieltag

Den Ball voll im Blick hat hier der Gladbacher Keeper Kleff. Am Ende setzte es jedoch die erste Niederlage (Hertha BSC Berlin - Bor. Mönchengladbach 4:2)

Gladbachs erste Niederlage

Nun erwischte es auch den Meister. Noch ermüdet vom Europacup-Auftritt in Liverpool gab es gegen starke Herthaner den ersten doppelten Punkteverlust. Somit übernahmen die in Lauerstellung befindlichen Bayern die Führung.

Die Lattek-Truppe trumpfte überzeugend bei den Kölnern auf und fuhr mit einem in der Höhe etwas zu reichlich ausgestatteten 3:0 gen Heimat. Schalke erholte sich erwartungsgemäß gegen Oberhausen (2:0) und schloss nach Punkten zur Weisweiler-Elf auf. Größere Schwierigkeiten hatten die Braunschweiger gegen hartnäckige Arminen, doch auf Lothar Ulsaß (drei Tore) war Verlass. Frankfurt und Hannover zierten weiter das Tabellenende, da die Trauben in Dortmund und Duisburg zu hoch hingen. In Stuttgart neutralisierten sich der VfB und die Hamburger in einer torreichen Partie. Ähnlich erging es Bremen und Kaiserslautern, wo das Niveau beim 1:1 allerdings deutlich auf der Strecke blieb. Zur gleichen Zeit drehte Rot-Weiss Essen im zweiten Durchgang die Begegnung bei den Offenbachern und rückte hoch auf Rang sieben.

Ergebnisse – 14. Spieltag 1970/1971

Datum	Heim		Gast	Ergebnis
Fr., 06.11.70	MSV Duisburg	-	Hannover 96	3:2 (3:1)
Sa., 07.11.70	Hertha BSC Berlin	-	Borussia Mönchengladbach	4:2 (2:0)
Sa., 07.11.70	Eintracht Braunschweig	-	Arminia Bielefeld	3:2 (1:1)
Sa., 07.11.70	SV Werder Bremen	-	1. FC Kaiserslautern	1:1 (1:0)
Sa., 07.11.70	Borussia Dortmund	-	Eintracht Frankfurt	3:0 (2:0)
Sa., 07.11.70	1. FC Köln	-	FC Bayern München	0:3 (0:0)
Sa., 07.11.70	Kickers Offenbach	-	Rot-Weiss Essen	1:2 (1:1)
Sa., 07.11.70	FC Schalke 04	-	Rot-Weiß Oberhausen	2:0 (2:0)
Sa., 07.11.70	VfB Stuttgart	-	Hamburger SV	3:3 (2:0)

Tabelle

Platz	Verein	S	U	N	Tore	Differenz	Punkte
1.	FC Bayern München	8	5	1	29:9	+20	21:7
2.	Borussia Mönchengladbach	6	7	1	31:13	+18	19:9
3.	FC Schalke 04	8	3	3	23:12	+11	19:9
4.	Eintracht Braunschweig	8	2	4	25:14	+11	18:10
5.	Hertha BSC Berlin	8	2	4	24:16	+8	18:10
6.	VfB Stuttgart	5	5	4	25:24	+1	15:13
7.	Rot-Weiss Essen	4	6	4	19:16	+3	14:14
8.	Borussia Dortmund	6	2	6	20:20	0	14:14
9.	1. FC Köln	4	6	4	16:16	0	14:14
10.	1. FC Kaiserslautern	6	2	6	22:23	-1	14:14
11.	MSV Duisburg	4	5	5	11:16	-5	13:15
12.	Kickers Offenbach	4	4	6	17:22	-5	12:16
13.	Hamburger SV	4	4	6	21:34	-13	12:16
14.	SV Werder Bremen	2	7	5	9:16	-7	11:17
15.	Rot-Weiß Oberhausen	3	4	7	24:33	-9	10:18
16.	Arminia Bielefeld	4	2	8	16:25	-9	10:18
17.	Eintracht Frankfurt	2	5	7	6:17	-11	9:19
18.	Hannover 96	3	3	8	12:24	-12	9:19

Torjägerliste - Zuschauer - Selbsttore - Platzverweise

Torjägerliste:
1. Vogt: 11 Tore
2. Lippens, Ulsaß: je 10 Tore
3. Roth: 9 Tore

Zuschauer: 220.000
Tore: 35
Selbsttore: 1
Platzverweise: keine

Knapp 15 Minuten reichten dem MSV

Zwischen der 31. und 44. Minute schlug Duisburg drei Mal zu und schuf sich ein Polster, das 96 nicht mehr abzubauen verstand.

"Für 15 Minuten mangelnde Aufmerksamkeit sind wir hart und eigentlich wohl zu hart bestraft worden." Der Kommentar von 96-Coach Helmuth Johannsen brachte die Misere seines Teams in dieser Partie zwar recht gut auf den Punkt, doch die Niederlage der 96er hatte mehrere Ursachen. So musste sich der Trainer vorwerfen lassen, seinen im ersten Durchgang so starken Rechtsaußen Cebinac unverständlicher Weise zur Halbzeit in der Kabine gelassen zu haben. Pech hatte Hannover allerdings auch, wie sich Spielmacher Siemensmeyer mit seiner alten Oberschenkelverletzung plagte und von Bertl nach 70 Minuten nicht annähernd ersetzt werden konnte.

Siemensmeyer hatte die Gäste verdientermaßen nach 24 Spielminuten in Front gebracht. Vorarbeit: besagter Cebinac. Sieben Minuten später dann die Phase, in der für die Niedersachsen einiges aus dem Ruder lief. Zuerst wurde Lehmann nicht eng genug markiert, als Heidemann einen Freistoß vor der Kasten der 96er zirkelte und zum Ausgleich traf. Dann gelang Damjanoff ein kurioses Kopfballtor als Bogenlampe aus 22 Metern nach einer Faustabwehr von Podlasly und zum 3:1 musste dem MSV ein Elfmeter verhelfen, den Lehmann sicher verwandelte. Anders hatte Kentschke zuvor gefoult.

Nach der Pause dominierten bis zum Ausfall von Siemensmeyer zwar die 96er, doch diese nutzten nur noch einen verunglückten Abschlag von Danner, den Keller verwertete (63.). Kentschke traf zwar noch die Latte, doch ein 4:2 wäre des Guten doch zu viel gewesen.

Hatte nicht selten arge Probleme mit der seinem Gegenspieler Ferdinand Keller: Detlef Pirsig

MSV Duisburg - Hannover 96 3:2 (3:1)

Fr., 06.11.1970, 20:00 Uhr
Zuschauer: 11.000
SR: Peter Gabor (Berlin)
Tore: 0:1 Hans Siemensmeyer (24., Vorlage Cebinac), 1:1 Bernd Lehmann (31., Heidemann), 2:1 Georg Damjanoff (37., Kopfball), 3:1 Bernd Lehmann (44., Foulelfmeter, Anders an Kentschke), 3:2 Ferdinand Keller (63.)
Aufstellung MSV Duisburg: Volker Danner (Note 3,0); Hartmut Heidemann (2,0), Kurt Rettkowski (2,0), Detlef Pirsig (3,0), Michael Bella (3,0); Djordje Pavlic (3,0), Bernd Lehmann (2,0), Georg Damjanoff (3,0 - 62. Johannes Linßen, 4,0); Gerhard Kentschke (3,0), Rainer Budde (3,0), Bernard Dietz (3,0 - 81. Johannes Riedl, -)
Aufstellung Hannover 96: Horst Podlasly (3,0); Rainer Stiller (3,0), Hans-Josef Hellingrath (3,0), Peter Anders (2,0), Jürgen Bandura (2,0); Hans-Joachim Weller (3,0), Hans Siemensmeyer (2,0 - 70. Horst Bertl, 4,0), Horst Berg (3,0); Zvezdan Cebinac (2,0 - 46. Rudolf Nafziger, 3,0), Ferdinand Keller (3,0), Claus Brune (3,0)
Besonderheiten: keine

Das Spiel fast noch gekippt

Geschlaucht vom Liverpool-Spiel lag Galdbach bereits 0:3 hinten. Doch der Meister machte es nochmal spannend.

Zwar traf Nationalspieler Heynckes nach 23 Minuten die Unterkante der Querlatte, doch den Gästen merkte man den Kräfteverschleiß nach dem Europapokalspiel in England deutlich an. Speziell Netzer, Ludwig Müller und Laumen kamen lange Zeit überhaupt nicht in die Gänge. Dann patzte beim 1:0 durch Jürgen Weber auch noch der "Held von Liverpool", Tormann Kleff, und die überlegenen Berliner waren in ihrem Element. Steffenhagen, dem Wittmann allerdings sonst sehr gut zusetzte, erhöhte in der 39. Minute auf 2:0 und das 3:0 von Horr, zwei Minuten nach der Pause, schien die Sachlage dieser Partie früh zu Gunsten der Hausherren entschieden zu haben.

Ein Tor, ansonsten eher unauffällig: Jürgen Weber

Die Hertha sonnte sich dann allerdings in dem deutlichen Vorsprung, zeigte sich zudem in der Deckung plötzlich fahrig und wurde prompt von den angeschlagenen Gästen überrascht. Zuerst gönnte man dem bis dahin absolut enttäuschenden Laumen das 1:3, und als Heynckes ein gekonnter Fallrückzieher zum 2:3 glückte, witterte die Weisweiler-Truppe Morgenluft. Netzer begann unerwartet das Spiel zu gestalten, Le Fevre machte Patzke das Leben schwer und Köppel hatte die Riesenchance zum Ausgleich, scheiterte jedoch allein vor Torwart Groß an der eigenen Umständlichkeit (70.). So kickten die Kontrahenten dennoch in der Schlussphase auf Augenhöhe, Ausgleich oder 4:2 lagen gleichermaßen in der Luft, doch ein umstrittener Elfer machte reinen Tisch. Ferschls Schwalbe nach einer Vogts-Attacke wurden von SR Heckeroth für Hertha gewertet und der überragende Ballkünstler Varga erledigte den Rest.

Hertha BSC Berlin - Mönchengladbach 4:2 (2:0)

Sa., 07.11.1970, 15:30 Uhr
Zuschauer: 80.000
SR: Dieter Heckeroth (Frankfurt/Main)
Tore: 1:0 Jürgen Weber (28., Vorlage Varga), 2:0 Arno Steffenhagen (39.), 3:0 Lorenz Horr (47.), 3:1 Herbert Laumen (66.), 3:2 Jupp Heynckes (67., Rechtsschuss), 4:2 Zoltan Varga (88., Foulelfmeter, Vogts an Ferschl)
Aufstellung Hertha BSC Berlin: Volkmar Groß (Note 2,0); Bernd Patzke (3,0), Uwe Witt (2,0), Tasso Wild (2,0), Karl-Heinz Ferschl (3,0); Jürgen Rumor (4,0), Wolfgang Gayer (2,0); Arno Steffenhagen (2,0), Zoltan Varga (1,0), Lorenz Horr (2,0), Jürgen Weber (3,0)
Aufstellung Borussia Mönchengladbach: Wolfgang Kleff (3,0); Berti Vogts (1,0), Ludwig Müller (3,0), Klaus-Dieter Sieloff (2,0), Heinz Wittmann (2,0); Peter Dietrich (3,0), Günter Netzer (4,0); Horst Köppel (3,0), Herbert Laumen (4,0), Jupp Heynckes (2,0), Ulrik Le Fevre (2,0)
Besonderheiten: keine

Braunschweigs Deckung schwamm

Weil sich die Braunschweiger in der Hintermannschaft eine ganze Reihe von Unpässlichkeiten leisteten, blieb das Spiel bis zum Ende offen.

Der Tabellenvierte aus Niedersachsen war als klarer Favorit in die Partie gegangen, doch bereits im ersten Durchgang schien den Hausherren speziell in der Abwehr diese Rolle zu Kopf steigen zu wollen. Ein so erfahrener Recke wie Max Lorenz leistete sich Überheblichkeiten der von ihm nicht bekannten Art, brachte damit seine sich keineswegs auf der Höhe befindlichen Nebenleute und Torwart Öller mit ins Schwimmen. Das 0:1 durch Stürz war demzufolge weniger überraschend als erwartet. Insgesamt erspielten sich die Eintracht-Löwen zwar 16:1 Ecken, doch die schnellen Gegenzüge der frechen Gäste blieben durchweg gefährlich. Immerhin hatte die Knefler-Elf mit Ulsaß einen eiskalten Vollstrecker im Team. Seine drei Tore sollten das Spiel letztlich entscheiden.

Nach 43 Minuten erlöste er die Eintracht mit einem schönen Fallrückzieher-Tor nach Vorlage von Gerwien, so dass die Gastgeber zumindest ein Remis zur Halbzeit vorweisen konnten. Die Standpauke Kneflers in der Kabine hatte Braunschweig nach der Pause stark gemacht. Ulsaß glückte per Kopfball nach 52 Minuten das 2:1, doch die Arminen ließen nicht nach. Technische Schwächen glichen die Ostwestfalen durch Kampf aus und kamen nach erneuten Eintracht-Abwehrschwächen durch Leopoldseder zum 2:2-Ausgleich. Ulsaß schoss aus abseitsverdächtiger Position zwar das 3:2 für die Eintracht (74.), doch es blieb eng. Allerdings artete die Partie zuletzt durch überharten Einsatz aus, Gerdsdorff musste verletzt passen, doch das 3:2 stand auch beim Abpfiff.

Einziger Abwehrspieler der Braunschweiger, der Normalform erreichte: Franz Merkhoffer

Eintracht Braunschweig - Arminia Bielefeld 3:2 (1:1)

Sa., 07.11.1970, 15:30 Uhr
Zuschauer: 12.000
SR: Heinz Aldinger (Waiblingen)
Tore: 0:1 Georg Stürz (20.), 1:1 Lothar Ulsaß (43., Vorlage Gerwien), 2:1 Lothar Ulsaß (52., Kopfball), 2:2 Norbert Leopoldseder (53., Kopfball, Braun), 3:2 Lothar Ulsaß (74., Deppe)
Aufstellung Eintracht Braunschweig: Burkhardt Öller (Note 4,0); Wolfgang Grzyb (4,0), Max Lorenz (4,0), Peter Kaack (4,0), Franz Merkhoffer (3,0); Friedhelm Haebermann (3,0), Lothar Ulsaß (2,0), Bernd Gersdorff (2,0 - 79. Gerhard Elfert, –); Klaus Gerwien (3,0), Jaro Deppe (3,0), Dietmar Erler (2,0)
Aufstellung Arminia Bielefeld: Gerd Siese (2,0); Georg Stürz (4,0), Waldemar Slomiany (2,0), Volker Klein (2,0), Klaus Köller (4,0); Horst Stockhausen (4,0), Gerd Knoth (3,0), Ulrich Braun (3,0); Norbert Leopoldseder (4,0 - 80. Karl-Heinz Brücken, –), Gerd Roggensack (2,0), Gerd Kohl (4,0 - 80. Horst Wenzel, –)
Besonderheiten: keine

Werder weiter ohne Heimsieg

Weiterhin konnten die Bremer ihre Stammspieler Hasebrink, Görts und Windhausen nicht adäquat ersetzen. Somit holte Lautern verdient einen Punkt.

Da der Angriff der Bremer trotz vieler Möglichkeiten erneut versagte, langte es gegen die keineswegs starken Lauterer auch im siebten Heimspiel der Saison nicht zu einem doppelten Punktgewinn. Die Außen Thelen und Lorenz konnten die FCK-Deckung um den herausragenden Schwager über die Flügel kaum gefährden und Björnmose im Sturmzentrum war auf dieser Position eh nicht in seinem Element. Ihm fehlte einfach das nötige Durchsetzungsvermögen als Mittelstürmer, war von jeher eher ein Kandidat für das Mittelfeld. So musste einmal mehr Oldie Schütz seine Freistoßkünste anbringen, um das Tor der Roten Teufel erzittern zu lassen. Der 35-jährige überwand Torwart Elting mit seinem Bilderbuchtor nach einer halben Stunde. Kaiserslautern erwehrte sich dem kampfgeprägten Ansturm der Hausherren ansonsten überaus erfolgreich, blieb zudem bei seinem Konterspiel immer wieder gefährlich. So schockte Friedrich die Bremer in der 49. Minute mit seinem Ausgleichstor so sehr, dass das Werder-Spiel heftig ins Stocken geriet. In Ackermann besaßen die Gäste zudem einen überaus gefährlichen Linksaußen, der Zembski alles abverlangte. Die FCK-Sturmspitze Vogt hatte gar nach schönem Dribbling das 2:1 für die Gäste auf dem Fuß. Nur Torwart Bernard war es zu verdanken, dass Bremen nicht ins Hintertreffen geriet. Ein weiterer Freistoß von Schütz klatschte auf der Gegenseite in der Schlussphase an den Pfosten und Schmidt verstolperte den Abpraller. Damit waren die letzten Möglichkeiten vertan, das gerechte Remis zu verhindern.

Hatte eine der größten Chancen zum Werder-Sieg auf dem Fuß: Bernd Schmidt

SV Werder Bremen - 1. FC Kaiserslautern 1:1 (1:0)

Sa., 07.11.1970, 15:30 Uhr
Zuschauer: 11.000
SR: Hans-Joachim Weyland (Oberhausen)
Tore: 1:0 Arnold Schütz (31., Vorlage Höttges), 1:1 Jürgen Friedrich (49., Ackermann)
Aufstellung SV Werder Bremen: Günter Bernard (Note 3,0); Dieter Zembski (3,0), Arnold Schütz (2,0), Rudolf Assauer (3,0), Egon Coordes (3,0); Horst-Dieter Höttges (2,0), Karl-Heinz Kamp (2,0), Bernd Schmidt (4,0); Werner Thelen (3,0), Ole Björnmose (3,0), Bernd Lorenz (4,0 - 80. Willi Götz, –)
Aufstellung 1. FC Kaiserslautern: Josef Elting (3,0); Günther Rademacher (3,0), Dietmar Schwager (2,0), Ernst Diehl (3,0), Fritz Fuchs (3,0); Jürgen Friedrich (2,0), Dieter Krafczyk (4,0 - 46. Peter Blusch, 4,0), Otto Rehhagel (3,0); Josef Pirrung (4,0), Karl-Heinz Vogt (3,0), Klaus Ackermann (2,0)
Besonderheiten: keine

BVB verpasste Kantersieg

Das Ergebnis spiegelt den Spielverlauf nur bedingt wider. Frankfurt entkam einem Debakel.

Eigentlich gehörte der Torwart der Hessen seit Jahren zu den besten Schlussleuten der Bundesliga. Dr. Peter Kunter irrte in Dortmund allerdings in dieser Partie so merkwürdig in seinem Revier herum, dass einem Angst und Bange wurde. Zwar sah er nur bei einem der drei BVB-Treffer, dem 2:0 in der 41. Minute durch Rieländer, nicht gut aus, weil er viel zu weit vor dem Tor stand. Doch er durfte eher von Glück reden, dass die Borussen nicht einen seiner sonstigen Patzer zu weiteren Toren nutzten.

Trug sich zweimal in die Liste der Torjäger ein: Theodor Rieländer

Beim 1:0 durch Weinkauff (13.) hatte er indes keine Chance. Held hatte seinen Kollegen optimal per Steilpass auf die Reise geschickt; Weinkauff überlistete Kunter gekonnt per Heber.

Dortmunds Spielführer Siggi Held hatte sich nicht nur in dieser Szene an seine alten Stärken erinnert. Immer wieder überrannte der Nationalspieler seine Gegner, fand allerdings nur noch einmal einen Mitspieler, der seine Vorarbeit zu einem Treffer ummünzte. In der 49. Minute fand sein Steilpass Rieländer, der Kunter zum 3:0 überwand. Weitere BVB-Chancen wollten dann nicht mehr im Kasten von Kunter enden. Heidkamp, der sich ansonsten mit Grabowski eine ganze Reihe prickelnder Zweikämpfe lieferte, versuchte sich als Goalgetter, scheiterte jedoch an Wirth, der auf der Torlinie klärte, an der Querlatte und an Nickel, der sich in seinen Schuss warf. Frankfurt hielt nur eine Viertelstunde mit. In dieser Zeit hätte Reichel die Eintracht sogar in Front schießen oder zumindest auf den mitgelaufenen Wagner passen können (6.). 75 Minuten stand Frankfurt jedoch mit dem Rücken an der Wand. Mehr kam nicht.

Borussia Dortmund - Eintracht Frankfurt 3:0 (2:0)

Sa., 07.11.1970, 15:30 Uhr
Zuschauer: 15.000
SR: Karl-Heinz Picker (Hamburg)
Tore: 1:0 Dieter Weinkauff (13., Vorlage Held), 2:0 Theodor Rieländer (41.), 3:0 Theodor Rieländer (49., Held)
Aufstellung Borussia Dortmund: Jürgen Rynio (Note 3,0); Ferdinand Heidkamp (3,0), Branco Rasovic (3,0), Willi Neuberger (3,0), Hans-Joachim Andree (3,0 - 56. Wilhelm Sturm, 3,0); Dieter Kurrat (3,0), Horst Trimhold (2,0 - 82. Jürgen Boduszek, –), Theodor Rieländer (2,0); Manfred Ritschel (3,0), Siegfried Held (2,0), Dieter Weinkauff (3,0)
Aufstellung Eintracht Frankfurt: Peter Kunter (4,0); Manfred Wirth (3,0), Gert Trinklein (2,0), Friedel Lutz (3,0), Peter Reichel (4,0); Jürgen Kalb (2,0), Jürgen Grabowski (2,0), Bernd Hölzenbein (3,0); Bernd Nickel (4,0), Jürgen Papies (3,0), Walter Wagner (4,0)
Besonderheiten: keine

Eiskalte Konterschläge

Gut eine Stunde lang sah es wahrlich nicht nach einem so deutlichen Erfolg für den FC Bayern aus. Dann aber öffnete Köln seinem Gegner die Tür.

Die Gäste aus München hielten sich im ersten Durchgang sehr zurück. Zwar schritt das routinierte Deckungsgefüge um Franz Beckenbauer gegen die sich viel zu häufig auf Einzelaktionen verlassenden Kölner immer wieder rechtzeitig ein, doch im Vorwärtsgang riss sich die Latteck-Elf vor der Pause kein Bein aus. Selbst Mrosko (gegen Hemmersbach), aber auch die gesamte Mittelfeldachse der Bayern Roth-Hoeneß-Zobel war überwiegend mit Defensivaufgaben beschäftigt. Diese Arbeit verrichteten die Gäste allerdings überaus wirkungsvoll. Bester "Stürmer" der Hausherren war Rechtsverteidiger Thielen, dessen Gradlinigkeit von seinen Nebenleuten allerdings nicht übernommen wurde.

Als sich in der 61. Minute Hemmersbach den letztlich Spiel entscheidenden Schnitzer leistete, von Gerd Müller (bis dahin kaum zu sehen) in unnachahmlicher Art zum 1:0 genutzt, waren die Bayern fortan in ihrem Element. Köln stürmte wütender, ließ hinten öfter Lücken entstehen, in die die Gäste eiskalt hineinstießen. Es folgte in der 75. Minute das 2:0 durch einen Flachschuss von Roth, der längst das Duell gegen Overath dominierte. Die Vorlage für diesen Treffer kam von Brenninger, der

Hatte seinen Gegenspieler Rupp zumeist sicher im Griff: Johnny Hansen

den Sack in der 85. Minute endgültig zumachte. Mrosko hatte den Linksaußen freigespielt, der Manglitz umkurvte und die Kugel ins leere Tor schob. Zuvor hatte Cullmann auf der Gegenseite per Kopf nur knapp das 1:2 verpasst. Der FC verlor etwas zu hoch, hatte sich diesen Missstand aber selbst zuzuschreiben.

1. FC Köln - FC Bayern München 0:3 (0:0)

Sa., 07.11.1970, 15:30 Uhr
Zuschauer: 40.000
SR: Dietrich Basedow (Hamburg)
Tore: 0:1 Gerd Müller (61.), 0:2 Franz Roth (75., Linksschuss, Vorlage Brenninger), 0:3 Dieter Brenninger (85., Mrosko)
Aufstellung 1. FC Köln: Manfred Manglitz (Note 3,0); Karl-Heinz Thielen (2,0), Heinz Simmet (2,0), Wolfgang Weber (2,0), Matthias Hemmersbach (4,0); Bernhard Cullmann (4,0), Wolfgang Overath (4,0), Heinz Flohe (4,0); Jupp Kapellmann (3,0), Thomas Parits (3,0), Bernd Rupp (4,0)
Aufstellung FC Bayern München: Sepp Maier (3,0); Johnny Hansen (3,0), Franz Beckenbauer (3,0), Georg Schwarzenbeck (2,0), Herwart Koppenhöfer (3,0 - 75. Peter Pumm, –); Franz Roth (2,0), Rainer Zobel (2,0), Ulrich Hoeneß (3,0); Karl-Heinz Mrosko (3,0), Gerd Müller (3,0), Dieter Brenninger (3,0)
Besonderheiten: keine

RWE-Umstellung griff

Ihre großen Torchancen verschossen die Kickers vor der Pause. RWE stellte später um und drehte das Match beeindruckend.

Ein Eigentor von Jung, der einen Kopfball nach einer weiten Flanke von Reich über seinen aus dem Kasten herauslaufenden Keeper Bockholt hinweg ins eigene Netz hievte, war das Resultat der ersten Drangphase der Kickers. Die Gutendorf-Elf war auch fortan voller Tatendrang, drängte die Gäste immens zurück, verstand es aber nicht, den Vorsprung auszubauen. So wurde nur der Pfosten getroffen und Erwin Kremers scheiterte zwei Mal vor dem Tor von Bockholt am Knie des gegnerischen Keepers. Ter Mors' Ausgleich in der 19. Minute wurde zu diesem Zeitpunkt eigentlich nur als Randnotiz während des Ansturms registriert. Schließlich schienen weitere Treffer der Offenbacher nur eine Frage der Zeit.

Vergab eine der großen Kickers-Chancen in Halbzeit eins: Erwin Kremers

Doch die Heimelf ließ nach. Zur Pause stand es nicht wie erwartet 4:1 oder gar 5:1, sondern nur 1:1, und bereits nach der Pause schien die Luft bei Offenbach raus. Als Burdenski Bast für den unglücklichen Eigentorschützen auf Rechtsaußen brachte, Hohnhausen in die Sturmmitte rückte, und dessen guter Bewacher Helmut Kremers nicht mitzog, kippte die Partie. Lippens war bereits durchweg eine Gefahr für die Abwehr der Hausherren gewesen, nun rissen auch Bast und Hohnhausen die gegnerische Deckung immer öfter auf. Das 2:1 durch Hohnhausen in der 71. Minute war die zwingende Folge. Der Angreifer hatte aus der Drehung satt unter die Latte getroffen. Längst fehlte es an einer effektiven Offenbacher Gegenwehr, während Essen nah am 3:1 war. Dieser Treffer fiel nicht mehr, aber das Spiel hatte RWE bestens gedreht, die Punkte eingesackt.

Kickers Offenbach - Rot-Weiss Essen 1:2 (1:1)

Sa., 07.11.1970, 15:30 Uhr
Zuschauer: 13.000
SR: Ferdinand Biwersi (Bliesransbach)
Tore: 1:0 Georg Jung (11., Eigentor, Vorlage Reich), 1:1 Egbert-Jan ter Mors (19., Beer), 1:2 Walter Hohnhausen (71.)
Aufstellung Kickers Offenbach: Karlheinz Volz (Note 2,0); Nikolaus Semlitsch (3,0), Hans Reich (2,0), Egon Schmitt (3,0), Helmut Kremers (3,0); Walter Bechtold (3,0 - 74. Gerhard Kraft, –), Helmut Schmidt (4,0), Roland Weida (2,0 - 74. Erwin Spinnler, –); Horst Gecks (3,0), Klaus Winkler (3,0), Erwin Kremers (3,0)
Aufstellung Rot-Weiss Essen: Fred-Werner Bockholt (3,0); Peter Czernotzky (3,0), Hermann Erlhoff (3,0), Wolfgang Rausch (2,0), Heinz Stauvermann (3,0); Georg Jung (3,0 - 63. Dieter Bast, 3,0), Egbert-Jan ter Mors (3,0); Walter Hohnhausen (2,0), Erich Beer (2,0), Roland Peitsch (3,0), Willi Lippens (1,0)
Besonderheiten: keine

RWO keine Herausforderung

Auch ohne die beiden Asse Fichtel und Libuda hatte Schalke keinerlei Probleme mit den enttäuschenden Oberhausenern.

Im ersten Durchgang hatten einzig die Schalker das Sagen. Das Team der Königsblauen ließ keine Zweifel aufkommen, wer Herr im Hause war und zeigte vor allem im Mittelfeld mit der Achse Lütkebohmert-Scheer-van Haaren die nötige Dominanz. Im Angriff füllte der Österreicher Pirkner mannschaftsdienlich die Lücke, die Libuda hinterlassen hatte und Fischer konnte seine Kopfballstärke präsentieren. Zweimal nickte der Mittelstürmer Flanken von Scheer (25.) und Pirkner (38.) ein, sorgte für den beruhigenden Vorsprung. Bei beiden Treffern sahen RWO-Torwart Scheid und Fischers Gegenspieler Hollmann schlecht aus. Als Reaktion wechselte RWO-Coach Hollmann gegen Kliemann aus, der Fischers Lufthoheit in der Folgezeit wirkungsvoll einschränkte.

Ihm fehlte nach langer Verletzungspause noch die Frische: Alban Wüst

Oberhausen stellte nach dem Seitenwechsel zwar um, zog Brozulat ins Mittelfeld zurück, beorderte Lothar Kobluhn in die Spitze und ließ Krauthausen über links stürmen, doch all diese Maßnahmen brachten letztlich wenig. RWO bleib vorne erschreckend harmlos. Nigbur brauchte sich nur selten auszuzeichnen, meist wenn aus Verzweiflung aus der Distanz geschossen wurde. Schalke nutzte nach der Pause die Schwächen der Gäste nicht mehr. Einzig Lütkebohmert konnte seine gute Leistung auch in der zweiten Hälfte konservieren. Ansonsten genügte es den Gastgebern, den Vorsprung zu verwalten. Unglücklicherweise musste RWO ab der 72. Minute auch noch auf Fröhlich verzichten, der nach einem Zusammenprall mit Wittkamp mit einer Gehirnerschütterung ins Krankenhaus musste.

FC Schalke 04 - RW Oberhausen 2:0 (2:0)

Sa., 07.11.1970, 15:30 Uhr
Zuschauer: 20.000
SR: Philipp Geng (Freiburg)
Tore: 1:0 Klaus Fischer (25., Kopfball, Vorlage Scheer), 2:0 Klaus Fischer (38., Kopfball, Pirkner)
Aufstellung FC Schalke 04: Norbert Nigbur (Note 2,0); Hans-Jürgen Becher (3,0), Rolf Rüssmann (3,0), Hans-Jürgen Wittkamp (3,0), Jürgen Sobieray (3,0); Herbert Lütkebohmert (1,0), Klaus Scheer (3,0), Heinz van Haaren (3,0 - 59. Klaus Senger, 3,0); Hans Pirkner (3,0), Klaus Fischer (1,0), Alban Wüst (3,0 - 46. Karl-Heinz Kuzmierz, 3,0)
Aufstellung Rot-Weiß Oberhausen: Wolfgang Scheid (3,0); Hermann-Josef Wilbertz (2,0), Reiner Hollmann (4,0 - 39. Uwe Kliemann, 2,0), Friedhelm Dick (2,0), Friedhelm Kobluhn (4,0); Lothar Kobluhn (3,0), Werner Ohm (3,0), Gert Fröhlich (4,0); Günter Karbowiak (4,0 - 56. Hans Fritsche, 3,0), Franz Krauthausen (3,0), Dieter Brozulat (3,0)
Besonderheiten: keine

Plötzlich der Bruch beim VfB

Zwei grundverschiedene Halbzeiten sahen die Zuschauer. Wusste der VfB vor der Pause zu gefallen, wirkte beim HSV eine "Ochs-Ansprache" beim Pausentee.

VfB-Trainer Zebec opferte einen Stürmer (Weidmann), der die Kreise von HSV-Spielmacher Zaczyk einengen sollte. Zudem stellte er Willi Entenmann auf den Libero-Posten und Hans Eisele dafür wieder als Außenverteidiger auf. Dank einer exzellenten Mittelfeldregie von Haug funktionierten diese Maßnahmen im ersten Durchgang besser als erwartet. In der 25. Minute schlenzte der Stuttgarter Spielmacher die Kugel zum 1:0 gekonnt ins lange Eck und unterstrich seine Sonderstellung auf dem Platz. Auch beim zweiten VfB-Tor hatte der Techniker seine Füße im Spiel. Haugs millimetergenaue Flanke brauchte Weiß nur noch zum 2:0 einzuschieben. Der HSV hatte vor der Pause nur eine kurze, erfolglose Drangphase zu bieten. Die Pausenansprache von Trainer Ochs aber traf den Nerv der HSV-Kicker. Mit wuchtigen Angriffen wurde plötzlich das VfB-Tor ins Visier genommen und schon wackelten die Schwaben gehörig. Vor allem Zech hatte gegen Seeler nun durchweg das Nachsehen.

Spielte nicht im Sturm, sondern bewachte Zaczyk: Manfred Weidmann

Zaczyk ließ sich von Weidmann kaum noch stören und Dörfel überrannte Eisele ein ums andere Mal. Zaczyk (50.) und Seeler (53.) glichen per Doppelschlag aus, doch einmal schlug der VfB noch zurück, als eine Kombination über Weidmann und Gress bei Handschuh landete, der in der 65. Minute das 3:2 für die angeschlagenen Hausherren markierte. Der HSV aber rannte weiter wie aufgedreht und kam durch Hönigs Kopfstoß (87.) zum Remis. Allen Gäste-Treffern gingen zwar VfB-Fehler voraus - das 3:3 entsprach dennoch dem Spielverlauf.

VfB Stuttgart - Hamburger SV 3:3 (2:0)

Sa., 07.11.1970, 15:30 Uhr
Zuschauer: 18.000
SR: Hans Hillebrand (Essen)
Tore: 1:0 Horst Haug (25.), 2:0 Hartmut Weiß (39., Vorlage Haug), 2:1 Klaus Zaczyk (50., Seeler), 2:2 Uwe Seeler (53.), 3:2 Karl-Heinz Handschuh (65., Gress), 3:3 Franz-Josef Hönig (87., Kopfball, Seeler)
Aufstellung VfB Stuttgart: Gerhard Heinze (Note 4,0); Hans Eisele (3,0), Reinhold Zech (4,0), Willi Entenmann (3,0), Hans Arnold (3,0); Gilbert Gress (3,0), Jan Olsson (4,0), Horst Haug (3,0 - 70. Hans-Jürgen Wittfoht, –); Manfred Weidmann (3,0), Karl-Heinz Handschuh (3,0), Hartmut Weiß (3,0)
Aufstellung Hamburger SV: Arkoc Özcan (2,0); Helmut Sandmann (3,0), Hans-Jürgen Ripp (3,0), Hans-Werner Kremer (3,0), Jürgen Kurbjuhn (2,0); Klaus Zaczyk (2,0), Peter Nogly (3,0 - 80. Robert Pötzschke, –), Franz-Josef Hönig (3,0); Hans Schulz (4,0), Uwe Seeler (1,0), Charly Dörfel (3,0)
Besonderheiten: keine

ZEITFENSTER
2. - 8. November 1970

Gespräche in der Sackgasse
(Helsinki, 2. November)
Zum dritten Mal setzten sich Unterhändler der USA und der UdSSR zusammen, um im Rahmen der SALT-Gespräche einen gemeinsamen Nenner zur militärischen Rüstungskontrolle zu entwickeln. Abwechselnd fanden diese Treffen in Wien und Helsinki statt. Die dritte Runde, die bis zum 18. Dezember währte, brachte keine Fortschritte.

40 Jahre Kaiser
(Äthiopien, 2. November)
Der unter dem Namen Tafari Makonnen geborene äthiopische Kaiser Haile Selassie feierte in der Landeshauptstadt Addis Abeba den 40. Jahrestag seiner Thronbesteigung. Im Ausland war der Monarch, der um die Modernisierung Äthiopiens bemüht war, sehr angesehen. Intern wurde ihm zunehmend vorgeworfen, sich jedweder Teilung seiner Machtfülle zu verweigern. Selassie war das erste ausländische Staatsoberhaupt, das der neu geschaffenen Bundesrepublik Deutschland einen Besuch abstattete (1954).

Waffenruhe verlängert
(Ägypten/Israel, 6. November)
Ägypten und Israel verlängerten den drei Monate zuvor vereinbarten Waffenstillstand um weitere drei Monate.

Die Shiloh-Leute stellen sich vor
(BRD, 8. November)
Da kannte man bald jeden Stein: 171 Folgen der Western-Serie "Die Leute von

Die Helden der ersten Shiloh-Jahre: Lee J. Cobb, James Drury und Doug McClure (v.l.)

der Shiloh-Ranch" strahlte das ZDF aus. "Die Henker" ("The Executioners") machte den Anfang. Im Laufe der Jahre wechselte die Belegschaft mehrfach. Lee J. Cobb (als Ranchbesitzer Richter Henry Garth), James Drury (der Virginier) und Doug McClure (Trampas) bildeten die Kernbesetzung der ersten Jahre. Im Original hatte jede Episode die satte Spielfilmlänge von 90 Minuten - in Deutschland wurden die Abenteuer auf jeweils 75 bzw. 60 Minuten Dauer geschnitten.

Bundesliga 1970/1971 – 15. Spieltag

Die beiden Treffer von Dieter Weinkauff fielen zu spät. Borussia Dortmund unterlag Borussia Mönchengladbach mit 2:3

Arbeitssiege an der Spitze

Wackelige Erfolge heimsten die drei Führenden wie im Gleichklang ein. Besonders die Bayern rannten äußerst ungeschickt gegen die Bremer Abwehrmauer an.

Erst nach einer knappen Stunde wusste der FCB die Werder-Deckung zu knacken. Der Gegentreffer der Hanseaten kam viel zu spät. Auch Gladbach legte erst gut vor, führte 3:0, kam aber gegen den BVB dank eines Weinkauff-Doppelschlags nochmal ins Schwimmen. Schalke 04 reichte ein Solo von Wittkamp, um die Punkte bei den sturmschwachen Offenbachern einzusacken. Auch die Braunschweiger benötigten nur einen Treffer, um sich in Kaiserslautern schadlos zu halten. Dagegen mussten sich die Berliner in Hamburg mit einer Nullnummer zufrieden geben, während ihnen die Essener nach dem 2:0 über die erneut enttäuschenden Frankfurter etwas dichter auf die Pelle rückten. Einen kleinen Befreiungsschlag landeten die Hannoveraner gegen den VfB, während Bielefeld und Duisburg (0:0) sowie Oberhausen und Köln (2:2) nicht wirklich von der Stelle kamen.

Ergebnisse – 15. Spieltag 1970/1971

Sa., 14.11.70	Arminia Bielefeld - MSV Duisburg	0:0 (0:0)
Sa., 14.11.70	Rot-Weiss Essen - Eintracht Frankfurt	2:0 (1:0)
Sa., 14.11.70	Hamburger SV - Hertha BSC Berlin	0:0 (0:0)
Sa., 14.11.70	Hannover 96 - VfB Stuttgart	3:0 (0:0)
Sa., 14.11.70	1. FC Kaiserslautern - Eintracht Braunschweig	0:1 (0:0)
Sa., 14.11.70	Borussia Mönchengladbach - Borussia Dortmund	3:2 (3:0)
Sa., 14.11.70	FC Bayern München - SV Werder Bremen	2:1 (0:0)
Sa., 14.11.70	Rot-Weiß Oberhausen - 1. FC Köln	2:2 (0:2)
Sa., 14.11.70	Kickers Offenbach - FC Schalke 04	0:1 (0:0)

Tabelle

Platz	Verein	S	U	N	Tore	Differenz	Punkte
1.	FC Bayern München	9	5	1	31:10	+21	23:7
2.	Borussia Mönchengladbach	7	7	1	34:15	+19	21:9
3.	FC Schalke 04	9	3	3	24:12	+12	21:9
4.	Eintracht Braunschweig	9	2	4	26:14	+12	20:10
5.	Hertha BSC Berlin	8	3	4	24:16	+8	19:11
6.	Rot-Weiss Essen	5	6	4	21:16	+5	16:14
7.	1. FC Köln	4	7	4	18:18	0	15:15
8.	VfB Stuttgart	5	5	5	25:27	-2	15:15
9.	Borussia Dortmund	6	2	7	22:23	-1	14:16
10.	1. FC Kaiserslautern	6	2	7	22:24	-2	14:16
11.	MSV Duisburg	4	6	5	11:16	-5	14:16
12.	Hamburger SV	4	5	6	21:34	-13	13:17
13.	Kickers Offenbach	4	4	7	17:23	-6	12:18
14.	SV Werder Bremen	2	7	6	10:18	-8	11:19
15.	Rot-Weiß Oberhausen	3	5	7	26:35	-9	11:19
16.	Arminia Bielefeld	4	3	8	16:25	-9	11:19
17.	Hannover 96	4	3	8	15:24	-9	11:19
18.	Eintracht Frankfurt	2	5	8	6:19	-13	9:21

Torjägerliste - Zuschauer - Selbsttore - Platzverweise

Torjägerliste:
1. Vogt, Lippens: je 11 Tore
2. Roth, Ulsaß: je 10 Tore
3. G. Müller: 9 Tore

Zuschauer: 176.000
Tore: 19
Selbsttore: keine
Platzverweise: keine

Matte Arminen-Flügelspieler

Aufgrund der langen Verletztenliste der Hausherren war man auf der Bielefelder Alm am Ende über den Punkt sogar froh. Für den MSV war zuletzt mehr drin.

Eine halbe Stunde lang lief die Partie so einseitig in Richtung MSV-Tor, dass die Hoffnungen beim Bielefelder Publikum noch gut aufgestellt waren. Im Mittelfeld trieben Braun und Knoth das DSC-Spiel mit aller Macht voran, doch es zeichnete sich bereits früh ab, warum der Erfolg ausbleiben könnte. Die "Flügelzangen" Oberschelp und Leopoldseder waren nämlich indisponiert. Oberschelp bekam gegen Bella gar nichts gebacken und Leopoldseder hatte angeschlagen (Ellenbogen) ins Spiel starten müssen, ging nicht wirklich robust in die Bälle und wurde von Heidemann zudem scharf markiert. So suchten die Gastgeber immer wieder den Weg durch die Mitte, was dem MSV die Arbeit hinten überaus erleichterte. Der DSC-Druck verebbte somit bis zur Halbzeit. Duisburg hatte durchweg auf Konter gesetzt, spielte diese aber selten konzentriert zu Ende. Für Oberschelp hatten die Zuschauer den Arminen-Torjäger Kuster gefordert, der zur zweiten Halbzeit prompt auflief. Allerdings fehlte es dem guten Mann sichtbar an Spielpraxis. Zudem hatte er in Pirsig einen starken Gegenpart, der, gut unterstützt von Rettkowski, die Deckungszentrale absolut abdichtete. Das kraftraubende Spiel der Bielefelder verpuffte immer mehr, während sich die Gäste indes auch erst in der Schlussphase der Begegnung wirklich intensiv zu strammen Angriffen aufmachten. Heidemann und Bella mischten über die Außen fleißig mit Budde und Kentschke wirbelten gefällig, doch auch der MSV hatte im Abschluss zu wenig zu bieten.

Bewährte sich einmal mehr auf der rechten Abwehrseite: Georg Stürz

Arminia Bielefeld - MSV Duisburg 0:0 (0:0)

Sa., 14.11.1970, 15:30 Uhr

Zuschauer: 17.000

SR: Paul Kindervater (Köln)

Tore: keine

Aufstellung Arminia Bielefeld: Gerd Siese (Note 3,0); Georg Stürz (3,0), Volker Klein (2,0), Waldemar Slomiany (2,0), Klaus Köller (4,0); Ulrich Braun (3,0), Gerd Knoth (– - 20. Karl-Heinz Brücken, 4,0), Horst Stockhausen (4,0); Klaus Oberschelp (6,0 - 46. Ernst Kuster, 4,0), Gerd Roggensack (4,0), Norbert Leopoldseder (5,0)

Aufstellung MSV Duisburg: Volker Danner (3,0); Hartmut Heidemann (3,0), Detlef Pirsig (2,0), Kurt Rettkowski (3,0), Michael Bella (3,0); Bernd Lehmann (3,0), Georg Damjanoff (4,0), Djordje Pavlic (– - 28. Bernard Dietz, 4,0), Johannes Linßen (4,0); Gerhard Kentschke (2,0), Rainer Budde (4,0)

Besonderheiten: keine

Erster Heimsieg über Frankfurt

Gerade einmal sechs Treffer hatten die Hessen bislang geschossen. Auch in Essen konnte die Angriffsmisere nicht verdeckt werden.

Zuletzt hatte es an der Essener Hafenstraße wenig Gründe zum Jubeln gegeben. Mit den Frankfurtern kam diesmal jedoch ein echter Aufbaugegner ins Revier. Allerdings hätten auch andere Bundesligisten mit der vor allem im ersten Durchgang von RWE aufgebotenen Kraft, aber auch mit dem flotten Spielfluss so ihre Sorgen gehabt. Immer wieder rollten die Angriffsbrecher auf das Tor von Dr. Kunter, der sich über Langeweile zwischen den Pfosten wahrlich nicht beklagen konnte. Zwar hielt sich RWE-Star Lippens, außer beim Pass auf Hohnhausen vor dem 1:0 (17.), merklich mit seinem Können (Dribblings) zurück, doch zur Pausenführung reichte es für die Elf von Burdenski allemal.

Sicherer Rückhalt: Fred-Werner Bockholt

Das Mittelfeld dirigierte nach einer gewissen Anlaufphase der unermüdliche ter Mors, über den nahezu jeder Angriff lief. Frankfurt hatte im Mittelfeld zwar einen Hölzenbein, doch dessen Wirkungskreis war beträchtlich geringer. Da sich auch Grabowski gegen Stauvermann aufrieb und von seinen Sturmkollegen Nickel und Wagner wenig Unterstützung erfuhr, blieb es bei der bekannten Harmlosigkeit des Eintracht-Sturms. Als dann Lippens, der im zweiten Durchgang sichtlich aufblühte, auch noch per Kopfball zum vorentscheidenden 2:0 traf (62.), war der Keks eh gegessen. Zurückhaltend waren die Hausherren allerdings bei einer ganzen Reihe weiterer Tormöglichkeiten. Allein die "Ente" hätte das Ergebnis um einige Treffer höher schrauben können (4., 83., 88.). Wenn Frankfurt doch zwischendurch zu Torschüssen ansetzte, zeigte sich Bockholt im RWE-Tor diesen Herausforderungen locker gewachsen.

Rot-Weiss Essen - Eintracht Frankfurt 2:0 (1:0)

Sa., 14.11.1970, 15:30 Uhr

Zuschauer: 24.000

SR: Elmar Schäfer (Neustadt am Rbg.)

Tore: 1:0 Walter Hohnhausen (17., Vorlage Lippens), 2:0 Willi Lippens (62., Kopfball, Beer)

Aufstellung Rot-Weiss Essen: Fred-Werner Bockholt (Note 2,0); Peter Czernotzky (3,0), Hermann Erlhoff (3,0), Wolfgang Rausch (2,0), Heinz Stauvermann (4,0); Georg Jung (5,0), Egbert-Jan ter Mors (2,0), Günter Fürhoff (4,0 - 58. Dieter Bast, 4,0); Walter Hohnhausen (2,0), Erich Beer (3,0), Willi Lippens (4,0)

Aufstellung Eintracht Frankfurt: Peter Kunter (2,0); Karl-Heinz Wirth (2,0), Gert Trinklein (4,0), Friedel Lutz (4,0), Peter Reichel (4,0); Jürgen Kalb (5,0), Bernd Hölzenbein (4,0), Jürgen Papies (6,0); Jürgen Grabowski (3,0), Bernd Nickel (4,0), Walter Wagner (6,0 - 61. Thomas Rohrbach, 4,0)

Besonderheiten: keine

Wenig neue Erkenntnisse

Natürlich kamen die Berliner aufgrund des bisherigen Saisonverlaufs als leichter Favorit. Belegen konnten die Gäste die Vorschusslorbeeren nur in Hälfte eins. Bedingt.

Nett anzusehen war das technisch fein aufgezäumte Spiel der Berliner vor der Pause sehr wohl. Doch der Nutzen der ansehnlichen Mittelfeldkombinationen ließ sich nur selten erschließen. Schließlich wurde die Kugel nicht wirklich konsequent in den Strafraum der anfangs bieder kämpfenden Hausherren getrieben. Varga musste sich im Angriffszentrum plagen, wo ihm Nogly wenig Spielraum ließ. Diesen allerdings benötigte die Spielart des technisch so beschlagenen Ungarn. Mit Brungs (noch verletzt) fehlte der bewährte Brecher und Knipser in vorderster Front. Da Steffenhagen am rechten Flügel verblieb und nur dort vor der Pause auffällig wirkte und Weber eher den hängenden Linksaußen gab, fehlte bei den Unzulänglichkeiten der HSV-Deckung (Ripp!) der Mann (Brungs!?), der diese Schwächen hätte nutzen können.

Die Umstände veränderten sich nach dem Seitenwechsel markant. An den sinnvollen Aktionen von Zaczyk richteten sich immer mehr Hamburger Spieler auf, die Hertha wurde deftiger attackiert, sah sich immer mehr zurückgedrängt und verlor den spielerischen Faden. In Sachen Kreativität aber hatte das HSV-Sturmspiel wenig zu bieten. Immer wieder wurde Seeler mit hohen Flanken gesucht, doch im Abwehrzentrum der Gäste stand mit Uwe Witt ein "Letzter Mann", der in starker Manier wegräumte, was in seinen Radius geriet. Somit gelang auch den Hanseaten kein Treffer, obgleich sie es verstanden, die Druckwellen zu erhöhen. Die Nullnummer erbrachte also nichts Neues.

Leistete sich den ein oder anderen Schnitzer, den Hertha aber nicht nutzte: Hans-Jürgen Ripp

Hamburger SV - Hertha BSC Berlin 0:0 (0:0)

Sa., 14.11.1970, 15:30 Uhr

Zuschauer: 32.000

SR: Hans-Joachim Weyland (Oberhausen)

Tore: keine

Aufstellung Hamburger SV: Arkoc Özcan (Note 4,0); Helmut Sandmann (2,0), Jürgen Kurbjuhn (4,0), Hans-Jürgen Ripp (4,0), Hans-Werner Kremer (5,0); Klaus Zaczyk (2,0), Peter Nogly (3,0), Franz-Josef Hönig (4,0); Hans Schulz (5,0), Uwe Seeler (4,0), Charly Dörfel (4,0)

Aufstellung Hertha BSC Berlin: Volkmar Groß (4,0); Bernd Patzke (4,0), Tasso Wild (- - 12. Laszlo Gergely, 4,0), Uwe Witt (1,0), Karl-Heinz Ferschl (4,0); Wolfgang Gayer (3,0), Jürgen Rumor (2,0), Lorenz Horr (4,0); Arno Steffenhagen (4,0), Zoltan Varga (4,0), Jürgen Weber (4,0)

Besonderheiten: keine

Taktisch alles richtig gemacht

Ein alter Fuchs wie 96-Trainer Helmuth Johannsen kannte die Bundesliga aus dem Eff-Eff. Auch gegen den VfB stellte er richtig auf und rechtzeitig um.

Da Hannover auf seinen wichtigen Strategen Siemensmeyer (Muskelfaserriss) notgedrungen verzichten musste, war auf Seiten der Niedersachsen vor dem Spiel eine gewisse Skepsis angesagt. Zwei bemerkenswerte Freistöße von Weller (6. und 12.), die Torwart Heinze zu schönen Paraden zwangen, schienen dem zu widersprechen, doch der Bruch im bis dahin recht rund laufenden Offensivspiel der 96er folgte postwendend. Auf einmal wurden alle Unzulänglichkeiten, die ein Team hervorkramen kann, offensichtlich und Stuttgart präsentierte seinerseits mit Haug und Gress gepflegte Stafetten. Allerdings machte sich bereits hier ein Johannsen-Coup bemerkbar. Weiß wurde überraschend vom sonstigen Innenverteidiger Anders markiert und die VfB-Spitze damit stumpf.

Die Schwaben verpassten also die Schwächephase der Heimelf, die nach der Pause umstellte. Berg ging auf Gress, Weller auf Haug und Hannover kam zurück. Das 1:0 durch Berg, zwei Minuten nach dem Wiederanpfiff, passte ebenfalls ins Johannsen-Kalkül und das Blatt wendete sich wieder. Mit dem 2:0 durch Brune, er hatte seine Nervosität abgelegt, aus abseitsverdächtiger Position (70.) lag der VfB, dessen Schaltzentralen längst gelähmt waren, endgültig neben der Spur. Zwar kickten die Schwaben durchweg auf Augenhöhe in Sachen Spielanteile, doch vorne hatte die Zebec-Elf nichts mehr anzubieten. Als der gefährliche Keller kurz vor Schluss auch noch eine gekonnte Vorarbeit von Cebinac verwertete, war das etwas zu hohe Resultat perfekt.

Wusste sich nach der Halbzeit gegen Haug gut zu behaupten: Hans-Joachim Weller

Hannover 96 - VfB Stuttgart 3:0 (0:0)

Sa., 14.11.1970, 15:30 Uhr

Zuschauer: 21.000

SR: Rudolf Schröck (Riegelsberg)

Tore: 1:0 Horst Berg (47., Vorlage Bertl), 2:0 Claus Brune (70., Keller), 3:0 Ferdinand Keller (90., Cebinac)

Aufstellung Hannover 96: Horst Podlasly (Note 4,0); Peter Anders (3,0), Hans-Josef Hellingrath (3,0), Rainer Stiller (3,0), Jürgen Bandura (4,0); Hans-Joachim Weller (2,0), Horst Bertl (4,0), Horst Berg (3,0); Zvezdan Cebinac (2,0), Ferdinand Keller (2,0), Claus Brune (4,0)

Aufstellung VfB Stuttgart: Gerhard Heinze (2,0); Willi Entenmann (4,0), Hans Eisele (3,0), Reinhold Zech (4,0), Hans Arnold (4,0); Gilbert Gress (2,0), Jan Olsson (4,0), Horst Haug (2,0); Manfred Weidmann (4,0), Karl-Heinz Handschuh (4,0), Hartmut Weiß (4,0)

Besonderheiten: keine

Ballfertige Cleverness

Bislang hatten die Braunschweiger am Betzenberg kaum einen Blumentopf gewonnen. Diesmal war alles anders.

Bereits nach 12 Spielminuten mussten die Niedersachsen ihren zuletzt so überragenden Spielmacher ersetzen, den Rehhagel vom Platz getreten hatte. Für ihn kam Ersatzmann Saborowski, der letztlich sogar zum Matchwinner avancierte. Die großen Unterschiede zwischen den Kontrahenten waren recht schnell ausgemacht. Während der FCK im Mittelfeld nur in Friedrich eine ernst zu nehmende Anspielperson besaß, die sich zudem nicht in Bestform präsentierte, gab es bei Braunschweig nicht einen Ausfall. Nicht nur die Abwehr, um den souveränen Lorenz herum stock- und zweikampfsicher aufgebaut, sondern vor allem das Mittelfeld mit dem großartigen Gerdsdorff und den ausgefuchsten Haebermann und Saborowski überzeugte. Auch das flexible Angriffsspiel mit den beiden gefährlichen Außen Gerwien und Erler sowie Deppe wusste häufig zu gefallen.

Erfüllte seinen Part wesentlich besser als seine Mitspieler: Ernst Diehl

Ähnliche Freude hatte das Lauterer Publikum an seiner Truppe nicht. Immer wieder trübten Fehlpässe das Aufbauspiel, meist war der Zufall Leitlinie ungenügender Pässe auf die gut markierten Stürmer. Torchancen gab es sehr wohl für die Hausherren, doch der Blick für die Situation, die schnelle Drehung oder die reaktionsflinke Umsetzung gingen Vogt & Co. im Angriff ab. Als sich Schwager verletzte, der FCK einige Minuten zu zehnt auskommen musste, schlugen die cleveren Braunschweiger sogleich zu. Rehhagel, als Ersatz für Schwager Libero, wehrte eine Erler-Flanke vor die Füße von Saborowski ab und die Eintracht führte (71.). Selbst das heftige Anrennen des FCK danach federte Braunschweig locker aus.

1. FC Kaiserslautern - Eintr. Braunschweig 0:1 (0:0)

Sa., 14.11.1970, 15:30 Uhr
Zuschauer: 15.000
SR: Karl-Heinz Fork (Unna)
Tore: 0:1 Gerd Saborowski (71., Vorlage Erler)
Aufstellung 1. FC Kaiserslautern: Josef Elting (Note 3,0); Günther Rademacher (4,0), Dietmar Schwager (3,0), Ernst Diehl (2,0), Fritz Fuchs (4,0 - 46. Peter Blusch, 4,0); Otto Rehhagel (5,0), Jürgen Friedrich (4,0); Josef Pirrung (2,0), Karl-Heinz Vogt (4,0), Winfried Richter (4,0 - 65. Günther Reinders, 5,0), Klaus Ackermann (5,0)
Aufstellung Eintracht Braunschweig: Burkhardt Öller (4,0); Wolfgang Grzyb (4,0), Peter Kaack (3,0), Max Lorenz (2,0), Franz Merkhoffer (3,0); Friedhelm Haebermann (4,0), Bernd Gersdorff (2,0), Lothar Ulsaß (- - 12. Gerd Saborowski, 2,0); Klaus Gerwien (3,0 - 71. Rainer Skrotzki, -), Jaro Deppe (3,0), Dietmar Erler (4,0)
Besonderheiten: keine

Zuletzt noch auf der Kippe

Über eine Stunde lang schien die Partie für Gladbach ein Spaziergang zu sein. Ein Weinkauff-Doppelschlag sorgte dann aber für das große Zittern.

Der "Meister der Standards", Günter Netzer, war direkt an den ersten beiden Toren der Fohlen beteiligt. In der 17. Minute köpfte Dietrich eine Freistoß-Flanke des Mittelfeld-Regisseurs zum 1:0 ins Netz. Das 2:0 vollzog Netzer per direkt getretenem Freistoß aus 22 Metern in den Giebel des BVB-Tores höchstselbst (27.). Nur das 3:0 ging auf die Kappe von zwei Kollegen. Dietrich bereitete vor und Köppel schoss flach ein (30.). In der ersten halben Stunde wurde ein Klassenunterschied offenbar, der das Schlimmste für die Dortmunder ahnen ließ. Rynio im Tor war nicht der einzige Unsicherheitsfaktor der Gäste. Die gesamte Abwehr - immerhin verteidigte die Witzler-Elf oft mit acht Mann - schwamm so bedenklich, dass sich bereits Mitleid bei den Zuschauern einschleichen konnte. Doch der amtierende Meister schaltete nach dem 3:0 zurück und schonte sich auch den Belastungen der Vorwochen.

Ein Unsicherheitsfaktor bei den Dortmundern: Hans-Joachim Andree

Nach 58 Minuten fiel der bis dahin auffälligste Mittelfeldtank der Hausherren, Peter Dietrich, verletzt aus. Da sich auch Netzer nur noch zum Standfußball bequemte, war bei den "Mönchen" die Luft/Lust, nachdem auch weitere Großchancen ungenutzt geblieben waren, raus. Als Weinkauff nicht nur in der 78., sondern auch eine Minute später auf 2:3 verkürzte, schien sich die partielle Überheblichkeit der Weisweiler-Truppe zu rächen. Plötzlich ließ die BVB-Abwehr nichts mehr anbrennen und nicht nur Held machte der MG-Deckung plötzlich Beine. Ritschel traf zuletzt sogar noch die Latte, doch es blieb beim engen 3:2.

Borussia Mönchengladbach - Borussia Dortmund 3:2 (3:0)

Sa., 14.11.1970, 15:30 Uhr
Zuschauer: 22.000
SR: Karl Riegg (Augsburg)
Tore: 1:0 Peter Dietrich (17., Kopfball, Vorlage Netzer), 2:0 Günter Netzer (27., Freistoß), 3:0 Horst Köppel (30., Dietrich), 3:1 Dieter Weinkauff (78., Kopfball, Held), 3:2 Dieter Weinkauff (79., Andree)
Aufstellung Borussia Mönchengladbach: Wolfgang Kleff (Note 4,0); Berti Vogts (1,0), Ludwig Müller (3,0), Klaus-Dieter Sieloff (4,0), Heinz Wittmann (3,0); Peter Dietrich (3,0 - 58. Hartwig Bleidick, 4,0), Günter Netzer (1,0), Herbert Laumen (3,0); Horst Köppel (4,0), Jupp Heynckes (3,0), Ulrik Le Fevre (4,0)
Aufstellung Borussia Dortmund: Jürgen Rynio (3,0); Hans-Joachim Andree (5,0), Ferdinand Heidkamp (5,0), Willi Neuberger (2,0), Dieter Kurrat (4,0); Theodor Rieländer (5,0 - 58. Jürgen Schütz, 4,0), Horst Trimhold (5,0), Branco Rasovic (4,0); Manfred Ritschel (4,0), Dieter Weinkauff (2,0), Siegfried Held (2,0)
Besonderheiten: keine

Fast 90 Minuten auf ein Tor

Werder stellte sich, von einigen Szenen in der letzten Viertelstunde einmal abgesehen, nahezu durchweg mit acht Leuten hinten rein. Nur zweimal durchbrachen die Bayern den festen Riegel.

Am Beispiel von Rechtsaußen Mrosko machte die Sportpresse nach dem Spiel die Misere der ständig angreifenden Bayern aus. Mrosko zog es immer wieder in die Angriffsmitte, anstatt sich an der Außenbahn anzubieten. Entweder spielte er zu eigensinnig, übertrieb das fruchtlose Dribbling, oder er blieb stehen, wenn ihn seine Mitspieler endlich einmal steil schicken wollten. Da auch Brenninger bei Zembski in bester Obhut war und Gerd Müller in der Spitze meist gegen drei Gegner auf verlorenem Posten stand, versuchten es die Gastgeber immer wieder mit Schüssen aus der zweiten Reihe bzw. aus der Distanz. Einmal knallte ein Beckenbauer-Schuss an die Querlatte (10.), ansonsten jagten die Geschosse meist weit neben oder über das Tor des gar nicht einmal viel beschäftigten Bernard.

Setzte die wenigen spielerischen Akzente Werders: Heinz-Dieter Hasebrink

So dauerte es bis zur 52. Spielminute, ehe der Bremer Wall erstmals einknickte. Der unentwegt antreibende Beckenbauer (mit Schnurrbart!) fand endlich einmal eine Lücke, in die er Roth schickte, der sich nicht zweimal bitten ließ. Sieben Minuten später war der mühsame Erfolg des FCB dann mutmaßlich in trockenen Tüchern. Über einen weiten Diagonalpass des fleißig mitstürmenden Verteidigers Hansen kam Roth an den Ball, der schnell auf Müller weiterleitete, dem dann in bekannter Art das 2:0 glückte. Werder traute sich erst gegen Spielende, sich doch noch zu einem Anschlusstreffer aufzumachen. Zuerst vergab Hasebrink, doch Coordes traf nach einem Beckenbauer-Schnitzer.

FC Bayern München - SV Werder Bremen 2:1 (0:0)

Sa., 14.11.1970, 15:30 Uhr
Zuschauer: 16.000
SR: Walter Eschweiler (Euskirchen)
Tore: 1:0 Franz Roth (52., Vorlage Beckenbauer), Gerd Müller (59., Roth), 2:1 Egon Coordes (90.)
Aufstellung FC Bayern München: Sepp Maier (Note 3,0); Johnny Hansen (2,0), Georg Schwarzenbeck (3,0), Franz Beckenbauer (1,0), Peter Pumm (4,0); Franz Roth (2,0), Rainer Zobel (4,0), Ulrich Hoeneß (4,0); Karl-Heinz Mrosko (5,0), Gerd Müller (4,0), Dieter Brenninger (4,0)
Aufstellung SV Werder Bremen: Günter Bernard (3,0); Dieter Zembski (3,0), Arnold Schütz (2,0), Horst-Dieter Höttges (2,0), Egon Coordes (3,0); Rudolf Assauer (4,0), Karl-Heinz Kamp (4,0), Heinz-Dieter Hasebrink (2,0); Werner Thelen (4,0), Ole Björnmose (5,0), Bernd Schmidt (5,0)
Besonderheiten: keine

Überheblichkeit rächte sich

"Da kann man wieder sehen, was eine kämpferische Einstellung zuwege bringt," brachte RWO-Coach Adi Preißler ein Spiel auf den Punkt, das bereits entschieden schien.

Schließlich lag sein Team nach dem ersten Durchgang so schlimm darnieder, dass es den RWO-Fans schaudern mochte. Von Krauthausen abgesehen, geisterten die Oberhausener Kicker übers Spielfeld, als hätten sie zuvor nie gegen ein Ball getreten. Nahezu jeder zweite Pass landete in den Füßen eines Gegners und die Abwehr wusste nicht, wen es zu decken galt und wen nicht. Dass die Kölner mit einer durchschnittlichen Leistung weit mehr als ein 2:0 zur Pause hätten herausholen müssen, sei dabei nicht vergessen zu erwähnen.

Kam für den enttäuschenden Sühnholz, sorgte für frischen Wind: Hans Fritsche

Rupp hatte bereits nach sechs Minuten eine Overath-Freistoß-Flanke eingenickt und war auch mit einem halben Fallrückzieher (37.) erfolgreich. Overath und Flohe kreisten mühelos im Mittelfeld, nur die Torausbeute ließ zu wünschen übrig. Mit Macht allerdings kam RWO nach der Pause plötzlich auf. Einige Rochaden (u.a. tauschten Krauthausen/Brozulat und Lothar Kobluhn ging in die Spitze; der gradlinige Fritsche kam neu) verursachten umgehend Turbulenzen in der Defensive des FC, die innerhalb von drei Minuten zweimal von Lothar Kobluhn überrascht wurde (beim 1:2 allerdings aus klarer Abseitsposition). So stand nach einer Stunde bereits der Endstand fest, mit dem zur Halbzeit kein noch so geneigter RWO-Anhänger rechnen konnte. Zwar rafften sich die Kölner nochmals gegen Ende aus ihrer Lethargie auf, doch Parits (80., Latte), Rupp (81.) und Hemmersbach (83., Pfosten) verpassten eine erneute Führung. Welch kurioser Spielverlauf ...

Rot-Weiß Oberhausen - 1. FC Köln 2:2 (0:2)

Sa., 14.11.1970, 15:30 Uhr
Zuschauer: 12.000
SR: Horst Herden (Hamburg)
Tore: 0:1 Bernd Rupp (6., Kopfball, Vorlage Overath), 0:2 Bernd Rupp (37., Overath), 1:2 Lothar Kobluhn (58., Krauthausen), 2:2 Lothar Kobluhn (61.)
Aufstellung Rot-Weiß Oberhausen: Klaus Witt (Note 4,0); Hermann-Josef Wilbertz (5,0), Friedhelm Dick (4,0), Uwe Kliemann (4,0), Friedhelm Kobluhn (3,0); Lothar Kobluhn (2,0), Werner Ohm (3,0), Franz Krauthausen (2,0 - 87. Siegfried Rösen, –); Wolfgang Sühnholz (5,0 - 47. Hans Fritsche, 4,0), Hans Schumacher (4,0), Dieter Brozulat (3,0)
Aufstellung 1. FC Köln: Manfred Manglitz (3,0); Kurt Kowalski (3,0), Bernhard Cullmann (4,0), Wolfgang Weber (4,0), Matthias Hemmersbach (4,0); Heinz Simmet (4,0), Heinz Flohe (2,0), Wolfgang Overath (4,0); Jupp Kapellmann (5,0), Thomas Parits (4,0), Bernd Rupp (2,0)
Besonderheiten: keine

Verkehrte Welt

Offenbach verpasste nicht nur den Sieg, sondern hätte auch einiges fürs Torverhältnis machen können. Dennoch - eine selbstverschuldete Niederlage.

Zu Recht wies der Ex-Schalker und nun für die Kickers als zuständiger Trainer fungierende Rudi Gutendorf darauf hin, dass nicht Pech oder irgendein Fußballgott für das Endergebnis Verantwortung trug, sondern ganz allein seine Spieler. Fünf oder sechs Treffer hätte sein Team erzielen müssen, aber nicht einmal bekam seine Truppe den Ball ins gegnerische Tor. Da hatten sich die Offenbacher nahezu über die gesamte Spielzeit mit einer starken Leistung in den Vordergrund gespielt und den Favoriten an die Wand gedrückt. Zuletzt stand die Mannschaft ohne Punkt und Tor da, schlich mit hängenden Köpfen vom Platz.

Vor allem das Mittelfeld-Trio Waida, Helmut Kremers und Helmut Schmidt hatte sich gegen die zuletzt so starken Lütkebohmert, van Haaren und Scheer behauptet. Daraus entsprang das erwähnte Übergewicht, dem Schalke nur eine reine Abwehrschlacht entgegenzusetzen wusste. Absolut am Tiefpunkt befand sich nach der Partie Helmut Kremers. In der 28. Minute durfte er zum Fouleflmeter gegen den herausragenden Keeper Nigbur antreten, der den Strafstoß meisterhaft parierte. Zudem war der Antreiber in der 43. Minute allein auf den Gäste-Torwart zugelaufen, bekam die Kugel aber nicht an Nigbur vorbei. Aber auch seine Kollegen machten es in ähnlich klaren Szenen nicht besser, schossen u.a. aus drei Metern vorbei oder trafen Nigbur. So blieb es beim Tor von Wittkamp, der ein Solo, vom eigenen 16er startend, aus 14 Metern abschloss (61.). S04 enttäuschte stark.

Musste S04-Spielmacher van Haaren ersetzen: Manfred Pohlschmidt

Kickers Offenbach - FC Schalke 04 0:1 (0:0)

Sa., 14.11.1970, 15:30 Uhr
Zuschauer: 17.000
SR: Norbert Fuchs (Herdorf)
Tore: 0:1 Hans-Jürgen Wittkamp (61.)
Aufstellung Kickers Offenbach: Karlheinz Volz (Note 4,0); Erwin Spinnler (4,0), Hans Reich (3,0), Egon Schmitt (3,0), Nikolaus Semlitsch (4,0); Helmut Kremers (3,0), Roland Weida (3,0 - 70. Georg Beichle, –), Helmut Schmidt (4,0); Horst Gecks (4,0), Klaus Winkler (4,0), Erwin Kremers (4,0)
Aufstellung FC Schalke 04: Norbert Nigbur (2,0); Hans-Jürgen Becher (4,0), Hans-Jürgen Wittkamp (2,0), Rolf Rüssmann (3,0), Jürgen Sobieray (3,0); Herbert Lütkebohmert (4,0), Heinz van Haaren (4,0 - 46. Manfred Pohlschmidt, 4,0), Klaus Scheer (4,0); Reinhard Libuda (2,0), Klaus Fischer (4,0), Hans Pirkner (4,0)
Besonderheiten: Helmut Kremers verschießt Fouleflmeter (28.) - Nigbur hält (Rüssmann an Winkler)

ZEITFENSTER
9. - 15. November 1970

Tod des Generals
(Frankreich, 9. November)
Charles de Gaulle, einer der markantesten Politiker seiner Zeit, starb 79-jährig in

War von 1959 bis 1969 französischer Staatspräsident: General Charles de Gaulle

seiner französischen Heimat. „Bei meiner Beisetzung weder Politiker noch Minister!" hatte er zu Lebzeiten angeordnet, woran sich bis auf Finanzminister Valéry Giscard d'Estaing alle hielten. Mit Konrad Adenauer hatte der General nach dem II. Weltkrieg intensiv an der deutsch-französischen Versöhnung gearbeitet. Beharrlich setzte sich de Gaulle für ein starkes Europa ein, unabhängig von den USA. In dem Zusammenhang ist auch Frankreichs Austritt aus der NATO zu sehen. Den eng mit den Amerikanern verbundenen Engländern verweigerte er durch sein Veto den Beitritt zur Europäischen Gemeinschaft.

Tödliche Naturgewalt
(Ostpakistan, 13. November)
Furchtbare Folgen eines Orkans, der sich im Golf von Bengalen austobte: Etwa 300.000 Menschen sollen der Naturkatastrophe zum Opfer gefallen sein.

Trimm dich
(BRD, 1970)
1970 war das Jahr, in dem der DSB (Deutsche Sport Bund) dem Breitensport einen wichtigen Impuls verlieh: "Trimm dich - durch Sport" hieß die Parole ursprünglich, die zu einer gesünderen Lebensführung anhalten sollte. Daraus wurde später das einfache "Trimm dich", was man auf den gleichnamigen Pfaden, die plötzlich überall auftauchten, praktizieren konnte.

Daumen hoch! Das DSB-Maskottchen zur Trimm-Dich-Welle: Trimmy

Bundesliga 1970/1971 – 16. Spieltag

Berti Vogts (links) und Lippens lieferten sich einige packende Zweikämpfe (Rot-Weiss Essen - Borussia Mönchengladbach 1:2)

Spitzenfußball in Braunschweig

Die Top-Begegnung zwischen der Braunschweiger Eintracht und dem FC Bayern hielt den hochgesteckten Erwartungen stand und bot erstklassigen Bundesligafußball auf Augenhöhe. Durch das Remis rückte Gladbach wieder näher an den FCB heran.

Für die Elf von MG-Trainer Weisweiler war der Auftritt in Essen wie erwartet kein Selbstläufer. Auch hier hielten die Gastgeber auf hohem Niveau lange Zeit dagegen. Schalke musste in Köln derweil einen Rückschlag hinnehmen, verlor durch das 0:2 etwas an Boden. Auch die Berliner kamen über eine unerwartete Nullnummer gegen Hannover nicht hinaus, nutzten die Punktverluste der vor ihnen Platzierten nicht. Ausgerechnet im Derby gegen Offenbach wachte die Frankfurter Eintracht aus ihrer Lethargie auf, überzeugte beim glatten 3:0-Erfolg. Auch den Bremern verschaffte das 2:0 über RWO etwas Luft. Das träge 1:0 des VfB über die Arminen verursachte dagegen im Schwabenland keine großen Freudensprünge. Über die Unentschieden in Dortmund und Duisburg wurde ebenfalls nicht lange geredet - sie waren nunmehr Bundesligaalltag.

Ergebnisse – 16. Spieltag 1970/1971

Datum	Heim		Gast	Ergebnis
Sa., 28.11.70	Hertha BSC Berlin	-	Hannover 96	0:0 (0:0)
Sa., 28.11.70	Eintracht Braunschweig	-	FC Bayern München	1:1 (0:0)
Sa., 28.11.70	SV Werder Bremen	-	Rot-Weiß Oberhausen	2:0 (2:0)
Sa., 28.11.70	Borussia Dortmund	-	Hamburger SV	1:1 (0:1)
Sa., 28.11.70	MSV Duisburg	-	1. FC Kaiserslautern	1:1 (1:1)
Sa., 28.11.70	Rot-Weiss Essen	-	Borussia Mönchengladbach	1:2 (1:0)
Sa., 28.11.70	Eintracht Frankfurt	-	Kickers Offenbach	3:0 (1:0)
Sa., 28.11.70	1. FC Köln	-	FC Schalke 04	2:0 (0:0)
Sa., 28.11.70	VfB Stuttgart	-	Arminia Bielefeld	1:0 (0:0)

Tabelle

Platz	Verein	S	U	N	Tore	Differenz	Punkte
1.	FC Bayern München	9	6	1	32:11	+21	24:8
2.	Borussia Mönchengladbach	8	7	1	36:16	+20	23:9
3.	Eintracht Braunschweig	9	3	4	27:15	+12	21:11
4.	FC Schalke 04	9	3	4	24:14	+10	21:11
5.	Hertha BSC Berlin	8	4	4	24:16	+8	20:12
6.	1. FC Köln	5	7	4	20:18	+2	17:15
7.	VfB Stuttgart	6	5	5	26:27	-1	17:15
8.	Rot-Weiss Essen	5	6	5	22:18	+4	16:16
9.	Borussia Dortmund	6	3	7	23:24	-1	15:17
10.	1. FC Kaiserslautern	6	3	7	23:25	-2	15:17
11.	MSV Duisburg	4	7	5	12:17	-5	15:17
12.	Hamburger SV	4	6	6	22:35	-13	14:18
13.	SV Werder Bremen	3	7	6	12:18	-6	13:19
14.	Kickers Offenbach	4	4	8	17:26	-9	12:20
15.	Hannover 96	4	4	8	15:24	-9	12:20
16.	Arminia Bielefeld	4	3	9	16:26	-10	11:21
17.	Eintracht Frankfurt	3	5	8	9:19	-10	11:21
18.	Rot-Weiß Oberhausen	3	5	8	26:37	-11	11:21

Torjägerliste - Zuschauer - Selbsttore - Platzverweise

Torjägerliste:
1. Vogt, Lippens: je 11 Tore
2. Ulsaß, Roth: je 10 Tore
3. Weiß, G. Müller: je 9 Tore

Zuschauer: 228.800
Tore: 17
Selbsttore: 1
Platzverweise: keine

Podlasly blieb unbezwingbar

Dichter Nebel hing im Olympiastadion und begleitete eine Nullnummer, die 96 dank Podlasly und einer robusten Abwehrleistung errang.

Das Endergebnis war so trübe wie die Sichtverhältnisse für die 30.000 Besucher einer Partie, zu der die Niedersachsen mit dem Ziel, ein Remis zu erringen, angereist waren. Besonders in der Anfangsphase verschafften sich die Gäste mit ihrem oft überharten Einsteigen Respekt bei den technisch überlegenen Herthanern, die genau diese Stärke dadurch nicht zur Genüge in die Waagschale werfen konnten. Entscheidend waren die Duelle Bertl-Gayer, Weller-Varga und Anders-Horr, die zu größten Teilen zu Gunsten der Hannoveraner ausgingen. Dann stand aber auch noch mit dem 34-jährigen Horst Podlasly ein Schlussmann zwischen den Pfosten der 96er, der an diesem Tag einfach nicht zu bezwingen war. Besonders in zwei Szenen zeigte der erfahrene Torwart sein Können: In der 64. Minute rettete er gegen den frei vor ihm auftauchenden Gayer und acht Minuten später pflückte er einen Kopfball, erneut war Gayer der Absender, mit einer tollen Parade aus der Luft.

Aber auch die Gäste hatten ihre Möglichkeiten. Speziell während ihrer starken Anfangsphase, als Keller Groß mit einem Freistoß prüfte, aber auch im zweiten Durchgang, als Reimann (61.) und nochmals Keller (78. und 89.) mit ihren Schüssen knapp neben der Spur lagen. Einmal lag die Kugel aber doch im Tor von Podlasly (82.). Horr hatte ins Schwarze getroffen, doch Schiri Hilker hatte zuvor das Foul eines 96-Spielers (!?) gesehen und die Vorteilsregel missachtet. Somit ging die Rechnung für Hannover so auf, wie zuvor erhofft und geplant.

Einer der Türme in Hannovers Deckung beim Nebelspiel in Berlin: Peter Anders

Hertha BSC Berlin - Hannover 96 0:0 (0:0)

Sa., 28.11.1970, 15:30 Uhr

Zuschauer: 30.000

SR: Wilfried Hilker (Bochum)

Tore: keine

Aufstellung Hertha BSC Berlin: Volkmar Groß (Note 2,0); Bernd Patzke (4,0), Uwe Witt (2,0), Jürgen Rumor (– - 15. Tasso Wild, 4,0), Karl-Heinz Ferschl (2,0); Laszlo Gergely (4,0), Wolfgang Gayer (3,0); Hans-Jürgen Sperlich (4,0), Zoltan Varga (4,0 - 71. Franz Brungs, –), Lorenz Horr (4,0), Arno Steffenhagen (3,0)

Aufstellung Hannover 96: Horst Podlasly (1,0); Rainer Stiller (4,0), Peter Anders (2,0), Hans-Josef Hellingrath (3,0), Jürgen Bandura (3,0); Hans-Joachim Weller (2,0), Horst Berg (4,0); Zvezdan Cebinac (4,0), Horst Bertl (4,0), Ferdinand Keller (3,0), Willi Reimann (4,0)

Besonderheiten: keine

Wirkungsvolle Einwechslungen

Vor allem im ersten Durchgang bestätigten beide Teams ihre Plätze im vorderen Feld der Liga. Bayerns Führung schien bereits die Entscheidung zu bedeuten. Dann reagierte Knefler genau richtig.

Was beide Kontrahenten spielerisch-technisch (FCB) und kämpferisch (Eintracht) boten, war speziell vor dem Seitenwechsel von hoher fussballerischer Qualität. Bei den Münchenern funktionierte das wechselnde Vorpreschen und Einfädeln von Beckenbauer und Schwarzenbeck wie auf dem Reißbrett vorgezeichnet. Im Mittelfeld zeigten Zobel und Roth eine Stunde lang gegen Gerdsdorff und Ulsaß ihr Können, nur im Angriff bissen Müller & Co. meist auf Granit, denn die Innenverteidiger Lorenz und Kaack waren bärenstark. Zudem ersetzte Torwart Öller Stammkeeper Wolter vorzüglich.

Immer noch mit gutem Torriecher: Gerd Saborowski

Allerdings musste sich der Eintracht-Schlussmann das 1:0 der Bayern ankreiden lassen. Öller hatte von Uli Hoeneß wohl ein Flanke erwartet, als dieser von der Torauslinie abzog und aus unmöglichem Winkel überraschend traf. Anders waren die Braunschweiger aber auch nicht zu knacken. Trainer Otto Knefler reagierte danach genau richtig. Für die abgemeldeten Deppe und Gerwien schob er Saborowski und Skrotzki in den Angriff und landete einen Volltreffer. Pumm hatte nämlich mit Rechtsaußen Skrotzki sogleich seine liebe Not und konnte sich gegen dessen Dynamik in der 81. Minute nur mit einem Foul helfen. Gerdsdorff flankte den Freistoß auf den Kopf von Saborowski, der alte Torjägerqualitäten bestätigte und zum Ausgleich traf. Bayerns Dominanz auf fremden Plätzen war somit Einhalt geboten und die Braunschweiger konnten ihr 75-jähriges Jubiläum am Abend mit einem Punkt feiern.

Eintracht Braunschweig - FC Bayern München 1:1 (0:0)

Sa., 28.11.1970, 15:30 Uhr
Zuschauer: 35.800
SR: Horst Bonacker (Quadrath-Ichendorf)
Tore: 0:1 Ulrich Hoeneß (57.), 1:1 Gerd Saborowski (81., Kopfball, Vorlage Gersdorff)
Aufstellung Eintracht Braunschweig: Burkhardt Öller (Note 2,0); Wolfgang Grzyb (3,0), Max Lorenz (2,0), Peter Kaack (2,0), Franz Merkhoffer (4,0); Friedhelm Haebermann (5,0), Lothar Ulsaß (4,0), Bernd Gersdorff (3,0); Klaus Gerwien (5,0 - 74. Rainer Skrotzki, –), Jaro Deppe (4,0 - 67. Gerd Saborowski, –), Dietmar Erler (4,0)
Aufstellung FC Bayern München: Sepp Maier (3,0); Johnny Hansen (2,0), Franz Beckenbauer (1,0), Georg Schwarzenbeck (3,0), Peter Pumm (4,0); Rainer Zobel (2,0), Franz Roth (4,0), Ulrich Hoeneß (4,0 - 72. Karl-Heinz Mrosko, –); Edgar Schneider (5,0), Gerd Müller (4,0), Dieter Brenninger (4,0)
Besonderheiten: keine

Rückkehrer Görts frischte Werder auf

Zwar zeterten die Oberhausener nicht zu Unrecht über die Elfmeter-Entscheidung, die zum 1:0 führte, doch RWO spielte insgesamt viel zu schwach, um an einen Punkt denken zu können.

In der 34. Minute hatte der eisenharte Kliemann Werders Ersatzmittelstürmer Kamp zwar zu Boden befördert, doch ob in dieser Situation ein Foul vorlag, wurde auch von neutralen Beobachtern in Frage gestellt. Jedenfalls ließ sich der als Libero fehlerfrei agierende Pico Schütz die Möglichkeit nicht nehmen und drosch die Kugel vom Punkt ins RWO-Netz. Als bereits in der folgenden Spielminute dem erstmals nach seiner Verletzungspause über 90 Minuten mitwirkenden Werner Görts nach feiner Zusammenarbeit mit Kamp das 2:0 gelang - endlich einmal war Werder wieder aus dem Spiel heraus erfolgreich -, waren die Kräfteverhältnisse dennoch angemessen in Zählbares gegossen. Besonders vor der Pause boten die Oberhausener nämlich eine bundesligaunwürdige Leistung.

Im ersten Spielabschnitt wussten sich die Gäste meist nur durch überzogen-robustes Einsteigen den keineswegs kreativen Angriffen der Hausherren zu erwehren. Immerhin brachte Rückkehrer Görts am linken Flügel eine Menge Unruhe in die RWO-Abwehr, doch dessen Mitstreiter Kamp und Thelen fanden nur sehr langsam oder gar nicht (Thelen) ins Spiel.

Wurde für den viel zu zaghaften Thelen ins Spiel gebracht: Eckhard Deterding

Ansonsten standen die Bremer hinten souverän und hatten im Mittelfeld durch Höttges, der Krauthausens Kreise energisch beschnitt, und Hasebrink, der die besten Pässe schlug, ein deutliches Übergewicht. Mit Fröhlich wechselte Preißler bei den Gästen zwar etwas mehr Spielkultur ein, doch der RWO-Sturm blieb total stumpf.

SV Werder Bremen - RW Oberhausen 2:0 (2:0)

Sa., 28.11.1970, 15:30 Uhr
Zuschauer: 12.000
SR: Fritz Seiler (Schmiden)
Tore: 1:0 Arnold Schütz (34., Foulelfmeter, Kliemann an Kamp), 2:0 Werner Görts (35., Vorlage Kamp)
Aufstellung SV Werder Bremen: Günter Bernard (Note 3,0); Dieter Zembski (4,0), Arnold Schütz (2,0), Rudolf Assauer (3,0), Egon Coordes (4,0); Ole Björnmose (4,0), Heinz-Dieter Hasebrink (4,0), Horst-Dieter Höttges (3,0); Werner Thelen (5,0 - 67. Eckhard Deterding, –), Karl-Heinz Kamp (4,0), Werner Görts (2,0)
Aufstellung Rot-Weiß Oberhausen: Klaus Witt (4,0); Hermann-Josef Wilbertz (4,0), Friedhelm Dick (4,0), Uwe Kliemann (4,0 - 36. Gert Fröhlich, 3,0), Friedhelm Kobluhn (4,0); Lothar Kobluhn (4,0), Franz Krauthausen (3,0), Werner Ohm (5,0); Wolfgang Sühnholz (4,0), Hans Schumacher (5,0 - 46. Hans Fritsche, 4,0), Dieter Brozulat (5,0)
Besonderheiten: keine

Der HSV gab das Tempo vor

"Es fehlte nur ein wenig Glück zum Sieg." HSV-Coach Ochs lag nicht verkehrt mit seinem Fazit. Dortmund spielte taktisch nicht sehr klug, aber auf Rynio und Neuberger war Verlass.

Während Tormann Rynio vor der Pause und besonders in den Minuten 73 und 75 das Unentschieden rettete, war es Libero Neuberger, der in der Abwehrzentrale des BVB den Überblick behielt, durch gutes Stellungsspiel glänzte und immer wieder die Zeit fand, sich in die Offensivbemühungen seiner Truppe einzumischen. So auch beim Ausgleichstreffer in der 56. Spielminute, als er nicht zum ersten Mal aus der Distanz abzog. Özcan konnte den Ball nicht festhalten und Weinkauff staubte ab. Überaus rührig mischte auch Siggi Held dank seiner Soli immer wieder in der gut gestaffelten HSV-Defensive herum. Doch der Nationalspieler blieb nur ein Einzelkämpfer, rannte sich letztlich meist fest, weil er selten den richtigen Zeitpunkt fand, abzuspielen.

Während Dortmund also nur durch diese drei Kräfte Pluspunkte sammelte, fehlte es dem Team ansonsten an Zusammenhalt. Ganz anders trumpfte der HSV auf. Zaczyk und Hönig regierten im Mittelfeld, fütterten ihre Stürmer mit vielfältigen Zuspielen, doch die tatsächliche Ausbeute blieb am Ende dürftig. Über Dörfel und Seeler lief der Ball in der 45. Minute zu Hönig, der das überfällige 1:0 für die Gäste eigentlich viel zu spät schoss. Der Tempofußball der Hanseaten fand also vor dem Tor der Gastgeber nur selten eine zählbare Verwertung, was sich im Endergebnis negativ niederschlug, denn die Dortmunder waren nach der Pause endlich aufgewacht, hatten getroffen und etwas Wind gemacht. Die Brise schwoll aber auch bald wieder ab.

Organisierte mit Zaczyk das HSV-Spiel und schoss die wichtige 1:0-Führung: Franz-Josef Hönig

Borussia Dortmund - Hamburger SV 1:1 (0:1)

Sa., 28.11.1970, 15:30 Uhr
Zuschauer: 20.000
SR: Rudolf Schröck (Riegelsberg)
Tore: 0:1 Franz-Josef Hönig (45., Vorlage Seeler), 1:1 Dieter Weinkauff (56., Neuberger)
Aufstellung Borussia Dortmund: Jürgen Rynio (Note 1,0); Ferdinand Heidkamp (4,0), Branco Rasovic (4,0), Willi Neuberger (1,0), Hans-Joachim Andree (4,0); Dieter Kurrat (4,0), Theodor Rieländer (4,0 - 62. Jürgen Schütz, 4,0); Manfred Ritschel (3,0), Siegfried Held (2,0), Werner Weist (4,0), Dieter Weinkauff (4,0)
Aufstellung Hamburger SV: Arkoc Özcan (2,0); Helmut Sandmann (4,0), Jürgen Kurbjuhn (3,0), Hans-Jürgen Ripp (3,0), Heinz Bonn (5,0); Peter Nogly (3,0), Klaus Zaczyk (2,0), Franz-Josef Hönig (2,0); Gerd Klier (5,0 - 76. Siegfried Beyer, 4,0), Uwe Seeler (4,0), Charly Dörfel (3,0)
Besonderheiten: keine

Neben Friedrich kaum ein Lichtblick

Diese Begegnung krankte am aufreizend lahmen Kick der Duisburger. Große Ambitionen hatte aber auch der FCK nicht, sieht man einmal vom herausragenden Friedrich ab.

Nur schleppend bewegte sich das Spiel der Kicker von der Wedau übers Spielfeld. Das Trio Lehmann-Pavlic-Damjanoff hielt sich mit Quer-, Rück- und Zeitlupenpässen auf. Steil und mit Tempo wurde erst in der letzten Viertelstunde, dann aber auch mit der Brechstange versucht, Versäumtes aufzuholen. Lautern hatte dagegen mit seinem Spielführer Friedrich einen Kopf im Mittelfeld, der nicht nur an allen Brennpunkten der Partie seine Duftmarken hinterließ, sondern auch einen Freiraum genoss, der schon an Fahrlässigkeit grenzte. Seine Aktivitäten rieben aber an Ende nur ihn selbst auf, sondern offenbarten auch die fehlende Unterstützung, die ihm seine Nebenleute zukommen ließen. Pech hatte Lautern allerdings auch, weil ihnen einerseits ein Eigentor unterlief, andererseits ihr Mittelstürmer Richter nach 24 Minuten mit einem Schien- und Wadenbeinbruch ins Krankenhaus musste.

Empfahl sich nur bedingt für die zukünftige Startelf: Johannes Riedl

Das Selbsttor unterlief Verteidiger Rademacher mit einem Kopfball nach einer scharfen Budde-Flanke bereits nach zehn Minuten. Nicht erst danach ließ es der MSV besonders gemächlich an. Ein 1:0 reichte der Faßnacht-Truppe also schon zu diesem frühen Zeitpunkt aus, um übertriebene Vorsicht und Ballsicherung walten zu lassen. Gut, dass Ackermann kurz vor dem Halbzeitpfiff der Ausgleich gelang, weil er in einen verdaddelten Rückpass Heidemanns gepresst war und zum 1:1 einschob. Zuletzt wachte der MSV dann zwar auf, doch Elting hielt seinen Laden dicht.

MSV Duisburg - 1. FC Kaiserslautern 1:1 (1:1)

Sa., 28.11.1970, 15:30 Uhr

Zuschauer: 11.000

SR: Klaus Ohmsen (Hamburg)

Tore: 1:0 Günther Rademacher (10., Eigentor, Vorlage Budde), 1:1 Klaus Ackermann (44.)

Aufstellung MSV Duisburg: Volker Danner (Note 2,0); Hartmut Heidemann (4,0), Detlef Pirsig (3,0), Kurt Rettkowski (2,0), Michael Bella (4,0); Bernd Lehmann (5,0), Georg Damjanoff (4,0), Djordje Pavlic (5,0); Gerhard Kentschke (4,0), Rainer Budde (4,0), Bernard Dietz (4,0 - 46. Johannes Riedl, 4,0)

Aufstellung 1. FC Kaiserslautern: Josef Elting (2,0); Günther Rademacher (4,0), Dietmar Schwager (4,0), Ernst Diehl (3,0), Fritz Fuchs (4,0), Peter Blusch (3,0), Otto Rehhagel (4,0), Jürgen Friedrich (1,0); Josef Pirrung (2,0), Winfried Richter (4,0 - 24. Dieter Krafczyk, 4,0), Klaus Ackermann (4,0)

Besonderheiten: keine

Gladbach benötigte langen Anlauf

Mit Günter Netzer auf der einen und ab der 24. Minute Erich Beer auf der anderen Seite fehlten wichtige Kreativspieler. Die Partie hatte dennoch erstaunliches Niveau.

Erich Beer sollte als reiner Rechtsaußen die Gladbacher vom Flügel her aufreißen und erfüllte diese Aufgabe, gegen einen bis zu Beers Ausscheiden überforderten Wittmann, auch wie geplant. Gladbach fand ohne seinen Regisseur Netzer im ersten Durchgang nicht wirklich zusammen. Das Mittelfeldspiel hakte beträchtlich, RWE hatte hier seine hervorstechenden Vorteile. Glück hatte Essen zwar in der 40. Minute, als Czernotzky Heynckes elfmetertreif niederstreckte, doch das 1:0 zur Pause ging in Ordnung. Den Treffer erzielte Fürhoff, weil Kleff einen Kopfball von Peitsch nur kurz abwehren konnte und Fürhoff den Nachschuss versenkte (42.). Später versagte der Torschütze allerdings noch zweimal überaus kläglich, wuchtete die Kugel völlig freistehend ins Aus (69. und 70.). Aber auch einen Hohnhausen-Kopfball an die Latte (5.) sollte man nicht unerwähnt lassen.

Diesmal nur mit einer mittelprächtigen Leistung dabei: Heinz Stauvermann

Das 1:1 veränderte die Sachlage dann aber doch beträchtlich. Gladbach war inzwischen wieder voll im Saft, kombinierte flüssig wie gewohnt, musste aber auch die Hilfe von Bockholt in Anspruch nehmen, der den Schuss von LeFevre unter seinem Körper hindurchrutschen ließ. Das 2:1 war dann ein typisches Heynckes-Tor, der eine Sieloff-Freistoß-Flanke aus der Drehung verwertete (66.). Zwar lieferten sich Vogts und Lippens auch im Schlussdrittel tolle Zweikämpfe, die insgesamt unentschieden ausgingen, und Essen versuchte mit Ferner und Peitsch als Antreiber den Ausgleich zu erzwingen, doch die Abgebrühtheit der Gladbacher obsiegte.

Rot-Weiss Essen - Mönchengladbach 1:2 (1:0)

Sa., 28.11.1970, 15:30 Uhr

Zuschauer: 33.000

SR: Kurt Tschenscher (Mannheim)

Tore: 1:0 Günter Fürhoff (42., Vorlage Peitsch), 1:1 Ulrik Le Fevre (53.), 1:2 Jupp Heynckes (66., Sieloff)

Aufstellung Rot-Weiss Essen: Fred-Werner Bockholt (Note 4,0); Peter Czernotzky (2,0), Hermann Erlhoff (4,0), Wolfgang Rausch (4,0 - 80. Diethelm Ferner, –), Heinz Stauvermann (3,0); Georg Jung (5,0), Egbert-Jan ter Mors (4,0), Roland Peitsch (2,0); Erich Beer (3,0 - 24. Günter Fürhoff, 5,0), Walter Hohnhausen (3,0), Willi Lippens (2,0)

Aufstellung Borussia Mönchengladbach: Wolfgang Kleff (3,0); Berti Vogts (2,0), Ludwig Müller (4,0), Klaus-Dieter Sieloff (2,0), Heinz Wittmann (4,0); Peter Dietrich (3,0), Herbert Laumen (4,0), Horst Köppel (3,0); Hans-Jürgen Wloka (4,0), Jupp Heynckes (3,0), Ulrik Le Fevre (4,0)

Besonderheiten: keine

Comeback von Hermann Nuber

Im DFB-Pokal zu Beginn der Saison hatte der OFC noch die Nase vorn. Doch die zuletzt so gebeutelte Eintracht setzte ungeahnte Kräfte frei.

Dass sich die Frankfurter besonders gegen den alten Rivalen aus der Nachbarstadt ins Zeug legen würden, hatte man im Zentrum der Lederfertigung bestimmt auf dem Zettel. Nur - es nutzte nichts. Papies, Grabowski & Co. spielten im Main-Derby teilweise wie entfesselt, ließen ihre teils grauenhaften Vorstellungen aus den Vorwochen so weit hinter sich, dass der ein oder andere Zuschauer den Mund nicht mehr zu bekam. Eintracht-Trainer Ribbeck hatte sich zudem einiges Überraschendes einfallen lassen. In der Verteidigung stellte er Ex-Stürmer Heese auf rechts und den jungen Manfred Wirth auf links und machte hierbei alles richtig.

Da war er wieder: Hermann Nuber

Da auch Hölzenbein im Mittelfeld aufblühte wie selten, Lutz und Trinklein in der Abwehrzentrale unerbittlich aufräumten, zudem das 4-4-2-System der Offenbacher nicht griff, da hauptsächlich in die Breite gespielt wurde, kam am Ende ein glatter Sieg für die Frankfurter heraus. Vielleicht fiel das Endergebnis um ein Tor zu hoch aus, doch am Erfolg selbst gab es nichts zu rütteln. Zuerst brachte Papies die Hausherren nach Nickels Flanke in Front (26.). Als die Kickers im zweiten Durchgang zum Gegenangriff bliesen, Gutendorf sogar den kopfballstarken Oldie Nuber brachte, schien die Eintracht einzubrechen. Doch Heese, selbst Kopfballspezialist, schaltete Nuber aus und die Angriffswellen des OFC verpufften bald wieder. Zwei Freistöße waren in den Schlussminuten Ausgangspunkte für die konternde Eintracht und führten zu den beiden letzten Toren, die Nickel (80.) und Grabowski (86.) besorgten. Offenbachs Sturm dagegen hatte völlig versagt.

Eintracht Frankfurt - Kickers Offenbach 3:0 (1:0)

Sa., 28.11.1970, 15:30 Uhr

Zuschauer: 40.000

SR: Gerd Hennig (Duisburg)

Tore: 1:0 Jürgen Papies (26., Vorlage Nickel), 2:0 Bernd Nickel (80., Papies), 3:0 Jürgen Grabowski (86., Freistoß)

Aufstellung Eintracht Frankfurt: Siegbert Feghelm (Note 3,0); Manfred Wirth (4,0), Gert Trinklein (3,0), Friedel Lutz (2,0), Horst Heese (2,0); Jürgen Kalb (4,0), Bernd Hölzenbein (4,0), Jürgen Grabowski (2,0), Bernd Nickel (3,0), Jürgen Papies (3,0), Thomas Rohrbach (4,0 - 65. Joachim Weber, 4,0)

Aufstellung Kickers Offenbach: Karlheinz Volz (4,0); Nikolaus Semlitsch (4,0), Erwin Spinnler (4,0 - 46. Roland Weida, 4,0), Hans Reich (2,0), Helmut Kremers (3,0); Egon Schmitt (3,0), Helmut Schmidt (4,0); Horst Gecks (4,0), Winfried Schäfer (4,0 - 71. Hermann Nuber, –), Walter Bechtold (4,0), Klaus Winkler (4,0)

Besonderheiten: keine

Schalkes Sturm enttäuschte total

Selten hatten die Kölner wie gegen Schalke mit einer so durchgehend guten Mannschaftsleistung brilliert. Auch die Gäste hielten lange mit, waren vorne aber meist abgemeldet.

Bis zur 72. Minute war es allerdings höchst unklar, ob die starken Kölner den Westrivalen wirklich noch in die Knie zwingen könnten. Aber mit dem 1:0 durch Verteidiger Hemmersbach, der unerwartet am zweiten Pfosten nach einer langen Flanke von Flohe aufgetaucht war und trocken vollendete, kippte die Partie endgültig zum Vorteil der Geißböcke. Die lange Zeit aufmerksame Abwehr brach in der Schlussphase immer öfter vor den Kölner Angriffswellen ein, in denen selbst ein so erfahrener Recke wie Fichtel den Überblick verlor. Das 2:0, von Rupp erzielt, der vor seinem Treffer sogar Nigbur umkurvte, stellte ein Endergebnis dar, das dem gesamten Spielverlauf dann auch gerecht wurde.

Bot eine piekfeine Verteidigerleistung: Kurt Kowalski

Die Kölner Deckung wurde vom auf Libero umgeschulten Thielen glänzend organisiert. Als der ehemalige Stürmer, zuletzt meist als Außenverteidiger fungierend, mit einer Zerrung ausscheiden musste, hinterließ er eine funktionierende Hintermannschaft, in die sich Ersatzmann Cullmann bestens einpasste. Die Außenverteidiger Kowalski und Hemmersbach hatten sich längst gegenüber Pirkner und Libuda (später Wüst) behauptet und Fischer sah sowieso absolut kein Land gegen Nationalspieler Weber. Im Mittelfeld hielt Schalke dank Scheer und Lütkebohmert wesentlich länger gut mit. Erst nach einer guten Stunde ließen deren Kräfte nach, so dass sich Overath und Flohe in der entscheidenden Phase als Spielgestalter behaupten konnten. Auch wenn dem Schalker bei beiden Gegentoren mithalfen, die Schützen vernachlässigten, war der Kölner Sieg mehr als verdient.

1. FC Köln - FC Schalke 04 2:0 (0:0)

Sa., 28.11.1970, 15:30 Uhr

Zuschauer: 37.000

SR: Rudolf Frickel (München)

Tore: 1:0 Matthias Hemmersbach (72., Vorlage Flohe), 2:0 Bernd Rupp (87., Parits)

Aufstellung 1. FC Köln: Manfred Manglitz (Note 2,0); Kurt Kowalski (2,0), Karl-Heinz Thielen (1,0 - 63. Bernhard Cullmann, 3,0), Wolfgang Weber (3,0), Matthias Hemmersbach (4,0); Heinz Simmet (4,0), Wolfgang Overath (3,0), Heinz Flohe (2,0); Thomas Parits (3,0), Bernd Rupp (3,0), Hennes Löhr (4,0)

Aufstellung FC Schalke 04: Norbert Nigbur (3,0); Hans-Jürgen Wittkamp (2,0), Klaus Fichtel (4,0), Rolf Rüssmann (3,0), Jürgen Sobieray (3,0); Klaus Scheer (2,0), Herbert Lütkebohmert (2,0), Heinz van Haaren (4,0); Reinhard Libuda (4,0 - 60. Alban Wüst, 5,0), Klaus Fischer (5,0), Hans Pirkner (5,0)

Besonderheiten: keine

Zu viele Ausfälle auf beiden Seiten

Gerade einmal 10.000 Zuschauer verloren sich im weiten Rund des Neckarstadions. Die Daheimgebliebenen hatten aber auch diesmal kaum etwas verpasst.

Die Marschrichtung der Ostwestfalen war kaum ein Geheimnis: Einen Punkt holen. Immerhin konnte die Truppe von Trainer Piechaczek auf eine solide Viererkette bauen, hatte in Siese einen bewährt sicheren Schlussmann und mit Braun, Knoth und Stockhausen drei Mittelfeldstrategen, die an guten Tagen richtig gepflegten Fußball zu spielen verstanden. In Stuttgart wurden die drei allerdings erst in der letzten Viertelstunde diesem Anspruch gerecht. In vorderster Linie sah es nach der Verletzung von Torjäger Kuster und den schwankenden Leistungen Roggensacks eher nicht so gut aus, da Leopoldseder, Kohl und Brücken nur selten das Format für die höchste Spielklasse boten. So auch an diesem Tag.

Stuttgarts Defensive wurde demzufolge nicht wirklich gefordert. Sie stand im Prinzip sicher, musste nur einige wenige Fernschüsse an sich vorbeizischen sehen. Mehr kam nicht vom DSC-Sturm. Aber auch der VfB bekleckerte sich im Angriff nicht gerade mit Ruhm. Zwei Abseitstore und ein Treffer mit vorausgegangenem Handspiel von (ähem) Handschuh wurden annulliert, so dass ein Handelfmeter zur Entscheidung führte, den Weiß nach einer Rettungsaktion Stürz' verwandelte (78.).

Musste sich von der schreibenden Kritik als "Ausfall" bezeichnen lassen: Gerd Kohl

Beim VfB wusste neben den wenig geprüften Abwehrleuten einzig Haug zu gefallen, der immer wieder versuchte, Spielkultur zu entwickeln. Seine Nebenleute, auch Gress, waren ihm aber nur bedingt behilflich, leisteten sich zu viele Fehler in der Vorwärtsbewegung. Somit sahen die wenigen Besucher ein recht schwaches Spiel.

VfB Stuttgart - Arminia Bielefeld 1:0 (0:0)

Sa., 28.11.1970, 15:30 Uhr

Zuschauer: 10.000

SR: Günter Linn (Altendiez)

Tore: 1:0 Hartmut Weiß (78., Handelfmeter, Handspiel: Stürz)

Aufstellung VfB Stuttgart: Gerhard Heinze (Note 3,0); Gerd Regitz (3,0), Hans Eisele (4,0), Reinhold Zech (5,0), Hans Arnold (4,0); Gilbert Gress (3,0), Jan Olsson (5,0), Horst Haug (2,0); Manfred Weidmann (3,0), Karl-Heinz Handschuh (4,0), Hartmut Weiß (4,0)

Aufstellung Arminia Bielefeld: Gerd Siese (2,0); Georg Stürz (4,0), Volker Klein (3,0), Waldemar Slomiany (2,0), Klaus Köller (2,0); Ulrich Braun (5,0), Gerd Knoth (4,0), Horst Stockhausen (4,0); Norbert Leopoldseder (5,0 - 46. Karl-Heinz Brücken, 5,0), Gerd Roggensack (4,0), Gerd Kohl (5,0)

Besonderheiten: keine

ZEITFENSTER
16. - 29. November 1970

Das erste Fahrzeug auf dem Mond
(UdSSR/Mond, 17. November)
Im Mare Imbrium (Meer des Regens) wurde das sowjetische Mondfahrzeug Lunochod 1 abgesetzt, um die Oberfläche des Erdtrabanten physikalisch und chemisch näher zu untersuchen. Gesteuert wurde das achträdrige Mobil von der Erde aus; elf Monate lang sammelte Lunochod Daten.

Wie einem Science Fiction-Film entsprungen: Lunochod 1

Papst in Gefahr
(Thailand, 27. November)
Manila wäre fast die letzte Station von Papst Paul VI. auf seiner Asien- und Ozeanienrundreise gewesen - ein als Priester verkleideter Mann stürzte sich mit einem Messer bewaffnet auf das katholische Kirchenoberhaupt und konnte erst im letzten Moment gestoppt werden.

Hitparaden
(USA/GB/BRD, 28. November)
Tophit in den USA: "I Think I Love You", von der Patridge Family. "I Hear You Knocking", von Dave Edmunds war in England angesagt und Miguel Rios ("A Song of Joy") in der BRD der meistgespielte Titel.

Im Fadenkreuz der Krimi-Fans
(BRD, 29. November)
Geburtsstunde eines TV-Dauerbrenners: Die erste "Tatort"-Besichtigung erlaubte

Kommissar Trimmel (r., Walter Richter) in der Defensive

den Krimifreunden einen Blick über die Zonengrenze. Der bärbeißige Hamburger Hauptkommissar Paul Trimmel, dargestellt von Walter Richter, ermittelte auf eigene Faust in der DDR, um den Tod eines in Leipzig aufgefundenen Jungen aufzuklären, dessen Schuhwerk westlicher Herkunft ist. „Taxi nach Leipzig" war der Auftakt eines neuen Krimi-Konzeptes von ARD und ORF, das den regionalen Sendeanstalten eigene Helden zugestand.

Bundesliga 1970/1971 – 17. Spieltag

Rainer Zobel liegt hier mit Schmerzen am Boden (Bayern München - MSV Duisburg 2:1)

Fünf Minuten vor Schluss Herbstmeister

Weil "Bulle" Roth kurz vor dem Abpfiff doch noch zulangte, holte sich der FC Bayern knapp vor den Gladbachern den inoffiziellen Titel des Herbstmeisters. Die Fohlen rasierten zu gleichen Zeit Schlusslicht Frankfurt mit einem 5:0-Kantersieg.

Dagegen verlor der FC Schalke 04 durch ein 0:0 daheim gegen die Betonkünstler aus Bremen etwas den Anschluss. Mit Braunschweig (0:1 bei RWO), Hertha (1:1 in Bielefeld) und dem 1. FC Köln (1:4 in Offenbach) verloren aber auch weitere potentielle Verfolger der beiden Führenden Punkte gegen mutmaßliche Kellerkinder. Dadurch sprang der VfB Stuttgart, der einen im zweiten Durchgang katastrophal auftretenden 1. FC Kaiserslautern zerlegte, auf Rang sechs. Überhaupt war es ein freundlicher Spieltag für einige Teams aus dem unteren Drittel. Hannover rang Dortmund ein 4:1 ab, so dass ab Platz 13 abwärts einzig die Eintracht aus Hessen ohne Punktgewinn verblieb. Im Mittelfeld robbte sich der erstarkte HSV etwas dichter an RWE heran.

Ergebnisse – 17. Spieltag 1970/1971

Fr., 04.12.70	Arminia Bielefeld	- Hertha BSC Berlin	1:1 (1:1)
Fr., 04.12.70	Hannover 96	- Borussia Dortmund	4:1 (2:0)
Fr., 04.12.70	Borussia Mönchengladbach	- Eintracht Frankfurt	5:0 (3:0)
Fr., 04.12.70	FC Bayern München	- MSV Duisburg	2:1 (1:1)
Sa., 05.12.70	Hamburger SV	- Rot-Weiss Essen	2:1 (0:0)
Sa., 05.12.70	1. FC Kaiserslautern	- VfB Stuttgart	0:5 (0:0)
Sa., 05.12.70	Rot-Weiß Oberhausen	- Eintracht Braunschweig	1:0 (1:0)
Sa., 05.12.70	Kickers Offenbach	- 1. FC Köln	4:1 (1:0)
Sa., 05.12.70	FC Schalke 04	- SV Werder Bremen	0:0 (0:0)

Tabelle

Platz	Verein	S	U	N	Tore	Differenz	Punkte
1.	FC Bayern München	10	6	1	34:12	+22	26:8
2.	Borussia Mönchengladbach	9	7	1	41:16	+25	25:9
3.	FC Schalke 04	9	4	4	24:14	+10	22:12
4.	Eintracht Braunschweig	9	3	5	27:16	+11	21:13
5.	Hertha BSC Berlin	8	5	4	25:17	+8	21:13
6.	VfB Stuttgart	7	5	5	31:27	+4	19:15
7.	1. FC Köln	5	7	5	21:22	-1	17:17
8.	Rot-Weiss Essen	5	6	6	23:20	+3	16:18
9.	Hamburger SV	5	6	6	24:36	-12	16:18
10.	Borussia Dortmund	6	3	8	24:28	-4	15:19
11.	MSV Duisburg	4	7	6	13:19	-6	15:19
12.	1. FC Kaiserslautern	6	3	8	23:30	-7	15:19
13.	Kickers Offenbach	5	4	8	21:27	-6	14:20
14.	Hannover 96	5	4	8	19:25	-6	14:20
15.	SV Werder Bremen	3	8	6	12:18	-6	14:20
16.	Rot-Weiß Oberhausen	4	5	8	27:37	-10	13:21
17.	Arminia Bielefeld	4	4	9	17:27	-10	12:22
18.	Eintracht Frankfurt	3	5	9	9:24	-15	11:23

Torjägerliste - Zuschauer - Selbsttore - Platzverweise

Torjägerliste:
1. Lippens: 12 Tore
2. Roth, Vogt: je 11 Tore
3. Laumen, Keller, Ulsaß: je 10 Tore

Zuschauer: 135.500
Tore: 29
Selbsttore: keine
Platzverweise: keine

Arminen absolut auf Augenhöhe

Es war nicht nur die unbändige Kampfeskraft der Bielefelder, die das Remis rechtfertigte. Auch das Chancenplus lag letztlich deutlich bei den Arminen.

Dafür hatten die technisch beschlagenen Berliner ihr Vorteile im Mittelfeld. Knoth musste sich dem starken Gayer beugen, Varga überragte gegen Stockhausen und Gergely gewann das Duell gegen Braun. Doch den Gästen fehlte in der Angriffsmitte ein Mann wie Brungs, denn die Flanken von Sperlich und Steffenhagen fanden keinen Abnehmer, da Varga und Horr zwar technisch brillierten, aber nicht als kopfballstarke Strafraumstürmer geeignet waren. Gegen die überzeugende Arminen-Deckung gab es sowieso kaum ein Durchkommen, denn Slomiany organisierte mit viel Überblick und seine Mitstreiter Stürz, Klein und Köller erwiesen sich als überaus zweikampfstark.

Überraschend frech spielten bei den Gastgebern auch die beiden Außenstürmer Kohl und Brücken auf, während Roggensack nicht der erhoffte gleichwertige Ersatz des erneut verletzten Kuster war. Tasso Wild und Uwe Witt ließen der Sturmspitze keine Entfaltungsmöglichkeit. Das 1:0 erzielte Gerd Kohl mit einem gekonnten Schuss ins lange Eck, beim dem der ansonsten gute Groß im Tor der Berliner leicht wegrutschte (10.). Zehn Minuten später hatte Stockhausen Varga aus den Augen verloren, der ein Zuspiel von Gayer erhalten hatte und völlig frei einschießen durfte. Die Arminen hatten allerdings auch noch je einen Lattenschuss von Roggensack (38.) und Stockhausen (86.) im Programm. Zudem musste Patzke ein Klein-Geschoss von der Torlinie pflücken. Mit dem Remis konnten zuletzt aber beide Trainer leben.

Wuchs immer besser in die Rolle des Liberos hinein: Waldemar Slomiany

Arminia Bielefeld - Hertha BSC Berlin 1:1 (1:1)

Fr., 04.12.1970, 20:00 Uhr
Zuschauer: 29.000
SR: Dietrich Basedow (Hamburg)
Tore: 1:0 Gerd Kohl (10.), 1:1 Zoltan Varga (20., Vorlage Gayer)

Aufstellung Arminia Bielefeld: Gerd Siese (Note 3,0); Georg Stürz (3,0), Waldemar Slomiany (2,0), Volker Klein (4,0), Klaus Köller (2,0); Ulrich Braun (4,0 - 80. Dieter Schulz, –), Gerd Knoth (4,0), Horst Stockhausen (4,0); Karl-Heinz Brücken (2,0), Gerd Roggensack (4,0), Gerd Kohl (2,0 - 84. Norbert Leopoldseder, –)

Aufstellung Hertha BSC Berlin: Volkmar Groß (3,0); Bernd Patzke (3,0), Uwe Witt (3,0), Tasso Wild (2,0), Karl-Heinz Ferschl (4,0 - 50. Peter Enders, 4,0); Laszlo Gergely (4,0), Wolfgang Gayer (2,0), Lorenz Horr (3,0); Hans-Jürgen Sperlich (3,0 - 65. Jürgen Weber, 4,0), Zoltan Varga (1,0), Arno Steffenhagen (4,0)

Besonderheiten: keine

96 im Regen wie aus einem Guss

Einen so deutlichen Unterschied konnte man aufgrund der Vorwochen nicht erwarten, auch wenn der BVB in der Bundesliga in Hannover noch nie alle Punkte geholt hatte.

Als der aufgerückte Verteidiger Stiller mit einem überraschenden Linksschuss Torwart Rynio überraschte (12.), war das Startsignal für die Hausherren gegeben. Mit diesem Treffer spielte sich 96 in eine Form, der die Borussia, bei der Wosab, Weist und Neuberger schmerzlich vermisst wurden, nicht gewachsen war. Siemensmeyer war nach seiner Verletzungspause zurückgekehrt, hatte zwar noch Defizite, zumal ihm Kurrat ewig auf den Füßen stand, aber Weller und Berg wussten im Mittelfeld zu überzeugen. Zudem gab es bei Hannover kaum Schwächen im Deckungsverhalten und mit Keller hatte die Mannschaft einen Mittelstürmer der Sonderklasse aufgeboten. Kellers Kopfballtorpedo nach einer Reimann-Flanke war bereits überaus sehenswert (40.) und stellte den verdienten Halbzeitstand sicher. Auch im zweiten Durchgang dominierten die 96er nahezu durchgehend, spielten die guten Ansätze aber lange Zeit nicht immer konsequent zu Ende. So dauerte es bis zur 79. Minute, ehe Reimann per Volleyschuss zum überfälligen 3:0 einschoss. Das 1:3 durch Weinkauff blieb nur ein kleiner Schönheitsfleck in der Tagesbilanz der Elf von Helmuth Johannsen, für die erneut Ferdi Keller den alten Abstand wieder herstellte (89.). Dortmunds Trainer Horst Witzler musste einräumen: "Für uns wird nun auch der Existenzkampf beginnen. Was mich enttäuscht, ist die Tatsache, dass die älteren Spieler nicht bereit sind, sich zu quälen." Johannsen freute sich dagegen: "Jetzt stehen wir vor einem ruhigen Weihnachtsfest." Zudem hob er Anders heraus.

Schenkte dem BVB zwei Tore ein: Ferdi Keller

Hannover 96 - Borussia Dortmund 4:1 (2:0)

Fr., 04.12.1970, 20:00 Uhr
Zuschauer: 20.000
SR: Heinz Aldinger (Waiblingen)
Tore: 1:0 Rainer Stiller (12., Linksschuss), 2:0 Ferdinand Keller (40., Kopfball, Vorlage Reimann), 3:0 Willi Reimann (79., Keller), 3:1 Dieter Weinkauff (86.), 4:1 Ferdinand Keller (89.)
Aufstellung Hannover 96: Horst Podlasly (Note 4,0); Rainer Stiller (3,0), Peter Anders (1,0), Hans-Josef Hellingrath (3,0), Jürgen Bandura (3,0); Hans Siemensmeyer (4,0), Hans-Joachim Weller (2,0), Horst Berg (3,0); Zvezdan Cebinac (3,0), Ferdinand Keller (2,0), Willi Reimann (4,0)
Aufstellung Borussia Dortmund: Jürgen Rynio (5,0); Gerd Peehs (5,0), Branco Rasovic (5,0), Ferdinand Heidkamp (4,0), Hans-Joachim Andree (4,0); Dieter Weinkauff (4,0), Horst Trimhold (4,0), Dieter Kurrat (3,0); Manfred Ritschel (4,0), Siegfried Held (4,0), Theo Bücker (5,0 - 46. Theodor Rieländer, 5,0)
Besonderheiten: keine

Ein zweistelliger Sieg war drin

Nach allen Regeln der Fußballkunst nahmen die Borussen eine Eintracht auseinander, die sich längst nicht mit allen Akteuren verzweifelt wehrte.

Kalb, Hölzenbein, Papies und Nickel waren diejenigen Frankfurter, die den Ernst der Lage an diesem Tag nur in Ansätzen begriffen hatten. Schönspielerei ohne Körpereinsatz war an diesem Regentag, der eine furios aufspielende Truppe aus Mönchengladbach zeigte, nun wirklich nicht angesagt. In der Abwehr der Gäste schwammen zwar auch einige Spieler über das seifig-tiefe Terrain, doch zumindest stemmten sich Lutz und Nebenleute so dagegen, dass am Ende "nur" ein 5:0 für die Hausherren zu Buche stand. Auch Torwart Feghelm, obwohl er bei zwei Treffern nicht astrein reagierte, hielt das Debakel ansonsten in Grenzen.

Nach 12 Minuten durfte Feghelm den Ball erstmals aus dem Netz holen. Laumen hatte nach schöner Vorarbeit von Heynckes sein erstes Tor erzielt. Als Feghelm ein Abstoß misslang, Laumen diesmal Heynckes bediente, klingelte es zum zweiten Mal im Kasten der Hessen (28.). Das dritte Tor ging ebenfalls auf das Konto von Heynckes, der nach einem Steilpass des überragenden Netzer auf und davon gezogen war (45.). Frankfurts Team wurde auch in Hälfte zwei kräftig durcheinander geschüttelt. Grabowski rieb sich an Vogts auf und Rohrbach zeigte viel Einsatz, half auch hinten aus. Am 4:0 durch Laumen (66.) und am 5:0 durch Dietrich, der einen Netzer-Freistoß einköpfte (84.), gab es indes nichts zu rütteln. Die Hessen gingen gnadenlos unter, mussten sich fast durchweg mit Schadensbegrenzung beschäftigen, da die Gladbacher wie in besten Bundesligatagen wirbelten.

Gehörte trotz der fünf Gegentore nicht zu den schlechtesten Frankfurtern: Siegbert Feghelm

---

Borussia Mönchengladbach - Eintracht Frankfurt 5:0 (3:0)

Fr., 04.12.1970, 20:00 Uhr
Zuschauer: 13.500
SR: Jan Redelfs (Hannover)
Tore: 1:0 Herbert Laumen (12., Vorlage Heynckes), 2:0 Jupp Heynckes (28., Laumen), 3:0 Jupp Heynckes (45., Netzer), 4:0 Herbert Laumen (66., L. Müller), 5:0 Peter Dietrich (84., Kopfball, Netzer)
Aufstellung Borussia Mönchengladbach: Wolfgang Kleff (Note 4,0); Heinz Wittmann (4,0), Ludwig Müller (3,0), Klaus-Dieter Sieloff (3,0), Berti Vogts (1,0); Peter Dietrich (2,0), Günter Netzer (1,0), Herbert Laumen (2,0); Hans-Jürgen Wloka (4,0 - 55. Ulrik Le Fevre, 4,0), Jupp Heynckes (2,0), Horst Köppel (3,0)
Aufstellung Eintracht Frankfurt: Siegbert Feghelm (4,0); Manfred Wirth (5,0), Gert Trinklein (4,0), Friedel Lutz (4,0), Horst Heese (3,0); Jürgen Kalb (5,0), Bernd Hölzenbein (4,0), Jürgen Papies (5,0 - 46. Joachim Weber, 5,0); Jürgen Grabowski (3,0), Bernd Nickel (5,0), Thomas Rohrbach (4,0)
Besonderheiten: keine

Schwere und dicke Beine

Es lief bei den Bayern gegen einen frechen MSV überhaupt nicht rund. Nur mühsam gelang ein enger Sieg und damit die Herbstmeisterschaft.

"Im schlechtesten Heimspiel der Saison wurden wir Herbstmeister." FCB-Trainer Udo Lattek fand aber auch "Gründe": "Hoeneß hatte schwere Beine, er spielte schlecht. Und Schneider hatte ein dickes Bein, war schon zur Halbzeit Invalide." Und in Richtung Gegner: "Der MSV hat sehr geschickt gespielt, raffiniert gekontert." Allerdings verlor der Coach kaum ein Wort über die Leistungen seiner Stürmer Müller, Brenninger und später Mrosko, die sich aus dem Spiel heraus so gut wie nie gegen die MSV-Deckung durchzusetzen verstanden. Es war der österreichische Verteidiger Pumm, dem mit einem 25-Meter-Schuss eines seiner seltenen Tore gelang. Das 1:0 wurde allerdings nur kurz beklatscht, denn die Duisburger glichen bereits eine Minute später durch Linßen aus und hatten im weiteren Verlauf nicht nur einmal die Möglichkeit, sogar in Front zu gehen.

So musste sich Torwart Maier bei einem Heidemann-Freistoß gewaltig strecken, im Zweikampf gegen Riedl Schlimmes verhindern und einen Budde-Schuss meistern. Der Mittelstürmer der Gäste hatte zudem bereits nach 13 Minuten den Pfosten getroffen. Alles in allem war der MSV also drauf und dran, den Bayern den "Halbzeittitel" zu verderben. Hätten nicht abwechselnd die unermüdlichen Beckenbauer und Schwarzenbeck immer wieder angetrieben, wäre von der Lattek-Elf kaum Interessantes nach vorne getragen worden. Zuletzt köpfte der ebenfalls recht enttäuschende Roth einen Mrosko-Freistoß zum schmeichelhaften 2:1 ins Netz (85.) eines unter Wert besiegten MSV.

Sein Treffer hätte fast zu einem Remis für die Duisburger ausgereicht: Johannes Linßen

---

FC Bayern München - MSV Duisburg 2:1 (1:1)

Fr., 04.12.1970, 20:00 Uhr
Zuschauer: 14.000
SR: Heinz Quindeau (Ludwigshafen)
Tore: 1:0 Peter Pumm (24.), 1:1 Johannes Linßen (26., Vorlage Lehmann), 2:1 Franz Roth (85., Kopfball, Mrosko)
Aufstellung FC Bayern München: Sepp Maier (Note 2,0); Johnny Hansen (4,0), Georg Schwarzenbeck (4,0), Franz Beckenbauer (2,0), Peter Pumm (3,0); Franz Roth (3,0), Rainer Zobel (4,0), Ulrich Hoeneß (5,0 - 32. Karl-Heinz Mrosko, 4,0); Edgar Schneider (4,0 - 73. Herwart Koppenhöfer, 4,0), Gerd Müller (5,0), Dieter Brenninger (4,0)
Aufstellung MSV Duisburg: Volker Danner (1,0); Hartmut Heidemann (3,0), Detlef Pirsig (2,0), Kurt Rettkowski (3,0), Michael Bella (3,0); Bernd Lehmann (3,0), Djordje Pavlic (4,0), Johannes Linßen (3,0); Gerhard Kentschke (3,0), Rainer Budde (3,0), Johannes Riedl (2,0)
Besonderheiten: keine

Auch RWE erfreulich offensiv

Da sich die Essener nicht hinten verschanzten, sondern eifrig mitstürmten, entwickelte sich eine unterhaltsame Partie, die allerdings mehr Zuschauer verdient gehabt hätte.

Beobachter sprachen nach Spielende von der bislang besten Begegnung der laufenden Saison in Hamburg. Großen Anteil daran hatten aber auch die Gäste aus dem Revier und vornweg deren Künstler auf Linksaußen, der unorthodoxe, unberechenbare, wendige, listige, aber auch in zwei Szenen unsportliche Willi Lippens. Dessen direkter Gegenspieler, der keineswegs unerfahrene Sandmann, hatte seine liebe Not mit dem Holländer, der nach 50 Minuten das erste Tor dieses Spiels markierte.

Sein wuchtiger Schrägschuss führte zum 1:1-Ausgleich: Peter Nogly

Bis zu diesem Zeitpunkt hatten die Gäste bereits die besseren Tormöglichkeiten herausgespielt. Doch durch den Ausgleich durch den sich immer wieder offensiv einschaltenden Nogly zog der HSV bereits sieben Minuten später gleich. Der Ex-Lübecker versuchte seine enorme Schusskraft immer wieder aus der zweiten Reihe einzusetzen, wurde aber meist rechtzeitig abgeblockt. Neben ihm wurde besonders Zaczyk im zweiten Durchgang zum wichtigen Antreiber der Hanseaten, auch wenn der Spielmacher der Gastgeber, der sich nicht selten zu spät vom Ball trennte, sonst noch effektiver gewesen wäre. Seine Flanken hatten schon vor der Pause Seeler und Hellfritz erreicht, die den Führungstreffer jedoch knapp verpassten. Letztlich wurde der Druck des HSV aber doch so stark (u.a. 17:7-Eckenverhältnis), dass das 2:1 nicht mehr aus heiterem Himmel fiel, sondern erzwungen wurde. RWE bekam in der 87. Minute den Ball nicht aus der Gefahrenzone und Charly Dörfel traf im Nachschuss. Genau um dieses, wenn auch späte Tor war der HSV letztlich besser.

Hamburger SV - Rot-Weiss Essen 2:1 (0:0)

Sa., 05.12.1970, 15:30 Uhr
Zuschauer: 11.000
SR: Karl Riegg (Augsburg)
Tore: 0:1 Willi Lippens (50., Linksschuss, Vorlage Jung), 1:1 Peter Nogly (57.), 2:1 Charly Dörfel (87.)
Aufstellung Hamburger SV: Arkoc Özcan (Note 4,0); Helmut Sandmann (4,0), Hans-Jürgen Ripp (4,0), Jürgen Kurbjuhn (4,0), Heinz Bonn (2,0); Klaus Zaczyk (2,0), Peter Nogly (2,0), Hans-Jürgen Hellfritz (4,0 - 81. Robert Pötzschke, –); Gerd Klier (4,0), Uwe Seeler (4,0), Charly Dörfel (4,0)
Aufstellung Rot-Weiss Essen: Fred-Werner Bockholt (4,0); Peter Czernotzky (3,0), Hermann Erlhoff (2,0), Wolfgang Rausch (4,0), Heinz Stauvermann (4,0); Georg Jung (4,0), Egbert-Jan ter Mors (3,0), Roland Peitsch (5,0); Dieter Bast (4,0 - 46. Herbert Weinberg, 4,0), Walter Hohnhausen (4,0), Willi Lippens (2,0)
Besonderheiten: keine

19:1-Ecken - aber 0:5 Tore

"Armselig", "lendenlahm", "drittklassig" und "kopflos" sind nur eine kleine Auswahl aus den Kübeln voller Spott, die die Sportpresse nach dem Spiel über die Lauterer ergoss.

Der Einbruch des Teams von Gyula Lorant war zur Halbzeit nicht im Entferntesten absehbar. Die Hausherren hatten die Stuttgarter gut beherrscht, allerdings auch überaus fahrlässig eine große Anzahl an guten Tormöglichkeiten vergeben, die locker für einen beruhigenden Vorsprung hätten ausreichen müssen. Kaiserslautern stürmte zwar auch nach dem Pausentee (was war da drin?) weiter, doch besonders Blusch und Rehhagel vernachlässigten im zweiten Durchgang jegliche Arbeit nach hinten und rannten sich vorne, immer wieder den Ball durch die vom VfB abgeschlossene Sturmmitte treibend bzw. blind fummelnd, fest. Da auch die in der ersten Halbzeit noch recht starken Friedrich, Pirrung und Ackermann kaum mehr Sinnvolles produzierten, Vogt sowieso ein Totalausfall war, lief alles den Bach runter, denn die Abwehr brach ebenfalls völlig ein.

Krönte seine vorzügliche Leistung mit seinem tollen Tor zum 3:0: Gerd Regitz

Der VfB hatte mit viel Glück ein 0:0 zur Pause erreicht. Heinze, Regitz und Arnold hatten ihre großen Anteile daran. Als sich plötzlich die fetten Lücken auftaten, wurde die Mittelfeldreihe Gress-Olsson-Haug mehr als munter. Handschuh traf als erster VfBler per Kopf (55.), dann ging es in schöner Regelmäßigkeit weiter: 2:0 (60.), 3:0 (68.), 4:0 (75.) und Haugs 5:0 in der 87. Minute. Die Konter der plötzlich klasse aufspielenden Schwaben stachen die FCK-Abwehr aus und Elting im Kasten der Gastgeber war ohne Chance. "Wer hätte gedacht, dass wir nach einer guten ersten Halbzeit so dumm verlieren würden," klagte ein entsetzter Lorant. Wohl keiner.

1. FC Kaiserslautern - VfB Stuttgart 0:5 (0:0)

Sa., 05.12.1970, 15:30 Uhr
Zuschauer: 9.000
SR: Walter Eschweiler (Euskirchen)
Tore: 0:1 Karl-Heinz Handschuh (55., Kopfball), 0:2 Jan Olsson (60.), 0:3 Gerd Regitz (68., Vorlage Gress), 0:4 Karl-Heinz Handschuh (75.), 0:5 Horst Haug (87., Gress)
Aufstellung 1. FC Kaiserslautern: Josef Elting (Note 4,0); Günther Reinders (3,0), Dietmar Schwager (5,0), Ernst Diehl (5,0), Fritz Fuchs (4,0); Peter Blusch (6,0), Otto Rehhagel (6,0), Jürgen Friedrich (3,0); Josef Pirrung (4,0), Karl-Heinz Vogt (6,0), Klaus Ackermann (3,0)
Aufstellung VfB Stuttgart: Gerhard Heinze (3,0); Gerd Regitz (3,0), Hans Arnold (3,0), Reinhold Zech (4,0), Hans Eisele (4,0); Gilbert Gress (2,0), Jan Olsson (2,0), Horst Haug (2,0); Manfred Weidmann (3,0), Hartmut Weiß (3,0), Karl-Heinz Handschuh (2,0)
Besonderheiten: keine

RWO zuletzt mit viel Kampf und Glück

10.000 Besucher sahen zwei völlig unterschiedliche Spielabschnitte. Vor der Pause hatte die Eintracht viel Glück - später die Gastgeber.

Die gewaltige Kraftanstrengung, mit der Oberhausen im ersten Durchgang die frühzeitige Entscheidung erzwingen wollte, sollte später noch ein arges Problem für die Heimelf darstellen. In der ersten halben Stunde scheuchte RWO die Niedersachsen so heftig durch deren eigene Hälfte, dass sich nicht wenige Zuschauer die Augen rieben. Wäre nicht Schlussmann Öller im Eintracht-Tor immer wieder mit Glanztaten eingesprungen, das Konzept der Kleeblätter wäre frühzeitig Realität geworden. Fritsche, Krauthausen und Brozulat waren mehr als nah am Erfolg, doch erst als Lothar Kobluhn kurz vor der Pause in eine Fröhlich-Flanke sprang und per Aufsetzer einnickte, war Öller bezwungen (44.).

Rettete in der Nachspielzeit gegen Grzyb den Vorsprung: Klaus Witt

Das 1:0 für RWO weckte dann auch die Braunschweiger, die ihrerseits die zweite Hälfte der Partie dominierten. Allerdings hatten Ulsaß und Gerdsdorff nicht ihre Bestform nach Oberhausen mitgebracht. Gefahr für das Tor der Hausherren ging nur von Erler und dem äußerst offensiven Grzyb aus, denn auch Deppe und Saborowski wussten sich gegen Dick und vor allem Hollmann kaum durchzusetzen. Gut für RWO wirkte sich auch die Einwechslung von Fröhlich aus, der nicht nur für das 1:0 aufgelegt hatte, sondern mit seiner Spielweise auch immer wieder Ruhe in die nachlassende Truppe von Trainer Preißler brachte. Zuletzt wurden auch Lorenz und Kaack sowie Merkhoffer abwechselnd, teils auch gleichzeitig, offensiv, doch die Spitzen der Eintracht blieben stumpf. Die letzte Chance hatte Grzyb in der Nachspielzeit, doch Witt parierte dessen Flachschuss und die Punkte blieben vor Ort.

Rot-Weiß Oberhausen - Eintr. Braunschweig 1:0 (1:0)

Sa., 05.12.1970, 15:30 Uhr
Zuschauer: 10.000
SR: Franz Wengenmeyer (München)
Tore: 1:0 Lothar Kobluhn (44., Kopfball, Vorlage Fröhlich)
Aufstellung Rot-Weiß Oberhausen: Klaus Witt (Note 4,0); Hermann-Josef Wilbertz (4,0), Reiner Hollmann (2,0), Friedhelm Dick (3,0), Friedhelm Kobluhn (4,0); Lothar Kobluhn (4,0), Werner Ohm (5,0 - 36. Gert Fröhlich, 2,0), Franz Krauthausen (2,0); Günter Karbowiak (4,0), Hans Fritsche (3,0), Dieter Brozulat (4,0 - 71. Wolfgang Sühnholz, –)
Aufstellung Eintracht Braunschweig: Burkhardt Öller (2,0); Wolfgang Grzyb (2,0), Max Lorenz (4,0), Peter Kaack (3,0), Franz Merkhoffer (4,0); Friedhelm Haebermann (4,0), Bernd Gersdorff (3,0), Lothar Ulsaß (4,0); Klaus Gerwien (5,0 - 65. Rainer Skrotzki, 4,0), Jaro Deppe (4,0 - 52. Gerd Saborowski, 4,0), Dietmar Erler (2,0)
Besonderheiten: keine

Gutendorfs altes System griff

Mit dem Meidericher SV und seinem "Roll-System" hatte Rudi Gutendorf die Kölner bereits 1963/64 geärgert. Mit dem OFC gelang es ihm erneut.

Mit acht Mann stürmen und mit acht Mann verteidigen. Viel Bewegung verlangte Gutendorf von seinen Kickers, die er im Trainingslager Grünberg in den 14 Tagen zuvor geimpft hatte. Zu Beginn schien der FC den OFC jedoch gnadenlos überrennen zu wollen, griff mit viel Tempo und Druck an. Das erste Tor fiel aber auf der Gegenseite (20.). Erwin Kremers traf im dritten Nachschuss. Die Kölner waren nicht lange geschockt, übernahmen wieder das Ruder. Allerdings prallten die Kölner von dem kampfstarken Kickers-Block ab. Zur Pause lag die Ocwirk-Elf überraschend zurück.

Kam diesmal nur zu einem Kurzeinsatz für den OFC: Helmut Schmidt

Mit Kraft hatte Gutendorf bereits nach 28 Minuten für den angeschlagenen Helmut Kremers einen echten, zudem starken Mittelstürmer gebracht und gehörig umgebaut. Winkler zog mit Waida, der Overath glatt ausstach, nun im Mittelfeld die Fäden und Gecks schockte die Gäste in der 46. Minute mit dem 2:0 erneut. Da Kowalski gegen Flügelflitzer Erwin Kremers meist nur die Hacken sah und der Linksaußen auf 3:0 erhöhte, war das Spiel nach knapper Stunde im Prinzip entschieden. Das 1:3 durch Löhr (80.) kam dann auch viel zu spät, wurde zudem von Winkler fünf Minuten später mit dem 4:1 frech beantwortet. Letztlich entschied die höhere Laufbereitschaft der absolut durchtrainierten Offenbacher, die sich in dieser Form und taktischen Ausrichtung als eine echte Bereicherung für die Bundesliga erwiesen. Köln enttäuschte keineswegs, erhielt die Gegentreffer jedoch zu ungünstigen Zeitpunkten und machte zu viele individuelle Fehler (Cullmann, Parits), die nicht zu kompensieren waren.

Kickers Offenbach - 1. FC Köln 4:1 (1:0)

Sa., 05.12.1970, 15:30 Uhr
Zuschauer: 14.000
SR: Walter Horstmann (Hildesheim)
Tore: 1:0 Erwin Kremers (20.), 2:0 Horst Gecks (46., Vorlage Kraft), 3:0 Erwin Kremers (57., Reich), 3:1 Hennes Löhr (80., Cullmann), 4:1 Klaus Winkler (85., Kopfball)
Aufstellung Kickers Offenbach: Karlheinz Volz (Note 2,0); Erwin Spinnler (3,0), Hans Reich (3,0), Nikolaus Semlitsch (3,0), Helmut Kremers (4,0 - 28. Gerhard Kraft, 3,0); Roland Weida (3,0), Klaus Winkler (3,0), Winfried Schäfer (4,0); Horst Gecks (3,0), Egon Schmitt (3,0), Erwin Kremers (2,0 - 85. Helmut Schmidt, –)
Aufstellung 1. FC Köln: Manfred Manglitz (4,0); Kurt Kowalski (5,0), Werner Biskup (4,0), Wolfgang Weber (4,0), Matthias Hemmersbach (4,0); Heinz Simmet (2,0), Bernhard Cullmann (4,0), Wolfgang Overath (2,0); Thomas Parits (4,0), Bernd Rupp (3,0), Hennes Löhr (2,0)
Besonderheiten: keine

Werders Betonmauer hielt

Eine überaus einseitige Begegnung endete deshalb mit einer Nullnummer, weil Konzentration und Nervenkostüm der jungen Schalker Elf vor dem SVW-Tor versagten.

Schalke bohrte 80 Minuten lang an der Bremer Mauer, doch der Beton bröselte nur selten etwas ab. Zuletzt hätten die Hanseaten sogar noch alle beide Punkte entführen können, denn Hasebrink hatte freie Schussbahn, doch Debütant Dieter Burdenski machte seinem späteren Arbeitgeber einen Strich durch die Rechnung. Ansonsten hatten die Bremer, bei denen Windhausen und Höttges vermisst wurden, nur hinten drin gestanden, mit langen Pässen nach vorne versucht, den einen oder anderen Konter auszuspielen. Diesem Unterfangen geboten wiederum die Schalker Einhalt. Einzig Hasebrinks Volleyschuss, der ebenfalls von Burdenski abgetötet wurde (28.), durchnitt die Angriffswellen der Hausherren. Da S04 aber vor allem über seine Flügelstürmer Pohlschmidt und Pirkner wenig aufriss (Stan Libuda fehlte verletzt), drängte das Heimteam übertrieben durch die Mitte. Werder konnte sich dafür herzlich bedanken.

Kam in dieser Partie zu einem seiner beiden Einsätze: Karl-Heinz Kuzmierz

Torchancen gab es dennoch einige für Schalke. Drei Mal krachte der Ball an Pfosten und Latte, doch die robusten Bremer ließen nicht von ihrer Marschroute ab, rührten den Beton immer wieder mit acht Defensiven und vollem Körpereinsatz an. Scheer, Fischer, Wüst für Pirkner, Pohlschmidt und zuletzt Kuzmierz rieben sich an Schütz & Co. auf, ließen hinten aber auch nichts anbrennen. So war Görts beim Ex-Stürmer Wittkamp bestens aufgehoben. Den stärksten Mann bei S04 am Ende mit in den Angriff zu nehmen, traute sich Cendic nicht, denn bei seinen Youngsters war dann doch die Luft raus.

FC Schalke 04 - SV Werder Bremen 0:0 (0:0)

Sa., 05.12.1970, 15:30 Uhr
Zuschauer: 15.000
SR: Alfons Betz (Regensburg)
Tore: keine
Aufstellung FC Schalke 04: Dieter Burdenski (Note 3,0); Hans-Jürgen Wittkamp (1,0), Klaus Fichtel (3,0), Rolf Rüssmann (2,0), Jürgen Sobieray (4,0); Herbert Lütkebohmert (2,0), Klaus Scheer (4,0), Heinz van Haaren (4,0); Hans Pirkner (5,0 - 46. Alban Wüst, 5,0), Klaus Fischer (5,0), Manfred Pohlschmidt (5,0 - 82. Karl-Heinz Kuzmierz, –)
Aufstellung SV Werder Bremen: Günter Bernard (3,0); Dieter Zembski (3,0), Arnold Schütz (2,0), Rudolf Assauer (2,0), Egon Coordes (4,0); Bernd Schmidt (4,0), Heinz-Dieter Hasebrink (5,0), Ole Björnmose (4,0); Werner Thelen (5,0 - 46. Bernd Lorenz, 4,0), Karl-Heinz Kamp (5,0), Werner Görts (4,0)
Besonderheiten: keine

ZEITFENSTER
30. Nov. - 6. Dezember 1970

Anzeigenwerbung aus 1970
(BRD, 1970)

Mit Speck fängt man Mäuse: Zum Kundenfang wurden den Tankstellenpächtern Präsente zur Verfügung gestellt. Wer bei Aral Sprit fasste, wurde ab einer Kaufsumme von 20,00 Mark mit einem Oldtimerposter beschenkt. Das Tanken beim Konkurrenten Shell wurde ab der gleichen Mindesteinkaufsumme mit einer Münze (Porträts der deutschen WM-Spieler von 1970 in Mexiko) belohnt. Die Pop-Art geprägte Freizügigkeit der 70er-Jahre spiegelt sich in Sinalcos Anzeige wider.

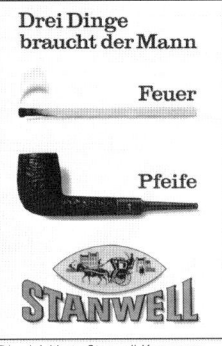

Die vielzitierte Stanwell-Kampagne

Bundesliga 1970/1971 – 18. Spieltag

Große Paraden zeigte Günter Bernard. Vor dem heranstürmenden Weber boxte er den Ball von der Torlinie. Links Simmet, in der Mitte Assauer und Lorenz (1. FC Köln - Weder Bremen 1:1)

Keine Sonne im Keller

Trotz sechswöchiger Winterpause gab es am 18. Spieltag keine einzige Überraschung. Die ersten Drei kamen zu Siegen, während die Kellerkinder sämtlich verloren. Sogar die Serien währten fort.

Hertha etwa blieb auch im vierten Spiel in Folge sieglos und verabschiedete sich wohl endgültig aus dem Titelkampf, welchen Bayern und Gladbach weiter mit gleichen Waffen führten. Auf Schalke aber galt es nun Acht zu geben. Mit einem glücklichen 1:0 über Braunschweig setzten sich die Knappen vom Hauptfeld ab. Gleich zwei Serien wurden im Volkspark verlängert, denn während Hamburg zum siebten Mal in Folge ungeschlagen blieb, wartete Frankfurt nun seit über 400 Minuten auf ein Auswärtstor. Auch Essen verlor in Hannover schon sein drittes Spiel am Stück (1:3) und musste froh sein, dass die Abstiegskonkurrenz mit teils unwürdigen Leistungen ebenfalls unterging. "Unsere Mannschaft war so schlecht wie nie", urteilte etwa Oberhausens Präsident nach dem 0:2 gegen Duisburg. König unter den Blinden war mit einem Auge da schon Bremen. Dessen Remis in Köln aber war der größte Witz des Spieltags.

Ergebnisse – 18. Spieltag 1970/1971

Sa., 23.01.71	Arminia Bielefeld	-	Borussia Dortmund	2:3 (2:1)
Sa., 23.01.71	Hamburger SV	-	Eintracht Frankfurt	3:0 (1:0)
Sa., 23.01.71	Hannover 96	-	Rot-Weiss Essen	3:1 (0:0)
Sa., 23.01.71	1. FC Kaiserslautern	-	Hertha BSC Berlin	2:0 (0:0)
Sa., 23.01.71	1. FC Köln	-	SV Werder Bremen	1:1 (1:1)
Sa., 23.01.71	FC Bayern München	-	VfB Stuttgart	1:0 (0:0)
Sa., 23.01.71	Rot-Weiß Oberhausen	-	MSV Duisburg	0:2 (0:2)
Sa., 23.01.71	Kickers Offenbach	-	Borussia Mönchengladbach	1:3 (0:1)
Sa., 23.01.71	FC Schalke 04	-	Eintracht Braunschweig	1:0 (0:0)

Tabelle

Platz	Verein	S	U	N	Tore	Differenz	Punkte
1.	FC Bayern München	11	6	1	35:12	+23	28:8
2.	Borussia Mönchengladbach	10	7	1	44:17	+27	27:9
3.	FC Schalke 04	10	4	4	25:14	+11	24:12
4.	Eintracht Braunschweig	9	3	6	27:17	+10	21:15
5.	Hertha BSC Berlin	8	5	5	25:19	+6	21:15
6.	VfB Stuttgart	7	5	6	31:28	+3	19:17
7.	1. FC Köln	5	8	5	22:23	-1	18:18
8.	Hamburger SV	6	6	6	27:36	-9	18:18
9.	Borussia Dortmund	7	3	8	27:30	-3	17:19
10.	MSV Duisburg	5	7	6	15:19	-4	17:19
11.	1. FC Kaiserslautern	7	3	8	25:30	-5	17:19
12.	Rot-Weiss Essen	5	6	7	24:23	+1	16:20
13.	Hannover 96	6	4	8	22:26	-4	16:20
14.	SV Werder Bremen	3	9	6	13:19	-6	15:21
15.	Kickers Offenbach	5	4	9	22:30	-8	14:22
16.	Rot-Weiß Oberhausen	4	5	9	27:39	-12	13:23
17.	Arminia Bielefeld	4	4	10	19:30	-11	12:24
18.	Eintracht Frankfurt	3	5	10	9:27	-18	11:25

Torjägerliste - Zuschauer - Selbsttore - Platzverweise

Torjägerliste:
1. Lippens, Vogt: je 13 Tore
2. Keller: 12 Tore
3. Heynckes, Roth: je 11 Tore

Zuschauer: 171.000
Tore: 24
Selbsttore: 1
Platzverweise: keine

Taktisch ungenügend

An die dritte Heimniederlage war zur Pause nicht zu denken. Doch Arminia verzettelte sich, versäumte den entscheidenden Schlag und bekam am Ende nicht mal einen Punkt heraus.

Hinterher schien es ganz logisch, dass Bielefeld doch noch gestolpert war, denn noch kein einziges seiner Spiele gegen West-Klubs hatte der Aufsteiger bisher gewonnen. Dies nun war der achte gescheiterte Versuch. Diesmal allerdings war durchaus etwas zu holen gewesen, zur Halbzeit schließlich lag die Arminia sogar vorn, und das auf beachtliche Weise. In Ermangelung eines Stürmers, Kuster war weiterhin nicht dabei, blies der Libero permanent zur Attacke. Gleich nach sieben Minuten traf Slomiany so ins Netz und erwirkte für eine ganze Weile einen groben, aber einseitigen Spielablauf; im knöcheltiefen Matsch erwies sich Bielefeld eindeutig als Herr im Haus. Jäh unterbrochen wurde dieser Eindruck durch das Ausgleichstor von Held (22.), das Dortmund aber nur kurzfristig weiterhalf, denn noch vor der Pause kam Slomiany erneut aus dem Hinterhalt herangebraust und brachte die Platzelf wieder in Führung (37.). Nun machte Bielefeld den entscheidenden Fehler. Anstatt die Borussen mit Verstand aus der Reserve zu locken, stürmte Arminia volle Pulle weiter. So entstanden den Gästen dann die erhofften Räume, die der immer stärker werdende Held nach einer Stunde per Konter zum Ausgleich nutzte. Inzwischen stand fest, dass es um die Kondition des Aufsteigers nicht mehr zum Besten stand. Auch Horst Witzler hatte diesen Eindruck, was ihn veranlasste, kurz vor dem Ende noch mit Bücker einen frischen Stürmer zu bringen. Unmittelbar darauf traf dieser Mann zum Sieg.

Gut gestürmt, nur schwach verteidigt: Waldemar Slomiany

Arminia Bielefeld - Borussia Dortmund 2:3 (2:1)

Sa., 23.01.1971, 15:30 Uhr
Zuschauer: 26.000
SR: Horst Herden (Hamburg)
Tore: 1:0 Waldemar Slomiany (8., Freistoß), 1:1 Siegfried Held (22., Vorlage Ritschel), 2:1 Waldemar Slomiany (37.), 2:2 Siegfried Held (63., Kopfball, Andree), 2:3 Theo Bücker (83.)
Aufstellung Arminia Bielefeld: Gerd Siese (Note 4,0); Horst Wenzel (3,0), Waldemar Slomiany (2,0), Detlef Kemena (4,0), Volker Klein (5,0); Ulrich Braun (3,0), Gerd Knoth (4,0), Horst Stockhausen (4,0); Klaus Oberschelp (5,0 - 75. Georg Stürz, –), Gerd Roggensack (4,0), Norbert Leopoldseder (4,0 - 44. Karl-Heinz Brücken, 4,0)
Aufstellung Borussia Dortmund: Klaus Günther (3,0); Ferdinand Heidkamp (3,0), Willi Neuberger (3,0), Branco Rasovic (4,0), Gerd Peehs (3,0); Hans-Joachim Andree (4,0), Jürgen Schütz (3,0), Dieter Kurrat (4,0); Manfred Ritschel (3,0 - 83. Theo Bücker, –), Siegfried Held (2,0), Dieter Weinkauff (4,0 - 70. Theodor Rieländer, 3,0)
Besonderheiten: keine

Entscheidung per Fallrückzieher

Nach 20 Minuten hätte man ein glattes 3:0 so gar nicht für möglich gehalten, die Eintracht hatte Spaß an sich selbst und verfeuerte einige Platzpatronen. Kaum verlor Frankfurt aber den Faden, war der HSV schon zur Stelle.

Neuerdings mit Bundesligator: Gerd Klier

"Vielleicht sind wir nicht primitiv genug, um uns konsequent mauernd auswärts besser aus der Affäre zu ziehen." So der zynische Kommentar Erich Ribbecks, der von Belobigungen ob der flotten Anfangsminuten überhaupt nichts hören wollte. Was die Hessen zu Beginn der 15.000 Zuschauern Angst. Drei Mal in Folge zog da Bernd Nickel, neuerdings im Mittelfeld zu finden, aus der Entfernung aufs Tor. Hinzu kam ein Freistoß Schämers, der aus 20 Metern an den Pfosten knallte. Frankfurt hatte einiges vor, wie es schien, und wollte sich vor allem nicht verstecken. Auf den sensiblen Positionen nur waren die Hessen schlecht besetzt. Ein unsicherer Feghelm vertrat Peter Kunter im Tor, Lindner, nach 18 Monaten erstmals wieder dabei, hatte große Probleme gegen Seeler, und im Mittelfeld krebste ein Hölzenbein herum, der nicht nur das eigene Spiel nicht inspirierte, sondern seine Deckungsaufgaben auch unsauber löste: Sein Gegenspieler Gerd Klier traf zum wegweisenden 1:0. Klier war die große Entdeckung des Hamburger Rückrundenstarts, nicht nur wegen seines ersten Bundesligatreffers. Mit diesem im Rücken erfuhr dann auch der Rest der Platzelf Auftrieb; und wer kurz nach der Pause schon wieder Platz genommen hatte, der bekam sogar ein Sahnestück geliefert: Eine Flanke aus dem Halbfeld landete kurz vor dem Strafraum bei Uwe Seeler, der den Ball mit der Brust annahm und wuchtig-elegant per Fallrückzieher in den Giebel donnerte. Danach kam von Frankfurt nichts mehr.

Hamburger SV - Eintracht Frankfurt 3:0 (1:0)

Sa., 23.01.1971, 15:30 Uhr
Zuschauer: 15.000
SR: Karl-Heinz Fork (Unna)
Tore: 1:0 Gerd Klier (24., Vorlage Seeler), 2:0 Uwe Seeler (50., Rechtsschuss), 3:0 Klaus Zaczyk (69., Rechtsschuss)
Aufstellung Hamburger SV: Arkoc Özcan (Note 3,0); Jürgen Kurbjuhn (4,0), Hans-Jürgen Hellfritz (4,0), Hans-Jürgen Ripp (4,0), Helmut Sandmann (4,0); Klaus Zaczyk (2,0), Peter Nogly (4,0), Gerd Klier (2,0), Siegfried Beyer (4,0), Uwe Seeler (3,0 - 74. Hans Schulz, –), Charly Dörfel (3,0)
Aufstellung Eintracht Frankfurt: Siegbert Feghelm (5,0); Peter Reichel (4,0), Dieter Lindner (5,0), Friedel Lutz (4,0), Lothar Schämer (4,0); Jürgen Kalb (4,0 - 79. Gert Trinklein, –), Horst Heese (3,0), Jürgen Papies (4,0), Bernd Hölzenbein (5,0), Jürgen Grabowski (4,0 - 60. Günter Keifler, –), Bernd Nickel (3,0)
Besonderheiten: keine

Essen ohne Rezept

Umsichtige Verteidigung und ein gutes Mittelfeld hielten RWE nur eine Stunde lang über Wasser. Hannover musste lediglich mehr riskieren, um die Gäste schließlich mühelos aus dem Weg zu räumen.

Unfreiwillig hatte der Trainer der Hausherren ein glückliches Händchen. Zwar begann das Spiel mit einem Unglück für 96, denn Wellers alte Verletzung brach wieder auf und zwang ihn zur frühzeitigen Aufgabe. Der Mann aber, den Helmuth Johannsen dann auf den Rasen schickte, wurde ein wahrer Volltreffer; auf Anhieb sorgte Horst Bertl für Impulse und versiegelte die Partie schließlich mit seinem dritten Saisontor (89.). Ob Hannover ohne diese Einwechslung überhaupt gewonnen hätte? Die Antwort lautete Ja. Zwar war Essen in der Winterpause fitter geworden, im Spielverständnis aber gab es weiter Mängel. Den kompletten ersten Durchgang durfte Hannover verschlafen, ohne dass die Gäste daraus Kapital schlagen konnten. Im Team gab es außerdem Disharmonie, weil Beer und Peitsch etwa dauerhaft auf Achse waren, Littek und Lippens sich aber ihre Pausen gönnten. Vor allem der Holländer, auch wenn er Essens erstes Tor überhaupt in Hannover erzielte, war den Kollegen manchmal fremd. Mit Hannovers Steigerung hatte man rechnen können, weil es im ersten Durchgang wirklich an allem gefehlt hatte und die Fans zur Pause auch sehr am Beifall sparten. Kaum wurden die Drehzahlen dann erhöht, fielen schließlich auch Tore. Per Doppelpack meldete sich Keller zurück, nachdem er sechs Wochen vorher erst am Knie operiert worden war (61./65.). Der Anschlusstreffer passte nicht mehr ins Bild, entsprang allerdings einer schönen Einzelleistung. Die wiederum konnte Bertl mit seinem tollen Solo noch übertrumpfen.

Der ideale Joker: Horst Bertl

Hannover 96 - Rot-Weiss Essen 3:1 (0:0)

Sa., 23.01.1971, 15:30 Uhr
Zuschauer: 21.000
SR: Rudolf Frickel (München)
Tore: 1:0 Ferdinand Keller (61., Vorlage Bertl), 2:0 Ferdinand Keller (65., Siemensmeyer), 2:1 Willi Lippens (71.), 3:1 Horst Bertl (89.)
Aufstellung Hannover 96: Horst Podlasly (Note 3,0); Rainer Stiller (3,0), Peter Anders (3,0), Hans-Josef Hellingrath (3,0), Jürgen Bandura (4,0); Hans Siemensmeyer (4,0), Hans-Joachim Weller (– - 11. Horst Bertl, 2,0), Horst Berg (4,0); Zvezdan Cebinac (5,0 - 80. Claus Brune, –), Ferdinand Keller (2,0), Rudolf Nafziger (4,0)
Aufstellung Rot-Weiss Essen: Fred-Werner Bockholt (2,0); Klaus Link (4,0), Wolfgang Rausch (3,0), Hermann Erlhoff (4,0), Peter Czernotzky (3,0); Georg Jung (4,0), Roland Peitsch (2,0), Erich Beer (3,0); Helmut Littek (5,0 - 71. Dieter Bast, –), Walter Hohnhausen (4,0), Willi Lippens (4,0)
Besonderheiten: keine

Schlammschlacht am Betze

Hertha hatte Pech, gleich zum Rückrundenstart an den Betzenberg zu müssen. Die Pfälzer waren konditionell so vollgetankt, dass auch eine ordentliche Berliner Vorstellung für einen Punktgewinn nicht reichte.

Der entscheidende Hinweis für den Weg zu einem Heimsieg fiel Kaiserslautern einfach vom Himmel. Zwei Stunden vor Spielbeginn begann es so übel zu regnen, dass sich riesige Pfützen auf dem Betzenberg bildeten. Dem Schatzmeister kam dies weniger gelegen, wohl aber der pfälzer Spielkultur. Der Erfolg über Hertha war ein Lehrbeispiel für Kampf und Entschlossenheit und dafür, wie man einen technisch versierteren Gegner in die Knie zwingen kann. Pirrung und Schwager hießen die großen Matadore dieser Schlacht. Gyula Lorant war ganz aus dem Häuschen: "Mit einer solchen Einstellung, wie wir sie diesmal brachten, hat es wohl jede Mannschaft schwer gegen uns. Wir hätten sogar noch mehr Tore machen können, aber dafür fehlte die Routine." Weil die Berliner sich auf den Belag nicht einließen, sprach die Tendenz dauerhaft für einen Sieger FCK. Lange genug nur konnten sich die Gäste auf ihre Defensive verlassen, weil Vogt und Ackermann sich ebenso schlecht auf Schmierseife bewegten wie die Stürmer der Hertha auf der anderen Seite. Den Abwehrspielern spielte der Belag in die Karten. Was die Alte Dame indes niemals zeigte, war bedingungsloser Ehrgeiz, und deshalb zog die Platzelf doch noch davon. Zwischen Vogts Doppelpack (79./89.) ließ Horr noch einen Schreckschuss ab, wobei Schiedsrichter Henning bei seinem Pfostenschuss eine Abseitsstellung übersah. Hätte Hertha hier getroffen und per Fehlentscheidung noch einen Punkt entführt, der Ruf nach Gerechtigkeit wäre sehr laut geworden.

Der Benjamin kämpfte am tapfersten: Josef Pirrung

1. FC Kaiserslautern - Hertha BSC Berlin 2:0 (0:0)

Sa., 23.01.1971, 15:30 Uhr
Zuschauer: 15.000
SR: Gerd Hennig (Duisburg)
Tore: 1:0 Karl-Heinz Vogt (79., Linksschuss, Vorlage Hosic), 2:0 Karl-Heinz Vogt (89., Pirrung)
Aufstellung 1. FC Kaiserslautern: Josef Elting (Note 3,0); Günther Reinders (4,0), Dietmar Schwager (2,0), Ernst Diehl (3,0), Fritz Fuchs (3,0); Otto Rehhagel (3,0), Jürgen Friedrich (2,0), Idriz Hosic (3,0); Josef Pirrung (2,0), Karl-Heinz Vogt (3,0), Klaus Ackermann (4,0)
Aufstellung Hertha BSC Berlin: Volkmar Groß (3,0); Bernd Patzke (3,0), Uwe Witt (3,0), Tasso Wild (3,0), Karl-Heinz Ferschl (4,0); Laszlo Gergely (3,0), Wolfgang Gayer (4,0); Hans-Jürgen Sperlich (4,0), Zoltan Varga (4,0), Lorenz Horr (3,0), Jürgen Weber (4,0)
Besonderheiten: keine

Verdacht auf Zauberei

Dieses Spiel nicht zu gewinnen, war hochgradig peinlich für den 1. FC Köln. Bremen tat gar nichts für den Punktgewinn und hätte am Ende trotzdem fast gewonnen.

Es hätte zu diesem Spiel gepasst, wenn Bernd Lorenz in der letzten Minute noch die Nerven behalten hätte. Schiedsrichter Geng führte die Pfeife schon zum Mund, als Werders Stürmer nach einem Steilpass noch einmal aufs Tor zujagte. Wolfgang Overath konnte ihm nur nachschauen und hoffen, dass wenigstens diese Schmach doch ausbleiben möge. Und sie blieb. Lorenz schoss den Ball daneben, und Köln erhielt immerhin einen Punkt. Selbst das aber war für Kölns Trainer nicht zu glauben: "Wer so viele Torchancen vergibt, der darf auch einfach nicht gewinnen." Die Geißböcke waren zeitweise derart überlegen, dass die Bremer im Wirbelsturm verloren zu gehen drohten. Windhausen, Björnmose, Piontek und Steinmann waren nicht dabei, und wer noch übrig war, gab sich ganz der Aufgabe der Verteidigung hin. Mit Mann und Maus stand Werder hinten drin - und kam wie durch ein Wunder mit heiler Haut davon. Bernard leistete schon Unmenschliches, trotzdem mussten noch drei Mal Zembski auf der Linie, zwei weitere Male die Querstange retten. Als Rupp unendlich spät das 1:0 dann schaffte (39.), drohte immer noch ein Dammbruch. Eine abgefälschte Co-Produktion von Höttges und Lorenz brachte Werder aber sofort wieder zurück (44.). Je mehr Zeit verstrich, desto gruseliger wurde die Kölner Fehlschussbilanz. Als Ocwirk der Kragen platzte und der desolate Parits für einen Amateur weichen musste, ergab sich noch ein Schlussfeuerwerk inklusive einer unhaltbaren Kanone, der Bernard sich in den Weg warf. Das letzte Wort hatte dann Lorenz.

Genau wie Bernard ein Held auf der Linie: Dieter Zembski

1. FC Köln - SV Werder Bremen 1:1 (1:1)

Sa., 23.01.1971, 15:30 Uhr
Zuschauer: 7.000
SR: Philipp Geng (Freiburg)
Tore: 1:0 Bernd Rupp (39.), 1:1 Horst-Dieter Höttges (44.)
Aufstellung 1. FC Köln: Manfred Manglitz (Note 3,0); Karl-Heinz Thielen (3,0), Werner Biskup (4,0 - 27. Manfred Classen, 5,0), Wolfgang Weber (3,0), Matthias Hemmersbach (3,0); Heinz Simmet (3,0), Wolfgang Overath (4,0), Jupp Kapellmann (5,0); Thomas Parits (5,0 - 76. Hans-Jürgen Lex, 4,0), Bernd Rupp (4,0), Heinz Flohe (4,0)
Aufstellung SV Werder Bremen: Günter Bernard (2,0); Dieter Zembski (4,0), Arnold Schütz (3,0), Rudolf Assauer (3,0), Egon Coordes (3,0); Heinz-Dieter Hasebrink (4,0), Horst-Dieter Höttges (3,0), Karl-Heinz Kamp (3,0); Werner Görts (4,0 - 72. Herbert Meyer, 4,0), Bernd Lorenz (5,0), Werner Thelen (5,0 - 62. Bernd Schmidt, 4,0)
Besonderheiten: keine

Stille Kraftreserven

Mit dem 0:0 zur Pause wähnte sich Stuttgart auf einem guten Weg, überraschend aber waren es die Schwaben dann, die konditionell nachließen und nicht die Bayern. Spielerisch war der Unterschied deutlicher.

Die Gelegenheit für einen Beutezug in München schien günstiger denn je, hatten die Bayern doch nicht nur in der Winterpause ihren Rhythmus verloren, sondern sich auch auf eine schlauchende Südamerika-Reise begeben. Stuttgart dagegen war ausgeruht und zu allem bereit. Ein leichtes Übergewicht war den Gästen anfangs auch nicht abzusprechen, zumindest was die Sicherheit am Spielgerät und die Ordnung in den eigenen Reihen anging. Ohne Zweifel machten die Schwaben dem Platzherrn das Leben schwer. Ging es aber um eigene Ideen, sah man auch im Stuttgarter System einige Mängel. Gilbert Gress, der nach Marseille verkaufte Regisseur, hatte ein Loch hinterlassen, das weder Haug noch Entenmann adäquat stopfen konnten. Torchancen eröffneten sich den Gästen somit noch weniger im ersten Abschnitt, dabei hatten die Bayern schon reichlich wenige. Die allerdings legten nach dem Seitenwechsel zu. Brenninger ins Spiel zu bringen, sollte sich auszahlen, denn über die linke Seite ließ sich Stuttgarts Deckung eher mal aufreißen als auf rechts oder in der Mitte. Gerd Müller zum Beispiel war bei Jan Olsson komplett abgemeldet. Nachdem durch einen Pressschlag fast das 0:1 gefallen wäre, machten die Gastgeber wirklich ernst und kamen vermehrt zu ruhenden Bällen. Ein solcher Freistoß führte auch zum einzigen Tor, das Mrosko aus einem Gewühl erzielte und das fast doch noch egalisiert worden wäre, als Höbusch Sekunden vor Schluss eine Bombe neben der Torstange zündete.

Wühlte besser als Gerd Müller: Karl-Heinz Mrosko

FC Bayern München - VfB Stuttgart 1:0 (0:0)

Sa., 23.01.1971, 15:30 Uhr
Zuschauer: 22.000
SR: Norbert Fuchs (Herdorf)
Tore: 1:0 Karl-Heinz Mrosko (65., Vorlage G. Müller)
Aufstellung FC Bayern München: Sepp Maier (Note 3,0); Johnny Hansen (3,0), Georg Schwarzenbeck (3,0), Franz Beckenbauer (2,0), Herwart Koppenhöfer (4,0); Franz Roth (4,0), Rainer Zobel (3,0), Ulrich Hoeneß (2,0); Karl-Heinz Mrosko (4,0), Gerd Müller (5,0), Edgar Schneider (4,0 - 46. Dieter Brenninger, 2,0)
Aufstellung VfB Stuttgart: Gerhard Heinze (3,0); Günther Eisele (4,0), Reinhold Zech (4,0), Jan Olsson (3,0), Hans Arnold (4,0); Herbert Höbusch (4,0), Willi Entenmann (4,0), Horst Haug (3,0); Manfred Weidmann (5,0), Hartmut Weiß (4,0), Karl-Heinz Handschuh (5,0)
Besonderheiten: keine

Nerven wie Wackelpudding

Von den 22.000 Zuschauern verließ ein gutes Drittel das Stadion vorzeitig, so traurig startete RWO ins neue Jahr. Duisburg brauchte nur ein Tor zu schießen, um die klaffenden Wunden freizulegen.

Hannes Linßen war ohnehin die prägende Figur dieses Spiels, aber in einer Szene kam er auch in die Geschichtsbücher. Ursprung war ein Foul Krauthausens an Djordje Pavlic, das den Duisburger so aus der Fassung brachte, dass er lautstark bei Schiedsrichter Bonacker protestierte. Der wiederum schaute nicht richtig hin und verwechselte Pavlic mit Linßen, in dessen verdutztes Gesicht er die erste Gelbe Karte der Ligageschichte hielt. Der "Sünder" trug es mit Fassung, denn ansonsten durchlebte Duisburg einen ruhigen und beschwerdefreien Nachmittag; für eine halbe Stunde Arbeit kassierten die Zebras zwei komplette Bundesligapunkte. Dafür machten die Gäste vieles richtig, trumpften vornehmlich mit ihrer großen mannschaftlichen Geschlossenheit und der hohen Disziplin im Abwehrbereich. Vor allem aber machten die Zebras weniger verkehrt als die Gastgeber und brachten diese nur in den richtigen Momenten aus der Fassung. Bis zur 13. Minute war Oberhausens Bemühen glaubhaft, als Kentschke den angeschlagenen Witt dann aber aus dem Hinterhalt überraschte (13.), ging es bei den Kleeblättern schon drunter und drüber. Als riesiger Reinfall erwies sich da die Taktik des Trainers, Kliemann als nachrückenden Angreifer aufzustellen, denn es fehlte jeder Druck von den Flügeln. Ein Pfostentreffer Krauthausens war die kümmerliche Ausbeute eines zum Sieg ausgerufenen Heimspiels, das spätestens verloren war, als Hollmann völlig unnötig gegen Kentschke die Notbremse zog (32.).

Der erste Verwarnte der Ligahistorie: Hannes Linßen

Rot-Weiß Oberhausen - MSV Duisburg 0:2 (0:2)

Sa., 23.01.1971, 15:30 Uhr
Zuschauer: 20.000
SR: Horst Bonacker (Quadrath-Ichendorf)
Tore: 0:1 Gerhard Kentschke (13.), 0:2 Bernd Lehmann (32., Foulelfmeter)
Aufstellung Rot-Weiß Oberhausen: Klaus Witt (Note 4,0); Hermann-Josef Wilbertz (5,0), Friedhelm Dick (4,0), Reiner Hollmann (4,0), Werner Ohm (5,0); Lothar Kobluhn (4,0), Gert Fröhlich (4,0), Uwe Kliemann (4,0 - 46. Norbert Lücke, 4,0); Franz Krauthausen (4,0), Dieter Brozulat (5,0), Wolfgang Sühnholz (4,0 - 52. Hans Fritsche, 4,0)
Aufstellung MSV Duisburg: Volker Danner (3,0); Hartmut Heidemann (3,0), Kurt Rettkowski (4,0), Detlef Pirsig (4,0), Michael Bella (3,0); Bernd Lehmann (4,0), Djordje Pavlic (4,0), Johannes Linßen (2,0 - 76. Bernard Dietz, –); Johannes Riedl (3,0), Rainer Budde (4,0), Gerhard Kentschke (2,0)
Besonderheiten: keine

Zu Besuch war der Meister

Im Fernduell mit den Bayern hatte Gladbach wohl die schwerere Aufgabe, doch die Fohlen lösten sie umso eleganter. Offenbach bekam eine Schulung in modernem Konterspiel.

Der Unterschied zwischen Meister und Kellerkind trat nach einer Viertelstunde deutlich zutage. Gerade hatte Bechtold noch aus acht Metern die Latte zum Beben gebracht, da gingen wie aus dem Nichts die Gäste in Führung, weil Reich den Ball ins eigene Netz bugsierte (13.). Offenbachs Libero war anschließend nicht mehr über den Weg zu trauen. Nicht auszuschließen allerdings, dass Gladbach auch aus eigener Anstrengung früher oder später in Front gekommen wäre, schließlich gab es genügend Schwachstellen im Team der Gastgeber. Kraft zum Beispiel spielte eine so unglückliche Rolle, dass die Fans ihn zeitweise vom Feld zu pfeifen versuchten. Während der OFC halsbrecherisch auf den Ausgleich drängte, reifte im Stall der Fohlen der Plan vom Konter-sieg. Das Vorurteil, ohne Günter Netzer wäre das Team nur die Hälfte wert, zerplatzte wie eine Blase in der Luft. Auffallend homogen ging es in dieser Mannschaft zu, Fehlerteufel wie auf der anderen Seite gab es nicht. Die Rolle des Regisseurs wurde außerdem diesmal auch tauglich besetzt, nämlich durch Horst Köppel, dem weder Winkler noch Schönberger je auf die Schliche kamen. Von Jupp Heynckes sah man anfangs gar nicht sonderlich viel. Gleich zweimal aber war er dann der Vollstrecker jener Konter, die Wimmer, Laumen und Köppel immer wieder genüsslich vortrugen. Ihnen zuzusehen, war eine wahre Freude. "Mit Heynckes als Mittelstürmer hätten wir gewonnen", traute sich Rudi Gutendorf im Presseraum zu sagen. Borussias säulenfester Abwehr tat er damit aber Unrecht.

Netzers Fehlen wurde zur Randnotiz: Horst Köppel

Kickers Offenbach - Mönchengladbach 1:3 (0:1)

Sa., 23.01.1971, 15:30 Uhr
Zuschauer: 25.000
SR: Ewald Regely (Berlin)
Tore: 0:1 Hans Reich (13., Eigentor), 0:2 Jupp Heynckes (50.), 0:3 Jupp Heynckes (71., Kopfball), 1:3 Klaus Winkler (71.)
Aufstellung Kickers Offenbach: Karlheinz Volz (Note 4,0); Nikolaus Semlitsch (3,0), Egon Schmitt (3,0), Hans Reich (5,0), Helmut Kremers (4,0); Roland Weida (4,0), Walter Bechtold (5,0 - 61. Helmut Nerlinger, –), Klaus Winkler (4,0); Horst Gecks (3,0), Gerhard Kraft (5,0 - 46. Heinz Schönberger, 4,0), Erwin Kremers (3,0)
Aufstellung Borussia Mönchengladbach: Wolfgang Kleff (3,0); Berti Vogts (4,0), Ludwig Müller (3,0), Klaus-Dieter Sieloff (3,0), Heinz Wittmann (3,0); Peter Dietrich (3,0), Herbert Wimmer (2,0), Herbert Laumen (3,0); Jupp Heynckes (2,0), Horst Köppel (2,0), Ulrik Le Fevre (3,0 - 58. Hans-Jürgen Wloka, –)
Besonderheiten: keine

Jedes Jahr eine Qual

Schalke hätte es auch einfach haben können, aber die wenigen Chancen gegen Braunschweigs dichte Abwehr vergaben die Knappen kläglich. Immerhin reichte es noch zum späten Zittersieg.

Es war das sechste von sieben zurückliegenden Auswärtsspielen, in denen nur ein einziger Treffer fiel. Allerdings wieder gegen die Braunschweiger Eintracht. "Das Spiel dauerte vier Minuten zu lang, sonst hätten wir das angestrebte Unentschieden geschafft", klagte Otto Knefler. Schädlich war die Niederlage nicht nur für das Tabellenbild, denn nun stieg Schalke und nicht die Eintracht zur dritten Kraft im Lande auf, sondern mehr noch für die Moral. Ein großer Kampf der berüchtigten Braunschweiger Abwehr blieb am Ende unbelohnt. Die meisten Teams spielten ungern gegen die Niedersachsen, und genau so ging es auch Schalke. Gegen die Hünen Bäse, Grzyb und Kaack fiel das Stürmen reichlich schwer, zumal mit Ulsaß und Erler ideale Konterspieler lauerten, die nur darauf warteten, dass sich Platz für einen Gegenzug ergab. Ein Torreigen war insofern nicht erwartet worden, andererseits hatte Schalke durchaus seine Chancen, blieb nur im entscheidenden Moment nicht konzentriert genug. Außerdem: Im Tor der Gäste fehlte zwar Wolter, dafür nutzte Reservist Öller die Gelegenheit, um sich mehrfach eindrucksvoll auszuzeichnen. Fischer, Wüst, Scheer und Lütkebohmert hießen seine Opfer, deren Schüsse und Kopfbälle er teilweise akrobatisch aus den Winkeln pflückte. Schließlich aber war es auch um Öller geschehen, als nämlich Libuda flankte und Wittkamp per Kopf den Siegtor erzielte. Der Schachzug des Trainers, den Abwehrmann zum Schlussspurt in den Sturm zu schicken, hatte sich gelohnt.

Die gute Idee des Trainers: Hans-Jürgen Wittkamp

FC Schalke 04 - Eintr. Braunschweig 1:0 (0:0)

Sa., 23.01.1971, 15:30 Uhr
Zuschauer: 20.000
SR: Kurt Tschenscher (Mannheim)
Tore: 1:0 Hans-Jürgen Wittkamp (86., Kopfball, Vorlage Libuda)
Aufstellung FC Schalke 04: Norbert Nigbur (Note 3,0); Hans-Jürgen Wittkamp (3,0), Rolf Rüssmann (2,0), Klaus Fichtel (2,0), Jürgen Sobieray (3,0); Herbert Lütkebohmert (4,0), Klaus Scheer (4,0), Heinz van Haaren (3,0); Reinhard Libuda (2,0), Klaus Fischer (4,0), Alban Wüst (3,0 - 72. Klaus Senger, 3,0)
Aufstellung Eintracht Braunschweig: Burkhardt Öller (2,0); Wolfgang Grzyb (2,0), Peter Kaack (2,0), Joachim Bäse (3,0), Franz Merkhoffer (3,0); Michael Polywka (3,0), Lothar Ulsaß (3,0), Bernd Gersdorff (3,0); Rainer Skrotzki (4,0 - 81. Gerd Saborowski, –), Jaro Deppe (4,0), Dietmar Erler (3,0)
Besonderheiten: keine

ZEITFENSTER
7. Dez. 1970 - 24. Jan. 1971

Neuanfang mit Demut vor Opfern
(Polen, 7. Dezember)
In der polnischen Metropole Warschau unterzeichneten die Staatschefs und Außenminister Polens und der BRD den Kontrakt, der als "Warschauer Vertrag" bekannt wurde und die Richtung einer Aussöhnungspolitik zwischen beiden Staaten vorgab. Brandts Geste, der Kniefall vor dem Denkmal der Opfer des Warschauer Ghettos, fand große Beachtung.

"Durfte Brandt knien?" - In den meisten Medien wurde die Frage mit "Ja" beantwortet

Ali Punktsieger
(USA, 7. Dezember)
Erfolgreiche Vorstellung des "Größten": In New York schlug er den Argentinier Oscar Bonavena. Am 5. Januar 1971 starb Muhammad Alis Gegner aus dem legendären Kampf, der 1964 die Weltkarriere des "Größten" begründete: Sonny Liston.

Ausnahme
(Moskau, 10. Dezember)
Die Nobelpreise werden gewöhnlich in Oslo und Stockholm übergeben, für Alexander Solschenizyn machte man eine Ausnahme. Da der regimekritische Autor befürchtete, nach einer Reise nach Stockholm nicht mehr in die Sowjetunion einreisen zu dürfen, ließ er sich den Literaturnobelpreis in der schwedischen Botschaft in Moskau überreichen.

Hitparaden
(USA/GB/BRD, 31. Dezember)
"My Sweet Lord", gesungen von Ex-Beatle George Harrison, führte die amerikanischen Charts an, derweil Dave Edmunds immer noch Geräusche vernahm ("I Hear You Knocking") und dies in England erfolgreich vortrug. Die besinnliche Weihnachtszeit schaukelte in der BRD erneut Miguel Rios ("A Song of Joy") an die Spitze. Der Spanier hielt sich insgesamt 15 Wochen auf Nummer eins. Zwischendurch hatte die deutsche Hardrockfraktion den Black Sabbath-Titel "Paranoid" für zwei Wochen zum populärsten Song gemacht - bis Weihnachten kam.

Dame Agatha
(England, 1. Januar)
Die weltweit populäre Kriminalschriftstellerin Agatha Christie wurde geadelt: "Dame Commander of the British Empire" durfte sie sich fortan nennen.

Gewinner ohne Sieg
(BRD/Österreich, 6. Januar)
Der Norweger Ingolf Mork entschied zwar drei Springen der Vierschanzentournee für sich (patzte in Innsbruck), wurde aber in der Gesamtwertung nur Zweiter hinter dem Tschechoslowaken Jiri Raska, der kein einziges Springen gewann.

Bundesliga 1970/1971 – 19. Spieltag

Mutig wirft sich Elting dem Ball entgegen. die beiden Dortmunder Held und Andree haben das Nachsehen (Borussia Dortmund - 1. FC Kaiserslautern 0:2)

Überall verkehrte Welt

Platz eins mussten die Bayern zwar räumen, trotzdem ernteten sie schönere Lorbeeren als der neue Tabellenführer Gladbach. Ohnehin jubelte an diesem Spieltag manches Mal das falsche Team.

Offenbach gebührte für den Auftritt in Bremen eine Tapferkeitsmedaille. Statt zu mauern, stürmten die Kickers einfach los und gingen auch in Führung. Nur umzugehen wussten sie damit nicht und kassierten letztlich doch die erwartete Niederlage. Mehr drin war auch für Schalke (0:1 beim MSV) sowie den 1. FC Köln (1:3 in Braunschweig), die beide jeweils zwei Gesichter zeigten, nach dem Seitenwechsel indes das schwächere. Noch unnötiger war Hannovers Pleite in Frankfurt (1:2), wo die Niedersachsen ein unglaubliches Gegentor wegsteckten, als bessere Mannschaft aber trotzdem noch verloren. Selbst der Führungswechsel schmeckte fad. Bärenstarke Bayern gingen in Berlin gleich dreimal in Führung, bekamen für ein großes Spiel aber nur einen Punkt, wogegen Gladbach (3:0 über den HSV) viel zu hoch gewann. Und auch das gab es: Essen und Stuttgart wurden ausgebuht, obwohl sie ihre Heimaufgaben erledigten.

Ergebnisse – 19. Spieltag 1970/1971

Sa., 30.01.71	Hertha BSC Berlin	-	FC Bayern München	3:3 (1:2)
Sa., 30.01.71	Eintracht Braunschweig	-	1. FC Köln	3:1 (0:1)
Sa., 30.01.71	SV Werder Bremen	-	Kickers Offenbach	3:1 (2:1)
Sa., 30.01.71	Borussia Dortmund	-	1. FC Kaiserslautern	0:2 (0:2)
Sa., 30.01.71	MSV Duisburg	-	FC Schalke 04	1:0 (0:0)
Sa., 30.01.71	Rot-Weiss Essen	-	Arminia Bielefeld	2:1 (2:0)
Sa., 30.01.71	Eintracht Frankfurt	-	Hannover 96	2:1 (1:0)
Sa., 30.01.71	Borussia Mönchengladbach	-	Hamburger SV	3:0 (0:0)
Sa., 30.01.71	VfB Stuttgart	-	Rot-Weiß Oberhausen	2:1 (2:0)

Tabelle

Platz	Verein	S	U	N	Tore	Differenz	Punkte
1.	Borussia Mönchengladbach	11	7	1	47:17	+30	29:9
2.	FC Bayern München	11	7	1	38:15	+23	29:9
3.	FC Schalke 04	10	4	5	25:15	+10	24:14
4.	Eintracht Braunschweig	10	3	6	30:18	+12	23:15
5.	Hertha BSC Berlin	8	6	5	28:22	+6	22:16
6.	VfB Stuttgart	8	5	6	33:29	+4	21:17
7.	1. FC Kaiserslautern	8	3	8	27:30	-3	19:19
8.	MSV Duisburg	6	7	6	16:19	-3	19:19
9.	Rot-Weiss Essen	6	6	7	26:24	+2	18:20
10.	1. FC Köln	5	8	6	23:26	-3	18:20
11.	Hamburger SV	6	6	7	27:39	-12	18:20
12.	SV Werder Bremen	4	9	6	16:20	-4	17:21
13.	Borussia Dortmund	7	3	9	27:32	-5	17:21
14.	Hannover 96	6	4	9	23:28	-5	16:22
15.	Kickers Offenbach	5	4	10	23:33	-10	14:24
16.	Rot-Weiß Oberhausen	4	5	10	28:41	-13	13:25
17.	Eintracht Frankfurt	4	5	10	11:28	-17	13:25
18.	Arminia Bielefeld	4	4	11	20:32	-12	12:26

Torjägerliste - Zuschauer - Selbsttore - Platzverweise

Torjägerliste:
1. Vogt: 15 Tore
2. Lippens: 14 Tore
3. Heynckes, Keller: je 12 Tore

Zuschauer: 212.000
Tore: 29
Selbsttore: keine
Platzverweise: keine

Der Kanzler war 'amused'

Nur die Torfolge deutete an, welche Mannschaft noch großartiger war. Dreimal steckte Hertha einen Rückstand ein und fand jedes Mal doch wieder eine Antwort. Die Partie war so hochklassig, dass selbst der Bundeskanzler vor Begeisterung hüpfte.

"Das Spiel und die Stimmung waren einfach überwältigend", sagte Willy Brandt, der wie die übrigen 70.000 Zuschauer im Olympiastadion Werbung für den Fußball erlebte. Die Qualität des Spiels war überraschend. Zwar hatten die Bayern gerade einiges drauf und auch im letzten Jahr hier mit 4:0 gesiegt. Hertha allerdings hatte recht lange nicht gewonnen und war auch ihrem eigenen Publikum zuletzt vieles schuldig geblieben. Restspuren davon gab es noch, und die Bayern waren schlau genug, sich diese auf der Stelle zunutze zu machen. Der erste Beweis: Müller hechtete in eine zu kurze Ferschl-Rückgabe und brachte die Gäste nach vier Minuten in Führung. Schuld war allerdings Varga, der seinen Kollegen mit einem fiesen Zuspiel erst in die üble Lage gebracht hatte. Überhaupt entsprangen alle Münchener Treffer Abwehr-Fehlern, und jedes Mal wieder entstand der Eindruck, die abgeklärten Bayern würden alsbald den entscheidenden Nachschlag servieren. Doch Hertha kämpfte. Nach Vargas Ecke köpfte Gayer den ersten Ausgleich, der wiederum nur fünf Minuten Bestand hatte. Bis zur Pause erholten sich die Bayern, fingen aber wieder das 2:2, erneut erzielt von Wolfgang Gayer. Als der fabelhafte Hoeneß die dritte Führung erzielte, war die Alte Dame schon gar nicht mehr geschockt. Sie drückte sofort wieder dagegen und holte sich das Remis mit einem Elfmeter. Der entthronte Tabellenführer stand letztlich dumm da, aber auch die Bayern durften stolz auf dieses Fußballfest sein.

Fehlerteufel und Vorbereiter: Zoltan Varga

Hertha BSC Berlin - FC Bayern München 3:3 (1:2)

Sa., 30.01.1971, 15:30 Uhr
Zuschauer: 70.000
SR: Walter Eschweiler (Euskirchen)
Tore: 0:1 Gerd Müller (5.), 1:1 Wolfgang Gayer (19., Kopfball, Vorlage Varga), 1:2 Dieter Brenninger (24.), 2:2 Wolfgang Gayer (48.), 2:3 Ulrich Hoeneß (77.), 3:3 Lorenz Horr (79., Foulelfmeter, Steffenhagen)
Aufstellung Hertha BSC Berlin: Volkmar Groß (Note 3,0); Bernd Patzke (3,0), Uwe Witt (3,0), Tasso Wild (4,0), Karl-Heinz Ferschl (3,0); Laszlo Gergely (3,0), Wolfgang Gayer (2,0), Hans-Jürgen Sperlich (3,0), Franz Brungs (2,0), Lorenz Horr (2,0), Zoltan Varga (3,0 - 65. Arno Steffenhagen, 3,0)
Aufstellung FC Bayern München: Sepp Maier (3,0); Johnny Hansen (3,0), Georg Schwarzenbeck (4,0), Franz Beckenbauer (2,0), Herwart Koppenhöfer (3,0); Franz Roth (3,0), Rainer Zobel (2,0), Ulrich Hoeneß (2,0); Karl-Heinz Mrosko (4,0), Gerd Müller (2,0), Dieter Brenninger (2,0)
Besonderheiten: keine

Erlösung von der Bank

Ein junger Debütant riss das Ruder für Braunschweig herum. Gerade war Eberhard Haun auf dem Platz, da erwirkte er den Ausgleich, der den Niedersachsen Flügel verlieh. Kölns edle Spielanlage war am Ende nichts mehr wert.

Erstes Spiel und gleich eine Vorlage: Eberhard Haun

Neben dem erlösten Jubel der Gastgeber fiel die starke Leistung der Kölner etwas ab. Lange hatte es ausgesehen, als würden sie Braunschweig mit den eigenen Waffen besiegen, den fein erkonterten Treffer festhalten und bis zum Ende verteidigen. Über eine Stunde lange verendeten Eintrachts Bemühungen an der eisernen Kölner Abwehrmauer. "Meiner Meinung nach wäre ein Unentschieden gerechter gewesen", maulte Ernst Ocwirk. "Meine Mannschaft hat bis zuletzt gekämpft und durch Konterzüge auch noch einige Möglichkeiten liegen lassen." Die Geißböcke erkannten zu spät, dass ihr Spiel zu riskant war. Spätestens nach Ulsaß' zweitem Lattenknaller wäre ein zweiter Treffer dringend erforderlich gewesen. Flohe, Rupp und Overath, der Löhrs Führungstor mit herrlichem 40-Meter-Zuspiel eingeleitet hatte, sie spielten aber lediglich schön und in keiner Weise einträglich. An Braunschweigs robusten Verteidigern bissen sie sich die Zähne aus. Schon zur Halbzeit war der Ausgleich hinreichend angekündigt. Der entscheidende Schub kam dann aber von der Reservebank, denn kaum hatte Otto Knefler den unbekannten Haun ins Bundesligawasser geworfen, da stand es auch schon 1:1: Seinen knallharten Schuss konnte Manglitz nur wegfausten, Deppe war zur Stelle und vollstreckte sofort. Für Köln ging es jetzt nur noch um ein Remis, doch der Sturmlauf wurde so stark, dass nichts dagegen auszurichten war. Zwei weitere Gegentore waren nicht zu vermeiden (85./87.).

Eintracht Braunschweig - 1. FC Köln 3:1 (0:1)

Sa., 30.01.1971, 15:30 Uhr
Zuschauer: 18.000
SR: Karl Riegg (Augsburg)
Tore: 0:1 Hennes Löhr (35., Vorlage Overath), 1:1 Jaro Deppe (69., Haun), 2:1 Dietmar Erler (85.), 3:1 Lothar Ulsaß (87., Erler)
Aufstellung Eintracht Braunschweig: Burkhardt Öller (Note 4,0); Wolfgang Grzyb (3,0), Joachim Bäse (2,0), Peter Kaack (2,0), Franz Merkhoffer (3,0); Michael Polywka (3,0), Lothar Ulsaß (3,0), Bernd Gersdorff (3,0), Klaus Gerwien (4,0 - 62. Eberhard Haun, 2,0), Jaro Deppe (4,0), Dietmar Erler (3,0)
Aufstellung 1. FC Köln: Manfred Manglitz (3,0); Kurt Kowalski (4,0), Karl-Heinz Thielen (4,0), Wolfgang Weber (4,0), Matthias Hemmersbach (4,0); Heinz Simmet (4,0), Jupp Kapellmann (4,0), Wolfgang Overath (2,0); Heinz Flohe (3,0), Bernd Rupp (3,0), Hennes Löhr (4,0)
Besonderheiten: keine

Überraschend kurzweilig

Dank Offenbach gab es nicht das befürchtete Gruselspiel, sondern einen spannenden und ergebnisoffenen Schlagabtausch. Belohnt bekamen die Gäste ihren Mut allerdings nicht.

Ganze drei Punkte hatten die Hessen bislang auswärts eingefahren und hingen nicht zuletzt deswegen im tiefsten Tabellenkeller fest. Werder, das daheim wiederum erst einmal gewonnen hatte, stellte sich daher auf eine Abwehrschlacht ein, auf ein geduldiges Anrennen gegen hemmungslos mauernde Gegner. Doch ausgerechnet Rudi Gutendorf, in Duisburg einst als "Riegel-Rudi" verschrieen, überraschte im Weserstadion mit einer Überfalltaktik, welche die anfangs gelähmten Bremer sofort auch überrumpelte: Nach sechs Minuten schoss Kremers von der Strafraumkante das 0:1. Der Schritt zu einem flotten und rassigen Bundesligaspiel war damit getan, denn Werder wurde nun giftig und zeigte auf der Stelle die von den Fans eingeforderte Reaktion, wogegen sich Offenbach überhaupt nicht so schnell sortieren konnte, wie seine Hintermannschaft umhergewirbelt wurde. Per Kopf markierte Görts nach einer Viertelstunde den Ausgleich, den der OFC besser verhindert hätte. Jetzt erst recht nämlich rissen die Bremer das Zepter an sich, kamen durch Hasebrink und Deterding zu guten Chancen und Sekunden vor der Pause zum wunderschönen Führungstor, als Hasebrink eine Kombination über Lorenz, Görts und Kamp zum Abschluss brachte. Um die Kickers war es letztlich schade, denn auch nach dem Wechsel taten sie alles für ein Unentschieden, dem sie teilweise auch recht nah kamen. Wie so oft aber saß stattdessen ein Konter, wobei Werder viel eher schon den entscheidenden Treffer hätte landen können (88.).

Bejubelte eines seiner seltenen Kopfballtore: Werner Görts

SV Werder Bremen - Kickers Offenbach 3:1 (2:1)

Sa., 30.01.1971, 15:30 Uhr
Zuschauer: 13.000
SR: Peter Gabor (Berlin)
Tore: 0:1 Erwin Kremers (7.), 1:1 Werner Görts (15., Kopfball, Vorlage B. Lorenz), 2:1 Heinz-Dieter Hasebrink (45.), 3:1 Karl-Heinz Kamp (88., Götz)
Aufstellung SV Werder Bremen: Günter Bernard (Note 3,0); Dieter Zembski (4,0), Arnold Schütz (3,0), Rudolf Assauer (4,0), Egon Coordes (4,0 - 85. Bernd Schmidt, –); Horst-Dieter Höttges (2,0), Heinz-Dieter Hasebrink (4,0), Karl-Heinz Kamp (3,0); Eckhard Deterding (3,0 - 68. Ole Björnmose, 4,0), Bernd Lorenz (3,0), Werner Görts (2,0)
Aufstellung Kickers Offenbach: Karlheinz Volz (3,0); Erwin Spinnler (4,0), Nikolaus Semlitsch (4,0), Egon Schmitt (3,0), Josef Weilbächer (4,0); Roland Weida (4,0), Winfried Schäfer (4,0), Erwin Kremers (4,0 - 60. Helmut Nerlinger, 3,0); Horst Gecks (4,0 - 72. Rudolf Koch, 4,0), Walter Bechtold (4,0), Klaus Winkler (4,0)
Besonderheiten: keine

Zwei teuflische Konter

Aus dem glücklichen Sieg in Bielefeld hatte Dortmund die falschen Schlüsse gezogen. Mit halber Kraft sollte Kaiserslautern besiegt werden, dafür aber waren sich die Pfälzer zu schade.

Lauterns erster Auswärtssieg seit mehr als einem Jahr ging so reibungslos über die Bühne, dass man sich fragte, warum es überhaupt so lange dauern musste. Nach einer Viertelstunde griffen sie einfach mal an und machten mit den Borussen kurzen Prozess. Vogt nach Flanke von Ackermann (19.) und wieder Vogt mit einem Flachschuss ins Eck (22.) - ein kaltschnäuziger Doppelpack, von dem sich die Heimelf nie wieder erholte. Die Naturgewalt war allerdings brutal. In den ersten 18 Minuten, also permanent bis zu den Treffern der Pfälzer, zermürbte sich der BVB in einem brotlosen Sturmlauf selbst. Weinkauff vergab nach fünf Minuten kümmerlich, als Elting eine Held-Granate nur abklatschen konnte. Danach traf Kurrat die Latte (14.), Held schlug über den Ball (17.), und Andree scheiterte wiederum an Elting (18.). Kaum etwas übleres also konnte den Borussen zustoßen, als mit den ersten beiden Kontern sofort zwei Gegentore zu fangen. Danach waren sie nervlich erledigt. "Ehrlich, die Borussia habe ich lange nicht mehr so schwach gesehen", sagte ein grinsender Lauterer Trainer. Horst Witzler konnte ihm nur beipflichten: "Zu loben gibt es bei uns so gut wie gar nichts." Chancen immerhin gab es auch im zweiten Abschnitt noch, aber wenn etwa Schütz einmal zum Schuss kam, stand immer noch Elting seinen Mann (65.). Die Gäste waren zudem schlau genug, das Messer wieder einzuklappen und sicher zu verteidigen. Noch deutlicher zu siegen war trotzdem möglich. Sechs Minuten vor Schluss setzte Reinders einen Kopfball an den Pfosten.

Einer zweier Väter des Sieges: Josef Elting

Borussia Dortmund - 1. FC Kaiserslautern 0:2 (0:2)

Sa., 30.01.1971, 15:30 Uhr
Zuschauer: 14.000
SR: Gerhard Schulenburg (Hamburg)
Tore: 0:1 Karl-Heinz Vogt (19., Vorlage Ackermann), 0:2 Karl-Heinz Vogt (22.)
Aufstellung Borussia Dortmund: Klaus Günther (Note 3,0); Ferdinand Heidkamp (4,0), Branco Rasovic (5,0), Willi Neuberger (4,0), Gerd Peehs (4,0); Dieter Kurrat (4,0), Jürgen Schütz (4,0), Hans-Joachim Andree (5,0); Manfred Ritschel (4,0), Siegfried Held (4,0), Dieter Weinkauff (5,0 - 55. Theo Bücker, 4,0)
Aufstellung 1. FC Kaiserslautern: Josef Elting (2,0); Günther Reinders (3,0), Dietmar Schwager (3,0), Ernst Diehl (3,0), Fritz Fuchs (4,0); Jürgen Friedrich (4,0), Otto Rehhagel (4,0), Idriz Hosic (4,0); Josef Pirrung (4,0), Karl-Heinz Vogt (2,0), Klaus Ackermann (4,0)
Besonderheiten: keine

Meisterprüfung vergeigt

Nach einer überzeugenden ersten Halbzeit traute man eher Schalke einen Sieg zu als dem zaudernden MSV. Duisburg aber erwischte ein kurzes Hoch und spielte seine Trümpfe wirkungsvoll aus.

Auch die heimlichen Träume von der Meisterschaft waren nach diesem Rückschlag wohl geplatzt, zumal gerade die Art und Weise der Schalker Niederlage nicht einer Spitzenmannschaft würdig war. Das Rüstzeug hatten die Knappen nicht nur dabei, sie trugen es im ersten Durchgang gekonnt auch zur Schau. Kentschke, Linßen und Riedl, die wirklich bemüht und viel unterwegs waren, fanden überhaupt keine Lücke im Schalker Abwehrdickicht, und auch am Spielgerät zeigten einige Königsblaue, was sie alles drauf hatten. Was fehlte, war der nächste Schritt, eine gute Eingebung im Mittelfeld oder eine Einzelaktion von Fischer oder Libuda. Ein Tor für Schalke, und Duisburg wäre wohl erledigt, so jedenfalls der Eindruck zur Halbzeitpause. Lütkebohmert hatte mit seinem Pfostenkopfball schon einen Warnschuss abgegeben (38.). Nach dem Wechsel aber kam zunächst nichts mehr von den Gästen, was Duisburg wiederum zum Anlass nahm, sich ein kurzes, aber drückendes Übergewicht zu schmieden. Technisch waren die Zebras weit unterlegen, aber im Zusammenspiel so homogen, dass es Schalke zeitweise einschnürte. Heidemanns 1:0 war sowohl Höhe- als auch Endpunkt dieser Phase, die aber schon reichte, um dem Ruhrnachbarn eine Nase zu drehen. Immer verzweifelter griffen die Knappen am Ende an, ohne aber annähernd so bissig und konstruktiv auszusehen wie die Zebras. Böse war Trainer Cendic vor allem auf Libuda, der "eines seiner neun schwachen Spiele lieferte", dem regelmäßig drei starke folgen würden.

Vergrätzte seinen Trainer: Reinhard Libuda

MSV Duisburg - FC Schalke 04 1:0 (0:0)

Sa., 30.01.1971, 15:30 Uhr
Zuschauer: 31.000
SR: Fritz Seiler (Schmiden)
Tore: 1:0 Hartmut Heidemann (57., Vorlage Budde)
Aufstellung MSV Duisburg: Volker Danner (Note 3,0); Hartmut Heidemann (4,0), Detlef Pirsig (3,0), Kurt Rettkowski (4,0), Michael Bella (3,0); Bernd Lehmann (4,0), Djordje Pavlic (3,5); Johannes Riedl (3,0), Rainer Budde (4,0 - 79. Bernard Dietz, 4,0), Johannes Linßen (3,0), Gerhard Kentschke (3,0)
Aufstellung FC Schalke 04: Norbert Nigbur (3,0); Hans-Jürgen Wittkamp (3,0), Klaus Fichtel (2,0), Rolf Rüssmann (3,0), Jürgen Sobieray (4,0); Herbert Lütkebohmert (3,0), Heinz van Haaren (4,0), Reinhard Libuda (5,0); Klaus Fischer (4,0), Klaus Scheer (4,0 - 73. Hans-Jürgen Becher, 4,0), Alban Wüst (3,0)
Besonderheiten: keine

Lippens' Bekenntnis

Ohne Not machte sich Essen das Leben schwer, als es die längst besiegten Arminen noch einmal ins Spiel zurückkehren ließ. Dabei hatte es vorher schon stehende Ovationen gegeben.

Mit Spielbeginn herrschte eine merkwürdige Atmosphäre, denn das sonst geschlossen frenetische Publikum hatte ich in zwei Lager geteilt, von denen eines Willi Lippens mit verbalem Schmutz bewarf; vorher war bekannt geworden, dass er Rot-Weiss Essen zum Saisonende verlassen würde. Wie der Torjäger mit dieser Lage umging, erweichte wiederum die Herzen, und zur Halbzeitpause sangen die Fans schon wieder im Chor: "Willi, du darfst nicht gehen." Der trickreiche Holländer zeigte eine bühnenreife Vorstellung. Ein gewaltiger Löwenanteil der stürmischen Essener Anfangsphase ging auf ihn zurück, der nach einer Viertelstunde eine Flanke in die Maschen setzte, später dann aus dem Stand für Littek auflegte (35.) und zwischendrin noch viele andere tolle Dinge mit dem Ball anstellte. Bielefeld durfte nicht klagen, zur Pause mit zwei Treffern hinten zu liegen, ganz im Gegenteil. Trotz aller Essener Dominanz, das zeigte der nächste Abschnitt schonungslos, war der Sieger aber noch nicht ermittelt. Die Arminia kam mit Brei zurück auf den Platz, was auch wirklich half, aber niemals allein für den Windwechsel verantwortlich sein konnte. RWE fühlte sich zu sicher und verschuldete sich der Hochnäsigkeit. So wurde es noch richtig eng. Braun traf zum 2:1 (65.) und eröffnete den großen Gegensturm. Reibungslos griff bei den Gästen plötzlich alles ineinander, während Essen seine Konter nur verstolperte und sich wie ein Aal durch die letzten Minuten wand. Fast hätte Erlhoff sogar per Selbsttor ausgeglichen.

Musste sich den eigenen Anhängern stellen: Willi Lippens

Rot-Weiss Essen - Arminia Bielefeld 2:1 (2:0)

Sa., 30.01.1971, 15:30 Uhr
Zuschauer: 16.000
SR: Heinz Aldinger (Waiblingen)
Tore: 1:0 Willi Lippens (14., Kopfball, Vorlage Peitsch), 2:0 Helmut Littek (35., Kopfball, Lippens), 2:1 Ulrich Braun (65., Brei)
Aufstellung Rot-Weiss Essen: Fred-Werner Bockholt (Note 3,0); Peter Czernotzky (4,0), Hermann Erlhoff (4,0), Wolfgang Rausch (4,0), Heinz Stauvermann (4,0); Erich Beer (3,0), Georg Jung (4,0), Roland Peitsch (3,0); Helmut Littek (4,0 - 72. Herbert Weinberg, –), Walter Hohnhausen (5,0 - 46. Dieter Bast, 3,0), Willi Lippens (2,0)
Aufstellung Arminia Bielefeld: Gerd Siese (3,0); Georg Stürz (3,0 - 32. Detlef Kemena, 2,0), Dieter Schulz (4,0), Volker Klein (4,0), Waldemar Slomiany (4,0); Horst Stockhausen (3,0), Gerd Knoth (3,0), Ulrich Braun (4,0), Gerd Roggensack (4,0), Ernst Kuster (5,0 - 46. Dieter Brei, –), Norbert Leopoldseder (4,0)
Besonderheiten: keine

Der Torwart war verschwunden

Frankfurt bewies zwar, dass es nicht ans Tabellenende gehörte, der vierte Saisonsieg bedurfte aber eines gewaltigen Arbeitspensums. Die bessere Mannschaft hatte eigentlich der Gegner.

Wie glücklich der Heimsieg zustande kam, zeigte vor allem das unglaubliche Führungstor der Hessen, das man so wohl noch nie in der Bundesliga gesehen hatte. Ausgangspunkt war ein rüder Zweikampf am Strafraum der Gäste, der Stiller so sehr zusetzte, dass er an Ort und Stelle liegen blieb. Was folgte, waren diverse Kuriositäten, denn weder Schiedsrichter Biwersi noch einer der Assistenten und auch kein anderer Hannoveraner Spieler wurde auf den Verletzten aufmerksam. Der einzige, der sich dem Kameraden zuwendete, war Torwart Podlasly, dies allerdings mitten im Spiel und ungeachtet des lauernden Nickel, der aus über 30 Metern abzog und die Hessen in Führung brachte (43.). "Durch diesen unverzeihlichen Fehler wurden wir aus der Bahn geworfen", zischte Helmuth Johannsen, dessen Mannschaft mehr als dies eine Unglück widerfuhr. Bis zum Zwischenfall etwa hätten die Gäste längst schon um zwei Treffer vorn liegen müssen; trotz verstärkter Defensive hatte Frankfurt hinten große Probleme. Überhaupt war 96 die viel geschlossenere, aufgeweckte Truppe. Wenn die Niedersachsen einen Angriff vortrugen, dann hatte das Hand und Fuß. Frankfurts Versuche wirkten da nur beliebig. Als gerechterweise der Ausgleich fiel (64.), war mit der Eintracht kaum mehr zu rechnen. Jetzt aber wehrte sie sich plötzlich und holte in kurzen Schüben nach, was bis dahin alles gefehlt hatte. Mit Kampf und Krampf gelang so irgendwie das Siegtor, wieder erzielt von Nickel, der von allen am schwersten arbeitete.

Düpierte Podlasly aus mehr als 30 Metern: Bernd Nickel

Eintracht Frankfurt - Hannover 96 2:1 (1:0)

Sa., 30.01.1971, 15:30 Uhr
Zuschauer: 15.000
SR: Ferdinand Biwersi (Bliesransbach)
Tore: 1:0 Bernd Nickel (43.), 1:1 Horst Berg (64.), 2:1 Bernd Nickel (83., Kopfball, Vorlage Grabowski)
Aufstellung Eintracht Frankfurt: Siegbert Feghelm (Note 4,0); Peter Reichel (4,0), Dieter Lindner (3,0), Friedel Lutz (4,0), Lothar Schämer (4,0); Jürgen Kalb (4,0), Horst Heese (3,0), Jürgen Papies (4,0); Jürgen Grabowski (3,0), Bernd Nickel (3,0), Bernd Hölzenbein (4,0 - 70. Thomas Rohrbach, 3,0)
Aufstellung Hannover 96: Horst Podlasly (5,0); Rainer Stiller (4,0), Hans-Josef Hellingrath (4,0), Peter Anders (4,0), Jürgen Bandura (4,0); Horst Bertl (3,0), Hans Siemensmeyer (3,0), Horst Berg (4,0); Rudolf Nafziger (4,0), Ferdinand Keller (4,0 - 81. Claus Brune, 4,0), Willi Reimann (4,0)
Besonderheiten: keine

Hamburg blieb nur Beifall

Mehr als eine Stunde musste Gladbach bangen, um Hamburgs Widerstand zu brechen. Nichts blieb im Ergebnis davon übrig, dass dies der beste HSV war, den man am Bökelberg je gesehen hatte.

Sieben unbesiegte Spiele hatten den Hanseaten breite Schultern geschaffen. Sich beim Deutschen Meister zu verstecken gab es keinen Anlass mehr. Fast schon dreist war es, wie forsch und offensiv die Gäste im ersten Durchgang arbeiteten. Nicht nur Seeler und Dörfel sah man am Gladbacher Strafraum, oft genug auch Kurbjuhn oder Klier, der sich gern zurückfallen ließ, um dann blitzartig vorzustoßen, während neben ihm Zaczyk die Pässe bereitstellte und es nebenbei noch schaffte, in Borussias Mittelfeld Löcher zu bohren. Hier lag die Ursache dafür, dass der erste Abschnitt an den Fohlen vorbeilief. Netzer war wieder dabei, aber noch nicht ausgereift fit, was Dietrich eigentlich auffangen sollte, aber nicht schaffte. Ein Einzelkämpfer war in dieser Phase Berti Vogts. Beide Torschüsse des ersten Durchgangs kamen aus seiner Mündung und prüften Özcan ernsthaft (23./39.). Noch mehr aber war er in der Verteidigung gefragt. Drei Mal nämlich war Kleff schon geschlagen, doch jedes Mal kam der Terrier noch zu Hilfe und verhinderte auf der Linie einen Rückstand. Zur Pause also musste sich Hamburg ärgern, dass es sich für eine fabelhafte Vorstellung bislang nicht belohnt hatte. Als Schulz dann den verletzten Peter Nogly ersetzte, machte das gleich so viel aus, dass das Spiel aus dem Ruder lief. Gladbach eroberte das Mittelfeld und gewann dadurch das Spiel. In einem faszinierenden Schlussspurt rannten die Fohlen den HSV einfach über den Haufen und machten aus einem wackligen 0:0 noch einen viel zu deutlichen Heimsieg.

Seine Auswechslung veränderte alles: Peter Nogly

Borussia Mönchengladbach - Hamburger SV 3:0 (0:0)

Sa., 30.01.1971, 15:30 Uhr
Zuschauer: 22.000
SR: Gert Meuser (Ingelheim)
Tore: 1:0 Klaus-Dieter Sieloff (66., Foulelfmeter, Heynckes), 2:0 Herbert Wimmer (74., Linksschuss), 3:0 Jupp Heynckes (78., Vorlage Netzer)
Aufstellung Borussia Mönchengladbach: Wolfgang Kleff (Note 3,0); Berti Vogts (2,0), Ludwig Müller (3,0), Klaus-Dieter Sieloff (3,0), Heinz Wittmann (4,0); Peter Dietrich (5,0 - 58. Ulrik Le Fevre, 4,0), Günter Netzer (4,0), Herbert Laumen (4,0), Herbert Wimmer (4,0), Jupp Heynckes (2,0), Horst Köppel (3,0)
Aufstellung Hamburger SV: Arkoc Özcan (3,0); Helmut Sandmann (4,0), Jürgen Kurbjuhn (4,0), Hans-Jürgen Hellfritz (4,0), Hans-Jürgen Ripp (4,0); Franz-Josef Hönig (4,0), Klaus Zaczyk (2,0), Peter Nogly (2,0 - 47. Hans Schulz, 5,0); Gerd Klier (3,0), Uwe Seeler (3,0), Charly Dörfel (3,0)
Besonderheiten: keine

Pfiffe für den Sieger

Der Heimsieg war niemals gefährdet, und trotzdem brachten es die Schwaben fertig, ihre eigenen Fans zu vergrätzen. Am schlimmsten war die letzte halbe Stunde.

Diese Szene brachte das Fass zum Überlaufen: Zwölf Meter vor dem Tor kam der Ball zu Lothar Kobluhn, den drei Stuttgarter nicht daran hindern wollten, Maß zu nehmen und den Ball präzise unter die Latte zu zimmern. Es war das Anschlusstor zum 2:1, und die Heimelf konnte von Glück sagen, dass eine Minute später Feierabend war. Solange es Teams wie Oberhausen gab, konnte der VfB niemals absteigen - so das einhellige Fazit dieses traurigen Bundesligaspiels. Stuttgarts Ehrgeiz bot gerade Stoff für 35 Minuten; danach stand es 2:0, und als noch einige Chancen vergeben waren, machte die Platzelf den Laden einfach dicht. Der VfB wollte nicht mehr, RWO konnte nicht. "Ein altes Sprichwort sagt, dass der liebe Gott immer wieder den Braven hilft. Also hoffen wir weiter", sagte Oberhausens Trainer, dem sonst nicht viel einfiel, um den Zustand seiner Mannschaft schön zu reden. In dieser Verfassung waren die Kleeblätter dem Abstieg geweiht. Die Gäste aber hatten wenigstens ein Alibi, denn ein halbes Dutzend Spieler war im Krankenstand oder wenigstens angeschlagen. Mitte des zweiten Durchgangs gesellte sich Krauthausen hinzu, der die ganze Woche mit Fieber im Bett gelegen und seine Kräfte überschätzt hatte. Weil ein Wechsel nicht mehr möglich war, spielte der VfB nun in Überzahl - volle 20 Minuten und ohne die kleinste Wirkung. Nach der ohnehin schlimmen zweiten Halbzeit setzte daher ein Pfeifkonzert ein, das die Mannschaft reichlich verwirrte und darob sein Übriges tat: Mit zehn Mann schoss RWO noch ein Tor.

Sein Tor wurde höhnisch beklatscht: Lothar Kobluhn

VfB Stuttgart - RW Oberhausen 2:1 (2:0)

Sa., 30.01.1971, 15:30 Uhr
Zuschauer: 13.000
SR: Jan Redelfs (Hannover)
Tore: 1:0 Horst Haug (27., Freistoß), 2:0 Herbert Höbusch (33.), 2:1 Lothar Kobluhn (89.)
Aufstellung VfB Stuttgart: Gerhard Heinze (Note 3,0); Günther Eisele (5,0), Reinhold Zech (4,0), Jan Olsson (4,0), Hans Arnold (3,0), Willi Entenmann (4,0), Herbert Höbusch (3,0), Horst Haug (2,0); Manfred Weidmann (4,0), Karl-Heinz Handschuh (5,0), Hartmut Weiß (4,0)
Aufstellung Rot-Weiß Oberhausen: Klaus Witt (3,0); Hermann-Josef Wilbertz (3,0 - 62. Reiner Hollmann -), Lothar Kobluhn (4,0), Friedhelm Dick (4,0), Werner Ohm (4,0); Friedhelm Kobluhn (4,0), Gert Fröhlich (- - 40. Franz Krauthausen, 4,0), Dieter Brozulat (4,0); Norbert Lücke (4,0), Hans Fritsche (5,0), Wolfgang Sühnholz (4,0)
Besonderheiten: keine

ZEITFENSTER
25. - 31. Januar 1971

Putsch in die Katastrophe
(Uganda, 25. Januar)
Während eines Auslandsaufenthaltes in Singapur wurde Ugandas Präsident Milton Obote durch einen blutigen Staatsstreich entmachtet. Generalstabschef Idi Amin führte die Putschisten an. Ein Vorwurf an Obote lautete, er habe freie Wahlen verhindert - Amin verkündte kurz nach seiner Machtübernahme, freie Wahlen frühestens in fünf Jahren zuzulassen. Unter Amin verfiel das Land einer blutigen Willkürherrschaft.

Jedem sein Stück Nordsee
(Dänemark/BRD, 28. Januar)
Im dänischen Kopenhagen ratifizierten Abgesandte Deutschlands, der Niederlande und Dänemarks ein Abkommen über die Aufteilung des Festlandsockels der Nordsee. Konkret ging es dabei um die Rechte an den unter dem Meeresgrund vermuteten Bodenschätzen. Zum Ende des Jahres wurde auch die deutsch-englische Grenze vertraglich festgezurrt.

Offizieller Rauswurf
(Straßburg, 28. Januar)
Bereits 1969 hatte sich die griechische Militärregierung aus dem Europarat verabschiedet. Ein vorauseilender Schritt, denn im Januar 1971 wurden die Griechen offiziell ausgeschlossen, da kein Ende der Diktatur absehbar erschien.

Dalis Werke aus der Nähe
(BRD, 29. Januar)
Baden-Baden war Gastgeber der ersten großen Dali-Ausstellung in der BRD, die bis zum 28. März knapp 150 Gemälde und Zeichnungen des Surrealisten zeigte.

Hitparaden
(USA/GB/BRD, 30. Januar)
Der seichte Popsong "Knock Three Times" (Tony Orlando & Dawn) begeisterte die Amerikaner. Dem Schauspieler Clive Dunn gelang mit "Grandad" ein Nummer-Eins-

Der Hahn im Korb: Tony Orlando mit den als "Dawn" firmierenden Sängerinnen Joyce Vincent Wilson (l.) und Telma Hopkins. Das Trio landete eingangs der 70er Jahre einige Charterfolge

Hit in England, George Harrisons "My Sweet Lord" war mittlerweile in der BRD an die Spitze vorgeschnellt.

Verbindung wiederhergestellt
(BRD/DDR, 31. Januar)
Der 19 Jahre zuvor seitens der DDR lahmgelegte, innerstädtische Telefonbetrieb zwischen Ost- und Westberlin wurde wieder aktiviert. Die Folge: Gnadenlose Überlastung der zunächst freigeschalteten zehn Leitungen.

Bundesliga 1970/1971 – 20. Spieltag

Ein Schnürsenkel hatte sich gelöst. Günter Netzer macht eine Qualitätskontrolle (Hannover 96 - Borussia Mönchengladbach 1:1)

Teufel im Zwischenhoch

Die Traumvorstellung des Meisters fiel gleich doppelt unter den Tisch. Erstens reichte sie nicht zum Sieg, zweitens blieb der Hauptrivale spielfrei. Heiße Tänze gab es allerdings im Abstiegskampf.

Eintracht Frankfurt gab in Bielefeld zwar ein armseliges Bild ab, weil die Arminia aber bis zum Ende gegen eine Mauer rannte, war das Kellerduell trotzdem spannend. Erst kurz vor Schluss hatte der Fußballgott ein Einsehen. Späte Entscheidungen fielen auch anderswo, zum Beispiel auf Schalke, das Sekunden vor Abpfiff gegen Stuttgart gewann, oder auch in Müngersdorf, wo Duisburg buchstäblich vom Platz getreten wurde. Hamburg führte in Offenbach schon klar mit 3:1 und konnte sich die besten Chancen zur Entscheidung aussuchen. Urplötzlich aber kippte das Spiel, und die Kickers holten noch einen Punkt. Das Team der Stunde kam zur Zeit aus der Pfalz. Zwar hatte der FCK ein unwiderstehlich schwaches Essen zu Gast, das deutliche 5:2 war allerdings schon der dritte Sieg in Folge. "Wenn unsere Form so bleibt, kann uns nichts passieren", freute sich Gyula Lorant und bedankte sich für sein Geburtstagsgeschenk.

Ergebnisse – 20. Spieltag 1970/1971

Sa., 06.02.71	Arminia Bielefeld -	Eintracht Frankfurt	1:0 (0:0)
Sa., 06.02.71	SV Werder Bremen -	Eintracht Braunschweig	2:0 (1:0)
Sa., 06.02.71	Hannover 96 -	Borussia Mönchengladbach	1:1 (1:0)
Sa., 06.02.71	1. FC Kaiserslautern -	Rot-Weiss Essen	5:2 (3:0)
Sa., 06.02.71	1. FC Köln -	MSV Duisburg	2:1 (1:1)
Sa., 06.02.71	Kickers Offenbach -	Hamburger SV	3:3 (0:1)
Sa., 06.02.71	FC Schalke 04 -	VfB Stuttgart	2:1 (0:0)
Mi., 03.03.71	Rot-Weiß Oberhausen -	Hertha BSC Berlin	1:1 (0:1)
Di., 04.05.71	FC Bayern München -	Borussia Dortmund	1:1 (0:0)

Tabelle

Platz	Verein	S	U	N	Tore	Differenz	Punkte
1.	Borussia Mönchengladbach	11	8	1	48:18	+30	30:10
2.	FC Bayern München	11	8	1	39:16	+23	30:10
3.	FC Schalke 04	11	4	5	27:16	+11	26:14
4.	Eintracht Braunschweig	10	3	7	30:20	+10	23:17
5.	Hertha BSC Berlin	8	7	5	29:23	+6	23:17
6.	VfB Stuttgart	8	5	7	34:31	+3	21:19
7.	1. FC Kaiserslautern	9	3	8	32:32	0	21:19
8.	1. FC Köln	6	8	6	25:27	-2	20:20
9.	SV Werder Bremen	5	9	6	18:20	-2	19:21
10.	MSV Duisburg	6	7	7	17:21	-4	19:21
11.	Hamburger SV	6	7	7	30:42	-12	19:21
12.	Rot-Weiss Essen	6	6	8	28:29	-1	18:22
13.	Borussia Dortmund	7	4	9	28:33	-5	18:22
14.	Hannover 96	6	5	9	24:29	-5	17:23
15.	Kickers Offenbach	5	5	10	26:36	-10	15:25
16.	Arminia Bielefeld	5	4	11	21:32	-11	14:26
17.	Rot-Weiß Oberhausen	4	6	10	29:42	-13	14:26
18.	Eintracht Frankfurt	4	5	11	11:29	-18	13:27

Torjägerliste - Zuschauer - Selbsttore - Platzverweise

Torjägerliste:
1. Vogt: 18 Tore
2. Lippens: 15 Tore
3. Keller, Heynckes: je 12 Tore

Zuschauer: 182.000
Tore: 28
Selbsttore: keine
Platzverweise: keine

Mit Brei durch die Mauer

Frankfurt hatte sein Ehrgefühl zuhause gelassen und versuchte dieses entscheidende Kellerduell komplett am eigenen Strafraum auszusitzen. Sechs Minuten vor Schluss fand der Spuk endlich ein Ende.

Der Blick auf die Tabelle kündigte keinen Leckerbissen an, wohl aber eine interessante Konstellation. Gastgeber Bielefeld war Schlusslicht mit einem Zähler Rückstand auf den Vorletzten, die Frankfurter Eintracht. Theoretisch also gingen die Hessen gar als Favoriten ins Spiel, zudem mit der nicht reizlosen Aussicht, dem Keller mit einem Sieg für eine Weile den Rücken zu kehren, Bielefeld auf drei Punkte davonzujagen. Was Frankfurt gedenk dieser Lage anbot, war armselig und erschütternd. Eine einzige Angriffsspitze hatte Erich Ribbeck offiziell auf dem Spielberichtsbogen, wobei sich automatisch ergab, dass Nickel eher an der Mittellinie parkte - als Anspielstation für Konter, die niemals stattfinden sollten. "Eineinhalb Torchancen", wie Ribbeck selbst offen zugab, wurden es wohl am Ende, die sein Ein-Mann-Sturm zur Verwertung angeboten bekam.

Umso trauriger war Nickels Rolle, weil er in vielen aussichtslosen Versuchen seine Gefährlichkeit durchaus anzudeuten vermochte. Bielefelds überragender Libero Schulz hatte dennoch andere Sorgen. Die Arminia nämlich war nicht gerade glücklich mit diesem Gegner, der mit mehr Glück

Holte Arminia vom Tabellenende weg: Dieter Brei

als Verstand sämtliche Angriffe des ersten Abschnitts irgendwie überstand. Der DSC tat wirklich viel für einen Sieg und kam der Verzweiflung immer näher. Dann endlich aber gelang der entscheidende Durchbruch, als der junge Brei wunderschön aufs Tor köpfte und Roggensack abstauben konnte. Heilsbringer Brei hatte letztes Jahr noch in der Kreisklasse gespielt.

Arminia Bielefeld - Eintracht Frankfurt 1:0 (0:0)

Sa., 06.02.1971, 15:30 Uhr

Zuschauer: 20.000

SR: Gerhard Schulenburg (Hamburg)

Tore: 1:0 Gerd Roggensack (84., Vorlage Brei)

Aufstellung Arminia Bielefeld: Gerd Siese (Note 3,0); Horst Wenzel (3,0), Dieter Schulz (2,0), Waldemar Slomiany (3,0), Volker Klein (4,0 - 68. Karl-Heinz Brücken, –); Gerd Knoth (4,0), Ulrich Braun (2,0), Horst Stockhausen (5,0); Gerd Roggensack (4,0), Ernst Kuster (5,0 - 46. Dieter Brei, 2,0), Norbert Leopoldseder (4,0)

Aufstellung Eintracht Frankfurt: Siegbert Feghelm (2,0); Peter Reichel (4,0), Dieter Lindner (4,0), Friedel Lutz (4,0), Lothar Schämer (3,0); Gert Trinklein (3,0 - 84. Jürgen Kalb, –), Horst Heese (4,0), Günter Keifler (5,0 - 84. Manfred Wirth, –); Jürgen Grabowski (4,0), Jürgen Papies (3,0), Bernd Nickel (3,0)

Besonderheiten: keine

Aus Versehen geführt

Auf dem Feld gewann Werder die Kraftprobe klarer als auf dem Papier. Gegen am Ende völlig ausgelaugte Braunschweiger brauchte es aber nicht nur ein Traumtor, sondern auch eine gute Spürnase.

Der Mann des Tages hieß "Pico" Schütz, aber nicht seines Tores wegen oder weil er der stärkste Verteidiger gewesen wäre, sondern durch seine spielentscheidende Raffinesse. Im Weserstadion wehte ein strammer Wind, und als Schütz vor dem Anpfiff vor die Wahl gestellt wurde, traf er die einzig richtige Entscheidung: Werder startete gegen die Bö. Dass es lieber die erste Halbzeit nutzen sollte, verstand Braunschweig viel zu spät, zumal die Niedersachsen ohnehin lieber verteidigten und irgendwann ein Kontertor folgen ließen. Daraus konnte diesmal nichts werden. Werder-Coach Gebhardt: "Dass wir zuerst gegen den Wind starten konnten, hat uns geholfen, denn die Braunschweiger waren erwartungsgemäß hinterher am Ende." Selbst ein 0:0 zur Pause hätte Werder schon reichlich geholfen und wäre wohl auch gerecht gewesen, spielte die Eintracht anfangs doch kultivierter und naturgemäß druckvoller nach vorn. Ein Tor aber brachten nur die Bremer zustande, wobei dies eher aus Versehen fiel. Fast von der Torauslinie donnerte Görts einen steilen Ball in den Winkel, den ihm Höttges zu diesem Zweck gar nicht zugespielt hatte (38.). Ansonsten lief alles nach Bremer Plan. Die Kraft, die Werder im ersten Abschnitt aufbrachte, hatte Braunschweig nach Wiederbeginn nicht mehr zur Verfügung. Besonders am Ex-Bremer Lorenz konnte man ablesen, wie schlauchend Rückstand und Gegenwind wirken mussten. Aus der bequemen Lage schaffte der Platzelf so noch ein zweites Tor, per Elfmeter durch Kopf und Kapitän Schütz.

Hielt die Nase in den Wind: Arnold Schütz

SV Werder Bremen - Eintr. Braunschweig 2:0 (1:0)

Sa., 06.02.1971, 15:30 Uhr
Zuschauer: 22.000
SR: Dr. Gerd Siepe (Köln)
Tore: 1:0 Werner Görts (38., Vorlage Höttges), 2:0 Arnold Schütz (79., Foulelfmeter, Coordes)
Aufstellung SV Werder Bremen: Günter Bernard (Note 3,0); Dieter Zembski (5,0), Arnold Schütz (2,0), Rudolf Assauer (2,0), Egon Coordes (3,0); Horst-Dieter Höttges (3,0 - 42. Bernd Schmidt, 4,0), Heinz-Dieter Hasebrink (4,0), Karl-Heinz Kamp (3,0 - 80. Ole Björnmose, –); Eckhard Deterding (4,0), Bernd Lorenz (4,0), Werner Görts (3,0)
Aufstellung Eintracht Braunschweig: Burkhardt Öller (3,0); Wolfgang Grzyb (3,0), Joachim Bäse (4,0), Peter Kaack (4,0), Franz Merkhoffer (4,0); Bernd Gersdorff (4,0), Lothar Ulsaß (4,0), Max Lorenz (5,0); Eberhard Haun (4,0 - 60. Rainer Skrotzki (4,0), Jaro Deppe (5,0), Dietmar Erler (4,0)
Besonderheiten: keine

Ansonsten stimmte alles

Weil die Bayern vorerst spielfrei blieben, stürzte der Deutsche Meister weich. Ernüchternd war Gladbachs Vorstellung trotzdem. Die unnötigen Kunstpausen stellte Hannover teuer in Rechnung.

Der Trennstrich zwischen Blamage und Traumfußball war marginal. Größtenteils glich es Zauberei, was die Fohlen in Niedersachsen boten; hätte ein Punktesystem sämtliche Vorzüge ihres Spiels berücksichtigt, sie wären der haushohe Sieger gewesen. Das Ergebnis aber war 1:1, was wiederum Hannover allergrößte Anerkennung gebot. Die Glanzmomente der Borussia kamen schubweise. Gleich die Anfangsviertelstunde war zum Dahinschmelzen. Bertl und Nafziger hatten den Ball noch gar nicht berührt, als Podlasly die Kugel schon mehrfach aus dem Kasten geboxt hatte. Wie Netzer, Dietrich und Wimmer hier harmonierten, warf die Frage nach einer deutlichen Klatsche für 96 auf. Schuldig machten sich die Gastgeber keineswegs, verhielten sich besonders in der Abwehr ungemein professionell. Auch ohne große Fehler waren sie jedoch klar unterlegen. Mit der ersten Gladbacher Kunstpause änderte sich dies, aber auch nur so weit, dass die Möglichkeiten des VfL weniger wurden. Immer noch überraschend fiel daher das 1:0 kurz vor der Pause, zumal Wimmer Sekunden zuvor noch die Latte gestreichelt hatte. Mit voller Breite griffen die Fohlen anschließend an, nämlich ab sofort im 4-2-4 mit links Köppel und zusätzlich Laumen zentral. Wie wenig ein Kontertor in Frage kam, überraschte hierbei. Gerade nach dem Ausgleich (59.) aber konnte sich Hannover überhaupt nicht mehr lösen, bangte die komplette Restspielzeit um den einen Punkt und hielt ihn wie ein taumelnder Boxer schließlich in die Höhe.

Wo er stand, passierte nicht viel: Rudolf Nafziger

Hannover 96 - Mönchengladbach 1:1 (1:0)

Sa., 06.02.1971, 15:30 Uhr
Zuschauer: 41.000
SR: Alfons Betz (Regensburg)
Tore: 1:0 Hans Siemensmeyer (42., Vorlage Nafziger), 1:1 Herbert Laumen (59., Kopfball, Netzer)
Aufstellung Hannover 96: Horst Podlasly (Note 2,0); Rainer Stiller (3,0), Peter Anders (3,0), Hans-Josef Hellingrath (2,0), Jürgen Bandura (3,0); Hans-Joachim Weller (4,0), Hans Siemensmeyer (3,0), Horst Berg (3,0); Rudolf Nafziger (5,0 - 68. Willi Reimann, 4,0), Ferdinand Keller (3,0), Horst Bertl (4,0)
Aufstellung Borussia Mönchengladbach: Wolfgang Kleff (3,0); Berti Vogts (3,0), Ludwig Müller (3,0), Klaus-Dieter Sieloff (2,0), Heinz Wittmann (3,0); Horst Köppel (3,0), Günter Netzer (3,0), Peter Dietrich (2,0); Herbert Wimmer (3,0), Jupp Heynckes (4,0), Ulrik Le Fevre (4,0 - 46. Herbert Laumen, 2,0)
Besonderheiten: keine

Delikatesse in zwei Gängen

Essen machte da weiter, wo es aufgehört hatte und konnte nach einer Viertelstunde gleich wieder seine Sachen packen. Allerdings: Gegen diese torhungrigen Teufel hätten auch ganz andere Teams den Kürzeren gezogen.

Was auch immer Gyula Lorant in der Winterpause mit seinen Jungs angestellt hatte, die Mühen hatten sich gelohnt. Nach drei Siegen am Stück sprach vorerst niemand mehr vom Abstiegsgespenst, dabei war man in der Pfalz nicht ohne Magenbrummen in die Saison gestartet. "Wir wussten, dass es schwer werden würde, aber so schwer haben wir es uns nicht vorgestellt", sagte Essens Coach Burdenski nun. RWE hatte rein gar nichts zu melden gehabt am Betzenberg und fuhr bis auf den nackten Steiß gerupft wieder nach Hause. Nach nicht mal einer Minute ging es schon los, Vogt schloss den ersten Pfälzer Angriff mit dem Führungstor ab. Zeit sich zu sortieren bekamen die Gäste keine, denn schon brach die nächste Welle herein und richtete gar schlimmeren Schaden an: Wieder Vogt (12.) und zusätzlich Hosic (13.) degradierten RWE zu einem blutigen Anfängerverein - eine Viertelstunde nach Anstoß war Essen schon verputzt. Dass bis zur Pause weniger geschah, war nicht einmal ganz richtig, denn der FCK funktionierte in allen Bereichen, hatte tolle Individualisten und fleißige Arbeitsbienen. Auch ohne weitere Tore machte diese Truppe Spaß. Als sie Essen dann aus dem Spiel wähnte, folge die Quittung indes sofort. Zwei zügige Treffer nach Wiederbeginn stellten den Sieger für einen Wimpernschlag wieder in Zweifel, bevor Torjäger Vogt dann ein drittes Mal zuschlug und das wuchtige Tempospiel von neuem begann. Eher willkürlich griff Friedrich sich noch eine Chance zum 5:2 heraus.

Traf mal wieder, wie er wollte: Karl-Heinz Vogt

1. FC Kaiserslautern - Rot-Weiss Essen 5:2 (3:0)

Sa., 06.02.1971, 15:30 Uhr
Zuschauer: 16.000
SR: Dieter Heckeroth (Frankfurt/Main)
Tore: 1:0 Vogt (1.), 2:0 Vogt (12.), 3:0 Hosic (13.), 3:1 Lippens (51., Rechtsschuss), 3:2 Bast (60.), 4:2 Vogt (66., Linksschuss), 5:2 Friedrich (78.)
Aufstellung 1. FC Kaiserslautern: Josef Elting (Note 4,0); Günther Reinders (4,0), Dietmar Schwager (4,0), Ernst Diehl (4,0), Fritz Fuchs (4,0); Jürgen Friedrich (2,0), Otto Rehhagel (4,0), Josef Pirrung (2,0), Karl-Heinz Vogt (2,0), Idriz Hosic (3,0 - 65. Dieter Krafczyk, 3,0), Klaus Ackermann (3,0)
Aufstellung Rot-Weiss Essen: Fred-Werner Bockholt (4,0); Peter Czernotzky (5,0), Hermann Erlhoff (4,0 - 46. Walter Hohnhausen, 4,0), Wolfgang Rausch (4,0), Heinz Stauvermann (4,0); Erich Beer (3,0), Helmut Littek (4,0), Georg Jung (5,0 - 73. Günter Fürhoff, 3,0); Roland Peitsch (3,0), Dieter Bast (2,0), Willi Lippens (4,0)
Besonderheiten: keine

129

Holzhacker aus Müngersdorf

Das Westduell fand den falschen Sieger, weil Duisburg kämpfte und auch schön spielen konnte, während die Platzelf lediglich zu kämpfen verstand. Dass ausgerechnet Thielen zum Sieg traf, schmeckte ebenfalls bitter.

Der MSV zeigte die rundeste Vorstellung, die man jemals von ihm in Müngersdorf gesehen hatte. Ansprechend besonders das Spiel ohne Ball, das die fleißigen Linßen und Dietz imposant beherrschten. Mit Riedl und Kentschke hatte Duisburg außerdem zwei Konterstürmer, die mindestens eine Stunde lang kräftig wirbelten. Dann zog Karl-Heinz Thielen einen Schlussstrich. Kölns Ersatzlibero hatte bei den Duisburger Fans einen schweren Stand. In einer Zeit, als beide Teams das Spiel gewinnen konnten, holte er im Strafraum Gerhard Kentschke von den Beinen und bekam nur einen Freistoß aufgebrummt. Ein Elfmeter hätte vermutlich das 2:1 für Meiderich bedeutet. Später dann, kurz nach der Pause, bügelte Thielen eine weitere Unsicherheit aus, indem er Kentschke auf rüdeste Weise niederstreckte. Ergebnis: Duisburgs bester Mann musste mit einer Risswunde ins Krankenhaus, und der MSV war fortan nicht mehr derselbe. Bis zu dieser Zeit waren die Zebras eigentlich besser gewesen, hatten seit dem sofortigen Ausgleich der Kölner Führung erheblich mehr Chancen erspielt und zweimal gar die Latte getroffen. Nun, nach Kentschkes Ausfall, bekam aber der FC reichlich Aufwind und besann sich mit den aufdrehenden Simmet und Overath endlich seines Heimvorteils. Unglücklich für Duisburg dann, dass Danner den entscheidenden Treffer begünstigte, weil er statt zu fausten stehen blieb. Fast zynisch obendrein der Name des Torschützen: Es war Karl-Heinz Thielen (79.).

Der Kölner Mann fürs Grobe: Karl-Heinz Thielen

1. FC Köln - MSV Duisburg 2:1 (1:1)

Sa., 06.02.1971, 15:30 Uhr
Zuschauer: 11.000
SR: Franz Wengenmeyer (München)
Tore: 1:0 Hennes Löhr (13., Vorlage Overath), 1:1 Gerhard Kentschke (16.), 2:1 Karl-Heinz Thielen (77., Kopfball, Flohe)
Aufstellung 1. FC Köln: Manfred Manglitz (Note 3,0); Kurt Kowalski (5,0), Karl-Heinz Thielen (4,0), Wolfgang Weber (3,0), Matthias Hemmersbach (4,0); Heinz Simmet (2,0), Wolfgang Overath (3,0), Heinz Flohe (4,0); Jupp Kapellmann (5,0 - 53. Thomas Parits, 3,0), Bernd Rupp (4,0), Hennes Löhr (3,0)
Aufstellung MSV Duisburg: Volker Danner (3,0); Hartmut Heidemann (3,0), Kurt Rettkowski (4,0), Detlef Pirsig (3,0), Michael Bella (3,0); Djordje Pavlic (3,0), Bernd Lehmann (4,0), Johannes Linßen (3,0); Johannes Riedl (2,0), Bernard Dietz (4,0), Gerhard Kentschke (2,0 - 56. Kurt-Jürgen Lorenz, 4,0)
Besonderheiten: keine

Der Berg rief

Trotz einer stattlichen Zahl von Trümpfen auf der Hand waren die Gäste nicht in der Lage, dieses Spiel zu gewinnen. Je ein Wechsel auf beiden Seiten sorgte für Offenbachs Auferstehung.

Heisere Menschen traf man nach Spielschluss in Offenbach häufiger, doch diesmal kochte der Bieberer Berg wirklich. Bei aller Anerkennung für den HSV waren die Kickers-Fans zeitweise richtig gallig, anfangs der Leistung ihrer Mannschaft wegen, später aus Wut über den Schiedsrichter. Hätte die Begegnung nicht noch versöhnlich geendet, der Unparteiische aus Wanne-Eickel hätte keine ruhige Abreise erlebt. "Ein Abseitstor wie das von Hönig ist mir seit Jahren nicht mehr untergekommen", giftete auch Offenbachs Trainer. Minute eins meinte er damit nicht, denn da war es seine Hintermannschaft, die sich dusselig anstellte und Hönig zu seinem ersten, blitzsauberen Treffer einlud. Der Fehlstart nach 14 Sekunden band dem OFC die Beine, gleichwie der HSV die Kontrolle nicht mehr abgab. Zumindest bis zum Seitenwechsel nicht, denn danach bekamen auch die Gäste ihre kalte Dusche, als Gecks den Bieberer Berg ein erstes Mal zum Beben brachte (47.). Wieder aber riss Hamburg der Platzelf das Spiel aus den Händen und zeigte wirklich farbenfrohen Fußball, den Seeler fünf Minuten nach dem Ausgleich mit seinem 123. Ligator krönte. Nun passierte, was die Gastgeber ausrasten ließ, nämlich Hönigs 1:3 zur vermeintlichen Entscheidung (54.). Doch die Kickers kamen wieder. Während beim HSV Willi Schulz für Hans Schulz kam, tauschte Rudi Gutendorf den Libero aus und ließ ohne Absicherung angreifen. Mit Erfolg. Weida und Bechtold schafften noch den Ausgleich, der den Mob wieder beruhigte.

Sein Doppelpack war nicht astrein: Franz-Josef Hönig

Kickers Offenbach - Hamburger SV 3:3 (0:1)

Sa., 06.02.1971, 15:30 Uhr
Zuschauer: 18.000
SR: Alfred Köhler (Wanne-Eickel)
Tore: 0:1 Franz-Josef Hönig (1.), 1:1 Horst Gecks (47.), 1:2 Uwe Seeler (52.), 1:3 Franz-Josef Hönig (54.), 2:3 Roland Weida (79.), 3:3 Walter Bechtold (85.)
Aufstellung Kickers Offenbach: Karlheinz Volz (Note 3,0); Josef Weilbächer (3,0), Nikolaus Semlitsch (4,0), Hans Reich (4,0 - 64. Walter Bechtold, 2,0), Helmut Kremers (4,0); Roland Weida (4,0), Klaus Winkler (3,0), Winfried Schäfer (5,0 - 64. Helmut Nerlinger, 3,0); Horst Gecks (2,0), Egon Schmitt (4,0), Erwin Kremers (4,0)
Aufstellung Hamburger SV: Arkoc Özcan (3,0); Helmut Sandmann (4,0), Jürgen Kurbjuhn (3,0), Hans-Jürgen Hellfritz (3,0), Hans-Jürgen Ripp (5,0); Hans Schulz (3,0 - 62. Willi Schulz, 4,0), Klaus Zaczyk (4,0), Franz-Josef Hönig (3,0); Gerd Klier (4,0), Uwe Seeler (2,0), Charly Dörfel (4,0)
Besonderheiten: keine

Fischers schmaler Grat

Zwei famose Torhüter verhinderten ein noch lebhafteres Spiel, das Schalke viel zu spät für sich entschied. Im Angriff fehlte den Knappen Fortune.

Fischers Siegtor zwei Minuten vor Schluss verhinderte kurioserweise, dass der Ex-Münchener noch stärker im Mittelpunkt stand. Mit dem Doppelpack zum späten Sieg war er schlagartig ein Strahlemann, in Wirklichkeit aber erbosten sich die Fans darüber, wie viele Chancen der Torjäger ausließ. Trainer Cendic wollte von all dem nichts mehr hören: "Das Spiel hatte Niveau und Spannung. Wenn bei uns wirklich der Wurm drin war, wie verschiedentlich behauptet, dann hat er sich jetzt wieder verkrochen." Das Gewicht des Schalker Erfolges maß sich indes nicht zuletzt an der Vorstellung der Gäste, mit dem sich, so Slobodan Cendic jovial, "ein wirklich gutes Fußballspiel aufziehen ließ". Haug etwa war nicht nur ein hervorragender Gegenpol zum Schalker van Haaren, er besetzte auch maßgeblich jenen Posten, der seit dem Weggang von Gress im Spiel der Schwaben so verwaist gewesen war. Olsson wiederum, ganz genau wie gegenüber Fichtel, spielte einen hochmodernen Libero mit schlauer Auffassungsgabe und dienlicher Abkehr vom reinen Ausputzergedanken. Wirkungsvolle Außenverteidiger hatten ebenfalls beide Mannschaften und nicht zuletzt bärenstarke Torhüter. Entscheidend zum Schalker Übergewicht trug letztlich Hans-Jürgen Wittkamp bei, der als Sturmspitze viele Löcher riss und den etwas fahrigen Wüst und Libuda auf die Beine half. Fischers Führung (47.) hatte lange in der Luft gelegen, musste aber erst von Handschuh egalisiert werden (57.), ehe mit der Brechstange schließlich der Heimsieg gelang.

Endlich wieder ein guter Regisseur: Horst Haug

FC Schalke 04 - VfB Stuttgart 2:1 (0:0)

Sa., 06.02.1971, 15:30 Uhr
Zuschauer: 18.000
SR: Walter Horstmann (Hildesheim)
Tore: 1:0 Klaus Fischer (47.), 1:1 Karl-Heinz Handschuh (57., Vorlage Weiß), 2:1 Klaus Fischer (88., Rechtsschuss, Sobieray)
Aufstellung FC Schalke 04: Norbert Nigbur (Note 2,0); Klaus Senger (4,0), Klaus Fichtel (2,0), Rolf Rüssmann (3,0), Jürgen Sobieray (3,0); Herbert Lütkebohmert (4,0), Heinz van Haaren (2,0), Hans-Jürgen Wittkamp (2,0); Reinhard Libuda (4,0), Klaus Fischer (3,0), Alban Wüst (5,0 - 46. Klaus Scheer, 4,0)
Aufstellung VfB Stuttgart: Gerhard Heinze (2,0); Günther Eisele (3,0), Reinhold Zech (4,0), Jan Olsson (2,0), Hans Arnold (3,0), Willi Entenmann (3,0), Herbert Höbusch (3,0), Horst Haug (2,0); Manfred Weidmann (4,0), Hartmut Weiß (5,0), Karl-Heinz Handschuh (3,0)
Besonderheiten: keine

Kobluhns siebter Streich

Gerade zuhause zählten für RWO im Grunde nur noch Siege, doch das Nachholspiel gegen Hertha offenbarte das Elend nur zu deutlich. Es fehlte ein Knipser.

Immerhin lag die Wahrheit nun offen auf dem Tisch. Die schiefe Tabelle nämlich hatte RWO zu lange in die Tasche gelogen, hatte vorgegaukelt, dass bei einem Heimsieg im Nachholspiel die Lage gar nicht so brenzlig sei. Den Sieg aber gab es nicht, und statt aufs rettende Ufer steuerte Oberhausen geradewegs auf den Abgrund zu. Sonderlich viel falsch machten die Kleeblätter dabei gar nicht. Hertha wurde mit der richtigen Einstellung empfangen und nach Leibeskräften unter Druck gesetzt. Wilbertz etwa half dem überforderten Mittelfeld, das in Brozulat einen guten Verteiler hatte, einmal mehr nur keine Anspielstationen fand. Weil wiederum Ohm und Dick ganz hervorragend verteidigten und Kliemann seinen Widersacher Varga eng an den Fersen klebte, bahnte sich ein Geduldsspiel an. Dann aber geschah, womit niemand rechnete, denn Gergely spielte von Linksaußen einen Traumpass herein, den Horr ins Visier nahm und mit strammem Flachschuss verwertete (19.). Schlimmer konnte es für die Platzelf kaum kommen, als gegen nun mauernde Berliner auf Schneebelag einem Rückstand nachzulaufen. Gut nur für Oberhausen, dass Hertha das Kontern vergaß, obwohl Gayer und Horr immer bereit waren. Mit der Brechstange kam so noch ein Punkt heraus, nachdem Fritsche an die Latte donnerte und Kobluhn genau richtig stand (88.). Verdient war der Ausgleich schon, doch unterstrich er einmal mehr Oberhausens Sturmproblematik. Sieben Treffer hatte RWO in den letzten zwölf Spielen nur zusammenbekommen - allesamt erzielt von Mittelfeldspieler Kobluhn.

Maßgeblich am Führungstor beteiligt: Laszlo Gergely

Rot-Weiß Oberhausen - Hertha BSC Berlin 1:1 (0:1)

Mi., 03.03.1971, 20:00 Uhr
Zuschauer: 15.000
SR: Klaus Ohmsen (Hamburg)
Tore: 0:1 Lorenz Horr (19., Vorlage Gergely), 1:1 Lothar Kobluhn (88., Rechtsschuss, Fritsche)
Aufstellung Rot-Weiß Oberhausen: Klaus Witt (Note 3,0); Hermann-Josef Wilbertz (3,0); Friedhelm Dick (2,0), Uwe Kliemann (2,0), Werner Ohm (3,0); Lothar Kobluhn (3,0), Gert Fröhlich (5,0 - 46. Norbert Lücke, 4,0), Dieter Brozulat (4,0); Günter Karbowiak (4,0 - 46. Hans Schumacher, 4,0), Hans Fritsche (3,0), Wolfgang Sühnholz (4,0)
Aufstellung Hertha BSC Berlin: Volkmar Groß (2,0); Bernd Patzke (4,0), Uwe Witt (2,0), Tasso Wild (2,0), Karl-Heinz Ferschl (4,0); Laszlo Gergely (3,0), Wolfgang Gayer (3,0); Hans-Jürgen Sperlich (4,0 - 67. Franz Brungs, –), Zoltan Varga (3,0), Lorenz Horr (3,0), Arno Steffenhagen (5,0)
Besonderheiten: keine

Ohne Mauern zum Erfolg

Vom frühen Februar war diese Partie bis in den Mai geschoben worden und damit in eine Zeit, als Dortmunds Kraftvorrat sehr üppig war. Mit dem modernen Kraftfußball der Gäste hatte der FC Bayern seine liebe Not.

Bis die Münchener überhaupt eine ernstzunehmende Gefahr ausstrahlten, war die erste Halbzeit bereits beendet. Es brauchte große Konzentration und unnachgiebiges Drängen, um den BVB zu kitzeln, der keineswegs die Zeit nur in der eigenen Hälfte verbrachte, sondern giftig dagegenhielt, als würde er selbst noch um die Deutsche Meisterschaft kämpfen. Als Rynio zum wiederholten Mal tollkühn pariert hatte, stand endlich mal ein Münchener richtig, um den Abpraller aufzunehmen. Den abgeblitzten Hoeneß-Schuss hechtete Brenninger mit dem Kopf in die Maschen (57.). Allzu gern hätte man geglaubt, die Gastgeber wären damit auf den rechten Weg zum Heimsieg eingebogen. Dafür war aber schon zu viel geschehen, zu oft hatten sie schon mit 1:0 vorn gelegen und am Ende dann doch nicht gewonnen. Obwohl es auch diesmal so kam, konnte von einem verschenkten Sieg indes keine Rede sein. Gerade ihre tapfere Reaktion und das unbekümmerte Gegenlenken berechtigten die Borussen dazu, den angepeilten Punkt aus München noch mitzunehmen. Zwischen Brenningers Treffer und Weinkauffs Ausgleich nach Pfostenschuss Neubergers lagen lediglich vier Minuten. Die Restspielzeit verbrachten die Gäste dann wirklich in der Defensive, doch war ihr Kraftvorteil gegenüber den zappeligen Gastgebern deutlich. Auch verteidigten sie nicht stumpf, sondern hatten in Held einen umsichtigen Gegenpol, der minutenlang den Ball verwalten und so vom eigenen Strafraum wegtragen konnte.

Kurzfristig für den verletzten Günther nominiert: Jürgen Rynio

FC Bayern München - Borussia Dortmund 1:1 (0:0)

Di., 04.05.1971, 20:00 Uhr
Zuschauer: 21.000
SR: Günter Linn (Altendiez)
Tore: 1:0 Dieter Brenninger (57., Kopfball, Vorlage Hoeneß), 1:1 Dieter Weinkauff (61., Neuberger)
Aufstellung FC Bayern München: Sepp Maier (Note 4,0); Herwart Koppenhöfer (5,0), Georg Schwarzenbeck (4,0), Franz Beckenbauer (3,0), Paul Breitner (3,0); Karl-Heinz Mrosko (4,0), Rainer Zobel (3,0), Ulrich Hoeneß (5,0); Edgar Schneider (5,0 - 46. Peter Pumm, 4,0), Gerd Müller (3,0), Dieter Brenninger (4,0)
Aufstellung Borussia Dortmund: Jürgen Rynio (2,0); Gerd Peehs (3,0), Hans-Joachim Andree (3,0), Branco Rasovic (4,0), Dieter Kurrat (4,0); Willi Neuberger (3,0), Jürgen Schütz (5,0), Theo Bücker (4,0); Manfred Ritschel (4,0), Siegfried Held (2,0), Dieter Weinkauff (3,0)
Besonderheiten: keine

ZEITFENSTER
1. - 7. Februar 1971

Goldfisch Gould
(Australien, 3. Februar)
In Sydney distanzierte eine 14-Jährige über die 800-Meter-Freistil-Distanz nicht

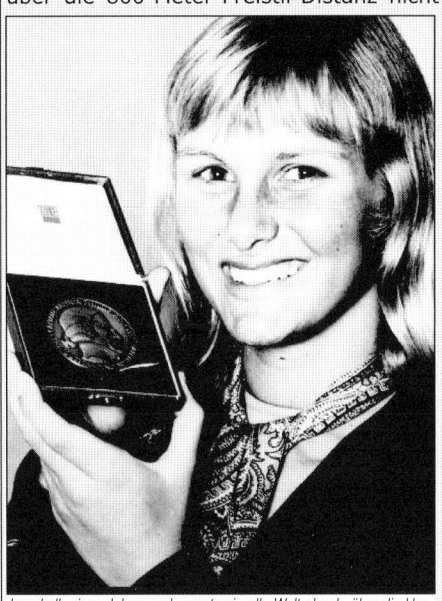

Innerhalb eines Jahres verbesserte sie alle Weltrekorde über die klassischen Freistil-Distanzen: Shane Gould

nur ihre Konkurrenz vor Ort, sondern radierte gleich die bestehende Bestleistung über diese Strecke aus. Ihre 8:58,1 min waren neuer Weltrekord. Doch damit nicht genug. Im weiteren Verlauf des Jahres steigerte die Australierin Shane Gould noch die Weltrekordzeiten auf allen weiteren, offiziell zulässigen Freistil-Distanzen im Frauen-Wettschwimmen (100 m - 58,9 sec/ 200 m - 2:05,8 min/ 400 m - 4:21,2 min/ 1.500 m - 17:00,6 min).

Scheel mit EWG-Mission
(England, 4. Februar)
Um den zaudernden Briten die EWG-Mitgliedschaft schmackhaft zu machen, reiste der Bundesaußenminister Walter Scheel zu zweitägigen Gesprächen nach London. Seine Anfahrt geschah allerdings nicht hoch auf einem gelben Wagen und vermutlich konfrontierte er die Engländer auch nicht mit der Aussage des Plakates (Abb.). Das fand erst im Wahlkampf 1972 Verwendung.

Steine vom Fra Mauro Krater (Mond)
(USA/Mond, 5. Februar)
Die Apollo 14-Astronauten Alan Shepard und Edgar Mitchell landeten mittels der Raumfähre Antares auf dem Mond. Sie sammelten mehr als 50 kg Mondgestein für Forschungszwecke ein.

Wahlrecht für Frauen
(Schweiz, 7. Februar)
Kantonal gab es noch Ausnahmen, auf Bundesebene aber erhielten die Schweizer Frauen das volle Wahlrecht.

Bundesliga 1970/1971 – 21. Spieltag

Lippens, Bast, Beer und Hohnhausen jubeln - denn Hohnhausen (ganz rechts) hat zum dritten Mal eingeschossen. (Rot-Weiss Essen - Bayern München 3:1)

Sensation auf dem Bökelberg

Die Duellanten um die Meisterschaft hatten nur einen Grund zur Freude, nämlich die Niederlage des jeweils anderen. Weil auch Schalke in Berlin traditionell nicht gewann, rückten lediglich die hinteren Verfolger etwas nach.

Zwei Auswärtserfolge durchbrachen die Dominanz der Heimmannschaften in dieser Runde: Kölns Sieg in Stuttgart und der unglaubliche Vorfall auf dem Bökelberg, wo Arminia Bielefeld dem Deutschen Meister alle Punkte abnahm. Kölns und Bielefelds erste Siege auf fremden Plätzen. Während die Fohlen ihre Wunden noch leckten, erreichte sie die Kunde von der Hafenstraße. Auch die Bayern nämlich ließen sich von einem Underdog düpieren, obwohl sie zur Halbzeit in Essen noch geführt hatten. Während sich an der Spitze damit kaum etwas veränderte, blieb im Keller fast kein Stein auf dem anderen. Nicht nur Essen und Bielefeld, auch Dortmund (2:0 über Oberhausen) machte Boden gut und verdammte RWO zum neuen Schlusslicht. Tief fiel auch Werder Bremen, das durch das 1:3 in Duisburg gleich vier Tabellenplätze verlor.

Ergebnisse – 21. Spieltag 1970/1971

Sa., 13.02.71	Hertha BSC Berlin -	FC Schalke 04	2:1 (1:0)
Sa., 13.02.71	Eintracht Braunschweig -	Kickers Offenbach	3:0 (1:0)
Sa., 13.02.71	Borussia Dortmund -	Rot-Weiß Oberhausen	2:0 (0:0)
Sa., 13.02.71	MSV Duisburg -	SV Werder Bremen	3:1 (1:0)
Sa., 13.02.71	Eintracht Frankfurt -	1. FC Kaiserslautern	3:2 (1:1)
Sa., 13.02.71	Hamburger SV -	Hannover 96	1:0 (1:0)
Sa., 13.02.71	Borussia Mönchengladbach -	Arminia Bielefeld	0:2 (0:0)
Sa., 13.02.71	VfB Stuttgart -	1. FC Köln	1:2 (1:1)
Sa., 13.02.71	Rot-Weiss Essen -	FC Bayern München	3:1 (0:1)

Tabelle

Platz	Verein	S	U	N	Tore	Differenz	Punkte
1.	Borussia Mönchengladbach	11	8	2	48:20	+28	30:12
2.	FC Bayern München	11	8	2	40:19	+21	30:12
3.	FC Schalke 04	11	4	6	28:18	+10	26:16
4.	Eintracht Braunschweig	11	3	7	33:20	+13	25:17
5.	Hertha BSC Berlin	9	7	5	31:24	+7	25:17
6.	1. FC Köln	7	8	6	27:28	-1	22:20
7.	VfB Stuttgart	8	5	8	35:33	+2	21:21
8.	1. FC Kaiserslautern	9	3	9	34:35	-1	21:21
9.	MSV Duisburg	7	7	7	20:22	-2	21:21
10.	Hamburger SV	7	7	7	31:42	-11	21:21
11.	Rot-Weiss Essen	7	6	8	31:30	+1	20:22
12.	Borussia Dortmund	8	4	9	30:33	-3	20:22
13.	SV Werder Bremen	5	9	7	19:23	-4	19:23
14.	Hannover 96	6	5	10	24:30	-6	17:25
15.	Arminia Bielefeld	6	4	11	23:32	-9	16:26
16.	Kickers Offenbach	5	5	11	26:39	-13	15:27
17.	Eintracht Frankfurt	5	5	11	14:31	-17	15:27
18.	Rot-Weiß Oberhausen	4	6	11	29:44	-15	14:28

Torjägerliste - Zuschauer - Selbsttore - Platzverweise

Torjägerliste:
1. Vogt: 18 Tore
2. Lippens: 16 Tore
3. Ulsaß, Keller, Heynckes: je 12 Tore

Zuschauer: 173.000
Tore: 27
Selbsttore: 1
Platzverweise: keine

Noch schlimmer als gewohnt

Auf dem Papier ging Schalke zwar als Favorit ins Spiel, doch waren die Gastspiele in Berlin seit jeher ein Graus. Im fünften Versuch setzte es nicht nur die fünfte Pleite, es gab auch gehörigen Schwund.

Vielleicht wäre es diesmal wirklich möglich gewesen, einen Zähler zu ergattern. In der sechsten Minute etwa gelang nach einem Berliner Eckball ein vorzüglicher Konter, den Wüst auch beinahe erfolgreich abgeschlossen hätte, wäre nicht Groß wie eine Tarantel aus seinem Tor geschnellt. Es wäre die Schalker Führung gewesen. Wenig später aber verdunkelte sich der Horizont, denn Klaus Fichtel, der diesen Gegenschlag mit einem herrlichen Steilpass eingeleitet hatte, rasselte mit dem Nationalmannschaftskollegen Patzke zusammen und verletzte sich am Knöchel. Ein paar Minuten hielt Fichtel zwar noch durch, dann aber ging es nicht mehr weiter, und Schalke sah sich seines wichtigsten Mannes beraubt. "Jetzt ist mein Spieleraufgebot noch kleiner geworden", klagte Schalkes Trainer, den der Ausfall seines Liberos weit mehr schmerzte als das verlorene Spiel. Denn damit hatte man rechnen können. Hertha brauchte nicht lange, um den Knappen das eigene Spiel bedingungslos aufzuzwingen. Das 1:0 durch Horr fiel noch im ersten Durchgang, ging aber auf einen Fehler des Schalker Torwarts zurück, der Brungs' Scharfschuss nicht festhalten konnte. Der Oldie im Team der Berliner zeigte überhaupt ein großartiges Spiel. Rüssmann, 14 Jahre jünger, gab alles gegen ihn, zahlte aber bitteres Lehrgeld. Sonst war Herthas Trainer nicht mit allen restlos zufrieden, beklagte etwa, dass bis zu Gayers 2:0 sechs richtig dicke Chancen vergeben wurden. van Haaren hätte außerdem fast sogar ausgeglichen, traf aber nur das Holz (43.).

Schalkes wichtigster Mann verletzte sich: Klaus Fichtel

Hertha BSC Berlin - FC Schalke 04 2:1 (1:0)

Sa., 13.02.1971, 15:30 Uhr
Zuschauer: 40.000
SR: Rudolf Schröck (Riegelsberg)
Tore: 1:0 Lorenz Horr (22., Vorlage Brungs), 2:0 Wolfgang Gayer (68., Kopfball, Horr), 2:1 Alban Wüst (87.)
Aufstellung Hertha BSC Berlin: Volkmar Groß (Note 4,0); Bernd Patzke (2,0), Uwe Witt (3,0), Tasso Wild (3,0), Karl-Heinz Ferschl (3,0); Laszlo Gergely (3,0), Wolfgang Gayer (2,0); Hans-Jürgen Sperlich (3,0), Franz Brungs (2,0), Lorenz Horr (3,0), Zoltan Varga (4,0)
Aufstellung FC Schalke 04: Norbert Nigbur (4,0); Hans-Jürgen Wittkamp (3,0), Klaus Fichtel (– - 18. Hans-Jürgen Becher, 4,0), Rolf Rüssmann (4,0), Jürgen Sobieray (3,0); Herbert Lütkebohmert (4,0), Heinz van Haaren (3,0 - 68. Klaus Beverungen, 4,0); Reinhard Libuda (4,0), Klaus Fischer (4,0), Alban Wüst (3,0), Klaus Scheer (4,0)
Besonderheiten: keine

Erler schoss den Vogel ab

Von einer Überraschung in Braunschweig waren die Offenbacher Kickers weit entfernt. Vorne lief rein gar nichts zusammen, und hinten half nur der liebe Gott.

Einen besseren Tag für seine Rückkehr nach viermonatiger Verletzungspause hätte sich Horst Wolter wohl nicht aussuchen können. Bechtold war der einzige, der den Nationaltorwart einmal ernsthaft prüfte. Alles andere wurde entweder verstolpert oder endete bereits im Ansatz kläglich. Rudi Gutendorf fiel dazu nur Folgendes ein: "Leider haben wir keinen Ulsaß und keinen Erler." Diese beiden Spielgestalter trieben Offenbach zur Verzweiflung. Herrlich anzusehen, wie gekonnt vor allem Ulsaß das Leder behandelte und seinen Kollegen mit chirurgischer Präzision in den Lauf passte. Gleich mehrere Gegenspieler bissen sich an ihm die Zähne aus. Ulsaß war es auch, der nach vier Minuten das 1:0 erzielte, per Kopfball nach Ecke Gersdorffs. Offenbachs Vorhaben, möglichst lange ohne Gegentor zu bleiben, war damit einmal mehr über den Haufen geworfen. Auch in anderen Szenen bewiesen die Hessen, dass es nicht von ungefähr auswärts keine noch schwächere Bundesligamannschaft gab. Dabei hatte sich Rudi Gutendorf einiges ausgedacht und sogar den 35-jährigen Nuber wieder eingebaut, um die drittschwächste Abwehr der Liga zu stärken. Spätestens nach Deppes 2:0 (68.) herrschte aber wieder heilloses Durcheinander, in dem die Gäste schlimmer hätten enden können als nur mit drei Gegentreffern. In der Schlussminute setzte es dann noch eine wahre Demütigung. Es mögen 50 Meter gewesen sein, über die Erler den Ball jonglierte, einen Offenbacher nach dem anderen aussteigen ließ und mit fantastischem Schrägschuss zum 3:0 vollendete.

Je später das Spiel, desto schöner die Tore: Dietmar Erler

Eintracht Braunschweig - Kickers Offenbach 3:0 (1:0)

Sa., 13.02.1971, 15:30 Uhr
Zuschauer: 12.000
SR: Manfred Hamer (Bockum-Hövel)
Tore: 1:0 Lothar Ulsaß (4., Kopfball, Vorlage Gersdorff), 2:0 Jaro Deppe (68., Gerwien), 3:0 Dietmar Erler (90.)
Aufstellung Eintracht Braunschweig: Horst Wolter (Note 3,0); Wolfgang Grzyb (3,0), Joachim Bäse (2,0), Peter Kaack (3,0), Franz Merkhoffer (3,0); Michael Polywka (4,0 - 68. Friedhelm Haebermann, 3,0), Lothar Ulsaß (2,0), Bernd Gersdorff (2,0); Klaus Gerwien (4,0 - 83. Eberhard Haun, –), Jaro Deppe (4,0), Dietmar Erler (2,0)
Aufstellung Kickers Offenbach: Horst Bertram (3,0); Erwin Spinnler (5,0), Hermann Nuber (3,0), Nikolaus Semlitsch (4,0), Helmut Kremers (3,0); Egon Schmitt (3,0), Roland Weida (3,0 - 63. Winfried Schäfer, 4,0), Walter Bechtold (3,0); Horst Gecks (5,0), Klaus Winkler (4,0), Erwin Kremers (5,0 - 61. Lothar Skala, 4,0)
Besonderheiten: keine

Brutal aus den Wolken geholt

RWO hatte nicht verdient, was ihm in Dortmund widerfuhr. Schon zur Pause hätten die großartig kämpfenden Gäste eigentlich führen müssen. Als trotzdem alles auf ein 0:0 hinauslief, schlug plötzlich die Heimelf zu.

"Diesmal hatten wir das Glück, das uns in den letzten Wochen fehlte", sagte ein strahlender Horst Witzler. Kollege Preißler kamen die Worte nicht so leicht über die Lippen. Er konnte nicht fassen, dass seine Mannschaft dieses Spiel verloren hatte. Oberhausen verkaufte sich prächtig bei der Nachbarin Borussia, teilweise gar so ordentlich, dass auch ein Unentschieden noch ein karger Lohn schien. Mit einer Verteidigung, die mitunter aus sieben Mann bestand, lockten die Gäste den BVB aus der Reserve, was insofern prächtig funktionierte, als sich schon im ersten Abschnitt beste Konterchancen ergaben. Sühnholz (6.), Kobluhn (9.) und Brozulat (31.) konnten immer wieder durchbrechen und scheiterten knapp, wobei auch Weist auf der anderen Seite eine ordentliche Möglichkeit vergab (18.). Zur Pause hatte Dortmund verstanden und wurde etwas vorsichtiger. Es lag aber auch an der schwindenden Kondition, dass RWO immer seltener vors Tor kam, zumindest bis Minute 61, als Sühnholz ganz allein vor Günther angeflankt wurde und den Ball in den Himmel drosch. Es war die beste Torchance des Spiels. Erst nach dieser Szene riss Dortmund das Zepter wirklich an sich, schien sich aber mit dem Remis abzufinden, nachdem Bücker (70.) und Held (79.) vergeben hatten. Umso brutaler dann der späte Doppelschlag, wobei der Treffer von Schütz schon gereicht hätte, um Oberhausen in die Knie zu zwingen (88.). Weists 2:0 war nur noch ein Nachbeben (89.).

Sein Fehlschuss war der Knackpunkt: Wolfgang Sühnholz

Borussia Dortmund - RW Oberhausen 2:0 (0:0)

Sa., 13.02.1971, 15:30 Uhr
Zuschauer: 10.000
SR: Paul Kindervater (Köln)
Tore: 1:0 Jürgen Schütz (88., Vorlage Held), 2:0 Werner Weist (89., Kopfball, Ritschel)
Aufstellung Borussia Dortmund: Klaus Günther (Note 3,0); Reinhold Wosab (3,0), Ferdinand Heidkamp (4,0), Willi Neuberger (4,0), Gerd Peehs (4,0); Dieter Kurrat (4,0 - 35. Theodor Rieländer, 4,0), Jürgen Schütz (3,0), Manfred Ritschel (4,0), Siegfried Held (3,0), Werner Weist (4,0), Theo Bücker (4,0)
Aufstellung Rot-Weiß Oberhausen: Klaus Witt (2,0); Hermann-Josef Wilbertz (4,0), Uwe Kliemann (2,0), Werner Ohm (2,0), Reiner Hollmann (4,0); Friedhelm Kobluhn (4,0 - 75. Günter Karbowiak, 4,0), Lothar Kobluhn (4,0), Friedhelm Dick (4,0), Wolfgang Sühnholz (3,0), Dieter Brozulat (3,0), Norbert Lücke (4,0)
Besonderheiten: keine

Der Knoten platzte spät

Werder verlor das Spiel eher im ersten Durchgang, als Duisburg noch nicht bei sich war und im Mittelfeld etwas hochnäsig spielte. Mit dem Doppelschlag in Abschnitt zwei waren die Verhältnisse aber klar.

Es war erst das zweite Mal in dieser Spielzeit, dass der MSV drei Treffer zustande brachte, dabei sah es anfangs gar nicht danach aus. Die hemdsärmelige Art der Bremer setzte Meiderich zu. Vornehmlich die Offensivabteilung sah sich robusten und teils harten Zweikämpfen ausgesetzt, ein Stilmittel, das auch die Duisburger mitunter pflegten, ihrem spielerischen Kalkül aber diesmal im Wege stand. Pirsig musste noch vor der Pause vom Feld, wodurch der lang verletzte Burghardt zu seinem ersten Saisoneinsatz kam. Zembski und Coordes kämpften deutlich besser als Pavlic und Linßen kombinierten; Letztere lähmten das Duisburger Spiel mit ihrem sturen Hang zur Schönspielerei. Von Heidemann kamen zudem keine Impulse, weil er sich voll und ganz dem Wirbelwind Görts widmen musste. Werder war eigentlich auf einem guten Weg, hätte nicht Riedl dieses seltsame Tor zustande gebracht, das er selbst mit einer Ecke vorbereitete und nach großer Turbulenz in Bremens Abwehr mit überraschendem Schrägschuss vollendete (20.). Weil die Gäste selbst weniger Glück im Angriff hatten, blieb es zur Pause bei der knappen Führung. Erst danach fanden die Zebras zu ihrer Linie, zu einem ähnlich guten Fluss also wie zuletzt in Köln und vor allem Oberhausen. Das 2:0 war schon wieder so ein Geniestreich, denn Budde tickte Heidemanns Freistoß mit der Hacke in die Maschen (64.). Wirklich erledigt waren die Gäste dann mit dem 3:0, wieder besorgt durch Budde, der nicht im Abseits stand, weil der Ball vom Gegner kam (72.).

Endlich wieder dabei: Anton Burghardt

MSV Duisburg - SV Werder Bremen 3:1 (1:0)

Sa., 13.02.1971, 15:30 Uhr
Zuschauer: 11.000
SR: Rudolf Frickel (München)
Tore: 1:0 Johannes Riedl (20.), 2:0 Rainer Budde (64., Vorlage Heidemann), 3:0 Rainer Budde (72., Bella), 3:1 Karl-Heinz Kamp (77.)
Aufstellung MSV Duisburg: Volker Danner (Note 3,0); Hartmut Heidemann (3,0 - 81. Heinz-Peter Buchberger, –), Detlef Pirsig (3,0 - 43. Anton Burghardt, 4,0), Kurt Rettkowski (3,0), Michael Bella (3,0); Bernd Lehmann (4,0), Djordje Pavlic (4,0), Johannes Linßen (3,0), Johannes Riedl (2,0), Rainer Budde (2,0), Gerhard Kentschke (3,0)
Aufstellung SV Werder Bremen: Günter Bernard (2,0); Dieter Zembski (3,0), Arnold Schütz (4,0), Rudolf Assauer (4,0), Egon Coordes (3,0); Karl-Heinz Kamp (4,0), Heinz-Dieter Hasebrink (4,0), Bernd Schmidt (4,0), Eckhard Deterding (4,0 - 46. Ole Björnmose, 4,0), Bernd Lorenz (5,0), Werner Görts (3,0)
Besonderheiten: keine

Fast wieder zurückgedreht

Im Waldstadion ereignete sich ein seltsamer Schlagabtausch. In ihrer besten Phase lief die Eintracht einem Rückstand nach und drehte das Spiel, als nichts darauf hindeutete. Bis zum Sieg gab es dann noch bange Momente.

Der Unterschied zwischen Sieg und Niederlage, für Kaiserslautern machte er wohl nur wenige Zentimeter aus. Eine halbe Stunde lang sahen die Gäste überhaupt kein Land, mussten einen Angriff nach dem nächsten ertragen und verdankten nur dem Vielflieger Josef Elting, dass sie nicht mit zwei oder drei Treffern im Rückstand lagen. Dann dieser Konter über Rehhagel und Hosic, den Josef Pirrung erfolgreich zu Ende brachte und der die Frankfurter kurz und heftig verwirrte (31.). Nur Sekunden später entwischte Pirrung Lothar Schämer erneut, brach über die rechte Seite in den Strafraum ein und schoss unter lautem Knall an den Querbalken - hätte er einen Fingerhut tiefer gezielt, Frankfurt wäre wohl besiegt gewesen. Stattdessen kamen die Gastgeber zurück, eher unvermittelt eigentlich, denn die Pfälzer spielten zu dieser Zeit mindestens auf Augenhöhe. Horst Heese, der bis dahin nur durch Härte aufgefallen war, glich kurz vor dem Wechsel aus (40.) und legte danach gleich noch ein kurioses Tor nachher, indem er einen Papies-Freistoß von der Mittellinie direkt aus der Luft ins Tor verlängerte (50.). Nun begann Frankfurts zweite Welle, in der Jürgen Papies weiter erhöhte (56.) und vornehmlich Bernd Nickel weitere Großchancen vergab. Wieder aber geschah, was niemand erahnte, nämlich Krafczyks Tor zum 3:2 (60.), woraufhin die Teufel wie wild auf den Ausgleich stürmten und aus allen Lagen zu feuern begannen. Doch vergebens.

Erst Raubein, dann doppelter Torschütze: Horst Heese

Eintracht Frankfurt - 1. FC Kaiserslautern 3:2 (1:1)

Sa., 13.02.1971, 15:30 Uhr
Zuschauer: 20.000
SR: Dietrich Basedow (Hamburg)
Tore: 0:1 Josef Pirrung (31., Vorlage Hosic), 1:1 Horst Heese (40., Trinklein), 2:1 Horst Heese (50., Papies), 3:1 Jürgen Papies (56., Hölzenbein), 3:2 Dieter Krafczyk (60.)
Aufstellung Eintracht Frankfurt: Siegbert Feghelm (Note 3,0); Peter Reichel (3,0), Dieter Lindner (3,0), Friedel Lutz (4,0), Lothar Schämer (4,0); Gert Trinklein (3,0), Jürgen Papies (2,0); Jürgen Grabowski (3,0), Horst Heese (2,0), Bernd Nickel (4,0), Bernd Hölzenbein (3,0 - 56. Thomas Rohrbach, 3,0)
Aufstellung 1. FC Kaiserslautern: Josef Elting (2,0); Günther Reinders (4,0), Dietmar Schwager (4,0), Ernst Diehl (2,0), Fritz Fuchs (3,0); Jürgen Friedrich (3,0), Otto Rehhagel (3,0), Idriz Hosic (3,0 - 46. Dieter Krafczyk, 2,0); Josef Pirrung (2,0), Karl-Heinz Vogt (3,0), Klaus Ackermann (4,0)
Besonderheiten: keine

Schuld war wieder Podlasly

Zum dritten Mal traf Hannover in dieser Saison auf den großen Namensbruder, zog zum dritten Mal den Kürzeren und verlor erneut durch einen Torwartfehler. Dabei war diesmal wirklich mehr drin.

Mit Blick auf die Statistik hatte man ein noch deutlicheres Ergebnis erwartet. Hamburg hatte aus den letzten fünf Heimspielen neun Punkte gezogen, wogegen Hannover zum Schwächsten gehörte, was die Liga auswärts zu bieten hatte. Nur Frankfurt hatte auf fremden Plätzen noch weniger Treffer erzielt, dabei aber einen ganzen Zähler mehr geholt. So begann dieses kleine Derby wenig überraschend, nämlich mit einem frühen Treffer für den HSV, nachdem Hannovers Abwehr einen Eckball (am Ende stand es 13:11 Ecken) nicht geklärt bekam und Hönig einfach richtig stand. Wieder machte Podlasly dabei einen schläfrigen Eindruck. Wer aber einen unspannenden Restnachmittag erwartete, der hatte sich getäuscht. Hannover zeigte durchaus Ambitionen im schier uneinnehmbaren Volkspark. Siemensmeyer (20.) und Reimann (34.) konnten mit etwas Glück bald schon ausgleichen, ihren Schüssen aus dem Rückraum fehlte nur etwas Präzision, wobei der Rückenwind diese Versuche auch überhaupt erst gefährlich machte. Spielerisch hatte 96 im ersten Abschnitt nach der Pause sogar Oberwasser, nur war Hamburgs rustikalen Verteidigern nicht beizukommen, Kurbjuhn etwa ließ Keller überhaupt keinen Stich. Obwohl auch Seeler bestens bewacht war, er kam nur zweimal kläglich zum Schuss , ergaben sich den etwas gehemmten Gastgebern am Ende die größeren Chancen. Klier (30.), Kurbjuhn (36.) und Beyer (63.) hätten verhindern können, dass der Heimsieg bis zum Ende in Frage stand.

Gegen den HSV war er immer nervös: Horst Podlasly

Hamburger SV - Hannover 96 1:0 (1:0)

Sa., 13.02.1971, 15:30 Uhr
Zuschauer: 16.000
SR: Kurt Tschenscher (Mannheim)
Tore: 1:0 Franz-Josef Hönig (5., Vorlage Dörfel)
Aufstellung Hamburger SV: Arkoc Özcan (Note 3,0); Helmut Sandmann (3,0), Hans-Jürgen Hellfritz (3,0), Jürgen Kurbjuhn (2,0), Hans-Jürgen Ripp (3,0); Klaus Zaczyk (2,0), Hans Schulz (3,0), Franz-Josef Hönig (3,0); Gerd Klier (4,0 - 62. Siegfried Beyer, 3,0), Uwe Seeler (4,0), Charly Dörfel (3,0)
Aufstellung Hannover 96: Horst Podlasly (4,0); Rainer Stiller (3,0), Peter Anders (3,0), Hans-Josef Hellingrath (3,0), Jürgen Bandura (3,0); Hans Siemensmeyer (2,0), Hans-Joachim Weller (4,0), Horst Berg (3,0); Willi Reimann (3,0), Ferdinand Keller (4,0), Horst Bertl (3,0)
Besonderheiten: keine

Arminias zweiter Coup

Nicht nur das Ergebnis, sondern auch sein Zustandekommen war reichlich kurios. Trotz Rückstands rechnete alles noch mit einem Gladbacher Sieg. Statt ins Tor aber trafen die Fohlen nur Latte und Pfosten - und besiegten sich im Gegenzug selbst.

Die erste Heimniederlage des Deutschen Meisters war so unnötig wie ein Kropf und sie ergab sich innerhalb einer einzigen Minute. Dass es überhaupt einen Strafstoß brauchte, um die Hoffnung auf die Wende zu nähren, war bereits traurig. Aber Heynckes erwirkte ihn - und Sieloff setzte das Leder an den Pfosten (58.). Zum Nachschuss zwar gab es keine Gelegenheit, dennoch war die Szene nicht vorbei. Auf der Stelle startete Bielefeld einen Konter, der eigentlich mit einer Flanke ins Nichts endete, doch nun verschätzte sich Wittmann und köpfte vorbei am erschreckten Kleff ins eigene Tor. Statt 1:1 stand es 0:2, und dies sprach Bände für den gesamten Spielverlauf: Gladbach stellte sich dämlich an, und dem Aufsteiger fiel der Sieg einfach in die Hände. "Wie konnte das bloß passieren?", hatte Franz Beckenbauer noch in der Hinrunde gefragt, als die Bayern ganz ähnlich desolat gegen Bielefeld verloren hatten. Und nun traf es den Meister. "Unsere Niederlage führe ich darauf zurück, dass meine Mannschaft trotz aller Warnungen den Gegner unterschätzt hat", grämte sich Hennes Weisweiler. Besonders in den ersten 45 Minuten musste er sich die Haare raufen ob der Fülle an Chancen, die Laumen, Wimmer und Heynckes vergaben. Selbst nach dem 0:1, einer kalten Dusche gleich nach der Pause, behielten die Fohlen ihr hochnäsiges Spiel bei, während Bielefeld pausenlos nur verteidigte. Das allerdings sehr effektiv.

Schoss punktgenau an den Pfosten: Klaus-Dieter Sieloff

Borussia Mönchengladbach - Arminia Bielefeld 0:2 (0:0)

Sa., 13.02.1971, 15:30 Uhr
Zuschauer: 17.000
SR: Dieter Berner (Enzberg)
Tore: 0:1 Dieter Brei (46., Vorlage Stockhausen), 0:2 Heinz Wittmann (58., Eigentor)
Aufstellung Borussia Mönchengladbach: Wolfgang Kleff (Note 3,0); Berti Vogts (3,0), Ludwig Müller (4,0), Klaus-Dieter Sieloff (4,0), Heinz Wittmann (4,0); Horst Köppel (3,0), Günter Netzer (3,0), Herbert Laumen (5,0); Herbert Wimmer (5,0), Jupp Heynckes (3,0), Ulrik Le Fevre (4,0 - 72. Rainer Bonhof, 4,0)
Aufstellung Arminia Bielefeld: Gerd Siese (2,0); Horst Wenzel (3,0), Dieter Schulz (3,0), Waldemar Slomiany (2,0), Volker Klein (3,0); Horst Stockhausen (3,0), Ulrich Braun (2,0), Gerd Knoth (3,0); Gerd Roggensack (4,0), Dieter Brei (4,0), Norbert Leopoldseder (4,0 - 68. Karl-Heinz Brücken, 3,0)
Besonderheiten: Sieloff verschießt Foulelfmeter (58.) - an den Pfosten

Sofort eine Antwort gefunden

Kölns Trainer hatte sich in letzter Zeit viel anhören müssen, spätestens in diesem Spiel aber griff seine defensive Taktik endgültig. Vom FC wurde der VfB beherrscht wie schon lange von keinem Gegner mehr und kassierte daher die erste Heimniederlage der Saison.

Foulte gleich zwei Stuttgarter aus dem Spiel: Wolfgang Weber

Die vielen Daheimgebliebenen mochten wohl ans letzte Jahr gedacht haben, als die Schwaben an gleicher Stelle zum letzten Mal ein Heimspiel verloren hatten. Und tatsächlich: Erneut riss die Serie gegen Köln. Für den ersten Durchgang musste sich Stuttgart nicht entschuldigen. Weidmann und auch Haug hatten sich einige gute Sachen ausgedacht, wie jene Szene in Minute acht, als Haug den Ball nur scheinbar zu seinem Mitspieler passen wollte, den düpierten Manglitz stattdessen aber mit einem strammen Schuss ins Eck überwand. Es war jedoch das letzte Mal, dass Köln sich etwas vormachen ließ. Bis zur Halbzeit durften die Gastgeber noch ein Übergewicht einstreichen, die Führung allerdings hatte kaum zwei Minuten Gültigkeit, weil Arnold sich einen schrecklichen Fehler erlaubte und Overath auf Umwegen so den Ausgleich abstaubte. Kölns Regisseur bekleidete eine der Hauptrollen des zweiten Abschnitts, weil er, wo auch immer er sich gerade aufhielt, kaum je einen Gegenspieler um sich gestattete, lief, schoss und dirigierte, dass es eine Herzenslust war, zuzuschauen. Weniger rühmlich ragte Weber heraus, denn durch seine rüden Attacken mussten sowohl Weiß als auch Höbusch vorzeitig ausgewechselt werden. Anschließend erlahmte Stuttgarts Spiel komplett. Nichtsdestotrotz imponierte Köln vor allem spielerisch und führte den VfB nicht nur beim Siegtor gnadenlos vor. Der Traumpass auf Parits stammte natürlich von Overath (54.).

VfB Stuttgart - 1. FC Köln 1:2 (1:1)

Sa., 13.02.1971, 15:30 Uhr
Zuschauer: 22.000
SR: Horst Herden (Hamburg)
Tore: 1:0 Horst Haug (8.), 1:1 Wolfgang Overath (10., Vorlage Parits), 1:2 Thomas Parits (54., Overath)
Aufstellung VfB Stuttgart: Gerhard Heinze (Note 3,0); Günther Eisele (4,0), Reinhold Zech (4,0), Jan Olsson (4,0), Hans Arnold (5,0); Willi Entenmann (4,0), Herbert Höbusch (4,0 - 68. Hans Eisele, 4,0), Horst Haug (3,0); Manfred Weidmann (3,0), Karl-Heinz Handschuh (5,0), Hartmut Weiß (4,0 - 54. Werner Haaga, 4,0)
Aufstellung 1. FC Köln: Manfred Manglitz (3,0); Karl-Heinz Thielen (3,0), Werner Biskup (3,0), Wolfgang Weber (3,0), Matthias Hemmersbach (3,0); Heinz Simmet (4,0), Heinz Flohe (3,0), Wolfgang Overath (2,0); Bernd Rupp (2,0), Thomas Parits (3,0), Hennes Löhr (3,0)
Besonderheiten: keine

Klassisch niedergekämpft

Was sich an der Hafenstraße abspielte, war ein typischer Favoritensturz. Eine knappe Stunde lang führten die Bayern einigermaßen souverän. Weil sie lieber schön als effektiv spielen wollten, schlug Rot-Weiss Essen aber irgendwann zurück und drehte in nur sieben Minuten das Spiel komplett.

Nach 66 Spielminuten stand Bayern München vor einem Scherbenhaufen. Fast eine Stunde lang hatten die Roten das Spiel kontrolliert, sich Torchancen zuhauf erarbeitet und Essen teils an der Nase herumgeführt. Doch einzig Müller hatte das Tor auch getroffen (9.). Als Lippens in Minute 59 zum Ausgleich traf, war Bayerns Schicksal fast schon besiegelt. Genau das nämlich hatten die Gastgeber gebraucht, einen Türöffner, der die Stimmung zum Kippen und die Maschine ins Rollen brachte. Und so ging es weiter: Hohnhausen nach Fehlpass von Koppenhöfer (65.) und gleich in der nächsten Szene nach einem indirekten Freistoß (66.) köpfte den Münchenern auch das Unentschieden noch aus den Händen - in sieben Minuten verloren sie das Spiel und auch die Tabellenführung.

Der Joker traf doppelt: Walter Hohnhausen

Udo Lattek rühmte hinterher die Essener Kämpferherzen, fand aber auch im eigenen Lager genügend Gründe für die Schmach. "Bulle" Roth zum Beispiel fing stark an und ließ ebenso stark nach, genau wie Zobel, der verletzt ins Spiel ging und es nicht bis zum Schlusspfiff schaffte. "Vor allem aber die Verletzung von Hoeneß gab uns einen Knick", ergänzte Lattek. Der Torjäger kam nach einer halben Stunde mit einer Risswunde ins Krankenhaus. Die Wende angestoßen hatte aber auch Essens Trainer Burdenski. Auf die Idee, Walter Hohnhausen einzuwechseln, kam er nämlich erst in der Halbzeit.

Rot-Weiss Essen - FC Bayern München 3:1 (0:1)

Sa., 13.02.1971, 15:30 Uhr
Zuschauer: 25.000
SR: Jan Redelfs (Hannover)
Tore: 0:1 Gerd Müller (9., Vorlage Schneider), 1:1 Willi Lippens (59., Kopfball, W. Rausch), 2:1 Walter Hohnhausen (65., Kopfball), 3:1 Walter Hohnhausen (66., Kopfball)
Aufstellung Rot-Weiss Essen: Fred-Werner Bockholt (Note 3,0); Peter Czernotzky (2,0), Hermann Erlhoff (3,0), Wolfgang Rausch (3,0), Heinz Stauvermann (3,0); Erich Beer (3,0), Diethelm Ferner (3,0 - 46. Walter Hohnhausen, 2,0), Roland Peitsch (3,0); Helmut Littek (2,0), Dieter Bast (2,0), Willi Lippens (3,0)
Aufstellung FC Bayern München: Sepp Maier (3,0); Johnny Hansen (3,0), Herwart Koppenhöfer (4,0), Georg Schwarzenbeck (3,0), Franz Beckenbauer (2,0); Franz Roth (4,0), Rainer Zobel (4,0 - 75. Paul Breitner, –), Ulrich Hoeneß (3,0 - 33. Karl-Heinz Mrosko, 4,0); Edgar Schneider (3,0), Gerd Müller (3,0), Dieter Brenninger (4,0)
Besonderheiten: keine

ZEITFENSTER
8. - 14. Februar 1971

Gescheiterte Offensive
(Laos, 8. Februar)
Der Flächenbrand des Vietnam-Krieges erfasste nun auch Laos, zumindest einen Streifen im Süden des Landes. Die Nordvietnamesen hatten ihre militärische Versorgungslinie, den so genannten Ho-Tschi-Minh-Pfad, Laos in Nord-Süd-Richtung durchschneidend, aufgebaut. Diese Nachschubwege wurden Angriffsziel einer Offensive der alliierten Südvietnamesen (mit 22.000 Soldaten) und Amerikaner. Die Aktion scheiterte jedoch, da die Nordvietnamesen frühzeitig von der Attacke erfuhren und ihre Truppen an den bedrohten Stellen konzentrierten. Nach gut einem Monat zogen sich die Alliierten geschlagen zurück.

Flucht nach Schusswechsel
(Frankfurt, 10. Februar)
Bei einer Überprüfung ihrer Personalien durch Bundeskriminalbeamte griffen die zur Fahndung ausgeschriebenen Terroristen Jan-Carl Raspe und Astrid Proll zu ihren Waffen und konnten unter Gebrauch der Schusswaffen entkommen. Beide zählten zur so genannten Baader-Meinhof-Gruppe.

Pornographie-Freigabe
(Schweden, 11. Februar)
Mit der relativ deutlichen Mehrheit von 184 zu 128 Stimmen entschied sich das schwedische Parlament, die Pornographie freizugeben.

Waffenscheinpflicht für Höschen?
(England/DDR, 12. Februar)
Ein neuer Modetrend sorgte für Verwirrung: Hot Pants. Die britische Steuerbehörde sah sich gezwungen, durch das Auftauchen der knappen Höschen die Maßtabelle für Damenbekleidung zu überarbeiten, um die Steueranteile am Verkauf von Hot Pants zu kassieren. Bis dahin waren vergleichbare Textilien als steuerfreie Kindershorts geführt. DDR-Ideologen sahen eine andere Gefahr. Sie brandmarkten die Hot Pants als "Waffen im Kalten Krieg", die der Klassenfeind schamlos einsetzte, um seine westliche Weltanschauung zu verbreiten.

Eine Britin namens Melanie D. (l.) erfreute sich 1971 in der englischen Grafschaft Lincolnshire des regionalen Miss-Hot-Pants-Titels

Eisflitzer
(Schweden, 14. Februar)
Eine Klasse für sich war der Niederländer Ard Schenk bei der Eisschnelllauf-WM in Göteborg. Er gewann den Vierkampf mit Siegen über drei Distanzen, lief zudem über 10.000 m neuen WR (15:01,6 min).

135

Bundesliga 1970/1971 – 22. Spieltag

Neun Mönchengladbacher in der Mauer. Ganz rechts erklärt Schiedsrichter Aldinger Horst Köppel genau, wo er die Mauer gerne hätte (1. FC Kaiserslautern - Bor. Mönchengladbach 0:1)

Prügel für die Zebras

Heimlich hatten die Bayern von der Tabellenführung geträumt, mussten dann aber tatenlos mitansehen, wie Gladbach vorerst davonzog. Keine Tore fielen auch in beiden Ruhrduellen, wogegen es in Offenbach reichlich schepperte.

Hannover kam am Bieberer Berg nicht nur zum ersten Auswärtssieg, sondern hätte beinahe auch einen Mob entfesselt. Präsident Canelles musste die Polizei zu Hilfe holen, als die eigenen Fans ihm nach Absturz, Trainerentlassung und neuerlichem Debakel ans Leder wollten. "In dieser Stunde halte ich restlos den Buckel hin", versprach er trotz seiner Flucht. Wenig Erbauliches hörte man auch aus Oberhausen, wo RWO den Nachbarn aus Essen nur an den Rand einer Niederlage drängte, aber nicht weiter. Immerhin rückte Duisburg, das in Braunschweig gleich mit 5:0 abgebügelt wurde, wieder in Reichweite. Bescheidener gab sich der Meister am Betzenberg. Ein einziges Tor reichte den Fohlen, um Kaiserslautern beide Zähler abzunehmen und den Bayern gleichzeitig ein Schnippchen zu schlagen. Deren Heimspiel gegen Frankfurt wurde abgesagt.

Ergebnisse – 22. Spieltag 1970/1971

Datum	Heim		Gast	Ergebnis
Sa., 27.02.71	Arminia Bielefeld	-	Hamburger SV	1:1 (0:1)
Sa., 27.02.71	Eintracht Braunschweig	-	MSV Duisburg	5:0 (3:0)
Sa., 27.02.71	SV Werder Bremen	-	VfB Stuttgart	3:1 (1:0)
Sa., 27.02.71	1. FC Kaiserslautern	-	Borussia Mönchengladbach	0:1 (0:1)
Sa., 27.02.71	1. FC Köln	-	Hertha BSC Berlin	3:2 (1:0)
Sa., 27.02.71	Rot-Weiß Oberhausen	-	Rot-Weiss Essen	0:0 (0:0)
Sa., 27.02.71	Kickers Offenbach	-	Hannover 96	1:5 (0:1)
Sa., 27.02.71	FC Schalke 04	-	Borussia Dortmund	0:0 (0:0)
Mi., 19.05.71	FC Bayern München	-	Eintracht Frankfurt	2:1 (1:0)

Tabelle

Platz	Verein	S	U	N	Tore	Differenz	Punkte
1.	Borussia Mönchengladbach	12	8	2	49:20	+29	32:12
2.	FC Bayern München	12	8	2	42:20	+22	32:12
3.	Eintracht Braunschweig	12	3	7	38:20	+18	27:17
4.	FC Schalke 04	11	5	6	28:18	+10	27:17
5.	Hertha BSC Berlin	9	7	6	33:27	+6	25:19
6.	1. FC Köln	8	8	6	30:30	0	24:20
7.	Hamburger SV	7	8	7	32:43	-11	22:22
8.	Rot-Weiss Essen	7	7	8	31:30	+1	21:23
9.	VfB Stuttgart	8	5	9	36:36	0	21:23
10.	1. FC Kaiserslautern	9	3	10	34:36	-2	21:23
11.	SV Werder Bremen	6	9	7	22:24	-2	21:23
12.	Borussia Dortmund	8	5	9	30:33	-3	21:23
13.	MSV Duisburg	7	7	8	20:27	-7	21:23
14.	Hannover 96	7	5	10	29:31	-2	19:25
15.	Arminia Bielefeld	6	5	11	24:33	-9	17:27
16.	Rot-Weiß Oberhausen	4	7	11	29:44	-15	15:29
17.	Kickers Offenbach	5	5	12	27:44	-17	15:29
18.	Eintracht Frankfurt	5	5	12	15:33	-18	15:29

Torjägerliste - Zuschauer - Selbsttore - Platzverweise

Torjägerliste:
1. Vogt: 18 Tore
2. Lippens: 16 Tore
3. G. Müller, Ulsaß: je 13 Tore

Zuschauer: 206.900
Tore: 26
Selbsttore: keine
Platzverweise: keine

Schiri als Rammbock

Bielefeld war an den letzten Erfolgen gewachsen und gestaltete einen Großteil des Spiels nach eigenem Drehbuch. Dem dritten Sieg in Folge stand allerdings buchstäblich der Schiedsrichter im Weg.

Ferdinand Biwersi konnte selbst nicht erfreut darüber sein, was in der 27. Minute passierte. Bielefeld war gerade im Angriff und auf dem besten Weg zum 1:0, als der Unparteiische Knoths Idealvorlage kreuzte und Stockhausen damit den Weg abschnitt. Arminias Führung zu verhindern war die eine Sache, dem Gegner im selben Moment den Weg zu ebnen die andere. Denn im direkten Gegenzug kam Hönig an den Ball, spielte schön Doppelpass mit Hans Schulz und traf aus 18 Metern zum 1:0 für die Gäste - die ausverkaufte Alm war außer sich. Vielleicht war der Hamburger Streich gar nicht mal unverdient, denn aus der von Willi Schulz prächtig organisierten Deckung gelang den Hanseaten zumindest im ersten Abschnitt manch gefährlicher Ausflug. Zaczyk und Hönig waren die Aktivposten und oft auf der Suche nach Uwe Seeler, dem wiederum fast gar nichts gelang an diesem Tag. Trotzdem: Gerade nach dem glücklichen 0:1 wirkten die Gäste in vieler Hinsicht reif und clever, also jederzeit imstande, den entscheidenden Treffer nachzulegen. Bielefeld aber hatte noch Trümpfe, das angestachelte Publikum etwa oder die fabelhafte Kondition und nicht zuletzt das Selbstvertrauen aus zwei Siegen hintereinander. So probierten es die Ostwestfalen einfach immer weiter, vor allem mit dem flankenfreudigen Wenzel über die rechte Seite, der auch Dörfel irgendwann ausstach. Zeitweise verzweifelten sie schon am starken Arkoc Özcan, dann aber stand Joker Kuster einmal richtig und besorgte zumindest noch den Ausgleich (66.).

Der "Ostwestfalen-Bomber" schlug wieder zu: Ernst Kuster

Arminia Bielefeld - Hamburger SV 1:1 (0:1)

Sa., 27.02.1971, 15:30 Uhr

Zuschauer: 30.400

SR: Ferdinand Biwersi (Bliesransbach)

Tore: 0:1 Franz-Josef Hönig (27., Vorlage H. Schulz), 1:1 Ernst Kuster (66., Leopoldseder)

Aufstellung Arminia Bielefeld: Gerd Siese (Note 3,0); Horst Wenzel (2,0), Dieter Schulz (3,0), Waldemar Slomiany (3,0), Volker Klein (3,0 - 46. Ernst Kuster, 3,0); Gerd Knoth (2,0), Horst Stockhausen (4,0), Ulrich Braun (3,0); Gerd Roggensack (4,0), Dieter Brei (3,0), Norbert Leopoldseder (4,0)

Aufstellung Hamburger SV: Arkoc Özcan (2,0); Helmut Sandmann (3,0), Willi Schulz (2,0), Jürgen Kurbjuhn (3,0), Hans-Jürgen Ripp (3,0); Klaus Zaczyk (2,0), Peter Nogly (4,0), Franz-Josef Hönig (2,0); Hans Schulz (4,0), Uwe Seeler (4,0), Charly Dörfel (3,0)

Besonderheiten: keine

Zwei gewaltige Extreme

Schon in der Anfangsphase ließ sich Duisburg so überrumpeln, dass der Schaden irreparabel wurde. Nur weil Braunschweig irgendwann genug bekam, blieb eine schlimmere Demontage aus.

Beide Teams bewegten sich an ihren äußersten Leistungsgrenzen. Braunschweigs Heimstärke war wohl bekannt und mit Siegen über Stuttgart (4:0) und Hamburg (4:1) bereits eindrucksvoll dokumentiert worden. Diese Dominanz aber war ebenso neu wie der selbstvernichtende Beitrag der Zebras. Der MSV erlebte die höchste Niederlage seiner Bundesligazugehörigkeit. "Die Form, in der meine Mannschaft gespielt hat, war die schwächste in der bisherigen Serie", bestätigte Rudi Faßnacht. Nicht mal hinter dem Schneeboden versuchte er sich zu verstecken, denn die Defizite waren nicht nur spielerisch. Besorgniserregend vor allem die Anfangsphase, in der die Meidericher völlig auseinander fielen und dem Gegner reihenweise Spalier standen. Braunschweigs 1:0 etwa kam nur durch ein Missverständnis zustande, weil Bella seinen eigenen Torwart beim Abfangen einer Flanke behinderte. So landete der Ball bei Deppe, und der gab dem Unheil seinen Lauf (7.). Duisburg war eigentlich als abwehrstark bekannt, doch gerade in diesem Mannschaftsteil ging das Spiel deutlich daneben. Zur Pause stand es schon 3:0, weil Häbermann und Skrotzki völlig ungehindert schießen und köpfen konnten. Erst nach dem Wechsel waren die Gäste wieder zurechnungsfähig, hatten sogar Pech, als der Pfosten die vermeintliche Aufholjagd verhinderte (50.). Als wiederum Deppe dann auf 4:0 erhöhte, war die Luft endgültig raus. Lothar Ulsaß traf zwar auch noch (61.), aber dabei ließen es die Niedersachsen auch bewenden.

Traf jeweils kurz nach dem Start: Jaro Deppe

Eintracht Braunschweig - MSV Duisburg 5:0 (3:0)

Sa., 27.02.1971, 15:30 Uhr
Zuschauer: 10.500
SR: Philipp Geng (Freiburg)
Tore: 1:0 Jaro Deppe (7., Vorlage Bäse), 2:0 Friedhelm Haebermann (16.), 3:0 Rainer Skrotzki (19., Kopfball, Erler), 4:0 Jaro Deppe (52., Erler), 5:0 Lothar Ulsaß (61., Kopfball, Gersdorff)
Aufstellung Eintracht Braunschweig: Horst Wolter (Note 3,0); Wolfgang Grzyb (3,0), Joachim Bäse (2,0), Peter Kaack (3,0), Franz Merkhoffer (2,0); Friedhelm Haebermann (3,0), Lothar Ulsaß (3,0 - 63. Gerhard Elfert, –), Bernd Gersdorff (3,0); Rainer Skrotzki (4,0), Jaro Deppe (2,0), Dietmar Erler (2,0 - 79. Eberhard Haun, –)
Aufstellung MSV Duisburg: Volker Danner (2,0 - 69. Dietmar Linders, –); Hartmut Heidemann (3,0), Kurt Rettkowski (4,0), Detlef Pirsig (5,0), Michael Bella (5,0); Bernd Lehmann (5,0), Johannes Linßen (4,0), Bernard Dietz (4,0 - 46. Hans Sondermann, 3,0); Johannes Riedl (5,0), Rainer Budde (4,0), Gerhard Kentschke (4,0)
Besonderheiten: keine

Im Tor stand ein Kind

Stuttgart durfte dieses Spiel nie verlieren, weil es nach dem fälligen Ausgleich Ball, Raum und Gegner sicher kontrollierte. Plötzlich aber schlich sich Werders Senior nach vorn und stellte das Spiel wieder auf den Kopf.

Dass es überhaupt so lange 1:0 für Werder stand, war nur mit einem Unglück in der zweiten Spielminute zu erklären. Stuttgarts Torwart Heinze verschätzte sich bei einer Flanke von Lorenz und brach, noch während Deterding das Leder einköpfte, unter Schmerzen zusammen. Im doppelten Sinn durfte den Schwaben dies nicht passieren, weil auch Ersatzkeeper Hauser an einer Verletzung laborierte und für diesen Fall nicht zur Verfügung stand. Ins Tor ging daher ein wahrer Grünschnabel, der 17-jährige Bodo Jopp, von dem wohl auch im Schwabenland die meisten noch nie ein Wort gehört hatten. In der besten Absicht, diesem Jungen die Aufgabe zu erleichtern, zog sich Stuttgart trotz des Rückstands nun zurück und fand auf diesem Weg nicht zu seinem gewohnten Spiel. Die technische Dominanz war sehr wohl aller Zweifel erhaben, nur zeigten die zuständigen Haug und Weidmann zu wenig von ihrem Talent. Der wuselige Handschuh blieb im ersten Durchgang ein Kämpfer an einsamer Front. Werder wiederum verpasste dieses Zeitfenster und schaffte es nicht, sein Kampfspiel in einen zweiten Treffer umzumünzen. Aus diesem Grund sprach alles für einen Sieger VfB, als Weiß den Knoten endlich löste (54.). Wie auf einem Tablett lag der Sieg nun griffbereit, aber die Gäste zögerten so lange, bis ein Bremer das Zittern auf seine Weise beendete: Sechs Minuten vor Schluss stand "Pico" Schütz plötzlich frei und knallte aus 20 Metern ein. Per Konter erledigte Hasebrink den Rest (86.).

Erzielte das wichtige 1:0: Eckhard Detering

SV Werder Bremen - VfB Stuttgart 3:1 (1:0)

Sa., 27.02.1971, 15:30 Uhr
Zuschauer: 12.000
SR: Horst Bonacker (Quadrath-Ichendorf)
Tore: 1:0 Eckhard Deterding (2., Kopfball, Vorlage B. Lorenz), 1:1 Hartmut Weiß (54.), 2:1 Arnold Schütz (84.), 3:1 Heinz-Dieter Hasebrink (86.)
Aufstellung SV Werder Bremen: Günter Bernard (Note 2,0); Dieter Zembski (3,0), Arnold Schütz (2,0), Rudolf Assauer (3,0), Egon Coordes (3,0); Karl-Heinz Kamp (3,0), Ole Björnmose (4,0), Heinz-Dieter Hasebrink (4,0); Eckhard Deterding (4,0), Bernd Lorenz (3,0 - 80. Bernd Schmidt, –), Werner Görts (4,0)
Aufstellung VfB Stuttgart: Gerhard Heinze (– - 3. Bodo Jopp, 3,0); Willi Entenmann (3,0), Hans Eisele (3,0), Reinhold Zech (3,0), Hans Arnold (4,0); Jan Olsson (4,0), Horst Haug (4,0), Herbert Höbusch (4,0); Manfred Weidmann (5,0), Hartmut Weiß (4,0), Karl-Heinz Handschuh (3,0)
Besonderheiten: keine

Lorant und der Wechselfehler

Vom Tiefschlag des letzten Wochenendes hatten sich die Fohlen erstaunlich gut erholt. Kaiserslautern ließ sich dennoch nicht leicht besiegen. Der Harmonie im Gladbacher Spiel waren die Pfälzer aber einfach nicht gewachsen.

Das Ergebnis war ein Graus für den FC Bayern, der selbst nicht spielen durfte und auch durch den Zustand der Borussen beunruhigt sein musste, denn eine Woche vor dem Gipfeltreffen waren die Fohlen schon wieder in blendender Form. In den FCK hatten die Münchener obendrein große Hoffnungen gesetzt, nachdem sie selbst gerade einen harten Kampf im DFB-Pokal geliefert bekommen hatten. Auch diesmal gab es einen heißen Tanz, der Sieger hieß trotz allen Unmuts Mönchengladbach. "Wir dürfen wohl gegen große Gegner nicht gewinnen", polterte Gyula Lorant, in dessen Augen es zwei Elfmeter für seine Mannschaft hätte geben müssen. Und weiter: "Wenn unsere Abwehrspieler so gespielt hätte wie mancher von Gladbach, wären Platzverweise fällig gewesen." Hart am Rande bewegten sich wohl Vogts und Köppel, dessen Schnürsenkel sich einmal mit Rehhagels Stollen verhakten, was eine der vermeintlichen Strafstoßszenen heraufbeschwor. Sonst aber spielte Gladbach nicht hart, sondern vor allem elegant. Netzer, Dietrich und Vogts waren überall zu finden und immer Herren der Lage, wenn auch die Pfälzer phasenweise mit großer Wucht heranstürmten. Das einzige Tor fiel relativ früh (34.), so dass die Gastgeber reichlich Zeit zum Gegenschlag hatten und vielfach Wolfgang Kleff auch herausforderten. Nur kaltblütig waren die Pfälzer nicht, und als Lorant in Minute 80 noch zweimal wechselte, machte er durch den geplanten Schlussspurt selbst einen Strich.

Antreiber und einziger Torschütze: Peter Dietrich

1. FC Kaiserslautern - Mönchengladbach 0:1 (0:1)

Sa., 27.02.1971, 15:30 Uhr
Zuschauer: 32.000
SR: Heinz Aldinger (Waiblingen)
Tore: 0:1 Peter Dietrich (34., Vorlage Sieloff)
Aufstellung 1. FC Kaiserslautern: Josef Elting (Note 3,0); Günther Reinders (3,0), Dietmar Schwager (4,0), Ernst Diehl (4,0), Fritz Fuchs (3,0); Otto Rehhagel (3,0), Jürgen Friedrich (2,0), Josef Pirrung (4,0 - 80. Peter Blusch, –); Karl-Heinz Vogt (3,5), Idriz Hosic (3,0 - 80. Dieter Krafczyk, –), Klaus Ackermann (3,0)
Aufstellung Borussia Mönchengladbach: Wolfgang Kleff (2,0); Berti Vogts (2,0), Ludwig Müller (3,0), Klaus-Dieter Sieloff (3,0), Hartwig Bleidick (3,0); Peter Dietrich (2,0), Günter Netzer (2,0), Horst Köppel (2,0); Herbert Wimmer (3,0), Jupp Heynckes (4,0), Ulrik Le Fevre (3,0)
Besonderheiten: keine

Zurück zum Sieg

Ein schlimmer Fehler des Torwarts führte zum völligen Bruch im Kölner Spiel und damit fast zu einer Heimniederlage. Doch gerade als Hertha zum großen Schlag ausholte, gelang der Platzelf noch ein Tor.

Es hätte ebenso gut ein schnöder Arbeitssieg werden können, doch Köln machte es für seine Fans lieber besonders spannend. Eine gute Stunde lang lief zunächst alles nach Maß. Kontrolliert, aber beharrlich spielten die Gastgeber nach vorn, führten zur Pause mit einem Tor und bald danach dann mit 2:0, in beiden Fällen verantwortet durch Karl-Heinz Thielen, den stärksten Mann an diesem Tag. Gerade noch nahm der FC das wohl entscheidende 3:0 ins Visier, als Manfred Manglitz dieser schreckliche Lapsus unterlief. "Er hatte eine Mattscheibe, anders kann ich mir das nicht erklären", befand Ernst Ocwirk noch immer reichlich geladen. Ohne jede Not stürmte Manglitz bei einem langen Ball aus seinem Tor, ließ sich 30 Meter vor der Linie ausspielen und verschuldete damit das 2:1 (63.). Der Vorfall wäre gar nicht so schlimm gewesen, hätten die übrigen Kölner einfach weitergespielt wie zuvor. Stattdessen aber gerieten sie böse ins Rudern, brachten kaum mehr ein Bein auf die Erde und kassierten sofort auch den Ausgleich durch Horr; Simmet und Biskup hatten diesmal gepatzt (67.). Aus der schönen und lockeren Führung war nun ein gefährdetes Unentschieden geworden, denn nun spielte nur noch Hertha. Horr und Steffenhagen verfehlten knapp, Varga traf sogar die Latte (70.). Was dann geschah, brachte wiederum Herthas Trainer auf die Palme, denn ein nebulöser 2kampf führte zum 11er auf der anderen Seite. Biskup trat an und schoss durch die Finger von Groß den FC zurück zum Sieg.

Sein Fehler wäre fast teuer geworden: Werner Biskup

1. FC Köln - Hertha BSC Berlin 3:2 (1:0)

Sa., 27.02.1971, 15:30 Uhr
Zuschauer: 28.000
SR: Elmar Schäfer (Neustadt am Rbg.)
Tore: 1:0 Karl-Heinz Thielen (44., Kopfball, Vorlage Parits), 2:0 Karl-Heinz Thielen (54., Flohe), 2:1 Zoltan Varga (63.), 2:2 Lorenz Horr (67.), 3:2 Werner Biskup (76., Foulelfmeter, Rupp)
Aufstellung 1. FC Köln: Manfred Manglitz (Note 4,0); Karl-Heinz Thielen (2,0), Werner Biskup (3,0), Wolfgang Weber (2,0), Matthias Hemmersbach (3,0); Heinz Simmet (3,0), Wolfgang Overath (2,0), Heinz Flohe (4,0); Thomas Parits (3,0), Bernd Rupp (4,0), Hennes Löhr (4,0)
Aufstellung Hertha BSC Berlin: Volkmar Groß (4,0); Bernd Patzke (3,0), Uwe Witt (3,0), Tasso Wild (2,0), Karl-Heinz Ferschl (4,0), Laszlo Gergely (4,0), Wolfgang Gayer (4,0), Lorenz Horr (3,0); Arno Steffenhagen (2,0), Franz Brungs (4,0 - 46. Zoltan Varga, 3,0), Jürgen Weber (5,0 - 58. Peter Enders, 4,0)
Besonderheiten: keine

Schicksal eines Schlusslichts

Das in diesem Heimspiel angehäufte Pech hatte sich Oberhausen in den letzten Wochen erarbeitet. Für einen Heimsieg unternahm das Schlusslicht wirklich alles, doch am überragenden Essener Torwart kam kein Ball vorbei.

"Rettet RWO!" hatte Oberhausens Bürgermeisterin unter der Woche aufgerufen und damit stattliche 25.000 Menschen in die Arena gelockt. Nur Fortuna war nicht gekommen, und so ernteten die Kleeblätter trotz einer kampfstarken und chancenreichen Leistung lediglich ein Unentschieden. Und blieben weiterhin Letzter. "Torchancen und Fleiß waren da, aber das tröstet mich nicht", jammerte Adi Preißler. "Stürmern, die den Ball aus fünf Metern nicht ins Tor kriegen, ist nicht zu helfen." Zur Halbzeit noch war das 0:0 ein fairer Zwischenstand, denn einem Eckenverhältnis von 6:4 und latenter Überlegenheit der Platzelf standen auch zwei gute Gäste-Chancen gegenüber. Eine davon vergab Lippens kläglich. Nach dem Wechsel aber änderte sich viel. Essen, das insgesamt zurückhielt, aber durch seine große Kameradschaft imponierte, stellte sich sehr dicht vor dem eigenen Tor auf. Acht Mann waren es teilweise, die einen Halbkreis vor Keeper Bockholt bildeten und trotzdem nicht verhindern konnten, dass Oberhausen aus allen Rohren feuerte. Fast im Minutentakt schossen die Bälle auf den Gästetorwart zu, der aber ausgerechnet an diesem Tag eine unfassbare Form präsentierte. Mehrere der am Ende zehn bis zwölf Großchancen waren eigentlich nicht zu parieren. Ob Kliemann, Kobluhn oder Brozulat, sie alle scheiterten aber am Torsteher oder auch an sich selbst. So kam Fritsche nach Bockholts einziger Unsicherheit frei zum Schuss und zielte trotzdem daneben (46.).

Machte Oberhausens Sturmlauf zur Farce: Fred-Werner Bockholt

Rot-Weiß Oberhausen - Rot-Weiss Essen 0:0 (0:0)

Sa., 27.02.1971, 15:30 Uhr
Zuschauer: 25.000
SR: Alfons Betz (Regensburg)
Tore: keine
Aufstellung Rot-Weiß Oberhausen: Klaus Witt (Note 3,0); Hermann-Josef Wilbertz (2,0), Friedhelm Dick (3,0), Werner Ohm (3,0), Uwe Kliemann (2,0); Lothar Kobluhn (3,0), Gert Fröhlich (3,0), Dieter Brozulat (2,0); Günter Karbowiak (4,0), Hans Fritsche (4,0), Wolfgang Sühnholz (4,0)
Aufstellung Rot-Weiss Essen: Fred-Werner Bockholt (2,0); Peter Czernotzky (3,0), Hermann Erlhoff (3,0), Wolfgang Rausch (2,0 - 59. Georg Jung, -), Heinz Stauvermann (4,0); Erich Beer (3,0), Roland Peitsch (3,0), Dieter Bast (4,0); Helmut Littek (4,0), Walter Hohnhausen (5,0 - 77. Günter Fürhoff, -), Willi Lippens (4,0)
Besonderheiten: keine

Polizeischutz für Canellas

Zur Pause konnte und musste Offenbach deutlich führen. Als dann aber die Gäste zweimal zupackten, entlud sich der Frust der letzten Wochen, und die Volksseele kochte über.

Kurz sah es aus, als sollte der sportlichen auch eine menschliche Katastrophe folgen. Wenige Minuten vor Abpfiff der für die Kickers so grausamen zweiten Halbzeit fand sich ein starkes Polizeiaufgebot zusammen, dessen Ziel es war, Offenbachs Präsidenten mit heiler Haut in die Kabine zu eskortieren. Dem Publikum war inzwischen alles zuzutrauen, nachdem es in der letzten halben Stunde schon die eigene Mannschaft beschimpft und sogar ausgelacht hatte. Horst-Gregorio Canellas war dennoch der Hauptangeklagte, denn unter seiner Führung war der Pokalsieger nicht nur sportlich auf dem Sturzflug, auch mit der Entlassung Rudi Gutendorfs waren viele Fans nicht einverstanden. Diese nun in jeder Weise demütigende Heimniederlage ließ bei vielen Getreuen schließlich die Trauer in Wut umschlagen. Bitter vor allem, dass Offenbach den ersten Durchgang diktierte und mehr als einmal das 1:0 auf den Fuß bekam. Nur Sekunden um die Halbzeit herumgestreut erzielte Hannover aber plötzlich zwei Tore, die den ohnehin demoralisierten Hessen den Rest gaben. Alles, was vorher gut gewesen war, zählte nun nicht mehr. Offenbach verzweifelte an sich selbst und wurde zum willenlosen Opfer der niedersächsischen Raubzüge. Siemensmeyer, Bertl und Brune waren schon genug, um die Kickers-Deckung um den völlig deplatzierten Hans Reich immer wieder aufs Korn zu nehmen. Während Präsident Canellas um sein Leben in die Kabine rannte, bekam Hannovers Trainer Johannsen zum 51. Geburtstag einen Kantersieg geschenkt.

Die eigenen Fans erzwangen seine Auswechslung: Hans Reich

Kickers Offenbach - Hannover 96 1:5 (0:1)

Sa., 27.02.1971, 15:30 Uhr
Zuschauer: 14.000
SR: Dr. Gerd Siepe (Köln)
Tore: 0:1 Hans Siemensmeyer (45., Foulelfmeter, Bertl), 0:2 Horst Berg (48.), 0:3 Hans-Josef Hellingrath (68., Foulelfmeter, Brune), 0:4 Willi Reimann (73.), 1:4 Walter Bechtold (77., Foulelfmeter, Winkler), 1:5 Willi Reimann (90.).
Aufstellung Kickers Offenbach: Karlheinz Volz (Note 4,0); Nikolaus Semlitsch (4,0), Egon Schmitt (4,0), Hans Reich (5,0 - 68. Erwin Kremers, –), Josef Weilbächer (3,0); Roland Weida (4,0), Klaus Winkler (5,0), Helmut Kremers (5,0); Horst Gecks (4,0), Walter Bechtold (4,0), Helmut Nerlinger (4,0 - 58. Heinz Schönberger, –)
Aufstellung Hannover 96: Bernd Helmschrot (3,0); Rainer Stiller (3,0), Peter Anders (3,0), Hans-Josef Hellingrath (3,0), Jürgen Bandura (3,0); Horst Berg (4,0), Hans Siemensmeyer (2,0), Horst Bertl (2,0); Rudolf Nafziger (4,0), Willi Reimann (4,0), Claus Brune (2,0)
Besonderheiten: keine

Tore waren gar nicht nötig

Der Revierschlager war nicht so langweilig, wie es klang. Vor allem Dortmund bot eine wehrhafte und moralisch einwandfreie Leistung. Dass keine Tore fielen, lag zudem an zwei exzellenten Abwehrreihen.

Im ersten Abschnitt dominierte Königsblau, danach kam Dortmund besser zur Geltung und verdiente sich mit ehrenhafter Leistung einen Punkt. Tore fielen keine. Hinter dem groben Ablauf, der keinen Fan hätte begeistern können, verbarg sich allerdings ein heißer Tanz mit vielen taktischen Fallen und Raffinessen. Dass die Teams sich so eng bekämpften und nur wenige Fehler machten, konnte ihnen niemand vorwerfen. Hauptverantwortlich für diesen Schachbrett-Fußball war Dortmunds Trainer Horst Witzler, denn der hatte sich einige Fallen ausgedacht. Die wirksamste war diese: Theo Bücker wurde so aufgestellt, dass Schalke annehmen musste, er würde Halbstürmer spielen. Stattdessen aber positionierte sich Bücker klassisch zentral, was seinen Bewacher Lütkebohmert in die Bredouille brachte, ihn entweder fallen zu lassen oder ihm bedingungslos zu folgen. Weil er sich für Letzteres entschied, fehlte Schalke ein wichtiges Mittelfeld-Element. van Haaren war überlastet und konnte nie wie gewohnt zur Entfaltung kommen, Fischer und Libuda wurde gut bewacht. "Wir fanden nicht die Mittel, den klug eingespielten Gegner zu schlagen", sagte Schalkes Trainer. Über ihn war man indes am meisten verwundert, denn er beließ es über die komplette Dauer bei der Paarung Bücker/Lütkebohmert, anstatt mit einem weiteren Abwehrspieler Kräfte frei zu setzen. Um das eigene Tor musste er sich trotzdem nicht sorgen. Fichtel, Rüßmann und Wittkamp standen der Dortmunder Wand in adäquater Stärke gegenüber.

Der Lockvogel machte sich bezahlt: Theo Bücker

FC Schalke 04 - Borussia Dortmund 0:0 (0:0)

Sa., 27.02.1971, 15:30 Uhr
Zuschauer: 31.000
SR: Rudolf Frickel (München)
Tore: keine
Aufstellung FC Schalke 04: Norbert Nigbur (Note 3,0); Hans-Jürgen Wittkamp (2,0 - 46. Hans-Jürgen Becher, 3,0), Rolf Rüssmann (2,0), Klaus Fichtel (2,0), Jürgen Sobieray (3,0); Herbert Lütkebohmert (4,0), Alban Wüst (4,0 - 72. Klaus Beverungen, 3,0), Heinz van Haaren (4,0); Reinhard Libuda (4,0), Klaus Fischer (4,0), Hans Pirkner (3,0)
Aufstellung Borussia Dortmund: Jürgen Rynio (2,0); Ferdinand Heidkamp (2,0), Branco Rasovic (2,0), Willi Neuberger (2,0 - 78. Gerd Peehs, –), Dieter Kurrat (3,0); Theodor Rieländer (4,0), Jürgen Schütz (3,0), Siegfried Held (4,0); Manfred Ritschel (4,0), Werner Weist (3,0 - 77. Reinhold Wosab, –), Theo Bücker (3,0)
Besonderheiten: keine

Gerade noch mal gut gegangen

Mitte Mai endlich war die Tabelle begradigt und damit bereit, wofür die Bayern so viel investiert hatten: einen unendlich spannenden Meisterschaftsendkampf.

Ein Selbstläufer war das Spiel gegen die Hessen indes nicht, was freilich auch damit zu tun hatte, dass es für Frankfurt noch immer um den Klassenerhalt ging. Die Gäste kamen mit Selbstvertrauen und nicht mit der Absicht, auf Biegen und Brechen ein 0:0 zu ermauern. Wenn dies doch so war, hatte es sich zumindest rasch erledigt. Fünf Minuten waren vorbei, als Koppenhöfer flankte und Zobel aus vollem Lauf an die Latte traf. Gerd Müller tat dann das, wofür man ihn in München so liebte; er stand genau an der Stelle, wo der Abpraller landete und bugsierte ihn zum 1:0 ins Tor. Die Stimmung im Rund war nun mehr als prächtig, denn heimlich wollten die Fans keinen Sieg sehen, sondern wieder einen großen Zapfenstreich wie am Wochenende zuvor. Dort war der 1. FC Köln gleich mit 7:0 gedemütigt worden. Nun aber, da endgültig klar war, dass jeder einzelne Treffer am Ende noch die Schale wert sein konnte, bekamen die Bayern Probleme. Die Torfabrik stockte irgendwie, was weniger an Müller und Hoeneß liegen mochte, als an vielen Ungereimtheiten im Spielaufbau. Breitner und Pumm zum Beispiel zeigten längst nicht die Verve aus dem Schützenfest, fast ein Bremsklotz sogar war Herwart Koppenhöfer. Müllers Strafstoß zum 2:0 war nicht einmal eine Erlösung, denn er machte die Eintracht nur noch wilder. Erst traf Kalb den Pfosten, dann Heese nach Frankfurts bestem Spielzug gar ins Tor (64.). Eine heikle halbe Stunde folgte, in der der FCB-Titeltraum schon hätte platzen können, denn das 2:2 hing bis zum Ende in der Luft.

Auf der Zielgeraden plötzlich nervös: Peter Pumm

FC Bayern München - Eintracht Frankfurt 2:1 (1:0)

Mi., 19.05.1971, 20:00 Uhr
Zuschauer: 24.000
SR: Rudolf Schröck (Riegelsberg)
Tore: 1:0 Gerd Müller (5., Vorlage Zobel), 2:0 Gerd Müller (59., Foulelfmeter), 2:1 Horst Heese (64., Kopfball)
Aufstellung FC Bayern München: Sepp Maier (Note 3,0); Paul Breitner (4,0), Georg Schwarzenbeck (3,0), Franz Beckenbauer (3,0), Peter Pumm (4,0); Herwart Koppenhöfer (5,0 - 46. Edgar Schneider, 4,0), Rainer Zobel (4,0), Ulrich Hoeneß (3,0 - 79. Johnny Hansen, –); Karl-Heinz Mrosko (4,0), Gerd Müller (3,0), Dieter Brenninger (4,0)
Aufstellung Eintracht Frankfurt: Peter Kunter (3,0); Peter Reichel (4,0 - 63. Karl-Heinz Wirth, 4,0), Gert Trinklein (3,0), Friedel Lutz (3,0), Lothar Schämer (4,0); Horst Heese (4,0), Jürgen Kalb (3,0), Bernd Nickel (4,0); Jürgen Grabowski (3,0), Bernd Hölzenbein (4,0), Thomas Rohrbach (4,0)
Besonderheiten: keine

ZEITFENSTER
15. - 28. Februar 1971

Dezimal, please
(*England, 15. Februar*)
Fünf- und Zehnpence-Münzen waren bereits seit Längerem im Umlauf, nun wurde in England der totale Umbruch vollzogen: Das Dezimalsystem löste die alte Währungsformel (1 Pfund = 20 Shilling = 240 Pence) ab.

Muh!
(*Belgien, 15. Februar*)
Unzufriedene belgische Bauern protestierten auf ihre Art gegen die in Brüssel verabschiedete EWG-Preispolitik. Sie trieben kurzerhand einige vierbeinige Rindviecher in den Sitzungssaal der Agrarminister. Auch in Bonn wurde der Unmut der Landwirte spürbar, als 50.000 deutsche Bauern auf den Straßen lautstark für höhere Erzeugerpreise plädierten.

"Fräulein" hat ausgedient
(*BRD, 16. Februar*)
Schluss mit dem diskriminierenden "Fräulein" - fortan sollten, gemäß einer Anordnung Innenminister Genschers, auch alle unverheirateten weiblichen Berufstätigen mit „Frau" angesprochen werden.

Hitparaden
(*USA/GB/BRD, 27. Februar*)
Die Jackson Five erhielten Konkurrenz. In den USA hatte sich ein anderes Familienunternehmen daran gemacht, in geballter Präsenz die Hitlisten zu erstürmen: Die Osmonds. Ihr erster No.1-Hit wurde "One Bad Apple". In Großbritannien und der Bundesrepublik Deutschland verkaufte sich immer noch George Harrisons "My Sweet Lord" am besten.

Wurden, vergleichbar den Jackson Five, schon von Kindesbeinen an auf das Showgeschäft programmiert: The Osmonds

"My Sweet Lord" war sein größter Soloerfolg: George Harrison

Bundesliga 1970/1971 – 23. Spieltag

Bernd Nickel landete nach seinen drei Treffern gegen Offenbach wieder auf dem Boden der Tatsachen (Eintracht Frankfurt - Kickers Offenbach 5:0)

Oberhausen am Abgrund

Alles wartete auf den Gipfel, doch als es so weit sein sollte, fiel er einfach aus. So stand der Spieltag ganz im Zeichen des Klassenkampfs, dem sich Hannover etwas entzog und der für das neue Schlusslicht fast schon gelaufen war.

Das Waldstadion war die einzige Arena ohne Schneebefall, doch Oberhausen machte sich trotzdem lang. Ausgerechnet beim direkten Konkurrenten ließ sich RWO verprügeln, übernahm so die Rote Laterne und schien schon unrettbar verloren. "Jetzt ist alles aus", stammelte Trainer Preißler. Umso größer war die Hoffnung neuerdings in Offenbach, das mit neuem Trainer gleich einen Zähler beim MSV entführte und fast sogar gewonnen hätte. Torwart Volz musste allerdings einen Strafstoß parieren. Gleiches gelang auch dem Essener Debütanten Blasey, jedoch war seine Tat wertlos, zumal er am klaren 1:3 gegen Schalke seinen Anteil hatte. Klaus Fischer war hier einer von zwei Hattrick-Schützen des Spieltages. Der zweite, Uwe Seeler, erzielte beim 5:2 gegen Lautern seine Ligatore 124 bis 126. Bis Gerd Müller (140) war es nun nicht mehr weit.

Ergebnisse – 23. Spieltag 1970/1971

Fr., 05.03.71	Borussia Dortmund -	1. FC Köln	0:0 (0:0)
Fr., 05.03.71	Rot-Weiss Essen -	FC Schalke 04	1:3 (0:2)
Fr., 05.03.71	Hamburger SV -	1. FC Kaiserslautern	5:2 (2:1)
Sa., 06.03.71	Hertha BSC Berlin -	SV Werder Bremen	3:1 (2:0)
Sa., 06.03.71	MSV Duisburg -	Kickers Offenbach	2:2 (1:1)
Sa., 06.03.71	Eintracht Frankfurt -	Rot-Weiß Oberhausen	5:0 (2:0)
Sa., 06.03.71	Hannover 96 -	Arminia Bielefeld	2:0 (0:0)
Sa., 06.03.71	VfB Stuttgart -	Eintracht Braunschweig	1:1 (1:0)
Mi., 14.04.71	Borussia Mönchengladbach -	FC Bayern München	3:1 (1:0)

Tabelle

Platz	Verein	S	U	N	Tore	Differenz	Punkte
1.	Borussia Mönchengladbach	13	8	2	52:21	+31	34:12
2.	FC Bayern München	12	8	3	43:23	+20	32:14
3.	FC Schalke 04	12	5	6	31:19	+12	29:17
4.	Eintracht Braunschweig	12	4	7	39:21	+18	28:18
5.	Hertha BSC Berlin	10	7	6	36:28	+8	27:19
6.	1. FC Köln	8	9	6	30:30	0	25:21
7.	Hamburger SV	8	8	7	37:45	-8	24:22
8.	VfB Stuttgart	8	6	9	37:37	0	22:24
9.	Borussia Dortmund	8	6	9	30:33	-3	22:24
10.	MSV Duisburg	7	8	8	22:29	-7	22:24
11.	Hannover 96	8	5	10	31:31	0	21:25
12.	Rot-Weiss Essen	7	7	9	32:33	-1	21:25
13.	SV Werder Bremen	6	9	8	23:27	-4	21:25
14.	1. FC Kaiserslautern	9	3	11	36:41	-5	21:25
15.	Arminia Bielefeld	6	5	12	24:35	-11	17:29
16.	Eintracht Frankfurt	6	5	12	20:33	-13	17:29
17.	Kickers Offenbach	5	6	12	29:46	-17	16:30
18.	Rot-Weiß Oberhausen	4	7	12	29:49	-20	15:31

Torjägerliste - Zuschauer - Selbsttore - Platzverweise

Torjägerliste:
1. Vogt: 18 Tore
2. Lippens: 16 Tore
3. Ulsaß: 14 Tore

Zuschauer: 151.000
Tore: 32
Selbsttore: keine
Platzverweise: keine

Günthers Wunderheilung

Mehr als einmal wurde im Stadion bereits gejubelt, gültige Treffer gab es bis zum Schluss aber keine. Die Kombination aus Eisboden und Einsatzwillen ergab ein munteres Kräftemessen, das Dortmund eigentlich für sich entscheiden musste.

Kurz vor Spielbeginn war Holland plötzlich in Not. Jürgen Rynio meldete eine Magenverstimmung und konnte nicht eingesetzt werden, Ersatztorwart Günther war zwar putzmunter, hatte aber seinen Daumen in Gips. Was nun? Nach kurzer Beratung entschieden sich die Ärzte für das Risiko und nahmen den Verband einfach ab. Günther spielte durch und gar nicht mal schlecht. Viel Arbeit machten ihm die Kölner ohnehin nicht, denn sie waren nur auf ein Remis aus und banden ihre Stürmer vornehmlich defensiv. Nach zehn Minuten war Dortmunds Tormann doch einmal geschlagen, nur gab Schiedsrichter Hennig den Treffer nicht, weil der verhinderte Schütze Löhr im Abseits gestanden hatte. Der BVB verstand diesen Vorfall als Warnung und schnürte die Mitte enger zu. Weil dies ganz im Sinne der Kölner war, drohte ein tempoarmes Mittelfeldgewürge. Doch gerade in der Gegend um den Mittelkreis ergaben sich faszinierende Duelle um den Ball. Held und Weber schenkten sich ebenso wenig wie etwa Parits und Peehs. Der rutschige Boden sorgte noch für zusätzlichen Unterhaltungswert und letztlich auch für Torchancen. Die besseren vergab die Borussia. Nach einer halben Stunde feuerte Neuberger los, was Manglitz nicht zum letzten Mal in Schwierigkeiten brachte. Bückers (55.) und Weists Chancen (63.) begünstigte er immens. Zwei Minuten vor Schluss brach plötzlich Jubel aus, als Schütz den Ball nur eindrücken musste. Diesmal aber war Manglitz hellwach.

Im letzten Moment ging der Daumen hoch: Klaus Günther

Borussia Dortmund - 1. FC Köln 0:0 (0:0)

Fr., 05.03.1971, 20:00 Uhr

Zuschauer: 13.000

SR: Gerd Hennig (Duisburg)

Tore: keine

Aufstellung Borussia Dortmund: Klaus Günther (Note 3,0); Reinhold Wosab (4,0), Branco Rasovic (3,0), Willi Neuberger (3,0), Gerd Peehs (3,0); Theodor Rieländer (4,0), Jürgen Schütz (3,0), Manfred Ritschel (4,0); Siegfried Held (3,0), Werner Weist (4,0), Theo Bücker (4,0)

Aufstellung 1. FC Köln: Manfred Manglitz (4,0); Karl-Heinz Thielen (4,0), Wolfgang Weber (3,0 - 33. Bernhard Cullmann, 4,0), Werner Biskup (4,0), Matthias Hemmersbach (4,0); Heinz Simmet (4,0), Wolfgang Overath (4,0), Heinz Flohe (4,0); Hennes Löhr (3,0), Jupp Kapellmann (4,0), Thomas Parits (3,0)

Besonderheiten: keine

Feuertaufe nicht bestanden

Ohne den verletzten Lippens war Rot-Weiss Essen nur die Hälfte wert. Eine halbe Stunde vor Schluss lag die Platzelf zwar noch in Führung. Schon vorher aber hätte längst geschehen müssen, was Fischer dann im Alleingang machte.

Kein schönes Saisondebüt: Heinz Blasey

Die ärmste Sau war am Ende Heinz Blasey. Nach einer Stunde kam Essens Ersatzkeeper unverhofft zum Saisondebüt, weil Bockholt verletzt vom Rasen musste. Dass die Gastgeber zu dieser Zeit führten, war ganz allein Bockholts Verdienst, weil er etliche Schüsse entschärft und Fischer sowie Scheer je zweimal die Kugel vom Fuß genommen hatte. Ein Bombenschuss von Hohnhausen dagegen hatte den Weg ins Tor gefunden (48.). Als nach einer Stunde nun jener Blasey ins Tor musste, waren ihm die Fußstapfen zu groß. Gleich den ersten Schuss auf sein Gehäuse, wahrlich kein Großkaliber, ließ der Schlussmann leichtfertig durch die Hände gleiten (63.). Der Schneeboden war da keine Entschuldigung; wie auch der Elfmeter, den Blasey gleich darauf parierte, nichts mehr gut machen konnte. Ab sofort war Essen abgemeldet, und Schalke dominierte nach Belieben. Herbert Burdenski gab wiederum zu, dass dies schon vor der Essener Führung der Fall gewesen war: "Die Schalker waren uns in den Zweikämpfen überlegen, sie spielten cleverer und wurden mit dem Boden besser fertig. Mit Rausch und Lippens fehlten aber auch zwei unserer besten." Der Holländer, der beim Freizeithockey eine Oberschenkelzerrung erlitten hatte, riss bei RWE ein wahrhaft unstopfbares Loch. Litteks gute Ideen fanden ohne ihn keine Abnehmer. Schalke dagegen hatte einen Fischer, der seinem Ruf als kaltschnäuziger Knipser einmal mehr gerecht wurde. Die Siegtore fielen zwar reichlich spät, beide aber durch ihn.

Rot-Weiss Essen - FC Schalke 04 1:3 (0:0)

Fr., 05.03.1971, 20:00 Uhr
Zuschauer: 33.000
SR: Karl Riegg (Augsburg)
Tore: 1:0 Walter Hohnhausen (48., Vorlage Fürhoff), 1:1 Klaus Fischer (63., Libuda), 1:2 Klaus Fischer (86., Kopfball, Pirkner), 1:3 Klaus Fischer (88., Pirkner)
Aufstellung Rot-Weiss Essen: Fred-Werner Bockholt (Note 2,0 - 62. Heinz Blasey, 4,0); Peter Czernotzky (3,0), Hermann Erlhoff (5,0), Roland Peitsch (4,0), Heinz Stauvermann (4,0); Erich Beer (4,0), Georg Jung (4,0), Dieter Bast (5,0); Helmut Littek (3,0), Walter Hohnhausen (4,0), Günter Fürhoff (5,0)
Aufstellung FC Schalke 04: Norbert Nigbur (3,0); Hans-Jürgen Wittkamp (2,0), Klaus Fichtel (2,0), Rolf Rüssmann (3,0), Jürgen Sobieray (4,0); Herbert Lütkebohmert (2,0), Klaus Beverungen (3,0 - 55. Jürgen-Michael Galbierz, 3,0), Reinhard Libuda (4,0 - 70. Alban Wüst, –); Klaus Fischer (2,0), Klaus Scheer (3,0), Hans Pirkner (4,0)
Besonderheiten: Lütkebohmert verschießt Foulelfmeter - Blasey hält

Seeler tobte sich aus

Die klirrende Kälte war zeitweise nicht zu spüren, weil der HSV sein schönstes Gesicht auflegte und die Pfälzer nach allen Regeln der Kunst vorführte. Erstmals in dieser Spielzeit freuten sich Hamburgs Fans über fünf eigene Treffer.

Andersherum war es keine Premiere, denn drei Mal bereits hatte Kaiserslautern fünf Hütten gefangen. Der Unterschied war, dass Gyula Lorant diesmal fast damit gerechnet hatte, als er den Boden des Volksparks zum ersten Mal sah: "Ohne Schwager und Rehhagel wird das verdammt schwer hier für uns. Ich habe große Bedenken." Tatsächlich ging die üble Pleite vornehmlich auf ein Abwehrproblem zurück, denn war in der Deckung noch im Hinterbau des Mittelfeldes wirkte der FCK stabil. Die Gunst der frühen Führung, erzielt durch einen Freistoßtreffer Hosics (14.), konnten die Gäste in keiner Weise nutzen. Lediglich der Schütze war um Entlastung etwas bemüht, alle anderen versteiften sich in den Versuch der Spielzerstörung, obwohl gerade in diesem Bereich dem HSV nicht beizukommen war. Die Platzelf hatte ebenfalls Probleme mit dem Untergrund, was Klaus Ochs später auch überraschend deutlich in den Vordergrund rückte. Weil Hamburg aber genügend Dampfmacher hatte, machte dies nichts aus. Außerdem meldete Kurbjuhn Lauterns Vogt so gnadenlos ab, dass kaum etwas anbrennen konnte. Hönig, Nogly und Klier bewiesen Kapazitäten, von denen das Spiel bestens leben konnte. Auch Willi Schulz konnte Zweifel an seinem Stammplatz endgültig auslöschen. Herausragender Mann war aber Uwe Seeler. Der 22-jährige Diehl sah überhaupt kein Land gegen den Routinier, der immer genau dort stand, wo der Ball landete und auf diese Weise sein Liga-Torkonto auf 126 erhöhte.

Treffsicher wie in jungen Jahren: Uwe Seeler

Hamburger SV - 1. FC Kaiserslautern 5:2 (2:1)

Fr., 05.03.1971, 20:00 Uhr
Zuschauer: 9.000
SR: Wilfried Hilker (Bochum)
Tore: 0:1 Hosic (14., Freistoß), 1:1 Seeler (21., Kopfball, Vorlage H. Schulz), 2:1 Seeler (35.), 3:1 Seeler (60., Rechtsschuss), 4:1 Nogly (65., Foulelfmeter, Hönig), 4:2 Hosic (77., Kopfball), 5:2 Hönig (80.)
Aufstellung Hamburger SV: Arkoc Özcan (Note 3,0); Helmut Sandmann (4,0), Jürgen Kurbjuhn (2,0), Willi Schulz (3,0), Hans-Jürgen Ripp (3,0); Hans Schulz (4,0), Peter Nogly (3,0), Franz-Josef Hönig (2,0); Gerd Klier (3,0), Uwe Seeler (2,0), Charly Dörfel (3,0)
Aufstellung 1. FC Kaiserslautern: Josef Elting (4,0); Günther Rademacher (4,0), Peter Blusch (4,0), Ernst Diehl (5,0), Fritz Fuchs (4,0); Günther Reinders (4,0), Jürgen Friedrich (4,0), Idriz Hosic (3,0); Josef Pirrung (4,0), Klaus Ackermann (4,0), Karl-Heinz Vogt (5,0)
Besonderheiten: keine

Der Gayer kreiste schon

Werder offenbarte viele Probleme, vor allem im Tor. Ein Fehler des Ex-Nationalkeepers brachte Hertha in Führung. Als nach der Pause für Bernard ein anderer im Kasten stand, patzte dieser ebenfalls.

Weil die Punkte so einfach aufs Konto wanderten, konnte Berlin sich den anderen Sorgen widmen. Wieder waren nur 15.000 gekommen, um die Hertha zu unterstützen. Die herbeigesehnten Neuzugänge waren mit diesen Einnahmen nur schwer zu bekommen, doch aktuell hatte die Platzelf auch keine schlechte Truppe zusammen. Rumor ersetzte den verletzten Witt insgesamt ordentlich, Patzke war der beste Verteidiger auf dem Feld, wobei es abzuwehren reichlich wenig Gelegenheiten gab. Und vor allem überzeugte Hertha technisch. Gayer und Varga waren hier zu nennen, noch mehr als Horr, von dem Werders Trainer offen zugab, dass er Helmut Kronsbein um ihn beneidete. Das Berliner Spiel lief sehr flüssig und hätte die vielen Bremer Hilfen gar nicht nötig gehabt. Werder wiederum durfte die triste Kulisse durchaus persönlich nehmen, und die Berliner behielten mit ihrem Urteil sogar recht: Diese Bremer waren die schlechtesten, die man je an der Spree gesichtet hatte. Ohne Horst-Dieter Höttges versteifte sich Werder vornehmlich auf Spielzerstörung. Nach einer Viertelstunde war der Damm jedoch gebrochen, weil Bernard eine bessere Rückgabe ins Tor durchrollen ließ. Der alte Fuchs Gayer hatte auf solche Unachtsamkeiten nur gewartet und knipste kurz vor der Pause gleich ein zweites Mal, wieder begünstigt durch Bernard. Robert Gebhardt griff rigoros durch und schickte mit Wiederbeginn Stefens in den Kasten. Als durch dessen Fehler aber kurzerhand das 3:0 fiel, war das Spiel gelaufen.

In der Halbzeitpause entmachtet: Günter Bernard

Hertha BSC Berlin - SV Werder Bremen 3:1 (2:0)

Sa., 06.03.1971, 15:30 Uhr
Zuschauer: 15.000
SR: Hans Hillebrand (Essen)
Tore: 1:0 Wolfgang Gayer (18.), 2:0 Wolfgang Gayer (40., Kopfball, Vorlage Steffenhagen), 3:0 Hans-Jürgen Sperlich (47.), 3:1 Werner Görts (67.)
Aufstellung Hertha BSC Berlin: Volkmar Groß (Note 3,0); Bernd Patzke (2,0), Jürgen Rumor (4,0), Tasso Wild (4,0), Karl-Heinz Ferschel (4,0); Laszlo Gergely (4,0), Wolfgang Gayer (2,0); Hans-Jürgen Sperlich (4,0), Zoltan Varga (3,0), Lorenz Horr (3,0), Arno Steffenhagen (4,0)
Aufstellung SV Werder Bremen: Günter Bernard (5,0 - 46. Fritz Stefens, 4,0); Dieter Zembski (5,0), Rudolf Assauer (3,0), Arnold Schütz (3,0), Egon Coordes (4,0), Heinz-Dieter Hasebrink (4,0), Ole Björnmose (5,0), Eckhard Deterding (5,0), Karl-Heinz Kamp (4,0), Bernd Lorenz (4,0 - 62. Bernd Schmidt,-), Werner Görts (3,0)
Besonderheiten: keine

Eine völlig neue Mannschaft

Zu Gast war eigentlich nur das Schlusslicht, nur wehte nach dem Trainerwechsel in Offenbach ein anderer Wind. Der OFC war selbstbewusst, abgeklärt und endlich wieder torgefährlich. Fast hätte er auch gewonnen.

Offenbach war eigentlich keine Mannschaft, die Duisburg Probleme machen durfte: seit fünf Spielen sieglos, als einziges Team noch ohne Auswärtssieg und mittlerweile auf dem letzten Tabellenplatz. Trotzdem war Meiderich nicht wohl zumute gewesen vor diesem Heimspiel, hatte der Gastklub doch kurzerhand den Trainer entlassen und stand dementsprechend vor einem hochmotivierten Neubeginn. Bestätigt wurden diese Befürchtungen in jeder erdenklichen Weise. Zuerst auswärts anzutreten kam Kuno Klötzer gleich zusätzlich entgegen, denn hier auf fremdem Platz hatten seine Spieler ganz sicher nichts zu verlieren und konnten einfach munter drauflos spielen. Eine Niederlage wäre keine Schande gewesen. So kam es dann, dass der Underdog zum Spielbestimmer wurde und nach einer Viertelstunde gleich mal in Führung ging. Selbst Lehmanns Ausgleich (19.) waren die Gäste sofort imstande wegzustecken, sie spielten sogar weiterhin nach vorn und erschreckten die Zebras wiederholt. Ergebnis war das 1:2 nach 58 Minuten, das Duisburg aber wieder auf der Stelle ausglich (63.). Beide wollten nun den Sieg, was den Zuschauern eine Wohltat war. Niemand hatte so ein Spiel erwartet. Als Weida einen Ball von der Linie boxte, schien der Kickers Stündlein geschlagen, Volz aber hielt den schwachen Schuss und damit den OFC im Spiel (68.). Mehr Chancen hatten ohnehin unterm Strich die Gäste, die letzte davon in der Schlussminute, doch Kremers fehlte hier schon die Kraft.

Sein Regelbruch zahlte sich aus: Roland Weida

MSV Duisburg - Kickers Offenbach 2:2 (1:1)

Sa., 06.03.1971, 15:30 Uhr
Zuschauer: 7.000
SR: Karl-Heinz Picker (Hamburg)
Tore: 0:1 Erwin Kremers (13., Vorlage Gecks), 1:1 Bernd Lehmann (19., Kopfball), 1:2 Helmut Nerlinger (58., Kopfball, Bechtold), 2:2 Bernard Dietz (63., Kopfball, Heidemann)
Aufstellung MSV Duisburg: Volker Danner (Note 3,0); Hartmut Heidemann (3,0), Detlef Pirsig (4,0), Kurt Rettkowski (5,0), Michael Bella (4,0); Djordje Pavlic (4,0), Bernd Lehmann (5,0), Johannes Riedl (4,0), Rainer Budde (4,0), Johannes Linßen (3,0 - 74. Hans Sondermann, –), Gerhard Kentschke (3,0 - 46. Bernard Dietz, 3,0)
Aufstellung Kickers Offenbach: Karlheinz Volz (2,0); Nikolaus Semlitsch (3,0), Egon Schmitt (2,0), Helmut Kremers (4,0), Josef Weilbächer (3,0); Roland Weida (3,0), Walter Bechtold (4,0), Horst Gecks (2,0); Helmut Nerlinger (3,0), Heinz Schönberger (4,0), Erwin Kremers (3,0)
Besonderheiten: Lehmann verschießt Handelfmeter (68.) - Volz hält

Oberhausener Selbstmordgedanken

Mit 0:5 bei Eintracht Frankfurt zu verlieren, glich in diesem Jahr einer Bankrotterklärung. Der Knoten, der sich bei den Hessen löste, wand sich zeitgleich um die Beine der Gäste-Spieler. Oberhausen war buchstäblich am Ende.

"Geben sie mir E 605, es ist doch alles aus", sagte ein verbitterter Adi Preißler zum Frankfurter Kellner. Der hatte ihn nur gefragt, ob er Kaffee, Tee oder Limonade zum Pressegespräch mochte und zog sich erschrocken zurück. Oberhausens zwölfte Saisonniederlage markierte gleich mehrfach den Tiefpunkt. Die höchste Pleite war es zwar nicht, denn am Bökelberg war man gar mit sechs Treffern untergegangen, wohl aber die desolateste Leistung, die halsbrecherischste Vorstellung und die mit Abstand größte Demütigung. Obendrein trug RWO nun die Rote Laterne. Der Gegner, der die Kleeblätter so maßlos zerrupfte, hieß zu allem Überfluss nicht Schalke oder Bayern. Es war die Frankfurter Eintracht, die mit großem Abstand trefferärmste Mannschaft der Liga, die nun am direkten Konkurrenten das Torverhältnis aufpolierte und davonzog. Dabei war sie anfangs durchaus zu schlagen. In der ersten Viertelstunde nämlich spielte RWO den besseren Fußball. Das mutige Vier-Stürmer-System schien sich auszuzahlen, als die ersten drei Ecken und auch einige Torchancen zu Buche standen. Als mit der ersten Chance aber die Eintracht in Führung ging, waren die Gäste erschlagen. Immer größere Teile des Mittelfeldes fielen in die Hände der kaltblütigen Hessen, wo Grabowski zu voller Blüte gelangte und einen nach dem anderen mit sich zog. Plötzlich kam jeder Pass an, und jeder Schuss wurde ein Tor. Besonders Bernd Nickel köpfte und feuerte, wie er wollte.

Plötzlich nicht mehr aufzuhalten: Jürgen Grabowski

Eintracht Frankfurt - RW Oberhausen 5:0 (2:0)

Sa., 06.03.1971, 15:30 Uhr
Zuschauer: 11.000
SR: Rudolf Schröck (Riegelsberg)
Tore: 1:0 Horst Heese (16., Vorlage Hölzenbein), 2:0 Bernd Nickel (24., Kopfball, Papies), 3:0 Jürgen Grabowski (58., Nickel), 4:0 Bernd Nickel (65., Hölzenbein), 5:0 Bernd Nickel (74., Kopfball, Heese)
Aufstellung Eintracht Frankfurt: Siegbert Feghelm (Note 3,0); Peter Reichel (3,0), Dieter Lindner (3,0), Friedel Lutz (3,0), Lothar Schämer (3,0); Gert Trinklein (4,0), Bernd Hölzenbein (2,0); Jürgen Grabowski (2,0), Horst Heese (2,0 - 83. Thomas Rohrbach, –), Jürgen Papies (3,0), Bernd Nickel (2,0)
Aufstellung Rot-Weiß Oberhausen: Klaus Witt (3,0); Hermann-Josef Wilbertz (5,0 - 54. Friedhelm Kobluhn, 5,0), Werner Ohm (5,0), Lothar Kobluhn (5,0), Uwe Kliemann (4,0); Friedhelm Dick (4,0), Hans Fritsche (4,0 - 59. Wolfgang Sühnholz, 4,0); Norbert Lücke (4,0), Hans Schumacher (4,0), Dieter Brozulat (3,0), Günter Karbowiak (4,0)
Besonderheiten: keine

Drei Mal auf der Linie

Lediglich die Abschlussschwäche machte Bielefelds Pleite erklärbar. Sonst waren es die Arminen, die gefällig kombinierten und beste Chancen auf den Fuß bekamen. Hannover fiel der Sieg eher zu.

Der Blick auf die neue Tabelle war wie eine Ohrfeige für den DSC. Statt mit einem Sieg einen kleinen Graben zu ziehen, steckten die Ostwestfalen nun mittendrin im tiefen Keller, weil sie einmal mehr an ihrer maladen Auswärtsschwäche gescheitert waren. "Wir lassen einfach zu viele Chancen aus", jammerte Egon Piechaczek, dessen Mannschaft eigentlich ein hervorragendes Spiel gezeigt, nur eben das Toreschießen vergessen hatte. Den ersten Abschnitt dominierten die Gäste fast komplett. Angetrieben von Braun in der Mitte und dem fast fahrlässig offensiven Wenzel rechts außen überfielen sie Hannovers Abwehr im Akkord. Roggensack war der erste, der Helmschroth überwand, nachdem Klein ihm mit einem rasanten Sturmlauf den Weg geebnet hatte. Hellingrath aber klärte noch auf der Linie. Die Platzelf rang bald nach Luft ob der Offensivwucht der Gäste; bis zur Pause hatte 96 noch gewaltige Probleme. Wie so oft aber drehte sich der Wind sehr plötzlich. Die Niedersachsen kamen zurück, griffen auf der Stelle an und lagen, zack bums, auf einmal in Führung: Siese hatte mit Reimanns Schuss nicht gerechnet und faustete ihn unglücklich an den Innenpfosten (51.). Hannover hatte nun, was Bielefeld die ganze Zeit wollte, nämlich ein schönes Lockmittel für bequemes Konterspiel. Etwas anderes als zu stürmen blieb Arminia nicht übrig, wieder aber endeten die Chancen auf der Torlinie, wo Stiller und Bandura je einmal aushalfen. Als Bertl den schwachen Slomiany schließlich noch narrte, hatte Hannover tatsächlich gewonnen (83.).

Mit schönen, aber wertlosen Vorstößen: Horst Wenzel

Hannover 96 - Arminia Bielefeld 2:0 (0:0)

Sa., 06.03.1971, 15:30 Uhr
Zuschauer: 27.000
SR: Ewald Regely (Berlin)
Tore: 1:0 Willi Reimann (51.), 2:0 Horst Bertl (83.)
Aufstellung Hannover 96: Bernd Helmschrot (Note 3,0); Rainer Stiller (3,0), Peter Anders (3,0), Hans-Josef Hellingrath (2,0), Jürgen Bandura (3,0); Hans-Joachim Weller (4,0), Hans Siemensmeyer (3,0), Horst Berg (4,0), Claus Brune (4,0), Willi Reimann (3,0), Horst Bertl (4,0)
Aufstellung Arminia Bielefeld: Gerd Siese (3,0); Horst Wenzel (2,0), Dieter Schulz (3,0), Waldemar Slomiany (4,0), Volker Klein (3,0 - 63. Ernst Kuster,–); Gerd Knoth (4,0 - 75. Karl-Heinz Brücken, –), Horst Stockhausen (4,0), Ulrich Braun (2,0), Norbert Leopoldseder (3,0), Dieter Brei (3,0), Gerd Roggensack (4,0)
Besonderheiten: keine

Neues Spiel im Torwart-Roulette

Obwohl der Gegentreffer spät zustande kam, hätte der VfB ein Remis im Vorfeld wohl unterschrieben. Große Sprünge waren mit dieser Mannschaft derzeit nicht möglich.

Heinze und Handschuh fehlten ganz, der grippeinfizierte Haug war zumindest körperlich anwesend und schleppte sich über eine Stunde lang durch. Ein Punkt gegen den Angstgegner Braunschweig schien insofern keine Schande, zumal die Gäste am Ende doch

Jede Woche ein neuer Torwart: Hans Hauser

mehr zu bieten hatten. Wie arg überfüllt Stuttgarts Lazarett derzeit war, bewies die Personalie Torwart. Heinze, Sawitzki und Jopp hatten die Fans bereits kennengelernt, nun war es Zeit für die Nummer vier: Hans Hauser. Genau wie die übrigen Debütanten Martin sowie auf Braunschweiger Seite Haun feierte der junge Keeper einen ordentlichen Einstand. Das Duell mit dem Internationalen Wolter entschied er sogar für sich, denn Braunschweigs Tormann verriet einige Unsicherheiten. "Ich habe neue Handschuhe getestet", so seine flapsige Begründung. Den ersten Durchgang bestimmte Stuttgart noch klar, was am reichen Kraftvorrat Haugs gemessen wurde, aber auch dem fleißigen Entenmann zu danken war, der die Länge seines Flügels konsequent nutzte. Das 1:0 durch Weiß kam durch eine Einzelleistung zustande, allerdings nach schönem Querpass des jungen Martin (10.). Auch die Gäste hatten anfangs noch Chancen, wehrten sich aber zu schlecht, um den Schwaben mehr als ein Dutzend Ecken zu untersagen. Kaack und Lorenz retteten außerdem zweimal auf der Linie. Erst im Schlussdrittel setzte sich Braunschweigs Kondition allmählich durch, dann allerdings auch deutlich. Der angeschlagene VfB konnte nichts mehr ausrichten und war am Ende froh, dass dem Ausgleich bald der Abpfiff folgte.

VfB Stuttgart - Eintr. Braunschweig 1:1 (1:0)

Sa., 06.03.1971, 15:30 Uhr
Zuschauer: 6.000
SR: Wolfgang Dittmer (Mutterstadt)
Tore: 1:0 Hartmut Weiß (10., Vorlage Martin), 1:1 Lothar Ulsaß (81., Merkhoffer)
Aufstellung VfB Stuttgart: Hans Hauser (Note 2,0); Willi Entenmann (2,0), Reinhold Zech (4,0), Hans Eisele (3,0), Hans Arnold (4,0); Jan Olsson (5,0), Herbert Höbusch (4,0), Horst Haug (2,0 - 66. Roland Weidle, 5,0); Manfred Weidmann (4,0), Hartmut Weiß (3,0), Jürgen Martin (3,0)
Aufstellung Eintracht Braunschweig: Horst Wolter (4,0); Wolfgang Grzyb (2,0), Joachim Bäse (- - 19. Max Lorenz, 3,0), Peter Kaack (3,0), Franz Merkhoffer (3,0); Friedhelm Haebermann (4,0 - 65. Eberhard Haun, 2,0), Lothar Ulsaß (2,0), Bernd Gersdorff (4,0); Rainer Skrotzki (4,0), Jaro Deppe (3,0), Dietmar Erler (3,0)
Besonderheiten: keine

Heimliche Vorentscheidung

Etwas im Verborgenen trafen sich die großen Zwei zum Muskelspiel und trennten sich mit einem unspannenden Resultat. Die Bayern taten viel zu wenig für ihre Titelchance. Gladbach hatte mit giftigeren Gästen gerechnet.

Die Waffen fallen lassen wollte Udo Lattek zwar noch nicht. "Wir haben ein Spiel verloren, mehr nicht", sagte er schmallippig. Betrachtete man aber den Gesamteindruck nicht nur des direkten Vergleichs, sondern beider Mannschaften Verfassungen der letzten Zeit, dann konnte das Urteil nur so ausfallen: Gladbach war die Titelverteidigung nicht mehr zu nehmen. Beeindruckend vor allem die nervliche Belastbarkeit. Für die Fohlen ergab sich eine "Woche der Wahrheit", denn nur drei Tage nach dem Spiel gegen den Zweiten stand der schwere Gang zur Nummer drei ins Haus, ein Auswärtsspiel bei Eintracht Braunschweig. Gar nicht einmal undenkbar daher, dass der Meister die Tabellenführung am Ende los sein würde. Diesen Gedanken aber ließ der VfL nicht zu, weil er den Münchenern wie jedem beliebigen Gastverein einfach sein Spiel auf die Stirn drückte und automatisch seine Tore erzielte. In diesem Fall war der Heimsieg Chefsache. Mit Abstand war

Klarer Zweikampfsieger gegen seinen Namensvetter: Ludwig Müller

Günter Netzer die auffälligste Person des Spiels, weil er überall zu finden war, wo sich auch das Spielgerät befand, meistenfalls in der Nähe des Münchener Strafraums. Per Tor des Monats schoss er vor der Pause noch das 1:0 (37.), vor dem zweiten Treffer knallte er die Kugel an den Pfosten (56.). Danach wurde es schon reichlich still um die Bayern, bei denen dort nicht die Talente, sondern viel mehr die Arrivierten sich unter Wert verkauften. Gerd Müller zum Beispiel schoss nicht einmal aufs Tor.

Borussia Mönchengladbach - FC Bayern München 3:1 (1:0)

Mi., 14.04.1971, 20:00 Uhr
Zuschauer: 30.000
SR: Horst Herden (Hamburg)
Tore: 1:0 Günter Netzer (37.), 2:0 Ulrik Le Fevre (56., Kopfball, Vorlage Heynckes), 2:1 Karl-Heinz Mrosko (66., G. Müller), 3:1 Herbert Laumen (83., Wimmer)
Aufstellung Borussia Mönchengladbach: Wolfgang Kleff (Note 3,0); Berti Vogts (2,0), Ludwig Müller (2,0), Klaus-Dieter Sieloff (4,0), Hartwig Bleidick (4,0); Herbert Wimmer (3,0), Günter Netzer (1,0 - 69. Hans-Jürgen Wloka, 3,0), Herbert Laumen (3,0); Horst Köppel (2,0), Ulrik Le Fevre (4,0), Jupp Heynckes (4,0 - 79. Rainer Bonhof, 4,0)
Aufstellung FC Bayern München: Sepp Maier (4,0); Johnny Hansen (4,0), Georg Schwarzenbeck (3,0), Franz Beckenbauer (2,0), Peter Pumm (4,0); Rainer Zobel (5,0), Franz Roth (5,0 - 39. Ulrich Hoeneß, 5,0), Paul Breitner (4,0); Edgar Schneider (5,0), Gerd Müller (4,0), Karl-Heinz Mrosko (4,0)
Besonderheiten: keine

ZEITFENSTER
1. - 7. März 1971

Anklage gegen RAF-Verteidiger
(BRD, 1. März)
Die Prozesseröffnung gegen den Terroristen Horst Mahler (RAF), den ehemaligen Anwalt von u.a. Andreas Baader, begann mit einem Befangenheitsantrag gegen das Schwurgericht. Otto Schily, Mahlers Verteidiger, hatte diesen Antrag formuliert und begründete ihn mit einer "Pressekampagne" gegen seinen Mandanten sowie stimmungsmachenden Äußerungen durch Bundesinnenminister Hans-Dietrich Genscher. Mahlers Beteiligung an der Flucht Andreas Baaders, bei der ein Mann durch eine Schussverletzung lebensgefährlich verletzt wurde, war ein Punkt der Anklage. 1973 wurde Mahler wegen Bankraubs und Beteiligung an einer Gefangenenbefreiung zu 14 Jahren Haft verurteilt.

Verkehr neu geregelt
(BRD, 1. März)
Die Maxime "Augen auf im Straßenverkehr" erhielt in der BRD höchste Bedeutung, da Bundesverkehrsminister Georg Leber (SPD) die neue Straßenverkehrsordnung (StVO) in Kraft setzte. Neben neuen Anweisungen wie "Die Geschwindigkeit muss so bemessen sein, dass der Fahrer innerhalb der überschaubaren Strecke bremsen kann" bekamen es die Verkehrsteilnehmer mit nicht weniger als 54 neuen bzw. geänderten Verkehrszeichen zu tun. Leber erklärte, dass ein Teil der Neuerungen auf Angleichung an europäischen Standard zurückzuführen sei.

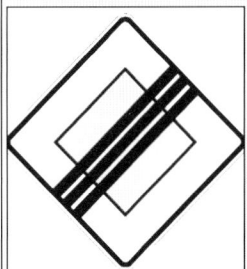

Eines der 54 ab März 1971 gültigen Verkehrszeichen: Ende der Vorfahrtstr.

Frauenbewegung
(England, 7. März)
Die Gleichberechtigung der Frau war selbst in der westlichen Welt noch nicht

"Women's Liberation" zeigte auch in den USA Flagge

durchgesetzt. In London gingen ca. 4.000 Frauen auf die Straße, um unter dem Label "Women's Lib", einem Kürzel für die "Women's Liberation Movement"-Organisation (Bewegung für die Befreiung der Frau), die Gleichstellung in allen Lebensbereichen einzufordern. Auch die Abtreibungsfrage wurde thematisiert.

Bundesliga 1970/1971 – 24. Spieltag

Der neue Offenbacher Trainer Kuno Klötzer konnte sich über fünf Treffer seiner Mannschaft freuen (Kickers Offenbach - Arminia Bielefeld 5:0)

Kuno Klötzer, Superstar

Gleich die Hälfte des Spieltages fiel ins Wasser. Wo aber gespielt wurde, da gab es Schützenfeste. Während die Fohlen ihre Gelenke schonten, erreichte sie ein Warnsignal aus München.

"Wir haben unsere Spieler auf ihre Pflichten als Profis hingewiesen", erklärte Robert Schwan die bayerische Wiederauferstehung. Wenige Tage nach einem 0:3 im Europapokal spielte der FC Bayern den HSV in Grund und Boden und rüstete sich für einen heißen Titelendkampf. Hamburg dagegen hatte nach nun elf Gegentoren in beiden Saisonvergleichen die schlechteste Abwehr der Liga, dabei kämpften die Hanseaten noch um einen UEFA-Cup-Platz. Nicht mehr zu nehmen war dieser wohl dem FC Schalke. Das 4:1 gegen Frankfurt war Trainer Cendic noch nicht einmal hoch genug, so viele Möglichkeiten ließen die Knappen noch ungenutzt. Vor Braunschweig, das Hertha in einem engen Spiel mit 2:1 zu Boden warf, war Schalke nun das beste Team der Rückrunde. Erstaunlich ungleich verlief das Kellerduell am Bieberer Berg. Offenbach explodierte förmlich über Arminia Bielefeld und legte sich zu Füßen seines großen Retters.

Ergebnisse – 24. Spieltag 1970/1971

Sa., 13.03.71	Eintracht Braunschweig	-	Hertha BSC Berlin	2:1 (2:1)
Sa., 13.03.71	SV Werder Bremen	-	Borussia Dortmund	3:1 (1:1)
Sa., 13.03.71	FC Bayern München	-	Hamburger SV	6:2 (3:1)
Sa., 13.03.71	Kickers Offenbach	-	Arminia Bielefeld	5:0 (1:0)
Sa., 13.03.71	FC Schalke 04	-	Eintracht Frankfurt	4:1 (3:1)
Do., 08.04.71	1. FC Kaiserslautern	-	Hannover 96	2:1 (2:0)
Di., 13.04.71	MSV Duisburg	-	VfB Stuttgart	1:0 (1:0)
Mi., 28.04.71	Rot-Weiß Oberhausen	-	Borussia Mönchengladbach	0:2 (0:2)
Mi., 05.05.71	1. FC Köln	-	Rot-Weiss Essen	3:2 (0:1)

Tabelle

Platz	Verein	S	U	N	Tore	Differenz	Punkte
1.	Borussia Mönchengladbach	14	8	2	54:21	+33	36:12
2.	FC Bayern München	13	8	3	49:25	+24	34:14
3.	FC Schalke 04	13	5	6	35:20	+15	31:17
4.	Eintracht Braunschweig	13	4	7	41:22	+19	30:18
5.	Hertha BSC Berlin	10	7	7	37:30	+7	27:21
6.	1. FC Köln	9	9	6	33:32	+1	27:21
7.	MSV Duisburg	8	8	8	23:29	-6	24:24
8.	Hamburger SV	8	8	8	39:51	-12	24:24
9.	SV Werder Bremen	7	9	8	26:28	-2	23:25
10.	1. FC Kaiserslautern	10	3	11	38:42	-4	23:25
11.	VfB Stuttgart	8	6	10	37:38	-1	22:26
12.	Borussia Dortmund	8	6	10	31:36	-5	22:26
13.	Hannover 96	8	5	11	32:33	-1	21:27
14.	Rot-Weiss Essen	7	7	10	34:36	-2	21:27
15.	Kickers Offenbach	6	6	12	34:46	-12	18:30
16.	Arminia Bielefeld	6	5	13	24:40	-16	17:31
17.	Eintracht Frankfurt	6	5	13	21:37	-16	17:31
18.	Rot-Weiß Oberhausen	4	7	13	29:51	-22	15:33

Torjägerliste - Zuschauer - Selbsttore - Platzverweise

Torjägerliste:
1. Vogt: 18 Tore
2. Lippens: 17 Tore
3. G. Müller: 16 Tore

Zuschauer: 179.000
Tore: 36
Selbsttore: keine
Platzverweise: keine

Komplimente für das Bodenpersonal

Hertha verlor in Würde, weil sie genau wie Braunschweig glänzend verteidigte und im gleichen Maße auch sich selbst beherrschte. Die einzigen, die schlechten Figuren machten, waren die Torhüter.

Ohne Fehler fallen im Fußball keine Tore wie man weiß, immerhin aber kamen die Zuschauer so um ein 0:0 herum. Ärgern musste sich natürlich nur Volkmar Groß, der bei Erlers Führung (22.) die Mauer falsch postierte und dann beim 2:1, ebenfalls einem ruhenden Ball, nicht rechtzeitig aus dem Kasten kam (43.). Horst Wolter wiederum klatschte einen Eckball an die Latte, woraufhin Steffenhagen aus dem Gewühl heraus den Ausgleich erzielte (30.). Bei dieser Bilanz blieb es am Ende, so dass Braunschweig eher glücklich gewann. Klammerte man die Umstände der Treffer aber aus, musste sich niemand für irgendetwas schämen. "Auf diesem Geläuf zeigten beide Mannschaften eine ganz hervorragende Leistung", fand auch Otto Knefler. Ein schwächeres Spiel hatte man vor allem wegen des Bodens erwartet. Regen, Schnee und Eis hatten in den letzten Wochen eine Mondlandschaft geformt, mal knüppelhart gefroren und Gift für die Gelenke, dann wieder knöcheltief morastig wie an diesem Nachmittag. Besonders die Stürmer waren auf diesem Untergrund benachteiligt. An einem Alibi aber hatten beide Teams kein Interesse.

Mit ihm war Hertha unzufrieden: Volkmar Groß

Stattdessen investierten sie ein Mehr an Kraft, um die Tücken des Bodens zu überwinden. Maßgeblich für Braunschweigs Spiel war wieder Ulsaß, dessen Aktionsradius im ersten Durchgang gigantisch war. Als er irgendwann abbaute, geriet der Heimsieg wieder in Gefahr, zumal Herthas Verteidiger immer offensiver wurden. Einen Kopfball Gayers etwa kratzte Merkhoffer mit letzter Kraft von

Eintracht Braunschweig - Hertha BSC Berlin 2:1 (2:1)

Sa., 13.03.1971, 15:30 Uhr
Zuschauer: 24.000
SR: Hans-Joachim Weyland (Oberhausen)
Tore: 1:0 Dietmar Erler (22., Freistoß, Vorlage Ulsaß), 1:1 Arno Steffenhagen (30., J. Weber), 2:1 Jaro Deppe (43., Kopfball, Gersdorff)
Aufstellung Eintracht Braunschweig: Horst Wolter (Note 4,0); Wolfgang Grzyb (3,0), Joachim Bäse (2,0), Peter Kaack (2,0 - 59. Max Lorenz, 4,0), Franz Merkhoffer (4,0); Friedhelm Haebermann (3,0), Lothar Ulsaß (2,0), Bernd Gersdorff (3,0); Rainer Skrotzki (4,0), Jaro Deppe (4,0 - 70. Eberhard Haun, –), Dietmar Erler (3,0)
Aufstellung Hertha BSC Berlin: Volkmar Groß (4,0); Bernd Patzke (2,0), Jürgen Rumor (3,0), Tasso Wild (2,0), Karl-Heinz Ferschl (3,0 - 76. Hans-Jürgen Sperlich, –); Wolfgang Gayer (2,0), Laszlo Gergely (5,0 - 65. Peter Enders, –), Lorenz Horr (4,0); Arno Steffenhagen (3,0), Zoltan Varga (4,0), Jürgen Weber (4,0)
Besonderheiten: keine

Borussias Beckenbauer

"Zum Schluss hätten wir sechs Tore einfangen können", empörte sich Dortmunds Trainer. Das Kind mit dem Bade ausschütten dufte er allerdings nicht, denn bis auf zwei Schlafphasen jeweils nach Beginn hielt die Borussia bestens mit.

Der Kaiser in Schwarz-Gelb: Willi Neuberger

Bei genauer Betrachtung war es ein taktischer Coup, der Werder diesen Heimsieg bescherte. Zur Halbzeit noch, beim Stande von 1:1, sah Übungsleiter Gebhardt die Felle davonschwimmen: "So stark war hier noch keine Mannschaft!" Unbesiegbar schien Dortmund nur zwischendurch, nach je einer müden Einspielphase nämlich, und genau diese nutzte Werder zu seinen Toren. Keine zweimal hatte der Minutenzeiger die Uhr umrundet, als Görts eine Ecke schlug und Schmidt mit einem wuchtigen Schuss aus 20 Metern ins Tor traf. In diesem Moment wussten die Bremer noch nicht, was der BVB alles bieten würde und fing sich aus Despektierlichkeit nach einer halben Stunde den Ausgleich; Neuberger vollendete einen Doppelpass mit Held. Es folgte die Phase der größten hanseatischen Not. Held ließ seinen Motor dauerhaft laufen und peste sofort los, wenn Wosab oder Sturm einen Vorstoß wagten. Das meiste aber initiierte Neuberger. Im Stile Franz Beckenbauers hechtete er ständig nach vorn und nahm meist noch einen Helfer mit. Werder war froh, dass diese Überfälle bis zur Pause keinen Schaden verursachten. Dann aber stellte Gebhardt um und damit die Weichen auf Sieg. Karl-Heinz Kamp kümmerte sich nur noch um Wosab und folgte ihm auch bis an den Strafraum. Dort plötzlich gelang dem Verteidiger dann die zweite Bremer Führung, die Dortmund sich nicht gefallen ließ. Statt des 2:2 fiel aber per Konter das 3:1 (60.), woraufhin der BVB die Ordnung verlor und noch ein Debakel riskierte.

SV Werder Bremen - Borussia Dortmund 3:1 (1:1)

Sa., 13.03.1971, 15:30 Uhr
Zuschauer: 15.000
SR: Philipp Geng (Freiburg)
Tore: 1:0 Bernd Schmidt (2., Vorlage Görts), 1:1 Willi Neuberger (30., Held), 2:1 Karl-Heinz Kamp (50.), 3:1 Bernd Lorenz (60., Görts)
Aufstellung SV Werder Bremen: Günter Bernard (Note 2,0); Dieter Zembski (4,0), Arnold Schütz (3,0), Rudolf Assauer (2,0), Egon Coordes (4,0), Heinz-Dieter Hasebrink (3,0), Ole Björnmose (3,0), Bernd Schmidt (3,0), Werner Görts (3,0), Karl-Heinz Kamp (3,0), Bernd Lorenz (4,0 - 80. Herbert Meyer, –)
Aufstellung Borussia Dortmund: Jürgen Rynio (4,0); Reinhold Wosab (3,0), Branco Rasovic (4,0), Willi Neuberger (2,0), Gerd Peehs (4,0), Wilhelm Sturm (3,0 - 77. Horst Trimhold, 4,0), Jürgen Schütz (4,0), Theo Bücker (3,0), Manfred Ritschel (4,0 - 77. Dieter Weinkauff, 4,0), Werner Weist (4,0), Siegfried Held (3,0)
Besonderheiten: keine

Zwei Debakel in einer Saison

Die Bayern hatten in letzter Zeit entweder gar nicht gespielt oder verloren. Bevor überhaupt von einer Krise die Rede sein konnte, spielte München nun schnell den HSV an die Wand. Es müllerte fast ununterbrochen.

Wie kurvenreich es im Fußball doch zugehen kann, zeigte diese Begegnung allzu deutlich. Hamburg, letztes Wochenende noch gefeierter 5:2-Sieger, ließ sich behandeln wie ein Sparringspartner und nickte die Pleite hinterher noch artig ab: "Für uns war das heute eine Standortbestimmung", so Trainer Klaus Ochs. "Sie fiel zwar nicht nach Wunsch aus, aber wir wissen jetzt Bescheid." Völlig anders dagegen die Ausgangslage der Münchener, deren letzte Spiele fast alle in die Hose gegangen waren, inklusive des Tiefpunkts unmittelbar vor diesem Spiel, als man sich mit 0:3 beim FC Liverpool blamierte. Was folgte, war ein Donnerwetter, und das hatte offenbar gefruchtet. Bayerns höchsten Sieg der Saison hatte es bislang im Hinspiel gegeben, als der HSV mit 1:5 unterlag. Nun also ein nicht weniger klares 6:2, das auch der Heimelf einen Weg aufzeigen sollte: Die Waffen im Titelkampf waren immer noch scharf. Besser war die Lattek-Elf fast auf jeder Position. Einzig Willi Schulz war kein Vorwurf zu machen, ebenso wie Özcan noch etliche Schüsse mehr abwehrte, als in sein Netz wirklich einschlugen. Nach der Führung durch Hoeneß (16.) und je einem Elfmeter-Tor stellte Müller um die Pause herum den Sieg schon nahezu sicher. Ihm zuzuschauen war die reine Freude, genau wie auch Hoeneß ein fast perfektes Spiel ablieferte. Uwe Seeler konnte seinen Sturmkollegen um solche Zuarbeiter nur beneiden, denn ihm waren trotz aller Mühen die Hände gebunden.

Entschied das Giganten-Duell gegen Seeler klar für sich: Gerd Müller

FC Bayern München - Hamburger SV 6:2 (3:1)

Sa., 13.03.1971, 15:30 Uhr
Zuschauer: 26.000
SR: Gerd Hennig (Duisburg)
Tore: 1:0 Hoeneß (16., Kopfball, Vorlage Brenninger), 2:0 G. Müller (28., Foulelfmeter, Özcan an Müller), 2:1 Zaczyk (30., Foulelfmeter, Hansen an Hönig), 3:1 G. Müller (42., Brenninger), 4:1 G. Müller (50.), 4:2 Beyer (51., Seeler), 5:2 Beckenbauer (82.), 6:2 Brenninger (90., G. Müller)
Aufstellung FC Bayern München: Sepp Maier (Note 3,0); Johnny Hansen (3,0), Georg Schwarzenbeck (2,0), Franz Beckenbauer (2,0), Herwart Koppenhöfer (3,0), Franz Roth (2,0), Rainer Zobel (3,0), Ulrich Hoeneß (2,0 - 77. Paul Breitner, –); Edgar Schneider (4,0 - 46. Karl-Heinz Mrosko, 4,0), Gerd Müller (1,0), Dieter Brenninger (3,0)
Aufstellung Hamburger SV: Arkoc Özcan (3,0); Hans Schulz (4,0), Jürgen Kurbjuhn (5,0), Willi Schulz (3,0), Hans-Jürgen Ripp (4,0), Peter Nogly (5,0), Klaus Zaczyk (5,0), Franz-Josef Hönig (3,0); Gerd Klier (4,0 - 46. Siegfried Beyer, 3,0), Uwe Seeler (3,0), Charly Dörfel (4,0 - 51. Robert Pötzschke, 4,0)
Besonderheiten: keine

Hoch lebe Kuno Klötzer

So nah die Kontrahenten im Tableau beieinander lagen, so unwirklich groß war die Leistungskluft auf dem Rasen. Bielefeld wusste gar nicht wie ihm geschah, als Offenbach den heftigsten Rausch der Saison erlebte.

"Der Gegner hat uns bis zur Pause alles abverlangt, in der Deckung und im Mittelfeld ordentlich gespielt." Kuno Klötzer war die Höflichkeit in Person, während die umstehenden Journalisten schon an den Leichen fledderten. So desolat hatten sie Arminia noch nie gesehen. Zumindest bis zum 2:0 hielt sich noch der Eindruck eines Arbeitserfolges, weil Offenbach nicht bedingungslos anstürmte und Bielefeld auch gar noch so übel begann. Zumindest das Tempo zu ziehen schafften die Gäste ganz gut, Schulz als Libero und im Mittelfeld Ulrich Braun sorgten sogar für Spielkultur. Mit dem Effetschuss von Kremers aber brach alles zusammen. Wie Halbertrunkene schossen die Kickers da plötzlich an die Oberfläche und sogen ihre Lungen voll mit Luft. Links, rechts, über außen, durch die Mitte - der DSC verlor den Überblick bei all diesen klugen und schnellen Attacken der Platzelf, die in der Folge ihr Limit nicht erreichte, sondern eindeutig übertrat. Diese Darbietung war zeitweise unwürdig für eine Mannschaft von Kickers Offenbach. Die Tore fielen wie von selbst, und es hätten weit mehr werden können als am Ende derer fünf. Während die "Kuno, Kuno"-Sprechchöre durch die Arena schwappten, fiel erst auf, welche klugen Veränderungen der neue Trainer vorgenommen hatte. Wie lange etwa hatte Gutendorf einen Libero gesucht? Auf Helmut Kremers ist er nicht gekommen. Bechtold im Mittelfeld war ebenfalls ein Volltreffer, und das Comeback des Josef Weilbächer übertraf schließlich alle Erwartungen.

Zum Libero umfunktioniert: Helmut Kremers

Kickers Offenbach - Arminia Bielefeld 5:0 (1:0)

Sa., 13.03.1971, 15:30 Uhr
Zuschauer: 17.000
SR: Horst Herden (Hamburg)
Tore: 1:0 Helmut Nerlinger (25., Vorlage Gecks), 2:0 Erwin Kremers (54.), 3:0 Helmut Nerlinger (60., Bechtold), 4:0 Walter Bechtold (68., Kremers), 5:0 Roland Weida (86., Kopfball, Gecks)
Aufstellung Kickers Offenbach: Karlheinz Volz (Note 3,0); Nikolaus Semlitsch (3,0), Helmut Kremers (2,0), Egon Schmitt (3,0), Josef Weilbächer (2,0), Roland Weida (2,0), Walter Bechtold (2,0), Heinz Schönberger (4,0), Horst Gecks (2,0), Helmut Nerlinger (3,0 - 82. Winfried Schäfer, –), Erwin Kremers (2,0)
Aufstellung Arminia Bielefeld: Gerd Siese (4,0); Horst Wenzel (6,0 - 46. Ernst Kuster, 5,0), Dieter Schulz (3,0), Waldemar Slomiany (3,0), Volker Klein (4,0); Gerd Knoth (4,0 - 69. Karl-Heinz Brücken, –), Horst Stockhausen (5,0), Ulrich Braun (3,0); Gerd Roggensack (4,0), Dieter Brei (4,0), Norbert Leopoldseder (6,0)
Besonderheiten: keine

Chance auf historischen Sieg

Eine Viertelstunde lang war Frankfurt ernst zu nehmen. Wie sehr sich die Hessen danach aber gehen ließen, zeigte nur, dass sie sich ohnehin nichts ausgerechnet hatten.

Nichts, nicht einmal das Schützenfest aus dem Heimspiel gegen Oberhausen, hatte dafür gesprochen, dass die Eintracht etwas reißen könnte. Zu düster war die Bilanz auf fremden Plätzen. Bei der nun achten Auswärtspleite in Folge trafen die Hessen immerhin wieder einmal ins Netz, denn das war ihnen 530 Minuten lang nicht gelungen. Dennoch fragte sich das Schalker Publikum, woher die SGE nur zwei noch schlechtere Mannschaften nehmen wollte. Eigentlich war dieses Team dem Abstieg geweiht. Niederschmetternd war auch dieser Kommentar des Schalker Trainers: "Mit dem Ergebnis bin ich nicht zufrieden. Gegen diese schwache Abwehr hätten mindestens acht Tore fallen müssen." Nur eine Viertelstunde, in der Phase um Nickels Ausgleichstor aus spitzem Winkel herum, rollte die Kugel nicht unentwegt in eine Richtung. Noch immer aber war der Leistungsstand zu krass, als dass die Hessen dauerhaft auch nur einen Punkt hätten retten können. Schalke nahm das Gegentor zur Kenntnis und schüttelte es ab wie ein Insekt. Während aus dem Gäste-Team eher die herausragten, die nicht nur schwach, sondern unterirdisch spielten, Lutz und Schämer zum Beispiel, überboten sich die Schalker mit ihren Glanzleistungen. Lütkebohmert und Wittkamp fielen nur deswegen ab, weil sie so viele Chancen vergaben. Daneben aber bewiesen Libero Fichtel und Grabowski-Bewacher Sobieray ihre große Klasse ebenso wie Libuda seinen Gegenspieler an den Beinen verknotete; nur ein Treffer fehlte ihm zum perfekten Spiel. Dass der verletzte van Haaren nicht dabei war, spielte überhaupt keine Rolle.

Meldete Hölzenbein völlig ab: Jürgen Sobieray

FC Schalke 04 - Eintracht Frankfurt 4:1 (3:1)

Sa., 13.03.1971, 15:30 Uhr
Zuschauer: 18.000
SR: Walter Horstmann (Hildesheim)
Tore: 1:0 Klaus Scheer (12., Vorlage Fichtel), 1:1 Bernd Nickel (15., Papies), 2:1 Klaus Fichtel (38.), 3:1 Hans-Jürgen Wittkamp (43., Kopfball, Fischer), 4:1 Klaus Fischer (60.)
Aufstellung FC Schalke 04: Norbert Nigbur (Note 3,0); Jürgen-Michael Galbierz (2,0), Klaus Fichtel (2,0), Rolf Rüssmann (3,0), Jürgen Sobieray (2,0); Herbert Lütkebohmert (4,0), Klaus Scheer (3,0), Hans-Jürgen Wittkamp (4,0); Reinhard Libuda (2,0), Klaus Fischer (3,0), Hans Pirkner (4,0)
Aufstellung Eintracht Frankfurt: Siegbert Feghelm (5,0); Peter Reichel (4,0), Dieter Lindner (5,0), Friedel Lutz (6,0), Lothar Schämer (6,0); Bernd Hölzenbein (5,0), Gert Trinklein (5,0 - 46. Jürgen Kalb, 5,0), Jürgen Papies (4,0); Jürgen Grabowski (4,0), Horst Heese (3,0), Bernd Nickel (3,0)
Besonderheiten: keine

Hochachtung vor Hannover

Kaiserslautern wollte nichts dem Zufall überlassen und spielte mindestens eine Halbzeit lang an seiner absoluten Leistungsgrenze. Ungefährdet war der Heimsieg trotzdem nicht.

Die Gäste aus Niedersachsen überraschten insgesamt zweimal in diesem Nachholspiel. Erstens war es eine Kunst, dem gewaltigen Lauterer Sturmlauf, der die Zuschauer teils von den Sitzen riss, mit lediglich zwei Gegentreffern zu entkommen. Zweitens war überhaupt nicht damit zu rechnen, dass 96 gleich die allererste Schwäche der Pfälzer zum Anschlusstor nutzen und aus der völlig einseitig geführten Partie noch eine Zitterbegegnung machen könnte. Kellers Treffer, erzielt nach einer knappen Stunde, war eine verdammt harte Strafe für den FCK, der nur kurz die Zügel schleifen ließ und sich nicht einmal schuldig machte, seine Abwehr irgendwie zu entblößen; der stramme Schuss fand einfach seinen Weg zwischen Schwager und Reinders hindurch ins Tor. Bis dahin hatten die Teufel für einen gewaltigen Flächenbrand gesorgt und schienen auf sämtlichen Positionen um eine Klasse besser besetzt. Friedrich und Hosic lenkten die Geschicke im Mittelfeld und wurden von Libero Reinders noch hervorragend unterstützt. Statt 2:0 hätte es zur Pause locker auch 4:0 lauten können, so weng durfte Hannover mitmischen, obgleich Stiller und Bandura eine hochkarätige Abwehr organisierten. Überhaupt sammelten die Niedersachsen viele Komplimente. "Besser als Mönchengladbach oder München" wollte etwa Dietrich Weise die Vorstellung am Betzenberg bewertet wissen. Stark genug für den Ausgleich wurden die Gäste allerdings nicht mehr, auch wenn der überall zu findende Reinders noch einmal auf der Linie retten musste.

Vorbereiter und Verhinderer: Günther Reinders

1. FC Kaiserslautern - Hannover 96 2:1 (2:0)

Do., 08.04.1971, 20:00 Uhr
Zuschauer: 25.000
SR: Hans Hillebrand (Essen)
Tore: 1:0 Klaus Ackermann (28., Vorlage Reinders), 2:0 Jürgen Friedrich (44., Rehhagel), 2:1 Ferdinand Keller (57.)
Aufstellung 1. FC Kaiserslautern: Josef Elting (Note 3,0); Günther Rademacher (3,0), Dietmar Schwager (3,0), Günther Reinders (2,0), Fritz Fuchs (4,0); Otto Rehhagel (3,0), Jürgen Friedrich (2,0), Josef Pirrung (4,0), Karl-Heinz Vogt (4,0), Idriz Hosic (2,0), Klaus Ackermann (3,0)
Aufstellung Hannover 96: Bernd Helmschrot (4,0); Rainer Stiller (2,0), Jürgen Bandura (2,0), Peter Anders (4,0), Hans-Josef Hellingrath (4,0); Hans-Joachim Weller (3,0), Rudolf Nafziger (4,0 - 61. Willi Reimann, 4,0), Hans Siemensmeyer (3,0); Ferdinand Keller (4,0), Horst Berg (4,0), Horst Bertl (3,0)
Besonderheiten: keine

Entscheidung per Abseitstor

Die magere Menge von nur einem Treffer war das Ergebnis der unaufgeregten Tabellenlage. Niemand brauchte den Sieg so dringend, dass er sich zerreißen wollte. Duisburg wiederum durfte das Spiel am wenigsten gewinnen.

Das Tor des Tages fiel zu einer Zeit, als weitere Treffer noch als hochwahrscheinlich galten, weil besonders der VfB seine gute taktische Schule vergaß und über schöne spontane Aktionen regelmäßig an den Strafraum der Gastgeber stieß. Wegen dieser nicht üblen Aussichten ließen die Gäste sich wohl auch gefallen, was nach einer halben Stunde passierte. Buddes Kopfballtor nämlich, bei dem Heinze um Sekundenbruchteile zu spät reagierte, entstand aus einer reichlich verdächtigen Position. Auch der Schütze selbst investierte noch einen schüchternen Blick, um sich zu vergewissern, ob er tatsächlich nicht im Abseits gestanden hatte. Nach dieser versehentlichen Führung stellte Meiderich erst recht auf reinen Kampfmodus um, während die Schwaben sich etwas leichtfertig darauf verließen, ihr druckvolleres und zweifelsfrei schöneres Spiel würde automatisch Früchte tragen. So ergab sich, dass Danner etwa vier Mal so häufig geprüft wurde wie Heinze, jedoch schien es, dass die Mittelfeldaktionen der Gäste zu viel Energie verbrauchten, um im Abschluss noch die Ruhe zu bewahren. Wirklich Unhaltbare hatte Duisburgs Torwart nicht zu meistern. In Gefahr allerdings stand der Meidericher Sieg permanent und zweimal auch ganz konkret, als Haug mit einem 18-Meter-Schuss sowie Höbusch mit einem Kopfball jeweils nur den Pfosten trafen. Dass Duisburg kaum konterte, erstaunte ein wenig, doch waren Dietz und Linßen auch die einzigen, die es wirklich darauf anlegten.

Verfehlte um Zentimeter den Ausgleich: Herbert Höbusch

MSV Duisburg - VfB Stuttgart 1:0 (1:0)

Di., 13.04.1971, 20:00 Uhr
Zuschauer: 12.000
SR: Günter Linn (Altendiez)
Tore: 1:0 Rainer Budde (30., Kopfball)
Aufstellung MSV Duisburg: Volker Danner (Note 3,0); Kurt Rettkowski (4,0), Hartmut Heidemann (4,0), Detlef Pirsig (3,0), Michael Bella (3,0), Djordje Pavlic (4,0), Johannes Linßen (3,0), Bernard Dietz (4,0); Johannes Riedl (4,0 - 62. Hans Sondermann, 4,0), Rainer Budde (4,0), Gerhard Kentschke (3,0)
Aufstellung VfB Stuttgart: Gerhard Heinze (4,0); Willi Entenmann (4,0), Reinhold Zech (4,0), Hans Eisele (3,0), Hans Arnold (4,0), Jan Olsson (4,0); Herbert Höbusch (4,0), Horst Haug (3,0); Manfred Weidmann (3,0), Hartmut Weiß (4,0), Karl-Heinz Handschuh (3,0)
Besonderheiten: keine

Gekommen um zu punkten

Ohne Oberhausen eines Blickes zu würdigen zog der Meister mit dem Pflichtsieg von dannen. Dass RWO einen zerreißenden Kampf hinlegte, interessierte herzlich wenig.

Wenn die Brocker-Elf je mit erhobenen Häuptern vom Rasen gehen durfte, dann wohl nach dieser Vorstellung. Das polierte Ehrgefühl aber half den Kleeblättern nicht, denn nach dieser Pleite und mit einem Auswärtsspiel in München vor der Brust waren sie nun wohl endgültig aus der Liga verabschiedet. "Jeden anderen Gegner hätten wir heute geschlagen", sagte ein genickter Günther Brocker. "Aber wir haben gegen den Deutschen Meister gespielt, und der hat den besten Torwart der Liga." RWO hatte in dieses Nachholspiel offensichtlich größere Hoffnungen gesetzt und versuchte den Fohlen nicht nur im Kampf, sondern auch spielerisch unter die Augen zu treten. Mehrfach fehlte nicht eben viel für eine Führung der Gastgeber, doch die wenigen klaren Chancen wurden versiebt oder aber endeten in den Fängen Wolfgang Kleffs. Lag Oberhausen dann erst einmal hinten, war dem Meister nicht mehr beizukommen, so kühl und abgeklärt spulte er sein Pensum herunter. Dass alles nach Plan gelaufen wäre, mochte im Borussen-Lager allerdings niemand behaupten. Wimmer und Laumen fielen beide mit Verletzungen vorerst aus, vor der Partie außerdem war eine Bombe geplatzt, weil das Sportgericht die Punkte aus dem Pfostenbruch-Spiel allein Werder Bremen zuschreiben wollte. Umso imposanter daher, wie unbeeindruckt der VfL die Punkte mit nach Hause nahm. Mitten in Oberhausens stärkste Phase hinein schossen Laumen und Wimmer schnell mal zwei Tore. In gerade vier Minuten war RWO damit der Zahn gezogen, und er wuchs auch bis zum Ende nicht mehr nach.

Mit Leistenzerrung ausgewechselt: Herbert Wimmer

Rot-Weiß Oberhausen - Mönchengladbach 0:2 (0:2)

Mi., 28.04.1971, 20:00 Uhr
Zuschauer: 30.000
SR: Heinz Aldinger (Waiblingen)
Tore: 0:1 Herbert Laumen (25.), 0:2 Herbert Wimmer (29.)
Aufstellung Rot-Weiß Oberhausen: Wolfgang Scheid (Note 3,0); Reiner Hollmann (3,0), Uwe Kliemann (3,0), Friedhelm Dick (4,0), Werner Ohm (3,0); Lothar Kobluhn (4,0), Hermann-Josef Wilbertz (4,0), Franz Krauthausen (3,0); Wolfgang Sühnholz (4,0), Hans Fritsche (5,0 - 55. Günter Karbowiak, 4,0), Dieter Brozulat (5,0)
Aufstellung Borussia Mönchengladbach: Wolfgang Kleff (3,0); Berti Vogts (3,0), Ludwig Müller (4,0), Klaus-Dieter Sieloff (4,0), Hartwig Bleidick (4,0); Herbert Wimmer (3,0 - 46. Rainer Bonhof, 4,0), Günter Netzer (3,0), Horst Köppel (3,0); Hans-Jürgen Wloka (4,0), Herbert Laumen (4,0 - 79. Ulrik Le Fevre, –), Jupp Heynckes (4,0)
Besonderheiten: keine

Die gekaufte Moral

Essen begann sehr ordentlich, knickte vor dem immer wüsteren Sturm aber irgendwann ein. Wie sich herausstellte, war die Kölner Steigerung von außen beeinflusst.

Sich verbissen gegen eine Heimniederlage zu stemmen, ist an sich kein verdächtiger Vorgang. Nur wer die Kölner in den letzten Wochen hatte spielen sehen, konnte irgendwie dem Gedanken nachhängen, eine monetäre Leistung hätte ihren Ehrgeiz wieder beflügelt. Eigentlich aber war eine Reaktion ohnehin überfällig gewesen. In der müden ersten Halbzeit spielte RWE zunächst gefälliger. Die Essener waren sogar seit sieben Spielen sieglos und brauchten händeringend Punkte, um die Talfahrt zu stoppen. Niemand hatte das Burdenski-Team vor der Saison mit dem Abstieg in Verbindung gebracht, doch mittlerweile war Holland buchstäblich in Not. Der zuletzt völlig frustrierte Toptorjäger, diesmal war er dann auch endlich wieder die erhoffte Verstärkung. Sekunden vor dem Halbzeitpfiff brachte Lippens die Gäste in Führung, und auch den zweiten Essener Treffer fädelte der Niederländer ein; seinen abgewehrten Freistoß bugsierte Peitsch per Dropkick über die Linie (83.). Solche eine gute Ausbeute hatte RWE schon lange nicht mehr erreicht, dummerweise nur lagen zwischen den Toren auch drei Treffer der Kölner, die mit Wiederbeginn plötzlich ihre Moral entdeckten und mit ihrem gewaltigen Tempo immer schwerere Fehler in der Essener Abwehr provozierten. In vier Minuten drehten Overath und Hemmersbach den Rückstand in ein 2:1. Schlimmer für die Gäste war aber, dass Beer nach einer Stunde nicht mehr weiterspielen konnte. Mit seinem Ausscheiden brach ein Pfeiler weg, den Peitsch trotz seines Anschlusstores nicht ersetzen konnte.

Sein Anschlusstreffer kam zu spät: Roland Peitsch

1. FC Köln - Rot-Weiss Essen 3:2 (0:1)

Mi., 05.05.1971, 20:00 Uhr
Zuschauer: 12.000
SR: Rudolf Frickel (München)
Tore: 0:1 Willi Lippens (45., Vorlage Beer), 1:1 Wolfgang Overath (59.), 2:1 Matthias Hemmersbach (63.), 3:1 Heinz Flohe (80., Rupp), 3:2 Roland Peitsch (83., Lippens)
Aufstellung 1. FC Köln: Manfred Manglitz (Note 4,0); Karl-Heinz Thielen (3,0), Werner Biskup (4,0), Wolfgang Weber (3,0), Matthias Hemmersbach (5,0); Heinz Simmet (4,0), Wolfgang Overath (4,0), Heinz Flohe (3,0); Jupp Kapellmann (4,0), Bernd Rupp (3,0), Hennes Löhr (5,0 - 73. Bernhard Cullmann, 4,0)
Aufstellung Rot-Weiss Essen: Fred-Werner Bockholt (3,0); Peter Czernotzky (3,0), Wolfgang Rausch (3,0), Hermann Erlhoff (3,0), Heinz Stauvermann (4,0); Diethelm Ferner (4,0), Georg Jung (4,0), Erich Beer (3,0 - 57. Roland Peitsch, 4,0); Helmut Littek (4,0), Walter Hohnhausen (5,0), Willi Lippens (3,0)
Besonderheiten: keine

ZEITFENSTER
8. - 14. März 1971

Frazier behielt seinen Gürtel
(USA, 8. März)
Im Kampf der Box-Giganten Joe Frazier gegen Muhammad Ali, dem über den gesamten Globus verteilt geschätzte 300 Millionen Zuschauer an den Fernsehern beiwohnten, setzte sich Titelverteidiger Frazier über die volle 15-Runden-Distanz klar nach Punkten durch. Ali, der die erste WM-Titel-Chance nach seinem Lizenzentzug 1969 nicht nutzen konnte, stand mehrfach kurz vor einer K.o.-Niederlage.

Oh! Calcutta!
(BRD, 9. März)
Das Broadway-Musical "Oh! Calcutta!" erlebte seine Deutschland-Premiere im

Oh! Welch Aufregung! - Ein Musical voller Nackedeis. Im Bild die Broadway-Besetzung des von Kenneth Tynan verfassten Stückes

Hamburger Operettenhaus. Da die Darsteller - drehbuchgerecht - weite Strecken der Aufführung unbekleidet agieren, war die Veranstaltung von zahlreichen Demonstranten umlagert, die gegen einen Sittenverfall wetterten.

Wintersport
(Italien/BRD, 10. März)
Die Österreicherin Annemarie Pröll gewann den Gesamtweltcup im alpinen Skisport. Bei den Herren entschied vier Tage später der Italiener Gustav Thöni die Herrenkonkurrenz für sich. Ebenfalls am 14. März stellten in Inzell Erhard Keller (550 m in 38,42 sec) und Ard Schenk (1.000 m in 1:19,1 min) neue Weltrekorde im Eisschnelllaufen auf.

Verfilmter Regenbogen
(BRD, 11. März)
Johannes Mario Simmels Spionagethriller „Und Jimmy ging zum Regenbogen" kam ins Kino. Der Film wurde von über 3 Mio. Besuchern gesehen. Zu den Hauptdarstellern zählten u.a. Ruth Leuwerik und Horst Tappert (Abb.) sowie Doris Kunstmann, Judy Winter und Alain Noury.

Und Simmel fand den Weg ins Kino

Bundesliga 1970/1971 – 25. Spieltag

Sieloff hat den zweiten Treffer erzielt und Horst Köppel springt ihm vor Freude an den Hals (Borussia Mönchengladbach - Schalke 04 2:0)

Trend zum Unentschieden

Mehr als die Hälfte der Spiele fand keinen Sieger, ein Team aber stach umso deutlicher heraus. Die Kluft zwischen dem Ersten und dem Dritten war so gewaltig, dass Schalke nur kleinlaut den Hut nahm. Dem Deutschen Meister war niemand gewachsen.

Mit einem Sieg hätte Schalke sogar noch Titelhoffnungen hegen können, so wurden die Knappen nun von Braunschweig überholt (1:1 in Dortmund) und klinkten sich endgültig aus. Auch die Bayern konnten nicht Schritt halten, denn trotz einer 1:0-Führung ergattern sie in Hannover nur einen Punkt. Es war das vierte sieglose Auswärtsspiel in Folge. Völlig ohne Erfolg auf fremdem Boden blieb weiterhin Kickers Offenbach. Im Neckarstadion zu Stuttgart verkauften sich die Hessen zwar wieder teuer, rutschten aber durch die erste Niederlage unter Kuno Klötzer sofort wieder böse ab. Unter den letzten acht Mannschaften waren sie die einzige, die überhaupt nicht punktete; sogar Oberhausen holte einen Zähler, und das trotz der gewaltigen Rachegelüste des Hamburger SV. Der hatte das Hinspiel mit 1:8 verloren und fiel nun schon wieder auf die Nase.

Ergebnisse – 25. Spieltag 1970/1971

Sa., 20.03.71	Hertha BSC Berlin	-	MSV Duisburg	3:1 (2:1)
Sa., 20.03.71	Arminia Bielefeld	-	1. FC Kaiserslautern	2:1 (1:1)
Sa., 20.03.71	Borussia Dortmund	-	Eintracht Braunschweig	1:1 (0:1)
Sa., 20.03.71	Rot-Weiss Essen	-	SV Werder Bremen	2:2 (1:1)
Sa., 20.03.71	Eintracht Frankfurt	-	1. FC Köln	1:1 (1:1)
Sa., 20.03.71	Hamburger SV	-	Rot-Weiß Oberhausen	0:0 (0:0)
Sa., 20.03.71	Hannover 96	-	FC Bayern München	2:2 (0:1)
Sa., 20.03.71	Borussia Mönchengladbach	-	FC Schalke 04	2:0 (2:0)
Sa., 20.03.71	VfB Stuttgart	-	Kickers Offenbach	1:0 (1:0)

Tabelle

Platz	Verein	S	U	N	Tore	Differenz	Punkte
1.	Borussia Mönchengladbach	15	8	2	56:21	+35	38:12
2.	FC Bayern München	13	9	3	51:27	+24	35:15
3.	Eintracht Braunschweig	13	5	7	42:23	+19	31:19
4.	FC Schalke 04	13	5	7	35:22	+13	31:19
5.	Hertha BSC Berlin	11	7	7	40:31	+9	29:21
6.	1. FC Köln	9	10	6	34:33	+1	28:22
7.	Hamburger SV	8	9	8	39:51	-12	25:25
8.	VfB Stuttgart	9	6	10	38:38	0	24:26
9.	SV Werder Bremen	7	10	8	28:30	-2	24:26
10.	MSV Duisburg	8	8	9	24:32	-8	24:26
11.	1. FC Kaiserslautern	10	3	12	39:44	-5	23:27
12.	Borussia Dortmund	8	7	10	32:37	-5	23:27
13.	Hannover 96	8	6	11	34:35	-1	22:28
14.	Rot-Weiss Essen	7	8	10	36:38	-2	22:28
15.	Arminia Bielefeld	7	5	13	26:41	-15	19:31
16.	Kickers Offenbach	6	6	13	34:47	-13	18:32
17.	Eintracht Frankfurt	6	6	13	22:38	-16	18:32
18.	Rot-Weiß Oberhausen	4	8	13	29:51	-22	16:34

Torjägerliste - Zuschauer - Selbsttore - Platzverweise

Torjägerliste:
1. Vogt: 18 Tore
2. Lippens: 17 Tore
3. G. Müller: 16 Tore

Zuschauer: 213.000
Tore: 22
Selbsttore: 1
Platzverweise: keine

Elf gegen Zwölf

Dass Duisburg nicht mal einen Punkt heraus bekam, war eigentlich eine Schande, denn der Schiedsrichter hofierte die Gäste, wo er nur konnte. Umso beeindruckender die Vorstellung Berlins, das nach gefühltem Eindruck noch mindestens zwei Treffer mehr erzielte.

Ein Elfmeter muss schon sehr lächerlich gewesen sein, wenn selbst der Beschenkte seinen Vorteil zugibt. Genau das geschah in Berlin, auch wenn Rudi Faßnacht betonte, sein Team hätte in diesem Moment "durchaus schon 2:1 führen können". Das wiederum war nur die halbe Wahrheit, so wie die gesamte Partie eine Farce zu werden drohte, als deutlich wurde, wie sehr geneigt der Unparteiische den Gästen war. Nach beiden Schlusspfiffen wurde er mit wütenden Prostesten verabschiedet. Wettgemacht wurde diese bittere Vorstellung durch zwei Dinge, erstens das bilderbuchartige Sommerwetter, zweitens die absolut makellose Vorstellung der Hertha, die, wie Reservist Brungs zu Recht anführt "auch mit 6:1 hätte gewinnen können", wobei das Duisburger Tor ja erschummelt war. Schon vor Gayers Treffer zum 1:0 war die Hertha das überlegene Team, allerdings hatte Rudi Faßnacht Recht mit der Erwähnung zweier Großchancen. Gleich zweimal hatten Pfosten und Latte gebebt. Vielleicht aus Mitleid übersah der Mann an der Pfeife dann jene üblen Tritte und Fieseleien, mit denen Meiderich den Weg zurück in die Begegnung suchte. Horrs 2:0 schien da die passende Antwort (37.), ehe es kurz vor der Pause dann zum unsäglichen Strafstoß kam, der die Berliner fortan lähmte. Kreativ genug für den Ausgleich waren Duisburgs Stürmer allerdings nie. Gerade nach dem Kopfballtor zum 3:1 stand nur noch Volker Danners Kasten unter Beschuss.

Trat unter giftigen Zurufen an den Elfmeterpunkt: Rainer Budde

Hertha BSC Berlin - MSV Duisburg 3:1 (2:1)

Sa., 20.03.1971, 15:30 Uhr
Zuschauer: 25.000
SR: Dieter Wohlfarth (Bergen-Enkheim)
Tore: 1:0 Wolfgang Gayer (25., Vorlage Horr), 2:0 Lorenz Horr (37.), 2:1 Rainer Budde (43., Foulelfmeter, Kentschke), 3:1 Arno Steffenhagen (69., Kopfball)
Aufstellung Hertha BSC Berlin: Volkmar Groß (Note 3,0); Karl-Heinz Ferschl (3,0), Bernd Patzke (2,0), Tasso Wild (3,0), Peter Enders (2,0); Laszlo Gergely (4,0), Wolfgang Gayer (2,0); Hans-Jürgen Sperlich (3,0), Zoltan Varga (2,0), Lorenz Horr (2,0), Arno Steffenhagen (3,0)
Aufstellung MSV Duisburg: Volker Danner (3,0 - 71. Dietmar Linders, 3,0); Michael Bella (3,0), Detlef Pirsig (4,0), Kurt Rettkowski (4,0), Heinz-Peter Buchberger (4,0); Johannes Linßen (5,0), Bernd Lehmann (4,0); Johannes Riedl (5,0), Rainer Budde (3,0), Bernard Dietz (5,0 - 60. Hans Sondermann, 4,0), Gerhard Kentschke (3,0)
Besonderheiten: keine

Die Taube auf dem Dach

Nach dem Schock von Offenbach hatte niemand auch nur einen Pfifferling auf die Arminia gesetzt, doch sie zeigte Moral. In einer Phase, als ein Remis den Spatz in der Hand bedeutete, riskierte der DSC alles. Und schaffte kurz vor dem Ende noch den Sieg.

Nabel des Bielefelder Spiels: Ulrich Braun

Nur wenige Wochen war es her, da allzu optimistische FCK-Anhänger den Abstiegskampf schon als beendet empfunden hatten. Als zeitweise erfolgreichste Mannschaft der Rückserie hatte Kaiserslautern eher am UEFA-Cup gekratzt, zumindest aber stark genug gewirkt, um sich nie wieder sorgen zu müssen. Und nun das: Nach drei Auswärtspleiten in Folge war die Weise-Elf wieder auf realem Boden gelandet. Spätestens nach diesem Ergebnis wurde Bielefeld zum direkten Konkurrenten - und nächste Woche ging es nach Offenbach. Dort wiederum waren der Arminia gerade die Augen geöffnet worden. "Zwischen der Mannschaft und Trainer Piechaczek gibt es keinerlei Disharmonie", war es Kapitän Roggensack wichtig zu betonen, wohlgemerkt nach diesem dramatischen Schicksalsspiel. Los ging es auch diesmal mit einer kalten Dusche. Eine Viertelstunde war vorbei, als Pirrung das 0:1 erzielte, entstanden durch einen Konter, dem noch einige folgen sollten und der dem DSC zusätzlich Beine machte und ihn zum Kämpfen animierte. Pausenlos griffen die Arminen nun an, auch als Wenzel bereits den Ausgleich geschafft hatte (21.) und entgegen der Vernunft, sich vor den Kontern der Pfälzer in Acht zu nehmen. Auch nach dem Wechsel kam ein Remis für die Platzelf nicht in Frage. Immer wieder schickte Uli Braun seine Stürmer mit Pässen auf die Reise, bis einer schließlich durchkam und drei Minuten vor dem Ende der Siegtreffer fiel. Das Risiko hatte sich gelohnt.

Arminia Bielefeld - 1. FC Kaiserslautern 2:1 (1:1)

Sa., 20.03.1971, 15:30 Uhr
Zuschauer: 23.000
SR: Alfons Betz (Regensburg)
Tore: 0:1 Josef Pirrung (15.), 1:1 Horst Wenzel (21.), 2:1 Ernst Kuster (87.)
Aufstellung Arminia Bielefeld: Gerd Siese (Note 3,0); Horst Wenzel (3,0), Dieter Schulz (2,0 - 62. Volker Klein, 4,0), Waldemar Slomiany (2,0), Horst Stockhausen (4,0), Gerd Knoth (3,0), Ulrich Braun (2,0), Dieter Brei (3,0); Gerd Roggensack (4,0), Ernst Kuster (2,0), Norbert Leopoldseder (5,0 - 46. Gerd Kohl, 3,0)
Aufstellung 1. FC Kaiserslautern: Josef Elting (3,0); Günther Reinders (4,0), Dietmar Schwager (3,0), Peter Blusch (4,0), Fritz Fuchs (4,0 - 46. Otto Rehhagel, 4,0); Jürgen Friedrich (3,0), Ernst Diehl (4,0), Idriz Hosic (3,0), Josef Pirrung (2,0 - 84. Dieter Krafczyk, -), Karl-Heinz Vogt (5,0), Klaus Ackermann (4,0)
Besonderheiten: keine

Endstation Sechzehner

Durch ein sehr verengtes Mittelfeld verpuffte ein Großteil an Qualität dieser Begegnung einfach in den Himmel. Selbst die beiden Treffer fielen eher aus Versehen.

Immerhin war es ein gerechtes Ergebnis, denn wäre Braunschweig tatsächlich mit beiden Punkten abgezogen, die Dortmunder Seele hätte dies schwer verwunden. Die Mehrheit der 90 Minuten fanden unter Regie der Borussia statt, allerdings nicht nach dem gewünschten Drehbuch. Vom eigenen bis zum gegnerischen Strafraum durfte die Platzelf walten; Ritschel gefiel mit schönen Dribblings, Peehs unternahm viele Vorstöße über links, und Sigi Held gab dem Ganzen einen Schliff, an seiner Technik und seiner Explosivität biss sich Gryzb die Zähne aus. Bis hierhin war das Spiel der Borussen schön anzusehen, trotzdem bekam Horst Wolter aber wenig zu tun. Auch abzüglich des desolaten Weist stimmte im Dortmunder Sturm eine ganze Menge nicht. Nach nur zwei Treffern in den letzten vier Spielen war die Unwucht in diesem Mannschaftsteil groß. Der Gegner aus Braunschweig wusste dieses Glück sehr zu schätzen. Auch Lorenz zeigte im Abwehrbereich einige Schwächen. Die Hilflosigkeit der Gastgeber erlaubte den Niedersachsen aber trotzdem ein schönes Konterspiel. Aus höchstens drei Angriffen des ersten Durchgangs wurde so eine Pausenführung, erzielt durch Deppes Drehschuss, den Rynio hätte haben müssen (31.). Mit Wiederbeginn hörten selbst die Gegenattacken auf. Immer noch stand Borussia sich vornehmlich selbst im Weg, obwohl sie früh schon zur Brechstange griff. Mit Lorenz war es sogar ein Braunschweiger, der für Dortmund das Tor schießen übernahm (48.). Den Sieg schaffte der BVB aber trotzdem nicht mehr.

Trotz seines Eigentores holte Braunschweig einen Punkt: Max Lorenz

Borussia Dortmund - Eintr. Braunschweig 1:1 (0:1)

Sa., 20.03.1971, 15:30 Uhr
Zuschauer: 14.000
SR: Dieter Berner (Enzberg)
Tore: 0:1 Jaro Deppe (31.), 1:1 Max Lorenz (48., Eigentor, Vorlage Peehs)
Aufstellung Borussia Dortmund: Jürgen Rynio (Note 4,0); Reinhold Wosab (4,0), Branco Rasovic (3,0), Willi Neuberger (4,0), Gerd Peehs (2,0); Hans-Joachim Andree (3,0), Jürgen Schütz (3,0), Theo Bücker (3,0); Manfred Ritschel (3,0), Siegfried Held (2,0), Werner Weist (6,0 - 63. Dieter Weinkauff, 5,0)
Aufstellung Eintracht Braunschweig: Horst Wolter (3,5); Wolfgang Grzyb (4,0), Max Lorenz (4,0), Joachim Bäse (3,0), Franz Merkhoffer (4,0); Friedhelm Haebermann (5,0), Bernd Gersdorff (4,0), Lothar Ulsaß (4,0), Rainer Skrotzki (5,0), Jaro Deppe (4,0), Dietmar Erler (4,0)
Besonderheiten: keine

Zwei Fremdenlegionäre

Werder ließ sich an der Hafenstraße nichts gefallen und wehrte sich mit entschlossenen Kontern gegen eine stetig drohende Niederlage. Der späte Ausgleich kam daher nicht überraschend.

Wer jetzt wem einen Punkt abgeluchst hatte, ließ sich hinterher gar nicht so einfach beantworten. Essen ärgerte sich etwas mehr, weil nur vier Minuten zum Sieg gefehlt hatten. Die bessere Spielanlage hatten aber die Bremer geboten, nur verdarben sie sich eine bessere Konterbilanz durch einige Unachtsamkeiten in der Abwehr. In beiden Teams stand ein Ex-Kollege des jeweils anderen. Heinz Dieter Hasebrink hatte vier Jahre für Rot-Weiss gestürmt, erzielte bei seiner Rückkehr aber keinerlei Wirkung, weil er vom anderen Wiedererkannten, Diethelm Ferner, sehr wirkungsvoll gedeckt wurde. Obendrein hatte Ferner noch die Kraft für eine leitende Funktion. Wenn Essen im ersten Abschnitt gefährlich wurde, ging dies meist von ihm aus. Littek und der später ausgewechselte Lippens waren es hingegen, die Erlhoff bei jenem trockenen 10-Meter-Schuss attestierten, mit dem RWE nach 22 Minuten in Führung ging. Der Zeitpunkt kam etwas überraschend, weil Werder gerade warm wurde mit dem Spielgerät und sichtbare Anstalten machte, über die Außen selbst etwas vorzutragen. Sechs Minuten später stand es allerdings 1:1, weil Lorenz das Glück hatte, dass Bockholt seinen Freistoß nur an den Innenpfosten drückte. Von dort tropfte der Ball in die Maschen. Bevor Essen wieder in Führung ging (56.), verstolperten Lorenz und Kamp drei exzellente Gäste-Chancen. Danach wiederum war ein Kontertor zum 3:1 zumindest zweimal möglich. Dass Björnmose doch noch ausglich, verschuldete Essen insofern selbst.

Gegen die Ex-Kameraden hochmotiviert: Diethelm Ferner

Rot-Weiss Essen - SV Werder Bremen 2:2 (1:1)

Sa., 20.03.1971, 15:30 Uhr
Zuschauer: 17.000
SR: Kurt Tschenscher (Mannheim)
Tore: 1:0 Hermann Erlhoff (22., Vorlage Lippens), 1:1 Bernd Lorenz (28., Freistoß), 2:1 Erich Beer (56.), 2:2 Ole Björnmose (86.)
Aufstellung Rot-Weiss Essen: Fred-Werner Bockholt (Note 3,0); Peter Czernotzky (3,0), Hermann Erlhoff (2,0), Roland Peitsch (4,0), Heinz Stauvermann (4,0), Erich Beer (4,0), Diethelm Ferner (2,0), Helmut Littek (4,0), Walter Hohnhausen (4,0), Dieter Bast (4,0), Willi Lippens (4,0 - 70. Günter Fürhoff, 5,0)
Aufstellung SV Werder Bremen: Günter Bernard (3,0); Dieter Zembski (2,0), Arnold Schütz (3,0), Rudolf Assauer (4,0 - 63. Werner Thelen, 5,0), Egon Coordes (4,0), Bernd Schmidt (4,0), Ole Björnmose (4,0), Heinz-Dieter Hasebrink (5,0), Werner Görts (3,0), Karl-Heinz Kamp (4,0), Bernd Lorenz (3,0)
Besonderheiten: keine

Gelegenheit ohne Diebe

Nach dem Debakel im Pokal hätte Frankfurt eigentlich gewarnt sein müssen. Trotzdem ließen die Hessen erneut die Zügel schleifen und machten sich einen tollen Start wieder kaputt. Der Plan eines Schlussüberfalls ging ebenfalls nicht auf.

Das Spiel begann mit einem Pistolenknall, denn nach einem ersten Vorstoß über rechts spielte Papies schön Doppelpass mit Grabowski, der wuchtig zum 1:0 abschloss. Vier Minuten waren da erst vorbei und ebenso das Frankfurter Unwohlsein. Im DFB-Pokal schließlich waren die Hessen gerade vom FC überrollt worden (1:4), hinzu kam die Minusleistung in Gelsenkirchen sowie die Ungewissheit um den eigenen Torwart. Erstmals nach viermonatiger Pause stand nämlich Kunter wieder im Kasten. Sein Spiel zumindest blieb bis zum Schlusspfiff makellos. Seine Kollegen aber fanden zum Spielstand nicht die richtige Einstellung. Die Abwehr um Lutz und Reichel stand zwar relativ gut, aber Frankfurt beschäftigte die Geißböcke zu wenig, um sie sich vom Leibe zu halten. Ein indirekter Freistoß holte die Gäste daher zurück, auch wenn das Tor glücklich zustande kam, denn Reichel fälschte den Ball noch ab (15.). Nun, da die Kölner wieder zurück waren, lief der Ball auch besser. Trotzdem waren sie meilenweit entfernt von ihrer Bestform; der ungemindert starke Overath wurde viel zu oft alleingelassen; Löhr und Flohe agierten reichlich lustlos. Erst spät erkannte auch die Eintracht, dass der FC diesmal zu packen war. Ende des zweiten Durchgangs wurden die Hessen wieder fleißiger und erschufteten sich immer wieder Wege zum Tor. Das Aufbäumen kam aber zu spät, denn der bis dahin unterbeschäftigte Manglitz holte alles raus, was ihm auf den Kasten flog.

Der Doktor war zurück: Peter Kunter

Eintracht Frankfurt - 1. FC Köln 1:1 (1:1)

Sa., 20.03.1971, 15:30 Uhr

Zuschauer: 23.000

SR: Jan Redelfs (Hannover)

Tore: 1:0 Jürgen Grabowski (4., Vorlage Papies), 1:1 Hennes Löhr (15., Freistoß)

Aufstellung Eintracht Frankfurt: Peter Kunter (Note 3,0); Karl-Heinz Wirth (3,0), Peter Reichel (3,0), Friedel Lutz (3,0), Lothar Schämer (4,0); Gert Trinklein (4,0), Bernd Hölzenbein (3,0); Jürgen Grabowski (2,0), Horst Heese (3,0), Jürgen Papies (4,0 - 73. Jürgen Kalb, 4,0), Bernd Nickel (4,0)

Aufstellung 1. FC Köln: Manfred Manglitz (2,0); Karl-Heinz Thielen (4,0), Wolfgang Weber (3,0), Werner Biskup (3,0), Matthias Hemmersbach (3,0); Heinz Simmet (4,0), Heinz Flohe (3,0), Wolfgang Overath (2,0); Thomas Parits (4,0), Hennes Löhr (4,0), Bernd Rupp (3,0)

Besonderheiten: keine

Den Mund etwas voll genommen

Mit allem hatte man gerechnet, nicht aber mit einem tor- und trostlosen Unentschieden. Der HSV drückte und drängte, wie er nur konnte, doch musste er seinen Plan einer blutigen Rache schließlich aufgeben.

Fünf Monate waren vergangen seit dem schrecklichen Unfall, seit der HSV seinen Tiefpunkt erlebt und sich von der ganzen Republik hatte auslachen lassen müssen. Mit 8:1 hatte Oberhausen das Hinspiel gewonnen. Inzwischen war RWO Letzter und schon lange nicht mehr dabei beobachtet worden, einen Gegner in der Luft zu zerreißen. Alles sprach dafür, dass der HSV die Genugtuung einer Rache auch bekommen würde. Tat er es aber nicht - RWO ließ den Sturm in einer Igelstellung über sich ergehen und konnte jeglichen Schaden vermeiden; aus dem Unentschieden gingen die Kleeblätter noch als Sieger hervor. "Niemand sollte sich über unsere defensive Einstellung wundern", rechtfertigte sich Adi Preißler, dessen Rechnung voll und ganz aufging, Hamburg mit einer Doppelmauer den Spaß zu verderben.

Klaus Ochs dagegen suchte nach der erneuten Blamage nach Ausflüchten: "Ich kann Oberhausen ja verstehen, aber mit so einer Haltung verjagt man die Zuschauer." Die Platzelf legte wie erwartet los wie von der Kette gelassen. Zaczyk (6.) und Dörfel (22.) vergaben gleich sehr gute Möglichkeiten, wenig später lag der Ball sogar im Netz, doch Seelers Treffer durfte nicht gelten. Niemand ahnte, dass sich das Zeitfenster für Tore bald schließen würde. Mit jeder überstandenen Chance aber bäumten die Gäste sich auf, und immer verzweifelter drängte der HSV auf das erste Tor, dem eigentlich noch so viele folgen sollten. In der wachsenden Verzweiflung gelang aber nicht mal das eine.

An ihm kam niemand vorbei: Wolfgang Scheid

Hamburger SV - RW Oberhausen 0:0 (0:0)

Sa., 20.03.1971, 15:30 Uhr

Zuschauer: 13.000

SR: Peter Gabor (Berlin)

Tore: keine

Aufstellung Hamburger SV: Arkoc Özcan (Note 3,0); Helmut Sandmann (3,0), Jürgen Kurbjuhn (3,0), Willi Schulz (3,0), Hans-Jürgen Ripp (4,0); Klaus Zaczyk (4,0), Peter Nogly (5,0), Franz-Josef Hönig (4,0); Gerd Klier (4,0 - 62. Hans Schulz, 3,0), Uwe Seeler (3,0), Charly Dörfel (4,0)

Aufstellung Rot-Weiß Oberhausen: Wolfgang Scheid (2,0); Hermann-Josef Wilbertz (4,0), Friedhelm Dick (2,0), Uwe Kliemann (2,0), Werner Ohm (4,0); Gert Fröhlich (4,0 - 73. Norbert Lücke, 3,0), Lothar Kobluhn (4,0), Reiner Hollmann (4,0); Rainer Laskowsky (5,0), Hans Schumacher (5,0), Dieter Brozulat (3,0)

Besonderheiten: keine

Beide Topteams geärgert

Schon Gladbach war dem Niedersachsenstadion nicht schadlos entkommen, nicht anders erging es den Bayern. Trotz aller Leichtigkeit, Kunst und Improvisation durften die Gäste nie ihr komplettes Programm abspulen. Selbst das Remis stand lange in Frage.

Der Mann des Tages war nicht schwer auszumachen; es war der mit dem breitesten Grinsen. Einen besseren Ort für seine ersten beiden Bayern-Treffer hätte sich Rainer Zobel kaum aussuchen können, denn in Hannover hatte er letztes Jahr noch gespielt - ohne jeden Saisontreffer übrigens. Wohltuend nun waren seine Tore nicht ausschließlich, sondern in gleichem Maße gewichtig. Hätte er nicht, nachdem er schon kurz vor der Pause mit einem Zaubertrick die Führung erzielt hatte, zwei Minuten vor dem Ende erneut geknipst, die Bayern wären ohne Punkt nach Hause gefahren. Und das nach dieser großartigen Leistung. Ein Stück weit erinnerte die Vorstellung an Berlin, wo die Münchener vor knapp zwei Monaten gespielt und den Lohn für ein fantastisches Spiel hatten liegen lassen. Genau wie damals nämlich besuchten sie eine Mannschaft, die spielte, als hätte sie nur auf diese Begegnung hingelebt. 13:1 Punkte aus den letzten Heimspielen hatten das Publikum schon verwöhnt, diesmal aber bekamen die Fans noch mehr für ihr Geld. Taktische Mängel wurden mit reichlich Kampf aufgewogen, besonders nach dem bitteren Rückstand. Als Siemensmeyer mit Weller die Rollen tauschte, bahnte sich eine mitreißende Wende an. In sechs Minuten drehte die Platzelf das Spiel und forderte die Bayern heraus. Linienrettung, Notbremse, Pfostenschüsse - alles kam nun mit einem Schlag. Einen Treffer aber schaffte nur noch Zobel.

Kannte sich in Hannover bestens aus: Rainer Zobel

Hannover 96 - FC Bayern München 2:2 (0:1)

Sa., 20.03.1971, 15:30 Uhr

Zuschauer: 57.000

SR: Ferdinand Biwersi (Bliesransbach)

Tore: 0:1 Rainer Zobel (43., Vorlage Schneider), 1:1 Horst Bertl (46.), 2:1 Willi Reimann (52., Stiller), 2:2 Rainer Zobel (88.)

Aufstellung Hannover 96: Bernd Helmschrot (Note 3,0); Jürgen Bandura (3,0), Peter Anders (3,0), Hans-Josef Hellingrath (3,0), Rainer Stiller (3,0); Hans-Joachim Weller (3,0), Horst Berg (3,0), Hans Siemensmeyer (4,0); Horst Bertl (4,0), Ferdinand Keller (4,0 - 54. Rudolf Nafziger, 5,0), Willi Reimann (3,0)

Aufstellung FC Bayern München: Sepp Maier (3,0); Paul Breitner (4,0), Georg Schwarzenbeck (2,0), Franz Beckenbauer (2,0), Herwart Koppenhöfer (4,0); Rainer Zobel (2,0), Franz Roth (4,0); Edgar Schneider (4,0 - 75. Karl-Heinz Mrosko, –), Gerd Müller (3,0), Ulrich Hoeneß (4,0), Dieter Brenninger (4,0)

Besonderheiten: keine

Eine Stunde Traumfußball

Heimlich hatte Schalke noch vom Titel geträumt, nach der Deutlichkeit dieser Abfuhr war der Gedanke aber nur noch peinlich. Was Gladbach zeitweise spielte, war wie ein Gruß aus einer anderen Welt.

Schalke hatte am Bökelberg schon die größten Abenteuer erlebt, mal hoch verloren, mal auch den Laden kräftig aufpoliert. Irgendwie war Mönchengladbach für die Knappen ein besonderer Ort. Diesmal brauchte es lediglich einen Sieg, denn mit zwei Punkten im direkten Duell hätte der Rückstand nur noch drei läppische Zähler betragen. Schalke wäre mitten drin im großen Geschäft und tatsächlich noch imstande, Deutscher Meister zu werden. Es kam aber anders. In Anbetracht dieser Ausgangslage war es demütigend, wie wenig in Frage auch nur ein Punktgewinn der Schalker kam. Bis auf die Harmlosigkeit der Stürmer machten die Gäste dabei nicht einmal viel falsch. Sie kamen nur überhaupt nicht dazu, Gegenwehr zu leisten, weil Gladbach auf den Rasen wie aus dem Ei gepellt trat. "Wir müssen uns damit abfinden, dass Mönchengladbach die beste Mannschaft der Bundesliga ist", meinte Slobodan Cendic. Das Tempo, das die Fohlen im ersten Durchgang vorgaben, hatten er und der Rest der Liga in dieser Saison noch nicht gesehen. Netzer, unter den Augen des Bundestrainers mit einem gigantischen Aktionsradius, legte sofort die Führung vor (13.), die Sieloff wenig später ausbaute (26.). Es war aber egal, durch wenn und auch wann die Tore fielen. Gladbachs Mittelfeld um Netzer, Köppel und Wimmer zeigten so herausragenden Fußball, dass niemand es wagte, sie zu stoppen. Obwohl weitere Treffer fehlten, ließ es der Meister nach einer Stunde plötzlich gut sein. Schalke hatte verstanden und wirkte dankbar für das gnädige Urteil.

Machte Werbung für sich selbst: Günter Netzer

Borussia Mönchengladbach - FC Schalke 04 2:0 (2:0)

Sa., 20.03.1971, 15:30 Uhr
Zuschauer: 28.000
SR: Fritz Seiler (Schmiden)
Tore: 1:0 Günter Netzer (13., Vorlage Le Fevre), 2:0 Klaus-Dieter Sieloff (26.)
Aufstellung Borussia Mönchengladbach: Wolfgang Kleff (Note 3,0); Berti Vogts (2,0), Ludwig Müller (3,0), Klaus-Dieter Sieloff (2,0), Hartwig Bleidick (3,0); Peter Dietrich (3,0), Günter Netzer (1,0), Horst Köppel (2,0); Herbert Wimmer (2,0), Jupp Heynckes (4,0), Ulrik Le Fevre (4,0)
Aufstellung FC Schalke 04: Norbert Nigbur (2,0); Jürgen-Michael Galbierz (4,0), Klaus Fichtel (3,0), Rolf Rüssmann (3,0), Jürgen Sobieray (4,0); Herbert Lütkebohmert (3,0), Klaus Scheer (3,0 - 74. Alban Wüst, 5,0), Hans-Jürgen Wittkamp (4,0); Reinhard Libuda (5,0), Klaus Fischer (5,0 - 46. Heinz van Haaren, 4,0), Hans Pirkner (5,0)
Besonderheiten: keine

Die Null stand wie eine Eins

Nach der Wiederauferstehung unter Kuno Klötzer schien die Zeit reif für Offenbachs ersten Auswärtssieg. Stuttgart aber war doch noch eine Spur zu clever für die Hessen.

Der VfB hatte zwar seit einer Weile nicht gewonnen, auf Geduldsproben gegen Abstiegskandidaten waren die Schwaben aber spezialisiert: Schon Duisburg und Bielefeld hatten hier mit 0:1 das Nachsehen gehabt. Dass "endlich unsere Abwehr gefestigter aussah", freute Branko Zebec am meisten. In erster Linie galt es ein Gegentor zu verhindern und im nächsten Schritt sich dann ein eigenes zu erarbeiten. Schon nach 20 Minuten in Führung zu gelangen, erleichterte die Arbeit daher sehr, zumal Offenbach ganz ähnlich operierte, mit einer betonfesten Abwehr um Egon Schmitt und Neu-Libero Helmut Kremers sowie auch einigen unternehmungslustigen Offensiven, denen die jüngsten Erfolge sichtbare Flügel verliehen hatten. Schade für Offenbach war der Triebwerksausfall im Mittelfeld, denn mit einem stärkeren Bechtold, zumindest aber einem weniger schwachen Schönberger wäre in Stuttgart wohl wirklich etwas zu holen gewesen. Auch Nerlinger war ein Totalausfall. Völlig umsonst war deswegen die Glanzpartie von Gecks, dem Arnold meist nur hinterherlief, der aber insgesamt völlig überlastet war. Einzig Erwin Kremers versuchte mal einige Solos. Maßgeblich für das knappe Resultat war noch immer Stuttgarts Abwehr, aus der sich Entenmann wieder schön in die Offensive einschaltete und der Eisele und vor allem Zech ein respektables Antlitz verliehen. Offensiv lief das Meiste über Weidmann und Haug, aber das reichte schon, um die Kickers hinreichend zu beschäftigen. Haug etwa traf mit einem herrlichen Schuss noch den Innenpfosten.

Feste Säule in Stuttgarts Abwehr: Reinhold Zech

VfB Stuttgart - Kickers Offenbach 1:0 (1:0)

Sa., 20.03.1971, 15:30 Uhr
Zuschauer: 13.000
SR: Dietrich Basedow (Hamburg)
Tore: 1:0 Manfred Weidmann (22., Vorlage Höbusch)
Aufstellung VfB Stuttgart: Gerhard Heinze (Note 3,0); Willi Entenmann (2,0), Reinhold Zech (2,0), Hans Eisele (2,0), Hans Arnold (3,0); Jan Olsson (4,0), Herbert Höbusch (4,0), Horst Haug (3,0); Manfred Weidmann (3,0), Hartmut Weiß (4,0), Jürgen Martin (4,0 - 70. Roland Weidle, –)
Aufstellung Kickers Offenbach: Karlheinz Volz (2,0); Nikolaus Semlitsch (4,0), Egon Schmitt (2,0), Helmut Kremers (2,0), Josef Weilbächer (4,0); Roland Weida (4,0), Heinz Schönberger (5,0 - 66. Klaus Winkler, –), Walter Bechtold (4,0); Horst Gecks (3,0), Helmut Nerlinger (6,0 - 66. Winfried Schäfer, –), Erwin Kremers (3,0)
Besonderheiten: keine

ZEITFENSTER
15. - 21. März 1971

Parteiinterne Differenzen
(BRD, 15. März)
Der SPD-Bundesvorstand sah sich zu einer Erklärung genötigt, in der er sich vom Verhalten führender Jungsozialisten distanzierte. Auslöser war die Teilnahme des Bundesvorstandsmitgliedes Wolfgang Roth an einer von Kommunisten organisierten Demo. Aktionsgemeinschaften von Sozialdemokraten mit Kommunisten waren laut Godesberger Programm untersagt. Roth wurde mit einem Parteiausschlussverfahren konfrontiert, das jedoch 1972 eingestellt wurde. Gegen Roth wurde lediglich eine Rüge ausgesprochen. Die Differenzen der SPD mit ihrer Nachwuchsorganisation hatten bereits im Februar einen Gipfelpunkt erreicht, als Münchens Oberbürgermeister Hans-Jochen Vogel erklärte, nicht mehr für eine weitere Amtsperiode zur Verfügung zu stehen, da die Münchener SPD zunehmend in den Einfluss der - seiner Meinung nach - "extremen" Jusos geraten war.

Absage
(Schweden, 18. März)
Kein EWG-Beitritt der Schweden - das Parlament in Stockholm gab bekannt, dass Schweden von einer möglichen EWG-Mitgliedschaft absah, da das Land seine Neutralitätspolitik beibehalten wollte.

Alles blieb wie es war
(BRD, 21. März)
Bei den Landtagswahlen in Rheinland-Pfalz verteidigte die CDU unter ihrem Landesvorsitzenden Helmut Kohl den Status der stärksten Fraktion (50%). Auch die Landtagswahl in Berlin (West), eine Woche zuvor, hatte mit einem Erfolg

Klaus Schütz (l., mit Willy Brandt) konnte ebenso weiterregieren wie sein rheinland-pfälzischer Amtskollege Helmut Kohl (Abb. unten)

der Landesregierung geendet. In der Spreemetropole blieb die SPD, unter dem Regierenden Bürgermeister Klaus Schütz, am Drücker (50,4%). Das zuvor bestehende Regierungsbündnis mit der FDP wurde allerdings nicht erneuert, da keine Einigung über die Verteilung der Senatorensitze zustande kam.

151

Bundesliga 1970/1971 – 26. Spieltag

Schwarzenbeck beglückwünscht Müller, der das 2:0 erzielt hat. Die Bayern nehmen erfolgreich Revanche für die Hinspielpleite (Bayern München - Arminia Bielefeld 2:0)

Köln besiegte den Fluch

Seit sieben Jahren spielte der 1. FC Köln in der Bundesliga, noch nie aber hatte er Gladbach in einem Heimspiel besiegen können - bis zu diesem Tag. In einem herzzerreißenden Spitzenspiel wurde der Deutsche Meister gestürzt.

DFB-Trainer Herbert Widmayer war Augenzeuge in Müngersdorf und bekam in seiner Begeisterung fast Probleme mit der Neutralität: "Ein Spiel voll Rasse und Dramatik. Overath war einfach überragend!" Profiteure der Kölner Energieleistung waren die Bayern, weil sie exklusive aller Nachholspiele kurz an die Tabellenspitze hüpften. Sich zu freuen trauten sich die Münchener allerdings nicht, reichte es gegen Bielefeld doch nur zu einem peinlichen Zittersieg. Anderswo taten sich ebenfalls Fehlerquellen auf, immerhin sprudelten daraus aber Unmengen an Toren. Duisburg und Dortmund etwa peitschten sich die Angriffe um die Ohren, ehe Meiderich kurzfristig noch siegte. Je zweimal wechselte die Führung in Oberhausen, wo RWO schon dem Abstieg geweiht schien, um Sekunden vor Schluss den Kopf doch noch aus der Schlinge zu ziehen.

Ergebnisse – 26. Spieltag 1970/1971

Fr., 26.03.71	Rot-Weiß Oberhausen	-	Hannover 96	4:3 (2:1)
Sa., 27.03.71	Eintracht Braunschweig	-	Rot-Weiss Essen	1:0 (1:0)
Sa., 27.03.71	SV Werder Bremen	-	Eintracht Frankfurt	1:0 (0:0)
Sa., 27.03.71	MSV Duisburg	-	Borussia Dortmund	4:3 (2:1)
Sa., 27.03.71	1. FC Köln	-	Borussia Mönchengladbach	3:2 (3:1)
Sa., 27.03.71	FC Bayern München	-	Arminia Bielefeld	2:0 (1:0)
Sa., 27.03.71	Kickers Offenbach	-	1. FC Kaiserslautern	2:2 (1:1)
Sa., 27.03.71	FC Schalke 04	-	Hamburger SV	3:1 (1:0)
Sa., 27.03.71	VfB Stuttgart	-	Hertha BSC Berlin	1:1 (0:1)

Tabelle

Platz	Verein	S	U	N	Tore	Differenz	Punkte
1.	Borussia Mönchengladbach	15	8	3	58:24	+34	38:14
2.	FC Bayern München	14	9	3	53:27	+26	37:15
3.	Eintracht Braunschweig	14	5	7	43:23	+20	33:19
4.	FC Schalke 04	14	5	7	38:23	+15	33:19
5.	Hertha BSC Berlin	11	8	7	41:32	+9	30:22
6.	1. FC Köln	10	10	6	37:35	+2	30:22
7.	SV Werder Bremen	8	10	8	29:30	-1	26:26
8.	MSV Duisburg	9	8	9	28:35	-7	26:26
9.	VfB Stuttgart	9	7	10	39:39	0	25:27
10.	Hamburger SV	8	9	9	40:54	-14	25:27
11.	1. FC Kaiserslautern	10	4	12	41:46	-5	24:28
12.	Borussia Dortmund	8	7	11	35:41	-6	23:29
13.	Hannover 96	8	6	12	37:39	-2	22:30
14.	Rot-Weiss Essen	7	8	11	36:39	-3	22:30
15.	Kickers Offenbach	6	7	13	36:49	-13	19:33
16.	Arminia Bielefeld	7	5	14	26:43	-17	19:33
17.	Eintracht Frankfurt	6	6	14	22:39	-17	18:34
18.	Rot-Weiß Oberhausen	5	8	13	33:54	-21	18:34

Torjägerliste - Zuschauer - Selbsttore - Platzverweise

Torjägerliste:
1. Vogt: 18 Tore
2. G. Müller, Lippens: je 17 Tore
3. Ulsaß: 15 Tore

Zuschauer: 176.268
Tore: 33
Selbsttore: keine
Platzverweise: keine

Rot-Weißes Fußballmärchen

Weg vom Tabellenende kam RWO nicht; alles andere als ein Sieg hätte den Verein aber wohl auch schon begraben. Trotzdem war dieser Erfolg mehr wert als zwei Punkte. Es war die Wiederentdeckung der Moral.

Nach einer Stunde brannten schon die ersten Fahnen. Oberhausens Abstieg war so gut wie besiegelt, die wundervolle erste Halbzeit nutzlos und die gerade geweckte Zuversicht dahin. Dass an eine Wende nicht mehr zu glauben war, lag in der Natur der Sache. Denn RWO, seit sieben Begegnungen sieglos, hatte alles auf eine Karte gesetzt, hatte die Gäste bis zur Atemnot an die Wand gedrückt und die Fans endlich wieder zu sich geholt - trotz des 0:1 nach einer halben Stunde. Nach der ergreifenden Aufholjagd aber, die durch einen feisten Doppelschlag gar noch zur Pausenführung gereicht hatte, fiel urplötzlich der Ausgleich (56.). Und als Reimann nun sogar das 2:3 erzielte (71.), legte sich ein Schleier des Entsetzens über das Stadion. Eine zweite Aufholjagd der deprimierten Kleeblätter schien absolut unmöglich. Der Abstieg war nahezu besiegelt. Doch was niemand für möglich hielt, es passierte tatsächlich. Scheid setzte das Zeichen, als er dem allein vor ihm auftauchenden Stiller den Ball vom Fuß pflückte; ab sofort stürmte nur noch RWO. Fünf Minuten vor dem Ende geschah das erste Wunder. Als wäre es ein Freundschaftsspiel, legte sich der eingewechselte Fröhlich quer in die Luft und donnerte Helmschrot einen Fallrückzieher in den Kasten. Aus den Gängen rannten die Fans zurück auf ihre Plätze und erlebten, wie das Unfassbare geschah: Ein letzter Freistoß segelte in den Strafraum, wieder brachte sich Fröhlich in Position und köpfte das Leder unter die Latte (89.).

Nicht nur Matchwinner, sondern Heilsbringer: Gert Fröhlich

Rot-Weiß Oberhausen - Hannover 96 4:3 (2:1)

Fr., 26.03.1971, 20:00 Uhr
Zuschauer: 15.000
SR: Heinz Aldinger (Waiblingen)
Tore: 0:1 Bertl (29.), 1:1 Sühnholz (41., Linksschuss), 2:1 L. Kobluhn (42., Vorlage Krauthausen), 2:2 Stiller (56., Weller), 2:3 Reimann (71.), 3:3 Fröhlich (85.), 4:3 Fröhlich (89., Kopfball, Krauthausen)
Aufstellung Rot-Weiß Oberhausen: Wolfgang Scheid (Note 4,0); Hermann-Josef Wilbertz (2,0), Friedhelm Dick (4,0), Uwe Kliemann (3,0), Werner Ohm (4,0); Lothar Kobluhn (4,0), Reiner Hollmann (4,0 - 46. Norbert Lücke, 4,0), Franz Krauthausen (3,0); Wolfgang Sühnholz (3,0), Hans Schumacher (4,0 - 64. Gert Fröhlich, 2,0), Dieter Brozulat (5,0)
Aufstellung Hannover 96: Bernd Helmschrot (3,0); Rainer Stiller (3,0), Hans-Josef Hellingrath (4,0), Peter Anders (3,0), Jürgen Bandura (4,0); Hans-Joachim Weller (3,0), Hans Siemensmeyer (3,0), Horst Berg (4,0); Horst Bertl (4,0), Willi Reimann (4,0 - 80. Kurt Ritter, –), Claus Brune (5,0 - 46. Rudolf Nafziger, 4,0)
Besonderheiten: keine

Ständig wackelte das Holz

Klarer als die Eintracht konnte man einen Gegner nicht dominieren, trotzdem wurde gezittert bis zum Schluss. Essen hatte einfach mehrere Torhüter mitgebracht.

Zwischen der 20. und 45 Minute tobte eine Windhose im Essener Strafraum. Deppe, Gersdorff, Erler, Ulsaß - wie beim Handball ließen Braunschweigs Angreifer die Kugel kreisen und zögerten auch nicht lange mit dem Abschluss. Nur wollte der Ball einfach nicht hinein. Was Bockholt nicht aus den Giebeln faustete, krachte entweder ans Holz oder sauste mehr oder weniger knapp an den Stangen vorbei. Auch wurden mehrere Chancen noch auf der Linie vereitelt, einmal durch Libero Erlhoff und zweimal vom fabelhaften Weinberg. Trotz einer insgesamt schwachen Verteidigung hielt sich Essen somit irgendwie über Wasser. Hätte der alles überragende Ulsaß nicht nach einer halben Stunde wenigstens das 1:0 erzielt, das Spiel hätte gar zur Farce werden können. Denn als Braunschweig mit Wiederbeginn langsam die Lust verlor, schlugen die Gäste zurück, und plötzlich zuckte auch Wolter einmal zusammen: Elf Minuten vor dem Abpfiff knallte ein Schuss von Ferner an den Pfosten. Viel mehr hatte RWE dann aber doch nicht zu bieten, wie die Außenbahnen schon von Niedersachsen belegt waren und durch die Mitte gegen Bäse und Grzyb, der ebenfalls den Pfosten traf (72.), ohnehin kein Staat zu machen war. Ohne Toptorjäger Lippens war der Sturm der Gäste viel zu schwach, wobei die Hilfe aus dem Mittelfeld höchst mangelhaft erschien; auch hier waren die Hebel klar in Braunschweiger Hand, die Wege in die Spitze also abgeschnitten. Essens Trainer Burdenski war sich trotzdem sicher: "Mit Lippens hätten wir einen Punkt geholt."

Als Vorstopper ordentlich beschäftigt: Herbert Weinberg

Eintracht Braunschweig - Rot-Weiss Essen 1:0 (1:0)

Sa., 27.03.1971, 15:30 Uhr

Zuschauer: 15.000

SR: Franz Wengenmeyer (München)

Tore: 1:0 Lothar Ulsaß (34., Vorlage Deppe)

Aufstellung Eintracht Braunschweig: Horst Wolter (Note 3,0); Wolfgang Grzyb (2,0), Joachim Bäse (2,0), Max Lorenz (3,0), Franz Merkhoffer (4,0); Friedhelm Haebermann (4,0), Lothar Ulsaß (2,0), Bernd Gersdorff (4,0); Rainer Skrotzki (5,0 - 62. Klaus Gerwien, –), Jaro Deppe (4,0), Dietmar Erler (4,0)

Aufstellung Rot-Weiss Essen: Fred-Werner Bockholt (2,0); Peter Czernotzky (5,0), Hermann Erlhoff (3,0), Herbert Weinberg (2,0), Heinz Stauvermann (4,0); Diethelm Ferner (3,0), Roland Peitsch (5,0 - 46. Hans Dörre, 5,0), Erich Beer (4,0); Helmut Littek (5,0 - 61. Manfred Burgsmüller, –), Walter Hohnhausen (4,0), Dieter Bast (5,0)

Besonderheiten: keine

Zu viel an die Zeit gedacht

Frankfurt war selbst Schuld daran, dieses Spiel noch zu verlieren, weil die Hessen sich erst einmauerten und dann das Zeitspiel auf die Spitze trieben. Bitter nur, dass der Treffer in der Nachspielzeit fiel.

Wie schlimm es um das Bremer Angriffsspiel stand, zeigte diesmal schon die Aufstellung. Karl-Heinz Kamp, gelernter Verteidiger, sollte sich als Mittelstürmer versuchen. Als mit Görts der beste Werderaner verletzt ausschied, war das Experiment bereits gescheitert (28.). Und weil auch in der um Höttges beraubten Abwehr einiges daneben ging, schien ein Unentschieden sogar diskutabel, obwohl Werder die letzten fünf Heimspiele gewonnen hatte und obwohl der Gegner nur Eintracht Frankfurt hieß. Die Hessen hatten in neun der letzten elf Auswärtsspiele kein einziges Tor erzielt. Doch diesmal war Werder wirklich schwach. Anfangs zumindest wirkten die Gäste auch schlau genug, die Gunst der Stunde zu nutzen. Immer früher fingen sie die traurigen Bremer Angriffe ab und hielten Ausschau nach Nickel, dem einsamen Kämpfer im Sturm. Zu selten aber kamen die Bälle auch an. Während Grabowski sich zumindest am eigenen Strafraum ereiferte, machte Heese überhaupt keine Anstalten, das Tor von Bernard unter Beschuss zu nehmen. Der häufige Ballbesitz nutzte Frankfurt wenig, weil beim kleinsten Risikoerfordernis gleich wieder rückwärts gespielt wurde. Ab Minute 70 war klar, dass die Hessen nur einen Punkt wollten und dass sie nicht lauerten, sondern lediglich auf Zeit spielten. Unter Strafe stellte dies erstens Schiri Hennig, weil er wohlweislich zwei Minuten drauflegte, und in der letzten Sekunde des Spiels dann Schmidt, als er einen fürchterlichen Fehler Kunters zum Siegtor nutzte. Das Zuspiel lieferte Karl-Heinz Kamp.

Half diesmal im Sturm aus: Karl-Heinz Kamp

SV Werder Bremen - Eintracht Frankfurt 1:0 (0:0)

Sa., 27.03.1971, 15:30 Uhr

Zuschauer: 16.000

SR: Gerd Hennig (Duisburg)

Tore: 1:0 Bernd Schmidt (90., Vorlage Kamp)

Aufstellung SV Werder Bremen: Günter Bernard (Note 3,0); Dieter Zembski (4,0), Arnold Schütz (4,0), Rudolf Assauer (4,0), Egon Coordes (4,0); Heinz-Dieter Hasebrink (4,0), Bernd Schmidt (4,0), Ole Björnmose (4,0), Werner Görts (3,0 - 28. Werner Thelen, 4,0), Karl-Heinz Kamp (4,0), Bernd Lorenz (5,0 - 70. Herbert Meyer, 4,0)

Aufstellung Eintracht Frankfurt: Peter Kunter (3,0); Peter Reichel (4,0), Dieter Lindner (4,0), Friedel Lutz (3,0), Karl-Heinz Wirth (4,0); Jürgen Kalb (5,0), Bernd Hölzenbein (4,0), Jürgen Papies (5,0); Jürgen Grabowski (4,0), Horst Heese (5,0), Bernd Nickel (4,0)

Besonderheiten: keine

Alle Nase lang ein Tor

Der unberechenbare Spannungsbogen ließ verschmerzen, dass auf beiden Seiten viele Fehler gemacht wurden. Noch tagelang waren die Fans von dieser Show begeistert.

Einige Zuschauer kamen mit dem permanenten Auf und Ab nicht zurecht. Als Opfer der stetigen Reizüberflutung wurden sie kurzerhand zu Tätern, rissen einander die Fahnen aus den Händen und verbrannten sie. Als Schiedsrichter Siepe von einem Wurfgeschoss am Bein getroffen wurde, stand das Spiel sogar kurz vor dem Abbruch. Darum aber wäre es schade gewesen, zumal der Großteil des viel zu schmalen Publikums auch einfach nur aus dem Häuschen war. Für die Fans war es ein Fußballfest nach Drehbuch, für die Trainer hingegen die reinste Folter. "Haarsträubend", nannte Horst Witzler die Fehler seiner Mannschaft; Rudi Faßnacht sah eine "unter aller Sau" spielende Abwehr. Die Begegnung war ein einziges Wechselbad. Eine viel zu lässige BVB-Deckung machten die Zebras zunächst reihenweise nass. Nach nur 18 Minuten stand es 2:0, weil Kapitän Heidemann zweimal nach Eckbällen richtig stand. Vorher schon hatte Dietz eine Großchance vergeben. Dortmund, dem ohnehin eine Krise angedichtet war, schien so gut wie erledigt. Plötzlich aber explodierte die Borussia, fand dank der Klasse von Schütz und Neuberger zurück und erreichte nach der Pause den Scheitelpunkt, als Bücker mit einem Schlenzer das Spiel wahrhaftig drehte (70.). Nun war es Duisburg, dem nichts mehr zuzutrauen war, doch auch dieser Eindruck täuschte. Bei den ersten Anzeichen Dortmunder Selbstsicherheit packten die Zebras wieder zu und spielten nach Buddes Ausgleich nur noch gegen einen Schwimmverein. Ein Gewaltschuss von Dietz traf dann mitten ins Herz (88.).

Er hatte das letzte Wort: Bernard Dietz

MSV Duisburg - Borussia Dortmund 4:3 (2:1)

Sa., 27.03.1971, 15:30 Uhr

Zuschauer: 12.000

SR: Dr. Gerd Siepe (Köln)

Tore: 1:0 Heidemann (3.), 2:0 Heidemann (18.), 2:1 Rieländer (30.), 2:2 Bücker (52., Vorlage J. Schütz), 2:3 Bücker (70.), 3:3 Budde (77., Kentschke), 4:3 Dietz (88., Heidemann)

Aufstellung MSV Duisburg: Volker Danner (Note 3,0); Hartmut Heidemann (2,0), Detlef Pirsig (4,0), Kurt Rettkowski (4,0 - 88. Heinz-Peter Buchberger, –), Michael Bella (4,0); Bernd Lehmann (4,0), Johannes Linßen (4,0), Johannes Riedl (3,0), Rainer Budde (4,0), Bernard Dietz (3,0), Gerhard Kentschke (4,0)

Aufstellung Borussia Dortmund: Jürgen Rynio (4,0); Gerd Peehs (3,0), Willi Neuberger (2,0), Hans-Joachim Andree (4,0), Reinhold Wosab (3,0); Jürgen Schütz (4,0), Theodor Rieländer (4,0); Manfred Ritschel (4,0), Dieter Weinkauff (4,0), Theo Bücker (3,0), Siegfried Held (3,0)

Besonderheiten: keine

Ersehnte Premiere

Das Kaliber des Gegners trieb Köln an die absolute Leistungsgrenze. Unter der Regie des entfesselten Overath gelang endlich das, wonach man so lange gedürstet hatte.

Eigentlich war es kaum zu glauben, aber es stimmte tatsächlich: Dieses 3:2 im März 1971 war der erste Heimsieg einer Kölner Mannschaft über Mönchengladbach in der Bundesliga. Überhaupt schien nun endlich ein Fluch besiegt, denn die letzten acht Auseinandersetzungen hatten die Geißböcke allesamt verloren. Im festen Vorhaben, diesmal alles richtig zu machen ließen sie sich zwar auch diesmal kalt erwischen. Heynckes krönte eine freche Gladbacher Startphase mit dem 0:1 nach sieben Minuten. Trotzdem war die Borussia diesmal fällig. Beim FC führte das Tor zu einer Trotzreaktion, die sich gewaschen hatte. Genau wie jüngst gegen Arsenal behielten die Kölner kühlen Kopf und schlugen trotzdem blitzartig zu. Drei Minuten später schon traf Weber zum Ausgleich, weitere fünf Umdrehungen danach stand es 2:1 durch einen Abstauber von Rupp. Spätestens jetzt war das Nachbarschaftsduell ein Spitzenspiel geworden. Beide Regisseure waren groß in Form, allerdings hatte Overath noch etliche Brüder im Geiste, wogegen etwa Dietrich das Spiel der Gäste eher hemmte als beflügelte. Le Fevre enttäuschte ebenfalls. Noch vor der Pause fiel die eigentliche Entscheidung, weil Rupp nun wie ein Besessener wirbelte und Löhr, der an allen drei Treffern beteiligt war, ebenfalls nicht zu halten war. Er erzielte später noch zwei Abseitstore. Köppels Anschlusstor nach dem Wechsel war angemessen, weil er als einziger noch weiterkämpfte, als Günter Netzer die Lust schon verloren hatte. Des Meisters dritte Pleite der Saison lag ein Stück weit in seiner Verantwortung.

Steckte Gegenspieler Vogts in die Tasche: Hennes Löhr

1. FC Köln - Mönchengladbach 3:2 (3:1)

Sa., 27.03.1971, 15:30 Uhr
Zuschauer: 46.000
SR: Gerhard Schulenburg (Hamburg)
Tore: 0:1 Jupp Heynckes (7., Vorlage Le Fevre), 1:1 Wolfgang Weber (10., Löhr), 2:1 Bernd Rupp (15., Löhr), 3:1 Bernd Rupp (37., Löhr), 3:2 Horst Köppel (67., Heynckes)
Aufstellung 1. FC Köln: Manfred Manglitz (Note 3,0); Karl-Heinz Thielen (3,0), Wolfgang Weber (2,0), Werner Biskup (3,0), Matthias Hemmersbach (4,0); Heinz Simmet (4,0), Wolfgang Overath (1,0), Heinz Flohe (3,0); Jupp Kapellmann (3,0), Bernd Rupp (2,0), Hennes Löhr (2,0)
Aufstellung Borussia Mönchengladbach: Wolfgang Kleff (2,0); Berti Vogts (4,0), Ludwig Müller (4,0), Klaus-Dieter Sieloff (3,0), Hartwig Bleidick (3,0); Peter Dietrich (5,0), Günter Netzer (4,0), Horst Köppel (2,0); Herbert Wimmer (3,0), Jupp Heynckes (3,0), Ulrik Le Fevre (5,0)
Besonderheiten: keine

Blamage mit zwei Punkten

Arminia spielte genau so, wie es die Bayern überhaupt nicht gerne hatten und ließ sich nur unter größten Mühen besiegen. "Ich habe selten so gezittert", musste Udo Lattek gestehen.

Eigentlich gab es überhaupt keinen Grund zur Klage. Zum sechsten Mal in Folge holte Bayern zu Hause zwei Punkte, blieb damit weiterhin daheim ohne Niederlage und schnappte sich zumindest in der schiefen Tabelle gar zeitweilig die Tabellenführung - Gladbach verlor wie erhofft in Köln. Punkte aber waren nicht alles in München, denn das ohnehin wieder dünn vertretene Publikum hatte nichts weniger als ein Schützenfest erwartet, allein schon als Zeichen an die Konkurrenz, denn der Gegner war nur Bielefeld. Die Arminia stand trotz der Pleite am Ende als Sieger da. So hatte die Bayern in ihrem eigenen Wohnzimmer schon lange niemand mehr geärgert, vor allem kein Abstiegskandidat. Dabei hatten sich Ostwestfalen sich selbst etwas gesorgt, weil Libero Schulz wegen einer Schulterverletzung hatte daheim bleiben müssen. Die Lösung wiederum lag nahe: Das Loch in der Abwehr wurde einfach randvoll aufgefüllt, nämlich mit sämtlichem Personal, das bei Anpfiff auf dem Rasen stand. Gerade im ersten Durchgang mauerte Bielefeld ohne jedes Schamgefühl. Die Bayern mussten dankbar sein, dass Brenninger zeitig ein Tor schoss (19.). Beckenbauer, Hoeneß und besonders Roth dachten viel zu eindimensional, um die Mauer zu durchbrechen. Und nach dem Wechsel kam dann plötzlich die Arminia, konterte brandgefährlich und vergab einige Chancen zum Ausgleich. Das 2:0 fiel nicht nur unverdient, sondern war in seiner Entstehung auch höchst lächerlich: Gerd Müller, sonst gar nicht anwesend, ließ sich einfach anschießen (70.).

Auf der Suche nach seiner Bestform: Franz Roth

FC Bayern München - Arminia Bielefeld 2:0 (1:0)

Sa., 27.03.1971, 15:30 Uhr
Zuschauer: 14.268
SR: Walter Horstmann (Hildesheim)
Tore: 1:0 Dieter Brenninger (19., Vorlage G. Müller), 2:0 Gerd Müller (70.)
Aufstellung FC Bayern München: Sepp Maier (Note 3,0); Paul Breitner (3,0), Georg Schwarzenbeck (4,0), Franz Beckenbauer (4,0), Herwart Koppenhöfer (4,0); Franz Roth (5,0), Rainer Zobel (4,0), Ulrich Hoeneß (4,0 - 65. Karl-Heinz Mrosko, 4,0); Edgar Schneider (4,0), Gerd Müller (4,0), Dieter Brenninger (3,0)
Aufstellung Arminia Bielefeld: Gerd Siese (2,0); Horst Wenzel (4,0), Waldemar Slomiany (2,0), Horst Stockhausen (4,0), Volker Klein (3,0); Gerd Knoth (4,0), Dieter Brei (4,0 - 67. Klaus Oberschelp, 4,0), Ulrich Braun (3,0), Karl-Heinz Brücken (5,0), Ernst Kuster (5,0 - 30. Gerd Kohl, 4,0), Norbert Leopoldseder (5,0)
Besonderheiten: keine

Erster Rückschlag für Klötzer

Nach den Erfolgen der letzten Zeit hatten die Kickers sich schon etwas weiter gewähnt. Kaiserslautern war zu ausgebufft, um sich mit lieblosen Mitteln beide Punkte abnehmen zu lassen.

"Wir sind glücklich über dieses Remis, ich bin sehr zufrieden und möchte niemanden herausheben." Lauterns Trainer Dietrich Weise war so etwas wie der Sieger des Tages, denn eigentlich hatte alles gegen die Pfälzer gesprochen. Während der OFC seine Wiederauferstehung gefeiert hatte, waren den Gästen vier Spiel in Folge verloren gegangen. Der Klassenerhalt war wieder ernsthaft in Gefahr geraten, und bei einer weiteren Pleite wären die Hessen bedrohlich nah herangerückt. Keine einfache Last also, mit der die Teufel an den Bieberer Berg kamen, aber sie schulterten sie und stürzten die gerade wieder erwachten Gastgeber zurück in die Frustration. Die 16.000 sahen ein wahres Nervenspiel mit Josef Elting als erstem Opfer: Mit einer Kopfball-Bogenlampe erreichte Winkler die Führung für den OFC (14.). Offenbach stand die Welt nun offen, doch schon schlichen sich Unaufmerksamkeiten ein, die Kuno Klötzer erstmals in seiner kurzen Amtszeit so richtig auf die Palme brachten. "Statt mit 2:0 gehen wir dann mit 1:1 in die Pause. Durch einen Kreisklassenfehler", schimpfte er. Volz und Kremers patzten gemeinsam bei diesem Tor. Obwohl es spielerisch mit den Hessen nun rapide bergab ging, schaffte der andere Kremers nach einer Stunde sogar das 2:1. Mehr ließen sich die Gäste wirklich nicht gefallen, weil sie allein im konditionellen Bereich deutliches Oberwasser bekamen und weiterhin auch nur auf die Fehler der Offenbacher Hintermannschaft lauern mussten. Genau so fiel dann auch der Ausgleich (77.).

Diesmal ein Unsicherheitsfaktor: Nikolaus Semlitsch

Kickers Offenbach - 1. FC Kaiserslautern 2:2 (1:1)

Sa., 27.03.1971, 15:30 Uhr
Zuschauer: 16.000
SR: Walter Eschweiler (Euskirchen)
Tore: 1:0 Klaus Winkler (14., Kopfball, Vorlage H. Kremers), 1:1 Klaus Ackermann (43.), 2:1 Erwin Kremers (60., Bechtold), 2:2 Idriz Hosic (77.)
Aufstellung Kickers Offenbach: Karlheinz Volz (Note 4,0); Nikolaus Semlitsch (6,0), Helmut Kremers (5,0), Egon Schmitt (3,0), Josef Weilbächer (4,0); Roland Weida (4,0), Walter Bechtold (4,0), Heinz Schönberger (3,0 - 76. Winfried Schäfer, 5,0); Horst Gecks (4,0), Klaus Winkler (4,0), Erwin Kremers (3,0)
Aufstellung 1. FC Kaiserslautern: Josef Elting (4,0); Günther Reinders (4,0), Dietmar Schwager (2,0), Ernst Diehl (2,0), Fritz Fuchs (4,0); Otto Rehhagel (4,0), Jürgen Friedrich (4,0), Josef Pirrung (5,0 - 67. Hans-Peter Fecht, 4,0), Karl-Heinz Vogt (5,0), Idriz Hosic (2,0), Klaus Ackermann (3,0)
Besonderheiten: keine

Schalke war schnell satt

Ein klaffendes Loch im Mittelfeld führte dazu, dass Hamburg auf Schalke rein gar nichts zu melden hatte. Hätten die Knappen den Sieg nicht so früh abgehakt, das Ochs-Team hätte richtig unter die Räder kommen können.

Wie so oft, vergab der klar Unterlegene die erste Großchance. Es war Franz-Josef Hönig, der nach vier gespielten Minuten am Strafraumeck auftauchte und einen schwierigen Schrägschuss nur knapp neben die Torstange setzte. Vom vermeintlichen Antreiber war dies schon die letzte brauchbare Aktion - und eigentlich auch vom gesamten HSV, denn bald darauf ging es los. "Unsere Fehlerquellen taten sich weit auf. Es begann bei mangelnder Kondition und hörte bei der fehlenden kämpferischen Moral einiger Spieler auf", bilanzierte Klaus Ochs. Den ersten Bock schoss Torhüter Özcan. Hätte er nach der halbherzigen Kombination zwischen Pirkner und Fischer nicht einfach ins Leere gegriffen, Scheer hätte niemals ins Tor treffen können (30.). Die Frage, ob Schalke überhaupt so prima ins Rollen gekommen wäre, stellte sich hingegen nicht. Es waren nämlich noch genügend andere da, die den Knappen mit ihren Fehlern assistierten. Das zweite Tor hatte Zaczyk auf dem Gewissen, weil er einen Querpass ohne Not in des Gegners Beine legte. Scheer zog davon, schoss aufs Tor, und Fischer staubte ab (51.). Ab diesem Moment war Hamburg nicht mehr zurechnungsfähig. Weil gleich mehrere Kollegen im Mittelfeld nicht weiter wussten, konnte Schalke sich ordentlich austoben. Dass nach Lütkebohmerts 3:0 das Tempo zum Erliegen kam, musste die Gäste mit Dankbarkeit erfüllen. Schalke gab sich zufrieden. Stattdessen konnte Klier nach Seelers Pfostenschuss sogar noch verkürzen (83.).

Nicht schlechter als alle anderen: Arkoc Özcan

FC Schalke 04 - Hamburger SV 3:1 (1:0)

Sa., 27.03.1971, 15:30 Uhr
Zuschauer: 20.000
SR: Heinz Quindeau (Ludwigshafen)
Tore: 1:0 Klaus Scheer (30., Vorlage Fischer), 2:0 Klaus Fischer (51.), 3:0 Herbert Lütkebohmert (64.), 3:1 Gerd Klier (83., Seeler)
Aufstellung FC Schalke 04: Norbert Nigbur (Note 3,0); Hans-Jürgen Wittkamp (3,0), Klaus Fichtel (2,0), Rolf Rüssmann (3,0), Jürgen Sobieray (3,0); Herbert Lütkebohmert (2,0), Heinz van Haaren (3,0), Klaus Scheer (4,0 - 77. Jürgen-Michael Galbierz, 4,0); Reinhard Libuda (3,0), Klaus Fischer (3,0), Hans Pirkner (3,0 - 63. Alban Wüst, 4,0)
Aufstellung Hamburger SV: Arkoc Özcan (3,0); Helmut Sandmann (4,0), Jürgen Kurbjuhn (2,0), Willi Schulz (3,0), Hans-Jürgen Hellfritz (5,0); Klaus Zaczyk (4,0), Peter Nogly (4,0), Franz-Josef Hönig (4,0); Gerd Klier (5,0), Uwe Seeler (4,0), Charly Dörfel (4,0)
Besonderheiten: keine

Arrogante Alte Dame

Stuttgarts Form war weiter bescheiden, reichte aber immerhin aus, um der freudlosen Hertha nicht viel durchgehen zu lassen. Bis auf die Tore passierte nicht viel.

Durch den verzerrten Terminkalender erlebte das Schwabenland das dritte Heimspiel in Folge. Sich daran zu erfreuen, fiel allerdings schwer, weder die Gäste noch der VfB zeigten irgendein Interesse an Tempo oder Leidenschaft. Man kürzte sich einfach weg und das auf äußerst bescheidenem Niveau. "Immerhin haben wir in der zweiten Halbzeit unsere blamable Vorstellung des ersten Durchgangs wett gemacht. Die Leistungskurve steigt also an", tröstete sich Branko Zebec, der sich dennoch langsam Sorgen machte: Zum sechsten Mal in Folge erzielte Stuttgart nur einen einzigen Treffer. Dass dieser überhaupt noch fallen würde, war zur Halbzeitpause fraglich. Hertha tat gar nicht viel im ersten Durchgang, aber die Berliner stellten alles um eine Klasse besser an als der lahme und denkfaule VfB. Ein Abstauber Gayers brachte die Gäste in Front und zog einige heikle Minuten nach sich. Bis etwa zur 30. Minute erlangte die Kronsbein-Elf ein deutliches Übergewicht, das erst an Stuttgarts innerer Abwehr verpuffte. Die Platzelf ließ zu dieser Zeit viel mit sich machen, als Hertha dann jedoch überheblich wurde, war der Spuk auch bald vorüber. Die Schwaben fanden sich wieder und zeigten vom Start des zweiten Durchgangs an ein völlig anderes Gesicht. Varga und Horr tauchten nun völlig ab, während Haug den Radius Gayers im Laufe der Zeit noch übertraf. Unter seiner Regie entstand jenes Oberwasser, dem auch der Ausgleich entsprang, auch wenn Herthas Torwart dabei mithalf (58.). Für ein Siegtor wurde die Zeit dann wiederum knapp.

Nach der Halbzeit nicht mehr gesehen: Lorenz Horr

VfB Stuttgart - Hertha BSC Berlin 1:1 (0:1)

Sa., 27.03.1971, 15:30 Uhr
Zuschauer: 22.000
SR: Walter Engel (Reimsbach)
Tore: 0:1 Wolfgang Gayer (11.), 1:1 Hartmut Weiß (58.)
Aufstellung VfB Stuttgart: Gerhard Heinze (Note 3,0); Willi Entenmann (2,0), Reinhold Zech (2,0), Hans Eisele (3,0), Hans Arnold (3,0); Jan Olsson (4,0), Herbert Höbusch (4,0), Horst Haug (3,0); Manfred Weidmann (4,0), Hartmut Weiß (4,0), Jürgen Martin (5,0 - 29. Roland Weidle, 4,0)
Aufstellung Hertha BSC Berlin: Volkmar Groß (4,0); Bernd Patzke (2,0), Tasso Wild (2,0 - 61. Peter Enders, 4,0), Jürgen Rumor (3,0), Karl-Heinz Ferschl (3,0); Jürgen Weber (4,0 - 68. Laszlo Gergely, 4,0), Wolfgang Gayer (4,0), Hans-Jürgen Sperlich (4,0), Lorenz Horr (5,0), Zoltan Varga (5,0), Arno Steffenhagen (4,0)
Besonderheiten: keine

ZEITFENSTER
22. - 28. März 1971

Department S
(BRD, 23. März)
"Das Boeing-Rätsel", so der Titel der im März ausgestrahlten ZDF-Folge, war offensichtlich zu verzwickt, um von normalsterblichen Kriminalisten gelöst zu werden. Also mussten Spezialisten ans Werk - die Leute vom "Department S". Jene Einheit bestand aus drei Agenten: Der Computerexpertin Annabelle Hurst, dem kühl kalkulierenden Stewart Sullivan und dem snobistischen Krimi-Schriftsteller Jason King (Peter Wyngarde), der später Titelheld einer eigenen TV-Serie wurde.

Standen meist im Schatten ihres großmäuligen Kollegen Jason King: Die Agenten Hurst (Rosemary Nichols) und Sullivan (Joel Fabiani)

Wunschprogramm für die Kurzen
(BRD, 24. März)
"Ich wünsch' mir was", flimmerte um 16.20 Uhr über die ARD-betriebene Mattscheibe und die Wünsche erfüllende Fee - sprich: Moderatorin - hieß Hilde Nocker. Die ehemalige Fernsehansagerin des Hessischen Rundfunks versorgte neugierige Kinderherzen mit Beiträgen über Kater Mikesch, Schlurf, Urmel und dergleichen bedeutende Persönlichkeiten.

Wenn sie ins Bild rückte, waren Mikesch und Co. nicht mehr fern: Hilde Nocker

Bangladesch - Land der Bengalen
(Bangladesch, 26. März)
Das Unabhängigkeitsstreben der ostpakistanischen Bevölkerung von Pakistan gipfelte in der Ausrufung eines eigenen, Bangladesch genannten Staates durch den Chef der Partei "Awami-Liga", Mujib Rahman.

Hitparaden
(USA/GB/BRD, 27. März)
"Me & Bobby Mcgee" (Janis Joplin) belegte Platz eins in den USA, "Hot Love" (T. Rex) wurde in England heiß geliebt und George Harrisons "My Sweet Lord" schwebte in Deutschland oberhalb der Pop- und Rockkonkurrenz.

Bundesliga 1970/1971 – 27. Spieltag

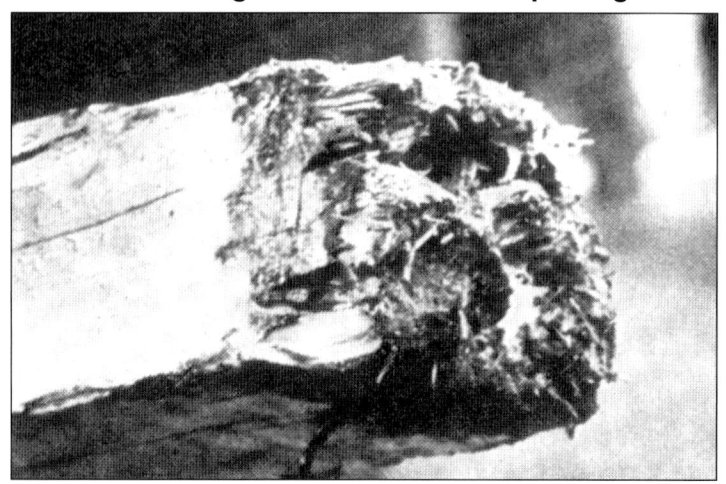

Er war an allem schuld: Der Torpfosten. Das Unglück kostete den Gladbachern am Ende zwei Zähler

Ende der Sauberkeit

30 Tore fielen an diesem Spieltag, aber nur eines davon auch im wörtlichen Sinn. Ein morscher Torbalken gab am Bökelberg plötzlich nach und richtete an, was die Bayern seit Wochen versuchten: Er gefährdete Gladbachs Titelverteidigung.

Kaum weniger kurios als der Vorfall war die zeitversetzte Entscheidung des Sportgerichts. Drei Spielminuten hatten nur noch ausgestanden, als der Pfosten brach, das 1:1 kam einem faktischen Endergebnis gleich. Beide Punkte aber bekam der SV Werder zugesprochen, ungeachtet der möglichen Folgen für die Meisterschaft. Latent beeinflusst hatte das Gericht wohl das Ergebnis der Bayern. Die nämlich konnten nicht profitieren vom Gladbacher Malheur, ließen sich auf dem Betzenberg besiegen, obwohl sie kurz vor dem Ende noch führten. Zwei große Sieger gab es derweil im Keller. Bielefeld siegte im direkten Duell und besiegelte damit wohl Oberhausens Abstieg. Sensationell hoch gewann sogar Eintracht Frankfurt, und das trotz mehr als 70-minütiger Unterzahl. Was zu dieser Zeit niemand ahnte: Der Skandal hatte damit begonnen.

Ergebnisse – 27. Spieltag 1970/1971

Fr., 02.04.71	Arminia Bielefeld - Rot-Weiß Oberhausen	2:1 (1:0)
Fr., 02.04.71	Hamburger SV - 1. FC Köln	2:0 (1:0)
Sa., 03.04.71	Hertha BSC Berlin - Kickers Offenbach	3:1 (3:1)
Sa., 03.04.71	Borussia Dortmund - VfB Stuttgart	3:1 (1:1)
Sa., 03.04.71	Rot-Weiss Essen - MSV Duisburg	1:1 (1:1)
Sa., 03.04.71	Eintracht Frankfurt - Eintracht Braunschweig	5:2 (3:1)
Sa., 03.04.71	Hannover 96 - FC Schalke 04	3:0 (1:0)
Sa., 03.04.71	1. FC Kaiserslautern - FC Bayern München	2:1 (0:0)
Sa., 03.04.71	Borussia Mönchengladbach - SV Werder Bremen	0:2*

Tabelle

Platz	Verein	S	U	N	Tore	Differenz	Punkte
1.	Borussia Mönchengladbach	15	8	4	58:26	+32	38:16
2.	FC Bayern München	14	9	4	54:29	+25	37:17
3.	Eintracht Braunschweig	14	5	8	45:28	+17	33:21
4.	FC Schalke 04	14	5	8	38:26	+12	33:21
5.	Hertha BSC Berlin	12	8	7	44:33	+11	32:22
6.	1. FC Köln	10	10	7	37:37	0	30:24
7.	SV Werder Bremen	9	10	8	31:30	+1	28:26
8.	MSV Duisburg	9	9	9	29:36	-7	27:27
9.	Hamburger SV	9	9	9	42:54	-12	27:27
10.	1. FC Kaiserslautern	11	4	12	43:47	-4	26:28
11.	VfB Stuttgart	9	7	11	40:42	-2	25:29
12.	Borussia Dortmund	9	7	11	38:42	-4	25:29
13.	Hannover 96	9	6	12	40:39	+1	24:30
14.	Rot-Weiss Essen	7	9	11	37:40	-3	23:31
15.	Arminia Bielefeld	8	5	14	28:44	-16	21:33
16.	Eintracht Frankfurt	7	6	14	27:41	-14	20:34
17.	Kickers Offenbach	6	7	14	37:52	-15	19:35
18.	Rot-Weiß Oberhausen	5	8	14	34:56	-22	18:36

Torjägerliste - Zuschauer - Selbsttore - Platzverweise

Torjägerliste:
1. Vogt, Lippens: je 18 Tore
2. G. Müller: 17 Tore
3. Ulsaß: 15 Tore

Zuschauer: 193.500
Tore: 30
Selbsttore: 1
Platzverweise: 1

Bielefelder Kampfmaschinen

Was sich auf der Alm ereignete, war Abstiegskampf der nacktesten Art. Auf höchster Kraftstufe nahm die Arminia sich den Gegner vor die Brust und rannte ihn über 90 Minuten in Grund und Boden. RWO war damit wohl abgestiegen.

Oberhausens Taktik schien gar nicht einmal dumm, denn das gewaltige Tempo, das der DSC vom Anpfiff an vorlegte, war nach menschlichem Ermessen kaum durchzuhalten. Irgendwann mussten die Gastgeber eigentlich einbrechen, dachten sich die Gäste. Doch sie verkalkulierten sich. Als der neue Trainer Brocker nach einer Stunde zum Angriff blies, war das Spiel bereits entschieden - und die Kleeblätter damit hoffnungslos verloren. "Bei einem Anschlusstor durch den fälligen Elfmeter hätten wir den einen, für uns so wichtigen Punkt vielleicht erreicht", seufzte Brocker. Den Treffer holte RWO am Ende noch nach, jedoch zu einem Zeitpunkt, als nur noch wenige Sekunden zu spielen waren. Schütze Kobluhn hatte vorher auch noch den Pfosten getroffen (86.). Tragisch für Oberhausen war weniger die Pleite selbst als der Umstand, dass sie gegen einen direkten Konkurrenten kassiert wurde. Als auch noch das Resultat aus Frankfurt die Runde machte, senkten sich die Köpfe noch mehr. Der Klassenerhalt war kaum mehr zu schaffen. Ganz anders natürlich die Stimmung bei den Arminen, die sich vorerst aus dem Keller befreiten. Maßgeblich für sie war nicht nur das Ergebnis, sondern auch die Art und Weise, wie sie die Nervenprobe bewältigten. Spielerisch zeigte die Mannschaft krasse Schwächen, kaum niedriger als beim Gegner war etwa die Fehlpassquote. Kämpfen aber konnte diese Truppe wahrhaftig, und als das 1:0 einmal erzwungen war, ließ sie sich auch nicht mehr stoppen.

Jederzeit kampfbereit: Volker Klein

Arminia Bielefeld - RW Oberhausen 2:1 (1:0)

Fr., 02.04.1971, 20:00 Uhr
Zuschauer: 32.000
SR: Ferdinand Biwersi (Bliesransbach)
Tore: 1:0 Gerd Roggensack (45.), 2:0 Ernst Kuster (58., Kopfball), 2:1 Lothar Kobluhn (90.)
Aufstellung Arminia Bielefeld: Gerd Siese (Note 2,0); Horst Wenzel (3,0), Waldemar Slomiany (4,0), Volker Klein (2,0), Horst Stockhausen (3,0); Gerd Knoth (4,0), Ulrich Braun (3,0), Dieter Brei (5,0); Gerd Roggensack (3,0), Ernst Kuster (4,0), Karl-Heinz Brücken (4,0 - 68. Gerd Kohl, 4,0)
Aufstellung Rot-Weiß Oberhausen: Klaus Witt (4,0); Hermann-Josef Wilbertz (3,0), Friedhelm Dick (4,0), Uwe Kliemann (3,0), Werner Ohm (4,0); Lothar Kobluhn (3,0), Franz Krauthausen (3,0), Reiner Hollmann (5,0); Wolfgang Sühnholz (4,0), Gert Fröhlich (5,0 - 62. Hans Fritsche, 3,0), Dieter Brozulat (3,0)
Besonderheiten: keine

Verdacht auf Tiefstapelei

Weil es fünf Tage später zum gleichen Duell im Pokal kommen sollte, glaubte man an einen großen Bluff. Köln, das gerade noch den Deutschen Meister besiegt hatte, bekam überhaupt nichts auf die Reihe und ließ sich verdächtig leicht besiegen.

Von Nogly demaskiert: Heinz Flohe

"Kein Stück stimmt davon", keifte ein beleidigter Wolfgang Weber die Journalisten an, "keiner von uns wollte verlieren oder schlecht spielen. Wir waren einfach nur müde." Sinn machten die kruden Verdächtigungen natürlich nicht, doch es konnte sich einfach niemand erklären, wieso die Geißböcke innerhalb weniger Tage das Fußballspielen verlernt hatten. Nichts war mehr übrig vom triumphalen Auftritt gegen Gladbach, stattdessen ließen die Gäste sich so weit gehen, dass es schon hämische Rufe aus dem Publikum gab. Zwei personelle Umstände entlasteten den FC, nämlich die körperlichen Probleme Flohes, der nach dem Seitenwechsel sofort wieder runter musste und auch das Fehlen Wolfgang Overaths. Der Regisseur hatte sich schon umgezogen und die Stiefel geschnürt, als er plötzlich merkte, dass ein Einsatz doch nicht möglich war. Den ersten Durchgang erlebten die Kölner wie gelähmt. Gegen das forsch-dominante Auftreten der Hamburger, die selbst gerade auf Schalke so bitter enttäuscht hatten, gab es eigentlich überhaupt keine Gegenwehr. Dabei war es eigentlich der HSV, um den man sich Sorgen gemacht hatte; Seeler, Dörfel und Ripp waren allesamt nicht dabei. Die freie Bühne wiederum nutzten einfach andere, Hans Schulz etwa, der das erste Tor auflegte (24.) und das zweite selbst erzielte (88.). Auch Hellfritz wirkte verbessert. Bester Mann aber war Nogly, der, quasi versetzt zu Schulz, erst traf und dann vorbereitete. Als Gegenspieler Flohe ging, sah es aus, als würde er fliehen.

Hamburger SV – 1. FC Köln 2:0 (1:0)

Fr., 02.04.1971, 20:00 Uhr
Zuschauer: 12.000
SR: Rudolf Frickel (München)
Tore: 1:0 Peter Nogly (24., Linksschuss, Vorlage H. Schulz), 2:0 Hans Schulz (88., Nogly)
Aufstellung Hamburger SV: Arkoc Özcan (Note 2,0); Helmut Sandmann (4,0), Willi Schulz (3,0), Jürgen Kurbjuhn (3,0), Hans-Werner Kremer (4,0); Klaus Zaczyk (4,0 - 65. Gerd Klier, 4,0), Peter Nogly (2,0), Franz-Josef Hönig (4,0); Hans-Jürgen Hellfritz (3,0), Hans Schulz (3,0), Siegfried Beyer (4,0)
Aufstellung 1. FC Köln: Manfred Manglitz (4,0); Karl-Heinz Thielen (4,0), Werner Biskup (4,0), Matthias Hemmersbach (4,0 - 78. Kurt Kowalski, 4,0), Wolfgang Weber (3,0); Heinz Flohe (4,0 - 48. Bernhard Cullmann, 4,0), Heinz Simmet (4,0), Thomas Parits (4,0); Jupp Kapellmann (4,0), Bernd Rupp (4,0), Hennes Löhr (4,0)
Besonderheiten: keine

Keine Punkte eingeplant

Herthas vierter Heimsieg am Stück war so ungefährdet wie lange kein anderer. Die verwirrten Gäste hatten Berlins Enthusiasmus nichts entgegenzusetzen, vor allem keinen annähernd guten Regisseur.

Die Kritik der jüngsten Vergangenheit war an Zoltan Varga nicht abgeprallt. Seine Pässe und seine Spielübersicht bildeten das Filetstück der Platzelf; wann immer es vorm Offenbacher Kasten brenzlig wurde, hatte der Ungar seine Finger im Spiel. "Zum ersten Mal war ich mit ihm voll zufrieden", lobte Helmut Kronsbein. Edel-Reservist Brungs drückte es freundlicher aus: "Varga habe ich noch nie so gut gesehen." Neben aller Dominanz des Einzelkönners überzeugte die Hertha im Kollektiv. Als nach Ferschls grobem Fehler der Ausgleich fiel, war Zusammenhalt besonders gefragt. Umgehend aber brachte Gayer die Heimelf wieder in Führung, was sämtliche Zweifel direkt verwischte - zumindest am Zustand der Berliner. Aus Offenbacher Sicht war sehr wohl zu hinterfragen, wieso das Remis kaum 30 Sekunden lang verteidigt werden konnte. Als Weilbächer zehn Minuten später auch noch Steffenhagen ummähte, waren die Ambitionen schon erloschen; Horr konnte den Elfer sicher verwandeln (35.). "Vielleicht wäre es mit Schmidt besser gelaufen, aber diese Niederlage war eigentlich einkalkuliert", beschwichtigte Kuno Klötzer. Neben dem Amateurnationalspieler fehlten ihm noch drei weitere Leute aus dem Stamm, wobei der junge

Im Tor hatte Offenbach keine Sorgen: Horst Bertram

Bertram im Tor überhaupt keine Schwächung war; im Verbund mit den Brüdern Kremers konnte er weitere Gegentreffer verhindern. Dies allerdings lag doch ausschließlich an den Gastgebern, die im Wissen des sicheren Sieges die Lust verloren und am Ende sogar Pfiffe kassierten.

Hertha BSC Berlin – Kickers Offenbach 3:1 (3:1)

Sa., 03.04.1971, 15:30 Uhr
Zuschauer: 24.000
SR: Paul Kindervater (Köln)
Tore: 1:0 Zoltan Varga (13.), 1:1 Horst Gecks (24.), 2:1 Wolfgang Gayer (25., Kopfball), 3:1 Lorenz Horr (35., Foulelfmeter, Steffenhagen)
Aufstellung Hertha BSC Berlin: Volkmar Groß (Note 3,0); Bernd Patzke (4,0), Jürgen Rumor (4,0), Tasso Wild (4,0), Karl-Heinz Ferschl (5,0 - 48. Peter Enders, 4,0); Laszlo Gergely (3,0), Wolfgang Gayer (4,0), Hans-Jürgen Sperlich (3,0), Zoltan Varga (2,0), Lorenz Horr (4,0), Arno Steffenhagen (3,0)
Aufstellung Kickers Offenbach: Horst Bertram (2,0); Josef Weilbächer (4,0), Helmut Kremers (3,0), Hans Reich (4,0), Nikolaus Semlitsch (5,0 - 46. Erwin Spinnler, 4,0); Roland Weida (4,0), Walter Bechtold (4,0 - 80. Heinz Schönberger, –); Horst Gecks (3,0), Helmut Nerlinger (5,0), Winfried Schäfer (5,0), Erwin Kremers (3,0)
Besonderheiten: keine

Stuttgart gab keine Ruhe

Der BVB schämte sich nicht für den viel zu klaren Sieg, weil ein spielerisches Übergewicht existierte. Trotzdem hätte genau so gut auch Stuttgart gewinnen können.

Fast zwei Monate hatte der letzte Sieg nun schon zurückgelegen, zwei neue Punkte waren daher bitter nötig. Nebenbei aber hatten die Borussen noch ein Hühnchen zu rupfen: Das 1:6 aus dem Hinspiel hatten sie noch nicht vergessen. Gegner Stuttgart hatte in den letzten sechs Spielen nur jeweils ein Tor geschafft und legte trotzdem wieder los, als wäre er auf Dortmund spezialisiert. Nach einer Ecke erzielte Handschuh die zeitige Führung für die Schwaben (16.). "Wenn ihm dann auch noch das zweite Tor gelungen wäre, hätte sicher einiges anders ausgeschaut", meinte Branko Zebec. Handschuh aber vergab die große Chance und kam anschließend kaum mehr zur Geltung. Stattdessen nahm die neunte Pleite im 13. Auswärtsspiel bald ihren Lauf. Für den Ausgleich schummelte Dortmund erst etwas, denn Weinkauff musste nicht zwingend fallen, als Eisele und Arnold ihn in die Zange nahmen. Per Strafstoß fiel so das 1:1 (28.). Aber

Zielte immer wieder zu genau: Dieter Weinkauff

gerade Dieter Weinkauff musste nehmen, was er kriegen konnte. Gleich dreimal traf er mit seinen Schüssen das Holz, zweimal den Pfosten und einmal die Latte. Stuttgarts Gegenargument: Pfostentreffer Weiß. Pech wiederum hatten auch sie noch einmal, denn Sekunden vor Ritschels Solo zum 2:1 (47.) ging Haug nach Berührung durch Kurrat im Strafraum zu Boden - diesmal aber blieb die Pfeife stumm. Mit Wut im Bauch kam der VfB zu seiner besten Phase, gerade Haug wühlte unverwüstlich wie ein Maulwurf. Erst als Sigi Held, der jederzeit sichtlich bemüht war, im Nachschuss das 3:1 erzielte, wurden die Schwaben langsam still (67.).

Borussia Dortmund – VfB Stuttgart 3:1 (1:1)

Sa., 03.04.1971, 15:30 Uhr
Zuschauer: 11.000
SR: Norbert Fuchs (Herdorf)
Tore: 0:1 Karl-Heinz Handschuh (16.), 1:1 Jürgen Schütz (28., Foulelfmeter), 2:1 Manfred Ritschel (47.), 3:1 Siegfried Held (67.)
Aufstellung Borussia Dortmund: Klaus Günther (Note 4,0); Gerd Peehs (3,0), Branco Rasovic (4,0), Willi Neuberger (3,0), Reinhold Wosab (3,0); Dieter Kurrat (3,0), Jürgen Schütz (3,0), Theo Bücker (5,0); Manfred Ritschel (3,0), Siegfried Held (3,0), Dieter Weinkauff (4,0 - 68. Werner Weist, 5,0)
Aufstellung VfB Stuttgart: Gerhard Heinze (4,0); Willi Entenmann (3,0), Reinhold Zech (4,0), Hans Eisele (4,0), Hans Arnold (4,0); Jan Olsson (5,0), Herbert Höbusch (4,0), Horst Haug (2,0); Manfred Weidmann (4,0), Hartmut Weiß (4,0), Karl-Heinz Handschuh (4,0 - 75. Roland Weidle, 4,0)
Besonderheiten: keine

Den Falschen ausgewechselt

RWE errang schon wieder keinen Heimsieg und wurde von den Rängen entsprechend abgestraft. Auch Trainer Burdenski kassierte Pfiffe.

Nach mehr als einer Stunde Qual konnte Essens Übungsleiter nicht mehr hinsehen, denn obwohl Lippens nach einer halben Stunde ausgeglichen hatte, Duisburg lag bis dahin durch Kentschke in Führung, brachte RWE rein gar nichts auf die Reihe. Viel zu zappelig stellte sich die Heimelf an, fahrig und ungenau im Spielaufbau, leblos auf den Flügeln. Vor allem die herausfordernde Lässigkeit brachte die Zuschauer auf die Palme. Nun also, da neue Impulse mehr als angebracht schienen, wechselte Herbert Burdenski aus. Doch erkor er wohl den Falschen zum Sündenbock, denn als der wahrlich bemühte Hohnhausen den Rasen verließ, gab es wütende Proteste. Beer oder Littek schienen viel eher wechselbedürftig. Enttäuscht waren die Anhänger gleich aus mehreren Gründen. Schon die letzten beiden Heimspiele hatte Essen nicht gewonnen, wodurch die Abstiegsränge inzwischen überflüssigerweise wieder greifbar nah gerückt waren. Gerade für diese Begegnung hatten sie sich außerdem mehr erhofft, schließlich war endlich wieder Toptorjäger Willi Lippens dabei; der Sturm hatte also sein Zugpferd zurück. Doch auch der Niederländer, obwohl er ein Tor schoss und kurz vor Schluss fast noch ein zweites, konnte den Karren nicht rausziehen. Was Duisburg zu diesem Eindruck beitrug, war schwierig zu belegen. Viele Fehler machten die Zebras nicht, auch wussten sie sich der rauen Essener Gangart durchaus gut zu erwehren. Trotzdem erkannten sie viel zu spät, dass auch ein Sieg an der Hafenstraße möglich war. Auf entschlossene Konterzüge wartete man vergeblich.

Durfte trotz schwacher Form durchspielen: Erich Beer

Rot-Weiss Essen - MSV Duisburg 1:1 (1:1)

Sa., 03.04.1971, 15:30 Uhr
Zuschauer: 20.000
SR: Herbert Lutz (Bremen)
Tore: 0:1 Gerhard Kentschke (13.), 1:1 Willi Lippens (33., Kopfball, Vorlage Hohnhausen)
Aufstellung Rot-Weiss Essen: Fred-Werner Bockholt (Note 4,0); Peter Czernotzky (4,0), Hermann Erlhoff (4,0), Herbert Weinberg (3,0), Heinz Stauvermann (4,0); Roland Peitsch (5,0), Diethelm Ferner (3,0), Erich Beer (5,0), Helmut Littek (5,0); Walter Hohnhausen (4,0 - 70. Dieter Bast, –), Willi Lippens (5,0)
Aufstellung MSV Duisburg: Dietmar Linders (4,0); Kurt Rettkowski (4,0 - 46. Heinz-Peter Buchberger, 5,0), Michael Bella (4,0), Detlef Pirsig (4,0), Hartmut Heidemann (3,0); Djordje Pavlic (4,0 - 75. Bernard Dietz, –), Bernd Lehmann (4,0), Johannes Linßen (3,0); Johannes Riedl (4,0), Rainer Budde (5,0), Gerhard Kentschke (4,0)
Besonderheiten: keine

Der Anfang allen Übels

Mit der besten Abwehr der Liga fuhr Braunschweig ins Waldstadion und wurde ausgerechnet beim Abstiegskandidaten so böse verprügelt wie lange nicht. Niemand konnte nachvollziehen, was mit der Eintracht geschehen war - bis es sich Jahre später klärte.

Egal, aus welcher Sicht berichtet wurde, das Ergebnis machte überhaupt keinen Sinn. Nur ein einziges Mal hatte Frankfurt so viele Tore erzielt, seither gar nicht mehr gewonnen und zuletzt in Bremen auch sehr dumm ausgesehen. Gerade deswegen hatte niemand einen Heimsieg auf dem Zettel, vor allem nicht gegen die vermeintlichen Abwehrkünstler aus Braunschweig. Aber die waren dieses Mal nicht ernst zu nehmen. Den Anfang machte ein früher Hölzenbein-Treffer (3.), der die Niedersachsen sofort aus der Reserve lockte und Frankfurt bis in die Haarspitzen motivierte. Von den Minuten 16 bis 20 ließ sich in Echtzeit berichten, so sehr überschlugen sich die Ereignisse. Eine Flanke von Deppe lenkte Horst Heese zunächst ins eigene Netz, um dann Sekunden später auf der anderen Seite das 2:1 zu köpfen (17.). Schon an einer anderen Schlüsselaktion war er beteiligt gewesen, denn seit sein Eisenschädel Ulsaß außer Gefecht gesetzt hatte, war Braunschweig um zwei Klassen schlechter. Einen schlimmeren Keulenschlag erlitten dann eigentlich die Hessen, weil sich Lutz an Deppe verging und vom Platz flog. Unglaubliche 70 Minuten spielte Frankfurt anschließend in Unterzahl und brachte es trotzdem fertig, den Tabellendritten an die Wand zu spielen. Die Zuschauer rieben sich die Augen über das Ausmaß der Übermacht und waren fassungslos über den armseligen Zustand der Gäste. Monate später kam heraus, dass dieses Spiel manipuliert gewesen war.

Sein Platzverweis war nicht geplant: Friedel Lutz

Eintracht Frankfurt - Eintr. Braunschweig 5:2 (3:1)

Sa., 03.04.1971, 15:30 Uhr
Zuschauer: 19.000
SR: Wilfried Hilker (Bochum)
Tore: 1:0 Hölzenbein (3., Vorlage Heese), 1:1 Heese (16., Eigentor, Deppe), 2:1 Heese (17., Kopfball, Grabowski), 3:1 Kalb (30., Kopfball, Grabowski), 4:1 Hölzenbein (62., Grabowski), 4:2 Erler (73.), 5:2 Heese (85., Grabowski)
Aufstellung Eintracht Frankfurt: Peter Kunter (Note 3,0); Karl-Heinz Wirth (3,0), Dieter Lindner (3,0), Friedel Lutz (4,0), Peter Reichel (3,0 - 83. Lothar Schämer, 3,0); Jürgen Kalb (3,0), Bernd Hölzenbein (2,0), Horst Heese (3,0); Jürgen Grabowski (2,0), Jürgen Papies (4,0 - 55. Gert Trinklein, 3,0), Bernd Nickel (3,0)
Aufstellung Eintracht Braunschweig: Horst Wolter (5,0); Wolfgang Grzyb (4,0), Max Lorenz (3,0), Joachim Bäse (5,0), Franz Merkhoffer (4,0); Friedhelm Haebermann (4,0 - 46. Eberhard Haun, 4,0), Bernd Gersdorff (4,0), Lothar Ulsaß (3,0 - 8. Michael Polywka, 4,0); Rainer Skrotzki (4,0), Jaro Deppe (4,0), Dietmar Erler (4,0)
Platzverweise: Friedel Lutz (20.)

Bandura hatte Recht

Die zufällige Pausenführung spielte Hannover einen hilfreichen Joker ins Blatt. Als die Gäste endlich mehr riskierten, schnappte die Konterfalle zu.

Schalkes Heimsieg gegen Hamburg hatte landesweit Eindruck hinterlassen, nur nicht in Hannover. "Die sind viel zu sehr hochgelobt worden", meinte Jürgen Bandura und nahm den Gästen noch vor dem Spiel Wind aus den Segeln. Nach Niedersachsen wiederum fuhren die Knappen sowieso nicht gern - denn die letzten drei Male hatten sie hier verloren. Dem neuen Anlauf fehlte anfangs jedweder Schwung. Eigentlich schien der erste Abschnitt wie gemacht dafür, Hannover ein bisschen zu triezen, statt das laxe Stellungsverhalten der Roten aber auszunutzen, hatten die Gäste zu viel mit sich selbst zu tun. Schalke fehlte ein Raumöffner wie Libuda, der zwar durchaus auf dem Platz stand, mit Stiller aber den stärksten Hannoveraner gegen sich hatte. Fischer hatte ebenfalls einen schweren Stand, was die Minusleistung Pirkners nur noch verschlimmerte. Als die Knappen also partout nicht wollten, konnte 96 nicht länger widerstehen und gab seine Zurückhaltung auf. Tatsächlich gelang sogar ohne Aufwand auch bald das 1:0, weil Libuda seinem Gegenspieler nicht folgte und Rüssmann bei dessen Flanke verkehrt stand; völlig frei kam Keller zum Schuss (37.). Wie erwartet ließ Hannover das Tor erstmal so stehen, zumindest bis zu jenem Moment, als Schalke zur Attacke blies. Gut gemeint waren da einige Pässe von Scheer und van Haaren, doch fielen sie wie Perlen vor die Säue. Weil obendrein das Mittelfeld brach lag, schlug Hannover schnell und grausam zu: Innerhalb von 90 Sekunden machten Bertl und Berg aus der Führung eine Klatsche.

Nahm Libuda vom Netz und leitete auch noch den Spielbetrieb: Rainer Stiller

Hannover 96 - FC Schalke 04 3:0 (1:0)

Sa., 03.04.1971, 15:30 Uhr
Zuschauer: 29.000
SR: Philipp Geng (Freiburg)
Tore: 1:0 Ferdinand Keller (37., Vorlage Stiller), 2:0 Horst Bertl (57.), 3:0 Horst Berg (58.)
Aufstellung Hannover 96: Bernd Helmschrot (Note 3,0); Jürgen Bandura (3,0), Peter Anders (3,0), Hans-Josef Hellingrath (3,0), Rainer Stiller (2,0); Hans-Joachim Weller (4,0), Hans Siemensmeyer (4,0), Horst Berg (3,0), Zvezdan Cebinac (3,0), Ferdinand Keller (3,0), Horst Bertl (4,0)
Aufstellung FC Schalke 04: Norbert Nigbur (4,0); Hans-Jürgen Wittkamp (3,0), Rolf Rüssmann (4,0), Klaus Fichtel (3,0), Jürgen Sobieray (4,0); Herbert Lütkebohmert (4,0), Klaus Scheer (4,0 - 58. Jürgen-Michael Galbierz, –), Heinz van Haaren (3,0); Reinhard Libuda (5,0), Klaus Fischer (5,0), Hans Pirkner (6,0)
Besonderheiten: keine

Selbst disqualifiziert

Die Ereignisse vom Bökelberg überlagerten dieses Spiel ein wenig, dabei spielte sich hier die eigentliche Dramatik ab. Bayern dominierte die Pfälzer klar, verlor aber noch auf eine Weise, dass es den Fans die Schuhe auszog.

Wieder lag der Unterschied zwischen Cleverness und Fahrlässigkeit im schmalen Bereich, denn nach einer Stunde schwärmte man noch von der Lattek-Elf, die klar und gezielt nach vorne gespielt und das vermeintliche Siegtor auch verdient hatte. Doch dann geschah, was schon so oft geschehen war. Zum achten (!) Mal nämlich schafften es die Münchener nicht, eine 1:0-Führung über die Zeit zu bringen - trotz tabellarisch noch immer bester Chancen schien die Befähigung zur Deutschen Meisterschaft nun endgültig wiederlegt, dem Druck auf dem heißen Kessel Betzenberg war der FC Bayern nicht gewachsen. Angeheizt war die Stimmung bereits vor dem Spiel, denn gleich mit 0:5 hatte Kaiserslautern im Pokalspiel auf die Mütze bekommen und noch Diehl wegen einer Verletzung verloren. Lauterns Rachelust war daher groß. Nicht besser wurde es, als Breitner gleich nach drei Minuten Pirrung umlegte und für ein weiteres Foul später Gelb sah. Noch unbeliebter war nur Beckenbauer, weil er nicht nur Friedrich in den Rücken stieß, sondern auch noch sehr gut spielte. Nach errungener Spielkontrolle brachte Hoeneß die Gäste unter gellenden Pfiffen dann in Führung - die Bayern dominierten nun klar und sahen auch sonst irgendwie clever aus. Doch dann passierte es: Von jetzt auf gleich war der Tresor einfach offen, die Verteidiger wurden nervös, und Lautern keulte los. Sechs Minuten vor Schluss glich Hosic aus, Sekunden später traf Fuchs sogar zum Sieg. Zwei weiteren Treffern entgingen die Gäste nur knapp.

In der Pfalz nicht gern gesehen: Paul Breitner

---

1. FC Kaiserslautern - FC Bayern München 2:1 (0:0)

Sa., 03.04.1971, 15:30 Uhr
Zuschauer: 32.000
SR: Hans-Joachim Weyland (Oberhausen)
Tore: 0:1 Ulrich Hoeneß (66., Vorlage Friedrich), 2:1 Fritz Fuchs (85., Reinders)
Aufstellung 1. FC Kaiserslautern: Josef Elting (Note 3,0); Peter Blusch (4,0 - 68. Günther Rademacher, 3,0), Dietmar Schwager (3,0), Günther Reinders (2,0), Fritz Fuchs (3,0); Jürgen Friedrich (3,0), Otto Rehhagel (3,0), Josef Pirrung (4,0); Karl-Heinz Vogt (4,0), Idriz Hosic (3,0), Klaus Ackermann (3,0)
Aufstellung FC Bayern München: Sepp Maier (2,0); Herwart Koppenhöfer (4,0), Paul Breitner (4,0), Franz Beckenbauer (2,0), Georg Schwarzenbeck (4,0); Franz Roth (4,0), Edgar Schneider (4,0 - 64. Jürgen Ey, 4,0), Rainer Zobel (4,0), Gerd Müller (4,0 - 65. Johnny Hansen, 3,0), Ulrich Hoeneß (3,0), Karl-Heinz Mrosko (4,0)
Besonderheiten: keine

Der legendäre Pfostenbruch

Werder hielt sich erstaunlich tapfer und war drauf und dran, dem Meister einen Punkt abzuluchsen. Am Ende aber war alles hinfällig, denn drei Minuten vor Schluss wurde Bundesligageschichte geschrieben.

Jene Menschen, die vor Minute 88 das Stadion schon verlassen hatten, durften sich diese Entscheidung ein Leben lang nicht verzeihen. Was in diesem Moment am Bökelberg geschah, das hatte es in der Bundesliga noch nie gegeben - eine Begegnung ohne Resultat. Im Einzelnen passierte dies: Gladbach lieferte eine enttäuschende Vorstellung und fand in Bremen einen zähen Gegner. Mehr als 20 Ecken nützten nichts, weil Bernard in Glanzform war und Schütz in seinem 750. Werder-Spiel ebenfalls. Auf Hasebrinks Ausgleich (16.) wussten die Gastgeber keine Antwort mehr, nachdem Köppel per Kopf die frühe Führung gelungen war (7.). Den Heimsieg hatten sie sich schon aus dem Kopf geschlagen. Drei Minuten vor Abpfiff dann segelte noch eine Flanke in den Strafraum. Herbert Laumen, für die neue Saison schon bei Werder unter Vertrag, wuchtete sich hinein, rutschte ohne Ball ins Tor und brachte selbiges damit zu Fall: Der morsche Pfosten brach einfach durch. Heilloses Durcheinander nun am Bökelberg, denn das Holz war unwiederbringlich kaputt und eine Fortsetzung des Spiels unmöglich. Schiri Meuser wusste auch nicht weiter, räumte Gladbach eine Frist für ein Ersatztor ein und brach danach dann endgültig ab. Punkte bekam vorerst niemand. So musste dann das Sportgericht entscheiden, und dies fällte einen völlig überraschenden Entschluss: Nicht wie erwartet mit 1:1, sondern mit 0:2 wurde das Spiel gewertet. Sollte Gladbach also letztlich ein Zähler zur Meisterschaft fehlen, Herbert Laumen hätte ihn auf dem Gewissen.

Wurde in diesem Spiel berühmt: Herbert Laumen

Borussia Mönchengladbach - SV Werder Bremen 0:2 *

Sa., 03.04.1971, 15:30 Uhr
Zuschauer: 14.500
SR: Gert Meuser (Ingelheim)
Tore: 1:0 Horst Köppel (7., Kopfball, Vorlage Heynckes), 1:1 Heinz-Dieter Hasebrink (16., Björnmose)
Aufstellung Borussia Mönchengladbach: Wolfgang Kleff (Note 2,0); Rainer Bonhof (5,0 - 66. Hans-Jürgen Wloka, 5,0), Berti Vogts (3,0), Ludwig Müller (3,0), Hartwig Bleidick (4,0); Peter Dietrich (5,0 - 36. Herbert Laumen, 4,0), Günter Netzer (3,0), Horst Köppel (4,0); Herbert Wimmer (4,0), Jupp Heynckes (5,0), Ulrik Le Fevre (5,0)
Aufstellung SV Werder Bremen: Günter Bernard (2,0); Dieter Zembski (3,0), Rudolf Assauer (3,0), Arnold Schütz (2,0), Egon Coordes (3,0); Heinz-Dieter Hasebrink (4,0), Karl-Heinz Kamp (4,0), Bernd Schmidt (4,0); Bernd Lorenz (4,0), Ole Björnmose (4,0), Eckhard Deterding (5,0)
Besonderheiten: Torpfostenbruch in der 88. Spielminute

ZEITFENSTER
29. März - 4. April 1971

My Lai-Prozess
(USA, 23. März)
Das von US-Soldaten verübte Massaker (mehr als 500 Tote) an vietnamesischen Zivilisten im Ort My Lai war vor einem Militärgericht in den USA verhandelt worden. In einem ersten Urteil wurde der verantwortliche Oberleutnant Calley zu einer lebenslangen Zwangsarbeit, Ausschluss aus der Armee sowie Verlust aller finanziellen Bezüge verurteilt. Große Teile der amerikanischen Öffentlichkeit forderten die Regierung auf, Verantwortung für die Untat zu übernehmen - was ausblieb. Stattdessen erreichte Calley in Revisionsverfahren nacheinander die Verkürzung der lebenslangen Haftstrafe auf erst 20, dann 10 Jahre und 1975 schließlich die komplette Aufhebung.

Manson-Prozess
(USA, 30. März)
Eine Woche nach dem Urteil im My-Lai-Prozess stand das Urteil in einem anderen, von weltweiter Öffentlichkeit begleiteten Prozess an. Der Sektenchef Charles Manson und drei seiner Anhängerinnen wurden des Mordes an sieben Personen, darunter die schwangere Schauspielerin Sharon Tate, für schuldig befunden und zum Tod in der Gaskammer verurteilt. Später wurden alle Todesurteile aus verfassungsrechtlichen Gründen in lebenslange Haftstrafen umgewandelt.

Gummersbach zum dritten
(Dortmund, 2. April)
Superstimmung in der Westfalenhalle: Zum dritten Mal sicherten sich die Handballcracks des VfL Gummersbach den europäischen Landesmeisterpokal durch ein 17:16 gegen Steaua Bukarest.

Ebstein wieder Dritte
(Irland, 3. April)
Dublin war Austragungsort der 71er "Grand Prix Eurovision de la Chanson"-Auflage und wie im Vorjahr vertrat Katja Ebstein die deutschen Farben bzw. Töne. Und - Wunder gibt es immer wieder - wie im Vorjahr landete sie auf Platz drei. "Diese Welt" war Gegenstand und Titel ihres Beitrages. Die Französin Severin ging für Monaco an den Start und sammelte die meisten Stimmen ein.

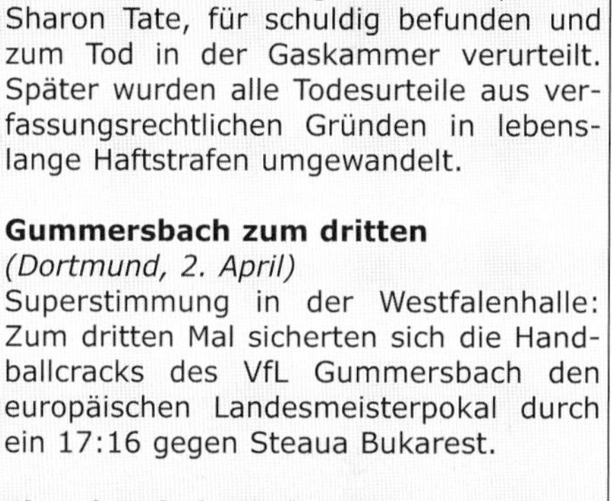

Ihr Siegertitel "Une banc, un arbre, une rue" kam später in deutsch als "Mach die Augen zu" auf den Markt: Severine alias Josiane Grizeau

Bundesliga 1970/1971 – 28. Spieltag

Franz Roth kann es nicht fassen. Nach einem Foul an Bechtold muss er in der 75. Spielminute den Platz verlassen (Kickers Offenbach - Bayern München 1:1)

Leistungsstau und Sittenverfall

Schalkes Skandalspiel warf einen Schatten auf den Spieltag und nahm Bielefeld zugleich den Zauber seines zweiten Auswärtssieges. Ohnehin sah man auf den Plätzen diesmal auffallend schwache Leistungen.

Der 1. FC Köln verlor schon zum dritten Mal mit 0:1 gegen Hannover und spielte dabei so schwach, dass es dem Gäste-Trainer unangenehm war. Auch Oberhausen hätte gegen Kaiserslautern niemals gewinnen dürfen, bekam in zwei günstigen Momenten je einen Elfmeter geschenkt und errang so ein fragwürdiges 4:2. Im gleichen Maße wurde Hertha hofiert, nur dass es am Ende gar 5:2 hieß, obwohl der BVB sogar ein richtig gutes Spiel hinlegte. Stuttgarts Heimsieg gegen Essen fiel wiederum zu niedrig aus. Im Titelkampf gab es offiziell keine Bewegung, doch hatte Gladbachs Punkt in Braunschweig weitaus mehr Gewicht als das schale 1:1 der Bayern am Bieberer Berg. Nach Sensation roch es derweil auf Schalke. Was Königsblau und Bielefeld veranstalteten, entpuppte sich später jedoch als der dunkelste Moment der Bundesligageschichte.

Ergebnisse – 28. Spieltag 1970/1971

Sa., 17.04.71	Hertha BSC Berlin	-	Borussia Dortmund	5:2 (2:0)
Sa., 17.04.71	Eintracht Braunschweig	-	Borussia Mönchengladbach	1:1 (1:1)
Sa., 17.04.71	SV Werder Bremen	-	Hamburger SV	2:2 (1:0)
Sa., 17.04.71	MSV Duisburg	-	Eintracht Frankfurt	3:1 (2:0)
Sa., 17.04.71	1. FC Köln	-	Hannover 96	0:1 (0:1)
Sa., 17.04.71	Rot-Weiß Oberhausen	-	1. FC Kaiserslautern	4:2 (2:0)
Sa., 17.04.71	Kickers Offenbach	-	FC Bayern München	1:1 (0:0)
Sa., 17.04.71	FC Schalke 04	-	Arminia Bielefeld	0:1 (0:0)
Sa., 17.04.71	VfB Stuttgart	-	Rot-Weiss Essen	5:1 (3:0)

Tabelle

Platz	Verein	S	U	N	Tore	Differenz	Punkte
1.	Borussia Mönchengladbach	15	9	4	59:27	+32	39:17
2.	FC Bayern München	14	10	4	55:30	+25	38:18
3.	Eintracht Braunschweig	14	6	8	46:29	+17	34:22
4.	Hertha BSC Berlin	13	8	7	49:35	+14	34:22
5.	FC Schalke 04	14	5	9	38:27	+11	33:23
6.	1. FC Köln	10	10	8	37:38	-1	30:26
7.	SV Werder Bremen	9	11	8	33:32	+1	29:27
8.	MSV Duisburg	10	9	9	32:37	-5	29:27
9.	Hamburger SV	9	10	9	44:56	-12	28:28
10.	VfB Stuttgart	10	7	11	45:43	+2	27:29
11.	Hannover 96	10	6	12	41:39	+2	26:30
12.	1. FC Kaiserslautern	11	4	13	45:51	-6	26:30
13.	Borussia Dortmund	9	7	12	40:47	-7	25:31
14.	Rot-Weiss Essen	7	9	12	38:45	-7	23:33
15.	Arminia Bielefeld	9	5	14	29:44	-15	23:33
16.	Kickers Offenbach	6	8	14	38:53	-15	20:36
17.	Eintracht Frankfurt	7	6	15	28:44	-16	20:36
18.	Rot-Weiß Oberhausen	6	8	14	38:58	-20	20:36

Torjägerliste - Zuschauer - Selbsttore - Platzverweise

Torjägerliste:
1. Vogt: 19 Tore
2. G. Müller, Lippens: je 18 Tore
3. Ulsaß: 16 Tore

Zuschauer: 167.500
Tore: 33
Selbsttore: keine
Platzverweise: 1

Zweimal griff der Schiri ein

Schon das Pausenergebnis war kaum einzusehen. Dass Hertha am Ende aber gar noch einen Kantersieg landete, wurde beiden Mannschaften in keiner Weise gerecht.

Dortmund hatte sich für eine Überraschungstaktik entschieden und war gerade nicht, wie allgemein erwartet, zuvorderst auf Vorsicht bedacht, sondern suchte seinen Erfolg in einer offenen Feldschlacht, um auf diese Weise letztlich tragisch zu unterliegen. Besonders im ersten Durchgang reichten die Überfälle aus, um Hertha eine ganze Zeit lang zu verwirren. Klarer Chef im Ring war auf Dortmunder Seite Held, der den keineswegs schwachen Patzke oft genug an der Nase herum führte, ohne allerdings von den Sturmkollegen ausreichend unterstützt zu werden. Erst Schütz und Kurrat, Mitspieler aus dem tieferen Mittelfeld, waren Held in punkto Spielverständnis gewachsen. Ohne Heidkamp und Weist spielte Dortmund nichtsdestotrotz ein ansehnliches Spiel und hielt auch prächtig mit, bis Horr überraschend das 1:0 erzielte, weil Peehs im Strafraum angeblich gefoult hatte. Schuldig machten sich die Borussen anschließend trotzdem, denn zwei gute Chancen ließen sie ungenutzt und fingen sich stattdessen zum ungünstigsten Zeitpunkt noch das 2:0 durch Steffenhagen (45.). Umso bitterer für den BVB, dass Herr Riegg aus Augsburg sich nach dem Anschlusstor von Schütz per Freistoß sowie nach Helds fabelhaftem Solo zum 2:2 (72.) ein zweites Mal als Heimschiedsrichter erwies: Rielanders Berührung an Gayer schien ebenfalls nicht zwingend elfmeterwürdig (76.). Erst nach diesem Vorfall begann der BVB wirklich zu zerbröseln und fing sich Treffer, die im ersten Durchgang niemals gefallen wären und für die Hertha eigentlich zu keiner Zeit gut genug war.

Zu stark für die eigenen Mitspieler: Siegfried Held

Hertha BSC Berlin - Borussia Dortmund 5:2 (2:0)

Sa., 17.04.1971, 15:30 Uhr
Zuschauer: 28.000
SR: Karl Riegg (Augsburg)
Tore: 1:0 Horr (19., Foulelfmeter, Steffenhagen), 2:0 Steffenhagen (45.), 2:1 J. Schütz (54., Freistoß), 2:2 Held (72., Vorlage Weinkauff), 3:2 Horr (76., Foulelfmeter, Gayer), 4:2 Gayer (84., Kopfball, Sperlich), 5:2 Horr (86.)
Aufstellung Hertha BSC Berlin: Volkmar Groß (Note 3,0); Bernd Patzke (4,0), Jürgen Rumor (3,0), Tasso Wild (3,0), Peter Enders (4,0); Laszlo Gergely (5,0), Wolfgang Gayer (2,0), Hans-Jürgen Sperlich (4,0), Zoltan Varga (4,0), Lorenz Horr (3,0), Arno Steffenhagen (3,0)
Aufstellung Borussia Dortmund: Klaus Günther (3,0); Gerd Peehs (4,0 - 46. Hans-Joachim Andree, 4,0), Branco Rasovic (4,0), Willi Neuberger (3,0), Reinhold Wosab (4,0); Dieter Kurrat (3,0), Jürgen Schütz (3,0 - 69. Theodor Rieländer, –); Manfred Ritschel (4,0), Siegfried Held (2,0), Dieter Weinkauff (4,0), Theo Bücker (5,0)
Besonderheiten: keine

Der Schütze wusste von nichts

Bayerns Hoffnung auf einen Gladbacher Ausrutscher erfüllte sich wieder nicht. Genauso kompakt und routiniert wie Braunschweig gingen auch die Fohlen die Begegnung an. Heraus kam ein ereignisarmes Unentschieden.

Ohne Erinnerung an sein Tor: Lothar Ulsaß

Bezeichnend für die sorglose Härte, mit der dieses Spitzenspiel geführt wurde, war das Braunschweiger Ausgleichstor: Eine Gersdorff-Flanke von rechts erreichten Müller und Ulsaß im gleichen Moment. Weil niemand zurückziehen wollte, kam es zum schmerzhaften und folgenreichen Zusammenstoß. Mehrere Minuten lang lag Ulsaß wie betäubt am Boden, bis er nach intensiver Behandlung wieder aufstand und das Spiel zu Ende brachte. "Erst in der Kabine erfuhr ich, dass aus jener Szene ein Tor entstanden war", gab er später zu. Auf seinen Spielmacher zu verzichten, wäre Braunschweig reichlich schwer gefallen, denn um diese enge Partie zu entscheiden, brauchte es Leute von hohem technischen Sachverstand. Auf beiden Seiten stand je eine Mauer, und man schenkte sich gar nichts im Bemühen, das gegnerische Bollwerk zu durchlöchern. Die Führung gelang dem Meister schon zeitig, weil Netzer einen Pass auf Heynckes spielte und dieser in einem klugen Moment das Bein hob. Laumen startete durch und erzielte das 0:1 (8.). Was den Rest der ersten Hälfte anging, so sprachen beide Trainer hinterher von einer herausragenden Partie mit brillanten technischen Aktionen und großartigem Flügelspiel auf beiden Seiten. Was indes fehlte, waren seltsamerweise die Torszenen. Ganze sieben Ecken wurden insgesamt gezählt, davon drei getreten von Günter Netzer, dessen Spiel beraubt um die Standards ein wenig kümmerlich wirkte. Auch mit brummendem Schädel gewann Ulsaß das Spielmacherduell klar.

Eintracht Braunschweig - Mönchengladbach 1:1 (1:1)

Sa., 17.04.1971, 15:30 Uhr
Zuschauer: 30.000
SR: Alfons Betz (Regensburg)
Tore: 0:1 Herbert Laumen (8., Vorlage Netzer), 1:1 Lothar Ulsaß (26., Kopfball, Gersdorff)
Aufstellung Eintracht Braunschweig: Horst Wolter (Note 3,0); Wolfgang Grzyb (3,0), Joachim Bäse (2,0), Max Lorenz (3,0), Franz Merkhoffer (3,0); Friedhelm Haebermann (3,0), Lothar Ulsaß (2,0), Bernd Gersdorff (3,0), Rainer Skrotzki (5,0 - 62. Eberhard Haun, 4,0), Jaro Deppe (4,0), Dietmar Erler (3,0)
Aufstellung Borussia Mönchengladbach: Wolfgang Kleff (3,0); Berti Vogts (4,0), Klaus-Dieter Sieloff (2,0), Ludwig Müller (2,0), Hartwig Bleidick (3,0); Herbert Laumen (3,0 - 46. Peter Dietrich, 4,0), Herbert Wimmer (3,0), Günter Netzer (3,0), Horst Köppel (5,0), Jupp Heynckes (4,0), Ulrik Le Fevre (5,0 - 77. Hans-Jürgen Wloka, –)
Besonderheiten: keine

Alles in den Wind gesetzt

Zur Pause hielt Werder alle Trümpfe in der Hand, weil die Vorstellung zwar kaum besser als die der Gäste aussah, Hamburg aber im zweiten Durchgang gegen den Wind anrennen musste. Trotzdem schaffte der HSV noch zwei Tore.

Die insgesamt äußerst dürftige Partie wurde sehr von den starken Böen beeinträchtigt, was am Ende als taugliches Alibi diente. "Keine Mannschaft hatte den Sieg verdient", blieb Werders Trainer trotzdem ehrlich mit sich selbst. Vor allem sein Team disqualifizierte sich für einen Heimerfolg, weil es gleich zweimal seine günstige Ausgangslage verspielte. Das fünfte Remis in Folge im ruhmreichen Nordderby, zur Halbzeitpause schien es durchaus abwendbar. Zunächst spielte Werder gegen den Wind, was ohnehin eine gute Ausgangslage schien, da im ersten Abschnitt die Kräfte gemeinhin reichlicher vorrätig sind. Werder spielte flach und konzentriert, nicht berauschend zwar, aber doch ausreichend stark, um den Rivalen auf schmalem Niveau zu dominieren. Als die Gäste Schmidts Führung (28.) bis zum Seitenwechsel noch nicht ausgeglichen hatten, schien der Sieger gefunden. Genau das aber wurde den Bremern zum Verhängnis, weil sie viel zu lässig aus der Kabine kamen und den schüchternen Gästen mit dem Wind im Gesicht rein gar nichts zutrauten; kein einziges Mal hatten sie Bernards Kasten bis dahin bedroht. So brauchte es Hönigs Ausgleich (63.), um Werders Gier nach einem Tor wieder zu wecken. Drei Minuten vor Schluss standen die Zeichen wieder gut, als Lorenz per Kopf das 2:1 erzielte. Nicht einmal eine Minute später aber brachten die Werderaner die Führung über die Zeit und durften für den Punktverlust am Ende noch nicht einmal den Wind verantwortlich machen.

Fühlte sich kurz als Siegtorschütze: Bernd Lorenz

SV Werder Bremen - Hamburger SV 2:2 (1:0)

Sa., 17.04.1971, 15:30 Uhr
Zuschauer: 25.000
SR: Hans Voss (Wolbeck)
Tore: 1:0 Bernd Schmidt (28., Rechtsschuss), 1:1 Franz-Josef Hönig (63.), 2:1 Bernd Lorenz (87., Kopfball), 2:2 Gerd Klier (88.)
Aufstellung SV Werder Bremen: Günter Bernard (Note 4,0); Dieter Zembski (3,0), Rudolf Assauer (3,0), Arnold Schütz (4,0), Herbert Meyer (4,0); Bernd Schmidt (4,0), Karl-Heinz Kamp (4,0), Heinz-Dieter Hasebrink (3,0), Eckhard Deterding (5,0 - 68. Volker Schöttner, –), Bernd Lorenz (4,0), Ole Björnmose (4,0)
Aufstellung Hamburger SV: Arkoc Özcan (4,0); Helmut Sandmann (4,0), Jürgen Kurbjuhn (3,0), Willi Schulz (4,0), Hans-Jürgen Ripp (4,0); Peter Nogly (4,0), Hans-Jürgen Hellfritz (4,0 - 80. Robert Pötzschke, –), Franz-Josef Hönig (3,0); Siegfried Beyer (4,0), Uwe Seeler (4,0), Charly Dörfel (5,0 - 63. Gerd Klier, 4,0)
Besonderheiten: keine

Keine guten Verlierer

Als Bernard Dietz neun Minuten vor Schluss verletzt den Platz verließ, hatte Frankfurt das Schlimmste überstanden. Am Duisburger Heimsieg war allerdings nicht mehr zu rütteln.

Sein besseres Spiel präsentierte der MSV eindeutig im ersten Durchgang. Nur zu logisch wiederum ergab sich eine Ruhestellung, aus der heraus Meiderich die moderate Pausenführung verwaltete, bis Schiedsrichter Fuchs am Ende noch einen Elfmeter drauflegte (84.). Spielentscheidend war der Strafstoß also nicht mehr, trotzdem plusterten sich die Hessen drüber ganz fürchterlich auf, brachten eine völlig unnötige Härte ins Spiel, auf deren Höhepunkt sich Heese und Pavlic fast eine Prügelei geliefert hätten. Nickels Ehrentreffer vermochte die Gäste auch nicht mehr zu trösten (89.). Der Mann des Spiels bekam all dies nicht mehr mit, weil er nach 80 Minuten mit einer Knöchelverletzung ausgewechselt werden musste. Hätte sich Dietz schon im ersten Durchgang verletzt, der Duisburger Heimsieg hätte sicher nicht so glatt über die Bühne gehen können. Überragende Szenen verzeichnete dieser Dietz, vor allem Papies hatte unter seinen Frechheiten zu leiden. Dass Budde und Riedl im Angriff kaum zur Geltung kamen, störte den MSV nicht, hatte er doch eine Menge in der Hinterhand. Nicht zufällig fielen beide Treffer vor der Pause durch Fernschüsse, womit sich Pavlic (29.) und auch Pirsig (42.) jeweils für eine tolle Leistung belohnten. "Wenn es dann nicht läuft, geht von niemandem die Direktive aus", beklagte Erich Ribbeck und spielte vor allem auf Grabowski an. Sein großes Solo im ersten Abschnitt gewann nur den Schönheitspreis, danach tauchte er wie alle anderen Hessen unter.

Wurde fast in einen Faustkampf verwickelt: Djordje Pavlic

MSV Duisburg - Eintracht Frankfurt 3:1 (2:0)

Sa., 17.04.1971, 15:30 Uhr
Zuschauer: 9.000
SR: Norbert Fuchs (Herdorf)
Tore: 1:0 Djordje Pavlic (29., Vorlage Budde), 2:0 Detlef Pirsig (42.), 3:0 Rainer Budde (84., Foulelfmeter, Kentschke), 3:1 Bernd Nickel (89.)
Aufstellung MSV Duisburg: Dietmar Linders (Note 4,0); Heinz-Peter Buchberger (4,0), Hartmut Heidemann (4,0), Detlef Pirsig (2,0), Michael Bella (4,0); Djordje Pavlic (3,0), Johannes Linßen (3,0), Bernard Dietz (1,0 - 81. Hans Sondermann, –); Johannes Riedl (4,0), Rainer Budde (4,0), Gerhard Kentschke (3,0 - 85. Georg Damjanoff, –)
Aufstellung Eintracht Frankfurt: Peter Kunter (4,0); Karl-Heinz Wirth (5,0 - 72. Thomas Rohrbach, 4,0), Gert Trinklein (3,0), Dieter Lindner (4,0), Peter Reichel (3,0); Jürgen Kalb (5,0), Bernd Hölzenbein (4,0); Jürgen Grabowski (4,0), Horst Heese (5,0), Jürgen Papies (4,0), Bernd Nickel (4,0)
Besonderheiten: keine

161

Johannsen war es peinlich

Hannover erwischte wahrlich keinen Sahnetag, spielte einfach nur seinen Stiefel runter und schlug sich eher schlecht als recht. Trotzdem schaffte Köln es zu verlieren.

Drei Minuten vor Schluss wurde das ganze Kölner Elend auf eine einzige Szene reduziert. Im hilflosen Durcheinander rettete Anders mit der Hand auf der Linie, wodurch sich doch noch die Chance zum Ausgleich ergab, den die Geißböcke eigentlich nicht verdient hatten. Werner Biskup schnappte sich den Ball, legte ihn auf den Punkt und schoss an die Torstange. Zusätzlich bitter: Direkt nach dem Handspiel hatte Rupp das Leder noch ins Netz befördert; Schiedsrichter Linn aber gab den Treffer nicht, weil er bereits auf Elfmeter entschieden hatte. Anders' Unsportlichkeit wurde also belohnt. Als die Niederlage schließlich feststand, war vom unsäglichen Strafstoß kaum mehr die Rede. Alles schimpfte nur auf den FC, der sich ungeheuer gleichgültig an die Partie herangemacht hatte und mit seiner Lässigkeit die wenigen Zuschauer verärgerte. Zwar setzte es erst die zweite Heimniederlage der Saison, doch unter diesen Vorzeichen waren weitere Pleiten unausweichlich. "Ich schmälere die Leistung der Niedersachsen nicht, wenn ich sage, dass wir sie ganz klar hätten schlagen müssen." Ernst Ocwirk war ebenso erschrocken wie Kollege Johannsen, der sich höflicherweise darum herumwand, unter welchen Umständen Hannover zu zwei Punkten kam. Die Gäste selbst spielten reichlich bieder, aber doch noch gut genug, um sich die Verfassung der Geißböcke zunutze zu machen. Beim einzigen Treffer befand sich gleich die gesamte Kölner Abwehr im Tiefschlaf, auch Manfred Manglitz, der viel zu weit vor seinem Tor stand und daher von Keller mühelos überlupft werden konnte (44.).

Ihm wurde es leicht gemacht: Ferdinand Keller

1. FC Köln - Hannover 96 0:1 (0:1)

Sa., 17.04.1971, 15:30 Uhr
Zuschauer: 7.000
SR: Günter Linn (Altendiez)
Tore: 0:1 Ferdinand Keller (44., Vorlage Siemensmeyer)
Aufstellung 1. FC Köln: Manfred Manglitz (Note 4,0); Karl-Heinz Thielen (5,0), Heinz Simmet (5,0), Werner Biskup (5,0), Kurt Kowalski (5,0); Wolfgang Weber (4,0), Heinz Flohe (3,0), Jupp Kapellmann (5,0); Thomas Parits (5,0), Bernd Rupp (4,0), Hennes Löhr (5,0)
Aufstellung Hannover 96: Bernd Helmschrot (3,0); Horst Bertl (4,0), Peter Anders (4,0), Hans-Josef Hellingrath (4,0), Jürgen Bandura (4,0); Hans-Joachim Weller (5,0), Hans Siemensmeyer (4,0), Horst Berg (5,0); Willi Reimann (5,0), Ferdinand Keller (4,0), Claus Brune (5,0)
Besonderheiten: Biskup verschießt Handelfmeter (87.) - an den Pfosten

Rätsel um Krauthausen

Den überlebenswichtigen Heimsieg brachte Oberhausen irgendwie fertig. Trotzdem gab es lange Gesichter im Niederrheinstadion, denn die Leistung stimmte nicht zuversichtlich.

Vier Tore und zwei Punkte, der erste Sieg unter dem neuen Übungsleiter sowie das Heranholen eines direkten Konkurrenten - RWO hatte gute Gründe, mit der Beute zufrieden zu sein und war es trotzdem nicht. "Das war das schlechteste der drei Spiele, in denen ich die Mannschaft betreute", sagte Günther Brocker, der genau wusste, dass er sich für die Punkte beim Schiedsrichter bedanken musste. Der Unparteiische aus Großeschede lag gleich mehrfach ganz gehörig daneben und hofierte die Gastgeber in der Summe damit zum Sieg. Nach drei Minuten schoss er den ersten Bock, als er nach einem sauberen Luftkampf völlig willkürlich auf Strafstoß entschied. Ein schöneres Geschenk konnte Oberhausen nicht bekommen, denn der FCK war fortan so von der Rolle, dass auch ein Kreisligist sich an den Pfälzern wohl vergangenen hätte. Erst mit dem 3:0 durch Sühnholz, einem viel zu hohen Zwischenergebnis, fühlten sich die Gäste an der Ehre gepackt und fanden zu ihrem Spiel. Zwei Tore in zehn Minuten brachten wiederum Oberhausen ins Schwimmen, woraufhin Brocker plötzlich Krauthausen vom Feld nahm obwohl er es gewesen war, dessen schöne Zuspiele RWO erst eine Führung beschert hatten. Bewirken mochte der Wechsel indes nichts; die Kleeblätter taumelten von einer Verlegenheit in die andere und bettelten um den Ausgleich, bis im besten Moment dann der Referee wieder eingriff und zum zweiten Mal auf den Punkt zeigte (77.). Diesmal war es sogar noch unangebrachter als beim 1:0.

Der offzielle Sündenbock: Franz Krauthausen

Rot-Weiß Oberhausen - 1. FC Kaiserslautern 4:2 (2:0)

Sa., 17.04.1971, 15:30 Uhr
Zuschauer: 12.000
SR: Walter Horstmann (Hildesheim)
Tore: 1:0 Lothar Kobluhn (3., Foulelfmeter, Sühnholz), 2:0 Lothar Kobluhn (12., Vorlage Fritsche), 3:0 Wolfgang Sühnholz (53., L. Kobluhn), 3:1 Karl-Heinz Vogt (55., Pirrung), 3:2 Josef Pirrung (65., Reinders), 4:2 Lothar Kobluhn (77., Foulelfmeter, Sühnholz)
Aufstellung Rot-Weiß Oberhausen: Wolfgang Scheid (Note 4,0); Hermann-Josef Wilbertz (3,0), Friedhelm Dick (2,0), Uwe Kliemann (3,0), Werner Ohm (3,0); Lothar Kobluhn (2,0), Reiner Hollmann (4,0), Dieter Brozulat (4,0); Wolfgang Sühnholz (4,0), Hans Fritsche (4,0 - 65. Hans Schumacher, –), Franz Krauthausen (4,0 - 65. Gert Fröhlich, –)
Aufstellung 1. FC Kaiserslautern: Josef Elting (4,0); Günther Rademacher (5,0), Günther Reinders (4,0), Dietmar Schwager (4,0), Fritz Fuchs (4,0); Otto Rehhagel (5,0 - 46. Peter Blusch, 4,0), Jürgen Friedrich (3,0), Idriz Hosic (4,0); Josef Pirrung (4,0), Karl-Heinz Vogt (4,0), Klaus Ackermann (4,0)
Besonderheiten: keine

Unterlassene Hilfeleistung

Die "Woche der Wahrheit" endete tragisch für den FC Bayern. Nach der Pleite am Bökelberg kam er auch in Offenbach nicht zum gewünschten Ergebnis und büßte obendrein noch einen Spieler ein. Die Nerven lagen blank.

Gemein fühlte sich das Remis trotz aller Hochachtung nur für Offenbach an. Die Kickers wuchsen förmlich über sich hinaus an diesem Tag, spielten den vermeintlichen Titelkandidaten schwindelig und scheiterten nur wieder an sich selbst, weil ihnen nach wie vor ein Knipser fehlte. Als der Treffer dann doch endlich fiel, war es fast schon zu spät, denn eine satte halbe Stunde noch blieb den Bayern Zeit, endlich zu sich zu finden und den immer müderen Kickers zumindest einen Punkt abzunehmen. Dass es noch gelang, war nicht gerecht, denn alles Gäste spielten blutleer und steril. Selten hatte das Mittelfeld mehr einen offensiven Beckenbauer gebraucht, doch der hielt sich zurück. Breitner und Zobel reichten in dieser Form nicht aus, um die müden Stürmer in Szene zu setzen. Mrosko konnte man ohnehin komplett abschreiben. Nach 75 Minuten hatte der OFC eigentlich gewonnen, denn im Laufduell mit Bechtold gingen Roth plötzlich die Gäule durch, was nur zu deutlich zeigte, wie es um die Nerven der Münchener bestellt war. Nur 120 Sekunden nach dem Platzverweis fiel trotzdem der Ausgleich, weil Müller sich ein einziges Mal aus dem Schatten Schmitts zu lösen verstand. Vorbereiter war der frische Koppenhöfer, was Offenbachs Trainer hinterher in Erklärungsnot brachte. Obwohl vor allem Weida und Schäfer nur noch auf dem Zahnfleisch schlurften, kam eine Auswechslung für Kuno Klötzer nicht in Frage.

Flankte präzise zum Punktgewinn: Herwart Koppenhöfer

Kickers Offenbach - FC Bayern München 1:1 (0:0)

Sa., 17.04.1971, 15:30 Uhr
Zuschauer: 31.500
SR: Heinz Aldinger (Waiblingen)
Tore: 1:0 Walter Bechtold (63., Foulelfmeter, E. Kremers), 1:1 Gerd Müller (77., Kopfball, Vorlage Koppenhöfer)
Aufstellung Kickers Offenbach: Karlheinz Volz (Note 4,0); Nikolaus Semlitsch (3,0), Egon Schmitt (3,0), Helmut Kremers (3,0), Josef Weilbächer (3,0); Roland Weida (3,0), Walter Bechtold (3,0), Winfried Schäfer (5,0); Horst Gecks (3,0), Klaus Winkler (4,0), Erwin Kremers (3,0)
Aufstellung FC Bayern München: Sepp Maier (3,0); Johnny Hansen (3,0), Georg Schwarzenbeck (3,0), Franz Beckenbauer (3,0), Peter Pumm (3,0); Paul Breitner (3,0), Rainer Zobel (4,0 - 63. Herwart Koppenhöfer, 3,0), Ulrich Hoeneß (3,0); Franz Roth (3,0), Gerd Müller (4,0), Karl-Heinz Mrosko (5,0)
Platzverweise: Franz Roth (75.)
Besonderheiten: keine

Sensation mit Nachgeschmack

Es war das legendärste aller verschobenen Spiele. Schalke gab sich alle erdenkliche Mühe, um Bielefeld das Siegen leicht zu machen, reihte einen Abwehrschnitzer an den nächsten und verstolperte auch die einfachsten Bälle. Trotzdem wäre der Plan fast nicht aufgegangen.

Ihm hatte niemand Bescheid gesagt: Dieter Burdenski

Der einzige Grund, den Verdacht der Schieberei abzutun, hieß Dieter Burdenski. Erst kurzfristig hatte er von seinem Einsatz erfahren und war deswegen nicht im Trainingslager gewesen, wo der perfide Plan seiner Kollegen offenbar Gestalt angenommen hatte. In seinem zweiten Bundesligaspiel nun bekam der junge Torhüter alle Hände voll zu tun. Er selbst konnte sich nur wundern über den Zustand seiner Abwehr, doch machte er das Beste aus der Situation, hielt über 80 Minuten wie ein Weltmeister und war am Ende offiziell ein verhinderter Held - als einsamer Kämpfer gegen zwei komplette Mannschaften. Schalkes 14. Heimspiel der Saison war von Anfang an eine Farce. Dass die abstiegsbedrohten Arminen wie die Löwen um einen Punktgewinn kämpfen würden, man hatte es fast erwarten dürfen. Als die Zuschauer aber mitbekamen, wie einfach es die Gäste hatten, gingen sie auf die Barrikaden. Angriff und Mittelfeld existierten auf Schalker Seite nicht, alles spielte sich am eigenen Strafraum ab, wo die desolaten Galbierz und Sobieray sich als fleißige Vorlagengeber für Bielefelds Stürmer ereiferten. Libero Fichtel, dem das schlecht Spielen etwas schwerer fiel, ließ sich zur Pause lieber auswechseln. In Minute 83 war Burdenski dann endlich bezwungen und das Schmierentheater damit perfekt. "Schiebung, Schiebung" schallte es von den Rängen. Dabei konnten die Fans noch gar nicht wissen, wie Recht sie damit hatten.

FC Schalke 04 - Arminia Bielefeld 0:1 (0:0)

Sa., 17.04.1971, 15:30 Uhr
Zuschauer: 15.000
SR: Franz Wengenmeyer (München)
Tore: 0:1 Gerd Roggensack (83., Vorlage Braun)
Aufstellung FC Schalke 04: Dieter Burdenski (Note 1,0); Jürgen-Michael Galbierz (6,0), Rolf Rüssmann (3,0), Klaus Fichtel (4,0 - 46. Manfred Pohlschmidt, 5,0), Jürgen Sobieray (6,0); Herbert Lütkebohmert (4,0), Hans-Jürgen Wittkamp (5,0), Heinz van Haaren (6,0); Reinhard Libuda (3,0), Klaus Fischer (6,0), Hans Pirkner (6,0 - 56. Alban Wüst, 5,0)
Aufstellung Arminia Bielefeld: Gerd Siese (4,0); Horst Wenzel (4,0), Waldemar Slomiany (3,0), Volker Klein (3,0), Horst Stockhausen (5,0); Detlef Kemena (4,0 - 84. Georg Stürz, –), Gerd Knoth (3,0), Ulrich Braun (4,0); Gerd Roggensack (3,0), Ernst Kuster (– - 24. Karl-Heinz Brücken, 4,0), Dieter Brei (4,0)
Besonderheiten: keine

Entenmann zähmte die Ente

Viel höher als das Ergebnis fiel der Leistungsunterschied auf dem Rasen aus. Essen glaubte nicht mal eine Minute lang an seine Chance und ging erbarmungslos vor die Hunde.

Ohne Frage hätte Stuttgart auch ohne ihn zwei Punkte eingefahren, aber wenn man auf Seite der Schwaben einen Sieggaranten suchte, dann war schnell die Rede von Willi Entenmann. In seinem 125. Ligaspiel schoss der Verteidiger nicht nur das bedeutende erste Tor (12.), sondern kümmerte sich auch noch wirksam um Essens einzigen Vollbluststürmer. "Ente" Lippens war noch nicht wieder der alte und sorgte lediglich mit einem Lattenkopfball kurz für Aufsehen - bester Essener Feldspieler war er indes immer noch, denn bei den Gästen lief einfach nichts zusammen. "Am Anfang waren wir zu nervös, dann war die Zeit zu kurz", meinte Herbert Burdenski, dem es allerdings schwer fiel, eine Trennlinie zwischen diesen Phasen zu ziehen; verloren war das Spiel schließlich spätestens zur Halbzeit. Im kollektiven Essener Versagen nahm es fast schon fahrlässige Züge an, welche Chancen der VfB sich noch entgehen ließ. Olsson (26./34.) und Weiß (51.) machten zwar beide ihre Hütten, trafen aber genau wie Handschuh beide auch noch die Torstange, obwohl der unsichere Bockholt schon bei schlecht platzierten Schüssen Probleme bekam. Ganz von ungefähr kam das Stuttgarter Übergewicht auch nicht, denn Haug hatte wirklich gute Ideen und erfreute sich fleißiger Zuarbeiter. Als Weiß kurz nach der Pause schon auf 4:0 erhöhte (51.), war der Scheitelpunkt erreicht. Die Platzelf ließ es gut sein, gönnte Hohnhausen ein Anschlusstor (67.) und sparte ihre Kräfte für die kommenden Aufgaben. Weidmanns 5:1 war nur ein kleines Nachbeben (88.).

Der Jubilar war der Beste: Willi Entenmann

VfB Stuttgart - Rot-Weiss Essen 5:1 (3:0)

Sa., 17.04.1971, 15:30 Uhr
Zuschauer: 10.000
SR: Karl-Heinz Picker (Hamburg)
Tore: 1:0 Willi Entenmann (12., Vorlage Höbusch), 2:0 Jan Olsson (26., Haug), 3:0 Jan Olsson (34., Freistoß), 4:0 Hartmut Weiß (51.), 4:1 Walter Hohnhausen (67.), 5:1 Manfred Weidmann (88.)
Aufstellung VfB Stuttgart: Gerhard Heinze (Note 3,0); Willi Entenmann (2,0), Reinhold Zech (4,0), Hans Eisele (4,0), Hans Arnold (4,0); Jan Olsson (3,0), Herbert Höbusch (4,0), Horst Haug (2,0); Manfred Weidmann (4,0), Hartmut Weiß (3,0), Karl-Heinz Handschuh (4,0)
Aufstellung Rot-Weiss Essen: Fred-Werner Bockholt (4,0); Peter Czernotzky (5,0), Herbert Weinberg (4,0), Hermann Erlhoff (3,0), Heinz Stauvermann (4,0); Roland Peitsch (4,0), Diethelm Ferner (4,0 - 46. Dieter Bast, 4,0), Erich Beer (4,0); Hans Dörre (5,0 - 46. Helmut Littek, 3,0), Walter Hohnhausen (5,0), Willi Lippens (3,0)
Besonderheiten: keine

ZEITFENSTER
5. - 18. April 1971

Hohes Amt für Steinhoff
(Belgien, 5. April)
Johannes Steinhoff, früherer Inspekteur der deutschen Luftwaffe, wurde zum Vorsitzenden des NATO-Militärausschusses in Brüssel ernannt.

Kein Höhenflug für VFW 614
(BRD, 5. April)
Das Kurzstreckenflugzeug VFW 614, der erste in Deutschland gebaute Verkehrsflieger mit Strahltriebwerk, wurde in Bremen vorgestellt. Eine Erfolgsgeschichte war dem maximal 44 Passagiere fassenden Jet allerdings nicht vergönnt.

Tod von Strawinski
(USA, 6. April)
Der russische Komponist Igor Strawinski ("Der Feuervogel") verstarb 88-jährig in New York. Seinem Wunsch entsprechend wurde er auf Venedigs Friedhofsinsel San Michelle beigesetzt.

Europäische Titelgewinner
(Japan, 7. April)
Seit Langem endlich wieder ein europäischer Erfolg gegen die dominierenden Spieler aus Asien: Der Schwede Stellan Bengtsson sicherte sich in Nagoya den WM-Einzeltitel im Tischtennis. Auch die Doppelmeisterschaft der Herren ging an Akteure vom Alten Kontinent (die Ungarn Klampar und Jonyer).

Marionetten im All
(BRD, 11. April)
Versteckt im Abendprogramm von NDR3 feierte die britische Marionetten-Serie

Die Familie Tracy sowie Lady Penelope (2. v. l.) und ihr Butler Parker (l.) sagten allem Bösen den Kampf an - mit ihren Thunderbirds genannten Raumschiffen und anderen technischen Wunderwerken

"Thunderbirds" ihre Ankunft im deutschen Fernsehen. Nur sechs der 32 Folgen der Science-Fiction-Produktion wurden hierzulande ausgestrahlt.

Oscar ohne Abnehmer
(USA, 14. April)
Mit der Begründung die "Fleischparade zur Oscar-Verleihung" sei ihm zuwider, lehnte der US-Schauspieler George C. Scott (Oscar für Hauptrolle in "Patton") die Annahme des Bronzeknilches ab. Bei der Gala war auch die englische Preisträgerin Glanda Jackson (als Hauptdarstellerin in "Woman in Love") nicht anwesend. Sie ließ sich die Statue nachträglich in London überreichen.

Bundesliga 1970/1971 – 29. Spieltag

Gerd Müller wurde, wie hier von Kliemann, eng gedeckt. Dennoch erzielte der Bayer zwei Treffer (Bayern München - Rot-Weiß Oberhausen 4:2)

Hessische Wechselbäder

Viele Teams spielten zur Zeit schwächer als Oberhausen, nach zwei Pleiten in Folge aber schien RWO nun nicht mehr zu retten. Andere Abstiegskandidaten feierten dafür überraschende Punktgewinne.

Der Sieg auf Schalke war zwar nicht astrein gewesen, mit dem 1:0 über Köln gelang Bielefeld aber schon der dritte Sieg in Folge und damit die zwischenzeitliche Flucht aus dem Keller. Wegen ihres Remis in Dortmund hatten im Grunde auch die Kickers allen Grund zur Freude, doch relativierte sich der Erfolg, als das Ergebnis des Rivalen aus Frankfurt bekannt wurde. "Vielleicht etwas glücklich" nannte Erich Ribbeck das 1:0 gegen Stuttgart, das in Wahrheit aber einem Fußballwunder gleichkam. Die Gäste vergaben ihre Möglichkeiten im Dutzend, während der Siegtreffer der Eintracht nicht mal einer richtigen Torchance entsprang. Zwei Punkte holten auch beide Titelaspiranten, allerdings auf unterschiedliche Weise. Der FCB bliebn sich gegen RWO treu und hätte eine satte Führung fast noch verspielt, derweil Gladbach ein wirklich starkes Spiel zeigte, nur durch einen Fehlgriff aber überhaupt gewann.

Ergebnisse – 29. Spieltag 1970/1971

Fr., 30.04.71	Hannover 96 - SV Werder Bremen	0:3 (0:2)
Fr., 30.04.71	1. FC Kaiserslautern - FC Schalke 04	2:0 (0:0)
Sa., 01.05.71	Arminia Bielefeld - 1. FC Köln	1:0 (0:0)
Sa., 01.05.71	Borussia Dortmund - Kickers Offenbach	1:1 (1:1)
Sa., 01.05.71	Rot-Weiss Essen - Hertha BSC Berlin	0:3 (0:1)
Sa., 01.05.71	Eintracht Frankfurt - VfB Stuttgart	1:0 (1:0)
Sa., 01.05.71	Hamburger SV - Eintracht Braunschweig	2:1 (1:1)
Sa., 01.05.71	Borussia Mönchengladbach - MSV Duisburg	1:0 (1:0)
Sa., 01.05.71	FC Bayern München - Rot-Weiß Oberhausen	4:2 (1:0)

Tabelle

Platz	Verein	S	U	N	Tore	Differenz	Punkte
1.	Borussia Mönchengladbach	16	9	4	60:27	+33	41:17
2.	FC Bayern München	15	10	4	59:32	+27	40:18
3.	Hertha BSC Berlin	14	8	7	52:35	+17	36:22
4.	Eintracht Braunschweig	14	6	9	47:31	+16	34:24
5.	FC Schalke 04	14	5	9	38:29	+9	33:25
6.	SV Werder Bremen	10	11	8	36:32	+4	31:27
7.	1. FC Köln	10	10	9	37:39	-2	30:28
8.	Hamburger SV	10	10	9	46:57	-11	30:28
9.	MSV Duisburg	10	9	10	32:38	-6	29:29
10.	1. FC Kaiserslautern	12	4	13	47:51	-4	28:30
11.	VfB Stuttgart	10	7	12	45:44	+1	27:31
12.	Hannover 96	10	6	13	41:42	-1	26:32
13.	Borussia Dortmund	9	8	12	41:48	-7	26:32
14.	Arminia Bielefeld	10	5	14	30:44	-14	25:33
15.	Rot-Weiss Essen	7	9	13	38:48	-10	23:35
16.	Eintracht Frankfurt	8	6	15	29:44	-15	22:36
17.	Kickers Offenbach	6	9	14	39:54	-15	21:37
18.	Rot-Weiß Oberhausen	6	8	15	40:62	-22	20:38

Torjägerliste - Zuschauer - Selbsttore - Platzverweise

Torjägerliste:
1. G. Müller: 20 Tore
2. Vogt: 19 Tore
3. Lippens: 18 Tore

Zuschauer: 200.000
Tore: 22
Selbsttore: keine
Platzverweise: keine

Werders neue Handschrift

Trotz personellen Notstands schaffte ausgerechnet Werder es, Hannovers berüchtigte Heimfestung zu knacken. Am klaren Ergebnis gab es überhaupt nichts zu deuten.

Eigentlich hatte Hannover eine Menge vorzuweisen. Keller, Bertl und Siemensmeyer machten jeweils Bekanntschaft mit dem Torgestänge, Brune und Reimann außerdem hätten 96 zu Anfang gleich in Führung schießen können. Die Wende gab dann auch noch ein Torwartfehler, denn Schützs Kanone aus 35 Metern hätte Helmschrot trotz versperrter Sicht wohl halten müssen (38.). Gerade in diesem Moment aber zeigte sich, was man an den Bremern diesmal gern haben konnte. Sofort erkannten sie die Gunst der Stunde und erprobten ihr effektives Spielsystem. Noch immer stand Höttges nicht zur Verfügung, und auch Görts musste viel eher wieder mithelfen als geplant. Trotzdem hatte Robert Gebhardt aus dieser Truppe einiges gemacht, ihr nicht nur Kondition und Deckungstreue, sondern auch ein kaltblütiges Konterspiel beigebracht. Drei Minuten nach dem 0:1 lag der Ball somit wieder in Helmschrots Tor, weil diesmal Lorenz ein wundervolles Solo nach über 30 Metern noch zum Abschluss brachte. Mit Wiederbeginn wurde Hannover immer schwächer, während sich die Gäste weiter steigerten. Auf Raubzüge hatten sie es nicht mehr unbedingt abgesehen, jeder Stürmer der Gastgeber aber lag felsenfest vor Anker. Geburtstagskind Assauer zeigte eines seiner besten Spiele im Werder-Trikot überhaupt. Als die Bremer Dominanz etwas langweilig zu werden drohte, besorgte Kamp noch schnell das 0:3 (78.). So wehrlos wie Hannover am Ende spielte, war kaum zu glauben, dass es für diese Heimniederlage ganze sieben Monate gebraucht hatte.

Er patzte nicht als einziger: Bernd Helmschrot

Hannover 96 - SV Werder Bremen 0:3 (0:2)

Fr., 30.04.1971, 20:00 Uhr
Zuschauer: 26.000
SR: Manfred Wichmann (Gelsenkirchen)
Tore: 0:1 Arnold Schütz (38.), 0:2 Bernd Lorenz (41., Vorlage A. Schütz), 0:3 Karl-Heinz Kamp (78., Görts)
Aufstellung Hannover 96: Bernd Helmschrot (Note 5,0); Jürgen Bandura (4,0), Peter Anders (5,0), Hans-Josef Hellingrath (5,0), Rainer Stiller (4,0); Hans-Joachim Weller (4,0 - 83. Rudolf Nafziger, –), Hans Siemensmeyer (3,0), Horst Bertl (4,0); Willi Reimann (4,0), Ferdinand Keller (4,0), Claus Brune (4,0 - 46. Horst Berg, 4,0)
Aufstellung SV Werder Bremen: Günter Bernard (3,0); Herbert Meyer (3,0), Arnold Schütz (2,0), Rudolf Assauer (2,0), Dieter Zembski (3,0); Bernd Schmidt (4,0), Karl-Heinz Kamp (3,0), Ole Björnmose (3,0), Heinz-Dieter Hasebrink (3,0); Werner Görts (3,0), Bernd Lorenz (3,0)
Besonderheiten: keine

Hohngesänge für Libuda

Eine Vorstellung wie gegen Bielefeld erlaubte Schalke sich kein zweites Mal. Trotzdem war die Sturmmisere zu akut, um vom Betzenberg etwas mitzunehmen. Für den FCK ging es schließlich noch ums Klassenziel.

"Jetzt kann uns nichts mehr passieren", jubelten die Pfälzer. "Ab heute beginnt für uns die Zukunft!" In der grenzenlosen Freude lag eine Große Portion Trotz, denn nicht wenige Experten hatten auch in diesem Jahr dem FCK wieder den Abstieg vorausgesagt. Für das selbsternannte Finale war Königsblau da genau der richtige Gegner. Schalke kam ohne Nigbur, Fichtel und Scheer sowie mit einem minimalen Restvorrat an Selbstvertrauen. Wen die Gäste aber mitgebracht hatten, war Dieter Burdenski. Genau wie gegen Bielefeld fischte er Bälle aus dem Kasten, die eigentlich schon eingeschlagen waren. Schalkes Problem lag sicher nicht in der Verteidigung, denn ebenso wie der Torwart waren auch Rüssmann und van Haaren hellwach; das drückende Übergewicht nutzte Lautern anfangs wenig, weil die Bälle zurücksprangen wie von einer Gummiwand. Einen faulen Apfel aber hatten die Gäste dennoch im Korb. Es war Pirkner, den Trainer Cendic zur Verstärkung nach hinten gezogen hatte, und dessen dummes Foul an Vogt dann bewirkte, was alle Kollegen bis dahin so tapfer verhindert hatten: Aus 18 Metern schmetterte Hosic den Freistoß ins Tor (62.). Der Elfmeter zum 2:0 ging ebenfalls auf Pirkners Konto (71.). Nun erst zeigte sich das wahre Elend der Schalker Knappen. Die zum Ausgleich benötigten Stürmer waren völlig außer Form. Gar Spottgesänge gab es für Libuda, dem auch in der Pfalz so respektierten Dribbler, dessen Trickkiste sich aber überhaupt nicht öffnen ließ.

Ein Meister des ruhenden Balls: Idriz Hosic

1. FC Kaiserslautern - FC Schalke 04 2:0 (0:0)

Fr., 30.04.1971, 20:00 Uhr

Zuschauer: 15.000

SR: Peter Gabor (Berlin)

Tore: 1:0 Idriz Hosic (62., Freistoß, Vorlage Vogt), 2:0 Otto Rehhagel (71., Foulelfmeter, Pirrung)

Aufstellung 1. FC Kaiserslautern: Josef Elting (Note 3,0); Günther Rademacher (3,0), Dietmar Schwager (3,0), Günther Reinders (4,0 - 57. Peter Blusch, 3,0), Fritz Fuchs (3,0); Jürgen Friedrich (3,0), Otto Rehhagel (4,0); Josef Pirrung (3,0), Karl-Heinz Vogt (4,0), Idriz Hosic (3,0), Klaus Ackermann (4,0)

Aufstellung FC Schalke 04: Dieter Burdenski (2,0); Hans Pirkner (3,0), Heinz van Haaren (4,0), Rolf Rüssmann (3,0), Jürgen Sobieray (3,0); Herbert Lütkebohmert (4,0), Manfred Pohlschmidt (4,0); Reinhard Libuda (5,0), Alban Wüst (5,0), Klaus Beverungen (4,0 - 77. Jürgen-Michael Galbierz, 4,0), Klaus Fischer (4,0)

Besonderheiten: keine

Allen Stürmen getrotzt

Die Geißböcke hatten gute 20 Minuten, in denen sie Bielefeld gehörig ins Wanken brachten. Die Arminia fiel aber nicht, weil sie den Kräftetank höher gefüllt hatte und tatsächlich auch die besseren Einzelspieler besaß.

Köln fehlten Overath und Rupp, die Arminia musste auf Kuster und Brücken verzichten sowie außerdem die geschwächten Brei und Slomiany ins Spiel nehmen. Was die Gastgeber aber hatten, war ein großer Spielmacher, denn Uli Braun, von dem Simmet überhaupt keine Schnitte bekam, wirbelte an allen Ecken und Enden. Auch das einzige Tor ging natürlich auf seine Rechnung (58.), gleichwie einer seiner Traumpässe beinahe das 2:0 eingeleitet hätte; der junge Brei aber bekam allein vor Manglitz stehend den Fuß nicht unter den Ball. Ungemütlich war es für den FC nicht nur im übertragenen Sinn, denn über die Alm fegte fast das komplette Spiel lang ein Maisturm, der einer Mannschaft mit Hang zum Schönspielen das Leben erschwerte, Kampftruppen wie dem DSC aber eher noch entgegenkam. Nach zerfahrener erster Halbzeit gingen die Gäste mit Wiederbeginn gehörig ins Risiko. Zur Folge hatte das etwa sechs Ecken am Stück, genau genommen ein Kippen des Eckballverhältnisses von bis dahin 2:0 auf 2:6. Flohe, Löhr und Kapellmann waren es meist, die sich bis zum Strafraum durchschlugen und einen Ball nach dem anderen an Sieses Tor vorbeijagten. Ernsthaft geprüft wurde Bielefelds Keeper dagegen kaum. Kurioserweise fiel das Tor des Tages ausgerechnet in Kölns bester Phase, die, etwas verzögert, dann auch wieder endete. Der DSC hatte schließlich, was er wollte und war erfahren genug darin, diesen dünnen Vorsprung bis zum Schlusspfiff auch zu verteidigen.

Ließ Bielefelds Spielmacher zu viel durchgehen: Heinz Simmet

Arminia Bielefeld - 1. FC Köln 1:0 (0:0)

Sa., 01.05.1971, 15:30 Uhr

Zuschauer: 28.000

SR: Fritz Seiler (Schmiden)

Tore: 1:0 Ulrich Braun (58., Freistoß)

Aufstellung Arminia Bielefeld: Gerd Siese (Note 3,0); Horst Wenzel (3,0), Waldemar Slomiany (3,0 - 60. Dieter Schulz, 3,0), Volker Klein (3,0), Horst Stockhausen (4,0); Ulrich Braun (2,0), Gerd Knoth (3,0), Detlef Kemena (3,0); Gerd Roggensack (4,0), Dieter Brei (4,0 - 78. Gerd Kohl, –), Norbert Leopoldseder (3,0)

Aufstellung 1. FC Köln: Manfred Manglitz (3,0); Karl-Heinz Thielen (3,0), Werner Biskup (4,0), Wolfgang Weber (3,0 - 46. Manfred Classen, 4,0), Matthias Hemmersbach (3,0); Heinz Simmet (3,0), Heinz Flohe (3,0), Bernhard Cullmann (4,0); Jupp Kapellmann (4,0), Thomas Parits (5,0), Hennes Löhr (3,0)

Besonderheiten: keine

Nur die Taube in der Hand

Die Chance auf Offenbachs ersten Auswärtssieg war größer denn je. Dortmund zeigte eines seiner schwächsten Saisonspiele und kam nur unter quälenden Mühen zu einem Punkt. Der Unparteiische half sogar noch mit.

"Der Angriff galt einwandfrei dem Ball", war Schiedsrichter Herden auch nach dem Spiel noch überzeugt. Offenbach sah dies etwas anders und fühlte sich um einen Sieg betrogen. Die Szene, in der Andree den Gäste-Stürmer Kremers mit einer Notbremse zu Fall brachte, ereignete sich kurz vor der Pause und damit direkt nach dem Ausgleichstor durch Weida. Hätte Herden also gepfiffen, die Kickers wären vermutlich mit einer Führung in die Pause gegangen bzw. in äußerst komfortabler Lage wieder herausgekommen. Da ein Remis auf fremdem Platz für den Aufsteiger noch immer nicht selbstverständlich war, zeigten sich die Hessen trotzdem zufrieden, gerade auch weil die Begegnung reichlich ungemütlich begann. Drei Minuten waren erst gespielt, als Josef Weilbächer auf seine Schulter knallte und ein wichtiger Deckungsspieler damit ausfiel. Herein kam der gerade 19-jährige Abiturient Skala, der seine Sache indes sehr ordentlich machte und kurz vor Schluss gar noch eine Pleite verhinderte, als er Weinkauffs Heber von der Linie schaufelte (87.). Ein Sieg der Borussia wäre auch ungerecht gewesen, denn nach dem 1:0 per Freistoß durch Schütz (17.) fiel die gesamte Truppe in einen Dämmerzustand, den einzig Held einige Male unterbrechen konnte. Weder eine Linie noch größere Anzeichen eines Mannschaftsgeists ließ der BVB erkennen. Nur auf eigene Faust waren Unternehmungen möglich, doch scheiterten diese stets am guten Offenbacher Deckungsverbund.

Konnte Weilbächers Lücke überraschend gut schließen: Lothar Skala

Borussia Dortmund - Kickers Offenbach 1:1 (1:1)

Sa., 01.05.1971, 15:30 Uhr

Zuschauer: 24.000

SR: Horst Herden (Hamburg)

Tore: 1:0 Jürgen Schütz (17., Freistoß), 1:1 Roland Weida (40., Vorlage Bechtold)

Aufstellung Borussia Dortmund: Klaus Günther (Note 4,0); Reinhold Wosab (5,0 - 46. Gerd Peehs, 4,0), Branco Rasovic (4,0), Willi Neuberger (3,0), Hans-Joachim Andree (4,0); Dieter Kurrat (4,0), Jürgen Schütz (4,0), Theo Bücker (5,0 - 68. Dieter Weinkauff, 4,0); Manfred Ritschel (4,0), Werner Weist (5,0), Siegfried Held (3,0)

Aufstellung Kickers Offenbach: Karlheinz Volz (2,0); Nikolaus Semlitsch (3,0), Egon Schmitt (2,0), Josef Weilbächer (– - 4. Lothar Skala, 3,0), Helmut Kremers (3,0); Roland Weida (3,0), Walter Bechtold (3,0), Winfried Schäfer (4,0); Horst Gecks (3,0), Helmut Nerlinger (5,0 - 76. Gerhard Kraft, 4,0), Erwin Kremers (3,0)

Besonderheiten: keine

Der gefühlte Abstiegsplatz

Einst waren die Teams mit größtem Respekt an die Hafenstraße gekommen, doch zur Zeit hatten sie freie Durchfahrt. Mit zwei kräftigen Druckwellen kam Hertha BSC zu einem deutlichen Sieg, obwohl das Gros der Chancen die Gastgeber verbuchten.

Noch immer war für RWE nichts verloren, der gefürchtete Abstiegsplatz nach wie vor zwei Plätze entfernt. Dennoch war die Angst auf der Tribüne spürbar, gab es nun doch bereits das vierte Heimspiel in Folge ohne jeden Sieg, bei ganzen vier geschossenen Toren. Um die Fortuna zu beschwören, stolzierte vor dem Anpfiff noch schnell ein Haufen Schornsteinfeger über den Rasen. Doch die Wirkung war gleich null. Kaum waren die ersten guten Möglichkeiten vertan, gingen brutalerweise die Gäste in Führung, weil Horr von seinem Linksschuss am Strafraumeck nicht abgehalten wurde (12.). Der Gegentreffer tat der Platzelf sehr weh, denn die alten Wunden in der Abwehr lagen sofort wieder frei. Es dauerte eine Weile, bis Herthas Klassespieler das Opfer etwas ruhen ließen. Gayer, Horr und Varga ließen von ihm ab, obwohl sie es offenkundig gar nicht mussten. So kam es, dass RWE sich wieder aufrichtete. Bis zur Pause war der Ausgleich längst fällig, Weinberg kam gleich zweimal in aussichtsreiche Position (25./38.). Doch aller Kampf und Wagemut zählten gar nichts, weil sich die schwachen Essener Stürmer immer nur verzettelten. Was völlig fehlte, war der Riecher für ein Abstaubertor, denn Willi Lippens war nicht dabei. Bis etwa Minute 70 stand Herthas Sieg noch auf tönernen Füßen, dann machten die Gäste kurzen Prozess. Wie selbstverständlich erzielten Steffenhagen und Gayer da zwei Tore, um die sich die ganze Zeit nur die Rot-Weissen beworben hatten.

Zog Kreise über seiner Beute: Wolfgang Gayer

Rot-Weiss Essen - Hertha BSC Berlin 0:3 (0:1)

Sa., 01.05.1971, 15:30 Uhr
Zuschauer: 25.000
SR: Gerhard Schulenburg (Hamburg)
Tore: 0:1 Lorenz Horr (12., Linksschuss), 0:2 Arno Steffenhagen (74.), 0:3 Wolfgang Gayer (79., Vorlage Varga)
Aufstellung Rot-Weiss Essen: Fred-Werner Bockholt (Note 4,0); Peter Czernotzky (3,0), Roland Peitsch (4,0), Wolfgang Rausch (3,0), Heinz Stauvermann (4,0); Georg Jung (4,0), Hermann Erlhoff (4,0 - 74. Dieter Bast, –), Diethelm Ferner (4,0); Herbert Weinberg (5,0 - 46. Helmut Littek, 5,0), Walter Hohnhausen (3,0), Erich Beer (5,0)
Aufstellung Hertha BSC Berlin: Volkmar Groß (3,0); Bernd Patzke (4,0), Jürgen Rumor (3,0), Tasso Wild (4,0), Peter Enders (3,0); Laszlo Gergely (4,0), Wolfgang Gayer (3,0), Lorenz Horr (3,0); Hans-Jürgen Sperlich (4,0), Zoltan Varga (3,0), Arno Steffenhagen (4,0)
Besonderheiten: keine

Ein nicht zu lösendes Rätsel

Selbst mit einem Unentschieden hätte Stuttgart nicht zufrieden sein können, dass die Schwaben aber gar verloren, durften sie sich niemals verzeihen. Mit einem Glückstor holte Frankfurt sich beide Punkte und wusste selbst nicht so recht, wofür.

Darüber, dass dieses Süd-Derby von einem Süddeutschen geleitet wurde, rümpfte man vor dem Spiel noch die Nase. Enge Entscheidungen hatte Schiedsrichter Wenger aber kaum zu fällen, einzig einen Kopfballtreffer musste er annullieren, weil Höbusch beim vermeintlichen Ausgleich im Abseits stand (70.). Über den Unparteiischen redete sowieso anschließend niemand, denn die Mannschaften boten auch für sich genommen reichlich Stoff für Diskussionen. Was Frankfurt an diesem 1. Mai präsentierte, war das schwächste Spiel der Saison. Völlig mittellos sah es aus, was die Gastgeber jenseits des 16ers auf die Beine stellten. Streng genommen waren sie 90 Minuten damit beschäftigt, die Brände vor dem eigenen Tor zu löschen. Dass sie trotzdem gewannen, glich einem Wunder. "Warum sollen wir nicht einmal mit etwas Glück gewinnen?", fragte Erich Ribbeck süffisant und bemühte sich, ein gutes Haar an seiner Truppe zu lassen. Branko Zebec ging es nicht anders. Stuttgart spielte seine gewohnte Auswärtstaktik, sehr bedächtig also im Spiel nach vorn, was aber vollends genügte, die hessische Abwehr reihenweise in Peinlichkeiten zu stürzen. Doch ohne Ertrag. Völliges Versagen beklagte Stuttgarts Mittelfeld, denn das hatte alle Freiheiten der Welt und brachte bis auf etliche Eckbälle nichts zustande, während die Stürmer an ihrem Schussunvermögen zugrunde gingen. Sekunden vor der Pause traf stattdessen Reichel, und das aus einer Position, aus der nie im Leben ein Tor fallen durfte.

Torschütze ohne Torchance: Peter Reichel

Eintracht Frankfurt - VfB Stuttgart 1:0 (1:0)

Sa., 01.05.1971, 15:30 Uhr
Zuschauer: 26.000
SR: Franz Wengenmeyer (München)
Tore: 1:0 Peter Reichel (45.)
Aufstellung Eintracht Frankfurt: Peter Kunter (Note 3,0); Karl-Heinz Wirth (4,0), Gert Trinklein (3,0), Dieter Lindner (4,0), Peter Reichel (4,0); Jürgen Kalb (5,0), Horst Heese (4,0), Bernd Hölzenbein (4,0); Jürgen Grabowski (3,0), Jürgen Papies (5,0 - 57. Joachim Weber, 4,0), Bernd Nickel (4,0)
Aufstellung VfB Stuttgart: Gerhard Heinze (2,0); Willi Entenmann (4,0), Hans Arnold (4,0), Reinhold Zech (4,0), Hans Eisele (3,0), Jan Olsson (4,0), Herbert Höbusch (5,0), Horst Haug (3,0); Manfred Weidmann (4,0), Hartmut Weiß (4,0), Karl-Heinz Handschuh (5,0)
Besonderheiten: keine

Stars hätten nur gestört

In ungewohnter Formation zeigte der HSV genau jene Tugenden, die er zuletzt hatte vermissen lassen. Auch Braunschweigs Konterfalle konnte dem famosen Mannschaftsgeist nichts anhaben.

Die Zuschauer staunten nicht schlecht, als sie erfuhren, dass Klaus Ochs sowohl auf Charly Dörfel als auch auf Uwe Seeler verzichtete. Beim ohnehin knappen Personalstand hatte man eine solch mutige Aufstellung niemals erwartet. Vielleicht war dies aber gerade entscheidend, denn Hamburgs Spiel funktionierte nicht hierarchisch, sondern erblühte förmlich an seiner eigenen Geschlossenheit. Einzig Pötzschke fand nicht recht ins Spiel und verfing sich häufig in Braunschweigs enger Abwehr. Einen einzigen Schnitzer Noglys, der eine Flanke Erlers verfehlte und somit Ulsaß frei zum Kopfball kommen ließ, bezahlte die Heimelf direkt mit einem Rückstand. Über Recht oder Unrecht wurde aber nicht debattiert, stattdessen gelang noch vor der Pause durch Zaczyk der Ausgleich, erzielt durch einen Scharfschuss an den Innenpfosten. Was Braunschweig vom HSV wollte, lag sichtbar auf der Hand. So spielten die Gäste auch weiterhin nur mit einer Spitze und konzentrierten sich auf die Sicherung des einen Zählers. Drei Hamburger Angreifer plus Hönig und Nogly taten sich da nicht leicht im Finden nach Wegen zum Tor. Als aber auch Kurbjuhn und die Außen stärker nach vorne drängten, fiel der Treffer bald von ganz allein. Hönigs ersten Schuss konnte Wolter noch parieren, doch im Nachschuss war Braunschweig dann erledigt. "Offenbar spielen einige Leute freier auf, wenn die großen Stars fehlen", brüstete sich Klaus Ochs mit seiner Taktik. Denn Seeler und Dörfel wurden auch nicht mehr eingewechselt.

Vorne diesmal wertvoller als in der Abwehr: Jürgen Kurbjuhn

Hamburger SV - Eintr. Braunschweig 2:1 (1:1)

Sa., 01.05.1971, 15:30 Uhr
Zuschauer: 20.000
SR: Karl-Heinz Fork (Unna)
Tore: 0:1 Lothar Ulsaß (39., Kopfball, Vorlage Erler), 1:1 Klaus Zaczyk (44.), 2:1 Franz-Josef Hönig (73.)
Aufstellung Hamburger SV: Gert Girschkowski (Note 3,0); Hans-Jürgen Hellfritz (3,0), Willi Schulz (3,0), Jürgen Kurbjuhn (2,0), Hans-Jürgen Ripp (3,0); Klaus Zaczyk (4,0), Peter Nogly (4,0), Franz-Josef Hönig (3,0); Siegfried Beyer (4,0), Gerd Klier (4,0), Robert Pötzschke (5,0 - 74. Walter Volkert, 4,0)
Aufstellung Eintracht Braunschweig: Horst Wolter (3,0); Wolfgang Grzyb (4,0), Max Lorenz (4,0), Joachim Bäse (3,0), Franz Merkhoffer (4,0); Michael Polywka (4,0), Lothar Ulsaß (5,0), Friedhelm Haebermann (4,0); Klaus Gerwien (4,0 - 70. Rainer Skrotzki, 4,0), Jaro Deppe (5,0 - 46. Gerd Saborowski, 4,0), Dietmar Erler (3,0)
Besonderheiten: keine

Die unsichtbare Pfeife

Gladbach hatte es verdient, das Spiel zu gewinnen, allerdings nicht so: Weil er dachte, der Schiedsrichter hätte gepfiffen, fing Bella das Leder im Strafraum mit der Hand. Der Elfmeter blieb das einzige Tor.

Schiedsrichter Schröck beeinflusste die Partie mit einer ganzen Reihe von Merkwürdigkeiten; die seltsamste Szene aber verursachte ein anderer. Schröck hatte keine andere Wahl als Gladbach einen Strafstoß zu geben,

Unterlag einem fatalen Irrtum: Michael Bella

als Bella den von Wloka hereingeflankten Ball einfach auffing und in die verdutzten Gesichter seiner Mitspieler hinein einen Freistoß ausführen wollte. Ob es ein Zuschauer oder eher der Wind gewesen war, der Duisburgs Verteidiger einen Pfiff vorgegaukelt hatte, wurde nicht mehr rekonstruiert. Von Bella vielleicht abgesehen waren die Zebras mit dieser Szene später auch im Reinen, dafür beklagten sie andere Momente, in denen der Unparteiische ihrer Meinung nach zu nachsichtig urteilte. "Er hat uns in übelster Weise benachteiligt, weil er zwei glasklare Elfmeter nicht pfiff", schimpfte Rudi Faßnacht. Von den Streitigkeiten abgesehen boten sich Duisburg im zweiten Abschnitt noch zwei weitere Einschussmöglichkeiten. Die Knaller Lehmanns und Kentschkes klaubte Kleff aber jeweils noch aus den Ecken und wurde somit zum Retter des Sieges, der eigentlich Volker Danner gebührt hätte. Zumindest für ein Unentschieden bot er lange genug allerbeste Gewähr, indem er wohl ein gutes Dutzend klarer Möglichkeiten vereitelte. Im Angriffsspiel fehlte Gladbach eine satte Portion Frische, was man weniger Netzer als den Zuarbeitern Dietrich und Wloka anmerken konnte. Als die Gäste später das Tempo verschärften, wurde es deswegen reichlich eng. Selbst gute Konter bekamen die Fohlen nicht mehr hin.

Borussia Mönchengladbach - MSV Duisburg 1:0 (1:0)

Sa., 01.05.1971, 15:30 Uhr
Zuschauer: 23.000
SR: Rudolf Schröck (Riegelsberg)
Tore: 1:0 Klaus-Dieter Sieloff (40., Handelfmeter)
Aufstellung Borussia Mönchengladbach: Wolfgang Kleff (Note 3,0); Berti Vogts (2,0), Ludwig Müller (3,0), Klaus-Dieter Sieloff (3,0), Hartwig Bleidick (3,0); Peter Dietrich (5,0), Günter Netzer (3,0), Horst Köppel (4,0); Hans-Jürgen Wloka (5,0 - 46. Rainer Bonhof, 5,0), Herbert Laumen (4,0 - 76. Ulrik Le Fevre, –), Jupp Heynckes (4,0)
Aufstellung MSV Duisburg: Volker Danner (3,0); Kurt Rettkowski (4,0), Detlef Pirsig (4,0), Hartmut Heidemann (3,0), Michael Bella (4,0), Djordje Pavlic (4,0), Bernd Lehmann (4,0), Johannes Linßen (3,0); Johannes Riedl (4,0), Rainer Budde (4,0), Gerhard Kentschke (5,0 - 76. Bernard Dietz, 4,0)
Besonderheiten: keine

Bayerns bekanntes Problem

Ein sicherer Heimsieg war das mindeste, was Udo Lattek gefordert hatte. Bayerns Trainer wurde deswegen böse, als er mit ansah, wie seine Stars ein glattes 3:0 durch zu viel Arroganz noch abzugeben drohten.

"Das war kein Spiel, sondern Spielerei!", schimpfte Lattek. Vier Minuten musste er am Ende noch zittern, weil seine Mannschaft das längst besiegte Oberhausen noch einmal herankommen ließ. Es wäre nicht das erste Mal gewesen, dass die Münchener einen Zähler durch reinen Hochmut hätten liegen lassen. Günter Brocker blieb der Trost, dies zumindest ketzerisch hervorzuheben: "Der Vergleich mit unserem letzten Gegner Gladbach fällt eindeutig zugunsten der Borussia aus." Starke Szenen verbuchten die Gastgeber zuhauf, sämtliche Tore entsprangen schließlich herausragenden Einzelleistungen. Als nach einer Stunde aber ein deutliches 3:0 auf der Tafel stand, wurden sich einige für die schmutzige Arbeit zu fein. Selbst nach dem Anschlusstor (74.) durfte Oberhausen noch machen, was es wollte, bis Sühnholz dann endlich das Signal zum Aufwachen gab (84.) und Müller im Handumdrehen das 4:2 erzielte (88.). So beliebig wie der Heimsieg am Ende auch hergestellt wurde, vergaß man fast die vielen kritischen Szenen zu Beginn, als Dick an den Pfosten schoss und

Streckte den eigenen Mitspieler nieder: Uwe Kliemann

Kobluhn im Nachsetzen das leere Tor nicht traf. Es wäre das 1:1 gewesen. Brocker wies außerdem darauf hin, dass die Gäste früh improvisieren mussten. Der beste Spieler des Tabellenletzten nämlich schied Sekunden vor der Pause auf tragische Art aus dem Spiel. Mitspieler Kliemann schoss Franz Krauthausen einen Ball so übel an den Kopf, dass er bewusstlos ins Krankenhaus gefahren wurde.

FC Bayern München - RW Oberhausen 4:2 (1:0)

Sa., 01.05.1971, 15:30 Uhr
Zuschauer: 13.000
SR: Heinz Quindeau (Ludwigshafen)
Tore: 1:0 Karl-Heinz Mrosko (19., Vorlage G. Müller), 2:0 Gerd Müller (55.), 3:0 Franz Beckenbauer (62., G. Müller), 3:1 Lothar Kobluhn (74.), 3:2 Wolfgang Sühnholz (84., L. Kobluhn), 4:2 Gerd Müller (88., Kopfball, Zobel)
Aufstellung FC Bayern München: Sepp Maier (Note 3,0); Johnny Hansen (3,0), Georg Schwarzenbeck (3,0), Franz Beckenbauer (3,0), Herwart Koppenhöfer (5,0 - 46. Peter Pumm, 4,0); Paul Breitner (4,0), Rainer Zobel (4,0), Ulrich Hoeneß (5,0); Karl-Heinz Mrosko (4,0), Gerd Müller (3,0), Dieter Brenninger (4,0 - 67. Edgar Schneider, –)
Aufstellung Rot-Weiß Oberhausen: Wolfgang Scheid (3,0); Rainer Laskowsky (3,0), Uwe Kliemann (5,0), Lothar Kobluhn (3,0), Werner Ohm (4,0); Reiner Hollmann (4,0), Friedhelm Dick (4,0), Dieter Brozulat (4,0); Wolfgang Sühnholz (4,0), Hans Fritsche (4,0), Franz Krauthausen (3,0 - 46. Günter Karbowiak, –)
Besonderheiten: keine

ZEITFENSTER
19. April - 2. Mai 1971

Triumph und Tragödie im All
(UdSSR, 19. April)
Die Amerikaner waren die Ersten auf dem Mond, aber mit der Mission von "Saljut 1" beanspruchten die Russen für sich, die erste Weltraumstation in eine Erdumlaufbahn gebracht zu haben. Bemannt war "Saljut 1" nicht, erst im Juni konnte die Besatzung des Raumschiffes "Sojus 11" erfolgreich ankoppeln und die Station betreten. Die Manöver im All führten die drei Kosmonauten von "Sojus 11" planmäßig durch, aber als sie nach 24 Tagen zur Erde zurückkehren wollten, wurden sie beim Landevorgang durch einen Druckabfall in der Kapsel getötet.

Zepter weitergereicht
(Haiti, 21. April)
Als Haitis diktatorischer Staatschef Francois Duvalier (Papa Doc) starb, übernahm sein Sohn Jean-Claude Duvalier (Baby Doc) Land und Leute. Der Spitzname "Papa Doc" war kein freundlich zu verstehender Kosename des über Leichen gehenden Duvalier; der Mann war Arzt, bevor er seine Energien gegen seine Landsleute richtete.

Hitparaden
(USA/GB/BRD, 29. April)
Three Dog Night hieß die amerikanische Gruppe, die mit dem Titel "Joy to the World" in den USA gute Laune verbreitete. "Hot Love" von T. Rex war in England immer noch ganz oben und in der Bundesrepublik war ein Hauch von Country-Music zum Taktgeber des Massengeschmacks geworden:

Erklomm mit Country-Music die Spitze der deutschen Hitparaden: Lynn Anderson

Lynn Andersons "Rose Garden" wurde gern und oft gespielt. Für den Titel erhielt die Sängerin den Grammy (Musikpreis, vergleichbar dem Oscar im Filmgeschäft).

Stimme und Kopf von T. Rex: Marc Bolan, der wegen seines Auftretens und der Glitzerkleidung als erster Glam-Rock-Star gilt

Bundesliga 1970/1971 – 30. Spieltag

Bechtold schießt den Elfmeter zum 1:0 ein. Keeper Wolfgang Scheid ist ohne Abwehrchance (Kickers Offenbach - Rot-Weiß Oberhausen 3:2)

Bundesweites Schützenfest

Lange hatte ein Spieltag nicht mehr so viel Aufsehen erregt, denn die Tore fielen wie reife Früchte. Dortmund und Hertha waren am Hungrigsten, gefolgt vom Team der Stunde aus Bremen. Auch negative Schlagzeilen blieben aber wieder nicht aus.

Offenbach und RWO bekämpften sich bis aufs Blut, doch geflossen war zusätzlich auch Geld. "Ein typisches Existenzspiel", kommentierte Kuno Klötzer nur. Ganz unverblümt gar wurde in Stuttgart bestochen. Beim 1:1 gegen Gladbach erzielte Handschuh die Führung und bekam dafür einen netten Bonus gezahlt, den eine regionale Zeitung vorher ausgelobt hatte. Die Meisterschaft war nun immerhin wieder spannender, denn die Bayern errangen einen von drei Auswärtssiegen und holten somit einen Zähler auf. Sensationell hoch punktete Hannover in Braunschweig, das bislang überhaupt noch nicht daheim verloren hatte und als einziges Team ohne Torerfolg blieb. Woanders krachte es dafür gewaltig. Hertha überfuhr Frankfurt mit 6:2 und siegte sogar noch niedriger als Dortmund gegen Essen. Und Werder rüstete heimlich für den UEFA-Cup.

Ergebnisse – 30. Spieltag 1970/1971

Fr., 07.05.71	MSV Duisburg	-	Hamburger SV	2:2 (1:1)
Sa., 08.05.71	Hertha BSC Berlin	-	Eintracht Frankfurt	6:2 (3:2)
Sa., 08.05.71	Eintracht Braunschweig	-	Hannover 96	0:4 (0:2)
Sa., 08.05.71	SV Werder Bremen	-	Arminia Bielefeld	4:1 (2:0)
Sa., 08.05.71	Borussia Dortmund	-	Rot-Weiss Essen	7:2 (4:0)
Sa., 08.05.71	1. FC Köln	-	1. FC Kaiserslautern	1:2 (1:1)
Sa., 08.05.71	Kickers Offenbach	-	Rot-Weiß Oberhausen	3:2 (1:1)
Sa., 08.05.71	FC Schalke 04	-	FC Bayern München	1:3 (1:1)
Sa., 08.05.71	VfB Stuttgart	-	Borussia Mönchengladbach	1:1 (1:1)

Tabelle

Platz	Verein	S	U	N	Tore	Differenz	Punkte
1.	Borussia Mönchengladbach	16	10	4	61:28	+33	42:18
2.	FC Bayern München	16	10	4	62:33	+29	42:18
3.	Hertha BSC Berlin	15	8	7	58:37	+21	38:22
4.	Eintracht Braunschweig	14	6	10	47:35	+12	34:26
5.	SV Werder Bremen	11	11	8	40:33	+7	33:27
6.	FC Schalke 04	14	5	11	39:32	+7	33:27
7.	Hamburger SV	10	11	9	48:59	-11	31:29
8.	1. FC Kaiserslautern	13	4	13	49:52	-3	30:30
9.	1. FC Köln	10	10	10	38:41	-3	30:30
10.	MSV Duisburg	10	10	10	34:40	-6	30:30
11.	Hannover 96	11	6	13	45:42	+3	28:32
12.	VfB Stuttgart	10	8	12	46:45	+1	28:32
13.	Borussia Dortmund	10	8	12	48:50	-2	28:32
14.	Arminia Bielefeld	10	5	15	31:48	-17	25:35
15.	Kickers Offenbach	7	9	14	42:56	-14	23:37
16.	Rot-Weiss Essen	7	9	14	40:55	-15	23:37
17.	Eintracht Frankfurt	8	6	16	31:50	-19	22:38
18.	Rot-Weiß Oberhausen	6	8	16	42:65	-23	20:40

Torjägerliste - Zuschauer - Selbsttore - Platzverweise

Torjägerliste:
1. G. Müller: 21 Tore
2. Horr, Vogt: je 19 Tore
3. L. Kobluhn, Lippens: je 18 Tore

Zuschauer: 222.000
Tore: 44
Selbsttore: keine
Platzverweise: keine

Mitreißend und erfrischend

Die Paarung klang nicht wie ein Leckerbissen, doch sah man wohl eines der hochkarätigsten Spiele der gesamten Saison. Mit frischem Offensivgeist peitschten sich die Gegner ihre Angriffe um die Ohren, um sich letztlich auf ein vernünftiges Remis zu einigen.

Wie fair sich am Ende alles wegkürzte, zeigte sich anschaulich in Volker Danner. Als der HSV wegzuziehen drohte und nach 40 Minuten den Ball zum 2:0 auf den Punkt serviert bekam, sprang Duisburgs Torwart in die richtige Ecke und ließ sich von seinen Mitspielern umarmen. Dass kurz darauf dann der Ausgleich fiel, war allerdings eine kleine Gemeinheit, denn Pavlic hatte den Hamburgern das sichere Tor einfach geklaut, weil er einen fast versenkten Ball mit den Händen abfing und ganz bewusst das kleinere Übel Strafstoß wählte. Mitte des zweiten Durchgangs schien sich der Fußballgott dieses Umstands zu erinnern. Gerade hatten die Zebras die große Chance vergeben, den entscheidenden Treffer zu erzielen, als Riedls Bombe von der Unterkante der Querstange zurücksprang und nur um Millimeter das 3:1 verpasste. In diesem Moment kam dann wieder Volker Danner ins Spiel, denn Beyers Flanke hatte er eigentlich schon gefangen, bis ihm das Leder dann doch noch aus den Händen schmierte und Hönig zum 2:2-Endstand vor die Füße fiel (70.). Ein turbulentes Spiel fand somit ein angemessen versöhnliches Ende. "Wir waren dicht dran, dem MSV seine erste Heimniederlage beizubringen, aber wir dürfen trotzdem zufrieden sein", sagte Klaus Ochs. Rudi Faßnacht dagegen war noch ganz benommen vom rasanten Spielverlauf und kam auch nicht umhin, die Hamburger für ihren frischen Offensivgeist zu loben.

Erst Strafstoßheld, dann Unglücksrabe: Volker Danner

MSV Duisburg - Hamburger SV 2:2 (1:1)

Fr., 07.05.1971, 20:00 Uhr
Zuschauer: 17.000
SR: Alfons Betz (Regensburg)
Tore: 0:1 Peter Nogly (10.), 1:1 Hartmut Heidemann (44.), 2:1 Rainer Budde (58.), 2:2 Franz-Josef Hönig (70., Vorlage Beyer)
Aufstellung MSV Duisburg: Volker Danner (Note 3,0); Hartmut Heidemann (2,0 - 78. Kurt Rettkowski,-), Detlef Pirsig (3,0), Anton Burghardt (4,0), Michael Bella (3,0); Djordje Pavlic (4,0 - 46. Rainer Budde, 3,0), Johannes Linßen (3,0), Bernd Lehmann (4,0); Johannes Riedl (3,0), Bernard Dietz (4,0), Gerhard Kentschke (3,0)
Aufstellung Hamburger SV: Arkoc Özcan (3,0); Helmut Sandmann (3,0), Jürgen Kurbjuhn (3,0), Willi Schulz (- - 16. Hans-Werner Kremer, 3,0), Hans-Jürgen Ripp (3,0), Peter Nogly (3,0), Klaus Zaczyk (2,0), Franz-Josef Hönig (3,0); Siegfried Beyer (4,0), Gerd Klier (4,0), Hans-Jürgen Hellfritz (4,0)
Besonderheiten: Zaczyk verschießt Handelfmeter (40.) - Danner hält

Anfangs wurde noch gepfiffen

Zwischenzeitlich glaubte man an einen anderen Sieger, weil sich die Eintracht nicht versteckte und nach einer Viertelstunde sogar vorne lag. Doch dann kam die Hertha in Wallung. Von einem guten Gegner wurde Frankfurt zum hilflosen Opfer.

Sein Fehler verschwand später unter dem Teppich: Bernd Patzke

Spötter und Kritiker fühlten sich im ersten Abschnitt bestätigt. 9:1 Punkte hatte die Hertha zuletzt geholt, davon drei Siege direkt hintereinander. Gegen den Abstiegskandidaten Frankfurt jedoch fehlte es an der Einstellung - dachten jedenfalls viele. Nach einer halben Stunde aber drehte sich der Wind. Binnen drei Minuten machten Steffenhagen und Horr aus dem Zwischenstand eine 3:2-Pausenführung (31./34.). Frankfurt hatte bis dahin wirklich passabel mitgehalten, auch wenn die Treffer Kalbs (9.) und Hölzenbeins (19.) ohne die Hilfe der Berliner Verteidigung niemals gefallen wären. Die Sündenböcke hießen Patzke und Groß, doch die Pfiffe richteten sich an die gesamte Berliner Mannschaft, deren schöne Serie an einen Gegner wie Frankfurt nicht verschwendet sein sollte. Zur Pause also war alles wieder im Lot, und besonders einer wurde derweil auch gefeiert, denn Lorenz Horr, der schon kaltblütig das 1:0 erzielt hatte (8.), markierte mit dem 3:2 den schönsten aller bisherigen Treffer und war auch sonst dazu angetan, den feinen Unterschied auszumachen. Nach dem Wechsel machte er das erst recht. Aus unmöglichem Winkel schoss er da plötzlich das 4:2 und legte kurz vor dem Ende auch noch einen Handelfmeter im Tornetz ab. Vier Tore also von einem Mann, der spätestens mit diesem Auftritt zu den besten deutschen Innenstürmern gezählt werden musste. Frankfurts Verteidiger verneigten sich bereits auf dem Feld.

Hertha BSC Berlin - Eintracht Frankfurt 6:2 (3:2)

Sa., 08.05.1971, 15:30 Uhr
Zuschauer: 45.000
SR: Herbert Lutz (Bremen)
Tore: 1:0 Horr (8.), 1:1 Kalb (9.), 1:2 Hölzenbein (19.), 2:2 Steffenhagen (31., Kopfball), 3:2 Horr (34., Vorlage Steffenhagen), 4:2 Horr (48.), 5:2 Horr (81., Handelfmeter), 6:2 Gayer (90.)
Aufstellung Hertha BSC Berlin: Volkmar Groß (Note 4,0); Bernd Patzke (3,0), Jürgen Rumor (4,0), Tasso Wild (3,0), Peter Enders (4,0); Laszlo Gergely (4,0), Wolfgang Gayer (2,0), Hans-Jürgen Sperlich (4,0), Zoltan Varga (2,0), Lorenz Horr (1,0), Arno Steffenhagen (2,0)
Aufstellung Eintracht Frankfurt: Peter Kunter (4,0); Karl-Heinz Wirth (4,0), Friedel Lutz (4,0), Dieter Lindner (5,0), Peter Reichel (4,0); Gert Trinklein (4,0), Bernd Hölzenbein (4,0 - 49. Jürgen Papies, 4,0); Jürgen Grabowski (2,0), Bernd Nickel (4,0), Horst Heese (4,0 - 86. Thomas Rohrbach, -), Jürgen Kalb (3,0)
Besonderheiten: keine

Braunschweigs schlimmster Traum

Hannover hatte selbst gerade seinen Heimnimbus verloren und übte an den Nachbarn dafür bitterböse Rache. Für Braunschweig gab es kein Entkommen.

Brutaler noch als das Ergebnis war die Art und Weise, wie Hannover sich diese Punkte besorgte. Zunächst nämlich war es nur die Eintracht, die sich offensiv betätigte und die trotz des Fehlens von Spielmacher Ulsaß wild und entschlossen auf Sieg stürmte. Das 1:0 lag nicht nur in der Luft, sondern stand schon so gut wie auf der Anzeigetafel; auch zwei oder drei Tore hätte Braunschweig wohl schießen können, bis Hannover dann so kalt zurückschlug, dass den Fans der Körpersaft gefror. Aus zwei Chancen machten die Gäste zwei Tore und stolzierten mit diebischen Gesichtern in die Kabine. Bis zu Reimanns 0:3 (60.) hielt das Braunschweiger Übergewicht noch an, wurde eher gar noch stärker, weil den Gastgebern kein Gedanke ferner war als eine Heimniederlage gegen den Erzrivalen. Doch was den Unterschied ausmachte, war die Taktik. Teils mit acht Mann stand Hannover im eigenen Strafraum, was nicht sehr attraktiv aussah und von den Rängen auch entsprechend kommentiert wurde. Wenn die Roten dann konterten, allerdings auch mit der vollen Besetzung. So war es möglich, dass die Eintracht überrumpelt wurde und es im späteren Verlauf fast mit der Angst bekam, wenn im Mittelfeld ein Ball verloren ging. Eine Ausnahme bildete nur der letzte Treffer: Über mehr als 50 Meter spazierte Siemensmeyer da über den Platz und legte das Leder ungehindert für Keller vor (82.). Braunschweig verlor damit nicht nur erstmals seit über 50 Wochen wieder ein Heimspiel, sondern obendrein auch noch gegen den Ex-Trainer.

Bekam wenig zu tun und trotzdem vier Gegentreffer: Horst Wolter

Eintracht Braunschweig - Hannover 96 0:4 (0:2)

Sa., 08.05.1971, 15:30 Uhr
Zuschauer: 17.000
SR: Horst Bonacker (Quadrath-Ichendorf)
Tore: 0:1 Horst Berg (27., Vorlage Siemensmeyer), 0:2 Hans Siemensmeyer (40., Bandura), 0:3 Willi Reimann (60., Keller), 0:4 Ferdinand Keller (82., Siemensmeyer)
Aufstellung Eintracht Braunschweig: Horst Wolter (Note 3,0); Wolfgang Grzyb (3,0), Joachim Bäse (3,0), Peter Kaack (3,0), Franz Merkhoffer (3,0); Friedhelm Haebermann (3,0), Max Lorenz (4,0), Bernd Gersdorff (3,0); Rainer Skrotzki (5,0), Jaro Deppe (5,0 - 57. Michael Polywka, 5,0), Klaus Gerwien (5,0 - 46. Eberhard Haun, 5,0)
Aufstellung Hannover 96: Bernd Helmschrot (3,0); Rainer Stiller (3,0), Hans-Josef Hellingrath (4,0), Peter Anders (3,0), Jürgen Bandura (4,0), Horst Bertl (4,0), Horst Berg (4,0), Hans Siemensmeyer (4,0); Rudolf Nafziger (5,0), Ferdinand Keller (3,0), Willi Reimann (4,0)
Besonderheiten: keine

Mit Volldampf nach Europa

Bielefeld kam mit breitem Kreuz, doch Werder war die Mannschaft der Stunde und fiel über sein Opfer her wie ein ausgehungertes Raubtier. An der Weser träumte man nun vom UEFA-Pokal.

Es war ein eher heimliches Comeback für Horst-Dieter Höttges, nach 13 Wochen Zwangspause indes war er auch froh, erst einmal sachte an den Bundesligaalltag gewöhnt zu werden. Bielefeld forderte ihm nichts ab, was er nicht auch stehend hätte bewältigen können; der DSC erwischte einen bedauernswerten Tag. "Wir hätten auch sechs oder sieben Tore schießen können, aber die Mannschaft hat es nachher nicht mehr so genau genommen", sagte Robert Gebhardt und blickte mit funkelnden Augen auf die Tabelle. "Hätte mir jemand zu Beginn der Saison gesagt, dass wir Chancen auf den vierten Platz hätten, ich hätte an meine Stirn getippt." Inzwischen war Werder die erfolgreichste Mannschaft des Augenblicks, hatte aus den letzten sechs Begegnungen 10:2 Punkte eingeheimst und zusätzlich noch zwei Zähler am grünen Tisch bekommen. Auch Bielefeld war eigentlich selbstbewusst, doch rechtfertigte die Art, wie sich die Ostwestfalen eine Stunde lang demütigen ließen, keinerlei Zuversicht für den Abstiegskampf. Ohne Schulz und Slomiany waren die Arminen dem Ansturm nicht gewachsen, völlig orientierungslos standen sie herum und vergaßen sämtliche Regeln der Manndeckung. Kemena, Roggensack und Stockhausen waren Totalausfälle. Bezeichnend, dass die ersten beiden Treffer zwei Abwehrspieler erzielten, denn Werder stürmte sofort auf den Gegner ein, als gälte es, blutige Rache zu üben. Und ein Stück weit stimmte dies sogar: Im Hinspiel hatten die Hanseaten noch mit 0:3 auf die Mütze bekommen.

Hatte sehr lange gefehlt: Horst-Dieter Höttges

SV Werder Bremen - Arminia Bielefeld 4:1 (2:0)

Sa., 08.05.1971, 15:30 Uhr
Zuschauer: 16.000
SR: Kurt Tschenscher (Mannheim)
Tore: 1:0 Rudolf Assauer (5., Vorlage B. Lorenz), 2:0 Dieter Zembski (15., Kopfball, Höttges), 3:0 Bernd Lorenz (58., Kopfball), 4:0 Karl-Heinz Kamp (65., Kopfball), 4:1 Horst Wenzel (74.)
Aufstellung SV Werder Bremen: Günter Bernard (Note 3,0); Dieter Zembski (3,0 - 65. Herbert Meyer, 4,0), Arnold Schütz (3,0), Rudolf Assauer (2,0), Horst-Dieter Höttges (3,0); Karl-Heinz Kamp (3,0), Heinz-Dieter Hasebrink (3,0), Ole Björnmose (4,0); Werner Görts (4,0), Bernd Lorenz (2,0), Bernd Schmidt (4,0)
Aufstellung Arminia Bielefeld: Gerd Siese (4,0); Horst Wenzel (4,0), Detlef Kemena (6,0 - 61. Herbert Bittner, 4,0), Volker Klein (5,0), Georg Stürz (4,0); Horst Stockhausen (5,0), Gerd Knoth (4,0), Ulrich Braun (4,0); Gerd Roggensack (5,0), Norbert Leopoldseder (5,0 - 45. Karl-Heinz Brücken, 4,0), Gerd Kohl (5,0)
Besonderheiten: keine

Der getarnte Titelkandidat

Essens Hoffnung auf einen Punktgewinn war peinlich vermessen. Unter nun neun sieglosen Spielen am Stück war dies nicht nur die traurigste Vorstellung, sondern auch die höchste Pleite der Bundesligageschichte.

Selbst auf dem Scheitelpunkt der Fußballkunst musste sich Borussia Dortmund noch unangenehme Fragen gefallen lassen. Warum diese Leistung denn nicht jede Woche bringbar sei, wollten angestachelte Medienvertreter wissen. Und wie man trotz solcher Fähigkeiten nur jemals in den Abstiegskampf rutschen konnte. Dies war aber

Schlug dreimal zu und war trotzdem nicht der Beste: Jürgen Schütz

auch alles an Misstönen beim BVB. Bis auf eine Sache vielleicht: Dass Sigi Held im nächsten Jahr nicht mehr da sein würde, musste die Fans mit Schmerz erfüllen. Der Schütze zum 2:0 war gerade in der Form seines Lebens. Nicht mal Schütz und Neuberger kamen an ihn heran, dabei steuerten sie jeder sogar drei Treffer bei. Beide Teams hatten englische Wochen hinter sich, doch anmerken konnte man dies nur RWE. Es war mehr als eine Spielklasse, die beide Teams auf dem Rasen trennte. Schon Mitte des ersten Durchgangs rangen die Gäste nach Luft und hätten sich am liebsten auch sofort ergeben, so herrlich und so kunterbunt waren Dortmunds Kombinationen anzusehen. Nach der Pause ließen die Borussen es gut sein, legten nur noch drei Treffer nach und gestatteten Essen ein paar Gegenstöße. So kamen die Gäste gar zu Toren, ohne selbst aber das Wort von der Ehre in den Mund zu nehmen. Horst Witzler wusste nach dem Spiel gar nicht, wen er am meisten loben sollte. Einen jovialen Spruch aber konnte er sich nicht verkneifen: "Wir wollen mal sehen, was wir für Essen in Frankfurt tun können."

Borussia Dortmund - Rot-Weiss Essen 7:2 (4:0)

Sa., 08.05.1971, 15:30 Uhr
Zuschauer: 18.000
SR: Heinz Aldinger (Waiblingen)
Tore: 1:0 J. Schütz (12.), 2:0 Held (18.), 3:0 Neuberger (27., Vorlage Held), 4:0 J. Schütz (38., Freistoß), 5:0 Neuberger (50., Ritschel), 5:1 Littek (57., Kopfball), 6:1 J. Schütz (60., Neuberger), 6:2 W. Rausch (82.), 7:2 Neuberger (86.)
Aufstellung Borussia Dortmund: Jürgen Rynio (Note 4,0); Dieter Kurrat (2,0), Hans-Joachim Andree (3,0), Branco Rasovic (3,0), Gerd Peehs (4,0); Jürgen Schütz (2,0), Siegfried Held (1,0), Theo Bücker (4,0); Manfred Ritschel (4,0 - 68. Theodor Rieländer (4,0), Willi Neuberger (2,0), Dieter Weinkauff (4,0)
Aufstellung Rot-Weiss Essen: Fred-Werner Bockholt (4,0); Peter Czernotzky (6,0), Herbert Weinberg (5,0 - 65. Dieter Bast, 4,0), Wolfgang Rausch (4,0), Heinz Stauvermann (3,0); Georg Jung (4,0), Diethelm Ferner (4,0), Hermann Erlhoff (5,0); Helmut Littek (4,0), Walter Hohnhausen (5,0), Willi Lippens (5,0)
Besonderheiten: keine

Bezeichnendes Siegtor

Nach kurzem Zwischenhoch im Nachholspiel kam der FC gleich wieder in der Gegenwart an. Überraschend an der dritten Heimniederlage war nur, dass sie so reichlich spät zustande kam.

Sieben Mal war der FCK bislang in Müngersdorf vorstellig geworden und hatte jedesmal auf die Mütze bekommen. Die eindeutige Bilanz vor dem Spiel: 14:0 Punkte und 26:6 Tore für den 1. FC Köln. Da die Pfälzer ohne Pirrung, Reinders und Diehl anreisen mussten, schien die nächste Pleite vorprogrammiert. Köln hatte außerdem endlich Wolfgang Overath wieder dabei und unter der Woche nach vorher drei Niederlagen am Stück sogar auch wieder gewonnen. Aber Köln war nicht in Form. Nur Optimisten glaubten ernsthaft an einen Heimsieg, als Rehhagel einen Flohe-Schuss Mitte des ersten Abschnitts zur glücklichen Führung abfälschte. Zu traurig hatten die Versuche bis dahin ausgesehen, den wahrlich hausbackenen FCK im eigenen Stadion unter Druck zu setzen. Zwei Minuten später stand es schon 1:1, durch einen Sonntagsknaller von Rademacher aus 25 Metern. "Die Harmonie und die gute Moral meiner Mannschaft waren die Basis für den Sieg", verkündete Dietrich Weise zwar stolz. Viel augenscheinlicher als Lauterns funktionierendes System war aber die Disharmonie im Spiel der Gastgeber. Nur Weber und mitunter Simmet

Wurde unverhofft zum Siegtor genötigt: Klaus Ackermann

fühlten sich animiert, die verstopften Wege zum Tor zu befreien. Ansonsten war Wolfgang Overath allein. Was Kaiserslautern wirklich beherrschte, war das Ballhalten im Mittelfeld. Köln verging so die Lust und später irgendwann auch die Kraft. Schön zu erkennen war dies am späten Siegtor, als ein Kölner nach dem anderen hinfiel und Ackermann nur noch das leere Tor treffen musste.

1. FC Köln - 1. FC Kaiserslautern 1:2 (1:1)

Sa., 08.05.1971, 15:30 Uhr
Zuschauer: 7.000
SR: Dieter Berner (Enzberg)
Tore: 1:0 Heinz Flohe (23.), 1:1 Günther Rademacher (25.), 1:2 Klaus Ackermann (88., Vorlage Hosic)
Aufstellung 1. FC Köln: Manfred Manglitz (Note 4,0); Karl-Heinz Thielen (4,0), Werner Biskup (4,0), Wolfgang Weber (4,0), Matthias Hemmersbach (4,0); Heinz Simmet (4,0), Wolfgang Overath (3,0), Heinz Flohe (4,0); Jupp Kapellmann (5,0 - 67. Thomas Parits, 5,0), Bernd Rupp (4,0), Hennes Löhr (5,0)
Aufstellung 1. FC Kaiserslautern: Josef Elting (3,0); Günther Rademacher (3,0), Dietmar Schwager (3,0), Peter Blusch (3,0), Fritz Fuchs (4,0); Jürgen Friedrich (2,0), Otto Rehhagel (2,0), Idriz Hosic (3,0); Hans-Peter Fecht (4,0), Karl-Heinz Vogt (5,0), Klaus Ackermann (3,0)
Besonderheiten: keine

Sehr gutes Drehbuch

Dass sich dieses Spiel als manipuliert entpuppte, war reichlich schade. Zu gern hätte man angenommen, beide Mannschaften hätten wirklich ihr Letztes für einen Sieg gegeben und sich wahrhaftig so herzzerreißend bekämpft. Die Punkte bekam jedenfalls Offenbach.

Eigentlich ließ das Spiel keine Wünsche offen. Angetreten waren der Fünfzehnte und der Letzte, beide offenbar fest entschlossen, den Abstieg in diesem Spiel abzuwenden, auch wenn im Falle Oberhausens selbst ein Sieg vermutlich zu spät gekommen wäre. Doch die Kleeblätter überraschten. In erheblichem Maße trugen sie dazu bei, dass die Begegnung bis zum Schluss auf Messers Schneide stand. Dass

Seine Leistung war zwei Punkte wert: Walter Bechtold

gleich fünf Menschen mit Herzattacken ins Krankenhaus mussten, hatten sie ebenfalls mit zu verantworten. Offenbach erwischte einen guten Start, doch gelang es Kobluhn nach einer halben Stunde, Bechtolds Elfmeter-Führung auszugleichen. Es setzte ein Nervenflattern ein, dem die Kickers wohl hätten erliegen können. Wann immer sich anbahnte, RWO könnte vielleicht sogar siegen, fehlte es den Gästen aber an Mut. Ein zweites Mal geschah dies nach 72 Minuten, denn Kobluhn schaffte es wieder, Offenbachs Führung zu egalisieren und die Fans auf den Rängen in den Wahnsinn zu treiben. Sieben Minuten vor Schluss ging Offenbach ein drittes Mal in Front, wieder durch Erwin Kremers und wieder unter Beteiligung des unsagbar starken Bechtold. Sicher war der Sieg noch immer nicht, denn Offenbachs Abwehr war weit schwächer als die um Dick, Ohm und Kliemann. Und so geschah noch dies: In der 88. Minute schraubte sich Sühnholz in die Luft und köpft das Leder unter den Augen der fahlen Offenbacher Fans an die Latte.

Kickers Offenbach - RW Oberhausen 3:2 (1:1)

Sa., 08.05.1971, 15:30 Uhr
Zuschauer: 17.000
SR: Klaus Ohmsen (Hamburg)
Tore: 1:0 Walter Bechtold (16., Foulelfmeter, Weida), 1:1 Lothar Kobluhn (32., Kopfball), 2:1 Erwin Kremers (67., Vorlage Kraft), 2:2 Lothar Kobluhn (72., Kopfball, Schumacher), 3:2 Erwin Kremers (83., Bechtold)
Aufstellung Kickers Offenbach: Karlheinz Volz (Note 4,0); Nikolaus Semlitsch (3,0), Egon Schmitt (4,0), Helmut Kremers (4,0), Lothar Skala (5,0); Roland Weida (3,0), Walter Bechtold (1,0), Winfried Schäfer (6,0 - 60. Heinz Schönberger, 3,0); Horst Gecks (5,0), Klaus Winkler (5,0 - 60. Gerhard Kraft, 3,0), Erwin Kremers (3,0)
Aufstellung Rot-Weiß Oberhausen: Wolfgang Scheid (3,0); Rainer Laskowsky (5,0 - 28. Hans Schumacher, 3,0), Uwe Kliemann (3,0), Friedhelm Dick (3,0), Werner Ohm (3,0); Lothar Kobluhn (3,0), Reiner Hollmann (5,0 - 60. Norbert Lücke, 4,0), Gert Fröhlich (4,0); Wolfgang Sühnholz (4,0), Hermann-Josef Wilbertz (4,0), Dieter Brozulat (5,0)
Besonderheiten: keine

Cendic hatte falsch aufgestellt

Ausgerechnet bei einem so großen Gegner kamen die Bayern zu ihrem ersten Auswärtssieg nach mehr als sechs Monaten. Während die Münchener routiniert ernteten, erkannte der FC Schalke, welchen hervorragenden Ersatztorwart er eigentlich hatte.

Längst nicht mehr unumstritten: Norbert Nigbur

Dieter Burdenski hatte seine Schuldigkeit getan und räumte den Kasten wieder für Nigbur, der einige Zeit wegen einer Verletzung hatte pausieren müssen. Die Entscheidung, Nigbur auf der Stelle wieder vorzuziehen, musste Slobodan Cendic jedoch bereuen. Schalke litt auch unter anderen Schwachstellen und hätte womöglich auch mit einem Burdenski verloren. Bei mindestens zwei Gegentoren war Nigbur aber nicht schuldlos und verdammte seine Kollegen damit zur absoluten Chancenlosigkeit. "Ich habe einen Fehler gemacht", räumte Cendic ohne Ausreden ein. Nicht sehr klug schien auch die Maßnahme, Klaus Fichtel für das anstehende Pokalhalbfinale zu schonen. van Haaren machte als Ersatzmann zwar nicht viel falsch, doch fehlte seine Kraft dafür im Mittelfeld, und dort kamen die Bayern zum entscheidenden Übergewicht. Aus dem Vollen schöpfen konnte auch Udo Lattek nicht, Beckenbauer fehlte wegen einer plötzlichen Nierenkolik, wer aber auf dem Feld stand, machte die Sache ohne Ausnahme ordentlich. Besonders gefielen Libero Schwarzenbeck sowie Uli Hoeneß, der als Schaltstation zwischen Mitte und Angriff fungierte. Auch nach Fischers zeitiger Führung (12.) mussten sich die Gäste keine Sorgen machen, sondern einfach ihre größere Erfahrung in die Waagschale werfen. Wüst vergab nach 65 Minuten noch eine dicke Möglichkeit zum Ausgleich, als er völlig frei vorm guten Maier zum Schuss kam. Ansonsten aber spielten nur die Bayern.

FC Schalke 04 - FC Bayern München 1:3 (1:1)

Sa., 08.05.1971, 15:30 Uhr
Zuschauer: 30.000
SR: Dietrich Basedow (Hamburg)
Tore: 1:0 Klaus Fischer (12., Kopfball, Vorlage Libuda), 1:1 Dieter Brenninger (41., G. Müller), 1:2 Karl-Heinz Mrosko (48., Schwarzenbeck), 1:3 Gerd Müller (72., Hoeneß)
Aufstellung FC Schalke 04: Norbert Nigbur (Note 5,0); Hans Pirkner (5,0), Rolf Rüssmann (2,0), Heinz van Haaren (4,0), Jürgen Sobieray (4,0); Herbert Lütkebohmert (5,0), Klaus Scheer (5,0 - 46. Klaus Beverungen, 5,0), Manfred Pohlschmidt (3,0 - 55. Friedel Rausch, 4,0); Reinhard Libuda (3,0), Klaus Fischer (4,0), Alban Wüst (6,0)
Aufstellung FC Bayern München: Sepp Maier (2,0); Paul Breitner (3,0), Johnny Hansen (4,0), Georg Schwarzenbeck (2,0), Peter Pumm (4,0); Herwart Koppenhöfer (4,0), Rainer Zobel (3,0), Ulrich Hoeneß (2,0); Karl-Heinz Mrosko (4,0), Gerd Müller (4,0), Dieter Brenninger (3,0)
Besonderheiten: keine

Kopfgeld auf Gladbachs Torwart

Ohne die drückende Schwüle hätte sich vermutlich ein heißerer Tanz entwickelt, auch so aber war nicht zu übersehen, dass hier zwei bessere Mannschaften der Bundesliga spielten. Den Punktverlust konnte der Meister verkraften.

Von Manipulation konnte zwar nicht die Rede sein, doch was sich im Vorfeld dieser Partie ereignete, war ein beispielhaftes Abbild für die Sitten und den Zustand des deutschen Profifußballs im Frühjahr 1971. Eine Stuttgarter Zeitung hatte eine Art Kopfprämie ausgesetzt und stolze 1000 Mark ausgelobt für denjenigen, der es schaffen würde, Wolfgang Kleff als erster zu bezwingen. Niemand konnte übersehen, dass Handschuh auch das Geld im Kopf hatte, als er nach einem Tänzchen im Mittelfeld auf der Stelle abschloss, anstatt nach besser postierten Mitspielern zu suchen. Nach dreizehn Minuten lag der VfB damit in Führung. Glücklicherweise erzählte das Spiel noch eine andere Geschichte, nämlich die des Berti Vogts. Der Stadionsprecher griff sogar eine Liga höher und gratulierte dem "Terrier" zu seinem 200. Länderspiel. Feiern lassen durfte sich Vogts zwar nur für seine Ligaeinsätze, dies aber auch nicht ohne einen Bonus.

Für Bestechungen empfänglich: Karl-Heinz Handschuh

Denn sämtliche 200 Partien hatte er komplett am Stück durchgezogen. Nach vier Minuten ging daher ein Aufschrei durch das Lager der Borussen, als Vogts verletzt liegen blieb und kurzzeitig behandelt werden musste. Dass er weitermachte, war eminent wichtig für die Fohlen, denn er brachte bald den Ausgleich auf den Weg, den Laumen nach einer halben Stunde mit Hilfe des verwirrten Eisele erzielte. Wäre dies nicht geschehen, Gladbach hätte es nach dem Wechsel schwer gehabt, denn Tempo und Spielfreude kamen irgendwann zum Erliegen.

VfB Stuttgart - Mönchengladbach 1:1 (1:1)

Sa., 08.05.1971, 15:30 Uhr
Zuschauer: 55.000
SR: Jan Redelfs (Hannover)
Tore: 1:0 Karl-Heinz Handschuh (13.), 1:1 Herbert Laumen (31., Vorlage Vogts)
Aufstellung VfB Stuttgart: Hans Hauser (Note 3,0); Willi Entenmann (4,0), Reinhold Zech (3,0), Hans Eisele (4,0), Hans Arnold (3,0), Jan Olsson (3,0), Herbert Höbusch (3,0), Horst Haug (2,0); Manfred Weidmann (4,0), Hartmut Weiß (4,0), Karl-Heinz Handschuh (3,0)
Aufstellung Borussia Mönchengladbach: Wolfgang Kleff (3,0); Berti Vogts (3,0), Klaus-Dieter Sieloff (3,0), Ludwig Müller (3,0), Hartwig Bleidick (3,0); Peter Dietrich (3,0), Horst Köppel (3,0), Günter Netzer (3,0); Herbert Wimmer (4,0 - 75. Hans-Jürgen Wloka, –), Herbert Laumen (4,0), Jupp Heynckes (4,0)
Besonderheiten: keine

ZEITFENSTER
3. - 9. Mai 1971

Ulbricht übergibt an Honecker
(DDR, 3. Mai)
„Niemand hat die Absicht, eine Mauer zu errichten", hatte der DDR-Staatsratsvor-

War von 1949 bis 1971 der bestimmende Politiker in der DDR: Walter Ulbricht

sitzende Walter Ulbricht 1961 scheinheilig noch wenige Wochen vor dem Beginn der Bauarbeiten verkündet. Unter seiner Regie wurde die Trennung Ost- und Westdeutschlands buchstäblich zementiert. Am 3. Mai 1971 trat er zurück, seine Nachfolge trat Erich Honecker an.

Benzin teurer
(BRD, 3. Mai)
Verdruss für die Autofahrer: Bereits zum zweiten Mal in diesem Jahr ging der Benzinpreis um einen Pfennig pro Liter nach oben. Mittlerweile kostete der Liter Normalsprit bundesweit zwischen 58 und 64 Pfennige. Diejenigen, die Super einfüllten, mussten nochmals sechs bis sieben Pfennige mehr pro Liter lockermachen.

Magnetisch
(BRD, 6.5.)
Der Messerschmitt-Bölkow-Blohm-Konzern (MBB) stellte auf seinem Werksgelände in Ottobrunn bei München die erste Magnet-Schwebebahn der Welt vor.

Rosen für Komödianten
(Schweiz, 6. Mai)
Die "Goldene Rose von Montreux" ist ein seit 1961 ausgetragenes Festival, das herausragende Fernseh-Produktionen und TV-Künstler ehrt. Immer wieder fanden komödiantische Beiträge ihre entsprechende Würdigung - so auch anno 1971. Die Goldene Rose ging an Lodynskis Flohmarkt Company. Der Truppe um den österreichischen Schauspieler und Kabarettisten Peter Lodynski wurde im gleichen Jahr der Chaplin Preis verliehen. Die Silberne Rose erhielt eine britische Gruppe, die neue Maßstäbe der Chaos-Comedy setzen sollte: Monty Python's Flying Circus. Eine Bronzene Rose gab es auch noch, die ging an Vicky Leandros für ihr Lied "Ich bin".

Bundesliga 1970/1971 – 31. Spieltag

Mrosko setzt zum Kopfball an. Der FC Bayern wirbelt den 1. FC Köln gehörig durcheinander und gewinnt mit 7:0

GAU an der Hafenstraße

Punkte konnten die Bayern zwar nicht gutmachen, gegen Köln wollten sie es aber noch mal wissen und richteten ein wahres Blutbad an. Nur für Essen war es ein noch schlimmerer Spieltag.

Im Heimspiel gegen Offenbach verzockte RWE nichts weniger als seine Existenz, verlor nicht nur gegen den direkten Konkurrenten, sondern fiel erstmals auch auf einen Abstiegsplatz. Die Kickers dagegen hatten sich ihren ersten Auswärtssieg gut aufgespart. Ernüchternd auch für Essen, dass sowohl Frankfurt (2:0 gegen Dortmund) als auch Oberhausen überraschend siegten. RWO traf indes auf einen Gegner, dem sämtliche Zügel entglitten waren. Schalkes Trainer Cendic hatte es nach dem 1:4 eilig: "Ich muss mit dem Vorstand die Lage besprechen." Den Knaller des Spieltages lieferte der FC Bayern, dem Köln schlicht im falschen Moment unter die Augen trat und Opfer eines unbarmherzigen Wettschießens wurde. Meister Gladbach konnte das 7:0 kaum beeindrucken. Den Tabellendritten Hertha wiesen die Fohlen unbeirrt in die Schranken und galoppierten unaufhaltsam weiter in Richtung Titelverteidigung.

Ergebnisse – 31. Spieltag 1970/1971

Fr., 14.05.71	Hannover 96	-	MSV Duisburg	3:3 (1:1)
Fr., 14.05.71	1. FC Kaiserslautern	-	SV Werder Bremen	2:1 (0:0)
Fr., 14.05.71	Borussia Mönchengladbach	-	Hertha BSC Berlin	4:0 (2:0)
Sa., 15.05.71	Arminia Bielefeld	-	Eintracht Braunschweig	0:1 (0:1)
Sa., 15.05.71	Rot-Weiss Essen	-	Kickers Offenbach	2:3 (0:1)
Sa., 15.05.71	Eintracht Frankfurt	-	Borussia Dortmund	2:0 (0:0)
Sa., 15.05.71	Hamburger SV	-	VfB Stuttgart	1:0 (1:0)
Sa., 15.05.71	FC Bayern München	-	1. FC Köln	7:0 (2:0)
Sa., 15.05.71	Rot-Weiß Oberhausen	-	FC Schalke 04	4:1 (1:1)

Tabelle

Platz	Verein	S	U	N	Tore	Differenz	Punkte
1.	Borussia Mönchengladbach	17	10	4	65:28	+37	44:18
2.	FC Bayern München	17	10	4	69:33	+36	44:18
3.	Hertha BSC Berlin	15	8	8	58:41	+17	38:24
4.	Eintracht Braunschweig	15	6	10	48:35	+13	36:26
5.	SV Werder Bremen	11	11	9	41:35	+6	33:29
6.	FC Schalke 04	14	5	12	40:36	+4	33:29
7.	Hamburger SV	11	11	9	49:59	-10	33:29
8.	1. FC Kaiserslautern	14	4	13	51:53	-2	32:30
9.	MSV Duisburg	10	11	10	37:43	-6	31:31
10.	1. FC Köln	10	10	11	38:48	-10	30:32
11.	Hannover 96	11	7	13	48:45	+3	29:33
12.	VfB Stuttgart	10	8	13	46:46	0	28:34
13.	Borussia Dortmund	10	8	13	48:52	-4	28:34
14.	Kickers Offenbach	8	9	14	45:58	-13	25:37
15.	Arminia Bielefeld	10	5	16	31:49	-18	25:37
16.	Eintracht Frankfurt	9	6	16	33:50	-17	24:38
17.	Rot-Weiss Essen	7	9	15	42:58	-16	23:39
18.	Rot-Weiß Oberhausen	7	8	16	46:66	-20	22:40

Torjägerliste - Zuschauer - Selbsttore - Platzverweise

Torjägerliste:
1. G. Müller: 22 Tore
2. Vogt: 20 Tore
3. Horr, Lippens, L. Kobluhn: je 19 Tore

Zuschauer: 178.300
Tore: 34
Selbsttore: 1
Platzverweise: keine

Die doppelte Brechstange

Wie beim Armdrücken wechselte die Spielführung hin und her. Ehe Hannover aufwachte, hätten die Gäste höher führen können. Auch 96 aber machte nichts aus seinen Chancen und musste sich kurz vor dem Ende doch wieder auf ein Remis einlassen.

Bedachte man das Tabellenbild und damit die für beide Teams schmalen Aussichten, überhaupt noch etwas zu bewegen, dann musste man sich verneigen. Rudi Faßnacht ließ sich mit Hochgenuss dann auch für den Schlagabtausch feiern und legte auf der Pressekonferenz in aller Breite dar, wie er die 90 Minuten erlebt hatte. Und das war so: Die Flutlichter waren gerade erst angeknipst, als Rainer Budde die Gäste in Führung sowie die Anhänger Hannovers in Rage brachte (4.). 21 Minuten später stand derselbe Mann sogar am Elfmeterpunkt, doch zielte er zu genau und brachte seine Zebras per Pfostenschuss um das 0:2. Im Erfolgsfall hätte Duisburg vermutlich die Punkte verplanen können. So aber konnte es geschehen, dass Hannover sich irgendwann aufrappelte. Nafzigers Flanke bombte Bertl kurz vor dem Wechsel zum Ausgleich ein, ehe Siemensmeyer die Gastgeber gar in Führung schoss. Danner war es, der Meiderich in dieser Zeit vor größerem Schaden bewahrte; die Zeiten des "Riegel-Rudi" waren allerdings vorbei. Urplötzlich nämlich starteten die Zebras wieder wütende Angriffe. Lohn waren das 2:2 (62.) durch Pavlic und eine Periode des sich anbahnenden Auswärtssieges. Als Keller überraschend mit dem 3:2 dazwischenfunkte, mischten schon berechtigte Zweifel mit (77.). Und in der Tat: Drei Minuten vor Abpfiff brach der gute Lehmann noch einmal durch und beendete das irre Spiel mit dem sechsten und letzten Tor.

Schon vor seinem Treffer auffällig: Bernd Lehmann

Hannover 96 - MSV Duisburg 3:3 (1:1)

Fr., 14.05.1971, 20:00 Uhr
Zuschauer: 16.500
SR: Karl Riegg (Augsburg)
Tore: 0:1 Rainer Budde (4.), 1:1 Horst Bertl (40., Vorlage Nafziger), 2:1 Hans Siemensmeyer (59., Nafziger), 2:2 Djordje Pavlic (62.), 3:2 Ferdinand Keller (77.), 3:3 Bernd Lehmann (87.)
Aufstellung Hannover 96: Bernd Helmschrot (Note 4,0); Rainer Stiller (3,0), Peter Anders (3,0), Hans-Josef Hellingrath (4,0), Jürgen Bandura (4,0); Horst Berg (4,0), Hans Siemensmeyer (3,0), Horst Bertl (3,0); Rudolf Nafziger (3,0 - 81. Hans-Herbert Blumenthal, –), Ferdinand Keller (3,0), Willi Reimann (4,0)
Aufstellung MSV Duisburg: Volker Danner (3,0); Kurt Rettkowski (4,0), Detlef Pirsig (3,0), Hartmut Heidemann (4,0), Michael Bella (3,0); Djordje Pavlic (3,0), Bernd Lehmann (3,0), Johannes Linßen (3,0); Bernard Dietz (4,0 - 56. Johannes Riedl, 4,0), Rainer Budde (4,0), Gerhard Kentschke (3,0)
Besonderheiten: Budde verschießt Foulelfmeter (25.) - an den Pfosten (Bertl an Linßen)

Überflüssiger Serienriss

Die enge Partie brauchte nicht zwingend einen Sieger, weil die Bremer nicht weniger offensiv handelten als der seinem Publikum verpflichtete FCK. Die späte Niederlage verschuldete Werder selbst.

Für die gerade entdeckten UEFA-Cup-Ambitionen war der Betzenberg eine passende Nagelprobe, und im Grunde bestand Werder die Prüfung auch. Als Hasebrinks Kopfball den Weg ins Tor fand (53.) und Friedrichs Führungstor nach nur vier Minuten ausgeglichen war, schien das gerechte Ergebnis gefunden. Naturgemäß aktiver gaben sich zwar die Pfälzer, aber nicht in einem Maße, dass es Bremen hätte schrecken können. Besonders im ersten Abschnitt waren es eher die Gäste, deren Konterspiel Format aufwies und die den gegnerischen Abwehrwall ein paar Mal durchschüttelten. Werders Innenverteidigung hatte mit Höttges und Assauer zwei unumstößliche Säulen. Noch besser erfüllte Schmidt seine Aufgabe, indem er sich wechselweise mit Kamp als Verbinder gab. Oft genug waren es seine Zuspiele, die Lorenz und den schnellen Görts auf die Reise schickten. Und wenn sie schon zur Pause nicht führten, so verdienten sich die Gäste das Remis doch erst recht. Auch ein Sieg schien in diesem Moment möglich, eher unwahrscheinlich dagegen ein zweites Gegentor, das schließlich die erste Niederlage seit Anfang März bedeutete. Eingeleitet wurde dies durch Rehhagel, dem eher wenig gelang, in diesem Fall aber ein tollkühner Vorstoß inklusive guten Flankenballs in die Mitte. Dort befand sich ein Knäuel, das eigentlich aus weit mehr Bremern als Kaiserslauterern bestand, doch aus dem Gewühl heraus kam Vogt an den Ball und köpfte ihn dicht vor der Torlinie über dieselbe. Werders Abwehrrecken machten diesmal keine gute Figur (87.).

Kurz vor Schluss noch bei Kräften: Otto Rehhagel

1. FC Kaiserslautern - SV Werder Bremen 2:1 (0:0)

Fr., 14.05.1971, 20:00 Uhr
Zuschauer: 15.000
SR: Werner Burgers (Essen)
Tore: 1:0 Jürgen Friedrich (49., Kopfball, Vorlage Reinders), 1:1 Heinz-Dieter Hasebrink (53., Kopfball), 2:1 Karl-Heinz Vogt (87., Kopfball, Rehhagel)
Aufstellung 1. FC Kaiserslautern: Josef Elting (Note 4,0); Günther Rademacher (4,0), Dietmar Schwager (4,0), Günther Reinders (4,0), Fritz Fuchs (3,0); Jürgen Friedrich (3,0), Otto Rehhagel (4,0), Hans-Peter Fecht (4,0), Karl-Heinz Vogt (4,0), Idriz Hosic (3,0), Klaus Ackermann (3,0)
Aufstellung SV Werder Bremen: Fritz Stefens (4,0); Dieter Zembski (4,0), Horst-Dieter Höttges (3,0), Rudolf Assauer (3,0), Arnold Schütz (3,0); Bernd Schmidt (2,0), Werner Görts (3,0), Karl-Heinz Kamp (3,0), Bernd Lorenz (4,0), Heinz-Dieter Hasebrink (4,0), Ole Björnmose (4,0)
Besonderheiten: keine

Hertha endgültig raus

Zur Pause durfte Berlins Trainer zuversichtlich sein, den Meister vielleicht noch zu bändigen. Wieder aber fingen sich die Gäste zwei frühe Treffer und fuhren arg ramponiert nach Hause.

Die Partie war mit großer Spannung erwartet worden, nicht zuletzt von den Bayern, die einige Hoffnung in die spielstarke Hertha setzten. Schließlich konnte die Alte Dame bei einem Sieg sogar noch Deutscher Meister werden. Doch was all die Lorbeeren wert waren und auch die lange und schöne Serie, die sich die Gäste inzwischen aufgebaut hatten, zeigte sich bereits nach zehn Minuten. Das Team, das letzte Woche noch Eintracht Frankfurt zerrupft hatte und dem auch nach eigenem Verständnis alles zuzutrauen war, erstarrte vor dem Meister in Ehrfurcht. Die kleinen Gegner steckte Hertha zwar meist in die Tasche. Wenn sie aber gegen die Großen spielen sollte, sank das Herz in die Hose. Fiffi Kronsbein war entsprechend enttäuscht: "Wir wurden mit den ersten beiden Toren kalt erwischt. Im Gegensatz zu uns hatte Borussia außerdem eine großartige Abwehr." Mönchengladbach war eigentlich keine Mannschaft, die den Gegner mit überraschenden Frühstarts überrannte. Angesichts der fatalen Unorganisiertheit im Berliner Hinterbau konnten die Fohlen aber kaum anders, als zumindest zwei ihrer vielen Frühchancen zu nutzen (4./8.). Nach einer Weile fingen sich die Gäste dann und zeigten Ansätze ihres flotten Kombinationsspiels. Noch immer war im Einzelvergleich aber jeder Borusse überlegen, und so kam es, dass die Gastgeber nur kurz wieder etwas anziehen mussten, um Hertha schon den Rest zu geben. Dass auch die weiteren Tore kurz nach Wiederanpfiff fielen, war dabei eher Zufall.

Dem Sturm des Meisters nicht gewachsen: Peter Enders

Borussia Mönchengladbach - Hertha BSC Berlin 4:0 (2:0)

Fr., 14.05.1971, 20:00 Uhr
Zuschauer: 25.000
SR: Dieter Heckeroth (Frankfurt/Main)
Tore: 1:0 Herbert Laumen (4., Vorlage Netzer), 2:0 Horst Köppel (8., Heynckes), 3:0 Herbert Laumen (51., Heynckes), 4:0 Jupp Heynckes (55., Netzer)
Aufstellung Borussia Mönchengladbach: Wolfgang Kleff (Note 3,0); Berti Vogts (2,0), Ludwig Müller (3,0), Klaus-Dieter Sieloff (3,0), Hartwig Bleidick (3,0); Peter Dietrich (3,0), Günter Netzer (2,0), Herbert Wimmer (2,0); Horst Köppel (3,0), Herbert Laumen (3,0), Jupp Heynckes (3,0 - 85. Ulrik Le Fevre, –)
Aufstellung Hertha BSC Berlin: Volkmar Groß (3,0); Bernd Patzke (3,0), Jürgen Rumor (4,0), Tasso Wild (4,0), Peter Enders (5,0); Zoltan Varga (5,0), Wolfgang Gayer (4,0), Laszlo Gergely (5,0); Hans-Jürgen Sperlich (5,0), Lorenz Horr (4,0), Arno Steffenhagen (3,0)
Besonderheiten: keine

Die Schleusen geschlossen

Nach dem Debakel im letzten Heimspiel ging Braunschweig mit überraschender Kälte vor. Wie in großen Tagen legten die Niedersachsen einen Treffer vor und verteidigten ihn mit eiserner Hand über die Zeit.

Mehr als ein halbes Jahr war schon vergangen, seit Braunschweig das letzte Mal auswärts gesiegt hatte. Wer das Unheil trotzdem hatte kommen sehen, war Egon Piechaczek: "Uns durfte alles passieren, nur nicht ein Führungstor der Eintracht." Nach einer halben Stunde nahm Arminias Trainer den Keulenschlag in Empfang. Das Tor fiel reichlich unnötig, denn erst vertändelte Knoth das Leder leichtsinnig am Strafraum, dann produzierte derselbe Spieler beim Rettungsversuch einen Freistoß, den Siese an guten Tagen zudem gehalten hätte. Das bisherige Spiel war ereignislos verlaufen. Bielefeld hatte seinen Faden gesucht und Braunschweig eher höflich gewartet. Nun aber änderte sich die Sachlage, denn ein unsichtbarer Mechanismus schob Eintrachts Abwehr noch enger in sich zusammen. Merkhoffer und Grzyb sahen sich nicht zwingend zu Aktivitäten auf den Bahnen genötigt. Wenn sich die Gelegenheit aber ergab, dann schalteten sie sehr schnell, und das machte großen Eindruck bei den Arminen. Gegen diese Mannschaft einem Rückstand nachzulaufen, kam in der Tat einer Höchststrafe gleich. Der DSC bemühte sich, wo er nur konnte, wenn aber Kohl oder Roggensack tatsächlich einmal bis zum Sechzehner durchkamen, stellten Kaack oder Bäse sich einfach in den Weg. Außerdem gab es noch Wolter, der diesmal keine einzige Unsicherheit zeigte. Die Schussgrenze der Bielefelder Angreifer wanderte so immer weiter nach hinten, bis sie sich schließlich ganz auflöste.

Dank seiner Auffassungsgabe stand die Null wieder sicher: Joachim Bäse

Arminia Bielefeld - Eintr. Braunschweig 0:1 (0:1)

Sa., 15.05.1971, 15:30 Uhr
Zuschauer: 28.800
SR: Rudolf Schröck (Riegelsberg)
Tore: 0:1 Michael Polywka (32., Freistoß)
Aufstellung Arminia Bielefeld: Gerd Siese (Note 4,0); Horst Wenzel (2,0), Volker Klein (4,0), Dieter Schulz (3,0), Waldemar Slomiany (3,0); Gerd Knoth (5,0 - 46. Ernst Kuster, 4,0), Ulrich Braun (3,0), Horst Stockhausen (4,0); Gerd Roggensack (3,5), Karl-Heinz Brücken (3,0), Gerd Kohl (5,0 - 46. Norbert Leopoldseder, 4,0)
Aufstellung Eintracht Braunschweig: Horst Wolter (2,0); Wolfgang Grzyb (3,0), Peter Kaack (3,0), Joachim Bäse (2,0), Franz Merkhoffer (3,0); Michael Polywka (4,0), Friedhelm Haebermann (4,0), Max Lorenz (3,0), Bernd Gersdorff (4,0), Eberhard Haun (3,0), Dietmar Erler (4,0 - 46. Rainer Skrotzki, 4,0)
Besonderheiten: keine

Das letzte Tabu

Die Serie von acht sieglosen Spielen und selbst das 2:7 in Dortmund wären zu verkraften gewesen, hätte Essen nur dieses Heimspiel gewonnen. Weniger als den Gegner aber bekamen die Westdeutschen ihre Nerven in den Griff. Sie zerbrachen am viel zu großen Druck.

Das Essener Publikum war eigentlich ebenso heißblütig wie treu. Doch als Beer die Großchance zum 1:1 ausließ und Lippens provozierend lässig über den Rasen schlurfte, gingen die Fans auf die Barrikaden. Viel hatten sie in letzter Zeit ertragen und ihre Mannschaft noch immer unterstützt.

Erlitt vor dem 0:1 einen Streifschuss: Georg Jung

Im selbst verschuldeten Endspiel aber wollten sie Hingabe sehen, doch was sie bekamen, war die bitterste aller Saisonniederlagen und damit der erstmalige Sturz auf einen Abstiegsrang. Drei Runden vor Spielschluss stand Essen vor dem Aus. "An den Sieg habe selbst ich nicht geglaubt", gab der Trainer des Gegners offen zu. "Ich muss jedoch sagen, dass ich auch mit mehr Kampfgeist der Essener Spieler gerechnet hätte." Ob das Ergebnis verdient war, darüber schieden sich die Geister, für RWE war es in erster Linie bitter. Das 0:1 fiel durch einen abgefälschten Schuss (33.) und hätte mehrfach durch Essener Stürmer repariert werden können. Durch einen nicht zwingenden Strafstoß fiel stattdessendas 0:2 und direkt nach Lippens' Anschlusstor (66.) das 1:3 (68.). Dass die Kickers ergiebig konterten und ihrer Sehnsucht nach dem ersten Auswärtssieg alles unterordneten, war nicht zu leugnen. Mehrere Pfosten- und Lattentreffer zeugten aber auch vom Glück des Pokalsiegers, dem schlicht entgegen kam, dass für Essen nur ein Heimsieg zählte und sonst gar nichts. Beiden ein Dorn im Auge war allerdings der Frankfurter Erfolg gegen Dortmund.

Rot-Weiss Essen - Kickers Offenbach 2:3 (0:1)

Sa., 15.05.1971, 15:30 Uhr
Zuschauer: 26.000
SR: Ewald Regely (Berlin)
Tore: 0:1 Horst Gecks (33., Vorlage E. Kremers), 0:2 Walter Bechtold (58., Foulelfmeter, E. Kremers), 1:2 Willi Lippens (66., Kopfball), 1:3 Erwin Kremers (68., Schmitt), 2:3 Heinz Stauvermann (86.)
Aufstellung Rot-Weiss Essen: Fred-Werner Bockholt (Note 4,0); Peter Czernotzky (4,0), Wolfgang Rausch (3,0), Roland Peitsch (5,0), Heinz Stauvermann (4,0); Georg Jung (5,0), Diethelm Ferner (3,0), Erich Beer (4,0 - 70. Hermann Erlhoff, 4,0); Helmut Littek (4,0), Walter Hohnhausen (- - 19. Dieter Bast, 4,0), Willi Lippens (5,0)
Aufstellung Kickers Offenbach: Karlheinz Volz (3,0); Nikolaus Semlitsch (4,0), Helmut Kremers (4,0), Egon Schmitt (3,0), Lothar Skala (4,0); Roland Weida (3,0), Walter Bechtold (3,0), Heinz Schönberger (3,0); Horst Gecks (4,0), Gerhard Kraft (3,0), Erwin Kremers (3,0)
Besonderheiten: keine

Erich Ribbeck, Taktikfuchs

Als Jürgen Grabowski einen Handelfmeter an den Pfosten donnerte, stand die Eintracht vor einer schweren Prüfung. Wider Erwarten bekam sie aber doch kein Kraftproblem, sondern drückte so lange weiter, bis Dortmund endlich aufgab.

Auf diese Mannschaften zu wetten, schien alles andere als ratsam. Frankfurt war zuhause zwar eine Macht, hatte unter 13:1 Punkten aber auch Siege wie jenen über Stuttgart vorzuweisen, der manchem Hessen noch immer peinlich war. Während die Eintracht letzte Woche in Berlin zerrissen worden war, hatte der BVB mal eben Rot-Weiss Essen mit 7:2 erledigt und seinem Opfer noch großspurig in die Hand versprochen, im Waldstadion für eine Ausgleichszahlung o:2 zu sorgen. Vielleicht war es gerade jene Sprücheklopferei gewesen, welche die Eintracht so angestachelt hatte. Als die Hessen in die Arena kamen, war sofort zu sehen, dass nicht gut Kirschen mit ihnen essen war. Auf ein Konterspiel hatte sich Borussia wohl eingestellt, nicht aber auf derart giftige Hessen, deren Trainer sich offenbar Gedanken gemacht hatte. So spielte Kalb neuerdings einen Kettenhund und das wohlweislich gegen Held, der Borussias Spiel zuletzt stark poliert hatte. Auf der anderen Seite drückte Rohrbach Gegenspieler Peehs förmlich an die Wand, wodurch Dortmunds Flügelspiel zumindest auf einer Seite lahm-

Einen Besseren gab es nicht: Bernd Hölzenbein

te. Einsatz und Tempo waren gewaltig für die Verhältnisse der Hessen, und der fürs Kreative zuständige Hölzenbein spielte überragend. Kurz vor der Pause war der Lohn endlich fällig, doch Grabowski traf vom Punkt nur den Pfosten und drohte einen Einbruch zu verursachen. Doch es änderte sich nichts. Frankfurt kämpfte weiter, ging bald in Führung und konterte sich anschließend zum Sieg.

Eintracht Frankfurt - Borussia Dortmund 2:0 (0:0)

Sa., 15.05.1971, 15:30 Uhr
Zuschauer: 19.000
SR: Ferdinand Biwersi (Bliesransbach)
Tore: 1:0 Horst Heese (58., Kopfball, Vorlage Trinklein), 2:0 Jürgen Papies (87.)
Aufstellung Eintracht Frankfurt: Peter Kunter (Note 3,0); Jürgen Kalb (3,0), Dieter Lindner (4,0 - 68. Lothar Schämer, 4,0), Friedel Lutz (4,0), Peter Reichel (4,0); Gert Trinklein (3,0), Bernd Hölzenbein (2,0); Horst Heese (2,0), Jürgen Grabowski (3,0), Bernd Nickel (5,0), Thomas Rohrbach (3,0 - 79. Jürgen Papies, 4,0)
Aufstellung Borussia Dortmund: Jürgen Rynio (2,0); Gerd Peehs (4,0), Dieter Kurrat (3,0), Branco Rasovic (4,0), Hans-Joachim Andree (4,0 - 78. Wilhelm Sturm, 4,0); Dieter Weinkauff (4,0), Jürgen Schütz (4,0), Theo Bücker (4,0); Manfred Ritschel (4,0 - 73. Theodor Rieländer, 4,0), Willi Neuberger (4,0), Siegfried Held (3,0)
Besonderheiten: Grabowski verschießt Handelfmeter - an den Pfosten (41.)

Unnötige Aufregung

Kulisse und Ergebnis ließen einen faden Kick vermuten, doch das war nur die halbe Wahrheit. Auch 8.000 Zuschauer konnten einen Höllenlärm veranstalten, als der HSV seine besten Chancen ungenutzt ließ. Stuttgart war noch schlimmer dran.

Das Resultat war eigentlich vorprogrammiert gewesen, denn auch die beiden letzten Auswärtsspiele hatte Stuttgart mit 0:1 verloren. Hamburg dagegen war seit elf Begegnungen zu Hause ungeschlagen und siegte gern auch mal ohne Gegentor. Als Zaczyk daher nach bereits zwei Minuten das Tor traf, schien nicht mal unwahrscheinlich, dass dies auch der Endstand sein würde. Bis dahin sollte aber noch einiges passieren. Der HSV überraschte zunächst mit rastlosem Offensivgeist,

Suchte sich aus einem Dutzend Torchancen eine aus: Klaus Zaczyk

dabei sah man auch diesmal wieder nur das letzte Aufgebot. Nogly, Hellfritz und Willi Schulz standen trotz Verletzung auf dem Rasen. Anderen wie Beyer und Dörfel, der Blumen für sein 600. HSV-Spiel entgegennahm, fehlte es auch so an Frische. Noch im ersten Schwung hätten Hönig und Zaczyk trotzdem nachlegen müssen. Addiert um ein weiteres verschenktes Tor nach Beyers Solo war die Pausenführung viel zu mager und machte das Publikum extrem säuerlich. Der Anhang erahnte wohl das Erstarken des VfB, der mit Wiederbeginn plötzlich ein anderer war und einen Angriff nach dem nächsten aufzog. Allein Weiß versiebte hier vier klare Gelegenheiten, ebenso aber Weidmann, Handschuh und Haug. Letzterer vergab kurz vor Schluss die dickste Ziege, als er alleinstehend aus elf Metern Özcan anschoss (80.). "Kein Wunder, dass wir auswärts keine Punkte holen. Aus diesen Chancen hätte ein Gerd Müller drei oder vier Tore gemacht", spottete Branko Zebec.

Hamburger SV - VfB Stuttgart 1:0 (1:0)

Sa., 15.05.1971, 15:30 Uhr
Zuschauer: 8.000
SR: Ortmanns
Tore: 1:0 Klaus Zaczyk (2., Vorlage Ripp)
Aufstellung Hamburger SV: Arkoc Özcan (Note 3,0); Helmut Sandmann (4,0), Jürgen Kurbjuhn (4,0), Willi Schulz (4,0), Hans-Jürgen Ripp (3,0); Klaus Zaczyk (4,0), Peter Nogly (4,0), Franz-Josef Hönig (3,0); Siegfried Beyer (4,0), Hans-Jürgen Hellfritz (5,0), Charly Dörfel (4,0)
Aufstellung VfB Stuttgart: Gerhard Heinze (3,0); Willi Entenmann (3,0), Reinhold Zech (3,0), Hans Eisele (4,0), Hans Arnold (4,0); Jan Olsson (4,0), Herbert Höbusch (4,0), Horst Haug (4,0); Manfred Weidmann (5,0), Hartmut Weiß (5,0), Karl-Heinz Handschuh (4,0)
Besonderheiten: keine

Rauchzeichen zum Niederrhein

Köln stand ohnehin gerade neben sich, aber die Reise nach München sollten sie Geißböcke so schnell nicht vergessen. Wie im Alten Rom wurden sie in die Arena geholt und zur Belustigung des Publikums einfach in der Luft zerrissen.

Auch Tiefpunkte waren nur Momentaufnahmen, mussten die Kölner lernen, denn schon im letzten Heimspiel gegen Kaiserslautern hatten sie sich eigentlich ganz unten gewähnt. In München nun schrieben sie Geschichte, die sie sich gern erspart hätten. Noch nie hatte der FC Bayern ein Bundesligaspiel so hoch gewonnen, und auch niemals zuvor hatten sie, die Deutschen Meister von 1964, solch ein gewaltiges Debakel erlebt. "Unsere Mannschaft hat auch in dieser Höhe verdient verloren", sagte Ernst Ocwirk weinerlich. "Unsere Spieler waren periodenweise Statisten." Die erste Viertelstunde hatte eigentlich einen anderen Eindruck vermittelt, nämlich den von sattelfesten und fast unbekümmerten Kölnern. Schon als Koppenhöfer sich aus der Münchener Kette löste und ausschließlich nur noch Wolfgang Overath bewachte, begann der FC-Stern aber zu sinken. Als Thielen mit einem Eigentor dann auch noch den Gegner in Führung brachte (21.), war der Untergang besiegelt. Allerdings gehörten auch zwei zu diesem Schützenfest, und der FC Bayern spielte wahrhaft unwiderstehlich. Einzig um Zobel musste Udo Lattek sein Team kurz korrigieren, sonst waren die Gastgeber überall bedrohlich überlegen. Den genialen Beckenbauer und die umtriebigen Hoeneß, Schneider und Brenninger hätte es fast gar nicht gebraucht, weil allein die Außenverteidiger so viel Feuer entfachten, dass sich auch jeder andere Gegner daran verbrannt hätte. Vermutlich auch Mönchengladbach.

Längst ein Kadidat für die Nationalelf: Hans-Georg Schwarzenbeck

FC Bayern München - 1. FC Köln 7:0 (2:0)

Sa., 15.05.1971, 15:30 Uhr
Zuschauer: 28.000
SR: Elmar Schäfer (Neustadt am Rbg.)
Tore: 1:0 Thielen (21., Eigentor, Vorlage Mrosko), 2:0 Breitner (41., Kopfball, Brenninger), 3:0 Schneider (52.), 3:0 Schwarzenbeck), 4:0 Schneider (72., Koppenhöfer), 5:0 Hoeneß (78., G. Müller), 6:0 G. Müller (81.), 7:0 Mrosko (84., Breitner)
Aufstellung FC Bayern München: Sepp Maier (Note 3,0); Paul Breitner (2,0), Georg Schwarzenbeck (2,0), Franz Beckenbauer (2,0), Peter Pumm (2,0); Herwart Koppenhöfer (3,0), Rainer Zobel (5,0 - 46. Edgar Schneider, 3,0), Ulrich Hoeneß (2,0); Karl-Heinz Mrosko (3,0), Gerd Müller (3,0), Dieter Brenninger (2,0)
Aufstellung 1. FC Köln: Manfred Manglitz (4,0); Karl-Heinz Thielen (4,0), Wolfgang Weber (4,0), Werner Biskup (4,0), Matthias Hemmersbach (5,0); Heinz Simmet (5,0), Heinz Flohe (5,0), Wolfgang Overath (3,0); Hans-Jürgen Lex (6,0 - 46. Bernhard Cullmann, 4,0), Bernd Rupp (5,0), Jupp Kapellmann (4,0)
Besonderheiten: keine

Unglaubwürdig schwach

Ob Schalke von allen guten Geistern oder von Moral und Anstand verlassen war, galt es später noch zu klären. Fakt war nur die fünfte Pleite in Folge samt einer unerklärlichen Leistungsverweigerung.

Wer von einem leidenschaftlichen Oberhausener Kampfgeist ausging, der erlag einem Irrtum. Erschreckend schwach präsentierten sich die Kleeblätter im ersten Abschnitt, als die Begegnung einfach nur dahinsiechte und niemand die Leistung des anderen hinterfragte, geschweige denn etwas eigenes zur Besserung der Lage beitragen wollte. Vielleicht ging Schalkes Führung sogar in Ordnung, weil RWO eben noch mehr falsch machte als die Knappen. Fischers Treffer auf Flanke Libudas war indes halbherzig erzielt und hätte von Scheid sogar noch verhindert werden müssen (23.). Dass die Gastgeber "auch ohne Krauthausen große Moral bewiesen", hätte sich Präsident Maaßen in der Halbzeit noch nicht zu behaupten getraut. Kobluhns Ausgleich kurz vor dem Wechsel sorgte indes für nachhaltige Heilung, wobei es am Ende auch kaum mehr als das Ergebnis war, das Oberhausens Fans mit der Mannschaft versöhnte. Zustande kam es vornehmlich durch Schalke. Die Knappen bauten so sehr ab, dass Trainer Cendic sich mit heulender Sirene auf den Weg ins Präsidium machte. Gerade acht Minuten brauchten Sühnholz, Fröhlich und Karbowiak, um die trostlose Vorstellung zu einem Kantersieg zu veredeln. Fichtel und Sobieray ließen sich anschließend auswechseln, was quasi eine Kapitulation werden sollte, war es nun doch nur noch an Nigbur, weitere Gegentreffer abzuwenden. Gar nicht witzig fanden auch Oberhausens Konkurrenten dieses Resultat, denn rechnerisch war RWO jetzt sogar wieder zu retten.

Sein Tor war offensichtlich nicht geplant: Klaus Fischer

Rot-Weiß Oberhausen - FC Schalke 04 4:1 (1:1)

Sa., 15.05.1971, 15:30 Uhr
Zuschauer: 12.000
SR: Gerhard Schulenburg (Hamburg)
Tore: 0:1 Klaus Fischer (23., Vorlage Libuda), 1:1 Lothar Kobluhn (43., Linksschuss, L. Kobluhn), 2:1 Wolfgang Sühnholz (56., L. Kobluhn), 3:1 Gert Fröhlich (60., Karbowiak), 4:1 Günter Karbowiak (64., Ohm)
Aufstellung Rot-Weiß Oberhausen: Wolfgang Scheid (Note 4,0); Hermann-Josef Wilbertz (3,0), Friedhelm Dick (2,0), Uwe Kliemann (4,0), Werner Ohm (4,0); Lothar Kobluhn (4,0), Reiner Hollmann (4,0); Gert Fröhlich (4,0), Wolfgang Sühnholz (3,0), Hans Fritsche (5,0 - 46. Günter Karbowiak, 3,0), Dieter Brozulat (4,0)
Aufstellung FC Schalke 04: Norbert Nigbur (3,0); Hans Pirkner (3,0), Klaus Fichtel (4,0 - 65. Friedel Rausch, –), Rolf Rüssmann (3,0), Jürgen Sobieray (5,0 - 74. Hans-Jürgen Becher, –); Heinz van Haaren (4,0), Herbert Lütkebohmert (4,0), Manfred Pohlschmidt (4,0); Reinhard Libuda (4,0), Klaus Fischer (4,0), Klaus Scheer (4,0)
Besonderheiten: keine

ZEITFENSTER
10. - 16. Mai 1971

Nachrichten auf feminin
(BRD, 12. Mai)
Die Journalistin Wibke Bruhns brach in eine Männerdomäne ein: Als erste Frau im deutschen Fernsehen durfte sie die Nachrichten (ZDF/Heute) verkünden.

Ein Kreuz für Charlie
(Frankreich, 12. Mai)
Eine Ehrung zum Auftakt der Filmfestspiele in Cannes: Frankreichs Kulturminister Duhamel überreichte der Stummfilmlegende Charlie Chaplin den höchsten Orden, den die Grande Nation zu vergeben hat: Das Kreuz der französischen Ehrenlegion.

Beringter Stone
(Frankreich, 12. Mai)
Stones-Boss Mick Jagger auf konventionellen Pfaden: Im Schicki-Micki-Domizil

Bianca & Mick auf Achse. Ihm wird auf Nachfrage zum Thema 'ideale Ehefrau' das Zitat zugeschrieben: "Sie muss sich im Wohnzimmer benehmen können wie eine Dame, in der Küche wie eine Köchin und im Schlafzimmer wie eine Hure"

Saint-Tropez ehelichte er das nicaraguanische Model Bianca Perez Morena de Macias.

Superminister Schiller
(BRD, 13. Mai)
Wirtschaftsminister Karl Schiller (SPD) avancierte zum Superminister in der Bundesregierung, nachdem Finanzminister Alex Möller (SPD) seinen Rücktritt erklärte und Schiller den Job zusätzlich übernahm. Möller klagte, innerhalb der Regierungskoalition nicht die nötige Unterstützung für seinen Sparkurs erhalten zu haben.

Verantwortlich für die Ressorts Wirtschaft und Finanzen: Karl Schiller

Austausch
(Rumänien, 17. Mai)
Während seines viertägigen Staatsbesuchs in Rumänien tauschten Bundespräsident Heinemann und Staatschef Ceausescu Orden aus: Das Bundesverdienstkreuz für Ceausescu, den Stern der Soz. Republik Rumänien für Heinemann.

Bundesliga 1970/1971 – 32. Spieltag

Der Trost des Siegers für den Verlierer. Reichel tröstet den zweifachen Torschützen Bast (Eintracht Frankfurt - Rot-Weiss Essen 3:2)

Geißböcke im Fadenkreuz

Die Spannung an der Spitze kochte über, denn zwei Spieltage vor Schluss trennte nur ein einziges Tor den Meister vom Herausforderer. Noch mehr in Atem aber hielt die Liga ein anderes Thema: die seltsame Anhäufung von unglaubwürdigen Ergebnissen.

Erich Ribbeck hätte sich eigentlich freuen müssen, weil seine Eintracht einen wichtigen Sieg über Essen vollbrachte. Als er von den anderen Ergebnissen hörte, platzte ihm aber der Kragen: "Mir kann keiner erzählen, dass in Schalke und Köln alles mit rechten Dingen zugegangen ist. So macht man die Bundesliga kaputt." Die schmierigen Gerüchte nährte vor allem der 1. FC Köln, der sich verdächtig viel Mühe gab, sein Heimspiel gegen Oberhausen zu verlieren. Keeper Manglitz verhielt sich reichlich auffällig. Weil auch Schalke und Arminia wieder skeptische Blicke provozierten, ging das packende Fernduell an der Spitze beinahe unter. Mit einem klugen Erfolg in Bremen fühlten sich die Bayern schon als Tabellenführer, doch Gladbach ließ sich nicht beirren und schüttelte den Verfolger mit einem fantastischen Sieg ein weiteres Mal ab.

Ergebnisse – 32. Spieltag 1970/1971

Sa., 22.05.71	Hertha BSC Berlin - Hamburger SV	2:0	(0:0)
Sa., 22.05.71	Eintracht Braunschweig - 1. FC Kaiserslautern	2:0	(0:0)
Sa., 22.05.71	SV Werder Bremen - FC Bayern München	0:1	(0:0)
Sa., 22.05.71	Borussia Dortmund - Borussia Mönchengladbach	3:4	(2:1)
Sa., 22.05.71	MSV Duisburg - Arminia Bielefeld	4:1	(2:1)
Sa., 22.05.71	Eintracht Frankfurt - Rot-Weiss Essen	3:2	(0:1)
Sa., 22.05.71	1. FC Köln - Rot-Weiß Oberhausen	2:4	(2:2)
Sa., 22.05.71	FC Schalke 04 - Kickers Offenbach	1:2	(0:2)
Sa., 22.05.71	VfB Stuttgart - Hannover 96	1:2	(1:2)

Tabelle

Platz	Verein	S	U	N	Tore	Differenz	Punkte
1.	Borussia Mönchengladbach	18	10	4	69:31	+38	46:18
2.	FC Bayern München	18	10	4	70:33	+37	46:18
3.	Hertha BSC Berlin	16	8	8	60:41	+19	40:24
4.	Eintracht Braunschweig	16	6	10	50:35	+15	38:26
5.	SV Werder Bremen	11	11	10	41:36	+5	33:31
6.	FC Schalke 04	14	5	13	41:38	+3	33:31
7.	MSV Duisburg	11	11	10	41:44	-3	33:31
8.	Hamburger SV	11	11	10	49:61	-12	33:31
9.	1. FC Kaiserslautern	14	4	14	51:55	-4	32:32
10.	Hannover 96	12	7	13	50:46	+4	31:33
11.	1. FC Köln	10	10	12	40:52	-12	30:34
12.	VfB Stuttgart	10	8	14	47:48	-1	28:36
13.	Borussia Dortmund	10	8	14	51:56	-5	28:36
14.	Kickers Offenbach	9	9	14	47:59	-12	27:37
15.	Eintracht Frankfurt	10	6	16	36:52	-16	26:38
16.	Arminia Bielefeld	10	5	17	32:53	-21	25:39
17.	Rot-Weiß Oberhausen	8	8	16	50:68	-18	24:40
18.	Rot-Weiss Essen	7	9	16	44:61	-17	23:41

Torjägerliste - Zuschauer - Selbsttore - Platzverweise

Torjägerliste:
1. G. Müller: 22 Tore
2. L. Kobluhn: 21 Tore
3. Horr, Vogt: je 20 Tore

Zuschauer: 182.500
Tore: 34
Selbsttore: keine
Platzverweise: keine

Zeigefinger auf Bielefeld

Herthas Sieg schmeckte etwas fad, weil der HSV zu Beginn ordentlich gegenargumentierte und den Gnadenschuss nur durch ein Abseitstor erhielt. Für einen Punktgewinn war Hamburg dennoch zu schwach.

Die beste Figur des Tages machte Helmut Kronsbein. Herthas Übungsleiter gab nicht nur offen zu, dass der entscheidende Treffer aus Abseitsstellung gefallen war, er verkaufte sich auch als Hüter des sauberen Wettbewerbs: "Ich habe schon einen Anruf aus Bielefeld bekommen, ob wir im letzten Heimspiel gegen Arminia noch mit voller Kraft spielen. Selbstverständlich haben wir aber nichts zu verschenken und werden auch dieses Spiel genauso ernst nehmen wie jedes andere." Dass die Saisonluft noch nicht draußen war, mussten die Berliner auch im vorletzten Heimauftritt mühevoll beweisen. Die Nachwirkungen des Gladbach-Spiels waren den kompletten ersten Durchgang über zu spüren, als die nicht gerade unternehmungslustigen Gäste ein ausgeglichenes Chancenverhältnis schufen. Rein optisch hatte Hamburg die Nase sogar zeitweilig vorn. Doch auch die Hanseaten waren nicht mit sich im Reinen, hatten sie doch auf mehr spekuliert als nur einen grauen Mittelfeldrang, und so lag das Defizit besonders im fehlenden Selbstvertrauen verankert. In der Abwehr passierten teils unheimliche Fehler. Mit dem 1:0 Wolfgang Gayers, schön vorbereitet durch den umtriebigen Arno Steffenhagen, war der HSV schon reichlich bedient (56.). Seeler und Dörfel waren wieder nicht dabei und dieses Mal auch nicht zu ersetzen. Und weil ein echter Gegenentwurf zur Berliner Führung ohnehin kaum erkennbar war, ließen die Gäste es auch gut sein, als Horrs regelwidriges Tor das Spiel endgültig entschied (64.).

Nicht überragend, aber bester Mann auf dem Feld: Arno Steffenhagen

Hertha BSC Berlin - Hamburger SV 2:0 (0:0)

Sa., 22.05.1971, 15:30 Uhr

Zuschauer: 40.000

SR: Hans Hillebrand (Essen)

Tore: 1:0 Wolfgang Gayer (56., Vorlage Steffenhagen), 2:0 Lorenz Horr (64.)

Aufstellung Hertha BSC Berlin: Volkmar Groß (Note 3,0); Bernd Patzke (4,0), Jürgen Rumor (5,0), Tasso Wild (4,0), Peter Enders (4,0); Laszlo Gergely (4,0), Wolfgang Gayer (3,0); Hans-Jürgen Sperlich (5,0 - 87. Jürgen Weber, –), Zoltan Varga (3,0), Lorenz Horr (3,0), Arno Steffenhagen (2,0)

Aufstellung Hamburger SV: Arkoc Özcan (3,0); Helmut Sandmann (5,0), Jürgen Kurbjuhn (4,0), Willi Schulz (3,0), Hans-Jürgen Ripp (5,0); Peter Nogly (4,0), Franz-Josef Hönig (3,0); Hans-Jürgen Hellfritz (5,0), Klaus Zaczyk (4,0), Gerd Klier (4,0), Siegfried Beyer (5,0)

Besonderheiten: keine

Braunschweig im UEFA-Cup

Wehren konnte sich Kaiserslautern einigermaßen tapfer, um wirklich etwas mitzunehmen aber fehlte es am Ehrgeiz. Heimsieg Nummer zwölf gelang der Eintracht mühelos.

Braunschweig freute sich über die Rückkehr seines Spielmachers, der zwei Wochen lang gefehlt hatte. Eminent wichtig waren seine Impulse für den Sieg aber nicht; Ulsaß wirkte eher im Hintergrund, hatte mit Häbermann und Gersdorff zwei ausreichend fleißige Arbeiter bei sich und war vornehmlich damit beschäftigt, seinen Bewacher Rehhagel abzuschütteln, was ob dessen träger Vorstellung oft genug gelang. Die Begegnung war grundsätzlich arm an Höhepunkten. Der Eintracht waren kaum Vorwürfe zu machen, denn außer dem Sturmduo funktionierte die Mannschaft gut. Hätten Skrotzki und Polywka auf eigene Faust auch einmal Stabel geprüft, dann wäre die Partie sicher nicht so langweilig geworden. Erler, Deppe und Gerwien gleichzeitig zu ersetzen, war eben nicht einfach. Die Abwehr war außerdem das einzige, was bei den Gästen funktionierte, und so pendelte das Leder fast dauerhaft zwischen Mittelfeld und Strafraum der Pfälzer, ohne dass Stabel vernünftig geprüft wurde. Nach einem trostlosen ersten Durchgang ging es dann immerhin fix. Skrotzki kam nach Häbermanns Flanke ein einziges Mal zuerst an den Ball und drückte ihn aus einem Meter über die Linie (48.). Acht Minuten später traf Häbermann dann selbst, wobei Fuchs seinen Schuss vom Strafraumeck sogar noch erwischte, gegen den enormen Drall aber machtlos war. Mit der insgesamt vorzeigbaren Mannschaftsleistung löste die Eintracht endgültig ihr UEFA-Cup-Ticket. Kaiserslautern dagegen musste den kurzen Traum wohl aufgeben.

Diesmal war er der Chef: Freidhelm Häbermann

Eintracht Braunschweig - 1. FC Kaiserslautern 2:0 (0:0)

Sa., 22.05.1971, 15:30 Uhr
Zuschauer: 9.000
SR: Manfred Hamer (Bockum-Hövel)
Tore: 1:0 Rainer Skrotzki (48., Vorlage Haebermann), 2:0 Friedhelm Haebermann (56.)
Aufstellung Eintracht Braunschweig: Horst Wolter (Note 3,0); Wolfgang Grzyb (3,0), Joachim Bäse (3,0), Max Lorenz (3,0), Franz Merkhoffer (3,0); Friedhelm Haebermann (3,0), Lothar Ulsaß (4,0), Bernd Gersdorff (3,0), Eberhard Haun (3,0), Michael Polywka (4,0), Rainer Skrotzki (5,0)
Aufstellung 1. FC Kaiserslautern: Josef Stabel (3,0); Günther Rademacher (4,0), Dietmar Schwager (4,0), Peter Blusch (4,0), Fritz Fuchs (5,0 - 74. Lothar Huber, –); Ernst Diehl (4,0), Otto Rehhagel (5,0), Idriz Hosic (4,0); Hans-Peter Fecht (5,0), Karl-Heinz Vogt (5,0), Klaus Ackermann (4,0)
Besonderheiten: keine

Fohlen störten die Show

Die Ergebnisse der letzten Wochen hatten Werder ein gewisses Format vorgegaukelt, München aber war eine Nummer zu groß. Mit großer technischer Klasse und einer Taktik italienischer Art entführten die Bayern beide Zähler und wichen Mönchengladbach nicht von der Seite.

Für Franz Beckenbauer war der Gang nach Bremen ein besonders schwerer. Nicht nur, dass sein Nierenstein sich plötzlich wieder bemerkbar machte, auch gab es noch eine Unstimmigkeit auszuräumen, die seit Bayerns letztem Gastspiel an der Weser im Raum stand. Der Libero hatte sich damals leicht despektierlich über den SV Werder geäußert, doch die Sache schien gegessen. Viel erfreulicher hatte der Tag hingegen für Gerd Müller begonnen, denn er war am frühen Morgen Vater geworden. Nur zu gern hätte der Bomber dies mit einem Treffer gefeiert, doch die einzige Chance, die der aufmerksame Assauer ihm erlaubte, vergab Müller einigermaßen kläglich. Fünf Minuten vor Schluss hätte sein Treffer das 0:2 bedeutet - und damit die Tabellenführung. Dies blieb dann auch das Einzige, das den Münchenern die Laune verdarb. "Das kann doch nicht wahr sein", stammelte Udo Lattek an der Seitenlinie, als er vom knappen Gladbacher Erfolg in Dortmund erfuhr. Nun gingen die Riesen weiter Seite an Seite, denn auch die Münchener feierten einen großen Sieg, und der fiel noch reichlich knapp aus. Die Klasse und das gewaltige Spielvermögen der Bayern waren viel augenscheinlicher als im Ergebnis vermeldet. Auch Bremen fürwahr zeigte kein schwaches Spiel, hatte gar die größeren und auch zahlreicheren Chancen. Die Kunst, Bälle zu kreiseln und den Raum im rechten Moment zu verengen, beherrschten sie aber nicht.

Sein persönliches Duell konnte er gewinnen: Rudi Assauer

SV Werder Bremen - FC Bayern München 0:1 (0:0)

Sa., 22.05.1971, 15:30 Uhr
Zuschauer: 40.000
SR: Paul Kindervater (Köln)
Tore: 0:1 Paul Breitner (52.)
Aufstellung SV Werder Bremen: Günter Bernard (Note 3,0); Dieter Zembski (3,0), Arnold Schütz (3,0), Rudolf Assauer (2,0), Horst-Dieter Höttges (3,0); Karl-Heinz Kamp (5,0 - 65. Egon Coordes, 4,0), Heinz-Dieter Hasebrink (4,0 - 77. Herbert Meyer, 4,0), Bernd Schmidt (4,0); Werner Görts (3,0), Bernd Lorenz (4,0), Ole Björnmose (5,0)
Aufstellung FC Bayern München: Sepp Maier (2,0); Johnny Hansen (3,0), Georg Schwarzenbeck (3,0), Franz Beckenbauer (2,0), Herwart Koppenhöfer (5,0); Paul Breitner (3,0), Rainer Zobel (3,0), Ulrich Hoeneß (4,0 - 83. Peter Pumm, –); Karl-Heinz Mrosko (3,0), Gerd Müller (4,0), Dieter Brenninger (4,0)
Besonderheiten: keine

Meilenstein durch Vogts

Dortmund zeigte ein tolles Spiel, ging sogar 2:0 in Führung und knickte am Ende doch noch ein. Wer noch keinen Favoriten auf den Titel hatte, den konnte der amtierende Meister mit dieser Vorstellung endgültig ködern.

Der Mann des Tages war Berti Vogts schon oft genug gewesen, hatte zahlreiche Male die gegnerischen Stürmer kalt gestellt und mit seiner berüchtigten Hingabe indirekt auch längst Punkte gesichert. Außerdem spielte er seine sechste Spielzeit in Folge, ohne auch nur einen Einsatz verpasst zu haben. Sein einziges Saisontor aber hatte sich der "Terrier" noch aufgehoben, und zwar für diesen Tag, an dem sich Borussia als würdiger denn je einer ersten Titelverteidigung der Bundesligageschichte erwies. Der BVB hatte etwas gutzumachen, nicht nur wegen der Hinspielniederlage, sondern auch der fragwürdigen Leistung in Frankfurt wegen. So kam es also, dass Dortmund die Fohlen zu Beginn überrannte. Neuberger und Weinkauff legten im doppelten Duett gleich zwei Tore vor, die einen weniger gestandenen Gegner zumindest beeindruckt hätten. Nicht aber den VfL. Vor der Pause noch schaffte Laumen den Anschluss und damit den Startschuss für eine turbulente Wiederkehr. Binnen sechs Minuten brachte Gladbach den Spieß zum Drehen und fing sich durch Ritschel gleich wieder den Ausgleich ein. Alles war nun denkbar, nach wie vor auch ein Dortmunder Sieg, denn die Zahl der Fast-Tore war auf beiden Seiten noch höher als die der tatsächlichen Treffer. Dann kam Berti Vogts. Am eigenen Strafraum schnappte er sich den Ball, ließ einen Gegner nach dem anderen stehen und knallte die Kugel vorbei an Rynio zum 3:4 ins Netz. Es war so etwas wie der vorweggenommene Meisterschuss.

Erlebte sein persönliches Fußballmärchen: Berti Vogts

Borussia Dortmund - Mönchengladbach 3:4 (2:1)

Sa., 22.05.1971, 15:30 Uhr
Zuschauer: 30.000
SR: Karl Riegg (Augsburg)
Tore: 1:0 Neuberger (6., Vorlage Weinkauff), 2:0 Weinkauff (26., Kopfball, Neuberger), 2:1 Laumen (35., Netzer), 2:2 Heynckes (48., Laumen), 2:3 Sieloff (50.), 3:3 Ritschel (54., Neuberger), 3:4 Vogts (55.)
Aufstellung Borussia Dortmund: Jürgen Rynio (Note 2,0); Gerd Peehs (3,0), Hans-Joachim Andree (4,0), Branco Rasovic (4,0 - 75. Horst Trimhold, 4,0), Dieter Kurrat (3,0); Willi Neuberger (2,0), Dieter Weinkauff (4,0), Theo Bücker (4,0); Manfred Ritschel (3,0), Siegfried Held (3,0), Werner Weist (4,0 - 75. Theodor Rieländer, 4,0)
Aufstellung Borussia Mönchengladbach: Wolfgang Kleff (3,0); Berti Vogts (2,0), Ludwig Müller (3,0), Klaus-Dieter Sieloff (3,0), Hartwig Bleidick (– - 16. Rainer Bonhof, 4,0); Peter Dietrich (3,0), Günter Netzer (2,0), Herbert Wimmer (3,0); Horst Köppel (4,0), Herbert Laumen (4,0), Jupp Heynckes (4,0)
Besonderheiten: keine

Alle waren komplett blau

Dass diese Begegnung verschoben war, sah man auf den ersten Blick nicht. Duisburg gab sich wirklich nicht die größte Mühe, jedoch reichte es immer noch, um Bielefeld den Boden unter den Füßen wegzuziehen. Arminias Plan ging einfach nicht auf.

In Minute vier gingen die Gäste sogar in Führung. Stockhausens Treffer aber konnte nicht zählen, weil Brücken ihm den Ball mit der Hand zugespielt hatte; wenig später dann wurde Danner auf den Plan gerufen, um eine Kanone Wenzels zu entschärfen. Nach diesen Szenen war es reichlich bitter, dass der MSV mit einem immer noch frühen Doppelschlag (10./12.) so ruckartig in Führung ging und eigentlich auch nie wieder in Nöte geriet, obgleich Leopoldseder zwischendrin verkürzte (32.). Arminia wollte wohl gewinnen und musste es schließlich auch, aber die Ostwestfalen kamen mit ihren Nerven nicht zurecht. Ursächlich war ein Stück weit wohl der Vorfall kurz vor dem Anpfiff. Den nämlich musste Schiedsrichter Aldinger verschieben, weil die Trikots beider Teams sich nicht deutlich genug unterschieden. Erst als Duisburg sich etwas weniger blau angezogen hatte, konnte die Begegnung starten. Bielefeld aber guckte derweil blöd in der Gegend herum und verlor die notwendige Konzentration. Gesagt werden musste, dass die Zebras wahrlich kein Klassespiel zeigten. Mehrfach noch hatte Danner die Fehler seiner Vordermänner auszubügeln, und auch die so prominent besetzte Offensivabteilung stand sich immer wieder auffallend im Weg. Zudem erreichte der Sieg am Ende eine unangemessene Höhe. Andererseits konnte Meiderich kaum anders, als die naiven Angriffsversuche Arminias noch mit zwei Kontertoren zu bestrafen.

Stand den eigenen Kameraden im Weg: Karl-Heinz Brücken

MSV Duisburg - Arminia Bielefeld 4:1 (2:1)

Sa., 22.05.1971, 15:30 Uhr
Zuschauer: 10.000
SR: Heinz Aldinger (Waiblingen)
Tore: 1:0 Kurt Rettkowski (10., Vorlage Lehmann), 2:0 Bernard Dietz (12., Kopfball, Linßen), 2:1 Norbert Leopoldseder (32., Stockhausen), 3:1 Johannes Riedl (66., Rechtsschuss), 4:1 Bernd Lehmann (90., Rechtsschuss, Budde)
Aufstellung MSV Duisburg: Volker Danner (Note 2,0); Kurt Rettkowski (3,0 - 81. Heinz-Peter Buchberger, –), Detlef Pirsig (5,0), Hartmut Heidemann (4,0), Michael Bella (5,0); Bernd Lehmann (4,0), Johannes Linßen (4,0), Bernard Dietz (3,0); Johannes Riedl (4,0), Rainer Budde (3,0), Gerhard Kentschke (5,0)
Aufstellung Arminia Bielefeld: Gerd Siese (3,0); Horst Wenzel (4,0 - 57. Georg Stürz, 4,0), Dieter Schulz (4,0), Waldemar Slomiany (4,0), Volker Klein (3,0); Horst Stockhausen (3,0), Gerd Knoth (5,0), Ulrich Braun (4,0), Gerd Roggensack (3,0), Karl-Heinz Brücken (5,0 - 60. Dieter Brei, 4,0), Norbert Leopoldseder (5,0)
Besonderheiten: keine

Essen nicht mehr zu helfen

Den Kampf ums Überleben nahm Frankfurt erst nach der Pause an, doch es reichte, um die bis dahin wackeren Essener noch zu überrumpeln und wohl endgültig über die Klinge zu schicken. RWE blieben nur mitleidige Blicke.

Die tragische Serie, welche Essen hatte abstürzen lassen und nun sogar die Rote Laterne einhandelte, war bekannt. Dass die dramatische Pleite gegen Offenbach aber noch mal wiederholt werden konnte, erregte auch bei Frankfurter Fans ein wenig Mitgefühl. Zum vierten Mal in Folge schoss Essen zwei eigene Tore und ging zum vierten Mal nichtsdestotrotz als Verlierer vom Platz. Zumindest diesmal waren die Westdeutschen obendrein das bessere Team. "Hätte die Mannschaft immer so gekämpft wie heute, dann wäre sie nie in diese Situation geraten", kommentierte an ratloser Willi Vordenbäumen. "Wahrscheinlich würde uns jetzt nicht mal mehr ein Sieg in Mönchengladbach etwas nützen." Im Waldstadion bot sich RWE noch einmal die große Chance zur Trendwende. Die Hessen waren im ersten Abschnitt recht unsortiert, noch etwas müde vom Nachholspiel in München und daher anfällig für Schnitzer wie jenen von Lutz, der Essen eine zeitige Führung ermöglichte (7.). Spätestens mit diesem Vorteil spielte RWE ein starkes Spiel, deckte die Männer eng und war meist den entscheidenden Schritt eher am Ball. Das zweite Tor aber fiel nicht, und als sich die Hessen dann Ribbecks Pausenworte zu Herzen nahmen, kam es zur offenen Schlacht: Ausgleich durch Kalb, erneute Führung durch Dieter Bast - noch immer war Essen nicht schlechter, verlor aber trotzdem irgendwie den Faden und ließ sich binnen fünf Minuten von Lindner und Nickel noch kurzerhand besiegen.

Der Senior leitete die Wende ein: Dieter Lindner

Eintracht Frankfurt - Rot-Weiss Essen 3:2 (0:1)

Sa., 22.05.1971, 15:30 Uhr
Zuschauer: 32.000
SR: Klaus Ohmsen (Hamburg)
Tore: 0:1 Dieter Bast (7.), 1:1 Jürgen Kalb (53., Foulelfmeter, Grabowski), 1:2 Dieter Bast (57.), 2:2 Dieter Lindner (60.), 3:2 Bernd Nickel (62., Freistoß)
Aufstellung Eintracht Frankfurt: Peter Kunter (Note 3,0); Karl-Heinz Wirth (3,0), Dieter Lindner (4,0), Friedel Lutz (4,0), Jürgen Kalb (3,0); Gert Trinklein (4,0 - 75. Jürgen Papies, 4,0), Bernd Hölzenbein (3,0); Jürgen Grabowski (4,0), Horst Heese (4,0), Bernd Nickel (4,0), Thomas Rohrbach (4,0 - 46. Peter Reichel, 4,0)
Aufstellung Rot-Weiss Essen: Heinz Blasey (3,0); Roland Peitsch (4,0), Hermann Erlhoff (3,0), Wolfgang Rausch (4,0), Heinz Stauvermann (3,0); Hans Dörre (4,0), Diethelm Ferner (4,0), Erich Beer (4,0); Helmut Littek (4,0 - 63. Herbert Weinberg, 4,0), Dieter Bast (3,0), Willi Lippens (5,0 - 70. Günter Fürhoff (4,0)
Besonderheiten: keine

Manglitz war gekauft

So weit, Oberhausen Respekt zu zollen, kamen die Kritiker gar nicht. Zu beschämend war die Leistung der Kölner und zu dringlich mittlerweile der Verdacht, das Ergebnis wäre absichtlich herbeigeführt worden. Genau so war es auch.

Die Gerüchte kursierten schon seit einiger Zeit, und auch der FC hatte einiges Misstrauen geweckt. Sieben Spiele in Folge hatten die Geißböcke einst nicht verloren, ehe Anfang April diese Serie dann gerissen und eine seltsame Talfahrt in Gang gesetzt worden war. Wie war es möglich, dass dieselbe Mannschaft plötzlich sechs Mal in Folge patzte? Wieso durften die Bayern ausgerechnet gegen Köln ihr schwaches Torverhältnis blähen und so kerzengerade in den Titelkampf rücken? Und was hatte die Rheinländer nur infiziert, dass sie reihenweise die Abstiegskandidaten mit Punkten versorgten? Die Zuschauer jedenfalls rochen den Braten dieses Mal. "Schieber" und "Betrüger" keifte es von den Rängen, wo gerade noch 7.000 zahlende Kunden anzutreffen waren, die der FC noch nicht vergrault hatte. Gegen Oberhausen trieben die Kölner es auf die Spitze. Eine wohl versehentliche zweimalige Führung gaben sie rechtzeitig bis zur Pause aus der Hand, um dann nach dem Seitenwechsel sämtliche Mittel bereitzustellen, die RWO auf dem Weg zu Torerfolgen dienlich sein mochten. Cullmann nahm man ab, dass er einfach nur einen schlechten Tag hatte, auch Overath, Flohe und Simmet war zumindest ein Funken an Ehrgeiz nicht abzusprechen. Des Teufels General hieß vielmehr Manglitz, denn er machte Fehler, die man so von ihm nicht kannte. Mindestens zwei der vier Gegentore - und damit eigentlich die Niederlage - gingen auf sein Konto. Wie sich bald herausstellte, nicht nur das.

Musste sich später vor Gericht verantworten: Manfred Manglitz

1. FC Köln - RW Oberhausen 2:4 (2:2)

Sa., 22.05.1971, 15:30 Uhr
Zuschauer: 7.000
SR: Horst Herden (Hamburg)
Tore: 1:0 Jupp Kapellmann (13., Kopfball, Vorlage Rupp), 1:1 Werner Ohm (20., Brozulat), 2:1 Bernd Rupp (30., Flohe), 2:2 Lothar Kobluhn (35., Kopfball, Brozulat), 2:3 Lothar Kobluhn (52., Foulelfmeter, Brozulat), 2:4 Franz Krauthausen (72.)
Aufstellung 1. FC Köln: Manfred Manglitz (Note 5,0); Karl-Heinz Thielen (4,0), Bernhard Cullmann (5,0), Wolfgang Weber (4,0), Matthias Hemmersbach (4,0); Heinz Simmet (4,0), Wolfgang Overath (4,0), Heinz Flohe (4,0); Thomas Parits (5,0), Bernd Rupp (5,0), Jupp Kapellmann (4,0)
Aufstellung Rot-Weiß Oberhausen: Wolfgang Scheid (3,0); Hermann-Josef Wilbertz (4,0), Friedhelm Dick (3,0), Uwe Kliemann (3,0), Reiner Hollmann (2,0); Wolfgang Sühnholz (4,0), Werner Ohm (3,0), Dieter Brozulat (2,0); Gert Fröhlich (3,0 - 46. Franz Krauthausen, 3,0), Lothar Kobluhn (3,0), Günter Karbowiak (4,0 - 72. Rainer Laskowsky, 4,0)
Besonderheiten: keine

Zwei aufregende Serien

Schalke und Offenbach kreuzten sich auf queren Wegen. Während die Knappen auf dem Zahnfleisch schlurften und die Saison schnell beenden wollten, kämpften die Kickers noch verbissen um ihre Existenz. Heraus kam der dritte Sieg in Folge.

Die Halbzeiten verliefen äußerst unterschiedlich und hätten in der Summe auch ein Remis ergeben können. Zu Beginn aber, als Offenbach noch quicklebendig stürmte, hatte Schalke weit weniger zu melden als später dann die Kickers. Auch waren den Knappen ihre besten Chancen nicht gut genug, um das zeitweise überfällige Ausgleichstor zu erzielen. Zurück zum Start: Offenbach imponierte direkt vom Anpfiff weg, weil es nicht nur kämpfte, lief und verteidigte, sondern sich selbst um die Auswärtspunkte kümmerte, anstatt sie sich auf dem Kontertablett servieren zu lassen. So hätten gar noch mehr Treffer fallen können als lediglich zwei (21./44.). Schalkes Abwehr jedenfalls war indisponiert genug, um sich noch vor dem Seitenwechsel aus dem Leben zu schießen; der Halt, den Nigbur und Rüssmann der Abwehrkette gaben, reichte bei weitem nicht aus. Während die Knappen bis hierhin einfach nur schlecht gewesen waren, ereilte Offenbach nach dem Wechsel ein Kraft-Problem. Nur eine Viertelstunde lang wehrten sich die Gäste erfolgreich und mussten dann doch einen Freistoß-Gegentreffer durch Beverungen akzeptieren. Zu früh, um zu siegen, so der allgemeine Tenor, fiel dieser Treffer aus Sicht des OFC. Was Schalke allerdings aus seinem natürlichen Übergewicht machte, war mager, enttäuschend und fahrlässig. Mindestens drei klare Chancen ließen Fischer, Scheer und die anderen aus und wussten daher selbst, dass sie sich über die sechste Pleite am Stück nicht beschweren düften.

Aller Verdächtigungen erhaben: Rolf Rüssmann

FC Schalke 04 - Kickers Offenbach 1:2 (0:2)

Sa., 22.05.1971, 15:30 Uhr
Zuschauer: 8.000
SR: Jan Redelfs (Hannover)
Tore: 0:1 Gerhard Kraft (21., Vorlage Gecks), 0:2 Erwin Kremers (44., Schmitt), 1:2 Klaus Beverungen (75., Freistoß, Lütkebohmert)
Aufstellung FC Schalke 04: Norbert Nigbur (Note 3,0); Hans-Jürgen Becher (5,0 - 46. Jürgen-Michael Galbierz, 4,0), Rolf Rüssmann (3,0), Heinz van Haaren (4,0), Friedel Rausch (5,0 - 62. Klaus Beverungen, 4,0); Herbert Lütkebohmert (5,0), Klaus Senger (5,0), Klaus Scheer (4,0); Reinhard Libuda (4,0), Klaus Fischer (4,0), Hans Pirkner (4,0)
Aufstellung Kickers Offenbach: Karlheinz Volz (4,0); Nikolaus Semlitsch (4,0), Egon Schmitt (3,0), Lothar Skala (4,0), Helmut Kremers (4,0); Roland Weida (3,0), Walter Bechtold (2,0), Heinz Schönberger (3,0); Horst Gecks (3,0), Gerhard Kraft (3,0), Erwin Kremers (2,0)
Besonderheiten: keine

Überstunden durch Halbstarke

Stuttgart war auf dem besten Weg zum Heimsieg, bis aus dem Nichts ein Gespenst auftauchte und am Spielstand drehte. Pausenloses Anrennen war die Folge, doch irgendwie kam 96 heil davon und nahm die beiden Punkte mit.

Unterm Strich machte der VfB vielleicht noch ein gutes Geschäft. Als Ende des zweiten Abschnitts plötzlich die Dämme brachen und gut hundert Jugendliche fahnenschwenkend über den Rasen tollten, drohte zeitweise der Spielabbruch. Schiri Engel riss bald der Geduldsfaden, als auch die Polizei nicht mit der Meute fertig wurde. Erst Kapitän Eisele schließlich stellte den Frieden wieder her und bewirkte eine Fortsetzung des Spiels. Den Ausgleich brachte Stuttgart zwar nicht mehr zustande, doch wäre am Grünen Tisch vermutlich gar ein 0:2 herausgekommen. Zufrieden war im Lager der Gastgeber natürlich niemand, denn der VfB gab Punkte in die Ferne, die er eigentlich schon sicher auf dem Konto hatte. Mit dem 1:0 in Minute neun sorgte Weiß für einen hoffnungsfrohen Start; die Sterne schienen auf Heimsieg zu stehen, denn Hannover wies bis auf gute Abwehrarbeit überhaupt nichts vor. Dann aber geschah, was alles veränderte. Völlig unnötig rannte Zech plötzlich Bertl über den Haufen, und Siemensmeyer traf per Elfer zum Ausgleich (35.). Die Fans waren nicht einverstanden mit der Entscheidung und noch weniger mit ihrer Mannschaft, die sich zwei Minuten später sogar noch ein zweites Gegentor erlaubte. Viel getan hatte 96 für diesen Spielstand nicht, und wie aus Rechtfertigung ließen die Gäste sich fortan auch alles gefallen. Wohl mehr als 80 Minuten kamen so zusammen, in denen Stuttgart Helmschrots Tor berannte. Gefährlich waren aber lediglich die Halbstarken.

Am Punkt eine Bank: Hans Siemensmeyer

VfB Stuttgart - Hannover 96 1:2 (1:2)

Sa., 22.05.1971, 15:30 Uhr
Zuschauer: 6.500
SR: Walter Engel (Reimsbach)
Tore: 1:0 Hartmut Weiß (9.), 1:1 Hans Siemensmeyer (35., Foulelfmeter, Bertl), 1:2 Ferdinand Keller (37.)
Aufstellung VfB Stuttgart: Gerhard Heinze (Note 3,0); Willi Entenmann (4,0), Reinhold Zech (3,0), Hans Eisele (3,0), Hans Arnold (4,0); Jan Olsson (5,0), Herbert Höbusch (4,0), Horst Haug (4,0); Manfred Weidmann (5,0 - 68. Roland Weidle, –), Hartmut Weiß (4,0 - 70. Gerd Regitz, –), Karl-Heinz Handschuh (5,0)
Aufstellung Hannover 96: Bernd Helmschrot (3,0); Rainer Stiller (3,0), Peter Anders (3,0), Hans-Josef Hellingrath (3,0), Jürgen Bandura (3,0); Horst Bertl (4,0), Hans Siemensmeyer (4,0), Horst Berg (4,0); Rudolf Nafziger (5,0), Ferdinand Keller (5,0), Willi Reimann (5,0 - 70. Hans-Herbert Blumenthal, –)
Besonderheiten: keine

ZEITFENSTER
17. - 23. Mai 1971

Kinohighlights
(BRD, 1971)

Das Jahr 1971 bescherte den Kinofreunden zahlreiche Höhepunkte. Das Western-Genre wurde um die bemerkenswert realistisch daherkommende Trapper-Geschichte "Jeremiah Johnson" und das in einem wunderbaren Erzählstil verfilmte "Little Big Man" bereichert. Den Vogel aber schossen Terence Hill und Bud Spencer ab, die als rülpsende, hemmungslose Bohnenfresser im Italowestern "Vier Fäuste für ein Halleluja" in neue

Schworen eher auf ihre Fäuste als auf ein Halleluja: Der müde Joe (l., Terence Hill) und sein Bruderherz Trinita (Bud Spencer)

Dimensionen der Prügelkunst und Blödelei vorstießen. Gänsehaut und Schweißausbrüche löste die erste Kinofilm-Produktion des am Beginn einer großen Karriere stehenden Regisseurs Steven Spielberg aus: In "Duell" muss ein harmloser Geschäftsmann um sein Leben ban-

Ein Motiv für Albträume: Der Truck aus "Duell"

gen, als er, in seinem PKW auf einer Landstraße unterwegs, in das Visier eines LKW-Fahrers geriet. Der Fahrer blieb während des ganzen Films unsichtbar - wodurch der Truck monströse Züge bekam. Monströs auch die Charaktere der Hauptdarsteller in Roman Polanskis blutiger "Macbeth"-Version und dem verfilmten Kubrick-Stoff "Uhrwerk Orange."

Macbeth nebst seiner Lady (Jon Finch und Francesca Annis)

Bundesliga 1970/1971 – 33. Spieltag

Laumen schießt zum 2:1 ein. Torwart Heinz Blasey bleibt keine Abwehrchance (Borussia Mönchengladbach - Rot-Weiss Essen 4:3)

Unverhoffter Führungswechsel

Widerwillig sprang Essen über die Klippe, nicht aber, ohne dem Meister noch einen Schlag zu versetzen. Einen Spieltag vor Saisonende verlor Mönchengladbach plötzlich die Tabellenführung.

Ausgerechnet gegen das Schlusslicht verlor der Meister das Ei aus den Augen, auf dem er 14 Wochen in Folge gebrütet hatte. Die Fohlen führten bereits mit 4:1, hatten weitere Treffer in der Warteschleife, als Wolfgang Kleff einmal zu viel patzte und die Pole Position für das Schlussrennen verloren ging. Die Bayern tanzten vor Freude, als sie vom Ergebnis hörten und fühlten sich belohnt für einen starken 4:1-Sieg, an dem ein nicht einmal schwaches Eintracht Braunschweig wenig aussetzen konnte. Udo Lattek grinste "sehr zufrieden". Obwohl Essen als Absteiger feststand, war auch im Keller die Spannung kaum zu ertragen. RWO fegte Werder Bremen vom Platz und tat noch etwas für sein Torverhältnis, was Bielefeld vorerst nichts anhaben konnte, weil es durch Stuttgarts Hilfe ebenfalls gewann. Wieder unter Druck stand nunmehr Offenbach, auf dessen Kosten sich Frankfurt wohl endgültig befreite.

Ergebnisse – 33. Spieltag 1970/1971

Sa., 29.05.71	Arminia Bielefeld	-	VfB Stuttgart	1:0 (0:0)
Sa., 29.05.71	Hamburger SV	-	Borussia Dortmund	2:1 (2:1)
Sa., 29.05.71	Hannover 96	-	Hertha BSC Berlin	1:1 (1:0)
Sa., 29.05.71	1. FC Kaiserslautern	-	MSV Duisburg	3:0 (1:0)
Sa., 29.05.71	Borussia Mönchengladbach	-	Rot-Weiss Essen	4:3 (2:1)
Sa., 29.05.71	FC Bayern München	-	Eintracht Braunschweig	4:1 (2:0)
Sa., 29.05.71	Rot-Weiß Oberhausen	-	SV Werder Bremen	3:0 (1:0)
Sa., 29.05.71	Kickers Offenbach	-	Eintracht Frankfurt	0:2 (0:1)
Sa., 29.05.71	FC Schalke 04	-	1. FC Köln	2:2 (0:0)

Tabelle

Platz	Verein	S	U	N	Tore	Differenz	Punkte
1.	FC Bayern München	19	10	4	74:34	+40	48:18
2.	Borussia Mönchengladbach	19	10	4	73:34	+39	48:18
3.	Hertha BSC Berlin	16	9	8	61:42	+19	41:25
4.	Eintracht Braunschweig	16	6	11	51:39	+12	38:28
5.	Hamburger SV	12	11	10	51:62	-11	35:31
6.	FC Schalke 04	14	6	13	43:40	+3	34:32
7.	1. FC Kaiserslautern	15	4	14	54:55	-1	34:32
8.	SV Werder Bremen	11	11	11	41:39	+2	33:33
9.	MSV Duisburg	11	11	11	41:47	-6	33:33
10.	Hannover 96	12	8	13	51:47	+4	32:34
11.	1. FC Köln	10	11	12	42:54	-12	31:35
12.	VfB Stuttgart	10	8	15	47:49	-2	28:38
13.	Borussia Dortmund	10	8	15	52:58	-6	28:38
14.	Eintracht Frankfurt	11	6	16	38:52	-14	28:38
15.	Kickers Offenbach	9	9	15	47:61	-14	27:39
16.	Arminia Bielefeld	11	5	17	33:53	-20	27:39
17.	Rot-Weiß Oberhausen	9	8	16	53:68	-15	26:40
18.	Rot-Weiss Essen	7	9	17	47:65	-18	23:43

Torjägerliste - Zuschauer - Selbsttore - Platzverweise

Torjägerliste:
1. L. Kobluhn: 23 Tore
2. G. Müller, Vogt: je 22 Tore
3. Laumen, Horr: je 20 Tore

Zuschauer: 186.500
Tore: 30
Selbsttore: keine
Platzverweise: keine

Schussunwillige Schwaben

Arminia hatte geschmiert, doch es steckte auch ein sportlicher Wert in diesem Heimsieg, den Stuttgarts eiserne Abwehr lange zu verhindern drohte. Entscheidend war die Hilfe des Trainers.

Bayern, Werder und auch Köln hatte Bielefeld daheim schon besiegt. Da schien es nicht allzu vermessen, auch dem VfB alle Punkte abknöpfen zu wollen, zumal es für die Schwaben um gar nichts mehr ging. Hoch überlegen waren die Gastgeber bereits im ersten Durchgang, nur war bei Arnold, Zech oder spätestens Heinze meistens Endstation. Aus allen Rohren zu schießen half Arminia nicht viel, weil Stuttgarts Abwehr scheinbar sicher stand. Nach einer Stunde wollte Egon Piechaczek daher reagieren und erntete ein gellendes Pfeifkonzert, weil der ungeliebte Karl-Heinz Brücken für den bislang besten Arminen Horst Wenzel ins Spiel kam. Recht behielt aber der Trainer. Fünf Minuten nach seiner Einwechslung nahm Brücken einen Sahnepass von Brei in Empfang, umkurvte Eisele, Arnold und schließlich Heinze, um unter tosendem Jubel sein erstes Tor für den DSC zu erzielen. Nun war es Stuttgart, dem seine Trümpfe nicht viel halfen. Der beeindruckend starken Abwehr zum Kontrast nämlich bekamen die Stürmer kein Bein auf den Boden. Weidmann, Weiß und Handschuh waren es, deren Stolpereien und haarsträubende Abspielfehler später zu säuerlichen Mienen der Bielefelder Abstiegskonkurrenz führten. Obwohl Olsson nach besten Kräften antrieb, geriet Siese also überhaupt nicht in Gefahr. So kampfstark und kraftintensiv wie Arminia andererseits spielte, war ihr der Heimsieg ein Stück weit gar zu gönnen. Vor allem Gerd Roggensack war besonders im zweiten Durchgang ein würdiger Kapitän.

Diesmal in auffallend schwacher Form: Hartmut Weiß

Arminia Bielefeld - VfB Stuttgart 1:0 (0:0)

Sa., 29.05.1971, 15:30 Uhr

Zuschauer: 28.000

SR: Klaus Ohmsen (Hamburg)

Tore: 1:0 Karl-Heinz Brücken (69., Vorlage Brei)

Aufstellung Arminia Bielefeld: Gerd Siese (Note 4,0); Horst Wenzel (3,0 - 64. Karl-Heinz Brücken, 3,0), Volker Klein (3,0), Waldemar Slomiany (3,0), Georg Stürz (3,0); Gerd Knoth (5,0), Ulrich Braun (3,0), Horst Stockhausen (4,0); Gerd Roggensack (3,0), Dieter Brei (4,0), Norbert Leopoldseder (5,0 - 71. Ernst Kuster, 4,0)

Aufstellung VfB Stuttgart: Gerhard Heinze (3,0); Hans Arnold (3,0), Reinhold Zech (3,0), Hans Eisele (4,0), Willi Entenmann (3,0); Horst Haug (4,0), Herbert Höbusch (4,0), Jan Olsson (3,0); Manfred Weidmann (5,0), Hartmut Weiß (5,0), Karl-Heinz Handschuh (5,0)

Besonderheiten: Weiß verschießt Elfmeter

Beide Ziele erreicht

Von 13 Hamburger Heimspielen ohne Niederlage war dies eins der schwächeren. Eine Borussia mit mehr Ambitionen hätte einen Zähler durchaus mitnehmen können, so wurde es eher eine Abschiedstour.

Held, Neuberger, Sturm, Trimhold, Weist. Sie und noch einige andere sollte man im nächsten Jahr nicht mehr wiedersehen, zumindest nicht im BVB-Trikot. Bevor Dortmund endgültig zerbröselte, ging es nun noch darum, ein Debakel zu verhindern, denn nur eine wirklich hohe Niederlage konnte die letzten Zweifel am Klassenerhalt noch wahren. Für ein solches Szenario war der HSV allerdings zu schwach und viel zu wenig kaltschnäuzig. Torjäger Klier etwa, der neben Dörfel von Anfang an stürmte, kam drei Mal in die Lage, ohne Gegenwehr ein Tor zu erzielen. Wofür sonst der unebene Boden herhielt, gab Hamburg kein Alibi für seine Fahrlässigkeit. Kurz vor Schluss folgte tatsächlich die Strafe, als der künftige Werderaner Weist zum zweiten Mal erfolgreich war - jedoch köpfte er aus dem Abseits (88.). Unter dem Strich reichte somit, was der HSV im ersten Durchgang auf die Beine gestellt hatte und vornehmlich seiner robusten Abwehr verdankte. Dies waren gute Akzente von Kurbjuhn und Schulz sowie zwei zeitige Torerfolge. Beide Treffer waren streng genommen Abstauber, denn erst stand Beyer richtig, als Rynio Kliers Kopfball wegboxte (16.), dann traf Dörfel aus dem Gewühl im ungefähr vierten Versuch (23.). Weil zu dieser Zeit noch lange zu spielen war, befürchtete Dortmund tatsächlich kurz die Rückkehr in den Abtiegskampf, allerdings nur, bis Kurbjuhn eine Rückgabe misslang und Weist zum Anschluss traf (25.). Zufrieden waren also beide Teams, denn Hamburg konnte nun aus eigener Kraft in den UEFA-Cup.

Zum Abschied noch einmal erfolgreich: Werner Weist

Hamburger SV - Borussia Dortmund 2:1 (2:1)

Sa., 29.05.1971, 15:30 Uhr
Zuschauer: 14.000
SR: Wolfgang Dittmer (Mutterstadt)
Tore: 1:0 Siegfried Beyer (16., Vorlage Klier), 2:0 Charly Dörfel (23.), 2:1 Werner Weist (25.)
Aufstellung Hamburger SV: Arkoc Özcan (Note 2,0); Helmut Sandmann (4,0), Jürgen Kurbjuhn (4,0), Willi Schulz (4,0), Hans-Jürgen Ripp (4,0); Klaus Zaczyk (3,0), Franz-Josef Hönig (3,0), Peter Nogly (5,0); Siegfried Beyer (5,0 - 67. Claus-Dieter Kröger, 4,0), Gerd Klier (4,0), Charly Dörfel (4,0)
Aufstellung Borussia Dortmund: Jürgen Rynio (5,0); Gerd Peehs (4,0), Hans-Joachim Andree (4,0), Branco Rasovic (4,0 - 73. Reinhold Wosab, 4,0), Dieter Kurrat (4,0); Willi Neuberger (5,0 - 64. Theodor Rieländer, 4,0), Siegfried Held (4,0), Theo Bücker (4,0); Manfred Ritschel (3,0), Dieter Weinkauff (4,0), Werner Weist (3,0)
Besonderheiten: keine

Hertha in Nehmerlaune

Auf dem Papier war diese Begegnung wohl die uninteressanteste, Anzeichen von Unlust aber gab es nicht. Hannover legte vor und stand kurz vor einem Jubiläumssieg. Doch plötzlich kam die Hertha zurück.

So sicher wie die Berliner im UEFA-Cup standen, war für die Niedersachsen auszuschließen, dass sie noch irgendetwas bewegen konnten. Die 34.000 hatten auch eher ein Picknick im Sinn, denn anlässlich seines 75-jährigen Geburtstages umrahmte Hannover das Spiel mit einem Jubiläumsfest. Zu Beginn schien Hertha dafür der rechte Gegner. Ohne den verletzten Varga fanden die Gäste keine Meinung zum Spiel, liefen sich immer wieder fest und fingen sich nach fünf Minuten gleich ein Gegentor. Bertl traf nach einer Flanke von Willi Reimann. Mitte des ersten Durchgangs wollte Fiffi Kronsbein etwas ändern und nahm überraschend früh Verteidiger Gergely vom Platz (28.). Dass statt seiner nun Witt auf der Außenbahn stand, zahlte sich tatsächlich aus, denn Groß hatte fortan weniger zu tun, weil Bertls Kreise besser eingeengt waren. Als kurz nach dem Wechsel dann aber Rumor um seine Auswechslung bat, drohte Kronsbein ein Problem. Und tatsächlich: Eine halbe Stunde vor Schluss musste Horr verletzt vom Feld und Hertha folglich mit zehn Mann zu Ende spielen. Hannover rieb sich die Hände und wertete den Sieg als schon eingetütet. In Wahrheit aber drehten die Gäste plötzlich auf, fanden viel mehr Platz als in der gesamten Stunde zuvor und drängten die Platzelf, die immer müder und fahriger wurde, zurück. Vier Minuten vor Schluss schickte Sperlich dann Ferschl auf die Reise, der kurz aufschaute, flankte und Wild bei einem Kopfball-Torpedo zusah. Helmschrot hatte überhaupt nichts zu halten.

Verdarb den Roten die Feier: Tasso Wild

Hannover 96 - Hertha BSC Berlin 1:1 (1:0)

Sa., 29.05.1971, 15:30 Uhr
Zuschauer: 34.000
SR: Walter Engel (Reimsbach)
Tore: 1:0 Horst Bertl (5., Vorlage Reimann), 1:1 Tasso Wild (86., Rechtsschuss, Ferschl)
Aufstellung Hannover 96: Bernd Helmschrot (Note 3,0); Rainer Stiller (4,0), Peter Anders (4,0), Hans-Josef Hellingrath (3,0), Jürgen Bandura (4,0); Horst Bertl (2,0), Hans Siemensmeyer (3,0), Horst Berg (4,0); Rudolf Nafziger (5,0), Ferdinand Keller (3,0), Willi Reimann (4,0)
Aufstellung Hertha BSC Berlin: Volkmar Groß (2,0); Bernd Patzke (4,0), Tasso Wild (3,0), Jürgen Rumor (4,0 - 50. Karl-Heinz Ferschl, 4,0), Peter Enders (3,0); Laszlo Gergely (5,0 - 28. Uwe Witt, 3,0), Wolfgang Gayer (4,0), Jürgen Weber (4,0); Hans-Jürgen Sperlich (4,0), Lorenz Horr (4,0), Arno Steffenhagen (3,0)
Besonderheiten: keine

Lauterns letzter Wille

Die Zebras hatten einen kräftigen Hinterbau, doch verpuffte ein Großteil der Energie, weil sie zu spät in die Offensive gingen. Beim etwas zu deutlichen Sieger kämpften derweil alle nur für einen.

Während Duisburg nur gute Laune für den Urlaub schaffen wollte, gab es für den FCK immerhin noch ein Ziel zu erreichen. Karl-Heinz Vogt nämlich konnte trotz eher missratener Rückrunde immer noch Torschützenkönig werden und die ordentliche Pfälzer Spielzeit zusätzlich veredeln. Nahezu rührend kümmerten sich die Kameraden daher um ihren Stürmer, trugen ihn wie auf einem Schild über den Rasen und passten im Zweifel in Tornähe immer zu ihm, der allerdings von Bella, Heidemann und Pirsig wechselweise gut bewacht wurde. Fast bis zur Pause zeigte Duisburgs Abwehr ohnehin Format, gerade Heidemann erwies sich als Ruhepol und Aktivposten zugleich. Drei bis vier Mal musste auch Stabel im ersten Durchgang eingreifen, weil Budde oder auch Kentschke mitunter durchbrachen. Trotzdem war es zu beliebig, was Duisburg in der Offensive anstellte; die Teufel hatten das Heft des Handelns sicher in der Hand. Sekunden vor dem Pausenpfiff fiel dann doch noch das 1:0, weil Bella gegen Diehl einen Schritt zu spät kam. Natürlich war es Vogt, der den Elfer schießen durfte und sein Konto schon mal auf 21 Treffer erhöhte. Etwas später bewies der Torjäger auch, warum er so weit gekommen war. Gleich drei Zebras exklusive Volker Danner ließ er auf Hosics Vorlage stehen und erzielte nach einer Stunde so schon die Entscheidung. Die schöne Geschlossenheit nutzte Meiderich nun nichts mehr. Lautern hatte alles im Griff, spielte weiter nach vorn und kam sogar noch zu einem dritten Treffer (78.).

Im zweiten Abschnitt nicht mehr gefordert: Josef Stabel

1. FC Kaiserslautern - MSV Duisburg 3:0 (1:0)

Sa., 29.05.1971, 15:30 Uhr
Zuschauer: 8.000
SR: Erich Pfleiderer (Heilbronn)
Tore: 1:0 Karl-Heinz Vogt (45., Foulelfmeter, Diehl), 2:0 Karl-Heinz Vogt (60., Vorlage Hosic), 3:0 Peter Blusch (78.)
Aufstellung 1. FC Kaiserslautern: Josef Stabel (Note 3,0); Günther Reinders (3,0), Dietmar Schwager (3,0), Peter Blusch (4,0), Fritz Fuchs (3,0); Hermann Bitz (3,0), Ernst Diehl (3,0), Hans-Peter Fecht (4,0 - 58. Josef Pirrung, 3,0); Karl-Heinz Vogt (3,0), Idriz Hosic (3,0), Klaus Ackermann (3,0)
Aufstellung MSV Duisburg: Volker Danner (3,0 - 63. Dietmar Linders, 4,0); Kurt Rettkowski (4,0), Michael Bella (3,0), Detlef Pirsig (3,0), Hartmut Heidemann (3,0); Djordje Pavlic (4,0 - 58. Bernard Dietz, 4,0), Johannes Riedl (3,0), Bernd Lehmann (4,0); Rainer Budde (4,0), Johannes Linßen (3,0), Gerhard Kentschke (4,0)
Besonderheiten: keine

Doppelter Totalschaden

Obwohl es einen Sieger gab, ließen beide Teams die Köpfe hängen. Gladbach hatte alles im Griff und konnte meilenweit davonziehen. Da plötzlich schoss Essen zwei Tore, die ihm gar nichts nützten und dem Meister alles zerstörten.

Ausgerechnet in dieser heißen Phase, als jeder Treffer mehr oder weniger die Meisterschaft entscheiden konnte, hatte Mönchengladbach das traurige Schlusslicht zu Gast. Ein Kantersieg war daher nicht unwahrscheinlich und kurz nach der Pause auch schon so gut wie erzielt, doch dann ging es nicht weiter. Auf

Seine Fehler kosteten die Tabellenführung: Wolfgang Kleff

gut und gern 6:1 oder 7:1 hätten die Fohlen davonziehen können, nachdem Heynckes den zweiten Abschnitt mit einem Doppelpack eröffnet hatte (48./56.). Ausgerechnet diesen kurzen Orkan überstand Essens schwache Abwehr aber ohne weiteren Schaden, weil erstens aus reinem Übermut weitere Tore ausblieben und zweitens Blasey sich einen Spaß daraus machte, ein halbes Dutzend bester Chancen zu vereiteln. Auch ein Sieg hätte Essen kaum weitergeholfen, und entsprechend frustriert trat RWE bis hierhin auch auf. Plötzlich aber packte die Westdeutschen noch der Ehrgeiz. Zwei unerschrockene Angriffe stürzten Gladbachs Anhänger ins Tal der Tränen, besonders Wolfgang Kleff musste sich die Haare raufen, denn das 4:3 verschuldete er ganz (83.) und das 4:2 zumindest zur Hälfte (72.). "Da hält man die ganze Saison ohne größeren Schnitzer und dann passieren einem solche Dinge", zeigte sich der Keeper untröstlich. Die Folgen hatten ein nicht zu beschönigendes Ausmaß: Bei nur einem Gegentreffer weniger wäre Gladbach Erster geblieben, als Tabellenführer gingen nun aber die Bayern ins Finale. Und absteigen musste Rot-Weiss Essen trotzdem.

Borussia Mönchengladbach - Rot-Weiss Essen 4:3 (2:1)

Sa., 29.05.1971, 15:30 Uhr
Zuschauer: 23.000
SR: Alfons Betz (Regensburg)
Tore: 1:0 Laumen (7.), 1:1 Erlhoff (20., Vorlage Ferner), 2:1 Laumen (30., Vogts), 3:1 Heynckes (48.), 4:1 Heynckes (56.), 4:2 Stauvermann (72.), 4:3 Ferner (83.)
Aufstellung Borussia Mönchengladbach: Wolfgang Kleff (Note 5,0); Berti Vogts (3,0), Ludwig Müller (4,0), Klaus-Dieter Sieloff (4,0), Hartwig Bleidick (4,0); Peter Dietrich (4,0), Günter Netzer (4,0), Herbert Wimmer (3,0); Horst Köppel (4,0 - 82. Ulrik Le Fevre, –), Herbert Laumen (3,0), Jupp Heynckes (3,0)
Aufstellung Rot-Weiss Essen: Heinz Blasey (3,0); Peter Czernotzky (4,0), Hermann Erlhoff (4,0), Roland Peitsch (4,0), Heinz Stauvermann (3,0); Erich Beer (5,0), Diethelm Ferner (4,0), Hans Dörre (5,0); Helmut Littek (4,0), Dieter Bast (4,0 - 63. Georg Jung, 4,0), Günter Fürhoff (4,0 - 55. Herbert Weinberg, 5,0)
Besonderheiten: keine

Mit einem Schlag Verfolgter

Wochenlang hatten die Bayern dem Meister Feuer gemacht und dabei anscheinend gegen Windmühlen gekämpft, doch diesmal schlug endlich ihre Stunde. In einem Lehrbeispiel für Nervenstärke schossen sich die Münchener an die Spitze.

Zuletzt nach dem 18. Spieltag hatte das Lattek-Team ganz oben gestanden, seither einige Male gestrauchelt, den Titel aber niemals aus den Augen verloren. Nach 14 Runden auf Platz zwei kam nun endlich die Zeit für den großen Sprung - dabei war ausgerechnet diesmal damit gar nicht zu rechnen gewesen. Nicht nur, dass Mönchengladbach daheim gegen den Letzten antrat und Bayern ausgerechnet gegen die Abwehrkünstler ein Tor aufholen musste, auch war das Herzstück des Münchener Angriffs durch die Bank nicht spielberechtigt. Müller, Mrosko und Roth, gemeinsam für mehr als 50 Prozent aller Saisontore verantwortlich, waren allesamt gesperrt. Mit der Nummer neun lief somit Uli Hoeneß auf den Rasen und war nach eigener Aussage "so aufgeregt wie nie zuvor". Doch es half nichts, die Bayern mussten angreifen und möglichst höher gewinnen als parallel Gladbach. Auch nach Beckenbauers Führung (6.) kam ein Zurücknehmen daher nicht in Frage. Braunschweig aber wehrte sich nach Leibeskräften, kam insgesamt zu drei hochkarätigen Chancen inklusive eines Innenpfostentreffers durch Grzyb.

Der Ersatzmittelstürmer machte sich prächtig: Uli Hoeneß

Um die Halbzeit herum hatte die Platzelf ihre beste Phase, die durch das Ulsaß-Tor zum 3:1 (66.) aber jäh unterbrochen wurde. Niemand wusste, ob das Ergebnis reichen würde. Auch dass Gladbach zeitgleich einbrach, war in diesem Moment nicht zu ahnen. So gaben die Bayern noch einmal Gas und erzwangen noch ein letztes Tor. Es war der Treffer zur Tabellenführung.

FC Bayern München - Eintr. Braunschweig 4:1 (2:0)

Sa., 29.05.1971, 15:30 Uhr
Zuschauer: 24.000
SR: Gerd Hennig (Duisburg)
Tore: 1:0 Franz Beckenbauer (6., Vorlage Schwarzenbeck), 2:0 Rainer Zobel (43., Hoeneß), 3:0 Dieter Brenninger (51., Pumm), 3:1 Lothar Ulsaß (66.), 4:1 Ulrich Hoeneß (85.)
Aufstellung FC Bayern München: Sepp Maier (Note 3,0); Johnny Hansen (3,0), Georg Schwarzenbeck (4,0), Franz Beckenbauer (3,0), Peter Pumm (3,0); Herwart Koppenhöfer (3,0), Rainer Zobel (3,0), Paul Breitner (3,0); Edgar Schneider (5,0), Ulrich Hoeneß (2,0), Dieter Brenninger (3,0)
Aufstellung Eintracht Braunschweig: Horst Wolter (3,0); Wolfgang Grzyb (3,0), Peter Kaack (5,0), Joachim Bäse (4,0), Franz Merkhoffer (3,0); Friedhelm Haebermann (4,0), Bernd Gersdorff (4,0), Lothar Ulsaß (3,0); Michael Polywka (5,0 - 54. Rainer Skrotzki, 5,0), Max Lorenz (4,0), Eberhard Haun (5,0)
Besonderheiten: keine

Werder ließ es geschehen

Nur ein Sieg konnte Oberhausen noch retten, und tatsächlich ging das Wunder weiter. Bremen dagegen schien schon alles egal zu sein.

Mehr als einmal war RWO schon aus der Liga verabschiedet worden, spätestens mit dem 2:3 in Offenbach schien der Abstieg beschlossene Sache. Was in den letzten Wochen geschehen war, klang daher zunächst wie ein Wunder. Sowohl gegen Schalke als auch gegen Köln hatten die Kleeblätter plötzlich gewonnen und nach neun Spieltagen am Stück sogar die Rote Laterne weiter gereicht. Nun kam Werder Bremen und wurde ebenfalls verputzt - das Ende war noch immer nicht besiegelt, absteigen musste vorerst nur Rot-Weiss Essen. Von Beginn an war zu spüren, welches

Linksaußen mit Offensivgeist: Reiner Hollmann

Feuer in den Oberhausenern loderte. Mit Kobluhns Treffer aus Minute 13 setzte eine Angriffswelle ein, von der Werder zeitweise weggespült zu werden drohte. Zembski, der nicht nur einmal auf der Torlinie rettete, zeigte als einziger Eifer, die Punkte nicht willenlos herzuschenken. Ansonsten war Bremens Mannschaft in allen Bereichen leblos. Weder waren Assauer und Kamp imstande, das Ausufern der Flammen abzuwenden, noch gab es Stürmer, die durch Ballhalten und Rochieren die Gefahr einmal verlagern konnten. Auch nach dem 2:0 hörte Oberhausen nicht auf, gab erst Ruhe, als Kobluhn sein 23. Tor erzielt hatte (85.). "Eine klare Sache", gab Werders Trainer offen zu, der die Gegentore zwar kritisierte, aber gleichfalls bemerkte, dass gut und gern sechs Treffer möglich gewesen waren. Günther Brocker derweil nutzte das Podium für eine Klarstellung: "Alle unverschämten Behauptungen aus Frankfurt haben wir nun ad absurdum geführt", sagte er entschlossen. Mit Schiebereien, so war er sicher, hatte sein Verein nichts zu tun.

Rot-Weiß Oberhausen - SV Werder Bremen 3:0 (1:0)

Sa., 29.05.1971, 15:30 Uhr
Zuschauer: 20.000
SR: Philipp Geng (Freiburg)
Tore: 1:0 Lothar Kobluhn (13., Vorlage Sühnholz), 2:0 Hermann-Josef Wilbertz (49., L. Kobluhn), 3:0 Lothar Kobluhn (85., Kopfball, Sühnholz)
Aufstellung Rot-Weiß Oberhausen: Wolfgang Scheid (Note 4,0); Hermann-Josef Wilbertz (4,0), Friedhelm Dick (2,0), Uwe Kliemann (3,0), Reiner Hollmann (2,0); Lothar Kobluhn (2,0), Werner Ohm (4,0), Dieter Brozulat (3,0), Wolfgang Sühnholz (4,0); Gert Fröhlich (4,0 - 69. Hans Schumacher, 4,0), Günter Karbowiak (5,0)
Aufstellung SV Werder Bremen: Günter Bernard (4,0); Dieter Zembski (3,0), Rudolf Assauer (5,0 - 60. Werner Thelen, 4,0), Arnold Schütz (4,0), Egon Coordes (4,0); Karl-Heinz Kamp (5,0), Bernd Schmidt (4,0), Heinz-Dieter Hasebrink (5,0); Ole Björnmose (5,0 - 46. Herbert Meyer, 5,0), Bernd Lorenz (4,0), Werner Görts (4,0)
Besonderheiten: keine

Das vorgezogene Endspiel

Die Nachbarn trafen sich unter der Last eines unmenschlichen Drucks, dem überraschend die Heimelf am Ende erlag. Frankfurt war so glücklich, dass sogar Tränen flossen.

Hätten Bielefeld und Oberhausen nicht zeitgleich gewonnen, auch Offenbach hätte das Ergebnis nichts anhaben können. So aber musste in Köln noch ein Punkt her, und schon wurden Erinnerungen wach. "Wenn wir gewinnen, bleiben wir drin", hatte Paul Oswald einmal gesagt. Es war der 33. Spieltag der Saison 68/69, der OFC verlor seinerzeit gegen Bremen und stieg eine Woche später ab. Und dieses Szenario drohte nun wieder. Das diesjährige Schicksalsspiel barg eine Brisanz, die kein Drehbuchautor besser schaffen konnte. Für Offenbach war es nicht nur fünf vor Zwölf, zu Gast war außerdem der Erzrivale, der obendrein selbst ums Überleben kämpfte. Wie die Frankfurter dies anstellten, imponierte dabei sehr. Ihnen glaubte man, dass sie aufrichtig kämpften und ehrlichen Sportsgeist in sich trugen. Von der ersten Minute an spielten sie auf Sieg und überraschten mit einer Hingabe, die Offenbach fertig machte. Erich Ribbecks Erklärung klang schlüssig: "Gladbach wird am Samstag bei uns gewinnen und möglichst viele Tore schießen wollen." Weil die Gäste daher stürmten, als wäre es die letzte Chance, wurden sie zwangsläufig auch belohnt. Nickels Tor (17.) war ein Faustschlag für die nervösen Kickers, die bis dahin schon mehrfach an Kunter gescheitert waren. Der faustende Zahnarzt rettete Frankfurt nicht allein, dafür waren Heese, Kalb und Hölzenbein ebenfalls viel zu stark. Seine Leistung aber deprimierte Offenbach am meisten und ermöglichte schließlich das entscheidende Kontertor (62.) und damit den Sieg, der manchen eisernen Hessen zu Tränen hinriss.

Kraftvoll wie am ersten Spieltag: Jürgen Kalb

Kickers Offenbach - Eintracht Frankfurt 0:2 (0:1)

Sa., 29.05.1971, 15:30 Uhr

Zuschauer: 31.500

SR: Kurt Tschenscher (Mannheim)

Tore: 0:1 Bernd Nickel (17., Vorlage Hölzenbein), 0:2 Bernd Hölzenbein (62., Kopfball, Kalb)

Aufstellung Kickers Offenbach: Karlheinz Volz (Note 4,0); Nikolaus Semlitsch (5,0), Helmut Kremers (4,0), Roland Weida (4,0), Egon Schmitt (4,0); Lothar Skala (4,0), Horst Gecks (5,0 - 76. Klaus Winkler, –), Walter Bechtold (3,0); Gerhard Kraft (4,0), Heinz Schönberger (4,0 - 46. Helmut Nerlinger, 4,0), Erwin Kremers (4,0)

Aufstellung Eintracht Frankfurt: Peter Kunter (2,0); Karl-Heinz Wirth (4,0), Dieter Lindner (3,0), Friedel Lutz (3,0), Peter Reichel (4,0); Jürgen Kalb (2,0), Gert Trinklein (4,0 - 76. Thomas Rohrbach, –), Jürgen Grabowski (4,0), Horst Heese (2,0); Bernd Hölzenbein (2,0), Bernd Nickel (3,0)

Besonderheiten: keine

Wasserdichte Alibis

An der Kulisse ließ sich ablesen, wie interessant diese Begegnung noch war. 4.000 Zuschauer sahen sich an, wie lustlos Knappen und Geißböcke sich um zwei Punkte stritten. Als es doch endlich spannend wurde, war das Stadion fast schon leer.

Schalke und Köln waren so etwas wie die schwarzen Schafe der letzten Wochen und standen deswegen unter besonderer Beobachtung. Weil ein leidenschaftliches Spiel den Verdacht nur erhärtet hätte, gegen die Abstiegskandidaten manipuliert zu haben, spielten beide Teams einen Alibifußball, also in auffallend schwacher Form. Schalke, zuletzt mit sechs Niederlagen am Stück, trat bis auf Ersatzverteidiger Senger in Bestbesetzung an, wobei Fichtel und Sobieray allerdings noch Trainingsrückstand aufzeigten. Köln dagegen kam ohne Weber, Biskup, Flohe und auch Thielen, den man mit einer Entzündung am linken Auge sogar ins Krankenhaus geschafft hatte. Von zwei desolaten Mannschaften waren die Gäste dennoch das weniger schwache, weil sie gleich nach der unterirdischen ersten Halbzeit irgendwie zwei Tore zustande brachten. Ohne Schalkes Hilfe wäre dies allerdings nicht geschehen, denn erst fälschte van Haaren einen Overath-Schuss ab (48.), dann leistete sich Scheer einen derart schlimmen Fehler, dass Rupp das 0:2 erzielen musste (67.). Viele Fans verließen daraufhin schon die Arena, um in den umliegenden Gaststätten Schalkes Rückrunde auseinanderzunehmen. Ein Großteil verpasste deswegen den ersten Punktgewinn seit Ende März, den Libuda (82.) und Rüssmann (85.) in der Schlussphase noch herstellten. Auch hierfür aber gab der Gegner grünes Licht: Vor dem ersten Treffer patzte Simmet, den zweiten verschuldete wieder einmal Manfred Manglitz.

Seinen einzigen Torschuss bekam er geschenkt: Bernd Rupp

FC Schalke 04 - 1. FC Köln 2:2 (0:0)

Sa., 29.05.1971, 15:30 Uhr

Zuschauer: 4.000

SR: Walter Niemann (Hamburg)

Tore: 0:1 Wolfgang Overath (48.), 0:2 Bernd Rupp (67., Vorlage Löhr), 1:2 Reinhard Libuda (82., Scheer), 2:2 Rolf Rüssmann (85., Pirkner)

Aufstellung FC Schalke 04: Norbert Nigbur (Note 4,0); Klaus Senger (3,0), Klaus Fichtel (4,0), Rolf Rüssmann (4,0), Jürgen Sobieray (4,0); Herbert Lütkebohmert (5,0), Heinz van Haaren (5,0), Klaus Scheer (5,0); Reinhard Libuda (4,0), Klaus Fischer (5,0), Hans Pirkner (5,0 - 46. Reinhard Pfeiffer, –)

Aufstellung 1. FC Köln: Manfred Manglitz (5,0); Kurt Kowalski (3,0), Bernhard Cullmann (3,0), Manfred Classen (4,0), Matthias Hemmersbach (3,0); Heinz Simmet (4,0), Jupp Kapellmann (5,0), Wolfgang Overath (3,0); Thomas Parits (5,0), Bernd Rupp (5,0), Hennes Löhr (5,0)

Besonderheiten: keine

ZEITFENSTER
24. - 30. Mai 1971

Flüchtlinge in Millionenstärke
(Indien, 24. Mai)
Die Unabhängigkeitsbewegung in Bangladesch (Ostpakistan) hatte eine Flüchtlingslawine losgetreten. Rund acht Millionen Menschen waren aus Angst vor den bewaffneten Auseinandersetzungen mit pakistanischen Truppen ins benachbarte Indien geflohen, das jedoch damit überfordert war, eine solche Menge zu versorgen. Indiens Ministerpräsidentin Indira Ghandi wandte sich deshalb Hilfe suchend an die UN (Vereinten Nationen), die die Koordination der Hilfsmittelaktionen übernahm. Gleichzeitig richtete Gandi einen scharfen Appell an die Adresse Pakistans, die Rückkehr der Flüchtlinge nicht zu blockieren.

Anteile veräußert
(BRD, 24. Mai)
Der ursprünglich in Leipzig beheimatete, nach dem I. Weltkrieg in Berlin, nach dem II. Weltkrieg in Stuttgart neu gegründete und 1950 nach Hamburg umgezogene Rowohlt Verlag trennte sich von 26% seiner Anteile. Abnehmer war die Verlagsgruppe Georg von Holtzbrinck.

Ägyptisch-sowjetisches Abkommen
(Ägypten, 27. Mai)
Als Folge der Spannungen in Nahost zwischen Israel und den arabischen Staaten verstärkte sich der sowjetische Einfluss in der Region. Die Israel verbundenen Amerikaner mussten zusehen, wie die Sowjets ein neues Vertragswerk mit Ägypten unterschrieben, das eine Aufrüstung der ägyptischen Truppen beinhaltete.

Cannes-Preisträger
(Frankreich, 27. Mai)
Das Melodram "The Go-Between" ("Der Mittler", Regie: J. Losey) wurde als bester Film mit der "Goldenen Palme" ausgezeichnet. Die Verfilmung des Thomas Mann-Werkes "Tod in Venedig" (Regie: Luchino Visconti) erhielt einen Sonderpreis.

Hitparaden
(USA/GB/BRD, 29. Mai)
Lediglich in den US-Hitlisten konnte sich ein rockiger Titel ganz vorn platzieren: "Brown Sugar" von den Rolling Stones; eine Auskopplung aus dem Album "Sticky Fingers", das in den amerikanischen LP-Charts ebenfalls die Nummer eins erreichte. England wählte Tony Orlando & Dawn ("Knock Three Times") an die Spitze, derweil sich die Deutschen die Hände wund klatschten, wenn der französische Sänger und Komponist Danyel Gérard nur den Mund aufmachte, um seinen Ohrwurm "Butterfly" anzustimmen.

Ließ sein "Butterfly" in sieben Sprachen auf Rille pressen: Danyel Gérard

Bundesliga 1970/1971 – 34. Spieltag

Unbeschreiblicher Jubel schlägt der Borussen-Mannschaft am Tag ihrer Rückkehr nach Möchengladbach entgegen. Eintracht Frankfurt wurde am letzten Spieltag mit 4:1 bezwungen

Finale für die Ewigkeit

Die Spannung hatte sich derart zugespitzt, dass die Titelanwärter mit Bleiwesten spielten. Im großen Fernduell passierte lange gar nichts, bis die Bayern plötzlich stürzten und den Fohlen auf die Beine halfen. Noch tragischer endete das Abstiegsroulette.

Geplant war an sich ein Wettschießen, doch sowohl der Meister als auch der Tabellenführer standen im Konflikt mit ihren Nerven. Zur Halbzeit noch waren die Bayern Deutscher Meister, als aus dem Nichts dann aber Duisburg in Führung ging, drang dies bis zum schlafenden Riesen vor und rüttelte ihn wach. Wie ein kurzes, aber heftiges Gewitter fuhr Mönchengladbach über Frankfurt hinweg und setzte sich nach einwöchiger Abstinenz wieder an die Spitze. Erstmals konnte ein Meister seinen Titel verteidigen. Nicht nur spannend, sondern unheilvoll war das Abstiegsfinale. Sowohl Oberhausen als auch Bielefeld fuhren sensationelle Punkte ein, wodurch der fassungslose OFC auf Platz 17 stürzte. Die Kickers aber schieden nicht im Frieden. Einen Tag nach dem Desaster lud Präsident Canellas zu einer Gartenparty und ließ eine Bombe hochgehen.

Ergebnisse – 34. Spieltag 1970/1971

Datum		Heim		Gast	Ergebnis
Sa., 05.06.71		Hertha BSC Berlin	-	Arminia Bielefeld	0:1 (0:0)
Sa., 05.06.71		Eintracht Braunschweig	-	Rot-Weiß Oberhausen	1:1 (1:0)
Sa., 05.06.71		SV Werder Bremen	-	FC Schalke 04	0:1 (0:0)
Sa., 05.06.71		Borussia Dortmund	-	Hannover 96	2:2 (2:1)
Sa., 05.06.71		MSV Duisburg	-	FC Bayern München	2:0 (0:0)
Sa., 05.06.71		Rot-Weiss Essen	-	Hamburger SV	1:3 (0:0)
Sa., 05.06.71		Eintracht Frankfurt	-	Borussia Mönchengladbach	1:4 (1:1)
Sa., 05.06.71		1. FC Köln	-	Kickers Offenbach	4:2 (1:2)
Sa., 05.06.71		VfB Stuttgart	-	1. FC Kaiserslautern	2:0 (1:0)

Tabelle

Platz	Verein	S	U	N	Tore	Differenz	Punkte
1.	Borussia Mönchengladbach	20	10	4	77:35	+42	50:18
2.	FC Bayern München	19	10	5	74:36	+38	48:20
3.	Hertha BSC Berlin	16	9	9	61:43	+18	41:27
4.	Eintracht Braunschweig	16	7	11	52:40	+12	39:29
5.	Hamburger SV	13	11	10	54:63	-9	37:31
6.	FC Schalke 04	15	6	13	44:40	+4	36:32
7.	MSV Duisburg	12	11	11	43:47	-4	35:33
8.	1. FC Kaiserslautern	15	4	15	54:57	-3	34:34
9.	Hannover 96	12	9	13	53:49	+4	33:35
10.	SV Werder Bremen	11	11	12	41:40	+1	33:35
11.	1. FC Köln	11	11	12	46:56	-10	33:35
12.	VfB Stuttgart	11	8	15	49:49	0	30:38
13.	Borussia Dortmund	10	9	15	54:60	-6	29:39
14.	Arminia Bielefeld	12	5	17	34:53	-19	29:39
15.	Eintracht Frankfurt	11	6	17	39:56	-17	28:40
16.	Rot-Weiß Oberhausen	9	9	16	54:69	-15	27:41
17.	Kickers Offenbach	9	9	16	49:65	-16	27:41
18.	Rot-Weiss Essen	7	9	18	48:68	-20	23:45

Torjägerliste - Zuschauer - Selbsttore - Platzverweise

Torjägerliste:
1. L. Kobluhn: 24 Tore
2. Vogt, G. Müller: je 22 Tore
3. Horr, Laumen: je 20 Tore

Zuschauer: 185.000
Tore: 27
Selbsttore: 1
Platzverweise: keine

Die Fans wussten Bescheid

Für den Klassenerhalt brauchte Arminia einen Punkt und gönnte sich sogar eine Sensation. Die Umstände des Sieges waren allerdings fragwürdig. Andere Teams waren mit solchen Leistungen in Berlin überfahren worden.

"Was meine Mannschaft hier gezeigt hat, war beschämend und enttäuschend", gab Helmut Kronsbein zu. Nach außen zumindest war ihm der Saisonabschluss peinlich, auch wenn er es sich nicht nehmen ließ, breitgrinsend in die Gäste-Kabine zu gehen, um zu gratulieren. Nach allem, was bereits vorgefallen war, stellte selbst dieses Ergebnis kaum noch eine Überraschung dar, wenn ein Kellerkind aber irgendwo nicht gewinnen konnte, dann in Berlin, das in dieser Spielzeit noch kein einziges Heimspiel abgegeben hatte. Spätestens nach 70 Minuten gingen auch die Fans auf die Barrikaden. Bielefeld zeigte alles andere als ein starkes Spiel, war im Mittelfeld nahezu leblos, und das, obwohl so viel auf dem Spiel stand. Trotzdem gelang Roggensack die Führung, woraufhin die Zuschauer von den Sitzen sprangen und Gift und Galle von den Rängen spuckten. "Schiebung, Schiebung!" hallte es auf den Rasen, wo die Berliner Hertha bislang gemütlichen Schlafwagenfußball spielte. "Wir hatten genug Chancen zu siegen", verteidigte sich Herthas Trainer und führte 12:4 Ecken in die Debatte ein sowie einen aufrichtig bemühten Arno Steffenhagen. Zumindest Versuche von Bestechung hatte es im Vorfeld aber sicher gegeben, was Egon Piechaczek wiederum als "absurd" zurückwies. Wie seine Mannschaft mit dieser faden Leistung im Olympiastadion siegen konnte, vermochte Bielefelds Trainer wiederum nicht zu erklären. Denn er konnte es einfach nicht.

Sein Treffer war ein Grund für den Klassenerhalt: Gerd Roggensack

Hertha BSC Berlin - Arminia Bielefeld 0:1 (0:0)

Sa., 05.06.1971, 15:30 Uhr

Zuschauer: 37.000

SR: Rudolf Frickel (München)

Tore: 0:1 Gerd Roggensack (70., Vorlage Brücken)

Aufstellung Hertha BSC Berlin: Volkmar Groß (Note 4,0); Bernd Patzke (5,0), Uwe Witt (5,0), Tasso Wild (5,0), Peter Enders (5,0); Laszlo Gergely (5,0 - 70. Karl-Heinz Ferschl, –), Wolfgang Gayer (5,0), Hans-Jürgen Sperlich (4,0); Zoltan Varga (5,0), Jürgen Weber (4,0 - 46. Franz Brungs, 4,0), Arno Steffenhagen (3,0)

Aufstellung Arminia Bielefeld: Gerd Siese (3,0); Horst Wenzel (6,0 - 65. Norbert Leopoldseder, –), Waldemar Slomiany (3,0), Volker Klein (3,0), Georg Stürz (4,0); Horst Stockhausen (4,5), Ulrich Braun (5,0), Karl-Heinz Brücken (5,0); Gerd Knoth (5,0), Dieter Brei (4,0), Gerd Roggensack (4,0)

Besonderheiten: keine

Alles genau nach Plan

Oberhausen hatte die schlechtesten Karten und stand in Braunschweig vor einer kaum lösbaren Aufgabe. Das entscheidende Tor aber gestattete die Eintracht gütig und verhalf den weinenden Gästen zum scheinbar sensationellen Klassenerhalt.

An beiden Treffern beteiligt: Wolfgang Grzyb

Das entscheidende Signal kam aus der Domstadt. Als zehn Minuten vor Abpfiff Kölns klarer Vorsprung gegen Offenbach bekannt wurde, wusste Günter Brocker, dass ein Remis zum Klassenerhalt reichen würde und befahl die bedingungslose Abwehrstellung. Auch für Braunschweig war diese Nachricht interessant, denn mit kontrolliertem Ballgeschiebe konnten die Gastgeber nun nichts verkehrt machen. Dass kein Treffer mehr fallen würde, stand in diesem Augenblick fest. "Es wäre eine Tragik gewesen, wenn Oberhausen nach dieser Leistung hätte absteigen müssen", kommentierte Otto Knefler süffisant. Für eine couragierte Leistung und bis zum Ende währenden Kampf sah er die Gäste angemessen belohnt. Und zwar von seiner Mannschaft. Viel anzukreiden war Braunschweig auf den ersten Blick zwar nicht, denn zumindest in der Abwehr wahrte Eintracht den Schein einer tugendhaften Truppe. Genau einen Ball aber ließen die Niedersachsen doch durchflutschen, nämlich den einzigen Schuss Lothar Kobluhns, bei dem sich Wolter und der ansonsten starke Grzyb gegenseitig behinderten (62.). Dessen Führungstreffer war damit egalisiert, nur wusste vorerst niemand, ob das Remis den Kleeblättern reichen würde. Es reichte tatsächlich. Pünktlich um Viertel nach fünf pfiff Schiri Wengenmayer die Begegnung ab und löste einen Freudentaumel aus. Fans stürmten den Rasen, Gäste-Spieler begannen zu weinen, und Braunschweig zog sich zurück, als hätte es mit all dem nichts zu tun.

Eintracht Braunschweig - RW Oberhausen 1:1 (1:0)

Sa., 05.06.1971, 15:30 Uhr
Zuschauer: 12.000
SR: Franz Wengenmeyer (München)
Tore: 1:0 Wolfgang Grzyb (44., Vorlage Gerwien), 1:1 Lothar Kobluhn (62., Kopfball, Wilbertz)
Aufstellung Eintracht Braunschweig: Horst Wolter (Note 4,0); Wolfgang Grzyb (3,0), Joachim Bäse (2,0), Peter Kaack (3,0), Franz Merkhoffer (3,0); Friedhelm Haebermann (3,0), Lothar Ulsaß (4,0), Bernd Gersdorff (4,0 - 78. Michael Polywka, –); Klaus Gerwien (5,0), Max Lorenz (5,0 - 65. Rainer Skrotzki, 5,0), Eberhard Haun (5,0)
Aufstellung Rot-Weiß Oberhausen: Wolfgang Scheid (3,0); Hermann-Josef Wilbertz (4,0), Uwe Kliemann (3,0), Friedhelm Dick (4,0), Reiner Hollmann (4,0); Dieter Brozulat (4,0), Werner Ohm (4,0), Lothar Kobluhn (4,0), Wolfgang Sühnholz (4,0); Gert Fröhlich (5,0), Franz Krauthausen (5,0 - 78. Günter Karbowiak, –)
Besonderheiten: keine

Einmal kam Libuda durch

Der Kehraus konnte niemanden begeistern, auch wenn Schalke nach vielen Misstönen immerhin versöhnlich aus der Spielzeit schied. Das Siegtor passte überhaupt nicht ins Bild.

Allein der überragenden Schlussmänner wegen wäre ein 0:0 der Begegnung am besten gerecht geworden. Auch den späten Zeitpunkt des Gegentreffers hatte Werder nicht verdient, weil über 90 Minuten gesehen Nigbur wesentlich mehr Granaten zu entschärfen hatte als der oft allein in der Sonne brütende Bernard. Dass den einzigen Treffer aber ausgerechnet Libuda erzielte, schoss den Vogel endgültig ab. Er, der vermeintlich beste Dribbler der Republik, hatte von Egon Coordes nicht eine Schnitte bekommen, sich auch dann noch mit seinem Gegenspieler herumschlagen müssen, als er tief in der eigenen Hälfte auf Konter aus war. Der einzige kleine Fehler des Bremer Verteidigers aber, ein verlorener Zweikampf gegen Fischer, gab Libuda freie Bahn und somit die Möglichkeit zum Siegtor. Die wiederum nutzte er kaltblütig. Für Schalke war der Sieg eine Genugtuung, nachdem es in den letzten sieben Spielen sechs Mal gar keinen Punkt gegeben hatte. Der Verdacht der Manipulation stand außerdem immer noch im Raum. Wenn er von der besten Leistung der letzten beiden Monate sprach, hatte Günther Siebert also nicht einmal Unrecht. Die bessere Mannschaft war trotzdem Werder Bremen, das den kurzen Traum vom UEFA-Cup schon vorher begraben hatte, mit vier Pleiten am Stück aber nun ein bitteres Saisonende erlebte. "Der neunte Platz hat uns einige Scheine mehr an Prämien gekostet", gab Rudi Assauer außerdem zu. Genau wie Görts nahm der Verteidiger sogar noch eine Verletzung mit in den Urlaub.

Sein einziger Fehler kostete Geld: Egon Coordes

SV Werder Bremen - FC Schalke 04 0:1 (0:0)

Sa., 05.06.1971, 15:30 Uhr
Zuschauer: 10.000
SR: Franz-Josef Hontheim (Trier)
Tore: 0:1 Reinhard Libuda (86.)
Aufstellung SV Werder Bremen: Günter Bernard (Note 2,0); Dieter Zembski (3,0), Arnold Schütz (4,0), Rudolf Assauer (4,0 - 78. Herbert Meyer, 4,0), Egon Coordes (3,0); Heinz-Dieter Hasebrink (4,0), Bernd Schmidt (4,0), Karl-Heinz Kamp (5,0); Werner Görts (4,0 - 24. Eckhard Deterding, 5,0), Bernd Lorenz (5,0), Ole Björnmose (5,0)
Aufstellung FC Schalke 04: Norbert Nigbur (2,0); Klaus Senger (4,0), Klaus Fichtel (3,0), Rolf Rüssmann (4,0), Hans Pirkner (3,0); Herbert Lütkebohmert (5,0), Heinz van Haaren (5,0), Klaus Scheer (5,0 - 67. Alban Wüst, 4,0); Reinhard Libuda (5,0), Klaus Fischer (4,0), Manfred Pohlschmidt (5,0)
Besonderheiten: keine

Die Angeln falsch ausgeworfen

Unzählige Schlafmützigkeiten hatten immerhin zur Folge, dass die Netze ordentlich wackelten. Dass die Borussen trotz zweimaliger Führung nicht gewannen, schoben sie unter anderem auf den Unparteiischen.

Groß zu protestieren hatte Dortmund wenig Lust, schließlich ging es um gar nichts mehr. Hätte aber der Linienrichter Jürgen Schütz nicht zurückzitiert, als dieser völlig allein auf den Keeper zustürmte, wäre die Platzelf wohl auf 3:1 davongezogen. Wie oft in solchen Fällen fiel stattdessen das 2:2, das Hannover sich zwar verdiente, aber auf diesem Wege glücklich ermöglicht bekam. Als Bertl abzog, waren einige Borussen noch am Mosern. Mit diesem Treffer war das Spiel auch beendet. Bei drückender Hitze waren die Mannschaften sich einig, genug investiert zu haben und bestiegen im Geiste schon einmal den Ferienflieger. Bernd Helmschrot und Jürgen Rynio hätten wahrhaftig schon die Koffer packen können, denn keine einzige brenzlige Szene mochte sich bis zum Schlusspfiff noch ereignen. Was von der Begegnung übrig blieb, waren unterm Strich drei Dinge. Erstens das unglaubliche Tor von Ritschel, der einen Eckball von Schütz aus 18 Metern in den Winkel jagte (24.), nachdem er sein Team schon ein erstes Mal in Führung gebracht hatte (2.). Zweitens der Eklat durch einen Zuschauer, der eine, offenkundig selbst entleerte, Flasche in Richtung Schiedsrichter schleuderte, ihn aber deutlich verfehlte. Drittens schließlich legten Dortmunds Verantwortliche nach dem Schlusspfiff betretene Mienen auf, denn die Resultate von den anderen Plätzen passten ihnen nicht. Bei den überraschend geretteten Vereinen hatten sie offenbar schon nach Neuzugängen gegraben.

Im letzten Saisonspiel noch ein Doppelpack: Manfred Ritschel

Borussia Dortmund - Hannover 96 2:2 (2:1)

Sa., 05.06.1971, 15:30 Uhr
Zuschauer: 7.000
SR: Norbert Fuchs (Herdorf)
Tore: 1:0 Manfred Ritschel (2., Kopfball, Vorlage Neuberger), 1:1 Ferdinand Keller (7.), 2:1 Manfred Ritschel (24., J. Schütz), 2:2 Horst Bertl (55.)
Aufstellung Borussia Dortmund: Jürgen Rynio (Note 3,0); Hans-Joachim Andree (4,0), Branco Rasovic (5,0), Willi Neuberger (3,0), Dieter Kurrat (4,0); Jürgen Schütz (4,0 - 75. Gerd Peehs, 4,0), Dieter Weinkauff (4,0), Theo Bücker (4,0); Manfred Ritschel (4,0), Siegfried Held (3,0), Werner Weist (4,0 - 46. Theodor Rieländer, 4,0)
Aufstellung Hannover 96: Bernd Helmschrot (4,0); Rainer Stiller (3,0), Peter Anders (3,0), Hans-Josef Hellingrath (4,0), Jürgen Bandura (3,0); Hans Siemensmeyer (4,0), Horst Bertl (4,0), Horst Berg (4,0); Rudolf Nafziger (4,0), Ferdinand Keller (3,0), Willi Reimann (4,0)
Besonderheiten: keine

Nervenprobe nicht bestanden

Eine ganze Saison hatten sie für diese Chance geschuftet, im entscheidenden Moment aber sank den Bayern das Herz in die Hose. Ohne Kraft und ohne Gerd Müller rannten sie in Duisburgs Konter und verspielten so die Meisterschaft.

Hätten die Münchener geahnt, wie bleiern auch die Gladbacher Beine waren, vielleicht hätte es ihnen Mut gemacht und sie die Ruhe bewahren lassen. Dies wiederum sagte sich leicht, doch war das Stadion an der Wedau alles andere als ein Ort der Stille. Ausverkauft war die Arena ohnehin, nicht nur Duisburg-Fans aber waren unter den 34.000, sondern auch zahllose Gladbacher, die zusammen mit den anderen einen wahren Hexenkessel zusammenbrauten. Heiß waren auch die Zebras. Eifer und Ehrgeiz der Gastgeber waren vorbildlich, weniger dagegen ihr Übermut, der sich schon in den ersten Minuten in hässlichen Fouls entlud. Dies alles schüchterte die Bayern wohl ein, vor allem aber waren es sie selbst, die sich im Weg standen. Was fehlte, waren Nerven und vor allem Kraft. Und auch Gerd Müller wurde schmerzlich vermisst. Nach gequälter erster Halbzeit gingen die Gäste bald ins Risiko und wurden auf tragische Weise bestraft. Als Zobel allein durch war, wähnte er sich im Abseits und schob Danner das Leder freiwillig in die Arme. Den Konter nutzte Budde zum 1:0 (55.), woraufhin Gladbach-Fans den Rasen stürmten und entfernt werden mussten. Wieder per Gegenstoß dann die Entscheidung (69.), wieder durch Rainer Budde und wieder mit einem Tumult als Konsequenz. Sepp Maier blieb sogar liegen und behauptete, geschlagen worden zu sein. Die Bayern erwogen Protest, reichten ihn aber nicht ein. Gladbach gewann ohnehin und war erneut Deutscher Meister.

Titel verloren und vom Fohlen umgerannt: Sepp Maier

MSV Duisburg - FC Bayern München 2:0 (0:0)

Sa., 05.06.1971, 15:30 Uhr
Zuschauer: 34.000
SR: Horst Herden (Hamburg)
Tore: 1:0 Rainer Budde (55., Vorlage Riedl), 2:0 Rainer Budde (69.)
Aufstellung MSV Duisburg: Volker Danner (Note 3,0); Kurt Rettkowski (4,0), Hartmut Heidemann (3,0), Detlef Pirsig (2,0), Michael Bella (3,0); Bernd Lehmann (4,0), Djordje Pavlic (3,0 - 63. Heinz-Peter Buchberger, 4,0); Johannes Linßen (4,0), Johannes Riedl (3,0 - 87. Hans Sondermann, –), Rainer Budde (2,0), Bernard Dietz (3,0)
Aufstellung FC Bayern München: Sepp Maier (2,0 - 70. Manfred Seifert, 3,0); Johnny Hansen (4,0), Georg Schwarzenbeck (4,0), Franz Beckenbauer (4,0), Peter Pumm (3,0); Rainer Zobel (4,0), Herwart Koppenhöfer (3,0), Paul Breitner (4,0); Franz Roth (4,0), Ulrich Hoeneß (4,0 - 62. Edgar Schneider, 5,0), Dieter Brenninger (5,0)
Besonderheiten: Heidemann verschießt Foulelfmeter (12.) - am Tor vorbei

Im Sturzflug verabschiedet

Nur für Hamburg ging es noch um etwas, doch ließ sich der Sieg nicht aus dem Ärmel schütteln. Essen wollte es noch einmal wissen, konnte zur Pause schon uneinholbar vorne liegen und ging schließlich auf typische Weise baden.

Am Ende wurde es sogar noch richtig deutlich. Abgeschlagenes Schlusslicht war RWE nach 34 Runden, mit vier Punkten Rückstand auf das rettende Ufer und damit als einziges Kellerkind chancenlos in diesem furiosen Saisonfinale. Was aus dieser Mannschaft nur geworden war, das fragten sich nicht wenige. Nach der Hinrunde noch Tabellenachter, anfangs sogar zweimal Spitzenreiter. Im Winter noch hätte niemand erwogen, dass der Abstieg ein Thema werden könnte, doch dann schmierten die Westdeutschen plötzlich ab, zum Schluss gab es acht Niederlagen in Folge. "Schade, dass eine so gut spielende Mannschaft absteigen muss", nahm Klaus Ochs aufrichtig Anteil. Er wusste, wovon er sprach, denn eine komplette Halbzeit lang war sein Team von RWE eingekesselt worden. Ein 3:0 zur Pause wäre keineswegs unmöglich gewesen. Einen Fürhoff-Kopfball kratzte Sandmann von der Linie, Özcan parierte zweimal überragend, und den fälligen Strafstoß bekam die Platzelf ebenfalls nicht, obwohl Schulz Cernotzkys Flanke klar mit der Hand aus dem Torraum bugsierte. Vom HSV sah man bis hierhin nichts. Weil Essen aber Essen war, bestrafte es sich für seine Fahrlässigkeiten selbst. Kaum hatte der zweite Abschnitt begonnen, da schoss Beer ein unglaubliches Eigentor und brachte die Moral zum Erliegen. Zwei Minuten später legte Klier bereits nach, ehe Nogly Hamburg dann endgültig den Europacup sicherte. Das schönste Tor schoss immerhin noch ein Essener, unter traurigem Jubel allerdings.

Ungestraft entkommen: Willi Schulz

Rot-Weiss Essen - Hamburger SV 1:3 (0:0)

Sa., 05.06.1971, 15:30 Uhr
Zuschauer: 7.000
SR: Dieter Berner (Enzberg)
Tore: 0:1 Erich Beer (53., Eigentor, Vorlage Hellfritz), 0:2 Gerd Klier (55.), 0:3 Peter Nogly (83., Kopfball, Pötzschke), 1:3 Roland Peitsch (87.)
Aufstellung Rot-Weiss Essen: Heinz Blasey (Note 3,0); Peter Czernotzky (4,0), Hermann Erlhoff (4,0), Roland Peitsch (4,0), Heinz Stauvermann (4,0); Hans Dörre (4,0), Diethelm Ferner (4,0), Erich Beer (4,0); Dieter Bast (4,0 - 60. Herbert Weinberg, 4,0), Walter Hohnhausen (5,0), Günter Fürhoff (4,0)
Aufstellung Hamburger SV: Arkoc Özcan (3,0); Helmut Sandmann (4,0), Jürgen Kurbjuhn (4,0), Willi Schulz (4,0), Hans-Jürgen Ripp (4,0); Peter Nogly (3,0), Klaus Zaczyk (3,0), Franz-Josef Hönig (4,0 - 33. Robert Pötzschke, 4,0); Hans-Jürgen Hellfritz (5,0 - 64. Hans-Werner Kremer, 4,0), Gerd Klier (4,0), Charly Dörfel (4,0)
Besonderheiten: keine

Aus dem Loch zur Meisterschaft

Selbst den ausgebufften Fohlen flatterten diesmal die Nerven. Eine Stunde lang hielt Frankfurt das Rennen offen, bis der Münchener Zwischenstand die Runde machte und dem Meister wieder hoch half. Als erster Klub der Liga schaffte Mönchengladbach die Titelverteidigung.

Zur Halbzeit lagen die Bayern noch vorn. 1:1 in Frankfurt und 0:0 in Meiderich - ein Gladbacher Intimus saß im Stadion und trug per Funkgerät auf die Trainerbank weiter, was gut ausgestattete Fans über ihre Transistorradios erfuhren. Bei Einwürfen wurde dann die Mannschaft informiert. Wie sehr solche Kenntnisse die Spieler beeinflussen, zeigte sich allerdings deutlich. Kaum nämlich machte Bayerns Rückstand die Runde, gelang Gladbach ein zweites Mal die Führung, die in Günter Netzers Augen "den Meisterkampf entschied". Er, der Kopf und Kapitän dieser Mannschaft, hätte sich ein Scheitern indes persönlich ankreiden müssen, denn ihm gelang überhaupt nichts. Den Tiefpunkt seiner Vorstellung erlebte Netzer nach 28 Minuten, als er an Trinklein seine Wut ausließ und fortan bei jedem Ballkontakt verurteilt wurde. Auch Kleff zeigte einmal Nerven und streckte bei einem Rettungsversuch den eigenen Kameraden Dietrich zu Boden. Über eine Stunde ärgerte Frankfurt den Meister hartnäckig und spielte den Bayern so in die Karten. Hätten sie zu dieser Zeit schon geführt, um Gladbach wäre es wohl geschehen gewesen. So aber wurde doch in Hessen gefeiert, wo Köppels Treffer alle Anspannung wie ein Korkenzieher löste (70.) und Heynckes das Meisterstück perfekt machte (78./81.). Heimlicher Held war aber auch Erich Ribbeck. Hätte er sein Team nicht zum Sieg in Offenbach gehetzt, die Eintracht wäre heute abgestiegen.

Mit 19 Saisontoren am Titel beteiligt: Jupp Heynckes

Eintracht Frankfurt - Mönchengladbach 1:4 (1:1)

Sa., 05.06.1971, 15:30 Uhr
Zuschauer: 65.000
SR: Ewald Regely (Berlin)
Tore: 0:1 Günter Netzer (43., Vorlage L. Müller), 1:1 Bernd Nickel (45., Freistoß, Heese), 1:2 Horst Köppel (70., Vogts), 1:3 Jupp Heynckes (78., Laumen), 1:4 Jupp Heynckes (81.)
Aufstellung Eintracht Frankfurt: Peter Kunter (Note 3,0); Karl-Heinz Wirth (3,0), Dieter Lindner (3,0), Friedel Lutz (3,0), Peter Reichel (3,0); Jürgen Kalb (3,0), Gert Trinklein (4,0 - 70. Thomas Rohrbach, 4,0), Horst Heese (3,0), Jürgen Grabowski (3,0), Bernd Hölzenbein (4,0), Bernd Nickel (3,0)
Aufstellung Borussia Mönchengladbach: Wolfgang Kleff (3,0); Berti Vogts (3,0), Ludwig Müller (4,0), Klaus-Dieter Sieloff (3,0), Hartwig Bleidick (4,0); Peter Dietrich (4,0 - 28. Rainer Bonhof, 4,0), Herbert Wimmer (3,0), Günter Netzer (4,0); Horst Köppel (3,0), Herbert Laumen (4,0), Jupp Heynckes (4,0)
Besonderheiten: keine

Der Albtraum wurde wahr

Dreimal in Folge hatte Offenbach kürzlich noch gewonnen und eigentlich als gerettet gegolten. Doch nun das: Trotz zweimaliger Führung holten die Kickers in Köln keinen Punkt und wurden im letzten Moment noch in den Strudel gerissen.

Dem nervlichen Druck nicht gewachsen: Josef Weilbächer

Abgesehen davon, wie unglücklich der OFC in Müngersdorf verlor, war der dritte Abstieg der Vereinsgeschichte ein unerklärlicher Unfall. Die Frage, in welchem Saisonspiel sie den fehlenden Punkt verschenkt hatten, warfen die Hessen gar nicht erst auf. Stattdessenschlugen sie um sich. "Einen Skandal" witterte Kuno Klötzer in der Luft und meinte vor allem "das komische Ding von Berlin", wo die Hertha ausgerechnet im letzten Spiel gegen Bielefeld ihre erste Heimniederlage kassiert hatte. "Heute sind wir nach Strich und Faden verladen worden", entfuhr es auch Walter Bechtold, der zusammen mit den Kollegen wegen der Ergebnisse von den anderen Plätzen zusammenbrach. Mit sich selbst hadern mussten die Kickers allerdings auch, hatten sie als 15. ihr Schicksal doch selbst in der Hand gehabt und nur einen Punkt holen müssen, um sicher in der Liga zu bleiben. Gegen anfangs willenlose Kölner war dies ohne Zweifel möglich und schien nach einer Stunde noch so gut wie erledigt. Durch Treffer von Kraft (4.) und Erwin Kremers (35.) gingen die Gäste zweimal in Führung, und das, obwohl im Kölner Kasten nicht mehr Manfred Manglitz stand, der in letzter Zeit gerne danebengegriffen hatte. Den einscheidenden Fehler machte vielmehr Weida, als er Biskups Patzer nicht zum 3:1 ausnutzte. Sekunden später fiel das 2:2, was immer noch gereicht hätte, die Offenbacher Abwehr aber völlig aus dem Konzept brachte. Thielen (79.) und Rupp (82.) traten nach und beförderten Offenbach aus dem Oberhaus.

1. FC Köln - Kickers Offenbach 4:2 (1:2)

Sa., 05.06.1971, 15:30 Uhr
Zuschauer: 7.000
SR: Ferdinand Biwersi (Bliesransbach)
Tore: 0:1 Gerhard Kraft (4., Vorlage Schäfer), 1:1 Wolfgang Overath (28., Rechtsschuss), 1:2 Erwin Kremers (35., Rechtsschuss), 2:2 Hennes Löhr (58., Flohe), 3:2 Karl-Heinz Thielen (79., Löhr), 4:2 Bernd Rupp (82.)
Aufstellung 1. FC Köln: Milutin Soskic (Note 3,0); Karl-Heinz Thielen (4,0), Wolfgang Weber (4,0), Werner Biskup (4,0), Matthias Hemmersbach (4,0); Heinz Simmet (4,0 - 55. Kurt Kowalski, 4,0), Wolfgang Overath (3,0), Jupp Kapellmann (5,0 - 32. Heinz Flohe, 3,0); Thomas Parits (5,0), Bernd Rupp (3,0), Hennes Löhr (3,0)
Aufstellung Kickers Offenbach: Karlheinz Volz (4,0); Josef Weilbächer (5,0), Lothar Skala (4,0), Egon Schmitt (3,0), Helmut Kremers (4,0); Roland Weida (3,0), Walter Bechtold (4,0), Winfried Schäfer (4,0 - 82. Heinz Schönberger, 4,0); Horst Gecks (3,0), Gerhard Kraft (4,0 - 82. Helmut Schmidt, 4,0), Erwin Kremers (2,0)
Besonderheiten: keine

Belanglos und teuer

Das Ergebnis war so irrelevant, dass man den Sieger auch hätte auswürfeln können. Stuttgart war es nur wichtig, nicht mit einer Negativserie in den Urlaub zu fahren. Weil Lautern derweil keine Meinung hatte, bekam es auch keine Punkte.

Die Ironie des Ganzen war, dass der Stuttgarter Schatzmeister sogar noch eine Punktprämie ausschütten musste. Nutznießer war eine Mannschaft, die mit fünf sieglosen Spielen am Stück die Saison billig hergeschenkt und damit das Publikum vergrault hatte. Einnahmen hatte der Klub also kaum, und auch sportlichen Wert hatte das Ergebnis nicht. Von zwei wahrhaftig urlaubsreifen Teams stellte der VfB immerhin das frischere. Höbusch und Haug war es zu verdanken, dass der Ball im Mittelfeld nicht gleichsam lieblos umhergebolzt wurde wie auf den Außen und im Sturm. Sie gehörten zu den wenigen, deren Luft über die komplette Distanz reichte. Was gar nicht zu diesem Spiel passte, war seine sinnlose Härte. Rehhagel, Fuchs und vor allem Schwager teilten

Riskierte im letzten Spiel noch Verletzungen: Dietmar Schwager

manchmal so erbittert aus, dass Dietrich Weise sich dafür entschuldigte: "Darüber bin ich wirklich nicht glücklich, und ich werde versuchen, das abzustellen." Enttäuscht war man auch vom Lauterer Vogt, der immerhin noch Torschützenkönig werden konnte, der aber nicht nur kein einziges Mal aufs Tor schoss, sondern auch sonst völlig von der Bildfläche verschwand. Verglichen mit ihm war Stuttgarts Angriff regelrecht quirlig. Hartmut Weiß verschoss zwar den von Handschuh erwirkten Foulelfmeter (47.), machte dies aber mit einer gewaltigen Bombe zum 2:0 wieder gut (62.). Der erste Treffer ging auf das Konto des besten Schwaben und resultierte passenderweise aus einem Freistoß (27.).

VfB Stuttgart - 1. FC Kaiserslautern 2:0 (1:0)

Sa., 05.06.1971, 15:30 Uhr
Zuschauer: 6.000
SR: Dieter Wohlfarth (Bergen-Enkheim)
Tore: 1:0 Horst Haug (27., Freistoß), 2:0 Hartmut Weiß (62.)
Aufstellung VfB Stuttgart: Gerhard Heinze (Note 3,0); Willi Entenmann (4,0), Reinhold Zech (4,0), Hans Eisele (3,0), Hans Arnold (3,0 - 70. Gerd Regitz, –); Jan Olsson (5,0), Herbert Höbusch (3,0), Horst Haug (3,0); Manfred Weidmann (5,0), Hartmut Weiß (4,0), Karl-Heinz Handschuh (5,0)
Aufstellung 1. FC Kaiserslautern: Josef Elting (4,0); Günther Rademacher (4,0), Otto Rehhagel (4,0), Dietmar Schwager (4,0), Fritz Fuchs (4,0); Hermann Bitz (4,0), Ernst Diehl (5,0), Idriz Hosic (4,0); Josef Pirrung (4,0), Karl-Heinz Vogt (6,0), Hans-Peter Fecht (5,0)
Besonderheiten: Weiß verschießt Foulelfmeter (47.) - Elting hält

ZEITFENSTER
31. Mai - 6. Juni 1971

Gegen Paragraph 218
(BRD, 2. Juni)
Mit dem Cover seiner ersten Juni-Ausgabe des Jahres 1971 hatte das Hamburger

Einige der bekennenden Frauen aus dem "Stern"-Beitrag wurden anschließend mit Strafanzeigen konfrontiert; alle Verfahren wurden jedoch eingestellt

Magazin "stern" eine kontrovers diskutierte Debatte personalisiert. 374 Frauen, darunter zahlreiche Prominente wie die Kabarettistin Ursula Noack, das Model Veruschka von Lehndorff, die Schauspielerinnen Romy Schneider, Senta Berger, Sabine Sinjen und viele andere gaben zu, schon einmal abgetrieben zu haben. Ein nicht ganz unproblematisches Bekenntnis, da gesetzlich der Paragraph 218 einen Schwangerschaftsabbruch nur in Ausnahmefällen gestattete, andernfalls eine Straftat vorlag. Die fortschreitende Emanzipation hatte jedoch bei vielen Frauen den Wunsch freigesetzt, selbst über eine Schwangerschaft zu entscheiden - was durch den Slogan "Mein Bauch gehört mir" in eine griffige Formel gebracht wurde. Eine kurzfristig vom Meinungsinstitut Allensbach durchgeführte Umfrage präsentierte das Ergebnis, dass 46% der Befragten für eine Streichung des § 218 votierten, also den Frauen das Entscheidungsrecht zugestanden. 39% waren dagegen.

Sammelalbum
(BRD, Saison 1970/71)
Als Appetitmacher für die sammelwütige Kundschaft platzierte der Bergmann-Verlag ein Action-Foto Gerd Müllers (FC Bayern) auf dem Umschlag, dazu drei Porträtbilder der Auswahlspieler Klaus Fichtel (Schalke), Karl-Heinz Schnellinger (AC Mailand) und Hans Siemensmeyer (Hannover 96).

Cover des Bergmann-Albums

BUNDESLIGA-STATISTIKEN

EINSÄTZE

Spieler	Verein	Spiele
1. A. Schütz	SV Werder Bremen	34
Anders	Hannover 96	34
Bandura	Hannover 96	34
Bella	MSV Duisburg	34
Braun	Arminia Bielefeld	34
Brozulat	Rot-Weiß Oberhausen	34
Dick	Rot-Weiß Oberhausen	34
Erlhoff	Rot-Weiss Essen	34
Fischer	FC Schalke 04	34
Fuchs	1. FC Kaiserslautern	34
Gayer	Hertha BSC Berlin	34
Grabowski	Eintracht Frankfurt	34
Groß	Hertha BSC Berlin	34
Grzyb	Eintracht Braunschweig	34
Haug	VfB Stuttgart	34
Hellingrath	Hannover 96	34
Kamp	SV Werder Bremen	34
Kleff	Borussia M'gladbach	34
Knoth	Arminia Bielefeld	34
Köppel	Borussia M'gladbach	34
L. Müller	Borussia M'gladbach	34
Lütkebohmert	FC Schalke 04	34
Maier	FC Bayern München	34
Merkhoffer	Eintracht Braunschweig	34
Ohm	Rot-Weiß Oberhausen	34
Olsson	VfB Stuttgart	34
Patzke	Hertha BSC Berlin	34
Pirsig	MSV Duisburg	34
Ritschel	Borussia Dortmund	34
Rüssmann	FC Schalke 04	34
Siese	Arminia Bielefeld	34
Simmet	1. FC Köln	34
Stockhausen	Arminia Bielefeld	34
Vogts	Borussia M'gladbach	34
Weidmann	VfB Stuttgart	34
Weiß	VfB Stuttgart	34
Zech	VfB Stuttgart	34
Zembski	SV Werder Bremen	34
Zobel	FC Bayern München	34

VERSCHOSSENE ELFMETER

Spieler	Verein	Elfer
1. H. Kremers	Kickers Offenbach	2
Lehmann	MSV Duisburg	2
Weiß	VfB Stuttgart	2
Zaczyk	Hamburger SV	2
5. Biskup	1. FC Köln	1
Budde	MSV Duisburg	1
Grabowski	Eintracht Frankfurt	1
Heidemann	MSV Duisburg	1
Kuster	Arminia Bielefeld	1
Lütkebohmert	FC Schalke 04	1
Sieloff	Borussia M'gladbach	1

SELBSTTORE

Spieler	Verein	Selbstt.
1. Beer	Rot-Weiss Essen	1
H. Eisele	VfB Stuttgart	1
Heese	Eintracht Frankfurt	1
Jung	Rot-Weiss Essen	1
M. Lorenz	Eintracht Braunschweig	1
Rademacher	1. FC Kaiserslautern	1
Reich	Kickers Offenbach	1
D. Schulz	Arminia Bielefeld	1
Schwager	1. FC Kaiserslautern	1
Stockhausen	Arminia Bielefeld	1
Thielen	1. FC Köln	1
Wittmann	Borussia M'gladbach	1

TORJÄGER

Spieler	Verein	Tore
1. L. Kobluhn	Rot-Weiß Oberhausen	24
2. G. Müller	FC Bayern München	22
Vogt	1. FC Kaiserslautern	22
4. Horr	Hertha BSC Berlin	20
Laumen	Borussia M'gladbach	20
6. Heynckes	Borussia M'gladbach	19
Keller	Hannover 96	19
Lippens	Rot-Weiss Essen	19
9. Ulsaß	Eintracht Braunschweig	18
10. Fischer	FC Schalke 04	15
Weiß	VfB Stuttgart	15
12. Gayer	Hertha BSC Berlin	14
Rupp	1. FC Köln	14
14. Budde	MSV Duisburg	13
Hönig	Hamburger SV	13
Nickel	Eintracht Frankfurt	13
17. Brenninger	FC Bayern München	12
18. Deppe	Eintracht Braunschweig	11
E. Kremers	Kickers Offenbach	11
Roth	FC Bayern München	11
21. Bertl	Hannover 96	10
22. Hohnhausen	Rot-Weiss Essen	9
Köppel	Borussia M'gladbach	9
Netzer	Borussia M'gladbach	9
Seeler	Hamburger SV	9
Steffenhagen	Hertha BSC Berlin	9
Zaczyk	Hamburger SV	9
28. Gecks	Kickers Offenbach	8
Handschuh	VfB Stuttgart	8
Haug	VfB Stuttgart	8
Hosic	1. FC Kaiserslautern	8
Kuster	Arminia Bielefeld	8
Löhr	1. FC Köln	8
Mrosko	FC Bayern München	8
Olsson	VfB Stuttgart	8
Weinkauff	Borussia Dortmund	8
Winkler	Kickers Offenbach	8

ELFMETER

Spieler	Verein	Tore
1. Horr	Hertha BSC Berlin	6
2. Bechtold	Kickers Offenbach	5
L. Kobluhn	Rot-Weiß Oberhausen	5
4. Sieloff	Borussia M'gladbach	4
5. H. Kremers	Kickers Offenbach	3
G. Müller	FC Bayern München	3
Rehhagel	1. FC Kaiserslautern	3
Zaczyk	Hamburger SV	3
9. Biskup	1. FC Köln	2
Budde	MSV Duisburg	2
Lehmann	MSV Duisburg	2
A. Schütz	SV Werder Bremen	2
Siemensmeyer	Hannover 96	2
Weiß	VfB Stuttgart	2
Winkler	Kickers Offenbach	2
16. Gecks	Kickers Offenbach	1
van Haaren	FC Schalke 04	1
Haug	VfB Stuttgart	1
Hellingrath	Hannover 96	1
Kalb	Eintracht Frankfurt	1
L. Müller	Borussia M'gladbach	1
Nogly	Hamburger SV	1
J. Schütz	Borussia Dortmund	1
Ulsaß	Eintracht Braunschweig	1
Varga	Hertha BSC Berlin	1
Vogt	1. FC Kaiserslautern	1
Wosab	Borussia Dortmund	1

PLATZVERWEISE

Spieler	Verein	Platzv.
1. Biskup	1. FC Köln	1
Heese	Eintracht Frankfurt	1
L. Kobluhn	Rot-Weiß Oberhausen	1
Lutz	Eintracht Frankfurt	1
Roth	FC Bayern München	1

SPIELERNOTEN

Spieler	Verein	ø-Note
1. Beckenbauer	FC Bayern München	2,55
2. Vogts	Borussia M'gladbach	2,56
3. Netzer	Borussia M'gladbach	2,66
4. Fichtel	FC Schalke 04	2,68
5. Özcan	Hamburger SV	2,71
6. Danner	MSV Duisburg	2,77
Kunter	Eintracht Frankfurt	2,77
8. Friedrich	1. FC Kaiserslautern	2,81
9. Nigbur	FC Schalke 04	2,84
Zaczyk	Hamburger SV	2,84
11. Maier	FC Bayern München	2,85
12. Bäse	Eintracht Braunschweig	2,86
13. Sieloff	Borussia M'gladbach	2,88
14. Bernard	SV Werder Bremen	2,91
Held	Borussia Dortmund	2,91
16. Neuberger	Borussia Dortmund	2,94
Ulsaß	Eintracht Braunschweig	2,94
18. U. Witt	Hertha BSC Berlin	2,96
19. Groß	Hertha BSC Berlin	2,97
20. Gress	VfB Stuttgart	3,00
Höttges	SV Werder Bremen	3,00
Rüssmann	FC Schalke 04	3,00
A. Schütz	SV Werder Bremen	3,00
24. Kurbjuhn	Hamburger SV	3,04
25. Grzyb	Eintracht Braunschweig	3,06
26. Overath	1. FC Köln	3,08
27. Siese	Arminia Bielefeld	3,09
Slomiany	Arminia Bielefeld	3,09
29. Heinze	VfB Stuttgart	3,10
30. Kleff	Borussia M'gladbach	3,12
Schmitt	Kickers Offenbach	3,12
Seeler	Hamburger SV	3,12
33. Gayer	Hertha BSC Berlin	3,15
L. Müller	Borussia M'gladbach	3,15
Rynio	Borussia Dortmund	3,15
36. Grabowski	Eintracht Frankfurt	3,18
Varga	Hertha BSC Berlin	3,18
38. Elting	1. FC Kaiserslautern	3,19
Hönig	Hamburger SV	3,19
Lutz	Eintracht Frankfurt	3,19
41. Wittkamp	FC Schalke 04	3,20
42. Lippens	Rot-Weiss Essen	3,21
W. Weber	1. FC Köln	3,21
44. E. Kremers	Kickers Offenbach	3,22
W. Rausch	Rot-Weiss Essen	3,22
46. Hosic	1. FC Kaiserslautern	3,24
Köppel	Borussia M'gladbach	3,24
Merkhoffer	Eintracht Braunschweig	3,24
Stiller	Hannover 96	3,24
Thielen	1. FC Köln	3,24
51. Heidemann	MSV Duisburg	3,25
Volz	Kickers Offenbach	3,25
53. Anders	Hannover 96	3,26
Bockholt	Rot-Weiss Essen	3,26
Haug	VfB Stuttgart	3,26
Wolter	Eintracht Braunschweig	3,26
57. Erler	Eintracht Braunschweig	3,27
Wimmer	Borussia M'gladbach	3,27

VEREINSNOTEN

Verein	Platz	Note
1. Kickers Offenbach	17	3,47
2. Hamburger SV	5	3,53
3. FC Bayern München	2	3,59
Hertha BSC Berlin	3	3,59
5. 1. FC Köln	11	3,62
6. Eintracht Frankfurt	15	3,71
7. Eintracht Braunschweig	4	3,74
8. 1. FC Kaiserslautern	8	3,76
Rot-Weiß Oberhausen	16	3,76
10. Borussia Mönchengladbach	1	3,82
11. Arminia Bielefeld	14	3,85
12. MSV Duisburg	7	3,88
13. Borussia Dortmund	13	3,94
14. FC Schalke 04	6	4,00
Hannover 96	9	4,00
16. SV Werder Bremen	10	4,03
VfB Stuttgart	12	4,03
Rot-Weiss Essen	18	4,03

Nationaler Fussball

REGIONALLIGEN

REGIONALLIGA NORD

Am Ende patzten die Verfolger

Vor dem letzten Spieltag hatten die Verfolger vom VfL Osnabrück und dem FC St. Pauli reele Chancen, einen Platz in der Aufstiegsrunde zu erreichen, doch weder der VfB Lübeck (2:2 in Göttingen) noch Holstein Kiel (0:1 in Wilhelmshaven) nutzten das Nachlassen der beiden Führenden.

Allerdings konnte dem alten und neuen Meister Osnabrück die 2:4-Niederlage zum Abschluss der Saison bei Leu Braunschweig nicht mehr wirklich viel anhaben, denn das Torverhältniss des VfL war bereits mindestens einen Punkt wert. Einzig gegen Celle mussten die Kicker um Torjäger Baumann eine Heimschlappe einstecken, aber auch auf fremden Plätzen geriet der Meister seltener in Schwierigkeiten als die Konkurrenz, so dass der 1. Platz kaum in Gefahr geriet. Vize-Meister St. Pauli leistete sich auf dem letzten Meter noch eine Schlappe beim Lokalrivalen Barmbeck-Uhlenhorst (1:2), profitierte jedoch davon, dass auch Lübeck und Kiel zuletzt die Luft ausging. Somit überschritten die Kiezkicker mit einem Punkt Vorsprung gegenüber den Wettbewebern die Ziellinie zur Aufstiegsrunde.
Eng wurde es zuletzt auch im Kampf um den Klassenerhalt. Einen Spieltag vor Schluss stand mit dem SV Meppen ein Absteiger längst fest. Davor versuchten sich noch Heide, Oldenburg, Arminia Hannover und der SC Sperber zu retten. Erst eine Minute vor dem Ende der Saison sprang der Heider SV ans rettende Ufer, nachdem Raddatz bei Phönix Lübeck das erlösende 1:1 erzielt hatte. Die Arminia aus Hannover holte derweil ein 3:2 in Wolfsburg, und Sperber genügte ein 1:1 beim Schlusslicht Meppen. So musste sich der VfB Oldenburg mit dem Gang in die Amateurliga abfinden, denn das 1:2 in Itzehoe besiegelte den Abstieg. Einige spektakuläre Ergebnisse unterhielten die Zuschauer in dieser Spielzeit besonders. Dabei stach Osnabrücks 9:3 über Arminia Hannover ähnlich heraus, wie das 9:1 von BU über Absteiger Meppen.

Erzielte für den VfL Osnabrück 19 Treffer und wechselte nach der Saison zu Werder Bremen: Carsten Baumann

Zahlen - Texte - Bilder

www.fussballdaten.de

Die Fußball-Datenbank im Internet

Torjäger Regionalliga Nord

Schulz (Holstein Kiel)	21 Tore
Baumann (VfL Osnabrück)	19 Tore
Plaggemeyer (Göttingen 05)	16 Tore

Kreuztabelle der Regionalliga Nord 1970/1971

Pl.	Verein	1.	2.	3.	4.	5.	6.	7.	8.	9.	10.	11.	12.	13.	14.	15.	16.	17.	18.	S	U	N	Tore	Punkte
1.	VfL Osnabrück	---	2:1	1:0	2:2	3:3	2:1	1:1	3:0	3:0	0:1	1:1	1:0	2:2	9:3	4:3	2:0	1:0	5:0	16	12	6	70:39	44:24
2.	FC St. Pauli	0:2	---	1:3	1:1	1:0	1:1	2:2	2:0	2:0	1:1	4:0	2:2	2:0	0:1	2:0	3:1	2:0	1:0	17	9	8	53:31	43:25
3.	VfB Lübeck	0:0	1:1	---	4:1	2:2	3:2	4:1	4:2	2:2	4:1	3:1	3:2	4:0	1:0	0:0	2:0	3:2	2:0	16	10	8	63:45	42:26
4.	Holstein Kiel	1:1	2:1	0:1	---	2:2	0:1	3:2	2:1	4:0	3:1	2:0	2:2	1:1	1:0	3:0	3:2	2:0	3:0	17	8	9	66:50	42:26
5.	Barmbek-Uhlenhorst	1:1	2:1	2:0	4:3	---	2:0	2:2	4:1	1:1	2:2	4:2	2:0	1:0	1:0	0:0	6:0	5:1	9:1	15	11	8	63:39	41:27
6.	Wilhelmshaven	0:0	0:0	0:1	1:0	2:0	---	0:0	2:1	2:1	2:0	0:2	3:1	3:2	1:1	1:2	0:0	0:0	1:1	14	13	7	37:27	41:27
7.	Göttingen 05	1:1	0:0	2:2	2:1	2:2	1:2	---	2:1	0:0	3:2	3:1	6:0	5:1	6:1	3:1	1:2	4:1	2:0	13	12	9	63:42	38:30
8.	Bremerhaven 93	1:0	2:1	2:0	2:1	3:0	2:1	1:1	---	1:1	2:3	2:0	2:1	0:1	4:0	0:1	3:1	3:3	2:0	15	7	12	54:48	37:31
9.	VfL Wolfsburg	1:1	1:3	1:1	3:1	3:1	0:1	1:1	0:0	---	1:0	1:0	5:0	1:1	2:3	1:2	3:0	1:0	3:0	12	12	10	56:48	36:32
10.	TuS Celle	3:3	1:0	3:1	0:2	1:2	2:1	0:0	0:2	3:1	---	4:6	1:3	2:1	2:3	3:0	2:0	2:1	1:0	12	9	13	52:55	33:35
11.	Leu Braunschweig	4:2	1:1	4:1	2:2	2:1	1:2	0:1	1:3	1:2	0:1	---	0:2	6:0	3:1	3:0	2:0	4:1	6:1	12	6	16	59:55	30:38
12.	Itzehoer SV	2:1	0:1	1:0	3:1	0:0	1:1	2:1	0:1	2:1	3:3	3:2	---	0:0	2:0	2:2	1:1	2:1	5:1	11	8	15	49:65	30:38
13.	Phönix Lübeck	2:1	0:3	0:0	0:1	1:3	1:0	0:0	1:3	2:0	1:0	2:3	3:1	---	3:0	0:1	1:1	4:1	2:6	9	11	14	38:58	29:39
14.	Arminia Hannover	0:2	5:1	1:2	1:1	0:1	1:0	1:0	1:1	3:4	2:2	0:0	4:5	1:1	---	3:0	2:0	2:2	4:0	10	8	16	46:61	28:40
15.	Sperber Hamburg	1:3	0:2	2:2	1:2	1:1	0:2	1:2	0:2	0:0	2:2	0:1	4:0	1:0	0:1	---	1:1	1:0	3:2	8	12	14	34:51	28:40
16.	Heider SV	2:2	0:3	2:2	3:5	1:2	1:1	1:0	1:3	1:0	0:0	2:1	3:0	0:0	2:0	4:1	---	1:0	2:0	8	11	15	38:56	27:41
17.	VfB Oldenburg	1:3	0:3	2:1	2:2	1:0	0:1	1:3	4:0	2:2	1:0	3:1	3:2	3:0	0:0	1:1	2:1	---	0:0	9	8	17	40:57	26:42
18.	SV Meppen	1:6	1:3	4:3	3:4	0:0	0:1	4:3	2:4	1:5	3:3	2:1	3:1	2:2	1:4	1:1	1:1	1:2	---	5	7	22	43:97	17:51

STADTLIGA BERLIN

Abschlusstabelle der Stadtliga Berlin 1970/1971

Pl.	Verein	S	U	N	Tore	Punkte
1.	Tasmania Berlin	29	3	1	110:20	61:5
2.	Wacker 04	24	3	6	75:34	51:15
3.	Blau-Weiß 90	24	2	7	96:38	50:16
4.	Tennis Borussia	20	4	9	68:39	44:22
5.	Hertha Zehlendorf	14	6	13	75:63	34:32
6.	Spandauer SV	13	7	13	59:70	33:33
7.	TuS Wannsee	10	6	17	48:84	26:40
8.	Alemannia 90	8	8	17	41:61	24:42
9.	Rapide Wedding	6	11	16	46:66	23:43
10.	1. FC Neukölln	7	7	19	53:78	21:45
11.	SC Staaken	7	7	19	35:76	21:45
12.	VfL Nord	2	4	27	31:107	8:58

Tasmania ohne Konkurrenz

Die Elf von Trainer Hans Hipp, Tasmania 1900, ließ über die gesamte Saison hinweg keinen Zweifel an ihrer Sonderstellung in der Stadtliga. Mit einem Punkt vor Blau-Weiß 90 sicherte auch Wacker 04 die Teilnahme an der Aufstiegsrunde.

Die nahezu blütenweiße Weste der Tasmanen - nur drei Unentschieden bekleckerten sie zuvor ein wenig - musste erst nach dem letzten Spieltag in die Reinigung.

Im für Wacker 04 für die Qualifikation zur Aufstiegsrunde so wichtigen Match behielt das Team von Ex-Tas-Torwart und 04-Trainer Basikow überraschend deutlich mit 3:0 die Nase vorn. Blau-Weiß gewann zur gleichen Zeit in Staaken zwar mit 4:0, musste allerdings in der Endabrechnung mit dem ungeliebten dritten Rang vorlieb nehmen. Neben Staaken musste auch der VfL Nord den Gang in die Amateurliga antreten. Vorjahresmeister Hertha Zehlendorf konnte nicht ansatzweise an die vorherige Spielzeit anknüpfen, blieb an 5. Stelle mit nur 34:32 Punkten. Auch Tennis Borussia hatten Fachleute mehr zugetraut. Auf Rang 4, sieben Punkte hinter Wacker, torkelten die Borussen durch Ziel.

Führte Tasmania Berlin unangefochten zur Meisterschaft in der Stadtliga Berlin: Trainer Hans Hipp

REGIONALLIGA WEST

Wuppertal unterlag im Dreikampf

Über weite Strecken der Spielzeit befand sich der Wuppertaler SV auf einem Aufstiegsrundenplatz. Im Endspurt aber belegten Bochum und Düsseldorf die beiden ersten Plätze in diesem spannenden Dreikampf.

Dabei stand der WSV 45 Minuten vor dem Ende der Saison aufgrund der 1:0-Halbzeit-Führung in Gütersloh noch an der Spitze der Westliga, denn in Bochum und Düsseldorf hielten Erkenschwick (0:0) und Neuß (1:1) noch jeweils ein Remis. Am Ende siegten der VfL (3:0) und die Fortuna (3:1) aber doch noch und der 4:1-Erfolg Wuppertals reichte nicht mehr für die Aufstiegsrunde. Mit Walitza (28 Tore), Geye (25) und Pröpper (25) stellten die drei Führenden zudem die erfolgreichsten Torjäger der Spielklasse. 16 (!) Punkte hinter dem Spitzentrio platzierten sich abgeschlagen die Kölner Fortunen sowie Eintracht Gelsenkirchen und erst auf dem sechsten Rang kroch Bundesliga-Absteiger Alemannia Aachen durchs Ziel, hatte gerade einmal ein ausgeglichenes Punktekonto (34:34) vorzuweisen.

Im Kampf um die rettenden Plätze in der Abstiegszone war es in dieser Saison nicht weniger spannend. Während Hamborn 07 bereits einige Spieltage vor dem Abschluss der Spielzeit nicht mehr zu retten war, lieferten sich Bonn, Neuß, Erkenschwick und Lünen lange Zeit ein Kopf-an-Kopf-Rennen. Zuletzt mussten die damaligen Hauptstädter in den sauren Apfel beißen, da halfen auch ein ein 3:2 über Viktoria Köln am vorletzten und ein 4:3-Sieg am letzten Spieltag bei Schwarz-Weiß Essen nichts mehr. Dagegen landete der lange Zeit als sicherer Abstiegskandidat gehandelte Lüner SV zum Abschluss der Saison einen kaum für möglich gehaltenen 6:1-Kantersieg über Westfalia Herne. Den höchsten Saisonerfolg sicherte sich Wuppertal mit einem 8:1 über Hamborn.

Seine 28 Treffer waren der Garant für Bochums Meisterschaft in der Regionalliga West: Hans Walitza

Torjäger Regionalliga West

Walitza (VfL Bocum)	28 Tore
Pröpper (Wuppertal) und Geye (Düsseldorf)	25 Tore
Glock (Fortuna Köln)	20 Tore

Kreuztabelle der Regionalliga West 1970/1971

Pl.	Verein	1.	2.	3.	4.	5.	6.	7.	8.	9.	10.	11.	12.	13.	14.	15.	16.	17.	18.	S	U	N	Tore	Punkte
1.	VfL Bochum	---	1:1	1:0	3:2	5:0	3:0	3:1	2:2	1:1	3:1	2:1	3:1	5:0	3:2	3:0	4:0	1:0	4:1	26	4	4	81:27	56:12
2.	Fortuna Düsseldorf	2:0	---	4:3	1:0	3:1	2:0	3:0	2:1	4:0	0:0	1:0	2:0	3:1	3:2	0:0	3:1	3:0	4:0	25	6	3	70:26	56:12
3.	Wuppertaler SV	2:1	1:1	---	1:0	3:0	2:1	3:2	4:1	2:0	4:0	2:0	4:0	2:0	2:0	5:0	1:0	5:0	8:1	24	7	3	81:27	55:13
4.	Fortuna Köln	2:0	2:0	2:1	---	4:3	2:0	0:1	5:1	2:3	2:0	2:2	6:1	2:1	3:2	2:0	2:1	0:1	7:0	16	7	11	71:46	39:29
5.	Gelsenkirchen	0:2	0:1	2:2	2:1	---	3:1	1:2	5:2	1:3	1:1	2:1	1:0	3:2	2:0	2:0	1:1	3:1	2:2	17	5	12	62:54	39:29
6.	Alemannia Aachen	0:2	2:0	2:2	0:1	4:0	---	3:1	1:0	1:0	4:0	1:1	2:1	2:1	1:0	2:0	3:4	4:0	5:2	15	4	15	59:58	34:34
7.	Bayer Leverkusen	1:3	1:2	0:3	2:1	2:2	2:1	---	4:1	2:0	0:1	3:1	0:3	3:3	2:2	4:0	3:2	1:1	3:0	13	7	14	64:62	33:35
8.	DJK Gütersloh	0:2	2:1	1:4	3:2	0:0	1:2	3:1	---	1:1	1:0	2:1	0:1	1:2	3:1	0:2	1:0	2:1	0:1	14	5	15	49:58	33:35
9.	Preußen Münster	1:3	1:2	2:3	2:2	1:3	3:0	2:1	0:1	---	0:0	4:0	3:0	1:0	5:2	2:0	2:3	1:2	5:1	13	5	16	62:57	31:37
10.	Viktoria Köln	1:2	0:0	0:0	3:2	0:1	3:2	2:2	0:0	3:2	---	0:3	3:1	1:1	2:1	2:1	1:1	1:0	4:1	10	11	13	36:46	31:37
11.	SW Essen	0:4	1:2	1:2	2:1	1:3	2:2	2:6	3:1	3:3	2:0	---	4:0	1:1	3:2	3:2	3:0	3:4	4:1	10	9	15	56:63	29:39
12.	Westfalia Herne	2:1	2:2	1:1	2:2	1:3	2:2	4:3	0:4	2:5	0:0	0:2	---	0:1	3:1	1:2	2:1	3:2	2:0	11	7	16	45:72	29:39
13.	Wattenscheid 09	1:2	0:2	0:2	1:1	2:1	5:0	3:1	1:2	1:0	0:0	2:2	0:1	---	2:2	1:1	2:2	3:0	3:2	9	10	15	45:52	28:40
14.	Lüner SV	0:0	1:4	1:2	2:2	1:0	0:1	3:3	1:1	4:1	2:1	4:1	6:1	2:1	---	2:0	0:0	0:1	1:2	10	7	17	53:59	27:41
15.	Erkenschwick	0:3	1:2	1:1	2:3	0:6	3:2	0:1	4:2	3:2	1:0	2:2	0:1	2:0	1:0	---	0:4	0:1	2:0	11	4	19	37:62	26:42
16.	VfR Neuß	1:5	1:2	2:3	1:1	3:1	4:2	1:5	1:3	0:2	0:2	2:1	3:3	2:1	3:0	1:2	---	1:1	1:1	8	8	18	48:68	24:44
17.	Bonner SC	0:1	0:2	0:0	1:4	3:4	4:2	2:0	1:2	1:3	3:2	1:1	0:0	2:2	1:3	1:5	1:0	---	1:0	9	6	19	37:66	24:44
18.	Hamborn 07	1:3	1:6	0:1	1:1	0:2	2:4	1:1	2:4	3:1	2:2	0:0	1:2	0:3	0:1	1:0	4:1	2:1	---	6	6	22	36:89	18:50

REGIONALLIGA SÜD-WEST

Enger Zieleinlauf

Durchweg spannend verlief die Saison im Süd-Westen und wurde erst erwartungsgemäß erst am letzten Spieltag entschieden.

Die Süd-West-Meisterschaft ging an den ehemaligen Bundesligisten Borussia Neunkirchen, der sich zwar nur aufgrund des besseren Torverhältnisses gegenüber dem FK Pirmasens an der Spitze behauptete, aber auch nicht nur am letzten Spieltag (8:1 bei Saar 05) eine überzeugende Leistung hinlegte. Pirmasens, vor der Spielzeit nur bedingt zum Favoritenkreis gezählt, ließ als Zweiter und damit ebenfalls Teilnehmer der Aufstiegsrunde, namhafte Teams wie Südwest Ludwighafen, 1. FC Saarbrücken, Vorjahresmeister SV Alsenborn und Ex-Süd-West-Meister TuS Neuendorf hinter sich. Speziell das 3:1 am Ende in Neuendorf war unter dem starken Druck des Siegenmüssens nicht unbedingt erwartet worden. SW Ludwigshafen kanzelte zur selben Zeit zwar den FC Homburg mit 4:1 ab, doch das Team von Ex-Bundesligatrainer Gawlizek musste sich mit dem undankbaren dritten Rang zufrieden geben. Sechs Punkte hinter dem Saisonziel musste sich das dominierende Süd-West-Team der Vorjahre, der SV Alsenborn, auf dem fünften Rang einordnen. Aber auch Ex-Bundesligist 1. FC Saarbrücken konnte, fünf Zähler hinter den beiden Führenden, mit Platz vier längst nicht die Erwartungen seiner Fans erfüllen.

Am Tabellenende schälten sich wesentlich früher die Entscheidungen heraus. Die potentiellen Abstiegsränge belegten bereits einige Spielrunden vor Schluss der Saison das Traditionsteam von Saar 05 Saarbrücken und Aufsteiger VfB Theley, die neun bzw. zehn Punkte vom rettenden Ufer entfernt die Ziellinie überquerten.

Als erfolgreichster Torjäger schälte sich Manfred Lenz, Mittelstürmer des SV Alsenborn heraus, der 25 Mal in Schwarze traf. Dahinter reihten sich Hoffmann (1. FC Saarbrücken, 23 Tore), Grimm (SWL) sowie Brand (Neunkirchen) ein.

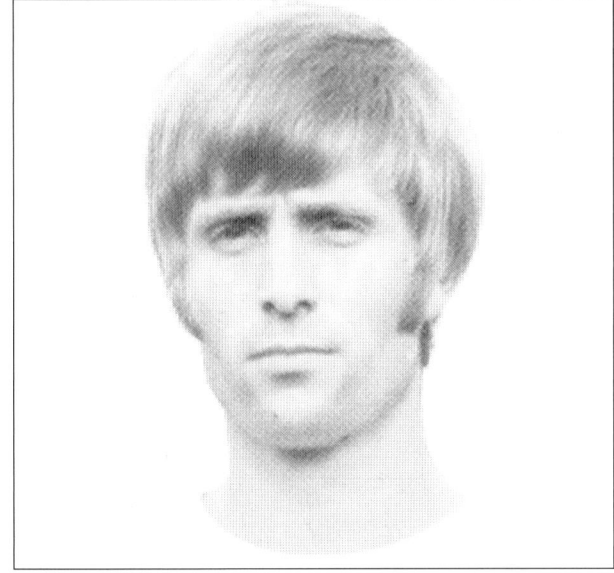

Er wurde Torschützenkönig der Regionalliga Süd-West: Manfred Lenz (SV Alsenborn)

Torjäger Regionalliga Süd-West

Lenz (SV Alsenborn)	25 Tore
Hoffmann (1. FC Saarbrücken)	23 Tore
Grimm (Ludwigsh.) und Brand (Neunkirchen)	21 Tore

Kreuztabelle der Regionalliga Süd-West 1970/1971

Pl.	Verein 1.	1.	2.	3.	4.	5.	6.	7.	8.	9.	10.	11.	12.	13.	14.	15.	16.	S	U	N	Tore	Punkte
1.	Borussia Neunkirchen	---	2:0	0:1	1:1	4:1	1:1	6:1	1:0	4:1	7:2	1:1	4:2	3:1	3:0	6:0	6:0	18	8	4	82:26	44:16
2.	FK Pirmasens	2:1	---	1:1	5:2	5:1	3:0	2:0	1:1	2:0	2:1	1:1	5:0	3:1	4:1	1:1	5:2	19	6	6	69:29	44:16
3.	SW Ludwigshafen	1:1	2:0	---	2:0	4:1	1:1	0:1	4:1	4:1	1:1	3:1	2:0	2:2	4:0	4:0	4:0	18	7	5	56:22	43:17
4.	1. FC Saarbrücken	1:1	3:2	1:2	---	3:3	1:0	3:1	3:1	2:0	0:0	2:0	0:1	2:0	2:0	3:0	5:0	16	7	7	61:39	39:21
5.	SV Alsenborn	3:1	0:0	1:0	5:1	---	1:0	5:1	1:2	2:1	2:1	4:1	2:1	4:4	4:0	11:0	9:1	16	6	8	77:49	38:22
6.	TuS Neuendorf	1:0	1:3	1:0	1:2	1:0	---	1:2	0:1	4:2	0:1	1:1	3:1	4:1	3:0	1:0	1:0	16	6	8	51:29	38:22
7.	Mainz 05	1:3	2:1	1:0	3:4	6:0	0:3	---	1:0	1:1	0:1	4:0	2:1	1:2	2:2	4:2	8:0	15	5	10	57:49	35:25
8.	FC Homburg	0:0	0:5	1:2	2:2	1:2	1:2	2:2	---	3:3	3:0	6:5	3:0	1:0	1:0	3:1	5:3	12	6	12	46:50	30:30
9.	Landau	1:1	1:0	0:1	0:2	1:1	0:1	0:0	1:1	---	2:1	2:2	1:1	2:1	3:2	0:0	2:1	10	9	11	36:43	29:31
10.	SV Völklingen	1:3	0:1	1:1	0:3	3:4	2:4	0:1	2:0	1:0	---	2:0	0:1	7:2	1:1	3:0	2:1	11	5	14	43:50	27:33
11.	Eintracht Trier	0:6	2:4	1:1	2:5	1:1	2:6	2:3	1:0	2:1	1:3	---	3:3	3:0	3:0	1:1	2:0	7	10	13	53:68	24:36
12.	Wormatia Worms	0:1	0:0	0:1	1:3	3:2	0:0	1:3	3:1	1:2	2:1	2:2	---	1:2	0:1	2:1	5:2	9	5	16	44:58	23:37
13.	Frankenthal	1:1	0:2	1:2	1:0	2:0	0:0	1:1	0:0	0:1	0:0	1:1	0:4	---	2:2	0:0	3:0	6	10	14	33:53	22:38
14.	FV Speyer	1:5	1:2	2:3	1:1	0:3	2:2	4:0	4:1	0:3	7:2	2:1	5:2	3:2	---	3:3	2:2	7	7	16	46:66	21:39
15.	Saar 05 Saarbrücken	1:8	1:5	0:3	1:1	1:1	0:2	1:3	1:2	1:2	1:2	1:6	4:3	1:1	0:1	---	2:0	2	8	20	26:85	12:48
16.	VfB Theley	0:1	1:2	1:0	2:6	0:3	1:3	1:2	0:2	1:2	3:1	2:5	3:2	1:2	1:0	3:1	---	5	1	24	32:96	11:49

REGIONALLIGA SÜD

Zwei Favoriten setzten sich durch

Mit einem souveränen Zehn-Punkte-Vorsprung setzte sich der damalige Rekordmeister 1. FC Nürnberg deutlich im Kampf um Platz eins in der Regionalliga Süd durch. Im Schlussspurt belegte mit dem Karlsruher SC ein weiterer Ex-Bundesligist Rang zwei und schaffte damit die Qualifikation zur Aufstiegsrunde.

Lange vor Ende der Saison hatte der Club seine Konkurrenten in die Schranken gewiesen und das Saisonziel erreicht. Unter Trainer Thomas blieb das Team auf eigenem Platz ungeschlagen, gab im Frankenstadion zudem nur insgesamt zwei Zähler ab, kurioserweise gegen die beiden späteren Absteiger Göppingen und Wacker München (jeweils 1:1). Auswärts musste der Club insgesamt vier Niederlagen einstecken, blieb allerdings in den Partien gegen die direkten Konkurrenten zumeist Sieger. Nur in Heilbronn (1:3), bei den Stuttgarter Kickers (0:4), in Hof (1:2) und in Göppingen (2:3) wurden alle Punkte gelassen. Weniger deutlich setzte sich der KSC als Zweiter durch, spürte lange Zeit den Atem von Verfolgern wie Hessen Kassel, 1860 München und Jahn Regensburg im Nacken. Erst als am letzten Spieltag der ESV Ingolstadt mühsam mit 1:0 bezwungen worden war, hatte das Team von Trainer Baluses die Qualifikation zur Aufstiegsrunde sicher in der Tasche. Somit nutzte dem ärgsten Konkurrenten Kassel auch ein imponierender 5:0-Erfolg bei den Stuttgarter Kickers im letzten Spiel nichts mehr. Auch die Münchener Löwen hatten über weite Strecken Tuchfühlung zum KSC, verscherzten sich aber die besten Aussichten durch drei Heimniederlagen (1:2 gegen Regensburg, 0:1 gegen Fürth und 0:1 gegen Rüsselsheim). Zudem konnte 1860 auswärts bei keinem der sieben ärgsten Wettbewerber gewinnen.

Am Tabellenende mussten zuletzt vier Vereine in den sauren Apfel beißen und den Gang in die Amateurliga antreten. Neben den deutlich abgeschlagenen Aufsteigern Wacker München und Aschaffenburg mussten auch der SV Göppingen als dritter Neuling und das einzige Regionalliga-Team aus Mannheim, der VfR, die Regionalliga Süd verlassen. Den höchsten Saisonsieg dieser Spielzeit landete übrigens nicht eine der fünf führenden Mannschaften, sondern der Tabellensechste Schweinfurt 05, der Wacker München mit 7:0 nach Hause schickte. In der Torjägerliste platzierte sich einzig der Nürnberger Drexler mit 15 Toren von den beiden Führenden unter den besten sieben Schützen. Ludwig Bründl, ehemals bei 1860, Braunschweig und Köln in der Bundesliga und nunmehr in Stuttgart aktiv, war der erfolgreichste Goalgetter.

Meister der Regionalliga Süd: Hintere Reihe von links: Kröner, Drexler, Theis, Wenauer, Löhr, Popp, Riemann. Vorne von links: Heinz Müller, Stegmayer, Renner, Welz, Pradt, Nüssing, Michl und Grimm

Torjäger Regionalliga Süd

Bründl (Stuttgarter Kickers) — 21 Tore
Nahlik (Schweinfurt 05) — 20 Tore
Adler (Hessen Kassel) — 19 Tore

Kreuztabelle der Regionalliga Süd 1970/1971

Pl.	Verein	1.	2.	3.	4.	5.	6.	7.	8.	9.	10.	11.	12.	13.	14.	15.	16.	17.	18.	19.	20.	S	U	N	Tore	Punkte
1.	1. FC Nürnberg	---	2:0	3:0	3:2	6:1	6:1	1:0	2:1	3:1	4:1	1:0	2:1	1:0	3:0	1:0	4:0	1:1	3:1	1:1		23	9	4	81:39	55:17
2.	Karlsruher SC	0:1	---	2:1	2:1	0:0	4:1	2:1	1:1	3:0	4:1	1:0	4:0	3:2	1:1	1:0	4:1	4:0	3:0	2:0		19	7	10	59:40	45:27
3.	Hessen Kassel	0:2	2:0	---	1:0	7:2	1:1	3:0	3:2	4:2	2:2	0:0	4:0	2:1	3:1	2:1	0:0	3:0	5:2	2:0		17	9	10	71:45	43:29
4.	1860 München	1:1	4:2	2:1	---	1:2	2:1	0:1	1:1	2:1	2:0	2:0	3:1	1:0	0:1	2:0	5:0	2:1	3:1	2:1		16	9	11	59:40	41:31
5.	Jahn Regensburg	3:1	2:1	1:2	2:1	---	0:3	2:0	4:0	0:2	2:1	2:1	0:2	3:1	3:2	0:0	4:1	3:2				17	7	12	65:64	41:31
6.	Schweinfurt 05	1:1	2:0	2:4	2:2	1:5	---	3:3	2:1	1:1	4:1	3:0	2:0	0:0	3:1	4:2	2:1	3:0	4:0	7:0		15	10	11	73:58	40:32
7.	SpVgg Fürth	0:0	1:0	1:2	0:0	2:1	3:1	---	3:1	5:1	1:2	2:2	2:1	0:0	1:0	1:1	4:0	3:1	2:0			14	11	11	55:38	39:33
8.	VfR Heilbronn	3:1	2:0	2:1	1:1	0:1	0:0	1:1	---	3:0	2:1	3:1	2:1	2:2	1:0	1:0	1:3	3:1	3:1	6:1		14	11	11	61:50	39:33
9.	Freiburger FC	2:3	2:2	2:0	1:4	4:2	4:0	1:0	3:0	---	0:1	3:0	0:0	3:0	0:2	2:1	5:1	2:1	2:1	4:1		14	9	13	60:55	37:35
10.	Kickers Stuttgart	4:0	1:0	0:5	2:1	1:1	2:1	2:1	2:2	3:0	---	0:3	1:0	3:5	3:1	1:3	3:2	3:3	5:2	1:1		15	7	14	59:63	37:35
11.	ESV Ingolstadt	2:2	3:0	3:2	1:0	2:0	1:3	2:2	3:3	0:1	0:6	---	0:0	3:1	2:1	3:1	5:2	1:1	2:0	1:0		13	10	13	54:56	36:36
12.	Villingen 08	2:2	0:1	2:1	1:1	3:2	2:2	1:2	2:2	1:0	1:2	---	1:0	0:2	3:1	2:0	2:0	2:0	1:0			13	9	14	43:50	35:37
13.	BayernHof	2:1	0:1	1:3	4:2	5:1	0:3	0:4	0:3	2:0	1:1	2:0	1:1	---	3:0	2:0	3:0	3:1	2:1	3:0		13	8	15	52:52	34:38
14.	Rüsselsheim	1:3	1:1	1:1	1:1	2:2	1:1	4:0	1:0	0:2	1:2	3:1	2:0	0:0	---	3:2	1:2	0:0	4:1	1:0		11	11	14	41:49	33:39
15.	Reutlingen	2:2	1:1	1:0	2:1	1:2	1:0	1:1	3:2	2:5	2:1	0:1	1:1	2:0	1:1	---	1:1	2:0	1:1	1:0		12	8	16	53:59	32:40
16.	VfR Mannheim	0:2	2:3	1:1	2:2	4:2	1:0	1:1	1:1	1:0	0:0	3:1	2:0	1:1	0:0	2:0	---	0:0	4:4	3:3		9	13	14	50:68	31:41
17.	SV Göppingen	3:2	1:0	1:1	0:2	1:2	4:2	1:1	2:2	1:2	0:0	0:2	1:1	2:2	4:0	3:2	---	3:2	5:2			7	14	15	47:67	28:44
18.	Aschaffenburg	3:3	1:2	3:2	1:1	2:5	2:1	0:0	2:1	0:3	0:1	0:1	1:3	1:0	2:1	1:1	3:3	---	1:0			6	8	22	42:83	20:52
19.	Wacker München	1:5	3:3	1:1	0:3	2:2	1:6	1:5	2:2	1:1	2:2	3:1	0:6	0:1	2:0	0:1	2:2	1:3	5:0	0:0	---	4	10	22	39:88	18:54

BUNDESLIGA-AUFSTIEG

GRUPPE 1

VfL Osnabrück - VfL Bochum 2:4 (1:2)

Mi. 26.05.1971

Zuschauer: 28.000

Schiedsrichter: Dieter Heckeroth (Frankfurt/Main)

Tore: 0:1 Hans-Werner Hartl (26.), 1:1 Karl-August Tripp (28., Foulelfmeter), 1:2 Dieter Fern (46.), 2:2 Reinhard Wasner (58.), 2:3 Hans Walitza (71.), 2:4 Werner Krämer (80.)

Aufstellung Osnabrück: Andreas Burose; Walter Wiethe (46. Klaus Baumanns), Hans-Günther Schaaf, Friedhelm Holtgrave, Karl-August Tripp; Harald Braner, Willi Mumme; Reinhard Wasner, Ulrich Kallius, Herbert Schröder, Carsten Baumann

Aufstellung Bochum: Hans-Jürgen Bradler; Erwin Galeski, Heinz-Jürgen Blome, Manfred Rüsing, Dieter Versen; Werner Balte (88. Harry Fechner), Werner Krämer; Hans-Jürgen Köper (70. Jürgen Jansen), Hans-Werner Hartl, Hans Walitza, Dieter Fern

Karlsruher SC - FK Pirmasens 1:0 (0:0)

Mi. 26.05.1971

Zuschauer: 30.000

Schiedsrichter: Hans-Joachim Weyland (Oberhausen)

Tore: 1:0 Ernst Abbé (68.)

Aufstellung Karlsruher SC: Rudolf Wimmer; Eugen Ehmann, Günther Fuchs, Friedhelm Groppe, Jürgen Weidlandt; Theo Menkhaus (73. Klaus Beckfeld), Walter Szaule; Hans Haunstein, Ernst Abbé, Horst Wild, Gerd Becker

Aufstellung Pirmasens: Klaus Pudelko; Werner Tretter, Peter Bernhardt, Robert Jung, Horst Brill; Dieter Gerhards, Guntram Gentes; Peter Gutzeit, Hilmar Weishaar, Gerd Wolf (77. Peter Hartmann), Helmut Theobald

VfL Bochum - Karlsruher SC 1:0 (0:0)

So. 30.05.1971

Zuschauer: 28.000

Schiedsrichter: Günter Linn (Altendiez)

Tore: 1:0 Hans Walitza (66.)

Aufstellung Bochum: Hans-Jürgen Bradler; Gerd Wiesemes, Manfred Rüsing, Heinz-Jürgen Blome, Dieter Versen; Werner Krämer, Werner Balte; Hans-Werner Hartl, Hans Walitza, Hans-Jürgen Köper (57. Jürgen Jansen), Dieter Fern

Aufstellung Karlsruher SC: Rudolf Wimmer; Eugen Ehmann, Friedhelm Groppe, Jürgen Weidlandt, Günther Fuchs; Klaus Beckfeld (75. Theo Menkhaus), Horst Wild; Walter Szaule, Hans Haunstein, Ernst Abbé, Gerd Becker (86. Willi Zander)

Tasmania 1900 Berlin - VfL Osnabrück 2:1 (1:1)

So. 30.05.1971

Zuschauer: 23.000

Schiedsrichter: Horst Bonacker (Quadrath-Ichendorf)

Tore: 1:0 Jonny Egbuono (9.), 1:1 Carsten Baumann (30.), 2:1 Lothar Groß (89.)

Aufstellung Tasmania: Horst Grunenberg; Lothar Groß, Werner Ipta, Ivan Sangulin, Klaus Walleitner; Günter Blume, Fred Hoff; Franz Emans (61. Bernd Frati-König), Gerd Gretzler, Jonny Egbuono, Hans Bernrieder (77. Bernd Langholz)

Aufstellung Osnabrück: Andreas Burose; Heinz Koch, Hans-Günther Schaaf, Friedhelm Holtgrave, Karl-August Tripp; Harald Braner, Ulrich Kallius; Reinhard Wasner, Walter Wiethe (85. Klaus Baumanns), Herbert Schröder, Carsten Baumann

Horst Grunenberg möchte nach seinen Patzern gegen Bochum am liebsten im Erdboden verschwinden

FK Pirmasens - VfL Bochum 1:0 (1:0)

Mi. 02.06.1971

Zuschauer: 28.000

Schiedsrichter: Heinz Aldinger (Waiblingen)

Tore: 1:0 Dieter Gerhards (36.)

Aufstellung Pirmasens: Klaus Pudelko; Werner Tretter, Robert Jung, Horst Brill, Peter Bernhardt, Guntram Gentes; Dieter Gerhards, Hilmar Weishaar; Peter Gutzeit, Gerd Wolf (86. Günter Schneider), Helmut Theobald

Aufstellung Bochum: Hans-Jürgen Bradler; Gerd Wiesemes, Manfred Rüsing, Heinz-Jürgen Blome, Dieter Versen (62. Harry Fechner); Werner Krämer, Werner Balte (56. Jürgen Jansen); Hans-Jürgen Köper, Hans-Werner Hartl, Hans Walitza, Dieter Fern

Karlsruher SC - Tasmania 1900 Berlin 2:1 (1:0)

Mi. 02.06.1971

Zuschauer: 20.000

Schiedsrichter: Paul Kindervater (Köln)

Tore: 1:0 Walter Szaule (30.), 2:0 Ernst Abbé (50.), 2:1 Fred Hoff (82.)

Aufstellung Karlsruher SC: Rudolf Wimmer; Eugen Ehmann, Friedhelm Groppe, Jürgen Weidlandt, Günther Fuchs; Theo Menkhaus (72. Klaus Beckfeld), Walter Szaule; Hans Haunstein, Ernst Abbé, Horst Wild, Gerd Becker

Aufstellung Tasmania: Horst Grunenberg; Lothar Groß, Werner Ipta, Ivan Sangulin, Klaus Walleitner; Günter Blume, Fred Hoff; Jonny Egbuono, Gerd Gretzler, Bernd Frati-König (46. Franz Emans), Hans Bernrieder

VfL Osnabrück - Karlsruher SC 1:1 (1:1)

So. 06.06.1971

Zuschauer: 14.000

Schiedsrichter: Hans Hillebrand (Essen)

Tore: 1:0 Carsten Baumann (18.), 1:1 Walter Szaule (19.)

Aufstellung Osnabrück: Andreas Burose; Walter Wiethe, Karl-August Tripp, Friedhelm Holtgrave, Hans-Günther Schaaf; Harald Braner (61. Klaus Baumanns), Reinhard Wasner; Herbert Schröder, Willi Mumme, Ulrich Kallius (68. Volker Graul), Carsten Baumann

Aufstellung Karlsruher SC: Rudolf Wimmer; Eugen Ehmann, Friedhelm Groppe, Jürgen Weidlandt, Günther Fuchs; Theo Menkhaus, Hans Haunstein, Horst Wild; Walter Szaule, Ernst Abbé, Gerd Becker (41.Willi Zander)

Tasmania 1900 Berlin - FK Pirmasens 3:0 (1:0)

So. 06.06.1971

Zuschauer: 15.000

Schiedsrichter: Gerd Hennig (Duisburg)

Tore: 1:0 Franz Emans (10.), 2:0 Franz Emans (65.), 3:0 Franz Emans (85., Elfmeter)

Aufstellung Tasmania: Horst Grunenberg; Lothar Groß, Werner Ipta, Ivan Sangulin, Klaus Walleitner; Günter Blume, Fred Hoff; Franz Emans, Gerd Gretzler, Jonny Egbuono (73. Bernd Frati-König), Hans Bernrieder

Aufstellung Pirmasens: Klaus Pudelko; Werner Tretter, Robert Jung, Horst Brill, Peter Bernhardt; Dieter Gerhards, Guntram Gentes; Peter Gutzeit, Hilmar Weishaar (70. Günter Schneider), Gerd Wolf, Helmut Theobald (70. Peter Hartmann)

VfL Bochum - Tasmania 1900 Berlin 4:2 (0:1)

Mi. 09.06.1971

Zuschauer: 30.000

Schiedsrichter: Dietrich Basedow (Hamburg)

Tore: 0:1 Gerd Gretzler (39.), 1:1 Hans-Werner Hartl (47.), 2:1 Hans-Werner Hartl (50.), 2:2 Hans Bernrieder (54.), 3:2 Dieter Versen (78.), 4:2 Werner Balte (81.)

Aufstellung Bochum: Hans-Jürgen Bradler; Erwin Galeski, Heinz-Jürgen Blome, Werner Jablonski, Dieter Versen; Werner Krämer, Werner Balte; Hans-Jürgen Köper (46. Jürgen Jansen), Hans-Werner Hartl, Hans Walitza, Dieter Fern

Aufstellung Tasmania: Horst Grunenberg (79. Motzkau); Lothar Groß, Werner Ipta, Ivan Sangulin, Klaus Walleitner; Günter Blume, Fred Hoff; Hans Bernrieder, Franz Emans, Gerd Gretzler, Jonny Egbuono

FK Pirmasens - VfL Osnabrück 0:1 (0:1)

Mi. 09.06.1971

Zuschauer: 10.000

Schiedsrichter: Eschweiler (Bonn)

Tore: 0:1 Carsten Baumann (10.)

Aufstellung Pirmasensa: Klaus Pudelko; Werner Tretter, Robert Jung, Horst Brill, Peter Bernhardt (75. Peter Hartmann); Guntram Gentes, Hilmar Weishaar; Dieter Gerhards (46. Günter Schneider), Peter Gutzeit, Gerd Wolf, Helmut Theobald

Aufstellung Osnabrück: Andreas Burose; Dieter Baumanns, Friedhelm Holtgrave, Karl-August Tripp, Hans-Günther Schaaf; Reinhard Wasner, Herbert Schröder; Harald Braner, Ulrich Kallius (75. Heinz Koch), Carsten Baumann, Willi Mumme

193

BUNDESLIGA-AUFSTIEG

Karlsruher SC - VfL Bochum 1:2 (1:0)
So. 13.06.1971
Zuschauer: 43.000
Schiedsrichter: Horst Herden (Hamburg)
Tore: 1:0 Hans Haunstein (23.), 1:1 Jürgen Jansen (74.), 1:2 Dieter Fern (84.)
Aufstellung Karlsruher SC: Rudolf Wimmer; Eugen Ehmann, Friedhelm Groppe, Jürgen Weidlandt, Günther Fuchs; Theo Menkhaus, Horst Wild; Walter Szaule, Ernst Abbé, Hans Haunstein (40. David Scheu), Willi Zander
Aufstellung Bochum: Hans-Jürgen Bradler; Gerd Wiesemes, Erwin Galeski, Heinz-Jürgen Blome, Dieter Versen; Werner Krämer, Werner Balte (75. Hans-Günther Etterich), Jürgen Jansen; Hans-Werner Hartl, Hans Walitza, Dieter Fern

VfL Osnabrück - Tasmania 1900 Berlin 1:0 (1:0)
So. 13.06.1971
Zuschauer: 7.000
Schiedsrichter: Heinz Aldinger (Waiblingen)
Tore: 1:0 Herbert Schröder (2.)
Aufstellung Osnabrück: Andreas Burose; Klaus Baumanns, Friedhelm Holtgrave, Karl-August Tripp, Hans-Günther Schaaf; Harald Braner (69. Karl Heinz Diehl), Reinhard Wasner, Herbert Schröder; Heinz Koch, Volker Graul (46. Friedrich Lehmann), Willi Mumme
Aufstellung Tasmania: Horst Grunenberg; Bernd Meißel, Werner Ipta, Klaus Walleitner, Ivan Sangulin; Günter Blume, Franz Emans (58. Bernd Frati-König), Jonny Egbuono; Fred Hoff, Gerd Gretzler, Hans Bernrieder

VfL Bochum - VfL Osnabrück 3:1 (2:1)
Mi. 16.06.1971
Zuschauer: 30.000
Schiedsrichter: Karl Riegg (Augsburg)
Tore: 1:0 Hans-Werner Hartl (26.), 1:1 Herbert Schröder (32.), 2:1 Hans Walitza (45.), 3:1 Hans Walitza (80.)
Aufstellung Bochum: Hans-Jürgen Bradler; Gerd Wiesemes, Heinz-Jürgen Blome, Erwin Galeski, Dieter Versen; Werner Krämer (87. Hans-Jürgen Köper), Werner Balte (77. Hans-Günther Etterich), Jürgen Jansen; Hans-Werner Hartl, Hans Walitza, Dieter Fern
Aufstellung Osnabrück: Andreas Burose; Klaus Baumanns, Friedhelm Holtgrave, Karl-August Tripp, Hans-Günther Schaaf; Heinz Koch, Reinhard Wasner, Herbert Schröder; Ulrich Kallius, Carsten Baumann, Willi Mumme

FK Pirmasens - Karlsruher SC 3:1 (1:0)
Mi. 16.06.1971
Zuschauer: 3.000
Schiedsrichter: Peter Gabor (Berlin)
Tore: 1:0 Robert Jung (32.), 1:1 Willi Zander (58.), 2:1 Günter Schneider (63.), 3:1 Helmut Theobald (75.)
Aufstellung Pirmasens: Klaus Pudelko; Werner Tretter (55. Peter Hartmann), Robert Jung, Horst Brill, Peter Bernhardt; Guntram Gentes, Dieter Gerhards, Günter Schneider; Peter Gutzeit, Helmut Theobald (83. Gerd Wolf), Hilmar Weishaar
Aufstellung Karlsruher SC: Rudolf Wimmer; Klaus Beckfeld, Friedhelm Groppe, Jürgen Weidlandt, Günther Fuchs; Deinert, Horst Wild, Theo Menkhaus; Walter Szaule (46. Heinrich Hagenbucher), Ernst Abbé, Willi Zander

Tasmania 1900 Berlin - VfL Bochum 2:4 (0:1)
So. 20.06.1971
Zuschauer: 11.000
Schiedsrichter: Elmar Schäfer (Neustadt am Rbg.)
Tore: 0:1 Hans-Werner Hartl (11.), 1:1 Hans Bernrieder (65.), 1:2 Werner Balte (74.), 1:3 Hans-Werner Hartl (77.), 2:3 Franz Emans (78.), 2:4 Werner Balte (79.)
Aufstellung Tasmania: Horst Grunenberg (74. Motzkau); Lothar Groß, Werner Ipta, Ivan Sangulin, Klaus Walleitner; Günter Blume, Fred Hoff (80. Bernd Meißel), Franz Emans; Gerd Gretzler, Jonny Egbuono, Hans Bernrieder
Aufstellung Bochum: Hans-Jürgen Bradler; Gerd Wiesemes (60. Harry Fechner), Heinz-Jürgen Blome, Erwin Galeski, Dieter Versen; Werner Krämer, Jürgen Jansen, Hans-Werner Hartl; Werner Balte (82. Hans-Günther Etterich), Hans Walitza, Dieter Fern

VfL Osnabrück - FK Pirmasens 1:3 (0:1)
So. 20.06.1971
Zuschauer: 4.000
Schiedsrichter: Manfred Hamer (Bockum-Hövel)
Tore: 0:1 Robert Jung (15.), 0:2 Helmut Theobald (49.), 1:2 Friedhelm Holtgrave (84.), 1:3 Peter Gutzeit (85.)
Aufstellung Osnabrück: Andreas Burose; Klaus Baumanns, Friedhelm Holtgrave, Karl-August Tripp, Hans-Günther Schaaf; Heinz Koch, Reinhard Wasner, Harald Braner (46. Friedrich Lehmann); Walter Wiethe, Carsten Baumann, Willi Mumme
Aufstellung Pirmasens: Klaus Pudelko; Werner Tretter, Robert Jung, Horst Brill, Peter Bernhardt; Dieter Gerhards, Peter Gutzeit, Günter Schneider; Guntram Gentes, Hilmar Weishaar (87. Peter Hartmann), Helmut Theobald (71. Gerd Wolf)

Karlsruher SC - VfL Osnabrück 0:3 (0:1)
Mi. 23.06.1971
Zuschauer: 4.000
Schiedsrichter: Franz-Josef Hontheim (Trier)
Tore: 0:1 Carsten Baumann (6.), 0:2 Ulrich Kallius (57.), 0:3 Karl-August Tripp (75.)
Aufstellung Karlsruher SC: Siegfried Kessler; Eugen Ehmann, Günther Fuchs (78. Klaus Beckfeld), Friedhelm Groppe, Jürgen Weidlandt; Deinert, Walter Szaule, Hans Haunstein (54. Heinrich Hagenbucher); Ernst Abbé, Horst Wild, Willi Zander
Aufstellung Osnabrück: Andreas Burose; Walter Wiethe, Klaus Baumanns, Friedhelm Holtgrave, Karl-August Tripp; Hans-Günther Schaaf (15. Erwin Braun), Ulrich Kallius, Reinhard Wasner; Carsten Baumann, Heinz Koch (76. Dieter Baumanns), Willi Mumme

FK Pirmasens - Tasmania 1900 Berlin 2:2 (1:2)
Mi. 23.06.1971
Zuschauer: 1.500
Schiedsrichter: Erich Pfleiderer (Heilbronn)
Tore: 0:1 Bernd Frati-König (1.), 1:1 Helmut Theobald (16.), 1:2 Franz Emans (40.), 2:2 Helmut Theobald (61.)

Erzielte zusammen mit seinem Vereinskameraden Walitza die meisten Treffer in der Aufstiegsrunde: Hans Werner Hartl

Aufstellung Pirmasens: Klaus Pudelko; Werner Tretter, Guntram Gentes, Horst Brill, Peter Bernhardt; Robert Jung, Dieter Gerhards, Günter Schneider; Peter Gutzeit (46. Peter Hartmann), Helmut Theobald, Hilmar Weishaar
Aufstellung Tasmania: Horst Grunenberg; Lothar Groß, Ivan Sangulin, Werner Ipta, Klaus Walleitner; Bernd Meißel (46. Bernd Langholz), Günter Blume, Hans Bernrieder; Franz Emans (80. Joachim Thiel), Gerd Gretzler, Bernd Frati-König

VfL Bochum - FK Pirmasens 5:2 (2:2)
So. 27.06.1971
Zuschauer: 22.000
Schiedsrichter: Dieter Berner (Enzberg)
Tore: 1:0 Hans Walitza (6.), 1:1 Gerd Wolf (8.), 1:2 Helmut Theobald (12.), 2:2 Hans Walitza (27.), 3:2 Hans Walitza (58.), 4:2 Dieter Fern (61.), 5:2 Hans-Werner Hartl (86.)
Aufstellung Bochum: Hans-Jürgen Bradler (46. Theo Diegelmann); Erwin Galeski, Heinz-Jürgen Blome (57. Gerd Wiesemes), Manfred Rüsing, Dieter Versen; Werner Krämer, Werner Balte, Jürgen Jansen; Hans-Werner Hartl, Hans Walitza, Dieter Fern
Aufstellung Pirmasens: Klaus Pudelko; Werner Tretter, Robert Jung, Horst Brill, Peter Bernhardt; Guntram Gentes, Dieter Gerhards, Peter Hartmann (67. Willi Schuster); Gerd Wolf, Hilmar Weishaar, Helmut Theobald

Tasmania 1900 Berlin - Karlsruher SC 1:3 (0:2)
So. 27.06.1971
Zuschauer: 1.000
Schiedsrichter: Roth (Salzgitter)
Tore: 0:1 Hans Haunstein (31.), 0:2 David Scheu (37.), 0:3 Heinrich Hagenbucher (63.), 1:3 Günter Blume (77.)
Aufstellung Tasmania: Horst Grunenberg; Lothar Groß, Günter Blume, Ivan Sangulin (46. Joachim Thiel), Klaus Walleitner (25. Bernd Meißel); Bernd Langholz, Hans Bernrieder; Franz Emans, Gerd Gretzler, Jonny Egbuono, Bernd Frati-König
Aufstellung Karlsruher SC: Siegfried Kessler; Eugen Ehmann, Günther Fuchs, Friedhelm Groppe, Jürgen Weidlandt; Theo Menkhaus, Walter Szaule; Hans Haunstein, Ernst Abbé (46. Heinrich Hagenbucher, 80. Wegfeld), David Scheu, Willi Zander

Aufstiegsrunde - Die Tabelle 1970/1971 - Gruppe 1

Pl.	Verein	Sp	S	U	N	Tore	Diff.	Pun.
1.	VfL Bochum	8	7	0	1	23:11	12	14:2
2.	VfL Osnabrück	8	3	1	4	11:13	-2	7:9
3.	FK Pirmasens	8	3	1	4	11:14	-3	7:9
4.	Karlsruher SC	8	3	1	4	9:12	-3	7:9
5.	Tasmania 1900 Berlin	8	2	1	5	13:17	-4	5:11

BUNDESLIGA-AUFSTIEG

GRUPPE 2

Fortuna Düsseldorf - FC St. Pauli 3:1 (0:1)
Mi. 26.05.1971
Zuschauer: 25.000
Schiedsrichter: Peter Gabor (Berlin)
Tore: 0:1 Horst Romes (4.), 1:1 Peter Biesenkamp (65.), 2:1 Peter Biesenkamp (85.), 3:1 Dieter Herzog (87.)
Aufstellung Düsseldorf: Wilfried Woyke; Egon Köhnen, Werner Lungwitz, Peter Biesenkamp, Klaus Iwanzik; Fred Hesse, Klaus Budde; Robert Begerau, Hilmar Hoffer, Reiner Geye, Dieter Herzog
Aufstellung St. Pauli: Udo Böhs; Günter Hoffmann, Hartmut Hischer, Alfred Hußner, Wolfgang Hustig; Reinhard Löffler, Horst Wohlers (82. Erich Roschkowski); Wolfgang Wellnitz, Wolfgang Krontal (62. Herbert Liedtke), Horst Romes, Werner Greth

Borussia Neunkirchen - 1. FC Nürnberg 1:0 (1:0)
Mi. 26.05.1971
Zuschauer: 32.000
Schiedsrichter: Klaus Ohmsen (Hamburg)
Tore: 1:0 Jochen Dries (28.)
Aufstellung Neunkirchen: Willi Ertz; Gerd Schley, Heinz Histing, Werner Martin, Norbert Hess; Heinz-Jürgen Henkes, Erich Hermesdorf, Gerd Zewe, Jochen Dries, Horst Brand, Ludwig Lang
Aufstellung Nürnberg: Gerhard Welz; Fritz Popp, Amand Theis, Ferdinand Wenauer, Ewald Schäffner; Dieter Nüssing, Rudolf Kröner; Heinz Müller (62. Siegfried Grimm), Günther Michl, Manfred Drexler, Roland Stegmayer (56. Herbert Renne)

1. FC Nürnberg - Fortuna Düsseldorf 0:2 (0:2)
So. 30.05.1971
Zuschauer: 75.000
Schiedsrichter: Ewald Regely (Berlin)
Tore: 0:1 Dieter Herzog (15.), 0:2 Robert Begerau (42.)
Aufstellung Nürnberg: Gerhard Welz; Fritz Popp, Ferdinand Wenauer, Amand Theis, Ewald Schäffner; Dieter Nüssing, Rudolf Kröner (46. Siegfried Grimm); Heinz Müller, Günther Michl, Manfred Drexler, Roland Stegmayer (46. Herbert Renner)
Aufstellung Düsseldorf: Wilfried Woyke; Egon Köhnen, Werner Lungwitz, Werner Kriegler, Klaus Iwanzik; Fred Hesse, Robert Begerau; Klaus Budde (61. Peter Biesenkamp), Hilmar Hoffer, Reiner Geye, Dieter Herzog

FC St. Pauli - Wacker 04 Berlin 3:0 (2:0)
So. 30.05.1971
Zuschauer: 11.000
Schiedsrichter: Fuchs (Neunkirchen)
Tore: 1:0 Horst Romes (25.), 2:0 Wolfgang Krontal (38.), 3:0 Wolfgang Krontal (47.)
Aufstellung St. Pauli: Udo Böhs; Günter Hoffmann, Alfred Hußner, Hartmut Hischer, Wolfgang Hustig; Reinhard Löffler (72. Beyer), Wolfgang Wellnitz; Horst Wohlers, Wolfgang Krontal, Horst Romes, Werner Greth
Aufstellung Wacker: Kludt; Robert Hemfler (23. Rainer Thieme), Bernd Fetkenheuer, Günter Sydow, Dieter Pannewitz; Bernd Sobeck, Michael Müller; Manfred Kipp (63. Hans Peter Mielke), Peter Heinrich, Fredy Schwarze, Reinhardt Lindner

Da war die Welt von Lang (links) und Dries noch in Ordnung. Am Ende blieb für Borussia Neunkirchen nur Platz zwei in der Tabelle.

Fortuna Düsseldorf - Borussia Neunkirchen 2:0 (0:0)
Mi. 02.06.1971
Zuschauer: 25.000
Schiedsrichter: Horst Herden (Hamburg)
Tore: 1:0 Dieter Herzog (47.), 2:0 Robert Begerau (68.)
Aufstellung Düsseldorf: Wilfried Woyke; Egon Köhnen, Werner Lungwitz, Werner Kriegler (15. Peter Biesenkamp), Klaus Iwanzik; Fred Hesse, Klaus Budde; Robert Begerau, Hilmar Hoffer (81. Lothar Weschke), Reiner Geye, Dieter Herzog
Aufstellung Neunkirchen: Willi Ertz; Gerd Schley, Werner Martin, Heinz Histing, Norbert Hess; Heinz-Jürgen Henkes (74. Jürgen Müller), Gerd Zewe; Erich Hermesdorf, Jochen Dries (60. Hans-Werner Bettinger), Horst Brand, Ludwig Lang

Wacker 04 Berlin - 1. FC Nürnberg 3:2 (1:2)
Mi. 02.06.1971
Zuschauer: 6.000
Schiedsrichter: Redelfs (Hannover)
Tore: 1:0 Manfred Kipp (35.), 1:1 Rudolf Kröner (37.), 1:2 Rudolf Kröner (41., Elfmeter), 2:2 Peter Heinrich (47.), 3:2 Dieter Pannewitz (75.)
Aufstellung Wacker: Kludt; Siegmann, Bernd Fetkenheuer, Günter Sydow, Dieter Pannewitz; Michael Müller, Manfred Kipp; Bernd Sobeck (50. Hans Peter Mielke), Peter Heinrich, Joachim Hägler, Reinhardt Lindner
Aufstellung Nürnberg: Gerhard Welz; Fritz Popp, Ewald Schäffner, Dieter Nüssing, Ferdinand Wenauer; Amand Theis, Günther Michl; Rudolf Kröner, Manfred Drexler, Heinz Müller (73. Siegfried Grimm), Roland Stegmayer

Borussia Neunkirchen - Wacker 04 Berlin 2:1 (1:0)
So. 06.06.1971
Zuschauer: 14.000
Schiedsrichter: Dr. Gerd Siepe (Köln)
Tore: 1:0 Ludwig Lang (25.), 1:1 Reinhardt Lindner (50.), 2:1 Ludwig Lang (75., Foulelfmeter)
Aufstellung Neunkirchen: Willi Ertz; Gerd Schley, Werner Martin, Heinz Histing, Norbert Hess; Gerd Zewe, Erich Hermesdorf; Jürgen Pontes, Heinz-Jürgen Henkes (57. Jürgen Müller), Horst Brand (42. Hans-Günther Müller), Ludwig Lang
Aufstellung Wacker: Kludt; Siegmann, Bernd Fetkenheuer, Günter Sydow, Dieter Pannewitz; Michael Müller, Peter Heinrich; Manfred Kipp (50. Rainer Thieme), Joachim Hägler, Hans Peter Mielke, Reinhardt Lindner

1. FC Nürnberg - FC St. Pauli 5:1 (3:0)
So. 06.06.1971
Zuschauer: 9.000
Schiedsrichter: Rudolf Schröck (Riegelsberg)
Tore: 1:0 Roland Stegmayer (25.), 2:0 Jan Majkowski (30.), 3:0 Manfred Drexler (33.), 3:1 Reinhard Löffler (57.), 4:1 Dieter Nüssing (68.), 5:1 Rudolf Kröner (72.)
Aufstellung Nürnberg: Gerhard Welz; Horst Leupold, Amand Theis, Otmar Mußgiller, Ewald Schäffner; Siegfried Grimm, Dieter Nüssing; Rudolf Kröner, Jan Majkowski (62. Herbert Renner), Manfred Drexler, Roland Stegmayer (75. Heinz Müller)
Aufstellung St. Pauli: Udo Böhs; Günter Hoffmann, Alfred Hußner, Hartmut Hischer, Wolfgang Hustig; Wolfgang Krontal, Reinhard Löffler; Wolfgang Wellnitz, Horst Wohlers (75. Beyer), Horst Romes, Werner Greth

Wacker 04 Berlin - Fortuna Düsseldorf 2:4 (2:2)
Mi. 09.06.1971
Zuschauer: 6.000
Schiedsrichter: Kurt Tschenscher (Mannheim)
Tore: 0:1 Lothar Weschke (8.), 1:1 Joachim Hägler (12.), 1:2 Dieter Herzog (13.), 2:2 Reinhardt Lindner (28.), 2:3 Dieter Herzog (79.), 2:4 Klaus Budde (82.)
Aufstellung Wacker: Kludt; Fredy Schwarze (68. Bernd Jarke), Bernd Fetkenheuer, Günter Sydow, Dieter Pannewitz; Michael Müller, Rainer Thieme; Hans Peter Mielke, Peter Heinrich (66. Horst Köhler), Joachim Hägler, Reinhardt Lindner
Aufstellung Düsseldorf: Wilfried Woyke (38. Bernd Franke), Egon Köhnen, Werner Lungwitz, Werner Kriegler, Klaus Iwanzik; Fred Hesse, Klaus Budde; Lothar Weschke (76. Peter Biesenkamp), Robert Begerau, Reiner Geye, Dieter Herzog

FC St. Pauli - Borussia Neunkirchen 2:1 (2:0)
Mi. 09.06.1971
Zuschauer: 10.100
Schiedsrichter: Hans Voss (Wolbeck)
Tore: 1:0 Wolfgang Krontal (6.), 2:0 Horst Romes (12.), 2:1 Jochen Dries (74.)
Aufstellung St. Pauli: Udo Böhs; Günter Hoffmann, Alfred Hußner, Hartmut Hischer (31. Manfred Waack), Wolfgang Hustig; Wolfgang Wellnitz, Reinhard Löffler (62. Beyer); Horst Wohlers, Wolfgang Krontal, Horst Romes, Werner Greth
Aufstellung Neunkirchen: Willi Ertz; Gerd Schley, Werner Martin, Heinz Histing, Norbert Hess; Jürgen Müller, Erich Hermesdorf, Heinz-Jürgen Henkes, Jürgen Pontes, Horst Brand (70. Jochen Dries), Ludwig Lang (77. Hans-Werner Bettinger)

BUNDESLIGA-AUFSTIEG

Fortuna Düsseldorf - 1. FC Nürnberg 2:1 (2:0)

So. 13.06.1971

Zuschauer: 22.000

Schiedsrichter: Günter Linn (Altendiez)

Tore: 1:0 Dieter Herzog (18.), 2:0 Egon Köhnen (24.), 2:1 Heinz Müller (85.)

Aufstellung Düsseldorf: Bernd Franke; Egon Köhnen (63. Heiner Baltes), Werner Lungwitz, Werner Kriegler, Klaus Iwanzik; Fred Hesse (34. Benno Beiroth), Robert Begerau, Peter Biesenkamp; Klaus Budde, Reiner Geye, Dieter Herzog

Aufstellung Nürnberg: Gerhard Welz; Horst Leupold, Amand Theis, Otmar Mußgiller, Ewald Schäffner; Siegfried Grimm, Dieter Nüssing, Heinz Müller; Jan Majkowski (46. Herbert Renner), Manfred Drexler, Roland Stegmayer

Wacker 04 Berlin - FC St. Pauli 0:1 (0:0)

So. 13.06.1971

Zuschauer: 4.500

Schiedsrichter: Wilfried Hilker (Bochum)

Tore: 0:1 Horst Wohlers (79.)

Aufstellung Wacker: Kludt (58. Fredy Schwarze); Rainer Thieme, Bernd Fetkenheuer, Günter Sydow, Dieter Pannewitz, Michael Müller, Hans Peter Mielke, Joachim Hägler; Horst Köhler (75. Peter Heinrich), Manfred Kipp, Reinhardt Lindner

Aufstellung St. Pauli: Udo Böhs; Manfred Waack, Alfred Hußner, Hartmut Hischer, Wolfgang Hustig; Wolfgang Wellnitz (82. Beyer), Wolfgang Krontal (62. Günter Hoffmann), Reinhard Löffler; Werner Greth, Horst Romes, Horst Wohlers

Besondere Vorkommnisse: Feldspieler Schwarze ging für den verletzten Torwart Kludt ins Tor

FC St. Pauli - Fortuna Düsseldorf 1:1 (0:1)

Mi. 16.06.1971

Zuschauer: 17.300

Schiedsrichter: Alfons Betz (Regensburg)

Tore: 0:1 Egon Köhnen (10.), 1:1 Wolfgang Wellnitz (50.)

Aufstellung St. Pauli: Udo Böhs; Manfred Waack, Alfred Hußner, Hartmut Hischer, Wolfgang Hustig; Wolfgang Wellnitz, Reinhard Löffler; Horst Wohlers, Wolfgang Krontal (84. Günter Hoffmann), Horst Romes, Werner Greth

Aufstellung Düsseldorf: Wilfried Woyke; Egon Köhnen, Werner Lungwitz, Werner Kriegler, Klaus Iwanzik; Peter Biesenkamp, Klaus Budde; Robert Begerau, Hilmar Hoffer (51. Lothar Weschke), Reiner Geye, Dieter Herzog

1. FC Nürnberg - Borussia Neunkirchen 2:0 (1:0)

Mi. 16.06.1971

Zuschauer: 8.000

Schiedsrichter: Walter Horstmann (Hildesheim)

Tore: 1:0 Manfred Drexler (32.), 2:0 Manfred Drexler (60.)

Aufstellung Nürnberg: Gerhard Welz; Fritz Popp, Otmar Mußgiller, Ferdinand Wenauer, Ewald Schäffner; Siegfried Grimm, Dieter Nüssing; Heinz Müller (59. Ludwig Schuster), Herbert Renner (73. Jan Majkowski), Manfred Drexler, Roland Stegmayer

Aufstellung Neunkirchen: Willi Ertz; Gerd Schley, Heinz Histing, Werner Martin, Norbert Hess; Gerd Zewe, Jürgen Müller (64. Horst Brand); Erich Hermesdorf, Jürgen Pontes, Heinz-Jürgen Henkes, Ludwig Lang (70. Hans-Werner Bettinger)

Fortuna Düsseldorf - Wacker 04 Berlin 3:0 (3:0)

So. 20.06.1971

Zuschauer: 22.000

Schiedsrichter: Rudolf Schröck (Riegelsberg)

Tore: 1:0 Reiner Geye (6.), 2:0 Klaus Budde (25.), 3:0 Peter Biesenkamp (34., Foulelfmeter)

Aufstellung Düsseldorf: Bernd Franke; Egon Köhnen, Werner Lungwitz, Werner Kriegler, Klaus Iwanzik; Peter Biesenkamp, Benno Beiroth (81. Gerd Riethmann), Robert Begerau; Klaus Budde, Reiner Geye, Dieter Herzog

Aufstellung Wacker: Kludt; Siegmann, Bernd Fetkenheuer, Günter Sydow, Dieter Pannewitz; Michael Müller, Hans Peter Mielke (51. Robert Hemfler), Rainer Thieme; Joachim Hägler, Manfred Kipp, Reinhardt Lindner

Borussia Neunkirchen - FC St. Pauli 3:0 (2:0)

So. 20.06.1971

Zuschauer: 3.000

Schiedsrichter: Seiler (Oessingen)

Tore: 1:0 Horst Brand (8.), 2:0 Horst Brand (45.), 3:0 Horst Brand (58.)

Aufstellung Neunkirchen: Marcel Perriot; Gerd Schley, Norbert Hess, Werner Martin, Heinz Histing; Gerd Zewe, Heinz-Jürgen Henkes, Erich Hermesdorf; Jürgen Pontes, Horst Brand, Ludwig Lang (67. Hans-Werner Bettinger)

Aufstellung St. Pauli: Udo Böhs; Manfred Waack, Alfred Hußner, Hartmut Hischer, Wolfgang Hustig; Reinhard Löffler, Horst Wohlers, Werner Greth; Wolfgang Krontal (56. Beyer), Horst Romes (63. Günter Hoffmann), Wolfgang Wellnitz

Wacker 04 Berlin - Borussia Neunkirchen 0:2 (0:2)

Mi. 23.06.1971

Zuschauer: 500

Schiedsrichter: Walter Niemann (Hamburg)

Tore: 0:1 Ludwig Lang (23.), 0:2 Horst Brand (28.)

Aufstellung Wacker: Klud;, Robert Hemfler, Günter Sydow, Bernd Fetkenheuer, Dieter Pannewitz; Siegmann, Michael Müller; Manfred Kipp, Joachim Hägler, Horst Köhler (74., Rainer Thieme), Reinhardt Lindner

Aufstellung Neunkirchen: Marcel Perriot; Gerd Schley (61. Hans-Werner Bettinger), Werner Martin, Gerd Zewe, Norbert Hess; Jürgen Pontes, Heinz-Jürgen Henkes (46. Dieter Schmidt); Heinz Histing, Horst Brand, Erich Hermesdorf, Ludwig Lang

FC St. Pauli - 1. FC Nürnberg 1:1 (1:1)

Mi. 23.06.1971 Zuschauer: 5.500

Schiedsrichter: Werner Burgers (Essen)

Tore: 0:1 Manfred Drexler (32.), 1:1 Wolfgang Krontal (33.)

Aufstellung St. Pauli: Udo Böhs; Manfred Waack, Alfred Hußner, Hartmut Hischer, Wolfgang Hustig; Reinhard Löffler, Horst Wohlers; Wolfgang Wellnitz, Wolfgang Krontal (60. Beyer), Günter Hoffmann (72. Erich Roschkowski), Werner Greth

Aufstellung Nürnberg: Gerhard Welz; Fritz Popp, Amand Theis, Ferdinand Wenauer (43. Otmar Mußgiller), Ewald Schäffner; Siegfried Grimm, Dieter Nüssing; Roland Stegmayer, Heinz Müller (46. Herbert Renner), Manfred Drexler, Rudolf Kröner

Borussia Neunkirchen - Fortuna Düsseldorf 2:2 (1:2)

So. 27.06.1971 Zuschauer: 8.000

Schiedsrichter: Dieter Wohlfarth (Bergen-Enkheim)

Tore: 1:0 Heinz-Jürgen Henkes (17., Handelfmeter), 1:1 Werner Lungwitz (39., Foulelfmeter), 1:2 Reiner Geye (41.), 2:2 Erich Hermesdorf (53.)

Aufstellung Neunkirchen: Marcel Perriot; Gerd Schley, Werner Martin, Heinz Histing, Norbert Hess; Heinz-Jürgen Henkes (62. Jürgen Müller), Gerd Zewe; Erich Hermesdorf, Jürgen Pontes (69. Hans-Werner Bettinger), Horst Brand, Ludwig Lang

Aufstellung Düsseldorf: Bernd Franke; Egon Köhnen (26. Heiner Baltes), Werner Lungwitz, Werner Kriegler, Klaus Iwanzik; Benno Beiroth, Klaus Budde, Robert Begerau, Hilmar Hoffer (79. Lothar Weschke), Reiner Geye, Dieter Herzog

1. FC Nürnberg - Wacker 04 Berlin 3:0 (1:0)

So. 27.06.1971

Zuschauer: 6.000

Schiedsrichter: Heinz Quindeau (Ludwigshafen)

Tore: 1:0 Jan Majkowski (33.), 2:0 Dieter Nüssing (81.), 3:0 Jan Majkowski (88.)

Aufstellung Nürnberg: Gerhard Welz; Fritz Popp (84. Horst Leupold, Amand Theis, Otmar Mußgiller, Ewald Schäffner; Rudolf Kröner, Dieter Nüssing, Jan Majkowski; Siegfried Grimm, Manfred Drexler (78. Heinz Müller), Roland Stegmayer

Aufstellung Wacker: Kludt; Robert Hemfler, Bernd Fetkenheuer, Günter Sydow, Dieter Pannewitz; Rainer Thieme, Siegmann, Michael Müller, Joachim Hägler, Horst Köhler (77. Fredy Schwarze), Reinhardt Lindner

BESTE TORSCHÜTZEN

7 Tore:	Walitza (VfL Bochum)
	Hartl (VfL Bochum)
6 Tore:	Herzog (Fortuna Düsseldorf)
5 Tore:	Theobald (FK Pirmasens)
	Emans (Tasmania)
4 Tore:	Baumann (Osnabrück), Krontal (St. Pauli), Drexler (Nürnberg) und Brand (Neunkirchen)

Aufstiegsrunde - Die Tabelle 1970/1971 - Gruppe 2

Pl.	Verein	Sp	S	U	N	Tore	Diff.	Pun.
1.	Fortuna Düsseldorf	8	6	2	0	19:7	12	14:2
2.	Borussia Neunkirchen	8	4	1	3	11:9	2	9:7
3.	FC St. Pauli	8	3	2	3	10:14	-4	8:8
4.	1. FC Nürnberg	8	3	1	4	14:10	4	7:9
5.	Wacker 04 Berlin	8	1	0	7	6:20	-14	2:14

DDR-FUSSBALL

Dynamo Dresden holte das Double

Mit sechs Punkten Vorsprung auf Carl-Zeiss Jena und bereits drei Spieltage vor dem Abschluss der Saison feierten die Kicker von Dynamo Dresden den Titel der 23. DDR-Fußballmeisterschaft. Das Double machte das Team von Übungsleiter Walter Fritzsch dann im FDGB-Pokal-Finale in Halle gegen den BFC Dynamo Berlin perfekt.

Gundlage des Erfolges des Vorjahresdritten war die fast makellose Heimbilanz der Elbflorenzer, denn nur Stahl Riesa entführte beim 0:0 einen Punkt. Alle anderen Spiele vor eigenem Publikum wurden siegreich gestaltet. Auf fremden Plätzen sah die Bilanz zwar längst nicht so rund aus, doch immer noch positiv. Im Vergleich dazu verspielte Jena seine Chancen auf den Titel vor allem auswärts. Nur zweimal, gegen Riesa (3:0) und beim Schlusslicht Chemie Leipzig (1:0) konnten die Jenaer doppelt punkten. Immerhin wies Carl-Zeiss das beste Torverhältnis und den besten Angriff vor. Ducke (14 Tore), Vogel (11) und Stein (9) trafen dabei am häufigsten. Torschützenkönig aber wurde Dresdens Sturmführer Kreische mit 17 Treffern. Zudem trafen Sachse und Sammer für Dynamo jeweils acht Mal. Vorjahresmeister Jena war also gestürzt, aber auch der Vize der vorausgegangenen Spielzeit, der FC Vorwärts Berlin, konnte nicht an die gute Saison 69/70 anknüpfen. Am Ende landeten die Berliner auf einem enttäuschenden siebten Rang mit gerade einmal ausgeglichenem Punkte- und sogar negativem Torverhältnis. Ganz schlimm erging es jedoch dem Vierten der Vorsaison, Chemie Leipzig. Das Team beendete die Saison als Schlusslicht und musste den Gang in die Süd-Liga antreten. Als weiterer Absteiger reihte sich Rot-Weiß Erfurt ein, im Vorjahr noch auf Platz neun im Mittelfeld der Tabelle ansässig. Vier Tore fehlten den Rot-Weißen am Ende zum sicheren Klassenerhalt, um den bis zum letzten Spieltag Stahl Riesa und Wismut Aue erfolgreich gekämpft hatten. Besser schnitten die beiden Aufsteiger 1. FC Union Berlin als fünfter und der 1. FC Lok Leipzig (10.) ab, die sich rechtzeitig in Sicherheit brachten. Nach einem Jahr in der DDR-Liga Süd schaffte der FC Karl-Marx-Stadt sogleich souverän die Rückkehr die höchste Spielklasse der DDR. Anders erging es Stahl Eisenhüttenstadt, das ebenso wie das Team Schwarze Pumpe bereits nach zwei Spieltagen wegen "finanzieller Manipulationen" vom Spielbetrieb in der DDR-Liga Nord ausgeschlossen und durchgereicht wurde.

Im Enspiel um den FDGB-Pokal standen sich Meister Dynamo Dresden und Dynamo Berlin gegenüber. Die Dresdner holten sich mit 2:1 nach Verlängerung am Ende das Double. Zwei Tore von Klaus Sammer (65. und 119.) reichten dem Meister zum Erfolg.

DDR Meister 1971: Dynamo Dresden. Stehend von links: Cheftrainer Fritzsch, Assistenztrainer Nippert, Masseur Zimmer, Heidler, Dörner, Meyer, Kreische, Kallenbach, Ziegler, Wätzlich, Hemp, Mannschaftsleiter Meier, Sektionssekretär Seidel, Vorsitzender Hänel. Vorne: Sammer, Rau, Riedel, Sachse, Haustein, Kern, F. Ganzera, Richter und H. Ganzera

FDGB-POKAL

Viertelfinale:
FC Carl Zeiss Jena - 1. FC Lok Leipzig	2:1
1. FC Magdeburg - Hansa Rostock	2:1
BFC Dynamo Berlin - HFC Chemie Halle	2:0
Dynamo Dresden - Aktivist Schwarze Pumpe	2:0

Halbfinale:
1. FC Magdeburg - Dynamo Dresden	2:3
BFC Dynamo Berlin - FC Carl Zeiss Jena	1:0

Finale (02.07.1971 in Halle):
Dynamo Dresden - BFC Dynamo Berlin 2:1 n. V.

DDR-LIGA NORD

		Tore	Pkt.
1.	Vorwärts Stralsund*	44:15	38:14
2.	TSG Wismar	39:23	35:17
3.	Chemie Wolfen	32:23	34:18
4.	Energie Cottbus	41:27	33:19
5.	BFC DYnamo II	46:38	30:22
6.	Dynamo Schwerin	44:38	29:23
7.	Vorwärts Berlin II	43:32	28:24
8.	Stahl Brandenburg	42:40	27:25
9.	Lok Stendal	31:30	26:26
10.	KKW Nord Greifswald	32:35	25:27
11.	Vorwärts Cottbus	33:41	19:33
12.	Hansa Rostock II	28:44	18:34
13.	Post Neubrandenburg	22:36	16:36
14.	M. W. W'münde	12:67	6:46
15.	A. Schwarze Pumpe**	(3:1)	4:0)*
16.	Stahl Eisenhüttenstadt**	(4:2)	2:2)*

*Beide Vereine wurden nach 2 Spieltagen wegen "finanzieller Manipulation" ausgeschlossen

DDR-LIGA SÜD

		Tore	Pkt.
1.	FC Karl-Marx-Stadt*	72:16	50:10
2.	Vorwärts Meiningen	53:29	38:22
3.	Motor Nordhausen-W.	52:36	38:22
4.	Motor Plauen	46:35	38:22
5.	Wismut Gera	39:29	35:25
6.	Chemie Halle II	45:39	35:25
7.	FSV Lok Dresden	37:32	32:28
8.	Carl Zeiss Jena II	39:40	29:31
9.	Chemie Böhlen	40:44	29:31
10.	Akt. K.W. Tiefenort	32:47	26:34
11.	Dynamo Eisleben	38:45	25:35
12.	Dynamo Dresden II	36:40	24:36
13.	Chemie Leipzig II**	37:58	23:37
14.	Sachsenring Zwickau II	37:62	22:38
15.	Motor Steinach	31:42	21:39
16.	Chemie Glauchau	22:62	15:45

Anmerkung: *=Aufsteiger, **=Absteiger

Kreuztabelle der DDR - Oberliga 1970/71

Pl.	Verein	1.	2.	3.	4.	5.	6.	7.	8.	9.	10.	11.	12.	13.	14.	S	U	N	Tore	Diff.	Pkt.
1.	Dynamo Dresden	----	3:0	2:0	3:2	2:0	4:2	4:1	3:1	2:1	3:1	5:0	0:0	3:0	3:1	18	3	5	56:29	+27	39:13
2.	FC Carl Zeis Jena	3:1	----	0:0	3:1	4:0	7:3	4:0	2:1	5:1	1:0	2:0	4:1	4:1	5:1	14	5	7	58:29	+29	33:19
3.	Hallescher FC Chemie	2:2	2:2	----	2:1	3:1	1:0	1:0	1:1	2:1	4:2	1:0	2:0	6:1	1:1	10	10	6	35:29	+6	30:22
4.	1. FC Magdeburg	2:1	1:0	3:1	----	2:3	0:1	1:0	2:1	0:0	3:2	2:1	2:2	1:2	2:1	10	7	9	37:38	-1	27:25
5.	1. FC Union Berlin	2:1	0:0	1:1	1:3	----	2:1	1:1	0:0	0:1	2:11	3:2	1:0	4:1	0:0	8	11	7	27:33	-6	27:25
6.	Sachsenring Zwickau	1:2	3:0	2:0	2:3	1:1	----	4:0	1:0	1:0	2:1	0:0	2:1	5:4	1:0	11	4	11	40:42	-2	26:26
7.	Vorwärts Berlin	4:1	4:4	2:2	3:1	2:2	3:1	----	1:0	1:0	5:1	2:1	2:1	1:0	0:1	10	6	10	38:44	-6	26:26
8.	Hansa Rostock	3:2	1:0	2:0	3:0	0:1	3:2	4:1	----	1:0	1:1	0:1	3:0	0:0	3:1	10	5	11	31:25	+6	25:27
9.	Berliner FC Dynamo	0:1	2:1	1:0	2:1	1:1	0:0	1:0	0:2	----	4:2	3:0	5:0	3:1	1:1	10	5	11	31:29	+2	25:27
10.	1. FC Lok Leipzig	0:1	3:2	3:0	0:0	1:1	2:3	2:0	2:1	1:0	----	1:1	2:0	2:1	3:0	9	6	11	42:46	-4	24:28
11.	Wismut Aue	0:1	1:0	0:2	1:3	0:1	1:0	4:1	0:0	2:2	3:5	----	0:2	4:0	4:1	8	5	13	30:36	-6	21:31
12.	Stahl Riesa	0:0	0:3	0:0	2:2	0:0	2:2	1:0	2:0	5:1	1:0	1:1	----	1:1	3:4	6	9	11	28:41	-13	21:31
13.	Rot-Weiß Erfurt**	1:2	1:1	0:0	2:0	3:2	0:0	2:0	1:0	2:2	0:0	3:0	----		1:1	6	9	11	28:44	-16	21:31
14.	Chemie Leipzig**	2:4	0:1	1:1	1:1	0:0	2:0	2:3	0:0	1:2	1:1	1:0	1:3	2:0	----	5	9	12	27:43	-16	19:33

Anmerkung: **=Absteiger

DFB-POKAL

1. HAUPTRUNDE

12.12.	Hessen Kassel - Bayern München	2:2 n.V.
12.12.	TSV Westerland - Bor. Dortmund	0:4 (0:4)
12.12.	SG Wattenscheid 09 - Hertha BSC	1:2 (1:1)
12.12.	VfR Heilbronn - Kickers Offenbach	2:0 (0:0)
12.12.	SV Alsenborn - Borussia M'gladbach	1:1 n.V.
12.12.	SSV Reutlingen - 1. FC Köln	2:5 (1:2)
12.12.	Bor. Neunkirchen - 1. FC K'lautern	0:1 (0:1)
12.12.	Tasm. Berlin - Eintr. Braunschweig	1:0 (0:0)
12.12.	Hannover 96 - Hamburger SV	2:3 n.V.
12.12.	RW Oberhausen - Rot-Weiss Essen	4:3 (1:2)
12.12.	FC St. Pauli - Eintracht Frankfurt	2:3 n.V.
12.12.	VfL Wolfsburg - FC Schalke 04	2:2 n.V.
12.12.	Fort.Düsseldorf - Werder Bremen	3:1 n.V.
12.12.	FC 08 Homburg - MSV Duisburg	1:1 n.V.
12.12.	Holstein Kiel - VfB Stuttgart	2:1 (1:0)
12.12.	Wuppertaler SV - Arminia Bielefeld	5:0 (2:0)

Wiederholung:

23.12.	Bayern München - Hessen Kassel	3:0 (3:0)
23.12.	FC Schalke 04 - VfL Wolfsburg	4:2 n.E.
23.12.	MSV Duisburg - FC 08 Homburg	4:0 (1:0)
30.12.	Borussia M'gladbach - SV Alsenborn	3:1 (1:0)

ACHTELFINALE

1. FC Kaiserslautern - FC Bayern München 1:1 n.V.

Sa. 20.02.1971

Zuschauer: 30.000

Schiedsrichter: Hans Voss (Wolbeck)

Tore: 0:1 Gerd Müller (55.), 1:1 Herwart Koppenhöfer (60., Eigentor)

Aufstellung K'lautern: Josef Elting; Günther Reinders, Dietmar Schwager, Ernst Diehl, Fritz Fuchs; Jürgen Friedrich, Otto Rehhagel, Josef Pirrung (87. Peter Blusch), Karl-Heinz Vogt, Dieter Krafczyk (56. Idriz Hosic), Klaus Ackermann

Aufstellung Bayern: Sepp Maier; Johnny Hansen, Georg Schwarzenbeck, Franz Beckenbauer, Herwart Koppenhöfer; Franz Roth, Karl-Heinz Mrosko; Edgar Schneider, Gerd Müller, Paul Breitner (91. Peter Pumm), Dieter Brenninger

Eintracht Frankfurt - 1. FC Köln 1:4 (1:2)

Sa. 20.02.1971

Zuschauer: 11.000

Schiedsrichter: Klaus Ohmsen (Hamburg)

Tore: 0:1 Heinz Flohe (33.), 1:1 Bernd Nickel (36.), 1:2 Thomas Parits (41.), 1:3 Heinz Simmet (50.), 1:4 Heinz Flohe (51.)

Aufstellung Frankkfurt: Dieter Rudolf; Peter Reichel, Dieter Lindner (46. Jürgen Kalb), Friedel Lutz, Lothar Schämer; Gert Trinklein (66. Thomas Rohrbach), Bernd Hölzenbein, Jürgen Papies; Jürgen Grabowski, Bernd Nickel, Horst Heese

Aufstellung Köln: Manfred Manglitz; Karl-Heinz Thielen (66. Jupp Kapellmann), Matthias Hemmersbach, Werner Biskup, Heinz Simmet; Wolfgang Weber, Wolfgang Overath, Heinz Flohe; Bernd Rupp, Thomas Parits, Hennes Löhr

Hamburger SV - Borussia Dortmund 3:1 n.V.

Sa. 20.02.1971

Zuschauer: 18.000

Schiedsrichter: Franz Wengenmeyer (München)

Tore: 1:0 Charly Dörfel (17.), 1:1 Theodor Rieländer (56.), 2:1 Uwe Seeler (94.), 3:1 Uwe Seeler (103.)

Das Objekt der Begierde

Aufstellung HSV: Arkoc Özcan; Helmut Sandmann, Hans-Jürgen Hellfritz, Jürgen Kurbjuhn, Hans-Jürgen Ripp; Klaus Zaczyk, Peter Nogly, Franz-Josef Hönig; Hans Schulz (79. Gerd Klier), Uwe Seeler (108. Robert Pötzschke, Charly Dörfel

Aufstellung Dortmund: Jürgen Rynio; Reinhold Wosab, Willi Neuberger, Wolfgang Paul, Gerd Peehs; Jürgen Schütz, Theodor Rieländer (77. Theo Bücker), Wilhelm Sturm; Manfred Ritschel (84. Branco Rasovic), Werner Weist, Siegfried Held

Fortuna Düsseldorf - Wuppertaler SV 4:0 (2:0)

Sa. 20.02.1971

Zuschauer: 18.000

Schiedsrichter: Hans-Joachim Weyland (Oberh.)

Tore: 1:0 Dieter Herzog (13.), 2:0 Robert Begerau (28.), 3:0 Hilmar Hoffer (70.), 4:0 Lothar Weschke (89.)

Aufstellung Düsseldorf: Bernd Franke; Egon Köhnen, Werner Lungwitz, Werner Kriegler (56.Benno Beiroth), Klaus Iwanzik; Fred Hesse, Lothar Weschke; Hilmar Hoffer, Robert Begerau, Reiner Geye, Dieter Herzog

Aufstellung Wuppertal: Willi Janzik; Manfred Cremer, Erich Miß, Emil Meisen, Manfred Reichert; Bernhard Hermes, Hermann Straschitz (58. Herbert Stöckl), Jürgen Kohle; Gustav Jung (68. Willi Eßkuchen), Günter Pröpper, Heinz-Dieter Lömm

MSV Duisburg - Tasmania 1900 Berlin 2:0 (0:0)

Sa. 20.02.1971

Zuschauer: 10.000

Schiedsrichter: Dieter Wohlfarth (Bergen-Enkheim)

Tore: 1:0 Gerhard Kentschke (56.), 2:0 Bernard Dietz (73.)

Aufstellung Duisburg: Volker Danner; Michael Bella, Detlef Pirsig, Kurt Rettkowski, Heinz-Peter Buchberger; Djordje Pavlic (30. Bernard Dietz), Bernd Lehmann; Johannes Riedl, Rainer Budde, Johannes Linßen, Gerhard Kentschke (79. Hans Sondermann)

Aufstellung Tasmania: Horst Grunenberg; Lothar Groß, Werner Ipta, Ivan Sangulin, Klaus Walleitner; Günter Blume, Fred Hoff; Franz Emans, Gerd Gretzler, Jonny Egbuono, Hans Bernrieder

Holstein Kiel - Rot-Weiß Oberhausen 2:5 n.V.

Sa. 20.02.1971

Zuschauer: 15.000

Schiedsrichter: Ewald Regely (Berlin)

Tore: 1:0 Manfred Medler (18.), 1:1 Franz Krauthausen (54.), 1:2 Lothar Kobluhn (65.), 2:2 Lothar Kanieß (77.), 2:3 Hermann-Josef Wilbertz (94.), 2:4 Hermann-Josef Wilbertz (103.), 2:5 Gert Fröhlich (115.)

Aufstellung Kiel: Friedemann Paulick; Eberhard Gräf, Ulrich Hoffmann, Lothar Kanieß, Siegmund Saborrosch; Sönke Koch, Horst Mißfeld; Uwe Krüger, Rudolf Christiansen, Manfred Medler, Ulrich Schulz (73. Klaus Schröder)

Aufstellung Oberhausen: Klaus Witt; Hermann-Josef Wilbertz, Friedhelm Dick, Reiner Hollmann, Friedhelm Kobluhn (46. Gert Fröhlich); Lothar Kobluhn, Werner Ohm, Dieter Brozulat; Günter Karbowiak, Franz Krauthausen, Wolfgang Sühnholz (46. Hans Fritsche)

Hertha BSC Berlin - Bor. Mönchengladbach 1:3 (0:1)

Sa. 20.02.1971

Zuschauer: 50.000

Schiedsrichter: Gerhard Schulenburg (Hamburg)

Tore: 0:1 Peter Dietrich (28.), 0:2 Horst Köppel (67.), 1:2 Wolfgang Gayer (72.), 1:3 Jupp Heynckes (78.)

Aufstellung Hertha: Volkmar Groß; Bernd Patzke, Uwe Witt, Tasso Wild, Karl-Heinz Ferschl; Laszlo Gergely (72. Jürgen Weber), Wolfgang Gayer; Zoltan Varga, Franz Brungs, Lorenz Horr, Hans-Jürgen Sperlich (46. Arno Steffenhagen)

Aufstellung Gladbach: Wolfgang Kleff; Berti Vogts, Ludwig Müller, Klaus-Dieter Sieloff, Heinz Wittmann; Peter Dietrich, Günter Netzer; Herbert Wimmer, Horst Köppel, Jupp Heynckes, Ulrik le Fevre

FC Schalke 04 - VfR Heilbronn 4:0 (1:0)

Sa. 20.02.1971

Zuschauer: 10.000

Schiedsrichter: Gert Meuser (Ingelheim)

Tore: 1:0 Rolf Rüssmann (23.), 2:0 Klaus Fischer (50.), 3:0 Alban Wüst (87.), 4:0 Herbert Lütkebohmert (90.)

Aufstellung Schalke 04: Norbert Nigbur; Hans-Jürgen Wittkamp, Klaus Fichtel, Rolf Rüssmann, Jürgen Sobieray; Herbert Lütkebohmert, Klaus Scheer, Klaus Beverungen (82. Hans-Jürgen Becher); Reinhard Libuda (46. Hans Pirkner), Klaus Fischer, Alban Wüst

Aufstellung Heilbronn: Karl-Heinz Seyffer; Jürgen Glinka, Klaus Schmidt, Günter Becker, Karl Alber; Hans Mayer, Martin Kübler, Stjepan Ilic; Harry Griesbeck, Erwin Hohenwarter, Heiko Racky

FC Bayern München - 1. FC Kaiserslautern 5:0 (2:0)

Di. 30.03.1971, Wiederholungsspiel

Zuschauer: 11.500

Schiedsrichter: Klaus Ohmsen (Hamburg)

Tore: 1:0 Gerd Müller (18.), 2:0 Gerd Müller (20.), 3:0 Gerd Müller (55.), 4:0 Gerd Müller (72.), 5:0 Gerd Müller (86.)

Aufstellung Bayern: Sepp Maier; Paul Breitner, Georg Schwarzenbeck, Franz Beckenbauer, Herwart Koppenhöfer; Franz Roth, Rainer Zobel, Ulrich Hoeneß (73. Johnny Hansen); Edgar Schneider, Gerd Müller, Dieter Brenninger (20. Karl-Heinz Mrosko)

Aufstellung K'lautern: Josef Elting; Günther Reinders, Dietmar Schwager, Ernst Diehl, Fritz Fuch;; Otto Rehhagel, Jürgen Friedrich; Idriz Hosic (55. Peter Blusch), Josef Pirrung (60. Hans-Peter Fecht), Karl-Heinz Vogt, Klaus Ackermann

Ernste Mienen bei Overath (links) und Beckenbauer (rechts) vor der Seitenwahl. In der Mitte Schiedsrcihter Biwersi mit seinen Assistenten (Bayern München - 1. FC Köln 2:1 n.V.)

VIERTELFINALE

FC Bayern München - MSV Duisburg 4:0 (1:0)

Mi. 07.04.1971

Zuschauer: 16.000

Schiedsrichter: Redelfs (Hannover)

Tore: 1:0 Rainer Zobel (40.), 2:0 Karl-Heinz Mrosko (75.), 3:0 Gerd Müller (85.), 4:0 Franz Roth (89.)

Aufstellung Bayern: Sepp Maier; Johnny Hansen, Georg Schwarzenbeck, Franz Beckenbauer, Herwart Koppenhöfer (46. Peter Pumm); Paul Breitner, Rainer Zobel, Ulrich Hoeneß (21. Karl-Heinz Mrosko); Franz Roth, Gerd Müller, Edgar Schneider

Aufstellung Duisburg Volker Danner; Kurt Rettkowski, Detlef Pirsig, Hartmut Heidemann, Michael Bella; Djordje Pavlic (78. Hans Sondermann), Bernd Lehmann (78. Bernard Dietz), Johannes Linßen; Johannes Riedl, Rainer Budde, Gerhard Kentschke

Fortuna Düsseldorf - Bor. Mönchengladbach 3:1 (0:1)

Mi. 07.04.1971

Zuschauer: 24.000

Schiedsrichter: Riegg (Stadtbergen)

Tore: 0:1 Herbert Laumen (19.), 1:1 Robert Begerau (60.), 2:1 Hilmar Hoffer (83.), 3:1 Reiner Geye (89.)

Aufstellung Düsseldorf: Wilfried Woyke; Egon Köhnen, Werner Lungwitz, Werner Kriegler, Klaus Iwanzik; Fred Hesse, Klaus Budde, Robert Begerau (85. Peter Biesenkamp); Hilmar Hoffer, Reiner Geye, Dieter Herzog

Aufstellung Gladbach: Wolfgang Kleff; Berti Vogts, Ludwig Müller, Klaus-Dieter Sieloff, Hartwig Bleidick; Peter Dietrich (79. Heinz Wittmann), Günter Netzer, Herbert Laumen; Herbert Wimmer, Horst Köppel, Jupp Heynckes

FC Schalke 04 - Rot-Weiß Oberhausen 1:0 (0:0)

Mi. 07.04.1971

Zuschauer: 22.000

Schiedsrichter: Dr. Gerd Siepe (Köln)

Tore: 1:0 Jürgen Sobieray (83.)

Aufstellung Schalke 04: Norbert Nigbur; Hans-Jürgen Wittkamp, Rolf Rüssmann, Klaus Fichtel, Jürgen-Michael Galbierz (82. Klaus Beverungen); Herbert Lütkebohmert, Klaus Scheer, Heinz van Haaren; Reinhard Libuda, Klaus Fischer, Jürgen Sobieray

Aufstellung Oberhausen: Wolfgang Scheid; Hermann-Josef Wilbertz, Uwe Kliemann, Friedhelm Dick, Werner Ohm; Lothar Kobluhn, Reiner Hollmann (87. Gert Fröhlich), Franz Krauthausen; Wolfgang Sühnholz, Hans Fritsche, Dieter Brozulat

1. FC Köln - Hamburger SV 2:0 (0:0)

Do. 08.04.1971

Zuschauer: 24.000

Schiedsrichter: Ewald Regely (Berlin)

Tore: 1:0 Bernd Rupp (62.), 2:0 Hennes Löhr (88.)

Aufstellung Köln: Manfred Manglitz; Karl-Heinz Thielen, Werner Biskup, Wolfgang Weber, Matthias Hemmersbach; Heinz Simmet, Wolfgang Overath, Heinz Flohe; Jupp Kapellmann, Bernd Rupp, Hennes Löhr

Aufstellung HSV: Arkoc Özcan; Helmut Sandmann, Willi Schulz, Jürgen Kurbjuhn, Hans-Jürgen Ripp (72. Robert Pötzschke); Peter Nogly, Hans-Werner Kremer, Franz-Josef Hönig; Hans-Jürgen Hellfritz, Hans Schulz, Siegfried Beyer (65. Charly Dörfel)

Bayern-Trainer Udo Lattek freut sich zusammen mit Rotsünder Koppenhöfer über den Gewinn des DFB-Pokals (Bayern München - 1. FC Köln 2:1 n.V.)

1. HALBFINALE

**Fortuna Düsseldorf -
FC Bayern München 0:1 (0:0)**

Mi. 12.05.1971

Zuschauer: 26.000

Schiedsrichter: Ferdinand Biwersi (Bliesransbach)

Tore: 0:1 Gerd Müller (55.)

Aufstellung Düsseldorf: Wilfried Woyke; Egon Köhnen, Werner Lungwitz, Werner Kriegler, Klaus Iwanzik; Fred Hesse, Klaus Budde, Robert Begerau; Lothar Weschke, Reiner Geye, Dieter Herzog

Aufstellung Bayern: Sepp Maier; Paul Breitner, Georg Schwarzenbeck, Franz Beckenbauer, Peter Pumm; Rainer Zobel, Ulrich Hoeneß, Herwart Koppenhöfer; Karl-Heinz Mrosko, Gerd Müller, Dieter Brenninger

1. HALBFINAL-SPIELBERICHT
Düsseldorfer Ehrenmedaille

Irgendwann knipste er doch: Gerd Müller

Jedes andere Los wäre den Bayern gelegener gekommen, und tatsächlich wurden die Befürchtungen beinahe wahr. Nur ein einziges Tor machte zwischen Regionalliga und Oberhaus den Unterschied aus. Sonst war die Fortuna ebenbürtig.

Allein für seine Tapferkeit hatte Düsseldorf einen Pokal verdient, denn ihre kämpferische Leistung aus dem Viertelfinale, als sie sensationell Mönchengladbach aus dem Cup geworfen hatten, konnten die Rheinländer tatsächlich noch steigern. Um dem Druck der Gastgeber überhaupt zu trotzen, mussten die Bayern gewaltig schuften. Wie so oft war es die Geschlossenheit, die den Underdog gefährlich machte. Jeder kämpfte für jeden und setzte unerreichbaren Bällen noch nach. Woyke bekam dabei sogar viel weniger zu tun als erwartet, weil der vor ihm stehende Abwehrwall hervorragend funktionierte; Budde, Geyer und Herzog waren überdies immer wieder auf offensiv gefährlich. Solange es noch 0:0 stand, lag die Sensation spürbar in der Luft. Viel zu sehr verließen sich die Münchener auf ihre Einzelqualitäten, die beispielsweise Beckenbauer diesmal nicht einzubringen vermochte. Er war durch seine Nierensteine noch sichtbar angeschlagen. Vorbildlich verhielten sich vielmehr Sepp Maier und Schwarzenbeck, weil sie nicht nur überwiegend lückenlos verteidigten, sondern die Kollegen auch immer wieder aufrütteln konnten. Als Gerd Müller seine vierte oder fünfte Chance dann endlich nutzte, begann Fortunas Stern alsbald zu sinken. Das Anrennen gegen die Niederlage war am Ende auch eine Kraftfrage.

2. HALBFINALE

**FC Schalke 04 -
1. FC Köln 2:3 (2:0)**

Mi. 12.05.1971

Zuschauer: 33.000

Schiedsrichter: Heinz Aldinger (Waiblingen)

Tore: 1:0 Klaus Scheer (7.), 2:0 Reinhard Libuda (17.), 2:1 Wolfgang Overath (47.), 2:2 Karl-Heinz Thielen (70.), 2:3 Heinz Flohe (75.)

Aufstellung Schalke 04: Dieter Burdenski; Hans Pirkner, Rolf Rüssmann, Klaus Fichtel, Jürgen Sobieray (55. Friedel Rausch); Herbert Lütkebohmert, Manfred Pohlschmidt, Heinz van Haaren; Reinhard Libuda, Klaus Fischer, Klaus Scheer (78. Klaus Beverungen)

Aufstellung Köln: Manfred Manglitz; Karl-Heinz Thielen, Werner Biskup, Wolfgang Weber, Matthias Hemmersbach; Heinz Simmet, Heinz Flohe, Wolfgang Overath; Thomas Parits (38. Hans-Jürgen Lex), Bernd Rupp, Jupp Kapellmann

2. HALBFINAL-SPIELBERICHT
Böses Schalker Erwachen

Sein Treffer war mal wieder maßgeblich Wolfgang Overath

Schalkes bestes Spiel der ganzen Saison reichte nicht zum Finaleinzug, weil es nach einer Halbzeit plötzlich aufhörte. Schon ein schnelles Anschlusstor reichte Köln, um den jungen Gegner zu verwirren und mit abgekochten Mitteln auszunehmen. Die Art des Sieges war eine Demütigung.

Die Geißböcke hatten mit Frankfurt und dem HSV zwei schwere Brocken aus dem Weg geräumt, waren in der Liga allerdings gerade völlig von der Rolle. In das traurige Bild von vier Pleiten am Stück passte da gut hinein, dass sie auch auf Schalke die Anfangsphase verschliefen. Eine gute Viertelstunde war gespielt, als Libuda die Knappen schon mit 2:0 in Führung brachte, und keine Strafe schien gerechter für die unzähligen Schlafmützigkeiten, die sich Köln bis hierhin erlaubt hatte. Was die Knappen stark machte, war ihre Fähigkeit, dies ausgiebig auszukosten. Libuda, Fichtel, Fischer, Scheer - die Fans waren begeistert von der wilden Schalker Truppe und ihrer unendlich frischen Spielkultur. Kaum aber war der Ball wieder freigegeben, begann der Wind zu drehen. Overath musste nur schnell verkürzen (47.), um die Schalker Nerven freizulegen. Immer mehr ging bei Königsblau daneben, und immer deutlicher wurde die Routine der Gäste aus Köln. Mit welcher Ruhe sie das Spiel noch umbogen, sich bis zur 70. Minute Zeit ließen, um mit einem Doppelschlag das Licht plötzlich auszuknipsen, tat den Knappen weh. Der Traum vom achten Pokalendspiel musste ihnen nach dem Aufwachen peinlich sein.

ENDSPIEL

**FC Bayern München -
1. FC Köln 2:1 n.V.**

Sa. 19.06.1971, Neckarstadion, Stuttgart

Zuschauer: 71.000

Schiedsrichter: Ferdinand Biwersi (Bliesransbach)

Tore: 0:1 Bernd Rupp (13.), 1:1 Franz Beckenbauer (53.), 2:1 Edgar Schneider (118.)

Aufstellung Bayern: Sepp Maier; Herwart Koppenhöfer, Paul Breitner, Franz Roth (68. Edgar Schneider), Franz Beckenbauer; Georg Schwarzenbeck, Rainer Zobel, Karl-Heinz Mrosko; Gerd Müller, Ulrich Hoeneß (87. Johnny Hansen), Dieter Brenninger

Aufstellung Köln: Milutin Soskic; Karl-Heinz Thielen (99. Bernhard Cullmann), Werner Biskup, Wolfgang Weber, Matthias Hemmersbach; Heinz Flohe, Wolfgang Overath, Heinz Simmet (79. Jupp Kapellmann); Thomas Parits, Bernd Rupp, Hennes Löhr

Besonder Vorkommnisse: Rot für Herwart Koppenhöfer (72.)

ENDSPIEL-SPIELBERICHT
Medizin fürs Fußballvolk

Erlebte eine seltene Sternstunde: Edgar Schneider

Nach dunklen Wochen der Mauscheleien und des Betrugs entpuppte sich das Pokalendspiel als Labsal für die Fußballseele. Aufrichtig, hart und entschlossen kämpften Köln und die Bayern um den Titel und ließen erst nach 120 Minuten voneinander ab. Der Pott ging trotz Unterzahl an den Vize-Meister.

Mehr als 70.000 Zuschauer erlebten im Stadion einen Krimi, alle anderen hingegen sogar zwei, denn erst nach zähem Ringen konnten sich ARD und DFB auf eine Fernsehübertragung einigen. Der Skandal hatte die Parteien entzweit. Nachwirkungen spürte anfangs auch der FC, der wegen seiner Verwicklungen in die Affäre vom Großteil des Publikums niedergepfiffen wurde. Doch das hielt nicht lange an. Als ob es wusste, dass es einiges gut zu machen hatte, gab Köln sofort Vollgas und eroberte sich die Herzen zurück. Der Schlüsselspieler war wie so oft Overath, diesmal allerdings in zurückgezogener Position, was Gegenspieler Roth einigen Schweiß auf die Stirn jagte. Bis Minute 40 konnten die Kölner mehr erreichen als Rupps schlitzohriges 1:0, dann aber hatte Udo Lattek verstanden und stellte Mrosko gegen Overath, der den Kölner mit vielen Fouls weichkochte. Abschnitt zwei gehörte klar den Bayern, jedoch sprach trotz Beckenbauers Ausgleich alles wieder für Köln, als Koppenhöfer als Sündenbock für alle vom Platz gestellt wurde. Mit Kraft und Verstand aber hielten die Bayern sich schadlos, und als nach 117 Minuten noch immer nichts geschehen war, zog Nobody Schneider einfach ab und traf mit dem Tor des Jahres zum Sieg.

DFB-Pokalsieger seit Bundesligagründung:

1963/1964: **1860 München**, 1964/1965: **Borussia Dortmund**, 1965/1966: **Bayern München**, 1966/1967: **Bayern München**, 1967/1968: **1. FC Köln**, 1968/1969: **Bayern München**, 1969/1970: **Kickers Offenbach**, 1970/1971: **Bayern München**

AMATEURLIGEN 1970/71

Kreuztabelle der Amateurliga Niedersachsen

Pl.	Verein	1.	2.	3.	4.	5.	6.	7.	8.	9.	10.	11.	12.	13.	14.	15.	16.	Tore	Punkte
1.	Oststädter SV	---	2:1	1:0	1:0	2:1	4:1	2:1	3:1	2:1	2:2	3:0	2:0	2:0	6:2	6:1	4:0	67:29	45:15
2.	Union Salzgitter	2:0	---	2:0	5:0	3:2	1:1	3:0	1:0	3:2	2:0	3:1	6:2	1:0	1:1	3:1	5:0	63:35	41:19
3.	Eintr. Braunschw. (A)	1:1	1:9	---	0:0	6:1	3:0	2:0	2:0	4:0	1:0	1:3	3:0	1:0	4:0	5:1	3:2	58:27	39:21
4.	Hannover 96 (A)	1:0	1:2	1:0	---	1:2	2:2	1:1	4:0	3:1	2:0	0:1	3:2	3:1	3:2	4:1	2:1	51:39	33:27
5.	Arminia Hannover	0:3	1:0	0:1	3:2	---	2:1	5:1	3:1	1:3	1:4	2:1	3:1	4:2	0:0	3:0	2:2	51:57	31:29
6.	TuS Haste	1:0	3:1	1:2	1:0	4:0	---	3:3	2:1	4:1	3:1	3:0	2:1	5:1	7:1	0:1	1:4	58:48	30:30
7.	VfL Oldenburg	0:0	2:1	1:4	1:1	2:1	1:0	---	2:0	0:2	3:1	5:0	3:1	1:2	3:1	2:0	2:2	44:44	30:30
8.	Kickers Emden	1:1	2:2	0:1	2:1	1:3	2:0	0:0	---	2:1	3:3	4:1	2:0	0:0	2:2	3:2	1:0	40:43	30:30
9.	Eintracht Nordhorn	3:3	2:1	2:0	2:0	0:0	1:0	0:0	0:1	---	0:2	0:2	2:3	2:1	2:2	3:2	3:1	45:49	30:30
10.	Sportfr. Salzgitter	3:1	3:1	0:3	0:1	3:0	1:0	1:2	0:3	2:1	---	1:1	6:0	2:2	3:2	2:0	4:1	49:52	28:32
11.	Teutonia Uelzen	2:2	1:2	1:2	2:1	3:2	1:3	2:0	2:4	0:1	0:0	---	1:2	1:0	4:1	2:1	0:0	38:50	28:32
12.	TuSpo Holzminden	2:2	2:1	2:0	2:9	4:1	2:1	1:0	2:0	1:1	5:1	0:2	---	0:2	3:0	3:0	5:0	53:64	27:33
13.	Sus Northeim	1:2	2:0	1:0	2:2	1:3	1:1	2:2	0:0	5:1	1:0	1:2	2:1	---	3:1	1:1	2:1	40:47	26:34
14.	VfB Peine	0:2	0:1	0:0	1:0	1:3	1:1	2:1	3:1	4:4	6:0	4:1	3:2	2:2	---	3:1	5:0	53:62	26:34
15.	VfV Hildesheim	0:2	2:5	1:5	1:2	3:0	4:3	3:2	1:2	0:1	2:2	2:0	4:2	3:0	0:2	---	2:0	41:72	18:42
16.	SpVg Nieders.-Döhren	1:6	1:2	4:3	0:1	1:2	4:6	1:3	1:1	0:3	3:1	0:1	2:2	3:2	2:1	4:1	---	41:74	17:43

Neu in der Liga 71/72: VfB Oldenburg, SV Meppen, Preußen Hameln, Schöningen 08

Kreuztabelle der Amateurliga Berlin

Pl.	Verein	1.	2.	3.	4.	5.	6.	7.	8.	9.	10.	11.	12.	13.	14.	15.	16.	17.	18.	Tore	Punkte
1.	Berliner SV 92	---	2:1	2:0	4:0	1:1	2:1	1:0	2:0	3:0	2:0	4:2	0:0	2:2	1:0	2:0	5:0	0:1	5:1	64:36	48:20
2.	Meteor 06	4:0	---	2:2	1:1	0:1	4:2	1:1	1:1	4:1	0:1	4:1	2:0	5:1	3:1	0:3	3:1	2:2	3:0	78:49	47:21
3.	BFC Preußen	3:1	2:2	---	4:5	1:1	0:1	0:0	0:1	0:0	2:0	4:0	7:2	2:0	1:0	1:0	2:0	3:0	1:1	64:41	43:25
4.	BBC Südost	1:2	1:2	0:2	---	2:0	1:3	5:2	8:0	2:1	2:1	1:1	1:0	0:2	4:0	1:0	2:2	4:1	9:1	75:50	41:27
5.	BFC Südring	2:2	2:1	1:2	1:4	---	0:0	0:0	5:0	0:0	1:2	0:4	1:0	1:1	2:1	3:0	1:1	1:0	3:1	53:39	41:27
6.	Nordstern 07	0:2	4:1	4:2	1:3	2:1	---	0:1	1:1	4:1	6:0	1:0	3:1	5:0	1:1	1:1	2:4	0:1	3:0	62:46	38:30
7.	Tennis Borussia	5:0	2:3	1:2	2:2	2:2	2:3	---	3:0	1:0	2:3	2:1	1:2	3:1	4:2	6:1	2:1	3:4	3:3	69:55	37:31
8.	Hellas Nordwest	3:1	2:4	1:3	3:0	2:1	1:3	4:0	---	0:1	3:0	2:1	0:1	3:4	3:2	1:1	8:1	2:0	2:0	60:61	36:32
9.	SC Tegel	1:1	1:0	1:1	1:2	0:3	2:0	3:2	1:2	---	0:1	2:2	6:2	3:1	4:0	2:1	1:4	1:0	1:0	43:44	34:34
10.	Reinickend. Füchse	5:0	2:3	4:2	1:2	1:1	0:2	0:1	0:3	1:0	---	1:1	2:3	2:1	1:2	4:0	2:1	2:0	6:1	56:51	33:35
11.	VfB Neukölln	1:1	2:5	0:2	1:0	1:1	1:0	0:3	1:0	1:0	1:0	---	0:0	1:1	4:1	0:0	0:0	0:3	2:0	36:45	31:37
12.	SSC Südwest	0:0	1:1	1:0	2:0	2:3	0:2	1:2	1:2	0:0	1:1	0:1	---	3:2	0:3	0:6	1:2	2:1	1:1	39:58	31:37
13.	Neuköllner Sportfr.	1:1	4:0	2:1	1:2	0:2	0:0	4:0	1:2	0:0	1:0	1:1	0:2	---	1:2	1:1	0:2	2:3	4:1	47:57	29:39
14.	Lichtenrader BC	0:3	2:3	2:3	2:1	0:3	4:0	4:1	1:0	1:2	1:3	2:0	0:1	1:3	---	0:0	3:1	2:1	7:1	57:64	28:40
15.	Kickers 1900	0:3	0:1	2:3	0:0	1:3	0:2	1:1	7:1	1:3	1:1	1:0	3:1	2:2	2:0	---	1:0	1:0	2:2	46:53	28:40
16.	Polizei SV	0:3	1:2	0:1	2:1	2:1	3:3	1:2	3:1	0:2	3:3	2:1	1:2	0:1	1:2	4:2	---	4:1	2:1	49:63	28:40
17.	VfB Hermsdorf	0:1	2:7	0:2	1:3	3:4	4:1	0:4	1:4	2:0	0:4	1:1	2:3	3:0	2:1	3:1	1:0	---	2:3	47:70	25:43
18.	Berliner Amateure	1:5	1:2	4:3	3:5	0:1	2:1	0:5	2:2	2:2	1:3	0:3	2:3	1:2	3:7	1:7	0:0	2:2	---	42:105	14:54

Neu in der Liga 1971/72: Rot-Weiß Neukölln, SC Staaken, VfL Nord, SC Westend, Normannia 08

Kreuztabelle der Amateurliga Westfalen, Gruppe 1

Pl.	Verein	1.	2.	3.	4.	5.	6.	7.	8.	9.	10.	11.	12.	13.	14.	15.	16.	Tore	Punkte
1.	SVA Gütersloh	---	2:0	8:1	2:2	2:0	4:2	3:0	3:0	3:0	0:0	3:4	2:0	2:0	5:1	1:0	6:0	71:29	43:17
2.	Hammer SpVgg	1:1	---	3:3	1:5	2:1	7:1	1:0	2:0	4:2	1:0	3:0	6:1	2:1	1:0	8:1	4:1	71:34	43:17
3.	TSV Marl-Hüls	2:0	1:1	---	2:1	1:0	0:0	3:2	2:0	3:1	4:0	2:1	3:0	2:0	2:3	4:1	5:1	60:47	37:23
4.	SpVgg Minden	2:0	1:2	2:1	---	2:3	0:2	2:2	1:1	1:2	6:0	2:0	8:2	1:2	2:0	4:1	8:2	64:33	36:24
5.	SC Hassel	0:0	2:1	3:0	1:0	---	2:1	1:1	0:2	4:0	3:0	0:1	1:0	1:0	4:1	7:2		46:34	33:27
6.	VfB Bielefeld	1:0	1:1	2:1	1:0	3:1	---	1:1	0:0	1:1	2:2	2:2	4:1	4:1	3:0	2:1	6:0	54:43	33:27
7.	TuS Ahlen	2:0	0:6	4:0	1:0	3:1	3:2	---	1:0	1:0	2:4	2:0	4:2	0:3	3:3	2:1	1:1	50:49	33:27
8.	SV Brackwede	1:2	2:1	3:2	1:1	1:2	2:1	2:1	---	3:1	0:2	3:1	0:2	2:0	0:2	2:1	2:0	38:38	33:27
9.	1. FC Paderborn	2:4	1:0	0:3	1:1	4:1	2:0	2:2	2:2	---	1:2	1:2	3:0	3:1	2:2	2:2	2:0	47:54	29:31
10.	SpVgg Beckum	0:2	0:1	1:3	1:3	0:0	2:1	4:1	0:1	1:1	---	4:2	1:1	2:1	3:0	2:0	7:1	42:48	28:32
11.	SpVgg Emsdetten	2:1	2:2	2:2	0:1	2:1	3:2	0:2	2:2	2:2	1:1	---	0:2	2:1	1:3	7:2	0:2	50:61	27:33
12.	VfL Schlangen	0:3	0:1	0:0	0:0	2:1	1:2	1:3	1:1	0:1	2:0	1:4	---	2:1	0:0	2:0	3:2	32:57	26:34
13.	SpVgg Herten	2:3	1:0	2:0	0:0	3:0	2:0	1:3	2:0	2:3	3:1	2:3	4:0	---	6:1	2:2	0:0	50:48	25:35
14.	SV Steinhagen	2:6	1:4	4:2	2:3	1:3	3:2	1:3	1:2	2:3	2:0	3:3	1:2	2:4	---	1:0	4:3	48:69	24:36
15.	Eintracht Ahaus	1:1	0:2	0:3	0:3	0:4	0:4	3:1	0:1	6:0	1:1	0:2	1:1	4:2	2:2	---	0:0	34:70	15:45
16.	SuS Lage	1:2	2:3	2:3	1:2	0:0	0:1	1:0	2:4	1:1	1:1	4:0	1:2	3:1	1:1	0:3	---	35:79	15:45

Neu in der Liga 71/72: STV Horst-Emscher, SpVgg Minden, SC Hassel, Erle 08, TuS Sennelager

Kreuztabelle der Amateurliga Westfalen, Gruppe 2

Pl.	Verein	1.	2.	3.	4.	5.	6.	7.	8.	9.	10.	11.	12.	13.	14.	15.	16.	Tore	Punkte
1.	VfL Klafeld	---	1:0	1:0	1:1	1:1	3:1	5:2	0:0	2:0	2:0	2:0	4:1	4:0	1:0	2:0	4:2	51:21	46:14
2.	Sportfreunde Siegen	0:1	---	2:1	1:1	3:1	3:0	3:1	3:0	1:0	2:0	3:0	1:1	2:1	3:1	6:0	4:1	65:29	44:16
3.	STV Horst-Emscher	1:1	1:1	---	0:0	2:1	1:1	2:0	0:0	3:2	2:0	2:1	7:0	1:0	2:0	2:2	4:3	53:28	42:18
4.	SSV Hagen	2:3	2:3	2:1	---	1:1	2:1	3:2	1:0	2:0	4:2	4:0	5:0	1:0	1:1	3:0	3:0	51:36	36:24
5.	TB Eickel	0:0	2:1	1:0	1:2	---	1:1	3:2	4:1	3:0	2:1	0:0	2:1	1:1	2:3	2:0	2:2	42:36	33:27
6.	TuS Hattingen	1:0	0:5	0:3	0:1	3:0	---	0:0	1:1	1:0	2:2	2:1	3:3	3:0	1:0	0:4	1:0	39:48	30:30
7.	RSV Meinerzhagen	2:1	3:1	0:0	3:2	1:0	1:2	---	0:0	2:2	0:5	0:1	1:1	1:0	2:0	3:4	2:1	38:47	30:30
8.	VfL Witten	1:2	1:1	0:2	1:0	3:0	3:0	1:1	---	2:2	1:3	2:0	0:2	0:1	0:1	1:0	4:2	33:40	29:31
9.	VfL Schwerte	1:2	1:2	1:1	2:2	0:3	5:2	2:0	0:1	---	1:3	5:1	3:0	1:4	0:1	1:0	0:0	43:42	26:34
10.	Wattenscheid 09	1:1	3:1	1:2	4:1	1:2	2:1	0:1	0:1	1:3	---	1:3	0:3	0:2	1:0	2:1	2:1	44:50	25:35
11.	TuS Iserlohn	3:1	1:5	3:4	1:0	2:1	3:1	2:3	1:0	1:0	1:3	---	2:2	0:2	6:0	2:1	0:0	42:55	25:35
12.	RSV Lüdenscheid	0:1	0:1	1:1	2:0	1:1	0:0	0:1	1:2	1:2	2:1	1:0	---	0:0	2:0	0:0	1:1	28:43	25:35
13.	Borussia Dortmund	1:1	0:0	0:2	0:1	0:0	1:1	0:1	5:1	0:4	2:2	2:2	3:1	---	0:1	0:1	4:1	33:39	24:36
14.	Preußen Hochlarmark	0:1	1:2	1:4	1:0	2:1	0:1	1:2	5:1	1:2	4:1	0:0	1:1	2:3	---	2:2	1:3	33:46	24:36
15.	FV Hombruch	0:0	2:2	0:0	1:2	1:2	2:3	3:1	2:4	0:0	0:0	4:2	0:0	2:1	0:1	---	2:1	37:48	23:37
16.	Arminia Marten	0:3	2:3	1:2	3:2	0:2	1:4	2:0	0:1	0:3	2:2	4:3	1:1	2:0	1:2	3:2	---	40:64	18:42

Neu in der Liga 71/72: SV Hüsten 09, DSC Wanne-Eickel, TuS Neuenrade, SV Königsborn, SC Castrop-Rauxel

Kreuztabelle der Amateurliga Mittelrhein

Pl.	Verein	1.	2.	3.	4.	5.	6.	7.	8.	9.	10.	11.	12.	13.	14.	15.	Tore	Punkte
1.	SC Jülich 1910	---	4:3	4:2	1:1	2:1	3:0	2:0	1:1	3:1	2:0	1:1	2:1	1:0	5:0	1:0	72:22	49:7
2.	1. FC Köln	2:2	---	2:1	1:2	2:0	3:3	2:2	2:1	3:1	3:0	1:0	6:0	1:0	2:1	7:0	63:25	43:13
3.	Bergisch-Gladbach 09	0:1	1:1	---	3:2	3:1	4:1	5:0	1:0	3:1	2:2	3:0	3:1	3:0	0:0	4:1	57:38	33:23
4.	Borussia Brand	1:2	1:0	1:0	---	0:0	2:2	1:1	3:0	5:3	0:0	1:2	2:0	4:1	1:2	1:1	42:32	30:26
5.	BC Oberbruch	0:0	1:1	3:1	1:1	---	3:0	5:0	2:2	2:0	1:0	3:2	3:2	1:1	2:0	2:1	40:35	29:27
6.	CfB Ford Niehl	1:1	1:1	1:1	2:3	2:0	---	0:0	2:1	1:1	1:1	0:1	0:0	5:0	1:0	2:0	37:42	28:28
7.	SC Brühl	0:6	0:3	0:0	3:1	1:0	1:2	---	5:1	3:2	5:1	1:0	2:1	0:0	3:3	5:0	38:45	27:29
8.	VfL 99 Köln	2:2	1:3	3:3	1:1	2:0	2:0	1:0	---	2:2	2:0	3:2	2:2	3:1	1:1	2:0	39:48	26:30
9.	FC Spich	0:7	1:3	1:2	0:2	2:2	3:0	1:1	2:2	---	3:0	2:1	1:0	3:1	0:0	3:1	40:49	25:31
10.	SG Düren 99	0:3	0:2	3:3	0:0	1:1	2:2	1:1	1:0	2:0	---	0:0	0:5	1:3	4:0	4:0	33:45	25:31
11.	1. FC Ringsd.-Godbg.	1:2	2:2	0:1	0:5	3:1	5:1	1:1	4:0	1:3	3:0	---	2:0	0:2	3:4	4:1	42:43	24:32
12.	TuS Lindlar	0:3	0:1	2:4	1:1	2:3	0:1	1:0	3:0	1:1	1:3	2:0	---	5:1	4:0	6:2	44:44	23:33
13.	Borussia Hückelhoven	2:4	0:1	2:1	0:0	1:1	1:2	2:0	3:2	0:0	0:2	2:0	1:1	---	2:1	2:0	29:45	23:33
14.	SV Schlebusch	1:3	0:4	3:2	1:1	1:0	3:2	1:1	0:1	1:0	1:1	0:1	0:0	0:0	---	1:1	28:51	21:35
15.	Alemannia Mariadorf	1:4	0:1	2:1	1:1	2:1	0:1	2:2	1:1	2:0	2:3	0:1	0:2	3:0	2:3	---	27:65	14:42

Neu in der Liga 1971/72: Bonner SC, Frechen 20, Viktoria Alsdorf

Kreuztabelle der Amateurliga Niederrhein

Pl.	Verein	1.	2.	3.	4.	5.	6.	7.	8.	9.	10.	11.	12.	13.	14.	15.	16.	17.	Tore	Punkte
1.	Bayer Uerdingen	---	3:2	1:1	1:0	2:0	1:0	1:1	4:1	0:0	3:0	2:0	1:1	1:1	3:1	2:0	2:0	0:1	55:21	48:16
2.	Sterkrade 06/07	0:1	---	1:0	1:1	0:0	1:2	3:1	3:0	1:0	2:0	0:0	1:0	1:0	1:1	2:1	4:1	1:1	44:28	41:23
3.	Tura Büderich	2:2	3:3	---	0:2	2:0	3:1	1:1	1:1	1:1	2:3	2:1	5:1	8:0	1:0	2:2	3:1	3:2	70:39	40:24
4.	SSVg Velbert	1:1	0:1	1:4	---	3:2	3:4	2:2	0:3	2:1	1:0	1:1	2:1	1:2	0:0	2:2	2:1	2:1	47:37	40:24
5.	Olympia Bocholt	1:1	1:1	1:1	0:2	---	0:0	2:1	6:0	0:1	3:2	1:0	4:1	0:1	2:0	1:1	2:1	4:0	54:36	39:25
6.	Eintracht Duisburg	1:0	0:2	2:0	0:2	2:2	---	7:2	1:1	3:1	1:1	0:2	2:1	1:1	0:1	3:0	1:1	1:0	45:44	34:30
7.	Rheydter SV	1:2	1:0	1:2	1:1	4:2	2:0	---	1:2	1:2	1:3	4:1	2:6	3:1	0:0	1:0	4:2	2:2	52:55	32:32
8.	Union Ohligs	0:2	0:2	1:1	1:1	0:4	2:2	2:2	---	1:1	2:0	0:1	1:2	1:0	1:0	1:0	1:0	0:1	33:45	32:32
9.	VfL Benrath	1:1	1:4	0:5	1:1	2:5	2:1	2:2	1:1	---	1:0	1:1	6:0	1:1	3:0	2:0	0:1	1:0	35:37	31:33
10.	VfB Lohberg	1:4	3:1	1:0	0:1	3:0	5:0	0:1	0:0	0:0	---	0:0	1:1	1:1	0:0	4:3	2:1	4:1	45:42	30:34
11.	VfB Speldorf	1:3	0:1	2:2	0:1	1:2	1:1	1:0	1:1	1:0	2:1	---	0:0	3:2	1:2	3:2	6:0	3:1	38:37	30:34
12.	BV Altenessen	0:3	0:1	1:2	1:4	1:1	1:2	0:1	3:1	1:1	3:2	2:1	---	2:1	1:0	3:0	2:0	3:1	45:51	30:34
13.	Marathon Remscheid	1:0	1:1	0:2	1:2	1:2	3:0	2:0	1:1	1:1	1:0	2:2	1:1	---	0:0	1:1	0:2	2:1	37:47	29:35
14.	SV Neukirchen	1:2	2:0	1:0	0:1	1:2	3:0	2:5	0:3	1:0	0:3	2:1	0:1	1:1	---	1:0	5:1	3:1	30:39	26:38
15.	SpVgg Solingen-Gr.	0:2	2:0	3:2	2:2	0:0	0:3	0:0	0:1	1:0	4:2	0:0	1:2	2:2	1:0	---	2:2	0:1	32:50	22:42
16.	SC Kleve 63	1:1	1:3	1:6	2:1	1:2	0:0	2:2	2:1	0:0	1:1	1:2	2:0	2:0	2:2	1:1	---	0:1	33:60	21:43
17.	Düsseldorfer SC	0:3	1:1	0:3	2:2	0:0	2:3	1:2	1:2	0:1	1:1	1:1	0:4	2:3	1:0	0:2	2:0	---	30:57	19:45

Neu in der Liga 1971/21: 1. FC Styrum, VfB Homberg, Fortuna Düsseldorf, Hamborn 07

Kreuztabelle der Amateurliga Rheinland

Pl.	Verein	1.	2.	3.	4.	5.	6.	7.	8.	9.	10.	11.	12.	13.	14.	15.	16.	Tore	Punkte
1.	SpVgg Andernach	---	3:5	1:1	4:2	3:1	1:0	2:0	2:1	3:1	1:1	1:0	5:1	3:0	3:0	8:0	7:1	76:32	46:14
2.	Spfr. Eisbachtal	3:2	---	7:1	2:0	7:3	1:0	1:0	2:1	4:1	3:1	1:1	3:0	7:0	2:1	2:0	7:2	86:39	45:15
3.	SC Sinzig	4:4	5:1	---	1:0	4:0	1:2	1:1	1:0	0:1	3:1	1:1	6:0	1:0	2:1	1:0	3:0	60:38	41:19
4.	VfL Neuwied	1:2	2:0	2:1	---	5:4	2:0	4:1	0:0	2:1	7:1	0:0	4:1	1:0	1:0	3:0	3:1	59:40	38:22
5.	SC Oberlahnstein	4:2	1:6	4:2	1:0	---	5:1	0:2	1:1	4:1	1:1	2:3	3:1	3:1	4:1	1:0	3:0	67:54	36:24
6.	SV Niederlahnstein	0:3	1:1	0:0	3:0	0:3	---	2:1	0:4	3:3	3:1	2:1	2:4	0:3	2:2	2:1	0:0	41:43	33:27
7.	SC Bad Neuenahr	2:0	0:0	3:3	1:1	1:1	0:1	---	2:1	3:1	1:4	1:1	3:1	2:0	1:3	0:1	1:1	40:43	30:30
8.	FC Plaidt	0:1	1:0	1:1	0:3	0:2	1:2	3:0	---	1:0	2:1	2:1	2:3	4:0	5:0	7:2	5:0	51:36	29:31
9.	SSV Mülheim	1:1	1:2	0:1	2:0	1:2	0:0	0:0	1:1	---	4:4	2:1	2:3	0:1	4:1	2:0	7:1	49:46	26:34
10.	VfB Lützel	0:1	1:3	1:2	3:4	3:1	0:2	4:1	2:3	1:1	---	4:2	4:1	1:2	2:2	1:1	2:0	63:62	26:34
11.	VfB Wissen	0:0	3:3	1:2	1:2	0:1	1:1	0:2	2:1	3:2	1:1	---	4:0	2:0	1:1	4:0	3:2	46:46	26:34
12.	FC Engers	0:3	1:5	2:5	2:4	1:1	2:1	3:1	1:0	1:1	3:2	3:5	---	1:1	2:0	3:2	1:0	47:77	25:35
13.	SpVgg Bendorf	1:1	2:1	1:1	1:2	1:0	2:5	0:3	3:1	0:1	2:8	3:1	2:2	---	2:0	2:1	0:1	37:60	24:36
14.	Germania Metternich	1:3	0:3	1:2	2:1	1:0	0:1	2:3	1:1	2:1	3:3	3:3	2:2	4:1	---	2:2	4:1	44:63	22:38
15.	FV Rübenach	0:2	3:2	1:3	4:2	3:8	0:3	2:3	0:1	0:2	1:2	1:0	3:2	3:2	3:1	---	2:1	39:74	20:40
16.	Eintracht Trier (A)	1:4	2:2	1:1	1:1	2:3	0:2	0:1	2:1	1:5	1:3	2:0	1:0	0:4	2:3	2:3	---	29:81	13:47

Neu in der Liga 1971/72: SV Remagen, SV Leiwen, ESG Betzdorf

Kreuztabelle der Amateurliga Hessen

Pl.	Verein	1.	2.	3.	4.	5.	6.	7.	8.	9.	10.	11.	12.	13.	14.	15.	16.	17.	18.	Tore	Punkte
1.	Darmstadt 98	---	3:2	1:0	3:0	3:0	0:1	5:3	1:0	3:1	0:1	2:1	2:1	3:2	3:0	3:0	3:2	2:2	3:1	75:35	53:15
2.	FSV Frankfurt	0:1	---	1:1	2:0	1:1	1:1	1:0	3:0	7:0	0:0	6:1	2:1	2:0	4:0	2:1	5:2	4:0	2:2	78:32	51:17
3.	Borussia Fulda	0:0	3:2	---	1:1	1:1	1:1	0:1	2:0	6:0	1:1	5:3	1:0	1:0	5:2	0:2	5:2	2:0	2:0	71:42	44:24
4.	Germania Wiesbaden	1:3	2:2	0:2	---	1:0	0:1	2:0	2:1	1:1	2:2	3:0	1:0	2:0	5:0	0:1	6:0	3:0	5:3	65:37	44:24
5.	Eintr. Frankfurt (A)	1:1	0:1	1:1	3:0	---	1:1	0:1	1:0	1:0	2:3	1:1	2:0	2:1	1:1	2:1	0:1	1:1	1:0	43:30	41:27
6.	1. FCA Darmstadt	0:0	1:4	4:1	2:3	1:4	---	1:2	0:2	3:1	2:1	0:0	3:1	3:1	3:2	5:3	7:2	7:1	64:57	39:29
7.	VfR Bürstadt	3:3	0:2	0:0	0:1	2:3	2:1	---	1:1	3:1	3:2	1:0	2:2	2:0	0:0	1:0	2:3	3:0	2:0	46:42	37:31
8.	Rot-Weiß Frankfurt	0:3	0:1	1:0	1:0	1:0	4:0	3:0	---	2:0	1:2	1:1	1:0	3:0	2:1	2:1	2:0	2:0	4:1	40:35	33:35
9.	SpVgg Neu-Isenburg	2:2	2:3	3:1	1:0	1:1	4:1	0:1	2:1	---	3:1	4:1	1:1	4:1	1:1	0:3	1:4	6:0	3:0	53:56	32:36
10.	SV Hofheim	5:2	1:2	0:2	1:3	1:3	0:2	0:0	1:0	1:0	---	2:2	3:1	1:3	5:1	3:1	0:1	0:1	3:2	51:54	32:36
11.	1. FC Hochstadt	2:1	1:1	3:2	1:2	2:3	3:1	2:2	1:1	1:1	3:1	---	2:2	2:1	1:4	1:1	0:0	2:0	3:0	56:62	32:36
12.	CSC Kassel 03	1:2	1:2	2:3	1:2	1:1	0:1	2:1	2:1	0:1	1:1	4:1	---	2:1	2:0	1:0	3:3	5:1	1:0	47:49	29:39
13.	VfB 1900 Gießen	1:1	1:0	4:4	1:4	0:1	1:0	2:0	1:1	1:0	1:1	2:1	0:3	---	1:0	3:1	2:1	1:1	2:0	39:51	29:39
14.	FSV Bischofsheim	1:2	1:1	3:3	1:0	1:0	3:4	0:0	2:0	2:0	2:0	1:4	3:1	1:0	---	1:2	4:1	1:1	2:3	45:60	29:39
15.	SG Westend Frankfurt	0:2	0:2	0:2	1:4	0:0	3:0	3:3	1:1	1:1	2:0	1:1	2:0	2:1	0:2	---	1:2	4:0	6:1	47:48	28:40
16.	KSV Baunatal	2:5	3:4	2:5	0:2	0:1	4:4	0:0	0:0	1:5	1:3	1:4	2:0	1:1	2:2	1:0	---	4:2	5:2	54:84	25:43
17.	KV Mühlheim	0:3	2:2	2:8	2:5	0:1	4:1	0:0	3:1	1:2	2:2	1:2	3:4	1:1	2:0	1:4	2:1	---	1:0	41:83	22:46
18.	Eintracht Wetzlar	0:4	0:4	0:0	0:2	0:3	0:2	2:5	1:4	1:1	1:3	2:2	1:2	1:3	1:1	2:0	3:0	0:3	---	31:89	12:56

Neu in der Liga 1971/72: SV Wiesbaden, Kickers Offenbach, Viktoria Aschaffenburg, Hessen Kassel, VfB Aßlar, Eintracht Großenritte

Kreuztabelle der Amateurliga Südwest

Pl.	Verein	1.	2.	3.	4.	5.	6.	7.	8.	9.	10.	11.	12.	13.	14.	15.	16.	Tore	Punkte
1.	Phönix Bellheim	---	4:2	5:2	1:0	2:0	2:0	4:0	2:0	2:1	1:0	3:1	0:0	0:0	4:0	0:0	3:0	53:21	46:14
2.	VfR Kaiserslautern	1:4	---	1:3	0:0	3:0	3:0	1:0	4:0	6:1	4:0	1:0	0:0	2:0	3:2	4:2	2:1	62:32	43:17
3.	FC Rodalben	3:1	3:1	---	1:0	4:2	0:1	2:2	7:1	2:1	2:0	3:2	2:1	5:2	6:0	2:1	3:1	67:38	43:17
4.	1. FC Kaisersl. (A)	0:2	0:2	0:2	---	1:3	2:2	6:0	3:0	3:2	2:1	2:0	8:0	3:1	3:1	4:2	5:0	67:40	40:20
5.	SVW Mainz	0:1	2:1	1:2	3:3	---	1:1	5:1	5:1	3:1	3:4	1:0	1:0	2:0	3:2	1:1	3:2	60:46	36:24
6.	FV Dudenhofen	1:0	0:0	1:2	2:2	1:1	---	1:1	4:1	2:2	4:3	1:0	3:2	1:1	5:0	1:1	5:0	52:42	33:27
7.	Arminia Ludwigshafen	1:3	1:1	2:1	1:2	0:0	2:0	---	5:0	2:0	5:0	0:2	1:2	2:0	6:0	2:0	5:2	52:46	30:30
8.	FC Neupotz	0:1	1:1	2:0	0:1	0:0	3:3	0:3	---	1:1	3:1	2:0	3:2	3:1	5:0	2:0	5:1	43:56	28:32
9.	TSC Zweibrücken	0:1	1:3	1:1	4:1	3:3	0:3	4:1	2:1	---	1:0	0:0	2:2	1:1	4:1	5:3	0:0	49:56	27:33
10.	FV Mombach	3:0	2:2	1:0	4:1	1:2	1:3	2:1	1:1	2:2	---	1:0	2:1	1:0	1:2	1:1	2:2	44:53	27:33
11.	Ludwigshafener SC	1:1	1:2	1:0	0:1	1:2	2:1	1:1	0:0	1:1	3:0	---	1:1	0:3	4:0	2:1	6:0	37:36	25:35
12.	FSV Schifferstadt	0:1	1:2	0:2	2:3	3:3	2:2	1:0	0:2	4:1	2:1	1:1	---	2:0	0:1	7:0	6:0	48:48	25:35
13.	FV Germersheim	2:3	1:3	4:4	1:3	2:4	2:4	0:2	1:1	2:2	1:2	2:2	2:2	---	3:2	2:1	2:1	49:56	25:35
14.	VfR Baumholder	1:0	1:1	1:2	1:2	0:3	4:1	2:0	3:2	2:2	0:4	4:2	3:2	1:3	---	3:2	2:1	40:79	23:37
15.	FK Clausen	1:1	1:4	0:1	3:1	1:5	0:0	2:3	1:3	2:3	2:0	2:1	1:1	1:1	3:0	---	3:1	41:64	20:40
16.	SV Gonsenheim	1:1	0:2	2:0	1:3	2:3	0:0	0:2	0:1	1:2	2:3	0:2	0:1	3:2	1:1	2:3	---	26:77	9:51

Neu in der Liga 1971/72: Eintracht Kreuznach, VfR Kaiserslautern, TuS Altrip, FVgg Mombach

Kreuztabelle der Amateurliga Saarland

Pl.	Verein	1.	2.	3.	4.	5.	6.	7.	8.	9.	10.	11.	12.	13.	14.	15.	16.	Tore	Punkte
1.	SV Fraulautern	---	1:6	1:2	3:0	3:0	1:0	3:2	2:0	2:3	2:1	2:1	4:2	1:3	1:0	6:0	8:0	70:34	44:16
2.	Spfr. Saarbrücken	2:1	---	3:2	6:2	2:1	1:0	1:1	2:1	5:1	2:0	3:0	1:0	1:2	3:2	3:1	6:1	69:37	43:17
3.	Teut. Landsw.-Reden	1:1	2:1	---	4:1	2:0	4:1	2:1	1:2	1:1	4:1	2:2	2:1	2:0	2:0	5:1	5:1	74:44	41:19
4.	SV Oberthal	0:1	1:2	3:2	---	2:0	1:3	1:1	2:1	2:1	3:2	4:1	6:0	1:1	3:2	1:5	3:0	68:50	37:23
5.	FC Homburg	2:2	2:5	4:1	3:6	---	3:1	2:0	1:0	2:4	0:0	6:3	4:2	5:2	0:2	1:0	2:1	57:52	34:26
6.	FC Hülzweiler	1:1	1:1	2:2	1:0	1:1	---	1:0	3:1	2:0	2:2	3:3	2:3	4:2	2:0	2:3	4:1	50:42	32:28
7.	FV Eppelborn	1:1	2:1	2:0	1:2	0:1	0:1	---	2:0	4:1	3:1	2:0	1:1	1:1	1:1	1:1	6:1	48:45	30:30
8.	SC Friedrichsthal	1:3	1:1	2:2	4:3	1:0	2:1	8:1	---	4:0	0:4	3:4	2:1	1:1	2:1	1:0	1:2	53:51	30:30
9.	SV Ludweiler	1:3	1:2	4:1	0:2	2:3	2:1	4:2	3:2	---	1:1	0:2	3:0	5:2	3:0	2:3	1:0	56:60	29:31
10.	FC Ensdorf	1:2	1:2	3:2	1:6	0:0	0:3	0:3	1:1	1:1	---	1:1	3:0	3:1	6:1	1:1	3:0	49:52	27:33
11.	SC Großrosseln	2:5	1:1	1:3	0:3	2:3	4:1	4:1	1:2	4:2	3:5	---	2:1	3:2	2:0	1:1	4:2	57:71	27:33
12.	ASC Dudweiler	0:2	3:0	0:4	3:0	1:1	0:0	2:0	1:2	1:3	1:1	3:0	---	6:0	1:0	6:0	4:0	51:53	26:34
13.	SV St. Ingbert	0:4	2:2	1:3	1:1	2:2	0:0	1:1	1:5	5:2	1:0	3:0	1:3	---	1:1	1:0	2:1	43:68	24:36
14.	SV Gersweiler	1:3	1:0	0:2	0:2	2:1	3:2	1:3	0:2	1:0	2:4	4:1	1:2	2:0	---	4:1	7:2	40:53	22:38
15.	Spfr. Köllerbach	1:0	3:2	1:4	0:4	1:2	0:3	2:3	4:0	1:2	1:2	1:2	3:1	7:3	1:1	---	0:1	44:67	20:40
16.	FV Diefflen	0:1	0:1	3:5	1:3	2:5	1:2	0:2	3:0	1:3	3:0	2:3	4:2	1:1	0:0	2:1	---	36:86	14:46

Neu in der Liga 71/72: VfB Theley, Saar 05 Saarbrücken, SV Auersmacher, Kleinottweiler

Kreuztabelle der Amateurliga Nordbaden

Pl.	Verein	1.	2.	3.	4.	5.	6.	7.	8.	9.	10.	11.	12.	13.	14.	15.	16.	Tore	Punkte
1.	SV Waldhof-Mannheim	---	6:0	2:1	2:0	5:0	3:0	0:1	7:0	5:1	7:0	2:0	3:1	3:0	2:0	1:0	10:0	102:25	50:10
2.	1. FC Pforzheim	1:3	---	2:1	4:0	4:1	2:0	8:1	2:0	6:1	4:1	4:1	6:1	2:0	7:1	5:0	3:0	91:33	45:15
3.	Karlsruher SC (A)	1:0	0:0	---	1:0	1:1	1:0	0:1	3:1	2:2	1:0	5:1	4:1	1:0	5:2	7:0	2:0	65:25	44:16
4.	VfL Neckarau	1:4	1:3	2:3	---	1:2	0:0	3:0	2:0	3:3	2:1	1:0	2:1	2:0	0:0	3:0	2:0	51:33	36:24
5.	FV Weinheim	1:2	1:0	3:1	1:1	---	0:2	4:1	2:3	4:2	1:3	1:2	4:4	7:0	2:0	2:1	10:1	65:48	35:25
6.	SV Sandhausen	1:3	1:0	0:0	0:3	0:0	---	0:1	1:4	1:2	4:2	0:1	1:0	4:1	1:1	1:1	3:0	31:28	34:26
7.	Germania Forst	0:5	2:2	0:3	1:0	2:1	1:1	---	2:1	0:2	1:1	5:1	0:2	3:1	1:1	1:2	2:0	42:49	33:27
8.	FC Neureut	1:1	0:0	0:0	1:4	3:4	1:1	0:3	---	2:0	1:1	0:1	1:1	3:1	5:1	6:0	1:0	50:45	31:29
9.	Karlsruher FV	2:0	3:1	2:2	2:1	0:0	2:2	5:1	---	---	3:2	0:0	3:3	3:1	3:2	3:1	1:0	52:55	31:29
10.	SV Schwetzingen	2:3	2:2	1:6	0:2	2:3	0:1	3:3	1:0	3:1	---	3:3	4:1	4:3	4:2	2:0	5:2	58:61	30:30
11.	VfR Pforzheim	1:1	1:3	0:2	1:5	3:0	0:1	1:1	0:2	1:0	1:1	---	3:1	2:2	0:1	3:1	6:3	45:56	26:34
12.	Amiticia Viernheim	2:0	0:2	1:4	0:0	3:4	1:1	1:1	1:1	2:1	1:1	1:1	---	2:3	1:1	5:1	0:4	45:62	22:38
13.	VfB Knielingen	4:11	3:8	2:1	0:3	1:0	1:2	1:1	1:0	3:2	1:3	4:5	3:1	---	0:0	7:0	4:3	49:79	21:39
14.	FV Hockenheim	1:5	1:3	0:2	1:4	0:1	0:2	2:2	0:4	0:0	0:1	2:1	1:1	0:0	---	0:0	5:1	31:62	18:42
15.	1. FC Birkenfeld	2:3	2:2	1:2	1:1	0:4	0:1	1:1	1:2	1:1	2:5	3:3	2:4	2:1	3:2	---	0:2	28:80	14:46
16.	Germania Brötzingen	1:3	0:5	0:3	1:2	0:1	0:1	0:2	0:5	5:3	0:0	0:2	0:3	1:1	1:4	1:0	---	26:89	10:50

Neu in der Liga 71/72: VfR Mannheim, FC Bammental, FG Rüppurr, Phönix Mannheim

Kreuztabelle der Amateurliga Südbaden

Pl.	Verein	1.	2.	3.	4.	5.	6.	7.	8.	9.	10.	11.	12.	13.	14.	15.	16.	Tore	Punkte
1.	FC Emmendingen	---	2:0	3:0	2:0	1:1	4:0	2:1	2:0	3:1	2:0	3:0	2:1	2:0	2:0	3:0	5:0	56:22	47:13
2.	SV Waldkirch	4:1	---	0:1	0:2	4:3	0:2	2:0	6:1	0:0	4:1	2:4	2:0	1:1	1:0	5:1	2:0	57:27	43:17
3.	SC Freiburg	2:2	0:2	---	2:1	1:2	2:2	3:1	1:1	1:1	2:2	0:3	3:1	2:1	4:1	2:0	3:0	53:37	37:23
4.	FC Rastatt	0:2	0:3	1:2	---	2:0	2:3	1:1	2:1	2:0	0:0	1:1	2:0	3:1	6:0	4:3	1:1	59:37	36:24
5.	SC Baden-Baden	1:1	0:0	1:1	2:3	---	0:1	3:1	3:1	3:1	0:1	3:1	3:0	3:1	2:1	1:1	1:1	59:46	34:26
6.	SV Oberkirch	1:1	0:1	0:5	1:1	1:0	---	2:2	1:1	1:1	1:1	2:0	2:0	1:1	1:1	2:0	2:1	50:48	33:27
7.	FV Lörrach	3:0	1:3	1:6	2:0	3:3	1:0	---	0:3	1:0	4:0	4:3	1:3	0:0	2:3	5:2	2:1	55:52	32:28
8.	SC Bahlingen	1:2	2:2	2:1	2:1	2:2	3:2	2:4	---	0:0	0:1	1:1	1:1	5:1	2:0	3:2	4:0	50:50	29:31
9.	FV Kehl	1:1	0:0	1:1	2:5	3:1	3:0	1:2	2:1	---	0:2	0:1	1:3	2:1	0:0	4:1	2:0	38:38	29:31
10.	FV Lahr	0:1	1:2	1:3	2:0	1:1	0:2	2:0	1:2	2:0	---	0:2	0:0	4:1	1:2	4:1	1:0	34:36	28:32
11.	FV Offenburg	0:0	2:2	1:0	1:2	2:2	1:5	4:2	3:1	2:1	0:0	---	0:4	2:2	3:3	2:3	6:0	52:58	28:32
12.	Spfr. Freiburg	0:1	1:4	2:2	0:4	2:2	5:3	3:1	2:1	0:2	1:0	2:3	---	1:1	0:0	2:1	1:0	38:49	27:33
13.	SV Weil	0:0	0:0	1:2	1:4	1:4	5:2	0:3	2:1	1:2	1:0	3:1	2:0	---	2:0	3:1	2:3	36:52	23:37
14.	Freiburger FC (A)	2:3	0:1	0:2	0:5	4:5	1:4	0:1	2:3	1:3	1:0	3:0	4:1	1:0	---	1:0	3:2	37:57	23:37
15.	SV Kuppenheim	2:1	0:2	0:1	2:2	4:1	1:3	1:3	2:0	2:2	3:2	3:0	0:0	0:1	0:2	---	7:0	43:62	18:42
16.	SV Bietigheim	1:2	1:2	3:3	0:0	0:4	2:5	2:2	2:3	0:2	0:0	0:3	1:2	2:0	1:1	1:0	---	25:71	13:47

Neu in der Liga 71/72: VfR Rheinfelden, SpVgg Bühlertal

Kreuztabelle der Amateurliga Nord-Württemberg

Pl.	Verein	1.	2.	3.	4.	5.	6.	7.	8.	9.	10.	11.	12.	13.	14.	15.	16.	Tore	Punkte
1.	VfB Stuttgart (A)	---	3:2	1:0	2:1	4:0	4:0	4:0	4:0	3:1	2:0	4:0	2:1	2:1	7:1	7:0	2:1	81:25	48:12
2.	SpVgg Ludwigsburg	2:1	---	1:4	2:2	3:0	3:0	3:0	4:1	4:1	3:2	4:3	4:0	1:0	5:0	4:1	1:1	85:35	48:12
3.	SSV Ulm 1846	3:2	1:2	---	0:2	7:1	2:0	1:0	2:2	1:1	2:1	2:0	2:1	2:2	3:0	3:1	1:0	65:28	45:15
4.	Normannia Gmünd	3:3	1:1	4:1	---	2:0	3:2	0:1	1:1	4:1	0:1	1:1	4:0	0:1	4:0	4:0	3:1	55:33	37:23
5.	SC Geislingen	0:3	1:3	1:1	0:1	---	1:1	1:1	1:0	1:1	3:3	2:1	1:1	4:2	0:0	8:0	2:1	47:50	31:29
6.	TSG Backnang	0:2	0:2	1:1	2:4	0:1	---	0:0	2:0	1:1	4:0	5:1	3:0	4:2	1:2	2:0	1:3	54:48	30:30
7.	Union Böckingen	2:0	1:1	0:3	0:1	0:3	2:3	---	3:1	3:1	2:3	1:0	4:2	1:0	2:1	4:0	2:0	41:50	30:30
8.	VfL Heidenheim	0:1	1:5	0:1	3:1	3:0	3:1	2:2	---	2:2	3:1	5:2	3:1	2:0	1:1	4:0	2:2	48:52	27:33
9.	Stuttgarter Kickers (A)	1:4	1:4	1:4	1:1	3:0	1:1	4:2	2:3	---	3:1	0:0	3:1	2:0	5:2	5:1	6:1	57:61	26:34
10.	TV Gültstein	0:0	2:2	0:2	0:1	0:2	0:1	0:0	1:0	2:1	---	1:1	4:2	3:1	1:0	3:3	2:1	37:51	26:34
11.	TSF Esslingen	1:3	1:3	0:4	1:0	0:1	1:4	3:0	2:1	3:2	1:1	---	1:1	2:2	4:0	2:1	4:1	42:60	25:35
12.	FV Nürtingen	1:3	2:3	0:3	1:2	3:2	2:3	2:4	0:1	1:0	4:3	4:0	---	3:2	3:0	1:1	4:2	49:64	23:37
13.	VfL Sindelfingen	2:1	2:6	1:1	0:1	3:2	0:4	0:0	2:1	5:1	1:1	0:1	1:1	---	1:1	2:3	2:1	37:52	23:37
14.	TG Heilbronn	1:0	1:1	1:4	2:2	0:3	4:2	0:1	3:1	3:3	3:0	0:3	1:3	0:0	---	4:1	3:1	35:64	22:38
15.	SpVgg Neckarsulm	0:4	0:5	2:2	3:2	1:2	2:5	6:2	4:1	2:1	3:0	1:1	1:1	0:1	0:0	---	2:3	41:84	20:40
16.	Germania Bietigheim	1:3	2:1	0:2	2:0	2:4	1:1	1:0	1:1	1:2	0:1	6:2	1:3	1:1	2:1	1:2	---	41:61	19:41

Neu in der Liga 71/72: SV Göppingen, Spfr. Schwäbisch-Hall, SV Rehnenhof, FV Zuffenhausen

Kreuztabelle der Amateurliga Schwarzwald-Bodensee

Pl.	Verein	1.	2.	3.	4.	5.	6.	7.	8.	9.	10.	11.	12.	13.	14.	15.	16.	Tore	Punkte
1.	FC Singen 04	---	2:0	2:0	1:1	0:0	2:0	0:0	3:1	0:0	1:0	1:0	1:1	3:1	4:0	2:0	6:1	52:22	44:16
2.	FC Gottmadingen	0:3	---	2:0	3:2	0:0	3:1	3:1	4:0	4:0	1:0	3:1	2:0	2:1	3:2	2:0	3:0	57:36	41:19
3.	FV Biberach	2:0	0:0	---	2:1	4:3	1:4	1:0	1:1	2:0	3:0	1:1	3:0	2:1	1:3	2:0	1:0	51:41	39:21
4.	FC Tailfingen	1:1	3:1	2:0	---	1:1	0:2	1:2	2:0	1:0	4:2	0:0	2:3	1:0	1:0	4:0	2:0	52:33	38:22
5.	SpVgg Lindau	0:1	2:1	1:1	2:2	---	0:0	4:3	2:1	0:0	5:0	0:0	6:2	0:1	2:1	3:3	2:2	63:40	37:23
6.	FC Wangen	2:0	1:2	3:1	2:3	2:5	---	3:4	3:2	1:2	2:3	4:1	4:1	4:3	1:0	2:1	4:1	62:50	34:26
7.	FV Ravensburg	2:0	1:4	2:2	1:2	1:2	1:2	---	2:3	1:4	3:0	2:1	1:1	2:1	5:0	4:1	2:1	53:41	34:26
8.	FV Ebingen	3:1	0:2	1:3	2:0	3:1	4:1	0:2	---	4:1	3:2	2:2	2:2	2:0	1:3	1:0	5:2	55:48	34:26
9.	SC Schwenningen	1:1	7:1	1:2	1:0	1:1	1:1	1:3	1:0	---	1:0	0:0	1:2	3:0	9:1	3:0	2:2	48:37	33:27
10.	SV Tübingen	1:1	2:0	4:2	3:0	1:1	1:2	1:2	3:0	---	0:0	1:0	1:0	4:0	3:1	3:1		46:39	32:28
11.	SSV Reutlingen (A)	1:3	1:1	1:1	1:3	1:1	6:2	0:0	1:1	0:1	1:0	---	3:2	1:1	1:1	5:2	2:0	36:39	28:32
12.	FC Konstanz	2:5	2:4	1:3	1:2	5:2	0:3	1:1	0:0	0:2	1:2	1:1	---	1:0	1:0	1:1	4:0	41:55	25:35
13.	VfB Friedrichshafen	0:2	2:0	2:2	1:1	1:3	0:3	1:1	1:3	2:3	1:0	3:0	0:1	---	1:1	2:1	3:1	33:46	20:40
14.	SV Wannweil	0:2	0:1	1:2	0:5	1:4	1:0	0:0	2:3	1:2	0:3	0:0	2:1	1:1	---	3:2	0:3	29:68	17:43
15.	Olympia Laupheim	2:3	0:3	3:4	0:2	1:4	0:2	0:0	1:1	3:0	1:3	1:3	0:2	1:1	2:0	---	4:1	33:67	13:47
16.	FC Villingen	0:1	2:0	1:2	1:3	0:6	2:2	1:4	2:4	1:0	1:2	3:2	1:2	0:3	3:5	1:2	---	34:83	11:49

Neu in der Liga 71/72: FC Tuttlingen, SV Kreßbronn, FC Furtwangen

Kreuztabelle der Amateurliga Bayern

Pl.	Verein	1.	2.	3.	4.	5.	6.	7.	8.	9.	10.	11.	12.	13.	14.	15.	16.	17.	18.	Tore	Punkte
1.	SpVgg Bayreuth	---	3:1	2:1	2:0	3:1	1:1	2:0	3:0	2:1	3:0	1:0	2:1	3:1	2:0	3:2	6:2	3:0	6:0	89:26	61:7
2.	SpVgg Weiden	0:3	---	0:0	1:0	4:0	1:0	3:2	0:1	3:1	3:0	1:0	2:0	1:0	5:0	2:0	4:2	3:1	4:1	57:29	46:22
3.	FC Augsburg	2:2	3:0	---	3:2	2:0	1:3	1:1	4:1	5:1	3:2	0:1	7:1	5:0	4:1	3:0	4:0	5:2		77:41	44:24
4.	MTV Ingolstadt	0:1	0:0	2:2	---	1:0	3:1	4:1	3:0	2:1	6:2	1:0	8:0	1:1	3:0	3:1	1:0	3:0	5:2	64:33	42:26
5.	FC Herzogenaurach	3:2	1:2	3:2	1:4	---	1:1	5:3	2:3	2:4	4:0	0:0	6:0	6:1	3:1	3:0	3:2	3:1	5:1	76:62	36:32
6.	Kickers Würzburg	0:1	1:0	1:1	2:1	2:3	---	2:0	1:2	5:3	0:2	3:2	2:2	3:1	2:0	2:3	4:1	4:2	1:0	52:52	34:34
7.	SpVgg Büchenbach	2:4	2:3	1:1	2:2	0:1	3:1	---	6:3	1:1	1:1	0:0	0:0	0:0	2:0	1:0	2:1	1:1	3:2	51:53	34:34
8.	FV Würzburg 04	1:2	1:1	2:3	0:2	2:2	3:1	0:2	---	0:0	2:0	0:0	3:2	2:1	3:0	0:1	1:0	1:0	2:0	39:45	33:35
9.	FC Memmingen	0:5	2:1	1:0	1:2	1:4	0:0	1:3	1:0	---	4:1	2:2	3:1	1:0	0:0	0:1	2:1	2:1	5:2	51:58	33:35
10.	1. FC Lichtenfels	1:3	1:1	2:1	1:0	1:1	1:2	1:2	1:0	4:2	---	4:2	0:0	1:1	1:0	5:1	2:2	1:2	1:3	51:64	32:36
11.	SpVgg Vohenstrauß	0:1	0:4	2:2	0:0	5:1	3:1	4:1	0:0	1:2	3:0	---	4:0	3:0	3:1	3:0	3:1	7:3	3:0	59:46	31:37
12.	1. FC Nürnberg (A)	0:2	1:1	3:1	1:3	1:1	1:2	0:0	2:0	1:1	4:4	4:3	---	3:1	0:0	2:2	6:4	1:2	3:2	51:68	31:37
13.	1. FC Passau	1:0	0:0	3:2	2:1	2:1	1:1	1:3	1:3	3:2	4:3	---		1:0	1:0	1:0	3:3	1:0		41:63	31:37
14.	1. FC Haßfurt	1:4	1:1	0:1	0:0	3:1	1:1	1:1	2:0	2:0	1:1	4:1	1:2	1:2	---	2:1	3:0	0:0	3:2	38:49	30:38
15.	Helios München	4:4	0:3	0:0	2:0	1:1	2:1	1:2	2:2	1:2	1:0	1:1	2:1	0:1	---	3:2	0:0	2:8		40:64	29:39
16.	VfB Helmbrechts	0:2	1:1	1:2	2:0	3:2	4:1	0:0	1:0	2:3	1:0	0:0	1:0	0:3	3:1	1:3	3:0	---	0:1	3:2	47:66	25:43
17.	Bayern München (A)	0:3	0:0	1:4	3:1	2:0	0:1	2:2	0:0	0:0	1:4	1:1	1:0	0:1	0:2	1:2	1:2	---	1:1	33:62	23:45
18.	VfB Coburg	0:3	1:1	0:1	0:2	1:4	0:2	1:1	0:0	3:3	2:2	0:0	2:0	4:0	0:4	0:1	0:1	2:1	---	44:79	17:51

Neu in der Liga 1971/72: Wacker München, ASV Neumarkt, SC Fürstenfeldbruck, FC Kronach

Ender (links) hat soeben den entscheidenden Treffer im Endspiel erzielt. Heck und Rick sind die ersten Gratulanten (SC Jülich - VfB Stuttgart (A) 1:0)

SONSTIGER AMATEURFUSSBALL

Aufstieg in die Regionalliga Nord

Gruppe 1
	Tore	Punkte
1. OSV Hannover	13:5	11:1
2. TSV Rendsburg	8:6	6:6
3. Eintracht Nordhorn	9:12	5:7
4. SpVgg Blankenese	7:14	2:10

Aufsteiger: OSV Hannover

Gruppe 2
	Tore	Punkte
1. Polizei SV Bremen	19:12	10:2
2. Union Salzgitter	15:8	8:4
3. VfL Pinneberg	7:10	4:8
4. TSV Westerland	8:19	2:10

Aufsteiger: Polizei SV Bremen

Aufstieg in die Regionalliga West
	Tore	Punkte
1. SVA Gütersloh	5:2	6:2
2. VfL Klafeld	5:6	4:4
3. Bayer Uerdingen	4:6	2:6

Aufsteiger: SVA Gütersloh und VfL Klafeld

Aufstieg in die Regionalliga Süd-West
	Tore	Punkte
1. Phönix Bellheim	8:4	5:3
2. SpVgg Andernach	6:6	4:4
3. SV Fraulautern	7:11	3:5

Aufsteiger: Bellheim und Andernach

Aufstieg in die Regionalliga Süd
	Tore	Punkte
1. Waldhof Mannheim	19:6	8:4
2. FC Singen 04	12:10	8:4
3. SpVgg Ludwigsburg	9:9	8:4
4. FC Emmendingen	3:18	0:12

Aufsteiger: SpVgg Ludwigsburg nach Entscheidungsspielen

Amateurliga Hamburg
Pl.	Verein	Tore	Punkte
1.	VfL Pinneberg	63:36	41:19
2.	SV Blankenese	55:39	40:20
3.	DuWo 08	55:41	39:21
4.	Viktoria Hamburg	67:46	36:24
5.	Concordia Hamburg	45:35	33:27
6.	TSV Langenhorn	53:45	33:27
7.	FC St. Pauli (A)	53:49	32:28
8.	Hamburger SV (A)	47:38	31:29
9.	Bergedorf 85	51:43	31:29
10.	Union 03 Altona	50:54	30:30
11.	St. Georg Hamburg	46:48	26:34
12.	Germania Schnelsen	38:64	26:34
13.	SC Poppenbüttel	47:53	23:37
14.	Wilhelmsburg	38:60	23:37
15.	Holsatia Elmshorn	34:52	21:39
16.	FC Altona 93	29:68	15:45

Amateurliga Bremen
Pl.	Verein	Tore	Punkte
1.	Polizei SV	81:32	44:12
2.	Hastedter TSV	50:40	37:19
3.	Werder Bremen (A)	58:36	34:22
4.	SGO Bremen	51:48	33:23
5.	Blumenthaler SV	53:35	32:24
6.	Eintracht Bremen	57:36	30:26
7.	Bremer SV	39:46	30:26
8.	AGSV Bremen	33:42	27:29
9.	TuS Schwachhausen	44:47	25:31
10.	ATS Bremen 1860	36:43	24:32
11.	SV Hemelingen	41:50	24:32
12.	BBV Union Bremen	53:69	23:33
13.	TSV Wulsdorf	48:64	23:33
14.	Bremerhaven 93 (A)	40:68	19:37
15.	SV Woltmershausen	34:62	15:41

Amateurliga Schleswig/Holstein
Pl.	Verein	Tore	Punkte
1.	Rendsburger TSV	57:23	46:14
2.	TSV Westerland	79:46	44:16
3.	VfB Kiel	57:38	39:21
4.	Schleswig 06	50:35	39:21
5.	Comet Kiel	63:43	36:24
6.	Eichholzer SV	50:39	32:28
7.	BSC Brunsbüttel	38:39	31:29
8.	SV Friedrichsort	52:45	30:30
9.	VfL Bad Oldesloe	29:33	28:32
10.	TSV Schlutup	36:43	23:37
11.	TSV Büdelsdorf	39:53	23:37
12.	Flensburger 08	41:58	23:37
13.	VfR Neumünster	35:54	23:37
14.	MTV Heide	32:59	23:37
15.	VfB Lübeck (A)	38:57	20:40
16.	Itzehoer SV	37:68	20:40

Amateurländerspiele
08.09.70 Deutschland - Ungarn	1:1
18.10.70 Türkei - Deutschland	0:2
17.11.70 Jugoslawien - Deutschland	0:1
21.11.70 Griechenland - Deutschland	1:1
27.12.70 Nigeria - Deutschland	0:2
30.12.70 Togo - Deutschland	2:3
03.01.71 Elfenbeinküste - Deutschland	0:1
10.01.71 Liberia - Deutschland	0:3
13.01.71 Sierra Leone - Deutschland	0:1
16.01.71 Senegal - Deutschland	2:1
03.03.71 Luxemburg - Deutschland	4:2
21.04.71 Deutschland - Frankreich	2:1
25.04.71 Tunesien - Deutschland	2:0
28.04.71 Spanien - Deutschland	0:0

Länderpokal
Vorrunde	Hin	Rück
Bremen - Bayern	2:1	0:6
Hessen - Niedersachsen	3:0	1:1
Mittelrhein - Schleswig-Holstein	2:2	0:1
Berlin - Südbaden	0:0	6:7 nE
Nordbaden - Saarland	1:2	6:5 nE
Niederrhein - Rheinland	6:1	1:1
Hamburg - Westfalen	1:0	2:4
Südwest - Württemberg	*	

*Württemberg verzichtete

Viertelfinale
Südwest - Nordbaden	1:1	2:0
Südbaden - Niederrhein	1:1	0:4
Bayern - Hessen	4:2	3:1
Schleswig-Holstein - Westfalen	0:0	0:3

Halbfinale
Bayern - Westfalen	4:0	1:1
Niederrhein - Südwest	1:1	6:1

Endspiel
Bayern - Niederrhein	2:1 n.V.

Amateurmeisterschaft
Viertelfinale
SC Jülich - Eisbachtaler Sportfr.	2:0	1:0
VfB Stuttgart (A) - 1. FC Pforzheim	6:0	6:1
FC Gottmadingen - Saarbrücken	4:1	2:0
FSV Frankfurt - Sterkrade 06/07	0:0	3:1

Halbfinale
FSV Frankfurt - SC Jülich	0:1	1:2
FC Gottmadingen - VfB Stuttgart (A)	1:1	0:5

Endspiel am 10. Juli 1971 in Würzburg
SC Jülich - VfB Stuttgart (A)	1:0

Internationaler Fussball

LÄNDERSPIELE

Ein Idol dankte ab

Nur ein einziges Testspiel hatte Helmut Schön zur Verfügung, um seine Mannschaft auf die harte EM-Qualifikation vorzubereiten und durfte mit ihr sehr zufrieden sein. Mehr noch als das Ergebnis rührte die Republik der Abschied Uwe Seelers.

Nürnberg erwies dem Hamburger eine angemessene Ehre und füllte sein Stadion für dieses sonst bedeutungslose Spiel mit 70.000 Menschen. Diesmal hängte "Uns Uwe" seine Schuhe auch tatsächlich an den Nagel, nachdem er mehr als zwei Jahre zuvor schon einmal zurückgetreten war, um sich dann wieder reaktivieren zu lassen und bei der WM 1970 der ganzen Welt noch einmal seine Klasse zu beweisen. Auch gegen Ungarn nun zeigte Seeler, inzwischen fast 34-jährig, sich noch einmal von seiner besten Seite. Genau wie in Mexiko gab er ein perfekt passendes Gegenstück zu Gerd Müller, der alles versuchte, um Seeler zum Abschied ein Tor zu schenken und stattdessen selbst eine Vorlage des Sturmpartners nutzte (53.). Für die Rolle eines Spielverderbers war Ungarn eine Nummer zu klein. Schon nach elf Minuten leitete der überragende Beckenbauer das 1:0 ein, als er Sieloff in die Gasse schickte und dieser dann nach Doppelpass mit Müller ins Tor traf. Nach Toren von Müller (22.) und Fazekas nach einer Ecke (32.) dominierte die DFB-Truppe weiter und hörte auch nach Müllers zweitem Tor nicht damit auf. Bis auf den verletzten Overath hatte Helmut Schön den Großteil des WM-Kaders beisammen, einzig Flohe und Nigbur waren noch ohne Länderspieleinsatz. Noch in der Schlussminute brachte sich Beckenbauer um seinen verdienten Lohn, als er nach Doppelpass mit Müller knapp über den Querbalken schoss. Auch Uwe Seeler war zum Abschied kein Tor mehr vergönnt. Mit 72 Länderspielen blieb er trotzdem nicht nur Rekordspieler, sondern mit 43 Treffern auch bester Schütze des DFB.

Jetzt war endgültig Schluss: Uwe Seeler

Deutschland - Ungarn 3:1 (2:1)

Mi. 09.09.1970

Zuschauer: 70.000

Schiedsrichter: Marschall (Österreich)

Tore: 1:0 Klaus-Dieter Sieloff (11.), 2:0 Gerd Müller (22.), 2:1 Fazekas (32.), 3:1 Gerd Müller (53.)

Aufstellung Deutschland: Sepp Maier; Berti Vogts, Horst-Dieter Höttges; Franz Beckenbauer, Klaus-Dieter Sieloff, Wolfgang Weber; Jürgen Grabowski, Klaus Fichtel, Uwe Seeler, Gerd Müller, Hennes Löhr (46. Reinhard Libuda)

Aufstellung Ungarn: Rothermel; Nosko, Pancsis (59. Meszöly); Megyesi, Halmosi, Konrad; Fazekas, Kocsis, Bene, Karsai, Kozma (46. Dunai)

Fehlstart ohne Ansage

Kaum ging es um Punkte, wurden die Deutschen vom Glück verlassen. Fast zwei Hände voll bester Chancen ließ die DFB-Elf ungenutzt, während die ungestümen Türken ihre nahezu einzige Möglichkeit zum Punktgewinn nutzten. Das Ergebnis war eine blanke Enttäuschung.

Schon nach einer Viertelstunde hätte Deutschland uneinholbar vorn liegen können. Erst verpasste Sieloff Grabowskis Maßflanke knapp (2.), dann scheiterte Fichtel am türkischen Torwart (4.), ehe Müller fast einen Fehler desselben Schlussmanns ausgenutzt hätte (11.). Was dann geschah, weckte Erinnerungen an das vergangene Weltturnier, denn ohne jede Ansage lagen plötzlich die Türken in Front, weil Yavuz einen Konter optimal ausnutzte (16.). Eine Minute später musste die Heimelf gleich noch mal durchatmen, weil Turan Weber versetzte und kurz vor dem 0:2 stand. Damit allerdings waren die Ideen der Türken auch erschöpft, was nicht zuletzt an der großen Portion Trotz lag, die Deutschland nun in sein Spiel einwarf. Es entstand ein Übergewicht, dem die Gäste kaum entgegenwirken konnten, außer mit immer rüderen Fouls. Nach 36 Minuten dann traf Gerd Müller zum Ausgleich per Strafstoß, den Grabowskis flinker Antritt erwirkt hatte und den Schiedsrichter Bonett ohne Zweifel geben musste, zumal schon zehn Minuten vorher eigentlich ein Pfiff fällig gewesen war. Nach dem Seitenwechsel verschenkte die DFB-Elf zunächst kostbare Zeit, wäre aber auch so auf einen grünen Zweig gekommen, hätte der eingewechselte Heynckes nur die größte Chance des Spiels zum 2:1 genutzt (68.). Je näher das Spielende rückte, desto unkonzentrierter wurden Deutschlands Angreifer, und noch in der Schlussminute vergab der glücklose Müller die letzte Möglichkeit auf einen Sieg.

Aktivposten einer glücklosen DFB-Elf: Jürgen Grabowski

EM QUALIFIKATION

Deutschland - Türkei 1:1 (1:1)

Sa. 17.10.1970

Zuschauer: 53.000

Schiedsrichter: Bonett (Malta)

Tore: 0:1 Yavuz (16.), 1:1 Gerd Müller (36., FE)

Aufstellung Deutschland: Sepp Maier; Berti Vogts, Horst-Dieter Höttges, Franz Beckenbauer, Klaus-Dieter Sieloff (66. Jupp Heynckes); Wolfgang Weber, Reinhard Libuda; Klaus Fichtel, Gerd Müller, Wolfgang Overath, Jürgen Grabowski

Aufstellung Türkei: Ali; Ergün, Muzaffer, Ercan, Alpaslan; Ziya, Sanli; Kamuran, Metin, Cemil (46. Sami), Yavuz

Ohne Stürmer aufgeschmissen

Eine Balkanreise sollte Aufschluss darüber geben, wie das Sturmproblem zu beheben sein könnte. Da Gerd Müller kurzfristig ausfiel, hielten sich die Erkenntnisse jedoch in Grenzen.

Zumal Günter Netzer sein erstes Länderspiel seit Februar absolvierte, schien es mehr als naheliegend, Vereinskamerad Heynckes in die Anfangself zu stellen. Zusammen mit Held und Libuda bildete der Gladbacher den Ersatzsturm und sorgte gleich nach sechs Minuten auch schon für Aufregung, als er den Ball an die Längsstange zimmerte. Ansonsten war das Spiel der deutschen Mannschaft im ersten Abschnitt enttäuschend. Auch ein Weltklasse-Mittelfeld mit Netzer und Overath konnte nicht verhindern, dass die nicht einmal übermächtigen Jugoslawen die Szenerie klar beherrschten. Nur die gute Abwehr stand dafür ein, dass Deutschland zur Pause ohne Gegentor blieb. Von einer adäquaten Vertretung Gerd Müllers, geschweige denn Uwe Seelers, konnte indes überhaupt keine Rede sein. Zumal auch die Jugoslawen sehr robust verteidigten. Kurz nach dem Seitenwechsel bekam dies einmal mehr Jupp Heynckes zu spüren. Seine Beinahe-Großchance wurde kurz vor dem Strafraum noch mit einem Foul vereitelt, ohne dass der Freistoß den Gästen aber weitergeholfen hätte (52.). Fünf Minuten später machten dafür endlich die Gastgeber ihre Drohung wahr; nach einer Flanke von links schraubte sich Bukal in die Luft und köpfte das überfällige 1:0. Mehr denn je wurde in der Folge ein echter Knipser vermisst, denn einige gute Konterchancen wurden durch zu langes Zögern verschenkt. Gleich nachdem Roths Treffer wegen Abseits nicht anerkannt wurde (86.), legte Dzajic schließlich die Quittung vor, als er einen Fehler von Berti Vogts frei vor Maier mit dem 2:0 bestrafte. Für Helmut Schön war der Balkantrip bis hierhin ein reiner Misserfolg.

Weder ein Seeler noch ein Müller: Jupp Heynckes

Jugoslawien - Deutschland 2:0 (0:0)

Mi. 18.11.1970

Zuschauer: 25.000

Schiedsrichter: Vizhanyo (Ungarn)

Tore: 1:0 Bukal (57.), 2:0 Dzajic (87.)

Aufstellung Jugoslawien: Dautbegovic; Rajkovic, Paunovic, Holcer, Stepanovic, Antonijevic; Piric, Bajevic (46. Hlevnjak), Petkovic, Bukal, Dzajic

Aufstellung Deutschland: Sepp Maier; Berti Vogts, Horst-Dieter Höttges; Franz Beckenbauer, Wolfgang Weber, Franz Roth; Reinhard Libuda, Günter Netzer, Jupp Heynckes, Wolfgang Overath, Siegfried Held (67. Jürgen Grabowski)

Dreifach hielt besser

Helmut Schön griff zum Allheilmittel und zog Franz Beckenbauer ins Mittelfeld vor. Gegen drei hochklassige Spielmacher war dann auch Griechenland nicht stark genug und streckte nach tapferem Kampf seine Waffen schließlich nieder.

Nicht mal eine komplette Halbzeit zwar standen Beckenbauer, Netzer und Overath gemeinsam auf dem Platz, doch kam allein Günter Netzer nach dem Ausscheiden des Kapitäns umso voller zur Blüte. Ergebnis war etwa ein Traumpass in den Lauf Jürgen Grabowskis (42.), der Deutschland eine 2:0-Pausenführung bescherte, nachdem Netzer selbst nach einer halben Stunde bereits das erste Tor erzielt hatte. Der Auftritt der deutschen Elite war kein Vergleich zum müden Kick von Zagreb. In der Summe höchstens zehn Minuten mussten die Deutschen sich im ersten Abschnitt vorsehen, als etwa Dedes (17.) und Kudas (25.) zwei passable Chancen vergaben. Grundsätzlich stand eine raubeinige einer spielstarken Mannschaft gegenüber, wobei die Griechen nach dem 0:1 immer weniger zimperlich wurden und auch Netzer noch vor dem Seitenwechsel zum Humpeln brachten. Sofort nach Wiederbeginn machte der für Overath gekommene Roth eigentlich schon alles klar, doch konnte der Linienrichter seinen Vorgesetzten noch überzeugen, den Treffer wegen Foulspiels nicht anzuerkennen. Als fünf Minuten später Joutzos dann das 1:2 köpfte, wurden die Gastgeber noch einmal munter. Wieder Joutzos vergab bald eine viel größere Möglichkeit als die, welche er zum Anschluss genutzt hatte. Volkmar Groß wiederum machte seinen Fehler vom 1:2 wieder gut und gab seinem Debüt damit einen insgesamt passablen Anstrich. Im Gegensatz zu Flohe, der ebenfalls zum ersten Länderspiel kam, sollte Groß aber nie wieder ins deutsche Tor zurückkehren. Was ihm blieb, war immerhin ein schöner Auswärtssieg, den Beckenbauer im Doppelpass mit Netzer schließlich noch angemessen hoch schraubte. Das Länderspieljahr ging damit versöhnlich zu Ende.

Zum ersten und letzten Mal dabei: Volkmar Groß

Griechenland - Deutschland 1:3 (0:2)

So. 22.11.1970

Zuschauer: 40.000

Schiedsrichter: Bentu (Rumänien)

Tore: 0:1 Günter Netzer (30.), 0:2 Jürgen Grabowski (42.), 1:2 Joutzos (52.), 1:3 Franz Beckenbauer (74.)

Aufstellung Griechenland: Ikonomopoulos (46. Christidis); Tomaras, Kamaras; Toskas, Stathopoulos, Eleftherakis; Domasos, Koudas, Papaioannou (67. Kritikopoulos), Antoniadis (46. Joutzos), Dedes

Aufstellung Deutschland: Volkmar Groß; Berti Vogts, Horst-Dieter Höttges; Franz Beckenbauer, Klaus-Dieter Sieloff, Michael Bella; Reinhard Libuda, Günter Netzer (79. Heinz Flohe), Jupp Heynckes, Wolfgang Overath (35. Franz Roth), Jürgen Grabowski

Fast ein zweites Tirana

Was gegen Griechenland noch so prima funktioniert hatte, wurde in Albanien nun zum Hemmnis, denn die großen Spielgestalter standen sich nur auf den Füßen. Ohne Ideen und ohne Durchschlag im Sturm ließ sich Deutschland vom Fußballzwerg gehörig ärgern. Fast war es wie damals.

Die DFB-Elf wäre lieber nach Italien oder England gereist, um sich für Quali-Punkte ins Zeug zu legen, denn Tirana war für sie ein unheilvoller Ort. Etwas mehr als drei Jahre war es her, dass die deutsche Nationalmannschaft sich in Albanien blamiert und durch ein 0:0 im letzten Spiel nicht für die Europameisterschaft qualifiziert hatte. Dass nur Weber, Overath und Netzer noch aus jener Anfangself übrig waren (Höttges fehlte verletzt), lag an der damaligen Laune Helmut Schöns, der Größen wie Maier, Müller und Beckenbauer zu Hause gelassen hatte. Diese drei waren nun allesamt dabei, und auch sonst stand eine viel gefestigtere Auswahl auf dem Platz. Trotzdem schwebte der Name des Gegners wie ein Fluch über den deutschen Köpfen, und so kam es, dass sich beinahe wieder eine Blamage ereignete. Den Unterschied markierte einzig und allein ein Treffer Gerd Müllers (38.), den Günter Netzer mit einem Freistoß auf den Weg brachte und der eigentlich nur als Auftakttor gedacht war. Die Beine der Gäste aber machten nicht mit. Gerade fünf Torchancen brachten Müller, Heynckes und die anderen zustande, wobei die meisten Impulse von Vogts und Grabowski ausgingen. Overath und Beckenbauer kürzten sich völlig weg. Die Deutschen, die 1967 hier bedingungslos gestürmt hatten, fürchteten sich vor den winzigen Albanern und ließen sie in Ruhe. Die wiederum machten sich einen Spaß daraus und kamen im Laufe des Spiels gar zu einem Übergewicht an Chancen. Mehr als einmal musste Sepp Maier aufmerksam den Ausgleich verhindern, der den DFB nicht nur blamiert, sondern erneut auch die EM gefährdet hätte.

Er war damals nicht dabei gewesen: Torschütze Gerd Müller

EM QUALIFIKATION

Albanien - Deutschland 0:1 (0:1)

Mi. 17.02.1971

Zuschauer: 27.000

Schiedsrichter: Betschirov (Bulgarien)

Tore: 0:1 Gerd Müller (38.)

Aufstellung Albanien: Dinella; Ginali, Chani, Kasuni, Dalles; Ragaini, T. Vaso; Ceso, Bizi, Panu, Siu

Aufstellung Deutschland: Sepp Maier; Berti Vogts, Bernd Patzke (67. Michael Bella), Karl-Heinz Schnellinger, Wolfgang Weber; Franz Beckenbauer, Wolfgang Overath; Jürgen Grabowski, Günter Netzer, Gerd Müller, Jupp Heynckes

Sämtliche Sorgen umsonst

Niemand hatte erwartet, dass sich Deutschland bei den heißblütigen Türken so leicht tun würde. Ein Müller-Doppelpack um die Halbzeit herum demoralisierte den Gegner so stark, dass die Schön-Elf freie Bahn bekam.

Einfach war die Reise auch aus politischer Sicht nicht, denn von verschiedenen Stellen war vor möglichen Entführungen gewarnt worden. Radikale Gruppen hätten es womöglich auf deutsche Spieler abgesehen, hieß es. Auch diese Befürchtung bestätigte sich nicht. Ein anderer Irrtum war, dass die Türken ein spielerisches Feuerwerk abbrennen und Deutschland womöglich besiegen könnten. Im ersten Durchgang tat sich die DFB-Auswahl zwar auch schwer, schon hier waren die Versuche der Gastgeber aber in keiner Weise furchteinflößend. Helmut Schön musste auf Wolfgang Overath verzichten, baute daher auf ein komplettes Mönchengladbach-Mittelfeld und zog Franz Beckbauer wieder auf die Libero-Position zurück. Erstmals übernahm der Münchener auch die Spielführerbinde. Spätestens nach einer halben Stunde, Sepp Maier rettete einmal glänzend mit dem Fuß, übernahm die deutsche Elf auch spielerisch das Kommando. Die Blockbildung mit Netzer, Wimmer und Rückkehrer Köppel funktionierte grandios, was gerade Netzers Fantasie sehr zuträglich war. Zwei Minuten vor der Halbzeit war es Herbert Wimmer, der von einem Steilpass profitierte, aus vollem Lauf in die Mitte flankte und Gerd Müller damit eine Torvorlage gab. Fast wäre kurz darauf noch ein Strafstoß dazugekommen, in der hitzigen Istanbuler Stimmung fehlte dem Schiedsrichter dafür aber der Mut. Wenig später schon war ohnehin alles gelaufen. Nach Grabowskis Sturmlauf war Keeper Artuner zwar noch zur Stelle, Müller aber staubte ab und zog den Türken damit bereits den Zahn (47.). Vier oder fünf Treffer hätte das DFB-Team nun noch drauflegen können, nur Köppel aber nutzte die türkische Konfusion noch aus (72.).

Erstmals Kapitän der Nationalelf: Franz Beckenbauer

EM QUALIFIKATION

Türkei - Deutschland 0:3 (0:1)

So. 25.04.1971

Zuschauer: 45.000

Schiedsrichter: Kruaschwili (UdSSR)

Tore: 0:1 Gerd Müller (43.), 0:2 Gerd Müller (47.), 0:3 Horst Köppel (72.)

Aufstellung Türkei: Ali; Isikal Mehmet (61. Ertugrul), Muzaffer, Ercan, Alpaslan; Ziya, Kamuran; Sanli, Oguz Mehmet (72. Metin), Cemil, Ender

Aufstellung Deutschland: Sepp Maier; Berti Vogts, Bernd Patzke, Wolfgang Weber, Franz Beckenbauer; Herbert Wimmer, Horst Köppel (77. Heinz Flohe); Günter Netzer, Jürgen Grabowski, Gerd Müller, Jupp Heynckes

Ärger mit dem Publikum

Albanien war immer noch Albanien, ohne Abwehrsäule Höttges sowie den gesperrten Müller war Deutschland aber doch ein wenig bang. Als das Spiel zu Ende und dem Angstgegner alle vier Zähler abgenommen waren, machte sich Erleichterung breit. Unmut allerdings auch.

Schon über die Elf von Istanbul war man sich einig gewesen, sie würde nie wieder in derselben Art zusammenspielen. Diesmal holte Helmut Schön noch weiter aus, brachte mit Schwarzenbeck und später Bleidick zwei völlig Unerfahrene zum Einsatz und erweiterte seinen Gladbacher Block auf teilweise sieben Spieler. Seit Nürnbergs großer Zeit in den 20ern hatte es solch eine Anhäufung nicht mehr gegeben. Das Pfund des gegenseitigen Spielerständnisses wog dann auch auf, was Albanien mit eiserner Faust zu zerstören versuchte. "Unsympathisch" nannte Helmut Schön die gegnerische Taktik, Tempo und Spielfreude absichtlich zu zerstören und sich am eigenen Strafraum festzukrallen. Nicht weniger als 28 Freistöße kamen dabei heraus, der Großteil davon für die deutsche Mannschaft, der zu wenige Tore gelangen, um Albanien das Festhalten an dieser Spielweise auszutreiben. Den zweiten Abschnitt bestimmte die DFB-Elf nicht weniger klar als den ersten. Treffer fielen aber nur vor der Pause, nämlich durch einen typischen Freistoß Netzers (18.) und einem Winkelschuss Jürgen Grabowskis, der nach einer Ecke im dritten Versuch endlich Glück hatte (44.). Den Spielern genügte dies soweit, daraus machten sie keinen Hehl. Weil das Publikum allerdings mehr sehen wollte, schallten bald Pfiffe durch die Arena. Weder die Härte des Gegners noch die harte Saison wollten sie als Entschuldigung durchgehen lassen, Albanien nur mit zwei Toren fortzuschicken. Die Kritik selbst besonders auf Netzer und Overath, die oft genug gefordert hatten, nebeneinander für Impulse zu sorgen. Genau wie Beckenbauer gelang ihnen das dieses Mal kaum.

Einfach mal reingeschnuppert: Hans-Georg Schwarzenbeck

EM QUALIFIKATION

Deutschland - Albanien 2:0 (2:0)

Sa. 12.06.1971

Zuschauer: 47.000

Schiedsrichter: Latsios (Griechenland)

Tore: 1:0 Günter Netzer (18.), 2:0 Jürgen Grabowski (44.)

Aufstellung Deutschland: Sepp Maier; Georg Schwarzenbeck, Berti Vogts (90. Hartwig Bleidick), Klaus-Dieter Sieloff, Franz Beckenbauer; Herbert Wimmer, Günter Netzer; Jürgen Grabowski, Wolfgang Overath (73. Siegfried Held), Horst Köppel, Jupp Heynckes

Aufstellung Albanien: Muhedin;, Gjika, Berisha, Ziu, Chani; Ragami, Bizi; Sejdini, Balluka (53. Vaso), Panou, Zheka

Mal richtig ausgetobt

Ohne Last und Punktesorgen fanden sich Deutschlands Einzelkönner zu einem fabelhaften Orchester zusammen und spielten sich allen Frust von der Seele. Endlich fand sich ein Gegner ohne Widerborsten.

Zum Ende einer in jeder Hinsicht aufregenden Saison ging Helmut Schön mit seiner Truppe auf Skandinavientour und stellte ihr zu Anfang eine sehr leichte Aufgabe. Erst kürzlich hatte Norwegen den Bulgaren in der Quali zwar ein Remis abgerungen, die prominentesten Spieler aber fehlten dieses Mal. Selbst einheimische Experten tippten auf einen deutlichen Auswärtserfolg der Deutschen, waren dann aber doch überrascht, wie eindeutig die Kraftverhältnisse sich zeigten. Das erste Tor fiel sogar noch reichlich spät (12.) und war tatsächlich der Auftakt eines viel bestaunten Schützenfestes. Eindruck machten die Deutschen besonders damit, dass sie sich immer wieder selbst erprobten. Franz Beckenbauer etwa gab offiziell einen Libero, brachte seine Ideen aber oft genug zentral mit ein, was wiederum Netzer als Anregung verstand, sich in solchen Fällen uneitel zurückzuziehen. Das Dreieck mit Overath kam so wundervoll zum Tragen. Auch Paul Breitner gab dem Team in seinem ersten Länderspiel gleich einige Impulse, während der andere Debütant Kleff trotzdem genügend Gelegenheiten fand, sich auszuzeichnen; Flanken und Weitschüsse zumindest kamen bisweilen zu ihm durch. Bis zur Pause tat Norwegen alles, um nicht unangenehm hoch zu verlieren, danach aber schwanden den Amateuren die Kräfte. Drei Mal Müller, Held, Overath und Netzer wurden die Torschützen. Als die Konzentration schon verloren war, nutzte Iversen eine Nachlässigkeit gar noch für ein Ehrentor. Geschwärmt wurde aber noch tagelang nur vom Freistoßtreffer Beckenbauers, der den Ball mit List über die noch unsortierte Mauer schaufelte, als alles auf Günter Netzer wartete. "Ja mei, man muss zuweilen halt schneller schalten", grinste der gefeierte Münchener.

Der Beginn einer großen DFB-Karriere: Paul Breitner

Norwegen - Deutschland 1:7 (0:3)

Di. 22.06.1971

Zuschauer: 27.000

Schiedsrichter: Lööw (Schweden)

Tore: 0:1 Wolfgang Overath (12.), 0:2 Gerd Müller (30.), 0:3 Franz Beckenbauer (35.), 0:4 Gerd Müller (47.), 0:5 Gerd Müller (52.), 0:6 Siegfried Held (67.), 0:7 Günter Netzer (86.), 1:7 Iversen (88.)

Aufstellung Norwegen: Karlsen; Nilson (70. Mathisen), Pettersen, Olafsen, Slinning; Bornö, Sandland; Fugset, Iversen, Sunde, Lund (10. Olssen)

Aufstellung Deutschland: Kleff; Breitner, Vogts, Beckenbauer (51. Bleidick), Schwarzenbeck; Wimmer (46. Sieloff), Overath; Netzer, Grabowski, Müller, Held

Bockige Journalisten

Der Gegner war nicht der einzige Unterschied zum Norwegen-Spiel, denn als erschwerend erwies sich vor allem der Boden. Bei der Wasserschlacht von Göteborg machte Deutschland trotz der Niederlage aber eine ordentliche Figur.

Bevor sich das Stadion füllte, galt es einen schweren Klotz aus dem Weg zu räumen. Die deutsche Sportjournalie lag über Kreuz mit Helmut Schön, weil der sich despektierlich über die schreibende Zunft geäußert hatte. "Ich muss mir viel anhören und reichlich einstecken", beschwichtigte der Bundestrainer nun, "deshalb dürfen Sie nicht gekränkt sein, wenn ich Sie auch mal kritisiere." Den Auftritt in Schweden nun bewerteten die Berichterstatter auffällig wohlwollend, obgleich die deutsche Elf unterm Strich verlor. Vorzuwerfen war den Gästen tatsächlich nichts, denn im Rahmen der Möglichkeiten zeigten sie ein hochklassiges Spiel. Dieser Rahmen wurde nicht von Verletzungen oder etwa Sperren vorgegeben - Deutschland spielte in Bestbesetzung -, sondern einzig und allein vom Wetter. Den ganzen Tag über schüttete es aus Kübeln in Göteborg, inklusive der 90 Minuten, die phasenweise Züge eines Wasserballspiels annahmen, zumindest aber wenig Fußballkunst zuließen. Während die bulligen Schweden lieber ihre Körper einsetzten, versuchte es die Schön-Elf mit Kombinationsfußball und machte ihre Sache gar nicht einmal schlecht. Auch wenn die tollen Steilpässe meist in den Pfützen endeten, war es doch eine Freude, Spielern wie Overath, Netzer und Beckenbauer bei der Ballbehandlung zuzusehen. Der schwedische Trainer hatte Deutschland vor dem Spiel als bestes Team der Welt bezeichnet und musste dies trotz des Resultats nicht zurücknehmen. Das einzige Tor fiel völlig überraschend jedoch auf der falschen Seite, als Kindvall erst Wimmer und dann Beckenbauer aussteigen ließ und genau in die äußerste Torecke traf (62.). Danach zog die Platzelf sich zurück und mauerte sich über die Zeit.

Beim Gegentor nicht ganz auf der Höhe: Herbert Wimmer

Schweden - Deutschland 1:0 (0:0)

So. 27.06.1971

Zuschauer: 44.000

Schiedsrichter: Wharton (Schottland)

Tore: 1:0 Kindvall (62.)

Aufstellung Schweden: Hellström; Hult, Axelsson, Nordquist, Grip; Svensson, Larsson; Grahn, Eklund (65. Lindblom), Kindvall, Persson

Aufstellung Deutschland: Sepp Maier; Berti Vogts, Georg Schwarzenbeck, Wolfgang Weber, Franz Beckenbauer; Herbert Wimmer, Wolfgang Overath; Günter Netzer, Jürgen Grabowski, Gerd Müller, Siegfried Held (46. Jupp Heynckes)

Lange und fest geschlafen

Dem klaren Sieg sah man nicht an, wie viel Mühe er der deutschen Mannschaft machte. Im Gegensatz zum Schweden-Spiel war der Gegner die meiste Zeit hoch überlegen und konnte erst besiegt werden, als er konditionell am Ende war.

Nach den starken Auftritten in Oslo und Göteborg landete die Stimmung zum Saisonabschluss doch wieder im Keller. Nur noch 20 Minuten zeigte sich die DFB-Elf von ihrer guten Seite, um sich mit einem holprigen Sieg in den Sommerurlaub zu verabschieden. Inzwischen schien doch nicht mehr ganz klar, ob die Nordlandreise als Erfolg zu bewerten war. Drei Tage nach der Niederlage in Schweden nahm Helmut Schön Grabowski und Wimmer aus der Mannschaft und ersetzte sie durch die noch unverbrauchten Köppel und Flohe. Früh aber war zu bemerken, dass die Mannschaft noch um einiges mehr an Auffrischung benötigt hätte, denn die Dänen, die entgegen ihrer langjährigen Philosophie mit sieben Auslandsprofis starteten, hatten wenig Mühe, Deutschland sofort das Messer an die Kehle zu setzen. Die erste Chance vergab Sigi Held, als er aus günstiger Position den Ball nicht richtig traf (8.). Weniger später aber lag der Favorit schon im Hintertreffen, weil Laudrup mit einem feisten Freistoßtrick Bjerre bediente und Maier allein gegen den Dänen nichts ausrichten konnte (13.). Nur vereinzelt zeigte die DFB-Elf sich wehrhaft gegen den Rückstand, lag völlig verdient aber nach 70 Minuten noch immer im Rückstand, bis es an den Dänen war, das Spiel noch herumzubiegen. Einem nach dem anderen hing die Zunge plötzlich aus dem Hals, und selbst die bis dahin so ordentliche Abwehrarbeit kam zum Erliegen. Beckenbauer riss die Sache an sich, umspielte zwei Dänen und legte Müller den Ausgleich auf den Fuß (72.). Endlich wachten die Deutschen nun auf und fanden zu ihrer Passion. Flohe (83.) und Beckenbauer (87.) drehten das Spiel vollends, hatten aber auch Glück, dass der dänische Torwart die leichtesten Bälle verfehlte.

Erstes Tor im dritten Länderspiel: Heinz Flohe

Dänemark - Deutschland 1:3 (1:0)

Mi. 30.06.1971

Zuschauer: 45.000

Schiedsrichter: Boosten (Niederlande)

Tore: 1:0 Bjerre (13.), 1:1 Gerd Müller (72.), 1:2 Heinz Flohe (83.), 1:3 Franz Beckenbauer (87.)

Aufstellung Dänemark: Sörensen; Hansen, Berg, Arenthoft, V. Jensen (81. Troft); Björnmose, Christensen; Bjerre, Laudrup (46. Pedersen), B. Jensen, Le Fevre

Aufstellung Deutschland: Sepp Maier; Berti Vogts, Georg Schwarzenbeck, Franz Beckenbauer, Wolfgang Weber; Heinz Flohe, Wolfgang Overath; Günter Netzer (53. Jupp Heynckes), Gerd Müller, Horst Köppel (46. Jürgen Grabowski), Siegfried Held (77. Herbert Wimmer)

Alle Länderspiele 1970-71

Datum	Spiel	Ergebnis
??/07/1970	Tahiti - Neukaledonien	3:1
??/07/1970	Tahiti - Neukaledonien	0:2
06.07.1970	Malawi - Mauritius	1:0
07.07.1970	Island - Dänemark	0:0
09.07.1970	Malawi - Mauritius	0:0
20.07.1970	Island - Norwegen	2:0
22.07.1970	Polen - Irak	2:0
26.07.1970	DDR - Irak	5:0
08.08.1970	Malawi - Lesotho	1:2
10.08.1970	Malawi - Lesotho	6:1
26.08.1970	Finnland - Schweden	1:2
02.09.1970	Polen - Dänemark	5:0
05.09.1970	Frankreich - Tschecheslowakei	3:0
06.09.1970	DDR - Polen	5:0
09.09.1970	Deutschland - Ungarn	3:1
10.09.1970	Österreich - Jugoslawien	0:1
13.09.1970	Norwegen - Schweden	2:4
23.09.1970	Dänemark - Norwegen	0:1
23.09.1970	Irland - Polen	0:2
27.09.1970	Ungarn - Österreich	1:1
30.09.1970	Brasilien - Mexiko	2:1
04.10.1970	Chile - Brasilien	1:5
07.10.1970	Österreich - Frankreich	1:0
11.10.1970	Sierra Leone - Senegal	1:0
17.10.1970	Schweiz - Italien	1:1
18.10.1970	Elfenbeinküste - Senegal	0:1
22.10.1970	Paraguay - Argentinien	1:1
23.10.1970	Neukaledonien - Australien	1:3
25.10.1970	Tschecheslowakei - Polen	2:2
25.10.1970	Neukaledonien - Australien	0:1
25.10.1970	Togo - Senegal	3:0
28.10.1970	Spanien - Griechenland	2:1
28.10.1970	U.d.S.S.R. - Jugoslawien	4:0
30.10.1970	Macao - Australien	0:9
01.11.1970	Dahomey - Kongo	3:2
01.11.1970	Sierra Leone - Guinea	1:2
04.11.1970	Iran - Australien	1:2
10.11.1970	Israel - Australien	0:1
15.11.1970	Belgien - Frankreich	1:2
15.11.1970	Guinea - Senegal	1:0
15.11.1970	Schweiz - Ungarn	0:1
18.11.1970	Jugoslawien - Deutschland	2:0
19.11.1970	Griechenland - Australien	1:3
22.11.1970	Griechenland - Deutschland	1:3
25.11.1970	England - DDR	3:1
02.12.1970	Mexiko - Australien	3:0
02.12.1970	Niederlande - Rumänien	2:0
09.12.1970	Griechenland - Zypern	1:1
19.12.1970	Senegal - Malawi	4:1
??/??/1971	Algerien - Liberia	2:1
??/??/1971	Ägypten - Liberia	4:2
08.01.1971	Argentinien - Frankreich	3:4
10.01.1971	Ghana - Demokr. Republik Kongo	1:1
13.01.1971	Argentinien - Frankreich	2:0
31.01.1971	Ghana - Sierra Leone	1:2
02.02.1971	Chile - DDR	0:1
07.02.1971	Ghana - Sierra Leone	2:1
08.02.1971	Uruguay - DDR	0:3
10.02.1971	Uruguay - DDR	1:1
13.02.1971	Nigeria - Sierra Leone	1:0
17.02.1971	Mexiko - U.d.S.S.R	0:0
19.02.1971	Mexiko - U.d.S.S.R	0:0
20.02.1971	Italien - Spanien	1:2
28.02.1971	El Salvador - U.d.S.S.R	0:1
01.03.1971	Madagaskar - Liberia	2:1
04.03.1971	Kamerun - Senegal	1:1
07.03.1971	Kamerun - Senegal	1:2
07.03.1971	Lesotho - Madagaskar	1:2
12.03.1971	Israel - Schweden	2:1
17.03.1971	Spanien - Frankreich	2:2
18.03.1971	Malawi - Sambia	5:4
20.03.1971	Malawi - Sambia	1:3
23.03.1971	Malawi - Sambia	0:3
24.03.1971	Togo - Liberia	0:2
28.03.1971	Madagaskar - Mauritius	3:0
04.04.1971	Österreich - Ungarn	0:2
07.04.1971	Griechenland - Bulgarien	0:1
21.04.1971	Haiti - Mexiko	3:1
21.04.1971	Jugoslawien - Rzumänien	0:1
24.04.1971	Sierra Leone - Gambia	3:1
28.04.1971	Bulgarien - U.d.S.S.R	1:1
02.05.1971	Guinea - Gambia	4:2
05.05.1971	Schweiz - Polen	2:4
15.05.1971	Nordirland - England	0:1
15.05.1971	Wales - Schottland	0:0
18.05.1971	Schottland - Nordirland	0:1
19.05.1971	England - Wales	0:0
20.05.1971	Luxemburg - Belgien	0:4
20.05.1971	Schweden - Finnland	4:1
22.05.1971	England - Schottland	3:1
22.05.1971	Nordirland - Wales	1:0
25.05.1971	Uganda - Malawi	3:3
26.05.1971	Norwegen - Island	3:1
14.06.1971	U.d.S.S.R - Schottland	1:0
20.06.1971	Dänemark - Schweden	1:3
22.06.1971	Norwegen - Deutschland	1:7
27.06.1971	Madagaskar - Mauritius	1:1
27.06.1971	Schweden - Deutschland	1:0
30.06.1971	Dänemark - Deutschland	1:3

Zahlen - Texte - Bilder

www.fussballdaten.de

Die Fußball-Datenbank im Internet

Die deutsche Nationalmannschaft vor dem Spiel gegen Dänemark. Stehend von links: Helmut Schön, Köppel, Beckenbauer, Flohe, Müller, Held, Schwarzenbeck. Vorne von links: Weber, Vogts, Maier, Netzer und Overath

EUROPAPOKAL

EUROPAPOKAL DER LANDESMEISTER

QUALIFIKATION

18.08.	Levski Sofia - Austria Wien	3:1
02.09.	Austria Wien - Levski Sofia	3:0

VORRUNDE

16.09.	Nentori Tirana - Ajax Amsterdam	2:2
30.09.	Ajax Amsterdam - Nentori Tirana	2:0
16.09.	Jeunesse Esch - Panathinaikos Athen	1:2
30.09.	Panathinaikos Athen - Jeunesse Esch	5:0
16.09.	**EPA Larnax - Bor. M'gladbach**	**0:6 (0:3)**
22.09.	**Bor. M'gladbach - EPA Larnax**	**10:0 (5:0)**
16.09.	Fenerbahce Istanbul - Carl Zeiss Jena	0:4
30.09.	Carl Zeiss Jena - Fenerbahce Istanbul	1:0
16.09.	Spartak Moskau - FC Basel	3:2
30.09.	FC Basel - Spartak Moskau	2:1
16.09.	Atletico Madrid - Austria Wien	2:0
30.09.	Austria Wien - Atletico Madrid	1:2
16.09.	Rosenb. Trondheim - Standard Lüttich	0:2
30.09.	Standard Lüttich - Rosenb. Trondheim	5:0
16.09.	Sporting Lissabon - Floriana La Valetta	5:0
30.09.	Floriana La Valetta - Sporting Lissabon	0:4
16.09.	Slovan Preßburg - B 1903 Kopenhagen	2:1
30.09.	B 1903 Kopenhagen - Slovan Preßburg	2:2
16.09.	Feyenoord Rotterdam - UT Arad	1:1
30.09.	UT Arad - Feyenoord Rotterdam	0:0
16.09.	FC Everton - IB Keflavik	6:2
30.09.	IB Keflavik - FC Everton	0:3
16.09.	IFK Göteborg - Legia Warschau	0:4
30.09.	Legia Warschau - IFK Göteborg	2:1
16.09.	Ujpest Budapest - Roter Stern Belgrad	2:0
30.09.	Roter Stern Belgrad - Ujpest Budapest	4:0
16.09.	Cagliari Calcio - AS St. Etienne	3:0
30.09.	AS St. Etienne - Cagliari Calcio	1:0
16.09.	Celtic Glasgow - KPV Kokkola	9:0
30.09.	KPV Kokkola - Celtic Glasgow	0:5
16.09.	Glentoran Belfast - FC Waterford	1:3
30.09.	FC Waterford - Glentoran Belfast	1:0

EPA Larnax - Bor. Mönchengladbach 0:6 (0:3)

Mi. 16.09.1970
Zuschauer: 18.000
Schiedsrichter: Krnavek (Tschechoslowakei)
Tore: 0:1 Herbert Laumen (6.), 0:2 Horst Köppel (28.), 0:3 Herbert Laumen (35.), 0:4 Horst Köppel (48.), 0:5 Günter Netzer (57.), 0:6 Jupp Heynckes (84.)
Aufstellung Larnax: Alkiviadis; Kantziliers, Alexandrou, Chatzijannakou, Pavlidis; Georgiou, Kyriakou; Kythredis, Theodorou, Vassiliou, Panayiotou
Aufstellung Gladbach: Wolfgang Kleff; Berti Vogts, Ludwig Müller, Klaus-Dieter Sieloff, Heinz Wittmann; Peter Dietrich (67. Rainer Bonhof), Horst Köppel; Günter Netzer, Ulrik le Fevre, Herbert Laumen (55. Jupp Heynckes), Herbert Wimmer

Borussia Mönchengladbach - EPA Larnax 10:0 (5:0)

Di. 22.09.1970 **Zuschauer:** 15.000
Schiedsrichter: Smejkal (Tschechoslowakei)
Tore: 1:0 Netzer (19.), 2:0 Wimmer (30.), 3:0 Köppel (35.), 4:0 Dietrich (40.), 5:0 Sieloff (44., Elfmeter), 6:0 Laumen (50.), 7:0 Laumen (56.), 8:0 Köppel (60.), 9:0 Heynckes (73.), 10:0 Vogts (82.)
Aufstellung Gladbach: Kleff; Vogts, Müller, Sieloff, Wittmann; Wimmer (65. le Fevre), Laumen; Köppel (69. Bonhof), Netzer, Heynckes, Dietrich
Aufstellung Larnax: Alkiviadis (46. Theodosis); Christodoulou, Pavlidis, Kantziliers, Panayiotou; Georgiou, Theodorou, Konstantas (46. Savidis), Kyriakou, Kythredis, Vassiliou

Dietrich (links) tröstet Pechvogel Müller, der soeben den entscheidenden Elfmeter verschossen hat (FC Everton - Borussia Mönchengladbach 4:3 i. E.)

ACHTELFINALE

21.10.	Ajax Amsterdam - FC Basel	3:0
04.11.	FC Basel - Ajax Amsterdam	1:2
21.10.	Panathinaikos Athen - Slovan Preßburg	3:0
04.11.	Slovan Preßburg - Panathinaikos Athen	2:1
21.10.	**Bor. M'gladbach - FC Everton**	**1:1 (1:0)**
04.11.	**FC Everton - Bor. M'gladbach**	**4:3 i.E.**
21.10.	Carl Zeiss Jena - Sporting Lissabon	2:1
04.11.	Sporting Lissabon - Carl Zeiss Jena	1:2
21.10.	Roter Stern Belgrad - UT Arad	3:0
04.11.	UT Arad - Roter Stern Belgrad	1:3
21.10.	FC Waterford - Celtic Glasgow	0:7
04.11.	Celtic Glasgow - FC Waterford	3:2
21.10.	Standard Lüttich - Legia Warschau	1:0
04.11.	Legia Warschau - Standard Lüttich	2:0
21.10.	Cagliari Calcio - Atletico Madrid	2:1
05.11.	Atletico Madrid - Cagliari Calcio	3:0

Borussia Mönchengladbach - FC Everton 1:1 (1:0)

Mi. 21.10.1970
Zuschauer: 32.000
Schiedsrichter: Kruaschwili (UdSSR)
Tore: 1:0 Berti Vogts (35.), 1:1 Kendall (47.)
Aufstellung Gladbach: Wolfgang Kleff; Berti Vogts, Ludwig Müller, Klaus-Dieter Sieloff, Heinz Wittmann; Peter Dietrich (68. Hartwig Bleidick), Ulrik le Fevre; Herbert Laumen, Horst Köppel, Günter Netzer, Jupp Heynckes
Aufstellung Everton: Rankin; Wright, Newton, Kendall, Kenyon; Whittle, Harvey; Ball, Hurst, Royle, Morrissey

FC Everton - Bor. Mönchengladbach 4:3 i.E.

Mi. 04.11.1970
Zuschauer: 45.000
Schiedsrichter: Sbardella (Italien)
Tore: 1:0 Morrissey (1.), 1:1 Herbert Laumen (35.)
Elfmeterschießen: ---- Royle, 0:1 Klaus-Dieter Sieloff, 1:1 Ball, ---- Herbert Laumen, 2:1 Morrissey, 2:2 Jupp Heynckes, 3:2 Kendall, 3:3 Horst Köppel, 4:3 Brown, ---- Ludwig Müller
Aufstellung Eveerton: Rankin; Wright, Newton (91. Brown), Kendall, Kenyon; Harvey, Ball; Whittle (91. Husband), Royle, Hurst, Morrissey
Aufstellung Gladbach: Wolfgang Kleff; Berti Vogts, Klaus-Dieter Sieloff, Ludwig Müller, Heinz Wittmann; Peter Dietrich, Ulrik le Fevre (106. Hans-Jürgen Wloka); Herbert Laumen, Günter Netzer, Jupp Heynckes, Horst Köppel

VIERTELFINALE

09.03.	FC Everton - Panathinaikos Athen	1:1
24.03.	Panathinaikos Athen - FC Everton	0:0
10.03.	Ajax Amsterdam - Celtic Glasgow	3:0
24.03.	Celtic Glasgow - Ajax Amsterdam	1:0
10.03.	Carl Zeiss Jena - Roter Stern Belgrad	3:2
24.03.	Roter Stern Belgrad - Carl Zeiss Jena	4:0
10.03.	Atletico Madrid - Legia Warschau	1:0
24.03.	Legia Warschau - Atletico Madrid	2:1

Zahlen - Texte - Bilder
www.fussballdaten.de
Die Fußball-Datenbank im Internet

HALBFINALE

14.04.	Atletico Madrid - Ajax Amsterdam	1:0 (1:0)
28.04.	Ajax Amsterdam - Atletico Madrid	3:0 (1:0)
14.04.	Roter Stern Belgrad - Panath. Athen	4:1 (2:0)
28.04.	Panath. Athen - Roter Stern Belgrad	3:0 (1:0)

Atletico Madrid - Ajax Amsterdam 1:0 (1:0)

Mi. 14.04.1971
Zuschauer: 30.000
Schiedsrichter: Gerhard Schulenburg (Hamburg)
Tore: 1:0 Irureta (43.)
Aufstellung Atletico: Rodriguez; Ovejero, Melo, Jayo, Calleja (66. Capón); Adelardo, Irureta; Ufarte, Luis, Garate, Alberto (80. Salcedo)
Aufstellung Ajax: Stuy; Vasovic, Suurbier, Hulshoff, Krol; Neeskens, G. Mühren; Rijnders, Swart (85. van Dijk), Cruyff (80. Blankenburg), Keizer

Ajax Amsterdam - Atletico Madrid 3:0 (1:0)

Mi. 28.04.1971
Zuschauer: 67.000
Schiedsrichter: Sbardella (Italien)
Tore: 1:0 Keizer (8.), 2:0 Suurbier (76.), 3:0 Neeskens (85.)
Aufstellung Ajax: Stuy; Vasovic, Suurbier, Hulshoff, Blankenburg; Neeskens, Rijnders; G. Mühren, Swart, Cruyff, Keizer
Aufstellung Atletico: Rodriguez; Melo, Ovejero, Jayo, Chique; Irureta, Bejarano Eusebio; Alberto, Ufarte, Luis, Salcedo

Roter Stern Belgrad - Panathinaikos Athen 4:1 (2:0)

Mi. 14.04.1971

Zuschauer: 115.000

Schiedsrichter: Linemayer (Österreich)

Tore: 1:0 Ostojic (14.), 2:0 Jankovic (40.), 3:0 Ostojic (46.), 3:1 Kamaras (56.), 4:1 Ostojic (69.)

Aufstellung Belgrad: Dujkovic; Klenkovski, Pavlovic, Bogicevic, Djoric; Novkovic, Acimovic; Jankovic, Karasi, Ostojic, Filipovic

Aufstellung Athen: Ekonomopoulos (71. Constantinou); Kamaras, Tomaras, Sourpis, Vlachos; Elefterakis, Kapsis; Domazos, Filakouris, Grammis, Antoniadis

Panathinaikos Athen - Roter Stern Belgrad 3:0 (1:0)

Mi. 28.04.1971

Zuschauer: 30.000

Schiedsrichter: de Mendibil (Spanien)

Tore: 1:0 Antoniadis (2.), 2:0 Antoniadis (55.), 3:0 Kamaras (64.)

Aufstellung Athen: Konstantinou; Tomaras, Kamaras, Sourpis, Vlachos; Kapsis, Domazos; Kaligeris (57. Athanasopoulos), Grammis, Antoniadis, Filakouris (86. Hatziandreou)

Aufstellung Belgrad: Dujkovic; Djoric, Klenkovski, Bogicevic, Novkovic; Pavlovic, Jankovic; Karasi, Ostijic, Acimovic, Filipovic

FINALE

Ajax Amsterdam - Panathinaikos Athen 2:0 (1:0)

Mi. 02.06.1971

Zuschauer: 83.200

Schiedsrichter: Jack Taylor (England)

Tore: 1:0 van Dijk (5.), 2:0 Haan (87.)

Aufstellung Ajax: Stuy; Neeskens, Vasovic, Hulshoff, Suurbier; Rijnders (46. Blankenburg), Swart (46. Haan); G. Mühren, van Dijk, Cruyff, Keizer

Aufstellung Athen: Ekonomopoulos; Tomaras, Sourpis, Kamaras, Vlachos; Elefterakis, Domazos; Kapsis, Grammis, Antoniadis, Filakouris

EUROPAPOKAL DER POKALSIEGER

QUALIFIKATION

23.08.	Åtvidabergs FF - Partizani Tirana	1:1
02.09.	Partizani Tirana - Åtvidabergs FF	2:0
26.08.	Bohemians Dublin - TJ Gottwaldov	1:2
02.09.	TJ Gottwaldov - Bohemians Dublin	2:2

VORRUNDE

16.09.	AaB Aalborg - Gornik Zabrze	0:1
23.09.	Gornik Zabrze - AaB Aalborg	8:1
16.09.	FC Aberdeen - Honved Budapest	1:3
23.09.	Honved Budapest - FC Aberdeen	5:4 i.E.
16.09.	Aris Saloniki - FC Chelsea	1:1
23.09.	FC Chelsea - Aris Saloniki	5:1
16.09.	FC Vorwärts Berlin - FC Bologna	0:0
23.09.	FC Bologna - FC Vorwärts Berlin	1:1 n.V.
16.09.	Cardiff City - Pezoporikos Lárnaka	8:0
23.09.	Pezoporikos Lárnaka - Cardiff City	0:0
16.09.	ZSKA Sofia - FC Haka Valkeakoski	9:0
23.09.	FC Haka Valkeakoski - ZSKA Sofia	1:2
16.09.	Göztepe Izmir - US Luxemburg	5:0
23.09.	US Luxemburg - Göztepe Izmir	1:0
16.09.	Hibernian La Valetta - Real Madrid	0:0
23.09.	Real Madrid - Hibernian La Valetta	5:0
16.09.	Karpaty Lvov - Steaua Bukarest	0:1
23.09.	Steaua Bukarest - Karpaty Lvov	3:3
16.09.	Kickers Offenbach - FC Brügge	2:1 (0:1)
30.09.	FC Brügge - Kickers Offenbach	2:0 (1:0)
16.09.	Manchester City - Linfield FC	1:0
23.09.	Linfield FC - Manchester City	2:1
16.09.	Olimpija Ljubljana - Benfica Lissabon	1:1
23.09.	Benfica Lissabon - Olimpija Ljubljana	8:1
16.09.	Strömsgodset IF - FC Nantes	0:5
23.09.	FC Nantes - Strömsgodset IF	2:3
16.09.	TJ Gottwaldov - PSV Eindhoven	2:1
23.09.	PSV Eindhoven - TJ Gottwaldov	1:0
16.09.	Wacker Innsbruck - Partizani Tirana	3:2
23.09.	Partizani Tirana - Wacker Innsbruck	1:2
16.09.	FC Zürich - IBA Akureyri	7:0
22.09.	IBA Akureyri - FC Zürich	1:7

Kickers Offenbach - FC Brügge 2:1 (0:1)

Mi. 16.09.1970

Zuschauer: 20.500

Schiedsrichter: Lööw (Schweden)

Tore: 0:1 Lambert (33.), 1:1 Helmut Kremers (48., Foulelfmeter, Axelsson an Weida), 2:1 Helmut Kremers (67., Winkler)

Aufstellung Offenbach: Karlheinz Volz; Josef Weilbächer, Helmut Schmidt, Hans Reich, Helmut Kremers; Roland Weida, Walter Bechtold, Winfried Schäfer (79. Gerhard Kraft), Horst Gecks, Klaus Winkler, Helmut Nerlinger

Aufstellung Brügge: Sanders; Bastyns, Axelsson, Vandendaele, Hinderyks (72.Moelart); Houwaart, Carteus; Marmenout, Thio, Lambert, Rensenbrink

FC Brügge - Kickers Offenbach 2:0 (1:0)

Mi. 30.09.1970

Zuschauer: 22.000

Schiedsrichter: dos Santos (Portugal)

Tore: 1:0 Marmenout (30.), 2:0 Hinderyks (90.)

Aufstellung Brügge: Sanders; Bastyns, Axelsson, Vandendaele, Moelart; Houwaart, Carteus; Marmenout, Thio (86. Hinderyks), Lambert, Rensenbrink

Aufstellung Offenbach: Karlheinz Volz; Josef Weilbächer, Egon Schmitt, Hans Reich (46. Nikolaus Semlitsch, 83. Heinz Schönberger), Helmut Kremers; Roland Weida, Walter Bechtold; Winfried Schäfer, Helmut Schmidt, Horst Gecks, Klaus Winkler

ACHTELFINALE

21.10.	Cardiff City - FC Nantes	5:1
04.11.	FC Nantes - Cardiff City	1:2
21.10.	ZSKA Sofia - FC Chelsea	0:1
04.11.	FC Chelsea - ZSKA Sofia	1:0
21.10.	FC Brügge - FC Zürich	2:0
04.11.	FC Zürich - FC Brügge	3:2
21.10.	Göztepe Izmir - Gornik Zabrze	0:1
04.11.	Gornik Zabrze - Göztepe Izmir	3:0
21.10.	Honved Budapest - Manchester City	0:1
04.11.	Manchester City - Honved Budapest	2:0
21.10.	PSV Eindhoven - Steaua Bukarest	4:0
04.11.	Steaua Bukarest - PSV Eindhoven	0:3
21.10.	Real Madrid - Wacker Innsbruck	0:1
04.11.	Wacker Innsbruck - Real Madrid	0:2
21.10.	Benfica Lissabon - Vorwärts Berlin	2:0
04.11.	Vorwärts Berlin - Benfica Lissabon	5:3 i.E.

VIERTELFINALE

10.03.	Cardiff City - Real Madrid	1:0
24.03.	Real Madrid - Cardiff City	2:0
10.03.	FC Brügge - FC Chelsea	2:0
24.03.	FC Chelsea - FC Brügge	4:0 n.V.
10.03.	Manchester City - Gornik Zabrze	2:0
24.03.	Gornik Zabrze - Manchester City	2:0
31.03.	Gornik Zabrze - Manchester City	1:3 n.V.
10.03.	PSV Eindhoven - FC Vorwärts Berlin	2:0
24.03.	FC Vorwärts Berlin - PSV Eindhoven	1:0

HALBFINALE

14.04.	FC Chelsea - Manchester City	1:0 (0:0)
28.04.	Manchester City - FC Chelsea	0:1 (0:1)
14.04.	PSV Eindhoven - Real Madrid	0:0 (0:0)
28.04.	Real Madrid - PSV Eindhoven	2:1 (1:0)

FC Chelsea - Manchester City 1:0 (0:0)

Mi. 14.04.1971

Zuschauer: 45.600

Schiedsrichter: Kasakow (Sowjetunion)

Tore: 1:0 Smethurst (46.)

Aufstellung Chelsea: Phillips; Boyle, Dempsey, Webb, Harris; Droy, Hollins; Hudson, Cooke (46. Baldwin), Smethurst (46. Weller), Houseman

Aufstellung Manchester: Corrigan; Book, Connor, Towers, Booth; Donachie, Hill; Young, Johnson, Lee, Mann

Manchester City - FC Chelsea 0:1 (0:1)

Mi. 28.04.1971

Zuschauer: 43.700

Schiedsrichter: Zsolt (Ungarn)

Tore: 0:1 Weller (42.)

Aufstellung Manchester: Healey; Book, Heslop, Connor, Towers; Jeffries (46. Donachie), Bowyer; Young, Summerbee (75. Carter), Lee, Johnson

Aufstellung Chelsea: Phillips; Mulligan, Dempsey, Webb, Harris; Cooke, Boyle; Hudson, Weller, Smethurst, Houseman

PSV Eindhoven - Real Madrid 0:0 (0:0)

Mi. 14.04.1971

Zuschauer: 24.000

Schiedsrichter: O'Neill (Irland)

Tore: keine

Aufstellung Eindhoven: Van Beveren; Van Den Dungen, Radovic, Strik; Vos, Van Tilburg; Veenstra, Van Der Kuylen (70. Jensen), Schmidt-Hansen, Devrindt, Mulders

Aufstellung Real: Junquera (14. Bentancourt); Zunzunegui, Benito, Zocco, Sanchis; Grande, Velasquez; Grosso, Amancio, Pirri, Gento

Real Madrid - PSV Eindhoven 2:1 (1:0)

Mi. 28.04.1971

Zuschauer: 25.000

Schiedsrichter: Michel Kitabdjan (Frankreich)

Tore: 1:0 Zocco (33.), 1:1 Van Den Dungen (58.), 2:1 Pirri (82.)

Aufstellung Real: Borja; Zunzunegui, Sanchis (74. Bueno), Benito, Grande (64. Fleitas); Zocco, Amancio; Pirri, Grosso, Velasquez, Gento

Aufstellung Eindhoven: Van Beveren; Van Den Dungen, Radovic, Strik, Vos; Van Stippent (64. Van Der Kuylen), Veenstra (46. Jensen); Van Tilburg, Schmidt-Hansen, Devrindt, Mulders

Zahlen - Texte - Bilder

www.fussballdaten.de

Die Fußball-Datenbank im Internet

FINALE

FC Chelsea - Real Madrid 1:1 n.V.

Mi. 19.05.1971

Zuschauer: 42.000

Schiedsrichter: Rudolf Scheurer (Schweiz)

Tore: 1:0 Osgood (56.), 1:1 Zocco (90.)

Aufstellung Chelsea: Bonetti; Boyle, Dempsey, Hollins (91. Mulligan), Harris; Weller, Cooke; Webb, Hudson, Osgood (86. Baldwin), Houseman

Aufstellung Real: Borja; Luis, Benito, Zocco, Zunzunegui; Pirri, Velasquez; Perez (65. Fleitas), Amancio, Grosso, Gento (70. Grande)

FC Chelsea - Real Madrid 2:1 (2:0)

Fr. 21.05.1971, Wiederholungsspiel

Zuschauer: 19.900

Schiedsrichter: Bucheli (Schweiz)

Tore: 1:0 Dempsey (31.), 2:0 Osgood (39.), 2:1 Fleitas (75.)

Aufstellung Chelsea: Bonetti; Boyle, Dempsey, Cooke, Harris; Weller, Baldwin; Webb, Hudson, Osgood (73. Smethurst), Houseman

Aufstellung Real: Borja; Luis, Benito, Zocco, Zunzunegui; Pirri, Velasquez (75. Gento); Fleitas, Amancio, Grosso, Bueno (60. Grande)

MESSEPOKAL

VORRUNDE

Datum	Spiel	Ergebnis
02.09.	AEK Athen - FC Twente Enschede	0:1
08.09.	FC Twente Enschede - AEK Athen	3:0
02.09.	Zeljeznicar Sarajevo - RSC Anderlecht	3:4
16.09.	RSC Anderlecht - Zeljeznicar Sarajevo	5:4
02.09.	**La Gantoise - Hamburger SV**	**0:1 (0:1)**
15.09.	**Hamburger SV - La Gantoise**	**7:1 (3:0)**
05.09.	FC Sevilla - Eskisehirspor	1:0
16.09.	Eskisehirspor - FC Sevilla	3:1
15.09.	FC Coleraine - FC Kilmarnock	1:1
29.09.	FC Kilmarnock - FC Coleraine	2:3
15.09.	Dundee United - Grasshopper Zürich	3:2
30.09.	Grasshopper Zürich - Dundee United	0:0
15.09.	**1. FC Köln - FC Sedan**	**5:1 (2:0)**
29.09.	**FC Sedan - 1. FC Köln**	**1:0 (0:0)**
15.09.	Lausanne Sports - Vitória FC Setúbal	0:2
30.09.	Vitória FC Setúbal - Lausanne Sports	2:1
15.09.	FC Liverpool - Ferencvaros Budapest	1:0
29.09.	Ferencvaros Budapest - FC Liverpool	1:1
15.09.	Sarpsborg FK - Leeds United	0:1
29.09.	Leeds United - Sarpsborg FK	5:0
16.09.	AB Kopenhagen - Sliema Wanderers	7:0
29.09.	Sliema Wanderers - AB Kopenhagen	2:3
16.09.	**Nykøbing - Hertha BSC Berlin**	**2:4 (1:2)**
30.09.	**Hertha BSC Berlin - Nykøbing**	**4:1 (1:1)**
16.09.	Barreirense - Dinamo Zagreb	2:0
30.09.	Dinamo Zagreb - Barreirense	6:1
16.09.	**Bay. München - Glasg. Rangers**	**1:0 (1:0)**
30.09.	**Glasg. Rangers - Bay. München**	**1:1 (0:0)**
16.09.	Hibernian Edinburgh - FC Valencia	0:3
23.09.	FC Valencia - Hibernian Edinburgh	3:1
16.09.	Dinamo Bukarest - PAOK Saloniki	5:0
30.09.	PAOK Saloniki - Dinamo Bukarest	1:0
16.09.	FC Trakia Plovdiv - Coventry City	1:4
30.09.	Coventry City - FC Trakia Plovdiv	2:0
16.09.	Partizan Belgrad - Dynamo Dresden	0:0
30.09.	Dynamo Dresden - Partizan Belgrad	6:0
16.09.	GKS Katowice - FC Barcelona	0:1
23.09.	FC Barcelona - GKS Katowice	3:2
16.09.	Hibernian Edinburgh - Malmö FF	6:0
30.09.	Malmö FF - Hibernian Edinburgh	2:3
16.09.	Ilves Tampere - Sturm Graz	4:1
30.09.	Sturm Graz - Ilves Tampere	3:0
16.09.	Juventus Turin - US Rumelange	7:0
30.09.	US Rumelange - Juventus Turin	0:4
16.09.	Lazio Rom - FC Arsenal	2:2
23.09.	FC Arsenal - Lazio Rom	2:0
16.09.	HNK Hajduk Split - Slavia Sofia	3:0
30.09.	Slavia Sofia - HNK Hajduk Split	1:0
16.09.	Ruch Chorzow - AC Florenz	1:1
30.09.	AC Florenz - Ruch Chorzow	2:0
16.09.	Sparta Prag - Athletic Bilbao	2:0
30.09.	Athletic Bilbao - Sparta Prag	1:1
16.09.	Spartak Trnava - Olympique Marseille	2:0
30.09.	Olympique Marseille - Spartak Trnava	3:4 i.E.
16.09.	Universitatea Craiova - Pécsi Dózsa	2:1
30.09.	Pécsi Dózsa - Universitatea Craiova	3:0
16.09.	Vitoria Guimaraes - AS Angoulême	3:0
30.09.	AS Angoulême - Vitoria Guimaraes	3:1
16.09.	Wiener Sport-Club - SK Beveren	0:2
30.09.	SK Beveren - Wiener Sport-Club	3:0
23.09.	Inter Mailand - Newcastle United	1:1
30.09.	Newcastle United - Inter Mailand	2:0
23.09.	Sparta Rotterdam - IA Akranes	6:0
29.09.	IA Akranes - Sparta Rotterdam	0:9

La Gantoise - Hamburger SV 0:1 (0:1)

Mii 02.09.1970

Zuschauer: 18.000

Tore: 0:1 Peter Nogly (25., Kopfball, Dörfel)

Aufstellung HSV: Gert Girschkowski; Helmut Sandmann, Jürgen Kurbjuhn, Peter Nogly (46. Gerd Klier), Hans-Werner Kremer; Hans-Jürgen Hellfritz, Franz-Josef Hönig; Klaus Zaczyk, Uwe Seeler, Hans Schulz, Charly Dörfel

Hamburger SV - La Gantoise 7:1 (3:0)

Di. 15.09.1970

Zuschauer: 5.000

Schiedsrichter: Eksztain (Polen)

Tore: 1:0 Charly Dörfel (3.), 2:0 Charly Dörfel (22.), 3:0 Franz-Josef Hönig (26.), 4:0 Klaus Zaczyk (57.), 5:0 Charly Dörfel (59.), 6:0 Charly Dörfel (61.), 7:0 Walter Volkert (84.), 7:1 Bene (89.)

Aufstellung HSV: Arkoc Özcan; Helmut Sandmann, Hans-Werner Kremer, Hans-Jürgen Ripp; Heinz Bonn (29. Wolfgang Kampf), Hans Schulz; Klaus Zaczyk, Franz-Josef Hönig (68. Walter Volkert), Gerd Klier, Robert Pötzschke, Charly Dörfel

Aufstellung La Gantoise: Brkljavic; Stavernier, Ghellink, Konter, Mahieu, Sztani, Jurion, Deviaene, Dos Santos (Bene), Leonard (Vasenovski), Delmulle

Rupp erzielt mit einem Kopfball das 3:0 gegen den FC Sedan; die Kölner siegen 5:1 und kommen eine Runde weiter, obwohl sie das Rückspiel in Frankreich 0:1 verlieren

1. FC Köln - FC Sedan 5:1 (2:0)

Di. 15.09.1970

Zuschauer: 9.000

Schiedsrichter: van der Kraft (Niederlande)

Tore: 1:0 Thomas Parits (26., Freistoß), 2:0 Karl-Heinz Thielen (35.), 3:0 Bernd Rupp (47., Löhr), 3:1 Pioeron (69.), 4:1 Bernd Rupp (72.), 5:1 Hans-Jürgen Lex (84.)

Aufstellung Köln: Milutin Soskic; Karl-Heinz Thielen, Werner Biskup, Wolfgang Weber, Matthias Hemmersbach; Heinz Simmet, Heinz Flohe; Jupp Kapellmann, Bernd Rupp, Thomas Parits, Hennes Löhr (74. Hans-Jürgen Lex)

Aufstellung Sedan: Tordo; Zamaski, Maryan, Salem, Rastoll; Cardoni, Le Bihon; Fugaldi (59. Pioeron), Wickes, Hardaruan, Dellamore

FC Sedan - 1. FC Köln 1:0 (0:0)

Di. 29.09.1970

Zuschauer: 8.000

Schiedsrichter: Goppel (Schweiz)

Tore: 1:0 Dellamore (87., Handelfmeter, Handspiel: Biskup)

Aufstellung Sedan: Tardo; Fugaldi, Salem, Maryan, Zamajski; Cardoni, Le Bihan; Hardarouin, Pioeron (86. Rastoll), Wickes, Dellamore

Aufstellung Köln: Manfred Manglitz; Karl-Heinz Thielen, Werner Biskup, Wolfgang Weber, Manfred Classen; Heinz Simmet, Heinz Flohe; Jupp Kapellmann, Hans-Jürgen Lex, Thomas Parits (46. Wolfgang John), Bernd Rupp

B 1901 Nykøbing - Hertha BSC Berlin 2:4 (1:2)

Mi. 16.09.1970

Zuschauer: 8.000

Schiedsrichter: Wahlen (Norwegen)

Tore: 0:1 Franz Brungs (19.), 1:1 Olsen (25.), 1:2 Franz Brungs (28.), 1:3 Wolfgang Gayer (68.), 1:4 Arno Steffenhagen (70.), 2:4 Hans Hansen (78.)

Aufstellung Nykøbing: Henriksen; Larsen, Jörn Nielsen, Erik Nielsen, Henri Andersen; Boesen, Olsen; Nils Rasmussen (46. Frimand), Hans Hansen, John Rasmussen (46. Paul Hansen)

Aufstellung Hertha: Volkmar Groß (76.Michael Kellner); Bernd Patzke, Uwe Witt, Jürgen Rumor, Karl-Heinz Ferschl; Laszlo Gergely, Jürgen Weber; Hans-Jürgen Sperlich, Franz Brungs, Lorenz Horr (46. Wolfgang Gayer), Arno Steffenhagen

Hertha BSC Berlin - B 1901 Nykøbing 4:1 (1:1)

Mi. 30.09.1970

Schiedsrichter: Krutilew (Finnland)

Tore: 1:0 Lorenz Horr (9.), 1:1 Nils Rasmussen (31.), 2:1 Franz Brungs (55.), 3:1 Franz Brungs (82.), 4:1 Laszlo Gergely (87.)

Aufstellung Hertha: Michael Kellner; Jürgen Rumor, Uwe Witt, Tasso Wild, Karl-Heinz Ferschl; Laszlo Gergely, Wolfgang Gayer; Arno Steffenhagen, Lorenz Horr (46. Franz Brungs), Jürgen Weber, Norbert Janzon

Aufstellung Nykøbing: Henriksen; Larsen, Erik Nielsen, Henri Andersen, Jörn Nielsen; Nils Rasmussen, Boesen; Madsen (60. John Rasmussen), Frederiksen, Hans Hansen, Frimand (74. T. Rasmussen)

FC Bayern München - Glasgow Rangers 1:0 (1:0)

Mi. 16.09.1970

Zuschauer: 23.000

Schiedsrichter: van Gemert (Niederlande)

Tore: 1:0 Franz Beckenbauer (21., Pumm)

Aufstellung Bayern: Sepp Maier; Herwart Koppenhöfer, Johnny Hansen, Franz Beckenbauer, Peter Pumm; Paul Breitner (65. Ulrich Hoeneß), Franz Roth; Rainer Zobel, Gerd Müller, Karl-Heinz Mrosko, Dieter Brenninger

Aufstellung Rangers: McCloy; Jardine, Greig, McKinnon, Miller; Jackson, Fyfe; Conn, Stein (55. Henderson), McDonald, Johnstone

Glasgow Rangers - FC Bayern München 1:1 (0:0)

Mi. 30.09.1970

Zuschauer: 60.000

Schiedsrichter: Kamber (Schweiz)

Tore: 0:1 Gerd Müller (80.), 1:1 Stein (81.)

Aufstellung Rangers: McCloy; Jardine, Greig, McKinnon, Miller; Jackson (61. Johnstone), Fyfe (46. Henderson); Conn, Stein, McDonald, Johnston

Aufstellung Bayern: Sepp Maier; Johnny Hansen, Georg Schwarzenbeck, Franz Beckenbauer, Peter Pumm (77. Peter Kupferschmidt); Rainer Zobel, Franz Roth (31. Paul Breitner); Karl-Heinz Mrosko, Herwart Koppenhöfer, Gerd Müller, Dieter Brenninger

2. RUNDE

14.10.	Hibernian Edinburgh - Vitoria Guimaraes	2:0
28.10.	Vitoria Guimaraes - Hibernian Edinburgh	2:1
20.10.	**AC Florenz - 1. FC Köln**	**1:2 (1:1)**
03.11.	**1. FC Köln - AC Florenz**	**1:0 (1:0)**
20.10.	**Bayern München - Coventry City**	**6:1 (4:1)**
03.11.	**Coventry City - Bayern München**	**2:1 (1:0)**
20.10.	FC Barcelona - Juventus Turin	1:2
03.11.	Juventus Turin - FC Barcelona	2:1
20.10.	Sparta Rotterdam - FC Coleraine	2:0
03.11.	FC Coleraine - Sparta Rotterdam	1:2
21.10.	AB Kopenhagen - RSC Anderlecht	1:3
04.11.	RSC Anderlecht - AB Kopenhagen	4:0
21.10.	**Hertha BSC - Spartak Trnava**	**1:0 (0:0)**
28.10.	**Spartak Trnava - Hertha BSC**	**3:1 (2:0)**
21.10.	Leeds United - Dynamo Dresden	1:0
04.11.	Dynamo Dresden - Leeds United	2:1
21.10.	FC Liverpool - Dinamo Bukarest	3:0
04.11.	Dinamo Bukarest - FC Liverpool	1:1
21.10.	Newcastle United - Pécsi Dózsa	2:0
04.11.	Pécsi Dózsa - Newcastle United	5:3 i.E.
21.10.	**Dinamo Zagreb - Hamburger SV**	**4:0 (2:0)**
04.11.	**Hamburger SV - Dinamo Zagreb**	**1:0 (1:0)**
21.10.	Sturm Graz - FC Arsenal	1:0
04.11.	FC Arsenal - Sturm Graz	2:0
21.10.	Sparta Prag - Dundee United	3:1
04.11.	Dundee United - Sparta Prag	1:0
21.10.	FC Valencia - SK Beveren	0:1
04.11.	SK Beveren - FC Valencia	1:1
21.10.	Vitória FC Setúbal - HNK Hajduk Split	2:0
04.11.	HNK Hajduk Split - Vitória FC Setúbal	2:1
28.10.	Eskisehirspor - FC Twente Enschede	3:2
04.11.	FC Twente Enschede - Eskisehirspor	6:1

AC Florenz - 1. FC Köln 1:2 (1:1)

Di. 20.10.1970

Zuschauer: 10.000

Schiedsrichter: Bucheli (Schweiz)

Tore: 1:0 Mariani (20.), 1:1 Heinz Flohe (25.), 1:2 Heinz Flohe (47.)

Aufstellung Florenz: Superichi; Stanzial, Longoni, Pellegrini, Ferrante; Brizi, Mariani; Merlo, Vitali, De Sisti, Chiarugi

Aufstellung Köln: Manfred Manglitz; Heinz Simmet, Wolfgang Weber, Werner Biskup, Matthias Hemmersbach; Bernhard Cullmann, Heinz Flohe; Wolfgang Overath, Jupp Kapellmann, Thomas Parits, Bernd Rupp

1. FC Köln - AC Florenz 1:0 (1:0)

Di. 03.11.1970

Zuschauer: 14.000

Schiedsrichter: Geluck (Belgien)

Tore: 1:0 Werner Biskup (33., Foulelfmeter-Nachschuss, Carpenetti an Rupp)

Aufstellung Köln: Manfred Manglitz; Karl-Heinz Thielen (53. Bernhard Cullmann), Wolfgang Weber, Werner Biskup, Matthias Hemmersbach (46. Kurt Kowalski); Heinz Simmet, Heinz Flohe; Wolfgang Overath, Jupp Kapellmann, Thomas Parits, Bernd Rupp

Aufstellung Florenz: Superichi; Carpenetti, Esposito, Ferrante, Longoni; Merlo (12. Pellegrini), Brizi; De Sisti, Mariani, Vitali, Genneri

FC Bayern München - Coventry City 6:1 (4:1)

Di. 20.10.1970

Zuschauer: 8.000

Schiedsrichter: Francesconi (Italien)

Tore: 1:0 Edgar Schneider (3.), 1:1 Hunt (9.), 2:1 Edgar Schneider (12.), 3:1 Georg Schwarzenbeck (16.), 4:1 Gerd Müller (18.), 5:1 Franz Roth (73.), 6:1 Gerd Müller (88.)

Aufstellung Bayern: Sepp Maier; Johnny Hansen, Herwart Koppenhöfer, Georg Schwarzenbeck, Franz Beckenbauer, Franz Roth, Edgar Schneider; Rainer Zobel, Gerd Müller, Karl-Heinz Mrosko (70. Ulrich Hoeneß), Dieter Brenninger

Aufstellung Coventry: McManus; Coop, Machin, Blockley, Cattin; Strong, Caar; O`Rouke, Hunt, Martin, Clements

Coventry City - FC Bayern München 2:1 (1:0)

Di. 03.11.1970

Zuschauer: 26.000

Schiedsrichter: Rios (Spanien)

Tore: 1:0 Martin (35.), 1:1 Ulrich Hoeneß (64.), 2:1 O`Rouke (88.)

Aufstellung Coventry: Iazier; Coop, Smith, Mortimer, Blockley; Hill, Hunt (60. Joicey); Cerr, Martin, O`Rouke, Clements

Aufstellung Bayern: Sepp Maier; Johnny Hansen, Georg Schwarzenbeck, Franz Beckenbauer, Peter Pumm; Herwart Koppenhöfer, Rainer Zobel; Ulrich Hoeneß, Karl-Heinz Mrosko, Gerd Müller, Dieter Brenninger

Hertha BSC Berlin - Spartak Trnava 1:0 (0:0)

Mi. 21.10.1970

Zuschauer: 15.000

Schiedsrichter: Petrea (Rumänien)

Tore: 1:0 Lorenz Horr (85.)

Aufstellung Hertha: Volkmar Groß; Bernd Patzke, Uwe Witt, Jürgen Rumor, Karl-Heinz Ferschl; Hans-Joachim Altendorff (60. Jürgen Weber), Wolfgang Gayer; Hans-Jürgen Sperlich (62. Franz Brungs), Lorenz Horr, Zoltan Varga, Arno Steffenhagen

Aufstellung Trnava: Geryk; Dobias, Bozik, Jarabek, Hagara (74. Valenbovic); Kuna, Fandel; Martinkovic, Hrusecky, Varadin, Kabat

Spartak Trnava - Hertha BSC Berlin 3:1 (2:0)

Mi. 28.10.1970

Zuschauer: 13.000

Schiedsrichter: Goppel (Schweiz)

Tore: 1:0 Hrusecky (7.), 2:0 Tasso Wild (36., Eigentor), 2:1 Wolfgang Gayer (73.), 3:1 Martinkovic (76.)

Aufstellung Trnava: Puchly; Dobias, Majernik, Bozik, Hagara; Hrusecky, Kuna; Martinkovic, Varadin, Fandel, Kabat

Aufstellung Hertha: Volkmar Groß; Bernd Patzke, Uwe Witt, Tasso Wild, Peter Enders; Jürgen Rumor, Wolfgang Gayer, Jürgen Weber (68. Hans-Joachim Altendorff), Arno Steffenhagen, Lorenz Horr, Franz Brungs (46. Hans-Jürgen Sperlich)

Dinamo Zagreb - Hamburger SV 4:0 (2:0)

Mi. 21.10.1970

Zuschauer: 12.000

Schiedsrichter: Protomotarios (Griechenland)

Tore: 1:0 Lalic (2.), 2:0 Lalic (24.), 3:0 Cerecek (73.), 4:0 Hans Schulz (83., Eigentor)

Aufstellung Zagreb: Dautbegovic; Ramljak, Gracanin, Piric, Gucmirt (Miljukovic);, Blaskovic, Cerecek; Lalic, Novak, Vabek, Rorat

Aufstellung HSV: Arkoc Özcan; Hans-Jürgen Hellfritz, Helmut Sandmann (76. Heinz Bonn), Jürgen Kurbjuhn, Hans-Jürgen Ripp; Peter Nogly, Klaus Zaczyk; Franz-Josef Hönig, Robert Pötzschke, Uwe Seeler (46. Hans Schulz), Charly Dörfel

Hamburger SV - Dinamo Zagreb 1:0 (1:0)

Mi. 04.11.1970 **Zuschauer:** 9.000

Schiedsrichter: Baltasar (Portugal)

Tore: 1:0 Franz-Josef Hönig (36.)

Aufstellung HSV: Arkoc Özcan; Heinz Bonn (15. Hans-Werner Kremer), Jürgen Kurbjuhn, Hans-Jürgen Ripp, Helmut Sandmann; Klaus Zaczyk, Peter Nogly; Franz-Josef Hönig (67. Robert Pötzschke), Hans Schulz, Gerd Klier, Charly Dörfel

Aufstellung Zagreb: Dautbegovic; Miljukovic, Piric, Ramljak, Gracanin; Blaskovic, Lalic (65. Bradvic); Gucmirtl, Vabek, Novak (65. Barcic), Rora

ACHTELFINALE

25.11.	Bayern München - Sp. Rotterdam	2:1	(0:1)
09.12.	Sp. Rotterdam - Bayern München	1:3	(1:2)
25.11.	Spartak Trnava - 1. FC Köln	0:1	(0:1)
09.12.	1. FC Köln - Spartak Trnava	3:0	(1:0)
02.12.	FC Arsenal - SK Beveren	4:0	
16.12.	SK Beveren - FC Arsenal	0:0	
02.12.	Leeds United - Sparta Prag	6:0	
09.12.	Sparta Prag - Leeds United	2:3	
03.12.	Pécsi Dózsa - Juventus Turin	0:1	
16.12.	Juventus Turin - Pécsi Dózsa	2:0	
09.12.	Hibernian Edinburgh - FC Liverpool	0:1	
15.12.	FC Liverpool - Hibernian Edinburgh	2:0	
09.12.	Dinamo Zagreb - FC Twente Enschede	2:2	
16.12.	FC Twente Enschede - Dinamo Zagreb	1:0	
09.12.	RSC Anderlecht - Vitória FC Setúbal	2:1	
23.12.	Vitória FC Setúbal - RSC Anderlecht	3:1 n.V.	

FC Bayern München - Sparta Rotterdam 2:1 (0:1)

Mi. 25.11.1970

Zuschauer: 11.000

Schiedsrichter: Nunnes (Portugal)

Tore: 0:1 Heijerman (23.), 1:1 Edgar Schneider (55., Kopfball, Brenninger), 2:1 Gerd Müller (87., Brenninger)

Aufstellung Bayern: Sepp Maier; Johnny Hansen, Georg Schwarzenbeck, Franz Beckenbauer, Peter Pumm; Rainer Zobel, Ulrich Hoeneß (56. Peter Kupferschmidt); Franz Roth, Karl-Heinz Mrosko (46. Edgar Schneider), Gerd Müller, Dieter Brenninger

Aufstellung Rotterdam: Doesburg; Venneker, ter Horst, Eijkenbroek, Visser; Valbeek, van der Veen; Klijnjan, Heijerman, Kowalik (64. Dequant), Kristensen

Sparta Rotterdam - FC Bayern München 1:3 (1:2)

Mi. 09.12.1970

Zuschauer: 45.000

Tore: 0:1 Gerd Müller (23.), 1:1 Kristensen (32.), 1:2 Gerd Müller (40.), 1:3 Gerd Müller (66.)

Aufstellung Rotterdam: Doesburg; Venneker (75. Driver), ter Horst, Eijkenbroek, Visser; van der Veen, Valbeek; Heijerman (56. van Staveren), Kowalik, Klijnjan, Kristensen

Aufstellung Bayern: Sepp Maier; Johnny Hansen, Georg Schwarzenbeck, Franz Beckenbauer, Herwart Koppenhöfer; Franz Roth (46. Dieter Brenninger), Karl-Heinz Mrosko; Rainer Zobel, Ulrich Hoeneß, Gerd Müller, Edgar Schneider

Spartak Trnava - 1. FC Köln 0:1 (0:1)

Mi. 25.11.1970

Zuschauer: 17.000

Schiedsrichter: Maldenovic (Jugoslawien)

Tore: 0:1 Dobias (8., Eigentor)

Aufstellung Trnava: Puchly; Dobias, Bozik, Jarabek, Hagara; Hrusecky, Kuna; Fandel, Martinkovic, Masrna, Kabat

Aufstellung Köln: Manfred Manglitz; Karl-Heinz Thielen, Werner Biskup, Wolfgang Weber, Matthias Hemmersbach; Heinz Simmet, Heinz Flohe; Bernhard Cullmann, Bernd Rupp, Thomas Parits, Kurt Kowalski

Biskup (Zweiter von rechts) kann die Flanke von Haller nicht verhindern, die Bettega an Manglitz (links) vorbei verwertet (1. FC Köln - Juventus Turin 1:1)

1. FC Köln - Spartak Trnava 3:0 (1:0)

Mi. 09.12.1970

Zuschauer: 10.000

Schiedsrichter: Minnoy (Belgien)

Tore: 1:0 Werner Biskup (34., Foulelfmeter, Hagara an Parits), 2:0 Matthias Hemmersbach (60., Simmet), 3:0 Bernd Rupp (74., Parits)

Aufstellung Köln: Manfred Manglitz; Kurt Kowalski (57. Hans-Jürgen Lex), Werner Biskup, Wolfgang Weber, Matthias Hemmersbach; Heinz Simmet, Bernhard Cullmann (24. Manfred Classen); Wolfgang Overath, Thomas Parits, Bernd Rupp, Hennes Löhr

Aufstellung Trnava: Puchly; Dobias, Majernik, Jarabek, Hagara; Kuna, Fandel; Martinkovic, Varadin, Hrusecky (77. Valentovic), Kabat

VIERTELFINALE

27.01	Juventus Turin - Twente Enschede	2:0	
17.02	Twente Enschede - Juventus Turin	2:2 n.V.	
09.03	**FC Arsenal - 1. FC Köln**	**2:1**	**(1:1)**
23.03	**1. FC Köln - FC Arsenal**	**1:0**	**(1:0)**
10.03	Leeds United - Vitória FC Setúbal	2:1	
24.03	Vitória FC Setúbal - Leeds United	1:1	
10.03	**FC Liverpool - Bayern München**	**3:0**	**(1:0)**
24.03	**Bayern München - FC Liverpool**	**1:1**	**(0:0)**

FC Arsenal - 1. FC Köln 2:1 (1:1)

Di. 09.03.1971

Zuschauer: 40.700

Schiedsrichter: Zsolt (Ungarn)

Tore: 1:0 McClintock (24.), 1:1 Karl-Heinz Thielen (44.), 2:1 Storey (69.)

Aufstellung Arsenal: Wilson; Rice, McClintock, Simpson, McNab; Storey, Sammels (46. Graham); George, Armstrong, Radford, Kennedy

Aufstellung Köln: Manfred Manglitz; Karl-Heinz Thielen (76. Kurt Kowalski(, Bernhard Cullmann, Werner Biskup, Matthias Hemmersbach; Heinz Simmet, Heinz Flohe; Wolfgang Overath, Thomas Parits (44. Jupp Kapellmann), Bernd Rupp, Hennes Löhr

1. FC Köln - FC Arsenal 1:0 (1:0)

Di. 23.03.1971

Zuschauer: 48.000

Schiedsrichter: Petrea (Rumänien)

Tore: 1:0 Werner Biskup (5., Elfmeter)

Aufstellung Köln: Manfred Manglitz; Karl-Heinz Thielen, Werner Biskup, Wolfgang Weber, Matthias Hemmersbach (68. Kurt Kowalski); Heinz Simmet, Heinz Flohe; Wolfgang Overath, Jupp Kapellmann, Bernd Rupp, Hennes Löhr

Aufstellung Arsenal: Wilson; Rice, McClintock, Simpson, McNab; Storey, Graham; George, Armstrong, Radford, Kennedy

FC Liverpool - FC Bayern München 3:0 (1:0)

Mi. 10.03.1971

Zuschauer: 45.000

Schiedsrichter: Geluck (Belgien)

Tore: 1:0 Evans (30.), 2:0 Evans (50.), 3:0 Evans (73.)

Aufstellung Liverpool: Clemence; Lawler, Smith, Lloyd, Lindsay; Hughes, Hall; Boersma, Evans, Heighway, Toshack (66. Graham)

Aufstellung Bayern: Sepp Maier; Johnny Hansen, Georg Schwarzenbeck, Franz Beckenbauer, Herwart Koppenhöfer; Franz Roth, Paul Breitner (46. Karl-Heinz Mrosko); Rainer Zobel, Ulrich Hoeneß (65. Edgar Schneider), Gerd Müller, Dieter Brenninger

FC Bayern München - FC Liverpool 1:1 (0:0)

Mi. 24.03.1971

Zuschauer: 22.000

Schiedsrichter: Robert Wurtz (Frankreich)

Tore: 0:1 Ross (75.), 1:1 Edgar Schneider (77.)

Aufstellung Bayern: Sepp Maier; Paul Breitner, Franz Beckenbauer, Georg Schwarzenbeck, Herwart Koppenhöfer; Franz Roth (85. Peter Kupferschmidt), Rainer Zobel; Ulrich Hoeneß (65. Jürgen Ey), Edgar Schneider, Gerd Müller, Dieter Brenninger

Aufstellung Liverpool: Clemence; Lawler, Smith, Lloyd, Lindsay; Hughes, Callaghan; McLaughlin, Evans, Ross, Toshack (70. Thompson)

HALBFINALE

14.04. 1. FC Köln - Juventus Turin 1:1 (0:1)
28.04. Juventus Turin - 1. FC Köln 2:0 (1:0)
14.04. FC Liverpool - Leeds United 0:1 (0:0)
28.04. Leeds United - FC Liverpool 0:0 (0:0)

1. FC Köln - Juventus Turin 1:1 (0:1)

Mi. 14.04.1971

Zuschauer: 52.500

Schiedsrichter: Bucheli (Schweiz)

Tore: 0:1 Bettega (37.), 1:1 Karl-Heinz Thielen (88.)

Aufstellung Köln: Manfred Manglitz; Karl-Heinz Thielen, Werner Biskup, Wolfgang Weber, Matthias Hemmersbach; Wolfgang Overath (31. Bernhard Cullmann), Heinz Simmet; Heinz Flohe, Jupp Kapellmann, Bernd Rupp, Hennes Löhr

Aufstellung Juve: Piloni; Spinosi, Salvadore, Morini, Marchetti; Causio, Capello; Furino, Haller, Novellini (78. Landini), Bettega

Juventus Turin - 1. FC Köln 2:0 (1:0)

Mi. 28.04.1971

Zuschauer: 65.700

Schiedsrichter: Machin (Frankreich)

Tore: 1:0 Capello (2.), 2:0 Anastasi (84.)

Aufstellung Juve: Piloni; Spinosi, Morini, Salvadore, Marchetti; Causio, Furino; Capello, Haller (86. Novellini), Anastasi, Bettega

Aufstellung Köln: Manfred Manglitz; Karl-Heinz Thielen, Wolfgang Weber, Werner Biskup, Matthias Hemmersbach; Heinz Simmet, Heinz Flohe; Bernhard Cullmann, Jupp Kapellmann, Bernd Rupp, Hennes Löhr (46. Thomas Parits)

FC Liverpool - Leeds United 0:1 (0:0)

Mi. 14.04.1971

Zuschauer: 52.000

Schiedsrichter: Doorpmans (Niederlande)

Tore: 0:1 Bremner (67.)

Aufstellung Liverpool: Clemence; Lawler, Lindsay, Smith, Lloyd; Hughes, Callaghan; Evans, Heighway, Toshack, Hall

Aufstellung Leeds: Sprake; Reaney, Cooper, Bremner, J. Charlton; Hunter, Bates; Clark, Jones, Giles, Madeley

Leeds United - FC Liverpool 0:0 (0:0)

Mi. 28.04.1971

Zuschauer: 40.000

Schiedsrichter: Warthon (Schottland)

Tore: keine

Aufstellung Leeds: Sprake; Madeley, Cooper, Bremner, J. Charlton; Hunter, Bates; Clark, Jones, Giles, Gray

Aufstellung Liverpool: Clemence; Lawler, Yeats, Smith, Lloy;, Hughes, Callaghan; Thompson, Heighway, Toshack, Hall

FINALE

Juventus Turin - Leeds United 2:2 (1:0)

Fr. 28.05.1971

Zuschauer: 60.000

Schiedsrichter: van Ravens (Niederlande)

Tore: 1:0 Bettega (27.), 1:1 Madeley (48.), 2:1 Capello (55.), 2:2 Bates (76.)

Aufstellung Juve: Piloni; Salvadore, Spinosi, Morini, Marchetti; Furino, Haller; Causio, Anastasi (72. Novellini), Capello, Bettega

Aufstellung Leeds: Sprake; Reaney, J. Charlton, Hunter, Cooper; Bremner, Giles; Madeley, Lorimer, Clark, Jones (72. Bates)

Leeds United - Juventus Turin 1:1 (1:1)

Do. 03.06.1971

Zuschauer: 44.000

Schiedsrichter: Rudolf Glöckner (DDR)

Tore: 1:0 Clark (13.), 1:1 Anastasi (19.)

Aufstellung Leeds: Sprake; Reaney, Cooper, Bremner, J. Charlton; Hunter, Lorimer, Clark, Jones, Giles, Madeley (56. Bates)

Aufstellung Juve: Tancredi; Spinosi, Marchetti, Furino, Morini; Salvadore, Haller; Causio, Anastasi, Capello, Bettega

Kapitän Billy Bremner hat den Pokal in Empfang genommen und wird von seinen Mannschaftskameraden auf den Schultern zur Ehrenrunde mitgenommen. Leeds ist der letzte Sieger im Messepokal. Der Wettbewerb wurde nach der dreizehnten Auflage abgeschafft

EUROPAPOKAL DER LANDESMEISTER

Sieger seit Bundesligagründung:

1970/1971: Ajax Amsterdam
1969/1970: Feyenoord Rotterdam
1968/1969: AC Mailand
1967/1968: Manchester United
1966/1967: Celtic Glasgow
1965/1966: Real Madrid
1964/1965: Inter Mailand
1963/1964: Inter Mailand

EUROPAPOKAL DER POKALSIEGER

Sieger seit Bundesligagründung:

1970/1971: FC Chelsea
1969/1970: Manchester City
1968/1969: Slovan Bratislava
1967/1968: AC Mailand
1966/1967: **Bayern München**
1965/1966: **Borussia Dortmund**
1964/1965: West Ham United
1963/1964: Sporting Lissabon

MESSEPOKAL

Sieger seit Bundesligagründung:

1970/1971: Leeds United
1969/1970: FC Arsenal
1968/1969: Newcastle United
1967/1968: Leeds United
1966/1967: Dynamo Zagreb
1965/1966: FC Barcelona
1964/1965: Ferencvaros Budapest
1963/1964: Real Saragossa

INTERNATIONALE LIGEN

Der FC Chelsea wurde in der Liga nur Sechster, konnte sich aber über den Gewinn des Pokals der Pokalsieger freuen. Im Finale wurde Real Madrid bezwungen.

SCHWEIZ

Pl. Verein	Tore	Punkte
1. FC Basel	67:26	42:10
2. Grasshoppers Zürich	59:21	42:10
3. FC Lugano	50:34	31:21
4. Lausanne Sports	51:43	30:22
5. FC Zürich	41:42	28:24
6. FC Winterthur	36:38	27:25
7. Servette Genf	39:36	26:26
8. Young Boys Bern	43:46	26:26
9. Chaux-de-Fonds	46:47	24:28
10. FC Biel	32:43	21:31
11. FC Luzern	39:48	20:32
12. FC Sion	32:46	19:33
13. FC Fribourg	35:63	19:33
14. AC Bellinzona	24:61	9:43

ENGLAND

Pl. Verein	Tore	Punkte
1. FC Arsenal	71:29	65:19
2. Leeds United	72:30	64:20
3. Tottenham Hotspur	54:33	52:32
4. Wolverh. Wanderers	64:54	52:32
5. FC Liverpool	42:24	51:33
6. FC Chelsea	52:42	51:33
7. FC Southampton	56:44	46:38
8. Manchester United	65:66	43:41
9. Derby County	56:54	42:42
10. Coventry City	37:38	42:42
11. Manchester City	47:42	41:43
12. Newcastle United	44:46	41:43
13. Stoke City	44:48	37:47
14. FC Everton	54:60	37:47
15. Huddersfield Town	40:49	36:48
16. Nottingham Forest	42:61	36:48
17. West Bromwich Albion	58:75	35:49
18. Crystal Palace	39:57	35:49
19. Ipswich Town	42:48	34:50
20. West Ham United	47:60	34:50
21. FC Burnley	29:63	27:57
22. FC Blackpool	34:66	23:61

ÖSTERREICH

Pl. Verein	Tore	Punkte
1. Wacker Insbruck	68:30	44:16
2. Austria Salzburg	64:33	43:17
3. Rapid Wien	59:35	39:19
4. Vienna	55:39	37:23
5. Linzer ASK	53:44	36:24
6. VÖEST Linz	44:38	36:24
7. Admira Energie	54:51	32:28
8. WSG Wattens	50:45	31:29
9. Wiener Sportklub	54:40	29:31
10. Grazer AK	35:50	28:32
11. Austria Wien	40:43	27:33
12. Sturm Graz	35:42	24:36
13. FC Simmering	27:54	21:39
14. SW Olymp Bregenz	29:57	19:41
15. Wacker Wien	45:57	18:42
16. SC Radenthein	31:81	12:48

FRANKREICH

Pl. Verein	Tore	Punkte
1. Olympique Marseille	94:48	55:21
2. AS St. Etienne	83:45	51:25
3. FC Nantes	61:41	46:30
4. Olympique Nimes	68:54	45:31
5. Girondins Bordeaux	58:51	40:36
6. Ajaccio A.C.	54:52	40:36
7. Olympique Lyon	51:51	40:36
8. FC Metz	46:56	40:36
9. Stade de Reims	64:54	39:37
10. FC Sochaux	58:55	38:38
11. Stade Rennes	56:53	37:39
12. SC Angers	61:66	35:41
13. AS Nancy	45:56	35:41
14. O.G.C. Nizza	48:55	34:42
15. Red Star Paris	46:65	33:43
16. Angouleme	30:47	32:44
17. SC Bastia	52:83	32:44
18. Racing Straßburg	54:63	31:45
19. US Valenciennes	47:59	29:47
20. CS Sedan-Ardennes	42:64	28:48

ITALIEN

Pl. Verein	Tore	Punkte
1. Inter Mailand	49:27	44:16
2. AC Mailand	54:26	42:18
3. SSC Neapel	33:19	39:21
4. Juventus Turin	40:30	35:25
5. FC Bologna	30:24	34:26
6. AS Rom	32:25	32:28
7. Cagliari Calcio	33:35	30:30
8. Hellas Verona	24:34	28:32
9. FC Turin	27:29	26:34
10. FC Varese	29:33	26:34
11. Vicenza Calcio	23:31	26:34
12. Sampdoria Genua	30:34	25:35
13. AC Florenz	26:32	25:35
14. Foggia Calcio	28:43	25:35
15. Lazio Rom	28:43	22:38
16. Catania Calcio	18:39	21:39

www.fussballdaten.de

SPANIEN

Pl. Verein	Tore	Punkte
1. FC Barcelona	50:22	43:17
2. FC Valencia	41:19	43:17
3. Atletico Madrid	51:20	42:18
4. Real Madrid	46:24	41:19
5. Athletic Bilbao	40:31	35:25
6. Celta Vigo	37:32	35:25
7. FC Sevilla	34:42	32:28
8. Real Sociedad	23:27	29:31
9. FC Granada	33:34	28:32
10. FC Malaga	27:32	28:32
11. Espanyol Barcelona	18:25	25:35
12. Sporting Gijon	35:44	25:35
13. CD Sabadell	28:49	21:39
14. UD Las Palmas	33:42	20:40
15. FC Elche	25:46	18:42
16. Real Saragossa	22:54	15:45

Spieler-Index

SPIELER-INDEX

Name	Verein	Spiele	Tore	Note
Ackermann, Klaus	1. FC Kaiserslautern	33	4	3,55
Adler, Werner	Borussia M'gladbach	0	0	–
Altendorff, Hans-Joachim	Hertha BSC Berlin	1	0	4,00
Anders, Peter	Hannover 96	34	0	3,26
Andree, Hans-Joachim	Borussia Dortmund	20	0	3,85
Arnold, Hans	VfB Stuttgart	33	0	3,61
Assauer, Rudolf	SV Werder Bremen	31	1	3,32
Aust, Friedhelm	Eintracht Frankfurt	0	0	–
Bäse, Joachim	Eintracht Braunschweig	23	0	2,86
Balzer, Wolfgang	Rot-Weiß Oberhausen	0	0	–
Bandura, Jürgen	Hannover 96	34	0	3,41
Bast, Dieter	Rot-Weiss Essen	22	3	3,83
Becher, Hans-Jürgen	FC Schalke 04	18	0	3,71
Bechtold, Walter	Kickers Offenbach	28	7	3,43
Beckenbauer, Franz	FC Bayern München	33	3	2,55
Beer, Erich	Rot-Weiss Essen	31	2	3,58
Beichle, Georg	Kickers Offenbach	2	0	5,00
Bella, Michael	MSV Duisburg	34	0	3,32
Berg, Horst	Hannover 96	32	5	3,90
Bernard, Günter	SV Werder Bremen	33	0	2,91
Bertl, Horst	Hannover 96	29	10	3,77
Bertram, Horst	Kickers Offenbach	2	0	2,50
Beverungen, Klaus	FC Schalke 04	8	1	4,00
Beyer, Siegfried	Hamburger SV	13	2	4,00
Biskup, Werner	1. FC Köln	27	2	3,67
Bittner, Herbert	Arminia Bielefeld	1	0	4,00
Bitz, Hermann	1. FC Kaiserslautern	2	0	3,50
Björnmose, Ole	SV Werder Bremen	30	3	4,10
Blasey, Heinz	Rot-Weiss Essen	4	0	3,25
Bleidick, Hartwig	Borussia M'gladbach	16	0	3,40
Blumenthal, Hans-Herbert	Hannover 96	2	0	–
Blusch, Peter	1. FC Kaiserslautern	20	2	3,84
Bockholt, Fred-Werner	Rot-Weiss Essen	31	0	3,26
Boduszek, Jürgen	Borussia Dortmund	1	0	–
Bohnsack, Klaus	Hannover 96	2	0	3,50
Bonhof, Rainer	Borussia M'gladbach	11	1	4,27
Bonn, Heinz	Hamburger SV	11	0	3,45
Brakelmann, Klaus	Borussia Dortmund	1	0	4,00
Braun, Ulrich	Arminia Bielefeld	34	3	3,44
Brei, Dieter	Arminia Bielefeld	16	1	3,73
Breitner, Paul	FC Bayern München	21	2	3,47
Brenninger, Dieter	FC Bayern München	31	12	3,58
Brozulat, Dieter	Rot-Weiß Oberhausen	34	2	3,56
Brücken, Karl-Heinz	Arminia Bielefeld	29	1	4,08
Brune, Claus	Hannover 96	21	2	3,90
Brungs, Franz	Hertha BSC Berlin	17	3	3,67
Buchberger, Heinz-Peter	MSV Duisburg	10	0	4,14
Budde, Rainer	MSV Duisburg	33	13	3,53
Bücker, Theo	Borussia Dortmund	26	5	4,04
Burdenski, Dieter	FC Schalke 04	3	0	2,00
Burghardt, Anton	MSV Duisburg	2	0	4,00
Burgsmüller, Manfred	Rot-Weiss Essen	2	0	4,00
Cebinac, Zvezdan	Hannover 96	12	0	3,45
Classen, Manfred	1. FC Köln	3	0	4,33
Coordes, Egon	SV Werder Bremen	30	1	3,50
Cullmann, Bernhard	1. FC Köln	19	1	3,95
Czernotzky, Peter	Rot-Weiss Essen	31	0	3,84
Damjanoff, Georg	MSV Duisburg	16	1	3,67
Danner, Volker	MSV Duisburg	32	0	2,77
Dausmann, Hugo	Rot-Weiss Essen	0	0	–
Deppe, Jaro	Eintracht Braunschweig	30	11	3,83
Deterding, Eckhard	SV Werder Bremen	9	1	4,38
Dick, Friedhelm	Rot-Weiß Oberhausen	34	1	3,35
Diehl, Ernst	1. FC Kaiserslautern	28	0	3,43
Dietrich, Peter	Borussia M'gladbach	28	3	3,43
Dietz, Bernard	MSV Duisburg	30	4	3,68
Dörfel, Charly	Hamburger SV	30	6	3,47
Dörre, Hans	Rot-Weiss Essen	6	0	4,67
Dordevic, Bratislav	1. FC Kaiserslautern	5	0	4,00
Dringelstein, Jürgen	Hamburger SV	0	0	–
Eisele, Günther	VfB Stuttgart	12	0	3,73
Eisele, Hans	VfB Stuttgart	29	0	3,28
Elfert, Gerhard	Eintracht Braunschweig	3	0	5,00
Elting, Josef	1. FC Kaiserslautern	27	0	3,19
Enders, Peter	Hertha BSC Berlin	15	0	3,86
Entenmann, Willi	VfB Stuttgart	29	2	3,31
Erler, Dietmar	Eintracht Braunschweig	30	7	3,27
Erlhoff, Hermann	Rot-Weiss Essen	34	2	3,53
Ey, Jürgen	FC Bayern München	1	0	4,00
Fabisch, Reinhard	Borussia Dortmund	0	0	–
Fecht, Hans-Peter	1. FC Kaiserslautern	7	0	4,29
Feghelm, Siegbert	Eintracht Frankfurt	8	0	3,63
Ferner, Diethelm	Rot-Weiss Essen	15	1	3,64
Ferschl, Karl-Heinz	Hertha BSC Berlin	29	0	3,50
Fichtel, Klaus	FC Schalke 04	29	1	2,68
Fischer, Klaus	FC Schalke 04	34	15	4,03
Flohe, Heinz	1. FC Köln	32	3	3,44
Friedrich, Jürgen	1. FC Kaiserslautern	31	5	2,81
Fritsche, Hans	Rot-Weiß Oberhausen	15	0	3,93
Fröhlich, Gert	Rot-Weiß Oberhausen	23	3	3,57
Fuchs, Fritz	1. FC Kaiserslautern	34	2	3,85
Fürhoff, Günter	Rot-Weiss Essen	22	3	4,25
Galbierz, Jürgen-Michael	FC Schalke 04	9	0	3,86
Gayer, Wolfgang	Hertha BSC Berlin	34	14	3,15
Gecks, Horst	Kickers Offenbach	33	8	3,39
Gergely, Laszlo	Hertha BSC Berlin	31	0	4,03
Gersdorff, Bernd	Eintracht Braunschweig	33	1	3,36
Gerwien, Klaus	Eintracht Braunschweig	23	1	4,09
Girschkowski, Gert	Hamburger SV	4	0	3,25
Görts, Werner	SV Werder Bremen	25	4	3,36
Götz, Willi	SV Werder Bremen	5	0	4,67
Grabowski, Jürgen	Eintracht Frankfurt	34	3	3,18
Gress, Gilbert	VfB Stuttgart	17	2	3,00
Gröger, Reinhard	Hertha BSC Berlin	0	0	–
Groß, Volkmar	Hertha BSC Berlin	34	0	2,97
Grzyb, Wolfgang	Eintracht Braunschweig	34	3	3,06
Günther, Klaus	Borussia Dortmund	8	0	3,50
Gummlich, Hans-Peter	Hamburger SV	1	0	–
Haaga, Werner	VfB Stuttgart	5	0	4,67
van Haaren, Heinz	FC Schalke 04	32	3	3,59
Haebermann, Friedhelm	Eintracht Braunschweig	25	2	3,65
Handschuh, Karl-Heinz	VfB Stuttgart	24	8	4,04
Hansen, Johnny	FC Bayern München	30	1	3,28
Hasebrink, Heinz-Dieter	SV Werder Bremen	22	4	3,91
Haug, Horst	VfB Stuttgart	34	8	3,26
Haun, Eberhard	Eintracht Braunschweig	13	0	3,80
Hauser, Hans	VfB Stuttgart	2	0	2,50
Heese, Horst	Eintracht Frankfurt	31	7	3,47
Heidemann, Hartmut	MSV Duisburg	32	5	3,25
Heidkamp, Ferdinand	Borussia Dortmund	20	1	3,40
Heinze, Gerhard	VfB Stuttgart	30	0	3,10
Held, Siegfried	Borussia Dortmund	32	5	2,91
Hellfritz, Hans-Jürgen	Hamburger SV	22	0	3,77
Hellingrath, Hans-Josef	Hannover 96	34	1	3,32
Helmschrot, Bernd	Hannover 96	17	0	3,65
Hemmersbach, Matthias	1. FC Köln	33	2	3,82
Heynckes, Jupp	Borussia M'gladbach	33	19	3,42
Höbusch, Herbert	VfB Stuttgart	18	1	3,94
Hölzenbein, Bernd	Eintracht Frankfurt	33	5	3,48
Hoeneß, Ulrich	FC Bayern München	31	6	3,50
Hönig, Franz-Josef	Hamburger SV	32	13	3,19
Höttges, Horst-Dieter	SV Werder Bremen	22	1	3,00
Hoffmann, Theodor	VfB Stuttgart	0	0	–
Hofmann, Werner	Eintracht Frankfurt	0	0	–
Hohnhausen, Walter	Rot-Weiss Essen	31	9	3,97
Hollmann, Reiner	Rot-Weiß Oberhausen	25	0	3,83
Holscher, Hermann	MSV Duisburg	0	0	–
Horr, Lorenz	Hertha BSC Berlin	33	20	3,30
Hosic, Idriz	1. FC Kaiserslautern	22	8	3,24
Huber, Lothar	1. FC Kaiserslautern	1	0	–

SPIELER-INDEX

		Spiele	Tore	Note
Huttary, Helmut	MSV Duisburg	1	1	4,00
Jäger, Jürgen	Rot-Weiß Oberhausen	0	0	–
Janzon, Norbert	Hertha BSC Berlin	0	0	–
John, Wolfgang	1. FC Köln	1	0	4,00
Jopp, Bodo	VfB Stuttgart	1	0	3,00
Jung, Georg	Rot-Weiss Essen	25	1	4,13
Kaack, Peter	Eintracht Braunschweig	28	0	3,29
Kalb, Jürgen	Eintracht Frankfurt	32	4	3,74
Kampf, Wolfgang	Hamburger SV	3	0	2,50
Kamp, Karl-Heinz	SV Werder Bremen	34	5	3,88
Kapellmann, Jupp	1. FC Köln	27	1	4,15
Karbowiak, Günter	Rot-Weiß Oberhausen	22	2	4,32
Keifler, Günter	Eintracht Frankfurt	2	0	5,00
Keller, Ferdinand	Hannover 96	30	19	3,33
Kellner, Michael	Hertha BSC Berlin	1	0	4,00
Kemena, Detlef	Arminia Bielefeld	10	0	3,70
Kentschke, Gerhard	MSV Duisburg	33	3	3,48
Kleff, Wolfgang	Borussia M'gladbach	34	0	3,12
Klein, Volker	Arminia Bielefeld	31	0	3,48
Kliemann, Uwe	Rot-Weiß Oberhausen	26	0	3,28
Klier, Gerd	Hamburger SV	24	4	3,88
Knoth, Gerd	Arminia Bielefeld	34	0	3,52
Kobluhn, Friedhelm	Rot-Weiß Oberhausen	15	0	4,07
Kobluhn, Lothar	Rot-Weiß Oberhausen	32	24	3,41
Koch, Heinz	Rot-Weiss Essen	2	0	5,00
Koch, Rudolf	Kickers Offenbach	2	0	4,00
Köller, Klaus	Arminia Bielefeld	10	0	3,50
Köppel, Horst	Borussia M'gladbach	34	9	3,24
Kohl, Gerd	Arminia Bielefeld	21	1	3,60
Koppenhöfer, Herwart	FC Bayern München	28	0	3,79
Kowalski, Kurt	1. FC Köln	9	0	3,89
Krafczyk, Dieter	1. FC Kaiserslautern	11	2	3,89
Kraft, Gerhard	Kickers Offenbach	13	3	3,82
Krauthausen, Franz	Rot-Weiß Oberhausen	26	7	3,31
Kremer, Hans-Werner	Hamburger SV	14	0	3,54
Kremer, Willibert	MSV Duisburg	0	0	–
Kremers, Erwin	Kickers Offenbach	25	11	3,22
Kremers, Helmut	Kickers Offenbach	33	4	3,56
Kriegl, Peter	Hertha BSC Berlin	0	0	–
Kröger, Claus-Dieter	Hamburger SV	1	0	4,00
Kubek, Werner	Rot-Weiß Oberhausen	0	0	–
Kunter, Peter	Eintracht Frankfurt	26	0	2,77
Kupferschmidt, Peter	FC Bayern München	0	0	–
Kurbjuhn, Jürgen	Hamburger SV	27	1	3,04
Kurrat, Dieter	Borussia Dortmund	30	0	3,43
Kuster, Ernst	Arminia Bielefeld	20	8	3,94
Kuzmierz, Karl-Heinz	FC Schalke 04	2	0	3,00
Laskowsky, Rainer	Rot-Weiß Oberhausen	7	0	4,60
Laube, Bernd	Hertha BSC Berlin	0	0	–
Laumen, Herbert	Borussia M'gladbach	31	20	3,58
Lechermann, Peter	MSV Duisburg	0	0	–
Le Fevre, Ulrik	Borussia M'gladbach	31	3	4,12
Lehmann, Bernd	MSV Duisburg	31	6	4,03
Leopoldseder, Norbert	Arminia Bielefeld	31	4	4,31
Lex, Hans-Jürgen	1. FC Köln	6	0	4,60
Libuda, Reinhard	FC Schalke 04	31	5	3,53
Lindemann, Hans	Eintracht Frankfurt	3	0	4,00
Linders, Dietmar	MSV Duisburg	6	0	3,80
Lindner, Dieter	Eintracht Frankfurt	15	1	3,80
Link, Klaus	Rot-Weiss Essen	2	0	4,00
Linßen, Johannes	MSV Duisburg	28	1	3,46
Lippens, Willi	Rot-Weiss Essen	29	19	3,21
Littek, Helmut	Rot-Weiss Essen	22	2	4,23
Löhr, Hennes	1. FC Köln	24	8	3,71
Loof, Peter	Hannover 96	0	0	–
Lorenz, Bernd	SV Werder Bremen	26	5	4,00
Lorenz, Kurt-Jürgen	MSV Duisburg	1	0	4,00
Lorenz, Max	Eintracht Braunschweig	24	0	3,38
Lücke, Norbert	Rot-Weiß Oberhausen	10	0	4,00
Lütkebohmert, Herbert	FC Schalke 04	34	1	3,59
Lutz, Friedel	Eintracht Frankfurt	32	0	3,19
Maas, Erich	FC Bayern München	6	0	3,60
Maaß, Horst	Hertha BSC Berlin	0	0	–
Maier, Sepp	FC Bayern München	34	0	2,85
Manglitz, Manfred	1. FC Köln	31	0	3,39
Martin, Jürgen	VfB Stuttgart	3	0	4,00
Merkhoffer, Franz	Eintracht Braunschweig	34	2	3,24
Meyer, Herbert	SV Werder Bremen	16	0	4,13
Mors, Egbert-Jan ter	Rot-Weiss Essen	17	1	3,59
Mrosko, Karl-Heinz	FC Bayern München	31	8	3,86
Müller, Gerd	FC Bayern München	32	22	3,59
Müller, Klaus	SV Werder Bremen	1	0	4,00
Müller, Ludwig	Borussia M'gladbach	34	2	3,15
Nafziger, Rudolf	Hannover 96	21	0	4,32
Nerlinger, Helmut	Kickers Offenbach	16	3	4,00
Netzer, Günter	Borussia M'gladbach	32	9	2,66
Neuberger, Willi	Borussia Dortmund	33	6	2,94
Neumann, Jürgen	Arminia Bielefeld	1	0	5,00
Nickel, Bernd	Eintracht Frankfurt	32	13	3,56
Nigbur, Norbert	FC Schalke 04	31	0	2,84
Nogly, Peter	Hamburger SV	26	6	3,35
Nuber, Hermann	Kickers Offenbach	2	0	3,00
Oberschelp, Klaus	Arminia Bielefeld	10	0	4,56
Öller, Burkhardt	Eintracht Braunschweig	9	0	3,00
Özcan, Arkoc	Hamburger SV	31	0	2,71
Ohm, Werner	Rot-Weiß Oberhausen	34	1	3,85
Olsson, Jan	VfB Stuttgart	34	8	3,88
Overath, Wolfgang	1. FC Köln	26	4	3,08
Papies, Jürgen	Eintracht Frankfurt	25	3	3,88
Parits, Thomas	1. FC Köln	29	5	4,07
Patzke, Bernd	Hertha BSC Berlin	34	1	3,32
Paul, Wolfgang	Borussia Dortmund	0	0	–
Pavlic, Djordje	MSV Duisburg	30	3	3,81
Peehs, Gerd	Borussia Dortmund	24	0	3,64
Peitsch, Roland	Rot-Weiss Essen	27	2	3,67
Peter, Ingo	Borussia Dortmund	0	0	–
Pfeiffer, Reinhard	FC Schalke 04	1	0	–
Piontek, Josef	SV Werder Bremen	0	0	–
Pirkner, Hans	FC Schalke 04	30	3	4,30
Pirrung, Josef	1. FC Kaiserslautern	31	3	3,58
Pirsig, Detlef	MSV Duisburg	34	1	3,29
Podlasly, Horst	Hannover 96	17	0	3,47
Pöhling, Karlheinz	Rot-Weiss Essen	0	0	–
Pötzschke, Robert	Hamburger SV	13	0	3,89
Pohlschmidt, Manfred	FC Schalke 04	16	1	4,08
Polywka, Michael	Eintracht Braunschweig	21	2	4,05
Pumm, Peter	FC Bayern München	23	1	3,48
Rademacher, Günther	1. FC Kaiserslautern	22	1	3,67
Rasovic, Branco	Borussia Dortmund	31	0	3,77
Rausch, Friedel	FC Schalke 04	9	0	3,88
Rausch, Wolfgang	Rot-Weiss Essen	23	1	3,22
Regitz, Gerd	VfB Stuttgart	5	1	3,33
Rehhagel, Otto	1. FC Kaiserslautern	32	4	3,59
Reichel, Peter	Eintracht Frankfurt	24	1	3,71
Reich, Hans	Kickers Offenbach	21	0	3,43
Reimann, Willi	Hannover 96	22	7	4,05
Reinders, Günther	1. FC Kaiserslautern	28	1	3,86
Rettkowski, Kurt	MSV Duisburg	33	2	3,72
Richter, Winfried	1. FC Kaiserslautern	11	0	3,73
Riedl, Johannes	MSV Duisburg	30	2	3,82
Rieländer, Theodor	Borussia Dortmund	18	3	3,94
Ripp, Hans-Jürgen	Hamburger SV	28	0	3,39
Ritschel, Manfred	Borussia Dortmund	34	6	3,68
Ritter, Kurt	Hannover 96	5	0	4,25
Rösen, Siegfried	Rot-Weiß Oberhausen	7	0	4,20
Roggensack, Gerd	Arminia Bielefeld	22	4	3,75
Rohrbach, Thomas	Eintracht Frankfurt	22	1	3,68
Roth, Franz	FC Bayern München	27	11	3,48
Rudolf, Dieter	Eintracht Frankfurt	0	0	–
Rüssmann, Rolf	FC Schalke 04	34	3	3,00

SPIELER-INDEX

Name	Verein	Spiele	Tore	Note
Rumor, Jürgen	Hertha BSC Berlin	19	0	3,78
Rupp, Bernd	1. FC Köln	30	14	3,57
Rynio, Jürgen	Borussia Dortmund	26	0	3,15
Saborowski, Gerd	Eintracht Braunschweig	10	2	3,60
Sandmann, Helmut	Hamburger SV	32	1	3,34
Sawitzki, Günter	VfB Stuttgart	2	0	4,00
Schäfer, Winfried	Kickers Offenbach	26	0	4,21
Schämer, Lothar	Eintracht Frankfurt	24	1	3,65
Scheer, Klaus	FC Schalke 04	31	4	3,52
Scheid, Wolfgang	Rot-Weiß Oberhausen	23	0	3,48
Schmidt, Bernd	SV Werder Bremen	32	4	3,93
Schmidt, Helmut	Kickers Offenbach	17	0	3,87
Schmitt, Egon	Kickers Offenbach	33	0	3,12
Schneider, Edgar	FC Bayern München	20	2	4,22
Schönberger, Heinz	Kickers Offenbach	15	0	3,62
Schöttner, Volker	SV Werder Bremen	1	0	4,00
Schrage, Bernd	Borussia M'gladbach	0	0	–
Schütz, Arnold	SV Werder Bremen	34	5	3,00
Schütz, Jürgen	Borussia Dortmund	22	7	3,67
Schulz, Dieter	Arminia Bielefeld	23	2	3,36
Schulz, Hans	Hamburger SV	22	1	3,52
Schulz, Willi	Hamburger SV	14	0	3,31
Schumacher, Hans	Rot-Weiß Oberhausen	19	6	4,06
Schwager, Dietmar	1. FC Kaiserslautern	28	0	3,39
Schwarzenbeck, Georg	FC Bayern München	29	2	3,28
Seeler, Uwe	Hamburger SV	25	9	3,12
Seifert, Manfred	FC Bayern München	2	0	3,00
Semlitsch, Nikolaus	Kickers Offenbach	25	0	3,75
Senger, Klaus	FC Schalke 04	6	0	3,67
Sieloff, Klaus-Dieter	Borussia M'gladbach	33	6	2,88
Siemensmeyer, Hans	Hannover 96	27	6	3,30
Siese, Gerd	Arminia Bielefeld	34	0	3,09
Simmet, Heinz	1. FC Köln	34	1	3,70
Skala, Lothar	Kickers Offenbach	7	0	4,00
Skrotzki, Rainer	Eintracht Braunschweig	27	2	4,41
Slomiany, Waldemar	Arminia Bielefeld	33	4	3,09
Sobieray, Jürgen	FC Schalke 04	29	0	3,62
Sondermann, Hans	MSV Duisburg	7	0	3,75
Soskic, Milutin	1. FC Köln	4	0	3,67
Sperlich, Hans-Jürgen	Hertha BSC Berlin	29	2	3,78
Spinnler, Erwin	Kickers Offenbach	12	0	4,18
Stabel, Josef	1. FC Kaiserslautern	2	0	3,00
Stauvermann, Heinz	Rot-Weiss Essen	33	2	3,73
Stefens, Fritz	SV Werder Bremen	3	0	4,00
Steffenhagen, Arno	Hertha BSC Berlin	32	9	3,50
Steinmann, Heinz	SV Werder Bremen	1	0	3,00
Stiller, Rainer	Hannover 96	33	2	3,24
Stockhausen, Horst	Arminia Bielefeld	34	2	3,90
Stürz, Georg	Arminia Bielefeld	14	1	3,67
Sturm, Wilhelm	Borussia Dortmund	5	0	3,60
Sühnholz, Wolfgang	Rot-Weiß Oberhausen	32	6	3,77
Thelen, Werner	SV Werder Bremen	15	0	4,60
Thielen, Karl-Heinz	1. FC Köln	29	4	3,24
Triebel, Andreas	Arminia Bielefeld	0	0	–
Trimhold, Horst	Borussia Dortmund	18	3	3,72
Trinklein, Gert	Eintracht Frankfurt	26	0	3,52
Ulsaß, Lothar	Eintracht Braunschweig	32	18	2,94
Varga, Zoltan	Hertha BSC Berlin	22	5	3,18
Vogt, Karl-Heinz	1. FC Kaiserslautern	33	22	3,83
Vogts, Berti	Borussia M'gladbach	34	1	2,56
Volkert, Walter	Hamburger SV	1	0	4,00
Volz, Karlheinz	Kickers Offenbach	32	0	3,25
Wagner, Walter	Eintracht Frankfurt	11	0	4,22
Weber, Joachim	Eintracht Frankfurt	3	0	4,33
Weber, Jürgen	Hertha BSC Berlin	22	3	4,00
Weber, Wolfgang	1. FC Köln	33	1	3,21
Weida, Roland	Kickers Offenbach	33	4	3,39
Weidle, Roland	VfB Stuttgart	13	1	4,20
Weidmann, Manfred	VfB Stuttgart	34	3	4,12
Weilbächer, Josef	Kickers Offenbach	24	0	3,74
Weinberg, Herbert	Rot-Weiss Essen	20	0	4,00
Weinkauff, Dieter	Borussia Dortmund	28	8	3,96
Weiß, Hartmut	VfB Stuttgart	34	15	3,97
Weist, Werner	Borussia Dortmund	23	7	4,09
Weller, Hans-Joachim	Hannover 96	27	1	3,38
Wenzel, Horst	Arminia Bielefeld	27	2	3,65
Wilbertz, Hermann-Josef	Rot-Weiß Oberhausen	29	2	3,72
Wild, Tasso	Hertha BSC Berlin	32	3	3,29
Wimmer, Herbert	Borussia M'gladbach	26	3	3,27
Windhausen, Bernd	SV Werder Bremen	12	4	3,82
Winkler, Klaus	Kickers Offenbach	27	8	3,68
Winter, Peter	1. FC Kaiserslautern	0	0	–
Wirth, Karl-Heinz	Eintracht Frankfurt	24	0	3,58
Wirth, Manfred	Eintracht Frankfurt	9	0	3,75
Wittfoht, Hans-Jürgen	VfB Stuttgart	1	0	–
Wittkamp, Hans-Jürgen	FC Schalke 04	20	5	3,20
Witt, Klaus	Rot-Weiß Oberhausen	11	0	3,45
Witt, Uwe	Hertha BSC Berlin	24	0	2,96
Wittmann, Heinz	Borussia M'gladbach	20	0	3,40
Wloka, Hans-Jürgen	Borussia M'gladbach	11	0	4,13
Wolter, Horst	Eintracht Braunschweig	25	0	3,26
Wosab, Reinhold	Borussia Dortmund	22	2	3,62
Wüst, Alban	FC Schalke 04	18	1	4,29
Zaczyk, Klaus	Hamburger SV	32	9	2,84
Zander, Thomas	Hertha BSC Berlin	0	0	–
Zech, Reinhold	VfB Stuttgart	34	0	3,65
Zembski, Dieter	SV Werder Bremen	34	2	3,38
Zobel, Rainer	FC Bayern München	34	3	3,47

AGON SPORTVERLAG
FUSSSSBALL IST UNSERE LEIDENSCHAFT

Nach der Weltmeisterschaft ist vor der Europameisterschaft

Der Bestseller über die Fußball-Weltmeisterschaft gibt es nun auch für die Europameisterschaft! Alle EM-Turniere von 1960 bis 2004 werden ausführlich in Wort, Bild und Statistik abgehandelt, wobei der Blick weit über die rein sportlichen Belange hinausgeht und auch die „Nebenschauplätze" berücksichtigt. Eine ebenso umfangreiche wie informative und unterhaltsame EM-Komplettgeschichte. Aus dem Inhalt: Alle Qualifikationsspiele mit Datum, Ergebnis, Spielort, Torschützen und Zuschauerzahl. Alle Stadien, Hintergründe zu den Gastgeberländern, Schilderung des Vergabeprozesses, spezielle „EM-Themen". Dazu ein einzigartiges Personenlexikon mit allen Spielern, Trainern und Schiedsrichtern, die jemals bei einem EM-Turnier dabei waren, ein faszinierendes Länderlexikon und natürlich ein ausführlicher Ausblick auf das Turnier 2008 in der Schweiz und in Österreich. Umfangreich bebildert, übersichtlich gestaltet und akribisch recherchiert - die EM-Enzyklopädie befindet sich schon jetzt auf dem Weg zum Kultbuch.

Hardy Grüne
EM-Enzyklopädie – 1960 - 2008
ISBN 978-3-89784-241-6
Hardcover, 376 Seiten, ca. 300 Fotos
21,0 x 29,7 cm
Euro 36,00 / CHF 59,50

www.agon-sportverlag.de

Frankfurter Straße 92a, 34121 Kassel, tel (+49) 05665-405 84 20, fax (+49) 05665-405 84 21
info@agon-sportverlag.de

BUNDESLIGA CHRONIK
EINZIGARTIGE BÜCHER ÜBER EINE LIGA WIE KEINE ZWEITE

Bundesliga Chronik 1963/64
ISBN 978-3-89784-083-6

Bundesliga Chronik 1964/65
ISBN 978-3-89784-084-3

Bundesliga Chronik 1965/66
ISBN 978-3-89784-085-0

Bundesliga Chronik 1966/67
ISBN 978-3-89784-086-7

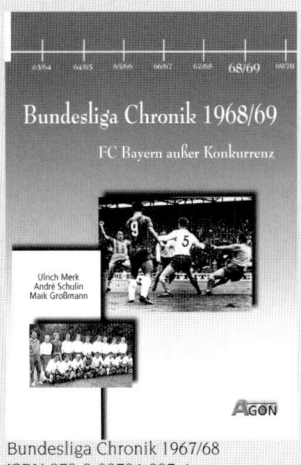

Bundesliga Chronik 1967/68
ISBN 978-3-89784-087-4

Bundesliga Chronik 1968/69
ISBN 978-3-89784-088-1

Bundesliga Chronik 1969/70
ISBN 978-3-89784-089-8

Ulrich Merk, André Schulin, Maik Großmann
Bundesliga Chronik
je Band Euro 25,00 / CHF 42,00

„Wohl dem, der diese Reihe sein Eigen nennt!"
Fritz von Thurn und Taxis

„So wird eine ganze, atemberaubende Saison nochmals lebendig: Dem Club nahm sie alles – dem FC Bayern gab sie alles ..."
Günther Koch
(über die Bundesliga Chronik 1968/69)

Mit der Reihe **Bundesliga-Chronik** tragen wir Ihrem Bedürfnis Rechnung, mehr über die Geschichte der höchsten Spielklasse zu erfahren. Zugleich legen wir Ihnen endlich die ultimative Bundesliga-Geschichte vor. Eine Reihe, deren Bände sich in Ihrem Bücherregal wunderbar ausnehmen und in denen geballtes Fußballwissen steckt. Jeder Band zu jeder Spielzeit seit 1963/64 erzählt die Ereignisse der Fußball-Bundesliga Spieltag für Spieltag ausführlich in Wort, Bild und Statistik nach.

Eine einzigartige Informationsfülle, die Sie zzum Nachschlagen und Schmökern einlädt. Entdecken Sie eine tolle Fundgrube für das Wissen rund um Deutschlands liebste Liga. Sämtliche Bundesligaspiele sind in statistischer und textlicher Form einzeln aufgearbeitet. Dazu kommen Sonderstatistiken, Vereinsporträts, Zusammenfassungen sowie Ergebnisse und Tabellen der Regionalligen pro Spieltag. DFB-Pokal-, Europacup- und Länderspiele fehlen ebenso wenig wie die Abschlusstabellen der Amateurligen. Abgerundet wird diese einzigartige Mischung, deren Inhalt einem kompletten „kicker"-Archiv gleich kommt, durch wöchentliche „Zeitfenster", die an die wichtigsten Ereignisse aus Sport, Kultur, Gesellschaft und Politik erinnern.

www.agon-sportverlag.de

eMail: info@agon-sportverlag.de / Telefon 05665-405 84 20 / Fax 05665-405 84 21 / Frankfurter Straße 92a, 34121 Kassel